现代名人日记丛刊

卫俊秀日记全编（上）

卫俊秀 著／柴建国 整理

山西出版集团
山西古籍出版社

九十年代的卫俊秀

九十年代的卫俊秀

卫俊秀在郊外散步

青年卫俊秀

中年卫俊秀

中年卫俊秀

卫俊秀在山西省襄汾县的故居

卫俊秀和夫人晋铭女士

卫俊秀在陕西师大校园里

卫俊秀在读报

卫俊秀在二女儿卫平家作字

卫俊秀在作字

卫俊秀作字之前的沉思

卫俊秀和李雪峰在太原国民师范旧址

卫俊秀和李雪峰在北京中国美术馆
卫俊秀书法展览厅

卫俊秀和董寿平在一起

卫俊秀和胡征在一起

卫俊秀和姚奠中在一起

卫俊秀和徐文达在一起

卫俊秀和林鹏(右)、王陆在一起

卫俊秀和曹伯庸(右)、钟明善在一起

卫俊秀和孙玄常(右二)、柴建国(右二)、贾起家在一起

卫俊秀和柴建国在一起

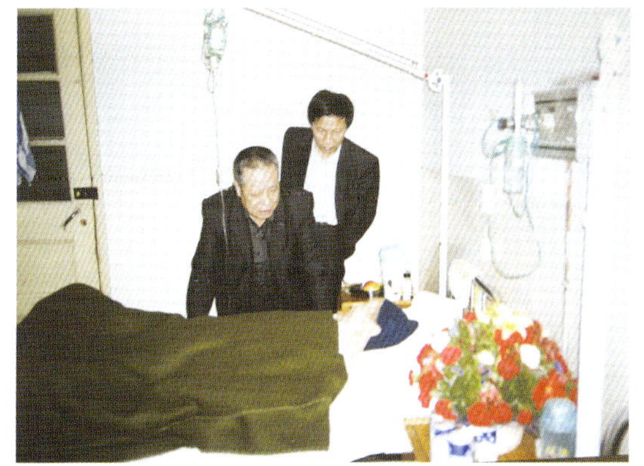

柴建国、马温才看望病中的卫俊秀先生

卫俊秀先生追悼会

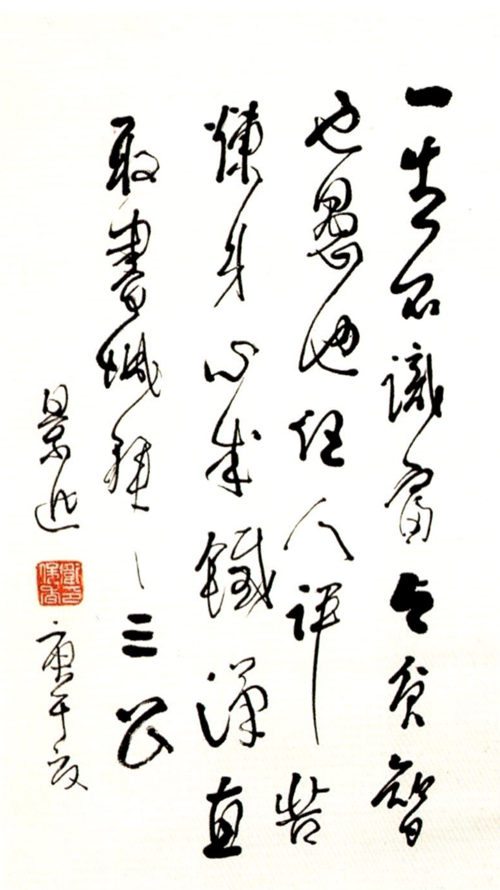

卫俊秀书法

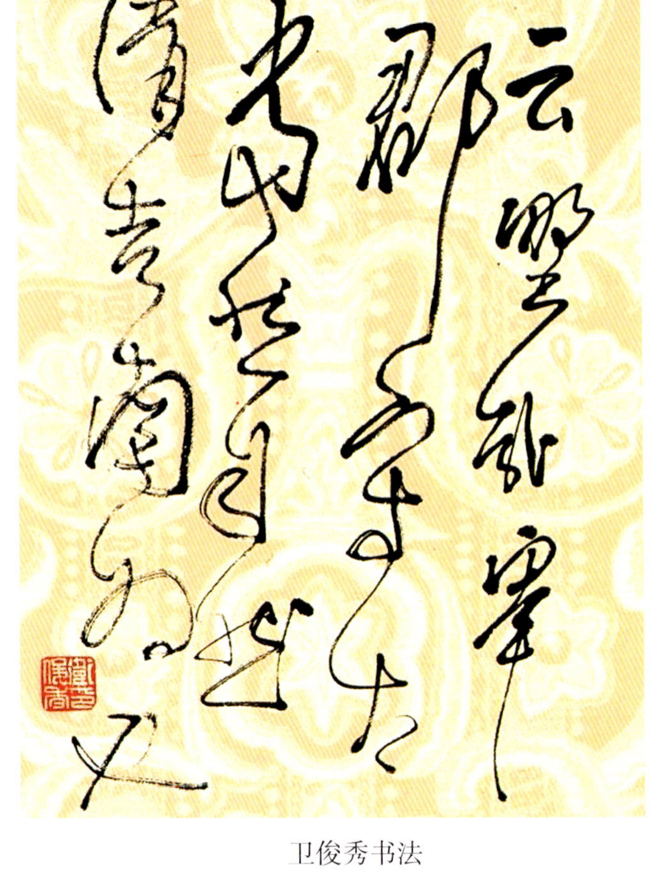

卫俊秀书法

卫俊秀书法

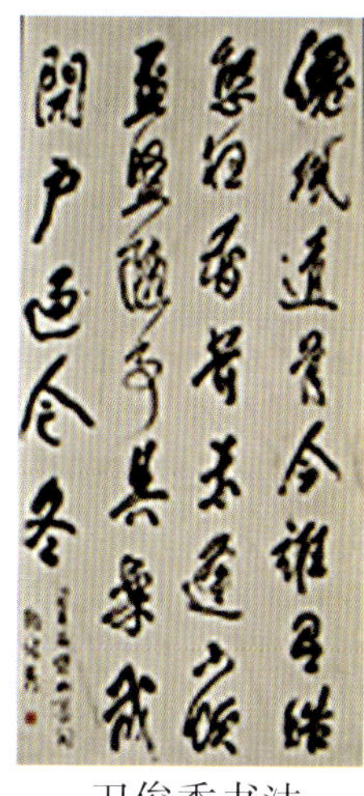

卫俊秀书法

卫俊秀书法

卫俊秀书法

卫俊秀书法

卫俊秀书法

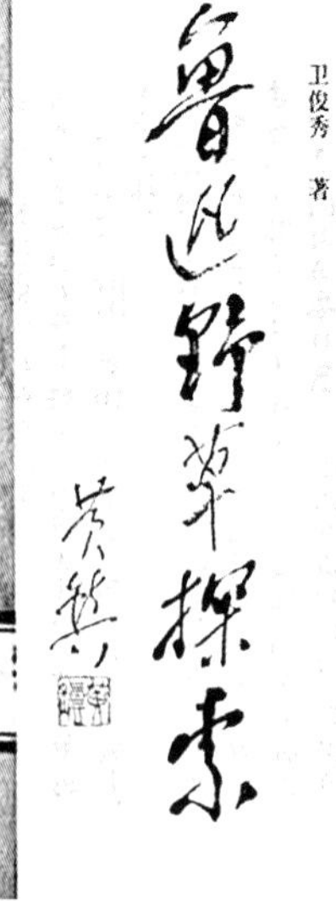

卫俊秀著作

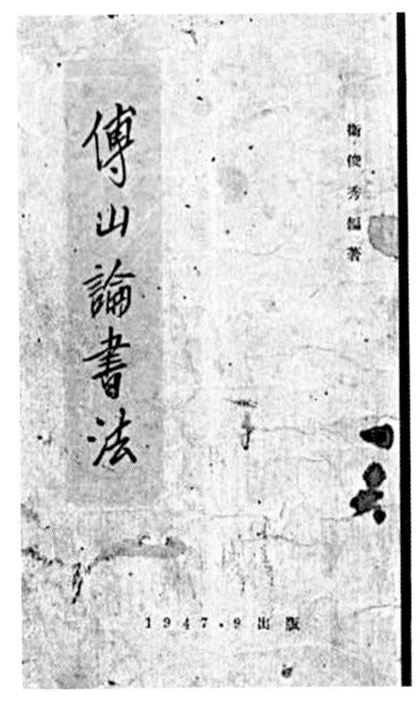

傅山論書法

卫俊秀

启功题签

北京大学出版社

卫俊秀学术论集

卫俊秀著作

衛俊秀
草書古詩
ANCIENT POEMS IN RUNNING SCRIPT BY WEI JUNXIU
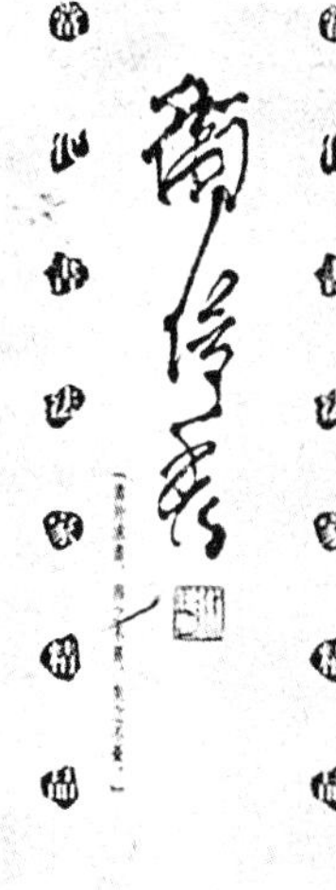

毛穎足吞虜
衛俊秀先生紀念

卫俊秀著作

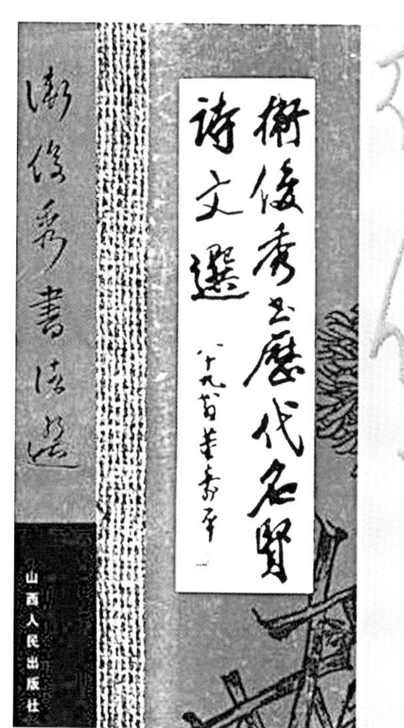
山西人民出版社
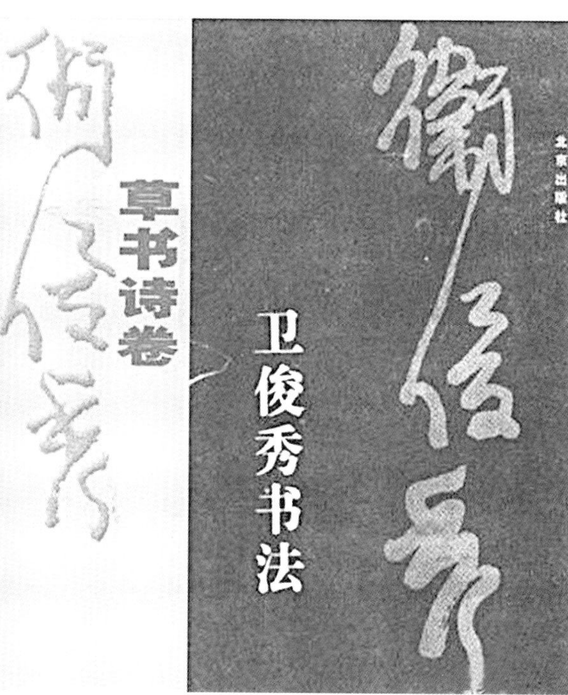
草书诗卷
卫俊秀书法
北京出版社

卫俊秀著作

素。与相志强通达，随心所欲，行缘。為不可。

九日 文史馆交付读、照片。见到余毅同志、病愈尚健。房内照挂余为怀素袁孟泰联横幅。洪波来。安中美馆收，6日申自存款16500元。李芸收了收。午拜颜丽。

十日 西北大学陪同朝鲜、韩国、日本新世界开幕会东到120人，长安路东门外四楼石瑞芳照料，我在南门观看不少。路过小星村一座店，为同志住加拍摄。在中美馆挂号收，贺的广越国强和邻玄文。广长总经理收。张玉美。

综合：

1、社会风气大坏，人心太坏，非改制度、换国；

2、抓分不看脸，遗子孩；

3、好人太少；

4、称皓书众，败絮其中，什么"家""圣"可笑！

5、好月尽出之，傲慢放恃[illegible]太地，一人即。

马兆先生北大广场讲演之安志。

四日。

农历春节[立春]元旦。收颗快。徐贝贝来拜年。给10元。阅史记，文报忠劝。

整理者的话

一、《卫俊秀日记全编》经过两年多的整理，终获出版。这将是研究先生生平和思想的重要资料。

二、日记是个人生活、思想情感的记录，因此具有个人性、唯一性。整理中我一遵先生的原文逐字录出，除对确因先生手误出现的错字作了修正外，其余均未改动。

三、先生是积学博赡的学者，行文自有其独特风格。对少数语句一些读者或会以为语义不完整或艰涩难解，但置于上下文的语境中细予审辨，仍不难明其所指。

四、先生日记确亦有个别字书写率意，模糊难识。整理中虽广询通人，亦不得其读。遇此情况则依文献整理之通例，以“□”替代，并不另作说明。

五、先生每日日记的书写时间，多用公历纪时，亦偶有用农历者。整理时均以公历纪时，读者明之。

六、先生日记中所用数字多为汉字数字，亦有少数用阿拉伯数字者。整理中一依原文。

七、由于是个人日记，先生的标点符号使用比较随意。今尽量依标点符号的使用规范作了统一整理。

八、为方便读者的阅读和理解，对日记中出现的古籍引文、典故及人物等，择其要者，作了简注，虽力求精当，亦难免疏漏。不当之处，请读者指出。私心感激，不待言焉。

柴建国

2007.6

weijunxiurijiquanbian

目录

CONTENTS

weijunxiurijiquanbian

国宝当堪目　赢得清芬馥

——写在《卫俊秀日记》全编出版之际

时节已是仲冬，但空气中仍然弥漫着惟有深秋才有的那种清幽凉爽的气息，没有一些寒意。夜已经深了，我在电脑上敲完了俊师日记的最后一行字，站起来走到窗前，远望着满天的繁星，大口地呼吸着这清爽的空气。两年多了，77 万字的卫俊秀先生的日记我终于输完了，现在总算可以松一口气了。

那是在 2004 年的 6 月，我去西安参加《卫俊秀书法一百跋》的发行式和卫先生的研讨会。《卫俊秀书法一百跋》是马温才君编的一本书。卫先生在 92 岁时为他写过了一幅“读书有乐”的横披，发表之后，国内外有一百三十多位书法家欣然命笔，为这件作品作跋。他们都以崇敬的心情对卫先生和他的书法做出了高度的评价。就在这个会上，我说我要把卫先生现存的日记都整理出来，以为大家进一步研究卫先生及其书法的材料。日记，是他生活轨迹和心路历程的真实记录，当然十分重要。当时说这些话的时候，我对这项工作困难估计不足。我是已经整理出版过他的 1971 年到 1979 年的日记的，那时做起来还比较顺手。可是整理他的后面的日记就不那么容易。原因是他那九年的日记是用毛笔写下的，而且字迹比较工整，不难认读。而 1980 年以后的日记，由于他的年事越来越高，他要做的事情也越来越纷繁，且都是用钢笔写在笔记本上的，字迹也较为随意潦草，所以在辨认上就有不少的难处。有时要打一个词或一个人的名字，为了求得准确无误，就要把前后的日记反复翻检，进行仔细的比较和辨认。认出来了，当然打上就是；但有些却怎么也辨认不出来，只好无奈地打上一个方框——“□”，付诸阙如。所以，这本书本想去年就出版的，由于这个原因，延宕到现在才和大家见面。

这本书包括了卫先生 1966 年到 2001 年的日记，已经是他存世日记的全部了。其时间跨度为 35 年。难道卫先生就写了这 35 年的日记么？当然不是。据他自己说，他从 16 岁就开始不间断地写日记了，所以到 2001 年 4 月他病重住院、不得不搁笔时，应该写了

76 年的日记了。35 年写了 76 万字,76 年该是多少文字呢? 不会少于 200 万字吧? 我们可以想像,这些日记如果保存下来,全部整理出来,该是他留给我们的多么巨大的一笔精神财富啊! 可是,由于历史的原因,那三十多年的日记我们却再也看不到了。

我想起为他出版《居约心语》的过程,从中可以看出他那些年日记遗失的原因来。1999 年 4 月末,我和妻去西安看他,交谈中提出要把他 1971 年到 1979 年的日记整理出来,交付出版社出版。他倚在床榻上微笑着说:"都是些陈谷子烂芝麻的事儿,不要费心了吧。"但过了一会儿,他的神情忽地严肃起来,欠身坐起来说:"你就整理吧,对不了解那段历史的人或许有些用处。书名就叫做《罪案》吧,我来写个序。"我说"罪案"这个词是否"露"了些? 改成《居约心语》怎么样? 他想了一下说:"也好,就按你的意思定吧。"他在 4 月 29 日的日记里记下了这件事:"建国夫妇来,甚慰。带来 71 年至 79 年在家乡劳动时的日记,云太原出印,对正之。……拟为日记写段文字。守约时,公社劳动生活纪实,一时感受,包括:读书,写作,作人……信手写来,文辞优劣不考虑,有发牢骚处,打油诗……可笑。但求自己知道,不计影响。受人同情宽原处,蛮横受气处,白眼威压处,不与青睐处,逆来顺受处,种种复杂不解处。每想到古希腊苏格拉底之海量,庄子之为……。""居约"这个词,我还是从俊师的一件书法作品中学来的。他曾经为我写过他在 1960 年所写的一首小词《长相思》,内容是:"春也好,秋也好,春花秋月分外娇,往事知多少。醒无聊,梦无聊,一片赤诚几人晓,负重到今朝。"后面的落款是:"1960 年作于铜川居约时。"我查了"居约"的出处,原来出自《史记》。《史记·秦始皇本纪》说:"居约易出人下。"张守节"正义"解释说:"言始皇居俭约之时,易以谦卑。"这是用"俭约"释"约"字。那么什么又是"俭约"呢? 看《说文解字》:"俭,约也。""约,缠束也。""俭"就是"约","约"就是"缠束"。总之,用一根绳索把你结结实实地捆绑起来,让你没有了自由,手脚动弹不得,这就是"居约"。那九年的卫先生,不就是在一条又粗又长的政治绳索的捆绑下苦苦挨过的么?

2000 年 9 月,卫先生还郑重地给我写了一个委托书,内容是:"我同意柴建国同志整理出版我的日记,谨此委托。"并说他其他的日记也可以由我整理出版。没多久,我把这九年的日记整理完了,而他的序却迟迟不见寄来。我和他通过几次电话,他总是说事情太多,动不了笔。后来他又来电话说,序言他就不写了,要我写一篇介绍的文字放在前面。这就是 2002 年初由山西人民出版社印出的那个本子。

可是在卫先生去世后的 2004 年, 师弟傅蔚农在整理他的遗稿时意外发现, 他在 2001 年 9 月就写好了序言的,我至今也不知道那时为什么没有交给我。去年傅蔚农来读研究生,把这个稿子给了我,现在我印在这里,从中可以看出他当时的心情,也不难找出他那么多年的日记所以不再存世的原因。

居约心语

——1971—1978年还乡继续改造的日记

这本日记，是我在极其艰苦的条件下，用毛笔写出来的。倘非我的侄子、侄孙保存，早已忘得一干二净了。现经学友柴建国（山西师大图书馆馆长）同志以两年的岁月抄查、整理，煞费苦心，即将由太原山西人民出版社面世。自然是我非常感激的。所不安的、愧悚的是，重在记述个人生活，少有学术价值，徒费纸张和读者宝贵时间而已。自然也有些段落，使我触目黯然，或可反映出时代特征吧。想到清朝李鸿章的一副对联：

受尽天下百官气，
养就心中一段春。

虽说不够确切，但使我回忆到大半生的苦痛日子，悲剧演唱个没完，而更加愈演愈烈！这自然是为了维护社会主义国家的巩固、安全，对于坏人不容手软，必有的措施。有不少友人来函，希望能把全部日记分批印出。我表示由衷的感谢！

日记，我从1925年考入太原国民师范，就开始动笔了。第一学期听过黄炎培先生的演讲，随后陆续听过梁漱溟、江亢虎数十位学者专家的讲演。从声容笑貌到内容，无不详尽记录。这是我最感兴趣的热门课。可惜都在历次战火中荡然无存了！

1954年底，我的《鲁迅〈野草〉探索》专稿由上海泥土社出版了。次年胡风事件发生，我立即成了“胡风分子”了——老虎！展开批斗，施加压力！干将、积极分子真是凶神，捏造、无中生有，“反动”的材料一大堆。逼我写检查，一次三千多字，交不了卷，不知写了多少万字。56年夏季吧，宣布了“坦白从宽”，“不打棍子，不抓辫子”，我深信而不疑，为了暂得息肩，索性说了一句：“我做了一些坏事……，请调查。”主持会场的权威立即宣告散会，好像是取得了战果，“老虎”抓住了！没想到，我立即被关押起来。随后遭到抄家，先在校内我的住室，书籍抄去二百余本，包括马列主义著作、日记、笔记、重要信札、书稿、研究鲁迅计划、纲要十来本。晚上又到城内我租住的房舍，翻箱倒柜，衣物、书籍捆走一大包。老伴携带不到三个月的婴女，赴太原姐家送婴女去了。家中只留有六岁的儿子和保姆。我走出家门到院心，哪敢回头看一眼！心如刀绞，泪已沾巾矣！62年夏回到家里，向学校索取我原存的《庄子与鲁迅》九次修改过的书稿，没想到保管员竟说60年合并校时丢失了！我还能说什么呢？从物质到精神的虐杀，够我负重了。我还有什么日记能够再印出来？感谢偏爱我的朋友们，对不起！

这本日记，原定名为《罪案》，依友人的意见，改作《居约心语》。

卫俊秀　2001年元月9日夜

读着这篇文章，不知道读者朋友们会怎么想。当我拿到这篇稿子时，我是落了泪的。卫俊师是一个纯粹的读书人，一个纯真、善良、正直的知识分子，是一个思想深邃的哲人，一个以学术为生命的人，一个对书法艺术终生追求不懈的人，一个无时无刻不在深情地关注着国家、民族的前途和命运的人，一个具有坚质浩气的真正的爱国主义者，一个对党、对社会主义祖国怀有深厚感情的人。这些，从他的诸多著作和日记中都能得到证明。可是他却被一脚踢进了灾难的深渊，经历了长达24年的政治上的迫害、经济上的穷困、身心上的摧残！不就是就因为他作为一个普通的作者，在胡风主持的"泥土社"出版了一本研究鲁迅《野草》的小书么？而他却连胡风的面也没见过，和胡风一封信也没通过的啊！不就是因为他曾在阎锡山政府供过几天职，做过几天文职小吏么？而且是在国共合作时期，而且因为看不惯阎锡山的所作所为，很快就坚决辞去呢！对这样一位学者（他当时已经是陕西师大的讲师），人们就可以完全不考察他的整个历史，而把他始以"胡风反革命分子"软禁审查，终以"历史反革命"罪逮捕入狱，让他几十年悲苦无告，申冤无门么？这笔账应该和谁去清算呢？是和那段被扭曲的历史吗？可是历史会站出来说话吗？能够承担起这个罪责吗？能够补偿几十年的冤案给他造成的惨烈的伤害吗？历史已成过去时，只会给人们留下痛苦地记忆，却永远弥合不了给他带来的身心巨创了！

粉碎"四人帮"后的1979年，卫先生被平反了。但结果表明，为他平反，也只是一纸轻描淡写的判决书而已。是没有人为他的冤案担负起实质性的责任的。在法庭上，法官向他宣布："宣布无罪，按退休处理。"（法院竟也能对一个人的"退休"做出判决，岂非咄咄怪事么？！）既然卫先生没有罪，那么制造这个冤案的人是不是就应该有罪而受到惩罚呢？是不是也应该推到法庭上得到审判呢？判决书上没有说，大概也不便说。这大概是永远留给人们的一个疑问了。

人的基本权利和尊严被一些人毫无人性地蹂躏和践踏，这是那个时代在人们的心灵上烙下的永远不会抹去的印记。但不管怎么说，卫先生终于拨云见日，可以享受到和周围的人们一样的阳光和空气了。但当卫先生在法庭上提出"既然无罪，我被开除公职24年，工资的损失怎么办"时，法官竟以嘲弄的口吻对他说："你在监狱里不是白吃白住吗？到农村劳动改造不也挣工分分红的吗？现在国家有困难，给你平反就不错了，你就不要计较了吧！”卫先生又提出:“既然我无罪,对我的冤案总得有个说法吧？”法官怎么回答的呢？卫先生回忆说,那个法官不屑地呡了一口茶,斜眼看了他一眼,只淡淡地说了一句:“我说你呀,怎么连这个也想不通呢？政府就好比是父母,我们就好比是孩子,父母总有打错孩子的时候吧？你说父母打孩子打错了,孩子能把父母怎么样呢？”听到这里,卫先生顿时泪眼模糊,脑子里一片空白,他惘然了。父母打孩子,当然只能是白打了！难道你能让父母向你认罪吗？能让父母为你赔偿损失吗？回到家里,卫先生一连几天都把自己反关在屋子里,性情烦躁,茶饭不思,眼见得一天天消瘦了下来。家人回忆说,平反前,他的心情本来还比较平静,有时也还乐观,想不到今天平反了,日夜企盼的一天来到了,而他的心情反而更糟了。大家都为他的身体十分担心。

但不管怎么说,他还是终于被平反了,久违了的自由总算回到了他的身边;不管怎么说,卫俊秀毕竟是卫俊秀,法庭上法官的冷峭的眼神和语言虽然使他又一次受辱,但他想,这也许是最后一次了吧。二十多年了,他受到的凌辱还少吗？所以这一次的不愉快,不久也就被他淡忘了。他写下了这样一幅条幅:“百练身心成铁汉,九度关山夺书城。”用图钉订在墙上以自勉。他这个在多年的困厄中用钢铁铸就的老人,要真正地开始新的生活了。他虽然已经年逾古稀,又在踌躇满志,开始设计自己今后的人生了。他努力和周围的人们交往,他四处拜访学术界、书法界的学者们、专家们,有人给他写信,他总是有信必复。他急切希望自己能早日融进他已经感到陌生的这个社会中去。周围的人们也多以真诚、热情的态度理解他、欢迎他。这些,在他的日记中都能真切地反映出来。

我们从他平反后到他病重住院前(1980—2001)的20年的日记中,不难看出,他确实很快就走出了那二十多年厄运的阴影,他的心情渐渐好起来了。他开始以一种全新的姿态面对生活了。从日记里可以看出,他所关注的问题也在发生着变化。我们可以看出他关注的大体是以下几个方面的问题:一、对历史的认真反思,对国家新的形势的热情歌颂;二、对哲学、学术和书法的进一步认真的思考。这在日记中占主要部分。三、对我国教育事业的关心。四、对日本军国主义者侵华罪行的揭露和刻骨仇恨。五、对社会上各种丑恶现象的深恶痛绝和无情鞭笞。六、对振兴中华民族的深切渴望,以及强烈的忧患意识。这些都在他的日记里得到了充分的体现。我们读着这些充满哲理、充满激情,充满了对社会、对人生的深刻思考的文字,就能真切地感受到这位老人心律的搏动,就能感到他是怎样和他所热爱的祖国和人民同呼吸、共命运的。由于是日记,是他自己在和自己的心灵对话,所以他没想到会有第二位读者,更不会想到会出版,所以他的心情是很放松的,没有一些矫饰,没有一些虚假和造作。有些语句写得十分简略,甚至简略到只有他一个人能够看懂,让一般的读者,尤其对他缺乏了解的读者感到费解。但这不要紧。我们只要把这些文字和上下文,和全篇贯穿起来读,还是不难理解他的义之所指的。正是这些文字,写出了他的真性情,写出了他的人格的最真实的一面,传达出一个和人民的命运融为一体的知识分子的良知。

卫先生日记的内容是深刻的,语言也是非常优美的。由于他是一个积学丰赡的学者,又是一位睿智的哲人,所以他的语言既富含哲理,摛词炼句又能在清新、朴实中见出典雅和厚重。读他的日记,时让人感到好像在与他接膝瀹茗,那么地亲切和自然,就像有一股清澈的小溪在你的心田潺潺流淌,让你爽心娱情,精神振奋。北京鲁迅博物馆馆长孙郁先生读过卫先生的《居约心语》后写下的一篇短文《心忧书》,他是真正读懂了卫先生的人。我把他的文章摘录在下面:

柴建国在《写在昨天的豪迈与苍凉》中介绍了卫氏蒙难的历史,写得千回百转,记录了老人在逆境中的片断。1971年至1979年,卫先生已在七十岁上下的年龄,全无落魄死灭之态,怎样的吃苦、饮恨、自励,均于日记中闪现。……一个在绝境的老人,写下了这样的文字,是惊动鬼神的吧?日记几乎都是与鲁迅的对白,在荒凉的乡间衰破的小房里,一个孤苦的魂灵因为与鲁迅相逢而不再沉沦,心绪的广阔与爱憎的起落在交织着一首首诗。考察鲁迅身后的知识分子史,我们是不该忽略这样的文本的。卫俊秀是个大学者,对先秦两汉尤有研究。他的书法大气淋漓,似于古人又出于古人。从远古至今,千百年的文人墨客甚多,先生惟取庄子与鲁迅,身上深染其风。其书法道劲秀美,与己身修炼有关。我想鲁迅的影响大概也是有的。卫俊秀晚年常读鲁迅手稿,甚爱其圆润有力、不疾不徐的美质。又喜读黄山谷、文天祥、傅山、康南海诸人之字,于是书法与文章都很有气象,不像市井里的叫卖者,神貌是奇异的。世间的书家有形无神者多,而文人的作品多有肉无骨。卫俊秀不是这样。他通乎古今之变,明于乡野之情,有书卷中的古风,又含山林野气,人与文都别于流俗,是有大境界的人。

孙郁先生是从一个鲁迅研究者、一个作家的角度解读卫俊秀先生的,自有他的独到处。人们从他的文章中,或许更能读出卫俊秀的意义来,——他的人格的崇高处,他的学养的深邃处,他的书法的难及处。“与天为徒”,“与人为徒”,“与古为徒”,是卫先生恪守不渝的做人、治学的圭臬。他将之贯穿于他的生命的全过程。卫先生的成功昭示着一条千古不易的真理:只有首先是一个真正的人,才能具有大智慧,大境界,成为对国家、对民族做出巨大贡献的人,成为无愧于自己一生的人。他就是这样的一个人。他从中华民族传统文化的壮阔背景中走来,从荆棘丛生的人生苦旅中走来,古圣先贤们的精神融汇在他的血液里汩汩流淌。

但卫俊秀先生毕竟是一位成就杰出的书法家。很多人给他冠以大师的名衔,也有一些人就此提出质疑,这些都不重要。重要的是他一生选择了书法这样一种艺术样式,始终将一管笔指向自然之心,指向社会之心,指向自己之心,艰苦不懈地追求和探索着书法艺术的真谛,并获得了照耀世眼的成功。他是历史上为数不多的做到"通会之际,人书俱老"(孙过庭语)的书法家之一。他以书法的形式继承和弘扬了庄子美学中以大为美、以高为美、以雄伟壮阔为美的美学思想,继承和发展了书法艺术为社会进步服务、为全面塑造人的品格服务的艺术功利思想,他在连绵草书的创作中注入了北碑的笔意和情感,这些都是迥异于时人的创造。正是这些创造,使他的书法具有了继往开来的里程碑意义。他为我们这个社会留下了大量的作品,这将是我们最可宝贵的财富。他的生命也将在这些作品的黑色线条中不息地流淌,直到永远!论及他的书法的意义,老书法家林鹏先生有一段精辟的论述,这是对他的书法的最好的月旦评了:

对于卫先生的书法艺术,无论评价多么高,也不过分。毫无疑问,它是我们这个灾难深重的时代的标志,是二十世纪中国书法文化的最高成果之一,在它里面凝聚着中华民族优秀文化传统的精髓。人们往往对近距离的东西,看不甚清,拿不甚准。这需要时间,需要距离,需要反复的比较和验证。我坚信,将来人们会深入地研究他、体味他,把他和古代大师们相提并论,并使之发扬光大。

卫先生逝世已经四年多了,哲人其萎,音容已杳。在他的追悼会上,我写了这样一副挽联:"教我四十年,多有诲言铭肺腑;送你一程路,毫无遗憾留后人。"自 1963 年和他认识,他教我,德我,惠我,交谊在师友之间。他是我治学的导师,做人的航标。今天我把他的日记整理出版,是对他最深情的纪念。读着他的这些日记,这些充满哲理和灵性的文字,我时时感到他并没有离我们而去,他仍然在我们的身边,和我们接膝瀹茗,谈论着人生,探究着学术,讨论着书法。他的平易近人、和蔼可亲的声容,不是还闪烁在他这些寓意遥深、真切感人的文字间的么?记得有一位诗人说过:有的人活着,但他已经死了;有人死了,但他还活着。卫先生就是永远活在我们中间的人。

文化部副部长、故宫博物院院长,同样是学者的郑欣淼先生曾在 1999 年 8 月 22 日给卫先生写了一首词《金缕曲》,写出了他对卫先生的感情和认识,这也正是我们大家对他的感情和认识,现在我录在下面,以为此文的结语:

回首三年倏，又欣看，九十晋一。喜增纯嘏，瘦骨支离自旺健，笔下亦然凤翥。齐物我，休嗟荣辱。蝶梦鹃声消难尽，唯仁者，挚爱犹千斛。期颐寿，同心祝。　病中总憾时光误，更心知，学书学剑，但悬东郄。半路出家早门径，国宝当堪目。今且待，谈文论物。向慕先生如云水，任尘纷，赢得清芬馥。草自绿，玉回璞。

柴建国于若景轩　2006年12月4日

一九六六年

生活算又进入一个新的阶段。自此以后，唯一大事：学习毛主席著作，尤其是在用字上须大力着功夫！主席说：

“对于马克思主义的理论，要能够精通它，应用它，精通的目的全在于应用。”

工作上，牢记毛主席指示的“认真”二字，亦即前人所说的“毋不敬”[①]的意思吧？生活上我一向没有为自己打算的本领。今后，毋忽！

一九六六年十二月八日夜

主席教导我们要谦虚，谨慎，戒骄戒躁，而我却不是这样，发言孟浪，考虑不周，有时甚至盛气凌人，有些张飞气。可笑！

在实际上学习，打倒本本主义！

高谈阔论应休息，解决实际问题，生活上的，学习上的，工作上的，都能落到个实处，有个切实的办法。

人总是人，既有两条腿，就得能站得起。（为己而发）

人总是人，既有个脸面，就不容扒手无端地乱□。（为林而发）

“发扬勇敢战斗，不怕牺牲，不怕疲劳和连续作战的作风。”

每晨长跑，有时间就挖地，重视健康，为长征打好基础。

打掉一切旧东西，放下包袱，轻装上阵。

拆去烂茅房，才能建大厦。唯物辩证法。现实。史的。

用主席著作解决（治疗）下列病症：

一、空洞；

二、冲动；

三、粗心；

四、浪费；

五、冥想；

六、自卑；

七、不计划。

爱物——

惜时——

保健——爱身体，养精神；

敬事——事事认真去做，不潦草。

不为人书役，不为人师，脑子不中用了。

“六十知非[②]犹未晚，从今开始学做人。”

六十年的光景，七百二十个月，二万一千六百天，眨眼送过去了；回想足有四十多年。

天天埋头在故纸堆里，错了，错了！

毛主席说到“文科”，曾叹息地说：“他们最不懂得世界上的事情。”真是见血之言，好极了！我正是这样的人。何必死守书城！

走出书斋，到群众中去。

不为名，不为利，不怕苦，不怕死。

时刻不忘群众利益，不忘革命，去私立公，不做损德事，就能做到四不。气态足，昂首走前去，敢字当头。

在路上走，忽然给自己的日记想到一个名字：“活的哲学”。心上很舒服，想妥贴了。“活”有两个意义，一是活学活用毛主席著作的意思，一是生活的活。还有一个意思是活力的活——又是活动的活（运动）。三者又实在是分割不开的。

马克思主义毛泽东思想学不好，心中没有个主宰，随域进退，跟着人脚后跟转，兴会索然，最可鄙者也。

〔注〕：

①“毋不敬”，出《礼记·曲礼》，意谓对任何事物都要存敬谨之心。

②“知非”，旧谓五十岁为“知非之年”。《淮南子·原道训》：“伯玉年五十，而有四十九年非。”言春秋卫国的伯玉不断反省自己，年纪五十岁了，知道前四十九年的过错。时卫俊秀年将六十岁，亦在反省自己以前的过错，他认为为时并不晚。

一九六七年

元　月

二十六日(腊月十六日)

生日,六旬[①]矣。我向来没过过生日,有时甚至于记不得。今天却很愿意吃点东西。其实也没有什么,割了一斤羊肉,如是而已。

回顾过去,确乎跌了几个跤子,但立即又爬起来了,因为肚子里没病。今后但将坦荡荡的态度,安心为农为佳。三余工夫,活学主席著作,足慰胸怀矣。

一冬无雪,今日晚饭时忽落细雨,更为愉快!

农历除夕,夜雪,心情甚畅。房舍,一片恬静,茶声外,别无杂声。想不出要做些什么的好。

翻读主席同海蓉谈话等文,解决了不少的问题。

二　月

十一日

体重一百一十四斤,增加了五六斤,营养有关。月来吃了二斤肉,开了斋。过去我从来也没有这么浪吃过。呵呵!

三　月

二日

自西安归来,连三日夜未睡好觉,大困,昼眠八小时,夜睡也好。

三日

寄西安家中汇钱十五元。

五日

整理书物,心上一片恬静,受用。准备为农,半耕半读,自力更生,学会针凿、木匠、泥工,能作的尽力自为,也是个乐趣。补袜子一双,拆褥子一条。星期日,又是逢集,但没有出门。

八日

寄铭粮票六斤。

十四日

十一日回景村,回得好。昨日来。搞材料。

品德上要骄傲,

智术上要谦虚。

骄傲使人落后,而有些流俗辈,德品恶劣,又不肯向人学习,偏作坏事,一味害人,真不能不使人向他"骄傲",真是可叹!

敢字当头,人人会讲会说,一到事窝儿里,则是怕字当头,言行不一致了!这原因想来想去不外一个:私字作鬼,自己、家族、名誉、地位……等等,都捆绑着自己灵魂,不敢前去。破私之道,只在好好学习马列主义毛泽东思想。道理弄通,有甚顾虑处。

自卑感,随域进退诸毛病也是同一个道理。问心无愧,仰不愧于屋漏[②],有甚立不起脚跟处?

脑子里空空洞洞,什么也就没有了,只想到养胖。这也是私字作怪,要不得。

二十日

禁态，禁烟，克己养廉，自力更生！

二十一日

没吸一只烟，继续下去！有没出息，全看这一着！

二十二日

下午没想到张青林（前文革筹委会主任、高中组组长）来了，一进门不说别的，满口“赔情道歉”的话，整坐了一小时半，说了六七遍，悔恨透了。对于我提出的问题，答不来，只说他是奴隶主义，跟着工作组贾晋生跑。太会修饰了。这不能解决问题的，交待不出灵魂深处的话，会更弄得无路可走！他害得大家太狠了。他硬要我帮助他，还约定一二日内再来，其实他什么不清楚呢？也许还有别的用意，但我的温情主义早打掉了，我只记得鲁迅先生的办法——打落水狗！

他忘记了人家受过的困苦！

书铭（发牢骚）信一件，明日发。附寄女平信一纸。

二十四日

感情太重也是毛病，今后要变冷些。鲁迅先生曰：“连眼珠也不转！”但对自己却不可再太残酷下去了，该改善的要改善。向建设方面想。

二十五日

求顺心，求足体。

海阔天空任心游，力拔山兮为全球。

幸福端赖集体力，无私无畏即自由。（读毛主席诗词偶识）

设法购买毛主席那幅雪地全身像。

二十六日

好几天以来心绪不宁，纠缠在她身上，大可不必，未免太富于神经质了。“牢骚太盛防肠断，风物长宜放眼量”。谨应铭记，改造自己。

二十七日

晨课：每日研读主席诗词一首。

唯物辩证法，试用之，分析认识眼前事物。认识能力。

自□□□，检查自己，树立雄心壮志，制定计划，世界外之世界，修养，立于不败之地。

自慰课：生活有节。

物质的精神的都成了穷光蛋，从头建设。人能有坚强之志愿，则千恶疗愈矣。

随班到望江村植树万株。

多情杀身剂，无欲乃能刚。

邪念一萌动，神鬼在其旁。

抱定革命志，放踵走四方。

行劳天下事，四体永康强。

四　月

二日

（伪自由书——剑青借。）

购买毛主席像两张，愿志之有像也。养其大者为大人。

三日

心地宁静不下来，真是不好。作茧自

缚,何苦?他就是那样性子,幼稚人也。

八日

批判张青林大会,开得好。

思想越来越放开了,大有进步。只是看问题未免太简单化,总脱不开书生气,不好。读毛主席书,只在房子里,不到外间去,不行。旧习惯太深了。

了解自己,自知之谓明,这就要善于作自我批评。

收拾起旧摊子。

沁园春　六秩自庆　一九六七年

转眼花甲,欣逢盛世,梅报春风。顾往昔岁月,封资威压,说甚豪情。破除四旧,大立四新,从兹心田一片红。莫等闲,应老当益壮,为国干城[3]。　生活就是斗争。革命大道上莫从容。便下定决心,不怕牺牲,战天斗地,试比大圣。万水千山,灿烂大地,建设路上逞威风。望前程,高举大红旗,挥斥云中!

九日

昨发西安信,冷冷地。

十日

订《光明日报》一份。

十一日

寄西安款十五元。终日雨未停,夜有电影,惜无雨具,又怕摔跤,未去。

十二日

夜中煤气。记得解小手后,心中十分撩乱,竟未记得是中煤气。日食饼子一个。

十三日

看问题,两种人:一种人以是非为标准,真理第一,有些傻气,古时的所谓社稷之臣,若汲黯[4]者是也。一种人以我字当头,计较个人得失,只要对我有利,哪管他人的死活,像张青林扒手是也。但此种小小,必不会有好下场的。

十六日

阅读毛主席对所作诗词的批注,隽永别具风味,短短数语,沁人心脾,好极了。他老人家的文学学植真高极了。

二十一日

又一次大批判张扒手,连日写大字报,以当控诉。这般孱头,殆不足恃!

自我革命!抬起头来,敢字当头,千恶疗愈!

二十三日

写了一天大字报,撂开了精神的压力。洗衣,整房屋,心宽眼宽,有如获得大解放似的愉快。自明天起转入青少年生活,说说唱唱,烦闷何益也。

二十五日

修改大字报。夜教师大会,继续进行批判资产阶级反动路线的毒害,作了发言。收晋铭寄来的材料一份。

二十六日

全校师生举行批判修正主义反革命分子祁英、董启民大会。整理好控诉执行资产阶级反动路线的贾晋生、张青林对我的政治迫害的大字报十二张,下午老吴帮我贴出去,观者如市。说也应验,一向不和我说话的庆有同学,立刻变了态度,叫起老师来了。资产阶级路线害死人。

自居书城远烦纷，强作恬态慰寂情。
学得哲人甘自苦，亦厌流俗颇自矜。
斗酒李白真狂士，哲人庄生⑤堪为师。
顾影虽多伤情处，愈挫愈奋真良剂。

二十八日

开始作毛主席著作索引工作。细心事，草草不得。再书发言提纲，向资产阶级反动路线开火。久受压抑，如鲠在喉，不吐不快。鲁迅先生曰："不管三七二十一，就应头一击！"怕它甚的。辕下之驹，不过奴才一条，有甚么意思！

三十日

上午写壁报。我看世界上最不怕的人一是醉汉，一是疯子。毛病虽多（例如破坏东西），也有可取法处：有真情，没假气。

有些人不宜交，干脆敬而远之，勉强不得，迁就不得。有些人真是令人可佩，损失一些，也是痛快的。

明日五一，各方面还须加一番整顿。总是严肃不起来！这不好！烟抽得太多，忘记了自己的条件。一到急时，向人看面子，厚颜，不觉耻，何必！批判大会，再准备一次发言，痛痛快快，倒个干净。

五　月

一日

打扫房子，整顿思想，检查生活。

依旧是书生生活，离不开书本，离不开毛笔。

生活散漫，庄生风格，随随便便，未免太不严肃！

烟不离嘴，果真配吗？我只能管人，管不住自己。足见我也不是个多么好的人物。

二日

教书一行，应该上起闸来，年龄大，记忆力差，弄不成了。

三日

容人之量太不够，动不动好气。这方面，浩然真我师也！

钥匙丢了，总是不细心。

上午下午睡眠颇足。

五日

解诗极不易，有正面、反面、表面、深入解；真性、假借语解；总须知其遭遇，乃知其心曲，意指方妥。只摸字眼无是处。

六日

上午继续批判大会，发了言，尚有力量，有真性故也。此事即可告一段落，只待平反了。寄西安汇十六元整，还清零星账目。

七日

星期日，雨。政治问题、品德问题上，万不能大而化之，斤两必须顶真。

一切事靠等待是不会结出果子来的，只有亲自出马，斗他个十数回合，自见功效！到此间已有三年多光景，谁认识自己？很少，疑虑的人却很多，有时真也苦恼。实在没好法子。从上次在批判会上发了言，并贴出大字报，就改变了个样子。前天在中院师生大会上发了言，就更好转了！可见，凡事总得斗争！要靠自己来解放，仰仗别人，万无是处！

生活即斗争，一斗万事通！

书城无好汉，战地出英雄。

十日

发铁夫、铭信各一件。

自得居安资深[6]，左右逢源，

去蔽破私无畏，到处是乐。

张青林对我作了不少坏事，应属令人生气！但实在也是件大好事，因非他这样作，不能给我一发言机会，一发言即便得到群众的了解，百结即解，便无往而不乐了。可喜，可喜！

几部书——原版、翻版。

斗争哲学，人物形象。

十二日

昨天写了些标语，明天开平反大会。所贴的大字报，早晨见一位外来的同志在那里细抄，这就证明生了效。

为大会书大对联一副：

把革命群众打成反革命是刘邓路线的典型表现，

解放一大片打击一小撮捍卫毛主席的革命路线。

十三日

上午十时全校革命师生在县人民大礼堂召开平反大会，参加者有各学校、兵团等单位。“反革命分子”县委书记祁英、刘裕德被押到台上，低头认罪。四十一个革命群众干部站起来了！大快人心。

今后，即应以革命者自居，彻底批判“黑帮”，努力工作！主动积极，关心国家大事！

寄家兄五元。

十四日

在阶级社会里，在每一次社会全盘改造的前夜，社会科学的结论是：

“不是战斗，就是死亡；不是血战，就是毁灭。”（马《哲学的贫困》）

在这次运动中，表现得最为突出。——这是生存的好经验。倘若我没有那次大会上的发言，没有那张大字报，能有今天吗？

战斗！战斗！再战斗！

雄狮，鹰隼，虽属于禽兽之类，然而看了它们的隽态，颇足以减去人的一些鄙吝之心，自有其可师处。人最厌的是窝囊一流！无坚强之志愿的人，应为窝囊之一种。

夜看六六年国庆节电影，伟大的领袖伟大的党，使人多么地兴奋，多么地激动！真是一支人类性、历史性的大好诗篇。

十五日

余最喜读毛主席的日记、笔记、书札一类文章，亲切而最有教育意义，好极了！今早又发现一批这类文献，且调查且以红笔画之，以助笃行。

收晋铭[7]信，即复。盼毛女[8]到太原，来一趟。

十六日

全校师生去小太许村——太子滩挖排碱沟。

十七日

到农场劳动，补洋柿苗。雨。上午停止工作，休息。

心神无往而不泰然，一如三六年大学毕业前后时之情况者然。良慰，良慰！

二十日

百炼身心成铁汉，

三度关山见旌旗。

难得糊涂。（小事糊涂之）

不俗即佳。（装模装样、不真诚之俗）

二十一日

县委宣传部张存良、焦元生（已回侯马完小）取《野草》作。

二十二日

完成主席著作索引任务，费眼力不小。

《新哲学大纲》家琦借阅。

二十三日

昼寝不少，烟未进口，眼力大见恢复。饭宁少吃一口，决不让其满腹。贪嘴，又害健康，亦属浪费，莫大罪过！

二十四日

偶翻傅帖[⑨]一诗，略加概括，成得诗一首。

用心读毛著，仰彼诸有为。

父子得各异，革命以为基。

诸妄必须战，斗心猛自持！

二十六日

下午看大字报，张青林又出了一次，廿张，不少。对我写得特别多，再三表示对不起，赔情。这也够了，还能怎么样呢？人只要认过，就好。我曾在一次教师大会上表示，决不和他计较。资产阶级反动路线害的人太多了！我是，他也是。不过他应该再检查得深一些，接触不到灵魂，不能解决问题。

二十七日

方法的学问——唯物辩证法，认识的能力，创造的能力。用，干。

历史的学问——历史的知识，经验教训。

技术的学问——文学艺术，表达能力，事，理，人，情，景。

现实的学问——实际的知识，懂得世界上的事情。

人的学问——革命家的作风、气态，斗争精神（样板），对人态度，列宁、主席，策略。

生计的学问——生活安排，节约，惜物，时，金（习惯）。摄身：少吃几口，营养好些。

养其大者为大人。

天高地厚星辰远。

夜观晋南杂技团表演，按地区谈，大体上是好的，突出了政治。技术部分节目，精熟，能给人以轻松愉快之感。如足登伞具、耍矛、穿帽子等。书法之道，亦犹是也。不到精微处，难得上品。但又忌流于俗套。报幕人精神奕奕，舒展疏朗，也是可取处。吹唱、表情颇佳，姿致吸人。

一句话，一切被推为上乘的，“自然”二字应是一个最要紧的条件。试看名角把式，可有一个荒唐者耶？但这一点，真也不容易做到的。长期锻炼，素养，功力，一时也间息不得！自然乃能入神。

科学的因素。真，治学，向上。

艺术的因素。美，健，伟，姿致，神韵。少于人，聪明点。我就是做不到。放枪。

革命的因素。敢。

大解放。

心中无物——精神上没有任何包袱。

目中无物——行动上没有任何限制、拘束（如环境、旧势力的捆绑，恶势力的威胁……师法醉汉。）

藐视之——重视之——慑服之。

二十九日

本周内工作安排：

一、书写“控诉资产阶级对我的政治迫害”，装订成册。

二、交毛主席著作“索引”任务。

三、清理书物等。

四、为效英书横联。

踢开小书斋中的个人修养，还向实际生活中的斗争锻炼，时作总结，便是理论，便是长进。

三十日

下午为效英书字二。横幅较工，立条写前考虑不够，写时太快，不称心。今后作书，切忌随便，必须存敬谨二字，乃佳。兴会不到，搁笔可也。

风神，气象，正斜，骨势。

字有李广、岳飞、清照、少游、苏、辛、襄阳、令公。

三十一日

月内吸烟不少，太不像话，下月应有个分寸。

切实起来。

细读毛主席著作。

从头学起！

善于分析一切人、书、事，思索，思索。

样板多得很！正面的，反面的（如老“甄”，正因为他的“小”，就可以引以为戒，偏长出一个大来。）

认识自己。

六　月

一日

儿童节。着手研读毛主席诗词，日读一首，不必多也。兼研其他家，以资比较。

言行切实起来，凡事敬谨起来（也即认真）。

斗争二字，实为医治百病之良药。敢字当头，何事不成！读毛主席谈话、讲话、日记、批示等文最解决问题。

三日

开始整理所写大字报材料，用复写纸已写成一部分，后天即可完成。算是个人的一份重要的档案。洗衣、缝被子，一天未闲。

四日

天天腾出二十分钟时间抄录几句大好诗词之类的文来，革命歌曲也要学学，接受达尔文的教训，人生总是多方面的，太单调,没意思。

十五日

六日随同四十一班同学三十余人赴山底村大队支援夏收,十天的割麦、打场,十分紧张。午饭在焦支书家用饭后,返校。临别时开过会,赠送数语,他们也赠送了我们一面大镜框作纪念。彼此提了提意见,十分融洽。建立了阶级友情。

十六日

洗了大半天衣服,一口气补读了八天的报纸。苏修同以色列断绝邦交,可笑,可笑!今天不是十九世纪了,人民不那么愚蠢了!欺骗有如玩火,玩火者必自焚!

十七日

书法癖深,无可摆脱。每为人作字,书后思之,病在太急,敬谨之意实不够,切须戒之。字亦正如人耳,必须给人以愉快之感,洒脱,乐观,气势大振,富有革命精神者乃佳。一笔一画,无一笔不出于至性。若过事安排,便是死气,最要不得。至入神处,真不可言,非知音者难辨之。

德行道艺,备于一身,有甚可拘处!去私立公谓之德,照毛主席的指示办事谓之行,掌握马列主义毛泽东思想即是道,把文学艺术作为革命武器即是艺。

与丁朱文兄吃了点便饭,他对我够照顾了。

数十年为人书役,今后非至友断不可作此种孽罪。也省得麻烦。青主先生高致,在今日虽云过时使不得了,但在某种情况下,仍有可用之处。如对一些妄自尊大,投机分子,何妨傲然临之。至对一般令我倾倒之人,自须谦恭以对,万万存不得半点失迎处。“视人如物”,应属前一种筲小。

十八日

回景村,玉顺[10]、玉顺女人们大生气,十九日夜大批评了一场,二十日急动身回校,停不住了。今后少回家,也省点钱。胖子病了,不像个人样儿,给了二元,没有了。

二十一日

一直睡到上午十二时,也好,歇过来了。

健壮,愉快,少给人以不快之感,为人怜之,是一种罪过。

中国人骂人,每举出个“猪”来,其实猪也大有它的长处,能吃能睡,所以身体很棒,最后还是为了人。我一向就很崇拜它。因为失眠,食欲欠佳,所以乐意拜它为师。

公鸡不仅可以执行时钟的任务,那样子就很叫人喜欢:雄壮而有气势,减去人的鄙吝之心。

二十四日

饭后拟整理书物,整理整理思想,不必要的东西一齐装箱,能用的书,实在没有几本,何必累心。社会就是一部最好的宝书。

山底村柿树很多,但这里的柿子必须在霜降前摘掉,否则就不能进口了——涩。我们家乡的柿子正相反,过了霜降才得好吃——甜。(具体的事情具体分析)

二十五日

星期日。逢集。上街买扫炕笤帚一把。午睡，什么也没做。下午饭后，将发言稿整理好，了事一宗，算又完了笔总账。

算是在熔炉里锻炼了一回，这也是好事。毛主席说：没有矛盾就没有世界。马克思说：生活就是斗争。所以要想避免矛盾不可能，要想不斗争也不行。这就必须迎接矛盾，斗争前去！检查在运动中写的日记，有这么几句丑诗：

生活即斗争，一斗百事通。

书城无好汉，战场出英雄。

的确如此！古人"儒冠误人"[11]之说，也是从经验中体会来的。

在大运动中，正如置身于大浪中，时时被卷入漩涡，弄得昏头转向，辨不出南北。这就需要罗盘针。这时读毛主席著作，不但得道了罗盘针，还如得道了救生圈，高兴极了。这是我的一点体会，也是个大收获。即此一端，也就□得□了。

要想写的话，实在写不完，再来诌几句为之作结：

用心读毛著，仰彼诸有为。

父子得各异，革命以为基。

诸妄必须战，斗志猛自持。

二十八日

写完"□□斗争史"，订成册子，了事一条。晚饭多吃了一两，很不好受。兼以吸了一支四川□烟，昏了。真是何必！烟必须断了。

从七一党的生日起实行。看。

三十日

通夜大雨，遗病又犯。劳累不可太过。被子可盖得厚了。明天七一，切实从新做起来。一步一个脚印。

道学先生气固属讨厌，太随便亦是无聊！以严肃人又活泼为最佳。我有时忘记了我的岁数。

好多少人，因写日记在运动中出了些问题，于是乎有人就说，以后再不写日记了，未免过于杞忧。那么有些人不是因为说话犯了些错吗？如果因此连话也不说，岂不都成了哑巴？

凡事只要问过心，任他曲为解释，只不过徒劳而已。领导上绝不会冤枉人的，怕什么，我就偏要写！从七一开始，还要更好地写。

七　月

一日

从头越。

读主席《辩证唯物论提纲》，又引起了参考马恩著作的兴趣。连日重温《费尔巴哈论》，兴趣盎然，方法上也有了进步。不必贪多，一日读一二个问题，便够思索了。少而精，最有效。读时，不要忘记现实，以用为主。

上午十时开庆祝大会，并批判了修正主义分子祁英等。

二日

夜十一时兵团叫写大字报，四五个人

写到二时一刻乃毕。上午睡了很长时间。心思锁入在"费尔巴哈"书中,摆不脱。半月内定将这本名著攻透。下午又雨,秋意颇浓。又乱翻了一阵子书,胡写了些胡桃大的字,手腕渐觉熟矣。技艺中事,无别法,多练而已,有甚秘诀可谈邪? 久成习惯,欲罢不能,有如烟瘾非得不可者。

四日

理论的——马列主义、毛泽东思想。

史的——较近的事实。

现实的——当前的政策、主流、形势、措施。

理论的研究不断地把我引向现实的领域来,感到认识与行动之必要,它不会再把我关闭在书斋里去,这是新旧我的一个界限!

认识也是一个力量。

无际的光焰只有把它照在现实的身上才能发生其作用。

革命的力量产生出革命的行为,以各种形式表现之,艺术即其一。

良好的书法单就其外观上,可以给人以轻松愉快之感,产生乐观主义。清刚有力,神彩照人,更给人以革命之雄心壮志。它不是所谓的个人艺术。

行动要有动力,没有动力的动作,有如无源之水,流的流的就中断了。力量就是我们行动的动力。认识愈透彻,行动愈坚强。这亦即有源之水。

(科学性,革命性,艺术性)

五日

举行拥军大会,游行,开得好。

蚂蚁,蜘蛛,蜜蜂,三种学问,最后一种最不易达到。二种也难,事实上贯不起来。

生活上没有计划,就是给钉子制造机会! 何苦!

晚饭吃得少,二两,菜也可口,浑身舒畅,胃口没有负担的缘故。这标准必须长期把握住,要紧。

心有时还纠缠在书堆里,真无谓也! 不如为生活上想想,给孩子们想想的好。(我有我的实际情况。)当然这是个人主义。

六日

研究东西要抓:

一、关键性的。二、盘根错节的。三、浪头的。四、根本的。五、大的。六、主流本质的。七、尖锐的。

说出所以然来,理出个来龙去脉来,寻出个客观规律来(执根),广为应用。

打攻坚战,下久练功夫,稳准狠,毋不敬。

七日

学习毛主席《反对日本进攻的方针、办法和前途》,对照今日的国家情况,时隔三十年,仍有其伟大的现实意义。

有时真的忘了自己,这是不行的! 贺方回[12]的脾气在贺可以,在自己就不可以了!

八日

寄西安家十八元，清山底收饭钱三元。

十日

一位同志从汉中来,嘱写贾平矜兄的材料。他已调汉中师范学院工作。余达夫校长也在那里,任支书。书品三[13]、家书、岳父书、向甫信各一件,发出。

十一日

少问闲事,无益！省功夫,养精神,干干体力活,也少得罪人,何必呢？摄生学、家计学、艺术学学得很不好,从兹开始补课。慰心健体,养大养胖,拜猪老兄为师。

哲学、艺术已成为我的癖好,摆它不开。它给我以力量,也给我以安慰。更其是在今天,未上课,天天就是这样,吃啊,睡啊,有甚意思？心思有个寄托是好的。

十二日

每翻腾一次书堆，心上就烦乱起来，虽然丢得只有几本,不多了。笔记、写作、诗文稿更丢完了！原不必痛心,没有什么。

读过的书能用多少呢？只占了脑子,烂包袱而已。须整顿整顿脑子,理出个头绪,就更轻松了。

听广播中的声音，音色是那样的绵而有感情,暖然似春,不徐不急而有节奏,丰硕亦多力量。语言也须从多练中来。

十三日

马列主义、毛泽东思想,经验越多,越证其伟大正确。

人和人,包括父子、夫妇的关系,利益而已。什么宗教、道德、友谊……都是一个伪字。不妨一律以物目之可也。

仔细研究辩证法，冷静观察世界现象,周密分析之,真是有意趣。须用用孔明的脑子,光靠张翼德使气不行。我就是好动气,得罪人由此。然而还是受不到教训,又好为人抱不平,吃亏就在这上头。

十四日

写大字报九张。洗衣。

昨日起未吸烟,能稳下去。

十五日

几件□□:

保健,惜时,爱物,识时,敬事,自壮,尊人,执根,用机,役书,家计。

十六日

星期日。一天的工作:

哲学的——马列主义、毛泽东思想体系。

文学的——

时事的——

文体的——

静安[14]:“社会上之习惯，杀许多之善人;文学上之习惯,杀许多之天才。”(《人间词话》讲稿)此语最动我心。

周松霭[15]:“两字同母谓之双声，两字同韵谓之叠韵。”

静安:“余按,用今日各国文法通用之语表之,则两字同一子音者谓之双声。……《洛阳伽蓝记》之‘狞奴’(n 得音)、‘谩骂’(m 得音)。两子同一母音者谓之叠韵。如梁武帝：'后牖有（母 u 音，双声兼叠韵）朽柳。'双声不拘四声，叠韵亦不拘平上去三声。凡字之同母者，虽平仄有殊，皆叠韵也。"

十八日

发西安家信一封，嘱问列宁选集四卷本价钱。

十九日

晚八时在中院八大兵团举行捍卫三·一九红色政权誓师大会，有节目。游行后，已近十一时。

二十二日

一个小同学对我说："过去在家怕父亲，在学校怕老师；现在感到除了天大，就属我大……"仔细观察他的身上，的确充满了无政府主义，说走就走，说来就来，比天上的鸟还随便。这是不好的，但我却应学习学习！

大天而思，放踵而行。

无私无畏，海阔天空。

认真二字，拳拳服膺。

我以吾义，草偃风从。

二十三日

作书前，思索不够，落笔后，字体尚未定形，终归失败。兴会不到，决不可勉强动笔。

二十四日

写字一幅，总是不够敬谨，这是病，一直改不掉，应特加注意！不可轻易应酬，非知己者大可不必。

魏碑内容丰富，味之不餍。宜在此中续下苦功。可参使傅山笔意，得到创造性。

日本书法家西川宁等六人应中国人民对外文化协会邀请，十六日离西安赴洛阳。(《陕西日报》七月十七日)

二十六日

"为儒者便不足观"。良然，良然！

今后，无他，唯：

一、锻炼身体，靠劳动谋生，半农半读亦殊佳。

二、墨缘不可离，仍须求精。

三、三年居晋，存百幅。

四、放心舍主，时代精神。

炼体，读报，主席著作，书法，教学随笔。

三十日

本月份又完了。唯一的成绩就是戒烟有效，其次是会读毛主席书了，能在用字上下功夫。

我是个马性的人，胆量不小。在某些方面又是虎性子的人，不像狮子那样有感情，寡一些。但我不吃人。

在旧社会上，我也曾喜欢一些个人英雄人物，如对拿翁即是。至今仍有此影响，不好，要去掉。

重情义，不可改。对无情义者必远之。

三十一日

汉中大学有三个学生，数六八级张忱（洛南）、梁勇（安康）来调查贾平矜兄情况。见拙书条幅，屡作赞叹，再三索要，遂以一幅给之。解同学来，送来效英给的粮票拾斤。他总是关心到我的健康，感激曷似!

八　月

一日

到人民大礼堂听报告,由太原红总站作出。

二日

发翟、王[16]二兄信。

三日

连日开三查会,大家多能畅所欲言。

拟日课:

一、哲理课——世界观,方法论,思想体系,科学理论。

生长作用(生根滋长),透视作用(指针、望远、显微),割□作用(武器),消化作用(化为血液)。

二、现实课——情况政策,调查研究,行动斗争,干。

三、康铁[17]系:书理,特殊风格,至性,情感,神韵,革命性,派势(放诞、拗戕、端方、严威)。

傅系:作人,真,大,敢。

龙飞凤舞,藤萝体,汉印体,苍老遒劲。

四、文学课——司马,鲁迅。

五、拳课——

四日

生活规律化,思想条理化,经济计划化。

只能说说, 我从来就是不善于计划,手又大。

毛主席:健康第一。

五日

上午随教师组、支队游行,分队与井冈山会于大街,双方对峙,井居被动,不支甚。

九日

八月寄西安十八元。

十一日

昨夜大雷雨,好雨,只是太迟了十天。

作一件事要像下雨一样的及时,合乎作物的需要和群众的要求。一失去时机,出力再大,都难以挽回损失,甚至徒劳无功。

十二日

雨。黎明起来,作字数件,愈体会到此中机密,惜难以言传。即此一端,足慰晚景矣。进了小屋成一统,管他甚的。人生能靠得住个谁?

连日开三查会,翻箱倒箧,所谓进步者,偏有些害人虫,私字当头,真害死人。“个人灵魂”!有三四分,便是好人。吁!可叹,可叹!

十三日

逢集,星期日。天半霁,寄意书理,味之不尽。此真余之好友!

十四日

真真假假,假假真真,亦真亦假,亦假亦真。嘴,谁也会说几句,做起来,就不一定了。

晦庵,是朱熹字,颇欲用之,一合当前

遭遇，一为否去则泰也。出身不好，跌过跤子，不能不有界限，何必画蛇。

太消极，何不放下包袱？

十六日

写毛主席最新指示五张。总是多嘴，爱为人为事发不平语，正反映出余之性格。

生性豪放慕英杰，
每嗤俗流殊堪嗟。
晚岁落脱转蓬甚，
把酒看天酹明月。

十八日

遇事，心情总是平静不下来，涵养未免太差。看看毛主席的胸怀，多少事都可付之一嚎！

毛主席引《孟子》："乐大人则藐之。"[18]何况其下焉而又下焉者乎？李白见皇帝如见常人始得成其狂者。人当有此种气派。

二十日

依日课实行。

凡艺术制作称得上杰作妙品的，唯一要素在于自然二字。无论雕刻绘画戏剧角色表演，一切一切罔不如此。自然才见得出变化，变化乃能入神，臻乎化境矣（即书法中所谓之"天"）。然此种境界已为难得。手熟为能，全在功力入手。锲而不舍，真积力久则入，舍此别无妙诀。

自然，不受一切内外主客观之束缚，任性而为，若醉汉之谈吐，疯人之哭笑歌唱，为所欲为，管他甚的。此即绝大之自由，无极限之放肆。此又非有远大之抱负者莫所能。

主席：自由就是必然的认识。

糊涂的人，永远没有自由。他心上怕鬼，就连做梦也不能如意，怎么会有自由？

二十一日

桌椅变换了位置，便于作书，亦觉新鲜。

二十二日

学医，中医：须从内经，金匮，伤寒论入手。

二十三日

昨夜两次大雨，秋天了。

二十七日

连日早晨拳功已成习惯，打完三四套之后，但觉浑身松软舒畅，关节灵活自如，发热，正欲出汗而未出之际，为止，归来擦洗一通，十分舒适。

与吉生君谈，他说早晨空气中有一种"臭氧"，大有益于健康，柏树林中最多，故医院、公园中最多栽这种树也。迟起的人一天吸收不到它，可惜！因亦多病。

抽空就写几笔草书魏碑，于身心亦大有好处。写主席诗词，又作了革命宣传工作，有甚不好。

断了烟，是一件大好喜事！自庆自贺。

细研辩证法，用之于观察分析实际问题，判断一番，学学诸葛的本领，测绘自己的见识。

参加实际斗争，锻炼意志，以革命先哲为楷模。——大。高人。

关住门子学习，不行了！

二十八日

破除一切迷信，先前私心以为不错的革命者，竟至做出令人难以想像的事。为了私心，专门害人，品格极为下流，口头上为人民服务，实际上没有听毛主席的一句话，令人浩叹！不觉不由地要使人高傲起来！如张一流怎么能令人起敬呢？

二十九日

听建忠等同学作传达报告，青年确实是大有可为的，老年人应向青年多学习！卖老不行的。

三十日

在私心各方面作以清理，待送过八月，九月份，出现个新面貌。脱离实际，幻想，大是个毛病！出身不好，历史坏，这就挡住了前途。应“知命”，莫强求。想得天真，难免痛苦找上门来！一切建议，存什么好心，大可不必！

不俗最难（俗物之俗，庸俗之俗）。

作字总是太急忙，缺乏敬谨二字。字体不纯，亦是大病。二者应改之。

禁烟已成功，保不会再犯！禁欲应即开始，摈去一切不正当的念头，庄子所谓葆真也。

三十一日

不俗（高致），不匠（真意），不草（敬谨），作人作字一理。

早晨运动一毕，仿佛用机油新擦过的机器，各个零件关键处无不灵活自如。此种兴奋，迟起人，懒汉鬼，是永远享不到的。夜观芭蕾舞《白毛女》，此舞似可用之于太极，打出风格。圆（润），舒（展），轻（松），健（敏）。

总检查：

本月份，收获不小，可贺！

第一，禁烟收效了。

第二，晨起练拳功，身体大好，未间断，已成习惯，不练不快。

第三，读毛主席著作，能联系实际，在用字上着功夫。

第四，日写字百余，体会渐渐深刻，能和作人化在一块，和革命工作化在一块，不专为艺术，也不专为逞一时之兴。

第五，看报，大感兴趣，关心国家大事了。

缺点：

第一，依旧犯教条主义，好高骛远。

第二，对于一些事理，不闹个透彻，妄听妄信，说不出个究竟，分析不够。

第三，不会应付人，应说的话，算了，得罪人。

第四，遇不顺的事，好负气，偶尔出快语，不慎。

第五，会上，不喜发言：1.不足与壮语；2.自卑；3.扶不起来。算了。

第六，放松了系统的理论学习。

九　月

从头越

一日

农场参加劳动，共教职员三十余人。

二日

逢集。花零钱不少，又忘记了教训。今后改正！午睡醒来，没吃饭，上街买了斤热红芋，算是午饭。近年第一次吃希罕。

三日

时间更好地利用起来！每天学习毛主席著作二小时，其余时间，开会活动之外，全成了空白。一天白费几点钟，太可惜了！应该有系统地研究点东西，哪怕是旧的，分析之，批判之，何尝不好？

整风中把知识分子压得低了些，这次运动中则简直是污辱，这是“走资派们的罪恶”！——从新学起也好。放弃学习，是不好的。午睡醒后，朱老师来，一同出去，吃了两碗炒面。复习了两篇“文心”。⑲

四日

“人情”都是假的！“势力”却一点也不假！有了“势力”，就有了“人情”！

凡事“反求诸已”！

五日

缩手缩脚，顾前怕后，哪能说得上解放！大踏步迈进，独来独往，小天地，傲万物，壮胸怀，屹然乎已如李白之见皇帝，乃称得上个大解放。

毛主席：“捆住手脚的官不好做，我们不做。要做就得放开手，放开脚，自由自在地做……”

为什么？

词，概念，句情。联系实际。化，用。

意想，意会，意境，意思，意味，意象。

根本精神所在，实指。引申的意思。基本概念弄清。

九日

雨。“文心”已研读了十篇，进度不慢。

当用保眼工夫。从积极方面着手，钻研新方术，力见功效！身体之于我，要像操纵机器似的听我装置、使用，说干就干，叫停就停。

人能有一坚强之志愿，则千恶疗愈矣！则前途自创出来矣！

十日

早晨用手用脚，龙虎身体；夜晚用神经，清清脑子。“世界外之世界。”工作全在上下午一天。

早用开水薰眼五六分钟，夜用热水烫足，大利明目。

十一日

太极拳中抬手动脚，要注意虚实二字，各部分联贯一致。

一切无甚稀罕处，平平淡淡，是是非非，忽是忽非，上台下台，荣辱，一个样。

长时间，眼花甚；今日用开水薰眼两次，十分清亮。殆开水之效力邪？饭吃得较饱，又进果子二个，柿子二个。

十五日

随队到街上宣传，在停立宣传时，一粗汉对学生队出以丑语，实是骂分团，余即劝以勿骂，可以提出意见嘛。对方说，不是骂你，争执了几句。事后想来，未免太无修养！没有看清对象。

发翟兄信。收铭信。

十六日

发铭信并寄款20元。晓英来。

十七日

念书不能粗心。自以为懂了,其实没懂!莫贪多,要少而精,弄透,化开,自如,一劳永逸。免得再翻,也省时。道理上化开,头头是道;文字上解透,字字可通,便不黏着于心,放得开,撂得过,交代起,乃称得上自得也。

"放得开手",是指彻底解决了问题的心理状态,不是说看到了问题不管。有包袱的人是做不到这个境界的。

竖得起手,是有把握有办法的气派的表示,如毛主席竖手的雄姿是也。

事、理、人、情、景五者,就是文章的要素。哲学上的认识问题也就是要认识这些。

认清时势,顺天理(自然规律),依人情(群众要求),自然主义,自然乃能入神。做到恰好处。

发铁夫信一件。

十八日(八月十五日)

到晓英校一趟,托给家兄带回五元,写了封信。又给了我四斤粮票,甚感。下午三时回来,睡了两小时。沐浴。天阴,风声飒飒,秋意颇浓矣。

十九日

肝火太盛,遇不顺理事,像火山似的轰然爆作。明知不好,但总止不住,真是无可如何。

二十一日

支队开会,重新整顿、登记。拟了公约、纪律。分:一、观点(政治思想基础)。二、组织(参加战斗组工作)。三、纪律等。三个部分。解放军陈同志讲了些话,甚好。

从实际中寻出问题。自觉遵守,每人发出作用,多和同学接触,坐下来,触及灵魂,搞好大批判,好好学毛著,动手写心得、批判文章。

明天帮灶,起床后就去。

二十三日

夜观山大八一四和驻曲沃海军演出。热烈紧张,十分动人。两老汉学毛选(海军唢呐),又歌唱("八一四"),均极自然,表情甚好。乖巧而有智慧。艺术中一呆板,不自然,就不好了。

二十四日

俗语说"点子不真"(没受过高人指教路数不真),意思是说做事、活路,含含忽忽,没在点子上,应步步在口子上,总是要真切,一着顶一着,一字顶一字,不能不经意地滑过去,飘忽不得。一个演员,咬字不真,路数不到;一个教师,一字含忽,道理说不清,交代不下去,都是点子不真的表现。要踏实,要严明。——"毋不敬"三字,足以盖之矣。

发毛儿书一件,买新笔一支。

学习太原来电:全国开始大联合,本校也联合了,大好形势,这才是听毛主席的话。只要大联合了,对内对外,都可操必胜之券。一向打内战,只是少数走资派大头头搞的，他们害怕大联合。国庆后，全国将会有个新的好局面，武斗熄灭了，革命生产上升了。

昨晚观晚会演出中，海军表演时，一女同志歌唱，走在前场对观众说："唱个歌儿吧。"大家报之以有趣的笑声。家常，自然，亲切而多风趣。比之装模作样，自神其态："我现在给大家表演一支……歌曲。"要引人入胜得多。可以体会到语言的道理。

二十五日

午后雨。收铭信，知其或可与振纪到太原。

二十六日

早起了一小时，读主席"八大二次讲话"——破除迷信，好极了。我过去就是迷信学者大家，这就限制了自觉，胆子不壮了！其实有什么了不起。对于一切。应照主席所说："要先藐视它，然后重视它。"

细看曲中分团和井冈山的曲曲折折的关系，彼此消长、对立斗争情况，详加分析，此中学问，其味无穷。这就是历史。

肝火太盛，多年老毛病端在这条上面。得罪人，犯错，都是从这个根子上来的。何必！少管闲事，少操余心，不好吗？（一时愤语）

二十七日

一切事情都是人我关系，物我关系。人生没有别的，就是要处理好这些关系。这些关系统领着整个的人类历史、自然状态的演变。人做了它的工程师。荀子："人有其治"、"夫是之能参"，就是这意思。

二十八日

广师。抓实际。

过去面向书本子，空里来空里去，从中找天地，盖大厦，立系统，于世无益，只过了个人精神瘾。

今日面对现实，参加现实，两脚落在地上不断碰到问题，解决问题，对人对己大有好处，不空虚了。

二十九日

终日雨。

三十日

准备欢度国庆节，拟书联一副，书大门对联一副。

上午听传达刘格平同志报告。

十　月

一日

游行。年老的留家守护。天晴。小灶包饺子。

字，一看架势，一看气派。姿致，神韵，有一稍差，便失佳致。此中包括书者之全人。学问不正，思想糊涂，人品不高，要想写出几个好字，难矣哉！这不是好玩的。然而难与人言。

明天缝一天衣服，冷了。念书也只是混心焦而已。脑力日差，研究不出什么来了。也不必也。

二日

一学生居然打开女生一门锁，想拿点

东西，当与以严厉之批评。先由老徐看到，张也出面说话。太不像样子。品德教育万不可忽！

六日

寄太原发信并汇十元。

给三一九战报书报头。初写总不得手，大约因午睡初醒，手指不灵活故也。

九日

写了一天大字报——首长讲话等。

作事认真，作人有正义感，是好的。但这类人可惜并不多。一切马马虎虎，顺手推船，过去便算，私字太丰富了。有时会让人不知不觉傲然起来。安得妄言之人而与之言哉？殆知庄生“巧笑不言”之所以出。吁！可怜！可怜！少年得志——其实算什么志——确乎可怕，太沉不住气。

我总学不会人们所称道的“聪明”，火炮性子，遇不平事就暴躁起来，管他三七二十一迎将前去，不好。不为物克，我知道的很早，却一直不会做。

十日

四点多钟就起来，睡不着了。老王的狗不知怎么来了，绕着身子不走，十分亲热，仿佛问早安。这样个小畜生也还会给人以安慰，有的人连它都不胜。

人一被框框束缚住，就不会有发展机会。胎儿长得千好万好，如果不从母亲的肚皮里解放出来，永久说不上个什么人。母亲一旦分娩之后，这才得到露面之日，成了人了，凡百事业从此开始。出世之后，不求上进，不知不觉被一个什么环境、什么旧习囿限住了，也和母体里一样……。能善于迎接新事物的人，似乎没有什么，其实是了不起的。小时记得像我母亲那辈人不愿意放脚，父亲反对剪辫子，都是不愿意迎接新事物的人，所以终于没有什么前途。

我这一方面就很差，惯性十分厉害，守旧摊子，挪动费力，“尚早论”统领着我，“没魄力”束缚着我，“没关系”迫害了我。一句话，不能开展新局面，奴隶主义，随脚跟转。

总须铭记住“革命”二字，则一切病疗愈矣！革命含意无穷，去旧迎新，更为其根本。

社会主义道德品质（革命的）（毛主席：“无私无畏即自由。”），革命的广阔胸怀（像毛主席那样的容量），革命的无畏精神，又为必具之锻炼与素养。

学习马列主义、毛泽东思想，参加社会革命斗争。（攻堡垒，检难点处上，最近在东关支秋收，有些人就怕去，不够）

给毛儿汇款五元。收品三兄材料一份。内有三审王光美记录。仍须寄还，因系借别人的。则此件断不能借阅，一传就会丢失。

十一日

饮食较调，吃的不过量。夜眠甚好，自觉精神非常。

一、马列全书，毛主席著作。（哲）

二、鲁迅全书，足够研究。（新文）

三、屈子、马迁、庄生、老杜、彦和数

种，足够消遣。（古文）

四、傅、康两大系统书法，足以开怀。（艺术）

六、社会：原本书。（行动）

狮虎鹰隼之类虽不过飞禽走兽，但看了大开人心，戒去鄙吝之心。鲁迅有一笔名曰旅隼，殆取此意欤？

天高海阔，一任万类飞腾走游，人亦必须有此胸怀、境象。

十三日

写“对于斗私批修的认识与态度”：1.防修的根本方针；2.大联合的前程；3.最终目的；4.文革到底；5.个人旧知识分子；6.表态：a.学毛著对正自己以为榜样；b.自我批评；c.学习笔记，发言；d.守纪律。工作。交卷。

十六日

侯马十数万人斗王谦，留校与几个老教师写大字报。

在杨处看到《北京日报》讨瞿战报上载有瞿给郭沫若的亲笔信，文辞气态确非一个战士应有的样子，真大叛徒也！他欺骗了鲁迅先生。

不要给人拿主意。干十手活，就够了——经验给我的命令。“不在其位不谋其政。”我以为这话是不对的，但是对了。

实心是好的，但有时则变成了愚蠢！

忘记了自己，只认事实，真理，也会变为犯罪行为。

——这些，都助我越来越“个人”起来！我其实还是个比较私心不大的人。“自知之谓明。”我太不明了！

只顾自己不顾人家，主观主义，我有这个毛病，这就要得罪人了。

做人处事，像走棋，一步错了，影响全局，不易救治。即使可以全胜也要绕大弯路，未免太吃力。前人慎言慎行，良有以也。当然不能小心过余。

读毛主席书，常使我感到仿佛从天上掉在地上似的（因为我遐想），眼光注视到社会上来了。读活书，原本书。

看社会，碰到问题，寻出问题，给社会治病，这才是真知识。这就走上实践之路，感到调查研究的重大意义，得到研究问题的门路，有了针对性。

能把我方、对方、关系方，客观地、全面地、系统地即科学地研究透彻，从而定出计划、方针，这就是大学问、大本领，因为这是办事，是革命，知识落到实处了。

就这样学习吧。打倒学究、学阀什么什么的闭门学法，我会进步。

“没有调查研究就没有发言权”。着实不假！谨当拳拳服膺。眼儿灵，心儿空，耳朵聪，不要两耳塞棉。不管闲事，善观人颜色，和人倾向，摸摸对比力量——观点、策略（手段）、作风，以定其成败。一分为二地看。

十九日

发铭、毛儿书各一件，待回信拟赴太原。

吃饭不多，但胃里颇舒服。这便是养生之道。更为国家节省了粮食。

二十日

每见不顺的事就动气，不静心认真想办法，万无好处。如果这样，毛主席不是天天得生气吗？要善于分析事物，识别人性，分别处理。有些青年教师，就是太随便，欠自重，易取辱，不能怪别人。“而缩”最好名字，给人以力量。

书法绝少应酬，省得精力，免得麻烦，两益。仅自苦也。

二十一日

打破一切界限，什么老师，校长，什么什么地位，全都踏倒。在毛主席思想指导之下，敢说，敢干，敢闯，迈步前去。

“下士闻道大笑之”，此庄生语，极有味道。不笑不足以暴露其聪明的水平。

主席要我们放下架子，但有些人还硬装体面，要维持人已唾弃的余威，大可不必。学工农阶级的一切作风，穿衣，吃饭，说话，种种行动，朴朴实实，表里如一。

“智之所贵，存我为贵”。此虽主观，但仍有其一部分道理，可以制止你的尾巴主义，奴隶主义，独当一面，发挥其主观能动性。

自尊自重，严峻明正，应为必有之态度。太随便，取辱，怨不得别人。

明己少差错。

夜梦四叔来，制服，来即坐，索要干馍，未做介绍，他也不证实人，云吃完即走。十一时半左右。

二十二日

俗话说：“经一经，通一通。”颇有主席《实践论》的一点意思。要了解一个人，一件事，只要参加进去，做一做，就懂了，也就聪明起来了。平时肝火太盛，只是缺乏经验、不聪明的缘故，太急性，太简单化。可是经验丰富了，又易流入世故。“和事佬”，就是这类人。私字多了，为了自己，这是上着，为了工作，这是下着。我一向过于重前者，常吃亏。事后好好想想，真也没有意思处。忘了自己！血统论是好的，对的，但它的习惯势力可不小。应记住这一点。作出好事，它隐藏住了；有了点差错，它就找上门来了。毋须逞强，要好。献策献计，多余！没那地位也。退一步书斋里休息一下有好处，——这是经验教育我的。古时社稷之臣，若汲黯、郑当世[20]，皆资参考。“君子坦荡荡”，颇领会出一点道理来。“彼且为婴儿，亦与之为婴儿……”此亦庄生碰钉子的经验苦语。郭先生视为滑头哲学，尚待考虑也。

上面这种不健康的思想，是要改掉的，不好。在运动中最易产生此种思想。暂时的现象，没什么，它不会统治住我。

二十三日

教了几十年学，够了，要改行，各种本领都要有一点。练好身体，准备体力劳动。最好，少操心，不挡是路子。“要当官，也要当老百姓”。

过去小资产阶级的一切想法、作风，限制了自己，现在打开了，一切樊篱踏得烂烂的，四野、高空、平原，任飞任游，这才到了大解放。经此大运动人人都动起来，好极了。妇人,女子,封建毒物给它毁得光光的。——历史的大进程。

二十四日

傅山书法多狂气、拗气;山谷[21]多豪气;魏邑子造像字多佛气、稚气;鲁公[22]多浑气;北海[23]多秀气;孟頫多俗气、奴气、媚气;翁多儒气。

二十五日

昨今两晨到车站处接铭,不见来,大约尚在太原没动身。

二十九日

晋铭由太原来,住了四天,给我做了件棉裤、棉背心、被子等物。今晨五时半由析文兄送往侯马赴秦。

三十日

买主席满江红横幅一八分,甚快慰。越引起书法兴趣。

三十一日

雨。一个月又完了,不敢算账,什么也没作。

政治、理论、思想。内。

组织、民主、纪律。外。

个人整风,清理一番。下月来个新的气象,新的作风。

下月五号就要下班,怎样教?学?须好好考虑之。总须一字一个子弹,在政治上打个胜仗。教师是宣传家,也须是个战士,——普通一兵。

力促大联合。

大力斗私批修。

十一月

开始复课闹革命。建勋又进入新阶段。

一日

大放晴。细读毛主席关于教育工作的指示,亮了。

人为什么会犯错?"私"字作怪。因了私,可以不听主席的话,可以不顾大局,可以闹派性,山头主义为重,可以打击人家,不论是非,可以大发脾气,妄谈妄动,……多得很。私是万恶之源!

二日

历载日蚀。

针对性——才能少而精,才能集中气力,愤发有为。

倾向性——才能团结友好,组织有力,饱有希望。及时,中肯,恰到好处。

突出政治,分析解决问题的能力,主观能动性。

四日

看了一片社论,觉得写得很好。为什么好呢?因为人家提出的问题正是自己需要了解的或者解决的问题,人家所说出的道理,对证现实,正是如此,所以好。我们说一个医生好,是因为他开的药方正对了病人的症,治好了病,不是那药方上有人参鹿茸。研究实际中的大问题吧,书堆里没货。

顶天——有马列主义,毛泽东思想,

站得高，看得远。预见。

立地——有群众基础，立得稳，顶得住。实力。

六日

偶尔看到嵇叔夜[24]与山巨源绝交书，颇有中我之病处：

“刚肠疾恶，轻肆直言，遇事便发，此甚不可二也。”

“吾不如嗣宗之贤，而有慢驰之阙，又不识人情，暗于机宜；无万石之慎，而有好尽之累，久与事接，疵衅日兴，虽欲无患，岂可得乎？”

二者吾之所短，真没法医治！今而后，当勉于改之。

七日

寄铭汇款十五元。开始上课。

九日

整日大雪。寄茗信并三·一九报，发言稿，简历。

十一日

星期六，学生、教员大部分回家，颇无聊，买酒三两，烟一包。文、臣君等亦弄了些肉，消磨了些时间，极一时之痛快。

十六日

新方向，新成绩，新经验，新问题。(报载)

集中精力，搞主席诗词。

十七日

脾气总是好不起来！昨夜楼上流下水来，正在床上，已睡，问是水？是尿？不答应。火气上来，张校长也出来，说了几句话，而学生就不高兴起来，于是更加恼怒……这脾气总是改不过来。没修养。有时对人疑心，主观片面，也是发火之一因。

耐心不够，说服教育不够！

工作：

专业课——教材问题。(主席思想)

教改课——教法问题。

文化革命课——斗私批修，阶斗。接茗信，明日复，兼寄太原。

十八日

拉煤，和煤糕，出了满身汗。读主席诗词。

从玄虚的世界走向真实的世界。

前者是搬弄教条，读死书，后者是实事求是，研究实际问题。一个对象在书堆里，一个对象在社会里。我多年的生活就是在前面领域中过日子，落空了，失败了！现在得了救，走向了新的领域，落实了，成功了。这便是我读毛主席书的最大的收获！方向对头了。故纸堆里的确弄不出什么来！

医生不能离开病人，这就是医人的针对性。目的是要给病人把病治好，方为良医。药方记得极多，就是不会看病，有什么用？自以为是进步分子、革命者，然而不了解社会，不了解群众，看不出问题，革谁的命？革什么？为谁革？太可怜了！

问题是从实际工作中发现的(空想不出来)，事情全靠人，故须认识人。我就是不识人，因而什么也不认识，连自己也不认识，日子过得糊里糊涂。老秀才，坏透了！没用。社会渣滓！如枢者，何益？吾之目枢，正如人之目我，赶快纠正！

针对性：考虑之，认识实际问题，解决实际问题。国内、国外、个人，都须研究之，解决之，这又引导我更好地读毛主席书了。她是望远镜，显微镜，离开了她，什么也看不见，更谈不上解决了。

外间正在下雨，淅淅沥沥，大约有夜一时了。

热心实际工作，调查实际情况，考虑实际问题，认识实际问题，制定有效方案，解决实际办法，面对现实，迎接新事物！

跟着实际来，打倒玄虚！打倒教条！打倒旧积习！

十九日（阴历十月十七）

开始生火。专读主席诗词，略有收获。每作中配一二段语录。

二十日

夜观新绛毛泽东思想宣传队演出，完小学生，功力不小。

二十一日

报载有六级西北风来，渐寒，垂云压空，有雪意。

二十二日

雪。书法有笔致走势，如文章之有笔路文体然，深入乃能觉得到。

读毛主席诗词，兼赏其草书，凑得四韵：

革命心多妙，主席艺绝伦。

草书何磅礴，诗情倍有神。

苏辛休前辈，张怀等后身。㉕

数篇吟可老，一字抵万金。

二十三日

书法不到青主恣肆挺拔、不见其端倪境界，不足为奇。即必须有几分酒性也。老老实实，规规矩矩，一笔馆阁奴才体，在新社会中，应无立脚之处。

魏之间架，傅之气派。

二十五日

又是雨。

二十六日

鹅毛大雪，檐流不止。缝椅垫一个。

二十七日

数月来，饮食有些乱，忽多忽少，也不定时，胃口不大舒服，应改正。

嫉恶刚肠，随时动火，容量太狭，付之一笑可也。聪明点，严肃。

三十日

发铭信。买毛巾一条，毛笔一支。

十一月尽矣。

十二月

连日集中精力翻阅诗词，期图对主席诗词有深刻的了解，忘了写日记，可笑！

七日

寄西安家中邮款十八元。

八日

李白性格豪爽，喜任侠，诗雄健奔放，极富有想像力。

十三日

几天没动笔，生活乱了些，尤其是饮

食方面，胡吃，肚子很不舒服。明天把菜类清理了，红芋停买，吃素淡饭，少吃一点便好。

十九日

昨夜十时许地震，很猛。

开会时，总怕发言，发了也只取应付态度，对学生没有教育作用，太不好。教师即宣传家，勤务员，还应该是保姆，为什么不说？应即改之。每会应该发言，必须发之。活跃点。

思想上不要包袱，胃口里也不要包袱。前者要善于排解，用主席思想克制；后者要少吃，成顿吃，吃淡食，简单的饭。

早学习郑兆南苦史，上午开诉苦大会，真是一些血写的文章。资产阶级流毒太深了！

二十一日

发铭信一件。

二十二日

如何领会诗？

一、字面会讲解。（文化基础）

二、诗中情景活跃于心。（经验基础）

三、言外之意。（真懂）（识见）

四、吟咏。（引出精神上的同情，扩大世界，勇猛精进，革命大力）（体会，创意，吸收营养）

二十八日

铭来信，毛女十四日到了太原。

斗私批修会继续开，发了言。下阶段须准备一番，彻底解决几个问题。

张兄米、红芋，感激之至。

三十一日

发玉顺等信，托粜粮。买糖块一斤，一元二角，送给文孩。书太原、西安书信各一件。

久居书城壮志消，不为缨紫说滔滔。

兴到挥动如椽笔，龙走凤飞势如潮。

（其二）

秦篆钟王年邈远，师法米黄尊宋贤。

临摹不忘有我在，风格独具横捺点。

〔注〕：

①卫俊秀生于清光绪三十四年戊申十二月十六日，时当公历一九〇九年元月七日。一九六七年为丁未年，若以虚岁算，卫俊秀此年六十岁。

②“不愧于屋漏”，《诗经·大雅·抑》：“相在尔室，尚不愧于屋漏。”意谓即使在暗处也不做坏事，做光明正大的人。

③干城，干，盾牌。干和城都比喻捍卫者。

④汲黯，汉朝的汲黯内行修洁，尚气节，好直谏。景帝时为太子洗马，“以庄见弹”。武帝时官东海太守等职，“亦以数直谏，不得久居位”。后武帝曾对庄助称赞汲黯：“古有社稷之臣，汲黯近之矣。”

⑤庄生，战国时哲学家庄子。

⑥“自得居安资深”，《孟子·离娄下》：“君子深造之以道，欲其自得之也。自得之，则居之安；居之安，则资之深；资之深，则取之左右逢其源，故君子欲其自得之也。”“自得”，自觉地进取；“居安”，牢固地

掌握;"资深",深厚地积蓄。卫俊秀把孟子的这段话概括为"自得居安资深",是对自己的严格要求。

⑦晋铭,卫俊秀的夫人。

⑧毛女,卫俊秀的长女卫臻的乳名。

⑨傅帖,清代著名书法家傅山,字青主。此谓傅山的法帖。

⑩玉顺,卫俊秀之侄子卫玉顺。卫俊秀回乡劳动改造期间曾和他在一起生活。

⑪儒冠误人,旧日讽刺读书人做不成大事。明汤显祖《牡丹亭》"锁南枝"有句:"将耳顺,望古稀,儒冠误人霜鬓丝。"

⑫贺方回,名铸,字方回,北宋诗人,喜谈时事,批评不避权贵,即使权倾一时者,少不中意,也诋之而无遗辞。人以为近侠。工诗,尤长于度词。与米芾交善。

⑬品三,即翟品三,卫俊秀大学时同学,解放后任山西省政协委员,山西省文史馆馆员。

⑭静安,即王国维(1877-1927),字静安,清末民国时著名学者,《人间词话》为其著作。

⑮周松霭,清乾隆时海宁人,工诗文,声韵学,亦为著名藏书家。

⑯翟、王,翟谓翟品三,王谓王中青,都是卫俊秀大学时期的同学。王中青时任山西省副省长。

⑰康铁,康谓清末民国时著名书法家康有为,铁谓民国时山西书法家赵铁山。卫俊秀对他们的书法皆极为膺服。

⑱孟子《尽心章句下》曰:"说大人,藐之,勿视其巍巍然。"意谓见到位高权重的人也要把他们看得很平常。卫俊秀此处引文有误。

⑲文心,谓南朝梁刘勰的文论著作《文心雕龙》。

⑳郑当世,西汉名臣,任侠自喜,好结交侠义之人,其性亦戆直。

㉑山谷,即黄庭坚,字鲁直,号山谷道人,北宋著名诗人,书法家。

㉒鲁公,即颜真卿,唐代杰出的书法家、政治家、军事家。生前以功业节操获封"鲁郡开国公",故世称"颜鲁公"。

㉓北海,即李邕,字泰和,官至北海太守,人称李北海。唐代著名书法家。

㉔嵇叔夜,即嵇康,字叔夜,魏晋著名思想家、文学家、音乐家,出类拔萃的"竹林七贤"第一人。崇尚老庄,讲求服食养性之道。善鼓琴,工书画。有著名作品《与山巨源绝交书》。

㉕苏,谓北宋文学家苏轼,辛谓南宋文学家辛弃疾,张谓唐代书法家张旭,怀谓唐代书法家怀素。

一九六八年

元　月

前言

又是一个新年,一九六八年来到了。

又换了一个新本子,从头写。写什么?什么也写。高兴的,不高兴的,小感想,新收获;抄现成,算创作,还有个人检查,一时之计划,等等都有。"事无不可对人言"。敢亮,敢斗,能改就好嘛。写出来,就爽快了,自慰耳,别无他念。

"无私无畏即自由。"

真是人间大好话,谨当拳拳服膺。

爱我的朋友们,劝我不要写了,免得运动一来,又是整自己的材料。但我总是要写,管他三七二十一,只要问心无愧,自信对得起国家,对得起党,任人猜夺,胡作解释,有什么怕的。何况经过这次斗私批修大运动,人人会破私立公,小丑虽坏,无恶不作,但毕竟是少数,不足虑的。

"错挫明"是从毛主席"错误和挫折教训了我们,使我们比较地聪明起来了……"一段语录来的,我觉得好极了,故用之焉。

日上北窗,风物闲美,恬适之至。

若鲁　元旦

元旦,天气很暖,风物闲美,颇似二三月光景。一天从恬适中度过。染衣服两件,发太原、西安信共三件。考虑斗私材料。钉本子一本。

二日

作了不少书法应酬。

六日

今日仍为个人准备,须在思想上大大清理一番,去旧立新,总结一年来的经验教训,自然也得展望这新一年的工作。

因研读主席诗词,翻了翻苏辛词,见苏词水调歌头有"一点浩然气,千里快哉风"之句(侠客风度,革命者亦当乃尔),悟到做人的道理,要有浩然气,一片气魄,大大方方,须得有以公字为核心的世界观,乃能谈得上浩然之气。"快哉风",一片乐观主义,使人喜欢,也必是从浩然中来者。这又引起了我的一段痛定之后的回忆。肃反前,曾给人写过黄山谷的两句诗:"心如铁石要长久,气吞云梦略从容。"然而一到肃反时,被人胡作解释,说我是什么野心家,心是怎样的恨,真是小人之心度君子之德,可恶孰甚!难道一个革命者不需要远大的理想,不需要铁的意志吗?所以现在便不顾一切地再把它写在这里。是非之心,人总是有的。坏的只是少数。

治林兄为借布票一丈,甚感!

七日(腊八)

发铭、强[①]信二件。另寄五元。昨寄铭二十元,布证一丈五尺,粮(票)五斤。

心情殊不愉快。为强儿冬衣仍未做上,这家人真是笨得可以!少唱高调,先解决几个实际问题为是。

八日

开始亮私。形式上做了些,怕不解决

问题。

今后如何办？须细加考虑。

九日

山色灰沉沉的，雪意甚浓，夜，微风刺耳，关门早睡。

十一日

个人思想上，彻底改造世界观。斗私，斗丑。

人群社会上，彻底社会革命。阶斗，斗坏。

宇宙自然界，大力创造世界。斗天，斗地。

生活就是斗争，一停止斗争，就没有生活。斗争这是大快事。

抓紧毛主席思想学习，想想列宁的影子，多么生动活跃。

锐敏的脑子，简捷的行动，好极了！

十二日

下午收铭信，知十号信、汇票都收到，孩子们都有了衣服，甚慰。毛女已由太原回到西安。

十三日

宋时王安国（安石之弟）性亮直，嫉恶太甚，遭吕惠卿之陷。直性总是不容于小人物的，有时需要放聪明些。

十四日

北风甚凉，但少雨雪。翻读文件之后，复取唐宋名诗，阅读数首，先前不懂得的地方，懂了。何以故？阅历经验多了。

十五日（十六日）

欣逢生辰，值此斗私批修阶段，颇回忆了一番，脾气不好，大是个毛病！没涵养，沉不住气，总是读毛主席书不够，只看看他老人家对毛远新的谈话，自己太不行了，受不了屈，如何团结得人？手也大，手中常是空空的！政治态度不严肃，应注意。

一、学生活，管住自己；

二、学说话，待人接物，安国毛病，应引以为戒；“牢骚太甚防肠断，风物长宜放眼量”，切记。还有列宁语：“发脾气，通常在政治上是犯极大的错误的。”也不可等闲视之。

三、政治生活要严肃认真：

1.掌握毛泽东思想，紧跟毛主席的战略部署；

2.只争朝夕，鼓足干劲；

3.世界观，总开关！大改特改。研究毛主席如何分析事物，如何对待别人（包括犯错误的人）。

“无私无畏即自由。”

日课：

一、红书课——毛泽东思想，辩证法，注意用。文件，国事，政策，掌握大好形势。浪头。

二、拳课：健体。

三、诗词课，日抄一二首。

四、字课，习字百左右。

不要忘记自己，

不要忘记休息！

读鲁迅书，所学何事？不能太随便！他是伟大的革命家、思想家、科学家、文学家、艺术家、诗人！他的过于人处不但说，而且做！不仅博，而且精！真、硬、韧，要学到手！

看问题多么的深透而正确，

做革命工作多么的坚决而英勇彻底，

待人接物多么真诚而平易，

自我批评工夫多么深刻而不留情，

打破派性、私情，只有真理一条，谁错就善意地去批评，谁对就接近之。

十七日

没事可记。看了列宁传，又看了列宁的影片。他那种真诚坦率谦逊的美德，见事明快敏捷的行动，一切一切真叫人喜欢！“打倒空喊家！”我就是会空喊！要做啊！幻想无论多么美丽，不现实总是要不得的！

少说，少管事实上并起不了一点作用的多余的事，了解自己，本本分分干好分内的工作对了。

得体，适时，自然，现实，说也好，做也好，要掌握住这几点，才会有效果。不起作用的举动，就是可笑的。该说不说，该做不做，失去机会，是可惜的，后悔是不好受的。

不说自吹的话(卖弄)，不说没真意的话(粉饰)，不吐伤人的话，一片真气，有利于团结，大联合便好。

十八日

大雪纷飞。下得好！

二十二日

回与不回颇费了些心血，焦急而忧郁，殊不安。下午寄家兄十元，决定不回了。正月十五后再说。

眼花甚。决定从明日起，休息七天，买肝食之。

枣三斤，肉一斤，柿饼二斤。

二十三日

好冥想，好设想问题，打腹稿，不得轻快，最是大病！极须改正。想想吃什么，劳动什么，动动手脚，倒好。

发铭信一件。收铁夫兄信一件，明日发出。

二十六日

起甚早，打折了一番，洗了身子，轻快异常。抄诗告一段落，给眼睛放几天假，搞搞生活。

二十七日

整贴书物，清理思想，良好地度此春节。补发言稿。买白面五斤。

二十八日

补贴书籍(杜诗)，明天完毕。据载，毛主席能背四百多首古诗，真是了不起。这也是引起我补贴的原因之一。饮白水甚多，连日牙痛，内火大。

二十九日(除夕)

依旧如往日的今天一样，忙忙碌碌，扫天刮地地过去，说不清做了些什么，只是房子里清净了一些。到灶上捏了会饺子。旧习惯势力真是不小！

三十日——正月初一日

“心如铁石要长久，

气吞云梦略从容。”

“横眉冷对千夫指，

俯首甘为孺子牛。”

“牢骚太甚防肠断，

风物长宜放眼量。”

一、活学活用毛主席著作，更其是辩证法之应用方面，一步一个脚印，不放空枪，不踏空地。

二、切实执行去年的课八条。

三、学习鲁迅先生。

四、执行对联。

五、文学课（诗究）。

三十一日

睡眠欠足，大约因读杜诗兴浓，所谓“兴来不暇懒”也。决定放开几天。晚饭多吃了几口，后当留意。

二　月

一日（初三）

真也笑，昨夜八时睡下，休息过了。

不外出，整饰精神。

交友如同念书，书不可滥念，人不可滥交。好书须熟读滥读，乃得收益。好人须大打交道，帮助排难，乃能成为知己。

“有所恃而无恐。”恃什么？德？行？道？艺？四者不备，只能感到四面楚歌，怎得不恐？有社会主义道德，堂堂正正，无一丝见不得人处，有一定的马克思主义、毛泽东思想理论基础，还有些艺术制作，足矣。阅大人则藐之，李白见皇帝如见常人，做官如做秀才，[②]倘无所恃，必不能有此气魄。

奴隶主义者缺乏这些条件，矜持不起来，只好仰人鼻息，要不得。

“务所恃”，“豫则立”，[③]“毋不敬”，达矣。学习本领，能力，知来，早作安排（诸葛脑子），临事能认真，实做，还有什么不了的事？

二日

山从迎面起，大雪乱江川。

暖暖远人村，袅袅烟人间。

时闻好鸟声，大地不觉寒。

丰年不待卜，库实好备边。

三日（初五）

春节已过。“一年之计在于春。”一切应该有个计划了。暂时订了半年计划，不必太长。经济上总得余几元，月二十足矣。无得受困，要紧！

究诗歌，慰无聊，别的谈不到。温温哲学。

少管闲事，少说话，不在其位故也。分内事自须做好。

可交的朋友，须帮忙，来来往往，莫太孤。

动脾性没好处，何必？

多研究实际问题，不要老浸在故纸堆里。

熟习辩证法。

大文化运动已年余，应该有个改变。

从明日开始。

狮虎鹰隼虽都是些禽兽之类，但那雄姿气态，使人看了却足以戒去人的鄙吝之心，大有可师法之处。狐狸狡兔虽灵，岂不令人可厌？

四日

认识问题(辩证法)——解决问题(计划、方案)。

目的性——为什么?(公?私?)解决什么问题?

针对性——矛盾大□?(问题?人?)知彼知己,调查研究。

斗争性——战略,战术。解决方法。科学,革命,艺术。

才——实际锻炼,当机立断。

学——苦下工夫,博而能一。

识——料事如神,远见。

德,行,道,艺,——所恃。

胸有成竹,养之有素,不易!好谋而成,临事不惧。

空城楼上的孔明,雍容,洒脱,自然,安详,何等神态!不矜不骄,实是矜骄之至!给对方以极大之威压。

六日

终日看杜诗,有些腻味。晚搞哲学,辩证法,便觉有几分清新。完全两种味道。想到列宁在西伯里亚的学习法,的确不错。不行,还得休息几天,太费眼力。暂行娱乐课。

玉侄来信,粮粜了一百九十六斤,甚慰。已复。寄粮四斤。

七日

知有三:

知古(过去)——依历史考古。

知今——参加社会实际活动。

知来——只有马克思主义能达到这一境界。

整理日记、笔记,择善存贴。

读毛主席诗词偶成:

海阔天高任心游,
力拔山兮为全球。
幸福全靠大家创,
无私无畏即自由。

八日

的确有三种东西在毒害着我:

一、尚早论——常失良机。及时。

二、没关系——太不认真。含忽,笼统。认真。

三、情面软——心太软,不好意思。对事,是非。

九日

恃无恐。诸葛聪。主席掌。

学习:

1.点子真,认真踏实,体会深透,头头是道,路数真。

2.放得开手(交代过了),心上没疙瘩,常觉轻松。

3.得心应手,运用之妙,自如。

入得里,逃得出,化得开,用得着。

十日

连日搞杜诗,大体上可告一段矣。

自自然然,水到渠成,正在时候。火候。

少而精,学得通,一劳永逸,省得再翻书。

十二日

旋律——多考虑,转得开。

贯一律——到后解得通。

联实律——结合现实情况，以便理解。

运用律——目的。

连日窜在杜诗里拔不出来，实在说并非为了什么要研究学问，只是消遣磨日而已。殊不必！搁起来吧。但弄什么呢？找不出个有意绪的工作，这才真是个苦闷。

要从实际上来，你还能干什么呢？

十三日（十五）

战斗课——唯物辩证法。

治生课——经济计划（生计。此课我最没办法，加意改进之）

文娱课——体练、文学、艺术、书写、音乐。

风生课——气态、风姿。

交接课——打破孤独。

博大精深：伊里奇，才。

寄西安款十八元。

十五日

宣布从明日起暂停研读杜诗课。一为休息，二为究唯物辩证法，换换脑子，新颖一番，以免陷入古纸堆里去。

海军同志招集座谈。学习辩证法没有用到分析问题上，总是没学好。要注意应用。

十六日

起得早，到操场打拳，跑，锻炼开始了。

对必定课程日须检查做到几点。

十七日

学习时间太长以致失眠。作歌如下：

甘愿心似灰，四肢软如绵。
身老何所求？倒床即入眠。
一觉到天亮，日高已三竿。
从兹精神爽，直上南山颠。
浩歌虎丘上，俯瞰大江川。
豪右何所取？睥睨一世界。

"自断此生莫下天"，
抱残守缺送晚年。
家住姑射山之下，传言古有神居焉。[4]
肌肤冰雪殆处子，误入凡骨终乏缘。
人间自有人间乐，何必缥缈弄虚玄。

十九日

庄子："介者拸画，外非誉也。胥康登高而不慄，遗生死也……"[5]此数语颇开艺术中神品所以出之妙，门外人不得而知，然亦非深历祸患者所不能体会得出。吾知之矣。"心凝形释，骨肉都融；不觉形之所倚，足之所履，随风东西，犹木叶干壳，竟不知风乘我邪？我乘风乎？"[6]

"官知止而神欲行。"[7]放笔直书，以和天倪，神之至矣。艺术非到此境界，不足为上乘。"不知形体之所措，利害之所存也。心一而已。物亡迕者，如斯而已。"[8]（黄帝）

二十四日

又是星期天，无聊甚。依旧念书，慰其无聊。

了解一首诗，颇不易。一、明本事；二、明作者当时心曲；三、明字面背后深意，即

“空外音”也。

二十五日

洗衣服二件。下乡一行，归来到马号，给铡草，衬衣尽湿乃回。老毛病，喜研究过去的，不喜现在的；好抽象的，不好具体的；爱玄虚的，不爱实际的。

二十六日

开始学习毛主席《论教育革命》。

下午颇烦，没修养，也非丈夫，何其小也！书大字数张，颇得开慰。字，害了我，也得到它的打救了。早睡吧。

二十九日

吃饭不规律，殊不佳，总以少吃为妙。减轻胃肠负担。

三　月

八日

三日到太原，六日回景村，今日来校。

小外甥结婚，送给十元，仍得助二十元，拟即寄出。种种情况，颇多感触，殊不愉快。结婚六七百元过不了关。分家事，亦殊棘手，人性全没有了！为人操好心，讲恩情，大可不必，不必！需改变作风。最好一副兽心！吁，可叹！可叹！尚何言哉?!

灰心，悲观，万万不可！马克思：生活就是斗争。必须斗下去！有作为的斗，空喊不顶事！乐观的斗，从容的斗，诸葛是也。

逃出纸堆，抓紧现实。

通脱点，灵活点，孤僻，过于认真，会吃亏。

作好人对别人帮不上忙，对自己饿肚皮。

十一日

停止过精神瘾式的学习。

减少课程：

1.体劳课。2.辩证法课。3.经济课。（思想革命。文件：姚文元报告。夺权。培养下一代。）

总名：革命的斗争课。

发登科、西安信各一件。明天发梅亭、秉纯信。

到处是势利眼！不要想得太天真。

十二日

参观海军毛主席展览馆。接孙新荣信。

兴会索然，乏味。精神方面没所求的，物质方面缺乏，不会治生之法也，并动物亦不若矣！什么亲、友，什么都没了。借古人寻开慰，其苦可想。

十三日

寄陈登科二十元。

十四日

下午讨论会上，教师中间发生派性吵架。有两个组，殊不好，学生观者如市。势必影响到大联合，根本就没有听主席话。我虽看不惯，但没插嘴，也不应插嘴。若在往昔，必然会参战的。

十八日

昨发铭信，近日又寄钱二十五元。

十九日

脾性不好，有些事，刺激，实在不值争

论，却禁不住冒起来，真可笑！太缺乏“君子”气了。

这人没办法，还得亲自下手，健康起来。牛怎么会让它变成马呢？

二十八日

我缺乏的就是河南人的魄力！有冲劲，不怕苦，胆子壮，生命力极强。一副小车，一口锅，带着娃娃女子，老的少的，就能活出来！我太软弱了！而能有一坚强之志愿，有甚解决不了的问题?!

“文人无行”，的确不假。遇到困难，不想解决办法，写几句丑诗文，哭哭啼啼，闷遣了，便觉身轻心乐，算是解脱出来了，不以为耻，反觉能文，可羞，可羞！

走出书窝子，扔掉笔杆子吧！

纸上多一份，行动上便少一份！

主席说：书读得多了，皇帝也不会做了（大意），真是不假！

三十一日

鲁迅先生记日记，自云为了“备忘”。有些事不记一笔，人家就会谋赖你。真的，他只记得有利于他的，人家的忘了。

凡事要占主动。

四　月

四日

风天。相信：

一、真理——马列主义、毛泽东思想。客观存在。

二、群众——革命的。水平条件。傻子就不行。

三、身体——健康（本钱的本钱）。

四、经济——生活（本钱）。

五、道德——社会主义品质。

文学太空，拟弄弄医学，对人还有好处。

十四日

星期日。清理书物。到此不觉将近五年光景，党和领导上对自己照顾够了，十分感激。一些朋友对自己的关怀、帮忙，也在此一并致谢！教书工作大约从此告一段落。平素对经济不善于打算，生活时时陷于困境。今后对于什么研究、读书，坚决摒而去之，转变方式，顾家为先。

社会上的事就是这样，人间就是这样。

脾性要改一改，何必外添不应有的麻烦，做个没出息人，□不具道。一等没出息，一等幸福；二等没出息，二等幸福。逆来顺受，随遇而安，最妥。

李杜大诗人，结果不过落得个穷字。后人对他再纪念，于他何益？大可不必走这条路了！

“自知之谓明”，放聪明些吧。

如此年纪，到今日才得到这般认识，亦一进步也。

扔掉书，放下笔。

收铭信一件，关于女女婚事的问题。已复。

十九日

收茗信一件，女女与魏大约可成。已

复信。

即将离此返里，教学工作可告一段落。

今后如何生活？须作彻底计划。

二十日

寄西安二十元。昨发一信。

社会上一切事，久经世故，自可了然于心，没奇怪处。只怕自己素无主宰，随域进退，心神无定耳。自知者不求卜，信神信鬼者愚蠢人也。

二十三日

知己无忧，无怨，也即是自由。

多年研习鲁迅书，更慕其为人，但一到事实上就是学不到，与庸俗无异。仍须下勉行功夫。乃知作一个革命者，真不容易。

二十四日

雨，春雷初响，门窗震动作声。

发铭、铁夫信各一件。

决定不作脑力工作，收拾田园，自耕自食，时还读书，度过余岁。令公生活亦殊佳。

六　月

十三日

连日细读毛主席诗词，偶成数句，环境逼出，借以振奋精神，其实世界哪有此等英雄？凡豪语须打折扣。六八年六月十三日于西安。

渔家傲　六八年六月十三日作于西安

臂如青铜志如石，
我自秉有浩然气。
西岳巍然碧空立，
振铁臂，拔山盖世嗤楚羽。
一生自措命定矣，
自苦为极师大禹。
排除万难如卷席，
看来日，老树发花震寰宇。

七　月

十一日

在西安住了整一月，六月二十日回到曲中，二十二日返回家乡。连日粉墙，自力更生，居然学会灰墙了。

人都是逼出来的。

房屋收拾得很整洁美观。

淘麦子约四十斤，即单独做着吃。

拟每日下地二晌，学毛主席著作一小时半，专业课一小时。

十五日

正式开灶。磨麦三十九斤。日劳动二晌，休息、学习一晌，安排甚好。劳逸结合，两益。

十六日

玉顺拾来柴一担，倒炭一筐。

二十四日

成诗一首：

好心博得伤心泪，何必为人惹事端？
人间本一斗争场，纵有菩萨亦枉然。

骨肉之情等粪土,路人白眼何难焉。

从今大伸达氏志,落得孤独也自甘!

二十五日

生活秩序已上轨道,身心两安,殊佳。惟仍乏计划,有得过且过之倾向。因循老病未能根除。纠正之道:

一、树立马列斗争精神。原则问题,断不可放松。

二、脆快,说干就干,决不推诿。

三、豫则立,凡事早作安排。

四、不轻动肝火。

五、经济须考虑。

六、不随域进退。

七、我行我素,自立作风。

书法之理,有放纵与凝敛二途。放纵给人以豪迈之感,富有英雄气概;凝敛给人以紧凑之感。各有其优越之处,难说谁优谁缺。总是先放纵而后凝敛为佳。不事放只求收,落得小器。不收只放,亦易流于空疏,也不见佳焉。一时体会,不见得对,偶识于此,作后检查也。

二十九日

昨午,侄辈又是大吵,无味透顶。分家事已不可再事拖延矣!倘不早办,势必出事。夜失眠。

拟就近发治林、老朱、仰文、清亮、长昭(?)、老高、老常等信。

三十日

得茗信一件,及四元。

三十一日

金录兄来,解决分居事宜。初步原则我得三分之一。整日未出工。

八　月

一个月又开始了。决定做二十天后,着手整理个人材料,清理思想,再振作精神。为前途开路。

五日

昨下午,见有百万蚂蚁搬家,慌慌张张,一如避难似的。由岩下往岩上,两地相距三丈许,似乎很有计划,预先作了安排。今晨雨,蚂蚁也懂气象耶?拟再作分居事,落实。或上山打柴,补衣。

六日

发铭信,寄布证丈一。付爱民兄信一件。

参加劳动已一月, 身体由较胖到瘦弱,又转入结实,不觉馁矣。锻炼出来了,此为一大进步,收获。

七日

从来看不起钱,却常受到它的制。更其老年时期,又真无可奈何! 莫说什么本领,即有点本领,又能做些什么?书总是死的,帮不了多少忙,甚至于还有害。吁!可叹! 书生何用? 无怪古人要投笔从戎也。

有关负责同志:

卫是 1963 年来我校任代理教师,现本人主动提出回原籍工作。我们同意这一要求。兹将本人有关情况介绍如下:

在工作上,一贯较认真负责,兢兢业业。

在无产阶级文化大革命运动中，能同革命造反派站到一起，政治观点比较明确，拥护中央解决山西问题的“七月会议纪要”，拥护省“一·一二”，晋南“三·一八”，曲沃“三·一九”红色政权。特此介绍。（印）

曲沃中学革命委员会　1968.5.15”

十二日

二三天来，饮食不注意，剩饭，凉菜，肚子坏了。须大留意。不是年轻时候了。对一切不合理之现象，没有什么客气处。冷即是热。严肃应大于活泼。

雨。金录兄等来，为分家分书写好，按三分之一的比例分的。也算了事一宗。

拟写“醉歌行”。

身体已复健康，食欲振，能劳动，快事也。

既属人类，应当重人格，永保人的身份地位，不容邪气侵人。

“没有矛盾就没有世界。”（毛主席话）故应欢迎矛盾，战斗之。不容退缩。

永远立于不败之地，不是无条件的，第一须站在正义的一面，第二要有能力，第三抓时机。

十三日

黄昏雨中，到太柴搭碓子，磨面四十斤，交费三角。

十四日

黎明回来，昼寝近半天。略事整理，做饭，洗衣。

十五日

康字以气魄胜，于开朗，醒稍，堂皇，敏快，柔靡，纤巧，是其不逊处。大家姑娘。傅放肆不拘，快笔走马，书中之英杰也。

下午大队社员大会，阶斗动员。开得好，群众觉悟高得多了。干部讲话都有一定水平。

十六日

日诵毛主席语录三则，检查个人思想作风，情绪好坏。

劳动三晌太累，时间急促，也赶不上，决定二晌足矣。

接刘向甫校长信一件，责以没去看他，作复三页。明天发。

十七日

说话仍嫌多，须戒之。不接人话尾。助声势最不好，应大忌。端庄严肃，不苟然诺，语必负责。

十九日

到镇上集发信五件，刘、晋、仰文、老朱、治林等。

二十日

老孟说过：“养其大者为大人。”虽属唯心之论，应有其一定道理。胸怀祖国，放眼世界，便是“养大”，跳不出私字，便是“养小”。

凡事正正派派，一心为公，听毛主席的话，则千恶立即疗愈，有甚打不通处。路路畅通，便是最大自由。

二十二日

书法中若缺乏感情与生命力，便难得

称得上个佳作。有了情感,自多气魄神味。生命力乃其灵魂也。能否感动人,全在于此。专务安排,庸俗所为,万无是处。

二十三日

书法佳境,已有几分体会。熟能生巧,别无他法。

二十四日

雨,大约可以连阴起来,好极!收到铭寄来的林副主席讲话一份又信一件,谈到毛儿分配工作问题。

黎明起来,闻雨声,睡不住了,乱翻了些书。

又唤起研究的旧情,但兴趣低落了,而却增长了矜持之意。不甘流于庸俗一途,亦未始不佳也。

二十五日

日记乱写,没耐心,不严肃!想想鲁迅先生。

精深工作——学问?时时不舍地理解。

整顿工作——每十日清理检查之。

体功工作——健康。

生计工作——

交道工作——尚友。

认识世界——方法(辩证法)。

创造世界——能力(技术)。

胆识,自由,自壮,自负,自适,必胜。乐观精神。

二十七日

雨,终日未止。好极,麦种可放心矣。乱翻书,情绪亦较纷。凡事脚步一乱,就不好了。

二十九日

晨上山翻地,较水地劳作更见兴趣。既为锻炼身体,亦须天天一去也。

书法中各有气味:傅气,康气,田气[⑨],魏气[⑩],黄气,章气[⑪],于气,郑气[⑫],各不同,李气[⑬]。

读《论共产主义社会》一书,颇感兴趣,引动我更加走向实际,较之读旧书,生动多了。须于每一问题细加钻研,对正现实解决问题,要紧,要紧!

胃口转好,晚饭大增,吃馍两个,仍不满足,不敢吃了。一为怕吃坏了,二为节约。

三十一日

胃口不好,原因:

1.早吃凉馍;2.有时吃剩饭;3.有时吃得多;4.喝水少;5.吃饭无定时;6.饭有时不可口;7.将就;8.太假;9.营养不足;10.休息不足。

九月(健康月)

一日

决定日劳动二晌,不必多也。做饭赶不上,精神太紧张,来不及。牙齿不好,影响到肠胃,须细嚼,不必急急!现在是要对付自己。

二日

垂云欲雨,总不能兑现。肠胃仍不好,食欲不振,前几天吃坏了,拟用二丑泻之。

饮食须谨慎,为要。阅三五日内收苞谷,切盼,切盼!喝几顿苞谷糁米汤,换换口味,会大好起来。

三日

鸡鸣而起,睡不着了。想到需要一张写字的大桌子。只要桌面子做好,腿子好办。新式活动腿,方便省功。书籍也要有个固定放处——书架子一具,方好。

要奋发有为,积极干建设事情,不能只消极等待,得过且过,这样永无发展之日。我多年就是限于后者,大不妥。

精研毛主席著作——这是革命的学问,斗争的学问。与天奋斗,与地奋斗,与人奋斗——认识的学问,方法的学问。她的对象是现实,没有半点空想的地方。她要给中国人民治病,给世界人民治病。她使我惭愧,给我力量!

换绿豆五斤(七斤麸)。

四日

能喝水,胃口好了。饭不能胡吃,不成个系统。要配好成一套,什么样的饭,配什么菜,一定的。量宁少些,切不可过量。

五日

晨午均割草。

六日

肠胃好了,知道饿。瘦了不少。已有二十多天肚子不好,如何不瘦?须补充,休息。

趣:

益趣——革命事业,生产经济,革命的现实主义。

意趣——幻想家的世外桃源,研究。

艺趣——艺术家创作。

审己(总结):

一、不工作了,下了台,又犯过错,年老,能力衰退,经济困难——这些因素都是不利的。

二、所好半生没害过人,自信品格不坏,群众印象不错,稍有点长处,有好的社会关系,别人还不一定欺侮。房舍够住。

三、孩子们不错,都大了,须办的事还多。

四、老丑没用,免辱人,故须:

远人,矜肃,修德远辱。

务实,经济上着眼,自力更生,立于不败之地。

善自保健。

早零食馍一个半。二次背了百斤绿叶。

展阅碑帖,颇多系人处。此中天地,颇难言,亦不必为人言也,傅、黄、康,自属豪放一派,而傅尤多奇姿,亦傲亦拗,不可制御,而藤络之态致不可一世,境界极大,莫知其端倪,殆神品矣。康出于魏,比之宫廷北堂,广阔排场,有大人气象,雍容自若,娟秀可风,是其贵处。黄则高瞻远瞩,器宇开阔,如纵壑之鱼,莫得范围。舒展沁人,天之骄子也。三家者,其中含有多少做人的道理!以故正不必轻易为人作书也。敬谨是意,至当奉之。

七日

农备:镢,镰,篓,绳,锨,足矣。书包。

晦安日课：

神机并妙用，担水及砍柴。

既耕亦且种，时还读我书。

坐地日行八万里，巡天遥看一千河。

运筹帷幄，致胜千里。

自力更生，立于不败之地。能勤小物，外力于我何有。

知彼知己，为展才能，提高意趣，改善生活。

一、革命课：哲学（马列书，毛主席书），分析具体问题，能决之。一分为二的方法。

二、专业课：文学，会读会写能力。尚友。

三、娱乐课：书法（使日帝“书法家”震惊于解放的中国人民之伟大气派）。

四、生产课：（技术课）谋生保健。

五、烹饪课。

四态度：

一、玩世派（庄。六朝名士之流。）

二、益世派（墨家者流。）

三、用世派。

四、创世派。

人一进入老年时期，就算交了厄运，莫说外人看他不起，就连亲生子女，也不给予一口顺气的，甚至长年不理（如果是教育他我赞成），恨得入骨。家兄就是这样一个受罪者。猫一到老就要吃它的新生子，人却正成了个反比，儿子吃老子，哈哈！真是惨绝人寰！达尔文大约还没观察到这一事迹。不必写了。

雨。分到苞谷15斤穗。两个多月来，只吃麦子，腻味得很，可以换换口味了。明日且吃顿苞谷糁子，豆角谷累。

八日

大雨。这才吃了顿农家可口饭，马齿团团，柿馍，谷菜。量合乎标准了。二十日以来食欲不振，饭量大减，无怪乎瘦了。当加紧恢复，为大力劳动。

体育理论讲得再通，就是不上操场，何益？要做！

“不治事”，我就是这种人！可叹！

“世界外之世界”，想得多，社会上之事物做得少。

九日

晚饭：拌汤，馍，吃了顿舒服饭，少吃了几口，更觉贴稳。

一个经验：老年人牙齿不好，胃口负担重了，日久消化必不良，影响健康。救济办法：饭后，口里噙一块干馍，慢慢嚼咬，口液生多，最助消化。不可如何？（因在地里啃甜甜，一时啃不下，口液滋生甚多，咽之。归来食欲大振，因有此体会也。）

十日

黎明倾盆大雨，满院积水如池塘，屋瓦亦有数处注漏，到收拾时候了。小门迟迟未分，坐观失修，真不知如何打算。天晴后，西房先得收拾一番为要。厅堂亦须作计较共同修理也。

写家书、二刘信各一件。原拟赴县赶集，因雨，止。为某女书枕字“斗私批修”、“忠公用”一对，并作勾勒。

遂良、李北海字均秀丽可喜，不失大家，可参考。

志正体直，手熟为能。

文章波澜阔，书艺云天高。

狂夫动如纵壑鱼，无私无畏有神力。

生慕李白性放诞，更喜汲黯方且直。

放性切直偏多乖，二子行径岂我欺。

自悼愚戆莫由改，一任梅花碾作泥。。

愤语：

翻手作云复手雨，人情不过一张纸。

反噬不念骨肉亲，天若有情天亦泣。

多言不如守口瓶，任尔鸡斗洒毛羽。

进了小屋成一统，管他南北与东西。

我本一片公，不知何谓私。

安贫而守道，忘食又忘衣。

自苦以为极，甘之味如饴。

每见贫苦者，周济为酸鼻。

事实教育我，还得顾自己。

十一日

续雨。黄昏时分，犹滴滴作响，颇有节奏。碾苞谷，做饭吃。仍乱翻书，殊无条理。

十二日

既不能为众服务，当思独善其身，为个人王国打算。

十三日

天放晴，晒衣被物。□稻草，洗衣不少。整顿了一番。

十四日

到东柴，秉纯兄给来些小米(一老大碗)，取来二十三元。发二刘、铭信三件。又见到扶青，约后天来，借帖。拟着寄文件纸，"野草"、杜注。

一、整房屋，瓦，取之，院子。

二、炒面粉，油茶。擦疙豆，糖糕，枣枣馍，(窝窝)托托，拍椭，谷累，馒头，炒面，糖精糕，焖饭，煮谷累，包子，饺子。

〔注〕

①强，卫俊秀二子卫强。

②"李白见皇帝如常人"，语出清傅山《霜红龛集》卷三十六，原文为："李太白对皇帝只如对常人，作官只如作秀才，才成得狂者。"

③"豫则立，不豫则废"，语出《礼记·中庸》。"豫"，事先有足够的准备。

④姑射山，在临汾市尧都区西，延伸到襄汾西北，山上有仙洞沟仙居洞，传说古时是一位神人居住修炼的地方。庄子《逍遥游》曰："藐姑射之山，有神人居焉，肌肤若冰雪，绰约若处子，不食五谷，吸风饮露。"

⑤"介者拸画，外非誉也。胥靡登高而不惧，遗死生也。……"语见《庄子·庚桑楚》。介，一足。介者，被刖去一足的残疾人。拸，去，不要；画，法度。拸画，不拘法度。非誉，毁誉。胥靡，服刑的囚犯。全句谓受了刖足之刑的人，大可不拘法度，将他人对自己的毁誉置之度外；服役的囚徒登上高处而不存恐惧，因为已经忘掉了死生。后卫俊秀以"拸画楼主"作为自己的斋

名，表现了自己虽受到深重迫害，仍要我行我素、奋力向前的坚定志愿。

⑥“心凝形释……”，语出《列子·黄帝二》。

⑦“官知止而神欲行”，《庄子·养生主》记庖丁解牛结束后对文惠君说：“方今之时，臣以神遇而不以目视，官知止而神欲行。”意谓其虽停止了耳目器官的活动，而心神仍在从心所欲地运行。

⑧“不知形体之所措……”，语出《列子·黄帝二》

⑨田气，言田润霖先生的书法的风格。田润霖（1900—1957），字羽翔，卫俊秀大学时期的老师，民国时期山西著名书法家，工于多体，与赵铁山、常赞春、常旭春齐名。1957年错划为右派，被迫害致死。

⑩魏气，指魏碑书法风格，这里泛指北朝时期的书法。

⑪章气，指章草书法的风格。

⑫郑气，指郑道昭碑刻的书法风格。

⑬李气，指李北海书法的风格。

一九七一年

三　月

六日(十日)

大雪。到西辛店表兄家,无事排闷而已。

凡"难受"二字袭心,总是有恶处。倘自信问过良心,见得起人,何难受之有?我的"正义之神"[①]给我以力量,震破一切加给我的世俗之见,从而引出坚强之志愿,则千恶瘳愈矣。家事今后不再上口,渺小得可笑。

艰苦奋斗,自力更生!不能乱求神!问卜、打卦,只能反映脑子不清醒,连自己也不相信了。要站起来。

沉默,严正,怀谦,务实,正正派派,永保常态。理直则气壮,艺高而胆大。读鲁迅书,所学何事?!

社会上看戏的人多得很,只好不开戏!

七日

磨高粱16斤。

学习唯物主义辩证法,趣味与日俱增。系统地学,零星地用。用时即学,可以解决问题;不用时常学,可以究明其原委。纵通横贯,了然于心,亦一大乐也。

九日

雪。昨打柴,下午整地。大约太困了,又食高粱面,少饮水,以致脱肛大犯。晚保林来拿药两包,深夜方大便少许。今日饮水不少,便血不少。

十二日

寄西安家三十元,并信一封。浑身乏力,因便血故也。明日磨谷面。整天为了吃而误工作,殊乏味。心情不佳,当即请"快乐之神"[②]来也。

与病魔战,抖擞精神,眼前便出现一片春气,何苦之有?

十三日

便血甚多。便则利了。

考余平生所为,自问上可对天,下可对地,中可对人。深夜藏匿越狱共产党员杜连秀;挺身探望作家(郑伯奇[③]为胡匪捕去)眷属,倾囊济其幼子;徒步四十里回王曲,拉拢毋明都深夜贴标语,大写"国民党不是东西!"……出死入生,对起良心了!然今日落得如此,尚何言哉?!

见义勇为侠客志,顶天立地慨而慷。

何求?如此足矣。何往而不乐。

十四日

到浪泉,买耙子一把,3.3元。便血,精神欠振。偶尔感到无聊。

昔慕学者、哲人、大诗人,今仍之。亦但愿如此。

本不拟再写什么日记,但不写真过不去。它是朋友、良师。有些话无可告处,只有告他,倒可得到些安慰鼓励,从而上进。

人?书?事?理?情?

反求诸己!

庄列哲学误人不浅,但难免堕入此途!连儒家气味浓厚的杜工部也要叹出"儒术于我何有哉?孔丘盗跖俱尘埃……"[④]

的诗句。我最怕的是庸俗、顽劣！讲不清道理，泼妇式地胡来，真没法子。前者是剧场偶像，后者是老子天不怕，摆母猪阵，可奈他何？

十六日

碾米。

十八日

大便已利，而出血仍多。出工三晌，管他娘的。

心情好。

“作文章要有气概。”（毛主席语）写出字也要有气概。作人也同样。人无气概，像老母鸡似的，窝窝囊囊，有甚人味。

十九日

便血见轻，胃口大好，食欲大振。

接铭信并《红旗》二卷，甚慰。

二十日

血似已止住。十一天亏血不少，难怪两腿无力。

严肃得还不够！“冷眼向洋看世界”，做到此神气方足。义来义去，否则，当以冷眼。

二十二日

发铭信。压面条三斤。闻振玲来东柴，到史村去了，为了工作。割血七两。以便血体重104斤减了2斤。

二十三日

读鲁迅书，非尽学其文，更重要的是在学其人。严肃认真，决不能随随便便。尊重别人，亦必不容人无道理的污辱。凡事首先察己，再讲道理，不冤屈人。正正派派，一派气概。人格上站得住，道理上讲得通，事实上说得去。

二十四日

笔有力笔，美笔，神笔。

二十七日

上集买果子露片36颗，润肠以通便。高粱面简直不敢下咲也。

二十八日

上下午二晌。为学校写字。

二十九日

昨今为学校写标语，开大会也。

三十日

下午在学校写标语。杀鸡一只。便血太多，只好害鸡命治我病，这也算是自私也。我一向认为我还公，这能说公吗?啊唷!左腿大痛起来，右腿却好了，它们还换班。

下午一晌。条交立家。

四　月

一日（三月六日）

决定立即安装布置好隔壁房屋，拟名“红书屋”，好好学习之。写《矛盾论》疏解。对象：初通文字者，即使文盲一听也会懂。毛主席指示写“实际哲学”，即此意也。

决定工作二晌，学习一晌，如此身体好，学习也好了。

二日

磨白面十数斤。

四日

早打柴。午雨。正好念书，亦一乐也。

七日

大风，冷。脱肛又大犯。干一晌活，要下好几次，真苦。下午不能干活，只好看书，哲学、文学间读，互有佐证，时有发明，乐哉！此即是福分。

八日、九日

没事可写。

事理，人情，物景，三者或云六者，包括尽一切文章内容。

十二日

雨。闭户读写，哲学、文学、书法三者足慰胸怀，乐不可言。

此中饶有百种兴趣，非外行人所得领会。昨发茗信。

好作品：

政治性，思想性——工人阶级需要。

革命性——斗争精神、时代精神。

艺术性：1.自然（天），不做作，不粉饰，真朴。2.形象，生动。3.气概（大）。4.神韵，一派天机，味之不尽（深）。

十四日

做门已开始，拟三、二日弄成。钉马眼，安装好，然后灰墙壁，糊顶棚、窗纸，布置好，建立一"红书屋"，大力学习之。振作一番，亦远庸俗之一途也。不然，庸庸碌碌，白过日子，真不像话。

十五日

大天而思之⑤。"巡天遥看一千河"，以宇宙为家，万物兼备于我。"冷眼向洋看世界"，目空一切，社会主义道德顶天立地，谁命我？古今大哲人，旷达盖世，旷然大公，莫之能御。

点子真、放得开手、有把握三者，学习一切东西，能达到此种程度，足矣。经受高人指教，不含忽；学得透，没疑难；学到手，心中有数，得心应手。期如此而能如此，天也。官知止而神欲行。

十七日(23)

买石灰40斤，刷家，整卫生。大学习，大振作。

昨得铭信，改变了我的观念。树儿事，户口是一问题，我也有意叫孩子们回两个了。我一人留家，以后颇有困难之处，想来确乎得个解决途径也。这些问题过去从未作想，不是作法。念书人真没办法！

十九日

刷房。明日再刷一房，合乎科学、卫生、艺术三标准，便可振作之。要活得像个样子。有趣，决不为庸俗所同化，相反地要感化他们，影响他们也学习。毛主席说最重要的问题是教育农民，便是这个意思。

二十日

刷房告成，只剩安门了。

二十三日

性子仍太急，沉不住气，发火，最坏。从容、自然，不易做到。

二十五日

脱肛大犯，下午大睡，未出工。醒后收拾门，明后天要安上，就可以学习了。

尊重真理，尊重人格，好好学习，好好工作。敌视悲观、暮气，"心潮逐浪高"，天天向上。

二十七日

为人不讲方式，只凭一个“诚”字，动不动得罪人，不行！步子一不到家，人家就会怨！真是笨伯。暗里给操好心，白费了心血，也不行。最好孤守一城，一切不依人成事，乃可。

孤军作战，独当一面，艰苦奋斗，自力更生。

二十九日

毛主席说：“没有矛盾就没有世界。”人生就是和矛盾打交道，就必须斗争，时时斗，长期斗，烦恼不能解决问题，且有害于健康。应力减愁字上心头。

最怕的是“病”，余皆不足虑的。

命是什么?机会耳，并非所谓什么“八字”带来的，这是胡扯。人定胜天。

一切事，不做便罢，要做就放手开阔做去，活得痛快。缩手束脚，顾前顾后，有甚意思。难什么时候也难免，走路有时还有空气的阻力，何况其他?

五　月

六日

连日为晓英家帮忙。“红书屋”已整顿好，可以大力学习矣。

九日

上集，到邓兄家。又是过分地款待，老朋友，老同学，关系究竟非凡，愉快不可言。静候少凡兄回信。

十五日

整顿房屋，大体上就绪，只剩床板了。

按时探究哲学，以《矛盾论》为中心，每天解决一二个问题，半年内全部能比较地弄懂，足矣。

十七日

从后日起，到队工作。明日休息，打柴，洗衣。

二十一日

立意写《矛盾论》注疏，不免会弄成书本哲学。应当先在实际工作中体验到的，记录下来，那怕是点滴。这样会有人看。从一些具体事实上说明一个基本观点和原理，就落实了。

二十二日

若谷。无知，莫自炫。玩不失道。

二十三日

磨包谷面 10 斤。戏作梅一幅。书毛主席咏梅词一首，以自慰。

艺术真天地，劳动好世界。

精神生活正式开始。一、专攻哲学，联系实际，解决问题。二、专习画松梅、书法。敬谨落笔，不许稍苟。丑拙古朴，瘦硬有神，奇正变化，务臻“天”字境界，不俗为得，尽力表现出毛主席诗词精神。为革命而学艺，不得存一些消遣心也。

二十四日

分芋叶 27 斤（大队）。

书字要纯，作字宜谨（持重，不苟），变、神、奇、正并用。天，妙不可言。

夜持灯取柴，一枝柴影从粉壁上映出，真一幅神画，良为范本，何必学什么古人糟粕画谱耶?乃知板桥画竹之师承也。

志正体直,手熟为能。理直气壮,艺高胆大。

二十五日、二六日、二七日

要细心。鲁迅先生写日记,一个理由是出于所迫,有些人胡说,讹赖,不得不精心一些。他日记中有某日领薪,还债若干……以免坏人胡说,有个查看,了然于心。天下事,什么事也会有,不可不精细点。晨吵了几句。昨天下午西邻居然挖我家厅堂侧墙……平时太粗心了。经过调解,不许他再动手,他不敢了。可笑。

三十日

切实写《实际哲学》,学习革命导师的精神!俗理摆在一边!莫庸俗也,有哲学家的气宇,高人的风度。以鲁迅为师,更加学起来,心中建立起学术天地,必有一番新趣的。

笔法(运笔),间架(结构),精神(筋脉、神味、气态、风韵),天。

"钻研、发现、创造"——研究工作中的志愿、魄力。

"巨大思想,巨大活动能力"——小说中正面人物的本质。

疑神疑鬼,便难免有鬼。大步前去,踩得山摇地动,便是自己的世界。凡事多用用脑子,少动点意气,想想个人,也想想别人,就通了。

六　月

十九日

连日工作忙乱,经整顿一番。心力有余,实力不足。

二十日、二一日

人生何意?念书何为?怎样学习?

二十三日

下午大风雨。(自然,经常,集中。)虎踞龙盘今胜昔,天翻地覆慨而慷。

四怕:1.愚顽。2.庸俗(势利眼,自作聪明),适用主义(夸富,兜粗)。3.泼妇(蛮不讲理,不要脸,抱人的腿,一味胡闹)。4、奸细,口蜜腹剑。

三友:1.经典名著。2.豪侠义人。3.伟大巨人。

三恃:1.马列主义毛泽东思想。2.鲁迅模楷。3.社会主义道德品质。

三重:1.科学真理。2.铁的事实。3.高大的人格。

淘麦 32 斤,明日磨。自身检查,赋性刻薄,报复性强,来语必折,不能容人之过,虽所生子不与宽也!今人向我报复不亦宜乎?有何怨之哉!

二十四日

下午雷雨。

二十五日

到西阳磨面约 30 斤。

二十七日

心里充满了无限矛盾!必须同矛盾斗

到底。

二十八日

下午大雨滂沱。冒风雨从浪泉归来，衣物尽湿。

大哲人、大革命家之器宇、作风。抓真理、现实、时间。

二十九日

拾柴，雨，午后又雨。大缝补衣。领麦30斤，又5斤(带泥土的)。总领135斤矣。

三十日

晚雨。本月又完了。

七　月

成绩月。

上月兴会索然，时或不宁，盖环境使然也。足见修养太差。读鲁迅书所得何事？读《矛盾论》，学辩证法，革命者之云乎哉？惑矣！服膺列宁伟大作风，而竟言行不一致，可笑之至！从本月起须大改面貌。

一、马、恩、柏林斯基之研究性。

二、毛主席思想。

三、列宁之冷静的理智与敏行。

四、鲁迅先生。灵魂的靠山，信念。

旷古大哲人、大诗人、大革命家之器宇、世界观。——人的模楷。(庄子)

五、四神——态度。酒性的人生[⑥]。

六、艺术、学术、技术。

七、有所恃(真理、事实、人品)，立于不败之地。——坚忍，认真。

八、与天、地、人奋斗，其乐无穷。人定胜天。

一日

党的生日，读《矛盾论》，决定写《偶识》(逐段)，聊佐人。

二日

拟整理杂文。

总是不实际，不解决问题！要具体，有办法，空想不行。目前急于解决之问题：住居宽，孩子婚姻问题，经济问题。

五日

搞文学只不过在纸上玩弄七弦琴耳，何益实际？

万类皆备何所求？破批任运听东流。

往古来今曷异梦，甘为混沌免碰头。

九日

雨终日。

十日

酒性的人生。忠诚，热诚，真诚。

博大，广大，久大，高大。横眉……，冷眼……。

束书高阁，既不为用，何必渎费脑力。外物外生[⑦]，但求适志而已。或为俗物，吃吃喝喝以图口福也。

务实，寻事做，解决个人实际问题。

十一日

淘麦、晒麦，约50来斤。

十二日

到西阳搭磨，55斤。

体重100斤弱，减轻了8斤。原因三晌太累，心情不佳，饮食不调，看书用心多。

十六日

大约由于劳累无力，食量多却不胖，体重减轻，须休息数日为佳。把全付精力输送到田地工作上，挤掉了学习研究工作方面，我看不好，是损失。须扭转。开天开人[8]的总钥匙——唯物辩证法。

开各部门的总钥匙——文学。

背后议论人，或无形中应声，都是大病！应力戒之。无论你怎样自以为有人格，如何如何，都成了过去的账。须明己，寡言，务实，努力学。艺术天地，学术世界，不得已也。

十七日

生活必须：一、有兴致。二、痛快。三、严峻，有风骨。四、斗争。必须在马列主义毛泽东思想指引之下。

十八日

热闷甚。自适自乐。

十九日

矛盾真多！“合理化建议”、“科学试验”，都成了阻力，哈哈！聋哑，很好；混浑更佳。凡是和人发生关系的地方力与远避，莫接火。凡遇到“问题儿童”、“气蒙心”一类人，千万不必较量，太没意思，失人。“安得妄言之人而与之言哉。”[9]

二十日

“难以理喻”，这才真会讲了。实际生活对我的教育。

一切所有的语气、词、成语……都是实际生活里生出来的。自然界、社会、人与人的接触、关系，就是语气……出生的故乡。不到他的故乡里去，就不会真懂得它。

有的人，糊里糊涂，却一味自恃，居功，疑人，要人奉承，跟着他溜。意见一不一致，便怒形于色。责人不责己，可笑。

学者的风度，不盲从，不随声，真理为重。革命家的气概，敢字当头。大哲人、大诗人的器宇。

二十四日

累加饮食不调，喝冷水，弄得浑身发困，四肢无力，眼皮发虚，热受风也。吃桃一斤，比眼药大见效，胃口似是开了，舒畅如常。

二十五日

到处都有矛盾，明的暗的。

二十九日

为其丹一、三排写红旗二面。

八　月

三日

愈挫愈奋！是我的长处，也是一点短处。

十一日

瓜园不好应付，决意离开，对人对己，两便。

赶快办家事。明日写寄西安信，解决各方面问题。一、发证明信。二、房子问题（毛娃。修理之。）

十二日

一切顺利。

十五日

到县送信(材料二份)。后天才能走。明日星期。到子明兄家。一家一个样,气多,还是勿怨。独善其身,自作主宰,自造乐园,自力更生,最为稳妥。

十六日

整卫生。

体重减轻了好多,一个多月少了八斤(100—92)。考其原因:一、在瓜园过于累,饮食不及时,有时只吃两顿。二、家庭事缠心。三、情绪不佳。四、对不平事感愤。须好好休息几天,调节饮食,闲事丢开。自然,不勉强之谓。雍容,泰然之谓。经常,有恒之谓。昂扬,斗志不衰之谓。慨而慷,大大方方,气概十足。

十九日

磨面35斤,实粉32斤。体重95斤。

二十日

雨。抄所写杂诗,混光阴耳。

二十二日

昨夜听复查组讲话,很好,但望能彻底做到。个人问题大约可以落实的吧?

二十三日、二十四日

雨。东柴回来,山上要我去,干部也来谈。去与否,须帮忙一番。整材料,写标语,须弄出个样子。

二十六日

为强、平儿女办结论问题,田等帮忙不小。甚感。

二十八日

发材料、信,由南辛店。住一夜,大事办好。

十　月

一日

雨。欲上山,未能即行。嘱邦英做单裤一件。

阴历八月二十一日,昨由山上归来背柴一大捆。今日拟上集去。明日领晒粮食,后天上。带帖。哲学书有几本了,够思索、研究了。饭量大增,体格好。体重98.5斤。又增加了几斤。

十五日

省、专、县代表四人来老愚公战斗队指导,十七日又来一次。上午座谈,下午参加劳动。照相三片,返村。感到十分光荣。座谈会上专代表说老卫给咱谈吧。我主要谈学习、扫盲工作。报、书物,颇得到支援。

十八日

下午下山到襄汾。革委会农业组叶代表处取得科技书二本。夜宿贾罕。十九到无姨村,知相片早捎来。在南辛店发信一件,再邮相。接铭信,知毛儿分配到铁路上,甚欢。

二十二日

上山。近黑时分,三个小学生上山来,知道县委宣传部贾干部来要我和队长下山,了解愚公队情况,并要写一通讯,约二五日到县研究,发送山西报社刊登。当努力完成此项任务。

二十六日

两日完成通讯一篇，约三千字，即同李双玉赴县送宣传部。

毛主席说：“没有矛盾没有世界。”确实的。一切事都有阻力。做好人，遭人忌恨；办坏了，有人拍手。难！最重要的是要胸有成竹。立得稳，任它风吹雨打，没关系。

事情千变万化，顺顺的事，常有想不到的岔子出现。

1.实事求是。

2.调查研究。

3.有根有据。

二十八日(重九登高)

二十五日夜下山，夜宣传部干部在学校开一小会，嘱速写通讯一文，约三五日送县研究，拟送山西日报发表。昨日同双玉老愚公队队长应宣传部之嘱赴县送通讯一篇，夜宿第一旅馆。卫生模范单位。今日便动身回来。骑车，为公家省钱二元八角。一切顺利。

在学校大家为所写通讯一文提意见中，有些人谈得太迂阔，连顺有一句话对我很有启发：“谈那些话有什么意思?凡事不要离开基础。”真好极了。小娃在山上看了文后，走时叮咛说：“以后写好什么，可到大队盖章，直送报社。”勉励了我。

事，要依靠：一、原则，二、基础，三、对象。

为愚公队写：一、哲学短文。二、文艺短文。三、艺术。拟办识字班(扫盲)，毛主席诗词讲座，哲学讲解。

经过送文，有些人有下列毛病：1.迟缓。2.复杂化。3.推诿。4.不知缓急。5.不了解情况主观决定。6.没时间观念。7.不抓要领。8.谨小谨微。9.不解决实际问题。10.应景儿。11.责任心不够，怕担担子。12.怕上级。13.摆龙门阵。

十一月

翻阅《鲁迅传》，旧情又燃起来!

学者、文学家……当然不是资产阶级的那样什么了。

——为人民服务，大约不能只劳动劳动就算! 还得读读写写，思思想想。

十二月

六日

毛娃拆墙问题，昨夜治保主任调解员妥贴解决了，办得很公平。人的认识，没想到竟有天地之差。凡事切不可用自己的想法推断别人。交人如念书。好书，值得精读的并不多。好人，值得深交的也没多少。不可泛交。

每到一处，到最后，总要和几个负责人合不来。仔细检查，太实在，心太好了!看到人家的短处，总好提提意见，想想办法，而偏偏是人家忌讳的，不高兴。只好拂袖而去。还得聪明些! 但总学不会。可叹!

寡交，少关系。慎谨，严肃，独善其身!

自力更生。

七日

磨玉麦三十多斤。

八日

上集。锱铢较量，殊没意思。但在乡村却视为大事，不可含忽。乱送人东西，一者助长对方的贪欲，得寸进尺；二者抓大头；三者自己受困，无人过问。

院邻处境如此，决定远居！

千万求不得人！样样须自备。不得随便受惠！亦不可任意送情。“推心置腹”的对象，没有几个了。

九日

到东柴借钱10元。

十日

上山，打柴。在愚公队干活80.02天。几种不可与交的人物：

1.过河拆桥。2.趋炎附势。3.不认错账，又从而为之词。4.翻手为云覆手雨。5.利害当先，没正义感。

对策：

1.切忌助人，惹人不快，不可一也。2.为人抱不平，说公道话，恶一方人，不可二也。3.大手大脚，让人便宜，苦了自己，不可三也。4.礼节，不必要！无情。5.相信别人，实乃害己。6.诉苦，奴隶耳。

〔注〕：

①“正义之神”，卫俊秀在1955年被疑为“胡风反革命集团分子”，之后又被打为“历史反革命”而坐牢，在此后的25年中（1955—1979）一直身处逆境，备遭迫害。他把“正义、智慧、快乐、战斗”作为自己的“四位之神”，用以激励自己战胜困难，坚强而乐观地生活和工作。参见1973年日记的“前文”及1976年11月27日日记。

②“快乐之神”，见注①。

③郑伯奇（1895—1979），陕西长安县人。著名作家。1910年参加同盟会和辛亥革命。1920年在《少年中国》发表第一首诗作《别后》，次年加入创造社。后任广州中山大学教授，黄埔军校政治教官。大革命失败后，到上海从事文艺工作。是“左联”主要负责人之一。后回西安任教。

④“儒术于我何有哉，孔丘盗跖俱尘埃”，杜甫诗《醉时歌》中句。儒术，儒家的学术，此处为博学之意。盗跖，春秋时鲁国的大盗。二句谓学问渊博于我毫无意义，虽然人有贤愚善恶之分，终归难免一死。

⑤“大天而思之”，《荀子·天论》：“大天而思之，孰与物蓄而制之。”意谓把天看得非常伟大而思慕它，不如把它当作物来蓄养和控制它。卫俊秀只引用前句，其意在表现自己胸纳万有的胸怀。

⑥“酒性的人生”，十九世纪德国著名哲学家尼采借用古希腊神话中酒神狄奥尼索斯的形象，极力提倡“酒神精神”。他说：“甚至在生命最异样最艰难的问题上肯定生命，生命意志在生命最高类型的牺牲中为自己的不可穷尽而欢欣鼓舞——我称这为酒神精神。”（《偶像的黄昏·我感

谢古人什么》）这种精神体现为在痛苦和险境面前能够正视和接受它们，并靠它们增强生命力，又靠增强了的生命力战胜痛苦和险境。这是一种与命运的不幸奋力抗争的乐观主义战斗精神。尼采的这一思想曾对王国维、鲁迅等人产生过深刻影响，卫俊秀在青年时代也曾受其影响。受胡风案株连的二十多年中，面对难以忍受的苦难和不幸，尼采的这一思想使他经常得到精神的鼓舞。他在日记中多次呼唤“酒性的人生”，便是对自己的激励和鞭策。

⑦ “外物外生”，《庄子·大宗师》：“吾犹告而守之，三日而后能外天下；已外天下矣，吾又守之，七日而后能外物；已外物矣，吾又守之，九日而后能外生。”庄子主张“三外”：外天下、外物、外生，其意是不为世故所扰，不为外物所役，不以生死之念为虑。卫俊秀此处但言外物、外生。

⑧“开天开人”，典出《庄子·达生》篇：“不开人之天，而开天之天。开天者德生，开人者贼生。”庄子主张不使用人的智慧而只用自然之本性，认为用人的智慧处世作事是产生奸邪的根源。而卫俊秀则主张既要顺应自然之性（“开天”），又要任用人的智慧（“开人”）；认为正确地用智并不会产生奸邪。这是与《庄子》迥异之处。卫俊秀名其室为“双开庐”，正是此意。

⑨“安得妄言之人而与之言哉”，语出《庄子·外物》，意谓“我怎么能和胡说八道的人在一起讲话呢”！

一九七二年

二　月

一日

雪。决定春节前回山西。山居安闲，干干活爽快。

二日

大雪霏霏，续读哲学。

叹往事，

心情何时转佳？

恨天公，

大雪纷纷阻归程，

弥漫天涯。

灵魂空虚没着处，

有家？无家？

四日

发刘校长、登红等信。

十日

离西安返里。行李重，连日腰痛甚，尤其是晚上，转不过身。

十五日

春节。雪，整天未停。

一、打倒书生习气，不问家事，须注意生计，穷够了。赵先生①是掌握命运的。二、工余认真学习马克思主义、毛泽东思想。三、自力更生，艰苦奋斗，靠自己，严肃，自爱。

好好算算经济账、精神账，如何解决经济问题？

十六日

晨，腰痛甚，下午大睡一通，似乎轻了。连日太累，并无别病。

二十一日

天放晴。腰痛似见轻。然仍不敢用力。

二十四日

大腿右胯骨痛。决定出院，不能再迁就、对付。

渐渐地庸俗起来，兴会索然，随域进退，若水中之萍，真可笑。平生所推崇者谁？所研究者何？乃如此乎？不能！决不能受一切干扰。崇奉鲁迅先生，要崇奉到底。

二十六日

新的觉醒，愈来愈切实了。这是事实给来的教育，比书本上的道理有用得多。家里的事哪能说得清楚？为人操心，多余，只好顾自己。我先前常笑极端个人主义者，现在不大厌恶了，明白了其中的原因。这也是事实给来的教益。

人，第一要明了自己，第二要明了客观情况，以及各方面的关系。单独地看问题，看不清。

三　月

二日

磨包谷 30 斤左右。心绪十分乱，不写几句收不住，宁不下来。

四日

昨上午勉强上了一次工，腰痛病大犯，不能转身，不敢咳嗽，一夜苦极了！开始服药片。

十四日（古历正月 29 日）

今天才正式起床。昨夜日升来捏腿，感谢不尽。做饭，泥炉。老鼠害得惊人，无怪火不进炕。

抗病，能动弹就要动弹，不可过于爱惜。浮俗万端唯利是趋何足怪，幽人独步以德为邻树高风。

二十五日(十一日)

病轻之后，有了点精神，心情也好了。

感谢关心我的一些朋友。病魔教训了我，认识了好多人、事，识透了浮俗，真乃“万端”高识阔论、不问生计的书生习气，不打自倒，要切实起来了。毛主席《实践论》真是金科玉律。经一经，才能通一通。

过去只抓学习，偏也。根据个人当前情况，应把全部心思放在：

一、经济计划。

二、生活安排。

三、人我之间——开始学习对待人的本领。(不少人时时把大家当作一粒棋子，他在暗中走棋，让这些棋子互相吃咬，他从中取渔人之利，险哉！——心得语。)

四、快活林。根据：思想、作风、品格。书、画。

三种四部分。

说干就干。忍病缝被子一条。

事情的情实，只有自己深知，别人只能就一般俗风，社会人情方面着眼，不能入到深处。别人意见仅可作参考，不能作为个人主见。“筑室道旁，三年不成”[②]，没主见之谓也。

厅堂决定拆木头：一、需钱。二、没用。三、打墙费钱，不筑雨霖。四、生气。五、友人来即骂我。如需房，可改盖北房也。

二十九日(十五日)

厅堂已让给临汾大苏公社南席大队(张文德同志经收)。

三十日(十六日)

病，短时间不能干活，苦矣！生活如何办?怎样自力更生?

一、托得河东纸厂制书屏纸(光，稍厚，长幅三尺)——仿影。对联，中堂，屏条，字帖，画，门帘。

二、觅知音、益友。众助。

三、好——身体好，工作好，学习好。

一切事，包括浮俗、世故、人情，看得透，化得开，把所有症候皆约于己，豁然矣。

经过卖房一事，体会：物理盈亏，浮俗万端。趋炎附势，势利眼十分明显。过河拆桥。互碍，给人不便，事事赖机会谋略。领情不尽，一次不到便得罪。自力更生。靠经济。不给人背弓(算账，给钱，莫凭人性)。主见。铮铮铁骨。劲松。有个人接物办法。勇为，无惧，务实。钱力，人力。英雄行为，高人作风。等闲视之。迅自居。鹤立。莫过于信人。欢天喜地，畅步走去。没有克服不了的困难。用心到，没有达不到的目的。

四　月

四日(二十一日)

瓦揭去了，玉顺、□生帮忙。兴海为顶

梁,均得感激。心放下了,不怕下雨。

择日再修西房檐。大力收拾家务,整顿精神。

一个人总应该有独特的风格。鲁迅有鲁迅的风格，高尔基有高尔基的风格,各具高致,决不相同,正如梅、桂、菊、兰各有其异采,不相同也。

五日(二十二日)

制桌面、凳子。“师心”、“使气”最要不得。

七日(二十四日)

办一件事颇不容易,总需要有力量,求人难。房拆了,办得痛快,当断要断,别人难知内情。“推陈出新”。打倒保守思想!

九日(二十六日)

房舍问题大体就意，心上较平静了。晨,老郝为检查西房,梁有些断,加楔后固甚。今后工作:一、修房檐,扫房顶以利水流。二、建北厅角房,以便自学。住的问题,无虑矣。三、制桌面、修凳子二条,安门。四、花盆。北厅半间已告解决,以二百三十五元让兰顺,清兰、雨田、逢俊三人作中人,于明年交清。

清兰来，关于家庭问题矛盾所在,算是告诉了几句。虽然未尽十分之一,他会慢慢窥见症结所在的。是非不难弄清。

十日(二十七日)

亲自下手作木凳等日用什物。不能下地,也不能闲坐着。清除垃圾,糊房顶,打棚上尘埃,放东西。和杂灰。缝补衣服。

病中杂感:

一、人间关系看透了,有出怨气的,有下石的,真关心的没几人。

二、健康第一。爱惜自身,不容粗疏。

三、平时为人、怜人、投人,大可不必。

四、自力更生,别的靠不住。

五、尼采精神,达尔文主义是不好的。但有些事实上确乎应该如此。

六、平日少听那些假正经的漂亮话。

七、人总是为个人打算着,方式不同,最终目的一样:图利,纯助人的人很少。

八、站起来! 硬起来!

十一日(二十八日)

决定镶牙,制单裤一条、褥子一条,需布证二丈。木箱一个。

十二日(二十九日)

好人真作不得! 再让步,连根墙都要刨完,现在还在刨,可恶。

不讲信用,不合道理,就完了! 有多少人偏就是这样。没交代。收不住,就放下了。——下次如何办?他不管。所以情面用不着送,糊涂答应,糊涂了之。怎么也可,没有可疚心处。是非无定理,还能说个什么呢?会瞪眼睛,说胡话,就是本领。可叹! 讲不清。明乎此,就不必生气了。尔为尔,我为我,牛蹄子两半个,各有各的打算,同床异梦,捡不上心。妄言妄听,糊涂应付,足矣。无可奈何,玩世而已。有甚正经,正经他也不懂。不知不觉把人逼上庄列之路。大而化之,认真不得。

以己养己,自乐其乐,自适其适,全身远辱,恬静终年。

十四日(一日)

思则得之,不思则不得也。

到父母祖坟上栽树株。明日整场,挖根,栽树。

书字不为役,太累,费脑子。

半生伤心:1.不作生计。2.学霸王——书名,空洞研究。3.儒生,情面重,对起人。4.正义话,为人恶人。5.迁就,尚早,迟延,没关系,太实,伤感情调,棱角太露,小不忍。

十六日(三日)

偏要活得好一些。

十七日(四日)

安顿围林,逼气的! 挖根墙成什么话! 不认真不行了。决定周以茨栅之,植树八九棵,种菜。明日伐去槐树。作事,总要有几分"英雄气概"。

开始写申请书,大转折点到来了。喜蛛可喜。

十八日(五日)

(县集)今明二日完成付邮。定须达成任务。按情理可能性会变为现实性的。

二十日(七日)

草申请书定,明日发寄西安师范大学革委会。结束了件大事,轻松了。静候来信,定可见功。罪证不充分,成见。

二十一日(八日)

到南辛店发信。休息八九次,腿痛,回来大睡一通。向英借一元。

二十二日(九日)

书法要有:灵魂,个人风格,意境,感情,生气,生命,天然景象。临摹只是初步学书的规程。

书法,笔笔得有聪明、敬谨处乃佳,一笔了草不得。一滑巧,放野笔,便刺目矣。"毋不敬"三字虽陈语,极有用。万事皆然,不独书法也。

观鲁迅先生日记、书稿,虽蝇头小字,笔笔不苟,真是惟一模楷,良师也。对朋友以诚,处事认真,所见者远,真难得。

二十六日(十三日)

自然地收拾好风箱,省了三分之二的柴,又快。一向真懒,守旧,实要不得! 整理的重要性感到了。要生活得好一些,拉拉塌塌,像个什么日子。

跃天(安里村)兄屡托人问好,甚感,后当写信致意。

二十七日(十四日)

上午洒粪,明日上集镶牙。

二十八日(十五日)

上集。跑跑没事,镶牙钱不够,十一元,下次再说。

庄生:

放浪形骸六合外,死生昼夜两开怀。
星球粟米一质点,孔丘盗跖俱尘埃。
一双慧眼照万代,大公无私阔斧裁。
成毁毁成天然理,暗夜退走朝晖来。

汲黯:

直词匡君汉汲黯,老鹤常怀万里心。
因便矫制振民困,高贤义举岂顾身。
伉厉守节沉铁面,不避丞相与至尊。
简政非儒弘大体,一代孤忠社稷臣。

三十日(十七日)

修补房屋,明晨完成檐下。

五　月

一日(十八日)

劳动节。修房、扫房,出力不小,明日竣工。扫棚尘土。

三日(二十日)

修房告一段落。拟到河东一趟,定制纸,长幅。须记在病中关心人,当感谢之。

家兄[③]一生吃面软亏,人太好,不行,当引以为鉴。

四日

青年节。伐树整围工作开始,明日破柴,杀茨栅之。开畦下种。

六日(二十三日)

小子胡闹,不能再让,必须彻底弄清。一、曲子,骂人。二、刨根墙。三、坟桑枝。四、磨子。五、桌、蓝炭炉……下院椿树。

作事:脚跟立稳,情理自顺,弄清是非,细心认真,手续周到,彻底利杀。

八日(二十五日)

晨写状,可笑! 斗争也是从实际培养出来的,书学不到。

广阔的道路,无畏的勇力。

广阔道路畅步走,无畏神力大刀裁。

人生就是为吃吃喝喝、生气淘力吗?村居真无聊。

九日(二十六日)

随时翻翻鲁迅先生书,总会得到些启示。他的作人处事,真是少有榜样,必须在这里痛下功夫。既是个人,就不能太随便,乱说乱道,甚至乱骂,可以讲理么。理通了,就得落实于实际,不愧于天,不愧于人。不然怎么说得上为人民服务,妄听妄说,也必会妄做的。这不好。

身体要好,结实,要靠劳动锻炼;

心灵要强,坚实,要靠钉子锻炼。

诚挚,稳健,一语千金重。

十日(二十七日)

昂头阔步, 立即解决实际问题:1.经济、出院。2.生活安排。

自作计划自己干,何必靠人看眉眼。

作得福来自己享,闯得祸来自己揽。

问心无愧夜眠好,不损别人心神安。

独来独往一夫子,高义凛然薄云天。

一颗红心,满怀正义感,加上狮虎般的体躯,一切邪恶自远。昂首挺胸,高视广宇悠宙,大天而思,一片英雄气概,为大家,为将来着想,夫何忧惧,有何错误可虑。

十一日(二十八日)

贴膏药四张,过五星针。

经不了:1.不要过于相信人。2.钱库事要过现,手续要弄清楚,含忽不得。3.面软了,吃亏,有甚人情可讲?4.一面之交,推心置腹,可笑。

一字一画非笔笔到不可,一丝不容飘忽而过。这才能感到处处蓄有力量,耐观了。虽为雕虫,通于做人、做事,小视他不得也。

十二日(二十九日)

昨夜开始问案，未决，中人不全。——够伤心了。

“战斗是万物之上，万物之王。”(赫拉克里特)

“战斗是到处都有的，真理就是不知，真理是通过斗争而必然地生出来的。”

政治思想不让人! 社会主义道德品质不让人!生产劳动不让人!有此三者足以压倒一切。“内有不疚，夫何忧惧。”终日喃喃，玩甚章句，真无聊透顶! 并屠夫侠客之流不若也。凡有涉及到此方名誉的问题，必斗争到底!

真心为民革命志，仗义纾难侠客风。

腿又有些沉、痛，大约由于生气之故，千万得注意，决不能为歹人所快。

凡事不认真不行了，一切含忽不得! 处处节节要咬个实，使歹人无隙可乘。水到渠成，急也无法，听其自然。

自谋

自写图样自己干，
何必靠人看眉眼。
作得福来自己享，
闯得祸来自己担。
无愧屋漏夜眠好，
不损别人心神安。
生意自谋一介夫，
勤耕苦读尽天年。

十三日(初一)

大处着眼。若只在小处看，就得天天生气了。

一、出院，让出房屋，批地方。包工。申请批地方。

二、北京购宣纸。梅谱。培养子女。

三、践约。

四、文哲、艺术。鲁迅先生对艺术的理论的教育。书法哲学。参与世界艺林，书法上必使日本书法家甘拜下风。莫非一个人学了半辈子学到的一点东西（非无用的）竟至于没用了吗?我决不信。

不塞不流，不激不厉，一切都是战斗出来的。魄力! 有为!

精深研读鲁迅著作，严格师法鲁迅做人。

十四日(二日)

清兰交来20元。收女女信一件，刘向甫校长信一件。雨来提及媒事。写给女女[④]、刘复信二件。收到钱19.92元。

夜，大队叫，解决院内曲子纠纷，对方无理，获得胜利。

十六日(五日)

上集，发信，购大米六斤，三元三角四分，酒七两，洗腿。

十八日(六日)

到南许看病，还钱10元，镶牙13.5元。二十二日去试合适否。

十九日(七日)

天旱，灾大，须大力注意卫生。发河东南席信一件。——人，渐渐地不敢相信了! 宽厚，犯不着，需要冷然无情的。

食欲大振。不吃零食，食不过饱，好处多。烟物最好根绝。否则，少吸，十日一盒，足矣。

鲁迅:“必先改变这种意识——小资级——这须由经验观察思索而来,非空言所能转变……”“木刻成绩,这一门却最坏,这就因为蔑视技术,缺少基本功之故。”汉人石刻,气魄深沉雄大。

六朝以来大受印度美术影响。

唐人线画,流动如水。

元人水墨山水,可云国粹。

明人木刻大有发扬,但大抵趋于超世间的,否则即有纤巧之憾。清书籍插画,亦如明。理论深研,技巧修养,基本功夫。三者不独木刻艺术为然,作字亦莫不尔尔也。

二十日(八日)

开始上工,试试。清兰交到三十元,赶快买粮、还账。昼眠颇好,饮水不少,有些勉强也罢,比少饮好得多,感觉到了。

二十一日(九日)

腿又欠佳,未敢出工。收拾精神,读毛主席《矛盾论》、列宁《哲学笔记》,读辩证法文。心神大快,不觉“老马如马驹”,气力无穷。

二十二日(十日)

晨到南辛店试牙。午雨。好极。二十五再去一趟。

钱(泉)如泉,来难去易,没计划也,得有计划了。

“生事不自谋”为我半生大缺点,一切出入不计划,食、衣、住、行各方面,一塌胡涂。食:精要善于调配。硬黍子好面馍,炒面,油茶,大米,江豆馅,绿豆,谷面,红芋,油,粉条,肉类,菜,蒜苔,腌蒜,辣椒,腐乳,韭花。

衣:单裤二条,鞋一双,褥子、床单、手巾二,枕头,帽,包皮。住:桌面一,凳二,小凳一。

行:书画,交友,娱乐,三弦,背篓,颜料。

年纪大了,易出病,须将就好。不必费脑力了。食不过量,烟少吸。

二十三日

多计划,会用心力、体力。莫浪费:时间、财物;莫消耗:心力、体力。教书是革命,是科学工作,又是艺术工作。教者对教材一要识得透;二要点子真;学的人一要咬个实,二要放得开手。即学到手,脑子不纠缠在什么问题上,轻松愉快也。

二十四日(十二日)、二十五日

到县里,在秋生家吃午饭。其弟冬生有艺术才情,极喜书法。闲暇时,练指画,作梅、松、山水。达到“放笔直干”、“天马行空”境界,全用神行,不靠五官。以墨、水为主,创造奇特画法。先行试验,要有把握。

二十六日(十四日)

书西安师范大学信一件。明到南辛店镶牙。

二十七日

到南辛店安牙,尚好。风,多云,有雨意。发师范大学信一件。

二十八日

分送给几个生活困难的人家数元。到

此为止,不必对人再发慈悲心。经济只剩12元了。赶快买油2斤,不必再干别的,不浪费,便好。

热情的富于感情的赏鉴。

冷静的富于理智的分析。

三十日(十八日)

前天收到西安粮票九斤。上山打柴。腿病基本上似已痊可,但仍不能持久劳动。疲困甚,午睡甚好。日出工二晌足矣。三晌身体不许可,时间也太紧。

拳久已停止,明日恢复。日记,天天写几句,无聊也好,这是多年的朋友。书法不辍。三乐。任公⑤有《世界外之世界》一文,有可取处。否则为庸俗所化,拔不出来。

你崇拜哪一种人,就会写出哪一种字。岳飞,秦桧?英雄,小人?瞒不过人,遮不出脸。没有傅山的骨气,如何能有他的笔势?有之,也不过形似,非本质也。"字如其人",确乎不假。人要有气派、风格(至性),字亦然。轻薄桃花,水面浮萍,最无聊。

鲁迅先生事事认真细心,写稿,记日记,一笔不苟,"能勤小物",真不易也。当严格照着做去。以鲁迅自居、自勉,非傲也,正是学其为人、处事。不能含忽!"不俗最难"是说不庸俗、装腔作势、曲曲折折、唠唠叨叨,不是说不和群众打成一片。群众也决不是这类俗物。

人就是要有些"顶天立地"的气概!人格不正、言行不一致的人,他不敢提到这几个字,也根本不会有这种观念。

三十一日(十九日)

讲理是能服人的,但也不一定,那就只好诉诸力了,狂人一般的力。人,第一个人要健全(德行道艺才学识),第二有正义感(明真理是非),第三侠客气(敢作敢为),足矣。

有的人正正经经,老实干活,总是吃亏,没有影子。

有些人私字作主,以挑拨为技,把人们当作一颗颗棋子的作用,暗中布置,利用之,牺牲之,自居将帅地位,永保自己,发达自己。这叫做"本领"。

有的紧守家园,别事不问,只谋钱路,一举手投足,就得捞一把。明为人办事,实则在装腰包也。

本月份已是完了,腿病影响到一切,什么也没有做。明日起已是前半年的最末的一个月了,应鼓足劲头干起来。两晌当无问题。

经济:字,画。

健康:饮食,劳动,环境卫生,睡眠,拳术。

慰心:书,画。

上三者为今后活动之针对性。偏于个人,也只能如此而已。范围小,省心,也还好。

放笔为直干,大刀阔斧裁。
水到自成渠,何事用安排。
想得太周到,何其谨小哉。
狂夫多魄力,风吼云自开。
世上本无路,全仗脚力踩。

桃李何曾言，群众拥将来。

偶成数句。

六　月

一日（二十日）

晨，拾柴一篓。半晴，有雨意。

大约由于体力关系，不愿多操心了。身外事一概置之度外，有谁不为个人挂心者？算了，养胖自己，不得不也。枉费心机，不讨好的事，莫管为是。

二日（二十一日）

日干两晌活，合适，不误学习，不碍健康。必要时，自然要干三晌的。身体好。工作忙。

三日（二十二日）

疲困甚。腿病、脱肛一齐压来。

看破世事，拨开尘缘，一切只堪付一笑；

识透人性，大破浮俗，百事全仗我有为。

莫作风轮随风转，要看高标比高山。

四日（二十三日）

中学在太原学习时，一夜看中路剧，名角果子红，女的，胡子生，常受人喝彩的。但这一夜演至中场，嗓子忽然坏了，张开嘴，一个黑窟窿，没有声音。台下立刻混乱起来，报之以倒彩，有的高呼退票，站起身子退场。……

这就是世事、人情！满足不了想望，得不到好处，立刻就要翻脸。集市中人山人海，一到昏黑，无踪无影，无所取也。

老年人不齿于人，太半坐此，无益也。

明理知己何所怨，安道自尊则常乐。

晓事知人乃善处，执根用机有余裕。

哲人无忧念，英雄志不同。

我生崇明德，复爱仗义公。

所向披靡矣，举止皆可行。

吃透万物理，满怀尽春风。

五日（二十四日）

节要紧！太浪费！钱粮都不在意，谁为自己着想邪？

六日（二十五日）

上集。腿沉，抽痛，困痛，行走吃力。途中读《费尔巴哈论纲》，领会渐渐深入。夜鸿德来约明日到水地照料洋芋，又一新工种也。

七日

看洋芋，拔苗，浇灌高粱苗。能亲手办的事，最好不用烦人，以省麻烦而看眉眼。饭总是吃得多，胃负担重，且感无力，又浪费也。

八日

闲工作，实则更忙，午睡少了。甚困。

十一日

昨日大整卫生，一夜好眠。只是在地里将牙掉了，今早寻到。记忆力大减。必须事事在心，这又增加了写日记的必要。

十二日

炎热甚。正须与天奋斗也，奋斗即乐。

十七日

断烟！一个不取于人！不看人眉眼。

二十日(十日)

午后雨。书本上,口头上,对人的思想作用不大。实际生活中的困难、钉子、吃亏、受害……才真能给人以教育。节约的道理人人都知道,但真正懂得而能实行的,只有受了困的人,才有效,思想上才能发生变化。

纸烟已禁了几天,别人的烟也不应吸。能断得,没有办不下去的事。

经常感到:

一、壮大,派力无穷。二、小天下,“以天下为沉浊不足与壮语”[⑥]。三、自豪感甚浓。四、独来独往,无所畏惧。五、无往而不愉快。六、似乎万物皆备于我。七、抗性颇强,不合理的事,立即顶上去,不顾其他。八、无限希望。九、作大人(养大、务大、正大光明),鹤立鸡群,英雄气概,不可一世。九、没有任何一点难事,没任何可怕的事。

外生死,外毁誉,外情亲,任性,放行,至乐矣。——道家精神,殆在于此。实际生活中体会到了。“万物一府,死生同状”[⑦]。“呼牛为牛,呼马为马。”[⑧]“庄生鼓盆”[⑨]证之。

二十一日(十一日)

分麦40斤,共100了。

二十四日

发铭信。

二十五日(十五日)

准备磨面40余斤,包谷20来斤。生活又过一阶段。腿病,不看洋芋了,每天跟老年人工作二晌便好。读研马克思主义一晌,精神上整顿一番。数十年所学所得者,难道付之废物吗?不能。批判之可也。

少言,多做。

学习鲁迅,必须学得彻底!冷就冷吧。

埋头学哲学,看出个头绪,掌握了方法,分析一切事物,如柴木在利斧之下,何难解决。与庸俗无识者争气,岂不把自己列入无识者耶?苏格拉底此处颇堪吸取之。——高风远见。

整洁,勤打扫。环境,衣物,身心。轻松愉快,必得健康振作有希望。否则,猪窝耳,庸物耳,文化性何在?

社会主义英雄气概。

两次到浪泉磨面:玉麦22斤,麦面38斤。体重97.5斤。减了八九斤,可叹!

试验腌蒜一盆。镶牙后,可以吃点硬东西了。小菜应有的要有,不能再对付了。过去简直是非人的日子,太不讲究。何苦要把自己弄得如此!

二十六日(十六日)

走上常轨。

二十七日

杜诗:“自觉成老丑”,已到此年龄矣。应日远人群,免人讨厌。自找余裕,养性,或可年轻耳。

学哲学,做诸葛,料事如神必准确。钥匙:唯物辩证法——自然界,社会,人的思想。文学——各科学问。数学——自然界。

身心健康。吃好喝好睡眠好,四体勤快关节巧。心神宽和无挂碍,自据书城天下心。

庄、李[10]目中无物，洞庭气象万千，各有其高处大处。

二十八日（十八日）

不能对群众要求得太严。他们没受过教育，脑子不曾受过训练，事事如何能办得如意?遇到不称心处便动气，岂不要气破肚子?一笑可也。至于心术不佳者，自当别论。农村什么事也有，真是五花八门，没问题的问题多着哩，不足奇，一人一个想法。遇到急躁不得，调查研究后，再作道理。莽撞和聪明毕竟两样，何必引人看戏?大话说不得，大声出不得，大意尽不得。退步，余地，要得。刚强不见得真强。匹夫之勇，只供人承兴，最为愚蠢。

斗了一辈子，一生够苦了。

艰苦奋斗，不能空说，要落到实处。

“泻腹药”是祖传的，大有名气，为了救人，应续此业。“为人储得药，如我病痊安”[11]，此之谓也。

书画如尚有用处，须发挥其对革命应有的作用。文亦如之，写点有益下一代的文字。如此而已。

既学鲁迅，须学个样子，不能托空言。

二十九日

读《哲学笔记》大有体会，入门了，必须彻底弄通它。

三十日

前半年的最后一天，半个除夕矣。

因病没有出工，下半年补之。

说闲话仍多，不够严肃，必改！脾性如旧，火气大，必改！好随声，借题发挥，不必要。读书不少，有心得处，须继续学下去。

一、高超。不随声、不随俗。深远，不浅薄。二、缄默，少说，不说无谓的废话，少问余事。三、气派，鏖糟的架干[12]、气宇。四、埋头乐干，越王[13]为作，用诸葛哲学。五、有办法，出人。

七　月

一日

晨阴，有雷声。菜蔬，截至今日每个人分了 42 斤。读《哲学笔记》，忘食。出工三晌。脱肛大犯，还须将养。二晌足矣。

说话就是多，没出息。

大力学习为要，一心在学习上，哪有工夫谈闲话、管闲事?未免太“小”了。

二日

到瓜地锄瓜。

三日

俗云：“鞋脚有样儿，事情没样儿。”确然。

五日（二十五日）

上集。腿病仍未愈，时痛抽。未出工。发信二件。途中，读《费尔巴哈论》，已能全部领会矣，掌握了其全部力量，活络于心。快甚!

友：

憎友——矛盾中否定方面的一方，它促成自己的发展，如此乃有所为，故云憎友。

诤友——园丁除恶草，剪除多余旁

枝,促成正常发展,故云诤友。

德友——崇拜者:导师,益友,模楷,方向,故云德友。

写哲学小论文,读后心得、偶识之类。

硬心人固可恨,心软了也不见得就好。家兄一生吃亏处在此,余半生毛病也多在此一端,情面重,过于忍让,听不得三句好话,见不惯人的一时困难,舍己为人,一切不论,差矣。有些伪君子,甚至胡作非为的小人,早所一眼看透,而总是迁就、旁助,其结果常吃大亏。可叹!今后断不能如此居心。觑得歹人,应付之可也,“如结一兮”[14],此却大不可。

六日(二十六日)

早,锄烟叶。夜大雨。接西安家中信,急于修房子,暑假中为蛋儿完婚。

近日颇能吃饭,好极。

七日

终夜雨未停,晨仍雨,秋收丰产无疑矣。心甚宽敞,整家,好好学习,计划一番,年终做出成绩:精神的、物质的双丰收。

八日

雨。晨作拳,觉得健康亦可受到支配,确有把握。

心、神、气、血四者都可由锻炼而获茁壮,心安,神定,气足,血旺。心脏、神经安定,须从精神修养着手,所谓性定。宇宙观,人生观,事事看得透,不受迷惑,心神正常,呼吸深深,血液流动稳平,何病不除。有哲学头脑、见地。太极拳运之,面部亦可作运动,以手摩擦,使皮肤坚实、展曳,日渐年轻退老,健旺有为。饮食正常,不过量,少吃几口,可减胃口负担。走路,用“芭蕾舞”形式,似可治疗股部神经痛,当试验之。

要善于使用身体这架活机器,使各系统:神经系统、消化系统、呼吸系统、血脉、筋肉,各得其养。

买鞋一双。

十五日(初五,星期六)

上集,没甚事,看看芬姐,午饭后归来。

十六日(星期日)

午后到东柴,下星期日早再去一趟。

抽烟多了,宜立马禁止。

想老年人想法不同,问题不同,难以同日而语,不可混同相处。远之为要。

加紧研读、写作、绘画工作,应为一取胜之道。

十八日

千万要从庸俗中拔出,人云亦云的话说不得,没意思。千万要从小天小地的世界中拔出,只看小头,负气,可笑之至。

十九日

下午大雷雨,种萝卜半截返回。

出院已决定,不惜以任何手段离开这里。只研究建设方面事。

三十一日(二十一日)

月终。吃饭过饱,食虫作怪!不俗最难,文明亦难。难得糊涂,聪明不易。

最会做傻瓜事!多次了!!其表现即在粗丑,似强而实最弱不堪。文明点不好吗?

就是止不住，没涵养。不管三七二十一，就近来一击，要解决问题，放言泄愤而已，招讥而已。

九　月

三日

昨掘高粱秆三晌，累，晨腿不照常，受湿之故。未出工。午打柴约四十斤，借以抗病，尚好。身体总是要锻炼，一存爱惜之心便糟了。

四日(二十七日)

昨接西安信，附照片。树儿与王玲婚姻成功，甚快。

九日(八月一日)、十日

剥玉米，晒之。未出工，念书。

十　月

一日

国庆节。大约树儿今日结婚，更加喜慰。

六日

书信，申请书、西安信。晒粮食。

七日

兴会索然，神经质，随物移动最是要不得；必须打掉暮气！少而精，干必成。

九日

到南许，一并到南辛店发家书、局、刘信各一件。大事办了，心中又一轻，但待回音而已。不管如何，可以结束。从明日起，三晌，大干十月。整饬一番，严肃，轻举乱随步，要不得。毛儿要结论，当随时寄之。

大小事，一不认真便出岔子。宽仁，不好意思，跟着来的就是大刀，以为你可欺。

十日(九月四日)

干活三晌，颇凉快。看《矛盾论》数页。

不必要的旧知识要尽量扔掉，给人解释，遭人疑之，何必。

明日写家书。

二十三日

分红薯 20 斤。

二十四日

家务事摆成一大堆，急需处理之。

三十日

十月份即完。总结一句，无甚长进。从下月始做到：一、认真学习马克思主义、毛泽东思想。二、不议论人的是非，少接话。三、注意个人生活、健康。四、少教育人，无益且有害，何苦！五、少麻烦人。六、其他。学人的长处，莫言人之短。知己者谁？防谗！赌气为何？傻！

整日收拾房舍，晒粮食。

十一月

一日

收到铭信，云前天寄来一信，但没收到。又索结论。性质，内部处理？拟明日到襄汾去。振玲随嫂到渭南助秋收，毛女文化馆要她去工作。等我信去。

二日

到襄汾,知已向师大联系,听候通知。

六日

晨到西北堡表兄家，算是献舅父母，多年没过这节了。拿点心一包。

凡事只求理得心安,如此而已。外誉于我何关?人生不过百年,哪有不务快乐之理?每见世有不乐之人,真是何其小邪!

七日

心情泰然,甚舒畅。

八日

想得通,化得开。师吾俭,保我健。

博大,精深,高明,久远。

必须努力学习,比较地学好马克思主义、毛泽东思想,辛勤地工作,以报上级领导对我深切的关怀。

大困,须大休息数日。

"反求诸已","自力更生",根深枝旺,思则得之。要用脑子,会用脑子。人能有一坚强之志愿则千恶瘳愈矣!

月内整好家事,粮食入瓮。虽说吃不到正月,也不能老鼠糟踏。

寡言实干,闲话何益! 决定出走。

毛主席说文章要有气概,良然,须有种雷电之势,刚健动人,乃可。此次信中深深做到,真感情也。文然,诗然,字然,人亦然。

十八日

打柴四十斤。甚快。

十九日

喜蛛灭蝇。

十二月

百炼身心成好汉,

九度关山见旌旗。

二日

一天愉快地过去,摘录《论共产主义教育》。

三日

夜瑞雪,午渐晴。读《反杜林论》。

四日、五日

乐天知命,凡百无怨。凡事看得宽,对己识得透,足矣。

只要一向人开口,奴隶随之矣。

规律是从客观实际得来。不是从主观中定出的。

从心所欲不逾矩,不损人。

一些人,一跌倒就爬不起来。分析之,有两种情况，一者做了些难对人的事,愧情中生,不欲混在人丛;一种,不失为善良抱屈,不甘,未免脆弱!何必!实亦不明政策也。

严事鲁迅先生。

半生不离书卷,不少书生气,故不免为狡小诬欺。须战斗之。狂生也是可喜的。

弱不禁风者,哪配谭战斗。此不仅要有个刚毅的斗志，更要有个本钱的本钱——健康的体魄。可法古辈,于我国则大禹,于俄则彼得、罗蒙诺索夫[15],彼辈真以苦为极之模楷也。

健康(野兽)、德品(天文台)、学力(金

字塔)、才干(使得去,摆得开)、文章。

十二日

发嘉泳、子正、刘校长信各一件。

十三日

人,一定要有其感情,然此也必得有个条件:一、顶天立地的人格,公,不损人,不惜"为人民服务",忠诚,谦逊。二、较高的学识。三、相当独立工作的能力。四、较多的经验。五、以正义为前提,有大无畏的精神。六、野兽般的雄壮的体躯。

条件的养成:一、实践斗争生活。二、不断学习。三、自我教育、批评。

十四日

家庭三大毛病,真教人难堪:一、浪费,没计划,不爱惜物品。二、人人任性,主观,不接受意见,脾气大,谈不成来回话。三、对人不礼貌,没教养。四、不体念人的苦处,只知泄气。

倘非肚子大,真是完了。感谢日记对我的打救,我的唯一知己,安慰人。这般年纪,只靠自保。

访旧半为鬼,知己何处寻?
骨肉尽皆怨,天涯无比邻。
孽罪皆自造,愧对天地心。
四卷安疏拙,仍须勉自尊。

十六日

在矛盾中成长!"没有矛盾,就没有世界"。真是金科玉律。比如一件事迟迟没个进展,真也动气,正动索性撒手之念兴。忽而想到还有第三者在一旁称快,立刻就得振作,决不甘为仇者所快。事情便是如此发展起来的。阻碍就是推进!理至明显,此即辩证之一理。因此,愈想到"钉子"、"逆风"就愈使人振奋,力量无穷。"倔强"是对方逼出的,不是胎里带来的。

要有顶住逆流的强大的力量,并使逆倒转过来,发挥全部的主观能动性。此之谓革命,一如反帝反修者然。否则,只有跟着敌人走,还谈什么人类革命?大小事一理。

二十日

收拾精神,打掉书生习气,自求解脱,解决实际问题。一、房屋让给外人,新建小房二大间,卧室、学习室。二、大搞哲学,认真弄通马克思主义、毛泽东思想。文学、艺术、书画、创作原理。三、不登泰山,如何小天下?站得高,见得远,以大哲人、诗人胸怀为人民服务,疮痍自疗矣,何气之有?

全以环球为眼界,别有高风真人间。放笔直干真书画,天马行空好作品。

鲁迅:"有真切的见解,才有精明的行力。""事实是毫无情面的东西,它能将空言打得粉碎。""人的确是由事实的启发而获得新的觉醒,并且事情也是因此而变革的。""无深研究,发议论是不对的。""急不择言的根源,并不在没有想的功夫,而在有功夫的时候没有想。""较好的是思索者,因为能用自己的生活力了,但还不免是空想,所以更好的是观察者,他用自己的眼睛去读世间这一部活书。""这是明确的,实地经验总比看、听、空想确凿。""凡事要研究。""专读书也有弊病,所以必须和实际社会接触，使所读的书活起来。”

高洁，豪放，立鹤，爽朗，刚健。

从实践中养“大”——高大，正大，强大，伟大，浩大。会场最怕是沉闷，人也一样。要活跃，热烈，机器要开动起来。

要教育孩子们。

二十七日

两条腿肚靠着地球，才得立得稳固，生出力量。一个头脑靠着真理——马列主义、毛泽东思想——才得自壮，无所畏惧。

真理，科学，品格，三大力量之源。此源之源，又在于不断实践，不断总结。永无止境，也无所谓“永恒的真理”，因为一个人不能把历史走到尽头。

二十八日

人生倘不能真正为人民服务，有益于社会主义，则另一途径，只好走“独善其身”之路。不侵物，不损人，自乐(其乐)。

〔注〕：

①“赵先生”，指赵公元帅，俗所祀之财神。今民间所祀之像黑面浓须，身跨黑虎，披甲执鞭。俗传姓赵名公明，秦时得道于钟南山，封正一玄坛元帅。

②“筑室道旁，三年不成”，筑一室于路旁而向人们征求意见，则欲办之事难能办成(因人多论杂的原因)。《诗经·小雅·小旻》：“如彼筑于道谋，是用不溃于成。”《传》“溃，遂也。”

③“家兄”，卫俊秀之兄卫俊彦(1895—1972)。卫俊秀《先兄卫俊彦先生行述》言其兄“赋性温厚仁慈，爱人以德，廉正自持，以公为重”；“于贫苦人感情特挚，救困悯急，凡有所借贷者无不慨然解囊”。卫俊秀小其兄十四岁，其兄的优秀品质对其有很深的影响。

④卫俊秀长女卫臻的乳名为“女女”。

⑤任公，梁启超别号。

⑥“以天下为沉浊不足与庄语”，出《庄子·天下》篇，原文为“以天下为沉浊，不可与庄语。”“庄语”，神情庄重严肃地对话。

⑦“万物一府，死生同状”，语出《庄子·天地》，万物一体，死生无别之意。

⑧“呼牛为牛，呼马为马”出《庄子·天道》，原文为：“昔者子呼我牛也而谓之牛，呼我马也而谓之马。”联系其上下文，其用意是：称我牛或称我马对我都无所谓，我并不要求一定要被称作什么，只要顺其自然就行了。卫俊秀此处是“外毁誉”的意思。

⑨“庄生鼓盆”，《庄子·至乐》记庄子妻死，庄子“箕踞鼓盆而歌”。惠子往吊，说他这样做不通人情，庄子回答说：人出生之前本即“无生”、“无形”、“无气”。今天我的妻子又“变而死之”，又回到“无生”的境界，这正与春秋冬夏四时运行一样，是很正常的事。卫俊秀此处是“外生死”的意思。

⑩“庄、李”：庄谓庄子，李谓李白。

⑪“为人储得药，如我病瘥安”，傅山诗《儿辈卖药城市，诽谐杜工部诗五字起

得十有二章》中句，见《霜红龛集》卷九。

⑫“鏖糟”，不同凡俗的意思。《吴下方言考》：“苏东坡与程伊川（颐）议事不合，讥之曰：‘颐可谓鏖糟鄙俚叔孙通矣。’鏖糟者，执拗而使人心不适也。”“鏖糟的架干”，气概不凡的架势。

⑬“越王”，春秋时越国国君勾践。此言要有越王勾践“卧薪尝胆”的精神。

⑭“如结一兮”，《诗经·曹风·尸鸠》：“淑人君子，其仪一兮。其仪一兮，心如结兮。”《荀子·劝学》：“《诗》曰：‘尸鸠在桑，其子七兮。’故君子结于一也。”卫俊秀所言“如结一兮”正由此出。与上文联系起来，其意谓对“歹人”只可虚与应付，不能诚心专意地与他们交往。

⑮彼得，俄国彼得大帝。罗蒙诺索夫，俄国唯物主义哲学和自然科学的奠基者，著名学者、诗人。他们都通过不懈的艰苦奋斗取得了巨大成就。

一九七三年

前　文

七二年过去了，不值得回忆，没有什么，只体会到"急弦无懦响，亮节难为音"①的真理，确乎不假。

"感情"这匹野马，受它的"症"够重了，要勒住一些。

"口锋"也伤了些人，实则是伤了自己，要当心。

"为人"是好的，然而结果是常常受到不应有的报应，"恩"变成了"仇"，何苦！"求人"是弱者的表现。应该明了自己。

"钉子"是聪明的强心剂，使人切实起来，好药物。

不好意思，面软，没关系，尚早论，大害了自己。

照着"四位之神"做去，人生之道，尽于此矣。（正义、智慧、快乐、战斗）

七二年十二月三十一号夜

元　月

元旦。又是一年，应有个新的面貌出现，打掉脱离实际的空想，切实起来！"养大务实"，大大方方，正正派派，少说点，多做点，发必中，战必胜。

落实毛主席三好指示："身体好，学习好，工作好。"

落实毛主席"体育之研究"。

大力学习唯物辩证法，事事应用之，搞一套"实际哲学"。

聪明难得，难得糊涂。做人不易，不易识人。

"物禁太盛"（盛——骄——败，故……）

"盈缩之期，不但在天；养怡之福，可得永年。"②七三年将是我的一个重要年份，必须打掉书生气，变为一个实际的人，"纸上多一分，则事功上少一分"也。抓实际，抓方法，抓效果，从认识问题到解决问题——实践、认识、再实践、再认识，知行统一，足矣。

二日

毛主席说"……不要靠父母，不要靠先辈，要完全靠自己。"就是要靠自己，一切皆身外之物，要有顶住一切逆风的气概，工程史上的禹王，世界文学史上的罗蒙诺索夫，都是以自苦为极的杰出人物。人终究是人，哪有战胜不了的障碍！观雷锋、焦裕禄诸烈士之伟大事绩，可证明矣。

调查研究民间语言，任务之一。

写实际哲学小论文，任务之二。（对象——广大群众。说明材料——生产经验，日常事务，一般常识。准备工作——读《矛盾论》、《实践论》，先找出几个根本解决的问题。语言——大众语。）

创百幅书画，任务之三。（纸张，颜料。）

续祖传泄药，任务之四。

思索者，不免空想，不能用自己的生活力了。

观察者,旁观,未能入内,不能用自己的眼睛去读世界这部活书了。

参与者,实践,经验,根本。

三日

阳光好,有风,凉气侵骨。入山打柴。

着手搜集民间语言,分类,在考虑中。专册成集。

四日

打柴。读《史记》,郦食其一段可作哲学材料《实践论》,有意义,有趣致。

五日

破柴,整家。阴云,有雪意。

快乐:1.人。2.百年有几天。3.为了健康。4.为了为人民服务。5.幸福。6.给看戏的人以打击。7.朝气。8.破俗,外誉。9.高眄邈四海。10.自由王国。

无畏:1.有正义。2.公而无私。3.高尚的社会主义道德品质。4.彼人吾亦人,何畏?5.矛盾常有,须克服。6.为了事功。7.生死辩证,必然道理。8.生存斗争。9.要革命。10.酒性的人生。11.真理在胸。12.创造,变革。

精神上有此柱石, 方能肆展得开,有所作为。

搜集工作(蚂蚁),整理工作(蜘蛛),创造工作(蜜蜂)。

环境必须时时整理,变样,新鲜有生气,合乎卫生、艺术、科学。

精神上必须时时清理,振作,以免堕入庸俗、暮气,保守不前。

六日

"路子是人踩出来的。"

打拳、写字,都是一理,不能专讲究形式,停止在外观上。最重要的须把全付精神贯注其中, 使之具有无限的生命力、活力,潜藏着丰富的宝贵的发酵作用,给人以欣赏不尽的魔力,一举手投足,一笔一画,在体力上、精神上都不是徒然的,而是有一定代价。在本人要有受用,对别人要有豪放感,扩大、充实。

真正的下实功夫,揣摩之,体会之,思索之,研究之。深之又深,探索不尽,能有所发明创获,至于化境,所谓神行也。走笔,引势,浑身上下,筋骨气脉血液伴之随行,结果自助健康。行云流水,天地化作一体,乃称得个"大"。

一切艺术作品(绘画、音乐……),总须从聚精会神中来,马虎不得,粗心不得,苟且不得。(态度问题)有个境界。

归根结底,都须从思想来(政治性,根本问题)。下功再深,倘离开思想指导(世界观),总不免小家之气,为奴为鼠,非时代所要的,甚至要被打倒的。

事来,冒失不得,感情不得,来回想想,让理性作主,可少差也。

多积极想办法,少消极作埋怨,要到"成"想,不可一味取消也。

思则得之,办法总是有的,全看努力程度;自然也得看时机、条件。想过河,没桥、没船,如何行得。

七日

到襄汾，没赶上汽车，来回九十里，步行，夜九时半归来。领导上谈得很恳切，客气动人，事情算告结束。

八日(五日)

心志大乐，定于一。1.不再谈兹事，自己不对处，应反思之，倒转来如何？2.长处自知之，人知之，便了。3.多做有益于文化事，不抱屈，也不屈也。严肃，少说多做。4.外物不关身，不拘其人、事，没意见，连哼一声也不必，集中精力完成上项四大任务，便是大成绩。家事弃开。5.不动声色，不气，健康第一，最是根本。6.与妇竖较量，亦只见个人不过妇竖之流矣，岂不可笑!

九日

读书必须踏实，一切事皆然。

吃饭定时定量，不到饿时，也不得贪食也，更不得多吃一口，为要。无益健康的滥吃喝，禁止。

壮健是根本的根本，不可忽! 要有“摆脱”的本领。气不着，碍不着，难不着，吓不着，任何事情在心上搁不着。

通脱，雄大。曹操的本领，鲁迅推崇之至。

十日

从双亲去世后，小小儿就没有感到过家庭的温暖，直到今天为止依旧如此，冷冷的，没听到一句安慰话。其特性：倔强不认错，报复，不接受意见，使性，火气大，强烈的主观主义，任性为作，凡事不能商量，一说就碰，总要给人一个不爽快，敢做不近人情的事……算了吧，够难堪了。

我也不是善的。深知个人缺点所在，未免固执，一如魏晋人之弊病，不通情，走极端。

十二日(九日)

磨面，50斤麦颗。心情不快，怨天尤人，何必，亦太可笑，谁叫你重情且仁，有眼无珠?莫非也是前定的吗?更可笑了。人定胜天，哪有克服不了的事?

体重104斤，上次的110斤，大约秤看错了，不确。

读鲁迅书简，懂得了多少人情世故，常常提高写作研究的志趣。读毛主席书，壮大精神，感到脚踏在地上，想做些有益的事情。

十三日

晨到黄崖弹花二斤，跑了两次，忘记带钱。倒顺利，随去随弹，一伙女孩子，很照顾，负责人也颇关照也。

打柴。

十四日

阴。剁柴。准备缝新裤子一条。旧裤子补了十几年了还不该换吗?这些地方我从不理它。鲁迅先生一条单裤就穿了十几年，他曾说：“生活舒服了，就累了工作了。”确然。试看专门打扮的，有几个像样的人物?

十五日

雪。艺术天地，劳动世界，革命精神，简朴生活。健康的快乐，正义的斗争，聪明的糊涂，兴致的工作。

久沉庄列，生死且置度外，荣辱、誉毁何足道哉！夫又何所畏乎？况正义凝于一身，问过良心，更何往非乐？

鲁迅先生把人分为三种：一、公而忘私者；二、为己而不损人者；三、损人利己者，此种人最要不得。倘一种人不得时，只好作个为己而不损人的人。今后，惟有为健身愉心而务作，不得已也。

人和人的关系只为媒介物的关系，或者说是没关系。纯爱是没有的。媒介物一失掉，关系亦断割矣，故曰没关系。亲族如此，外人亦然。

大主意已定：一切为个人服务，健康第一，情畅第一。盖无缘为人民服务，只得走此一途也。时间是惟一的见证人。必须与之竞进，让它证明也。

饱经风霜，广学红书精神壮
细嚼粗食，善养肠胃体力强。
且尽劳力为私食，
权把念书作逍遥。

十六日

整高粱颗约 10 数斤，吃不到正月，便得买粮。

高尔基《论读书》：一、心胸中宇宙愈加广阔。二、影子愈加高大。三、愈接近群众。四、愈感自己渺小。五、对人类的责任心愈大。六、往古来今的朋友愈多。七、得到无限的不曾经历的间接知识。八、丰富的生活，知识的大海。九、智慧的源泉。十、老当益壮的心志愈大，精神愈强。

毛主席对田中说："我有读不完的书。""一天不读书，就是活不下去。"马恩列斯都是如此。人类伟大人物毕竟有其非凡的独特的为作，如何不令人敬仰，如何敢不努力？勉之！

十七日

活就活得好好的。大搞卫生，刷墙，家里院里一齐动手。轻松了好多。说干就干，不许推诿。明天上集，早去早回，布置家。

很想画几枝梅，且一试之。

十八日（十五日）

起甚早，上集。

十九日（十六日）

生日。参加苏德结婚典礼，过得好。

二十日

拆洗被子。要格外照顾：一、脑子。二、肠胃。三、肾。

"乃知盖代手，才力老益神。"

必须精神强，气魄足够排山倒海。横空出世，雄视大地。但无正义，行为不正，无益于民，岂能空做样子。

二十一日

任何大小事，万不能影响到健康。

浮俗万端，利来利往，何足为怪？小视之可也。

自矜"良善"最不良善，落得孤独。随波逐流、合污=(按，意谓等于、也是)好的。

缝被子一条，在英家拿了一大框子白线。

二十二日

整理家，费了一天工夫，颇费周折。买

猪肉斤二两，疑心是母的，食后肠部不舒服。

二十三日

缝缝补补，殊无聊，思想愈来愈倾向扬子[③]一流，明知非正路，无可如何也。识透物理，人生暂局，便当任为任听，无所谓可不可也。放眼宇宙，夫何所虑，破除一切拘囿，独来独往，只要不损人亏心，何往不是?绝除外缘，守拙养晦，了此晚岁。不靠人，不累人，苦矣。未始非乐。处世若大梦，何必自苦太甚?浮俗难应付。唯在精神中求乐园，狂士也夫。

吃了两天麸面馍，健康就差了，还须注意经济问题。不会谋生也，得想办法。离开经济谭健康，有如在河滩上建大楼似的建不起来。没健康的基础谭什么研究工作，同样空谭而已。精神不能脱离经济而独立。两者不是对立，而是属从。

一切事，只要定下心来，有了定见，就安心了。最怕是三心二意，不知何从，心老在悬空，这就苦了。户口问题，决定出行，不在此处，健康出行，用不着工作，弄不出名堂，何必麻烦。勉强对付，殊不必。劳作、学习、自创成绩，也还自在。壮大起来，生活得痛快，便足。摆脱外缘，少生气。

志定会心自远，身忙乐事偏多。

二十四日

孑然自立，不为物役，出作入息，自得自适，天覆地载，于人何幸，维尔努力，自求多福。如所拟完成缝褂，写信，明日到浪泉发出。买颜料染衣。

二十五日

到浪泉发信，须做的事都办了。好天气染衣服。

二十六日

染衣服。出乎意外地指画梅两幅，大体不错。指较笔易驱使，有力因亦有神。今后当于此等处着功夫，余不必贪求，慰心足矣。

二十七日

要办的事说办即办，拖延是坏行为。心上不得轻快，又坏事。

养大，务大，成大，廓然大公，乃能伟大。

富丽唐皇（于）（大家秀女）。宏阔大雅（康）（君王风度）。豪放雄伟（黄）（英雄）。深宏恣肆，拗强傲立（傅）（处士侠客）。

二十八日

上集，为晓英买山药，人拥挤甚，即返回，再没买别的。改天当再去一趟也。晓英病不佳，明天赴临汾检查，令人难受。

纵欲之说，愈来愈切，人生有个甚?=0。（编者按，意谓“等于零”。）

总须大踏步迈前去，健康之外，别无他虑。什么荣辱、誉毁、人我关系，管他娘的。只要不损人，便好。

我之对面，为人、为物，要都是身外之余，可弃可去。惟有身体，不可毁，须大力珍重。自己不重，谁来重你?亦无从重也。从经验阅历中所得教训，不如此不可也。可伤!

乐趣全靠自我，仰望不得人。

“薄俗”足够杀人，掷之一旁，我行我素，无不可者。

打破习俗！踢破常规！创造新行径。此亦革命之一方也。难道过年一定要依古规吗？合乎正道处，说干就干。前怕狼，后怕虎，诸多考虑，拘于俗议，小心过余，真是并禽兽而不如，算得个什么人生？

高高兴兴，痛痛快快，浪浪然然，自自然然。

自强不息，自力更生，自求多福。

又是大吵。与此人讲不清道理，谩骂何益？是人，仍须肚子大，侍机彻底解决。

以鲁迅那样伟大人物，尚且苦于家庭问题，受气，无路可走，终于搬居；况余小小，有何奇怪？被迫未始非好事也。勉之无馁。

好父亲病了，子女跟着难受，为父的也更难受，所谓“两伤”也。当个所谓“不好的父亲”病了，子女不但不难受，甚至视为应得之“报应”，为父的也就无所谓什么矣。所以怎么都好，乐在其中矣。呵呵！一切道理真说不尽，都有理。

不利，未始真不利。利，也不一定是真利了。所谓利不利，是要在效果上看的。

“鲁迅精神”何处去了？“四位之神”何处去了？“大”在何处？“自力更生”会说说而已耶？“抓现实”抓在哪里？“干”在哪里？

解决矛盾！处理房屋！寻求出路！战斗起来！

坚决离开这里！好事往往是逼出来的！何怨之有！失马④，未始非福也。无缺便不能有圆。事情没样儿，一切基本上在于“自己”！自己站不起来，风吹雨打；反之，高举巍然，瀑布亦得避开的。不能大而化之，应清楚的必须认真。

二十九日

到浪泉清兰家……心情真不好过！收欠款20元，当到东柴还账。须极力保健康，不能受制。少吸烟，少来往。

自重、严肃、冷静，如此年龄何必太随便，受无谓味。高漫看对谁，亦可偶用一时。

不济事的举动，最好没有，惹人笑，何必！

自己的事，千万不要靠人解决，要认准人。乱求医，差矣。不卑不亢，高士风度。

薄俗万端，一笑了之。吁，可叹也矣。

小时受张氏白洋症，今已老大了，还是照样，莫非一条路子要走到黑的吗？我看断不会如此！全看个人有无作为！

埋掉过去，从今复生！一切须是个新人！

鲁迅先生的“复仇”——就是要给爱看戏的人物以绝大的枯槁乏味的打击！高大起来，像天文台似的。新的英雄啊！（我毕竟是个书生，也只能如此写写而已！难改变的书生啊。）

三十、三十一日

忙于写对联。

保胃：一、细嚼慢咽。二、量腹准食。三、忌冷食。

二 月

一、二日

写春联忙。饮食没时间，疲困甚。一年一次，如何推得，这也是为人民服务么。

旧历除夕。从明旦起，当大加整饬一番

三日

春节。鲁迅先生日记中，在某一年的春节，曾书“开笔必写‘龙虎’二字，大吉大利”。这意思不但在取其吉利，更实际的作用，盖因其雄姿奇态，不同凡类，使观览者不觉戒去鄙吝之心，有以大方也。

马齿又增一岁，六十六了，应该老练一些方是。然而仍是随便如旧，后当改。稳步，不中不发。碰钉子，受话味，决然要避。越是顶真，主持真理，越要得罪人，那就只好不作声，或少言为妙。为人解说，讲史，应有的知识，还避不得胡疑，真是何必！少交接来往，固守书城最好。

决定：画梅，专心研究，要出色。颜色，指画。雪梅——试用白矾。自裱。书法，如龙似虎，生动感人，超逸不群，臻于化神。远看如画，乃佳。城门纸（加纸专定），宣纸，裱纸。不轻易应酬，太累。

四日（二日）

夜眠甚好，休息足了。气志更觉十分。到表兄家。

五日（三日）

春风大，地已开，寒也不同了。节日花钱不少，后当节约。“朗然”还不够。高士，高德，高行=（编者按，等于之意）高大。何过谦可有？古人以天地人为“三才”，人定可小之哉？应与之比美，高大厚实起来。

饮食尚调，肠胃舒服，较之多日以来好多了，不大上潮。究其原因：吃得慢，量不过求；热的软的，营养富。因而眼力也足，写字不戴镜子，以前不行。

六日（四日）

下午饭有些过量，幸而可口，无恙。

石门铭碑破烂，开始整理，颇开眼目。明日赴县，后天继续工作，一天可完。

须买红墨水一瓶，大搞研究工作：哲学小论文、语言、书画。

庸俗不堪者少接触，无受其影响。孤独乃能做出成绩。打诨徒费时日，有甚意思。

七日（五日）

到县，学会醋熘：少许油，热后放粉面汤，加少许葱，再将化好的酱油、糖汁倒入，即成之，入倒蒜也好（肉，山药，鱼都成）。第一次留心吃，可怜。

太极拳，腰直、腿曲，起首坐马式，多高就是多高，顶到底。

有些人傲，你不傲也不行。而且更得加点冷的因素的。

一辈一辈，越过界限不算了。切莫勉强。谭不起兴来，亲近不到心上。对手行为不正，私字当头。向好陷人者，最好用鲁迅法，连眼珠也不转，如能学会白眼更好。

人的一生岂能专以对付人为能事耶？

对于可敬重者，即为之役使亦所甘心。

早起室外运动，行之已愈二月，已收到实效，血色正，四肢灵活，颇见精神。食欲大振，胃口大开，喉咙通和多了。饭无丑好，想吃，可口，不过量，食下舒服即佳。自然得注意营养。

三四日来肠胃很舒畅，今天更好，吃得有系统，不乱吃、胡吃之故也。

一切不顺心事大力摆脱之，心上像扫除过似的轻快，此亦保健之一法也。无所求，无不足，无不快，坦坦荡荡，神色怡然，昂首挺胸，谁奈我何?不轻举妄动，钉子自少，不作亏心事，一觉大天亮。幸福也。

旧道德观念仍未能破，吃亏处在此，人既无情，亦宜以无情出之，冷面硬棒，有甚客气处。一被人称为"好人"——没出息，就糟了。人我之间，颇像自然界竞争之局面，不可不防。你让一步，他便前进一步，没有满足时。分家便是一例。情面一软，落得无情。

八号(六日)

阴。精神百倍，大喜事。无碍，无拘，无戒，无惧。比较地弄懂了些马列主义毛泽东思想，更加愉快十分。自觉得革命者之德皆备于一身，乃真人也。何所外求?石门铭贴工完竣。小事都费了两天工，好看多了。不然何异废品。

一切事只要肯下功夫，没有不成功的。饭后，练指画，果然有几枝出色，生动劲瘦有神。之后，每天写字之后练它几枝，月后求得有把握，不可间断为要！书法较难尚能入奥，画有何难?年内必须获得较大成绩，鸣则惊人，赶上昌硕[5]，超过铁山[6]，集各家为一炉，独秀南北也。书贵瘦硬方通神，画亦如之。

十日(八日)

昨到邓兄家，款待甚。昏黑到彦会家，约好书字，写到九时半，阴天小雪，不能回来，住了一夜，晨回来，接西安家书，要我去，当考虑之。

决定：在这里对付一年，大书百余条，画百余条，再去也，须恬恬适适、大大样样住他个一岁，胜利走去!

十一日(九日)

自力更生，艰苦奋斗，不要仰仗任何外力。

到东柴，又是写字，误了到县。扶青建议要我书毛主席诗词帖寄出，且以试之。用各种体书写。形式：屏条，中堂，对联，横幅，大字小字参合，艺术美观，大方洁雅，前缀以冬梅，彩色指画，春风杨柳图插入中间。

十二日(十日)

发西安信一件。肠胃不佳，昨夜冷馍吃坏了。明日注意之。早，二米，白菜。午蒸馍。

精研碑帖、绘画，余不必费脑力矣，无用。无益于经济的事，搁置之可也。

十三日(十一日)

不能逃避困难之处。矛盾愈多，斗争力愈大，才有意趣。寻找安闲地方，是懦弱的表现。大字要经常写，只写小字，愈来愈小气。写大字后，再写小字，便能把大字气魄注入小字中而不觉也。天马行空，挥洒自如，放笔直干。古松要画得古老苍劲，书法亦须如此，乃见佳，所谓字中有画也。并不难达此境。石刻、金刻中雄大气象，不易到的。于苍劲中传出几分神气更佳。字中有藤萝、峰棱、劲松、云烟、瀑布、危石，盘根错节，有狮虎立鹤，境界高大，神色照人，丰润有情致，吸引人。

自壮，自恃，自强，自安，自乐，自适，自知，自觉。

十四日(十二日)

三日内，吃饭必须正规化，可口，少量，以舒胃肠。不得随便进食，狼吞虎咽，不饿不吃也。细嚼慢咽，一口一口。做饭前须大费思想，想不好不动手，决不能胡吃。

正月内大练字画，二月正式动笔，为要!

保肠胃，不能戕害身体。多日以来，睡前本不饿，颇想吃，胃口大开，遂亦大吃入睡，太说不下去，严禁为要。

书法应酬太费力，影响健康，须尽量减少。

函扶青，买纸二十张。(专定双层城门纸三十张)问颜色什么的好，配法。搜集大家画，梅、松、虎。

田间工作，带本子，哲学书，字帖。魏、康、傅、黄⑦。

日记为我之师友，数十年如一日，时解闷去忧，打扫道路，否则，并今天亦无矣。

天地剧场，人生过客，有甚了不得，只是他自觉如何如何，殆妄自尊大耳。

身体为百事根本之根本。只要是有碍着他的，万不能忍让，定要顶上去。

浮俗百端，无奇不有，可笑事太多，若要顶真，岂不苦煞! 以大笑了之，视若无物可也。要生存，便得工作，不能剥削人，罪恶。对工作必须狠干、猛干、大干。今年努力方向——哲学、书画。百余幅。

人情=0，(编者按，意谓“等于零”)旧道德用不上了，竞争还必要。否则将会被淘汰。

“善人”不一定善终，事实上哪有纯粹无私的慈善家。面子货耳。

告你自己! 身外物，假像而已。心中无物，目中无物(障碍)，自不会为物所役，而有以役物也。

庄生打破死生观念，二者实一，无区别也。佛看破世事。有此二种思想基础，从事革命工作，夫何畏何惧。一不怕苦，二不怕死，何事不成。

集中力量解决家务之事，以便安心工作。否则简直如梗在喉，如何做得下去。

吃饭仍是有些胡吃，真是不好。再来一个“从明天起”吧，没出息极了。别事可想。

“说干就干”，必须落实!

群众关系不错，进一步更好切实为人民服务。

十五日(十三日)

人生就是为了“生”。个人生，群众生，

国家生，世界生。若只为了某一部分的生，革命岂不停止了么?我们又何必支援外国呢?要生得痛快，破除一切障! 如醉汉，狂人，任所行。

读旧书精神就沉下来，读哲学书就生出新力量，斗争观念浓烈了。合起旧书吧，打掉暮气，唤回朝气，这才是人生。所谓"酒性的人生"者便是。

为了健康，家事须赶快解决，管他三七二十一。

到处平坦大路，全看你如何走法。山路崎岖，似乎难走，但野兽行之，无异飞奔，曷尝不平?一切全在自己! 仰仗外力，便变为奴役，可耻莫过此。

十六日(十四日)

作人总得作个像样的人。但一成像样的人，就少有人能识得你是什么样的人了，因为庸俗包围了他们。不合乎庸俗，就对不上光，要笑你了。这就不能一味迎合他。一迎合，自己也俗气了。

为大人，见得远，心地宽，有益健康。

坏事常由自身而来，好事多从环境逼出。

十七日(正月十五)

做了半天饭，心情大好。烟物少吸!

一、聚精会神，正正经经，研究马克思主义、毛泽东思想，切实应用之。

二、真真切切，作出百余幅书画(精选列宁、毛主席、鲁迅语录)。

三、研究民间语言，著为文章。

四、远俗，操守。(寡言，干活带红书、字帖、册子、水笔、铅笔。)

傅山以鲁公书法为基础作草书，我则拟以魏碑为底子作草书。草以傅山笔致运笔也，当更有一番别致处。毛主席书法魏体多，其草书恣肆畅爽，气魄极大，革命精神有以使然也。有些放笔，余久酷爱，然学不到。

魏碑中龙颜[⑧]凝炼，石门铭开阔，猛龙[⑨]刚健，有些墓志深秀、旷远、大雅，种类极夥，不易尽举。

"矢志如心痛，一心在痛上，哪有工夫说闲话，管闲事。"

只要有一健强之志愿，则千恶瘳愈矣。

年内在哲学、艺术上做出成绩便足。成绩摆出来，出走自不成问题。为祖国争荣，须学毛遂敢自荐，料可如愿。新旧社会不同，此亦一端焉。新社会不冤人，不弃(人)，全在自己耳。廿余年之经验，余深信如此。不可拔。

不拘字、画，达不到化境，进入神行，不是上品。须于此作功夫。这全靠"聪明"二字，然聪明又须从功夫中出之。实践方能生妙，妙即神。

十八日(十六日)

早、上、下午洒地三晌。王福家立木，午为书对联、梁席板，午饭后归来。明日找干部解决墙壁等事，不可忽。

十九、二十日

竹也可画成了，可喜。到南许，一天未出工。看到田先生的书联，究竟不错，魏碑成分多，十分敬谨。

二十一日

无奇不有，一触便气，胸中不宽，真要成疾。一笑了之，算是。

二十二日(二十日)

风。为子正作梅并字。整理房舍，像个书房，可以定心学习了。忆起田书联为："野鹤无凡质，寒松有本心。"⑩字极恭谨，可取也。

字欲得汉金刻文苍劲味，写时务须提笔，又可得飞白，故佳焉。笔重则易肥，难为劲瘦也。此从摸索来，非所闻也。勒落不可忽。

健康：一、生活条件。营养调配，休息足，劳动适宜。二、精神条件。心情舒畅，无任何滞碍，有希望，振奋。三、其他条件。锻炼。

接家书一件。

二十三日

早到父母坟上植树八株，或公或私，非所计及。赴浪泉，发西安家书。途中看列宁哲学笔记数页。不知不觉而自壮。又太"小"了。

壮大起来，抓学习，抓劳动。没有实际生活经验，怎能学习得好。

看来大诗人、文豪、革命导师、艺术家……时代的尖端人物，必有其独特的过于人的风格。同流合污，人云亦云，不顾真理是非，能有几个像样的人呢?

食欲大振，简直如同收不住的野马，必须赶快勒住！少吃半碗，大力克制为要！饿不下病，太饱倒会成病的。

大风可以拔木发屋，海水震荡，但丝毫摇撼不动泰山。一切全在自己。有根基——人格、能力、智慧、学识等等，外力能顶得多大事？要有顶住一切逆流的气魄。都是个人，有的弱不禁风，有的则力拔山兮气盖世，全靠自己。好忧虑的人，不用问，奴才、懦夫耳。"没法子"、"天造的"，没出息者之解闷语也，要不得。果如此，尚何创造之有，革命之有?有的人，朝气十足，无所畏惧之英杰也，吾极爱之，并常以此自勉焉。仰人的鼻息，立可致富，不屑欲为。侠客之流，即令落魄居下不为人齿，亦所愿也。慕侠记。

二十四日

克制(抑压)的本领比之放行(大胆的干)难得多。贪己以及种种嗜好，或是发脾气，都是因了不能克制而造出了种种罪恶的。

字如人，必须写得深宏而雄大，给人以"大"的感觉，提高意志，端正行为，无有不敢担当之魄力。

出作入读，惟成绩是务，一切置之度外，不烦人，不给人出难题，不连累人，自具高风，别有天地。

二十五日

月娃止吐奶方：炉土和三十颗小米熬之，服后即愈。

二十六日

坐得稳重，立得平正，伸得开展，如鹤立高视大地，如龙腾虎跳，威震四海；如鹰隼翔空，睥睨广宇，莫能收得；如神人出入，如孔明谈笑，小儿举止。——安闲、云化、聪明、自如。如苍松，如泰华，健劲，坚实，傲然屹立。如处士，高士，超逸不凡，拗强不驯，如傅山作书。

挂藤，蔓草，劲松，秀竹。龙盘虎踞，鹤立凤飞，飞鹰。

二十七日

二五集，走一趟。

说话也要讲艺术，冷冷的几句，虽不失表达出意义的作用，但给人以难堪不愉快，何居！要顺其情势、来路，顺而逆之，不可出口就顶上去。不表示己见倒可以。最忌反感，不宜动声色。聪明人的应酬总学不会，真是笨得可以。

疑心也不好。听言也“在知所说者之心”[11]乃能当之。善听者，察其出语动机、目的、作用何在？应对者，顺、逆、刚、柔，快不快，屑不屑，青眼白眼。

二十八日

平时饮食不注意，不留心营养，又不规律，殊不佳。百病莫不由此滋生，可虑。从下月始，须大大在心。

应付俗物，当以鲁迅法——白眼与之，管他三七二十一。免得生病，但求痛快可也。

书画从下月开始工作。天已渐暖，笔墨可放开矣。深沉地用功，少作应酬为是。

三　月

“紧张而有秩序的工作”，“成绩月”，“基础月”。

一日

碎屑雨。读鲁迅书简，心地就光明起来。远俗自好，读书自振。就这样下去，一往向前，精神上快乐，便是大福。列宁、毛主席玉照都鼓励着我。

辛勤的劳动产量多身体好裨益不尽，

愉快的学习知识富精神爽大有可为。

一、看来生活尚不至有甚么问题，孩子们都有了工作，可不愁。

二、工作，听之而已，有无均可。如此年纪，条件又差，何必勉强。

生活不成问题，似乎健康也会好的。但也未必，例如饮食不调，环境不佳，浮俗多端，一动气，也会闹出病来，所以仍须大力注意健康的。

三、学习，书画研究，只是有所娱乐，不是第一的事了。这样的日子已如流水似的过去，何必以此为念。重之千钧，何益于人？——为孩子们打算，写点学习经验倒可以。

四、环境恶劣，已非近年所致，修炼之术，在于：不动气，装乌龟。剑拔弩张，未免小题大作，殊不值得，亦非对手也。自然也不能常装鳖的，有时限，有界限。

五、走出乃必然之势，一二年足矣，六七百天算什么。

必须全力注意营养。惟此,方能却病保键。

人生就要生活得好好的! 精精神神,壮壮健健,一派生气,役物不为物役,万端自作主宰。敢于斗争,胜利属我。尼采的思想极坏,而这一点“酒性的人生”不无可取。

二日

听广播声中眉户剧,忽然想买三弦,就买它一支吧。

洗衣,蒸馍,弄菜,忙了一通。

三日

收拾家。以大诗人、大哲学家之行径为准则,规范而努力学习之,自期自勉。述而不作,最要不得的人! 说干就干,毫不犹豫敷衍,方为英杰。

画竹似较有门路矣,荆棘丛柴亦易为。藤萝不算甚,须看看谱,寻个规范。

总是话多,针锋相对,借题发泄,故意给不规者难堪,何必!

修炼不足,即学习差之表现,不可不加注意。老僧不闻不问之修炼,须以为法。

连日于石门铭用心实深,渐入门道,可佳也。惜乎长于此道者太寡,其中奥妙,为谁言之?

四日(三十日)

年轻起来! 健壮起来!

艺术天地,劳动世界,乐哉生活,且舞且歌。

收拾开书画室,可以安心工作矣。

五日(古二月一)

画竹数枝,处女作,尚满意。必须下坚实硬工,半年之后正式作画,定得成功。

日作画一幅,字数十个。魏碑为根,傅书附之;石门铭,二十品,墓志附之;黄、赵、康、郑参考可也[12];竹梅为主,山树附之。哲学书数页。不得间断! 要紧。

六日(二月二日)

雨。晨拳续作,精神非常旺盛,大可喜也。

画亦如写字,不必求多,要认真,一笔一画,不潦草苟且,有雄姿神态,有境界,令观览者有所得,顿生力气,舒展,美感神游广宇,自豪。

笔笔有千钧之重,不磨之价值,不空落一笔,无多余亦无少缺。

七日

不拘字画,笔墨到处满纸云烟,使观之者心神飞动,快意三日,一扫纷纭,如得别一世界。

八日(二月四日)

家兄周年。无话可写,痛心而已。凡事看得破,少言,守拙。吃亏主义没差。

十一日

工地上有些人随便说话,说人长短,实在不好,应远离之,至少得两耳塞棉,不闻可也。休息时就看书,莫参加闲谈,论人是非。

十二日

读哲学笔记。

十四日

雨。写家书，并发之。

十五日

“凡事要研究才能明白”，诚然。

昨夜吃冷馍，柿饼，肚里舒服。能吃能喝，自觉胖了，人也说胖了，原因：一、思想得到彻底解放，事情看穿了，无畏无惧，无私无虑，不计小节，少生气。二、不写作，不大用脑力，不操余心，任之听之，安心居家，定心不外出。三、饮食较有营养，多吃了几滴油。四、书画正当快乐，占了心，常乐。没滞碍在心上。五、高大起来，一傲俯万物。六、有了主意——健康主义。得到解脱。七、早起，适当的运动，拳。八、师虎类，敢于碰难迎逆。

心要闲，身要忙。

十六日

“没有矛盾就没有世界”！真是真理，千古不移。既如此，要想逃避过他，只是唯心主义者的幻想！那就得迎接之，战斗之。懦夫是不会这样干的。企图凭送秋波，逢迎，得到统一，可笑也。因为你退一步，他会进一步的。

十七日

学鲁迅先生要学到底，不但学其文，更要学其人。为此，得罪几个不正经的人有甚关系。

鲁迅先生家里也在时时生气（与汉奸作人），一直忍让，终于搬出外居。也得走这条路了。我的胆子确实不小，不怕不讲理的暴力，不怕糊涂人的怀疑，盖自信正派也。毛病：太沉不住气，拙直，孟浪得可笑。以汲黯之贤还得不到好下落，况愚如余者，岂能免之。应取得教训。聪明点，雍容点，多笑脸，以柔克刚，方是上乘。无形中也给观剧人一打击。

家庭之累够多且久矣，须设法脱逃，另觅安居处，良好地度过晚年，不气即福也。

多念书，少作声，一切是是非非，长长短短，言之无益事实者，默然可也。

还须在笔墨上有一番抱负，非欲成名，因实无其他能为也。

二十日

上集，发平女函一件。正愁食粮，遇秉纯兄，答应为我借几十斤麦子，并要磨成面粉，真好极了，感激不尽。再弄三十斤玉麦，可无虑矣。

二十一日

作竹梅数枝，出乎意外地满意。细心研究，从实践中寻求方法，自可日日进步的。

常说要到莽山一游，一推一年，到今日还不曾去得，一切事坏就坏在只说不行动上。针治办法：说干说干，既诺必诚，句句落实也。

急需买定城门纸、报纸、宣纸、颜色，不得推诿！

作画如作字，天马行空，放笔直干为佳。然非放肆，必须一笔一画在留心，苟且不得。

二十四日

到南辛店发信一件,附子正兄药方雷米丰、四神丸(中药),治肠炎、结核。

决定赴西安一趟。作画二张,较进步。作画、字,首先要得势,乃见气魄,方有气象,意境自大。

明日寻白矾,试之雪景中,如得成功,可大有为也。

二十五日

准备入秦。房子墙同干部接了头,静候解决。

世界上的事本来就是这样,自然界动植物中存在的现象,强的吃掉弱的,是非就是如此。也没人能给他们断清这是非的。弱者说你不该吃我,强者说谁叫你弱。

理——力——利——立。四"L"主义——这就是人类的行动吗? 向人诉苦,奴隶也。凡事看得透,理吃得明,就少生气了。养生。

二十六日

不激不厉,刺激越多越妙。欢迎矛盾!

二十七日

事情没样儿,错在人为。

学习辩证法,就在于应用。人、事,不加分析,马虎过去,有何用处?凡事要研究才得明白。环境、情况,一加分析,这院里决不能住下去的。赶快处理! 走开! 大有好处。

读哲学笔记。

二十八、二十九日

上集,买枣二斤。昨心情不快,殊无谓。总是太不够,何其"小"邪。既是大,何以等闲视之?大可不必。正因大,人看不到影子,或视之为无用矣。管他的。

好心操不得! 好话说不得! 理直气壮,实事求是。

三十一日

三月份已完,劳动了 20 天,不算少。一切可得到解决也,决不能为难矣。

爱己,建己,达己。

四　月

光辉之月也。定期赴秦,光我作风,定我居住。

一日

上坟,并到西北堡表兄家,为多年来之第一次稀罕事,盖素不信此等事也。

二日

大风,昼夜不停,旱象,麦苗真受不了,当抢救之。下午累甚。蒸馍。

六日

准备赴秦,一切办理妥贴,顺利。明晨出发。

越静越怕动,渐渐地像死水池,堵住去路。

越动越活泼,到处是路,四通八达,无往而不快,所谓通脱也。人生就有了趣。板滞的人没有是处。

八　月

三日

七月三十一日从西安返回。须切实安排生活。昨发西安一信。整麦粒，明日磨面。专务健康，读书取乐。

四日

磨面粉35斤。写信，整家，再休息半天，静静心，明日出工。稍待赴临汾。体重95斤，轻了4斤。营养之故。没病。

六日

发扶青信。

七日

决定：1.发信。2.改稿。3.山书法⑬。4.短文。5.自反。

八日

日出工二晌，最好。学习工作两不误，且有益健康。

九日

县文化馆给大队函，县将举行书法展览，选定要我参加，派人带来宣纸。午时书得屏四条，横幅一条，条幅一条。看来书法还有用处，仍须加功，不可废弃为要。

十一日

一存奴心，让人为先，无不值得伤心，经验久矣。一经看透的人，应一个态度对之，迁就不得，宽恕不得。

休息后，改文、定稿。

专书：傅山、山谷、米芾、南海、魏墓志、汉隶、田先生书、石门铭、张猛龙、龙颜碑。别致有风韵，放荡不羁，开阔以力胜。奇古，秀丽佳态。

十二日

“常恨语言浅，不如人意深。”

十五日

晨，打柴。明日大力完成文稿。

十六日

午睡好。

十七日

舒展，通脱，豪迈，自然。高视广宇，立鹤出众。

二十日

信写就。书条幅一，横一。明到临汾。

二十一日

临汾归来，颇顺利。整天写信，借扶青三元。事在人为，勇猛精进，何事不成?偏得争争气！明后天完成，发出，并家书、品三、刘校长三函。略事休息，办家事，正式出工也。字继续深入研究，作书。拟傅眉字。日课：杜诗。

细味傅书，揣摩南海、墓志、二十品、龙颜。昌硕笔笔有情感。

私家书展亦不易，可准备一试之。指竹宜长练，亦异奇举，反俗也。

二十二日

年纪老大，莫竞进，专作书已够吃力。应放聪明点。教学、为文大可不必。

二十三日(二十五日)

连日写给上级函三件，约六七千字，甚累，今日发出。并刘鹤家书共六件。大事已妥，当休息一天，正式干活。一切顺适、舒畅甚。捡得毛主席像章一枚,可喜。

天晴上山一回。

“临事不惧,好谋而成。”是郑林为莻兄赠言,中肯,于我亦宜。末句,当拳拳服膺。确然。素忽此,致败之由也。更加“忍耐”二字,愈周,必胜。

“牢骚太盛防肠断, 风物长宜放眼量。”当作座右铭。切莫操之过急。试看诸葛,料事如神,着手成春。豫则立,不豫则废[14]。发必中,毋不敬。

二十四日

出工,干劲足,心情颇好。何麓山寺,田书,须大力攻。傅山书法,南海书法,龙颜碑,墓志。文章、教书大可不必,太费力气。

二十五日

写字实一娱乐,于道何有?

多大的笔只能写多大的字, 勉强使用,便不成字。

矛盾常常会遇到,也即常常得去解决之,适当的解决。不适当的解决就会发生又一矛盾。

二十六日

“饭要热吃,事要早治。”大小事不能含忽。一迟延,宽厚,便出麻烦,费时费力。手续必得弄清,不然,又给人以胡说的机会。

上午收工时分,大雨滂沱。冒雨到家,幸带雨伞,上身未湿,下身则浸透矣。可怜一群女孩子,真是受不了。

二十七日

洗衣。出工用力太大,累甚。受雨,筋骨痛。

二十八日

整理书,读书,看帖。拟禁纸烟。

手指拙硬,须天天写方好。碑帖也要会看。

不断学习辩证法,要用啊!

也得想想生活,书生气没办法。念起书来不顾一切,不行的。

知——会——熟。

有些人“我”字当头,我则太缺乏“我”字。太好了也是罪恶!谁叫你随不上群?合口、悦心、适体,老年人说老年话。精细、有益、会心,道理是慢慢摸索得来的。这才是真懂。闲话仍多,何必,无济于事。虽说正言人不之听也。

令:1.禁烟。2.禁闲语。

保身体,养精神,顾生活,益事功,为子女,光前程。

日必写百余字,否则手便生了。

敬谨、智略、神勇。(才学德识,德行道艺。)作人不易,即在此等处。余病全在孟浪二字,重感情,不师智,不谨慎也。

二十九日

上袜底子一双。

学习鲁迅就必须是个鲁迅!

志正体直,手熟为能。

三十日

大雨。昨日吃得过量,当时不舒服,今日肚子仍不宽展,有点憋胀。早饭吃米半碗，绿豆汤半碗。当留意少吃为要。

九　月

一日

读辩证法之后复读楚辞，另是一种心境。脑子只要会用，似乎可以不断地工作。列宁在西伯利亚即是如此用功的。

精神愈用愈出，懈怠则绌矣。振作有为，岂容松心。

事情越不顺利，阻挠越大，才有个干头。有矛盾才有发展么。不成，可得到新经验；成，达到了目的。——总之，都有收获。敢字当头，理字当头，胜利即在其后。

无理的蛮干→祸胎。

上鼻圪塔梁，买瓜33斤，带回。肚子好了。抵抗抵抗，病都可以抗过，况其他。

二日

早，精神大足，大约因为吃了个馍，干劲不同了。休息时看书，不觉困。

三日

读写不可过用脑力，非年轻时候了。而总是用得过大，应知休息。

一切事就是这样，小事糊涂好，亦防病之一法也。不如意事，岂止于此，哪能天天动气？须大力于书帖，或有成耳。哲学冷静脑筋，新旧文学慰心足矣。心中有个鲁迅，服膺毛泽东思想，坦坦荡荡，大大方方，磊磊荦荦，高视广宇，够了。

至性难移，真是无可奈何！好在决定外出，一生落地只不过旅店耳，何多心之有焉。分湿玉麦20斤。

四日

防风，病。如此年纪，何求于人，自得自适，顺乎情理，自养自乐而已。

莫谈你廉你洁，你自以为长的，正所短也。对人没益。

五日

拾柴否？

一切术，都是功夫。功夫至，参天化地，何难焉。

七日(11)

雨。从昨日始胃口大开，体力如常。今后饮食极得在心，用保健康，不得滥用。掌握自己！

柿树许给一棵，明年起。

八日

打柴。天放晴，准备磨面。集中准备办：1.事情；2.处理房；3.外居。

少作书法应酬。不滥写，不胡写。真写，大写。设法购宣纸数十张。

四忘：忘写，神行；忘己，忘所在，忘人。纯一无怀，天马行空，笔直干，无法有法。“至人动若械(无心之极)。亦不知所以居，亦不知所以不居；亦不知所以动，亦不知所以不动；亦不以众人之观易其情貌。亦不以众人之观不易其情貌，独来独往，独出独入，孰能碍之。”⑮

九日

对于无情人，须得以无情态度对待之，迁就不得，宽恕不得。“得罪就得罪吧。”(鲁迅语)估计不可能转和，就干脆破裂了。

十日

大晴。明日中秋节，什么也没，钱要不来。所好素不重视这些，吃吃喝喝，满不在乎。所好菜园分了几条胡萝卜，没事捏几个素包子也好。还有个西瓜，下下火气。事情有什么样子?万事全在自己！一切皆归于个人。是非真理泡沫也。

十九日

手戳破，又得几天不能上工。凡事一粗心大意便坏。晒包谷一天，够累，火了。午眠好，少吃。书函三件。

青主书法走笔神速，犀利之至，草如龙蛇，如藤萝，莫见其端倪。全部章法可见其至性，一片天机，想见其为人，非卓然具有远大抱负者莫能为。论客多谓其萧然物外⑯，差矣。他非出世人，乃为欲入世而不得，彼怀在大公，非保身一流也。笔下如有气，嫉恶如仇，志不得伸，故形之笔端耳。世外人哪得有此气骨耶！一般书者，作字耳，是字写人；若青主则超出字法矣，是人指挥字。

太极拳术，书法，理论相通，合而一之，可造妙境。

作书时：

一、凝神静气，轻灵无滞，以吞牛之势，大刀阔斧裁之。

二、如环无端，一气呵成，无缺陷，无棱角凹凸之处。

三、提按轻重。

四、无意皆意，无法皆法。

五、虽一字之微，有天地气概，龙虎雄姿。

二十一日

用脑子太多，看书要少些。手痛，仍不能工作。大整房舍卫生。专事书法、拳术，暂停看书。放开心，求放心，自适其适，自乐其乐。

写字要稳稳当当，一二字等于拳中的一个姿势，不离纸面，一笔字成，贯注有力，尤得有神韵。一字，一行一章之天，涣散不得。

龙蛇是走笔，虎凤是体态。走笔要灵活，情感热烈。体态要雄大，气象万千，派力无穷。都须有神，奇姿乃得神。又不能离开正，奇正并用。藤萝老树之盘绕，不见端倪无滞碍，参错变化无穷乃佳。

二十二日

坚持素饭，心胸扩大，饭后散步，劳逸适度。(毛主席养生名言)深究书画、太极拳妙理，文人练功，足够大慰。

发函三封。

毛主席教导我们:“小事要糊涂。”因之：

一、对家庭事一概置之脑后以省闲气，有利工作。

二、大练太极拳，防病抗病，健康即福。

三、深究书法原理，创作，揣摩。为国家增光，唯一目的如此。

四、经济上须加设法，注意生活。

五、读有益书，少而精。有心得，写写

短文。

〔注〕：

①“急弦无懦响，亮节难为音”，西晋陆机《猛虎行》中诗句。

②“盈缩之期……”四句，曹操《步出夏门行》中诗句。

③“扬子”，指西汉著名文学家、哲学家扬雄。其哲学著作有《法言》、《太玄》等，认为“玄”是世界万物的根源。他认为“有生者必有死，有始者必有终”。

④“失马”意谓塞翁失马。

⑤昌硕，清末著名书画家吴昌硕。

⑥“铁山”，山西民国时期著名书法家赵昌燮（1877—1945），字铁山，以字行，工书画、篆刻。尤于书法，篆、隶、正、行、草俱臻妙境。正、行书较多北朝笔意。康有为评其书法“大江以北无出其右”。

⑦“魏”谓魏碑书法，“康”谓康有为书法，“傅”谓傅山书法，“黄”谓黄庭坚书法。

⑧“龙颜”，魏碑中之爨龙颜碑。

⑨“猛龙”，魏碑中之张猛龙碑。

⑩“田”，田润霖（1900—1975），字羽翔，民国时期山西著名书法家，工于多体，与赵铁山、常赞春、常旭春齐名。1957年错划为右派，被迫害致死。为卫俊秀大学时期书法教师。此处所言田的书联，乃是为卫俊秀的同学张子正所书，收入柴建国著《山西书法通鉴》。

⑪“在知所说者之心”，《韩非子·说难》：“凡说之难，在知所说者之心，可以吾说当之。”其原意是：劝说别人，首先要明察对方的心理，这样你的说法才能与之适应。卫俊秀这里的意思是不要只听别人怎么说，还要知道他心里怎么想。意思与《韩非子》原意略有不同。

⑫“二十品”，魏碑中的龙门二十品。“墓志”，魏碑各种墓志的书法。“黄”，黄庭坚；“赵”，赵铁山；“康”，康有为；“郑”，魏碑中著名刻石郑文公碑。

⑬“山书法”，谓修订《傅山论书法》。卫俊秀此书1947年曾由西安大公报社出版。

⑭“豫则立，不豫则废”，语出《礼记·中庸》。“豫”，事先有足够的准备。

⑮“至人动若械……孰能碍之。”此段乃引自《列子》卷六，承上文所言之“四忘”，卫俊秀写自己在书法创作上的最高追求。引文与原文略有出入，原文为：“至人居若死，动若械。亦不知所以居，亦不知所以不居；亦不知所以动，亦不知所以不动；亦不谓众人之不观易其情貌，亦不以众人之观不易其情貌，独往独来，独出独入，孰能碍之。”“至人”，《庄子》、《列子》诸家哲学思想中指在思想、道德上具有最高修养的人。《庄子·田子方》：“得至美而游乎至乐，谓之至人。”“居”，安然不动。《列子》意谓：“至人”安然不动就如死去一般，而动作起来就像机械一般自然灵活。既不知自己为何要安然不动，也不知为何不安然不动；既不知自己为何会动，也不知自己为何会不动。既不因众人在注视自己而

改变自己的情态面貌，也不因众人不注视自己而不改变情态和面貌。自己时时都在独往独来，独出独入，没有什么东西可以阻碍。

⑯“论客多谓其萧然物外”，“萧然物外，自得天机”是清顾炎武评论傅山的话，见全祖望《阳曲傅先生事略》(《霜江龛集》附一)。

一九七四年

（该册封二页书“有真意，去粉饰，少做作，勿卖弄。鲁迅语”一段题首语——编者。）

十　月

十九日(九月初五)

发信两封。准备缝被、磨面。眼疾需到临汾检查。

二十日

听广播中的音乐演唱，音节或起或落,字字响亮有力、整齐,一丝不苟。书法亦当如此,一笔画不容随便讨巧。起笔收笔,定得认真,一飘忽便糟,不足观矣。但绝非呆板之谓,不可不别。

自奉太苦!过分出力,饮食不在意。如此年纪,非年轻的时候了。应略加改善为要。自己不将就靠谁将就?只有养胖自己,身体好了,才能工作,方为幸福。

二十三日

工作能依计划,顺利可喜。今日缝被,明日上山打柴。

二十四日

右目视物模糊，买磁朱丸一瓶,2.05元。明日服用。不得生气、急躁,恬然为愈。

磨麦面44斤。振维来,捎来10元,又给粮票5斤。因上工,没吃饭,匆匆返去。要我到西安。夜服药20粒。

二十六日

雨。左腿膝盖发痛,受了凉。

两天不着笔,精神便有些涣散。还须时时打气。莫看纸上声音,作用不小。

书生从来总是个可怜虫,老来除了剩得几本残书破卷之外,一无所有! 难怪袁宏道喊道"老来岂能没几个钱"也[①]。不能甘原宪的日子[②],得人小视也。当然朱翁[③]也不必。

二十七日

鞋,打柴,杂事做不毕。缝袜……。胃口大好。

二十八日

集,买手巾、擦布、腿带、拳书。

二十九日

拾柴,到神仙窟[④]。读杜诗,对正山林荆棘,颇多体会。服药后似有进步,胃口大开。

十一月

一日

安不断来信催去,家务缠身,立刻动不得,稍待再看。队里已成无政府状态,不像话。以走开为宜。

四日

到王庄,带回红芋十数斤。洗衣。明日晒玉米。作书信。或日上山取书,《生理学》。五日日课:早晚两次村外散步、作拳。间时作字。

要求:准确,稳练,精熟。

达到:身心两益。心中无滞碍,清新爽朗,如中秋明镜。万事拨得开,放得下。

七日

打柴。膝盖痛起来,旧病也。

魄力差得太远。拘谨,受孔老二的毒真不浅。

眼力不佳，时流泪，不严重，恐系受热之故，热炕。试验几天再看。明日天好晒玉米，入瓮。

八日（二十五日）

粮食，糊炉子，安风箱。

雨。未得上集。写信。补修炉子。风箱力不大。

饮食又滥了，没饥饱，可肚子吃。从明日起改正。定时定量，以少为贵。

九日

庄生旷达士，李白诚吾师。

天游一化人[5]，世人那得取。

材大难为用[6]，往古同一理。

白也生不遇，谪迁夜郎地[7]。

屈子怀贞节，偏受诡人欺[8]。

汲黯社稷臣，人主亦厌弃[9]。

尖毁锐则挫，远近理亦齐。

守拙莫扬己，远辱一布衣。

连接孩子们信，催赴西安。为了眼睛，还是不去的好。坐吃坐喝，过剥削生活，不必。自力更生，艰苦奋斗。

十日

初冬，夜雨，风寒。早闭门，入睡。

十二日

扎茨柴一篓。快活哲学又忘记了。连日寻思得生气，和自己生气，友好生气，可笑之至！真是自寻苦吃！无聊透顶！

凡事作便作，不作便了。绝不费脑子以自缚。好好打扫一番，轻一轻。以后不得烦费，滥用精神。

十三日

雨。偶成一首：

思想一旷达，胸襟自开阔。眼光豁而敏，动作灵且活。作风独正派，放眼一片豁。正义填胸臆，邪恶奈我何。熟读马列书，万般一金钥。主席金玉言，吐曜亮山河。顶天而立地，杰然一昂鹤。永怀革命旨，苦中幸福多。

空手打不得人，没内容总战不过对手，鲁迅要创造社不要早挂招牌[10]，即此意也。文字、画都好，总须作出些货来，使观之者心服，这才见得到真亡憾，说空话，扬大话，顶甚用？桃李不言，下自成蹊。李将军何尝扬才露己[11]，得名望有其实也。闭心守拙，赶快做成绩，寡言为要！

反求诸己倒是根本办法。虚张声势，无益多损。

十四日（十月一日）

晴。泥泞不得出门。读书。

一切置之度外，但求己，务本，大力充实自己的德能，足矣。

百年人生如过河，除去忧患有何乐。

总须自怜与自爱，管他别事做什么。

到东柴托带西安家中一信，表示不去了。

十六日

读杜诗，吟到李白时有“世人皆欲杀，吾独怜其才”[12]之句，李白何罪之有，而为世人所不容如此？此无他，李白见皇帝如常人[13]，思想阔达，以“处世若大梦”[14]，胆大而随便，难怪为人不喜悦！细查文史中多少有才之人，若七子中的孔融[15]，七贤中之嵇康[16]，晋之何晏[17]，哪一个不见因此而舍身的？在品格中为上，然在修德远辱中为下，可叹也矣！两全是不易的，坚卓俊伟可以，随便却犯不着。又一心得。作人处世：一须明聪，一须识时，一须自为。知其不可而为之太愚，无谓的盲干太傻。做到：远辱，善终。明哲佳士。

是非易明，人事难解。

忌随便，忌牢骚，忌赌气。

问题关键：

理：道理，是非、分寸。

名利：私欲，求，限度。

情：气，不对头，没底。

难了（事实。生了病。有偏差）。

解决：1.阶级观点；2.现实情况（反教条）。

十七日

大搞卫生。心上清静而有头绪。高大起来。

十九日

凡事用心研究，耐心想办法，靠自己解决，自有办法。炉子有问题，终于成功了。找病根，寻道理，对症下药。

有志竟成，人定胜天。没有克服不了的困难，没有完不成的事业。

看人看他平日用心所在，追求为何，所务为何，抱负为何？（大、小，公、私。）环境，朋友，本质问题，种种关系，身外条件，本人能力，社会影响。

有看人的眼色，才会有处人的本领。一味老实，也会出岔子。韩非子《说难》，道理实在透辟，而不善于自处，言行没结合起来[18]。不明现实，常犯教条主义，也易生出幻想。

明己知实，一切不奇怪，乃能坦坦荡荡。一听自然，有何怨乎。自知者不强为。

二十日

修路。

二十六日

天兄今天回去，住了几天，这才深感到朋友的乐趣，精神上快乐极了。办了不少事，红文也有了出路，轻快了。明日写西安、铁兄三信。阴历十五日发出。

拟修改《鲁迅“野草”探索》，命名为《鲁迅“野草”选讲》，先印一部分。附英文本序，入反孔林语录；删消极、颓唐篇章。

二十七日

西安家信。

二十八日

到店取钱。送南许书。表兄家带回小米约近二斤、红芋等。拾芦干一篓。天阴。

二十九日

参加王福海女典礼，听到地震消息。今冬明春将有六级地震。房屋倒，现象：老鼠乱跑，鸡不进窝，牲畜不吃，树木转，预兆。

三十日

昨夜通夜雨，如秋季似的。

今后两愿：

一、书法飞到东京，使侵略者看到在伟大领袖毛主席领导下的中国人民的气魄，摧毁其侵略的野心。

二、再版《鲁迅“野草”选讲》，让青年学习鲁迅革命精神，为社会主义革命而奋斗。

恪遵：

1.主席教导——顶天立地、老当益壮等条。

2.有志竟成，人定胜天。

3.“深造”、“降大任”二则[19]。

终日雨未止，凉如秋，不像个冬天。

晚饭过量，吸烟多，宜减。益也。观魏志，神味无穷，妙不可言。

旧社会时代，外省人多看不起山西人，阅历久，乃知。不自反思，一味怨人家不是，何其不自知之甚邪？可笑亦可叹！

随时随地都有矛盾斗争，防不胜防。卖棵本子[20]，居然有人阻止，讲不出个道理（真是没法）。最后她没趣走了，可笑之至。

十二月

一日

参加菊兄嫁女事。

严事鲁迅，不改分寸。

光芒万丈，寒冬有春。

决心离开这个院子。一步一步来。不激不厉，不塞不流。

三日

雨止，北风起，寒。戏作偶成：

年过花甲何所求，
学步不成栽跟头。
红心隔皮谁识得，
无钱沽酒泛中流。
坐看白云高空里，
泪洒江边无处收。
忽觉身影特高大，
管他春夏与冬秋。

四日

晴，有风，寒甚。打柴一捆，多苦趣。

人总须高大起来。一切有个甚来。拘拘谨谨，作茧自缚，亦只庸碌者而已。

八日

上集，发铁夫、三兄信各一封。

住常不易，应变更难，老实人真苦。

三事：1.健康。2.改文。3.书法。

此乃当务之急，或为一生之志愿所在，弗可忽！之外别无他念，精力有限，贪不得也。

九日

无姊捎信，明日一去，大约有喜事。

十日

到无姊家，不出所料，嘉泳兄为子完婚，遇仰之，作快谈。路立军任交通部第一工程队革委会主任。

十一日

事尚多，计划如下：一、到安李。二、临汾。三、到西安。粜粮，索钱。

十二日

发天兄信一件。取回五元。

十三日

孩子打父亲，理由：“打四类分子”。原来如此！这是今晚新听到的新闻。

吾振笔一挥，足使侵略者为之气绝，

动弹不得。书法不到此种境界,何益社会邪?

十四日

磨炒面十许斤。为清兰母丧捎礼洋三元,雨田带去。买猪肝、油二斤半,为了眼病。从来还没有如此浪荡过。人何必对自己过分刻薄邪?管他娘的。明日当大挥一通。

十五日

垂云欲雪。扎茨柴一筐。没事。闲。寒气袭人,反锁念书。念书何用?自慰而已。于人无补,可叹!

十六日

为文兄书条幅一。天寒,光线不足,不得满意。

人只为了吃饭邪?不,当寻出个真理来。

十八日

上集。冷甚。没事闲跑。

十九日

为树林家书字,手战甚。尚满意。

二十日

大搞卫生。计划,定旨。整书物。

拾软柴一篓。一日不劳动,便欠舒服。此亦余健康之道也。

二十二日(九日)

冬至。晨跑步,跌倒,左手掌摔得不轻。不小心! 吃搅团。

连日腹泻,受冻。日夜三次,似痢。

明日天兄可到也。

想得很多:大事如成,一、作书、画。请教,准备字展,笔润。二、重印书。以若干稿费兴助地方图书室。

如有困难,则闭门思过,读书养拙,专事养生,欢度晚年,未必不是福分也。

再作进行,又考虑。向师大索书物。霍某收取走凭单。

字:气势雄大,支离不逊,无法皆法,无意皆意,仪态万千,骨骼灵魂,凝炼若铸,神采照人,味之不尽,情感富饶,转折活泼,笔致丰腴,血液筋肉,勒落不苟,敬谨不野,芬芳多姿。

二十三日

骤然大冷,数九第一天也。

二十四日

换挂面二斤。拾柴一篓。

二十五日

精神愈用愈出,阳气愈提愈壮。总须振作乃旺。晨起大跑步,运动一通,便觉精力百倍,有吞牛之势。

二十六日

天兄昨午来,今日回去。到县发西安信一件。

二十七日

发品兄信一件。西韩大队。

蒲柳生长于河水之干,富里生,富里长,然其质体脆软,不为人重。

松柏生长于高山险峰之上,够苦了,然质体坚硬,为人所重。人也一样,英雄豪杰,温室里养不出来。人必须经得起苦,乃能成人上人——坚强地为人民服务精神。

要善于处逆境,欢迎逆流! 长我志气,

增我毅力。顺流而下，哪个人不会？逆流而上，非有大勇者难能。故人既须有耐苦的精神，更须有不怕逆物的光临，否则，便失去斗争的对象。没针对性，能力何用？此即乐观之验也。

“失败为成功之母”，故失败亦须乐观，否则就真成了个败北者。“十九次失败二十次成功”，只有精神上承认失败，乃为真正的失败家，为仇者所快了。

母亲是喜欢婴儿的，然而这是经过痛苦才得的宝贝。马克思主义给人以莫大的幸福，然而你可知道马氏在活着的时候连安身的住室都没有，被诬陷、驱逐，困境围了他一辈子。至于研究上和恩格斯所绞的脑汁，就更无法计数了。

人生活在矛盾中。“没有矛盾就没有世界。”走路还免不掉风吹雨打，遑论其他。

人生无他，一、经得起苦。二、抗得住苦——苦斗主义，又是乐观主义。这就是我观人生所抱的态度。

两种物体一碰，两种力量对抗，力大者居胜，故人须自力更生。自求胜于求人。

二十九日

明日磨包谷面15斤。

静听好音，想来不会有什么难处。应该有个明确的答复的。工作更为容易的。

七五年是我的一个“颖脱年”，双丰收必无问题。有志竟成，何难之有！只要干起来。

三十日

晨，到浪泉搭磨20斤。电坏了，明日取面。

天暖如初秋，未生炉火。拾柴一篓。

三十一日

一九七四年终，除夕。昨夜大雪，仍未止，丰收没问题了。

检查一年所作所为，了无成绩。粮钱不欠，或可分拾数元。再申请书，批林批孔文，“野草”书[21]在友人催促之下，也算得个开始，完成之日当在下年度。

心胸、气魄大起来。思想开阔之故。善于招待友人矣。

话仍多，无形中伤人。持重为要。

饮食不太注意，过量，零吃，不忌生冷。

工作一直拖延，明日开始，日或二三日一篇。

昧于生计，常处于困境，不得意，向人厚颜。外欠须清，人欠不要。

对人，一视同仁，当不住三句好话。

要教育好青年，交真朋友。

“在人当中你应当感到人的尊严。”

活得像个样子，眼前一片平坦大道，毫无滞碍，为我当为。如此年纪，曷容无理。诗人的高大，哲人的通晓，学者的气宇，英杰的豪迈。

几颗明星：马克思、恩格斯、列宁、鲁迅。心中有此数老，真可睥睨一世，曷忧曷惧，何事不成？大踏步前去，高山大水无不为之让路低头。磨砺以须，看老夫手段自知。吾笔力所至，何物不摧，何神不服！毛主席教导我们，作文要有气魄，作人亦然。但岂能作假得。首先没有伟大的为人的公心，高尚的社会主义品格，一切都谭不上。

高大起来！人格高，身影高，见识高，志气大，魄力大，心胸大。

天下无难事，关键在自己。

火星不难去，一切算狗屁！

宝贝：思想，道理，学问，文章，技艺，胆识，热情，气魄。

为大队写对联二副。

〔注〕：

①“难怪袁宏道喊道‘老来岂能没几个钱’也”，袁宏道（1568—1610），明万历时进士，著名文学家。袁氏写给其姊夫毛太初尺牍云：“要得富，须真正下老实种田，莫儿戏。人生三十岁，何可使囊中无钱，囤无余米，居住无高堂大厦，到口无肥酒大肉也？可羞也。”（钱伯城《袁宏道集笺校》卷五）这是袁宏道劝其姊夫的话，卫先生据其记忆述其大意。

②“不能甘原宪的日子”，原宪为孔子弟子，以甘于清贫为孔子称道。《庄子·让王》：“原宪居鲁，环堵之室，茨以生草，蓬户不完，桑以为枢；而瓮牖二室，褐以为塞；上漏下湿，匡坐而弦歌。子贡乘大马，中绀而表素，轩车不容巷，往见原宪。原宪华冠縰履，杖藜而应门。子贡曰：‘嘻！先生何病？’原宪应之曰：‘宪闻之，无财之谓贫，学道而不能行谓之病。今宪，贫也，非病也。’子贡逡巡而有愧色。”后人常以原宪喻贫士。杜甫《奉赠韦左丞丈二十二韵》诗：“窃效贡公喜，难甘原宪贫。”

③“朱翁”，指陶朱公，即春秋时越国的范蠡。《史记·货殖列传》载范蠡善居积，佐越破吴后，变易姓名，之陶，为朱公，治产积居，十九年之中三致千金；子孙修业而息之，遂至巨万。后世常以陶朱、陶朱公、朱翁称积财巨富者。

④神仙窟，卫俊秀原籍山西省襄汾县景村，其里西北方紧靠着姑射山，山上有神仙窟（又称神居洞）。《庄子·逍遥游》所云“藐姑射之山有神人居焉”，正当其地。

⑤“天游一化人”，指康有为，康氏自号“天游化人”。“天游”，纯任自然之意。《庄子·外化》：“胞有重阆，心有天游。”“化人”，有幻术善变化的人。《列子·周穆王》：“西极之国有化人来，入水火，贯金石，反山川，移城邑，乘虚不坠，触实不硋，千变万化，不可穷极。”

⑥“材大难为用”，杜甫《古柏行》诗：“志士幽人莫怨嗟，古来材大难为用。”这是杜甫借咏诸葛亮庙中的古柏，感叹志大才高的人每不得重用。

⑦“白也生不遇，谪迁夜郎地”，“白”谓李白。唐安史之乱中李白怀着平乱的志愿，为永王李璘做幕僚。李璘遭肃宗疑忌而被灭，李白被株连下浔阳狱。后又流放夜郎（今贵州正安、道真一带），中途遇赦东还。

⑧“屈子”二句：“屈子”即屈原，战国时伟大的爱国诗人。曾做左徒、三闾大夫辅助楚怀王。目睹奸佞当道，朝政腐败，极力主张修明法度、举贤授能，但遭到子兰、靳尚等佞臣的谗嫉而去职，被放逐到沅湘

之滨。后见其政治理想无法实现,遂投汨罗江而死。《离骚》、《天向》、《九歌》、《九章》等为其代表作品。“诡人”指子兰、靳尚等人。

⑨“汲黯”二句,见1972年日记注④。

⑩“鲁迅要创造社不要早挂招牌”,创造社,新文学运动中著名文学团体,郭沫若、郁达夫、成仿吾等为主要成员,1920—1921年间成立。1927年倡导无产阶级文学运动,1928年创造社与另一提倡无产阶级文学的太阳社曾就革命文学问题与鲁迅先生展开批评与反批评。针对创造社一些人过分鼓吹“斗争”文学和文学“超时代”,鲁迅则主张文学必须“正视现实”。鲁迅1928年4月16日在《语丝》上发表《文艺与革命》一文,指出:“现在所号称革命文学家者,是斗争和所谓超时代。超时代其实就是逃避,倘自己没有正视现实的勇气,又要挂革命的招牌,便自觉地或不自觉地要走入那一路的。”又说:“我以为当先求内容的充实和技巧的上达,不必忙于挂招牌。”

⑪“桃李不言……得名望有其实也”,李将军,西汉著名将领李广。据《史记·李将军列传》,李广在抗击匈奴的多次战役中功劳显赫,却未能封侯拜相,而一些功不及李广者,乃至李广的一些下属军吏却能封为列侯,甚或位在三公(如李蔡)。司马迁评述这一情况说:“余睹李将军悛悛如鄙人,口不能道辞。及死之日,天下知与不知皆为尽哀,彼其忠实诚信于士大夫也?谚曰:‘桃李不言,下自成蹊。’此言虽小,可以喻大也。”卫俊秀言李广“不扬才露己”,殆即司马迁所谓“悛悛如鄙人,口不能道辞”。悛悛,同恂恂,谦恭谨慎的样子。“鄙人”,粗俗之人。

⑫“世人皆欲杀,吾独怜其才”,杜甫诗《不见》中句,原诗为“世人皆欲杀,吾意独怜才”。李白粪土王侯,故为豪门贵族所忌恨,借其曾入永王璘幕一事意欲杀之而后快。

⑬“李白见皇帝如常人”,语出清傅山《霜红龛集》卷三十六,原文为:“李太白对皇帝只如对常人,作官只如作秀才,才成得狂者。”

⑭“处世若大梦”,李白诗《春日醉起言志》中句。

⑮“七子中的孔融”:“七子”,曹丕《典论·论文》将东汉末建安时期孔融、陈琳、王粲、徐幹、阮瑀、应玚、刘桢七作家并举予以赞扬,人称“建安七子”。孔融(153—208),字文举,鲁国(今山东曲阜)人,曾任北海相、大中大夫等职。为文锋利简洁,多讥讽之辞。后因触怒曹操被杀。

⑯“七贤中山嵇康”:“七贤”,魏晋间嵇康、阮籍、山涛、向秀、阮咸、王戎、刘伶七位文士相与友善,常游于竹林纵论世事,饮酒作文,史称“竹林七贤”。嵇康(224—263),字叔夜,谯郡铚(今安徽宿县)人,崇尚老庄,讲究服食养性之道。因声言“非汤武而薄周孔”,且不满掌握权柄的司马氏集团,遭到钟会构陷,为司马昭

杀害。

⑰何晏(?—249),字平叔,三国魏南阳宛县(今河南南阳人)。著名玄学家,与夏侯玄、王弼等倡导玄学,竞事清谈,开一时风气。好老庄之言,主张君主无为而治。因附曹爽,为司马懿所杀。

⑱“韩非子《说难》……言行没结合起来”,战国著名哲学家韩非子(约前280—约前233)有著作《说难》,论述进说君主的困难,分析谏说成功与失败之由,条理明晰,很有系统。尤以第四节运用历史故事及民间传说论说了“非知之难也,处知则难也”的论点。由此文可知他对谏说君王之术应该很有认识了。他也一度得到秦王政的赏识。但后来受到秦国权臣李斯、姚贾的陷害,仍是被捕入牢狱,并在狱中自杀。

⑲“深造、降大任二则”,这二则都是卫俊秀引用孟子的话来激励自己。“深造”一则见《孟子·离娄下》:“君子深造之以道,欲其自得之也。”意谓君子所以要用正确的方法来获得高深的造诣,是为了使他自觉地有所收获。“降大任”一则见于《孟子·告子下》:孟子曰:“故天将降大任于斯人也,必先苦其心志,劳其筋骨,饿其体肤,空乏其身,行拂乱其所为,所以动心忍性,曾益其所不能。”言上天要赋予一个人以重任让他完成,就必然要先让他克服许多困难,使其身心受到艰苦的锻炼。

⑳“本子”,树木,襄汾方言发音近“本子”。

㉑“野草书”,言修订《鲁迅〈野草〉探索》。卫俊秀的这本专著曾于1955年由上海泥土社出版。

一九七五年

（此册封面书“一九七五年”五个大字，左书“颖脱年”三字，末署“若鲁，元旦晨书”一行小字——编者）

一　月

元旦

瑞雪。吉梦。新生，好自为作，双丰收。

“高大”从今起。颖脱而出！隽伟坚卓，汉士高风[①]。随便不得。

写喜帖一张。自己也参加。

到浪泉取面廿斤。负责人是一妇女，很客气，少见。

万物皆关系，一切皆过程。

亲疏，远近，拒抗，一致。可变化、发展、转变、断绝。没孤立物，联系而制约。非终点，暂局，相对的，包孕的，一阶段的，暂时的结语。没完，没有绝对的东西，非终极，不敢下绝对的结论。自然界、社会都是绝大的取之不尽的原料厂，看你会索取不会，会制造不会，会应用不会。

思想家、革命家。

哲学（理智）、文学（情感）、艺术（制作）都是革命的武器。

三日

古史学使人知道时间无限的长，天文学使人知道空间无限的大，地球不过一米粒。人不到一微尘，有甚了不起。

天游化人[②]曰：“吾乘风御气，云游太空，视大地若小凳。”双开室主人[③]云：“余则立小凳一旁，观缘槐称大国之蚂蚁，视不自量摇撼大树之蚍蜉，可笑之余，一脚蹬开小凳，堕下南溟天池[④]，转身乘彼白云，至于帝乡[⑤]。不具有此种旷达、寥廓之胸怀、气魄，如何称得起大人！”

如此大人，赋我气势，开我公心，增我大勇，视万类蔑如也[⑥]。

一个人若只斤斤于一己之打算、得失、荣辱，私心自累，怎能谈得上为人民服务？

作人须不为物招，不受物累，去私字，一切解决矣。

四日

“虎气必腾趠，龙身宁久藏。”杜诗句（《蕃剑》）

“骅骝开道路，鹰隼出风尘。”（《奉简高三十五使君》）《屈原研究》福寿借去。

五日

字要写得稳可、奇姿（骨象、大方、阔展），自然活泼、清爽、开朗、快感。

谈笑豁胸臆，肝胆启明心。

傅字走笔运转铦利非常，又如行云，自然极矣。至其字之姿致，犹如其人之脾性，与其说不逊，不如说贬俗，以天下为混浊，不足与庄语也。我行我素，有甚顾虑之处。

拗笔，狂笔，奇中有正，正中有奇，恣肆古朴，高漫愤俗，绝世独立，横空出世，气势磅礴，不可一世，笔墨浓重，支离杈枒，如粗枝大柴，左支右撑，横压斜绞，倒折在一堆者。时有藤络缠绕，高挂其间，一片神态，难见其端倪，气力足断王柱，书中之画也。汪洋辟合，仪态万千，如长川绕梁，瀑布飞倒。

六日

山谷字，无奇姿，不如傅山者盖此。然亦雄伟非常，如广宇大厦，飞檐宫庭，派势逼人，威风凛然，正大昂扬，放笔直伸，规矩而不流乎野。

石门铭硕大娟秀，有王者风。气度雍容涵厚，一片大德气貌，有若容人之宽者焉。不疾不徐，此其德也。

南海笔致广阔，荦荦大方、爽朗，富有大人气概；挥洒自如，当得起化人之笔。收笔处正其笔力苍茫处、雄厚处，愈觉其力厚无尽。小楷行书随便挥洒，错落有致。

老杜论孔明"材大难为用"，那只有把这株大木安放在喜马拉雅山之顶，待世界建设万顷大厦时，再由空运送去顶栋梁天柱也。

弃世，避世，玩世，用世。倘不得用，只好玩之，玩之不得，避之可耳。

魏碑中大约受佛家影响，雍容儒雅，恬静安闲，温驯纯真而无豪气，童心至足。若敬谨而守绳墨者，不敢肆志也。

人生，可怕的人生！什么父子、夫妻，有的简直连路人不如。私而已，利而已。除自己可靠外，再没什么。唯我主义！逼出来的，欲公而不能。

明日逢集，拟一行，询问粜粮事。

七日

阴，不上集去，到浪泉，买苹果，0.26元。

食欲大振，止不住。一吃就过量。静待回答，不必急急。总要有个办法。搁起来，不合时。

九日

发耀兄信，附小诗。

《史记》、杜诗，皆具云薄晦冥、雷电震骇之势，所谓气概也。他书多未能。有诸内必形诸外也。楚辞虽亦佳文，然一味告哀，势不足也。

十二日

赴无姨家，又带回红芋拾数斤。接家信，取钱10元，明日作复。一切早看穿，怎么都好。满不在乎，但求无愧于心而已。丈夫之志，丈夫之行。惟我是依，惟我是靠。

勉强不得了！眼力不行。夜为大队写字，走不回来，幸由禄、梅、全等照拂，才得到家。光有自信力不行。

十三日

到福家家帮忙。

扎柴。收拾颗子[⑦]，粜粮。饭吃得合适，舒服。

明日到县。准备磨面。决定赴秦。发信。

十四日

到红卫，看粮票，取钱。事来立即就干。

十八日

横空出世一巨人，举世独有马与恩。无立锥地不嫌苦，构得大厦为小民。

人生岂只为吃吃喝喝、穿穿戴戴，应付庸流，随俗俯仰，奴颜婢态吗？于人民无济，何苦！簸米粒30余斤。仅剩50余斤了。外加0.35元的10斤，或可有60斤吧。

动感情最易惹人，于事无补何益?当傻瓜,一切莫计,少说、不说为好。

“一字有一字之天，一行有一行之天……”[8]天是什么?自然的韵味、姿致、别致,极如一个人的风度也,风采也。有的人叫人感到雍容儒雅,有的人叫人感到英雄气概……皆是。自然气质,不可勉强。

骨骼大。内,胸广膛空;外,疏朗展堂。(不可一世,挥洒自如。)

缠络姿肆,横行一世,奇雄杰出,不见端倪。龙腾虎跳,威震寰宇。

横空出世,雄视大地。

字亦如画,画山、树,有奇姿,方能引人入胜。归根结蒂,只是人的问题。平庸之流,哪会有个好字出手。

二十日

送大队麦颗35斤。18号。明日粜粮。

颖脱年——关键性的一年。春节前准备时期,须大考虑,周详可行。

二十一日

赶办材料事。粜粮。复函。

二十二日

上午清理要务,起宏图!

喜事多。

集中精力,办好大事,以符颖脱年之实际。

老当益壮,决不退缩。万一难得全胜,亦不为失。立于不败之地,必胜也。

二十三日

磨麦粉50余斤。也算办了件大事。后天粜粮、发信。

二十五日

发天兄信一件。材料已转向公社,大约在讨论。

粜粮5.5成小麦,4.5成包谷。新规定。不办也可。

买白洋布三尺,作面袋一个,9.6角。

二十六日

真正的人:正义、聪明、能力、勇敢。百物皆系带,万类一过客。

要做的工作可真不少:

鲁迅作品分析——数本重要作品。

大诗人,大哲人,革命者。

二十七日(十六日)

初度吉日,快慰无拟。晨有烟吸。午前秉纯兄来,送来大米数斤。晚饭当喝稀粥矣。

扎面袋一条。薛村的。

二十八日

到东柴,转红卫。送房车。粮票□角,20斤。约腊月二十日送来。

三十日

明日整理行装,后日下县,换粮票。大后日动身。

无欲则刚,良然。思想一走马,便糟。拿翁[9]精神可法。谨防颓废!!

不得费神,损健。

连日忙于书写应酬,思虑乱了。从明晨起,大力振作,抖擞精神,以李白见皇帝如同见常人之气概,抹下脸来,为完成大事而奋斗!

无所谓钉子，不怕钉子。失败为成功之母。人定胜天，何况人乎？

大起来，高起来！内省不咎，有何忧惧，无私无畏即自由。

一轴定乾坤。正好，负亦好，都是胜利。

三十一日

晨送交证件文。大事办妥。

二　月

一日

发天信一件。取回枣子四斤，秉纯兄从临汾买来的。买肉六两。途中一女子骑车子，向我问路，见我东西多，诚恳地要带我，颇大方，自当辞谢。一切顺利。

三日

连日忙于写春联。二月六日动身。

朝经[⑩]："干什么吃的？""你是什么人？""土匪。""箍漏锅的。""你交的什么人？"

颖脱年，关键年，胜利年。

"景迅"[⑪]初用。

读鲁迅书，所学何用！

马、恩、列、毛主席，我的灵魂，力量之源。靠山。

五日(二十五日)

收拾行装，明晨动身到西安。

开粉条账 0.5 角。拽筷子似的虫一条。借让龙煤油一瓶。

八日

作事一勉强、对付、迁就，便糟！□□朝算。不入调，哪见和谐之理。

晚年人须力求过得安适，不顺心要不得。

前日早打拳，一拳师论一般人，说得有理："利—气—病—死。"人能打掉私心，何往不乐。

养育靠经济(自力更生，能为)。

自乐(适，得)。靠思想(情绪、行为之指导力)。

十日

团结即力量，也即快乐。能不生气便好。

四要：

高——品格、公而不私、为他、正义、身影。

大——气局、魄力、气概。

精——技艺、书画。

深——学问、马列主义、毛主席思想。

莫求人，助人要得。

从地球生成到有生物，再到动物生成而进入人类，不知经了多少亿万年。即已成人，实非简单事，岂可随便自暴自弃！既仰慕鲁迅先生，岂可不学其为人！鲁迅先生的一切，即我之一切——人格、学向、文章、思想、处事接物，一言蔽之，革命行为，皆须以之为模范，所谓"志之有像"也。重之千钧，千钧重之。不可忽，不得忽！青主行草，无一笔不活，圆润而有力，不见扭捏做作处。山谷大字，无一笔不直而有力，劲瘦而有神。皆大家气态，毫无奴气，敏快犀利，放笔而无野笔，稳稳当当，无苟且处。

圆润而不做作，豪放而不粗野，自如而不苟且，活泼而不轻率，浓重而不肥肿，劲瘦而非枯燥，恣肆而不猖狂，自然而不任性，稳稳当当，无意而非无法。

十一日

不激不厉，不愤不发，这道理即矛盾现象的作用，极有意趣。应迎接矛盾，忌避矛盾。矛盾愈大斗争性愈强，效果愈著，成就愈大。

亏阙，阻逆，乃得进展。盈满十全则害起矣。和平路上没英雄，环境不需要。社会条件成熟，时代迫切需要时，人物才得出现。所谓命运者，时机也。成功人物善于抓时机而不失。“尚早”、“过迟”，皆不行[12]。恰在时会乃分明。

诸葛一生惟谨慎，平静中出智谋。而我却不能，张飞气素严重！真是如何是好？秦始皇挨了二千年的骂，今日才得翻身，有些人还通不过。我看单就车同轨、书同文两事来看，就很了不起。李斯作小篆，程邈兴隶书，这难道是一个愚民政策者能干出的大事吗？有气派。认人要看大处。当然要数缺处，是没有十全的人。做事就要这样干。再健康的人何尝能免去一时的感冒、小疮粒？然而不能因此就认为人家是个病夫的。

鲁迅先生。

心中只需时时有这颗明星，便浑身是力，敢干敢创。因为他尊敬毛主席，永怀人民，体现出共产党的精神。有此数点，何往而不利。

板桥“难得糊涂”只是对聪明人而言，教他们不要过分认真、斤斤计较。对于糊涂人说倒是需要聪明的。糊涂人难言，若再给予糊涂，岂不成个白痴？

谈不成话，出乎尔，反乎尔，没法子，只好闭口，听其自然发展，让事实来教育之，倒有效力。但是到时只怕迟了，也只好如此。何必伤脑筋。

向唯物主义辩证法请教。

一把万能的好钥匙，可惜不会良好地使用！需要好好地有意的学习、运用。

十二日

雨。狮虎可以养熟，培养出人兽间之情；狼可不行，越对付，百般侍奉，越养得伤心，一眼看到的。一味姑息，没好处！“当断不断，反受其乱”，良然。

为了眼力、健康，决定另立炉灶，自力更生，逃脱出气布袋。

意志坚决，何事排不开。三宝：祖传泻药、字、画。

经济能源，否则生活何着？如此年纪，尚何顾虑。

颖脱年，关键年，胜利年！

鲁迅先生。作风。

日写“鲁迅先生”四字，用以自勉，虽未能至，心向往之。能把先生的政治、思想、治学、写作、革命精神、平生作风、道德品格，备于一身，无私无畏、大步前去，亦足豪矣！日月之行，灿烂大观，顶天立地，岂不伟哉！得此气魄，光我魂灵，千钧自重，惟念生民，狗类鄙细，曷庸伤神。心田既适，年寿高隆。善于养大，是为大人。写在动气之后。晨。

莫伤力，不损神，冲淡百福臻。强人多害力，暴躁大坏神。识透物理，看破世事，终归何有？土尘！自扰一生，闷闷。快活须自寻。

陶渊明不易学。

十三日

强儿来信，知道婚姻问题已得到解决，甚慰。毛女也同样圆满，大事定妥。都是孩子们自办，内愧甚。

鲁迅先生。

心上一片平静，好光景。

十五日

大收拾家。大转变。斯人可变，大好起来，可为念。满面春风，不要像磨石。雨日来作字。拟作：田师字、依兄字、石门铭、黄山谷字、何绍基（临农字）、傅山、南海、任字、隶书、魏字[13]，稳稳当当，不苟，正、奇、拗。

麈糟式（黄、米、南海），劲松苍老。

八怪式（李鳝）——题画（秀、神）。

宫殿式（墓志、石门铭）。

龙虎式（傅山），杈桠。

汉印式（古朴雄大）。

太极式（龙颜）。

瘦梅式。

放笔直干式。

格架式（拗戕不规）。

溟渤式（汪洋大海、蓄力无穷、气概磅礴）。

仙逸式（超逸不俗）。

藤萝式（缠牵不断）。

瀑布式（气力浩大），放笔直干。

行云流水式（活泼自然）。

笔到，力足，神韵无穷，一片风致。给观赏家一种舒畅兴奋、心神沁醉、欲罢不能之感。疏爽利落。

走笔锐利如脱兔，收笔安静如处女。勒落极难更得注意，稍一苟且，便不足观，神味失矣。作字如作人，太老实，软弱，小气，人看不起；粗野，狡猾，人害怕。流里流气，不正，人讨厌。聪明，正直，有才华而能勇敢乃能服人。

十七日

西安大拳师焦明德今晨练功中，得与一面，谈了不少拳理。以虚击实，以柔克刚。

车子左右自如，关键在轴身上，灵活之源。体躯如轴，身如直柱，血亦如之，气上升、顺适。（方向、姿致、重心）拳师姿致风度——结实、健旺、青春，龙蛇其身（活），轻如鸿毛（猫走动），重如泰山（站立）。气功。练功。

身体如铁柱，又须是圆转灵活的铁柱。活动又如圆球，一切外力一触，即随之□去，伤不了身子。故贵虚贵柔，固立不失重心，使对方刚劲落空。

十九日

作字已得长进之道，“稳当”（稳健、稳

可、稳固)了,笔笔不苟(慢),认真干,乃可。作大字后再作小字,必见精神,大方而不小气。笔笔不俗,字字无奴态,缠绵不断,一字或一连二、三字一气呵成,点画皆力,气势逼人,无任何约束,官止而神行,乃入佳境,成得大家。

二十日

笔力,绝倒,壮山河;架构,开阔,飞扬跋扈,神韵不尽。气脉凝炼、贯注。拔山盖世,飞檐倾摧,沁人心脾,瀑布倾倒,天地之正,岳顶之雄,摆布肆展,奇正在运笔中,横空出世。走笔、运动——强,变,停住安闲。提笔(轻笔),重笔。

用笔浓淡,裱出试试。

八怪题画字中一片才华,姚冶而又端庄,姿致乖巧,婀娜雅丽,沁人心脾处,味之不尽。

艺术天地,学术生活。

革命精神,拳师体魄。

哲人胸怀,括纳山河。

大哉宇宙,启我谋略。

人间喜剧,壮我浩歌。

百年大齐,人生几何。

广阔园地,耕读是为乐。

运用笔:铦利、直爽(开心)笔——黄山谷、傅青主,非野笔,非草率。轻揉笔——魏碑(富有情氛、蓄力),丰润,非弱笔、枯燥。勒落不疾不徐,安闲耐观赏。忌太轻太重、太草草、太乏力、太软、太急、太缓、拖泥带水、做作。

三　月

二十一日

作字无他诀,不管是起笔、落笔,总须敬谨,不疾不徐,乃可。中间走笔也得恭稳,一笔草率便不足观。

鲁迅先生。

作字先作人,人不正哪会有正字,人不奇,字也不会出色的。奴人乃见奴态。

作字如打太极拳,着着鼓劲,浑身用力,时时在心,不得含忽。功力一致,无意皆意,无法皆法,全恃神行,字为我,我为字,浑然一体,此乃在心最高之结晶,所谓神于字者,非工于字者也。

一幅得意之作,可使观之者心神大快,无异服得清凉散,却病得健。所书内容又可作政治宣传之工具。此其德也。

“有真意,去粉饰,少做作,勿卖弄。”作文如此,作字如此,作人亦然。

凡事有鲁迅先生在前,管他娘的。

天不怕,地不怕,人更不怕,只怕马克思主义毛主席思想学不下。一颗红心走天涯。

字里行间不要密植,疏远些,轻松,舒展。

二十二日

鲁迅先生。

发铭、强函二。

二十三日

寒,早饭冷,不舒服。

人即商品。没商品便换不到钱。人与人的关系,也不过商品关系而已,交相利也。一方富利一方空,如何处?以故穷人总是被人看不起的,外加一个“老”字,就更苦了。老秀才吃不开处,全在于此。何不踢破樊篱,赶时髦风。当时兴人,既善于拍,也长于吹,厚脸以自壮,丢人即装人,无所顾忌,捞到资本便是万事大吉,流里流气,叱咤风云。你看不惯么,人家能成事;你高洁,一事无成,现得可怜。不行,吃不开,还得混混,乌烟瘴气,就好。有发空理论的能力,无实际生活的本领,只落得行乞。“君子固穷”不过孔孟之徒的骗术,哪有这么多的君子。

世人都是旅店里的住客,然而很少有人记得这一点,而要做个万代富翁,恨不得要把社会上、自然界一切财宝装进自己的腰包里去,结局呢?仍不免落得可怜。

鲁迅先生。

起笔不郑重者,落笔也必然不会恭稳,运笔难免随便,不成字矣。

写字如打拳,一举一动,一式一着,决不能草草了过。

矫正字,从下笔、运笔到落笔,应如拳师之矫正弟子的姿势,非认真不可。一含忽,谬习一成,吃亏就在后头。

不疾不徐,得心应手,安闲自得,乃有妙笔。介者拸画[14],不滞于物,不拘乎人,无害乎心,乃有佳作,真画者也。

上午路副局长和他的爱人乘小卧车来,交情不替有加,不失为老朋友。他依旧那样和蔼可亲。坐谈两小时多,颇开慰。因事前没准备,只请他吃了碗面条。他接到我的信没十分钟就来的。谈话内容从书法谈到读书、私人生活、我的情况,多得很。他要我写些屏幅,我承担给他布置室内环境。

听他说:“日本人有三道:书道、武道、茶道。”书道即书法。他们收集名家书画,不但要最近的,还要过去的、幼小时的,重视个人史的发展研究。

二十四日

发强儿信。

鲁迅先生。

青壮年字魄力大,时多野笔。老年恭谨,时有力不足处。

书展:为建设社会主义祖国添基金。

内容:书毛主席诗词语录作政治宣传。

仿影,为青少年学字服务。为老年人娱心。供喜书法者参考。

二十五日

魏字须用秃笔,黄、傅尖笔。

笔要劲直乃见力,圆活乃见神韵,浓郁乃见感情,恭稳乃见工致。

三十一日

字得摆布得开,站立得起。

鲁迅先生。

人要平平常常,字要奇奇特特。

四　月

一日

发耀天兄信。

鲁迅先生。

一志疗千恶，何况无恶。少作无谓的应酬，定须达成书法上的志愿，为国争光。如申请未得如愿，决心上书。只须表明个人情况，如此而已。

二日

尊敬的鲁迅先生。

一个耽溺于肉酒生活的人，不得有精神，我看并不好过，满肚子的油，什么都不想吃，感到苦恼，到处寻乐，结果胡闹，没意思。精神生活则使人日日向上，老而不衰。

都是人，大家不过都在住旅店，终久都要离开这地方，争夺得越多，店主人越发财，谁也带不走。那又何闹私呢?可笑万分。

人与人有甚差别?机运之神遇到谁谁上去，不遇者只是不遇，不见得就不能干。有甚可傲?为何自卑?李白见皇帝如见常人，别的人就不行。

旷达乃大，识透则明，无虑自乐，为人自安。真理在胸笔在手，无私无畏即自由。

书法、拳术道理皆通，气脉总须一贯，上下通气便好。一式一着，通体如一有机体，龙虎其姿，神韵内注，缠绵不断，莫见端倪，似富有生命力者，乃能感人，否则何贵乎艺术品也?

四日

梦京安、陈兄为己洗涤，我是爬下，他为我搓身子。接玉纪信。发县巨远信。良慰。接天兄信，嘱买链霉素。

尊敬的鲁迅先生，我的灵魂，我的方向，我的力量。

发天兄信，为买链霉素事。

五日

解决：一、结论。二、家庭成分。三、工作。

六日

前日送路兄字两小页，书毛主席《沁园春》二首。尚合意。上午他来，又带我到他家，研究书字屏幅问题，定了内容。饭后二时到家。

七日

送来青霉素一盒，钱未付。

鲁迅先生。

下午五时徒步到铁一局，六时半乘车同路兄到师大，见到原政庭院长、杨保卫科长。他见了丛书记。杨临汾孙曲人。将为我寻找存书。丛要我写申请书，已写过。九时半又送我回来，他也来，真不知如何感激是好。

八日

午睡，酣梦落入河水，半身在水内，未得上来。女人云不要紧，迟迟不拉上岸。惊醒。

九日

临《圣教序》、《兰亭序》。买煤，买链霉

素。

墨气浓淡，行款疏密，都须生动自然。

汉末张芝。（草书）

魏钟繇。（真、行）

十日

王字：秀丽，乖俏，端雅而有风骨。

书字，笔一落纸，定是缠绵不断，一字或数字一挥而就，一气呵成者乃佳。生动活泼，自然全以神行，放笔直书，不事安排也。

十一日

梦师振堂夫子[15]，大海不着边际。临《圣教》。作字时必须敬谨，字须跛扈。心无滞碍，无外物，惟神在运动，在创造新事物。

十二日

临《圣教序》。其字特点：精明，利索，罡骨，干练，神俏，严谨。

作字定得写出一种特殊风格，代表出时代意义、人民精神。对象要准，如给日人作书，须有一种打垮大和民族侵略他国的精神，同时发扬我新时代的人民精神。

二十一日

天兄来。霖雨三天，下得好，麦子得救了。

明日赴临汾，转赴塔山怀里，再到景茂，可住三日。将来再写信。上午到北成，送烟叶，午饭后归来，分送粝糟胚。

二十六日

到临汾，转塔山安李村，雨中从襄汾到无姨，今午从南许归来。写信三封。

洗杂碎。写信。整理卫生。地震声浪高，得注意。

二十七日

打扫家，整好信四封。

别人好说，我好做，无声无臭，做出些成绩来！

二十八日

送信。分类碑帖，练之。

开始作字。

三十日

晨，雨中到王庄，饭后即回，怕下雨也。

书字，不谨慎，太浪费纸张。为路兄作字二幅，一横（“梅花”句），二对联（篆金刻），雨晴先邮寄之。

雨辰告以有领导函问我之情况（教育局），系闻王某[16]语云，然则何不告我耶？雨后当向教育局一问，并赴临汾面交，必须积极办理，不可忽！书字不能过于伤神。

五　月

一日

搭磨，办事，浪泉借砚石。襄汾，临汾。

俗事不少：捡颗粒、麦子、包谷；写信三封。到浪泉办事，知省领导有批示到县，并问到我能否担任较重大工作。感激不可言。

二日

发路字幅二，铭、品、天信三封。玉顺为磨面40余斤。又磨玉麦面30斤。

三日

晨甲申来,嘱今日到校工作。已到,今日星期六,明日星期日。

砍杏树一棵,工作量不小。

四日

刻砚石,完成基本功。

一切事不简单,没有的事,常常会有事,矛盾事事有。如果是“哲人”,那好办了,可惜不然。

六日

砚石刻成。明日教课。催材料,静候喜讯。

鲁迅先生。

一时不临帖练字,便觉手生,书不成字矣。一时忘记“志士像”,就如失路径,而心惑矣。

九日

连日在学校教课,加之教务,累甚。日记又断数日矣。今日始得午睡,大事已得头绪。

一颗红心镇百邪,坚强志愿疗千恶。

“有志竟成”。有的。须大加振作。三斗,双开。立于不败之地。

鲁迅先生。

纵然吾足迹未能至日一行,吾之雄笔必能直捣三岛的。为祖国争光,为人民争彩,盖有日矣。

十日

眼力大得保养!早改文多,一时颇不平常。高起来!大起来!十一日到东柴。

十二日

已半月,尚未写,可叹!真不得了。

三日内定得办妥。三个星期当尽力做好工作。麦收后,大办事。

十三日

昨夜见过丙娃等,允许即办,待到星期日再看如何。定我行止。

十五日

发信二件。夜大队唤,写好材料,如意。

十六日

到公社送交材料。大事可说完成大半了。早发现效英遗函一件,关心我事者。

十七日

大事均大体办妥,静候好音。仍须跑跑。

明日作字,整家务。几天未动笔,心就乱了,须振作而有条理。

鲁迅先生。

一出马立场观点就正正确确,没有摇动改变过,公而不私,一直为人民着想,忘我的工作。太不看重健康了!可惜!可惜!正正派派,多么了不起。

健康,作风,群众。

十八日

整家,书字。

二十一日

坚持半月工作,决定大事。

鲁迅先生。

二十二日

大事要紧!健康要紧!前途要紧!

二十三日

字不可随便写！应该受到过去的教训了。持重。

二十四日

星期六，写信，明日上集，发函。

二十六日

晚有小雨，风。少凡兄嘱写门楼额字：“谦虚谨慎”四字。山谷屏，仍建存，好极，一二日内当取回也。拟写四封信，本星期内发出。振作精神，积极干。

二十八日

下午到公社，未见人。回家了，就算了，不必再去。

二十九日

全体教师、团员干部到西阳开会。贾主任报告，得到不少实际知识。下午讨论，因累、疾请假。

二日内发数信，并写字。只要暑假中大事办妥，足矣，余不必考虑。

鲁迅先生。

人品、文章、学向、思想、书写、革命精神，不可须臾离！

三十日

上坡锄地，心神泰怡，一片太平气味，心田没有一点问题了。明日友人要来。

六　月

一日

参加儿童节大会。写二封。

二日

到红卫发信三封——路、翟、李。送六字。

鲁迅先生。

真硬而有气概。

作字，乃知纸墨关系甚大。冰雪宣简直无法下笔，矾太重不吃墨。不能急就，不可太多，兴致来动几笔足矣。

三日

带学生□□□。下午学生上山送石灰。

五日

放假，带学生拾麦子。材料仍未转，听之。

六日

到太柴开会。贾书记、贾指导员嘱明早饭后到公社写字。晨先到南辛店镶上牙，即到公社。

七日

到南辛店，牙未好，返到公社，领导均到临汾，未写字。下午拾麦，十八人。明早饭后再到公社一行。

创造性的工作，独特的作风。有干劲，毅力过人，万难俱息。

苦撑两天，村西地即告一段落。

八日

为公社门楼书毛主席七绝诗一首。

十一日

凡事得忍耐一点，使性不好，惹人，不解决问题。

鲁迅先生。

学鲁迅先生,所学何事?! 定得彻底!

十二日

为学校割麦,下午拾麦,学生20人。

夏收一过,即走出,留不得,气人。

十三日

早场,午拾麦、场。

鲁迅先生。“土匪”气。

拿翁评英国为“店员国家”,真有眼光,有识者也。人,也有店员人物,不可不辨! 辨清则远之,为要!

十四日

端午。劳累甚,未出工,休息一天。昨接路兄函,作覆。发家书、路书、任书各一件。喜蛛临之。

鲁迅先生。与邪恶斗。

十五日

晨雨。洗毛巾,大整理家,心上一快。鲁迅先生。

放东西有条理,定地,省时间。

如此年纪,不必外求。做点轻松事,生活得过去,便好。适当的劳作,适当的休息。精神愉快,不惹人,不找人,不讨人欢喜,不高兴人的恭维。自力更生,自求多福。

十三日

发强儿、蕴玉书各一件。

十七日

早拼地为学校。强度大,归来眼不对了,休息之乃佳。

十八日

送信三封,加李。到红卫。

鲁迅先生。

“认真”。硬硬地活下去,一切有什么,没样子。“路是人踩出来的。”怎样对大家有好处,怎样干。一问,反而泄了气。人要不示地位,总要寻个空子以示高见,其实可笑的废话。您专干,他也松软了。求圆到、婉转,不必! 如此,岂不成了妓女作风?自然不必要。给人钉子,但钉子要来,只好碰他折回去,不得意也。

十九日

拾麦。下午休息。

二十日

阴。拾麦。

鲁迅先生。“严正”。

烟真的断不了吗?懦人耳! 有铁的意志,充沛的魄力,何难之有焉?偏要向钉子上碰碰。

安家?行径?此正我当前两大须得详慎考虑的问题。

二十一日

拾麦。火气盛,语急,没涵养。耐性!

二十二日

夜雨未停,早后大雨滂沱,大利秋苗,可喜。洗衣,洗炊具。念书天。理书物,整思想,建精神决动向。

养大务大,何用细谨。须晴日,赶快办大事,一切皆次要也。

世界观,人生观早经定夺,何庸覃思。望理明澈,鉴在虑前,何用费思。

日课:崇马列主义、毛泽东思想——世界观。师鲁迅文学——革命精神。严明,寡言，正大，睿聪。

二十三日

晴，明日到公社办事。为路备麻纸。到王庄，东伯病势不佳，胡说话，肝硬化，原肿如桃，散了。刘校长病亦然。

书字须带劲，蓄力不尽。一字均有其天，风味无穷。含巧。神韵。

二十五日

明天开学，今天须作：一、筛面粉（蒸馍），二、捡颗，三、到公社。

二十六日

拾麦。明早公社一行。

具体的事实比抽象的想法复杂得多，应付为难。意志不坚决，没魄力的人，一碰便折回去。

二十七日

早到浪泉，见到赵□平同志（县落实办公室），做事人。立即打电话给张书记（在齐村）。回来坐西阳拖拉机，顺利。

二十八日

到薛村学校参加学习三天。

三十日

学习结束，两天。明天休息。到浪泉。

七月（定月）

一日

晨，打柴。午前睡时不小；醒后乱翻了阵子书。梦平矜兄来，衣尽灰土，又似雪者，当为之拂。入宿舍后话少，似未开言，亦无表情。走得模糊。

鲁迅先生。以示青春。干劲！严肃！

二日

眠食都好，精神充沛，整天跟学生学习，不累。班主任工作能推掉，就更佳。

三日

阴，雨。到五年级教课。

有所恃，何所虑！无所私，何所惧！在任何情况下，给人以舒畅、爽朗、亲切宜人之感；英俊、慷慨大方、鹤立高昂之感；如得靠山救星之感。

德行道艺——才学德识。

社会主义道德，共产主义作风，马列主义毛泽东思想，马恩丰富的学问，科学远见，科学技艺。踏实，实践，实事求是。

侯氏讲学，梁氏讲学[17]，主见坚定。

四日

雨未止。

五日

晴。课程已定，可安心作几天，为要！干清理拾麦工作。斤数核计出来，送小队矣。颇难应付孩子们的事。思想太坏，私心大，不认错，有时无耻，适用主义者！利字当头。

公正，严明，足以镇邪。

鲁迅先生。

事事不能粗心大意，含忽不得，宽让不得。步数要到，手续要清，要有见证。谨防胡说、讹赖。

整理房内卫生。明日到公社。晨拾柴。

六日

打柴。缝袜。前跟龙给纸烟二盒，0.48

元;洋火5盒,0.1元。今日交二元。

劲头大,心力足,目空云汉,影高文台,胸纳乾坤,气吞山河,志贯日月——为人民服务,此之谓大人。鲁迅先生。

早上上山打柴,在路上拾到鸡子一枚,刚下的,还热热的新蛋,周围一群鸡停立看着。当告二劳母说过,因恐是她家鸡下的。

七日

下午到浪泉公社托兴带信两件(少华,整天只等),捎纸三张。

八日

雨。整家、教室。用脑子太多,须休息。

九日

雨,日夜不息,而又大。

鲁迅先生。

生活即斗争,斗争即解决矛盾。没有矛盾就没有世界。所以没有斗争也就没有历史,没生活,没有世界了。斗争要有武器,本领即武器,道德、思想、学问、文章、技艺等都是本领之一端。

人以顺为正,我则以逆为顺! 无逆则无发展,故愈困愈好,因其使斗争性愈强也。

十日

午饭过量,何必如此糟塌粮食,赚来不好受邪?

十一日

晴。有了火,食无味。

威仪壮志。

十三日

拾柴。碾玉米糁子。

十六日

拸画斋,双开室。

浑身是力,到处皆乐。迎逆如顺,谁奈我何。鲁迅我师,万事有着。

鲁迅先生。

收到品三兄信。雨田来,云青兰回来,材料在陈手中,未发,兰可负责送出。甚感。但听消息,不急也。三天后去公社去。

阅参考消息(13号),知鲁迅有《阿Q正传》自注八十六条,由日本一翻译家保存,刚发现。

耐性点!

十七日

买桃二角,火极,受凉,不得轻快。惟有抗之。

十八日

到浪泉村半路归来,上课一节,到西阳见到贾书记,答应回去研究。但静候消息,一礼拜后再看。今日是礼拜六。

没有克服不了的困难,一切在于人。有志竟成。

十九日

午后大雨。碾包谷约五斤。玉明把戏早看透,不真实,□得愚笨,可笑! 这对我才是老师,促我长进,给我力量。

三月计划:经济、工作、安家、健康。来一个大变化,大跃进。体重八十八斤。连日受凉影响不小。

作人要有几分英雄气概(正义加革命

精神)。

二十日

甲申来坐,到县开会去。

作字作文一样道理:笔锋恣横酣畅,高致动人便佳。

下午雨。看看想想。“事情没样儿,是非没影儿。”人们这样说,也是一种反映。凡事认真,何必,大家一块混,到底谁吃了亏?不混,又站不住,发脾气,生活就出问题。

“难得糊涂”! 人生?人生观?动了! 婴儿,丁畦,随域进退。

鲁迅先生。

二十四日

昨上午借少凡兄二元。发西安、任志林各一件。还布票。早到公社,见到段兴旺君,答应急办。又知材料未找到。明日去看。

总之,七月份内大事办妥,便足。

八月初,写寄太原、西安信。

自立主见,莫给人看戏。有好话中有恶意的。明亲实疏不可不辨。

二十五日

雨。事事没样儿! 人! 跟谁讲道理?什么叫道理?您讲廉洁吗?妨碍人家的致富之道。讲公理吗?人家的私字无比的大。讲真理吗?“公说公有理,婆……”,可就是不讲大道理。到太柴回家取咳嗽药、四环素及百朋。数日夜咳不绝,食欲不振,健康差了,须力抗之。

二十六日

夜服药,出汗了。

到浪泉公社,知道省批示申请书。大队意见材料都遗失了,奇怪,明日再去问个究竟,看他们如何处理,定要办妥。也许是好事,放眼量之,气不得也。

二十七日

定办法。

二十八日

决定出走!有步骤,有计划,稳步前进!

鬼缠的是病人,健康的人鬼是不敢近身的。心体不正便发生病,心体正大光明,便是健康,何鬼敢来缠邪?鲁迅先生。高风! 事情告清即走西安!

二十九日

志念深,行向决,排山倒海乐呵呵。

人生哲学:斗争哲学,快活哲学,胜利哲学。

三十日

正好清理一番,定居、前程、生活,一举定夺。好得很!

三十一日

月终,须总结一番了。

八　月

一日

建军节。梦携笈远行,书物重。为大队写奖状数十张。

二日

书给贾书记函一件。辞教员考虑考

虑。走西安，可成行。

为了大事，何庸计及别的。

作事必须脆快利杀。送出材料——写太原信，粜粮，弄钱——入秦。

接到治林、耀天兄信各一件。布证收到。

三日

上山打柴一篓。当断立断，洗衣三件。不知不觉，上上下下，有弹冠振衣之像。

五日

书屏八页。为大队书公约。昨到公社，人不在，下午再去。定必办妥。

“兵莫憯（痛也）于志，镆铘为下。”[18]富贵显严名利（勃志），容动色理气意（谬心），恶欲喜怒哀乐（累德），去就取与知能（荡胸），破之则正——静——明——虚——无为而无不为。

六日

雨。以全力落实问题。

九日

从襄汾归来，明日为赵少华君作字，后天到史村送信，并完了事一宗。作信寄西安二，治林一，太原二，安李一。

十一日

到襄汾县信访办送材料，交收发室转的。当天返回。过子正兄家，并发品三、路、家书、天兄信数封。送少华君字。办一件，真不易。热甚。

十二日

雷雨。

既是学鲁迅，就得有几分鲁迅气。严肃，不随便！低头不必。从这件事的过程中，够了。腿跑断，求人……吁，可叹！

今后，可以安心矣。静听消息到来。一切是小，保健是大！豫则立。多作“豫”工夫。务本！（能力，本事）正格，“做人要做得像个样子！”（契霍甫）[19]马、列、鲁。

十三日

晴。干自己的工作，文、书。

不管怎样，心上大大地安心了。烟又开了，赶快禁止!! 明日淘麦，搭磨子。

十四日

耀天兄来，良慰。

十六日

天兄返里，书字数幅。午睡。打柴。烟有什么可吃的，损多益少！宜禁之，为要。

断不可俗，独树一帜，管他甚的。马氏精神，列氏伟举，不可须臾忘。抖擞精神，存志立功，便好。余不必计及。

信来作书，太原、西安。

山谷派势，青主拗强与虎踞龙盘、藤萝之姿，昌硕笔下之情感，北海之清秀，魏中之神韵，田师之聪明走笔，南海之气概。任之省笔阔展，主席之恣肆，龙颜之稳可。

十七日

打柴。为大队书赠蒲县剧团锦旗一面。

十八日

破柴。剧团未走。课仍未能上。昨吃饭不规律。

经济关不得过，如何办？须力谋解决之。原宪贫，岂能持久下去？鲁迅先生、外庐态度也需要的，环境所迫。品格、思想、学识艺术、年纪、职位，胜利在望！

二十一日（十五日）

书天兄信一件。

书字得有把握，得心应手，运笔自如，不走样子，一字一行有天发乎其中。神行不靠官指也。

雄壮于外，而神行乎内，斯为有得也。

藤络缠牵，龙蛇姿状，一气呵成，不容换气。

二十二日

字法是体会不尽的。正如人识不尽一样。好？坏？程度不同，本质有异。各有其长，长中又有差，不得一概论。

明日下午打柴。发信。品、治函待书。

鲁迅先生。

一、赶快作成绩！（为中国人民争光）

二、正路上闯新道路！

三、改变生活！

不能再事对对付付日子，定得活得快活，有意义，紧张而有秩序。

二十三日

发信。上坡。作文。

二十六日

无益。别事莫管。

二十八日

梦乘汽车，似在到某地参观。突过一石堆，平地也。坚志，通；否则，即走。秋假中。

命运？全掌握在自己手中。下午拾柴一捆。

三十日

明天发品兄信，上集。有了骨头，但太露锋芒，无可如何。任运听之，管不得别的了。只要心安就好。

九 月

三日

上月卅一日天兄、十洁等来，见了董寿平老的字、梅，又日本书家海翁八十七岁字幅。草书，不坏。书毛主席七律绝句一首。

不可轻易为人改文。切记。太真诚亦病也。

本月，当为胜利月。静候之。

太费眼，得大休息数月，为要。准备到西安。

五日

雨中到浪泉发路、品、家三信。

六日

又是雨。太得过于忍受性强了。

"尚早论"害死人！文、字一理。要系人，必须！（世界观、思想、抱负、作风、风格……）自然生成物、天。心思到，气功到，运笔到，稳使，熟练，急徐正宜，敬谨，法严，慢。狂而非放肆，笔纸粘得紧。善于提笔，连绵不断，有生命，立得起，动态，一如生物。动物能表情，（喜、怒……）有性格（生龙活虎）。

一、气概——形于外，感人。目力。

二、神情——蓄在内，系人。思力。

三、通脉——惊人。(一贯,一气呵成)

四、妍韵——迷人。(墨泽、飞白、走笔、浓淡、情挚。丰阔、浓腴、天然乖巧,非人为装饰,牵丝活,特殊风格。)

下午,拾柴。书字二张。

七日

打柴。夜雨昼晴。

十二月

七日

上月廿一由西安回来,即到校教书。发西安、太原亲友函数件。大雪。整理书物一通,如发之得理,轻松甚。有几件事须急办:1.发河东二李信;2.归麦二椿;3.到襄汾送电泡;4.取钱二项;5.为友晋书“朝晖”二字。

心神颇安怡,时亦自壮。

前日应红卫高中之邀,去住二天,为教师们书屏数十条。门口墙壁字未完成,时间不许可,太仓卒。

十四日

昨到东柴,看晋恂兄,为常有送字,发天兄信一件。告以20号到襄汾。淘麦。还麦14斤。糊炉子。

十六日

昨接铭信。□寄来10元。且候,还秉兄。

磨面。问钱。出习题。

胃口已好。20日到襄汾。

十九日

明日到襄汾。语言随便,接人口吻不好。心眼多的人多心,影响团结。甲和乙和丙,彼此关系不明,出言便差。闭口为佳,何必得罪人。

二十四日

办壁报。书信,送麦,送钱。取帖。发西安、城关中学信共四封。尚须二封:信访、李。报画。词。

二十七日

星期天。禁烟!写信。明日办粮钱事。发信。下午装包谷128斤,称好面,一交伙食。到李村。准备写学习总结、体会。

鲁迅先生。

丈夫贵壮健,惨戚非朱颜。

丈夫四方志,安可辞固穷。

二十八日

星期日。到河北还秉纯兄10元。到李村、南关。发县访、李兄信各一件。静候消息,不必再麻烦。说也轻松。下星期三前赶完历史。可以休息休息矣。

二十九日

一年将尽,应有个总结,算“总账”。成绩不少。书法多,友交愈厚,身体愈壮。明年当更在书法上有所表现。经济基础打好,问题得到较好解决之,于愿足矣。健康再进一步,生活须大力讲究,不得随便。血和气畅。三类营养。可口以适体(物质)。顺心而安神(精神)。养德无辱,乐天长寿。

三十日

习惯于早晨跑步,胜于打太极。腿好

多了，灵活不僵硬。烟物少进口。

大事已妥，可放手，不必管，水到渠成，听之可也。

抓抓生活，何必自苦太甚！养胖有益工作，瘦弱不过可怜虫！含碜太可笑。

正道而行，一片爽朗矜肃之气，鬼神亦得为之远避。坦坦荡荡，到处皆是大路。心田一片清风明月，毫无滞碍挂牵之处，恬然自适，淘然自得，真到好处。

三十一日

交细粉 19 斤，玉麦 20.5 斤，交钱 2 元买肉。只买了一元的。

七五年就算送走了。七六年即将开始，应有个新的计划、新的措施、新的作风出来。

年纪又长了一岁。老当益壮！

送旧迎新。

〔注〕：

①"汉士高风"，汉士，西汉初年东园公、绮里季、夏黄公、角里先生四位高士，他们逃匿山中，义不为汉臣，甘愿过隐居的生活。

②"天游化人"，康有为的别号。

③"双开室"，卫俊秀的斋名。双开室的取义见 1971 年日记注⑰。

④"南溟天池"，《庄子·逍遥游》："是鸟也，海运将徒于南冥。南冥者，天池也。"南冥，南海；天池，天然的大池。南溟与南冥同。

⑤"乘彼白云，至于帝乡"，《庄子·天地》中句。帝乡，天帝之乡，庄子以喻虚无旷寂之地。

⑥"视万类蔑如也"，把万物都看得极其轻微，不足称道。《魏书·谷浑传》："谷浑正直有操行，性不苟合。趋舍不与己同者，视之蔑如也。"

⑦"颗子"，襄汾方言称粮食为"颗子"。

⑧"一字有一字之天，一行有一行之天"，《霜红龛集》卷二十五《字训》："一行有一行之天，一字有一字之天。神至而笔至，天也；笔不至而神至，天也。至与不至，莫非天也。吾复何言，盖难言之。"

⑨"拿翁"，指拿破仑·波拿巴（1769—1821），法国资产阶级革命时期军事家、政治家，法兰西第一帝国皇帝。卫俊秀在日记中数处提到拿破仑，对其坚持不懈、无所畏惧的斗争精神予以赞扬。

⑩"朝经"，意谓每天早晨起床后要念的"经"。处于逆境中的卫俊秀时常受到一些人的训斥和责问，备受岐视。卫俊秀针对他们训斥责问的一些话予以正面回答，用以激励自己与逆境作斗争。笔者曾与卫俊秀谈到他的"朝经"，卫俊秀说：正是他们的这些训斥、责问，使他更加认清了自己品格的端正。对别人"你是干什么吃的"的训问，他内心的回答是："我原是读书治学的人，是一个人民教师。""你是什么人？""我是热爱国家，为人民服务的人。""你交的什么人？""我所交都是志节高尚，为历来的人们所敬仰的人（如司马迁、颜

真卿、鲁迅等)。""你是箍漏锅的(补锅匠)!""箍漏锅的也有一技之长,也能为人民服务!""土匪"一语原是1925年北洋政府刘百昭及现代评论派一些人,对反对章士钊、支持女师大学生斗争的鲁迅先生的诬蔑之词。之后鲁迅先生索性名其室为"绿林书屋",表示了与反动势力斗争的坚定立场。卫俊秀以鲁迅为榜样,也以"土匪"自认,表现出决不向迫害自己的人低头屈服的严正立场。

⑪"景迅",卫俊秀1974年启用的一个笔名,景仰、学习鲁迅的意思。

⑫"'尚早'、'过迟',皆不行":"尚早",意思是时间还早着呢,不必急于努力;"过迟",意思是年龄已老了,再努力也迟了。这是对做学问、做事业的人非常有害的二种论调。卫先生日记中多次对这二种论调进行批评,也是对自己的警饬。

⑬"田师字","田"即卫俊秀大学时书法教师田润霖,见1973年日记注。"依兄字","依"为刘菌依,原籍山西省襄汾县。长期在西安工作,建国后任陕西省政府秘书,后供职陕西省政协。工书法、诗文。1939年卫俊秀到西安后曾多赖其照拂。曾向卫俊秀介绍《姚伯多碑》、《瘗鹤铭》、《晖福寺碑》供其临习。刘氏书法于卫俊秀有一定影响。"任字",谓于右任书法。"魏字"谓魏碑书法。

⑭"介者拸画",《庄子·庚桑楚》:"介者拸画,外非誉也。"介,一足。介者,被刖去一足的残疾人。拸,不拘法度。非誉,毁誉。全句谓受了刖足之刑的人,大可不拘法度,将他人对自己的毁誉置之度外。后卫俊秀以"拸画楼主"作为斋名,表现了自己虽受到深重迫害,仍要我行我素、奋力向前的坚定志愿。

⑮师振堂(1891—1939),名维铎,字振堂,山西襄汾县人。早年毕业于山西农业专科学校,"五四"运动后回县创办南辛店第四高等小学,以科学、民主精神设置课程,教育学生。时卫俊秀在其校读书,其人格、学识及教育思想对卫俊秀的成长深具影响。1998年卫俊秀撰书《先师师振堂先生行述》一文以为对先生的纪念。

⑯"王某",指王中青。注见前。

⑰"侯氏讲学,梁氏讲学":侯氏,著名历史学家侯外庐。二十世纪四十年代侯曾在西安西北大学讲学,每周一课,卫俊秀常往听讲。梁氏,著名学者梁启超,二十世纪二十年代曾在山西大学讲学,卫俊秀时在山西大学读书,对其渊博的学识十分膺服。

⑱"兵莫憯于志,镆铘为下":《庄子·庚桑楚》中句,人的志气是最锋利的兵器,名剑镆铘还在其次。

⑲契霍甫,俄国著名作家契诃夫旧译为契霍甫。

一九七六年

（此册封面大字书“一九七六年”五字，左下书“颖脱年”三小字。——编者）

元　月

元旦

太阳很红，心上一片坦然的舒畅清静,正是大好读书的光景,便于思索。这便是天大的幸福。这一年将是我的“颖脱年”。须大力做出些成绩。

严肃。随便不得。人要看样子的。

太好,似乎也不行。

烟少抽。

生活得计划。健康第一。

真朋友、真心人能有几个?连一家人都不敢靠。所以要“自力更生”。

人间关系“利用”而已,因之“势利眼”很多,能如马、恩关系者,太少了!

有不少人不懂礼貌,太可笑,只能以无礼遇之。

迎接矛盾,斗争对待。一让退便一团糟;一和气便丑出可笑。

二日

写学习总结。复习历史。买枣子。

原子笔找到了,写了不少笔记。

三日

收到克军兄信一件,说不少看了我给他临的王右军帖十分欣赏,感到笔力功深运用之妙。并说要弄点好宣纸给他写些。自当为之一涂也。

四日

到襄陵送少凡兄麦子 30 斤,还钱 12 元;还邓兄 15 元。发路兄信。书法:

安排,匀称,粗细,色泽,气脉,神韵,精神,气势,天地艺术,走笔,理想,目的,意图,感觉,效果。

刚健神速秀丽,杈枒拗强浓郁,开阔豪放俊卓,富丽堂皇排散,雅静明洁雍容,恣肆奇古桀骜,聪明乖巧吸人。形小意大,派头十足,裂辄不善。飞扬跋扈,猖狂恣肆。

十日

昨夜梦戴德国盔。

上午参加七年级毕业典礼，讲了话,材料不弱,自然尚富有力。

一、讲话最要紧的得有逻辑性,具备了这一点,就有了系统性,一层一层,层层相贯,思想一如涌泉。否则零乱不堪,便少说服力了。

二、取材要新的,典型的,便有了政治意义。当前的潮流的事、风尚、政策。

三、用语,要富有风趣,合乎针对性的程度、需要,抓紧对象存在的,如病魔所在亟待治疗者。这就是抓住群众心理了。

韩子所谓“在知所说者之心,可以吾说当之”,成功了。不吐流水话,人云亦云,太臊。突然而来,使听者莫知所届,追求下文,与期待解决之困难,满足希望之心,如急欲求解决之数学难题然。思维要深,取材要广。境界要大,用语要浅。时用比喻,生动沁人。态度雍容自然,有几分神秘,聪明而乖巧,如优秀之演员。声音要动听,高低抑扬,紧慢。萧三,临堂的演讲,一位幽默的表演家。

十一日

星期日。学校没人，清静非常，看帖，颇多会心。晨宝德来，知材料可径送西安师大，这倒好，可早办的。心情恬适，快慰不可言，似若有喜报者然。已往经验有此情况，可作验也。作字六条，书毛主席“念奴娇”，尚好。日色甚好，如二三月天气。做学问、习书法，不打几个硬战，便过不了关口，登不到山头，见不了无限风光！平平庸庸，坐享其成，没有的事！攻要寨，一劳永逸。教学生亦然。

十二日

昨夜吃饭过量，太不慎，后当在意。

书法事有何难处？南海、郑、于、赵铁山都是大家，也都是专务魏碑者，气态各不同，各有千秋，放手为之可也。

四人比之：康豪放，气派大；赵敬谨，功力深；郑劲强有骨风；于风流，太纤巧。

吴昌硕丰腴，富情感；王章草大家[①]，曲尽其妙，豪爽启人。八怪中画味足，富有天趣，特富艺术性。

不要当属猫的，含忽不得。鲁迅先生日记记零星事，如领薪还钱之类，何以故？受骗太多，不得不小心也。可厚则厚，可薄则薄，世上哪有那么多的“君子”？以老实度人，差矣！善始乃谈得上善终。恶习养成，难改了。认真没差，宽厚容忍，没好处。课堂上要严。断烟！颖脱年内容：

一、健康，严肃。高大的风度，愉快的气态，聪明而乖巧，幽默而多智。

二、经济生活有余裕，摆脱困境。

三、脑子、眼力适当的使用，大力保护。

四、断烟。

五、字百幅。出帖。

六、画，多练，二十幅。

七、得机会就讲话、教课，大力表现，为人民。通透，深广。等书事。

闯上前去！交接，应酬，无畏！

八、写老年人的话。短章，杂碎。解决问题，传经验心得。

九、抓新事物，抓浪头。

十、贡献。

真理在胸笔在手，无私无畏即自由。

“世上无难事，只要肯登攀！”

以压倒之势顶得住一切。

以排山倒海之力创造一切！

原则性，逻辑性（分析力、发挥力），独创性，针对性，革命性，艺术性。

十四日

连日地震风声甚嚣尘上，须作科学体察，静观其变。午饭过量，太可笑！

十五日

全国甚至可说全世界都在追悼周总理。“有井水处皆哭”，我这才真懂得了这句老话……。巨星陨落，天地悲秋，现实世界上的损失太重了！他那高尚的人格，已是享受到人类最高的尊敬，别的一切对世界的恩情不必提了。他的典范，在世界上我看也是少有的。解放后二十多年来，在我的日记上时时禁不住要写出他的伟大来，表示出我的尊敬。我的眼光不错。他那天文台一样高大的巨影，将永远更广更深地遗留在人间。祝他安息!

联系：

政治——路线，斗争，理论，政策。

实际——社会生产，大事，潮流，风尚，动向。

群众——“可到处”。

“节骨眼上”。

十六日

到邦林家帮忙。生辰算是过了。也还好。

十七日

到南辛店取臻女寄款10元。到南许还子正兄5元。饭后即归。

十九日

到青林家帮忙，送礼2元。

准备到西安。面粉，枣，山谷字，傅山字，小米。

二十一日

须大力着笔，以答友人鼓励而震惊瀛洲，料定易若反掌，非难事也。

契诃夫：“要活(得)像个样子。”道德、品质、气派、智能。

发铁夫、女、天兄信三件。决定到史村一行。买枣子。信发走再动身。

二十三日

心走了，不安定，宜戒!

到薛村开会，贾主任要我说话，勉强说了几句，没准备，脑子不灵了，缺乏组织力。远不如对毕业班时讲话生动矣。

三　月

一日

晴天。高中班开学，担任语文、世界史，还有小学生的图画。教书教人统一起来，养成学生分析问题和解决问题的能力。与工农紧密结合，求得真知识。更须认清时代形势，新的任务：反修防修，当前第一种学问。勤看报章杂志，迎接新事物。

写信二件：强儿、李副主任，明日发出。

今人不讲信用，无可奈何，只好自私为己，帮不得人的忙，可叹！所谓“操了好心，伤了脑筋”的是不假。孔老二害死人！何不硬一些?

二日

发信二。开学典礼，讲了一段话。

三日

开始上课。

六日

晚宝德来，知信访办已将材料于上月廿六日邮寄西安陕西师范大学，甚慰，感激不可言。静听回音好了，就近当写信数封——李、翟、王。

屡次断烟而又续之，真够没出息！从明日起，再行断烟令，不得反复！无益且害，保健第一，脑、眼尤须注意!

七日

写家书、路兄书各一件。明日发出。到王庄一行。

九日

发太原翟兄信一件。课不必滥上，填空不必。过于热心也不好，须防。

十三日

好几天没写，心上一片荒凉，不振作了。得赶快纠正!

十四日

星期日，跑步归来，精神大振。有睥睨一世之概，亦自称雄耳。一笑。总是力求向上，别无疑焉。

作人作文，出语行动，一没针对性，便无巨大力量。“无的放矢”，何益！心上的事、钉子、矛盾所在，力之源也。屈子赋，司马迁史，工部诗，鲁迅文，所以能独绝千古者以此。内容决定形式，殊不虚。作假不得。

人物高下，心胸大小，世界观如何，又视针对性之值得不值得以为断。翁姑吵嘴，弟兄打架，吃了亏，暗恨在胸，曷尝不是个针对性?但未免太小，若以国家为存心，不忘帝修，是为得之。

计划：

一、在家作字，须收拾着手。

二、星期天备好两周的课。

三、每星期让学生抄选文一篇，也练好了字。迅信。报文。

四、字仿。

五、面批作文。

六、个人生活，事功，交游，家务打算。太含忽，大方，常受窘也，不行。

七、对于难打交道……（以下涂抹不清—编者）

十五日

栽树，挖土坑。早饭一两，午三两，甚舒服。不敢再多。晚二两最好。再试试看。

心情舒畅。

眼力不可过火地用。脑子思考不能太过。切记。

放得开，撂得过。自得，自适，自乐。

教书：到家，点子真，通透。艺术性足，革命性强。

十六日

看得穿，见得透。少费无谓的口舌，少生无谓的气。化得开则长寿矣。行理自得，善宽自乐，随域自适，尽力自养，足矣。通人尽于此矣。

发脾气不好。责任心太重，也是毛病，何必！随江河而日下，如何?难答。还是庄生吧。

快创作！丰年计划。

以压倒之势写出奇古、拗强、魄力不凡之笔。

十七日

明日给学生讲《论学习》，列宁作的。因而又重温了列宁传、马克思传。做人的模楷。鲁迅传，周总理。

教书即教人。书是手段，人是“的”。高大、伟大、宏大、壮大、气概大。“知明无过”，“神明自得”。科知、哲理。

十八日

日须剜地半小时，有大益。

平生虽乏凌云志，深爱马列与二周。

真理在胸笔在手，无私无畏即自由。百中争能耻下觑，一空天地向谁求。自壮乃体康且直，管他冬夏与春秋。

二十日

青兄将为制件新衣，似乎已经购到，认为合适。要我掌管文簿。

批作文费时不少，眼力差，吃力。“一笑了之”主义可解决多少难题，亦养生之一着也。无可奈何。一目了然，一通百通，一之谓甚，一无可观，一无足处，一不怕苦（智），一塌糊涂（要点），一清二楚（经验），一概相量，一点灵犀（水平）。

二十一日

睡眠甚好，迟起。好取笑，听者不聋，以正为反，不大好。少开玩也。赶快动笔！

鲁迅先生。

好久又忘了先生，难怪心上又荒凉起来！总理也得记牢。马列印象深，都给我生命以活的力量。马迁、老杜给我以文章，青主给我以书法。有此数贤，足使我之灵魂得到无上的快慰与活力，足矣。自得居安资深[2]，我之天地岂不大哉。自畜自养，处处无不熨帖，老天于何有！心曲日广，自多富有，坚实起来了。吾之笔力所至，足使千人军沮丧破胆，往古书法所梦不到的铁笔也。如此乃称得书中真雄。吾书法中之天地，凡宇宙所有之奇观均收纳无余，观之不厌，味之不尽。介者拸画——无意无法并无神，笔所到处即是意是法是神。驾乎庖丁[3]技上，乃臻绝境。吾之人亦极天地之大观，洞庭、江河，日月星辰……悉凝诸灵魂中，动似雷电闪光，处处生色。文亦如之。

二十二日

心贱也不好。自以为是，不虚心，骄傲自大，似乎成为今日不少青年的特点了，令人难以接近。势力眼更深，变得快，不觉难受。可叹！

书生奇笔，文中英豪，人中枭雄，何所虑也，何所畏也。所交往皆当代人类大师，道路宽广，谁人得及？“大”起来。

二十三日

一、马克思、恩格斯、列宁、鲁迅、总理，人间春阳——红书。

二、《南华》[4]、楚辞、《史记》、杜诗、文心[5]、《史略》[6]，文苑奇葩。

三、象教书[7]——大自然界、人间世一部最大的活书。鲁迅：“去读世间这部活书。”

四、艺苑——傅山、南海……

上四者极人间之乐园，无穷之福地，够幸运了。

二十四日

雨后早晨，空气清新，大跑步数百米，浑身轻松，不到一月，已大收益，觉有气吞山河之概，什么头痛脑昏，强梁恶人，阻碍困难……简直不在意下。

迅教书：教书编讲义，不忘社会改革、生产，引学生调查（直观教学），容易理解、易记、实用。用自己的爱憎来感染学生。

日书篆隶数十字，不可缺。

锻炼还太差，随俗进退，最可怜者。竟

因私感人之态度变易，而难过焉，从而推演之，以为如何如何，胡疑之，真没出息者也。

四肢麻木——蓖麻干、茄子干，剁成节（寸余），熬煎，每日洗三次，半小时以上，月余即愈。又，西药方——强筋松30片，维生素B1，30片，每次各二片，早晚吞一次。

二十六日

学学鲁迅的远见，他看事真透，如对郁达夫的建议，果然矣。

事之当前，要有主见。不能听人物议，随声任意然诺，都不好。不合手续事，不可大而化之，以为“无关”，往往“麻烦”就在这上头。对方已经存下心眼，要防的。“门前清”是句经验话。“说不清”也有用处。吃了亏就懂得了。鲁迅先生话，要好好听。

一举一动，一言一语，严肃认真不能含混，不可随便。取笑、玩乐，朋友可以，房子里可以。公共场所，忌为宜。“话”要起作用，否则，少出口。

“账”要记的：免人钻空子。有证见。

鲁迅先生。

二十七日

下午到临汾，看眼睛。路过东柴看看。以定行止。谨防三只手。

是非分明。斗争的生活。

账要记，又一教训。

我的眼力毕竟不错，认人还行，只是心太软，太忽拉，也给人一钻空子的机会。主见。硬起来。不留情，少打交道。

干起来，像个样子。德、行、学、艺、道、脾气。

心眼放得公，气概从此生。

二十八日

大搞一月，为学生负责。

事理看得透，超逸独高风。

两腿走得正，腰干挺得硬。

一切难点化为0，生活即斗争。

鲁迅先生。

干劲是从实践中获得的，钉子越碰得多，劲头就越硬起来，大起来，豁开干，拼命干，也就太平了。“路是人踩出来的”。没闯劲，路越走越窄。你不动，他就格来。让人一步自己宽，其实不对。这是孔老二在骗人。水向低处流。没空子他能钻吗？

严正！邪不压正，鬼怕人。随便不得。

有主见，点子真。讹赖鬼终久站不住脚跟。

要有几分英雄气概。可打击的，管他三七二十一，冲上去。对他也是个教育。他不讲面子，你还有甚客气？懦夫总是好诉苦。可怜相。软蛋坯子，最是人看不起处。

二十九日

年纪虽大，壮心不已。

三十日

发西安信二件。

三十一日

没成绩，下月好好干干。教好书，学哲学、历史。

四　月

一日

新月份开始。严肃起来。

1.教好书。练习、检查。阅读写作能力。语汇。

2.教好人。品质、思想、作风。

二日

雨夹雪，寒。

定居?外?内?

针对性。对立面。敌人。逆境。志向。志气。奋斗的力量的源泉。的。(为谁学?)个人，(弟兄打架，分家后，干劲大了)国家(帝修)一样。对象分析之。自、彼。

斗争性。敢字当先。品格(革命性)。思想。本钱(健康)。武器、方法(辩证法、哲、战略、战术)。手段(文章、学问、本领)。门类(少而精，处处是材料、结合)。公字当头。无级第一。养大为大。

鲁迅先生。

三日

"金就砺则利。"[⑧]人是刀，社会是磨石。

小孩子不饿不要喂。学生感到需要再进行教育。

戏场里给学生讲戏剧。当前情景。

四日

星期日。集。写字多。

九日

梦青、纸田[⑨]兄等来。青身多针眼，似愈。田模糊。开始整顿教学。一二月成绩。

十三日

到临汾，转东张公社看眼。大夫是从省医院来的，姓包，女，五十岁上下，专攻眼科二十年，细心，客气。断系近视，没大病，可配镜子。务须注意营养。

千万，千万。以少费眼力为要。

十五日

晚上磨面，麦 30.6 斤，包谷 45 斤(41 斤)，徐阎老师新生帮忙，出力不小。交庆"五·七指示"文一篇。

十六日

热心负责也会使得人伤脑筋。也算经验。接受鲁迅对于青年的分析。分别对待有必要，一视同仁无此理。

十七日

到红卫高中参观大字报，多系统、集中。

一切事我从来不放在脑子里，
因为我深刻地明白我自己。
任他风吹雨打，
任他迅雷烈风吼得多么大，
蚍蜉撼大树，
只能赢得人们笑哈哈。
你不过是个螳螂，
你不过是个井底蛙。
纵然当了皇帝，
你的世界啊小于瓜。
鲲鹏直上九万里，
你可也梦得见吗?
(闲，胡诌偶成。雨夜。)

十八日

雨后初晴，青山如洗。

看穿万事，宇宙即我天地。何有何亡，何得何失，何荣何辱，百年后，皆归乌有。彼罗精神[10]作主宰，鼓足干劲就是。活得痛快，干得热火，行了。

十九日

晨跑练健康。

日看哲学，得到启发，脑子就有了食的，不空虚了。写写大的字，手腕熟了，有了功夫。快活哲学，奋斗哲学，尼采此人对我总有些亲密处。

二十日

书桢女信一件，明日发出。定居尚在空悬中，生活安排一切均须在大计上。无论如何，不可漠然的。

力量、精神，都是由刺激中冒出来的。平静的日子实在是堕落的根源，要不得。所谓不愤不发也。

有主见，有作法，奋然前行，自谦自卑奴态也。“酒性的人生”正是如此。

二十三日

午睡甚足，恢复了昨日的疲劳。

脑眼均得大休息几天，少想、少看！渎用不必也。无所谓。憨点。麦后再看。健康是务。

马恩一占心，自得新指针。

列宁覆我体，万事皆成春。

心明眼亮看事准，赋我革命新灵魂，

动如脱兔信有神。

鲁迅沁心脾，强我骨力用功深。

总理暖我体，无不锦绣似逢春。

謦咳谈吐起风云，字字句句为人民。

鲁迅先生。

二十四日

接路兄信一件。告师大已函县信访办。对于我的申请意见，同意县上为我安排工作等等。并云他们对我的事很重视，党委专会研究。了解了我，这就好。

二十五日

好梦，乘汽车在穿过柳绿林到一房处停，醒。写路兄信一件。

书字中之一画一点=拳中之一举一动。总得点子真、准确、合规法。

一字=拳中之一式，一着一势，用熟坐稳，重心正，格局大方，大家之气，雄狮之概；一行一章=着势致用，气脉贯注，懂势，动静虚实变化，自然，神化。

各式脉络互通，一气呵成。意、气、劲。走行之路线。

太极拳又名长拳，如长江大河滔滔不绝也。

寓下意——于向上之动作时，即寄存向下之意。不待向上之劲完毕，而始向下也。

二十六日

发路兄信。于讲学。梦。已发。

二十八日

昨夜，学生睡了，一个学生从外回来，门不开进不去，砸起门来，好话不听，里面就是不开，动我肝火，收拾了一阵子。虽属正义，也太过，以后戒之。

二十九日

梦与主席同舍，似为当小干部，深领其亲炙。明日写完壁报，发稿。

五月红

一日

鲁迅先生。

凡事只要有马列毛作统帅，有二周在前，便无不克服之困难，有何惧焉。以吾之公心、学识、年龄，足够使邪不安，卑何有？

讲演是打高身价术，不可不慎。

自得居安资深，

自强谋好有为。

看《哲学笔记》，句句精论，启我实多。好极了。

二日

洗衣数件，誊诗稿，书"红卫兵"红标21张。洗澡。

哲学理出了个头绪，精神上得到无比的快慰。

三日

上集，发稿二件，寻钱。收到女女信一件。

静养精神，余不贪了。

四日

体健逾恒，像块石头，脚跟踏地实稳，如大树站立大地一般。食欲大振，时觉腹空。推肚子舒服，没一点水响及其他音声，可大喜也。早运动收到功效。

拳经。字课。哲学讲座。文苑英华。最大幸福——马……世界外之世界。

眼不过用，脑勿渎用。老年人的话。经济！精神天地已建功。

六日

为庆祝"五·七"十周年忙于壁报、板报等工作。

七日

留校。得毛女信一件。写信二件，天、西安家。明日发。

书法通于射[11]，更通于太极拳。千变万化，不外一活字。一板便糟，不足观矣。

八日

收到璐寄来岳书《出师表》一本，作复。买毛笔一支，0.3元。

十日

领补贴9元，还灶费1.4元，如此光景。

这也好，加紧走出。不得对付。迁就情面，事之贼也。这就是孔老二的毒！何不振之以法？择日到襄汾。

初步决定莫作事了，何必。暑假中大书一快。

十二日

简直骨力。影响健康，误大工作，损失不小。

鲁迅先生。

十三日

壁报稿。

十四日

秀才气重，中孔老二毒太深了。

十七日

字一陷入俗格，便不足观。

十八日

暑期即到，得好好考虑，走？

一天不看哲学，便觉舌根软，头绪乱了。看看书，观观现实，就有了力气，结实起来。二十三赴襄汾，不必就事。

二十日

犹豫事之贼也！确实不假。当断不断，反受其乱。对对付付，顾左顾右，未免太什么了。走前去。不能退后来，徘徊总是不好的。巍然屹立如太华。

常穷不行的！

二十二日

梦建工厂，砌挖地基。气魄大。

二十三日

晨到襄汾，原来如此。心上倒觉舒服，有了力量。回来车票清兰给买的。

天下事恰像象棋一般，千变万化，令人常在出乎意外之中。老年人不敢"必"的话，有时使青年人感到可笑。这是一个经验的问题。青年气盛，是长处，也难谈不是短处。

自返而缩虽千万人吾往焉；自返而不缩虽褐宽帛，吾不惴乎[12]。

养大为大！

鲁迅先生。

陶渊明不易学，亦须学。诸葛也难，实不难也。

二十四日

写信。

针对性即力量。书法得有几分拗强性，作人更得如此。奴态最可厌也。低头气味是可忍？

鲁迅先生。

鲁迅先生对付邪恶的态度，视为无物，不辩解，常度未替。是为真人。——真正英雄。学习鲁迅所学何事？

二十五日

决定即到西安。

发路兄信一件。

一些短视眼井口大的天，王长枝头[13]，自觉了不起，可笑而已。大人物广视天地，极目中外，四海何足取。"小小寰球"，此真乃大人者。敬佩，敬佩。

体重103斤。听书。年纪老大便差矣！鉴人知己，不必勉强。

心情大好。

"十九次失败，二十次成功。"

"我自巍然不动。"大人气象万千。

一代杰雄。

二十六日

有个人借八年级学生新买的推子，用了以后，居然换了把旧的还来，管推子的学生没检点，事情一过，寻不出头绪了！如此道德品质，尚何言哉？作事不得不细心，小心！不可提高身价，但也不可过于贬低，任人收买。人究竟是人！"要活得像个样子"，"有尊严感"。这是一位有品格、有能力的世界有声望的文豪的话。大约他在庸俗中碰过钉子。但这正反映出他那时不合理的社会病，于他是无损的。他是高贵的，我为他而感到舒畅。从而以世界为沉浊而自壮！有些人太不为祖国打算了。他们只顾个人：发家。既无真理，不讲是非，“舆论”也就不足计也。硬要计较，明己、正=与鸡子比高低。岂不令人失笑。

一个人在势力眼前正如寒暑表在空气里。不必适应外物。务实为要。

马克思最厌“人云亦云”的人。不用脑子=(也即)动物。虽说人也是动物。

人太高了，就不会适俗，因而就不好了。但才正是好。马克思、达尔文、哥白尼，在他的当年，何尝是个受人欢迎者?鲁迅先生一辈子受人攻击诬陷的看有多少人?呵呵，明白了。家骑车子送我，面前是座巍峨的大山，眼前是一滩泥水，难通得过去。他返回去了，剩下一个我。反面还有人骑车在前进，我却作了难。忽而转向一条大汽路，可以通去的。有了办法，只是绕得远些。总是有前途的。

中日友好大会在日举行，我国大使出席讲了话，大好事。书法可大肆放笔一作。

二十七日

艺术真天地，劳动好世界。

用傅山精神，大书屏幅千条，惊彼瀛洲，发扬在毛主席领导下之中华人民无比之气魄，以快吾意，足矣。

拿出东西来！

鲁迅先生。

二十八日

心软总会不行。只为人想，其实也许在人家想得适反。为人的心思只落得个空。五号出发。碾米，弄路费。作字。

三十日

到河北，其实没事，算是看了看朋友。考虑下半年工作?居家?何时到西京?很费苦心！须切实想想。此行是关键的关键！因为直到今天，还未定居之处。总之，这里是决计得离开了。动了一半。

“势利眼”真难以容忍！只好“冷”起来。倘能学会瞪白眼，就真要不看人。鲁迅先生正如此也。

笑话太多，正事也多成了笑话。大笑一场了事。闹剧。大本头唱不起，只能如此。——不学习不得了。严肃起来。妄言浪费时光。

马列主义、毛泽东思想，他不好好学，现实如此丰富，就是拾不起来——可惜！可惜！可怜！可怜！

儿戏只能是儿时的事。大人学伴亲戚，落得可笑。谁看?把投机倒把人，重为君子，尚何言哉！是非一颠倒，真理哪里去了?“无所谓”矣。→清醒的玩世主义。

三十一日

鲁迅先生。

清醒的头脑，醒梢[14]的面貌，勇士的气概，傻子的果断，道家的旷达，空城楼上的孔明，老僧的常态，军事家的谋料。

六　月

一日

儿童节。开始为友人作字。准备西安

之行。

作字数页,笔不称,环境更恶劣。非在一切条件具备之下不可下笔,浪费纸张何益?

一个人使对方感到“无所谓”、“没意思”、“有什么关系”、“一塌糊涂”、“恶心”、“可笑”、“可怜”、“幼稚”、“没水平”,就算完了。千万不要做这样的人,尤其是年纪一大,不可不戒。“老糊涂”即含有此意。

独特的风格,在大是大非的面前坚持真理,有几分拗强性,不为邪逆压倒,足救此病。

四日

到东柴,刚赶上出殡如兄。他一辈子结束了,出生母体入于土壤。

人生过程便是这样。从无到有,由有化无。有者有限,无者无穷,故有是相对的,无是绝对的。有又有“大有”、“小有”的区分,是一相对,有与无比又一相对,都非长久。无与无比,虽也有“大无”“小无”之差,而最后仍归于无,却无穷也。

有属于现实,既有个限,苦何为者?佛理非也,扬子是也[15]。何不图傲乎王长天地之间,而必于如辕下之驹[16]局促乃尔!

“智者”不惑不忧,当所无惧焉。

五日

接强儿信,母病好了,刻正参加夏收,忙。秋后要我去。(发信一、二、三、四)那就不必去了。计划:

一、收夏安排。写字。

二、经济。

新安排。教否?眼力差。

七日

递胡叠[17]。作任何事,学习一种本领功课,必须首先要具有一种降服力,拿得住;存惧怕心理,劲头差矣。“说不清”——就是要“弄清楚”,含忽不得!有关原则性、品质事,定须进,吾往矣。

“气馁”常产生于“亏理”。理直自气壮,此之谓也。以傅山先生之仙笔,用吾奔放之情感,书毛主席雄大之诗篇,得之矣!

曾记得在教院时,老赵告我一篇菊池宽的短篇小说,故事情节已不复记忆,主旨是说一个什么人,为了什么事曾入深岩,以毕生力气斫透一座山石,气派十分雄厚,可法也。

书法中之运笔,似应分急笔、缓笔二种,急时如雷电之骤然响臻,不及掩耳;缓时若处女之从容姗姗而来者,娟然袭人也。又有直曲二笔,直如蛛丝,如瀑布直倒,气力无穷。曲如盘蟒蛇走动,回环、游移、蠕动,活泼多姿,蓄力无尽。

70张好宣纸不为少矣,当倾全力以赴,期为名品!断不能浮觥[18],难对友好。并望一震东瀛。

八日

书法、艺术、书稿、傅稿,四者须大力为之。(备课十周的)余勿计也。大家风度。有成绩,即力量,即远程。

对于一切加来的并不明智的邪道,正不必徒费口舌,予以辩解,只能铮铮硬骨,干自己的便是斗争。影子最怕光明。黑暗中也没其地位。

针对性产生斗争性，斗争即快乐、幸福，因为它使你在运动，在前进。一静就要停滞的。这不好。诉苦的可怜虫，沉于奴隶境地。咳声叹气的人常如此。

一有派性，便失真理是非。盖各为己也。

九日

饲猪，烧水。一着笔总得缠绵不断，一气底成，乃见佳味。

既小儿戏，即以嬉戏应之，何必郑重其事。

十日

理房舍一通，心上轻快了一大半。开始大干，秩序而紧张。整理思维，集中精力，大家态度。

十一日

眼痛，脑力也不够用矣，不宜教书。决定专事书画。

工作、学习、练拳术，其一无针对性，便差劲矣。且针对性愈强火力愈大。

十二日

攒创作真品！字、画、文。

以天纵之能，拔山之概，何事不成。作事一迁就便糟。

思想大解放，行动月色朗。

大才难为用，一用动四方。

无怪白鸟讥，叫薅尔登场[19]。

正好养我神，万寿永无疆。

十三日

割麦。王氏为我作丁字尺一杆，耐而实用。

鲁迅先生。

听言观行。唱高调，做得反，可耻！

不必教人，先教你自己！

“实践”，毛主席的这二个字就是一根好尺子。人们忘记了。

赶紧开工。

十四日

眼病愈。模糊如旧，真气人。

十五日

老婆子的慈悲心肠其中是不含有是非的，要不得。她的一片情是纯乎“阿弥托佛”式的。一味行善，实则自私，为了天堂。金刚怒目他见不得。

鲁迅先生。

写几笔：

潇洒字，给人一轻松愉快之感；

豪爽字，给人一英雄气概之感；

拗强字，给人一愤世嫉俗之感；

虬龙字，给人一率脱不羁之感；

乖巧字，给人一味之不尽之感。

阮陶天地[20]。识透物理，看破世事，何有何亡。观大地小于瓜，如小凳，便觉切落得可笑耳。能做几件使人不觉可笑事，便是特等人物。可惜此等人太少了。逃不出私字的纠缠者有几？公而无私，一片正气，无往不乐，此之谓真人、达人，大人，谁能敌得？为公大人莫能器，鬼神莫能阻，有此精神高德，乃能论书法之妙。字即人的精神、面貌、风味、灵魂、趋向，无所不包，物莫能范围，莫能驱使，莫能比拟，所谓艺术真天地也。人无精神世界，世界外之世界，常受外牵，可怜哉。

十六日

字如人。各人有各人的脾气，字也各有各的脾气。山谷、傅山、有为、铁山、昌硕，字味各不同。要写出这个味儿来。

“没样子”，“没歌儿”[21]，气长、胆壮、力大。

人事第一，钱、酒、肉，舌头长、骨头软。适用主义。利，私。真理、是非=0。（按，意谓等于零。）

正人、好人站不住。

不必讲道理。道理还得建筑在物质身上。对人没利的好人仍然是个空架子。

真理应该是客观的存在，正如辩证法是存在于大自然界里和人类社会中、不以人的意志为转移者然。一经“主观”干涉，受到摆布，便失去真理的本来面目。“公说公有理，婆说婆有理”=强奸出现的理。真理应是个纯洁的仙女。

十七日

现象：见微、现象、现在（情况）、（形因）。分析：研究解剖环境、条件、性能、优劣（按，意谓“一分为二”——编者）、反映。推断：卜算、预料、将来（远见）。

十八日

接茗信一件。连日忙于建校工作，算是投一砖瓦之劳，于心安矣。自留地收去，免得麻烦，还好。

试画新法作梅，谅无不成功处。

明日当发信二件。

天下事毫无难处，只要认真勤奋，善用脑子，必有成绩可观。月球上尚可去，画算个甚？出东国[22]算个甚？全国展算个甚？把握机势，可也。

鲁迅先生、周总理，启我实多，应努力上进。路是人踩出来的。肯奋然而前行，何碍不可除？

闯劲尚差，怕碰，不行。虚名何益？

教院我县共四人，三人全非[23]，只留我一人矣。是天尚有眼目，如之何不勉！就普通人中，论年纪、德行、道艺、才学识数者，有甚可卑处，正须目空一切，放踵走去。君不见无品无识糊涂私肥之人自视昂然。吁，何客气之为乎？学鲁迅先生固当如此耶？

十九日

立木，雨。字、画欲苍劲古老法，当试之，定可成功。

“尺有所短，寸有所长”。事实给我作了讲解，通了。太史公：“善仕不如遇合”[24]，良然。才能者未必吃得开，或见妒害，韩非即其例也。

二十日

考虑考虑，无须再费脑力，入秦，离开山西。保健，认真做点成绩。飞入瀛洲，看老夫手段如何，磨砺一须。半生吃了孔老二的大亏，事事不好意思，我只救了别人，害了自己。应引以为诫。法家精神，严加自律。

读红书，练武术，精求书画高艺，写几篇尼采式的短文，高居。文学、哲学、艺术真天地。决意卖房出走。免生气。

防肠断,放眼量。展二年。

老院子已无法再住下去!

事实逼人,无法再作好人!——唯坏人贵,独清何为?

下午大雨滂沱,秋可安好了。

笔画须如蚯蚓之行动乃见活泼,又如大蟒之翻动乃见蓄力,如瀑布之倾倒乃见笔力。

又动了点气,不必。

用极经济之省笔,自然之飞白,无笔而笔势已到,全体显出赤子之心。而运笔不侧,斜正、支离、凝炼、精严,葆光深到。天地之心,万类之灵,引动观者游心于无何有之乡[25],味不尽处。得适、提笔、重轻、回环、游移、动荡、安闲自在,意在其中,乃为入神。

二十二日

晴。到浪泉,发信三封。西安,李二。

魏碑走笔须柔韧,加上颤笔,从容为之,不疾不徐,乃见佳态。

临书应有一种"江流大自在"(十三放船)之爽神,方不沾滞。字字得有一种"飞动意"乃见佳作。

落笔动乾坤。

不激不厉,不愤不发。

收拾精神,志广天涯。

问心无愧,鬼神何怕。

大哉马列,功高天下。

赋我魂灵,健若野马。

一扫世态,俗物惊诧。

读鲁迅书简愈觉得自己的脾气正和他一样,对不合理事总是禁不住要发发议论,明知会得罪人,然而无可如何。平生吃亏处就在这上头。今后仍在所难免。谨慎过分,不担斤两,为讨好,一味省,不办事,应办的事也不办,更不敢建议,一味唯唯诺诺,自足聪明,如何能行。没是非心,以推脱得手为能事,我是不喜悦这类人的。

鲁迅先生。

二十五日

"五·七"大学老杜来信,云:学校领导要我写五面校牌,即将接到该校去写,已覆。

鲁迅先生是怎样个人,就做怎样个人。不能含忽!认得真,化得开。

开始写字,仍快,不太放得开。

像鲁迅先生那样的人物,对于一切还有什么介意之处?可笑事颇多,也就不足奇矣。

作文作字,务去小家子气,大学大家手笔,为要!

二十六日

原则性,方法论——要简单化。

应简单化,弄得复杂化就坏了;反之,也不好。运用之妙存乎一心。

一、拳经。

二、小册子。

三、书法普通应酬:1.田师体(龙颜、猛龙、何绍基)。2.王体。3.山体。4.康体。5.石门体。6.隶体。7.金刻篆。8.瘗鹤体。9.章体。10.黄体。11.于体。12.赵体(墓志)。

13.吴体。14.行书。15.草书。16.茵依。17.魏志。[26]

书字九条。笔太坏,有满意的。

不要给人滥送字。

南海字笔力雄厚,蓄力无穷,体态硕大,极开阔,引申深远,虽小字而具有大字体势,凝练处气力十足,一片精诚,如婴儿之精灵。有强力,开扩处与天地同广大,大人气象也。(受龙颜法)行草活跃,如行云流水,自然极矣。字距不能太挤,笔不离纸面,一气呵成。似须用气功者。故无一败笔,无一野笔,无弱笔,不松散,凝练中有开阔,开朗中有凝聚,正在系人心处。挥洒自如,无一点滞碍,天马行空。放笔直干,纯系神游,无意皆意,无法皆法。如介者拸画。

眼力差,作字费神,今后不作应酬为要。

二十七日

人生不过一场儿戏,装装角色,摆摆场面,下台就杀搁[27]了,顶个什么。算来不过七十几年,且愈来愈难过,生理缘故,无可奈何! 争什么呢?没。图什么呢?没。何必忙忙苦苦,为谁?谁为?大可行我素,寻趣找乐可耳。有甚真理?名誉?吃吃喝喝,谈谈笑笑。"字"、"书"实在有个甚么了不起。本事是什么?没关系的。尺有所短也。"七贤"自有其天地。陶、白[28]也好的。孔老二害人不浅。

行三外,大解放:行动、思想、天地、人间、乐园、战场。路靠自己踩,有个什么法规、模样?尺短寸长!

人笑笑自己,何关痛痒! 你笑笑别人,有何碍妨。我行我素,就是这般主张。莫等闲,头已白,管他娘。一觉大天亮,浑身力量,幸福日子长。

1. 潜力(蓄劲),雄厚(凝聚)。

2. 活跃,如生(如蝶穿花,蛇穿道),行云流水。

3. 气势,宏大(吞云梦)。

4. 神鬼莫测(神行),意在无笔中。简省之笔。

5. 婴儿心灵,大人气象。

6. 一片正派。

7. 展堂,爽快。

8. 别具境界(高、大),别开生面。

9. 天地艺术,人间精神(灵魂),社会风貌。

问心无愧,自信爱国。横被口语,非我实多!努力加餐,其奈我何!思想解放,行动开阔。目空一切,能奈我何!

鲁迅先生。

丈夫贵壮健,

宁受外物牵?

二十八日

作踏事。房。"无言也而巧笑。"[29]"关键"。

二十九日

晴。人最怕"不聪明"。看事不明,料事不清,不识环境,不明情况,知自己不透,认人不深,但凭主观,一意孤行,侥幸妄想,徒招失笑耳。

无情，如物，不顾人，只知抓。抑人自爬，嫉贤，适用主义。一切以私(个人)为中心(主义)，以“狠”为武器(无毒不施)，打击别人，抬高自己。过河拆桥，翻脸不认人。以发家扬己为目的，一举一动、一言一语，无不有其作用也。

莫讲客气，甭讲道理。只认利益。

一、书贵瘦硬方通神[30]。(杜)

二、贵以柔缓运动(太极拳)。魏笔。

“善仕不如遇合。”即“人对脾气……”之意。

在不对脾气者之面前称道自己，最为愚蠢。战术、拳术运用视对方之行动定规。出言亦。打铁要看火力——用机。究透客体以施主体。

“刚柔相济，缓急以人。”(太极)

对自身(知己)——下“进功”、“锤炼”功夫(主观能动性)。武器。主体。才德执根。

对身外(知彼)——用“辨识”、“调查”功夫。客体、对象(自然、社会)。

针对性。政策由对象而来。“从群众中来。”学识，机。

结合运用在时，征得胜利。

三十日

鲁迅先生。

“永战不休。”

大人、高人以只眼慧眼冷观浊流，岂能为浊流冲去。

定见，远识，刚毅如铁树，狂风吹不倒，永世独立。

哲人、诗人(达人)卑视庸俗。

开始：1.莫作书法应酬。2.禁烟。3.严肃一些。4.认真。5.抱负。6.养生主。7.济生活。8.恒业。9.艺术生活。10.交友。

“教训受够了！”犹有散人之心，可笑！弗记心。

三大事：身体、生活、娱乐。(看书、字画、交友。)

少用眼脑——糊涂至上。快活哲学。

七　月

一日

老来无所事，无欲心自安

默察沧桑变，冷眼观世界。

为人储得药[31]，不愧天地间。

数篇吟可老，一艺足疗贫。

世情恶衰颜，万事犹转轴。

有酒且尽醉，管他夏与秋。

治腿癣。

翻阅《野草》，又唤起当年研究心情，一付以“学者”、“文人”自居，视局外物不必放入眼中，嗤而笑之可也。高起来，大起来，神起来，到一地如入无人之境。李白见皇帝如见常人，得之矣。外庐式亦佳。

毛主席：“做个顶天立地的人……”

二日

早，和解老师谈话，事情就这样办。

1.生活、健康——饮食、起居、拳、劳动。

2.工作——课计划、文法、逻辑、书

法、拳术、讲课、批文、成绩、影响。

3.专艺——书法(诗屏)100条,满意的。

改书("野草",傅山书)。

百日计划。

1.字外曲致,情所不迫,笔用知止。2.笔区云谲,笔法波诡之状。3.意气骏爽,文风清致。4.颖脱之笔,胸臆伏矜激之性,笔成若海洋中之回骤,乃万里之逸步也。5.机发矢直,涧曲湍回以成天然之趣。

"从容率情,优柔适风"——魏碑。

吾笔力所至,足使张、王[32]震踉,东国丧胆,余曷足道哉!

余绝不相信迷信,然预感却使我十分吃惊,验己之作,无可奈何!莫非还有前定的说法邪?若然,唯有顺乎自然而已。既如此,又不可不抱乐观主义的了。前途既有主宰,生活要不可不改善。人定胜天,此力要不可废!能力总是要从锻炼中来。

三日

心理学研究(?)

一些人既玩世不恭、目内无物、放落不羁、不通情达理,亦以同道对立,无可如何。不重视,装马虎,开玩,儿戏,可叹!

三日

看《九辩》完,矜持。

登高山一望寥廓兮,慕高标而自矜。

说话不注意分寸,不看对象,不想自身,不察环境。

六日

教员到县开大会去。——男女关系案。一些青年教员太糟糕!可伤。人!

《楚辞》,文心,哲学笔记,碑林,杜诗,小说史,辩证法。《史记》,《鲁迅全集》。

马恩列、鲁迅先生、周总理。所志之有像,足够顶住一切庸俗世情、私。为学,作人,做事。

八日

下星期一开始工作。烟×(按,意谓戒烟)。

为祖国荣誉而书!远征。创新型。

下午补包谷苗80%。

最可怜的莫过于无学。

九日

午加班瓦房。

读列宁《谈谈辩证法》,包括了千千万万的历史史实。

十日

排除外界一切干扰,谢绝一切无聊应酬,不谈一切浪费光阴的废语,癫、默、傻子似地制作。

一切新事物,光明前路都是创造出来的!

暂借姑山[33]栖歌凤,
聊将蛾泉[34]活蛟龙。
作字画并进。
两月为虎,三月成龙。
一扫妖氛,威乎彪炳。
三月不鸣,一鸣天红。
凛然英姿,震彼东京。
老马伏枥,岂辞负重。
振我彩笔,聊写狂情。

有至性之人，一本政策指导原则之下，放脚做去，便妥，何庸顾虑一切小节。

十一日

瘫痪，松弛，是非颠倒，真可哀也！只好自振。

装糊涂兮务巧，亦慷慨兮徒表。

似大方兮小小，矜谋智兮实拙。

“工厂”开矣，进展顺利，定可如意。日须三二幅，不必多。书前心胸足，准备全，书时一笔送到彻底，气脉专注。

写社会上没有的字！代表时代精神、社会面貌、国家气魄、人民灵魂。屹立于地球之上，雄视乎各邦。又如紫鹰展翅太空，万里谁能驯者，是为得之。

十二日

审情势以定志，自具作风。物莫能够。乐观，狂邪？固不屈。治一。

1.通哲学。

2.精屈赋、马迁、杜子、鲁文。

3.精书画。

大哲人、大诗人、大艺术家之高风，革命大师之气魄。识世界，小天下，乃能御天下，造世界。搿得住，摆得开，行得通。役物人而不为物人所役。

洋公鸡也有值得学习的地方。

十四日

修养不够，时有动气情况。宜大力戒掉。先师师振堂夫子夙日勉我以书法，重我乎品格，甚至关注到我的婚事，予以苦思设法，惠我深矣！惜其早早下世，无以为报。谨宜慎重作书百幅，一效国家，一念师泽，弗敢忽。

“定于一”，一定矣。

秋收后竟功，改辙，专事养怡之功以延年，足矣。

亦恭亦傲，行素远俗，高而大之。廿年有限日月，何得周容卑退，下得可怜，奴得取厌，廉价贱售，趋炎如适之一流[35]，可耻也。

鲁迅先生哪肯如此！

先生不可须臾离者也，慎之、敬之、笃行之。

毛主席说他好观察、分析，是吃紧处。不认清环境、人物、事态，如何决策，怎样行动?又如何有远见?

十五日

“认真”也不好！（?）马马虎虎，也还佳（?）

整萝卜地，两晌。午未眠。买鸡子十三个，壹元。

十六日

晴。语文，学生夜观电影，三时归，困睡，未上成。令休息半小时，暑热甚，疲困，工作难。

十七日

薰莸不同器[36]，千载一知音。

垂文何炳曜，名垂万古春。

笑彼奸邪辈，谈之污舌根。

取之乎谗人，投之于有冥[37]。

十九日

昨雨。前日倒水，腰部扭了，痛不可支。昨小窝来捏了阵子，颇有效，复原尚得数日。动作小心,不是年轻时候了。

二十一日

敢于否定一切,即是大有信心的肯定了他自己。大约只承认他是英雄,别的是乌合了。

二十二日

发了些脾气,有过分的话,不必!宜戒。一人认真,何益?徒取笑耳!

进步确乎不小。

精神扩大到火星上去,看到小小寰球,的确太渺小了,因而独大起来,此之谓真解放,何物能入?何物能阻?何物能御?此之谓外物。得失荣辱之争也求也,鏖糟透矣。

自力更生,莫求人知,少麻烦,少添累。

自辟乐园,新建天地。天放[38]。

二十三日

晨,小会,布置工作,索教材,劳动……。起了点小风波,吵骂起来,腾房问题。说话诚不易,流露出人的性格,足以导致偾事[39],颇获教益。

一、识人。(隘狭,开阔,书生,时候,喜好,心中所想的,病,友,平不入。)

二、语言。轻重,用词分量,恰到好处(难),可说不可说,比喻,得体否。

三、态度。好、坏。

四、场合。大会,小会,室内……

五、听众。领导,群众……

六、对方。关系,力量,人,己。

七、目的、作用。

八、效果、影响。人己,事。

抄诗一首,作教材用。——用不得。

二十五日

眨眼即入八月,时光过得可真不慢!字还没着手,事情不少,须认真计划一番。算是举行了一次什么大会,订了个协定或决策吧。

一、情况分析:荆天棘地,家庭,周围一切。常人放不开,不大办事。年纪不许可大出力了。走路注意“刺”!

二、怎样过日子:日读马克思主义书、毛主席书,最解决问题,精神阔大,不庸俗了。严事鲁迅、周总理,作人种种模楷。足够顶得一切。赶快作出成绩!

二十六日

鲁迅脾气难变,无可奈何,“得罪就得罪吧”。有甚关系。

私淑大诗人、大哲人学者行径,不能离,至情也。雍容而开朗,自有天地,别具气宇。高节,时有之,非己高,人低也。主见。“人云亦云”为马氏最不能容忍。

鲁迅先生。

二十九日

夜雨。

三十日

薛村开会,看门,书屏幅。闲静可喜。月又终了。须检查一通。不得落后。

山石攻玉真好事,
窃笑世情价愈高。
练得一身硬武艺,
实心为人称英豪。

书不为人役，从今始。

三十一日

自八一起，写三个月计划，禁烟，切实做去，不得含混。

二个月计划：

一、大力作字百幅。昨已着手，仍不够慎重，须到可传的程度方足。

二、改稿。

三、养胖。

四、禁烟。

五、册子写完。

午后书写三幅，尚好，上轨道了。明日开始日写一张纸，为要。

写时定须贯注，以气为主，神浸其中。

八　月

一日

作字三幅，尚好，未坏。唯笔不称，不能得心应手耳。力足气贯，可取处，仅此一端。

下午又作字三条，有些勉强。以后，宜切戒之。几十元的东西，随便糟塌，难对朋友。写成一家字，杂乱不得。

定须敬谨从事，一苟且便糟，一勉强便坏。田师，刘兄作字品德极可法也。傅征君[40]自是大师。

二日

无情，苦。忍字的力量真大极了！无怪外人笑。"保重"第一。

书三条，末条仿南海尚满意，总是精神要足，兴趣要够，千万不能勉强。日三幅，不宜多。1.郑、齐[41]、于；2.黄；3.傅；4.田。

一字一个石头圪塔(凝聚)，或一字一个拳势子(开朗)，不抬笔一气缠成之。一幅字=一幅画。

忍柔可奏效，但毕竟不是正道。浩气断不可少。六二年来碰钉子不少了。一碰于中学，二见不礼于刘氏，三见笑于社队，四受给于田氏，五遇于女愚，六又见辱之乎七校，不可思也。必力拔以盖之。定于一。

六日

连日大雨，房漏休息不好。为教室前壁书字，完。唐山一带地震，令人伤心。薛村会议未去。午眠尚好，不打困了，尚未复原。当再休息。接西安家中汇款拾元。

不必指望学校，一切无法。难扶之。秋后走。多少事乱七八糟，努力无补。

只有干自家的，以学生为重，以健康为重。可娱乐时也须乐之。事来要做，不在说，空想何益?要动势。

七日(十二日)

明天搬回去。今日立秋。取钱，写信。

八日

整家，下午搬回。王老兄为馈送寿桃一个，甚感。大约是鉴于我吃得太不像样。

九日

发信一件，西安。

十二日

学生程度不齐，须认真从头教起。字、句、文。

十三日

昨向学生发脾(气),因秩序不好,实在有些过分,欠妥,大可不必。后当戒之到处如此然,难怪学生的。

有了大进步,万事不搁在心上、放进脑子了。在垃圾堆里,有甚……

十五日

院子赶快处理了,走出为要。冻着了,很难受。

昨到河北,络回来,今日到临汾返西安,家中情尽知,良好。为路兄带去岳飞书《出师表》一本。

秋假后离校,作字,准备入秦。

此间难有希望,迟不如早。健康第一。

村村防震。

二十三日

雨,通夜整天。

二十四日

续雨,夜更大。

二十七日

放晴,多日以来够闷了。

现在才知道看报,也会看报了,笑话。

几天没动笔,心田便荒芜起来。忘却了鲁迅先生,庸俗,庸俗多了。赶快自振自拔。

二十八日

又是雨,晴不开。

布[42]的高度的乐观主义,大哲人的对于人的胸怀,大诗人的不平凡的高风,大英雄的断然的措施(昂首山头的气宇),马列坚毅不摇的远识明察。

二十九日

未雨,亦非晴。闲习字,觉龙颜碑味深长,宜为主笔。写山谷一类,似渐近,境界不高矣。

魏总是大家,即写傅山亦见以魏为底子也。王字神秀,更能参以魏晋,岂不更佳?

三十一日

晴。

以我之巨掌,振如椽之大笔,用尽千钧拄地之力,写天地之壮观,人类之魂灵。之人也,之字也,奇雄独造,仙姿寡俦,不亦壮乎。视彼区区之如蓬间雀,比之出尘鹰隼,浩汉日月,大地五岳,南海化人,曷足道哉!

吾书写我意,志大字随之。知在一乡区,字态何其鄙。智广一天地,气势充寒宇,内容定形式,伪装终遭哂。

笔画须似蚯蚓之伸舒游动乃活;若像木工打定之线,便僵死矣。

九　月

一日

晴。高秋气爽,正开始练功时。离放假不过三周矣。一切得详作计划执行,勿忽!

一、大体上,决定不教书,外出;既一时尚不外出,居家,亦以书屏为主,此为首要事。眼力差,不能勉强。

二、练功养怡,深入艺作,振动一代。

三、治家,观世,朋友。

四、娱乐——读书、字画。

四日(十一)

假期即走,不可犹豫! 到决断的时候了!

顺境害煞人,人不觉也。逆境给人以力量,人也不觉也。

磨麦88斤,面77斤。

没涵养,好揭发,抑压不住,坏性子改不了。明知得罪人不得,无可奈何!

赶快寻钱路,太能忍耐了! “以自苦为急”,何必!! 营养上不能让步。“养怡之福”怡字做得过人,养字太不足。

自力更生。——大力完成百幅快意之作。必为中日前古未有者。有甚难哉!肯登攀即有成。

天资刻薄, 我有此病。人皆以我为“仁”,其实不然。因为我于坏事,不顺情理事, 总是不放它过去的。岂非刻薄邪?呵呵! “练功”已开始,大好事。不得放松!

曹公不得了的英雄。鲁迅赞之,颇合吾性。

志大才大有胆有识,放诸四海,莫能羁绊。天纵之英杰也。

六日(十三)

中秋到了。我向来对这些所谓佳节、寿辰之类的繁琐事从未留心过, 怎么都好。总不如一般人斤斤计较的。这些地方,我简直是一个“墨者”[43]。

年纪一年一年地大起来, 随不上众了,还是:

一、独善其身,学学明哲。

二、养怡之福,可得延年。

三、“志在千里”、“壮心未已”不现实,何必费神。

四、现实主义、新适用主义较有桥梁作用,济事也。

五、为人为得伤心,转而为己,势也。念自己的经,灌自己的园,吃自家的饭。出作入,外力于我何有。

六、朋友不可少。曹公[44]大可师,李白。

广师:马克思、恩格斯、列宁、鲁迅、周总理。

他们身上唯一特点:大,深。原则性、针对性、斗争性最强。

八日(十五)

大好晴天。家庭不好对付,社会上也同样。每见一些人心怀叵测,不知是何存心,对于此类人,总得戒心。反听之谓聪,一随声便糟。警惕之,敬远之。

九日

晚(十二时)零时十分毛主席不幸与世永诀,这是全国的不幸,全人类、尤其是第三世界国家人民的不幸! 中国在世界上的崇高地位,是从古以来所未有过的。全世界被压迫的民族, 今天所以能大团结,有的像非洲有些国家独立了,所有这些大事都是和毛主席有直接关系的。够伟大了……

十二日

天气大好。一人在校,翻翻报纸,无力量干什么事。寻找以前给毛主席写的诗,不全了。佩上黑纱布,觉得人生有什么意思呢?空虚。这自然是不健康的想法,不是个社会主义现实主义者。何吹久仰鲁迅?不好的。还是多用点理智,严肃点才好。小资阶级的感情太脆弱。

十三日

为大队书毛主席灵堂大字,并花圈款。下午三时全体师生到公社祭奠。哀乐声中泪千条,他老人家与世长辞了!

十六日

雨。夜没能睡好觉,气愤。足见我的心胸狭小。

十七日

即放秋假,决定入秦。

矛盾到处有,力量之源,可喜! 眼向高处看,细事何足数。

十八日

雨。毛主席安葬。因雨在校收听中央追悼大会情况。开始。

主持人王洪文,致悼词华国锋。东方红,静默三分钟。国歌。国际歌。

十九日

眼力甚差,须赶快检查。不敢再多看书! 年纪有了。有些事不可小题大做。做不到一块,硬要等闲视之,也足见自己的水平。要搁得开。看戏的人自然要多得多,何足为怪。吃饱饭,他就要跑的。

凡事一勉强便糟! 人贵自知,学好鲁迅。尊重真理,尊重人格。

二十一日

家里。为西安作字。决意到西安看眼病。粮票有了。候西安回信。如不去,就干活。眼不吃力,不能看书,自然不宜教书了。年纪所关,非不愿为人民服务的。

发西安信二件(李一)。

明日开始作饭。

单单纯纯,恬然地干自家的业务。莫操多余心,莫管外人事,想得宽宽的。

二十二日

始做饭,整理宣纸。托跟龙母带蒸馍一箅子。如此年纪,尚被友人稍重。写作一贯以反动派(蒋阎)为对象,久师鲁迅,并得其夫人许广平,及郭老沫若函,赠书。

自信社会主义品格不坏,不辞劳苦为人民服务,一贯受到表扬。

书写为人喜爱,日本人买过我的作品,不给祖国丢人。

如此种种,尚受个别人的侮辱,令人愤愤,可痛。

这也好,此后可以省多少力了,干自家事。

开始作字。不许错一字,坏一纸! 不轻易下笔。满意,有风格!

不招徕人,莫关心人,勿(自动)帮助人,心不贱,免人家为难!

心里十分快乐! 政策定了。至少可以多活几年。眼也会好的。何乐不为。

聪明了。

读鲁迅书简,无异指我行径,给我力量。聪明,聪明,聪明。“惯性”总是大病,使人不前进,易守旧摊摊,好走熟路子。

二十三日

想想就通了。一直糊涂着。的确如此。

虽然事物可以转化，但阻力有时不小。无气可生，不为奇。

1.候信出走——否则，劳动、写、画，莫工作。力不足了。

2.肠胃似有疾，腿不合适。

理想和实际总是有些矛盾的。作字不能如此干，暂止。浪费纸张可惜。环境不佳，心情不稳，千万动不得笔。

二十四日

鲁迅先生。

上下午种麦，两顿饭应付而已，凉馍三个，未进水，下午顶不来。日干二晌足矣。

座右铭：

牢骚太盛防肠断，风物长宜放眼量。(毛主席)

横眉冷对千夫指，俯首甘为孺子牛。(鲁迅)

严肃！严肃！随便不得！如此年纪，有甚玩(笑？)可开。鲁迅："有真意，去粉饰，少做作，勿卖弄。"如此，才能使看客无戏可看。一片赤诚，没假样子。

"真理在胸笔在手，无私无畏即自由。"

二十五日

劳动三晌，甚紧迫。

二十六日

早种麦，上午蒸馍，安炉子，琐事多，未干活。眼病，待医治。

二十七日

耙麦子，三晌。队里管饭，两晌说不下去。

二十八日

三晌。在去之前，立志为农；既去之后，立志作一学术艺术工作者，为国增光。上山摘蓖麻。

二十九日

早上未出工，不知工种；没家具，刨子。夜大会开得好。

原则性的事定得坚持，不能"大而化之"。好说话，不在乎，马虎不好，——也可说好，懦弱，没胎气。

三十日

三晌，抱田畦，锄不得手，颇累。收工迟，没吃晚饭，未饮一口水，睡觉了。前晚大会朱副主任讲得不错。

十　月

一日

上集钉鞋。

二日

二晌。

三日

二晌。数日未饮水，火了，口腔病。

一切本来如此，能说甚么？但真理总得争！好人吃亏，还能怎样？如此年纪，岂容侮蔑？

道理定得讲清楚。读鲁迅书所学何事？

最崇敬的：马、恩、列、斯、毛、二周。

断烟！决心如何，全看此着。有无出

息，殆定乎此。壮起来，雄起来。

四日

二晌。下午小雨，休息。整理书物。

六日

烟断得好，可喜。

鲁迅先生。

是非真理要看清。

九日

品兄信一件。雨。二晌。世态炎凉，领略透了，正好，有钉子才有斗力。认人清，不迁就，一存孔老二心，便受症。

好好学习马列主义毛泽东思想，对处世接物解决问题大有好处。千奇百怪，一看便透。

十一日

昨二晌。作事斩钉截铁。早定主意，一往无前。

十二日

晴。忙时即要过去，定下心来开始研究工作。

十四日

大大整理了半天家务：晒衣、书籍，包谷穗、谷子等。

十五日

到李村，陈兰从四川归来，正好换给35斤粮票，又7斤。真顺利。小外甥女为我作新鞋一双，好极了。

十六日

接铭信。喜知毛儿婚事已成，甚慰。

十八日

收钱五元，孙杰十元，又喜维贰元八角。磨面50斤，再收拾粮粒，整家。明日打柴。

二十日

一晌。剥粒完。拟打柴，上山。

二十二日

发毛儿信、李信各一件。到浪泉开会。肚子不舒服，早回。梦建大楼。

二十三日

整理书物、环境。强儿寄来10元。生活进入新阶段，可以安心用用功了。慢儿来，不随便，有纪律，谨慎（毛主席嘱华国锋语），饮食起居，读写言谈，有规律。导师修养。

二十八日

杨同学来，快人快语，好极。受教不少。年纪大了，闭门思过，读书自修。少问外事，少帮人忙，少出主意，少问闲事。

鲁迅先生。

洒脱，随便，行我素。毛主席“人贵有自知之明”。“今后应该开始用功”（鲁迅语）。摆开一切琐事，什么应酬来往，庸俗礼节，全都撂掉不顾。书写不停，但切莫送人（好朋友例外）。

是非真理，难得尺子。虽说明明有尺子，谁用？但总会用起来的，还得文化水平提高才行。慢慢儿来，文化思想非一朝一夕的事。他硬要信神鬼迷信，有甚办法？等科学来教育之。

上下高低本是比较出来的，你上来高了，他就下了低了。势利眼就是专论这个。坚强的意志，不怕苦不怕累，这即是锻炼，健康的保证。人和人有甚差别,有甚高下之分。有为者便有一切。懦夫最耻! 德为邻。

"坚强志愿疗百恶",况无恶者乎。

鲁迅先生多么的严峻!倔强而有力!在真理的面前,真是少有的良师! 我身上仍有不少的孔老二的俗气:情面,要不得! 无一定主见,喜怒为俗物摆布,可笑可耻。

二十九日

到李村,看亲戚。金华从成都回来。转到南辛店邮局取钱 10 元。到大队,颜料还没买来,不能书写。跑了 30 多里路,累了,睡了几分钟。醒后已是天黑,吃凉馍一块,入睡。带回洋火两盒。做饭点灯方便了。火是人类幸福的开始。

十一月

一日

大队写壁标语二条,尚满意。夜,年成来,贾书记托来要书条,带去一幅,答以后再写。新路开矣,引以为庆。

五日

天耀兄来,昨日回去,粗食招待,殊不安。带寄铭一信。在一队拾花秆一捆,是别人说的,说是犁过了。回来一想不对,应改正。

六日

晨,书墙标语。一位命暂停:"写的不大方,小。你写的?这字不行。""擦了。""再研究。"

连日为此眼已不可支, 正好休息一番。昨又加感冒。年龄近七秩的人,的确不行。

七日

为贾书记写中堂、对联。敢于奋斗,不容不通情达理的行为。剥包谷完,下午拾柴一筐。为万顺写申请书。今后还是过过文人生活。写自传、老年人的话、哲学、傅山论书法、鲁迅作品研究,不少了。间作字画以自慰晚年。别事不必计较,费时光,不值得。

鲁迅先生。自具风格。

八日

晨到邓□,两元忘了,自然难认账。

因眼力差,不能工作,感到厌烦。生理作用如何放得他?一切莫问,聋哑日子,混下去吧。迁就勉强,仍多孔老二气,要不得。谁了解你的苦?好坏一个样子。不过如此耳。

九日

雨。睡足了,修炉子,费了费脑筋,着旺了。野外跑步。

一、志念已定——写五书。便当正搞。大诗人、大哲人作风,管不得许多,庸俗流闲言百出,不与计较,一笑过去。

二、高风,坦坦荡荡,始终一个样子。不动声色,听他厉害,乃见水平。若与较量岂非也等于二凉[45]大人气象。

三、作成绩——为华主席献礼。1.毛主席的伟大与远见。2.为山西人增光(旧时人看不起山西人)。A.开展,义卖。B.征瀛洲，示我人民在毛主席哺育下之气魄。友人赞助，得大出把力。

四、“公”字气概，时怀鲁迅先生，膺服马列主义、毛泽东思想。周总理，作人做事的楷模，世界伟人，中国的光彩。

五、整理日记中之书法体会并诗作。

十日

上午为贾书记书中堂对子，另写一小幅(存)，满意之作，有气魄，生气一贯。小横幅较满意。缺点：一律大字，小的不多，少参差支离之妙。可在毛主席、傅山书法中大下功夫。有了风格，放得开了。定可成功。续写。再求恣肆奇古。仙笔。

十一日

年老脑力大差，难以应命，闭门念书思过，如此而已应奈何。

冯唐已老复何求，养怡自宽乐亦多。动辄得咎，到现在懂得了。责任心强，也不好。然而既然做工作，又怎能草草了事？也是个矛盾吧。屈原的赋会念了，司马迁的《史记》会读了。此即莫大收获。

平生志愿只望能出几本书，交几位文人，大学里教教书，总算达到点希望。与郭沫若老、鲁迅夫人许广平、文学家郑伯奇先生等有来往，郭、许或为我阅稿、赠书，郑在西安来往较直接，足够荣幸。当更努力振作，做点成绩。其余俗客外物，何足道哉。

人最怕没寄托、没希望、没理想、不用脑子、随波逐流。若泛焉不系之舟，乱流鲜终，大是坏处。

鲁迅先生，周总理，够学了。马恩列、毛主席何等伟大。

下午初雪。用饭不少，穿绒袜、背心，暖了。平日太马虎。不会照拂自己。

费思太过，何必为可笑事伤脑筋？

决意走西安。要善于寻趣味，保健康。

十二日

开始晨跑步。新鲜空气好极。

所谓大方气度、通达高风，只做到：

坦坦荡荡，光明磊落，无私无畏，海天自由，就是这副体躯，交给大自然、大世界，他叫如何就如何，大踏步前去，英雄气概，便足矣。要有狮虎姿态，令人神旺；最厌老母鸡一堆，顾前怕后，小家子气也。书法一理。外庐[46]讲话时虽有骄傲态，也还要得。梁[47]的坚定，总有其见地。

见过不少的名人，听过不少学者的讲演，一人一个样，像字帖有其可取处。

四事：

生活——经济源。饮食起居，营养，善于安顿自然。家庭事务，整治环境，家具存放。健康——运动、拳、跑、劳动。

思维——读写、研究。

创作——书法、画画、五部书。

解决实际问题：线索门路方法，手段方式。

真有德有识有才的人能打破得失荣辱，不为物累，不为俗累。

碾米12斤。送贾中堂对联。

十三日

晨大风，眼花甚。

大神人、大哲人、大才人、大文豪、大英雄。

要表达中国人民伟大气概，即表达伟大领袖毛主席的伟大气派。在书法中须写开阔字，山谷、傅山最宜，酣淋痛快非常。

下午上山打柴。

前日书小条二，颇满意。气派贯注，有精神。缺点：还欠实稳，有颤笔，干墨太多。后当谨慎，以铁柱支地，不许飘忽而过。走笔缓慢一些，笔到墨到，光致一点。豪放非随便也。不能飘浮卖弄，有失庄重端凝。亦可插入奇姿，使气态非凡。总是或正或奇，务要大方，富有国威逸气。毛主席“提高警惕、保卫祖国”八字，何等气势，最为典要。稳坐如山，横空出世，足资镇邪，叱咤风云，万里莫能驯焉。墨重如云烟，槎枒如林，字中见画也。交叉处殆似飞矢乱穿，刀笔耳。

十六日

劈柴。

细察字，抖擞太重，宜改之，尽力展堂。一笔一画毋不敬乃得。有把握，掌握得住，笔到处即形到处（像其物），形到处即意到处，意到处即情到处，情到处即神到处，神到处境界风韵越出字外。天人合一，一字有一字之天，一行有一行之天，不出意象乃佳。如此可放笔挥洒，行了。

冷甚，自制裹肚一件。不咳嗽了。健康比在校时大好，眼不刺痛，幸福。

要拿挂得住。即逃不出佛手。驱步之，左右之，吸收之。

欣赏书法，须是慧眼，慧眼须懂得书理——哲学。

十七日

早跑步。昨天锄玉麦。

物理世情已识透，
冯唐老矣复何求。
况吾服膺庄李旨，
寥廓一任作天游。
难能逃世独乐居，
无私无畏即自由。
自古高贤多蒙尘，
闲居养怡住春秋。

曾氏为我题《太原段帖》签[48]，笔笔落实，敬谨不苟，大小参差，可联者联，不可者不勉强，甚可观也。吾作字辄犯急性病，且喜联到底，哪有如此力气邪?戒之为要。

轻轻愉快，行云流水，干骨精干刚健，通脱自适，野鸟。放荡不羁，雄大排场，富丽堂皇，乖巧有神姿，劲瘦傲挺，松身，老梅，神采夺目，缠绵有致，龙蛇。犀利明快，超然有逸气，明媚悦目，风云满纸，墨重杈桠，高人远俗，鹤立九皋。静笔怡默，动笔神迅，润色，燥色，“酒性的人生”，精神郁勃，莫可抑止；重笔，轻笔，茂密森林，清风明月。

稳准狠，亦可用于书法。狠者力透纸背，入木三分也；准者得心应手，如意也；稳者不飘忽草率之谓。从心所欲，笔笔随心。

毛主席“保卫祖国”字，威风非常，不同凡态，足当国事、国威，震撼世界，如横空欲飞。1.国威(大方气概),严威,当是大人气。2.稳练,功夫,怀敬谨,不轻易下笔。3.精练,自然活泼,入神,境界,有形象、有生命、有魔力的艺术品。

十八日

出萝卜一晌。

字如人:

1.造型——骨骼,要宽广。

2.走笔——如形容动态落落大方,笔笔宜人,吸引人,气势逼人,雷鸣电掣,云薄晦冥,如处女、脱兔。生气。点子真。到家,沉着,活络,入凿。提笔揉笔。忌躁笔,要润笔。

3.用墨——宜匀称,色泽浓淡调配悦目,让墨汁渗透进纸质中去。

4.风韵——魔力,字外风格。潇洒自如有高风,无牵无碍,天地自由场,水中翔鱼也。

十九日

大风。原计划(到)东靳,路过南景村,顺便一见老杜。四十年未见,当年他逃出狱,我救了他,需要了解的。饭后即回。

考虑申请书,毋忽。

风驰电掣,云薄晦冥,文章惟《史记》、杜诗中有之。书法中惟傅山字中有之。此即思想表现也,气概服人也。

二十日

大晴。晒玉麦。

有真情乃有真相,字亦然。气概不是装得出的外观,一目便透,假不得也。

二十二日

发铭信一件。树儿到宁波,强儿到徐州出差。

二十五日

整家。

二十六日

上山摘蓖麻。

字既成为艺术品,故须写成一件有生命且正在动作的活物。亦歌亦舞,且笑且步,时如美女,时似英雄……总以能感人为佳也。

定须用此等作品 12 幅献给华主席也。庄严富有国威,神外境界,不可臆测。

二十七日

一个灵魂——马列主义毛泽东思想。

二颗巨星——鲁迅、周总理。

三个一切——一切皆矛盾,一切皆关系,一切皆过程。

四位神仙——正义之神,智慧之神,快乐之神,战斗之神。

二十九日

昨到斜坡。宋赠小叶三把。书籍寻不着了。拾柴一捆。明日写好师大信。

三十日

阴云欲雪。

十二月

一日

高贵的人生,幸福的生活,严肃的态度,勇猛的战斗,必然的胜利。

开会一晌。

自然世界，社会世情，人类思想。

空谷音声，人间音声——文章。

空城计中的诸葛，长坂坡里的赵云。

五日

雪。

读诗——故事、意象了然于心；心境情怀。作者生活、环境，深感，指意，心事，空谷之音。

读文——背景、社会矛盾，内心复杂。

几十年来的秀才身，何异老秀才，无用！

今后须多跑跑，来来往往，做做事。

十年时光算个什么，瞬间即过。既如此矣，尚有何顾虑、踌躇？迈开大步前去便是，对不对、差不差，无所谓也。只求安于心。管他娘的。不碰碰闯闯，哪有自在饭吃。坐在屋子里什么也换不来的。人不必叫人怕，至少不能叫人笑。

六日

雪。宁健条舒新日月。不能过纵欲生活，但也不能像苦行僧。

七日

“凌云健笔意纵横”，诗当如此，书法不当尔邪？

八日

发西安信5件，轻松了，也算还债。

静候佳音，决定外出。虽属家乡，实无可恋处。

心情恬然，无一件挂碍事留在心头。

昨摔了一跤，不轻，左面部略肿，无甚要紧。后当留心。

九日

阴，有雪意。一切没歌儿，任意来，讲不出道理，不顾影响，不好。不认真不行了。“让字”要不得。严明！不激不厉，不愤不发。

迎接矛盾，解决矛盾。科学生活，群众力量，个人能耐。

鲁迅先生。

泼得上，豁出来。正大光明，人的特色。一属鼠便糟透了!!它怕人，吃一口也吃不安然。为甚么不浪然?阴谋诡计者知之，可怜!

宇宙多么广大，社会多么堪味，系人心处正多。不要把自己估得太脆弱！无怀氏之民[49]，自由幸福啊。

十日

嘻嘻哈哈，跑跑跳跳，活力乃肇。宋儒糟糕处即在终日伏案，以至养得健康，办不得事也。我病实在于此。

周总理放踵全球，谈吐风生，劳苦功高，世界英豪。

鲁迅先生为革命一生硬骨，永战不休，真理在胸笔在手，一个敌人也不放走，誉满全球。毛主席世界革命导师，真菩萨，过去未有今后也不会再有，生命力万世千秋。

十一日

(一)“公”是无价宝，“私”字不得了。“人”，高等动物，正大光明，阳光大道。“鼠”，黑暗中的动物，害人虫，胆子自然小。"地球"公有的富库,"宇宙"春光无限好。万类主人啊,一双巨掌,一颗头脑,破私立公,为大家辛劳,社会主义道德品质高。

（二）岁月不过十年了，趁此精神尚健,献力公朝。有此公心何所惧,到处通途,气焰万丈高。纸老虎,笑面虎,全部踏倒。献书登朝,一代天骄。

鲁迅先生。

十二日

七十古稀今不稀，
不敢担当老夫子。
不废纸笔学为人，
事事才从开头起。
男儿贵有远大志，
高生已老不足惜，
献功天钧有何迟。

十三日

写仿影。

郑公[50]怀直道,直道得恶报。
屈子沈汨罗,马迁几不保。
汲黯终守穷,杜子更潦倒。
敢问世俗理,举杯向谁邀。
江南江北一杆旗，
马列信徒有出息。
公字当头谁比得，
无私无畏顶天立。

十六日

站在这颗地球上，身影能有万把丈。廓然大公,不畏豪强,真理在胸,铁笔在手,为大众谋利益,事事敢闯。

十七日

一九七七年即到，又高寿了一岁,整七十矣。应定出个新计划来。五年或三年吧。严肃起来,不能随便过去。

不侵人,不容人侵。

当说的要说,不当说的,免开尊口。应办的当办,让人不必。须争的必争,可享的就享。

十八日

当我翻着毛主席、周总理外国名人对他们的悼唁时,我感到比我看我心爱的碑帖还有感情,对我有大的益处。他们是做人的碑帖。

印象记一类书也一样,把你和伟大介绍到一块。

二十日

晨跑步做得出色,不间断,有增加,心志更强了。

发强儿信一件。

翻《列子》书,于技艺修养颇有益。作字可取处不少。

味不尽课:1.哲学——马书,恩。2.语言——(文学)意义。3.艺术——列书,神。4.养生——拳。

魏墓志不急不徐,走笔雍容,心气和平,有谦德。

字中须富有天籁、画意、风声、雨声、瀑布、急响,又似万马奔腾者。总之,宇宙奇观无不包罗,乃入杰作,神品,否则不足观也。

二十一日

缓步阔观怀抱远，理得心安哲人风。

字如人，要有棱角，有脾性、斗争性。一人有一人的特点，字失其特点，如一般人，庸俗，尚得为字乎？所谓“一字有一字之天，一行有一行之天”。天即自然的突出的风韵，以别于他字者也。不可忽。

二十二日

冬至，半晴。

胸怀真理，惟公是从。

心旷神怡，智若孔明。

缓步阔观，高士雍容。

无私无畏，自由之宫。

达者识透，自外死生。

勇士凛冽，风云响臻。

广宇万类，豁我心胸。

有发必中，有此必胜。

二十四日

昨到临汾，今行归来。航民待我甚好，专送我机场看亲友，今日又饮以午城酒……在吉处亦好。

三十一日

送旧迎新。细检查这一年，成绩：师大总算了解了自己的一半，一直表现很好，同意地方上安排工作。下一步，静候适当解决。

〔注〕：

①王章草大家，王谓现代章草书法名家王蘧常。

②自得居安资深，《孟子·离娄下》：“君子深造之以道，欲其自得之也。自得之，则居之安；居之安，则资之深；资之深，则取之左右逢其源，故君子欲其自得之也。”“自得”，自觉地进取；“居安”，牢固地掌握；“资深”，深厚地积蓄。卫俊秀下文说：“自蓄自养，处处无不熨帖，老天于何有！”是对《孟子》原意的发挥。

③庖丁，《庄子·养生主》中记述的宰牛的高手。庖丁说：“臣之所好者道也，进乎技矣。”

④《南华》，即“南华经”，《庄子》一书的别称。《新唐书·艺文志》：“天宝元年，诏号《庄子》为南华真经。”

⑤文心，南朝梁刘勰的文学理论著作《文心雕龙》。

⑥《史略》，唐杜信的历史著作。

⑦象教，本指佛教。《书言故事·释教类·象教》：“象教则如来既化，诸大弟子想慕不已，遂刻木为佛瞻敬之，以形象教之也。”卫俊秀这里不用此意。他的所谓“象教书”是指丰富多彩的自然万象，社会万象。

⑧金就砺则利，《荀子·劝学》中句。“金”指刀；砺，磨刀石。刀子在磨石上磨就会锋利。

⑨青指王中青，见前注。“纸田兄”，卫俊秀大学时期同学杨纸田，建国后在西安任中学校长。

⑩彼罗，英语 Proletarian（无产阶级）第一个音节的音译。“彼罗精神”，无产阶级的革命精神。

⑪书法通于射，傅山《霜红龛集》卷二十五："志正体直，书法通于射也。"意谓书法与射箭道理相通。

⑫自返而缩二句，《孟子·公孙丑上》："昔者曾子谓子襄曰：'子好勇乎？吾尝闻大勇于夫子矣：自反而不缩，虽褐宽博，吾不惴焉；自反而缩，虽千万人，吾往矣。'"《孟子》此二句的原意是：反躬自问，正义如不在我，对方纵是卑贱的人，我也不会去恐吓他；反躬自问，正义如在我，对方纵是千军万马，我也会勇往直前。卫俊秀这里是根据其记忆引用的。

⑬王长枝头，《庄子·山木》："王独不见夫腾猿乎？其得柟梓豫章也，揽蔓其枝而王长其间，虽羿、蓬蒙不能眄睨也。"王长，意气自得的样子。全句谓跳跃的猿猴爬在楠（柟）、梓、豫、章这些大树上意气自得，便是善射的羿和蓬蒙也奈何它不得。卫俊秀在这里是讽刺那些狂妄自大的人。

⑭醒梢，襄汾方言词，意思是清楚，清醒。

⑮佛理非也，杨子是也，佛理指佛教的教义。佛教提倡苦行，《智度论》："若佛不六年苦行，则人不信。""杨子"，西汉扬雄。《汉书·扬雄传》谓其"为人简易佚荡"，"不汲汲于富贵，不戚戚于贫贱，不修廉隅以邀名当世。家产不过十金，乏无儋石之储，晏如也"。卫俊秀这二句的意思是佛教苦行主义的作法不足取，倒可以学习扬雄安贫守贱、乐观处世的生活态度。

⑯如辕下之驹，本是康有为评论董其昌书法的话。《广艺舟双楫·体变第四》："香光（董其昌号香光居士）俊骨逸韵，有足多者，然局束如辕下驹，蹇怯如三日新妇。"卫俊秀这里指做人缩手缩脚，畏首畏尾。

⑰胡叠，襄汾方言谓土坯为胡叠。

⑱浮觥，飘忽游荡，不用心，不认真。

⑲无怪白鸟讥，叫薅尔登场：白鸟，蚊子的别名。《夏小正》："丹鸟羞白鸟。"《传》："丹鸟者，谓丹良也；白鸟者，谓蚊蚋也。""薅"，撕扯。

⑳阮陶天地："阮"，阮籍（210—263），三国魏文学家，"竹林七贤"之一。蔑视礼教，以"白眼看待礼俗之士"，其作品受老庄思想影响，对当时黑暗现实多有讥刺。陶，陶渊明（365—427），东晋时期著名文学家。曾官江州祭酒、镇军参军、彭泽令等，以不满当时黑暗现实，决心归隐。其诗文以质朴自然最标风格。散文以《桃花源记》、《五柳先生传》最为有名。

㉑没歌儿，襄汾方言，谓事情没有一定的标准。

㉒东国，谓日本。

㉓全非，意谓全已去世。

㉔善仕不如遇合，《史记·佞幸列传》："谚曰：'力田不如逢年，善仕不如遇合'，固无虚言。"遇合，谓遇到贤君而能有所作为。

㉕无何有之乡，《庄子·逍遥游》："今子有大树，患其无用，何不树之于无何有之乡。"本是庄子理想中的虚寂自然的境

界。卫俊秀此处的意思是使观者在最纯洁、最自然的境界中受到书法的感染。

㉖书法普通应酬……，这里卫俊秀列举出平时用于书法应酬的近二十种书体，可见其于各家书法浸淫之深。其中“田师体”为其大学老师田润霖的书体，“王体”为王羲之书体，“山体”为傅山书体，“康体”为康有为书体，“石门体”为石门铭体，“金刻篆”为汉代青铜器刻文的篆书体，“章体”为章草书体，“黄体”为黄庭坚书体，“于体”为于右任书体，“赵体”为赵铁山书体，“吴体”为吴昌硕书体，“茵依”为刘茵依书体（刘见1975年日记注⑥），“魏志”为北魏墓志书体。

㉗杀搁，襄汾方言，完结、结束的意思。

㉘陶、白，“陶”，陶渊明。“白”谓白居易（772—846），唐代著名诗人，其不少诗篇揭露当时社会政治的黑暗。晚年与洛阳香山寺僧如满结香火社，自称香山居士、嗫嚅翁、醉吟先生。卫俊秀这里“陶、白也好的”是说他们的隐逸生活也不无可取。

㉙无言也而巧笑，《庄子·天下》：“其行身也，徐而不费，无为也而笑巧。”意思是立身处事宽缓而不奢侈，做到清静无为，嗤笑机变讨巧。卫俊秀改“为”为“言”，将“笑巧”倒置，其意则是对小人不必讲话，对其丑恶行径尽可报之以嘲笑。

㉚书贵瘦硬方通神，杜甫《李潮八分小篆歌》：“苦县光和尚骨立，书贵瘦硬方通神。”是对汉灵帝光和年间蔡邕在河南苦县所书《老子碑》笔法的赞美。

㉛为人储得药，见1972年日记注⑪。

㉜张、王，“张”谓唐代书法家张旭，“王”谓明末书法家王铎。

㉝姑山，即姑射山，见1974年日记注④。

㉞蛾泉，蛾皇泉。卫俊秀原籍山西省襄汾县景村村南有蛾皇泉，传为虞舜爱女蛾皇汲水处。

㉟趋炎如适之一流：“适之”谓胡适（字适之），曾为二十世纪初新文化运动著名人物。但1919年发表《多研究些问题，少谈些主义》，以改良主义与马克思主义相对抗。1925年参加段祺瑞策划的善后会议，与孙中山倡导的国民议会对抗。1931年“九·一八”事变后支持蒋介石“攘外必先安内”的反动政策，并发表全盘西化的主张。1938年任国民党驻美国大使，1942年任国民党中央行政院最高政治顾问。1948年去美国，后到台湾。所以卫俊秀批评其“趋炎”附势，“可耻”。

㊱薰莸不同器，《孔子家语·致思》：“薰莸不同器而藏。”“薰”，古香草名；“莸”，古臭草名。

㊲有冥，大海。“冥”同“溟”。

㊳天放：《庄子·马蹄》：“一而不党，命曰天放。”意谓浑然一体而不偏私，可名其为自然放任。“天放”，自然而不受拘束。

㊴偾事，犹言坏事、败事。

㊵傅征君，傅山。清康熙十七年（1678）开博学鸿词科，傅山在被征之列。

明朝新亡，傅山几痛不欲生，遂坚辞不赴。次年逼往，以死坚不入城，奉旨放还，赐内阁中书名义。因曾被征为博学鸿词，后人或称其为傅征君。

㊶齐，齐白石书法。

㊷布，布尔什维克。

㊸墨者，指墨子学说的信徒。联系卫俊秀日记的上文，这里是说他的行为正好与墨子的崇俭学说相一致。

㊹曹公，谓曹操。

㊺二凉，襄汾方言词，谓性情粗野、缺乏修养的人。

㊻外庐，侯外庐。侯氏在西北大学讲学时旁征博引，议论纵横，颇有目空四座、睥睨六合之概，对卫俊秀留下了深刻印象。

㊼梁，谓梁启超。

㊽曾氏为我题《太原段贴》签，《太原段贴》是清康熙二十年(1684)太原段梓刻傅山书法的丛贴。曾氏，曾遁，字望生，建国前任山西“绥靖公署”秘书处长，工书法，书习褚遂良。卫俊秀购得《太原段贴》后曾请其题签。

㊾无怀氏之民，陶渊明《五柳先生传》：“无怀氏之民与?葛天氏之民与?”“无怀氏”，传说中的古帝王。《路史·禅通纪》记其民“甘其食而乐其俗，安其居而重其生，形有动作，心无好恶，鸡犬之声相闻，而民至老死不相往来，命之曰无怀氏之民。”

㊿郑公，唐代郑虔。郑氏唐之名贤，授广义馆博士。杜甫诗《醉时歌》深慨其遭遇之穷困，有句“甲第纷纷厌粱肉，广文先生饭不足”；“德尊一代常坎轲，名垂万古知何用”。

一九七七年

（此册于年代下书“飞腾年”三字。——编者）

元　月

元旦

一、虚龄已经70岁了。从心所欲，安闲自得。不可随便了，稳准、严肃、认真。二、大义，著作，书家，品格，不容欺辱。三、真正马列主义者，真理在胸。四、公字当头，无私无畏。五、广师：马克思、恩格斯、列宁、毛主席、周总理、鲁迅。六、写条幅200条。七、修书，"鲁迅"、"傅山"[①]。八、解决大问题。上书，遂荐[②]。九、出走。年龄、生活、关系、前途、工作。十、书展，义卖，捐献国家30万元。十一、远征东国。中国人民气概。十二、健康第一。(若鲁，元旦午。)

二日

昨发李兄函一件，买肉1斤。

专候家书，准备入秦。大变动年，决计不在此地了，住不下去。

健康大好，脚跟有力，终日不累。

于字体会愈深，得字之真天地矣。

三日

高天，大地，巨人，顶天立地。

奇文绝艺最入神，物理世情古犹今。

何得浮薄随流水，应似高岳固自尊。

整麦50斤。

南华经——乐观理论依据；

拳经——健康有本；

马列主义——世界观依据；

马、列、恩、毛、二周——行动师表；

屈子、马迁、曹操、李、杜——文章高标；

汉魏晋代、王、黄、傅、康、吴、赵[③]——书法指针。

四日

发西安信一件。

六日

任何红白喜事不参加，省得麻烦。年纪大了，莫问外事为要。

七日

作风难改，习性已深，总是决心不大。严肃，严明，严威!

心神欠宁。

八日

参加周总理逝世周年哀悼会。一位最可亲的世界人物。

孔老二的毒素仍在暗袭着自己——情面，不好意思，中庸之道，旧礼，俗套……须彻底改变老样子，刻不容缓。

五大人物之外，外庐也还是可取的。能站起，有点抗性了。用智难题均可解，敢闯到处是通途。

九日

交三九，北风时作，赴浪泉工作队找朱，未遇，十五日才得回来。

对该组一人员略述来意。不算虚此一行。跑跑有好处。

接铭信，云毛儿与温蕴颖结婚，现均住在家中，一切顺吉。

十日

晨磨面粉50斤。

伤心悟道之言：

操好心，崩脑筋，何必苦口婆心献殷勤，何必济人救世落得身难存？过河不拆桥的有几人？利令反噬不如飞禽。及早回头，一心为己（不得损人）莫怜人。独立一竿旗，少伤心，是非严明莫让人。

快活日子，幸福生活，气吞云梦，健步阔视。

队里死了一条牛，买肉二斤，这是首次作孽。牛，最可怜的动物！

写给朱主任信一件。

远大的抱负，绝顶的聪明，惊人的天才，高尚的人格。

十一日

天气很好。

十三日

夜吃得顶住了，整夜难受之至。次晨找王拾命看，服苏达20粒，好了。

十四日

收志和十五元。

十五日

发志和信一件。

十六日

好人作不得！

十八日

决意不在地方上干工作，干不出甚么来。有的人也怕你干出甚么来。小里八气，不清不白，可笑。

十九日

旧小说里的"一条好汉"鏖糟得"闯辕门"，使人听了起劲，足使懦夫振，顽夫有立志。余最厌"囊包"一流。

二十日

离开小书斋，出外跑跑走走，说说笑笑，唱唱闹闹，一动百动，四通八达矣。死水坑只能养出些蚊虫之类，鲸鱼只会在大海大洋中出现的。没想到世界上有如此不通情理者，尚何言哉！下午得到浪泉一行，战斗到底。

二十五（七日）

阴，下午雪。拟带：1.面、黄豆、蒜、小米、粮票。2.纸墨砚笔。3.帖、书。4.被、衣。5.材料。

不论什么神前都叩头，神也会耻笑你。

鲁迅先生。

眼光，估计，对策，稳准。

既师鲁迅先生便得学到底。俗庸其奈我何？不干白费力气的事；不走弯路，不乱求医，不诉苦，有效。认人不准，可怕。迁就对付落得吃亏，上当。爱看笑话的人多半是两面派，不可交。土匪比懦夫要好些。不干知其不可而为之的事。不存侥幸心理。不乱撞。亲自动手，不靠外援。切莫要不投心的帮忙。

单刀直入，孤军作战，笔战到底！经此一役，深体会到鲁迅先生所以写杂文之故，愤必发也。

二十六日

昨夜梦虎。到斜里堡。赶快办入秦事宜。

二十七日

梦子正兄与我决裂，颇气我也。

有时忘记年龄、职业、身份。人能记起自己，出处行止乃有分寸，随便不得。识得人，乃能不上当，不见笑于人。

年过七十矣，尚有何为！养怡之福，享年而已。

遇事一眼看透底，何须东家求援，西家求助！自己便是神卜，算到哪里，丝毫无错。言不空出，行不妄动。

三十、三十一日

人情是什么——利，发财；道理是什么——力，升官。

二　月

十三日（腊月二十五日）

到路兄家，昨晚外出失迎。嘱书碑签，改日取回在家写。

十五日

老年人为人所不喜，应日知之，远离青年为要。

作字须有把握，落笔便成神品，不许毁也。细味王羲之书，有过人之神韵。春节后当大书特书百幅妙作，即是暴富。匆草不得。

发玉儿等信三件。

旧历年除夕，大家忙于饮食琐事，时闻鞭炮声。旧情又入脑海中，饮食失调，心情不安，瘦了些。

埋掉过去，建立新我！

且办户口，余不必计。写申请。如何报答杨科长，详计之。

目空一切，自力更生，不作样，不乱叩首。

书法出头，自慰，卖钱，养己，快活幸福。杨朱[4]还好。是是非非有个甚！

十八日（旧历元旦）

“龙虎”吉利。（鲁迅先生日记）

基座：嚼齿，德力，学识，固矣。

楷模：马恩列斯毛周鲁，傅山。

定势：神采，风度，豪矣。

派势：大哲人，大诗人，大文豪，大书家。

器宇：庄列扬子，七贤。

十九日（二日）

全家并亲戚欢度春节，吃喝一通。路送来龙藏寺碑一本。

二十日（三日）

阴，风，凉。

哥德的“大”。

从今时起，不过十数年、二十年矣，正应海阔天高，从心所欲，养怡求福。万类蚍蜉，何必关心。

观赏字，于一字本身外，更须着眼在字与字间之联系上，参差跌宕，气脉一贯，一片韵致，神味无穷，是为得之。

二十二（五日）

破五，春节过了。

学习鲁迅，颇不配！看事不透，没远见，不估后果，聪明何在？一味痴心，感情用事，不行！事后，晦气、不愉快，最为恶心。

坦坦荡荡，何有障碍！

学者,大诗人,大哲人,贵在何处?

人定胜天! 但是莫做“知其不可而为之”的蠢事。

“稳”!

傅山笔,鲁迅文,马列主义,革命人,人间永在春。大诗人,大哲人,横空出世,莽昆仑,传尽万古神。

自辟天地精神好,广开世界幸福多。

取材要严,开拓要深,文笔要新,气概要大。

二十三日(六日)

天气大好,一片阳春。定于一,可以安心工作了。

鲁迅先生极力推崇陶令公,视为不易学,我且试试。“今天天气好”也还有用的。

二十四日(七日)

深造之于道。如浮云。迎困难。恒业。断烟。无多处。看戏。养精神。健康魄。书。文。远志抱负。思想解放为健康之一要素。书法不可滥应酬。

鲁迅先生。周总理。

二年计划。晦庵。

二十五(八日)

一切已无所谓。他不懂有甚可说?而又要装懂,更不好说了。

二十六(九日)

年纪大了,脑子不够用,奈何! 作书:一、有把握——笔到神到,得心应手。二、善变化——岂游龙乎,莫见端倪。三、睥睨于世,大。四、系人神品。若女友,观赏不尽。

三　月

一日(十二日)

守拙养怡,破除一切障。

鲁迅先生。四外,存我。

三日(十四日)

昨路兄来嘱岳书签。书李顺信。

四日(十五日)

岳武穆字挥洒纵横如快马入阵耳。

六日(正月十七)

星期日,一家忙了整天,树儿也回来。

定于一,如得道似的自得非常,一切莫放入眼。莫他求,得也不奇,没意思,无是非真理,表现好坏一个样,其他何有?人间金钱关系,过河拆桥。修书不必。作字取乐,尚有好者,可为之。广识远见,自知之明。干脆,一切拒受。聪明有胆量,大步前去。打破幻想,实际,现实主义。客气,人情,不好意思,怕前顾后,犹豫……害人虫!

八日(十九日)

发四川、李三件。轻感冒,睡一天,今日好了,闲后,颇无聊,工作上不了轨道。

十日(二十一日)

书写太多,又未休息,当戒之。

十一日(二十二日)

字如人,须有其独特的性分、作派,否则庸庸碌碌,母鸡然,有甚意思?奇人奇字,乃佳。字字与众不同,结构奇古。

鲁迅先生。

劲。瘦挺拗,瘦硬有神,字之佳者也。缠连不断,凝炼不散。

十二日(二十三日)

赶快写好字,返里。发秉纯兄信。

十三日

垂云无雨。作字三幅。

“不许乱为作书”, 一云不可随便写,要郑重其事;一意不可随便应酬,什么人都给写也。二者我均得注意之。

一、一字千金之重,粗疏不得。二、除一二知己外决不应酬。(一由个人,一由对方)孤鸟亦飘洒,得字中之天,神乎不见端倪乃佳境。(自然神游)鲁迅先生。

“生活即斗争”。给小丑以打击。也只是小丑,如林甫[5]之类。

闭门再用几年功。

开始大书,定为神品。不乱书也。

十五日

为路兄书傅山书法竣工, 一快事也。开始写宣纸矣。

十八日

雨。研究中人,非事务中人。一时不用脑子,便觉无聊。时或忘记年纪。

日人有专家, 范围小到一条虫子,无怪其精深也。

今后专干书法。七十年有何贡献?

哲(马克思),文(鲁迅),书(傅山)。

字有时也须写得有几分乖巧。1.奇特,喜洋洋,婴儿天真。2.堂皇,富贵,宫廷气象。3.超逸,仙气,一尘不染。4.豪迈不羁,劲瘦挺拗,与世俗为难。5.秀美袭人。6.高傲姿态,横行字外。7.快马上阵,精悍有作为。8.瀑布奔腾,不可一世。

十九日(三十日)

一、日写小篆、隶书一通,章草。二、《楚辞》、《史记》。三、鲁迅文。须购杂文十六本。(清冯武有《书法正传》十卷。)

裱字,属文。莫应酬。

鲁迅先生。

阴正已尽,阳历即入四月矣。

闲居寡趣,当思有以振之。

二十二日(阴二月三日)

篆、草、章识,写作。

豫、晋性不同,前放后拘。唐僧、包公、岳飞,迎放拒拘,大吹特吹,大干猛干,不束不惧。大天而视,放脚迳行,管它甚精。定须书法通。成就,文乐众,武亦行。品格最高有特风,精明哲理比孔明。

二十五日(初六)

昨夜茶。书法最稳,不必务他,篆通,字通。(标准草书、诀、章草、傅帖)

二十八日

雨。书字须使笔笔落实,画画生根,站得牢稳,架势高大,重心、支点,居中线。一字一板,扎实,入木三分。

二十九日

阴。没抵抗力,顶不住。

没有思想的人——行动常被外界(自然、社会、人)所左右,起伏状态,易受感染,被动,常戚戚,不可靠,不识外界,冲劲,存我,暂,多种主宰。

有思想的人——左右外力, 利用之,

主动,因势利导,牢固可靠,识外界,稳当,存人存我,久,坦荡荡,一种主宰,抵抗力最强,顶得住一切。

曹操作文尚通脱,作字亦尔,如介者移画,想怎样写就怎样写,全由神行。天,自然,绝无操作布置之意存在心间,若儿戏然,若泛滥之山洪然,若瀑布之下倒然。然又大忌放肆。即是真龙蛇,也有其行动法。不容乱飞胡闯的。草书走笔形似神速,书时却须十分敬谨,最怕飘忽而过。耐观赏处全在勒落处,恭谨不苟,乃得。工正有力,更须有神(一字、一行、一章)。就一笔一画看要有力,就整体看要有神。合乎草法写法,完整无漏笔、败笔处,笔笔到家,即是工也。神也难言之,粗说来不外:姿态奇古(结构),面貌正大(首先感觉),字间上下联络(气脉),笔画肥瘦、大小、粗细,劲瘦挺拗。

三十日

笔画要活,须自然。曲笔活,直笔也要活。画电线如用米尺,只是死,不活矣。直画写得如电线,便不活矣,蚯蚓蠕动在人感觉上如何,便写成如何,方得谓之活。

到路兄家送奶单,二斤,付5元,清。带回鲁迅诗注一本,为写成一册子。

三十一日

三月即毕,又届四月,“春风容易过韶华”也。

下月拟到临潼。

鲁迅先生。

作字亦如作画,极尽自然曲致之妙者乃佳。

四　月

一日

又书就鲁迅诗及其他一本,装钉成册。

二日

续整理后墙土堆,整洁了。

连夜睡不宁,可笑之至!

鲁迅先生。

没有自己的世界,可怜虫。——读,写作。既师鲁迅先生,要学个样子!自具作风,有己身份,不得曲以滥嫁。哲人独高,诗人自大,革命者自壮,器宇非凡。严守“公”字,乃能谈得上为人民服务也。

六日

阴。日之专家之专,德人之富于深思,“学问之道莫过于深”,模楷可师。鲁迅真神也。观人:有无操守,有无脑子,舍此莫与交。

我自有我独特处,
何必蹈人脚后跟。
柳绵飘泊欲落地,
山颠磐石亦足存。

午睡颇好,二小时半。补袜一双。

学者文人也看见了几个,他们总是文雅有风趣。

做工作时间要短些,不可过累。

飞矢之来非所惧,远瞩拜伦一杆旗。
大哉鲁迅老夫子,孤军作战一戎衣。

王公大人不甘媚，横眉深憎恶风习。

难逃魔剑阴暗袭，掩扉自矜笑嘻嘻。

七日

雨止，阴。

不疾不徐，走笔闲静。兰芳娟秀耐端详。气态端凝，但见精灵有至诚。风骨挺拗，英豪奇古，令精神郁勃，观者自振。体态宏伟，大哉莫名。

刚健亦长驱。放笔不粗野。婴孩信有神。牵丝入诸神。纤细非无力。活泼如小鱼。

十日

书事告一段落，拟到临潼，返里。外人知己例外，不作应酬，文亦如之。

《兰亭序》——闲静端雅，有静女其姝之致。真好脾性，安详，高贵，姿致宜人，高致可见。柔而不软，不媚不卑，亦兰亦芳。走笔柔和，姿态自具高格，大家气象。

圣教——刚健，干练有才，如凤姐；兰亭柔驯得情则似黛玉。

十二日

发绍曾信一件。

十三日

所以然者，浮生耳。快活哲学忘记矣。摩《兰亭序》。

十八日（三月一日）

昨从临潼归来。

字之美妙须如美好静女之面貌，眉目口鼻安排得合合适适，处处系人，魔力无限。气概须似“力拔山兮气盖世”之霸王，风骨凛凛。

神韵须若婴儿之言笑，举止表情，天然姿致，毫不做作，一片天机，莫知所为，难得形容。神，巧，俏，天，化，韵，境，不测。小鱼游泳（活泼），小蛇渡道（神速），蛇蟒转腾（委婉），长鲸鼓拥（厚重）。此为一字法。

婴儿憨状，旁若无人，不受外影响，大自由；幼儿表演，赵云杀法，霸王势样。又一字法。

仙气，逸气，浩气，愤气，骨气，胎气，神气，爽气，稚气，清气，傲气，硬气，怨气，正气，喜气，盛气。字之精神。

通脱不拘，劲瘦挺拗，丑拙古朴，堂皇正大，威风凛然，坐镇一方，乖巧而聪明，一片天机，神乎莫可测，端凝整肃，服从高德，高雅不俗，高漫不驯，眼中无物，不足与庄语。字之风格。

二十日

安排生活，焕发精神，埋头乐干，做出成绩，作出贡献。发绍曾信。断烟没骨气，没志气。

二十一日

有把握，作字一下笔，便须得心应手，不满意，不随心，只是没把握也。

菊池宽一小说，十足地显示了日人的根本精神，劲头大，后力足——顽强到底。“天下无难事，只要肯登攀”，不磨的真理。

字，大用，小用，看个人存心。

二十二日

小雨忽下忽止。气总是免不了，乐只有自己寻，较为持久可靠。

城中不可能久住，没意思，空气太坏，暗侵健康，人不觉也。

外国学者，德人治学专门，细致深湛，多所发明。英美便不足，概论之学，不足观也。

病体的人无精打采，总不会得人喜悦；字如果写成这样子，也必为人所丑。总须内有气力，有派势，有神，带劲，敢越常规，如出风尘的鹰隼，九皋上的鸣鹤，乃佳。

书，有书之书，有不书之书；有求工而工，有不期善而善。官止神行，以和天倪，举凡自然界之奇观尤类，一齐凝上笔头。指与物化，神与天游，介者拸画，一扫外缘，殆戏焉耳。此中天机，谁人识得？尸祝[⑥]天下，睥睨世途，又奇杰之谓，固非逃世人也。规矩以心，疾徐应手，无法皆法，无意皆意，我才之多少与风云并驱。不知为人写字，抑或字写人，字亦画，画亦字，并入仙界诗境。如杂技高艺，独臻险地化境。神乎天也。

二十六日

雨，雾。丑拙古朴高风在，劲瘦挺拗乃入神。

二十七日

书字数页。

二十八日

书法妙境，确体会到矣。功力尚能跟及。书时能谨慎，便佳。想得周到，乃能写得入神。

环境宜人，工具应手，心情佳好，对象可人，笔兴浓郁，可动笔矣。一点也迁就不得，勉强不得。此自乐趣，万有莫及，好自为之。

徐笔。揉一揉，可使墨汁和纸质渗透，渴润合适。饱和作用，感情协和，有活力，感召力强，给人生活的兴趣。

疾笔。力散在外，躁性，不稳重。

重笔。可靠，富含气象。浑厚有德，产生积极动力，活跃。

提笔。灵巧，神妙，姿致。善于做人，大其气魄，善于工作，一鼓作气。

俱由心宅，运用之妙。

直画——示力；曲画——示美；结构——示神。

书法是一种艺术，作字之先不可忘艺术二字。紧凑凝练，得像个铁圪塔。疏朗爽快，如拳师之打拳。静如处女，动如脱兔。兵法然，书法亦然。

“草率”不仅书法上要不得，做事一样讨人厌的。“放肆”（凶猛、野气）都要不得。

兰亭殆似大家闺女，端雅娴静，兰姿芳心，聪慧娇矜自持。

三十日

返里有日，写十数幅。

五　月

一日

专志书画，不外求，即乐。掌握精工，一本领也，外缘尽扬去之。

此即自力更生。

决定大书。日书三幅，一年亦可得千幅，可观也已。篆隶真行草并进。书家字，不必讨俗眼目，有识家便可。

十一日

下午雷雨一阵即止。心事苍茫得像块荒地。做不成什么事，一天天白过去，庸俗人也！马克思主义者没有悲凉的一秒钟，愉快明智而坚强。

十三日

霁，日出，风摇得树枝叶乱响。人的一言一行，是自由的，但又不是自由的。后一点人不觉察。正如地球的运转，仿佛是自由的，但实际上它已经是受着别的星球（日、月等）的左右了。

二十日

前日返里。温泉家同二媳直送我到近东站，感激不可言。晨偶作诗一首："心事浩茫连广宇，为众服务猛自持。进了小屋成一统，笔耕纸田尽余力。"

捡麦50斤，书信三封。（航民父、温泉、李志和。）

二十五日

从西安回来已好几天了，尚未做活，私事完不了：整家、洗衣、磨面……还得修房瓦。写信三封，明日寄出，赴临汾，回来后，正经干几天活。

亲戚地位太高，对我关怀备至，当大努力一番。完成百幅，修稿，再远走。

有鲁迅、周总理在前，百事无所阻也。行素顶天立地，本毛主席指示做事做人，何往而不乐？健康第一，走出书斋，养德远辱。如此年纪，何求何虑，又有何惧？

生计素不在意，落得穷，活该！须加意焉。家事顺序，无用操心，衣食不足，只需钱，得设法。老年穷，可怕。

艰苦奋斗，自力更生。农事文事，双管齐下。

东中女无礼而去，可笑！没奇怪事。

少事，养神，年纪大，精力差了。

二十六日

步行到临，人未在，到高县。

二十七日

饭后到温泉，问病。琐事既毕，正经干活。严肃！

二十九日

临汾归来，午后雨，洗衣五件。下午入场干活。夏收中出一把力，便中写好材料。闻李兄来，未及见面，遗憾甚。买鸡子十二个。归来后体重减轻八斤，得补之。西安家居烦甚，农村清静，空气好，安心住几年再看。成绩必作出，为国家添数万元，此生足矣。

三十一日

麦场工作，下午抱麦。

六　月

一日

麦场工作。三晌起不来，健康也不许可，有心无力，可叹！

二日

二晌。写材料开始动笔矣，甚快。

三、四、五日

雨。

六日

锄花。农田工作，快甚。大晴。时多书兴，惜无墨汁，不得下笔。

赶快写申请书，送出，待命。此为最后一着王牌，暂不使出。人生观定矣，乐甚。

一、远离城市，多居乡间，有什么工作也要在山野僻地。二、一二晌足矣。三、干文事，不可忽。（字，画梅）四、住食安顿好。少数知己，不必多也。五、素心行素，无所求。

十日

三天以来为大队工作，帮忙整理了一份材料，今日毕。眼花甚，可稍休息一下。昨发李兄信。

十一日

完成材料一份，明日出工。不敢再用眼力。但势利眼颇多，无是非真理观念，只看台上台下。不可挨近。观众也不少，不让他们看戏、冷眼。

志定，专干，达到为国贡献万万元。再看。

气态十足，配得过□家。

十二日

材料已妥，心神轻松，像清扫一番似的。或许此为最后一次战役，一战而胜，文之教也。

拟写信数件（应龙、品、青）。河东。

庄生、李白气态，管他娘的，超出于万类之上。物何累者，亦何固者？尽是坦途。

劳动、读书、大笔，三乐也。二周[7]，师也。

看客，林贼一路阴人，忌恨者，亦增加力量之药石也。对付之道：努力上进，做出成绩。

十三日

看书、作文，推敲其中的字眼，领会精神、气味。应该像细想深思的热恋中的爱人所谈的那些话的用语、气态，一样精心。一字挍心，不空放过去，文学就可以进步了。否则，不动心灵，走马一过，能顶什么用？要寻出别人寻不见的珠粒。会心作者心灵，巧达出自己的心情，是为得之。又如演员体会所演之角色然，由声音笑貌、遣词用语，以至灵魂深处，合为一体乃佳。

十四日

二周（总理、鲁迅）我师也。每想到他们，魄力倍生，气势如虎，万物皆为我役，快乐如此。速作成绩！当务之急，莫过于此。登泰山而小天下，琐屑事、小德，何顾邪？孟德可法处不少。做人如老母鸡，可耻。

十五日

眼疾，赴襄汾看去。洗衣二件。

十六日

襄汾归来。凡事得分析、研究，有个估计、远见。盲动、凭感情，不中用。当用气力再用，不当用，徒劳何益。

再写几信，算是尽力。听之任之，置之可也。家中琐事，无可奈何，放开为要。鲁迅先生一生孤军也可作战。自然较费力耳,有甚法子。生活得打算好,工作自己安排。改文,书写,作老年人的活,无别事也。

开始,赶快做成绩,即为糊口,亦不要忽的。

十七日

早,场。写信,发航民。

多少事,不好说,不必再说,只时时刻刻记住马氏的“斗争”二字,便是应付一切的千钧棒也。

“斗争”!

十八日

发铭信。准备开工,自力更生,囊中无钱,到处受难。

不到长城非好汉!

十九日

馁,得休息。

鲁迅先生。

老年人得安排老年的事——生活。存心靠人,会失望。靠不住,奇事多。也不,谁教你“老”?胡涂话,可笑!……劳力差,要依靠人;样子丑,不入眼;一病更讨厌。

须治二病:穷,病。无病则健,可自了;不穷即富,不累人。自力更生。

真朋友,一个人,可谈话、慰心、解决点问题。莫管无关事,少言,无言,大吉大利。我小时,见了老人,若无其人;今老矣,有时嫌人看不起,岂不可笑?

欲求人看得起,先得自己看得起自己。法:无言,言必当、必中。图傲乎一世,务本。书路兄信一件。

朝经:

恶心人使我奋战,

你以为你聪明吗?

你的“鬼”,我早(已?)经看穿。

“电报”吓不倒人,不待明言。

你脸红到脖子边,我把你像破烂鞋子撂在田间。

你将会讨到什么人的喜欢?

奋战,奋战!

为国家献出数十万元。

我是党外的布尔什维克啊,

勉旃[8],勉旃!

不到长城非好汉!(偶成)

敬爱的:鲁迅先生、周总理。

努力对得起亲朋厚友。才学德识、行、道、艺。学者,哲人,诗人。

二十日

日书字百余,手熟为能,可臻佳境。

作字须似铁匠打铁,锤须抡得展,用尽浑身气力,专注在一个目标之上,可观也矣。书时又须旁若无人,此真书家矣。稳、准、狠三字宜于书法。

字中得全是活气,尽是力量,如天然中之生物,布置等当。一用心安排,便无生气,做作不得。

作书只是写我自己,我的生命、灵魂、精神、胸怀、作风、德品、气派,哪是在写什么鸟字邪?它也是个生命物,应把它创造得好好的。宜人,系人、教育人,鼓舞人。戒去鄙吝之心,与天公比高,与日月比明,如此而已。应具有宇宙河汉境界,岂小可哉。

一幅字，又当如大观园无奇不有，无有不奇，观之不厌，赏之不尽，兴足而已。

二十一日

端阳，屈原冤屈纪念日。“谁教你爱国?”爱国有罪，封建统治者杀害了您。

字须写得如小鱼似的活泼，如马驹似的旺盛，如霸王似的气势。

倘不能为公，即为私：疗贫，保健。读书为了逍遥，亦可怜矣。然而只能如此。也算好的，最怕无目的。

心思（弦）须放得舒展、松和乃可作书，一沾滞便糟。

二十三日

笔画要硬。硬不是柴一样的干，要像蚯蚓似的活，但又非软，是真硬也。就整件上看，派头大，合而观之，力大无穷。

非得一笔一画结构关系撑挂得住，正如在山颠看，即是弯木也令人叫奇也，是为得之。试看毛主席的书法、傅山书法可知。

下午到大队写奖状数十幅。

二十四日

阴。蒸馍。睡欠宁。开始割草，较方便。大书，将出，此即前途。

交得几个知心朋友，也是一大乐的。马克思当了衣物待友朋，友人之重要可想而知。山西人多忽此事，差矣。惜老友多半下世，可叹!

到黄崖送字，带回墨汁半瓶，北京制。

苦干四个月。

小计划：一、书法压倒日本书家。全国展，日展。（80幅。）二、《傅山论书法》，送中、日书协。三、鲁迅研究。四、老年人的话。尼采式的写法。“世上无难事，只要肯登攀。”毛主席语录。比之到月球火星上不难吧?应易完成。

几天来心神不安，影响到健康，殊坏!改之。拿出坚毅精神，斩钉截铁。

二十五日

晴。睡眠颇好。志念已定。心仿佛在磐石之上似的，一切可无顾矣，大力生产便好。七贤廓然气象。天地即房屋，玩世，嬉戏一场。

发军兄信一件。

忍耐也不是好事：应为真理而奋斗到底! 如此年纪有何顾虑?

经常保持：卫生、艺术、科学。

心上像洗涤过一般，没一点杂尘，轻松愉快，可以安心工作矣。

二十六日

书二幅，太快，不敬事，草草了。一切准备好，就行。（物，神）

二十七日

书法已得把握，开工后，大力为之，一战而胜，文之教也。“世上无难事，只要肯登攀”。鲁迅先生。

二十九日

耀兄今天回去，谈甚快，托送曹、乔、德各一条。

抱负：印书、出展、义卖、日展，为国增光，于凡足矣。

痛痛快快，生龙活虎活几年。只要能

尽心力,对国家有所贡献便好。邪不压正。害人虫有何奈何?顶天立地!

此生算来不过十来八年,便须返回"老家",晚年力衰,苦多乐少,茧内自缚,局促辕下,更无乐矣!何如师事杨子,甘拜竹林七贤,图傲乎人世界,放神于六合之外,戛戛独造,岂不乐哉?自然在"返里"之前,既不能不吃吃喝喝,便得劳动,为人民服务,更须加鞭的。盖我出门要坐火车、汽车……然而这些都不是我做出的,群众做出来的,为人民服务,谁敢说不该?否则便是剥削了人,一门大罪!

书屏幅二条,尚满意。

字必须全面整幅飞动不安,或满纸云烟,或林薄晦冥,或雷掣风驰。即令写成静女,也还要写出她的心音来。一写成木偶便糟。境界要大,小刀细工没有是处。

修《野草·三》。其中明显地骂国民党的地方有三处,不难看余之立场、观点。慰甚。

七　月

一日

到东靳送鲁迅诗稿一本,带秦始皇石刻一本。上后归来,右腿膝盖痛起来。渴甚,几不可支,饮水不少。送许字二张。

二日

早大雨。日必割草三四十斤。

过惯一人生活,耐不及大家口子,决定多在农村。坦坦荡荡、舒舒畅畅地过下去。作书,写字。

三日

晨,运动,腿痛轻了些。眼力差矣。工作不够积极,不快当。

工厂正式开始。书二幅横条,尚满意。日写二三幅足矣,多无益也,不得好。更须专精会神,一了草便坏。即是狂草,也得花心思够的。气脉。

四日

陕西"国立西北大学"的匾,康有为书;在写之前康闭目养神,忽而跳起,一挥而就。鲁迅先生见之亦称不坏。

守身如护眼珠,处处得精心。拿翁精神——坚毅。

作字还急,欠稳。想想曾书题签,刘作字,常、田作字之情况,可纠正此种缺陷也。

五日

"世味秋荼苦,人间直道穷",此鲁迅先生悼友人诗也,读之令人指发,可叹! 不禁催人傲起来。睥睨一切,岂得已哉?"高慢"也是有其土壤的。作字即是一笔一画,也得工谨,苟且不得。切记! 万记!

七日

午后开大会,贾书记、王组长都讲了话,效果不错。

八日

高人难识,党人多难。

九日

雨。

十日

晨拔苗子。腿痛未见轻。“土匪气”。（鲁迅语）

十一日

雨。书一条，称意。立志，自力更生，自求多福。

十二日

字再求恣肆，有了把握。“风华正茂，书生意气，挥斥方遒。”大才不顾用，肆展通素心。革命导师领前行。不失身份，准立放行。何所虑?虑自己。矛盾没个完，斗争永直前。

鲁迅先生。健康，稳可。（不使性，不盲闯。）雄狮英姿，自然，恰好，有为，大模大样。风流人物在今朝，一代天骄。正大光明。

十三日

大晴。种白萝卜。书字二幅，还不够工谨，须大改之，否则不足观也。午后雷雨。书法，点子真，准确。笔笔刻得实实的，神韵十足，别致。有创造性。天然艺术制作，自然有生灵，活物。境界远大，莫见端倪，不测。

十四日

志定，心安。——暂不必外出。劳作之余，书写。经济建设一要务。健康第一。执行“三外”，足矣。书写新阶段。有存价值。给人以益处。宽缓，神舒，精明，气派，醒梢，高逸，高雅，起人。

笔干如硬棍，走笔如藤条，一笔不踏实，不转下一笔。凝结如铸，而不小气，蕴力不尽。笔锋如刀刃，运指如流水。敏性，色泽，神速自然而又持重。

十五日

晴。

十六日

腿病似形成矣，不能劳作。

王铎四十年后，即摆开碑帖，我行我素，遂成大家。予今年七旬，尚拘泥于什么碑帖，何能成得一家焉。须慨然为之。健康！起居、饮食、劳作、情绪。脑子！思想、人生观、识远。

为作！奇绩。作派！风度、宽缓、雍容、超逸、神舒、持重、高大。

十七日

种萝卜。今后作书应进入一个新阶段，有特殊风格，保存价值，不准滥来。鲁迅先生。

十八日

昨近日落时大雨。书二幅，稳练矣。当更实之，今日一试，定得快意。书法如美女、树兰而有芳乃佳。芳即难言之淑姿，自然赋有之风味。一人一样，粗也有粗的势样。铁山、田师、刘兄、旭春⑨各有不同。识家赏字看全貌，不在一字一笔画也。

心志注于一点，功力倾之笔端，不知有物，复不知有字，甚至不知有我，信笔行之以和天倪地气，真神品也。用心之作，亦不用心之作也，如流水过旷野，不得有目的，水到成渠，一大景色，观赏不尽。

美而富神，放肆而非野，柔中见刚，力不外散。如春之生力，使百草怒茁焉。春力岂能目视之邪？书之至者焉。巧手，大拙也。

书字四五幅，多满意。玉版宣尤为得手，可放笔一逞矣。设法弄墨汁。

总计尚有一十五张，又书四幅。定须成为佳作，不得草率。傅、康、田、于、黄、自笔[10]。

十九日

锄烟叶一晌。出力大，腰痛。干活也得斟酌了。老不中用，自然规律，无可奈何。作字又要谨严，又得随便。谨严是敬事，随便是放得开，不受外物牵之谓，如此乃能写出风格。须以文词内容为准，牵丝活泼如蛛丝，亦字中艺术性表现之一因素也。千万勉强不得。用大笔写小字，大方；用小笔写大字，小气且易使观者感到负担重，吃力也。梁[11]为潘师所书对联，学者风度，任意为之，不拘不束，如其作人，极尽天然之姿致。

字乃个性之肆展，才华之吐露，胸臆之表达，智慧之凝聚。凡个人所具之学问、作风、思想、器质、抱负、器宇、成就、福泽……无一不在其中。扩而大之，凡一时代之精神，国家之兴衰气象，实无所不包者。

二十日

自卜：人生何所事，饮食与穿衣。外援不足恃，百事靠自己。鬼神纵或有，只自把人欺。谁云得邪助，愚夫与奴婢。

二十一日

补袜子。处理包谷……明日到东柴，寻墨汁。先集中精力完成书事。办事。身体有些弱，不便做重活了。发李兄信一封。

二十四日

作字已得把握，有似打铁，锤锤在吃紧地方，空放不得。如大统帅部署，看透全局，一着着安置得妥妥贴贴。动笔时，如全面、部分攻击，轻重点。急徐——急中有徐，徐中见急，奇正互发，放缩、浓淡、轻重，运用中见聪明而乖巧。

作字如打拳，一着一套，都得点子真，处处在心，时时注意，不敢粗心大意。且浑身用力，筋骨五内充实，踩走圆到，必获胜利，把握在手。

午梦王君[12]来，助我实多，不愧一老同学，感甚！“电报”尤谢。

笔下要有飞动意，乃见云薄晦冥气，才足以使高堂粉壁生光，照人颜色，启人胸臆，遍地云烟，震荡起来。（挥毫落纸如云烟）否则一片死气，字字一桃偶，尚得称为文邪？

走笔不可离纸，至少一字连延到三四字，再多便不尽情，气太长，墨不许可也。字连不连不要紧，气脉总须一贯，一直推下去，乃见精神。

字不拘大小，但总得有其气象境界，潜力无穷，蕴意无尽。无一笔躁笔，草率苟且，最不足观。勒落收笔处总要慎谨为之，千万，千万！行笔时可如脱兔，结笔则须静如处女。

动：龙身，虎气，富有神力，骄将风度，崇敬爱戴之感。豪放，魄力。

静：“静女其姝”，仙姿端雅，兰且芳，

安详，淑谨，婉约，仙骨，高贵，欲近难近，爱而不敢接近之感。魔力无穷，聪慧，大家闺秀。

走笔有“奔腾急”之势，须动情，无情便无势。斩钉切铁之敏快。飞动之意。洒落，不中不发，十拿八稳，字字珠玉。

二十五日

夏将尽矣。入秋内速完成任务，事功成，亦秋收之意也。破故习陋俗，坏，庸劣，势利。

拿翁、尼采足医余病，尚有可取处。振拔敢于破俗陋的。荀子：“真积力久则入。”[13]魏碑：硕大且娟，凝炼如铸，婀娜刚健，俊俏多姿，雍容隽伟。不疾不徐，得心应手，惬意天成，雍容自适，神舒，超逸，高致，仙境。

鲁迅先生。

读鲁迅书，便得以鲁迅自居，学他的人。一、他是拥护马列主义、毛泽东思想的。二、他是爱憎分明，路线明确，一直在反帝、反封建、反反动派以及一切坏思想、坏作风的。三、他是一个党外的布尔什维克。四、他事事为人民着想，从公字出发，毫不利己。五、他人格伟大，胸怀直道，心口一致，表里如一。六、他永战不休，决不妥协、屈服。七、他是现代的圣人。八、学向博大而精深。九、活到老学到老。十、顶天立地，比如北辰。

二十六日

雨。雄姿逸态，体势大方不凡，姿也。走笔则宜安逸不野，雍容闲适而自矜宠，有几分高贵、傲气，视外无物者。李北海字：“声华多健笔，洒落富清制。”“情穷造化理，学贯天人际。”[14]（老杜）

二十七日

鲁迅先生。

健康第一：一切行动的原则，一切动力之源，一切幸福之根。聪慧第一：一切制胜之策。技艺第一：一切生活之本。品德第一：立身处群的大地。走笔宜是连绵不断乃佳。龙蛇腰是不能断的。

二十八日

雨。午后与颗 50 余斤。西安还没信来，也好，少麻烦。自力更生，到处有用，这是最稳妥的办法。老朋友几且尽，可叹。新朋友不易得，似乎也不必了，对己没益处，徒增累耳。

三十日

搭面 63 斤。

八　月

四日

天兄又辛苦来了一趟，乐甚。为写数条，非甚满意者。今后当写大字。有了墨汁，天兄代购者。又城门纸 20 张。乔君帮忙不小。当一并感谢之。

马克思、恩格斯、列宁、斯大林、毛主席、周总理、鲁迅——几位宇宙巨人，世界大师，足够几辈子学习。一个人不过百年，岂敢不努力耶？凡事只要有大师们在前，有甚拦路虎，有甚不能成功者？永远立于不败之地。欢迎矛盾,欢迎逆流,来则破之无余,这即是人生大乐!不存公心,惟害人是务的败类,庸俗、半吊子,均须以鸡虫视之。

要博要大,要精要深。望远镜,显微镜。

广天地,高品德,远识见,高身影,神技艺,知彼己,识时务。

五日

习艺之术(射御……)功在于神,由练而来。得心应手,不以目视,心闲体正足矣。

走笔如瀑布(雄壮)、飞泉、涨海,亦须有如清风徐来(神秀)、好友乍会者,给人以舒服之快感。

手熟为能,心闲体正——我手写我自己。回旋进驻,所投无差,无不恰到好处。腾跳、安闲,笔笔系人,魔力无穷。

架势——康、于(架),黄、傅(势)。

箴规——王、爨。

游动态——章草。

行笔——龙蛇转动,小鱼活泼,直松俊拔,山欲飞越。展挂,利落,醒梢,笔活,自具感情,有活力,有生意,别致,风韵,一个人的气味、派头、气度、派势。

六日

打柴一捆。热甚。

怎样个人,就有怎样个字,掩盖不起来。

字:不应酬,少应酬。德坏少礼。孤芳自振,高视白眼。

晨,洗衣四件,器皿擦洗一过。昨为大队写大字六个,尚未完,还有四个。收拾精神,整书物。继续给大队书大字,上午完工。

立秋。秋杀之气,收成即来矣,严肃起来!从今始。

读唐临《兰亭序》(虞、褚),见其纯贞虔诚慎谨之心,有如处女者,惟恐一笔一划有欠合原作之处,够辛苦了。

秋风飒飒,非热风矣。

字要写活,有气态,高格不俗乃佳,一版便不足观。

大家书法,不拘豪放,不论婉约,一个共同点:没野笔放肆之处,总是一笔不苟地正经写,用真功夫,草草未有是处。傅青主狂草看来似乎放肆,实则无一笔随便处,不可不慎。往昔所作草书不明此意,信手滥写,自视豪放,其实大错,今知之矣。“敬谨”二字不拘何时,不可失之。耐观赏处,全在此等处。

淡泊不厌,亭立不矜;桀骜而不驯,豪放而不野。

肠胃大好,食欲大振,便大通。心情更佳矣。

七日

晨小雨。梦青兄长某大学,我却无意于此工作,后悟,乐欲为之。八班同年级。到教(务)处看过课程表,余衣大衣,阔气,云云。

骨架大,摆得展,转得圆,起排夺目。龙飞,凤舞,蟒动,鹤立,虎卧。境界,气象。

九日

雨。晨锄红薯。写张师信。

十日

拔萝卜苗。

十一日

阴,蒸馍,早未干活。

大人者,如泰山之雄坐大地,劲松之屹立山头,动它不得。公心如天地,包罗万物,生之育之而不私焉。夫唯不私,乃能正大,光明磊落如日月矣,谁奈之何?气势似长江大河,磅礴不可一世,奔雷轰鸣,邪恶潜藏,岂不威武哉!——大诗人、大哲人、革命者无尚之大德也。

运笔:1. 轻捷虚灵,如小鱼。2. 温柔敦厚。3. 健翮翻空。4. 风驰电掣。5. 藤萝缠树。6.蛇蟒转动。7.瀑布直下。8.水蓄天池(蕴力)。9.深闺静女。10.鏖糟姿势。11.仙子下降(从容)。

十二日

交(借孙)麸 13 斤。换麦子。孙借 45 斤包谷,减 13(斤)麸为 32 斤包谷。

定心半月,定交也。专心写字,寄交西安。

读列宁哲学笔记有关于拿破仑的思想一段,想到此人永不堕入情海的特色,这就真了不起。一个人能有勇气戒烟与不近女色方为英雄,弱者反之。

聪明者总是有几分神秘、幽默、多趣的。从容、不疾不徐,亦一特点也。直杠子[15]不然。

慎言谨行!对熟人、半熟人、生人,可言者与不可言者,斟酌出言,少言为佳。为愚者!最稳妥。

与妄人争言,等于自己也不过妄人,可笑万分。

知己知彼常胜军。看客体料子动主观为作,认识定行动,如太极拳之运劲也。值得不值得,成效大小,收获之外,还得估影响。

立于不败之地。一失足便坏,碰钉子总不好。莫鲁莽。科学家要好些,能解决问题,求实效。功利主义。

人究竟不是动物。要活得像个样子。有抱负,高风格,一如天文台的影子。一举一动,闪出金光。

十三日

打柴一篓。上工时分始吃早饭。

整室内卫生,放柴有了次序,心神一快。

十四日

拟出门。发张师信。邓兄为借 5 元,大雨。

鲁迅先生。

十五日(七月初一)

集。晴。章实斋[16]:“大约无意偶会则收点金之功,有意更张必多画慢之诮。”为文、作诗、书字一理,一味要好,做作,便糟。

点心 1.7 元 1 斤,9 角购半斤,为祝梅兄寿也。鸡子 1 元 13 个。写贺信一件。三天后当一去。八十高龄的人了。顺便到河南一行。

鲁迅先生。

学习先生到底！彻底！不易初衷。

日活二晌，写一晌。静候信。

自力更生！断绝百缘，自求多福。

经济源？毋忽！保健！

十六日(二日)

大晴。鲁迅先生。

二十日

三天来为了庆祝十一大的胜利召开写字不少(蓆字一，大队二，学校二)。

二十一日

夜雷雨，势甚猛。眼颇好。

早开始跑步锻炼。钝了。自力更生要落实。年内到明年，打固经济基础。志远，苦炼，长战。顺逆当前，应付自如。自得，居安，资深，左右逢源，乐事偏多。

百炼身心成铁汉，两度关山见旌旗。

二十二日

庆祝党的十一大。早拔水用力不慎，脊椎骨不合适了，一如去年在学校时的味道然，痛甚，唯稍差耳。年纪不饶人，没办法，只好自受。大约又得几天休息。

鲁迅先生。

二十三日

腰痛渐轻，未能工作，还得休息两天。

少说话，省点气力，这是年纪大的人的同感。教书人好说勉励人的话，似乎在教育人，有时成了病，不必。“只要他们爱国，爱我们中华人民共和国，就要团结他们。”

毛主席的知识分子政策。

决意再休息一天，明日干活，大书！

与病奋斗，其乐无穷！

二十四日

早，病中，争取干活一晌。饭时，雷雨。蒸馍，急，尝到一个人生活的苦处，但也有趣，少争闹。

不要吸纸烟了，没意思！质量愈来愈低。

二十五日

航民寄来墨汁三瓶，可大量作字矣。快甚！拾柴，

大力安排好生活！

原则：自力更生，不靠人。

目的：改善生活，常保健康，为祖国做出一点贡献。

措施：义卖，远征。(药)

乐园。王国。快乐哲学。

艺术真天地，

劳动好世界。

修补房，刷屋，裱顶棚，桌加宽。

玉侄拾来柴一担。

二十六日

剁柴。到东柴去。

字不能写得如老牛上山，使观之者感到吃力，能似轻车之奔驰方好。行云流水，小鱼活跃，龙灯竞跑，快马加鞭，均系同一意义，然味儿不同。

二十七日

明日开始给大队书墙壁大字。昨晚收到太原张老师[17]信一件。蝇头小楷，真谦逊细心极了。他年已七十九岁。

二十八日

早饭后正要到大队书字，善全来，云工作检查团自薛村来信，索书中堂对联共四幅（李、关等四人），当到学校，为写之，另赠二幅。一上午过去了。

二十九、三十、三十一日

连日书墙壁大字，上高架，上梯子，腿腰均痛甚。

九　月

一、二日

字已告成，眼力太差，加以腰痛，不能继续，得休息几天。年纪不容人，勉强不得。复品三兄信。借梅九角钱。洗衣三件。剥包谷。晒之。须全力养目，莫应酬或少应酬。

三日

柴一篓。看柿树。火甚。饮冰水二碗，还好，没出病。

四日

眼亮了些。腰不得手。

认清人与人的关系，分析推断事物的曲折、发展、转化、未来。应用辩证法的规律。

五日

割草。

贵字即贵人，知己兼知人。

不可轻易落笔，随便送人，有送人人不乐者，有更而去之者。一为己：严肃而大乐，狂傲妄者身。

明眸高视亮红心，
廓然大公豁胸襟。
任彼鸡虫瞎叨咕，
难阻高空东去云。

六日

雨。身轻神怡，无往不适。

七日

歌德喜悦一个“大”字，厌恶小刀细工，对的。

大德高节，一眼看过的，爽然做去，管它甚的。识别人物，看他是为谁打算，公？私？为狮虎？为鹰隼？还是为鸡虫？触着便了，可交则与，不可，敬而远之。

脆快！有军公之断然，斩钉截铁。人生几何，焉能如居辕下，看人脸面行事？李白见皇帝如见常人，方称活得痛快也。

书字令观之者如在高秋时节，登临峰顶远眺长河远林，高空飞雁，无不爽心豁目，方佳。

八日

毛主席逝世一周年纪念到了，早上到大队部为写大字九个，满意，一来出于崇敬悼念的心情，二来，人少较静。

饭后即开始作墙壁大字，腰不大痛了。眼力虽欠佳，为了革命事业，一切有益于群众的工作，总得做下去。此为余一贯态度，不容少变。

大人气象，大人作风，大人之行。

“活得像个样子”。（柴霍甫）[18]

九日

写字，较看得过。夜听鼓书。雨，停止。

眼好。胃好。

十日

雨,未能作字。染裤子一条。

鲁迅先生。

迷信,我是从来不信的。什么神神鬼鬼,愚人自作茧耳。但预感简直使我到了惊人的地步!不知心理学上能否解决之。陈师的下世、余最初工作的心情、出版等等,妙绝!奇绝!仿佛是命定的(?)!

自知胜于人知,自卜胜于人卜。正己以待物,以不变应万变,有余。逐物而动,累矣。读毛主席选集战略一篇,好极了。句句真理,大用得着。

十一日

明日种麦,停写。眼可得休息。

十二日

打柴。小蛋又送来一捆干的,剁了一通。整齐地垛起来。秋风飒飒作响,物色之动,能不摇焉?

得赶紧作字,准备外出。中秋即临,需得几文钱的。

十三日

晨,到斜里堡看表兄,送柿一篮,半年未见。午睡好。为庆写对联,送他的,索字近一岁矣。

十四日(八、二)

阴,蒸馍,为庆书字。草三十九斤(先是说三十二斤,经重过秤后得39斤。当说的要说,我从来不注意这些,反嫌别人小气,差矣!)

十五日

集。收到天兄信,甚感。当加鞭于书字,改书文。

鲁迅先生。

到临汾、高县,借《霜红龛全集》。速校对,半月内写好、改罢。

割草八十斤,劳动回来,须休息休息再弄饭,连续作战能力不足,切记。老来作什么学问?大事……手中空空,不行!"钱"!

生活第一。经济第一。

割宣纸十数条,颇费事。明日开始虏笔。必须卖大力。

接毛儿信,附芷颖语,知道生了个男孩子,结实。嘱命名,叫个小红吧。寄来10元,尚未收到。

十六日

山谷"幽兰赋"字不过六七寸大小,而气势磅礴,有顶天立地之概。要在结构紧密大方,笔画间空隙小也。若太空疏,便觉松散无力也。

午作字数幅,不够泼辣。又书,总三心二意,意象未定,贸然落笔,决不会满意的。宁可不书,不可草草也。

十七日

收强儿信,又天兄信各一件。

十八日

大晴。晨割草。染衣一身。剥包谷七十斤。

十九日

夜雨昼晴。

二十日

须好好作一番计划矣！写为什么?改文为什么?勤俭！不能浪费纸张！新生来送红薯数斤。

二十二日

磨面。玉米39斤,麦40斤。

饮水少,晚饭过量,火,食欲不振。体重93斤强,减了。

二十三日

到南辛店取钱10元,花了一元六角,还不见东西。凡事认真一点,太马虎了!

二十四日(十三日)

晨忙甚。磨面,蒸馍。大队要速写大字横幅四十二个字。挤在一堆了。只好叫小女看火,玉顺搭磨。

中秋即临,如无来,便罢。

二日到高县、临汾。

二十五日

肉一斤,炼油半斤。

二十六日(十四日)

开始用麻纸书写长征诗一首四条,还好,有田师身文楼主风味,爨龙颜碑体多,凝练多矣。

二十七日(十五日)

饮食不慎,病了半天,夜服药,愈。粗食吃得太多,脱衣伤寒,泻,冷,抵抗力差矣。生禄兄来看。

二十八日

小女送来鸡子五个,月饼等。书屏幅一条。

二十九日(十七日)

病愈,吃饭得谨慎了。

是非真理,莫非漫无标准,一切决定于力的吗?前路宿定于命的吗?不然,人定胜天。“世上无难事,只要肯登攀!”毛主席的话就是真理、箴言,切实行之,是无往而不胜的。

鲁迅先生。

奋斗!落井下石者,谗言害贤者,蠹虫,小丑。

大丈夫一脑子马克思主义,一颗革命的红心,公字当头,高立广阔地球之上,头顶无极霄汉之空,放踵走去,为人民做活,得群众拥护。蠹虫小丑,能奈之何!

整卫生。明日国庆节,又入十月矣。离年两个月,一切得弄出个头绪,未了结的事,一一办了为要!政治的、经济的、生活工作以及几件琐事交涉,积累不少,不得再拖也。(研写、居室整修)

总结一番为要!想周到,计划妥,行得通。幸福日子开始。一片生机,处处有活力。

科学、卫生、艺术。有条理、整洁、美观。

认真,不得马虎。不太顾情面(过去吃了这亏)。

一步一步有计划地干,一桩一桩了结地干,集中力量全盘地干。

“尚早”论、“没关系”、不算账、含混主义、粗心、不斩绝、容人——害死人!

说干立干、顶真、心中有数、透脱、缜

密——可救之。“心软”、以己推人、不计得失、害己不浅。

为大队写标语、对联。

十　月

一日

国庆节

字：效果，感觉。清丽明婳，雄姿英发，自然，行云流水，精明强干，藤萝缠络，缠绵不绝，云薄晦冥，雷电之力，舒展爽朗，天马行空，轻车奔驰，快马陷阵，闪击战。

不拘真楷、行书、大草，万万不能草率，一笔不精心专注，便糟。

体形虽小，而有大人气概。

端凝蕴蓄力不尽，

疏爽豪华自高致。

聪明乖巧得人爱，

富丽堂皇如殿宇。

心画孤傲老鹤态，

倔强高蹈处士志。

劲瘦挺拗老梅姿，

……（编者按，此诗未能写完。）

骨气逼人，润秀圆转，气态恣肆，藤萝缠络不见端倪。

二日

早，撒地。饭吃得平稳，少吃半碗，就好。食欲振起来，不敢放量吃。

三日

准备到高县。字，本月里积极准备解决问题。外出事，写材料，见朋友。经济。严肃！发必中！

严密。不空放炮。效果。

抓机会，创条件，充实力。（远见、工具、武器、学力、作风、气态、理论）

四日

下午从高县回来，有收获，嵌好了牙齿。到李村得粮票6斤。饮水不少，吃的不少，胃好了。饭后打柴。

当务之急：一、写字十条，好的。二、材料二份。三、信二封。找人。定要打个胜仗！

九日

昨晋阳喜事。拆衣服，忙了一天。带给子正兄屏幅。动手写份申请与自荐。整好字幅，备外出。等外信来。

十日（二十八日）

短歌行八章：

人生如根蒂，

世事如黄发。

弹指百年，

神龟虽寿，

终归“老家”。

正须及时行乐，

有甚可咨嗟！（之一）

生来负债客，

房屋道路非己建。

祖国一切设施尽情享用，

有理一分，

不图报答，

好好劳动生产，

红心何在焉？（之二）

群众领导都一般，

只为了一个目的：
社会主义发展向前。
有点能力，
为甚不贡献？
毛遂自荐，
大步前去猛干，
谁敢小看？（之三）
庄生旷达，
七贤可法，
李白也不寻常，
见皇帝如常人，
一切看得如梦。
正须这等气魄，
走出天地，
一任灵台安排。（之四）
邪不压正，
红心不怕黑心人，
无罪恶，无民愤，
到处称人心。
挺胸阔步，
壮怀激烈，
英豪精神。（之五）
真理在胸，
横空器宇，
惊动鬼神，
笔下有雷声，
无私无畏即自由，
振家风。（之六）
顶天立地，
大鹏气概，
狮虎鹰隼皆我师，
排山倒海。
作字为文同一理，
最厌奴气婢态。
步出国门，
水天空阔，
英雄舞台。（之七）
新鲜空气如甘泉，
劳动锻炼比仙丹。
马克思主义一点灵犀，
“葆真”箴言。——健身秘诀。（之八）
一诚动鬼神，雷打不动心。
公字万类宝，众旧难阻挠。
反听之谓聪，心机贵活用。
斧斤临盘根，荡析统资焚。

诚，公，聪，才。（真意，无私，智慧，敢作敢为。光明正大，辩证法，闯劲。识，胆）

十二日（三十日）

居殊不易，深浅不得！一涉及利字，就飞来眼睛，可笑实可怜。只得远之。凡事要弄清楚，含混便出事矣。书字，草文。

1.田师笔（龙颜手法）。2.傅主笔（飞越、拗强势）。3.南海笔。4.赵山笔。5.何、枝山。6.任笔（石门）。7.昌硕笔（郑）。8.李鳝笔（题画）。[19]聪明而乖巧，拗强不拘格。

稳重君子气，豪放亦超越。

端凝气内敛，放肆不可拆。

十三日（九月一日）

开始早跑（运动），一乐。世界外之世界（思维），二乐。书画，三乐。三份文字。

十四日

开始写了，明日定稿。月内发出。

十五日

既师事鲁迅先生，总得自自然然地有几份鲁迅气，有真意，去粉饰，少做作，勿卖弄。作文为人，表里如一，一个样子，可交者交，不可合者，远之，不流于庸俗，孤军自拔，不惜也。

十七日

脑左边丘大脑处稍痛，有时候用脑太过，好思考之故。得休息三、二天为要。

心情甚畅，力无穷。有何，一切皆己之王国也。

十八日

到浪泉，买稿纸50张。

十九日

我借运盛布票1丈整。上火，兴致欠佳。

以大公人、大心人自居。

二十日

黄崖看戏，见观众如云，天又热，未到开戏，退票归来。午眠甚好。作字多坏。须使观览者(有一定的程度)一见，好像初次见面使人感到一种可亲而又神圣不敢接近的伟人。

不见字，只见人(风采、谈吐、气宇、神思、高怀……)，乃佳。

二十一日

还是物内人，不行！随域进退，因物色而招摇，不行！定见，一行。既师事鲁迅，便得是个鲁迅性行者。高视世界，怀念人类，此之谓大人！丈夫贵养己，宁受外物迁！一心全意写好大文，管他别的。罗孟[20]精神！

二十二日

字：院落，场面，骨架铺排必须展堂宏大，轩敞寡仇，否则小气了。于有此长处。(石门铭)

端凝，紧凑，一圪塔劲儿，龙颜特点也。

山谷、傅公字势如飞，劲瘦挺拗，大见精神。

晨遇燕凤，知王兄在文教负责。当加紧工作之，一赴。

表现一个人的丰度气概，雄心大志。

书法功力到一定程度，即须排开碑帖，信手行之；个人的心胸、气魄即所临之碑帖也。走笔利索，方见大快，有作为、有出息。

二十四日

字之身影必须高大，如大漠中之孤烟，若人立者，直通三界者然。

电视中放映书画家创作形象，可味可味。

无布置等当安排之意，一任神行，直创国家水平，乃可活跃于国际舞台耳。

形象须高大，如天文台；胸襟须旷阔，如海空。

横肆如藤络盘绕古乔木，任意侧出远扬，精神老气横秋，不可一世，莫可驱使。

读万卷书，行万里路，太史公好游名山大川，亦正在于阔大胸臆，文自足千古不朽也。秀才局促私塾中，无远大光明之志，不过仅为几篇时文，何其窝囊也。

年届古稀，称得耄耋。所欲恣为，有甚

不可。毛遂自荐,为国献宝。大天而思。

发李兄信一件。

二十六日

鲁迅师,旷达爽朗,俊卓。

二十七日

定须振作起来,以答小丑、邪恶!电报?什么人?

正直(顶天立地),能文能书(艺),何思、何畏?出俗拔众之中(非一般)。

二十八日

夜大雨,未停,好极,麦子保住了。

月将尽,充分准备数行,从六月开始全力以赴,十日内竟工交卷,收拾经济出走。今年内,定于一,明年大吉大利,万事亨通,可卜也。给小丑一观,看老夫手段如何。

二十九日

晴,糊炉子,理家务,再上战场。仔细,认真,发则中地大干一场。春林来,炉子又重改糊了一番,肯着了。

三十一日

整月已终,大晴。写给品兄信,明日发寄之。

十一月

一日

上集。杨家还四元,算是意外收入。女女来信一件。

二日

业还三元。

明日开始,赶快办事!十日内办竣,即外出。如得逢展,自得安心干干。万一不得从心,决定卖房出走也。

速战待命,不得拖延!

六日

发女女信。天兄来住二日,今天回去。相谈颇热火。

注意健康!准备上阵。如此年纪,放脚走去,“酒酣视八极,俗物皆茫茫”,[21]何顾之有?不管是封建的,资级的,全都踏倒。气吞云梦之势,必此势也。

八日

字画有粗细,亦如草木之枝蔓,有粗有细处也。本粗梢细自然之理,字亦然。笔画中之飞白,亦若枝干中之纹条,有力之表现,所谓“字中有画”也,岂勉强哉!松梅惊人处,在其奇态殊致。骏马高鹰亦如此。若碌碌如母鸡,何可贵邪?

以姿致胜,以气骨胜,以神韵胜,以情挚胜。

九日

玉儿送柴一担。接西安信,毛毛、小毛均考学。

兰亭倘以女流作此,殆似贵妇,端雅娴静,举止温馨,有芳馨气,神态自具。自秉个性,多韵致。

半年来坏了不少纸张,亦稍有代价:敬谨落笔,不敢放肆,一也;力要凝炼,神情内潜,二也;运笔稳正,少有野气,三也;写字写自己,突破碑帖囿限,四也。

狂草得如大家画藤萝,放笔直写,缠

笔不见端倪，无法有法，无意皆意，全恃神行，至乎化境，极矣。

十一日

理发。

早年学老庄，深慕李白狂。

应诏见皇帝，如同见乡党。

露我真性情，谈笑自洋洋。

旷达任天游，遨游不故乡。

更喜汉汲黯，嫉恶怀刚肠。

性似蛛丝直，不怕触帝王。

孟德亦良友，通脱散文丈。

一扫古孝道，为政有主张。

达哉周总理，举世众皆仰。

尽瘁身殁后，永活人心房。

鲁迅真明圣，笔下凝冰霜。

横眉对千夫，永战新文场。

大哉马克思，终老为民航。

伟哉毛主席，世代难再双。

回转党国运，重新建天乡。

廓然大公兮，尧舜再揖让。

酒酣视八极，俗物都茫茫。

冯唐已老矣，浩然亦自壮[22]。

作书之道，殆如演唱家之登场，先得摆架势，再唱腔、走动、表情……，越自然越佳，直进入神境，使观众入迷，极矣。作字亦尔。惟架势非书家本人之架势，乃字本身之架势也。情态，乃字之情态也。然书者内心无情态，字焉能有之乎？故字即人，人即字，写字即写个人也。

十二日

送信去。

一锤定音，快乐之根。

重新建造，欢庆红运。

无往不胜，又逢好春。

展矣君子，百福并臻。

断烟！

竟将要事忘却，可叹！加速完成要文。

十七日

晒包谷。吃力不小，小蛋扛回来的。明日开始为文。

字：气骨、风韵、神魔、致胜。“八怪”味道，不俗为要。才气横溢，魄力，挺拗，不拘格，随便，洒脱率真。

十八日

夜梦：人助送特大瓜，从某处人家欲往时，交友嘱来，怕黑夜难行，适有月色甚亮。惧路远，恰逢有顺汽车，出二角票，人少，有凳坐，顺利极矣。

午时，柴起华、史福祥二君来（赵曲中学）嘱书“礼堂”（二尺五）、“团结紧张，严肃活泼”（尺五），共十字。

十九日

上午写字，还得手，尚满意。书大字用毛手巾裹以棉花，成圆形，书之甚利手，可有办法矣。史君已取去。这大约就是特大西瓜吧。

颇累得慌。

二十日

田师书法特点：运笔有龙颜之敬谨、端凝，字形廿品、猛龙皆有之，神态莫可言喻。

刘兄作字亦谨慎，自有可爱处，才情

过人,不敢放肆。

二十一日

晨运动大好。准备出动。粮票、钱、仰之、延令事。一举成功。

饮食要有节制!用眼脑要有节制!拿出精神,放得下!

字得要飞阁敞楼之势,使人心宽眼亮,展翅欲飞。"立如平准,活似车轮",作字一理。

虚灵,运化,要以智取。功力到,则智矣。

二十二日

顶天而立地,猛志在四方。
气势吞云梦,嫉恶怀刚肠。
酒酣视八极,俗物皆茫茫。
青蝇白鸟类[23],孰云能久长?
鸡虫更可怜,但知觅稻粱。
高文薄天云,与日争光芒。
鲁迅真我师,永示我周行[24]。
金刚而怒目,偏喜冲风狂。
栋梁容庭物,何计枝凋伤?
乐哉逢盛世,为民献力量。
立于不败地,胜利永在望!

二十三日

晨运动后,只觉节节贯通,万窍毕开,百骸俱通,浑身轻灵,一天松和,受益矣。洗衣。

二十四日

作人治学不易,不具"八字",不好。

高:人格、身影、挺胸、神舒。

大:器局、胸怀。

深:志念、专精、入里、谋略、深沉。

广:学力、见闻、阅历、肆展、拓开、阔胸、开臂。

明:智慧、通透、瞻远。

远:目光、见识。

厚:资质、雄厚、力之根源。

实:充实、扎实、物莫能入。

二十五日

壮健。慎独。活乐。

内固精神,外示安逸(意志虽坚定,而仍融融如也)。元气纯真,中正安舒,灵活不滞。虚—灵—动—变—化—成—久。

虚非真空,为"实"准备智力,精神准备,如 2:88 为重,2 为虚之虚也。"微妙之通,深不可识","不欲盈"。无状之状,无物之象。

求阙—知彼(虚)—慎独。余地。知雄守雌。辩证法。

二十七日

合《老子》与太极拳经读之,益体利字。

一空天地一老僧,
手中常捧一本经。
一笑世上私字大,
再笑书生智囊虫。
合卷一眼观天下,
大千世界本一同。
四海一家皆兄弟,
阴谋诡计等畜牲。
胜败原为虚假象,
于我何加自安平。

楚汉争霸似粪土，
希魔[25]威风一幻梦。
地有其财应自取，
侵人侵物实难容。
“南朝四百八十寺，
多少楼台烟雨中。”[26]
应将红心比日月，
莫作燕雀枉飞腾。

淡泊张夫子，椿华正八旬。
甘为孺子劳，执教何谆谆。
桃李遍天下，花木四时春。
“五四”学人广，独宗一鲁迅。
祖国解放后，谈吐更精神。
旷怀无所争，研阅迈时伦。
秀也虽钝拙，幸得列墙门。
感谢栽培苦，难酬良师恩。
愿尽老岁力，惟求日日新。

二十九日

静起来！“希望是什么……”（悲多分[27]语）

大功尽告成。慰甚！

篆、汉隶、古魏，行笔无布置等当意，大方处尽在此。如英豪走路，大步前走，有甚顾虑。秀才举人行走，似乎有些规则，放行不慎谨，只怕人笑骂；小脚妇人更可怜矣。字亦尔，一受约束，不足观也。

十二月

一日

一切俱备，只待钱粮，明日出筹，候发。在此一举，胜亦胜，不胜亦胜也。

二日

赴东靳，李村。

三日

粜粮，麦、包谷可30斤。待发，必胜。

二十六日

六号赴并，住半月，二十四日归来，百事如意。王兄够关怀了！当如命作去，静候指示到来。明日发子正兄信。严肃点，滥说妄动，没是处。什么臭蹄子，何足在心。打破常规，创造性地干活，书写。

德国人著作较短小，但质量很高。英美反之。可法前者。

二十八日

说话多，不考虑。做事犹豫不果断。到西安否？不必！花钱，一也；找学校，更可笑，二也；家庭，钉子，三也。只须寄路兄字，明日写信，即办。再奉太原信。年后走上渠道大干！定工作日程。生活安排。已得胜利，再进一步。

健康！成绩！——订稿。收拾家书物。止烟！

三十日

瑞雪。有些人的脸面真是戏剧的脸，变得神速。有似寒暑表，应验得很。唯有不理，或白眼对待之。

饮食不规律了！

明日书任路兄信。

心神愉快，便是幸福。别事非所过问也。读“五卷”三篇，好极。日当加速工作！读书数页，勿忽！

大家书画特色领略到矣。放笔直写不拘，启人心胸。怎么都可，各有境界。征明兰竹、昌硕石梅、板桥竹子，观后特多风味。法是个甚？一意为之，神行而已。如大自然界中之苍松、藤萝，无不宜者，谁为规定，必如此乃可？任性发展，纯天耳。字亦尔尔。

书法乃我之摄照，不仅可看出我之面貌，亦可看出我之赋性。作风、灵魂、杠人品、德业，无不深藏于其中。

阳历一九七七年算是已经过去，明天就是一九七八年了。送旧迎新，当有一翻总结与新图。前者无甚可言，除到太原一行尚多收获，余不计。

后者任重而道远，元月内完成改文，二月内抄出，便是成绩。明日书二函。

〔注〕：

①“鲁迅”，谓修订《鲁迅〈野草〉探索》；“傅山”，谓修订《傅山论书法》。都是卫俊秀出版过的著作。

②“遂荐”，毛遂自荐。

③“王”，王羲之。“黄”，黄庭坚。“傅”，傅山。“康”，康有为。“吴”，吴昌硕。“赵”，赵铁山。

④“杨朱”，战国卫人，其学说主张“为我”，“拔一毛而利天下，不为也”。其书不传，其事状、言论散见于《列子》、《孟子》诸书。

⑤“林甫”，唐朝奸相李林甫。

⑥“尸祝天下”：尸祝，古代祭礼时担任“尸”（神主）和“祝”（致辞者）的人。这里是主宰、主持的意思。

⑦“二周”，谓鲁迅（周树人）、周总理。

⑧“勉旃”，“旃”古汉语中兼有代词和句尾语气词作用的一个词，是“之”和“焉”的合音。

⑨“铁山”，赵铁山。“田师”，田润霖。“旭春”，常旭青，民国时山西著名书法家，常赞春之胞弟，曾任山西大学教授。

⑩“自笔”，自己的书体。卫俊秀既能写出各大家书法的面目，又能将各家书法融合贯通，根据自己的艺术追求，形成自己的独特风格。

⑪“梁”，梁启超。“潘”，潘逢沼，民国时山西临汾县人，早年毕业于北京大学，为梁漱溟高足。后执教于太原国民师范，为卫俊秀老师，于中国古代哲学颇有研究。

⑫“王君”，“青兄”，谓王中青。

⑬ “真积力久则入”，《荀子·劝学》：“真积力久则入，学至乎没而后止也。”“没”同“殁”，死。其意谓学习要真心实意地积累，努力长久地坚持，才能有所成就；学习要到一个人死的时候才能结束。

⑭“李北海字……”见杜甫《八哀诗·赠秘书监江夏李公邕》。

⑮“直杠子”，襄汾方言，指头脑简单、性情粗野的人。

⑯“章实斋”，清代学者章学诚，字实斋。

⑰“张老师”；张维汉，山西襄汾县人，山西大学预科毕业。卫俊秀在襄汾县南辛店高等小学读书时为其语文老师。宣传新文化思想，尤对鲁迅极力推崇，对卫俊秀走上研究鲁迅的道路有较大影响。工书法，对何绍基书体有较深造诣。卫俊秀早年习书自何绍基始，也是受到他的影响。

⑱“柴霍甫”，俄国作家契诃夫旧或音译为柴霍甫。

⑲“田师”，田润霖。“傅主”，傅山，字青主。“南海”，康有为。“赵山”，赵铁山。“何”，何绍基。“枝山”，祝允明，字枝山。“任”，于右任。“李鳝”，清代书画家，“扬州八怪”之一，江苏兴化人。工花鸟。书法古朴，具颜柳风骨。

⑳“罗孟”，谓俄国十九世纪唯物主义哲学家、科学家、诗人罗蒙诺索夫。他以超乎常人的艰苦奋斗精神取得了伟大成就，卫俊秀视其为学习的榜样。

㉑“酒酣视八极，俗物都茫茫”，出自杜甫《壮游》诗，原诗句为：“饮酣视八极，俗物多茫茫。”“八极”，八方极远之地。“茫茫”，一片苍茫，看不见，此言俗物均不放在眼中。

㉒“冯唐已无矣，浩然亦自壮”，冯唐，汉文帝、景帝时人，年纪虽已老迈，仍做中郎小吏。时匈奴屡为边患，文帝与冯唐言欲得如廉颇、李牧者为将而不可得，冯唐力陈当时赏轻而罚重的弊端，并言魏尚拒匈奴屡立功劳，却以小过而受到重罚，言“陛下虽得廉颇、李牧，弗能用也”，出语慷慨激昂，不避忌讳。文帝终被说服，令冯唐持节赦魏尚，复以为云中守，而拜冯唐为车骑都尉。司马迁《史记·冯唐列传》后论曰：“冯公之论将率，有味哉!有味哉!”卫俊秀诗句，言其虽已年老，犹有浩然壮伟之志。

㉓“青蝇白鸟”，青蝇，苍蝇的一种，多集于粪秽处，古多以之比喻小人。李白《鞠歌行》：“楚国青蝇何太多，连城白璧遭谗毁。”“白鸟”，蚊子，见前注。

㉔“周行”，最好的方法或途径。《诗经·小雅·鹿鸣》：“人之好我，示我周行。”

㉕)“希魔”，德国法西斯头子希特勒。

㉖“南朝四百八十寺，多少楼台烟雨中”，唐杜牧《江南春绝句》中句。杜牧诗本表现江南春景中诸佛寺在烟雨衬托下的朦胧之美。卫俊秀引用其诗则是紧扣上句：“地有其财应自取，侵人侵物实难容”，用比喻的手法，指出用不正当手段“侵人侵物”，贪得无厌，聚敛的财富再多，到后来也只能如仿佛的南朝所建立的诸多佛寺，在茫茫烟雨中尽失其往日的繁华，只留下扑朔迷离的幻景。

㉗“悲多分”，即贝多芬。

一九七八年

（此册封面书“阳历，一九七八年，元旦，颖脱年，景迅。”——编者）

元　月

一日

我给我的命令：

一、全面学习鲁迅先生——革命精神，治学，做人，应事接物……

二、时时切念毛主席、周总理宏伟的气概……马恩列不可须臾离。

三、完成书稿（月内）。

四、识人慎己，十目所视，莫轻交，严律己。战必胜，不随声。

五、忠厚太多了，需要的是聪明，不做傻事。

六、好心都变做敌对，应引以为戒！

七、"能耐"即本领之意，你吃了盲闯的大亏，须耐心一点，山言可取。

八、话太多！对任何人都赤诚，差矣。戒之，戒之！（元旦）

二日

晨，李家送来炭一担，真够感激！晚运盛送益米一碗。都是好心。

书就任路兄信，明日发出。

四日

发李、品、慧之信三件。淘麦。上午任务如计划完成。

有些人敏感之快正如指头上之触角，而其脸面变化之速与准确亦恰似寒暑表与气候之冷热然，真戏剧角色表情，甚足效法也。一张皮，哪能赢人？

五日

磨面55斤。拾柴。

七日

整家，书物。梦种葵子，留厨。任务完成。

九日

晨旺来，似来打听我到太原的情况，够关心了！答得很不满足，走了。

明日开始动笔改文，日一篇。不得有误！真正吃力的并没几篇——只题辞较费力，余好办。

十一日（三日）

加速工作！余不计及。

十二日

鲁迅先生经历过的道路，似乎叫我也在经历着，不断地碰、碰、碰！

手令：

一、"冷""静"起来！什么仁、爱、情、义、理、礼、让：骗而已。

二、钻研！专业，《矛盾论》、《实践论》，好极了。

三、计划行动。慎谨，自然，恰好，得儿。

四、"高""大"起来。

五、充实起来！

十三日（五日）

读书"少而精"，写作"严而谨"，"做事扎而实"，对策"稳而准"。

十七日（九日）

电话打得好，王兄也够关心了！努力，努力，誓把恩情报。不许懈怠，惹人背后笑!

挺胸高视大人气,有出息。胸襟开朗,无私无畏,顶天立地。任他风吹雨打,蚍蜉无力,堂堂大树,神气,神气!

二十四日(十六日)

七秩寿辰述怀:

欣逢寿诞日,自庆七十年。
放翁多坎轲[①],良辰在眼前。
初度谁我记,秘而不外宣。
闭门且自倾,不甘器之然[②]。
免收蟠桃礼,避俗多安闲。
鲁迅作风好,心安守清廉。
子孙居西京,我独在故园。
两便不相扰,似觉眼边宽。
严寒凝大地,正是"四九"天。
莫谓冬月若,青湿到枕边。
老年更当壮,努力追前贤。
誓在一年内,完成三十篇。
书法更求精,远征东海边。
不怕小丑笑,海内尽开颜。
有志事竟成,年纪不为晚。
一振两铁臂,为国多贡献!

二十五日(十七日)

天地大战场,你弱他就强。
猫儿爱老鼠,群羊怕豺狼。
张王和李赵,理亦没二样。
有肉且一割,得骨熬馄汤。
平时来是非,跳出四人帮。
英雄应佳文,歼彼鬼魍魉。
作家生活,作家精神。

二十六日(十八日)

改稿兴趣愈浓,深思出佳品,细心得好篇也。得女女汇款票十五元。明日赴高县。

二十七日(十九日)

阴。

三十一日(二十三日)

志一,定心为要。拿翁在情字上真不得了。明日上集。酒,枣,大豆,烟,食品,酱油。

尖则毁矣锐则挫[③],
楚人怀璧反罪恶[④]。
鸳鸯绣出莫教看,
养拙守黑[⑤]足长乐。

二　月

今人十五"德":1.情薄,马上变脸,只记人短,不记人恩。2.嫉妒,只怕人上去。3.无是非观念,看热闹。4.势利,恭维,小视。5.过河拆桥。6.利来害远。7.不助人。8.破坏之。9.不说公道话。10.绝对自私自利。11.自作聪明,暗己。12.诬陷。13.不认错。14.使性。15.吹劲大。

以其人之道还治其人之身!

春节,初一日,大雪,丰年可喜!

"起宏图",颖脱年!

誓言:

一、鲁迅专家。

二、书法专家。

三、品德高,作风高,境界大,气魄大。

四、严师：马、恩、列、斯、毛、周、鲁。

益友：曹，罗，柏[6]，大诗人，恣肆无绊，为所想为。

五、法禽兽：白鹤，雄狮，猛虎，鹰隼，战马。

六、乐园：文哲艺（经典著作、法帖）。楚辞，《史记》，杜诗，文心，庄生。

七、仇敌：鸡虫俗物蛇蝎鬼蜮之类。

八、要务：生计，摄生。

九、大业：鲁文，傅文[7]，月内定稿。

十、处世：慎独，绝交，寡情无缘（良善即罪恶，教训）。雄伟自壮，无言自恃。学者文人，自得后安。不随声，有主见，诸葛，心神旷怡，雍容泰然。

十一、酒性的人生。活力，朝气，奔头。多用用脑子。

十二、善于对策，识人，明己。潘老师可师，拿翁有长处。

书法毛颖直扫纸面不稍离，一气贯到底者可喜。

八日（二日）

早，李家约吃饭。

九日（三日）

大雪盈尺，未得出门，饮食随便，零吃。明日制止。李有来送吾枣花二个，甚感。

明日写书信二、三件。

准备出动。

十日（四日）

莫叫人"害怕"（政、经）。

十一日（五日）

早雪。对于一些人须大喊二嘶。

十二日（六日）

到冬柴，长庚结婚，行礼3元。

十三日（七日）

公义、才智、胆敢。

十五日（九日）

昨觉民寄来10张纸嘱书，并送白云笔二支。拟明日到临汾一行。收品三君信。

十七日（十一日）

临汾归来，觉民送稿纸3本。

十九日（十三日）

日子过得满好，心情舒畅，无甚挂牵与不妥。静待全会开始到来，即是交运之日。

不必做大事。

外庐讲学，颇多可取处。

横野将军，目中无物。

横空出世，绝席至尊。

应分办的事不敢办——懦夫。

不应分办的事上为反己者效劳——没出息。

办为群众所不快的事——没脑筋。

有些事办理叫人可笑，对方也笑，并不感激——龟耳。

有求必应，不明自己，不量力，不审予，不察人，不顾形势，不虑情况，不看时间地点，不问周围环境，不计影响——此之谓窝囊！

一切在于用智，不用脑子，固属庸愚耳。

智贵适时，动在逢会；人皆有智，用智各异。或用于私情，或用于国事，大人小人所由区分矣。

二十一日（十五日）

识破世故人情，只须付之一噱。

看透物理演变，百事而可永乐。

世态炎凉古今一揆，

人心险恶上下无别。

我为人人谁为我，

人人为己奈若何？

私字当头万恶源。

二十三日（十七日）

旧岁已过，静待新的工作。

二十五日（十九日）

人大明日开始。

字：活泼，自然，愉快，舒展，神爽，意豁。

占有天地宇宙，全属自己的世界。不管千人万人在场，一如无人之境，任性发作。使观之者如看了幅名画，听了曲名音乐，看了出名剧作，引入乐园。王字。

静候出走。明后日索地图。伐树木，整场。解决墙、椿木问题，房屋。

二十六日（二十日）

备课，改文。大会开始。

二十七日（二十一日）

发信二件，太原（品、张）人来，劝赴西安。可笑。

二十八日（二十二日）

二月终。另订本子，正正经经写写，手册、命令、指示，不可随意。

三　月

一日

全面地学习鲁迅先生！识见（料事如神，有对付办法），土匪气，切实坦率，够朋友，真理在胸，无私无畏，金刚怒目，猛志常在，疾恶如仇。得罪就得罪吧。坚卓俊伟，严肃。饮食定时定量。

出言不随便。烟物停止。世界外之世界。善用辩证法——分析人、时、事、地（环境）。作出决策。善于生活。执根用机。

不要过于相信人。

自恃自豪，高也，大也，深也，广也。

欢度晚年，自造幸福，自建乐园，无往非乐，无不自适。

李白率脱，见皇帝如见常人，作官如作秀才，狂者也。

到职后，为华主席书大幅字数页。展开工作，为祖国作贡献！小丑哪阻得住？

教书学习：

1.点子真（确凿无疑，豪不含忽）。

2.放得开（吃透道理，头头是道）。得心应手。通人。学者。

3.掌握到手（精炼、精熟，运用自如）。

4.使用适时（应机则是，失会则非）。

自得，自养，自适，坦荡。

拳术运用变化，决于对手。战略变化，决于敌情。

存乎一心，难矣！属乎智。

识时，知人，量己，用智。

二日

到公社。午看蒲剧《逼上梁山》。收品兄、女女信各一件。

三日

发女女信一件。

老友都在病中,有年纪了。感到人生的短促,倒使我更加有了勇气!认清是非,吃透真理,勇往而直行。迁就对付过日,有甚意思!一味退缩,退到何时为可?窝囊,囊包,无味儿。鲁迅是好样的。年龄,道德,才能,成绩,位置,著作,书法——何必自谦自卑,可笑!可笑!若在南地,早已腾达,直上万里矣。保守,拘谨,不朗然大胆恣肆而为=没出息!("=",等于的意思。——编者)

敢干敢闯,路是人踩出来的!

桀骜二字在别人是病,在己则为德,急须冲破旧樊篱,大天而思,任性而为可也。

守正不阿,不损人利己,问过良心,够了。

四日

改文开始,完成《希望》一文,十日内竟工,不得借故拖拉。

四课:

辩证法、鲁文、书道:工具,思维工具(思想感情),精神。交通工具。文字本身艺术。

现实:工具产生之源。倒转来又为工具使用之对象,并不断改进工具。又改变现实之自身。材料宝库。月内定乾坤。

根本矛盾方面:

主:水平,能力,愿望。

客:自然界:物,化,发现,发明,创造,索取财富。社会:发展情况,时机,需要。

人×我。("×",不等于的意思。——编者)

理论,方法,实践。

五日

到邓兄家,卫真女事,为问之。卖础事,巧得很。

六日

发品兄信一件。买鸡蛋 10 个,1 元,未付。

九日

昨今雨,日誊稿,得手。

做任何事,应当像我国乒乓球队出席国际比赛,一要聚精会神,机智多谋,善于应变,争取主动地位。二要精神饱满,充满胜利信心,立于不败之地。三要自然,从容不迫,心旷神怡,举动有风趣,神气十足,视敌无物,有似开玩;四要庙算在心,技术在手,得心应手,着着有把握。五要掌握环境情况,创造有利条件,拿得住人,吸引观众。

少交,毋交。少麻烦。切记。

独立不迁,生大地兮。断烟绝缘。

十二日(二月四日)

连日改稿颇顺手,莫做好人。自然不是要害人损人,独善而已。今人无道德,品质扫地。好也好不得,没意思了。

铮铮硬骨,如鲁迅先生者乃可风。

经济匆忽！穷到何时是了？忍性太大了，此之谓奴性。非事务人，也要学学的。

静候佳音，月内必出走！不管三七二十一。不过头二十年光景，何处何收。颖脱胜利。

十三日（五日）

有主见，自信坚定不移，不受外牵。认人、识时，做事稳、准、狠，中庸仁恕害死人！

接女女信，催到西安。

镇定起来！

十四日（六日）

大体完成改稿工程，轻松几天再说。发女女信。

十六日（八日）

不可过用脑子。

十七日（九日）

好梦。不愤不发，不逢逆又何愤之有？故迎逆（惟得不要近蛇）应属首要态度。

定稿，放开了。大事成，可庆可喜。

十八日

改文只有一篇了，今日完竣，明日办事。行动起来！

鲁迅先生。

十九日（八日）

二周：

（一）旷达，天地宇宙大，昊天，广宇，通透。大哲人。境界大，气宇大。

（二）思想大，干劲大。大地，切实，文化大师。威望大。

（三）气魄大，行动大，人类威力，革命导师。风度大，坚卓雄伟。

马上动身！

悲歌苦吟二十年，
栉风沐雨未敢闲。
但恨见疑非佳士，
枉度岁月愧轩辕。
丈夫生世贵壮健，
老骥踯躅良可叹。
猛忆“电报”心力异，
便过洪赵到太原。

二十日（十二日）

雨。改文大功靠竣，吃苦不小，可以好好休息休息了。心宽眼明，别事少问，准赴太原一行，定我光程！

二十一日

明日动身北上，一举功成。

二十九日

昨从太原归来，发西安、河东信各一件。当积极搞推荐书。十日内发出为要！心神颇快慰，事成可无疑。

需备课。即到西安亦佳也。总之都是好事。乡居良好。

四　月

一日

到红卫照家。队材料写好。三号前办好社记。地图许交。明日书太原信。

二日

发品三兄一信。途中遇贾书记、小浪，机会大好，跟至公社，谈颇欢快。交给材料听签注意见。

三日

修改“书法”，参考《甲申三百年祭》，拟询问上海书画出版社中的书法协会。

四日

到公社，老朱不待我开口，自动送到《世界地图》，客气，不断让座位，也就算了。丢去不少材料。尚何言哉！感受性特强，像茶叶似的。

十号前办妥，安心做几件大活，静听佳音好了。四五月内是个关键月。山西、陕西都好。书事，四月内或可定点。

五日

大风。词句“负重到今朝”可改为“心事赛春潮”[8]。

八日

耀天兄来住两夜，相谈甚得。昨到河北，士兄赴秦。十五前办清事大写“傅山书法”。清心，卫生。静听吉事。一切都在胜利。外出。

心神颇恬静，适然。自得自安。

九日

可交者交之，不可者远之。

十日

书字八条。梦吉：新衣，照镜。领导跌失水石，足痛，为捏之。

先生好意地建议：“到西安，有理由叫孩子们负担生活”。奇怪之至！

十三日

明日到县一行。归来，即写给太原信三封。二十日前办妥。五月间赴西安。定居。眼力差，无须工作，保健第一。

一、发必中，不曾做到，少用脑子。

二、傲骨无，忍让、谦退不行。

三、不彻底，不脱透，“没关系”故也。

四、知其不可而为之，非愚则妄。字少应酬！

十四日

清理灰尘。脱肛大犯，昨日出工之故，真是无法可想。

一切端赖于正理。

大事算是初步告成，只待到县一行。归来作书发出，静候佳音。此或为最后之一张王牌，所谓“一锤定音”耳。

麦前如未能定，即决心赴秦，专搞出版事。书法以自谋，自力更生，养神保健，亦乐事也。如此年纪，何所他求？

烟禁不住，何事能成？

十五日

夜风，冥晦，不见日光。早干活。细研《楚辞》、《文心》。写《傅山论书法》，《探索》。[9]七乐：1.唯物辩证法（哲学）；2.传统文学，屈原、文心、史记；3.新文学：鲁迅；（以上文学）；4.书法（艺术）；5.太极拳经（体育）；6.世界事（时事）；7.人物传（人帖）。

理有固然，法无定律。运用之妙，存乎一心。

十六日

风止，日出。取相片。

十七日

到襄汾，无谓也。过无姊，陈同学家宿

一夜，为赠红芋、笤帚。旧友毕竟不同。

十八日

晨归来。莽闯孟浪，不自知，可笑之至！拟即作书发出。此盖最末之着，可有望焉。如无，可定一也。

书太原二信：品、会，又李一件。明日书任书，后天发。

十九日

夜风，晴。书任信。善恶？是非？真理？力命？预感？宿命？人己？

二十日

昨下午栽红芋，风大，今日腰酸，农活不能做了。年龄不饶人。认识：

一、矛盾难免，激化，身体受影响。

二、听之，可否都好，莫强求。

三、外出，定行。麦前后。

四、健康！学习！写作！

五、空一切！正之“诗人”？一切可观。没好的，少。

嫉妒、恨切、诬陷、暗噬……

今之品德不过如此。尚有何意思，坏之至也。有识，有胆，正言正行，无私无畏足矣。处吾是境，何似？

二十一日（十五日）

风寒，赴红卫发信。饭必须少吃几口，千万多不得！振奋，振奋，再振奋！激乃厉，愤乃发！钉子盖如好友家。冯李俱罢矣，王兄来啦。

赴县发信，一锤定音，静候佳音好了。

明日点颗。静一静。干活。纯心养精神。

生活。健康。经济。

二十二日

一件大事的完成，即获得一次大乐。然而一件新事也就开始矣，又转入紧张的工作之中。

楚辞研读。傅山论书法。哲学新得。

“野草英文译本序”作为代序。

二十三日

晴，风止。养怡致福为要。力田不足故也。一切莫论。行素。怀二周。必有答复。月内可定点的？旧历则无疑焉。立马登道。

个人亦俨然一大国君也，焉能马虎了之。一切得做出个样子来！

脑灵，心正，体直，眼明，耳聪，口利，各发挥其长。

朗然，俨然，特立于世，不知难，到处坦途，如入虚境。

二十四日

秉纯兄来，知聪弟[10]一家四口回国有期，赋诗志庆。

一别四十秋，相隔两半球。

梦中喜相见，念子长悠悠。

乍闻归国期，海风送暖流。

曦和应加鞭，吉日从此数。

二十五日

动气，须急消，无谓也。赶快卖房出走，为要！

二十六日

晴。

二十七日

唐代书法家：初唐虞、褚、欧阳询、薛

稷;后有张旭,再后有颜鲁公、怀素。怀素,长沙人,又名零陵僧,从张旭的学生邬彤学草书,结识李、杜、苏涣、徐浩等大诗人。

李白草书歌行:“古来万事贵天生,何必公孙大娘浑脱舞。”苏涣:“兴来运笔如旋风。”怀素《自叙帖》:“志在新奇无定则”,“心手相师势转奇”。又:“寒猿饮水撼古藤,壮士拔山伸劲铁”。“笔下唯看激电流,字成真畏盘龙走”。“粉壁长廊数十间,兴来小豁胸中气”。

唐陆羽,尝于故里种芭蕉万余株,剪其叶以供挥洒。书不足,乃漆一盘书之,又漆一方板,书至再三,盘板皆穿。(《怀素传》)

李肇:“弃笔堆集埋于山下,曾曰‘笔冢’”。(《光明日报》78.4.3.)

离奇事偏多,此逼我出走也。好极,好极。

大起来,行动起来!

当说的要说,可写的要写。安排出走!

鲁迅先生。

二十八日

《书法》杂志出版。《傅山论书法》速成之。

二十九日

智高,才大,通脱,敢为——如曹公者乃真英雄。

三十日

四月已终,做了些事,改“探索”,推前书,走太原等。此后只专完成《傅山论书法》,便是一宗大事。《明史》、《甲申三百年祭》参阅之。

五月红,静以待之。15号走西安。

五月(闰五月)

一日

作书,缝补。大乐之月,定型之月。“大诗人”、“大哲人”、“大文豪”之神态,胸襟如海,目中有一切,亦无一切,行素耳。

鲁迅先生。

狂者如李白,随便任性,见皇帝,居官,一副老样子,泰然恬然;法家如曹操,才大,胆大,智谋大,一片真气,通脱少有,都是历史上了不起的人物。周总理兼而有之。

二日

锄地一晌。书字一幅,不得如意,手颤之故。发女信。

三日

阅曹公文,非凡才。器局可法。

自知之明,知人之聪。

晓事之理,远辱之能。

养怡之福,达者之行。

四日

曹文通脱,正以其为人通脱也。

五日

昨夜小雨,明放晴。着笔“书法”之作。

作字必须敬谨,不得乱书!兴致不足,万万不可勉强,损废纸张。

六日

发品三兄信,辞十中工作。莫做短工。

骨力要够！主见，有为。

无所羡，无所求，无所忧，无所畏。有所本，有所恃，有所为，有所负，有所安。

吾自高校时，年少，然笃于学，期能位在教授，有所著述，于愿足矣。四十岁后稍获成绩，而中遭事故，几至不起。从此青蝇白鸟，纷然扑来，倒上为下，变白为黑，捏造诬陷，惟恐其东山。不知余之抗性，激则厉，愤则刚，喜遇矛盾，欢迎钉子，从不气馁，更加凛冽。经验告予：乞求退让，结果必糟；反面斗争，倒有是处。则铁面无情殆亦处世之一法欤！今后作风：不迁就，不周容求全，不做短工，不填空白，不蹈人脚跟，自作主宰，自成王国，正则为，不正则安。辕下之驹，堂下妾妇，一味奴态，吾以为羞。倘不能为公，即出之于私，然必以不损人为戒。顾视年纪、地位、思想、作风、才学、技艺数者，尚有差强人意处，有何退让焉？

曹公真英雄人物——才大，智谋大，胆大，通脱少有。法之。

行径既定，行素足乐。随域外务追逐，永无止息，殆已。况年已老大，一二十年之后，何有？放踵摩顶，纵情恣意，于节有曷不安？忆七十年中受孔孟之毒，循规蹈矩，谨小慎微，慕虚名而昧实有，讫无所为作，可怜哉！

七日

作太原信。陈元来。雨。

鲁迅先生。

八日

晴。意盛力足，乃可落笔。

来路去脉，转折活泼，挺拗硬变，以示风格。

篆隶好处，只在一派天机，无布置等当之意，信笔行之。硬如老树，柔似枯藤，古意自见。走笔切忌急躁、苟且。敏捷中有几分持重，提之以见飞白有神，聪明而乖巧；揉之以示情感，浑厚多蓄劲，按笔用于点，入木三分之感。

（体态）骨骼不庞大，盘转不肆展远扬，小家气态，不足观也。

九日

行装一套，轻整利行。不可久居，清理所有重物。安居处，工作处。

牵丝，线条生动活泼，如小鱼戏游水面，轻松乐步之感。斗笔则活，揉亦如之。

字须有鼓荡性，笔笔似在进行，有生意，如见活物。非轻灵活泼莫能到，遍体气流行。十日吉梦：大汽车数辆，数十人重行装出动回归，似学习毕者。余物亦不少，别人为送上车。余长靴、大衣随之。峰兄⑪又在一块矣。

字之大方与否，不在其形上说话，乃在其格局、气势而言。赵字其形体写得多么大，总是小家之气，奴态可呕。魏字写得再小，而一片大人气象，非凡才也。取魏墓志或南海变法稿自见。宫廷皇殿不管远观近看，无不觉其巍巍然，气势逼人。茅屋即令盖在山头峰顶，有此气象邪？

十一日

手头一没宣纸，便觉恐惶，有似觅烟者然。

道二：工作、自谋，都好。一定，一切可完。

书法，可大通行，书稿也行之。泻药不妨为之。

总之，条条大路，足够行乐矣。

曷往而非快境?

十二日

收品三兄信，即复。

十三日

托秉纯兄粜粮约五十余斤。发青兰信。

十七日

书信二件：李、孙。送兰信。

起落转折，走笔，脉络关联，神韵所在，要使观者看得清清晰晰。又须一笔一画扎扎实实，入木三分，不得含混。神韵妙境，要如下陵女弹琵琶，轻重高低，有声无声，无不动人耳目，引人入胜，以至忘神深醉，似梦非梦，沉进化境。

二十五日

到路局。

二十六日

发陈、翟、王、纯四封。

七　月

四日

新雨。从五月二十日到西安，到六月三十日由太原归来，整40天，做了不少的事，花钱也不少。

接待聪弟一家四口，三四天，一天不断40口亲友，够高兴了。

临怀素狂草一本，徐文长数页，得书法之大观。

三十日到太原，上级批示到文史馆。感激不可言。

王公意欲我教书，眼力不许可。

将到临汾师院整理图书，帮忙耳。

急须处理事：甄别，抄稿，家务。

十二日

发信八件。明日起作字。

十五日

雨。待天晴急到西安，事必办而后返。坚决到底不可忽! 两大事：一、出版，二、出展。必实现! 必使妒人不快为快。

十六日

晴。速写，即行动。丈夫之行。

无可虑，“狂来轻世界”即此意也。迅雷烈风。

作字六张，尚好。明日再写数幅，即入秦办要事。

九　月

二十日

返里。在西安又住50多天。昨发品、晋二函。今晨还建民钱2元。证件明可发寄西安。处理房屋问题。

二十一日

午磨面40斤，明日开灶。

二十二日

晒物。

二十三日

糊窗纸，加劲干！

一、说来讲去，总得有货！

二、屏去一切：妄言妄语，庸俗应酬。

二十四日

材料明日寄发，房屋积极处理之。

二十五日

正大镇邪恶，安康常天顺。

二十六日

明日发信，到县逢集。买鸡子、豆子、菜。

自知之谓明，确然，太不自知矣。受凉已三日不见轻，食欲不振。作字：点子真（法），功力深（久练），手熟为能自入神（变化境，新创造，大巧若拙）。

信已发出。收品兄信一件，甚慰！当即照办。明日发西安信、太原信。催稿待发。

二十八日

盲目地念啊，写啊！交出后立即停笔！

十　月

一日

国庆纪念日。海洋到临汾，发品三、青二函。大力改稿，妥贴，可得放手矣。三日内寄太原。专候西安户口问题。卖房。书数十幅字。条件俱备，即开动，不得在此久留。必得胜利！

二日

雨。稿誊完。郭副主任来坐。明日清稿，后日发。

四日

大力干，交尽，发出——目录，改文，阅，粗过一次，装订。

五日

上集。

六日

晴。修订《傅山论书法》。功成作书。拟写给平信。

七日

已发。李兄来，今日返回。

九日（初八）

加速改清文稿。到县。切切！

十一日

晒颗粒。准备到临汾。候迁移证。如不成，上书，一切听指示。定于一。又解决多少问题。往后一切有办法矣。附字幅。

山书法，速成之。鲁书定心矣，心头一快。

书屏幅，田师味长，有把握。可续研魏体，久不练似生矣。此乃根本，王、怀[12]等参之，取其法而已。运笔则恃吾笔。所谓法同体异也。

田师、刘兄味特佳。书前必思之以立意，乃可落笔。

傅、怀路，田、刘路，康路。

见地与作风——存己，不可更失。随人俯仰极要不得。

十二日

“自知之谓明，知人之谓聪。”愚久不自知亦不知人，糊涂人也。而今后可以慎谨矣。

凡事看得透底，弹指定局，何须麻烦费周折。自自然然，心中有数，你看《空城计》里的孔明何等安闲？赤膊上阵，慌张家伙，如何不挨箭？

你来得，我自去得。反之，亦必有之身份也。

人何必叫人不安？

莫作应酬！字即人。随便以人当物，何其贱邪？

书字二页，坏一，内容写错；另一较好，自然，有我存乎其中。书前用思不够，立意未定即落笔，未有不败者。写时不慎谨，放肆，即草字也得如正楷也。何疾？

字中总得有一股子气味，平淡、庸俗，吁，可叹。

高格，经得住欣赏、分析、研究。菊傲，莲洁，梅瘦，松劲，藤不断。

魏碑中有堂皇处，有正大处，有神秀处，有刚健处，非语所能明，非意所能尽。

明日书贾、路兄信，即到县上一去。上集到东柴、东靳一行。

十三日

写得快意字二幅，真是继狂僧者矣。

一、字中气味——田、刘、康、傅、怀素……

二、走笔，结构。笔到，完整。气脉贯注，精神。数儿。天然姿致，赤子之心。长江大河，瀑布倾倒。太华气象，顶天立地。洞庭境界，气象万千。雷电晦冥，变化无端。古松怪木，老藤交加。宫殿飞宇，坐镇十方。紫荆乱丛，支离可爱。

梦华主席办公，一室。续书字。开始存积百幅，不难。

气象，气概，境界，变化，神韵，气脉，仙态，笔路，诗情，画意，劲瘦挺拗，独特风格，筋脉，气势，机格。

十六日(十五日)

走笔急，不稳，一笔画不苟才行。敬谨。

十七日

半阴。抄稿。

十八日

完成傅稿。可即释手，心亦如之。不必在这些地方费脑眼矣。命运之神似乎仍在主宰着，管他的，惟重视生活健康而已。

十九日

改抄书法稿完工。可休息数日，不准用脑目！

二十日

作字二页。午后书字二页。

健康？工作？念书？生活？不能含忽了！多想想。书生气不中用矣。不计划不行！

二十一日

阴，雨。十日内可得佳音，待之。

鲁迅先生。

个人的经历，唯自己深知，以往推今，殆否非迷。前路如何，焉用邪？

外援有力，更生为宜。

二十二日

读五卷之余，看《史记》。

二十三日(二二日)

书字。即到临邑，定之；复襄汾，一观。未定，上书，处理房，赶西安。定矣。大工作一番，看老夫手段如何。

1.书字二幅，尚好，放得开。用墨，一字中间不可蘸墨，半字墨轻，半字墨重，气脉失矣。

2.笔抓得不紧，用力不大。

3.过于放肆，不好认识。

4.能大胆放笔，惟有时不稳，野笔不好。

二十四日

梦好。子文字。阎辰来，书字大幅一张。心思毫无沾滞，满意。有把握矣。

书字，精神准备——守则：不疾不徐，得之于手而应之于心。

1.敬谨——一笔一画不苟，不急躁。(陈、刘、田)

2.放心——不受任何拘束、滞碍(帖、人)。介人多画。

3.立意——字形，机格，神韵，走笔，转折，活泼……

4.情感浓烈，不写不快。(藤萝……)

5.胎气十足，气脉通贯，亦颠亦狂。

6.不为珍品，不足观也。

二十五日

为电灌站书“涵洞”二字，尺把大。

二十六日

霜降，雨风，冷。

快事：

1.书稿定妥，放心。山书稿久事，快心有寄托。

2.书法有把握，快意。

3.拳术揣摩之。

一切无可过问，乐实在其中。

大事：

1.健康——吃(大豆、枣子)，练。

2.经济——字，药。

人生观——有服务机会，为国家作出贡献。

年老，没机遇，惟有：个人主义，闲事不管。读书消遣，和村老汉玩玩。不必行善，以家兄一生为鉴，救人落得那样惨。艺术天地，欣乐世界。心无沾滞，干净一片。动似龙虎，精精悍悍。

戏作狂草行：

稳准敬谨盖字德，
劲瘦挺拗慎莫违。
龙蛇变化观天性，
放笔横扫浪涛飞。
一朝悬之高堂壁，
林薄晦冥自神威。
呜呼一支狂生笔，
颠老[13]揖让难再得。

字中字外有高天，字外高天几人辨。(以下字迹不清——编者)

二十七日

夜大风。半晴。清心。休息脑眼。坦坦荡荡过几天，临汾一行。晨开始跑步，拳术。

下午接品兄信，稿信俱收到。附写文史资料一纸。

二十八日

补裤子，冷矣。

行止得所在，如入太古林。

枯藤挂老树，众鸟飞入云。

烟雾笼锁地，林薄晦冥深。

瀑布悬崖倒，吼声启思神。

流沫四千里，江河非比伦。

桠杈碍行进，丛莽络人身。

角转忽平衍，日光一片新。

吐却瘁疠气，清爽豁我神。

明日作书二件即发，勿忽。

二十九日

信写好，发不出。明日发。

三十日

发信三件。

十一月

一日

昨到临汾，今日上午10时到师院，书简历一纸。刘彦卿兄为我代笔，甚是感谢！午后到扶青家，晚赶回。候回音。相约后天、大后天去。

二日

整书。拟稿。

章草，篆，草——用功。

为了眼力，工作已放在心外。如此年纪，何必?求人烦己，两无益也。反求诸己，万事大吉。

三日

整家。清心。心头一片轻松，乐甚。梦赛跑利快。

为时不过十来年，万事何必压心间。

百年之后同弃物，累缠庸俗真可怜。

早学罗汉无名类，冯唐已老复何论。

应据城作书中虫，管他严冬与暖春。

作字行——

铁笔惊世界，连犿[14]勿安排。

法家谓之野，不野胡为哉?

放笔为直竿，大刀阔斧裁。

酒醉拸画师，创出神品来。

四日

邻家生事，吵闹，烦甚。午，扶青来，带走字四幅。暂停费脑力。

五日

到东靳。

老来鬻书盖有因，

自力更生不求人。

悖廉苟取素所厌，

反求诸己最得心。

转户口，唯此一途，别不谋焉。

海洋——深，广阔，自由，温暖，美丽汹涌。

接到山西师院信，已批准，后天到工作岗位。

七日

办理琐事，明日到师院。书狂草三幅，尚满意。吾之狂草，一似千军万马奔赴紧急要塞堵敌，分秒必争，不许喘息者，酣淋痛快之极，直给观者一力量，虽懦夫亦知振作也。

〔注〕:

①“放翁多坎轲”,放翁,南宋诗人陆游的别号。陆游于绍兴应礼部试,为秦桧所黜。后中进士,官至宝章阁待制。由于政治上坚决主张抗金,充实军备,一直受到投降派的压制。晚年退居家乡,仍不忘收复中原,其爱国之情一发之于诗。其个人生活亦不愉快。他初婚唐氏,在母亲逼迫下离异,内心痛苦也时常在诗中有所表现。

②“不甘器之然”,不甘心只被人当作一种工具使用。“器”,器皿,工具。语出《论语·为政》:“子曰‘君子不器’。”

③“尖则毁矣锐则挫”:“尖”、“锐”义同,“毁”、“挫”义同。比喻一个人如果喜欢过分地表现自己,则必会受到挫折。《老子·五十六章》:“知者不言,言者不知。塞其兑,闭其门,挫其锐,解其纷,和其光,同其尘,是谓元同。”

④“楚人怀璧反罪恶”:《韩非子·和氏》中的故事,言春秋时楚国人卞和在山中得一璞玉,献于厉王,王使玉工辨识,说是石头,以欺君之罪断卞和左足。后武王即位,卞和又献玉,又以欺君罪断其右足。及文王即位,卞和抱璞玉哭于荆山下,文王派人询问,他说:“吾非悲刖也,悲夫宝玉而题之以石,贞士而名之以诳。”文王使人治璞,果得美玉。

⑤“养拙守黑”:“养拙”,守拙,旧时指隐居不仕。潘岳《闲居赋》:“仰众妙而绝思,终优游以养拙。”“守黑”,《老子·二十八章》:“知其白,守其黑,为天下式。”〔注〕:“白以喻昭昭,黑以喻默默,人虽自知昭昭明白,当守之以默默,如暗昧无所见,如是则可为天下法式,则得常在。”“守黑”,以沉默蒙昧自处,不显露自己。

⑥“曹、罗、柏”:“曹”指曹操。“罗”指罗蒙诺索夫,见1972年日记注16。“柏”,别林斯基旧译或为柏林斯基,俄国十九世纪革命民主主义者,著名哲学家,文艺评论家。卫俊秀1949年至1954年间在西安高中教学,当时开始撰写《鲁迅〈野草〉探索》。卫俊秀曾对笔者回忆说,在西安高中教学时,日夜读别林斯基、车尔尼雪夫斯基的作品,尤其深研他们评论果戈理的文章,对决定其书的写法十分有益。

⑦“鲁文”,指卫俊秀的著作《鲁迅〈野草〉探索》,“傅文”,指其著作《傅山论书法》。

⑧“词句”句,1958年卫俊秀以“历史反革命”罪名被捕入狱,在狱中赋得《长相思》一首:“春也好,秋也好,春花秋月分外娇,往事知多少。醒无聊,梦无聊,一片赤诚几人晓,负重到今朝。”此处谓末句可改为“心事赛春潮”。但卫俊秀后来曾数次书写此词,末句仍为“负重到今朝”(见1989年山西人民出版社《卫俊秀书法选》,1997年北京出版社《卫俊秀书法》),可见终未改动。

⑨“探索”,指《鲁迅〈野草〉探索》。

⑩“聪弟”，指卫俊秀内弟晋聪，1948年赴台北读大学，后留学美国，获博士学位，为马里兰州大学语言学教授。

⑪“峰兄”，卫俊秀大学时期的同学好友李雪峰，新中国成立后曾任中共华北局第一书记，北京市市委书记，天津市、河北省革命委员会主任等职，中共中央政治局候补委员。

⑫“王、怀”：王，王羲之；怀，怀素。

⑬“颠老”，米芾。米芾行为每狂放不羁，世称“米颠”。

⑭“连犿”，随和的意思。《庄子·天下》：“其书虽瑰玮，而连犿无伤也。”

一九七九年

七九年九月十日返里办户口，二十八到文化馆，次日到临汾。送杜院长字。刘为借傅山集，校一过。傅山书法寻到了，心里轻快一大节子。

十　月

二日归来，三日发仰之信。送王、李礼。酬多年劳也。二十日前返西安。到岗位后发太原友人信。会可置理。

四日(十四日)

香德来。万事条件俱备，只在专精努力。

两年不鸣，一鸣惊人。莫作一省红，要作大国手。

明日发馆信。

五日(十五日)

拿翁爱之观！斩绝英雄也。无情出于无情，此真情也。碍世事，人情，慢慢识得的。莫为人。孔孟毕竟不曾见根除。1.整物件。2.改稿。3.办事。4.候信外出。5.安于发展。

十一日

阳光大好，广普照，活及万类。

风采器局，气势大。坚卓雄伟，有气概，有风度，目空物类。五天内完成文稿。放开心，恬静安闲，舒畅度太平日子。

整理家务。收拾门窗。动身。办退休，工作，办户口，坚决。书法，大干。印书。广交游。不可一世。风：总理。

人世难遇开口笑。上疆场。

胸怀真理，无私无畏，精神饱满，敢于斗争，必定胜利。四神：高、远、厚、实。

十三日

定居！

坏现象，恶势力，心短忌贤，如何治？

昧是非，看热闹，胡说随人，实可怜。

看得清，有抱负，睥睨一世，开步前去。

心上干干净净，眼里什么也没。介者画，官止神行，大艺人。放开畅步行我素。

脚下踏踏实实，胸里干干净净，眼中宽宽展展，心里平平整整，人格上正正派派，风采上大大方方，处事上公公正正，为文上通通脱脱。

十七日

雨。发西安信。

脑子里达到了干干净净，心境恬适，无任何杂念，始领会到"清福"二字。二十年来长时期之窝囊气，宽不是。一些混账糊涂强牙赖嘴的家伙的丑态……一扫而空。可以乐行我素，恣我所欲，放我雅游，纵欲之为得焉。人生岂可无乐趣适意的日子邪？"君子坦荡荡"，非无端造。今时我之时也。快情快语，快形色，快为作，快接谈。一言以蔽之，无不风快。读书、摛词、作字，皆然，皆然。喜形于色，高意雅态，偏偏要使那些不乐我的小丑狗们难受难受。人情耳。呵呵。酒中仙，活中仙。

路人们仍如旧时然。管他娘的。哈哈主义似乎还得用之，对某些人。假世界，恶社会，如何得以真善出之。彼只为町畦，亦与之为町畦[①]，百发百中，千古良药也。骨头亦逼出者。太极拳之百胜能以柔克刚即在此：圆、活、灵、胜。尖毁锐挫，固然固然。外交之奥、处人之秘同理，吾得之矣。

文字是个不易雕刻好的珍宝。修一次，较完善一次，改一次发现一次毛病。难得如法。不可忽！越改越好。

字与文不同者，文愈改愈好，字一改便不成字。妙识！

十九日

两稿均较细地改过，放心了。可暂置开数日再复核一遍。

明日到襄汾，查问事。

归来转入处理琐事，粮票，借钱，房树。

二十二日

襄汾归来。过无姊(买车子)。

大天而思，可地而行。恃才尽创，执理前冲。十年日月，国内打响。德才寿齿，睥睨一生。

二十四日

明晨到南辛店送信。点心送张兄(子正)生日。办事(钱)。整理行装。

二十五日

早到南辛店发信二件。食羊菜1碗。

远征江南，东到瀛洲，

实现四化，光我金瓯。

二十六日

活动家——周身像太阳辐射出的一轮光芒，到处是大道，通往四面八方。

过去太静，今日须改变作风，腾达飞黄。有资力，有条件，好好利用，伸向四海五大洋。为祖国、为世界争光，争光！

“理论是暗淡的，生活之树是常青的。”(列宁语)

生活，社会生活，够丰富了！在发展中，矛盾，斗争，转身即可碰到，五花八门，无处不有，可歌可泣，可鄙可笑。在书本中就少得多，凝固了。

人们有促进的，有促退的，有反吃的，有落井下石的，有看戏的，阳一道阴一道，诡计多端……百货齐全，应接不暇，防不胜防！祸从天降，梦也梦不到的。可恶事有的是。

你以为他是人，实鬼也，非从事实中察不出来。

处处要小心，时时要小心，事事要小心！“慎独”，盖有以也。

无言，寡言，没态，一张皮。

以正挡邪，以公战私，以理胜人。

人大、政协已开始，欢快无比：月内盖可定之。当大献身手，为国作出较大贡献也。此第一套。

另一套，不外出，书稿定后，字百幅。麦收出走。

皆大欢喜。

家庭组织，经济收入。

可交者大力交之，不可交者，背而远之。

鲁迅先生。

喜欢坚强而有主见的人。

〔注〕:

①彼只为町畦，亦与之为町畦,《庄子·人间世》:“彼且为无町畦,亦与之为无町畦。”“町畦”,界限。《庄子》原意是:他如果做事没有界限，我也以无界限对待之。卫俊秀用《庄子》的话去了“无”字,其意则与《庄子》不同。其意是:他既然与我保持界限,我也便只好与他保持界限。卫俊秀这时已经平反,而一些人对他的看法仍未改变，正如上文所言:“路人们仍如旧时然。”卫俊秀这样做也是无可奈何的事。

一九八〇年

前半年八个月工作小结：

1. 四月间由美协转来北京国际书店寄来一幅字稿费9.5元。

2.六月间接省文化局通知，参加日本书法家川上井年书展开幕式，赠给纪念册一本。

又交流经验会，在碑林听川上学术讲演。为送字一幅。

3.国书法篆刻展览选中。（由太原送交，小黄寄的，字颇不佳）

4.月间为纽约中国历史展览馆书"神游古国"四大字，得来信，知尚受欢迎，又有照片寄来。美协交来稿费12元。

5.八月接文化局通知索字，应日本长野邀请送日本展出。书三幅，由日本装裱。又接印社通知索书，九月底展出。

6.西北五省书法展览，选中二幅。（规定一人一幅）

7.傅山文定稿，由印社推介上海书画社，寄三篇。

8.鲁文交刘帆同志整理。

9.艺术界人士交往起来。

九　月

一日

镶牙，试模型，约五日去。买川宣20张，笔记本2册。书条幅五幅，尚好。总是急不得，一苟且便不足观矣。借刘家10元。发钟明善[①]同志信，约谈。

二日

临《郑道昭观海岛诗石刻》——登云峰山观还童郑道昭作，一卷终，共四卷。（郑文公碑书者）较文公碑气势绝大。上午临讫。

开始存100张中意字。

三日

临完郑道昭与诸门徒登青阳岭诗，瘦劲，字态大方，鲁公似受此影响。书苏、辛词一幅，小楷，为送日本展出而作。

四日

雨。送郑道昭帖。赴群众艺术馆刘富一同志处，送参加日本长野字展作品五幅。

收到仰之信，谈他的小说、诗、书法。以余字拘谨，嘱酒后再书，以余之功夫气魄颇够。又索傅山文一二篇。

刘富一同志嘱书魏小楷一幅。

人为万物之灵，并非一句妄自尊大的空话。

一、人的潜力无穷，有极大的创造性。

二、人的认识能力与时俱增，也是没穷尽的，因此：

三、没有克服不了的困难。

四、理想都可达到。有计划。

五、善于抓时机，创条件，勇猛精进。

五日

赴刘富一同志处，送字一幅。又送出展字一幅，山体，较如意，换回三张。下星期二牙即镶好。找振纪未见。效山字颇受欢迎，应多练。

集中：山狂草，傅山，素、张，魏字，南海，山谷，田师字，行书。

六日

日本书家观字重视年纪，要作者的小传。作字贵乎无心，突出个性。气概神力，创新风格，不蹈人脚跟。

见到刘老，问清药方，买药一剂，又何首乌100克（0.44一服）。下午去解放路第一中药房。王借药方文，下午取回。

到滋煊兄家送帖，取帖《石经》。山谷字得于此者多，真宝物也。要我注意章法，正中我病。一、字太歪挤，二、□大，参差不活泼，计划性不强。勉之！

七日

郑道昭论经书诗论，共二帙，合前二种共四帙。算是书法中之暴富，可喜。

夜梦大水浸及床铺。

八日

发路兄药文件，又陈铁夫兄信。送展览字（本月底展出）。明日镶牙好。到西大取傅文。集中力量改文。送滋煊同志字二幅，仿傅山字体，颇满意。明日见方馆长，王铎傅山字复印。

十一日

给蒋字二幅。

十二日

接贾平矜兄信，云李校长要我去一趟。下午二时半见到校长，原是要我图书馆工作：顾问。其实在我还是初学习。又与贾兄到图书馆，见了副馆长任平同志，为我安排住居……，即来通知也。

十三日

复方彦光先生信。

十四日

发子正、雨田、玉顺、晋、路（相片）函五件。

十五日

党——负责哲学、政策、教育事。

政府——行政方面的事。（80.9.4消息按，谓《参考消息》报）

十六日

装腔作势的仍不少，摆架子者依然（其实不行）。因此：

一、要一点客气，但不得超过“一点”。

二、可处，要远一些，甚至“二”些。

三、为物先，即是笑也得放在后头。

四、神其“有”！

五、镇四方！

六、昂首阔步……

（脱吾小时装，俗物皆茫茫。）

十七日

齿、德、爵、才。收品三寄来山西资料。

十八日

改修傅文。发女女信。

《消息》（编者按，谓《参考消息》报）80.9.16，过去：

一、不信任知识分子。

二、不尊重高级知识分子，视为哀求者，“研究研究……”，没下文。

三、不充分利用人才，让干□□的事情。

四、推……不敢负责。

官僚机构的惰性：八个月一年！浪费人才！……放弃努力。人才外流，人才荒废。可叹！送礼，走后门！

十九日

瘦了，大约因腿病之故，工作也繁重了些，饭并未减。增傅文。

二十日

发品三兄信。

专究书法。乐趣，适用，应时。

识字（大篆，大草），碑帖，作家，源流，品评，原理。

史，理，法，作品，创作。

二十二日

看贾兄，未在家。体重96斤。

定于一，一者素至也。

什么事也有，哈哈。

自求多福。十分轻松，好事。

二十三日（谓阴历八月十五日）

到刘老尚达家。参加会三天，未见。

二十四日

晴。癣疾，未出门。

二十五日

洗澡。涂药。终日卧床，真苦恼事。病千万害不得！不在意所致，完全可能防得住的。

二十六日

杨来（凤仪），从中国人民银行来，他已是工程师了。索字。

药已见效。

接聪弟信并全家照片。云：美国自然博物馆亚洲馆于10月16日举行揭幕典礼，他夫妇接到请柬届时参加，观看银莲画和我的字，并予摄照寄来也。③

二十七日

字中一点一画，前后上下左右衔接，定是必然之势，亦即自然之势，勉强不得。即无意无心之谓，转折处有如行云流水，活泼非常，画画如有生命，若小鱼，如枝叶，体态如狮虎鹰隼。

二十八、九日

癣病看了月余，不流水了。须在意治疗。

三十日

"慢与静是锻炼身心不可缺少的运动。"（美卖迪臣广场老守门人观中国北京武术团感言——《参考消息》）

十　月

一日（国庆节）

晨为解家村学校书大字八个：忠诚党的教育事业。

最大的威力：1.廓然大公。2.真理无上。3.事实不移。4.理想愿望。

庄子、太白使我思想解放。欧美事大我魄力。（单人自行车异国长期放行，盲人也……聪弟："想怎么干就怎么干。"不违法律）

传统作风要大改！如过分优厚外宾，反倒取得反感，如日人过关……行人远离外宾，挤？人家乐于挤人。反之，俄例……不说缺点，外人不然。

二日

作字有甚样子，看百八十家书，一人一种面目，同一字各有不同形态、写法。可知此中奥秘，全在个人明智，有甚律法。感兴之时，三杯两盏后，把笔直冲纸上，虽张旭怀素，不怕他不叫绝也！

三日

接品三兄一件，并四人照片一张，老同学怀丰、永会、炳犇、品三。

四日

叶竟生信："我想至少有一点应当引起国内的注意，应当允许人们把不同的意见讲出来，并尊重事实，让人们辨别是非，否则是不能使国内进步的。"（《人民日报》80.6.17）

解放思想，门路广开。

心意所至，阔步前迈。

何顾何虑，一片开怀。

百福前候，自做主宰。

齿德爵才，继往开来。

目中无物，鬼神奈何。

自念年事，不过廿年。

养怡之福，自谋为先。

坦坦荡荡，松鹤卓然。

卓立松鹤，寿比南山。

五日

下午同刘老丕烈到冰窖巷教师进修学校开会。徐杰对拙作墓碣文一章有批评——文艺丛刊。④

六日

赴日本书展，闻等日来信后评选。本省、五省、书展日期未定，正筹备。

老同学热心人。

集中写信、书字——方、郭、刘、仰之、沉□健。

七日

陪刘嫂修牙。领工资 80 元。

八日

雨。眼泪，不可少，排出毒素。不可忍住哭（女人哭，下胃溃疡病。男人□）（《人民日报》80.1.8）。心情紧张、压抑、烦恼：心脏病、高血压、心律不齐。……

十日

访刘老问药方。又到师大，贾兄赴成都各地去。到刘嫂家，未见。字债，凤仪、方老、伯会等。钟、方、赵、陈。方、陈索画。

集书内容。借鹤铭。

雨。

听口琴教学：字字清晰，节奏分明，一丝不含忽，高亢处，低微处，温和软美入神处，颠倒神志。拳师打拳，名角演唱，都是一理。皆艺基本功——妙境。余之书法为人所不及处，即具斯倪。能臻于难言之情，引人入胜，不知所之，魅力无穷。

十二日

镶牙，送字。晴。梦一人家借我毛毡、大衣，失之。又复称我队长，宴请。醒后，汗水。

迁就不得矣！绝缘为要。自求为上策，仰人落得可怜！乞求万恶。

写作计划。

十五日

雨。外国人讥笑中国:“中国最普通的三个民族是‘没有’、‘不知道’和‘休息’。”(实际有56个民族)但三句话是中国人。没制度,事事尽量避免“承担责任”,还应加进一个“民族”即“不行”。(《参考消息》美国芝加哥论坛报报道《中国要实现现代化就必须克服惰性》)

“在工作中,因中国人态度不好而发火是常事。”“中国是一个上下关系的社会。如果是上级的旨意,就会通畅无阻,很快落实。假如是由下往上或者是同级之间办事,似乎是非扯皮不可。”——日留学生井泽久美子的日记。(10.15《参考消息》)

为大书家祝嘉[5](乙秋,愚盦先生,八十余岁,苏州人,著作颇富)书屏幅一条。尚满意。附信:

乙公前辈:

敬陈者:秀自与沈钧健同志相识后,得拜读先生书(碑话)等大作,句句珠玉,多年来所梦寐以求者吾今乃得之矣。良深快慰!感激曷似!秀多年以来从事教育工作,久有笔砚之情而未曾作系统研究。前年由陕西师大退休后,参加终南印社工作,对书法一门几不可须臾离。深感先生对书道之精深,著作等身,自惟以后有所遵循矣。爰为书一纸,请教。倘若不弃,肯于教之,则幸甚,感甚!又,先生数十种大作中已出版或发表者,拟请惠示购买处,以便购读,如何?肃此,敬颂

道安!

二十一日

书祝嘉乙秋愚盦先生信。送方君条幅。

二十四日

购川宣纸70张,12元。到美协,赵振川同志嘱书对联——为美籍林先生转嘱。

健康好——健旺。

心性好——神爽。

姿致好——雄威。

二十五日

晨沈钧健随其学生来,送大理石压纸短尺,送字二幅,并祝嘉乙秋字信。至钟明善学校,送字二。允刻印一颗。

二十六日

晴。收翟信并诗。

字债:廓如,纸田,王,任,史,翟。

下午到教师进修班开书展会。高、王、冰如及省委宣传部副部长字各一幅。

二十八日

自力更生,仰仗外力最为可耻,实亦不之恃也。

二十九日

阴。无聊,上街一行,买0.14元宣纸2张。

十一月

一日

晴。终南印社在西安举行第二届书法篆刻展览,参加作品3幅。西北五省在兰州举行书展,参加一横幅,裱工精致。

全国书法篆刻展览不来西安了,没地方,没钱。

夜,长乾同雷雨顺同学来,久不见,大变。雷在北京大学整工作十年,现在在北京科学院研究气象,经常发表文章,未断学习。

二日

省书法展情况不错。约星期六下午七时到场举行书法表演,携带印章。

三日

下午去修牙,五时半归来。接聪弟信,是个喜报,说我为美纽约自然历史博物馆亚洲民族厅所书"神游古国"四大字已悬挂在厅正中,装潢得富丽堂皇,非常好看。他夫妇应邀参加了开幕式,冠盖云集,隆重之至。良深快慰!

五日

气功五禽戏改名新气功疗法。

六日

八日晚七时书法表演,拟以1.傅山□阳雄姿取胜;2.田师动态辅之,而参之以山谷、右任、爨龙。(神巧)

条幅、横幅各一。

统是大草,怀素如醉汉,乱闹一阵;山谷似太极拳剑,从容自在,涵养自深;傅山如老人动气,声色俱厉,一发而不可收拾,龙盘虎卧。但都规矩存焉,惟隐现不同耳。

七日

发聪弟信,又王正志信。看到一些官僚作风,道德败坏行为,妄自尊大行为,真不能不使人:1.立于权威地位之上;2.目中无物,睥睨一世;3.我行我素。

书法表演,不全在现示自己的高艺,博得荣誉,最要者还是起到示范作用,给人以作字规律,收到作用。

八日

晚七时表演开始,为书条幅、横幅各一。当即卖出,尚有预订者。14日再举行一次。西安(楼上住,裱字画)丁伯令(永济人,父连胜,山大毕业);另一人,写一幅带去。

九日

世俗的欲望——随域,冲动,短暂,占有欲。私。

个人的理念——创造欲。公。

确立起未来的发展方向,意识形态,价值观。

发李惠卿信,汇款33元。发耀天兄信。

十日

送贾兄药方。解放军朱来索书。

十一日

为四人书字。找张耀麟兄问澳洲地理。作诗。

见到杨、张,开始写状。

十二日

东南形胜澳大利,
天堑屏障据要津。
潮来潮去自固气,
太平洋上好邦邻。

十四日

梦茅盾住居一处,坐在室内向我点

头。

为省宣传部周部长父子书字二幅，平矜兄一幅。

十五日

到师大请贾兄改诗一首，仅更新了二字，好多了。可即大书之。为送字二幅。

十六日

书字甚多。信三封，明日发出。

十七日

发翟、陈振绪信。学雪梅。

十八日

协会。临鹤、郑……印文。书字三幅（澳一）。到方家用午餐。为松公购钱南园、羲之帖各一本，共2.5角。

意念（专一）。理念（志念）（志向）。信念（决心）。

准备：表演内容，书法内容。

方信，北京，铁夫信。

下午收到聪弟信并我的字照——“神游古国”，共五张，颇好。

十九日

发北京西城区西兴盛胡同三号王续家信（气功），铁夫兄信。

二十日

到美术学院，见方，承其赞誉书法作品，并嘱作横幅。又赵振川索题画“发翠峥嵘”四字，并嘱书数条给北京艺院，外地寄之。取回展字三条，非卖品。

二十一日

整字寄太原、临汾十数幅。今后当存数十幅，准备个人书展。

二十二日

墨海情深。

墨缘长深。

文苑吐铅翠，

墨池起蛟龙。

书法高手，笔兴到处，管他南派北派，张颠素狂，全都踏倒，一往神行，无意皆意，无法皆法，满纸云烟，浑然一体，拆合不得，乃成得妙作。

庄生旷达太白狂，

曹公通脱傅氏强。

□□高石留于我，

宜为我师永不忘。

二十四日

寄聪弟艺苑掇英，齐白石画选并字一幅，邮资9.5元。

明日到钟明善同志家。师大取药方。美协入会。川字二。

二十六日

发聪弟信，0.7元。到钟学校留给底版，下星期可将字照一并照出。购王世镗稿诀一本。准备书法表演，二处。

二十七日

方、赵、王子武字各一幅。（入会事。禾煮纸。人参。）

二十八日

忽然想到—— 一伙。

邓以昏庸，贾等以可恶，没脑子。对□□□虽不足道，都须答以高漫。必得！

巨人：

1.充实，自壮，自神，表现！（睥睨一

世，目中无物可也。）

2.高谩，报德，报怨，无甚。资本：德、齿、爵、才。环境逼人。

3.拟着任务：字、书（50）；入会。

4.政策：外交。

5.办法：抓紧机遇，识人善用。

宣传，扩大影响，多助。

大活跃（周列），大成功。

大快活（李）。

大无畏（罗曹）。

二十九日

邮字，航空1.1元。画片3失之。

澳大利亚墨尔本市澳洲广播电台中文部邮政信箱428。

钧健来，送到祝嘉先生石鼓条幅一纸。对余之字评为拙朴，尚得体，惟不敢当耳。

十二月

一日

冷甚，阴，有雪意。

一、总结，准备。挽幛二。

二、搞理论，研究问题，谈体会经验，须有个人独到见地心得，弄透彻，不随声，

不蹈人脚跟。谈出道理，有实据。择善，固执，信得过。研究心理等方需要。兴会，希望。得宝。

三、给人以东西，启发，有所得。方法，门路，指导。

四、不可轻易上阵。豫则立，战必胜。

五、资深，圆满，站得住，有价值，自得，居安，无往不乐。

六、生动，有风趣，俗事例，说笑。

窥疑窦，攻难关，通途，乐园。

学者，哲人，诗人，艺师。

旷达狂放，任天遨游，唯我独尊，目空一切，横行一世。庄子，太白，曹公。

听过几个学者文人的讲话——江亢虎、萧三、梁漱溟、黄炎培、冯友兰、陈大齐、幽默大师林语堂。

工作：

1.改清傅文。

2.买读书法书□种。

3.书字□幅。

4.经济。

5.识习章草、今草。

6.王、任、化书字。

7.师传略。

8.振绪、纪字。

9.敬吉字。

10.集锦。（照相、信、纪念物）

11.临鹤铭。

二日

临云峰石刻。

三日

送敬吉字。午饭即在方家用。

四日

看书不少。50种字展！

六日

书大字数条。看宫老。理发。

闻全国书法印刻展览作品，北京正在

整理出版，元月份内可竣，约4元上下一本。西北五省字展将来西安展出，不知地址如何。

十三日

冷甚。晚帆来，送稿三篇，云二月内书可印出。

十五日

上午到文馆会，与陈老之中[⑥]坐一小时，知路兄欲来家，未果。晚到滋煊兄处，知西军电将于本星期六下午二时约赴该校作书法表演，共七八位老年书家，又青年二人，分三四摊举行。当书三四条也。

陈嘱：万保健康。颇得教益。勉之。无官一身轻，实已无官。吃喝游乐，任意为之。但手头亦得有几文钱的。解放了。明日给路、李、苏写信。后天看稿。

买面10斤，1.8元，肉菜油条3元。

十六日

买面9元，煤3.38元。

"养怡之福，可以延年。"养尚不及，谈何福？延年更何敢言？但也还好，真解放矣。此之谓天放。物无累者。

十七日

集中改鲁稿，月底并序、题字搞清。准备赴晋。

三外之外，宜复一外，更见轻松多矣。增补"过客"一段。良深快慰！

十八日

改文《秋夜》。

十九日

鲁文似难得一致意见。写法上，内容上所见各异，领悟不同，果难统一，可暂停印也。

八仙：庄李鲁傅马列周鲁。

二杰：罗□。

二十四日

阴，冷甚。魏京阁来。

二十五日

看文三篇，定稿。晚到李家，原约到西军电作书法表演事，知时间太迟，车辆未赶来，不果。凡事不可轻然诺，信义为重。每日苦于应酬，今后可聪明一些，搞好自家工作。"大有为者能知人。"

五省字已寄到西安，地点定后即可出展。写信给任、王、史，切记。

1.知己，难友——救急，予助，亲之爱之。

2.畏友，诤友——规诫，匡失，唯恐有失。

3.敌友——虽为对立面，遭其恨切，然颇能给人以力量，助其奋发，所谓"不激不厉，不愤不发"也。在事功成就上，实为恩友。

着眼自高大深远之处

立脚在厚实平稳之地。

二十六日

解放思想——大；

畅开步伐——大；

放眼世界——大；

胸在北京——大。

拿翁："人能有一坚强……""人无一定主见，一见色旗而付之，最可鄙者也。"

针对性准，

斗争性强，

胜利之神。

自力更生，不靠外援，不相信人，惟己是尊。不要客气，都在笑人。

铁不炼不成钢，人不斗不坚强。

一面斗不起，没矛便不会有盾，没盾便不会有矛。二者相生相成。敌对面的东西是好的，反面的更是好的。对的是好的，坏的错的也是好的。我于是欢迎人们不欢迎的东西。

二十七日

发王、任、史信，附字照。

吾极知书法佳境，手亦自如，能听心神指挥，盖久炼手熟为能之故也。可放手行之，有甚清规可守！倘有书神，我即书神。神之所至，尚有何差错？

人：没灵魂者——占有欲强，没脑子，俗物。

有灵魂者——创造欲强，有理想，至性。

长寿：1.走路；2.稳定情绪；3.食不过量；4.“多作工作。劳动——生命的主要源泉。”（《消息报》）

二十九日

晴，暖。为日本深邃篆会作字二幅，展出。通信处：日本国长野县东筑摩郡明科町七贵 4107-1 深邃篆会，丸山乐云先生。并给太原任、王等作字。

三十日

左面脸发肿，上火了，盖得厚，花生，饭过量，工作紧（字、信、看书）。买梨 8 两，煎服。

三十一日

转暖。订计划：1.作书创见，不引人语。

2.不轻易作字、信、表演应酬。

3.自固气。

4.务本。

5.敬谨。

6.既诺必诚。

7.三外书屋。

8.严事大师。

9.孤高。

〔注〕：

①钟明善，陕西省书法家协会主席，原中国书协副主席。

②李书记，即李绵，原陕西师大党委书记、校长。

③1980 年卫俊秀书写的“神游故国”榜书在美国自然历史博物馆亚洲民族馆被评定为“永久性展品”。

④许杰（1901—1993），著名作家、文艺评论家，鲁迅研究学者。

⑤祝嘉（1899—1995），号燕秋，亦署乙秋，海南昌平人，著名书法家，书法理论家。

⑥陈之中（1913—1987），别名致和，山西临猗人，著名国画家，亦精于文物鉴定。曾在西安文化局、西安市文物管理委员会任职。

一九八一年

元　月

元旦

儿女都回来,一家团聚,颇热闹。

新年开始,新计划。总务:

二书——春节前大体改妥;

一字——50幅,前半年完成。

三外书屋。

良友:王、李、高、路,二十年……

作风:严肃,敬谨,认真。

知己外,不造次信人,分别对待,莫滥交,不广交。不必发慈善心(自然不害人)。自力更生,我行我素,自由王国,万里谁能驯。聪明点,自恃,大,强,自适。(德,才,齿,爵)大乐,享。骅骝开道路,鹰隼出风尘。[1]

二日

没外出。

三日

张乐然同志来,嘱书对联。到四十三中方强家。整理书物。

四日

向钟明善同志借来《瘗鹤铭》钩本,又到长乾家,送给庆大针10支,甚感。夜单钩竣,明日书之。夜毛女来,一家谈家常。

五日

阴。临《瘗鹤铭》讫。接王副省长[2]信,嘱春节早日到太原,初二或可动身吧。收品三兄信。复正志、翟、耀天兄等信。

六日

雪。改鲁文。晚头痛,自愈。若莲孩子借逻辑一本。

七日

寇钰来,为书字四幅。又索去旧作一幅。志和的同事,能文好艺术,常写政论性文字《陕西日报》发表,长于摄影。

八日

阴,有雪意。改文。明日休息。

十日

到小寨医学院附属医院看病,断为鱼鳞癣,药三种,忌食羊肉,酒,辣子等。

十一日

还送钟字,长乾针。张乐然同志来,带走字。明日加紧改文,三天毕。再改傅文。

十二日

接孙觉民信,嘱书"教学研究"四字,当即作复。

十三日

改《野草》文,基本完工。

十五日

明日起专力傅文。

二十二日

应莲湖区函邀,下午二时到该区作书法讲谈并表演三小时,效果据反映认为最好的一次讲话,解决问题。并约春节期间作第二次讲话。有多少人索书:画会负责人杨崇……世民等同志(文教部副部长)……

明日整理书物。太原信,修改文稿……休息一天。

二十七日

参加美协联欢会，地址政协，十分热闹。赵振川从北京回来，交到四张六尺好宣，嘱为北京国际机场书字数幅。

二十八日

刘富一同志告日本长野县来信，索作品，正待省领导批示。评选工作，嘱我参加。

临汾康龙曾在西安工作二十余年，前年调回临汾，作艺术工作。代刘问好。

川上井年，傲甚。1.日本惟他巨擘。2.在北京周而复表演后他不写。A. 没带图章。当即为刻一印，无法乃动笔。B.不在人多处写。3.到东北，因砚石不佳，有墨渍竟未书。盖印要印范，盖数次方妥。立体。

二十九日

放言：

三外头脑谁敌手？
自比天公无所求。
太白闻之前拜友，
拿翁耻之远逃走。
茫茫俗物不必视，
横行一世自遨游。
物类皆齐谁高下，
五公大人何足数？
真理在胸笔在手，
无私无畏即自由。
胸怀乾坤一天地，
管他冬夏与春秋。
（三外头脑真秀雄）

三十一日

到82中钟明善家，取来傅山各照。书字三幅，仿傅笔，尚好。明日审定稿。字印。

二　月

三日

方敬吉同志送来猴烟五盒。到路兄家，知他晚车回西安。刘老住院。为王冰如同志写介绍信，孩子（胜天）赴美学习。

四日

到路、程两家，各送太原陈醋一瓶。又到美协王冰如处交绍介信一封。百花画会程雷两同志赠送文房四宝，甚感！

五日

春节，元旦。过得痛快，大女全家来，振玲[③]们也从太原来，强儿一家到汉中，树儿一家到渭南。大家一天在欢快中度过。

六日（初二日）

收到聪弟寄来字照，并纽约自然博物馆亚洲民族厅主任爱德华致谢信。京阁来，为书一纸。七时动身到太原看亲友。

七日

下午一时到太原，振绪一家到西村，为我留下钥匙、吃的。夜睡甚好。

八日

上午十时看王副省长，恰好品三、融慧[④]兄先到，正念作我。王为我人安排一种魏时民族问题，题大未敢承担。鲁、傅稿已承办竣，看来不成问题。为送西凤、挂历、书法三条。药方，颇高兴。适任副秘书长夫妇也到，当将礼品带回。午饭即在他家吃过，三人回到融慧兄家休息。三时一同相随到省府任家，谈甚热闹。五时承用俄车送会。又见史秘书长⑤，为送字，王字。刘约明日午饭到他家。后天到翟家。拟再看张、卫、高。

任务，诺言：个人全国展。义书，印文，评日字。

初五日

应刘融慧兄之邀，在他家午餐，丰盛，口味佳。

初六日

品三兄约午餐，丰富，多样化，甚可口。到卫显卿兄处，陪游重阳宫，遇公休，在显卿兄家午睡一小时。五时到王兄家，他尚未下班，丁嫂招待我，头一句便说："你的字送裱去了。"并嘱书诗一首：

一

西北特委立，建党建军忙。

李岩携君至，革命聚一堂。

二

革命信艰苦，卧薪糠秕尝。

歌声从不断，热情特高涨。

三

感君纯真志，英姿赛儿郎。

每每给重任，勇敢来承当。

四

酣战陈吴营，于新拒敌兵。

遗书遣君去，为党决牺牲。

五

山村养病日，遇君室增辉。

畅谈革命志，决心征鲁西。

六

紧随平原纵，日夕下山冈。

夜驰近百里，君犹斗志昂。

七

谋画运东地，开辟茌博清，

君敢冒险难，夜携木兰还。

八

组织五大队，挺进高平恩。

不怕北风寒，火炬照我心。

九

坚持卫东地，女孩换新装。

深入敌占区，横视敌猖狂。

十

平原根据地，父老齐欢畅。

岂知奠基人，其中有女郎。

十一

重逢共话旧，革命情意长。

劝君更奋勉，四化献力量。

张承先同志赠诗。1979.7.于北京

六时王兄下班回来，似乎有些病。云，两本书稿已交出版社。七时又到省府开会。即辞出。

初八日

买车票 4.7 元。发聪弟信。

初九日

下午六时到临汾振维家。

初十日

到孙觉民家，午餐，知所书《教学研究》已被采用制版。夜宿李慧卿家。为购茶叶 3.2 元。

十一日

到家。

十二日

到北戍苏仰之家。

十三日

到南许,堡子表兄家。

十四日

侯冬生来，以自行车送我到李村、东靳,返到家用午饭。为书字两幅。见到康兄。

十五日

未出门。乡友来座谈。

不作他想,甚好,心安养神。何必!

十一日

返里。次日到仰之家,住一夜到南许,转表兄家。

十三日

侯冬生来家,复到东靳、李村,转回他家,午餐,又送我回景村。

十七日

黄光耀来家,送我到东柴。

十八日

来临汾。

十九日

返里,寻失物。夜住李旭如家。

二十日

来振维家。

板桥:搔痒不着赞何益? 入木三分骂亦精。——克家为文赞之。

白日放歌须纵酒，青春作伴好还乡。白日:明媚的阳光。青春作伴:春日伴人归,意:春和景明,助人行色。

“白日不到处,青春恰自来。”袁枚。

二十八日(阳历)

连日陪同仰之游小雁塔、大雁塔、碑林,甚畅!午后长乾、正之、文尉、从俭四同学来,甚慰。惜未及进餐辞去。正之将到铁师院任教,当同帆一提。昨见方胜,可购右任武侯出师表一本。又知日本将送其之书法在日本展出。可再询傅嘉义、赵雄等同志。又见陈老、冰如、赵振川。三月上旬当作好书送之。

三　月

《人间词话》:

境界:能写真景真情谓之境界。

造境,理想,合乎自然。

写境,写实,近于理想。

有我之境,以我观物。

无我之境,以物观我。

李白纯以气象胜。

“词人者,不失其赤子之心者也。”

“诗人对宇宙人生,须入乎其内,又须出乎其外。入乎其内,故能写之;出乎其外,故能观之。入乎其内,故有生气;出乎其外,故有高致。”

“诗人必有轻视外物之意，故能以奴仆命风月;又必有重视外物之意,故能与花鸟共忧乐。”

一日

游大雁塔、碑林、半坡。

二日

接澳大利亚广播电台寄来广播节目图表一帧。80年12月应日本与澳洲书法竞赛会邀，想已录取矣。

三日

发任、王、侯信三件。复制三份，字数幅——段云、丁伯令、仰之等。明日盖印。方胜送右任字幅，感激万分！

四日

与仰之参观省图书馆、古旧书店，午后共进餐，腊羊肉，炒鸡子，大米，挂面。

五日

陪仰之赴临潼参观秦兵马俑，六时半动身返西安。仰之八时动身回晋。

六日

下午终南印社开会。还方帖钱2.6元。早送刘丕烈同志陈醋一瓶。发品三、玉顺、小浪信。参与日书法展览，正在日举行。尔后当专心于书写100幅，准备个人展出为要！一切当置之度外，与小人计，甚无谓也。可笑。

九日

送平矜兄家陈醋一瓶。看到日本书作展，知我的字幅一月十八日已在日本展出。西安参加者共七人，并均被深邃社吸收为特别会员。

十日

梦云有一批□托办，价高。又毛家随校负责人要□讲话。

十三日

下午在美协为北京机场书字。大字尚可，惟太挤，小幅章法差。又浪费了纸张。今后当在心，不能再费纸！敬谨认真！

明日专书，美展，并写信。

《散氏》字潇洒松宽，细轻，章法好，可取。

十四日

1.老大，无须到处跑了！字，除必要应酬外，只作自己的。存藏。

2.不必为一些私心人、不负责任人供商品。他们装腰包，教别人当苦工。教训。

3.必须学聪明人，会打算盘。

4.人，也有种种，应分别对待。

要务：1.任、王信。2.聪、费、方字、信。3.任、丁字。4.乐然、伯令.乾，王、元等字。5.清理字。

十七日

发聪、方字函。送□胜利一石。

攻书理。

二十一日

换掉面，整帖。

二十二日

晨，上街买菜，且走且看《草字稿》，走到供电局门口，遇一位青年艺术工作者丝绸一厂郭建相，将赴常州开摄影会。下得车来，说是看到我走路仍是手不释卷，颇受感动，乐于为我摄照数张，洗出后，从常州归来看我。我也留给姓名地址。看来他曾经认识，终南展出时。

明令：一、攻克草书！二、攻透篆书！三、深入书理。

接品三信，即呈李相□兄一信。

二十三日

雨。发李信，书翟信[6]。已发。当前的社会风气之低劣，恐怕在历史上再也比不上的。人心之险恶，私欲之熏心，真是可怕。比之解放初之五十年代岂止天壤。善心操不得，别人靠不住！助人为“恶”，名言也。自给自足，自求多福，毋听，毋看，毋言，毋信，如此而已。孤傲，挺拔，独来独往，我行我素。为了谋生，“利”字还得有一点，名大可不必，免得麻烦！人并无什么可贵处，比之禽兽，不过善作假而已。存我为贵，否定一切。（一切不打折扣）到处在吃人！我本“公”人，行不通。只好私字当头，但不侵人。——我之思想转变。

朋友大有好的，不得排除，应另眼看待。

人要有思想，有个性，有信仰，有理想，有崇拜，有癖好，有自豪感！

人！罗蒙诺索夫，了不起！

“天才没有战胜不了的困难。”

二十七日

为了书诗成功，几天来，饭吃不合适，胃不舒服。

二十八日

接聪弟信，附照片，又感谢信复制四份，他的履历二份。当为他回国讲学而活动。——山大，西师大。

1.保健。2.事业。3.学问修养。4.情理。

二十九日

参加日本冈田鲁卿书法篆刻开幕式，为贺书一横幅。

寿映仑学长：

苍松挺拔接云头，
错节盘根难与俦。
政绩通和腾众口，
作风纯正布鸿猷。
七旬稀寿称觞庆，
往日同窗附骥游。
读罢鹿鸣挥翰墨，
愿君更上一层楼。

老松盘纡虬龙走，
政如干干胜道州。
称觞并门望风采，
故人长安高吟喉。
十载共砚情谊重，
为报知音逐上游。
更喜春正普天庆，
遥祝古稀更增寿。

一九八一年三月二十四日

接到雪峰兄一件，喜愉不可言。

三十日

送交傅嘉义同志简历二份，内有方胜同志一份，系直寄日本深邃篆会者。

仍太脆弱！无理胡干还有甚可动气处！斗争即人生！斗争即快乐！矛盾愈大，斗争愈强，愈得到锻炼，健康之本也。

为人作字不可太滥，即诺必诚，不可草率。

明日去看樊宁同志。为成海、嘉义、赵

熊作字。

诸葛武侯、张良都是大了不起的人物。人们称有才能的人为有“能耐”，可见能耐的重要了。火炮性子的人是愚蠢的人！婆婆妈妈，有机会就滥说诉苦，有如乞怜，最可鄙者也。沉着！

夜看电视，观张泽铎教授花卉画，振我精神，曷不一试？字亦然！大家书法！走展京师。50幅！找画临之！

三十一日

书王兄信，告以内弟讲学事。傅山字□“骄谗世情……”可大笔挥之。

发王省长、玉顺、芬姐信。

四　月

一日

接品三兄信。附改寿映仑兄诗，当即为书精裱。书枫、任、王、品信四件。发聪弟信。

二日

发枫、品、任三件。

昨夜梦聪弟为深井水土压没。即在我处，我有责任。奇矣！阴，冬天般的冷。

三日

发王、品、玉、芬信。

四日

游动物园。以前以为熊猫不过猫之大，今乃知如中熊之大。

六日

因为建房早争吵，一家不能交言之故。……似已不必在此久待。久欲返晋，正好。

八日

七日雨。连日夜晚咳嗽不止，昨夜安静，居然大好，精神恢复如旧。此后可得大留心。守身为要！

一、欲×，饮食！起居，工作，及时，适时。

二、傅文补。

三、积字。

四、草、篆精。

五、赴京准备。

六、印书事。

九日

到师大收夫兄赠学报一本。见到原院长、杨科长。夫兄研究精深真可敬佩。当学习之。定个计划，找个安便处，不必受窝囊鬼气了。可笑可鄙！

发品三兄信，改傅文事。

十日

昨托许留行给黄带回语法一本。

看书仍多！下星期完成：A.任、丁字，张字。B 傅文补充。切实检阅一次。C 复原胖。

十四日

昨日杨信之，田培植、樊宁君等来，远客，谈颇好。信之走时索字一幅。

十五日

书法难道真到了每下愈况的地步？必须上追二王汉魏体，与古人比肩！

（心会）安排布局，在一字中言结构，

在整幅中言章法。

十六日

看郑革非，适遇其出外开会，留给一信，交郭君收转。复到师专见周乃昌君，陕师大一毕业生（教师），刘康继也来。师生感情颇浓，并知那里学生很不少。都知道我。嘱为日本作书。

十七日

发王省长信。修傅文事。雨。

十九日

“充实之谓美。”1.元气（胎气）十足。2.精神饱满。3.正气凛然。4.艺高。5.智高。

自主义：愿，谋，爱，尊，立，强，恃剑，豪，大，得适，神，架，自力更生，自求多福。“何时得见公？”不得见，以正为顺。1.目空万端。A 庸俗。B 饱暖。C 宗派。D 无是无非，后门送礼。E 钱昧心，无正义。F 一塌糊涂，私而已。——草木，一喙。2.亦高亦大（顶天立地）。3.大刀阔斧。（骅骝开道，鹰隼出尘）。4.建设自由王国。5.创造美好乐园。真天地，好世界。

资格：高龄——七十上。

高德：高人——高人。

高□：——大师。

高才：——全，五省，日，美，书展，会员。

高望：——群众。

二十日

整天参加省书协会，选举出席全国书协代表。午在和平饭馆会餐。

明日再精书任寿字，送裱、另托一张丁诗。速完成傅文补文。

二十三日

晴。为寇钰书写一幅，草体。颇得其欢喜，满意，并借去草字汇二本，约下月二十日送还。聪弟来信。又为任兄寿重作一张，较合心。

二十四日

到房地局，未见人，开会。了解一下内容，也属经验。心不快，太脆，又见尚未入道，可笑！壮哉何讲？斗起来！不走后门，不送礼，真办不成事？岂有此理！

书法游国，还须出国！——个展。盖字已出国矣，美，日。创条件，出版事。赴并，到京！制作。为国赚外汇，义字。正大光明。

敢于睥睨一世者，在此。

无矛盾即无战场，无战场即英雄无用武之地。

平顺的日子杀害了不少有为人物。

不经崎岖险路何能登峰造极。

幸福的日子建筑在磨难的身上。

哲人眼目中从来没有任何不愉快的事物。

哀叹诉苦是奴才的本性。

超人根本没有梦见过什么叫困难。

酒性的人生是最幸运的人生，因为它充满了热和血。勇敢是它独一无二的美德。

最悲哀的是懦夫，他没有胎气，没灵魂，因而没有影子。

在变态的社会里，超人主义还有用。

随域进退虽说聪明,实在是大罪人。他只从事于保护自己,对社会不作任何贡献。

高谈阔论等于谈神仙生活。对实际生活无关。

实事求是,在于解决问题,创造幸福。

大人!

光明磊荦(德),昭然远见(智),如龙似虎,务实不伪(作风),顶天立地(志),无私无畏,自由世界。

二十六日

有坚强之信念,则千恶俱灭矣!

五十幅之急务!! ——神品,非次品。

看电视——三十六届世运乒乓球名手赛—左右回旋,远程抽打,短接巧送,猛扑直上,翻身伏救,高空截击,趁机直捣,千变万化,神智而已,运动而已(气血,筋骨),如龙蛇盘绕,如狮虎扑斗……书法之道亦尔。其来无端,其去无迹,似无声而有声,似无色而有色,缥缈处如入幻境,激昂处入临战阵。而势固在,极天地之壮观,俨然别一世界。

一局大好的球赛,等于一幅妙品。曲曲折折,千变万化,有血有汗,有甘有苦,有夷有险,有仙境有阵地,有千佛寺,有千仞峰,有林薄晦冥气象,有风驰电骤气概……书法中应有此滋味。有此境界。神品。

艺术家的独特风格,气态。傲到目中无物,唯我独尊。高尚到惟上帝有资格请吃饭。睥睨一世,谁可吾比。高迈,豪大。

二绝:书法,慰神。

太极,健身。

二大乐。

二十七日

书字五幅,较满意。按正规来便好。宜慢,敬谨。墨入纸。厚实丰润,筋骨血肉皆备。

字,送裱二幅,下月二十日后可取。在金岭处饮茶,边处作颜字数个。

二十八日

我的书法就像流水,浩浩荡荡,随遇取势,千变万化,非所预测,水到渠成,一片天然姿致,自成章法,乃为天成,此曰道书。

书尚圆, 本乎自然之道。太极拳,字圆,势圆。笔笔势势以转、通、和、变、活、润。

二十九日

写能似太极拳外柔内刚,乃好。

字虽如流水,然非急流,急则燥,墨不入纸,影响血肉。

写有把握之字,忌信笔。笔笔敬。草字左规右矩,一讨巧,便糟。要大有意思!“一字千金”,岂随便可得邪?

世界上没有克服不了的困难,没有达不到的目的,只在用心而已。时机、窍要,用在地方,并不费力也。

三十日

晨打拳。进入一新阶段,深入,有功力。

书法上宜多风韵!

远征太平洋地区。能有三老人徒步全

球，三年完成，书法何难？

30幅赴京，见友人处阅。

上书——陈愿，义卖，为国争光，为四化赚钱，得外汇，足矣。

五　月

一日

夜好梦：某人有数十把梳子，自理之，黑发顺理。又为人追之甚急。晨观段帖，发现徐偃王来届，甚愤！

切实改成傅文。字20幅。

乐乐呵呵地过得好。

二日

风。歌唱演员不只是口唱，且须有手势、面部表情。书法表演也须有艺术家的姿致。

草书必至遒丽，圆秀腴润，而又似老梅屈铁，亦柔亦刚，刚似根干，柔殆枝叶，以刚统柔，则拙于巧也。分析一笔一画，是硬的；整字或联笔数字，是柔的。如连环，一环是屈铁，环套环则如游龙走蛇。敬谨缓进，却给人以神速之感。

三日

到费兄家谈甚契，颇多启发。

七日

玩世不恭，轻老肆志，都是时代赋予的。庄生、陶潜、李白，哪个非爱国者？

少应酬，豪放自由！

十一日

接到任副主任信，知青兄赴京治病，甚念。发回信，另给丁同志信一封，由品三兄转交。傅文明天完成修改部分，可休息几天。再看二十四史书法家传。准备讲稿。系统，见解，（独到，自己的东西，反拼凑、抄袭他人著作，少而精。）宗旨（给人什么）。

十五日

昨到二十七中送字，方磊[⑦]同志将为刻章数方，改天送文去。晚方胜同志来。前几天刘帆同志来，为送青岛摆设一件，甚感。

太极拳——关键拳。上虚下实。病者常是上实下虚。自然为贵，打得含蓄，力不尽，臂勿伸直。气功，丹田，圆虚和，反硬直；抗力大。道理不明，必出岔子。书法亦然。昔以巧多于拙，今以拙多于巧。杨家拳，正规，宜于老弱。

十八日

昨接品兄信，知：1.青病，赴京，危险已渡过，祈祷，祈祷！2.傅文有不妥处，正吾拟改者。不必急。鲁文看如何。3.他住家骥姨妈淑云二次到美，下榻他二妹喜庆处，二妹喜英入美籍。不在一处。

决定：一、连日看书多，不必。少看，保健。二、傅文勿急。鲁文可无问题。不拘如何，不在心。三、书理。从容书写，作成绩。四、余不计。无压心事。不多事。

不拘甚事，要有主见。自己通得过，便得到主宰。听外力摆布，随人脚跟转，终无成。

读书：探根见底，来龙去脉。通透。

脱胎换骨，炉火纯青。精熟。

卓见独特。

佛心，一尘不染，清静，不存物，空。

下午到刘帆家，有臧送他的诗。臧克家诗：

自沐朝晖意蓊茏，
休凭白发便呼翁。
狂来欲碎玻璃镜，
还我青春火样红。

拟诗——谁比得：
切直高风得众望，
汲黯旷古社稷臣。
久病尫弱犹硬战，
生死荣名安足论？

属文子建休前辈，
凌云健笔如有神。
敏决献策庞统惭，
只缘秉公示率真。

早岁胸怀革命志，
出民水火一条心。
风波浩荡大地阔，
吉人与助出风尘。

自古贤圣存明德，
于今偏多恶象贤。
吾□□□□室理，
搔首直欲问苍天！

十九日

书字数幅，尚可，惟欠敬谨。草中无真，须特在心。

停止无谓的应酬！

开始积存珍品——各体。康，真，魏、隶，何。

二十日

梦陕报登年画，系一高房。诗作实处易解，空处难识。要善于捉摸空外音。

下午书字——对联二副，尚满意。条幅四幅，自如多矣。李健墨偕新爱人来，送喜糖，当回复字一幅。

二十二日

日课：攻篆、草。

日书部首识透理。

接枫兄信。

二十三日

复枫兄信，附字照，寄信，即作字邮寄之。

二十六日

作书：一、墨宽笔饱，丰腴，情。二、笔尖不离纸，细声似蚕食桑叶。三、不疾不徐，如蚯蚓蠕动，入墨。四、揉，提，扬。五、姿致飞动。字外神韵，章法中。（正斜，大小，粗细，参差）

聪慧至极，不可言传而系人，如浮云万变不测，成云山佳境。大山中有秀峰、亭台、庙宇、古树、藤萝、喷泉、花草、细径、幽壑、深涧、峭壁……时而疾风骤雨，有倾摧之势。必如此，乃为佳作。

二十八日

有点感冒。发翟信、字。定到太原(6.10),可休息几天。信,书,字。任务:1.送字。2.野草版事,对教学有助。书展,义卖,履诺,房,外交。

二十九日

发北京信并字二幅。姚久恭,杜威,国柱。

书字数幅,总是不敬谨,草草,大坏事!改之勿忽!必须字字真金,否则,宁可搁笔也。

笔致田师多,较有把握。

冶魏(龙颜)、傅、康、黄、于、王于一炉。

作字定是:

非常专心,

非常敬谨,

非常认真,

点画不苟,

章法自然。

写我自己,写我灵魂,写我活力,写我生命。既大且深,工稳中含奇绝,奇险中寓工致,魅力无穷,味之无厌,如美女而有烈妇气,既兰亦芳,载柔载刚,始为得之。既称为艺术,就得有美,乃能给人以欣赏。欣赏有启发性,教育力,精神得到焕发,品质得到提高,胸襟得到开阔,志向从而远大,振奋济于事功。

选诗不可随便,应与书法密切结合,与时代结合,与人结合,反映个人面貌,时代精神。

狂草不必顾及观者识不识,其本身或如瀑布大河,或如高山峭壁,或如藤萝古松,或如狮虎鹰隼,即是不识文字,亦足给人以力量,得到象教力也。

六　月

一日

儿童节。

一、树己——寿,齿,德,才。

二、树风——不乱作书,不苟交,不轻诺。

三、树范——师,正气。毋不敬:敬人,敬事,敬业。(真人)广师:当友古今人物。

精学:史记,杜诗,屈原,诗经,文心,庄子,鲁迅。

书法讲材,治学讲材,作文讲材(语言),读书讲材。

做人,治学。

二日

由李健墨绍介见程克刚同志,午饭锅贴点心。谈甚契。程连凯亦到。

四日

收到雪峰兄信,昨晚寄之。

五日

复李、陈信。连日睡眠不好,今起:

1.禁欲、烟!健康!

2.心中无所思虑!

3.清静无为!

4.无为无不为!

5.清简态度!老僧常态。脱然。

中国人：A.无礼貌。B.无信用。C.无正义感，无同情心，以无是非观念。D.没思想，没灵魂，没主宰。E.没希望，没理想，信仰。F.无事业心、创造欲，不明人生意义。

麻木不仁，与动物不分。私心至上，个人至上。占有欲，糊里糊涂！

六日

为峰兄拟闲章文：

画得峰外霁色明，

画得春山独秀峰。

春山劲柏一秀峰。

山色青翠一秀峰。

雪峰翠柏壮楼台。

凌云翠柏一秀峰(一峰青)。

书法(活的)：行云流水。

气势：展拓，敞豁，宏放。

气态：拗势，雄肆，秀古，旷怀，逶迤，远势，高风(古)。

人生即气！定须个人书展，以泻50年代之气！

有所恃：

健康——本钱。坚信——学识，技艺。

通？精？

七日

发路信。准备赴太原事。

八日

收铁夫兄信，云交城又变卦，“右”字未改掉。奇怪！午后到方磊家，刻章已分交同好。太原归来取之。钟明善家给字一幅，云星期五六来家。张西安处取回裱字二幅，很好。均得感谢也。

九日

晚上到□□同志家，西安转嘱。。

棋有千变万化，是亦非，非亦是。莫恃正义，少言清廉，糊糊为佳。与物婉转，庄生聪明人也。

画中有写意画，意味甚长。书法中也有写意字，更妙，即点画不到而意十足，于字中实多此境，人弗察也。田师书中亦多有之。

十日

下午猛雨，风，一阵而已。书数字，颇有龙颜意趣，存之。愈体会到慢书之宜。笔到，墨到，两者相发，耐人观赏。急笔无是处也。

1.健康。

2.人须有大志，有理想、远见，从一个公字出发，有益国家人类，何事不可为？徒步世界，周游万国，全国算得什么？

3.要有魄力，胆子，胎气，焕发爽朗，高人品质，大人气象，何人不可见？

4.真才实学，摆出作品。

5.有脑子，有识见。

6.到处是通途，得道多助。

7.办法(决于现实)，门路，“思则得之”。

8.信念：没有克服不了的困难，百事可成。何思一切敌方(各样阻力)，认真对之。

惟我至上——我即上帝。拿翁语：“……主义”，“难之一字……”罗蒙诺索夫苦战精神。巴氏魄力。

人，书，事，理，行。事，理，情，景。形象面貌，筋骨神理。

十一日

下午到方敬吉家。收到方老从旧金山寄来托书字照一张，又日本深邃篆社创办人乐云赠相片一张。

十三日

钟明善同志来家，为看书法，借给10幅一阅。送来字照多幅。甚感。

十六日

复北京、临汾信二件。

十七日

最厉害的人：

1.思想大解放的人，若庄生、竹林七贤、太白一流。

2.豁出来的人，如泼妇、母老虎之类。

书法即练功，一式一着，不得含混，须以全力出之。书字亦见笔笔是力是神，如同活物矣。时如鹰隼、狮虎、龙蛇、鹤凤，使观之者殆如游动物园、风景区，送往迎来，目不暇给，乃为佳品，做作装样糟矣。

规法：

一、不得滥作书。

二、敬字如敬神。（人）

三、字成=大观。珍宝。

四、有一事，不动笔。

五、个人表现。

六、东亚大书家。

七、新中国人民的气魄。

八、震动世界。继中国大书家传统发扬而广大之，超前人，启后世。

九、自信自恃，海阔天空，目空一世，一人而已。必有此气魄。——山西人？世界人！

不要被字拿挂住，要拿住字，如善御者之御焉。而太半书者为字所摆布，一字写不好，甚至怕写坏个字，便为某字所牵制，不得自由矣！如何算得个书者？

十八日

吾书一笔一画无不觉其在跳动飞舞，似妙龄少女，似英雄好汉，似帝王将相，又如长松枯藤，如云薄晦冥，栩栩如生。

神韵无尽，变化万端，天地大观，仪态万千，大人气象，不可一世。

发任兄信。

魏碑：

郑、康、于：变化大，气魄大，个人风格，气势雄伟，富丽堂皇，宫廷气度。

赵、田、寇：魄力小。受碑束缚。不失魏碑风规。

颜字：

刘：工谨，魄力小。

傅：变化大，气魄大，个性。

何：气魄小。

钱：较小，体势气魄亦大。

宁：变化小，魄力小，谨守规矩，工。

、定须使墨水深入纸质，感到点画浓郁，丰润宜人，美的感觉。

二十日

买防风纸30张，到西安晚报见到姚允恭同志，又在美协见到方济众同志，要我写篇文章，出刊。当我说七月间到北京时，即说“走时给你写封介绍信”，那更方便了。赵振川到广场去了。金仰正同志嘱书，又刘某……。

二十一日

宇宙无限大，地球等米粒。
人在米粒上，有甚了不起？
偏多愚妄人，自高其神奇。
呜呼可怜虫，扔在茅坑里！
翼达逼不已，唯有举义旗。
讨伐可怜虫，雄以自壮之。
我即万类主，物物皆我役，
嗤彼肉食者，鄙之若虱虮。
太白真狂士，大哉无与此。
我情慕其性，日引其作师。
从兹大自由，广开新天地。
思欲往南北，谁能强我西？
兴来举毛颖，任笔信所之。
横行人间世，天地为变异。
壮哉吞虏志，三军任驱使。

二十二日

雨。

笔致有的字如玻璃，有的则丰腴玉润，笔笔可人。何以致？摄墨走笔关系也。王、于不疾不徐，笔到处务使莫渗透乃可。

午，姚允恭夫妇、孟兆柱同志们来。隔别二十年今始一面，乐何如之！因其已饭，只以茶点、冰棍、烟招待，高谈阔论，二时许，散归。

人：

顶天而立地，鹰隼出风尘。
拿翁非傲慢，人生贵出群。
有甚是与非，真理在自伸。
饱尝人间味，此其为过论？
一存儒家风，老朽何人尊？
尼采崇酒性，超人是所循。
志气无龙施，能耐最根本。
尚须看机遇，运用在一心。
创我新世界，叱咤聚风云。
无私乃无畏，迎得自由神。

目的，规律，范式。

功力，才情。

德品，学识，思想（人生观）。创新世界乐园。自由王国。

表现：宇宙精神，人间气魄，时代风潮，社会形势。深远高大境界。大无畏精神。

大思想，大风度，大气魄，大手法，大规画——敬慎出之。

梦甚恶惧。

字画：

1.飞动，流动——入木三分，饱，突出，浮雕，鼓起。力透纸背——缓进，游行。墨水渗入时长，丰腴玉润。

2.漂浮，薄气，不耐观，太急之故。

3.水墨适合。放一刻莫动，会渗入、渗出，艺术性强。系人心，魔力强。

二十五日

发丸山乐云信，送稿，方济众同志约7月23日见，带字10幅一阅，答云为书介绍信。明日开始为李作册页。写应酬字。找刘富一同志取字。

怜不得人，铁面无私，是非公私弄清。

手续不可省。情面软,“没关系”,往后会出麻烦。让人一步自己窄。还是要斤斤计较的。现在人变得无情,都成了越南小子!

二十六日

收到省文化局请柬，参加“七一”党60周年大会。为姚、孟、钟书字。

二十七日

泥墙。“字得有金石气。”颇有见地。再书字,拟换回迅诗字。午借于帖。

二十八日

决定临墨缘一通。赴京携带,请教名流,并索书。为傅山文题签。

思则得之,有志竟成!

三十日

临于帖成,订成册子。

又开始为雪峰兄书册页,顺手。

七　月

一日

九时到画院参加庆祝“七一”中国共产党成立六十周年会,因和省上开会时间冲突,昨日提前举行,不及通知。方济众同志在场,签了名。到钟明善同志处,取回字幅。为我写介绍信二封——河北省李省长尔重及其秘书张立印。李是书法家,在西安时对终南印社颇资助,关系甚好。

禁欲。

一位初识文字的老乡说,我的草字像一团绳子,尚确,形容得很好。一位不识字的乡间老妇人,说我的字看了好像笑的一般,得人喜欢。

二日

书:

1.原则的:理论,方法。

2.工具的:辞典之类。

3.史的:科类史,人物传(尚友)。

4.现实的:报纸,政经。

5.创作。

九时到美协,方同志到花园去,给我留了封信。西丁同志为写介绍信一封。买川宣纸60张,10元2角。下午4时雨。

1.勿浪费纸张。

2.勿滥书写。

3.勿随便应酬。

4.勿滥给人观视作品。

有人云,画家颇不易求,字亦应尔。

太原事:

1.晋祠铭照相。

2.霍扬碑照相(重阳宫)。

3.傅山字拓片。

4.任兄:印文事,取傅文。

5.王兄、丁嫂字长卷。

6.印于字。全国展。其他。(日展)

7.聪弟回国讲学事。

三日

雨。赴京。风酒、煮饼、册页。权桂、廓如、炳琳等。

董寿平题字,文(刘彦青)。书协。美院。

1.自做主宰。2.自具风采。3.敬谨认真。

松柏不拘生长在高山、险崖、平地，直立也罢，歪斜也罢，都足宜人。何以故？不失天然姿致之故也。字写到高级水平，粗细，斜正，同样也无不得人喜悦，笔笔宜人。何以故？依乎自然，得天然姿致之故也。此境界，必于无心无意中得之。稍有用意，便不足观矣。

字的笔法、结构，并无一定规格、渠道。名家怎么都好，宜人；水平不够者，只觉其鼓弩为力，匠字耳。

四日

渐晴。发翟英同志信。

□饭养人。深思饱学。

五日

偶翻纸堆，有傅山句："周者不出于口，不见于色，一龙一蛇，一日五化之谓周。"得道之人理蒸而屯泄也。

社会经验中得来处世之法，古今一也。

终日雨。

字：（有画有诗）

1.笔不离开纸，乃能如吞声。

2.墨适宜，蘸饱。

3.走笔不急不徐，时得揉，使墨入纸背。乃玉润浓鲜，富有情感，不枯也。

4.掌握笔性，发挥笔性，乃活。

5.任意驱使。

6.一气呵成，不计拙丑成败。

7.非常自然，快感，舒畅，有得意忘形的气态。

8. 制外权——不受身外一切影响，"为主人"驭制外体，从我转移。——飞动，虚静，奇姿，手舞足蹈，如观唱舞。失其灵魂……随我而至。

9.效果——对观者有启发、教育、收获，难言的情致永盘心头，魔力透入人心。

以万分神秘的磁石性的有魔力的奇异高异者的气态出场；以胜者的富有威望者的安闲自在的神态收场。易近又似不敢近。

必如此！

天文台似的身影高大。大诗人，大哲人，大艺术家。创造灵魂理性，新天地，乐园，纯洁，仙境，使人陶醉，随我而来。

素王，人上人，超人，神圣不可侵犯。自神其神，自高其德。役物不为物役。日升月恒，松柏长茂。（夜记。书法哲学）

六日

阴暗。

成功：

1.苦练：健康，营养，卫生。

2.善养：德品，公。

3.苦学：本领，（能耐，）才，智，特长。

4.紧抓：机遇（及时，）助手（友）。知人善交。

书册页十数页。健墨来，买酒事未知能否买到。墨缘临本借去。

七日

晴。梦大二、荫花树下拳。□义家大碾麦场，夏，人力赶不来，拟公私半分之，平分地。

方胜同志来，见到日本深邃篆社出版

之《深邃印存》,日金千五百余元。载有中国特别会员,北京、上海、西泠、河南共20余人,西安9人。我名字下写陕西师大讲师、书法家,59岁,小了15岁,年轻多了。又通知礼拜四在小雁塔与甘肃书家尹建鼎、林经文等同志座谈并作字。

蒋国梁同志来,量了南北两面地面积,送去图纸。农民区,不在规划内。

八日

阴。

艺术的功效:

1.灵魂永居于美的世界之中。幸福的日子里美润着心。

2.远离外界凡俗的烦扰,保持诗人哲人生活。

3.自由王国,新乐园。

4.高大的身影,高贵的品质。

5.乐趣,愉快,兴奋的情操。

6.无上的安慰。

7.得意作品后的舐犊之乐。

8.创造欲压倒占有欲。

9.滋补,健康。

10.生意无穷,活力无穷,生命无尽。希望,理想。

11.纯净的心,赤子之心,永远青春。

12.为社会创造财富,给人类以幸福。

13.如同旅者的心情常在遇到新的风光,心力日异。

作字5幅,可有3幅较满意,总是有些快,墨水欠适宜。病在此。

懂得美,始懂得人生。

为雪峰兄书册页讫。

九日

下午雨。

字如其人。然与做人不同,做人须谦虚谨慎,谦恭下士。字则须趾高气扬,桀骜不驯,有种拗劲,背劲,支离不逊,乱头粗服。

人忌仗势欺人,人恶之。字则气焰万丈,慑人俯首帖耳也,人爱之。

人要守法就范,字则踏破常规,疯颠最好,调皮(瘗鹤、山谷、郑崖刻……),不安顺。有骨力往往失之神韵(陆诗、山谷字……,)专务神韵者又多失之无骨,能二者兼之是为上乘。没灵魂的走肉,岂不可厌?

效果:焕发精神,启人性灵,给人希望、前途,无限的活力,永久的生命,无比的魄力,眼前展开一片平地,只觉得这个世界全属于我自己。阔步大闯,主宰,新上帝创造新天地。

字有甚法度?看古人草体书,人各一势,有何模样?此如癫狂醉中挥洒,比比可人,所谓支离老手也。然此实非野,只是在极精熟而生之后,乃可。

作字五幅,较如意。

字,不懂高级理,必不能上接古人。

字样如人,有筋骨才能站得起;有血肉方觉丰润,面貌宜人。然须有其自然姿致,神采动人,既兰而芳,美尽于此。美姬走起路来,如山中笨汉,岂不可惜?

十日

雨。健墨来，云我此次外出说不定会有出乎意外的收获。余亦时有此感觉。梦教书——五年级语文，又时事，一星期一点钟。

霍扬碑[8]，傅山馆。

字要有筋骨，全赖于久练，即功力也。丰润，则须沉着。既是狂草，走笔亦得不急不徐，时且揉笔，使墨水透入纸背，自无干枯之病，浓腴丰润，富有情意。姿致风云全出于无心无意，自自然然，粗细，大小，正斜，虚实……一任神行。切忌扭捏做作，自佳。

沉着痛快。

沉着：不草率，稳步前进。笔运中稳健老练。迟。

痛快：不窝囊，快。多表现在笔尾收笔处。快刀斩乱麻，飞动作势。速。

字也有三点：重，支，力。

笔尖不离开纸面，直往下行，若有蚕食桑叶声。所谓一泻千里也。

聚精会神，眼盯紧笔锋，以绘画笔意出之，超逸出尘，进入仙境，解衣盘脱，珍品乃生。

十一日

拟作《人字诗》一首。

上午九时到美协，方同志写介绍信两封，一给朱丹同志（书协主办人），一给京书协。又转到刘自椟同志家。知文稿已转到他手。九月赴会稽开会。

鼓楼到正学街中间一家小文具店有华山书画墨汁较好。一得阁也生产。

十二日

到西北医学院找张子敬教授，全体到西北影院，未见，门房云不识此人。寇宁同志听错邪？

羲之——和风快水，爽情，风韵。

张素——如颠似狂，气势，任性。

傅山——放纵不羁，志在千里。骨风。

山谷——雄姿英发。

十二日

提出为助益四化计划。申请。

一、摆出作品；

二、出国展，增收外汇；

三、本国展，推行书法艺术教育日本样。

讲义：高尚的道德。

品质教育，豪情，服务精神。精神寄托。人生的美好理想。导入正规：爱国主义教育，发扬书法艺术传统。

四、义书，为四化增资金。

五、鲁迅研究。爱国骨气。

六、学习路程：庄子（解放性格），傅山（爱国骨气），鲁迅（爱国、国际主义精神）。

公字正字。大人。资本的资本：健康。资本：本领。野心：大志，魄力。

十三日

雨。字法事：

于：魏，田、康，赵，齐。石门，郑，鹤，志。

王：傅，黄，吴，李鳝，铎。

杂家——

新创——综合体。

余运笔之法,不外此两大派。

根子:廿品,龙颜,石门,石门颂,郑道昭,瘗鹤铭,猛龙,山谷,南海。

创体——面貌,神情,气味。懂劲,用劲,蓄劲。魅力,恋人。效果,启发,影响。感染,大人……

田师道路,敬谨,气味好极。端凝,巧神,"静女其殊",娴雅可人。

十四日

雨。修牙齿。

十五日

雨。书字三幅。

十六日

大晴。贪睡。凡事要专干。旅游就要当专业,有目的,行程简便轻捷,有如行军。

十八日

收银莲信,问"在了"问题,已复。发京翟信。

二十一日

连日大晴。检查改稿,书字。

二十三日

下午七时半到了太原。

二十四日

到翟兄家,饭后,下午六时看映仑、纪言兄,并进晚餐。映兄为我写介绍信二件,一给朱焰同志,古文物商店。一给出版社荀子仪同志。

二十五日

上午九时品三同志陪同到出版社见到荀子仪同志,下午到文教编辑室见到潘俊桐、任兆文、张凤瑞(女)。任为我谈傅文意见,甚好。插图他们可设法。嘱已列入计划。刻正印《傅山传》,郝树侯同学著……

十二时到刘家。用餐后,他大儿子,珂老孙(北京上学)一同到迎宾馆。适刘到晋祠未见。

二十六日

任、翟、刘、我,四人到重阳宫游览,十时半返回。刘兄为我写介绍信一纸。

银莲:药补不如食补。不吃维他命等东西,食营养的食物。能避免蜂王精一类的东西就避免。容易坏胃口。水果蔬菜多吃。人吃鱼、肉、白馍、大米,不科学。

二十七日

到晋祠见到文物馆所长牛树檀同志,为我照相。馆《晋祠铭》高三米余,宽二米多,围以木栏,未能入照(半身),许我旧照寄来。□□兄请到一餐厅吃小笼包子,即归,六时半到丁家,送字幅,寄留美生。夜见纪言兄,送药方。

二十八日

映仑兄、翟、刘、我四人一同到重阳宫参观。

二十九日

动身到临汾。

三十日

到师范,未见人,见觉民、慧卿、李复陪到赵介卿老家。

三十一日

赵、航民二人来,九时到商业局接待

站，宋局长邀，十数书画作者畅谈，为书字十幅。午餐后，休息，复作字数十幅。临别送凤凰烟一条。我送字一幅。

宋派吉普车送我返家乡，司机姓陈，闻喜人，人很好。应承为书字一幅。

八　月

一、二日

在家仅两天。路遇新生、雨同带我到临汾，付 3 元买书。泾阳家事，不宜过问。玉顺太软，没远见，扶不上去。付 10 元给外甥女。

闻分地到户的利弊：

当前收成大增，有人合七八百斤的，可喜。

牲口到户，自由买卖成风，以后如何办？不考虑。劳力不足，教员常回家，地里活钉在心上，影响教学。小学生，不念了。

收割时碾场成问题。

机器等于废品，丢失，偷卖。偷劫，抢劫。领导上的子女不务学，打手。

搞关系，权人收入惊人，大盖公馆（私房）。

廉耻扫地，人人狠。

公字等于×。私字当头，利害第一。

爱国之心等于 0。

一切非法现象没人敢过问。法律？不上大夫。

如何办？

我的一点爱国心，似乎正在受着教训！要走到个人主义了！假如许可学禅，我一定要进入寺院。

三日

到子正兄家，晤谈甚畅。嘱书：

华佗谓吴曾曰：“人体常劳动，则食物易消，血脉流通。户枢不蠹，流水不腐，常动故也。曾从其言，寿至九十余。”

临汾地区行政公署农业区划办公室张航民。

四日

早从临汾动身回西安时刘乃钊、宋局长（商业局）送行，并观其行书。前日晚赵介清先生（山大教师），年 80 岁，来振维家来看我，出示宁子高先生书册页二本，又何绍基印本临争坐，及其所书对联。下午 8 时多到西安，晚点 80 分。

续收省书协、美协及省文化局请柬，明日上午 8 时在文化局预展赴日出展作品。美协索文稿，又山西省政协信，征订启事，并征文稿。丁纳[⑨]同志为我介绍给陕西省林阴茹副省长的信：

林阴茹同志：

前几天，我曾到京在林楠同志那里住了两晚上。我们一起看过万里、边涛及君毅同志。林楠、张□同志都是我同生死共患难的老战友。我和您在抗日初也可能在一起战斗过。多年不见了，甚念！不知近来身体如何？望多加保重！

中青同志也和我谈到您，你们在一块开过会。他现因糖尿病，在北京医院住院，已恢复健康，最近就要回来了，请勿念。

今有中青同志的一个大学的老同学叫卫俊秀，是个书法家，字写得很有名。他原在陕西师大任讲师，现退休参加书法协会、美协、终南印社工作。他身体还好。他在国外有关系。给美国、日本人写过不少字。美国历史博物馆作为永久纪念展出。希望能使他发挥一定作用。最好能吸收他参加省政协，或文史馆荣誉职务，为四化做成点贡献。

此致

敬礼！

丁纳 1981.7.27

五日

休息。

六日

到省文化局观作品，有我的一幅，魏体。陈、宫、程诸老均到。识谭副省长，管文物。方部长……又到师大，送胃药。午饭后，略谈关于到师大事，即返。

七日

休息。发翟、京任信二件，宋嘉木同志一件。

八日

休息好，再干。1.劳逸运用合适，不急不徐，拿得起，放得下。2.小鸟集，思悟。3.鲁迅百年礼。印字事。延河晚报(美、书协，终南)。4.访林。5.贪读——为傅书、现代书法论文。6.方磊君处，取印。

有点近浮夸，仰上。大不好！少谈自己！怀鲁。不随便言！持重，出之以正。书聪弟、莲妹信二件。

夜方胜来，赠傅山千字文一册。

九日

晨雨。拟请峰兄托人书序或封面，附文两篇。许草书法讲稿一、索文一。

收到从芬姐转来北京王中青兄信一件，甚慰！他病已痊可。回并有期。又云行前定要拜访峰兄的，嘱转告翟、杨、刘等同志。当即写信去。

到方磊同志家，承他及沈天健、程三德等同志为我刻印三方，甚感。

又到美协，见方同志，寒暄后问我“愿不愿去日本？”……当大力保健！作为准备条件。——健康，学问，艺道，修养(风采，气魄，谈吐，礼貌)。中国人的身份，装人(大)！送经，取经。

十一日

拟书太原印社信。

见林阴茹副座。

前夜梦故乡遍地杏花大开，绿柳少。

发出版社、陈、品信。

十三日

发翟英同志信。刘帆同志来。

十四日

收到银莲信一件。

十五日

发路信。开始改稿。

十六日

收峰兄信、海洋信。梦平矜兄赶来送报纸。我乘人力车住一处。又收到白荷兰多信、画，美甚。

十八日

发孙觉民、翟英、海洋信，寄册页。

二十日

连日雨，止。健康大损，营养不足，用脑力多，休息不足。纠正之！

改稿有计划，集中一篇，定稿后再进行他篇。及时休息！月底定稿毕。下月誊之。

营养！

睡足！

画院刘平同志来，文化局着嘱书字二幅。刘一幅，办公室新建楼用。

二十一日

晨又是雨。连日因改稿，脑子不得闲，以致失眠，可笑极矣！工作而至于害及健康，太不善于处理安排活路了！任何时候须得把自己摆在轻松愉快的轨道上来！效果还得提高，顺利进展，始为本领。

二十三日

晚雨。小毛昨从北京归来。下学期到师大图书馆工作，指导书法事宜。

月内定稿。明日大干。

二十四日

见到任平王等副馆长及办公室主任，解决房舍问题。

二十五日

到省文化馆送字 4 张，并询问其它问题。上午作字数幅。放晴。

二十六日

改稿。书字 3 幅。

二十八日

西安晚报：

美一旅行者二号飞船飞过土星，发现土星 17 颗卫星。经过十年的飞行，近日飞到土星（1977 年发射），每时 5 万 1 千公里的速度。离土星云顶仅 10 万 1 千公里的地方掠过。此时离地球 16 亿公里，正向天王星进发，计 1986 年到达天文附近，

奇迹多得很！……人算个什么？

清清楚楚，主见，反含混！

九　月

一日

收北京李兄信，册页接到。云颇得到一画家大赞赏。

二日

连日小中雨，真烦。抄稿正式开始，如意。月内必须完成。看电视，李万春猴剧闹天宫。自述经验：

猴，鸡腿，龙身（腰），鹰眼。学师吃桃，一年两个月。家中养猴子很多。与天将战，心理——三视：轻视，藐视，重视，最后显示本领。一切事要：细致精微。

五日

发京李、王中青、海洋信三封。

五日

雨中姚久恭同志夫妇来，云巴黎石米赛博士嘱作字，他不久可返国一游。七日内交任务。

十八日

大放晴。连日改誊傅文稿,将近尾声。再一周可竣工,可赴太原、北京一行也。

二十一日

发海洋、觉民、振维信。改稿毕,只剩傅一文了。明日集中搞。

二十二日

梦得细□歌唱,果子红和之,并见其面,奇也。

二十四日

傅稿算已竣工。良慰。

吾作字是打太极拳,既须有架势,更得有气力,不出身汗,光等个样子,殊乏味也。不到变化入神处,又何贵乎太极邪?

懂劲——用劲,养劲,蓄劲。知几其神乎。

二十五日

夜赴西安晚报姚同志家,送小文。

二十六日

上午十时到省上见到副省长、人大副主任林荫茹老,交去丁纳同志的函。年纪不小了,健康尚好。座中尚有客人,是个平易近人的人。因其刚从北京开会归来一刻钟后即辞出。

接到美协、美院、画院公函,嘱为救济陕南区灾作字出展义卖。月底送交作品,规定 10 月 5 日。

二十七日

小雨。看电视。提心力,起宏图,壮精神。

三天内定竣工! 前言,注释,细校,书签。

字信:李、翟。

书法——赈灾,10 幅。

书京翟、慧卿二件。

二十九日

发二信。

三十日

为赈委会作字。

十　月

一日

整理书物。

再复查傅文,又发现错不少。非细心不可! 一字一个标点都不能放过。

二日

复查稿,收到方彦光老来信。

三日

下午开会,送义卖书法。送思白兄字一张。又到二十五中石磊同志处,嘱书“一闲书屋”四字。

四日

到师大图书馆办手续,回来上班。

五日

雨。1.天大的资本:品格。2.资本的资本:健康。3.资本:学问,本领。

七日

上午到美协,为方济众、赵振川、士名三同志各书对联一副,力足气贯。方赠画一幅。书方彦光老信一纸,附聪弟地址。

八日

到方胜同志家，查《辞源》，注字音。

九日

送铭赴太原。明后两天内清理傅文，择日交卷。发美、公信。

十日

发方美□公信二件。

收到聪弟信，需要。

书法源流，字体演变。写字及教学一类书。

十一日

傅稿已清出，校阅。万事大吉，轻松矣。此后专致力于书法，别事不必过问。

篆书；

草书；

魏碑；

隶古。

交接——展开外交！

友逆！欢迎矛盾，逆势，敌对！它给人以力量！我的最大的靠山，只有一个：“公”！我的最大的部队就是品德，它给我以神勇！我的最大的卫士就是健康。我的唯一的大仓库，就是学问。读书给我以精神焕发，世界扩大。身影要高，胸襟要大，目光要远，学问要深。天地，世界，社会，是最好的剧场。大起来。参天化地，不是空话。顶天立地，应是事实。前者是为作，后者是品德。生活即斗争！达尔文世界尚未完结。真空即力量。

十五日

昨夜梦得与周总理座谈，穿著同样毛裤……

二十二日

到太原。

二十四日

《唐人行第录》，外三种，中华书局，岑仲勉（陈源学生，中山大学历史系教授）著。一、元大。二、（韦应物、昌龄、王维）三、四、五、六、七、八、九、元稹。十八—二十一、堂兄弟行次。抄于刘国朴（实庵）兄家。

二十五日

上午到羊□巷渠川老家，观傅山长卷为枫仲书。午到映仑兄家观三希堂帖山谷字。由钟繇二王到元明。晚由品三家到王中青兄家，他听报告，又送副部长回京，未归。丁同志刚回来，留进晚餐。

二十六日

到出版社交傅稿。买票 8.5 元，，慢车直达永定门，明日下午三时半开车。

见到朱焰经理。

洗澡，理发。

拟到京后：

1.参观。2.访书画家。3.亲友：李，张炳琳，王璐，晋全贵，雨顺。

二十七日

发美信，师大信二件。

二十九日

上午张青晋同志陪同去看董寿平[10]老，门客填室，忙不可言。承座谈多时，对余之书作评为写得好，不胜赞叹，尤其临于字，很像，有味。许后寄书。留下通讯处。对石鲁、高峡字，大为嗤斥。对方胜章认为很好。

天气暖如春。

董服青主、右任。索墨缘。许购买为寄之。

拟买:字书,莲礼品,孙玩具。

介绍书画人物:海婴……

三十日

发玉顺、李耀天二信。访吴晓。

三十一日

上午到气象局见到雷雨顺同学,他即通知周蕙方同学,一同到动物园近处一广东饭馆用饭——团鱼菜等四样。又到文化部书协与白煦同志谈。再看王薇同志。吃过晚饭,宝珠送我上车,回到招待所。峰兄约明上午到家吃饺子。

十一月

一日

上午十时与峰兄夫妇并其兄弟二人赴北海看菊花展览。士女如云,菊色千紫万红,十分夺目。布置尤精妙,排列成各种式样,配以吟菊诗、画,颇不单调。盆景亦佳。十二时返回,吃饺子。午睡甚好。

二日

上午到王府街,买画册三本。下午到峰兄家座谈两小时多,对我如下建议:

1.画藤萝外,在松竹梅兰再选一种。

2.外出,争取赴日。

3.给寿平老字请教,请送中国书画社。

4.看报注意消息,市场情况。游动。

送字,对一副,长幅一幅(霍)。饭后返家。

三日

游故宫,跑路不少。观八怪画,并历代画。夜雨顺和周蕙方夫妇来,送日历一幅。北师大中文系走廊到处挂着字画。观摩?字展?不知。但可见重视的程度。(中文系主楼)

四日

上午十时,峰兄陪同到美术院看第一届画展,一时到家。进餐后辞别回招待所。

五日

看张炳琳同学,送字两幅,内给郭如兄一张。

六日

动身回秦,峰兄赠水果一篓,饼干一筒。乘车:北京——西宁线车。

七日

六时多到西安。

八日

应办事:

1.等程连凯回来。2.见方胜。3.美协(告画展、义书事)。4.复:峰兄,二生,慧卿(50元),振维,振绪,王,任,品,海洋,王子臻,师大,陈之中,九十二中,刘大,二十七中(方磊一闲书屋),长乾。董老字信。

前为省文化局书字二幅,留平同志送来40元酬金。太客气了。

想到的:尖毁锐挫,知外守里,往古来

今，应为定则。

验光，眼睛。

九日

到方胜处，送李可染画一册。闻第一届书展400幅已印出，参加作者人各一本，并有稿费。当写信给太原朱焰⑪同志索寄。

十日

晨，程连凯同志来，云外事办要几个名书家的书法、简历，一边向外宾推介，书作内容以唐诗人有关长安者为宜，明午来取。

到师大图书馆见到任平、纪守渊同志，告以即催高教局批示，嘱稍候。领工资92元，内烤火费12元。午饭在贾兄处吃的。

十一日

开始发信。

老庄思想是逼出来的。今后途径：个人>集体，私>公。

道德特点！如何了？后门……送礼……不择手段，一切为了自己！

发慧卿、朱焰、海洋、铁夫信，并汇寄慧卿50元。看陈老。健墨来，了解了义卖情况，又闻共卖万余元。800件。准备展出30~50幅。

十二日

发品三、融慧、李雪峰兄信三。

道德车只是开倒车，我却硬向前，莫怪跟不上时代。不必看人，要看自己！

1.闭门做工，休息。2.为自己谋算。3.清闲一些，养精神。4.钱还是需要的。来路？加力解决房舍问题。

十三日

发雨顺、蕙方信。

十四日

发白煦信。

吾下笔能使二王张颠素狂于笔底奔走不暇，此非狂语。若谓前人不可及，此道不几乎息也！16日上午八时到政协办公室开会。

耀天兄嘱买《草字百诀歌》。《春秋左传》注本。

远大计划(82年)：1.书展，出书。(展出活动，演，讲，友。)2.建房。3.苍头异军突起。200幅精品投产。书例，义公，私收。画究，特异。大闯。以正压邪！自神其人！侯宝林，恰到好处，不左不右。表现手法，真事，事实，风趣。宁使不够，不可过头。艺术创作，上帝！

十五日

准备工作，目的——整歪风，传统。清爽，骨气，风神。书体种类？内容：艺术教育。预期效果？

京中归来，精神面貌大变。此即莫大之收获。更觉无所可惧、可虑。因之，更觉吾之身影高大无比，身价贵重无伦。

十六日

书协开理事(扩大)会，当被选为理事。明日上午开理事会。

拟发言：1.董语，传统。2.活跃，纪念，出册。3.地址。4.派别问题，风头，德字，行私。5.目的。6.外实。轮流;看对方情况。7.会风。8.字风。

十七日

上下午开理事会。填写入会表一份,附字二幅。

1.碑林将列为全国书法馆。

2. 三年内将来一次有似会稽大会的盛举(文章)。

3.书画同源合流,学画必学书法,齐,吴,八怪……美分析书法渗入西画。

4. 书法艺术永远不绝。民族艺术风格。讲学。提高,普及。质量。

5.理论。创作。中国女子排球的劲儿。

十八日

到美协,给程岱书字一条。午睡4小时。付键墨10元办书展事。

二十日

见杨科长。发出版社、董老寿平信二件。

二十一日

少跑,干自家活。积作品,当务之急。雍容泰然,养怡之福可以延年。邪不压正,管他娘的。能耐——本领之意。诸葛不易,张飞做不了领袖。喜怒不形于色难能。任何大风险中能不动于衷,而又有法,更不易。

大人气象,大气局,远大目标,大干劲,大作风,大规模,镇四方。

太白+蔺氏+汲氏+傅氏+马氏+列氏周=大人。

二十二日

晨雨,听广播:

(何?)受臣戏剧学校校长(花脸),演唱介绍:

1. 对京戏大有发展创造性。2.《捉放曹》(张飞)、《桃花村》(鲁智深)……调门、道白,各随任务性格不同。基调外,掺以山西方言特色的花脸道白,河南中州道白。圆浑,各种音不飘不散,不俗不厌。

教学生时常带三件东西:1.衬衫(汗换之);2.圈点过的剧本;3.(?)

点子真。精深微妙。严格,丝毫不苟……平时苦练功深。广求师……

书法应该严师之。

中国女排精神亦师之。惊险表演,启人最深。

点子真(传统)——变化——独创——划时代高峰,压倒之势。

浑身上下好像亿万个灵敏的触觉,能从种种音声、形象、五味……得到启发,合成书体的因素。因此我的书法有时像绘画、雕刻,又如戏剧,如歌曲,神而化之,给人以无比的享受,得到大自然的精灵,社会历史的热潮。

话不多。德国人的书。不是给人以知识,记住,给人以神□性的机构,得到启发。这是源,不尽!

发王、仁信。

二十三日

方济众同志近日下午赴日本。书协办公室地基问题,俟其返国后可解决。裱20

幅，等成，参加春节展出。

二十四日

发王志臻、国朴、青晋三函。发冬生、少凡、黄小浪。

二十五日

到画院，西安裱字五张，春节展用。送对子一副，横一幅。明日再到美协见何，有所商谈。

二十七日

交美协字8幅（程岱）。到李群芳处，未见，留字。又见振纪，午餐后回来。

三十日

同李向民到玉刻厂……幸遇张长松同志，帮忙真不小，甚感！接北京中国书协信，嘱书字二幅。师大即邀去，星期四办公。

十二月

一日

发寄海洋[13]魏碑又信。

二日

路克军兄从江南归来，携关百胜同志信来家。作字3幅。明日发，附字。

三日

到师大，正修电灯。发寄白煦、聪弟、刘国朴等信字。收到朱焰同志信一件。

1.高灵庙，霍扬碑，瘗鹤，康，郑，傅山，分书。

2.大讲，树立威信。

3.九怪——个性，物殊，风格，品真、硬，学者，哲人，诗人。

四日

写任、王、出版社字三宗。李，广林字。明日送刘字。

五日

发任、出版社信。到刘卿处送字。

六日

书字。发北京白煦信，振维字。

七日

赴校，电未修，听之。

八日

阴，欲雪。发翟英同志信。

拳理——元理。书亦如之。

精——精力，精笔，入微，精粹。

气——气力，气脉。

神——玄之又玄，妙。

曲的真理，百胜之道。太极无直线。知己知彼，相对方空隙而行。客观决定自己者胜，自己强制客观者败。太极无直线。

委曲求全，全即胜。曲似为从伏、柔弱，实为手段，将取先与也。

曲则善变，蓄力，有弹性，力乃出制人。直则力尽，强弩之末，为人制。火炮性子，可叹。

老子（学问）+拳理+辩证法。得之矣！“君子深造……”

做人要有棱角。

语言——风趣。文章——生动。书法——神韵。

收美国方信一件。

九日

看朋朋。到晚报社，与相约星期六下午五时见孟昭柱同志。明日去碑林观尸展。到画院。

十二巨人：老聃——拳术家。庄周——神人。李白——真人。陶潜——至人。蔺相如——英雄。汲黯——王者师。曹操——英豪。傅山——铮铮硬骨。马克思。列宁。鲁迅。总理。

不畏权威，小视帝王。正义在胸，善于斗争。廓然大公，天地之英。

十一日

验光。40天取镜。

古寺因缘地，

佛心亦多情。

依依千年事，

……

点子要真，功力要深。

廓然大公，字如其人。

无心而作，精兮气神。

十四日

接山西人民出版社信，书稿可尽早付印。

十五日

收品三、廓如、炳琳、温泉四件。

十六日

字8幅，找不见？教听消息。

道德，道德！如何得了！

大书！远人！

魏奇古。

不必再入樊笼，做一世大自在人。如此年纪，不为暮气的。

绘画别开生面，乃佳。跟陈老学画牡丹，梅，雪景。买笔，颜料。

十七日

雪。如入无人之境，目空一切，顶天立地，唯己是尊。这并非妄自尊大，实在是由于别人太小了。

当我看到无礼貌、信用的人，我立刻比他高了一尺。当我看到没正义的人时，我立刻高了半里。当我看到没品德的人时，我立刻高了十里。当我看到损人利己的人时，我立刻感到自己的伟大。□氏，逃狱，克服大难的巨人。罗蒙诺索夫，苦斗士。拿翁，善于处理爱情的英雄，斩钉截铁，断之。尼采，超人主义，酒性的人生。生活就是斗争！矛盾乃能发展。所以，退让即罪恶！宽恕即养奸！义举为上德！

女排的经验：1.理想，雄心冠军。2.胜难。方法，团结，传统作风，同心，人才选拔。

十八日

晨茶。1.少为人作字。2.精心存品。

平矜兄来信，明日到师大图书馆工作。1.了解情况。2.书会情况。3.书法集成。4.野草抄眷。5.书展字作。

尊严！高大！孤傲！——幻境所迫。有些还不到一知半解之徒，偶有所得，气态立变，可笑亦复可叹！

书字六幅，尚称如意。

环境决定个人前途。（斗志）逆物给人以力量。丑类使人愈见高大。

横行一世(赤壁中之横行)。

发振川信,协找字。

二十日

发朱、青兄信。

有些喜书法青年人,艺道不行,偏多自负,可笑!切莫为作一字。

二十一日

书3条,满意。

章草,龙颜:神,活,巧,古拙,凝练。

瘗鹤,道昭:奇态,大方。

石门铭(右任,康),霍扬,高灵庙,田师。二王,山谷,傅山。

二十二日

午强儿送我到师大,即在图书馆工作整理碑帖,讲书法。

二十三日

昨收到茹桂[14]同志信,嘱为陕西人民出版社书条幅一,作为年历用。回信。下午回家已书就矣。方胜同志来家。明日上班。

1.作统计,究帖特点,记录之。

2.细心,详校。

3.自我工作,见解。

4.严肃认真。

二十四日

开始工作,挡卡片,书签四部,13张碑铭。两天饭未吃好。明日写峰兄信。美协字。

鲁迅先生十二巨人。

二十六日

爵齿德才学识,尚有何迎合人处?

自由王国!

二十九日

大雪,发北京信峰兄。送贾嫂手套一双。

回顾·展望

三年前,迁居于黑暗王国之中,整整二十年,总算逃出来了!当然这得大大地感谢今天的党中央。

三年中,从1979年3月开始,到今天81年的12月31日为止,又总算是站起来了!在书法上,写作上也还做出了一点足以自慰的成绩:

书法上,在国内,参加了全国书法篆刻展览(北京印出集子),西北五省、陕西省书法篆刻展览,以及终南印社展出并做了表演,又应莲湖区文化局和百花画会邀请做了报告……都是一种开心而有意义的活动。

在国外,两次参加日本长野书展并为深邃篆会特别会员,为纽约美国自然历史博物馆亚洲民族展览馆书"神游古国"四大字,作为永久展出。应巴黎博士之嘱,为书横幅……足慰胸怀。而今后可以不孤矣。最近被选为中国书协陕西分会理事,又到陕西师大图书馆工作,有力可出矣!

八月间到北京,访问了董寿平老,颇得其慰勉,对余所作字幅,亦得其欣赏,峰兄更勉励余再作些画,不敢不勉!《傅山论书法》将由山西人民出版社出版,舐犊之乐在望矣!

中青兄来信,勉余书法以外,更多写些有关鲁迅论文,都是值得感谢的。明年更为余胜利之年份：

一、书法上大力为作，争取个人书展。

二、大讲，培养一批学生。

三、野草作重版。

四、广交游。

五、精研书法哲学。

问题：建房，邻舍。

1981 年 12 月 31 日夜

〔注〕：

①“骅骝开道路，鹰隼出风尘”，杜甫赠高适有诗《奉简高三十五使君》，其中有句此二句，以赞扬高适非凡的诗才。

②王副省长，即山西省原副省长王中青，卫俊秀大学时期的同学、好友。

③振玲，卫俊秀三女儿，由其连襟陈铁夫抚养，生活在太原。

④刘永德，字融慧，山西太原人，为卫俊秀大学时期的同学，亦为山西著名书法家。

⑤史秘书长，即史纪言，为卫俊秀大学时同学，新中国成立后为山西省省委副秘书长。

⑥李，即李雪峰，翟为李雪峰夫人翟英。

⑦方磊，西安工程大学教授，书法篆刻家，亦工诗文绘画。

⑧霍扬碑，北魏著名碑刻，历来为书法界所重视，卫俊秀即受其深刻影响。碑今在山西省临猗县。

⑨丁纳，王中青夫人。

⑩董寿平（1904—1993），山西省洪洞县人，我国现代著名书画家。

⑪朱焰（1917—1996），江苏省沛县人，曾为山西省书协副主席，著名书画家。

⑫海洋，卫海洋，卫玉顺之子，卫俊秀侄孙。

⑬茹桂，陕西长安人，西安美术学院教授，陕西省书协副主席，中国书协学术委员会委员。

一九八二年

元　月

更大的胜利年！

元旦

大晴。

昂头阔步迈往前去，

十二巨人是我的良师。

一颗红心有所恃，

大公无私就是我的上帝。

走后门，送礼，无是无非——

——歪风邪气！

誓与邪恶战斗到底！

为人民申出正义，

恢复祖国元气！

生活即斗争，

斗争才能取得最后的胜利！

自由王国，幸福的天使。

约交字幅，八日展出，为接待"日本汉碑书法研修团"作准备。迎接日本长野书道展作准备。九月后和山西对展作工作。准备书法讲稿，小题大做，深，精——书法哲学。正视，蔑视，无视。唯我独立大地，顶天无双，遨游四海，管他娘的！

草字必须如写真书，稍有苟且草率，便不足观矣。

二日

书青兄信。发朱、雷信，并字。

唯二十二字是记：自——爱，尊，治，求，谦，量，知，决，神，立，强，负，傲，恃，适，乐，高，大，愿，慰，壮，为。

三日

家乡语称有本领人为有"能耐"，最耐寻味。吾性如烈火，一触大发，忍不住，即无能耐也！须痛改之！

四日

夜去见李绵校长，谈及成立书法会事。开春后举行。

五日

任何技艺须精到，庖丁解牛似的"官止神行"，有把握。"支离老手"，"游刃有余"。"介者拸画"，才情横生。

七日

得品三书。到刘家商书事。

八日

发品信。

九日

下午校长办公室胥超同志来商量成立书画研究会事，知道校领导对此颇重视。当认真考虑，予以帮助，年内作出点成绩。见到史教授念海、黄教授永年。为青兄找材料——北魏史。《匈奴和鲜卑》，马长寿著。昔阳人，已故。

十日(16日)

生日。王璐送象摺一本，颇好。接青兄信，即复。陈乃朝插问我，其兄来家。

十三日

又发青兄信。供史材料。

十四日

领校发给油五斤，花生米10斤，花生五斤。春节照顾。

十五日

下午4时参加师大书画会成立大会，当被校长提出，推选为会长。校长任名誉会长，二人由校长办公室主任胥超、教师周景廉同志担任。理事由图书馆副馆长任平、工会主席王×担任。

右任《出师表》字极简便安闲，轻松灵活，所谓行云流水足以当之也，给人以舒服之感。缺点：稍软，过于风流，无烈夫气概。提笔多，按笔少。《墨缘》，尤其是对联则无此失。展脱，大方，骨架多石门铭气势，不浮矣。

十六日

发北京书协贺节信，曾接到板桥画一张。

十七日

发任、史贺函。参加书协茶话会。

十八日

见胥同志，为校职教员工书春联，交给条桢2幅装裱，开学后出展用。

发峰兄信，即寄书。

十九日

即发北京董、太原出版社信，显卿信。侯冬生字。书百胜信。到美协交方同志字，转吴三大同志，出版用，5幅。

二十日

到师大见到校长、胥、任等同志，告以赴并事。

二十一日

发铁夫、北京董老、王、太原出版社信。转看思白兄家。买《忆瞿秋白》一本，1.05元。

决定初二赴太原，要事：

1.聪弟84年回国讲学发请书事。

2.索取全国书展集，稿费，傅字。

3.出版社看看。

4.傅山书法诗词印本。

5.与青兄演讲写史，及赵树理生前情况。

6.八月份秦晋两省联合书展事。

7.靴巷古籍（拟送字一幅），渠川祜。

8.索傅山拓片。（与王、史谈，交换）（永乐宫画，傅山拓片，买，交换，为山西宣传）

9.出国签字手续。

10.书画家，顾问事。

二十二日

书聪、莲信。

二十三日

买羊肉二斤。

二十四日（除夕）

收到李雪峰兄信，说他与董寿平老谈我的书法，董老说：“写得不错，风骨高！”又嘱托小赵作画2幅。别人的也要一点。

81年打了几个胜仗，82年将更得到大胜利！

去旧迎新！

二十五日（春节，82元旦）

龙——虎，——鲁迅先生某元旦曾如此写。

宪章：积妙品，广交游。

吾动笔叱咤风云，驱使快类，素狂奔

走不暇！若谓今人不及古人，此道不几乎息邪？

发李雪峰兄信。方胜，九十二中等来。

为师大书画研究会的几点想法：

1.美的环境：图书馆牌，柱联。做人师表，教育名言。

2.会议室布置。送宾客礼品。

3.碑石？拓片，交换，出售。

4.外汇（校碑字社，仿影，展销）。

5.联系：日本，电视，照相，姊妹校，交朋友，机关，人。

6.讲座：系统，通讲。小题大做，实践表演。观碑，分析。黑板。不空谈。请顾问。带师生作品。从学校出发，学校特点。做文，宣传——校刊载书画。一年计划，进度，成就。教育培养有才华学生——爱美的观念，同情心，与人为善，人的楷模。普及。教人！社会！以身作则。校风。改变社会风气，文明礼貌，温文尔雅。高风，为己任。

7.奖励。

8.假期旅游。

9.访各系（要求解决问题）。

9.写生。

二十六日（初二）

下午看路克军同志。女女去师大贾兄家。

二十七日（初三）

赴李西岩先生宴会。在程连凯家作字，吃元宵，晚七时回家。刘帆同志来，未及见。明日赴太原，返回后，往见之。似有事要谈。

二十八日（初四）

雪。下午8时49分开车赴并。

二十九日（初五）

十时到太原，振绪等上班，由院邻郜厂长家照拂，甚感。即到省委宿舍看中青兄，适在河边锻炼，先发现我来了，握手道欢，相随回家。二人畅谈起来。移时，一女宾到，三人共谈。半时后，丁纳同志休息醒来，甚热情，云：要好好请我吃顿饭。五时，王兄嘱约品三、永慧、我三人改天到家，畅谈一天。近七时，看映仑兄，甚热情招待，送我一本《云冈石刻》，我亦送给一本《鉴余杂稿》。

三十日（初六）

看王志臻，在品三兄家进午餐。适卫显卿亦到，又一同到山大郝树侯[①]兄家，承赠送《傅山传》一本。六时复回显卿家进晚餐。恰好有省府小卧车，即由中兴（卫孙）陪送回家。

三十一日

上午十二时到永慧家进午餐，品三亦到。三人同赴王省长家，谈甚欢。唯客人多。当将聪弟简历交王，可转省委研究。五时半辞出。融慧又陪我到朱焰同志家，谈关于秦晋联合书展事。

二　月

一日

上午看刘实庵兄，得知识不少（间架

意义)。12时到徐文达[②]老家,谈论书法。初见面,一见如故,说拙作在东北颇受欢迎,并询及我之历史,惜未知为憾。又说我的作品曾在太原展出,未书款,展毕,作品被人分别要去。恳留午餐。即回。全国书展集已寄西安,并稿费15元。

晨到出版社与潘谈半小时,云已将拙字付裱。傅山书稿因积稿太多,有时间性的,不可先印,拙作须挪至下半年。"四益汤"回西安后为寄来。闻方老彦光将由旧金山回国。下午2时到省府去看纪言兄,云刚接到我的来信。

买到285普快票。三日晚8时20分开车。

二日

拟推荐铁拂兄为山西书协会员。10时到解放路(宽银幕斜对面山西文物商店)朱焰处商谈书展事。

书法须有:

金石气。拙古。——风。

龙虎气,风云气,盘纡,威猛。——势,气象也。

仙逸气,神韵。——致。

书法传统。

中国民族的风格。

形神有所依傍。

规律,习性。古人宝贵的经验。

书法修养:

临摹,读帖。道德,品质,思想,学问,理想,抱负,威仪,气度,阅历,经验——个性,灵魂,生命力。

才(兴趣癖好),学(甘苦),德(敬谨),识(博见,洞察)。

收——放——收(约)。精气神。创新,变化(妙境)天成,无心无意中得之。

明人尚态,宋人尚意,晋人尚韵。

三日(10)

卫显卿兄嘱抄唐太宗《书论》。

要事:

1.论文:对南海尊魏卑唐的看法。

2.讲稿:书法哲学。

3.存妙品。

4.请名流来会讲书法。源流(知识),技巧(篆、隶、楷、形、草字法),理论(哲学)欣赏。

四日

雪。晚八时25分从太原动身,2时到临汾,7时许到振维家。大睡一通,疲劳乃减。又大吃了几顿。铁拂兄健如恒。芬姐亦在临汾。

五日(12)

理论无事实基础,终现无力。空谈未经体验,他的道理有似浮云之无根。没打过仗来讲战争小说、兵法,可笑。总要从实处来。

六日(13)

从临汾返景村,侯、黄到家来看望。

九日

侯、黄送来临汾,夜宿慧卿兄家。晚饭后畅谈。

要会生活:

1.不食动物油,吃植物油。(猪×,牛

〇）

2.血管硬化者多吃植物油（内含亚油酸）。吃山楂最好，内含维C。

3.脑血栓——瘫痪病。

4.菜，尽量吃生菜。黄豆可代肉、鸡子，大量吃。人日食斤半为佳。

5. 洗澡等于冲洗一次血管，泡半小时。

戴口罩——春秋6层，冬13层，起绝对防尘作用，保呼吸系统健康。莫过热吃饱饭，吃纤维多的蔬菜、瓜果，保消化系统畅通。善于应付外来刺激。澡之冷水浴，治神经衰弱。接受刺激最多的是皮肤，皮肤健康免受刺激，少病，保持神经健康。

十日

返回西安。须急书：任俊桐、聪弟、徐文达、朱焰信。

单演义同志送所作《鲁迅在西安》等三本。改日看长乾。

十二日

看刘丕烈同志，嘱索李白年谱及沫若作。

下午到师大。

十三日

看耀、长乾、振川。

十五日

发翟英、宋嘉木、显卿、俊桐、子正信。

为泰国、三大书字。

十六日

到校，看章程，稍改数字。印章已刻好，贺幅数条。发出《陕西日报》消息。

十八日

去看胥超同志，朱英同志有所建议。看字画不少。“黄龙碑”隶书，丑拙古朴，方笔有篆意，颇得启发。房舍安排好，须大临之。

十九日

强儿明早须回。为泰国数人书寿幅。

二十日

接北京李兄信。为泰国书字。发中青、徐文达等同志信。

梦光监[③]师健康如常，欲来西安。

二十二日

到校，整房内卫生。办公室同志们都搞卫生去了？门锁。见任副馆长，未让我参加卫生工作。谈到住房等问题。刘老87高龄，要为他书字多幅。

二十三日

夜梦日本富士山突兀，其顶如华岳之老峰，看得清清楚楚。复见祖国之云塔，亦高入云际，柱林隙中，如临汾之铁佛寺塔者然也。

读用脑筋，有碍健康，使神经衰弱，殊不宜也。做事太急性，走路太疾，前日摔一大跤，胖人真不得了，幸无恙。

爵齿才德，不亦壮乎？

二十八日

数日以来忙于作字，备稿，学校又大搞卫生，稍现杂乱，不大安宁。生活秩序离开轨道，极待澄清！

饮水不少。

为书协、霍、绵作字。程来家谈旅游

事。

三　月

一日

将是个大忙月，应酬要多。开展书会事。备讲稿。为外人作字。

与任谈聘书请顾问稿。前程嘱为外事办所作字，闻已送北京制印。

生活有条理；思想有条理；情绪安定有趣；工作顺理，有条不紊。效果。饮食。不渎费脑筋。拿得起，放得开。心上不留作业，轻快。不要忘记休息。先后缓急，安排有律。（病在此！）

二日

章程印出，周送来两份。书“聘书”二字，交周。看唐墓志十数份。

三日

书翟英、映仑兄等信，附过去霍副省长字一张。

草书：认字，规矩，气魄，风韵。大观帖，十七帖，怀素，书谱，稿诀，右任标准草书，草字汇，山谷座上帖，傅山，王铎。

魏碑——大碑。

七日

程连凯来送大笔两支，中华墨四瓶，另纸，嘱书对联中堂。为“兴平宾馆”书牌一面，满意。

晚饭，迟去什么也买不到了。走出饭厅，遇到方倚，了解我没吃合适，送来面包、炒花生米，甚感！

八日

连日忙于书写会牌等。夜去看黄先生，他复陪去见郭子直[④]先生，谈甚热。准备给同学讲一次。前夜梦校除，颇清醒。下午同校长看字画数十幅，应接不暇。

明上午完成字牌。

开始写讲稿。

九日

到训练班与天福同志看阅览室内位置，准备写幅大字。

生活、工作不敢乱套！

书会字交卷。李同志来询问原工资。

十日

昨夜睡颇好，心情颇佳。沐浴在春风之中矣。

领到宣纸 5 张，方格稿纸 100 张。

拟书傅信。

十五日

发雪峰兄信。写振川册页画二幅，画得好。

忙乱，记性衰退。事多：训练班字，杨毓琴书，协会书展字，论文，业余书校讲稿，本会讲稿，连凯对联等。二十日前后赴兴平宾馆。为己作字展用。

十六日

风。托任同志办月票付五元，相片一张。会牌字也交与了。下午雨中观薛藏碑帖拓片展。

十七日

发玉顺，方慧伦信字。谭岚。须速书：训练班，饭厅，雨村……

十八日

整一上午在办公室为同志们书字数十幅。人民出版社李玉同志来，又嘱为“范紫东秦腔剧本选”题签。装帧编辑室主任王艺光同志将同我今后联系，抄去门牌号数、电话号码，拟设法印（交安德新同志）临右任墨缘等字；鲁文，亦可设法也。

昨夜梦教书，上山，或应验也。

朱英同志来，借给篆书部首一本，临之。

字18幅裱出，120元，尚好。

十九日

整天和馆内五人在段家看碑帖，复到南院门阎甘园家看到傅山手迹，有薛宗周等人跋。

当前要务：训、食字。

书协文稿、字幅，月内清。

书珍品。房务！

文以气为主，人亦然！蓦然听之，心中有数，铮铮硬骨，强似劲松！

二十日

回家，书字——连凯对子。

二十一日

观《武松》。

生活即斗争。公子哥儿永不会理解。

铭返里，走得唐突。

二十二日

写字数十幅。手颤，暂不能应酬。可笑事很多！赶快解决实际问题。院房，住房，经济。

二十三日

与胥、周同志选字画出展用。夜失眠。房有眉目。

二十四日

大雪。馆为我解决住房问题。交去文件。并办月票。读白乐天集。

二十五日

到校房产科办住房手续。见到韦副校长，牛、王等同志。韦福建人，特别客气。

三十日

发臻女信。严守工作岗位，少操闲心、管闲事。上下关系职责都须想想。更须有自知之明。无言为贵。“花如解笑还多事，石不能言最可人”是经验之谈。尖则毁矣！茝颖[⑤]昨告我一段话，确是好意。我的多半生够受了！如此年纪，何必再苦下去。虽不应专谈享受，也不应过学墨者。勉之，勉之。

快活主义，庄生又来了。

“不好意思”，害人不浅！

三十一日

大搞卫生，颇累。

四　月

一日

唐万武、李文明两同志为我搬家，拉桌椅等家具，甚感！

函雪峰兄信。

二日

晴。计划：

1.书学理论,史。

2.书道全集(日本)。

3.临碑帖。

4.印本二种。

5.诗读。通史,世界史。地理(房龙)。

6.绘画。

五日

下午到外院见到姚奠中[6]老同学,49年阔别矣。健康颇好。7时即动身返并。匆匆不及欢宴,为歉。

六日

胥同志陪同到青年团、学生会约为书画组讲谈事。

夜到美音学院,见到杨毓荪、茹桂等同志,谈甚欢。

给人以力量的是:1.对敌;2.钉子;3.恶势力;4.俗物;5.品德;6.本领;7.年龄;8.地位;9.、好友;10.鲁迅;11.李白。

七日

整讲稿。下午进城买雨鞋一双,3元出头。取镜子。买灯泡,40支。饼子一斤。烟2包。

十日

收北京峰兄、惠芳,太原王、平国四函。明日寄聪弟信,李书法。

做事总是含胡,面子不好意思,吃亏不小!须认真,以正为顺。

校产组来登记木器。以正式工作人员,月扣除,归私人所有。办得合理。下午到美协、书协送申请表。到振纪处,说我瘦了好多。建议:吃花生、胡桃,水果、鸡子等。须注意:少应酬,少费脑力,吃好,去私欲。体力劳动不可太过。

十一日

星期日。昨夜眠甚佳,10小时,稍得恢复。

1.峰兄游北海赏菊时之英姿。高人,哲人,诗人,学者。

2.体力不过劳,脑保留不留作业,轻灵。尽力变得年轻!(汪氏)休息足营养。

3.工作量不过,应酬少。

4.日本书道全集,细阅并选临。

5.备展书。(与任究)

6.北京字(白蕉)四幅。进修一年,京,请教,登报,表演,义书……

7.前言,开幕式讲话词,论文,展字。二十以前。训练班字。

8.学问,应答,姿致——庄、李、傅、迅、马、梁、侯……,站得高大,胸怀气宇,世界魅力,袭人!统摄全场威力。生龙活虎。

书翟英、云信,明发。附字四幅。

断烟!以糖待客。日食鸡子1~2个。

清心寡欲,禅家脑子。目空一切,自具天地,为所欲为。何必为人?莫发慈悲。人者善作假而已。相互吃咬。好人?缺德!谁人为公?"软弱可欺",记我个人做人哲学。可叹也矣!

拿翁、白氏还是好的。

快活哲学,健身年轻。

十五日

在家休息两天,近日到校,元气仍未

复。购于右任《墨缘》二本，8元。复制品。

发聪弟信，翟英同志字四幅。挂号0.15元。

20前，定稿，字。

书无常法，什么间架、分行、布白，手熟为能，一到手熟，笔所至处，无不佳妙。长短，大小，方圆，都无不可人矣。无心无意，官知止而神欲行，乃得神品。化境，风神，游离墨画之外，不见其行但闻其声，其色。

画何难哉？着手成景。速成之。

十六日

为任平、王克均同志们作字。胥同志告下星期二给学生书画会作报告。

做大小事，必须细心，考虑周到，尤其有关经济收入花销事，更须在心。要勤算账！合得来。不能亏公。

铭来，带酸菜等食物。雨。

十七日

家事烦。

二十日

连凯同兴平宾馆郭同志乘卧车来，约后天(22)早来接到兴平一行。小李，王玉安送来画案。7时在联合教室为百余爱好书画同学作报告。胥、周二位参加。整讲二小时。同学情绪颇好。尚觉满意。讲题：我国书法在国际上的动态和我们学习中应有的新认识。路子走开了。

二十一日

过累。夜眠不好，然心神颇安，轻松多矣。又得继续写论文稿，开幕词……

清理书物。日食6两。晚在贾兄家又喝枣子花生稠粥一碗，包子一个，十分舒服，吃了8两。饮水不少。饭不吃平稳不行！下月可大肆安排。健康第一！准备到兴平事。——作诗一首。

二十二日

九时中国兴平宾馆专车接，与程克刚，连凯同志三人前赴该馆。午饭后由盛春书记陪同到杨贵妃墓、汉武、霍去病等陵园游览。各处负责同志关照，并为摄照片二张，甚感。

二十三日

下午为书对联二幅，条幅一幅。每餐丰盛，红白酒，并西餐两顿。晨荷包鸡子二个，扣扣菜，面包……待以上宾。行路有女同志扶臂前行，其实我是颇健的。郭拴庄经理、部长、工程师，曾游罗马尼亚、意大利等国，为人平易近人，谈吐生风，颇不易得。馆内建设均由他一人设计，十分宜人。五月中旬，来接做美化工作，须半月方可完成。

贵妃馆负责同志嘱书一碑石，兴平文化馆馆长王同志嘱书条幅。

贵妃墓中外游人甚众，尤其日本妇女对杨十分崇敬同情。一大演员曾扮杨角(色)，对杨叩头，用塑料袋掬去墓堆黄土，称贵肥粉。霍去病墓石刻甚多，均大型，有虎、马、牛、鱼、羊……艺术价值极高，受到外宾称赞不置。当地人民对霍颇迷信，以为可以去病也。“玉璞”极珍贵，状如象鼻，缀以青龙、白虎、朱雀、玄武，重21斤，尺余厂，颇宽，系门上饰物，可套环。其门之大可以想见。应为一双，其一尚未发现。

二十五日

发品三、史纪言兄等信。

夜走到电影场，从三四尺高的砖崖上失足倒下来，居然无恙。承两同志关怀，要引我到医院，甚感。匆忙中不及问到姓名，当查问也。主观主义者，总是要跌跤子的。

二十七日

草书画展前言。发枫兄信。收郑州群众文艺馆信，约书法稿，5 月 30 日前交出。寄该馆《中国古今书法选》编委会申海涵同志收。

函兴平宾馆盛书记、郭经理同志信。

字：

1.粗头乱服风韵；

2.行云流水般的活泼；

3.天马行空的展脱；

4.气势磅礴的气概；

5.雍容恬适的自如；

6.飞泉瀑布的壮观；

7.一马平川的眼宽；

8.仙女舞空的神态；

9.庙堂龙廷的威仪；

10.含宏光大的气宇；

11.龙跳虎卧的雄姿；

12.恣肆不拘的放荡。

三十日

浙江省文史馆女史研究馆（浙江杭州法院路 34 号）索书。书画家简介：姓名，别号，年龄，籍贯，自我介绍，擅长，通讯地址。

整整三天忙于布置书画展出工作，老师、同学真够出力，缺点随时发现，即时改正。校长带头作楷书，影响颇大。全部展作 120 余件，算是丰收，出乎意想之外。明日正式展出。

下午陈副校长（立人）陪同哈尔滨大学校长、教授七八人来参观，承奖许，嘱作字。晚饭后，去看陈。方胜同志来。发美协、书协邀请书二件。附给方函。又发晚报姚元恭同志函。

五　月

一日

劳动节。在书展厅值日。新疆乌鲁木齐政协李富同志来参观，题字。初次会面，承邀合影，甚感。大女偕儿女，她母亲来看展出。复大荔解放军 59183 部队陈永武同志信。（书画爱好者，有心入会）

这是我的一个忙月：1.河南、浙江字；2.论文、讲课。（十五以前）3.北京字；4.兴平宾馆字；5.贵妃墓碑石字；6.霍去病展馆字；7.友人字；8.书画展后总结性文章。

将此地作为基地，信之。

有甚人情？社会中私徒之辈太多矣！卖些何妨？傲傲何伤？教训之若对越人然。

停烟！

“智之所贵，存我为贵。”齿德爵才。“阅人则藐之”，“以之为沉浊则不可以庄语”。

峰兄挺姿。北海赏菊时。“大有为者能识人。”

“心胸如涨海”。

与平矜兄坐谭。他治学是那样的结实，寻根究底，找出个来龙去脉，追到头问到底。

也须写出本《书法哲学》来！鲁迅书也得再复写数遍，定案并印！

庄子？再挖一挖！

二日

大风。碍了展出。封住大门，从后门入。午睡甚好。

三日

上午回家。饭后到教师训练班开文稿研究会。闻惠芳自北京来家，间请假回校，待来也。因不知其住处。

明善同志送《书法基础》等两本，内有拙草一幅。

闻党委会来索书。组织部事。

纪同志送信纸100张，信封25个，便条一本。甚感！

四日

为哈尔滨师大教师吴忠匡同志书数页(二条一联)，复请七七媪游寿同志为馆内书一幅。后补寄。为丹林、丹宇书字。又给高校干部进修班书大幅仿山谷体2张，尚好。

五日

到招待所去看朱惠芳同学，已去别省，未得一面，甚憾。

六日

刘鸿儒、朱惠芳等同学来，谈甚热。省井宽胜来见，嘱书，并为谈副省长书。晚7时半参加四个社成立大会，被聘为美工社顾问，十分隆重。

交申请书一份，请补助盖房费800元。后当补偿。义书。

七日

录像百二十余件。

八日

忙了整天，为北京写数幅，为左军书对联。午未睡。

九日

强儿赴京，付60元。为李兄买腊羊肉4斤，酒2瓶。带字。晨到校。照拂展画。晚6时到胜利饭店看惠芳，未见。7时40分回来。

十日

方磊、沈天健、谭岚、方方来。方宜孙先生、陈昭华女士(泰国曼谷)嘱书，9月来。

十一日

软不好办，忍之。目的，临书道墓志毕，赴京。

十二日

一夜大风雨。车国宝网球家，国师老同学，先徐姓，东北大学书记，来西安。李校长陪同到馆。下午彼此作书，他书大字虎、寿字数张，我为他书对联、条幅各一，尚称如意。

赴□楼，冷甚，完稿。

车氏曾对大家说，余之条幅一裱后，可值百元。当时李校长、任副馆长对此愈感到大兴趣，要购一批宣纸笔墨，可以大干矣！

十三日

到钟明善同志家交稿，算是交了差。

每日寻款！

忙了十数日，应该休息休息，散散心。15 日写字，10 幅。

十四日

为谭副省长、井秘书书字幅。三日以来以饮食过量，胃部颇不舒适。昨晚、今早饭少吃三分之一，已见轻多矣。夜同黎风同志座谈，得益。

书翟英、冯俊秀同志信。

十五日

张耀麟兄为借 100 元，感激万分！

十六日

忙了整天。

十七日

借钱困难，退休（人事）。校长、胥主任尽到了心，甚感。柴霍夫：“人要活得像个样子！”余最厌恶旧时商人气态，为了钱卑躬下膝，丑形毕出。殊可怜！

鲁迅先生！

自力更生，真是立国、立己箴言！

今后无他，“四零一”主义，如此而已。墙基打稳，万事等而下之！拿翁语甚是。昂头阔步，自神，自雄，巍然！百事争能耻下！

百练身心成铁汉，九度关山见旌旗。

莫谓浮云终蔽日，严冬过尽又春煦。

十八日

早 8 时与终南同志邱、张、钟、成海等应本省五机厂系统美工室之邀到韩新实俱乐部观书画展，尚好。（北京部领导来人）为书大字一幅，尚较满意。午餐后，送回校。

日妇女三大事：书法，烹饪，缝纫，差一，难找对象。

闻京书协情况。

保健！宝字！远征！

胥同志问到我报款事。他是位仗义人，即去财务处询问，并即与书记谭。甚感！

十九日

发河南、浙江字、信。路遇李名□君，嘱明日取补助 150 元。已领。

二十日

晚七时到业余书法学校讲课，受到同志们的欢迎，要再讲一次。约定下星期二（25 日）。

二十一日

归还张耀麟兄 80 元，尚欠 20 元。适胥同志为我通知图书馆借到 150 元整。甚感，甚感！

下午 4 时办清室内桌、凳、床板、床架作价手续，共 3.6 元，下月扣除。开书画会事。退作品，会址，悬牌，请顾问……

发翟、王信二件。

二十二日

整字，写应酬。清理笔债。之后，可少此类麻烦。干自家必要的事。

回家送钱120元。饭罢即来校。明日计划备课。精神上再打扫一番，另开炉灶，远俗，守静，工作。

二十三日

星期日。清理了一番，轻松多了。字，材料，照片。写小传(像)。6月半交字六幅(终南)。买月票(明日办)。交刘老信(字稿)。明日书10幅，交卷。后日夜讲稿。准备赴兴平事。

经济计划：

烟：5元；

早：0.2，午：0.45，晚：0.5。——20元。

开始写篆、隶。

健(汪氏)：饭少吃几口；去欲。不渎用脑筋。工作不过累。有余裕。以拳术治各种病。相信人的潜力无穷，无有不可克服的困难。没有达不到的目的。

善找点子，抓紧时机，创造条件。思则得之，志愿，魄力。

快活哲学。酒性人生。“活得像个样子”，尼采，扬子。视外无物。境外有境。社会教育。诗人，哲人，大人。

1.此世界，千载难逢。2.债还不完，一出生便享……3. 人生短促，“百年寿之大齐”。4.报双亲恩。5.为了自身健康幸福，后辈的前途。6.渺小。7.爵齿德才功誉。8.卫门——青裔，夫人一家。9.对逆流敌对。10.超人。

社会人生是戏场，又是斗场。

瘗鹤山谷傅青主，
仙笔跳跃见真情。
魏晋汉碑郑道昭，
遗风真趣纸上涌。

二十四日

为香港(校礼)作字10幅。车铭照通知来辞别，赴济南回东北大学，邀一同照相留念。有李校长、汪周发副书记、任平馆长等六七又同我二人合照一张。洗寸相八张，31日取。

送陈立人、汪周发、韦固安等通知字。

二十五日

下午6时半，车来接赴书校讲课，9时40分复送回校。除结束上次课文，复讲“勒横”的奥妙。是个点子，听者尚好兴趣，解答了几个问题。送司机张胡然同志字一幅，复得到他的画一幅，——虾。

须休息几天，不作文，书字。

二十六日

六月间答应赴书校作表演。明日开始办事——西大杨、张、单，省委井秘书。李白瑜，美院。送曹鸿远同志石章一颗。午吃饭过量!

二十七日

涂字(书画会牌匾)，清杂务。

断烟！清心。清应酬。房屋。

学诗。缀文。野草。傅材料。画画。书法教材。经济。诗册。

上午9时到省政府见到谭副省长、井秘书，为王中青兄找材料，即以电话向教育学院院长洪老联系，约下午往见，各送字一幅(书画展时他们来曾面嘱)，又介绍了陈省长秘书张积和同志，也索字。9时半辞出，即以省长之卧车送我到西大，还张耀麟兄20元，清矣。到连凯处，买色笔、夯子二具。

同霍松林⑦同志座谈。

吾下笔叱咤风云，林薄晦冥，气象万千，驱使张颠素狂⑧奔走不暇，此非我之狂妄，若谓今人必不及古人，此道不几乎息邪？

二十八日

夜未得好睡，大约是饮茶太多之故。拟整鲁、傅文二稿送校刊。

去看吴元训教授，答应为找教育材料。助教刘新科已见面。

二十九日

到方磊同志处，给字2条。为我重刻一方。许为李、胥刻石一二方，佳石。复到李白瑜老家，为我写字一幅，我亦送字一幅，许再作梅一幅，刻印一方。对我作品意见：1.章法欠佳，字距离远。2.草字枯笔佳，挽处有时不清楚，令人摸不着笔路。3.浮笔。4.快，破坏字。甚好。又云：接到高某寄字要钱，他提了意见——匠字，做作，没有买。此人已毕矣。草书缠纠处，要使人很清晰地领会到笔意的来龙去脉，能学，不能如一团乱丝，所谓织绩而不乱也。一句话，合乎法规，有所依据，四面八方都到，不含混，不草率。点子要真，点画够数，不得少，也不可多，长一点，短一点，弯一点，偏左偏右，均可变作异物。留心章法，疏密，斜正，有致。落款亦然。盖印也非随便。既云“书法”、“法书”，可知随便绝无是处也。

三十一日

发王材料又信。0.81。

发贾福奎、云何、少凡、耀天、江汉字、信。

体重92斤，减少八斤！须珍重！何所为？拒应酬！

六　月

一日

梦欢度新正。

计划：1.增加体重10斤，饮食，×欲，逸。2.不乱作书应酬，耗精力。3.阅书道。4.临魏晋帖。5.魏晋六朝墓志选临。6.经济。

今人道德败坏，过河拆桥，利用一时，狗屁！

今人作风无廉鲜耻，用得着磕头作揖，用不着，马上翻脸，一颗黑恶心，什么都能过得去。思想嘛，利己而已。只顾眼前，有甚远大理想？谈甚爱国为民？没灵魂的东西！

远俗，爱已，尊己，谈甚交接？明哲保身，老子真理。

自乐自适，同自己谈心，绝对个人主义非无道理。

仗义，赐予，救人=害已，莫听！恭维语。何荣何誉？

尼采超人，达氏主义。

恣欲，福已。——万事空空。骗局。是非，真理？

我即上帝，非宗教家的上帝！——拿翁，尼采之帝。

理想，事业心，自信心。

二日

到美协送何挺文同志字。

三日

心神轻松矣。为终南书展书字二幅。写寄聪弟信。赵世庆为我画像。

四日

梦监考，得众心，似李兄亦出焉。

保健，良养——为了赴日，接外宾，出席会……都非健康排场不可！烟?！煤油炉。计划生活！

会生活，情绪好，“君子日兢兢”。世外世。读书，研究？心园地(学问)。

创作，开局面。一代大师。体系。学者，哲人，诗人，艺术家。

“不可一世”，颇耐寻味。非个人太傲，实芸芸者流太可笑也！

拿得起，擒得住，不仅一省一国收不住，看不上眼，以世界之大，也没甚么也。

下午七时，一美籍夫人，图书馆专家参观，寒暄之后，握手言欢，为我照相一张。

晚饭可口，旋即入睡一小时，感到幸福。多日以来，脑力、体力用得都过火，睡眠不足，时在紧张，难怪体重大减也。

五日

上午听美国女图书专家报告谈到美国：

1.重视知识自由化。

2.图书馆是教育重心。

3.对图书馆认识的重要性。

4.了解国际图书馆发展的情况，才能制定合理计划；从事贸易交换，发展方向……

5. 波士顿拥有一座百万种书册的图书馆。

6.图书馆学校。美多私人设立大学，学费高，因之半日制便学生交费。教师为完不成目的学生上告，教不好学生，不上，学校垮台。

全日制教师须教三门课，兼其他任务，研究、出版……

7.国际图联——115 国，77 个三世界国家，国际文献委会……

8.自动化器……

生活秩序化，思想系统化，工作条理化，学习专精化。

六日

送滋渲同志字、履历(字画展用)。嘱书坚城先生条幅，对子，李的。约为社员讲一次。发王玉兰信，即书。

余病只须：

1.少费眼力——少看书，写小字。

2.多休息——猪先生。

3.莫渎用脑筋——至人状态。便好。

太极与字诀：

静——以意引气，务令沉着，乃能收敛入骨；以气运身，乃能便利从心。(1)环境静；(2)心惟所务，不知有他。“非出尘近古，不肯动笔。”

轻——打出拳劲,“似松非松,似展非展”,力是笨重的(外气),劲是巧妙的(内神)。

慢——温润,自然,周身轻灵贯穿。

切——切切实实,点子真,研究,思考。

恒——定时定量。

致——适得乐。

趣——不得不然。

疲劳:

1.肉体:劳动之后。

2.精神:不愿说话,没精打采,健忘,出错,小事也放不开。

3.神经感觉:手脚颤抖,易发脾气,慢性,眼跳肉跳,口渴,声嘎。

二十年计划:营养,锻炼,休息。

八日

深信:潜力大,没有克服不了的困难,没有达不到的目的,戡天主意。人为万物之灵,人为万物之师。

珍惜:精力,时间。

效果:集中,有收益。

目的:攻:1.汉隶,晋真,魏碑。2.鲁迅著作。3.屈子,司马迁。4.诗抄。

练功:晚搓脚心 100 次,晨搓面 100 次。深究保健长寿之奥。

方法论:三把钥匙。

四神:正义之神,理性之神,快乐之神,战斗之神。

入法:入得里,逃得出,化得开,用得着。

一通,一专多能。

书北京翟信,到省上送字 2 幅。

九日

翟书。

书研小题:

1.汉砖,瓦当,木简,古文,汉印,刻文研究。汉隶,汉壁画,石刻(变迁)。书风,笔法,源流,影响?

2.晋字。

3.南北朝,魏字。

4.墓志研究。

十日

晚七时半到业校作书法表演。昨午前食粽子一个,下午颇不舒适。

明日取校刊 15 份。

发王玉兰字 2 幅。

受到业余书校讲课费 7.5 元。

十一日

拟发董信、字。校刊。

见吴三大同志,说字照得不错,裱字已送广东……展出。即到画院一去。

十二日

昨到校刊社取到 5 月 27 日校刊 15 份。书会牌子。

体会:书贵在无迹。无迹者自然之极致。而无心无意乃能至乎自然。如此则一切所谓神韵、境界……皆由此而生,老子所云“玄之又玄,众妙之门”[⑨]也。

高人:正义,功力,修养,学,思。

无心,无意(神行)——自然(活,自在)——无迹(岂犹龙乎?)——境界(风韵,神致好)——感染力,魅力(欣赏,味之不尽)——享受(力量)。

玄之又玄,浑然天成,不可思议。最高的神秘的灵感。

我不拘在什么地方作报告(百花会上,业校,师大书会上),教书,似乎都得到大家热烈的回应,何故?学术家、学者、哲人的讲法——逻辑性强,理智,生动的例,情态,抓对方的心理,兴趣需要。宣传家的讲法,热情鼓劲。(缓慢,问题,流畅)

十三日

一通。立派(汪)。二练拳术。三把钥匙(辩证法,关系,发展)。四神。读法。五书。七、(力利理立)爵齿德才。十师。十二象。三十自。

十四日

拟题:《谈谈我国书法传统》。精神文明。贯穿爱国主义精神,民族气魄。人,身……天下。堆积(儒)。庄、李(自由个性)。书理,技巧,宝贵经验,远大的目的。文化形成:因仍旧惯,仪型他国。特点。本色。(因仍就习惯)天然,气候,土壤。立国精神,元气。

十五日

发北京翟信,寄校刊、字(丹林、宇)。收王中青兄信,书已收到。他到长治市住几天。支桌凳,又一局面,可以放笔矣。

十六日

篆,部首。隶。金刻。汉瓦当。砖。木简。魏大帖。墓志。晋急就。二王……瘗鹤。道昭。鲁公(麻姑)。山谷。傅青主。

自然:自然主义。最大、最神。一切艺术品的灵根。“众妙之门”。慧炬。无明见漏。传心印。

无:空隙,空灵,怀虚若谷。无不容。门铭。目空一切。窍要。申为曲。力之所生,事之所成。再申为柔,非弱,非软,乃真强、真硬,取胜之道。四两拨千斤。上善者水。齿落者存。阶石可穿。

机:嫩芽突破冬土皮——镐!何故?潜力,不可思议。

神:“出几入几”,研几,致几。

看字如看人:1. 大家贵气(大样,娟美,体态大方)。2.自然有致,神采动人(彩照)。——无形中给人以快感、喜悦、启发、敬仰,念念在心,留恋不已,魅力侵人。若正在恋爱中之意中人的那样,耐想,渴念……成功作品如此其神,足矣。

十七日

教书、作报告五字法:

准:抓住对象心理、需要、兴致,目的明确。

通:逻辑,条理,辐射面四面八方都到。

透:精深之谓也,发明独到,我见。

切:实际,合用。

活:生动有趣,幽默。

十八日

接峰兄信。

十九日

晨3时40分醒后,记梦:见大雁塔侧另一高标倾斜,即告人要倒,忽焉果倒,大雁塔亦随之而倒，地面现出一片平。又老家场东小槐地方一杏树，投之以石，应石果落满地。清楚非常，奇矣！

二十日

真乃日月如梭！分秒必争，懂得了。

假前，集中于汉隶、行草，六朝魏碑。晋书法之研究有个根子，临各名家手书（评、欣、写法、特点）。修山稿[10]材料。鲁文。积字，展出！抓点子，突出独见创获。

草，魏，隶。（汉金刻）（王、黄、于）（田、康、于、郑、陶墓志）篆，识字。

二十一日

雨。川来。到胥主任家，知启功来，同皇宫一顾问将来西安，当做准备，作一番表演。下午7时参观铁树开花，雌雄同时开，雄的如□样，雌的如杵形，色如土黄，并不美丽。明日当再细观。

二十二日

晴。夜书字数幅，尚可。总是得慢，敬谨为之，便足观也。切忌草草，万无是处。

二十三日

日书二三幅，友情。

二十四日

没事记。

二十五日

书字二张。发铁夫兄信、校刊。

二十六日

发潘俊桐同志信、校刊。在刘先生家用晚饭。取回李白年谱。

连日工作读书，无休息时。明日起须放开一切。惟“逸”是务。

二十七日

夜雨。四宝：（健康）

心：正，德品，坚强意志，邪不压正。

脑：聪，谋略计划，料事如神。

手：熟，巧计，艺高胆大。

眼：明，远见，小天下。

（营养：粗细食，空气。锻炼：太极，战矛盾，苦艰。思想：马思，庄思。广阔世界，高人破俗。睡眠。休息。娱乐。）

气韵，气度，高格，神态。养大，顶天立地。（马，世；曹，困；李，处世；罗，个人事业。至人。）

座右铭：像一座高大、广阔、轩敞、威仪、雄壮的宫殿。

麻姑字，石门字，王、郑、陶、黄、傅、王字。

午睡1时半，饭后又睡了四小时，为少有之好眠。良甚快心！健康得此基础，可续行之。以大耳朵为师，能吃，贪睡，少用脑子、眼睛为要。总之，要有节制也。

梦张耀麟同志来。

检查：

1.例消耗太过；2.脑、眼用得太过；3.饮食不在心；4.书法太重。总之，不知休息，不加爱护！饮水少，不懂娱乐，不善于生活，不会享受，墨家作风。

谁为自己？太没私心占有欲！

还须记起年纪！–20！

恣目……横口是颇有意思的！

脑子不只是容受器（记忆性），更是取之不尽的涌泉（悟性、理性、想象、创造性）。

二十八日

临汉中郡太守鄐君开通褒斜道石刻[11]二十八字。回家，发聪弟信一件。

二十九日

晴。莫靠人！字，珍宝也。高格也。讵可轻易与人？

大习研之：1.识篆；2.汉金刻（砖、瓦当）系列；3.汉隶系列；4.魏晋系列；5.魏晋钟王……行草系列。

素贤同志为祝北京师大成立……周年几年嘱书字，送酒、食品之类，太客气了。

三十日

上午 9 时接待国画家杨默老，72 岁，专攻山鸟家禽，刘海粟的高足。讲话后，作画，一鸟一鹰。一同进午餐，六人，校长……相谈甚契。当为作字，三日内送去。人风趣，谈得有致，深入浅出，难得也。

月终一大快事。他正在西安作个人画展，200 余幅。赵世庆摄照一张。通讯处：徐州艺术研究所。

四时复到青年会看杨老画展，前所未有！淡雅，高洁，简明，自然天成。神韵。杨老讲徐悲鸿一年画用宣纸 200 刀。

学学杨老的讲话情态。我几次同学生书画社、业校作报告，就是这种方式，效果不坏。今以杨证之，成功必矣。

七　月

一日

“山高人更高。”

为杨老书字一幅（山谷“金石……”）。又为李景贤同志书寿北师大（八十年）大字一幅，尚好。为高级训练班书大字已裱好。不减山谷《幽兰赋》姿致。较为满意之作。拟摄照。

书法也得绘画化，但大忌俗。

二日

对付“新道德”，似乎也得采用“新方术”。一副黑“良心”，一颗空头脑，他没信用，你也……他过河拆桥，你也……吁，可畏也矣！尊孔不如尊希！尊孔的结果是吃亏，被骗，谁是为人，为公，爱国主义者？我于是须改变作风，要成为一个个人主义者了。

凡事要讲清楚，讲明白，有手续。大而化之：万恶！人已变为衣冠禽兽，何体面之为耶？有甚情？达氏世界。“梦中笔谭”此之谓“世事”。吃得住骂，顶得住恶，独往独来，独出独入，此之谓“人”，此之谓“才”。

明日看杨老：1.看他画；2.索画；3.送字；4.评字；5.当小学生。亦一真世界也。良慰！

学习。大力创制。交真友。（讲，报告。）经济。师大。哲人。大诗人。大艺术家。物莫能碍。非常人。大学者。

思想体系——广积材料（知识）。

书法体系——总结经验(至见)。

大力临摹。精粹创作。

化,活,趣,——神。难歌之情。道家文章。

高大。天地人。老三。

真切。通透。

昨晚饭,喝米汤、菜汤太多,应节制。不给肠胃添麻烦。

少吃几口饭,大有益处。多让胃口轻松些,精神反觉大一些。

三日

杨老约我今日去。朱英同志来,告她昨日为美、日各国人士表演,深博令誉。今日专到雁塔路外宾处为美人作画三幅,每幅300元,甚忙,明后天再去。上午为她又作字一幅,墨色较好。

集中在:傅氏狂草,魏体,汉隶金刻文。

四日

星期日,孩子们都回来,贝贝也从汉中返回,树儿未见。

晚8时到关中旅社见到杨老,作亲热谈,对我的屏幅过分的奖饰,力请其指点,在章法上,提出宝贵的意见。就"铜官乐"一条说,第二行章法字大小密度安排好,头一行、末二行字以上显得轻飘一些。款式"李白诗……"应提到姓名之前,名字再下放一些,盖章也得看位置,一颗和两颗,远近不同。甚感!

又为题数语,太客气了,字如左:

与俊老初晤于长安,得受教益甚深,特志数字,以表感谢。杨默。于长安。八二、七、四。青年会刘玉苓同志系洪洞人,认了个老乡。她的女儿在玉雕厂,刻玉人物,已五年矣。与连凯相识。

发聪弟信,寄品三校刊二份。

体重93斤,增2斤,觉得结实起来。

五日

杨老优点颇多:

1.谦虚之至,拱揖,以小学生自居。

2.好人,情面重。

3.自苦,自奉太薄,工作不倦。

4.事业心强。

5.善于讲话。

6.不失为一位名艺术家,通脱,平易。

都值得学习,应以为师。"作品看人的长处,看自己的短处。"

六日

"活人要活得像个样子。"(柴霍夫)

做事要做得有个名堂。

顺乎天理,依乎人情。大家气魄。小手小脚,倒行逆施,自以为是,太差!

八日

书杨默老信。约赵世庆同志星期六照相。(字幅)明日买八怪字画书。

决定学画。乱笔。必成。10幅惊人。

九日

发杨信。昨夜受凉,下腰颇痛。上午9时买到扬州八家画选两本,2.30三元一本,送赵世庆一本。可开始动笔作画矣,有何难乎?下午2时返校,一睡到5时,足矣。

往日看过不少画师作画，总是少有惬心者，看不到几分钟就想离开。看杨老作画，真是大家手笔，乱涂一阵，看不出个样子，然愈来神态愈显，愈深触及灵魂，终于叫绝，笔笔无迹，笔笔无意，乃成得神品。作字应无二理。

十日

阴，风。字照只好改移日子。改天向陈之中老请教墨牡丹画法。雪梅。大展。上京！

傅山读庄子《逍遥游》，要学大鹏。学得此，不惟麻雀之类看不上眼，即古人有几个能看上眼的？

鲁迅："日本人做事是做事，做戏是做戏；中国人把做事当做做戏，做戏当为做事……"加以无品无德，唯利是图，尚何言哉?！一切不奇怪，凡百看得开。随宜说自在来。"先天下之忧……"少说为妙，免笑。"情直行径"，好话，人道语，非家用语。寡言，为己，不害人，便是圣人。

高起来，大起来，万事人定，我即主宰。

十二日

午回家，接铁夫寄来麻纸一刀。甚慰！一个不愉快的家庭，没意思。一人一个脾性，不能交言。

健康，铁树。思想，旷达。毅力，坚强。自求多福，晚年好话。

暑假生活：1.书字 30 幅。2.太原。3.书法课。

自知之谓明。

十三日

应做的事颇多，适当安排。图书馆，书会，讲课……内内外外，照拂不来，得精简。只管教学，最好。

十四日

发峰兄信，书任、翟、陈信三件。上街。饭后，大吃甜瓜、西红柿，又食苞谷棒。颇开胃。又喝茶，甚觉舒服。

十五日

发信三件。

十六日

到书协领取会员证。在玉雕厂为书字一幅，又为胡光亚同志书一幅。二十日前赴兴平宾馆。黄河流域十一省书展，日本书展字共 4 幅（相同的 2 幅）。十一前急交。内容：友好纪念，北方文化诗。又为雕厂书出售用。履历。

户县艺术商店牌。

十七日

世庆为拍字照 18 幅，又为我作照 3 张——室内，图书馆前，校门口各一张。甚感！办了宗大事。

十九日

高同志为借《金石粹编》四函。方琦来抄《玄秘塔》原文。赴书、美协送交十一省书展字 1 幅。中日书法展字 2 幅(相同)。

观方济众[12]同志作画，画柳垂条画法，转纸，横抹垂条，顷点，涂色。

一切全在运聪设法，没神秘处也。

朱英同志来谈有关书法等事。

二十日

看陈之中老。开始临晋法书。世庆来，知杨老有信。并知一些对杨老的情况。有些可笑事，水平攸关。

二十一日

阴雨。写好聪弟信及柳、赵材料。

集中搞己事！打破干扰。——有东西。史，作品，理论。

理想，干劲，健康，德品，作风。

送艺光同志字幅，他正在拍的字幅甚好，明年日历(排)用。见八十二中钟明善同志，适陈铭同志在座，同进午餐，即回。拙文《康有为卑唐说私观》，亦交刘。准备印。并允为复制。

囊括(概括)，川注(发挥)，逢源(化开)，会委(见真)。——玄秘塔大达法师研究佛法的深邃。

晚上世庆同志来为我画正面像。

二十二日

雨。昨今两天，世庆为我画了几张像，画得好，使我这才觉得老了！给我以警惕，注意保养、保健。明日信书后，得好好休息休息。

傅文，临写慢慢来，别事推开。

二十三日

回家送柳材料。心甚烦！必静两天！

二十四日

发王、车、李信3件。

二十五日

看美一医院博茨博士人活100岁的文章，颇得启发。当努力！

二十六日

已静矣。明日起，撂开一切杂务，一志干工作。只剩给北京字矣。

二十七、八日

为译《玄秘塔》碑文而忙，在贾兄处请益不少。乃知余之治学疏！细心！不能臆测！

今日回家交卷，轻松矣。朱英同志为借吴昌硕画册，得吾心矣！定必在此用功，取胜也。书路克军同志信。开始学画。明天书太原出版社信。看冯某画展。

看画也可引起作书的兴趣。字中得看吴昌硕画中的气态，浓郁的色泽。

书法已由放到敛，进了一步。常想趣龙颜碑。乱笔有味，字画皆然。

二十六日

朱君借我吴老作，
一日能读三千遍。
老来万事何由展？
却将春心浓一番。

偶成

大千世界本无边，
忽然有人画一圈。
圈内圈外圈套圈，
难得好梦乐自然。
万物谁说同一府，
弱肉强食迹昭然。
如来净土好世界，
能知几人到彼岸？
君不见拜佛狮子困，
只充狮虎之盘餐？

呜呼，欲渡众生脱苦海，
吾师刑天向前看。

万物虽一府，弱肉而强食。
莫为儒冠误，达氏以为师。

发路克军，太原潘、任同志等信。

三十日

诸妄皆须战，慈航彼岸去。

你若站不起，鬼来欺侮你。

佛教中也有好东西，只看如何用。

净土——世界外之世界(任公)；

菩提——正觉；

无生——不生不灭；

三□——行，心，意；

四相——离，合，顺，违；

瑜伽——思维。

昨午后，赴城西工人俱乐部看石鲁[13]兄、冯建吴画展，以四川大山为主，大幅，颇有气势，功力足，稳稳当当，慎谦，出笔无恃才华，是其德也。杨老，人好，才华高，清雅高韵，有系人心处。对余大有启发。

冯书法，临石门颂、三公山碑……总嫌其老实，笔拙，欠活气。或有其用意，然非上乘也。方慧伦、谭岚两同志来，适外出，未见，真憾。所为嘱书一条，系送九龙海关副关长孙广治者。(内人谭友)明日还来。尚慰。

三十一日

雨。上午10时方、谭两同志来，甚好。方9日回泰国，走前可再来。谭八一后到京，半月可返回西安军区。嘱书已交，还要两幅。一、三到民政局侨办去。看启功发稿。

八　月

粗计，上月甚忙，不及休息，用眼太过。本月应酌减之。

改稿(山文)；

一、临帖。(汉隶，曹魏晋，六朝)

二、作展字。篆，金刻文。

三、书理。(讲稿，准备报告课)

健康，饮食，休息，自神。心没负担，眼不疲劳。在轻松中度日，开快乐之长河。养大，务大，气象大。

胃口能把食物消化为滋养品，变为血肉而健康。手指也如同胃口，临各种碑帖，悉变我之字风，似而不似，不似而似，神而已。

战必胜，情趣不浓，心神不高不动笔，不浪费纸张！

一日

中雨，通夜未止。现仍续降，稍小耳。摹昌硕画集、羲之帖。夜临吴书法。

二日

晴。

生来无奴性，松柏自真骨。

杈桠直刺去，管他弥陀佛。

雨中归来，眠甚好。上午收得峰兄信，杨默老字、画各一幅。车君信退回。

三日

书李耀天，杨默诸同志信。到省民政局侨办。

四日

发信。书峰兄信。等候赵兴平。

五日

发峰兄信。草市侨会书（房屋事）。笔债：北京，刘，谭，朱。明日完成。

六日

头昏二次。朱英同志来，帮忙关窗，倒水……扶我回家，甚感！

十日

已愈。半年来生活不在意，工作没止息，身体健康差矣。

送市侨联信。

十一日

寄聪弟信，书法教学等两本。

十二日

改稿开始。

十四日

到程老[14]家，遇翁维谦同志，嘱为我作诗两首，颂黄河，供十省书展用。

十五日

改文顺手。思则得之，多想便好。但求心安而已。

斟酌！一个字眼也不可轻易放过！精益求精！特出的慧见！创见！不随人脚跟！对人有益！二十日竣工！

十九日

到国画院刘平同志处，为书字2幅。有保安一幅。复转美、书协，取回文稿，拟再加段材料，25日前并字幅寄出。

下午路克军兄来家，28日可回兰州铁院。行前再到师大一去，当为书一条也。后天去他家，借取山谷大字2本。二十三前改罢傅稿。到校安排工作。

二十日

夜眠甚好。忽入奇境：峰兄，我得中央极尽美丽红花状。状有"太尉"字样。又"重九起为我派一些干员……"住室佳。峰兄医为配良药，红如泥状，他似在为丸药。房宇尽高楼，似中央官署，有数处医院。他走出一巷门口，尽见碧绿模样山脉。吉兆欤？

二十一日

运动最好！舒缓，轻灵，安便。

真——认真，坦率，真人，真宰，真金。

适——恰到好处，及时，舒适。

深——精深。

通——通脱，头头是道，通透。

二十二日

完稿。

二十三日

上午书十省书展字一幅。朱英同志字二幅。文化局二幅。明日书谭、翁字共三幅。送书协文、字。

二十四日

到校见到校长、胥主任、馆内同事。纪同志开证明一件。买高级烟一盒。

三十一日

连日细翻傅山《霜红龛》全集，为了修订《傅山论书法》，得益甚多。

发钟明善同志信。见到了闫明同志，

留午饭，饮法国名酒，甚欢。朱同志来取字，谈甚长，良慰。

明日到画院，美协，翁家。

书李、李、顺信。

九　月

一日

赴国画院，字交给刘跟保同志转刘平同志。

午饭后，2时到美协，字交方济众同志（嘱为峰兄画画）。归校，搞卫生。

半月内交太原傅稿。

二日

昨雨。为生活奔走不息。赵为购《写意花卉》。又得到不少材料。慰甚！

三日

工作，稍一大意，便出笑话。小心，小心！

要透底。

明日再翻一天材料，就可动笔矣。

三封信急待写。

回家，为了吃饭。饭吃不好，又得气，得不偿失。9时动身又回校，已10时半矣。奈何！

须赶快整顿生活，工作，不可迁就了！拖拉真大病。

四日

又是雨。大文人大有兴致。读山书得益不少，付我以力量。至性。

五日

发峰兄、慧卿、玉顺信。

七日

雨。下午2.5时首次参加民盟小组会，发言，发了不少学习材料。

八日

校长、胥主任谈办职员习作班。

领到宣纸10张（张富林处），为石鲁写挽联。昨在车上作一吊诗：

饱经风霜苦，丹青一巨人。

雄笔传千古，嘉惠艺林深。

明日书之。

十日

到谭政委家，知谭须过国庆后才回。转到市侨办，见到张（女）同志。

书蒋国梁信。

十一日

下午2时到书协开会，担任傅山课。见到北京书协寄来通知，全国参加中日书展作品已评选完毕。陕西选入二人作品，刘自椟和我，并索相片、简历一份，寄到北京。另一文稿已选中，明日复印一份，再送付印也。

收到慧卿寄来报载傅山“虎”字照片，甚慰！

送石鲁挽唁。

十二日

雨。完成工作任务。忽然想到：日本把侵略我国事实一律用入侵掩盖，俄人说长城外是他的……有甚真理?！胡说即真理！故凡事只要理正必争到底！你硬他就弱，否则永无立足之地也。

十三日

到书协送简历,交照片,并康论文稿。复印纸,即将交钟。

万事浮云皆过程,眨眼过去莫认真。

是非真理非上帝,付之一笑莫依凭。

十四日

书稿几本完工,20日寄出。多日以来,够苦了!可休息休息。

凡事得算算账。人太聪明,钱字当头,何必为人过劳!

十五日

发慧卿信。过稿傅序、生平竣。尚细,得吾心矣。再续过,两天内完。

同李校长、胥主任等参加石鲁追悼会。

十六日

接峰兄信,即复。到钟家交稿寄北京。中国书画(?)对稿卷次。

十八日

改文基本上完工。对大乘一段,自信体会又进了一层,多思之故也。良快!得治学门路矣!

十九日

清稿。星期日未回。清理一番。

二十日

月内办清杂事。(书信,应酬字,誊稿,送稿,备课,住房以及订教学计划,吃饭问题……)迎国庆,大办事。

读书目,临字,篆、草。

二十一日

发太原王、任、翟、陈四函,收到陕西人民出版社装帧室赠《范素东秦腔剧本选》两本。

二十二日

发陕西人民出版社,任映仑同志书。

二十三日

领到图书馆宣纸30张,交存纪书记5张。发杨默、宋金超等同志信二件。

二十四日

晨见启功老,正在刮胡子,体结实,客气之至。今明两天仍要外出。回来再细谈。

交奶钱近4元,月票3.5元,午进城用饭,买方格稿纸50张。

二十五日

下午3时雨中陪启功老参观图书馆善本书,并请为学校作字4幅。先生基本上写唐碑,一笔一画,敬谨之至,学者风也。

6时,有李校长、韦副校长、胥主任共九人,同进晚餐,招待启老。7时,请他为看拙书,尚得青睐。记入本子上。又迎接了一位大学者、书法家。北师大教授。

二十六日

昨接到雪峰兄信,附花甲许麟庐先生信,题签事。启老没有问题。甚感!即复一函。

二十七日

昨到方磊同志家,知道好些消息。他是到太原参加赵树理学术研究会回来。见到中兄,高捷,山大副教授,均要送我书,索字。尤可喜的,李何林[15]老今夏在青岛鲁迅研究学习班一次讲话中说:"卫俊秀这个人,五十年代出过一本书《野草探索》,以后多少年听不到此人的消息……"(山大中文系部宗武同志参加过学习班,此次对方说的,转告我)。

书李信(北京鲁迅博物馆馆长)、董寿老信二件。已发。

陕西电台郭匡燮索字。

领信纸50张(馆内)。夜眠欠佳。

二十八日

收董老、白煦信二件。

下午参加黄河流域十省书作定选会。

二十九日

检查:1.急促,不够从容。2.极端,不周到,不留余地(周延不足)。3.风趣。

整稿;传,迅,投稿,书字。

作字数条。

通脱!洒脱!(哲学)率脱!

三十日

雨。月内收获不少。十月当更多了!几日来,忙于改稿,已竣。大体上可矣。良慰!

国庆后,备课,打个胜仗!

作字。

准备改《野草》稿。

打官司。

胜利!邪哪有压正之理?

十　月

红月。书。字。

一日

国庆。——旧历八月十五,中秋节。双节日。

中日联合书展,黄河流域十省书展,陕西挂历,河南书,本省老年书展,本省书法论文。唐史书签。中国书画文。傅山论书法。讲课。创作。佳作书法。鲁迅文。振堂师传。

痛痛快快玩一天。

平矜兄治学——踏实不苟,证据确凿,慎下结论,专深博透,创造性强。一问题,在胸中翻腾多少年,求得解决。读《原毁》"于"字。

二日

发默老、耀天同志信。

三日

为刘纪元、黄俊礼等作书七八幅。夜方胜同志来,对证《千字文》。

四日

发太原稿,青兄信。右任《正气歌》印出。

职位——盟员,理事,会负责。

职务——

急作——草,篆,理论体系,鲁文。

开展课文,字稿。交著作。

存佳品——

房屋事!

送黎风同志字二幅。又交傅、鲁稿二篇。分别转校学报及省文化。

五日

接到李何林老复信,意欲绍介陕出版

社，又嘱可请胡风老写一序。多所指点，感激之至。当为书一页。三日内邮寄也。杨默老信退回，地址不详。

六日

取书签题字款5元。

七日

发李、胡信二件。（北京）参加省书展预展审会。

八日

上午9时到会，电台录字照，现场为电台同志刘启瑜等作字。对联一副。

九日

上午到书展处。

十日

发耀天，峰兄信。

十二日

晚在业校表演书法。

十三日

雨。听北京故宫马子云老先生讲碑帖鉴定报告。八十二岁。研究员。李白瑜老刻来石印一方。

1.信稿——静。

2.展字——神，金刻文，隶，魏。

3.草篆研究——通。

不为琐事费事费神，解放，健康！

十四日

上午，中文系主任丁淑元同志来馆嘱书字5幅，云省上领导将赴菲律宾、日本各地参观，送礼用。

十五日

徐、朱等同志来西安，下午在解放军招待所见了面，为政委周戈华书一条。

十六日

参加黄河流域十省书展开幕式。方杰宣传部长讲了话。

十七日

月票小贼抽去。

十八日

发品三，青、丁信。洗衣5件。

书字墨须弄饱，画乃丰腴可观。

傅山不上官家之门，可法也。

桃李不言，下自成蹊。

字展！

持重！理字当家！公字真王！

十九日

接到峰兄信，知启功老将为我题签，前文化部长对外文委主任黄镇同志也许可为我题词。甚感！

在方胜同志家，知明日下午日本长野书展举行开幕式，通知不一定收到，届时即到便好。又交《正气歌》款10元，托买3本。并准备代表40多人来参观。

二十日

路闻：

一、谁是为国为民的人？

二、谁是为人民服务的人？

三、谁是注意人才、帮助人才的人？

四、真正老实苦干的人的结果怎样？

五、节节高升的人是什么样的人？

六、谁是听党的话、执行政策的人？

七、谁是不装腰包的人？

八、……

我几乎回答不上来！

吁！尚何言哉！

身影高大起来！独往独来！

下午二时参加日本长野县书展开幕式。同乡吴可法(交大数学系教师)君初次来见。送月饼、香蕉等礼物。许为书字。读《朱子全集》诗，并无道学气。

二十二日

与校长座谈。看杨默老，跑了不少的浪费腿，实不必要。贝贝同外祖母回来。又到招待所去看徐、朱同志们。朱直送我到陈老的大门口。

二十三日

发雪兄信。市府刘学礼同志来赠《日本旧闻考》。一套八本。

二十四日

两次睡眠，足矣。

二十五日

李校长等将赴澳大利亚考察，嘱为书三幅。接到胡老的女儿(张晓风)信一件，并知李老已与胡见面，年老，执笔困难，无力为序。

二十六日

方胜同志送来《正气歌》三本，明日寄出。下午二时听黄公石作《标准草书》报告。

二十七日

发峰兄右任帖二本并字幅。

二十八日

发李何林先生信，附字幅。邱宗康来，朱英同志来。

三十一日

三日来为吴可法同志等作字，昨日刘映坤到张芝□同志家。书聪弟信问。终南印社开全体大会，于十一月中旬展出，嘱书字。被推为本社顾问。吴同志夜来家。

十一月

攻势月——房子事。

一日

大晴。书聪弟信，铁夫兄信。

二日

为印社书展书字二幅。送闫乐民同志字三幅。(外友嘱)晚到张芝□同学家，为刘事。

三日

斗争哲学，快乐情感，胜利长春。

止烟！

四日

领工资119.88元。烤火费12元。方磊同志来，为我照相二张，合影一张。同去看胥主任，开会去了，未见。又交到山大副教授高捷同志赠送赵树理传一本，甚慰。

八日

几日来，忙写申诉书。到市府刘守礼处，发郭拴庄同志信。接连凯信。昨发觉民信。为邱云泽老龄媛书册页。

九日

收到峰兄双挂，附启功老题签，并知董老即将写来题词。《正气歌》并字收到转送矣。

十一日

发峰兄信。收到李老何林信、代序。明日到陕出版社去。复印。发朱、高捷先生们信,又卢仲模信。

十七日

发李何林信。方磊、沈锡健送来麦精等饮料,张银贵同志(曲沃医院院长)送酒二瓶。

十八日

刘守礼同志来,书字二幅。

十九日

任尔风云变,正气在中华。

怀哉千载心,四海成一家。

为丁淑元、李吟西、寇、李同志书字各一张,另二幅存。

二十二日

收到北京董寿平老序文,宣纸书,既读好文,复获珍宝,甚慰,并感谢之至!又得李雪峰兄信,慰甚!知青兄转北京治疗矣。

二十三日

发峰兄信,附字一幅,又出版社信,王□光同志、董寿平老二信。

二十五日

发启老信,方磊、锡健信。晚赴书法学校讲课。

二十六日

发启功老、山西出版社信。

二十七日

收山大、日报、高捷同志信。为太原报社赵望进同志书"文园",又条幅。发。

二十九日

发赵望进[16](太原日报社)、玉顺、亢少凡兄等信。

交刘平同志董字,转张西安同志装裱,赠字一条。

张星五同志请午餐,乃朝之兄。

下午看谭岚同志,承其热烈招待果品、高级糖,谈半小时,问及房子事,并强儿出国事,嘱强去见他,即为省海关主任常胜书一条。为杜康酒厂书"醉香亭"打字,甚得手。又对联三副等。朱康厚同志送来杜康酒四瓶。

三十日

收到书协转来北京书协通知,吸收为中国书协会员。甚慰。

十二月

一日

梦赴日,踏水。

二日

赴书校讲课。送市府诉书。发夫信。送温亲家酒一瓶。

三日

清理字。昨送展作21件。世庆来谈到我的前途……应争取!回中文系,职称。

四日

准备套讲稿。(书法,文学,哲学)

书法诗词。

一套神品。

几个知己。

事业成就。

方磊同志来信,附照片五张,颇佳。

五日

收到日本展印本二册。

六日

发中国书协信、字二件。

朱德厚同志等来取走酒厂嘱书大字、对联等。为许麟庐[17]先生书条幅一页。明日寄出。

八日

朱同志借右任《墨缘》二本。取回裱字,5.38元。甚好。

十二日

动身到太原:1. 到山西人民出版社,送启功老为我题书签,及董寿平老的题词。照了相,随后制版。又为傅山草书做了两首诗的释文。一桩大事算是交代起了。2.见到映仑兄,为我介绍张市长,明日(30日)往见。3.太原房院事,见到关朴处长,介绍统战部送申请书。买《野草诠释》(徐杰)一本。4.到太原日报社见到赵望进同志,副总编辑。在他家用过午餐,甚丰盛。书字二十余幅。又赴市书协观书展,座谈,十余人,共到晋风饭庄进午餐。为书数十幅。

二十九日

见到校长,谈到中文系事及展出事(作说明)。见朱英、小赵等同志。明日办月票事,事务科。书横标四字。房子事。

三十日

布置书画展。办月票。

三十一日

展出事办妥。写展出说明。印卡片(周、赵办)。

初雪。

82年过去矣,忆一年中,成绩不小——书作展,傅山书,野草,均有眉目。将印出者,有傅书。识得李何林公、启功公,董老为写题词,在太原又识得赵望进、高捷诸同志,均甚欣慰!

中国书协批准我为会员,复盟籍,可喜!

中文系送打火机一个。

〔注〕:

①郝树侯,山西大学历史系教授,历史学家。

②徐文达(1922—2000),字敬山,号泥翁,河北顺平人,生前为山西省博物馆副长,山西省书协副主席,著名书法家。

③张光监,卫俊秀少年时老师张维汉字。

④郭子直(1912—1999),陕西岐山人,生前为陕西师大教授,陕西省语言学会顾问。

⑤茝颖:温芷颖,卫俊秀二儿媳。

⑥姚奠中,山西稷山县人,山西大学教授,曾任山西省政协副主席。中国古代文学著名学者,书法家。

⑦霍松林,甘肃天水人,陕西师大教授,中国古代文学著名学者,书法家。

⑧颠张素狂,指唐代草书书法家张旭

和怀素，他们均以性情癫狂不羁而出名。

⑨“玄之又玄，众妙之门”，《老子》第一章中句。

⑩山稿，即卫俊秀著作《傅山论书法》，此时将整理再版。

⑪君开通褒斜道刻石，在今陕西勉县。褒斜道乃东汉永平中汉中太守鄐君奉诏开凿，并刻有摩崖文字，清乾隆时发现并有拓本传世。

⑫方济众（1923—1987），号雪农，陕西勉县人，现代著名画家。

⑬石鲁（1919—1982），四川仁寿人，曾任中国美协常务理事，陕西美协副主席，著名画家，长安画派主要创始人之一。

⑭程克刚，陕西省著名书法家。

⑮李何林（1904—1988），安徽霍邱人，著名作家，文艺理论家，鲁迅研究学者。生前为鲁迅博物馆馆长。

⑯赵望进，前山西省书协主席，中国书协理事，书法家。

⑰许麟庐（1916—），山东蓬莱人，齐白石入室高足，著名国画家。

一九八三年

元　月

元旦

总计划：

82年堪称成绩可嘉，足够欣慰。83年这个新的年份，应当是丰收的一年！预作自庆。约计：

一、出书：《傅山论书法》(太原山西人民出版社)

《鲁迅〈野草〉探索》(陕西人民出版社)

单篇

细读《鲁迅全集》。

二、书法：

攻篆、草。专题研究。精品300幅(50种字体)。筹备个人书展(北京、日本)。

三、做人：师大人(马、列，鲁迅……)，大哲人，诗人，学者。五十“自”字着功夫。严肃活泼。德、齿、爵、才。立于不败之地。顶天立地。

四、外交。

中协，盟。展拓。

五、

保健。营养，休息，饮水，脑力，眼力，不过用！寡欲！

六、学习诗、画。

自得，居安，资深，左右逢源。热情的工作，欢快的晚年。

二日

在家里和孩子们一家过节，还欢快，夜饭好。

三日

英来，留奶一瓶。谈甚久。

四日

到杨默老家，交字二幅，将取回画二幅矣。领工资二个月，又洗澡费12元。见到张市长。

收到王中青同志从北京医院来信，又知雪峰兄曾去看他。

耀天兄、光耀来信要草书诀，及毛笔等。

书宋嘉木、品三等同志信，并字四幅，即发。显卿信。发峰兄字及许麟庐同志字。

与黎风同志座谈。

五日

既师事鲁迅，总得是鲁迅，而不是像鲁迅！事事都该如之。

静观事态如何，放眼两京，巧笑不言。

为可法、澄江等书字。到出版社，候通知。买羊肉、胡槐。在陈之中老家用午餐。饮茅台两杯，鱼两块，甚可口。嘱为峰兄作册页二幅。又一幅。

只事应酬，不加临摹，必无长进！

1.傅、王铎、王右军。

2.南海、魏墓志。

六日

书大标语字16个。

七日

取回展字六幅。

考虑总结会。

买枣4斤，2元。日食8颗，胡桃4

颗。山药，莲菜。

奖金、节金72.30元，待莫开口。

拟为美工组表演一二次。

鲁迅先生！

借书道全集五卷一本，临之。

书映仑兄、李老信。

八日

夜，梦数人大叩门而入，对我很恭维，有所帮忙似的，即醒。

旧道德吃不开了！须赶快转向新风尚路子上。

厚颜无耻，拍马吹牛，无是无非，混账糊涂，能贪尽贪，损人利己，得寸进尺，过河拆桥，一有心讲面子，不好意思，礼让不争……那就正好上了当！达尔文学说还是大大需要的。学学自然界中的禽兽，也还要得。——其实它们也还有高于万物之灵的地方。人者，不过妄自尊大而已。

发映仑兄、李何林老信二件。

不激则不厉，不愤则不发，故"逆"贵。人多喜顺，而日自隳，不之觉也。"生活即斗争"，马氏毕竟高人一筹，吾师事之久矣。

宋嘉木同志来，送酒、点心之类，饭后为书字五幅。

丢手套一双。上了班。

决定做个大自在人，努力钻研一番。

健康。钻研，经济，都没益处，何苦？

九日

大事：1.旅游，2.研究，3.创作。

1.保健，2.经济，3.交游。

1.斗争，2.新道德，3.大展。

字如人：1. 内——筋骨；2.面——血肉；3.形（静）——样势；4.态（动）——风貌，韵致（不可学）。

回家，深夜复来。如此家庭，实不易处。

十日

参加各社座谈会。

临毕索靖《出师颂》、《月仪帖》，书字三幅。

慎谨。去欲。萧然为怀。高。

十一日

整理字幅。上蜡。阅金石篇。

十二日

下午作字多幅，清账。拿翁特长，不可不取。

十三日

天下事，无奇不有！能抓尽抓，个人发财，不要体面，不顾单位……可笑亦复可怜！

收到峰兄信一件，鼓励我作画，并索作品。

当断不断，反受其乱！幸福前途，坏在情面！达氏主义，斗争为先。才学德识，妖魔丧胆。纪托召同志送来年终奖金36元（半年的），前半年的说是没批准。理由：今年退休者，72元，我是79年退休。另过节30元也没有。白氏也没。但各单位人人有。殊奇怪，退回不收。做得对。

十五日

尊敬的鲁迅先生。

上午到书协，见到三大、文阁（书）、振川等同志。11时到方磊家用午餐，小笼包，牛奶。给字5幅。途中遇到出版社王以丹编辑，谈甚亲切。又知黎风同志给他信中，颇为我吹嘘也。方有赵文拟交黎送学报发表，须玉成之。

十六日

回家，贝贝孙随外婆回来了，甚喜！去看思白兄、杨老（十九日取画）、姚允恭同志。胃口不舒服，一日少吃，晚见轻。

去留？1.健康；2.经济。自由活动？3.混？……当断要断！三天内定夺。

十七日

已定矣！决定离去。一为保健，二为经济，（加薪、生活补助均去）三为个人工作便利——写作、出展，四为旅游自由，五为职称，六为少气，看脸面。如此年纪，何必乎？

到陈老家，带回册页一纸。为王心白（81岁）老书画册题字。尚可观也。

不必罪人。有几人须为书一纸的？欢天喜地，老子岂逊龙虎，无迹最妙。此之谓聪明。——本领。

十八日（初五）

睡了一觉，清醒了。如此年纪，能做出个甚来？自知之谓明。况现在人的道德品质有几个人是为公的？“抓”字当头，利用，过河拆桥，发了财，升了官，便是圣明人物。赶快，赶快！（社会现象）

皇上朱批道：“知道了。”何不速行？想得多，不合事实。自己摧残，可笑！

十九日

有时神经过敏，病象也。主观凭空武断，易受人暗示，均大病。

到师大一年矣，回思校领导、图书馆任，及组内所有同志，对自己真是无微不至！应感激，感激！

昨发柴建国、振维等信、字。托翁维谦同志作寿诗，为大书字一张。晚睡颇好。

到杨处取回画二幅，一给峰兄，一送我的。甚好。又到青年会看中日画展。刘玉苓家坐片时返校。

书峰兄信，附画二幅（陈之中、杨默等同志作），明日发出。

二十日

发峰兄信，附画。为图书馆书字。

二十一日

昨为图书馆书字十余幅。算是完成任务。十日内，须：1.读完书法书；2.临字；3.同领导上商谈。4.筹备以后事务。5.清理字债。五幅。

二十二日

朱同志送回右任《墨缘》，展览一过，笔兴复来矣。放笔写去，有甚法不法？

二十三日

到连凯、方胜家一行，在程家吃饺子，为书两页（送蔡一幅）。旅游册子三月里可印出，每本16元。北京印。

二十四日

送图书馆字十八幅，张铭余二幅。

字展？——矫正今日书法中“狂”、“怪”、“新”、“奇”，装模装样的恶风！

二十四日

送李书记信一件。——辞其他职务，专教学生书法课。

二十五日

胸怀祖国，放眼世界，打开小局面，大踏步为四化建设做点好事。

1.展出，北京→东京！

2.两三部书问世！

3.泼泼辣辣交接几个正人。

4.为物质、精神两个文明做出贡献！

发耀天、光耀、显卿信(李世民书)三件。

书字五幅，铁公、平等。

书画墨汁华山牌，尚佳，4角宣甚好。又一经验。墨须告饱，腴润有情感，系人。

二十六日

到美协，交国英转市长条幅一，见守礼，一同吃羊肉泡，他开了账。振川在家嘱书长卷一条。带回宣纸5张。

长安书画店负责人高同志，允为留佳宣，届时通知守礼。边索横幅，许送石鲁画册一本。

二十七日

守礼来，为书一页。夜回家，眠甚暖，得好梦：1.水中行；2.满室煤炭，大块子。收到百胜同志索书信。年届古稀，下半年将来西安一行。

嘱书东坡诗句：无竹令人俗，多士则国昌。

二十八日

从人民出版社取回《探索》，为答复许杰《野草注释》中对我的错误解释。

复关来信，附字三页。

连日发国朴、山西出版社、李老、申海涵信件。显卿。

二　月

一日

领到点心、面包票，交粮票4.5斤。郁郁不展。谜已解。原来如此！且看他如何交代。

买《草书歌诀》一册。刘闰思信。下午为赵振川同志书长卷(八尺长)一幅，多右任笔法。明日给峰兄作书。

三日

发峰兄信。进城赴美协送振川长卷，见到方济众同志。下午方磊同志来，送我《〈野草〉注解》一本，同到黎风同志家，座谈2时半。尽情而散。

字必须写得独有神韵、姿致，即难言之情，难传之秘，非学而能者。细味王右军等大家作品，神游久之自知之。此在点画之外，又在分行之内，心神灌注其隙，不自知而闪出之境界也。其神似婴儿，似天仙，缥缥缈缈，玄之又玄，具有莫大之魔力，令人拜倒乎其前也。

字生色处，不在实处，全在空灵虚幻处。字与字，行与行之间，其关系，其神交处，正是其法宝机关。字如算子，为什么令人生厌？就在于字字性情没关系，没联络，没交往，不相连照顾之故也。

全篇应是个有生命的肌体。

四日

到省军区见到贺长珪、谭岚政委夫妇，送我万里长城（丝织品）及挂历一张。将约到他家书屏幅也。又给华声报看，知侨胞房产落实，漳州、泉州等市全部办清。北京、西安被点了名，仅办了40%。须抓紧催办。

发振绪信。

同一样树木，淡墨、浓墨画出各有不同的韵致。一在晴天里，一在雨中烟雾深处，朦朦胧胧，隐隐约约，则更耐人寻味。书字亦尔。须重视气氛。此气氛不在字里，正在字外。字与画亦可形成一部分。如浓淡，飞白，隐现，断续，粗细，轻重，刚柔，绡纤，均可创出之。又能给人以立体感，透视道理亦可体现而出也。游动之神，如有生命者。此之谓字中有画。

五日

到钟同志家。

六日

方磊同志赠送《鲁迅散论》、《我所认识的鲁迅》、《鲁迅传》三本。取回《探索诠释》两本。作文以对！

七日

昨夜小雪，满树梨花，精神不觉一爽，所谓“物色之动，心之摇焉①。”

颖送来花生米一罐，又牛奶半斤，感激万分！

昨晚黎风、颖同志等来座谈文学问题，工作，健康，彼此。

书字三幅，力军一幅。文稿头一部分完。

八日

晴。完成对策文稿。

九日

由校回家，在南门外车站昏倒。幸经政法学院81届学生张姓二同志护送，再次上车送回。改天去看望也。

十三日

春节（正月初一）。水泻未止。

十六日

到陆军医院治疗，脉欠正常。收峰兄信。

十八日

方磊、沈锡健等同志来，诸多劝勉，感甚！一、保健，生活。二、两本书。三、字展。四、埋头乐干，成绩！

二十一日

到校请假。收30元生活补助。

二十二日

房子已办妥。收品三、刘兄等信。发任、王、雷、品三、峰兄信，慰问病。

二十三日

长乾来，惊悉雷雨顺同学逝世，不胜痛惜！

赴出版社见到王平凡、姜同志等。

书朱惠方信。

夜看电视——雨顺同学生平事略，不禁酸然！

下午看刘帆父亲，刘老承赠山西煮饼一包。

二十四日

发朱惠方弟信。梦河水泛滥，不可渡。

到校，黎风兄帮我收拾新房子，出尽气力，万分感激！

斗甥来，明日正好帮搬家。

二十五日

夜，方胜同志来，送请柬。

二十六日

上午九时参加市文化局、文联召开茶话会、书画表演。为书字一幅。发资料。二时散会。省索字。京书协要相片5张。

二十七日(正月十五)

刘帆同志来，约三月初到政法学院讲书法课。明日到校谈：

1.正规化，专业化。培养人才。讲。

2.写，书法，讲义。《实用书法纲要》。

3.时间——上班？职称，工资，旅游(旅游？)

4.展销计划。

5.个人具体工作？公事具体工作？公私活动？旅游费？

6.地位——退休人员。

要务：职称，如何办？信。卖文(野草……)，字。书法哲学。展示精品。

下午买月票，见冰如，病。边处。振川处识得北京人民美术出版社一同志，师大毕业。稍后，作字，发表之。连日饭量大增，病后大好现象也，为前所未有。

明日到校，谈具体问题：

1.健康，2.外事多，3.拟：多作字，讲讲书法课。(备一月)大备出展销。4.为政法学院备一次讲谈表演。5.看信，五张相片。

二十八日

午，刘子督[②]同志来，送到范明将军解放后首次进驻西藏第一书记，“文化大革命”中被斗(平反后现任陕西政协副主席)，嘱书6尺长幅屏二纸。座谈二小时。由全省旅游地区秦俑、华清池、乾陵……匾额、楹联……谈到市商号匾额、经济收入，工程浩大……

三　月

一日

假满到校，见任平馆长，报陆军医院治疗药费，由校开支，在家工作。

二日

送书协相片五张，填著作表，馆盖章。收到太原日报社寄来稿费三元(为书“文园”二小字)。

三日

发送范明先生字。张银真、启功老、董老信。

四日

家庭生活真不好受！排开一切，写作已够烦累，哪有时日受别的。远心操之无用。发刘润思字还图书馆(赵同志经手)70元整。为二幅画(竹)题词。

五日

午时与黎风兄在他家共餐，二时半相偕观省女足球队来校与教工队友谊赛，三比一，教工胜。体力攸关。论技术女为先。

六日

与铭赴临潼女家,吃盒子、炖鸡。

七日

洗澡,上午十一时到家。饭后即来校,收到书协通知索字　　五月二十三全国书协来西安开会观摩展出用。

英馈赠罐头食品等物,甚感!

八日

发北京李老信。写讲稿。为人题画幅。书字三幅。从容不迫,乃有佳作。

下午作字三四幅,积稿。

上午撰文,写读书笔记。

九日

晨到书协,下星期去领宣纸。又闻第(?)次书展将在国庆节举行。通知即可发出。

十、十一日

上午应约与英同志到人民剧院看钱万里摄影展出,如同看画展,颇佳!午饭同吃饺子。转到方磊同志家,还书。水笔丢了,又买一支,2.4元,颇好用。(英雄6.6)

粗心,忘心又大,常出岔子,真没办法!

十二日

早起,搞卫生,也许因昨晚饮食可口,又游玩了半天,没用脑子,颇健旺,心情自佳。

今日拟搞完批文。借《鲁迅全集》。下礼拜搞书法,大书。(碑识,源流,字法,理论)

1.继续早拳。2.会生活,幸福。3.几本书。太极拳。(庄子,爱弥尔,《鲁迅全集》,《史记》,屈原,《文选》)

收到任映仑兄信。朱惠方及雨顺爱人信。(刘秀芳,北师大数学系)方济众兄当面为我作画一幅。书峰兄信。夜到陈立人副校长家。杨科长家,知关百胜同志今年还不能来西北游。作字。

十三日

赵望进(太原日报编辑)同志来,知系学生赵存义之侄。略知太原艺术界情况。立即回华县,来不及招待。晚收到峰兄信,称呼已变,既称同志,又称学兄,问题彻底解决了。已作复。又发路克军兄信。学义信。

十四日

到省文化厅对外文化事业办事处,为香港名书画家函请西安展出事。任志洁同志接谈。展览费用一贯归北京中国展览公司交付。(佘雪曼能书百种字,长于瘦金书,花鸟)待信,通知。

任同志说,我的名字很熟悉,即着陈同志(女)查知日本寄来之印刷品云:中日为庆祝两国建交十周年书法展将在本月开始展出。陕西二人。

十五日

再发峰兄信。买鸡蛋二斤(二元),小米二斤。饭票五元。

十六、十七日

撰稿过半,难点已过,下星期可轻松一些,转入新途径矣。1.往大处、远处着眼。2.看不惯的要看惯,不要太执著。洒脱！3.无声无臭，埋头苦干。4.百年大齐。指标。5.休息，营养，不苦自己！

二十三日

批《诠释》文一万三千字，大体完成，颇吃力。仍须再精练一番，定稿，打印。

收峰兄信，告以已搬家。收到补医疗费4.1元。下午学习，搞三天卫生，须参加。周三政治学习须参加。

三日雨，大好。

二十四日

批稿基本上完工。

二十五日

全校打扫卫生。

方磊同志来，送来北京大学中文系教授孙玉石[③]同志著的《〈野草〉研究》一本，为我增光不少。对我的《探索》作正确的评论，指出优点，也指出缺点。实为公允，甚感！又指出建国后，对《野草》的研究，主要朝着两个方面深入发展。一个方面是努力对《野草》各篇的思想进行具体的分析和探索，以我为代表；一个方面是对《野草》的思想艺术进行综合的分析研究，努力说明鲁迅思想矛盾的复杂状况，以冯雪峰为代表。（《论〈野草〉》具有划时代的意义）

在述说缺点之后，认为不失为一本值得一读的书。（325页）

拟即写封请教信，感谢信。

"《鲁迅〈野草〉探索》一书，写作和出版于1954年。这是建国以后，也是《野草》出版以来第一部专书性质的著作。在这本书前面，有一篇张禹写的代序，题为《〈野草〉札记》，观点大体上是与该书是一致的。"

朱同志送恒大烟两盒。

二十六日

馆内大扫除。房内卫生搞罢，轻松非常。

看了孙著后，对批许文须在态度上考虑，修改。不然现攻击报复。

二十七日

整稿。回家。

二十八日

到市府，闻已传由何副市长办。取赵画。来校一进校门，适遇李校长，谈了一路。谈到"会务"、展出、展销，以及个人计划，编书法讲义，鲁迅书等问题。当再细谈。到书协领宣纸5张。

二十九日

昨夜黎、赵同志们来座谈，颇多启发。朱同志来，即走，大约怕妨碍我们谈话。书画工作当积极设法，重视经济问题。

发映仑兄信。

拟书孙玉石君、太原出版社信。书展字明后日交卷。

三十日

到政治法律系石主任送信。书孙玉石、太原出版社、市府刘信。要件。河南郑州文化馆信。到处充满着矛盾！只要有利害的地方，绝不可避免。假面具。推心置腹，骗人！冷静，严威，对一切邪恶进行斗争！确保人的尊严！快乐，达观，确保健康！宝贵光阴，莫误研究工作！少应酬，庸俗的来往，一概辞之。

三十一日

发孙、申海涵信二件。上车挤倒，罐头破了。

凡事物必须小心，细心。检查！同任细谈一番。

用功不过时，饮食不过量，用脑有节制，言行有分寸，认人要清楚。

下月正式展开活动、工作。理安心得。过于讲情面，贻误大事！到书协送交展览书法三幅。发刘守礼信。

赵陪同陈教授夜来谈二小时，11 时入睡。

四月（成就卓著月。书字，文章）

一日

改变生活方式态度。大哲人，大诗人，学者，艺术家气态。“王请大之。”[4]（——大鹏在心，莺鸠何必入眼？）

发峰兄字画，又信一件。

到省军区谭岚、贺长珪夫妇家，字。开会未见，存门房转。写应酬字四幅。轻松了。明日送图书馆 10 幅。要纸。清理字幅，分别成卷。

二日

收到李何林老惠寄《鲁迅研究动态》四卷，深深感谢，明日复信。又书赵望进同志信，附字一幅。

三日

送方胜同志书。发李老、赵书字。方磊同志为放大像四张。

四日

送图书馆字 10 幅。交陈俊明同志字，鲁深字。昨收王中青、品三同志等信。

著书立说，不能拼凑。人家说过何必重复，浪费时间、纸张？必有独到处，远见处。写字须有个性，自家灵魂，即是临帖，断非一味蹈人脚跟走的。取其一端而参以自见，始为得之。所谓“大刀阔斧裁”，何拘之有焉？

书中青、品三同志等信。

年届傅山先生之年，而书法赶不上，盖仍有合拍之意，故终未能直脱束缚耳！急宜恣肆为之。试看眼前书家，有几个堪称绝艺者耶？观此更当睥睨一世，放手直竿，管他娘的。

五日

还赵天升同志款 40 元整。

六日

书品三同志信。

君子日乾乾[5]，虚和，冲淡。

七日

下午二时半在校小会议室同美院同志们（胡明、谢、马）洽商两校联合书画展事宜。决定于国庆节在西安市举行。胥主任，老周，朱老师，小赵均参加。近六时散会。

八日

领宣纸 30 张，墨汁 1 瓶等文具。准备出通告两份。符有堂同志告诉将给付床板、书架，椅子可由图书馆借用。

十一日

连日抄文稿，忙。发峰兄信一件。

十三日

交周同志二件，嘱书协公布之。

十四日

已公布。

十六日

接青兄信，将赠我一书来。又李何林老来信，知他有病，已愈。介绍我五月下旬到苏州参加野草研究会（在南京），系江苏社会科学院召开。北京鲁迅博物馆长又王士菁先生担任，李任顾问。王冶秋先生瘫病。

发李老、玉顺信二件。

领到瓦当150张，书字。

十八日

收到王中青兄寄来《评论与回忆》一书。又山西出版社嘱稿须再修改。意见不错。到校总务处，交给木器作价单三张。81年退休人员须研究能否折价。

下午书李老寿词，长四尺，横幅。诗二首，尚满意。

静心计划：假期改傅稿。

明日复车敏樵信、字。青兄信。

装裱。

二十日

送屈氏裱字，月底取货。

收到峰兄信。与天福同志谈写瓦当事。雨。书青、出版社信。

琐事，大事，可算办了。可稍事休息。四月份就如此告一段落。

五月开始，大千展品，修书。

山谷书结体奇，气韵奇，其妙要颇有难言处。

傅山书，如百川灌河，气势甚凶。

余病在缺乏主见，也欠细心！

自信得过，精心处决不任改。

晚十一时，陈俊民同志来谈，为我赠诗，甚感！

职称问题，须解决。如不得解决，当应□地聘请的。

二十二日

发山西出版社、青、关百胜、车敏樵同志们信四件。

十时，到小雁塔去看陈之中老，赠我红梅一幅，又知路军同志归来，未及来校，匆匆上北京，不久可来也。

又谈及景梅九老为人作字，随便洒脱不拘，字如其人。张大千亦然。年八十四卒。

学画，不拘促，任意来。有何不可？

二十三日

收谭岚同志信。

1.身体要健康。2.灵魂要干净。3.精神要痛快。4.行动要自由。

读书：明理路，识情分，品韵致，味气氛→主旨：意在言外。

善用思维，存我为贵。

发车敏樵同志字幅。

二十四、二十五日

中日书展集印出，陕西原两人，复增三人，共五人作品。汉中文教局已收到。

发汉中信，谢赠人参酒等珍品。

治学要善于扣，一字一词，不轻易放过。不拘怎样，要有个来历，说得通，有主见、高识。不蹈人脚跟。

做人脚跟站得稳，理直则气壮，鬼神也得望之生畏！一条大道，畅步迈去，有甚行不得?！给人闯条新路子。旧蹊径，人自走得，何须你麻烦?

明日借阅迎春花画刊看——杨画法。世庆介绍。

二十六、二十七日

夜，张积瑜同志来谈，赠学报83.1号一本。交给批许杰文，1万2千余字。傅山稿定付印。下期。迅文或先登。

发翟嫂、闫新立(字)信。

二十九日

书李何林先生、贾福葵同志信二件。黎风同志赴外省去，送礼物。

三十日

四月已尽。完成评诠文。应酬不少。五月当更忙。大力干去，创造一切有利于前途的条件！庄子·内篇攻透！(黄安。阮毓崧。次扶氏辑。中华书局聚。)

傅山集阅完。

书法交二届字。市文联——六大城市书展字。汉中个展字。与美院联展字。改傅稿事。写瓦当100幅。

参加《野草》座谈会。

拿翁精神！

五月(基建月)

一日

1.鹅卵石！日本教练(排球)。严肃！接触，探索，体会，有得。2.庄生，马翁，拿翁！

二日

海洋随同学三人来。梦人送菜吃。定于一。十乾。

三日

鲁迅先生。

爵齿才德学识:六仰。

海洋等来校，午餐后外出游。

午眠颇好。明日开始大干，日月不等人！

晚饭罢，成守焕同志来座谈，回忆了些王曲时代[6]的往事，也还有趣。

四日

发贾福葵、张菊玲、芬姐、青兄、汉中张景琦信。收关百胜、耀天、青兄等信。

五日

发张菊玲字幅，关百胜同志信。借书论书二本。

六日

海洋返里，给路费10元。

琐事已了，当收拾精神，按计划来——书法15前交送；鲁文定稿；傅文大改；南下准备论文，书法材料。杂念息之，事业

目标：

一、苏州会；二、鲁文；三、书系(傅

文);四、庄生诂;五、教书;六、展出。

健康——拳(精气神)。

精神——充实,饱满(艺,技,学力)。

风度,器宇——大。

以过去书家的法规,创自己的风格,表现时代的精神。

端庄,大方,生动,健康的美。

实用。

七日

书条幅四页,尚满意,仍不够敬谨,有些快,不合作书本分职责态度。要求再提高!心灵稳住了。窜在书里。

八日

昨夜食不慎,腹时作痛,早愈。运动。

九日

收到书协转寄到北京书协《日中书道艺术交流作品集》——日中和平友好条约缔结五周年纪念,两本。

十日

下午二时半在外宾接待室与日本书家二人,英子等,及浙江艺术学院书法科教师陈,参观墨迹,座谈,表演。宾客各写一张,共三张。篆,草。我代表学校代书一张草书。尚满意。招待粗忽。烟茶,我自己准备。空座时间太长,看字也不多。太不像话。周景廉发脾气,与任平馆长动口角。余劝阻。看来没法好下去。当召集大会改选,总结之。

十一日

发李何林老寿诗装裱条幅。福葵、李老信,民盟李宪榆信,附卡片表一份(1908年12月出生)。

十二日

到校外事办,索与日本书家合影。

十三日

接贾福葵信,索小传性文字。书翟嫂信问峰兄到重庆事,以便复中青兄。书字四张,完成交书展任务。下星期正式读书,写文。准备南下苏州。

心情宁静,恬适。丢去之。

小赵引导作葫芦一幅。初次尝试,还好。当继续练习!梅亦如此。再戏作牡丹(水墨)。走齐、吴道路。三月大成!

十五日

阅毕《沈尹默论书丛稿》。

十六日

收到北京大学孙玉石先生夫人张菊玲信。昨发翟同志信。李兄已正式站出——全国政协党代表。

十七日

发福葵、百胜(字)、菊玲三件。史被送往北荒一带,远甚,非数年可回。改稿。明日交卷。

十八、十九日

惠卿来,午餐后即返。书作数幅。

二十日

送市文联六大城市书展字,又书协全国字各一幅。到省展览馆书字五幅。失掉东征。

笔墨事,作了清理,比较地轻松些了。《野草》稿明交卷。可开始作如下准备:1.傅书修正。通透,站得住。2.《野草》深入一番。报告。3.庄文讲通。4.画。

二十一日

接到江苏省鲁迅学术研究会聘请书，六月一日赴苏州报到。决定一行。又收到李何林老信一件，告以“寿”幅收到。他也要参加苏州会的。收李老信。

图书馆任同志为打文10份。星期一到馆谈校对事。

当再见校长谈路费问题。

书字数幅，带往，送友好。

办车票。

二十二日

邱老家中开印刻会，见到香港《书谱》。傅山字，制作之。

二十三日

路费等事。发品三信。复苏州信。索《陕西年画》(84年)样本两册。

办理路费借款事。

为李何林老书鲁迅诗三首，行书，较胡桃较稍小，颇有二王气韵，又悟得用水墨之妙，又行笔迟涩提按之理，真非语言所能明喻。读帖赏帖须时时细味，化境自出也。一疾，一野，便不足观也。从容乃得神，雍容乃生趣，自在不易到，自然终可观。追求雅韵(二王)，力争拗势(傅、黄)，巧丽妍美，始见艺术。快意。

二十五日

借财务处200元。图书馆40元。归来付之。发玉顺、甄信二件。

“推心置腹”，还得见人。“一见如故”，是傻的。“□□土气”，也须带几分。有距离，有身份，有傲味，不好近，不易求，令人识不得。日人不轻易下评论别人。“含而不露”，“不卑不亢”。

少谈自己。多观察，多了解——真知乃有硕见。

不轻易发言。——发必中。不听信恭维的话。不随声。不拾人唾沫，说自家的东西。有特色。

鲁迅风度，鲁迅气态，鲁迅思想，——标准尺。

侯校长、梁漱师的自信强念。

与颖谈——开路道。

二十六日

方磊同志和西安市财政会计学校校长郝同志来，为书校牌一面，付润笔费30元。殊感不安！接李雪峰兄信，即复。还借款40元，清。论文打印50本。学报将在八月份刊载。

二十七日

放晴。作字。书聪弟信。

三十日

校稿张积玉同志。复制邀请书。

三十一日

下午六时到站，强儿、萍女、燕燕们送我到车站。卧票。七时开车，赴苏州参加鲁迅《野草》讨论会。臻女随同照拂，省力。

六　月

一日

下午九时一六分到达目的地，报到，

办理住食手续。一路顺利。

二日

会议开始。上午主持人宣告开会进行步骤。中心发言人(四人)。下午讨论。

三日

讨论《墓碣人》,发言热烈。李何林老和我都详细发表意见。

两天内雨不止。下午交购票款(到杭州船票)。

八日

六七两夜为同志们书字三四十幅。收到通讯录、纪念像。

昨日集体游览,吴岩山寺,藏明影印佛经颇多。午餐颇丰富,十多种大菜素餐。饭后应老道嘱书对联一副。又索题词,为书“悟空”二字,颇得欢喜。又欲一“佛”字,二尺大,极得称赞。因没带章,由一道人同回旅社盖章。闻决定勒石。游览时,讲解特为详细。继游寒山寺,观钟楼、枫桥。最后游西园,观五百罗汉,大雄殿。深感当时佛教盛世。拍照三十余张。此行满载而归。认识了三十多位同好。今后再次南来,似尚多机会。

每晚咳嗽甚,昨夜大好。

未来此前,深虑到人生面不熟,不懂当地语言,诸多困难。没想到多半同志对我那样的热情,有的还怕我来不到。原来我那本书,大家都已经看过,还有保存的。视为《野草》研究开创作品。有的说:“倘没有这本书,他们就著不出他们著作。”加以书法应酬,更增加了友谊,帮了我不少的忙,够感激了!

下午一时发杭州。拟游二天,十一日动身返西安或到南京一行。届时再看。

十五日

十一日回到西安,精神痛快而身体颇倦。须大为休息。出版社许可尽力早日发稿。取回原稿,改正繁体字,略改送去,可定稿发出。又见王艺光同志,看到明年的日历样子,大方,最近可印出。

发李雪峰兄信。收市文联信。见军区谭岚同志。

学报已将论文付印。

十六日

办理报销手续,真麻烦。须退94元多。发聪弟信,品三兄信,融慧兄信。已发。

十八日

上午睡甚长。仍馁甚。青兄信发之。

十九日

午给积玉、艾耕、邝平等同志书字。

十九日

复制傅山书法20页,16元。而精神得到极大的快慰!书福奎信。

二十日

见滋宣同志,知六大城市书法之评选,得到好评。又为四大城市作书,嘱维谦同志为作诗。

二十二日

接李、翟兄嫂信,云苦禅等去世。菊玲同志惠寄玉石先生大作一本。

到省文化厅对外文化处见到任志洁同志,谈关于香港□□曼来展出书画事。

许为作字一幅。

发菊玲、福葵、李何老信三件。

中国人的缺点，不研究外人！没有外国什么方面的专家。裹足不前！

二十三日

复制傅山书法20页。

二十四日

还送邱老《书谱》六卷，香港出版。

二十五日

收到省书协奖金10元，笔二支。又收到日本深邃印社乐云先生赠印刻一本。

书书签数条。送市文联展字。任志洁字。

二十六日

夜眠颇好。休息过来了。

二十七日

发丸山乐云信。董寿老信。显卿挽词。放晴。

二十八日

与朱同志赴杜门工人俱乐部观刘浩然同志画展。张铁民市长秘书乘车来，约于三十日(星期四)下午来，参观图书馆，见见李绵校长和我。闫明同志也来了。要笔债。

二十九日

发品三兄信。纪言兄信。

三十日

下午三时半，张市长来校，李校长，韦副校长，胥主任并我四人陪同参观图书馆珍贵善本书、碑帖，座谈两小时。交情又进一层。

看陈俊民老师，复到黎风兄家，相随到校内马路散步。对我建议，《探索》再版时禹序可附于后，以李代序开于首，甚好。当商之王君平凡、李老。

收王艺光同志信，嘱书字。

李校长拟赴太原。书映仑兄信。

七　月

一日

大忙月：

1.改订《探索》。(半月)

2.《傅山书》。(半月——20天)写自身体会经验，打破一般写法。均须重抄，改正繁体字。定稿。

3.书法30幅。展出准备。

4.以大闲出之，不得紧张。

5.饮食适味，营养足。

6.书法上一套座谈讲话。

7.山书⑦系统笔记。

8.借日本书法大全。

9.商量学报山传，文。

发甘竟存、曾立平同志们信。

赵教授的夫人，云友谊老板在省展会上见余之作品，甚爱之，一年来不曾打问到我。已去电话，即来一面。(符有堂作介)

为翟英同志书中堂一幅，三尺宣。又一幅同。条幅二，大字。

二日

为峰兄书中堂一幅，并写信。明日付邮。

用墨已得把握，运笔能痛快矣，沉着不足，有飘忽之处、草率之处。野笔得大留意。敬谨，敬谨。铁山，魏体，田师，刘兄，都是良师也。

书任映仑兄信。为李绵校长联系住宿等事。发。

四日

发峰兄嫂字二幅（中堂）。领七、八月工资。除还苏州借款外，留 150 元。

民盟填写材料。

瑞秀田、闫荣缙夫妇字，汉生字。托汉生同志洗像。

下午书应酬字，休息。

换退休证，送相片。

五日

书汉金刻文联一副，费力不小，初写尚可。敬谨不苟，惟尚欠活，要如书楷行者也。一笔一画，自自然然，不可安排。

送民盟材料一份，交景贤同志，要求等事。

每日书一二幅展字作品。高标准。

明日起改稿！

六日

饮茶太多。

太累，书写太多，不知休息！

晨，黎风兄来，告以太原刊授学校约请 10 日下午二时来校作一次书法表演。已诺。改文五篇。

看汉金刻，裨益书汉金文。

听关于六届人大的传达报告。

七日

体重 89 斤，轻了 7 斤！饮食不调，工作紧迫之故。

八日

诗要领会其字外的气象，书法要领会其字外的神采。（虚处）

九日

抄岳飞诗八首。

十八日

整一星期张理海和四位同学为我抄野草书稿，已完竣，甚感！今日再细过一遍，定稿送出。昨送邱云泽老字，看陈之中老，路克军兄。为理海等书字。又看刘玉苓[⑧]同志，她即到太原，托购傅山字。

细审稿二篇，颇费力气。能认识即是大进步处。

览傅公书法，如见其人，曷知有字。亦一大精进处，得真道矣，可喜也。

二十二日

定稿。方绮抄文二篇。非细心不可！

心情烦乱，极须砍去，整肃一番。

连日雨，今放晴。

明日钉好，再粗过一遍，送出版社。前记待写。一件大事，算是了结。

下文：

1.书展字 30 幅。

2.阅《书谱》，为傅文作改修基础。

3.零星短文。——峰，财校字。

4.玩游。

二十四日

看曹伯容[⑨]、方胜同志。孩子们都回来

了。

送书稿。交姜生民同志。王平凡同志学习去，十多天可办公。到市府。

二十五日

发谭岚信。翟英、耀天、中青等信。书卓豪光同志信，发。

开展字作！30 幅。

书字数幅，可存一副金刻文对联。

收到映仑兄信，纪言讣告。秀山等信。

二十六日

作悼诗一首，上午九时发出。下午发品三、仑兄等信。书字七八幅，多如意。可有把握矣。墨要饱，毫铺展，精神贯注，心不外散，不疾不徐，敬谨从事，乃有可观。

“意在笔先”，仍非上乘。着笔以后非徒无意，而并无心，必至乎亡我，徒以神行，乃见精妙。

沉着，痛快，亦提亦按，不徐不疾，气势神韵，拙丑妍美，气象境界，书法概要，尽于此矣。

疾里出气势，徐里出神韵，则气自生焉。

二十八日

诗有何难？但细味老杜，自可造极。

日日读《庄子》，《史记》，杜诗，《文选》，《文心雕龙》。

写汉隶不懂汉代精神气派，不明汉隶特点意境，斤斤于一帖之形式，万无是处。

书二幅，可存。

三十日

雨日作字。夜用饭过饱，既浪费粮食，又难受，宜戒之。

书对联一副，存之。为颖书字二幅，如意。

看傅字，但觉其人，不见其字。以画入字，以神韵胜，乃系人。

八月（忙月）

一日

到市府见到卓豪光秘书，问及房屋事，甚为关切。看拙作字幅。

二日

送张西安 11 幅托裱。待以饮品。

昨送市文联唐诗草字 1 幅。闻市尚未找到文件房屋事。午未眠食，颇不安。食欲不振。夜食一碗饭。今日大好，何必因小害大？事必能解决！

洗衣、鞋袜等工作。

潮海发给稿纸 50 张。

三日

发王平凡、任映仑、甄、朱勋甫兄等信。下午与霍松林同志谈，关心到我的职称问题，甚感。朱、赵同志们来谈，交给字幅。

四日

睡食均好，心情亦佳。收到雪峰兄信，即复。看陈君。完成诉信，明日送市府。

六日

送文。玩一天。休息。

字骨同时要筋，乃为真骨。硬而非生硬也。所以做人也忌露骨。以其有弹性也。

字肉要绵嫩，玉润，而非一堆提不起来。法在缓进中揉抚之，使墨深入纸背，得厚实之感。厚则丰腴，富有感情焉。至此乃能系人，动人，发生爱情，百见而不厌。又须提按有轻有重，变化无穷，静中带动，动中带静，乃见生动，有生命力焉。又须留意虚实。虚即空灵处，妙在断续之间令人摸索不得，空中翕也。实乃脚处。笔笔到家，咬个实。笔不离纸，本分中寓有几分不安气，或言稚气也。字须几分似美人系人处。俏美，憨笑，假怒，无不宜人，而烈妇气尤佳。

六日

绘画！有何难乎？笔墨到处尽成珍宝。

结构，间架，安排匀整，长短比例合适，适人眼目。畸形丑怪，发育不全，如十不全那样的人，就难找到对象。但又忌算子。——“形质”。

1.性情——辨清，呆若木鸡，少言寡语。

2.气派，风度。烈丈夫，老爷，包文正，孙悟空……而得尊敬喜欢。

3.高品——临帖，苦练。

八日

亲送交卓秘书信，面谈。

约谭谦同志谈翻译问题及其他问题。

晚饭在黎风家用过后，去看胥主任，未在家，明早再见。

十九日

下午二时，给日本留学生30人作报告，并表演，反映良好。索书者甚夥。一听领导上决定办法。

十日

整理书物，搞卫生。休息一天。

自得其得，自适其适。快哉日子，酣畅淋漓。

白也旷性，何知礼仪。扈含日出，以和天睨。

葆真首要，莫为怆纠。康强自由，尤物无求。

心空万象，书画为友。别一天地，四海俎豆。

昨上课途中，由美子见我携碑帖包重，即接过为带。她能操汉语，已来西安三次，对我称：“中国的书法就是好！”请为书一条。

十二日

整零星稿件。

为应西安市文物管理局展出书字一幅（黄巢《题菊花》）。书中青兄信。颖赴兰州，来辞别。

十三日

到强儿处、明善、陈老处。送文物管理局展字一幅。

日本留学生索字名单（均自署名）。

发峰兄信。为强儿事。夜饮茶不少。睡尚好。午眠颇好。

十四日

强儿赴京。

十五日

为日本留学生作字五幅。书画会研究展出裱字问题。谈同志来，取走字一幅。到外事处与薛同志谈日生购字办法。

十六日

书法：撇挑钩等笔画出锋处须锐敏，乃见劲健。点画横竖如非出锋处，宜缓和以示厚实。

柏松……无不是松柏。字则有时被人说不是字，不像字。反之，王羲之字，不拘粗细，正斜……无一人说不是字者，何故？

书岳忠武诗二首，四条，又二幅，较满意。尚非高品。先规矩后疾，欠当。

烟不禁邪？

十七日

雨。已可充分做到：

1.浩气养足，心空万象，有李白狂者气象。

2.群众中，爽朗痛快。

3.外物，不囿一切评议，不受其影响。

4.自做主宰。

问题：房屋问题，颖画问题。病中床，经历。

主作：1.百种字。2.书印。

由：齿，德，爵，书艺，著作，声位，交接，差足矣！何畏？

生活得好。

下午六时，日语翻译谈谦同志和外事处梁卫东同志来，告以日留学生又索八幅（已要去五幅）。须明日写好，以便装裱。七时到八时一一写就，尚满意。明日加印章，以俟午时来去也。

近日始体会到用墨、水之重要。墨如人之面色，一见丰润，便觉系人。若干枯黄瘦，何以引人？厚纸，须缓行，以待入墨；薄纸，须稍速，免过溢。笔要饱，铺得开，随时提，始劲免肥。运笔须活，妍美则出。艺术品毕竟得入眼乃佳。烈妇气固佳，不美亦不可观也。巧非易。全看心机如何耳。

十九日

晴。发甄嫂信。撰先师振堂先师事略。

二十日

市雁塔区文化馆邢裕、黄青（女）同志来，为文联索字书展。又一人来，50年纪，未见。接诉状秦中、顾农同志信，索文、字。发复白煦同志信，玉顺信。买纸10张。与周选字画。黎风兄告《光明日报》载学报内容。为临潼生文、王玲厂方绮书字。

二十二日

强儿昨晚自京归来，急为准备出国事。

二十三日

买笔100支带美国。到振川家为我画一幅。见到方济众爱人，知方在医院已二个月矣。

字正在装裱。振川甚为吹嘘。嘱为作一长幅。

收到卖给日本留学生字款144元，外事办得二成，36元，共180元。凑足200元付与芷颖，为强儿赴美作路费之助。

二十四日

寇钰同志来，为书二条。拿取一堆废品。借走傅山《千字文》一本。

二十六、二十七日

全家并亲戚为强儿赴美摄照。强儿上午八时赴京,动身到美国留学。家中到站欢送。芷颖随赴京。

二十八日

为安康赈灾会书五幅字,谭岚夫妇对联、条幅各一幅。并知北京有电话告:每周星期三开美专机一趟,嘱强儿速到,真是感激之至!

送雁塔文化馆字三张。内有朱英同志二张(篆书)。

二十九日

馆内工作:1.写条幅100幅。2.瓦当可与郭先生研究如何写,面告姚同志。3.为古画扇面题字五幅。

书画会工作:裱字,催稿。(地址,与美院接头。)

师先生材料。书字。自传。惠卿事。

三十日

发顾农字,迅文。汉生、襄汾县志编委会字、信。方磊同志信。

傍晚黎风同志来赠送大作《鲁迅小说艺术的欣赏与探索》一套两本。又钥匙链一串。稍坐片刻,一同散步近一小时。

饮茶数杯。胃口大开。

三十一日

早到郭老子直家,借到石鼓文、钟鼎文集联三本。又商量秦汉瓦当题字写法。所书展字。

张引同志乍来,已不识面,俱老矣。收到曾立平同志寄《金陵百花》刊两本。又襄汾县志编委会通讯两份。二时半听报告。傍晚,大雨滂沱,院内积水近尺,灌入室内。

刘帆同志来,约明日下午六时到他家吃喜饭。

九　月

忙月。为书作,写作,作雄厚准备的一月。

一日

放晴。完成师振堂先生事略稿。

二日

在滋宣同志家取回《探索》一本,拟复制。为书数页。答云为我刻印三颗。

气功之意念。

芷颖从京返回,强儿一日已到纽约矣。二十多个小时。先到上海——香港——旧金山——纽约。

三、四、五日

发襄编[10]、惠卿、曾立平、秀山字,峰兄,校刊,品三兄信。

六日

发中青兄信、字,学报。洗相片事托世庆办矣。

八日

昨到霍松林同志家取字,已交四幅。送二媳简历一份。图书馆取画二幅。嘱书题字。见周约赴美院(明日)。书李何老信,附学报。襄汾文化馆学报。书吉县文化馆靳长安书画字。振川字。

九日

上午九时约周景廉同志到西安美院洽商展出事，与贾书记、贾同志座谈。一二时返校。任务：1.发请帖，单位统计。2.前记稿。28日预展。30日正事展出。时半月。

健康！不要忘了休息。烟×！渎用脑筋×！欲×！过劳×！恶食×！不豫！即日！营养。睡。师李何老。

十日

发李何老、襄文化馆学报。二轻字，振川、平安字。

夜梦廓如同志故，王□挽词，奇哉?!

朱英同志由兰州回来，梁军等同志托带送来哈密瓜，甚感！世庆弟由安康来为摄照四张，我单人两张，合照二张。

十二日

北京气象局徐、魏二同志来，了解雷雨顺同志事略。

十三日

收到广东学报一份。方磊同志信。民盟寄来《邓小平文选》一本。

十七日

连日泻肚，瘦了！医务所诊疗，服药。赴温兄晚餐，与张馆长谈11月赴汉中展出事，嘱一人同往。

到军区见谭岚同志夫妇，为书题词。承馈月饼。

十八日

夜梦降猛虎，拘之。有意赠与县动物园。固三年兴之兆欤？刘富一同志为余吹嘘，视为权威。云云。

大水满河，梦。

十九日

看贾，嫂返里。午眠颇好。梦赴日矣。

二十日

忙于寄学报、信等杂事。睡眠好了，便好了。健康！

青年弊：1.没情义，没同情心，没正义感，没是非心。2.没信用。3.没理想。

只有占有欲，没有创造欲，只知为己，不知为人，兽性抬头，礼貌扫地，上下交征利，如何得了！

解魔品，与魔斗，有照妖镜，还得有降妖镜！

书由手出，画自成规范，何取乎人？王铎四十年后不求合拍，乃成得大家矣。余年已届七十余，还逃不出个范本来，岂不是笑话？

二十二日

昨发百胜、宝德、品三、融慧、菊玲、柴建国、中青、峰等同志信及学报、字。收到立平、峰、何、甘、杨默（信，画）。市文联索经历。参观。

二十四日

联展地点改在小店工人俱乐部，日期10月16日。可以轻松点，从容准备矣。发杨默老信。午饭在二媳家用的。到刘玉玲家退展室。七时与边国英同志约看市长去，送字。

房产事，见后再定点。

胥主任说学校设书法选修课。

二十五日

雨。午到校。晚饭在黎风家吃的,甚可口。见原院长,为长乾入盟事。许可。

见拖把厂王主任谈院西房情况。书卓豪光同志信,附字一幅。

二十六日

昼夜雨。见李绵书记,云家有画两幅,嘱题字。

梦上级考政治,不懂题,欲看峰兄答题,被拒,映仑兄即以椅子置余身侧,监视,责斥。即醒。

二十八日

晴。看李思白兄,嘱,查:

1.离职,——四九年以前工作者。

2. 补发工资事,——新文件下来了,落实情况。

3.职称问题。

送谭岚同志学报一本。

有又将送过,时乎!时乎!

决定:

1.少操闲心。

2.养胖自己。

3.静心养德远辱之道。

4.去欲,慎独。

5.外物,外人。

6.精神世界,世界外之世界。

7.行我素。

8.寡言——正义感,是非心,同情心,理想,前途……一笔钩掉!“两句话,有理;三句话,有罪。”

9.自得自适自乐。

10.善于生活。

11.莫靠人,信人!

12.养生主。

13.济人为仇。

14.佛是碰出来的。

15.玩世,逃世,(用世),大智。

今之青年一辈,寡情义(正义,同情心),没是非心,没理想,少信用——也难怪。

夜蝙蝠入室,驱之乱飞,久不得出,终于打落地上,放走,腾空而去。

发耀天信。看姚李白兄。

三十日

买月票。胡道道送来照片 19 张。发中青兄信、字。李何老信、照片。

十　月

一日

国庆。愉快地过节日。

诗四首:

真理在胸笔在手,
无私无畏即自由。
收拾精神作主宰,
管他冬夏与春秋。(之一)
以“顺”为“逆”作我友,
百事成功在拳斗。
莫将忍让夸厚德,
小心上岸落水狗!(之二)
相如真壮士,折冲秦王宫。
还我和氏璧,返尔虚连城。

人生感义气，国立赖正风。
怀哉节义士，千秋万古名。（之三）
我实一常人，岂敢妄自尊？
只缘眼前人，衣冠而兽心！
真理何所在？道义尽沉沦！
信用安所属？虞诈何深深！
上下交征利，不顾祖国存。
闭门读我书，明哲且保身。
身亦难得保，舞剑起振奋。
浩气充天地，吞尽魔鬼群。
大地何所有？南山一至尊。（之四）

臻女来，甚欢。

二日

刘明峰二同学来，当为书字。程连凯来。夜方胜来，嘱书。

三日

到方磊同志家，书字数张。午餐后，午休一小时半回家。谈赴汉中展出事。雨未休。

四日

雨。发铁拂[11]

须急办：

1.离休，经济，职称。

2.西房屋事。

3.寄像。

4.李兄字。日本字。

5.健康：吃好，睡好，外物。

6.展出。

发铁拂兄信。

五日

1.一到校，赶上忙，送裱字画（吴、韦、杨等）作品。

2.见到人事处长刘，谈离休、职称等问题。离休不成问题，职称作为问题也可以谈。

嘱书。

3.写材料，明日交。

雨未止，房漏。闷甚！夜眠不足。友谊商店老周嘱书，看来有一套计划。

六日

雨不止！回家送诉书，复来。接品三兄信。誊拙文（学报）。市信急书，明日发。

一个观念——斗争哲学。

不激（则）不厉，不愤（则）不发！

矛盾——发展之道——变化，鱼龙。

有为者，负大任。

彼以其邪，我以我正。邪不压正，何路不通?!

七日

早运动，豆浆……甚畅。

睡眠好了，眼波深陷转丰饱。雍容余闲，有计划，不忙乱，不过用脑子，苦眼力。诸葛羽扇姿致。不发火，不任气，我行我素。营养足，食浅些，不凑合。

大诗人，学者，大哲人。

写作，著文，书画，极认真。少应酬。正大。理在胸，笔在手。自有漱溟、外庐……气态。

八日

昨下午七时半到市长家，多时归来，谈及书法、拙文，为送校学报一本。命为书中堂一张。买川宣 30 张（5.4）。发卓秘书信，附证明单。胡道道等送来照片。

九日

发甘竟存、曾立平同志们信，寄照片、字。均挂号。

收拾精神作主宰，大小事情自安排。
少管闲事心绪好，晚年清福书里来。

自创江山乃真富，靠人发家可怜虫。
凡百自谋守廉正，不愧屋漏头等人。

庄生旷古士，世间自在人。
胸次通云汉，多笑走肉虫。

为张市长书中堂，刘明远、袁博文同志等书条幅，渭南银行书斗方，峰对联。

晚饭到鼓楼吃锅贴3两。

拟写给法制周刊文。

十日

人能有一坚强之志愿，则千恶疗愈矣。

人能有一斗争之精神，则千恶疗愈矣。

清理笔债。引思上路，办展事，走上长征！

十一日

为峰兄作字三幅，对一副，下午发出。笔债清矣。

十二日

送铁公中堂（边家女）。见王平凡同志，交给李何老两次信，请看。即告他又看了孙玉石同志书，对拙作评价甚高。承李老寄来拙作，并以归原主，不必寄回，重版后送一本交换也，感激万分！印书事，王同志告："代序"（张）并后记须重抄，繁体字工人无法排印。"前记"早作出。他们再作一说明。李老"代序"他有书，由他办。我无须操心。又看唐诗书展，有拙作一幅。看思白兄，正好他在，暂不住院。稍瘦一些。雨中，吃羊肉泡，即回。大睡。眠甚好、此即大福也。发峰兄信，附杭州照片。整理信件。

要事：1.淮海战役书展字。2.袁、刘字。3.图书馆三字。4.日本字。5.抄写代序。

纪潮海预支给信纸便笺二本。

心态高远字乃超逸，放笔直书以和端倪。

不蹈碑帖惟写自己，何好和坏管他怎的！

十三日

发海洋、品三、市长信。书李何老信。夜至黎兄家用饭。雨不止。午眠颇好。

应酬太广，耗费精力，戒之。

少说多做，不做即休。

我行我素，于物无求。

雍容泰然，书画良友。

诗人明哲，高洁行修。

间亦著述，亦尚旅游。

无私无畏，身轻自由。

十四日

到西安同志家，取回裱字11幅，甚好。他生了孩子，当送点东西的。送出大门外，嘱有作品，他可裱，甚感。

书字丸山乐云二，淮海战役一，刘明

远一，袁博文一，自存二，又二。

明日清理一天，后天正式工作。

十五日

雨。清理一番，松爽一番。昼眠颇好。

师八戒，能吃能睡。师鲁，长我气势。师马列，博大、旷古，真神焉。

少谈自己，但不要忘记自己！

要知道自己，更要了解别人。

善于生活，善于工作，善于休息。

再工作十年，足矣。

珍惜时间，珍惜精力，健康第一。

理想，计划。

高大起来，壮旺起来！为四化做点贡献。——义卖无力，可义书。

十六日

到省军区贺长清同志家，为邢黎明同志书字一幅，请转北京。谭岚同志又多心，赠平梁苹果3斤。嘱问年历，明日去。

看路克军同志，进城，未见。与刘同志座谈。

到一厂，均未见面。吃馄饨一碗。二时半返校。

写“前记”，大体已竣。再稍修改，即妥。

夜雨。

养德远辱，正义感，老僧常态，足受用。

临摹：

形似——间架，结构。

神似——走笔神韵，气脉，脾性，章法，姿致。

风格——感动人处，作用，特色。

笔不离纸，巧处，拙处。

提按得宜，虚实相羼，主笔副笔分明。

百练身心成铁汉，九度关山夺锦旗。

决不轻易落笔！

骄傲是征途上的拦路虎，而严肃则使妖孽为之退避三舍。

文海、周强同学来，分别为书《代序》、《关于〈野草〉》文。只剩《前记》、《后记》两篇矣。

十七日

雨不止。发日本丸山乐云君信，另包字二幅，1.9元。书《前记》、《后记》文，大事一宗告竣，轻松多矣。

晚饭在黎风兄家用过。

方强同学来谈，知他对犯罪心理学作出良好成绩，前途大有可观。星期三晚上约来。

十八、十九日

发丸山乐云君信。收到青兄、峰兄、世庆等信。校阅前、后记，《关于〈野草〉》文。平女来，说房顶椽落下来，赶快请校设法。

二十日

午后赴黎兄宴，北京友人。丰富可口，食颇多。

任天福、吕等来嘱书“图书馆”三大字及其他。

阅稿毕。为三学生书字。

二十二日

明铭来，知房倒了一间。先到图书馆办牛毛毡事，胥主任电告基建科赵丽青同志，同意给，韦校长批了。

又见刘明远处长，谈住房问题，离休问题。见杨科长，档案事。

官司事——见方强同志。写文。

展出事——见温谈推迟。

书图书馆三字，中堂。

书稿事。年历事——问柳书事。

发数信。

杂事一堆，心烦甚。须安静，一一来解决。饮食大好，足矣。发觉民、扶青、世庆、峰兄、柴建国信。

二十三日

见到陈俊民同志。房屋事，同志们都很关心帮忙，甚感！前大市府已派人到家了解房屋纠纷。

二十四日

雨中乘车到工人俱乐部带书画同美院谈布置事。

二十五、二十六日

布置展厅。到陆军医院看亲戚王明玺。

二十七日

正式展出，大方有气势。赴文联领证书并纪念品——书二本，笔二支。

二十八日

上午九时陪同校领导李书记等到展览处，两校领导会见，喜气盈室。十时半返校。下午到人民出版社送文稿。重版事，办理完竣。交清了一件大事，足矣。

二十九日

连日饭量大增。磨子快。

交王平凡同志《读〈野草〉诠释》文，作附录用。王科长为办床板等事。为女平请假，开会去了，未见。遇方强同学，嘱评字，以心理学角度。他有异于人的见解。

自大，自神，自知，自振，自便，自觉，自重，自治，自求，自豪，自负，自决，自持，自尊，自安，自得，自乐，自适，自学，自立，自恃，自持，自强，自拔，自是，自动，自慰，自见，自由！

人！大！

心胸要扩大，魄力要伟大，眼光要远大，行为要正大，影子要高大，学问要博大，力量要强大。

以世为心，民族支柱，目空力类，敢作敢为。

马恩列天地，
周蔺傅日月。
白也真足羡，
曹公实雄杰。

罗蒙诺索夫的伟大魄力，柏林斯基的杰出才学。人类文化中的长江大河，多么值得讴歌！马、史、杜律、庄文，祖国的宝物。

下文：傅山书工作。

三十日

晨搞卫生工作，一快。准备：1.到汉中展出事。座谈，目的。2.字幅包装。3.衣物。赴展览一观，见意见簿，有关拙作意见二则：一是西工电胡君云："书法以卫先生为最佳。"一是："所谓会长权威，书字太多。"此评甚是。布置时余曾提及，下午未去，竟如此。明日当为更换二条。

三十一日

送永军篆书，换之。发朱勋甫信、字。吃羊肉泡馍。

小结；

本月大事：

1.《探索》再版修订稿完竣交出。

2.书画展展出。

3.字幅11幅。

4.寄字多，赠学报不少。

5.退休手续。

6.应淮海战役征书稿。

7.唐诗字展证书，纪念品。

8.古文化五大城市展出。

晚到芷颖家用晚饭。送菜碗碟一双，似玉，颇精美。见到日本藏包装团团长等为她作的字，画像，送的折扇。知日本人重义气情感，送别时皆掉泪，依依不舍。作字不拘形态，什么笔法，信手行之，尽情而已。爱小玩意儿，也爱钱财。

十一月

准备事：1.汉中书展事。2.100种字展准备（馆帖借）。3.傅文开始工作（发信太原）。4.习画开始工作。

字少应酬！大保健康！珍惜时间！真正工作！

一日

路兄嫂来，未见，殊憾！发朱勋甫兄信、字。

二日

汉中文化馆宁同志来接赴汉中，与方磊同志作字画金石刻展出。夜到方同志家，商谈动身事。十二时回校，明日料理诸事，见任、胥，校长，后天领工资。周13.4元。回家取衣。总务处王科长，桌凳手续。

三日

取回方字画共66元，汉中回来付清。

午餐在黎风兄家用过。看报懂得处世之道。愈服庄子本领之大，“彼且为婴儿……”[12]，最妥。

有时忘记了年纪，仔细想来，可不小了。安身立命，与世何争？十年之后，恐难得写作矣。书画确系难得之良友，能务出个样子，便是莫大收获，何必他求？

大临魏、隋唐墓志30种，汉隶10种。

四日

奉还张西安同志裱字款60元，下欠20元。旅行费7.3元尚未交。借图书馆对子一副（学而不厌，诲人不倦）。

向校长、馆长、胥主任告以赴汉中展出事，均表愉快。

书福葵、艺光同志信，明日发。

五日

宁平同志从汉中市来校，下午二时，一同到方磊同志家，收拾好作品，共60余件。6时半到火车站，7时35分开车，办好卧铺。

六日

上午12时到达汉中车站（误点二时）。

文化馆张文预支随馆内同志六七人候接，进入招待所。一同出街共进午餐。鲜菜甚丰富。晚饭温兄嫂来，约进餐，亦甚丰富。

方同志到展厅帮布置。

七日

又帮布置，差强人意。方最辛苦，做尽主人的工作。雨，买牙刷一把。发来七天的饭票。

夜，三个青年书法爱好者请看他们的习作，诚实谦和，说甚久。并为介绍当地老一辈书法家——魏俊初等，约他们往见。藏书画多，王世镗墨迹。

八日

雨。午眠醒后，大名同志来约，一同到老中医、书法家魏俊初老家。看了不少名碑帖，并进晚餐。甚感！为临张猛龙碑题字。夜钟林元等青年三人来，为看字。

九日

游古汉台，吕从周同志予给方便，饱观石门铭、颂原石，玉盆，石虎，哀雪……

十日

上午晴。到展厅出席讲坛、表演会。市军区政委领导都到了，为我提起签名。又书法班学员数十名，由我为局、馆作字五幅。由作了报告。时已三时，该班负责人又约定为讲一次。

十一日

上午八时，张文、温同志陪同赴城固政协参观古字画展，有王世镗[13]草书一条。甚好。为文化馆、政协书四条。同进晚午餐。即赴张骞墓游览。墓前乾隆时陕西巡抚毕沅题“汉博望侯张公骞墓”。墓堆周围十数株古柏，前有方墩二座，上有巨石卧虎，无头，而姿致颇动人。方同志为摄照数幅，集体，个人。四时复返回招待所。日出放晴，快甚。

十二日

下午应张文德邀到他家为十数学员讲谈。

十三日

上午到钟林元家看碑帖，西峡颂……等。午进餐。十二时半到古汉台，吕、赵等同志招待甚殷切。适魏老也到，观名字画颇多，摄照数张。下午三时半到徐毓泉家进晚餐，摄照数张。夜七时又到业余学校，为百余学生讲并作字对、中堂。摄照七张。魏老等数人都到。

十四日

上午写字十数幅，温兄率贝贝孙来，吴刚同志为开车。一同到和敬礼同志家，见到站长，运输主任张。请书，书字四大幅，横幅。明日动笔。十六动身回西安。

十五日

上午书字，铁路五幅……

十六日

下午汉中市政府市委书记牟同志，文化局长甄，在招待所欢宴送行，共三十余人。

十七日

上午 11.5 到家。

收品三信。航民来，已返回。

收宋嘉木同志糕点，所印字。

见到强儿信，甚慰。平凡同志来信，嘱填表，介绍入中国鲁迅研究会。吃拉面，周燕作的，细而可口。夜温兄陪看张文同志，赠糕点。

总计在汉中十二天，给写100幅字。字展尚博得上自市委领导，下至群众的好评。为汉台博物馆留了字。最后一天市上以政府送行设宴，足矣。文化馆又送了纪念品，旅行袋。甚感。

十八日

柴建国、张航民等来，未见[14]，甚憾！又太原书协来一同志，拟印拙作一册，也未见到，不久或可来也。当加速写100种字。画附之。

十九日

送来煤240块。发峰兄信、报。送平凡兄表。长乾、鸿儒、明峰字。

建国来，十八年未见矣。送来汾酒、糕点等礼物，甚感！宋嘉木同志遣谢同志来，也送来礼。托带去印章二方。

二十日

发汉中信四件。到路兄家，午饭用过，雨中返校。衣帽尽湿。

二十一日

建国、建忠来，带字七幅。十二时李丹林（峰兄二姑娘）来，下午二时返京。为送煮饼、汾酒。收谭岚同志信。

二十二日

参观赴日书画预展，有余作二件。

拿翁确有几句吸人语。

梁、侯合于我的姿致。

白氏亦佳。

上午到文宝斋看赴日书画影展。复看芷颖，给了她10元。月底到日本去。夜去见杨科长，知韩左军同志来访，未见到，嘱书。并倡导为我出版书法册子。甚感！

二十三日

发韩左军[15]、慧卿信。

书法到最高境界，必是直抒胸臆，若谈吐，若行坐，声色俱在，书如其人乃尔。

随周强同学到滋渲兄家请益，篆刻。

二十九日

到磊家送支票，发信。看芷颖，知已赴日本去了。门锁着，他父亲大约未来。

三十日

月尽。清理事：1.俊礼夫妇字三条。2.江苏迅会，信；杜校长信，二件。3.北京启、董、李老信三件。4.方胜家。（信）谭家。5.来豹字。6.航民字。7.友谊商店字。

下午与颖看书画展（文宝斋）。

十二月

（大备之月）

一日

见到谭岚政委及其爱人，约明日到省外事办侨办去一行。大日历未印出。嘱王艺光同志索两本。我亦要一本。王送我84年日历样本二本。稿费即寄来。

买月票。午眠甚酣。自从汉中归来，胖了。须保持健康。

二日

为张昕同志作字四幅,发出。二时同谭同志乘车到省侨办,决定书横幅一,条幅四。

读庄生文,书青主字,览岳飞题记,诵马迁史,吟杜子诗,得吾心矣,壮吾胆矣!回视万类,真足唾弃!何有于我?血性文章,生命书法,离却此种标准,远矣!察今之文、书,不过摆样子,庸碌可鄙之至!

三日

书杜石坞[16]信,王周发书记、友谊商店老板字,强同学字一幅。

四日

发李何老、杜石坞老信,峰兄年历。

到方胜同志家,用午饭。书字二页。转来渭南银行赠送挂历一册,赠树儿。方画一幅亦送之。

五日

发美旧金山方老信一件。送家钱40元。连日忙乱,没有分配好时间,应规定:午前,改稿,读书。午后,书法,碑帖。晚上,写信,日记。

六日

书强儿,聪,银莲信。发汉中信。保健!专著,创珍品,少跑!

七日

清理字画,整书籍,文件。杂事一过。定于一。安心、静心研究。创新,寿康。减少应酬,减轻负担!

晚七时与美工社学生谈书法,书字二幅。

颖来,约下星期去见程老,请看作品。

八日

接到峰兄、俊礼夫妇信二件。甚慰!知道汉中对拙作展出后。尚留有良好的印象,或过高的评价也。

九日

收到日本《牛丸梓淡书画篆刻作品集》二本,内有寄方胜同志的一本。乐云同道寄。作者牛丸敦子。又《书法集锦》一本,平阳樊习一寄赠。临汾地区展览馆。

十一日

到蒋家,询问房子问题。方胜兄刻小章二颗。

见振纪,给我带回糖包。

定《参考消息》半年,三元。

葆真!

十二日

题汉中画8幅。

十三日

发俊礼信,书乐云信。为梓淡女士作字。为画题字五幅。发办事处信。发长乐路。

十四日

发日本信、字画二封,二元。樊习一[17]、吕从周信。

十五日

回家取粮票20斤。

琐事缠心,烦甚!颇欲回家乡静静,吃粗饭,日与老农谈心,说家常,也还痛快。为体育系书《陕西师大业余体校》数字。读《大观帖》六卷。为图书馆书字五幅送东沪古旧书店……

十六日

见《西安晚报》(15日)署名李尚兰的同志,为拙作《野草探索》写了篇短文,希望这本“好书”早日再版,甚感!前数日梦月日金碧辉煌,又周总理、毛主席亦时入梦中。

连日饮食不调,吃零食,大坏事!从明日起改之。

十七日

买饭票20斤。床板折价事(?)。借,不便开先例。离休,如难办,即另做打算也。到印刷厂,知芷颖十六日已到上海,三二日大约可返回西安的。

十八日

随段炼到方胜家,为段作画一张。到长乾家,专为我作午餐。与陈治(?)中君晤,观其山水作品。回家带回牛奶二瓶。

十九日

发允恭信。杨科长为抄82年4月10日《国务院关于老干部离休修养制度的几项规定》(国发〔1982〕62号)。颖送紫阳茶一包,苦味,色美,甚好。

心得:作字定是从容不迫,使水墨深渗透入纸背,一也。丰腴可人,含有诗境,二也。即是狂草大笔,粗看似乎信笔,漫不加意,实则规矩深在字里。试看狂颠字哪有一笔不到处?右军十七,大观等帖,字字匀停恬静,静中有动,非动力之静也。这可深加玩味,日久可得也。

一字一行一章之天——天然姿致,点画无迹,有机的派势、神韵、气态、风味。一做作,捏造,有人为处,立意处,便可厌矣。

识家辨识真伪,只从各帖中作个别字长处、残缺处着眼,差矣。

从远处望见人走路,不见眉眼,面貌,便可断定为某人,关键何在?派势……耳。

从整体上看,从本味上看,从体制上看,从本质上看,从性情上看,魏碑似纯净雍容,不动肝火,气度宽厚,让人一步自己宽之概。不计较,不在意。狂颠米傅则友之,报仇雪恨乃快意耳。

二十日

真正临几本帖:麓山寺云麾碑,张迁碑,西峡颂,山谷,魏、隋、唐墓志,霍扬碑,高灵庙……

接韩左军信。书玉顺信,知小蛋9日结婚。

观《书谱》,熟则熟矣,然但觉太草率,欠沉着。

怀素《食鱼帖》,太急促,动中无静,似不安稳,运动性极强。《大观》便不然,笔笔流动,动由静出,寓脆快于从容之中。傅文,放手自致,不必听外人语。

精干利落,率脱有致。兰芳中有骨气傲态。

二十一日

发玉顺信。到李思白兄家,午餐。离休文件(82.4.10)“吃供给制”,未:不拟办了。心上也轻松。

看一幅妍美的书法,有如听名演员的一段唱腔,玉润婉转,真是可人;看一幅豪放的书法呢，则如看长坂坡的赵云生龙活虎，又真是痛快！书法兼而有之，真至于化境矣。

房院事基本上已无问题，足矣。

健康，事业，乐观，痛快！（1.出版，2.展出，3.储宝。）

扬眉吐气，此之谓人生！大诗人，哲人，学者，艺术家。向慕。

王羲之，郑道昭，瘗鹤铭，二爨，石门铭、颂，——行笔最耐寻味。

二十二日

无欲则刚，无欲则安。无虑则乐，安乐则寿。

冬至。接温亲家信。耀天兄（邓散木《书法学习》）、钟林元信。芷颖从日本回来，赠画册一本，打火机一支。书亲家信。

二十三日

1.马克思主义是精灵。

2.马列人是体躯。

3.书画是滋养。

4.时间是生命。

5.学问是本钱。

6.身体是本钱的本钱。

7.人格是最持久、最牢固、最伟大的靠山。

“外物”，无事沾滞于心，独来独往，此之谓“从心”。非大思想家、大哲人、大诗人，难能语此。

下午同刘丕烈老夫妇来，四时同赴政法学院他家进晚餐，学会葱花爆羊肉。大火，油锅大热后（倒油要多），再放肉、葱、酱油，很快即熟。有料酒最好。

星期日上午陪画家数人进餐。（天福面告。）见刘处长，取回退休证。进行要房屋事，明日。下星期一、二送来床板。送校党委信，请追查交回55年搜去的书物。李夫人面谈友谊商店索书。日本人极喜拙字。

二十四日

办退还学生展作。

二十五日

发甘竟存君信。致谢赠书。七画师来校，在图书馆作画。午餐因事，辞陪坐。歉。天晴，颇暖如春。

发新城区政府经委信，催案。接翟品三同志信，一、嘱我能诠释景梅九诗46首识家。二、嘱书所作《毛主席九十诞辰颂·水龙吟》。明日清笔债——吕从周、航民、星五、王仲石等五家。

二十六日

李北海只写王羲之（圣教），有些字态，纯系原形，稍加矜持，便成北海矣。观云麾将军碑自知。他只添了个“为”字，转折处较死，芒角角露；少了个“天”字，神韵自然便不如王字可贵。此余之偶见。后观王世镗《草诀》，亦有同样见解。

以年龄计，书法应有所独创，何斤斤于点画之为乎？放笔直竿，写我自己，乃为上乘。古人可法，我即古人，亦即今人，何师之有？

字之妙境，“情态”而已。情寓于态，态必有情，偏废则残，无可观矣。

态——

体——贵大；

气——贵足；

情——贵妍；（以上，可感到，可言。）

神——贵妙。（不知其然而然，天。直觉感。难言。）

二十七日

借傅文定版二函。书吕从周字，王仲石字。发品三信。

二十八日

发董寿老，耀天信。午九时仲石君来，取走字，约与宫葆诚三人同赴北大街优质牛羊肉馆进餐。二楼上，座位宽敞，招待周到，调味可口。碗8角，外菜一碗。

下午五时落雪。

二十九日

雪地里跑步，舒畅至矣。

三十日

发汉中吕从周字。

三十一日

月尽。

此日为月终，又是年终。1983年过去了，明天即是1984年的元旦，须惭愧地送旧，勇猛地迎新！

回顾这一年里，粗略算算，尚属较为丰收：两次外出——六月初苏州之行，参加江苏省鲁迅野草学术讨论会，游览杭州，长女随行半月，认识了东南、北京一带学者文人，收益多多。不得不大大感谢李何林老，恩我实厚。十一月初赴汉中书展，据反映震动了十一个县份，该市府领导、军区，以及当地艺术界，对我礼遇隆厚，不得不感谢亲家甄毓珂、温兄，路子敞开了。师大学报发表拙作《读〈野草〉诠释》（八月三期），西安晚报有李尚兰君发表了有关拙著《〈野草〉探索》的文章，予以过高的评价，影响良深，是值得感谢的。参加了多次展出：五大城市，又一次字作二幅送往日本展销，计四次矣。良慰。收到日本牛丸梓淡女士惠赠画展册，丸山乐云女士惠赠印刻册，江苏省鲁迅研究会惠赠《鲁迅论文选》——都是值得感谢的。《探索》再版稿交出，房院问题得解决。

瞻望明年，当更多成绩。发傅稿！百种字展，必实现！决定：一、积存佳品300幅。（画……）大幅代表作！壮志凌云，远征世界！二、有酬的应酬。三、法“人帖”，从“自”字、“大”上着功夫。（大诗人，大哲人，大学者，大艺术家。）四、善于生活！五、善于工作！六、不计得失荣毁，一条心，由胜利冲向胜利！七、高视阔步。八、知己有成。

〔注〕：

①“物色之动，心之摇也”，语出《文心雕龙·物色第四十六》：“春秋代序，阴阳惨舒，物色之动，心亦摇焉。”卫俊秀凭记忆写出，有误。

②刘子督，应为刘自椟，陕西三原人，现代著名书法家，曾为陕西省书协主席。

③孙玉石，北京大学教授，著名学者，鲁迅研究专家。

④“王请大之”，语出《孟子·梁惠王

下》:"王请无好小勇。夫抚剑疾视曰:'彼恶敢当我哉!'此匹夫之勇,敌一人者也。王请大之。"

⑤"君子日乾乾",语出《周易》"乾九三":"君子日乾乾,夕惕若厉。"意谓君子要朝夕敬谨地要求自己,才能获得大的成功。

⑥王曲时代,卫俊秀在西安黄埔军校任职期间在王曲居住。

⑦山书,指他的著作《傅山论书法》。

⑧刘玉苓,山西洪洞人,西安市文物保护考古所研究员。

⑨曹伯容,即曹伯庸,陕西师大中文系教授,书法家。

⑩襄编,襄汾县志编委会。

⑪铁拂,卫俊秀的连襟陈铁夫,又署铁拂。

⑫"彼且为婴儿",语出《庄子·人间世》:"彼且为婴儿,亦与之为婴儿;彼且为町畦,亦与之为町畦。"

⑬王世镗(1868-1930),字鲁生,号积铁老人。曾任监察院秘书。著有《书诀》、《论草书章分之故》、《王世镗先生翰墨》等,近代著名书法家。

⑭张航民,原山西临汾职业师范专科学校校长,与卫俊秀为姻亲关系。其祖父张之杰为卫俊秀小学老师,其父亲张子正与卫俊秀是同学。

⑮韩左军,山西襄汾人,曾任山西书协理事,书法家。

⑯杜石坞,山西师范大学原副校长。

⑰樊习一,山西夏县人,书法家,曾任山西省书协副主席、中国书协评审委员。

一九八四年

一 月

一日

晨,一新疆大学数学系干部(北大毕业)王晓文来,说前日晚在笔会中观看余作字,特来请教,并将用铅笔所书草字递来,态度非常恭谨,索字一张,辞出。午买月票,回家,亲家温兄等都在家(金队长,振宇)。到陆军医院看王亲家病,返校。

发峰兄信,交星五字。

二日

看之中老,身体欠和,老伴出院,住儿子家休养。午饭在二媳家,儿女都到了。

三日

发启功老信,又航民、白煦、立平、世庆信。黎兄来,为我收拾房子,安床位。杂信发出。三天内,仔细阅傅集。夜陈俊民副校长来坐。

四日

领工资,开会研究参展作品处理问题。决定又与美院会商总结时间——决定下周。下午与温兄到一咖啡馆坐,人各一杯,约明日早买鸡两只,在芷颖媳家吃饭。

五日

到书协。到张光祖老家,待以普洱茶。其老翁锦章嘱书乃翁遗诗。

六日

为张光祖夫妇书字二幅。及其他。英来坐,告以作品处理,两校开会事。

七日

为品三书其词作长横行草一幅,自书一幅。开春日书三幅!佳品。各种字体。

八日

书品三、中青兄等信。又耀天兄信、书、字,杨明德字,托段炼带回。到出版社,平凡兄正参加整风学习,半月可毕,即发稿(黎和我的)。聚餐事,不可行,改茶会。“鲁迅研究会”已报请上级,推荐我当主角,当辞去,再究。

九日

发品三、中青兄等信,看路兄,在铁局书法展处为书两条。收到人民出版社年历书字稿酬25元。交图书馆字幅14幅。领到宣纸30张。

十日

见长乾,16日同学们要来,辞不住,那就来好了。须及早安顿安顿。接汉中赵介民同志信。

十一日

平女买来鸡蛋,为做□鱼。付予五元。取钱25元。为挂历作字。

心神旷怡,若无事然。

认真书汉金文两副对联,有新的体会,得三昧矣。不疾不徐,直书便是,一做作,排列,则坏。

揖让雍容归平正,神奇变幻见高风。

十二日

下午二时主持美院和学校联合展出总结会,茶烟零食丰富,气氛好,成功。合作甚密切。今后工作开展更加有力。六时散会。杨科长夫妇来，承为我抄出离休文件，甚感。

十三日

1. 事事绝对顶真——对人负责，实做。工作态度。

2. 有百分之百的把握。（主观上，技巧。）有信念，有所恃。

3.效益主义。（客观上的反映）

马恩列周鲁——靠山，动力，胜利之源。“君子深造以……”“天将降大任……”[①]

露布：大力保护眼睛！1.保眼操。空时就做。2.白内停药，四——六次。

揉后眼发凉。轻松。

张光祖送我内障停一瓶，告以保眼法，甚感！送嘱书字三幅。到一厂知芷颖又赴曲沃去矣。

看松枫阁傅书，极有味。书大作前先展读研味拟临之碑帖整章笔路气势，字天，行天，了然于心，而后下笔，精神一贯矣。

十四日

孔宪文同志赠墨一锭。连凯约明日九时半来接，参加一典礼。

张文义寄《金襄陵》一份。

一个人都各有其脾性、气态、面貌、姿致……即是从远方看去，虽在后身，也可分辨出是某人来。何以故？有他为人所不具的特点。乡间一些“怪物”常学某人的走势、言谈、笑语、五官变化……惟妙惟肖，引人发笑。学帖能到此种境界，才为高手。“一字有一字之天”，“一行有一行之天”，一字一行的左右顾盼，情分上下，衔接气脉，姿致面容……一一了悟于心，乃得入神，至于化境。否则所谓“搔痒不着赞何益”也。

子恺[②]字富有柔情，丰腴妍美。

以气脉、情致、风韵、神态胜。超凡，古朴，见佳。风云雷电气象。莱尔孟爱之神的神矢。含宏光大的气宇。不知有笔、纸、字，写我心胸、灵魂。什么名碑法帖、大家，摔而去之。我即碑，即帖，即圣。一二年内为世界名家！

向日本千岛古卿辈看齐！为国争光！不负书法祖国！

十五日

应西安庆华电器机械制造厂之邀，与程克刚老、程连凯同志前往该厂，各书字两条，对一副。承赠挂历一幅。并约定春节初二下午来接，去过春节宿夜，三日上午作字画表演，并有名角演唱。夜七时返校。

十六日

集中办琐事。大计！

昨在庆华厂作字，工会冯主席评余字云：似古松盘根从土石中冲出，如龙爪抓地之奇态有力。

收到日本明场美也子女士贺年片，又余去年八月间为她们讲书法课作书照片一张。送张西安篆联一副。

新愿：

1. 学习日本人工作中认真负责的精神。

2. 学习日本人顽强的必胜的信念。

（不成功不休）

3. 学习日本人敢于在世界上领先拔萃的决心。（教练）

4.敢于公开“吹牛”，必能实现的豪情。（日人手高）

5.破浪前进，大无畏的闯劲儿。（看人家，一人徒步世界，横渡重洋）

6.视高山险壑为平地。（罗蒙诺索夫，玄奘）

7.没有世界舞台，便无从表演得开。（日人……）

8.读《逍遥游》，不惟今人看不上眼，即是古人有几个看上眼的？（傅山）

白种字展，是精彩工夫，是学问的荟萃！

专论：1.临摹。2.心上。3.书理。4.书艺史。5.专人。6.专帖。7.执笔、运笔。8.略论，现状，重要性，目的，贡献。9.苦练功夫。10.丰收，大合唱。

十七日

雪。回家。明从渭南来作菜。夜到长乾家，叮咛一声。返校。

十八日(16)

生日。鸿儒、长乾、明锋、次韵及唐同志赠送长寿松、寿酒、寿□等礼物。十分欢快。明来作菜十多碗，丰富可口。难得同学们的深情厚意！

十九日

取回展出作品四幅。夜雪。

二十日

书字“寿”。（邝平之兄鸿）条幅。黎兄送乳精等食品。程连凯同志来送请柬，明日上午九时来接，参加铁路局书画展开幕式。

交盟(费)1元。(明年的也在内)李景贤兄手。

明日为日本教授木村诏子女士书“诲人不倦”四字，日语班学生敬赠，余书。

二十一日

先整傅文，次书100条字，应酬搁起！

到展览会，美协、美院画家、书家20余人，当书条幅一，又给书记、主任各书对联一副。看了一些画家作画时的用笔，有同时用两支笔的，又信笔乱搓，如颠似狂；有泼墨的，——并无定法，手熟为能，怎么都可，有甚难哉？

墨须告饱，乃显丰腴、富贵气。走笔时提时按，不疾不徐，雍容自在，一种安闲之状，给人舒适之感，耐人寻味。

二十二日

发航民信。书晚报询问李尚兰同志通信处。到长乾家去，送手套。

二十三日

收到郭治平带来金梅做的棉鞋，合适。碑林区物资局南稍门东路。收中青兄信。(16日书)发晚报三版文艺社收。为姚抡元同志书字二幅。佳作。须嘱摄照。又张炎烈一幅。（荣宝斋玉版宣）

郭下午来，小蛋的岳父。郭诚同志是他的叔父，现在安徽省教育厅。

字：气——态，势，力，韵，脉，象，骨。

二十四日

图书馆发到花生米5斤。夜同胥、任、周同志们开会，研究写春联问题。胃口大开，颇能吃饭。写怀念雷雨顺文稿。

二十五日

上午到美协取回张市长[③]裱字，10.8元。在国英处见到日人印的昭和法帖五卷，王羲之书，钟繇《千字文》，乃知米芾、王铎书源殆在于此。

二十六日

在图书馆为大家写春联，共七位教师。

二十七日

给家送20元整。送闫明同志春联。

二十八日

接峰兄信。嘱购《陕西书讯》，其中有1984年年历，画面为"月夜"，苏联油画像。(报纸大)。又83年一张"无名女郎"名画，同一作者。

钟楼饭店作字，录像不少。

二十九日

依旧到钟楼饭店作字，集体照相。为作字颇多。为峰购"月夜"画幅，四幅。收到杨默老小幅梅图。买画册一本，花鸟。决定开笔学画矣。有何难?处女作即可惊人。收到钟楼饭店常同志代买月票，二月份。

三十日

发峰兄信。买"月夜"3幅。

三十一日

到印刷厂。明日芷颖云送回烟、酒、画、挂历。回家。平女为下面，浇鸡汤。布置布置房子。送明锋相片。收到峰兄信。

二　月

一日

旧历十二月除夕。整理房舍。周强来帮忙不小。

二日

春节，正月初一。龙——化；虎——威；鹏——大；凤——彩。

与闫明同志乘车看张市长、刘端　老(党校)。下午返校，到一些朋友家祝贺。在贾平矜兄家用晚饭。

三日

应庆华电器厂来接，与程克刚老、程连凯同志赴该厂欢度春节，作书十数幅，承赠像摺一本。

四日

到闫明同志家作字八幅，为其大儿大楠书"磊落"二大字，满意。明日他即回香港。钟表行工作。

夜，黎风兄来，为装相册数幅。

六日(初五日)

与黎风同志到出版社，见到王平凡同志，贺年。又到方磊同志家，晚餐，在儿童公园照相12张。

宣言：

1.为完成赴日展出，停止一切应酬。

明日发友人贺年信。

发出怀念雷雨顺同志文，有霍松林同志介绍信。

2.作画——花鸟。

七日

小寨工人俱乐部成国权取走裱字一幅。(魏征句)

发光明日报、李老、任映老、王中青、玉顺等信。山西出版社宋金龙信。

八日

书铁夫兄信。铭来,送来米饭、奶。

十一日

滋渲为刻印两方,颇如意。为教保眼法。揉转眼,搓手,撸眼,案前运动。

发海洋信,问题解决。

少交省烦!

十二日

见到蒋国梁、之中老。

十三日

有感:

1.事事没有个认真做事的人。推诿,不负责,关系学……

2.一塌糊涂。

3.建设。闭门工作,一切莫问,做成绩,拿出来!少说,不说,说亦无用!

梦请二外国人吃饭。

书杨默老信。作字,得佳作一幅。临上座帖句。

十四日

人的足迹能踏在月球上,飞船往来于八大行星之间,几年不下来,此之谓"人定胜天。"吾确信:

1.人能有一坚定之志愿,没有达不到的目的。

2.须有过于人的本领,什么门路、后门、关系……全都是黑暗中的东西。

到陆军医院看亲戚王。

十五日

书峰兄信。作字数条,村二条。傅、黄。臻女来,带来小孙子贝贝。

作字以凝神出之,何愁无妙品?

整理文件、照片。

十六日(正月十五)

发峰兄信。

十七日

应西安玉雕厂国画室成立邀,赴该厂作字十数幅。赠印石三方。精致纽刻。

十八日

决定举行100种字展,挽救今日之狂怪书风!

见到胥主任、杨部长,为小孙办入学事。感谢他们热心的帮忙!

颖来,世庆来,谈甚畅。接玉玲信,附参观书画展证二件,有颖一件。饮茶颇多。杨家食煮饼一个。

十九日

发振绪信、字。家搬来。

二十日

送卫燕入学。忙乱。

二十一日

昨取回木箱(待建从谢老师处),裱字装箱。

二十二日

连凯来,送到玉雕厂赠图章一方。装盒。美产。为书字一幅。

三月份拟为该厂书代售字。

二十三日

月内办清一切杂务：生活，书会，工作。傅文。100条字。玉雕厂10幅。绘画。

胥超主任来，嘱书“物理实验楼”、“化学实验楼”及“陕西师范大学”等字。

二十四日

书字，即送胥主任。

二十五日

“时间”！“理想”！“精力”！

二十六日

发子正、航民以及临汾字十数幅。修转来个人户口报告，明日送馆。

二十七日

送任馆长迁户口报告一件。开始修改傅文——事迹。两日内完竣。

二十八日

明日定稿，嘱誊。

二十九日

书字三幅。昨夜梦教书，上级指定发言。本月份浪费时日太多！应酬多，闲事多，心思不宁。下月得就范，不得滥耗精力。二十号完工交卷！开始作字——精品。

接盟通知三月二日开大会。

三　月

一日

与颖约赴程老家，嘱为颖书篆字一幅。买月票。下午听报告。明日大动手改稿——精确，含糊不得。

二日

看望张光祖老。买白内停四瓶，1.3元一瓶。下午民盟全体大会，听传达报告。

三日

上午改稿，下午作字。

长乾来，送来建房制图。树儿、媳都来了。备料，五月内可建成也。

四日

看穿天理，识破世情。

横空出世，阔步前行。

壮哉彼物，万里飞鹏。

咥彼肖小，娉娉婷婷。

展矣君子，高具至性。

坐观山色，旷代之雄。

“有真意，去粉饰，少做作，勿卖弄。”④凡事秉公立意，不嫉贤妒能，不损公伤廉，不计得失，不求闻达，坦坦率率，浩气正色，有甚顾虑！有甚行不得！一个“大”字在胸，如《逍遥游》中之大鹏，横空河汉无极世界，以此量今人、古人，有几个上眼人？据此，正不必唯唯诺诺，顾前顾后，小家之气也。

得吾心矣！此为今日莫大之收获，创出这篇立身处世经典！比得往古多少圣贤语。可喜可贺！

五日

到玉雕厂送字二幅。（售）

六日

接到峰兄、福葵、南京工学院等六封信。买粮10斤，1.8元。42元票。

八日

张樊川、解琰等来。

九日

激则厉，愤则发。

十日

发南京任迎、福葵、中会等三函。送简历给玉雕厂。为书字三条。张星五老兄偕子来，带来厚礼，寿糕、小米、绿豆、芝麻等。

十二日

与影同志去看杨默同志。抄傅文。

十三日

上午张光祖老来，带礼物，甚感！

十四日

方绮来抄傅文8页。省我眼力。与黎兄座谈，定我前程，规划。甚感。亦正如所想者。快哉！

十五日

到区政府。事已成功。买粮35斤，钱票2元。

天下事，处处得在心，留底稿，人、地，不能马虎。嘴可以胡说，有证据就将了对方的军。

二十一日

发新城区政府信二件。从十六日起，手感染，连日打青链霉素，尚未愈。昨日刘浩然来，云四月十日前后邀请到洛阳参加牡丹花省会，作书画座谈。届时再看。须大力改稿，月底完成。

梦往异地，外国，冻山，忽又回至故乡，蓝山和日，甚慰畅。

盖房备料开始，当速借款千余元。

二十三日

昨夜树儿、玲来。

上午到统战部，见到侯部长、尚常等同志，谈到贷款事，由天福同志办理。后同到会议室，看地方，将为书字布置也。

二十四日

李吟西主任、任天福、吕光明同志们来。与任平同志路上谈话。

二十五日

到八十八中，回家。女女一家都来。玲妈带孩子也来杨家村家。

一家大小，只怕我生气，宜戒！只须同此流讲理，不宜动声色为要。

到出版社与王平凡同志谈到出版情况、学会成立等事。

二十七日

为芷颖发强儿信。送任贷款事申请书。

二十九日

连凯来约，明日有日本20人来，去参加座谈并作字。因手指病未能去。拟送数幅字寄去。

三十日

午睡。下午三时半小雨。到玉雕厂，有刘子清、程克刚，王老83岁老者，及我四人。另有吴三大[5]，茹桂、傅嘉义[6]、连凯数人，日本书家男女数人联欢。宾主位置各坐一方。先由双方各介绍参加人员简历，次由负责人互致欢迎词、答词。即开始表演，摇身一变是一家。我为书十字诗句，照相很多。六时半共赴东亚饭店进餐,由日本方面宴请。他们是东道主。

日人作字,见过多次,其特点是:

1.抓笔　　二指、三指、四指的都有,如画匠。米自称其作书为“刷字”,日人则抹字,笔多倒起来。

2.喜写大字,少数字,“福”、“寿”……

3.气势颇大(“逸”、“欢”二字),有山谷味,尽力肆展,无束无拘,个性强。

4.似狂怪。

5.有如做工似的费尽气力,用全副精神写出。

激情,极端,热烈,喜劲。

三十一日

买月票。指痛近20日,打针24针(青链霉素),影响工作不小。

内容,喜写自己爱好的格言、词句,三字两字。如中曾根爱写:“正气堂堂”、“天地有性”、“大道坦然”、“结缘”、“尊缘”?“随缘”,在本子上写了十五年。“一锤打破,大道坦然”。表示自己的心灵情感。

四月——苦战二十天

一日

房钱。交卷。解决房院问题。病愈。二十日后,出游。

三日

杨处长万亿介绍到人民银行办事处信贷科,见到杨伟业同志。熟人,热情,即办理,送下楼,与臻女回家。夜未眠。

四日

何苦!备讲稿提纲。绮又为抄稿10页。

五日

发山西出版社、芬姐信。

六日

下午二时应学生团委会邀,为学生作书法报告,并作字两幅。赠送笔记本一本。王正之来。

七日

方磊同志来,带去印石、苏州底板,刻洗。

九日

昨今两天回家,听候阻止者,未来,明日再候一天。静观其变。

道理,真理?豁上干就行!好人,慈悲,遭殃!

理智,冷静,有步骤,有计划,有目的。发泄,没意思;赌气,实发对方一笑。

定后,广发诉文。

十日

到友谊东路人民银行办事处,杨、王主任等热心帮忙,办理贷款手续(1500元),万分感激!为庆华厂书“庆华宾馆”四字。夜到张振德同志家聊天,承他夫妇热情款座远送,甚感!

十三日

连日忙于盖房,长乾来家照看。寇钰为借照相机,照西房数张,后天送区政府窦同志。又为拉沙子,帮忙不小。

十四日

两次到四公司，乾已办好吊车，子和有人可去办。今日上楼板。昨日下午与臻女取回贷款。王同志等颇帮忙。

十五日

为省戏曲研究院书校牌及“排演场”数字。刘帆夫妇来。楼板已上好，惟尚有8块未上，送来迟，未赶上。

与陈副校长座谈，要我参加八月份傅山讨论会。为推荐杨老事。

十六日

送区府信、照片，还须两张侧像。好吧，慢慢来。

半月以来，系心于家建房，纠纷上误了多少时间、工作，就是这样的风！

十七日

从容来，以我如此德行作风，迈开步子闯去就是。完成统战部信稿。

许莉莉来，带去稿一份，为书字一张。玉安、长乐来，送画二幅，为写字二幅。郭治平来。雨，寒。

十八日

为杨万亿、郭子直老等书字。英两青年决心完成全球长跑计划！（两年）要将收集到的款献给世界野生动物基金！日跑32公里。韦斯顿22岁，克罗斯23岁。

十九日

到区政府。姜云西房已解决，即会搬走。玉顺来。到书协交费5元。

二十日

发峰兄、子正兄信。到友谊东路人们银行办事处，见杨科长，送杨伟业、王绍伟及正之等字幅。王廷杰来，嘱为陕西美术馆书字。嘱嘉咏作红梅。周英告市长夫妇对拙字颇喜爱……云云。

二十一日

为统战部嘱书字五幅。傅给宣纸4张。到美协送字。

二十二日

崇实、史兆善、柳荫庭字，玉侄带回。

二十三日

发品三、青兄、柴建国[⑦]等信。到区政府，房子事，即办，定妥。姜兴合同志字。庆华厂周、朱等同志来，为书牌六字。

二十四日

鲁迅，傅山，庄生，李白+马，恩，列，周+柏林斯基，罗蒙诺索夫……大诗人，哲人，学者。伟氏。

发南京工学院工会艺术组字，王正志字、信。

二十六日

见到政协主席刘老钢民，是位平易近人的人。后到统战部，吴部长庆云正开会，留材料一份，谭岚同志介绍信一封。顺便回家一看，玲作饺子，食罢即回校。

二十七日

加劲改修文。眼力不支，赶快交卷，休息，轻松轻松！辞去一切应酬！健康第一，快乐第一。

只待弟归来。房院问题解决。搞搞经济收入——快活年。

二十八日

加紧交工,展开外交。

二十九、三十日

加紧傅文,近乎竣工。五四前,争取写出!

五月——红

一日

终日定稿。傅山简介。静心,细心,通透,较无疵。妥善,交卷。预计10天内,可轻松一番矣。

二日至九日

连日赶修傅稿,明后日写出。

参加日本东北(仙台)书道会访华团座谈笔会,为团长橘角山作字一幅。(交换)下午应邀设宴招待西安书界12人。照相不少。梅津彩石购去我旧作一幅,180元,允给作一幅,合影一张。翻译朱金诺同志索字,后寄。

十日

发太原出版社信。

工作:1.流水讲话。(迎送)诗。2.售书字。3.养胖。4.作诗。

十四日

发稿,算是办了件大事。

1.赶快还笔债。2.看朋友。3.东房问题。

休息两天,养好精神。

十六日

书朱金诺(北京旅游局日语翻译),铁夫,格思,杨万亿,季潮海三人,等同志字。莉莉来,为磨压尺。到谭岚同志家,送强儿像。嘱索侨汇券百元。她将回曼谷探亲,母94岁。

十九日

吴部长赴京。书钱字、左军信。笔会。发峰兄、铁夫兄、宋金龙同志、韩左军信、字。王同志廷杰来催字(美术馆)。收高杰同志信,书协不久开会。收张子正兄信。"明目地黄丸"可服,有效亦健身。聪弟信,六月八日到京。当为找好中医。张市长。现李吟西主任安排一切居住饮食等生活方面的事。课时要少。

二十日

送陕西美术馆字,交方济众同志。当即选定。谈话不少。回家中一看。

二十一日

下午参加书协外事传达报告。不少同志对刘老提出质问意见,刘怒,愤然退席,不雅。

二十二日

发高杰、福葵字,银莲信。

二十三日

整理书物,午眠好。日本人的精神:学习。无不认真,精益求精,严肃,有毅力,有远大的抱负,以必胜压倒之势,万丈魄力,出头于世界。我们呢?可叹!

余虽喜好道家,而实系儒家作派!中庸之道,忠恕之道,处处要个合适,不忍过拂,为人设想者多,顾情面处多,求全处多,吃亏就在这上头,错了!

二十四、二十五日

为广西藤县文化馆纪念明袁崇焕将军诞生四百周年作字，全国二届书展作字。发朱勋甫兄字，临汾柴建国信。

二十六、二十七日

发梅津彩石字，广西袁崇焕纪念字，临汾书协成立祝词。

二十八日

书协二届字。取字。

应酬摔去之。着急！1.经济。2.逃名。行我素。3.健康。营养，劳逸。

接聪弟电报，推迟到明年再来。到书协交字一幅。发广西藤县文化馆信。月底工作安排？1.房子问题。2.与任同志谈工作。3.外交事。4.法书计划。（看友人乾、鸿）

二十九日

发宋金龙字，二幅，学报。回家，聆市上已向曹思调查过。书翟英、文达等同志信。

尼采、达尔文是个响亮的名字！他给好人以力量！他是镇邪驱魔的宝剑！

有真意，去粉饰，少做作，勿卖弄。

真理在胸笔在手，无私无畏即自由。

契诃夫；“做人要像个做人的样子。”

“金石不随波。”

马克思最厌恶人云亦云的人。

大无畏。山石可攻玉。顶天立地，独来独往，我行我素。

三十日

到临潼。发柴、青、朱、李、文达信。

三十一日

回校。定于一。马克思主义为体，达尔文、尼采学说为用。执根用机。日本人工作学习精神。汲黯、相如。

笔债、信件，基本上还清。稍事休息。振之。

六　月

一日

与左军谈书展事。下午赴会，回家。明日早些时候左军来进早餐。再到房地局，及铸造厂，办理房屋事。必胜。带东西。气不得！钟明善同志来送稿酬45元。存30元，给建儿8元。

二日

上午九时与左军吃羊肉泡，即赴西七路三分局房屋科，见到景思忠老，房屋问题，他颇清楚，是位负责的老干部。追查：1.三间来路？2.二层不能盖。3.二十多年地皮费不交？4.骂人，手颤，责任？……由晋铭出面找侨办解决大问题。驱逐。不敢住。

到滋渲同志家，征求到郑州展出（六月20日——30日）意见。已答应前往。李培兰送来礼品，拒收，可笑！求签字。

买饭票四元。

为明日下午二时半参加本市少儿书画表演比赛会而作：

字也好，画也好，

凌云健笔一天骄。

为国送墨宝。

心儿灵，手儿巧，

手柔心慧风骨高。

世界夺锦标！

三日

参加市少女书画表演赛评奖会。为作字一幅。（青年路15号团委会）

四日

临汾孙宗武同志来，专约请赴临汾参加市书协成立大会（6月20后）。为书近十幅。

发方磊、张长松、程连凯信。左军为照相多张，董老字也照了。又为洗放大幅字三张。38度，甚热！

五日

晨雷雨。胡赴澳留学，为书字数幅。

六日

为李天柱赴美学习书字六张。又景思忠、郭林兴、有堂各一张。

七日

夜梦虎。发峰兄信。成国权信，索字幅。赴临汾前：1.书画会。房子。2.计字幅。3.拟讲稿。放手。4.衣物。5.甥家。6.邓铁堂家。

发子正兄信。戴、朱来嘱书字，赴日本留学。

八日

订参考报，三元。借字幅，图书馆，张西安，王廷杰，方磊。

大计：离会，去退休补差。游览，印字册，印书事，经济路，生活，分居。

日本人做事：——1.非常认真。2.非常深刻。3.精确非常。4.毅力过人。5.好胜无敌。6.执牛耳。7.世界舞台上领先。8.我行我素。9.大无畏。10.重个性。有我在。可师也！

上午到师专，见到郑子国、周乃昌等同志。午饭在郑家用过后，即回。午睡尚好。闻黄俊礼来，当去看看。

大才难为用，呼吸通九关。

振军阊门外，一任众星观。

小小寰球兮，岂在眉宇间？

挥斥八极兮，奋扬白云边。

九日

去看张光祖老，未见，与俊礼座谈。老太太赠茶一盒，系家乡自己炮制者。（湖北）

十日

有公才有德，无私自无畏。

康庄人间世，不愁无处归。

入世时出世，用世亦玩世。

实实虚虚兮，虚虚即实实。

有些学者，并不都练字，然而其书中自有真天地，如见其人。

写好字，不只是技术的问题。

书必一鼓作气而成，筋脉气血，直贯通篇。若一个一个来，无生气矣。

这一股气非他，情感是也。感情源于是非，无是非即无感情。

是非出于认识，认识即思想，又即德

性。故德为人之根本。舍此则无一切。

所谓顶天立地,独来独往,高人大人,全在此等处也。

到国画院,交送日展出字二幅。为罗平安同志等书字三幅,又为罗妹演员海棠作字一幅。答应为我作画,请看戏。

非公家重大展出,凡发财机构应酬一律辞开。作自家事,作个人计划,闭门习作,不求人知。

书,有书之书,有不书之书。

十一日

清笔债。收到山西人民出版社宋金龙,徐文达等同志信。傅稿七月份发。八月份参加太原傅氏300年祭。又徐州纪念册,襄汾志。

十二日

发宋金龙，山西社会科学院尹协理函。

李培兰同李玉秀(治保)来图书馆,交二十来年的房费,可笑!

十三日

见史念海[8]、高元白[9]等先生。戴乐来,带去字6幅。研究史的;赴东京都留学,大有前途者。

趁晚年应该研究点东西,有所贡献。

三事:健康,创作(研究),旅游。时间!

十四日

中雨,昼夜未息。

冷静地考虑,仔细地想想。为我设想,几十年来太不懂幸福,过于刻苦了！当然也没有条件。

安度晚年！欢度晚年！如何“安”、“欢”?

定居,良好的环境。

工作,书画,摒去一切内外干扰。

远大的抱负。与峰兄谈。自辟世界,自创天地(与薄劣、庸俗隔离)。抓生活!拟议太原。

外国多有一生专究某一国、一人、一事的专家,我们太少。

外国人有专论,敢于测绘未来,博大,精深,有个远大的理想、目标。我们薄浅。

物质条件差,只凭耐劳;环境差,只凭克制;闭门造车,不广游旅,眼光短浅。助力少,阻力大。缺乏世界眼光,窝里佤。不顾大局,不识大体,惟知私小。忧虑时多,快乐时少。

收到广西文联信,拙作展出后,将归他们保存。

庄周(智),蔺相如(勇),汲黯(刚正),李白,傅山,鲁迅,罗蒙诺索夫,柏林斯基,马克思,列宁,周总理。

十五日

外国人,一有过于人的本领,不拘是画,体育,以及其他什么技术,就会得到识家的赏识,用高工资雇去,为之宣传……

应该自炫,开拓,保守不行。

送景思忠同志字,刘秉玉字。二十日前送来字酬,取屏幅。回家。李××喜眉笑脸说是房地局叫她送我50元……当即拒收,面斥之。她像老鼠似的,只怕我声张。

十六日

1.情绪(书画,友人话谈,娱乐)　2.饮食　3.体育,三者,一、三最有把握,二最苦恼。当自谋。

李滋渲、成海同志来。即赴郑州书展,带去字二幅。

成国权来。

收李雪峰兄信,约赴太原同游。再回到西安小住,再西行。

李校长嘱书横、竖各一幅。嘱函临汾邀请。

即发峰兄信。七一前准到太原同游。又发建国信。

十七日

到路家。午饭在方磊家进食。茶一。

公则正,正则大,大则无畏,无畏即自由。

激则厉,愤则发,厉发有为。

马氏“生活即斗争”,他最喜欢“斗争”二字,此乃从实践中得到的宝物,可贵也矣。真是应万变的法宝!务必拳拳服膺,用之于实际。凡百无不迎刃而解。

文人无行,艺术人尤甚。可叹!

法戒:1.无应景。2.独来独往。3.不相信别人,别事。4.高视广宇。5.俯瞰小物。6.自辟世界。

十八日

鲁迅先生:“日本人做事是做事,做戏是做戏;中国人把做戏当做做事,做事当做做戏。”1.没远大理想。2.没是非真理。3.没信用。混事,一塌糊涂!

10 时到出版社见王平凡同志,知李何老来西安,住西北大学宾馆,即往看望。赴乾陵参观,未见,留一纸条。约明早 8 时前去见。

十九日

到西北大学,见到李老,谈甚热闹,并知道他昨日下午 7 时王得厚同志乘十路车曾到杨家村家来看我,真是不安之至。他明日乘飞机回北京。王同志送我出校大门,约为书一幅,寄去。李老提出:学报一篇文字,须附录在文末。先生生日:元月三十一日。

下午看人类三次大改革录像,模糊不真,但从字句里,则惊异于今日世界的特色,令人振奋。1.渔猎→农业。2.工业革命300 年来。资代。3.今日,激光,电子,生物,材料,能源……大飞跃,大变革(生活方式),大战场(舞台),大技术,大创新,大无畏,大自由。夺取时间,夺取技术(专长),发挥天才。环球性的贡献。一切快速姿态,突破,创记录。天才在一个地方被埋没,视为疯人,而在另一处得到重用,成为珍宝!环境关系!一个人可在自己的电子茅屋自由工作,不受时间、办公室的约束。天高任鸟飞的展翅……恣所为!踢破往日的常规。电子计算机,机器人,减少人的劳动。各人在自己的领域里选择基地,无限地深入研究发明,震惊一世。

二十日

又发宋金龙同志信,答疑。他急于发

稿。

为本省文史馆书字二幅，又张老友人二幅。

创造环境，开新局面，破除一切障碍，振奋精神，□光园地。

齿，德，爵，才，学，识。大诗人，哲人，学者。横空出世（昆仑），横行天下（周瑜）。

孟子：1.“深造道”一段。2.“降大任”一段。3.“养浩气”[10]一段。

庄李胸襟（世界，气宇）小天下，马列主义创乐园。

职工读书活动。农民50人赴日旅游。为世界和平努力。

明国策。

送省展字一幅，又介绍入会，省文化局陈（？）字三张。

二十一日

阴，欲雨。取杨老画两幅，交给朱影同志一幅，余留一幅。此照杨老意见办的。

二十二日

收谭岚同志信，关心我的房院问题。

玉雕厂付稿酬90元。

二十三日

收到日本梅津彩石三女士信，相片，书法。待复。

二十四日

要拿出杰作而自豪。

二十七日

晨四时半乘286次直快，临汾成俊同志接来临汾，参加地区书法协会成立。到达临汾，住迎宾馆。当天市委、师院领导十多位来看望，万分感激！拟明日赶赴太原见李雪老。下月四日返回开会。并作各人书展。仅21幅。夜宾馆薛书记安排看录像，蒲剧名角任跟心（古城人）演出《杀庙》。

二十八日

晨4时45分，建国、成俊送我上车赴并。晴天。10时半到并她姊家。

二十九日

在品三同志家吃早饭。往出版社，宋同志云，七月份发稿，明年印出。晚七时到迎泽宾馆见李雪峰兄。

晚同品三、融慧见李兄，约定四、五日赴大同。见到翟英嫂，昨夜未识出。午休大好。

三十日

下午四时许，林鹏[11]、水既生[12]等同志来，座谈甚畅。

七　月

一日

晚接到品三着大儿送来李兄通知；明日到祁县、文水、交城、平遥旅游。发临汾建国、李绵书记，家信，贺词。

二日

晨八时雨中乘车（三辆卧车）到三县旅游。玄中寺、卦山天宁寺。每到一处，有县长等远接峰兄。夜宿平遥。玄中寺建于魏延兴年间，开净土宗之先河，后传入日本。有日僧赠幢幡一对，值六千元。位于曲折盘登之山高处，藏有全部明版佛经。院内有毛竹，花椒。合影。计有李兄，翟嫂，范副省长，安部长等十数人。

卦山天宁寺水颇佳，味如我村小井水然。柏树特有名——牛头柏，绣球柏，七星柏……大殿前方有米芾书“第一山”三字，有唐碑一座，不知何人书。有一种花，于三枝，开三种不同颜色花子。

三日

1.苏联名画。2.打算。3.印书。4.字册。5.傅手稿。6.统战部。7.铁民市长。8.何老附录。9.学画。10.八月上旬来太原开会。11.需要秘书。12.京展100。——日展。

参观平遥双林寺，魏建，颇佳。午饭祁县。看乔家、曹家房院，合影。文化馆字画。

宋版书。返回太原，在宾馆吃过饭，车送回亲戚家。

四日

上午休息，看稿。晴。洗衣三件。午后看任映仑同志。（住一院）

五日

“与有肝胆人共事，从无字句处读书”，周总理句。

道德文章家国事，

江河华岱书画源。

春风杨柳，岁寒松柏。

颖脱不群，任真自得。（昭明太子赞陶靖节）

眠颇好，不累了。林鹏同志陪同到品三家，三次谈到为书书序。宁武关可看朔县掘出汉墓群。

六日

午十二时到雁门关，一时十三分到山阴。金沙滩一带已成丛林，到处有堡垒，状如馒头。有桑干河贯境内，土地虽瘦，仍多浓绿，秋苗尚好，柿树，房屋均是土色。

午饭菜丰富，吃到了莜面、推窝。关外县城没有北门，怕风沙。代县杨家、潘家互不来往。午睡尚好。

五时在怀仁看林场，在金沙滩乡略坐，沿途惊异于该地之小麦长势，靠井水，亩产600多斤（另有材料）。六时多到应县，有水库，部分地区似水乡，秋苗也好。在两地吃西瓜，代茶水为瓜，从河北进来者。县城内外正在整修，有如乡镇地方。平房多。夜看地方剧，恋爱事，一如汉中小调，颇有风味。对话系阳高口语，巡回演出。此地气候早凉如秋，午前后如关内。小麦正在成长，品种雁门六号。

七日

晴。应县蒜有名。有夏蒜、秋蒜两种。秋好，红皮，4—6瓣。黍子大面积，长势颇好，玉麦同样。看木塔，为书“济众”二字，又条幅一。十二时到浑源，招待所颇佳。观水库，悬空寺。依山为寺，半空悬绝，为书“奇观”二字。与李兄二人合影。集体照，个人影三张。三教佛道儒合一。唐末一帝尽烧佛像，尚道（老子姓李）。特色：奇，险，巧（小）。均木制，木质坚，2000年不坏。

七时到大同宾馆。

八日

晴。晨凉如秋。上午游云岗石窟。黄

河流域。雁门郡,秦。汉马邑。宁武。白登围刘。阳高。武帝平匈奴。汉墓千余。北魏时宫廷在大同大十字街。唐云中。敬塘。辽金大兴佛。明时朱儿子代王府桂王府九龙壁。九堡。屯兵。大同马甲天下。清兵洗之。雕刻500多处(全国)。51 531个数目像。早期,外来形象(印度);中期,民族化。音乐,少数民族,汉,可资;衣服,敦煌可资。西汉——佛已入西域一带,张掖,武威由西而东。河西走廊、蒙古二路。秦兵马俑。云岗专家,出版……差50年时期(惭!)敦煌专家。我们也开始专究,保护管理研究发展之。石窟,共82人工作者,研究者不到20人。为云冈石窟书"国宝"二字,尚较如意。领导上十数位观看。午后游览九龙壁。明代王府建立,45米长,颇壮观。为市长等十数位各书条幅一纸。晚看电影,因累未去,承王市长来看,座谈十几分钟,备关怀,希能于明年携眷来游。……感谢之至。摄照。

九日

昨夜雨,阴甚。华岩寺。佛。华岩经上、下。辽建大雄宝殿,全国二座大殿之一。天花板780格,各不同。下华岩寺,14 000册经。22台阶。摄照。下午参观南寺(善化寺)。三大殿:大雄殿、三圣、天王。内有金碑二座,朱弁文,王勃文,党怀英额失去。李白书"墨庄"。朱熹。承赠文征明字一幅,转赠李兄,礼也。有为功德——慈善事,修桥,积德。(有形外);无为功德——虔诚即可成佛。

晚地委请李老吃饭,为地委、行署,书记,中央检委书字六幅。摄照。

十日

晴。8时半动身到朔县游览。汉墓群。……

五水汇合为桑干河发源地(神头),灌田30万亩,有大鱼池。

墓群中发现一万件汉印、铜鼎、带钩、剑、木梳……木棺内男女拥抱骨体。午饭后为书三大幅。雨中过宁武关,九时到太原。

十一日

雨。将稿(论文)交给徐文达老。(印150份)看品三,不在家,开会去了。午餐在林鹏同志家用过。认识了赵政委、苏政委(剧作家)。饺子颇可口——菜辣子为主,鸡蛋,肉……

十二日

8时半赴晋祠。渐晴。

十三日

晚8时48分乘车南下。软卧。

十四日

上午8时50分到运城,住招待所(宾馆)。明日到芮城看永乐宫,解州关帝庙……夜看蒲剧《杀庙》、《杀狗》(王秀兰)。

十五日

大晴。上午9时半到关公庙,建筑颇佳,悬空柱。十一时到大禹渡看水电站工程。为书"欲穷千里目,更上一层楼"十字。下午游永乐宫,为书"抱道不屈,拥书自雄"八字留念。

十六日

游司马光墓。大碑，三米八，八米多高。　　，龙王九子，力大负碑。东坡书字（复制），哲宗题额。另有东坡原字四条石刻。神子像。

十七日

终日在项针医院作字数十幅。摄照不少。午餐，承王秀兰同志邀，与李翟兄嫂、安部长、地委等同志在她家用过，为书一条。晚，观她唱《杀狗》。

十八日

又书字数十幅。与张青晋同志在宋嘉木同志家共进午餐。晚看蒲剧，张保同志演《舍饭》等剧。登台合影。为裴青莲及蒲剧团书二幅。

十九日

到垣曲县看新掘古墓，或疑为夏物。夜看戏。

二十日

上午书字十数幅。晚8时半到达西安，省政协，省市等领导接峰兄一同到大厦377号，我则由专车送回师大。夜眠颇酣。

二十一日

到大厦送李兄默也画一幅临墨绿一册，月夜画二幅，又为黄道霞秘书书字一条，太原公安局应魁字一条。《昌黎先生集考异》，朱熹著，宋版。10时回校。二十三日晚再去大厦，看如何安排。

二十二日

孩子们都回家来。收到馆发理发、洗涤等20余元。发柴建国、韩左军信。

二十三、二十四日

陪峰兄夫妇看碑林。约二十六日8时半再去。

二十五日

雨。作字数幅，毋丹林、丁健各一幅。退休人员，聘用后，发补贴。决定不予填写。退休工资80元，足够用享，省得麻烦。补不到20元，何济于事？代书法课，亦可辞却。清闲一番，正好中意。

晚饭后，在王克馆长家，告以中文系章同志（女）、高同志（夏县人，均教师）找我……成立书法讲习班。八月初约讲一次课。答应五六号（赴太原前）有时间。

二十六日

上午八时与李兄等再游碑林，复至大、小雁塔。十一时半归来。承嘱为书扇面，以手颤无把握，转请郭子直老兄为书之。6时半赴大厦，并送王世镗拓片一张。明早为送行。

二十七日

昨晚7世半与峰、嫂长谈，话别。嘱毋离开工作。吃西瓜。早未及到车站。

回顾20多天，陪峰、嫂游览全晋，直到西安，食宿、路费未出分文，既饱眼福于古迹，复结友朋于官廨，题字话趣，光彩披身，真三生有幸也。

二十八日

发太原绪，南京日报社，曾立平信三件。山西日报社宋一信，照片，释文六则。

送市文联、文管所信各一封。遇到刘

玉玲同志，送票一张，送我上车。见到刘浩然，亲热之至。

二十九日

玉苓陪赴小雁塔观看查抄文物书画。康有为、郑孝胥、陈鸿寿、昌硕、大徵、傅山、于右任、绍基、板桥等大家字作。共同特点：自然，写自家字。明日可以大书矣。

三十日

1.为长乾申请送入盟表，如有问题即入九三（工程技术），此间限于高教人员。从新协议（中职），等研究后通知。2.填聘用退休人员审批表。3.交馆内到太原参加傅山学术讨论会文。

三十一日

夜景濂来，定今日下午二时半给日本留学生讲书法课，由刘念先[13]同志主讲，我来主持，并表演。书会问题多，须解决。太原归清理。

八　月

一日

下午在外语系主持书法课讲座，并为日本留学生作字示范。为书：

云霞出海曙，

梅柳渡江春。

狂草，一女生恳求，还有不少人索书，候名单送来，作之。

讲求实效的现实主义：1.自立主张。2.不蹈人脚跟。3.不受外物影响。4.识人，识事。5.拿翁精神。6.颖脱不群，任真自得。7.广师。8.抱道不屈，拥书自雄。9.无私无畏即自由。10.大诗人，大哲人，大学者，大艺术家。

二日

收建国信，曾南京信，知来西安未遇。知临汾展览反映甚好，并拟印董老、段及余书法，计20000元资本。

三日

夜雨。收书协转来北京书协函，云全国二届初评中选，并索字参加新加坡两国书展。取款20元。复制函。作字10幅。给胡筠年老(4)，日留学生(5)。复海洋、建国信。

午2时欧阳仑老师来，约见其兄欧阳中石（北京书协），商量文稿事。

四日

作字。改《略论康有为“尊魏卑唐”之说的真谛》。作字，为新加坡、省政协书展供作品。收图书馆100元（参加傅会用）。

五日

文稿已誊抄。为夜大作字20幅赠教师。收徽宣30张，墨一瓶、一锭。

下午二时应邀去玉雕厂同日本北海道旭川市中国友好文化访中团一行24人作书法交流，六时半到长安迎宾馆聚餐，谈天说地，照相不少。赠来礼品小玩意颇多——舞女裤二条，笔7支，烟3盒，打火机6支及糖之类。临别时相互拥抱，居然受到亲吻的礼遇。这在我有生以来还是第一回。

六日

字3幅58元,送来照片三张,作品一册。(臼田真佐子女士者)

交给欧阳中石先生,赠字一幅。

七日

送交曹42,交何13元。(曹代收)

健康!

从玉雕厂取回屏四幅,对联二条,尚存有一幅。又到统战部,有几个都认识我,翻了材料,知已转统战部办理矣。号码1010。存款60元。陈俊民同志来,太原会他不能去了,校会忙。

八日

睡眠颇好,情绪颇佳。应做的事,都大体做到了。

兴趣即天才,希望(理想,目标)即力量,实干即保证,时间即条件。

买票。见长乾,景。终南(取回字幅二条)。拟与太原联系,路费、住宿等管。李纪刚病,回来后去看。

九日

为中新展,省政协,校函授,张戈,袁德良夫妇作字。戈,京协。

十日

发信件(寄字)四封。

十一日

发建国字4件。

准备晚动身事。乘286次车,下午8时49分开车。

十二日

上午10时45分到太原,即到并州饭店报到,安排了住宿,伙食日6角,交4.2元,粮票8斤多。(7天计算)。不到五台山了。午餐后,看铁夫兄家,品三同志家。赵望进同志升调宣传部副部长。

十三日

开幕式——与牛老座谈,等候通知,竟误过去,未参加。交交通费10元,上五台山游览。又交返西安车费7元(买到临汾票)。下午参观傅山书画展,200余幅,真宝也!电视照相,与徐文达老等观字入照。徐为打印论文。甚感!晚看电影。

十四日

上下午听十位教授们发言。晚赵望进同志送歌曲票二张,九时多看罢。送来打印论文十数份。徐老为办。

十五日

上午参观晋祠,看傅山先生隐居——“云陶”沟,正在修理。休息时间吃西瓜。为晋祠文化管理所书一幅,留念。(凌云顾八荒,浩气琅天声。)

下午讨论,被指名首先发言。就文学、书法问题作了肯定山的成就。太原日报记者李某携二女同志来索材料。

夜赵、王、徐等同志来座谈。

肚子不舒服,便数次,如常。原因:吃饭快,量有时多了几口,别无他因。太馁,脑子不休息,必须截住!需要胖些。

十六日

大会发言。

十七日

上午大会发言。我也被指名作了发

言。下午参观双塔寺。

十八日

上午举行闭幕式，照相，茶会，笔会。书字三幅，赠会纪念。会后应酬不暇。准备明日赴五台山。高(绍曾)亲戚来看我。

十九日

上午八时出发游五台山，午时在五台县进午餐，下午五时抵目的地。从河边村进山后汽路，两旁大山峰岭气势甚巍。五台山环绕台怀镇，青翠可爱，颇具江南山水风味。明天开始出游。

二十日

游览了五六处主要庙宇，直上菩萨顶。精神尚不觉太困。照相五幅。(与同游者)

夜清凉苑负责人邀请去为书字二幅，被聘请为该社顾问。

泽庆询问作字经验等情况。

二十一日

回到太原。

二十二日

忙于书法应酬。午看傅山书法颇多(重阳宫)。三时书协邀到文联座谈、宴会。

二十三日

九时到林鹏同志家，有水既生，王朝瑞[14]等同志在座，适北京罗丹同志也来，共进午餐。书字十数幅，并为杨成武参谋长等五人各写一幅。

晚八时雷雨。张雨田宣传部长来(西阳村人)，谈话颇亲热。嘱有甚问题，愿为解决。自然感激之至!

二十四日

同品三去看望王中青，任映仑同志。任赠名酒二瓶。下午作字——张雨田、刘聚德、司机、省领导诸同志。

二十五日

昨夜宿解放路二招待所，1.7 元。见到建国、杜老、郭老(璞)[15]，又在习一家吃西瓜。夜振绪家。田(益民)、程(修文)同志、孙宗武等同志来。盛情至感!

二十六日

陈书记(焕章)来，同样亲热非常，安置食住在招待所。

二十七日

发福葵、胥超、俊民、振绪、晋铭、宋嘉木等同志信。

二十九日

作字。

三十日

十一时到蒲县，游柏山庙(东岳庙)，黄飞虎行宫，石刻柱龙，少有。十二时二十分到临汾。下午九时到襄汾。孙、程等同志同来。认识了几位新同志，邢宣传部长、李枫同志……夜看电影。贾福葵同志照料。住招待所。

三十一日

游丁村、陶寺。

九　月

一日

上午作字，下午三时乘车回家乡。明

日到西阳张雨田同志家。

看乡老数家。

三日

夜眠颇佳。下午回临汾。夜看任跟心《挂画》。

四日

给书协、各县代表百余人在军区会议室作报告,并书写,三小时。耀天兄、朱勋甫兄等远道来。在张耀廷家为交通部副部长彭德等作字数幅。

五日

在博物馆作字。识得省军区司令员(张照远)、副总参谋长夫人张纬等同志,嘱字二件。午后参加市老年书画会。下午作字。夜同京文化部同志们看蒲剧(戏校学生演出),尚好。十一时回宾馆。客人不断地来。夜眠欠佳。

六日

应师院邀,与郭璞书记,院20余人作书法座谈。又作字多幅(二十多件),午大餐。7时又承马主任、柴、晋七八同志宴请。

七日

上午游广胜寺,在县府进午餐。陪同游苏三监狱,正在修建。位于县府大堂西。狱门内一窄小道,两旁各有相对的小暗屋,这就是监狱。尽头有一虎头门,是死刑者的住处。入内,有小院一方,有井,口大仅容小桶,以防罪犯跳井自尽。有石槽,供犯人洗涤用。东北角一枕头窑,有炕,即苏三居处。县领导同志在院内取小桌,嘱为书“苏三监狱”四字。旋出虎头门,正面有一狱神小龛,死者刑前叩头。左下侧一洞口通墙外,死者由此拖出。广胜寺琉璃塔、经卷、壁画称三绝,书“三绝国宝”大字留念,又为领导们书十数幅。8时回宾馆。

八日

地委杜书记、陈副书记约进晚餐,并看眉户剧。毕,与演员登台合影。1时45分由师院李宁太陪送来西安。夜送行者有裴玉林、田益民、程修文、樊习一、柴建国等同志,感甚。孙宗武同志送酒、录音二盒,田益民送月饼等物。百货楼送宜兴壶、碗,樊送笔,隰县送中堂、对子、皮包、酒、皮摺、墨六锭、印泥、笔数支。

九日

上午9时50到西安。雨。夜陈副校长俊民同志来为安排住宿。

十日

发宋金龙同志信,寄《说郛》一段记文复制品。

书岸本清舟、泉弘子、梅津彩石三女士条幅。李宁太同志来,为作字二幅,承送月饼,即返临汾。

下午参加日本二次创造明日的秋田访华团书法交流会。为书二幅。

十一日

到房产三分局,为景忠同志书字二幅。

十二日

发电视报、雁塔区字。下午民盟大会,改选。

曾氏有求阙斋。花开得圆了,就离败不远了。数年来的确说得一帆风顺,惟房院事,真伤脑筋,只怪自家没出息!也好吧。

十三日

送高教局字:条幅(燕谷)一,对联一副(金石寿)。(交周景廉)

旧道德已无用,儒家的仁义忠恕应弃置于茅坑里!须采取翻脸不认人、过河拆桥办法,利己!自私!

谁都靠不住,只有“我”,才是上帝!

“公”字,真理,是上帝的灵魂。

鲁迅先生是我的老师。

傅山先生也了不起。

马克思、恩格斯、周总理是伟大的!

事在人为!人定胜天!

十四日

另一套打算。

发太原宋金龙同志信。

落实办申请书。

胥超同志昨晚来,嘱为日本青年团书字。

拟请参加政协。

今日才知道为李培兰家建房签字,是李用巧妙的欺骗手段着我的二女平来校求她妈办的。李为什么不来?这必有条件!又,平为什么不通我知道?害怕阻止。她这样办,一出于怕李家行凶,一味迁就,从她家盖南楼梯可知之。再细问问。此种情实必得弄清。她来校着治保主任某(女)向图书馆交地皮费一节看来,其鬼把戏愈明!(夜十二时记)阻止我盖楼梯,其凶相尽矣!又曾给我说:“盖起房来,也不打算久住。”可恶之至!人话?鬼话?又表明给我家写字样,写不写?待看她的下文。(又记)

十五日

为日本青年访华团作字。发峰兄信,林鹏兄序文。书梅津等二女士字,待发。政法约三十日到该院指导书法。看望贺司令员,知其锁骨折。黎兄借给煤本,又购七、八两月煤。

十六日

晨雷雨,午后晴。在长乾家吃晚饭,饺子。相随车子带我到鸿儒家,未见面,开会去了。她的孩子刘群考入本校体育系。

十七日

清静!安神!顺理!实效!不渎费脑力,不过劳力。

上——私事。

下——公务。

夜——信件。

(师李)

集中干活出效,有时分心,颇不好。对住、食,太将就!必改!也得讲讲享受!何必过苦?莫随便吐语,莫轻易找人,看人。不值!

孩子们嫌我没架子,也确乎如此。这并不坏。也得看情况。

知人(?)

晓事(?)外相,隐处。

明己——年龄,工作,身份,德,位(学术成就),龄。

发日本岸本清舟、梅彩津石等信、字幅。下午看思白兄去。

十八日

没有“兴头” 没有灵魂。

觉悟——力量。

麻木可悲。

死狗扶不上墙，可伤。

国际事态，社会种种，大事小事，没有两样，力即理。邪气>正气=内为(？)胜者。

有头脑有思想的烈丈夫气概，难能可贵！

世界上没有行不通的路子，全看自己的本领！

雷雨，心安不下来，何去何从？

世庆深夜来，谈话颇长，受到启发。1.少管事务性的事。健康，作字，画。找名人宣传，闯！国内著名杂志发表！活跃，明快！2.王金西同志须一见，介绍房院事。3.纸、墨、笔……问问周(？！)

十九日

本月份又将尽矣！光景又白白过去，琐事缠心，毫无成绩！

一、打出去！一个目标，一件大事。

二、活跃起来，创造世界。打开局面，颖脱而出，任真自得。

三、扎实用功，积珍存宝。

四、摆开俗事，无必要的应酬。

五、贵时。

六、保健。

七、如此年纪，有甚排不开？“无私无畏即自由。”

八、万事大吉。

九、几十年来，物质上，精神上，肉体上，苦受够了，松松气吧，享受享受，何苦？

坦坦荡荡，独来独往，丈夫之行，英雄所尚。

十、“忍受”可耻！开创可风！

十一、五年计划。

十二、天下一家。

敞开大门，大脚步走去，仰视高空，俯视大地，胸襟开阔，目空万类，何有何亡，惟己是先！

二十日

发孙宗武[16]、习一、林鹏等同志信。又宋嘉木、朱勋甫，刘聚德信三件，张雨田、子正兄二封。

死坐屋底，不相往来，越坐越死。活跃舞台，夺取胜负，越夺越活。

国庆前，清理罢一切琐事，备好种种条件，节日后，大肆行动起来，60天的奋战，为实现明年的胜利而干杯！一切鬼蜮不斗而自绝！

以压倒之势，颖脱而出，目空万类，独来独往，壮哉，杰英！

鲁迅先生。

二十一日

发左军、福、惠卿三函，发山西出版社信。收旅游费。

昨在车上闻人寻友未得，代为赋诗，云：

不见卢生久，花开频又落。

天涯不吾遇，临风呼奈何！

昨晤路兄，谈到《三十年是与非》，颇受启发。万一无法进展，何不来个“二十年是与非”乎？果能如次，胜利可坐而收矣。此地百废不举，不必奢望，完成一个目的，即是前途万里。

作字十三律：

一、必在不能不作的时候，才得动笔。(乘兴)

二、必须恭恭敬敬地动笔。——守笔德。

三、有思想，感情，即有个性灵魂。

四、神韵(味)，气象境界，颖脱出群。

五、无迹，写自己的人，超出碑帖之外。

六、带有画味，超出画界。

七、魔力，吸引力无穷。

八、神品，逸品。

九、字中有天，拆不得，合不得，不可思议。婴儿般的神秘。

十、神明感动，启发，世界艺术！圣母……暗示。远景，希望，幸福，正大，胜利，乐园。

十一、用志不分，乃凝于神。如猫捕鼠，如鸡孵卵，如僧坐禅。

十二、走笔若蛇蟒，伸腰翻转。

十三、行书须轻灵、敏锐，不粘滞。

补课：1.篆部首。2.草字帖。3.章草。

二十二日

发杜老石坞、郭璞老信。通夜雨。允恭稿、信。为强儿、聪弟作信。发董寿平老信。下午二时到朝阳剧场听一教授作二十三届奥运会报告。生动，颇得启发。书李何林先生信。

月来积压信件、字幅基本上回复清了。再查一过。

一、专搞案件，追击到底！不达目的，则来一个二十年是与非。真理在胸笔在手，断无不胜之道。

鲁迅先生，我之师也！

二、为国贡献。1.作字。(1)大幅；(2)帖，鹤、郑。作画。葫芦。2.大讲学。3.交友。4.走出去！5.酒性的人生。6.宣传力。7.魄力，胎气。8.魅力。

山西人太不中用！讲理，迁就，退让。甘于屈辱——没出息。没冲劲。怕事！老实，而受骗。孔夫子味太浓。

二十三日

通夜雨。

世界上最了不起的人物：精神病者，疯人，醉汉，泼妇，最超世的大哲人。

因其任真使性，没有一切顾虑也。戒惧。人能在此种性质上做人，应是大丈夫。(人)

梦中之变幻，令人莫测。作文到此境界，方为最上乘之文——仙品。(文)

在真理面前，颖脱不群，为人所不敢为，为现实解决大问题，为将来事物发展所必由，是为大功。(事)

发李何老、田际升信。

回家午餐。到蒋国梁家。世庆来又为增一份力量——事件，绘画。解了个疙瘩，心开了不少，可免病。晚在庆家学画葫芦。

题云:“莫嫌葫芦丑,率真尚可风。”日练小幅数张。

发作,炮声并起,运开矣! 王君包办,可嘉。感激。

李绵校长——书记嘱作横竖各一幅,交卷。

二十四日

好梦,大湖清澈。

也好,可专事各人为作:

书画,日必课。

创见,创新。——书校?

广交,游览。

著述,专究……

养吾……

高视,独步,自壮。小之。物类何足目,行尸笑煞人。

备一套哲学、书法。流水,一贯之。

“深造之于道……自得、随安、资深。”

“降大任于斯人……”

大哲人,大诗人,大学者,大艺术家,改革社会,创造世界。

鲁迅先生(思想,远见,道义,作风)。

傅氏,至性,睿聪,骨气,定见。

战必胜。

地球也不过米粒大,一切算个什么!

抓时机,看主潮。

发聪弟、强儿信。即为雨花台烈士纪念碑作字。

自强。

二十六日

柔气,神气,志气,血气,骨气,才气,运气,硬气,力气,中气,养气,固气,生气,豪气,浩气,旺气,勇气,壮气,吐气,喜气,兴气,胎气,虎气,盛气,正气,阳气。

二十六气。

高大的身影,旷达的器局,孟贲的神勇,无私的壮怀。

名利二字,还有一定位置、市场。我虽一向少之,结果落到困境。老实人吃亏!小子们发起财来了。仍须在此留意,切莫放过! 看老夫手段如何?

发南京雨花台烈士陵园纪念字幅。

整理友人书札,分别归入本人。峰兄来信共38件。(81—84。待续)

二十七日

到庆华厂作字三幅。午夜雨,餐后返校。(田文华副书记、李墨波宣传部长、杨司机各一幅)

二十八日

同黄永年同志谈闲,取回字作二幅。

书卫中兴(山西电视台专业部工作)、王德厚同志信、字。接姚允恭同志信,《苏三监狱》一文已转交三报矣。

黎兄来,畅谈。看看现实情况,对正自己,前途自明,正无须幻想。为人是好听空言,为己解决实际问题。自作安排打算,方是真理。生活得好些,健康第一,心身舒畅,打破各种想头,无求于人,心安理得,睡中做几回好梦,便是神仙日子。为人役,忙忙碌碌,苦了自己,大是个糊涂虫!紧闭门户,干自家高兴事,做出点成绩来,裨益社会、人民,其功正在不小。少揽闲事,远麻烦，省闲气，可延年益寿，一代大自在人，痛痛快快。

二十九日

发王得厚、卫中兴信、字。

三十日

发峰兄信。芷颖来，送雪茄两盒，又大盒二。

无官一身轻，无事一身轻，心闲乐事偏多。

十　月

两件大事：房院，贷款补助。如不得解决，即赴京，走出！自力更生。想来有一件可取胜。可到图书馆作字。

一日

国庆佳节。

鲁迅先生。

高人，大人，义人。

无声无嗅，胸有成竹，
三年不鸣，一鸣千秋。

逃名去利，无私无畏，
目空万象，举止风雷。

纵浪大化，高蹈振宇，
卮言日出，一和天睨。

邈彼宇宙，乐哉人世，
自辟乐园，顶天立地。

百练身心成铁汉，
九度关山夺锦旗。（胜者）

估量前途，打定发展之路，狠下功夫，做点惊世事，审度时事，心安理得，便是快活日子。为铁公作字一幅。

二日

同黎风兄赴王平凡同志家，知拙作《〈野草〉探索》明春发稿，又承为向古旧书店，省新华书店开介绍信。傅山书订购事。转方磊同志家用午餐。买车票返校。

西安将出一小报，面对中学教员，全国性的，以鲁迅作品为主，世界出版消息。

“自得其得，自适其适，自乐其乐，自安其安！”

兴来建议，多作自我宣传、介绍工作，用意颇佳，惜无此习惯，不肯为也。

一二日复日本仙台市团长信。

三日

发林鹏兄、振绪，汉中温兄信。

程老克刚偕儿子等三人来。

下午5时去看张市长，谈了些家常，送横幅一条，辞出即回。

四日

收李老何林信，杜老石坞信，地委杜书记五安信。朱影送烟。晚看杨兄，催问申请书事。世庆来，后天晚上同律师见面。明天速写诉书，——了事一宗。前一件，定我行止。中旬前当有个眉目。此之谓定于二。

五日

年已老大，于人无益，

想来想去:爱自己!

什么利他?笑话!

吁!私心遍天下。

有几个公、正者?

肥己发家!

你们谁还记得四个现代化?

……

坚决走开,大有前程,

乐园,到处柳绿花红,

幸福人家。

完成诉文。

银莲7日下午2时将由美国来西安,见到胥超同志,允为安排车辆去丈八沟去。

统战部告我文史馆将要我去做一件工作。未详。

杨处长万亿兄谈及申请书事,又研究书法事。他太客气。明日发成国全信,催送来作品一件。午后心甚烦。平女、温媳来。先平静安好。

六日

下午方磊同志来,黎风同志邀同进晚餐。五样南方口味,菜颇精,过饱,速回。与赵世庆同志往见王老师,未回,其女孩地理系,听过我的书法讲座。明9时往见。12时赴机场接陈银莲契。

七日

霍松林同志来谈,书4条装裱,如何处理?研究。

银莲亲戚今日来西安,尚未得消息。王同志处,晚9时后去见。赵帮助完成梅一幅。

晚10时王同志到世庆处,约谈至11时15分。略谈房院情况,王同志诚恳亲切,乐为帮助解决,甚感!留给材料一份,待办,半月内可有消息。

八日

准备召开书画会,汇报总结情况,财务收入,改选。15以前举行。

1.整理字画,书札,碑帖。

2.准备迎战。

3.书申请书,退,离?

4.需前递申请书,——款,退材料。

5.准备“新道路”。

6.“百种字”——挽救斜书风。

7.画——梅,萝类。

8.补课:篆,草,隶。会认,写,作。

9.哲学——得,安,乐,适,友。居安,资深,逢源。

下午2时40分全家到碑林与孩子老妗母(陈银莲)会面,约谈一小时。送给字一幅,墨,傅山段帖等物。照相多张。

又办了件大事。

中日青年联欢,为陕大书赠大字幅:“一衣带水友好邻邦”,已上电视,颇壮观。

九日

购买《王铎书法选》,20元。高手作字,不但不计一字之结构安排,即行间距离,字之大小正斜,何用心耶?

复日本宫城县山崎元宥医师信,明场美也子信,张家晋信。

十日

发信三封。上午接到李雪峰兄，林鹏，田际康[17]等同志信，田附字三页。索临汾报关于我的介绍一文。下午又收到日本仙台市梅津彩石、泉扇草、岸本清舟三女士信，附字幅，请批评。又为我的书法作了好誉。

有强有弱，富有音乐性，流动感……认为大好。明日请人翻译。

十一日

雨。身价。高格(坚卓俊伟)。身价(重于泰山。)风采。

书组织部申请书——为申请退休改离休事。

刘鸿儒、周长孔同志们来。刘20日赴日本去考察，嘱介绍、作字。15日办妥。收张耀廷老兄信，并照片。又收文联通知，13日上午8时开理事会。

十二日

晴。发张耀廷兄信。芬姐今日到临潼回太原。

为鸿儒赴日本嘱作字三幅。交周景廉买笔墨发票。书晋扶青等字三幅。

十三日

上午市书协召开理事会。评西安、成都联展作品。明日书写，交屈氏装裱。买山谷书李白忆旧游诗帖一本。发扶青字三幅，未作信。

十四日

年老又退休，惶惶何所求？

还是读书好，多事反增忧。

泾渭谁分辨？一任向东流。

天道终尚在，高人自千秋。(有感)

下午王老师(律师)来，大事即将着手办矣。良慰！

汪子德来，将住院，嘱书字。

十五日

送校组织部王部长公函一件，——离休问题。

交屈氏裱字一幅。

“要时间！”——工作。

十六日

纵浪大化中，平地一秀峰。

登高小天下，独立一英雄。

心空万象，高山是仰。

独立不迁，南面称王。

下午刘鸿儒棣偕范国赞同志来，取走介绍信，字幅。20日后，即赴日本去。

收到王德厚、函授大学西安分校王根学同志信，嘱担任《学书法》编委会委员，拟辞去。

十六日

昨夜异梦：钱有五百，怕□等夺去，装袋，挂钉上，回家，出去后，丢了。次日，人送来空袋，留有余钱……

购张猛龙碑。到文联。

十七日

发刊授大学信，辞谢编委会邀请。

人人在抓钱，惟我痴心汉。

莫矜尔“爱国”，指背曰“可怜”！

二丑多伎俩，善攻亦善防。

为鬼为蜮者，悄然下扶桑。（听人言）

下午到政法学院看刘丕烈老，又吃了一顿可口饭，火腿，虾炒鸡蛋，炸酱面，新疆葡萄酒。

十九日

到馆内订书报费。看程老。

二十日

发左军、增强字幅。

“安得妄言之人而与之言哉?”(庄子)

“不可与言而与之言，失言。”(孔子)

“以天下为沉浊，不足与庄语。”(庄子)

人皆谋私我守正，
常常弄得一身穷。
何不狠心捞一把，
一为儒者可怜虫。

日课：1.细读《庄子》数页。2.写帖。3.写展字。4.总结书法经验。5.哲学。

赶快改行，否则须觅发财之路。名何用？讨苦吃！寻方便，为自己。

二十一日

赶快办事，行动，谋幸福，欢度晚年。

发成国权信，催送回字幅。看程老，未见，门锁。午睡甚好。看王老师，未见，法院去了。

二十二日

晨去看王老师，留给材料(房产权证，5,6,7,8 地皮证，又景思忠信一件，及 58 年法院判决书内容)。

明日下午约赴全华坊其父家。为书条幅一件。

二十三日

为家晋，影，刘淑芳，王老，晓时，郭老作字。下午 2 时偕冯老师到动物园左近 6 楼 2 门 2 层看他翁翁王老，谈甚同调。是个艺术家，有素养的老革命家。

二十四、二十五日

送浩然赴成都联展字一幅（层岩……），装裱好的。

一切已看透，斗力斗智，吃咬而已！务实，健己，存我，破除一切滞碍、物累，心空万类，独来独往，无私无畏，自由。

二十六日

去看张光祖老，他到北京去了，六月间曾介绍我到文史馆，希望我去，乃知原由所在。适黄俊礼来西安，谈及此事，知工作颇相宜，决定离此。明日去见侯部长。明日发韩左军信。写晋信，信贴毕。——王，任，翟……加速《庄子》研读。

“顾虑”颇不好，易歪曲事宜，屈人。

决定应政法学院之邀讲一次书法。

二十七日

见到侯部长，请回答文史馆事。看病。艾嘱为立功书字。

二十八日

留学生讲课事，辞去为要。学生不欢迎，我不当接，手续也不合。以赴太原，健康，为图书馆作屏等理由为辞。生活条件。开课可不开。干部习作。职称，工资，退休等均无望。可速图之。

至大至刚，得天地正气。

为蜮为鬼，特人间虫豸。

三十一日

连日感冒受寒，琐事颇扰，殊烦。八大市展送回作品，发了霉，临展，损坏了好几幅。今后少给人帮忙，闭紧门子，没意义。少应酬，管自家事。

十一月

紧月。还账，房院，转工作。

1.营养全面。（粗食……）

2.盐，少用（多，健康大敌），日 10 克。

3.饮食清淡。

4.节制。

5.软烂。

6.酒，少用。

7.糖，少用。

“私”，谁来为公？都是些八哥鸟！看透了！

病，发冷，盖得太厚。寇老师来小坐，问病之意也。年老，处处得在意。

二日

收铁夫兄信，教社信。

三日

赴思白兄家，程老、张老家。黎风兄送入鲁迅研究会表，即填。文风，书风，作风……都须有个“我”字在内，又甚格调可循？——学傅山先生。

四日

回家。全家大小都来了，为了小毛的喜事，但不知是否算已结婚。随后给方绮买几件衣物。

五日

赶快恢复健康，整理书画，开始干活。见杨处长，晚饭后，去他家去。

同杨处长座谈一个多小时，为介绍碑帖数种。星期五再一面。

六日

读鲁迅先生《我们再不受骗了》，颇受教益。想起拿翁一语而又忘却，总之，是句大有鼓舞性的好话。

梦在临汾参加抗战，灯火燎亮。

但待数事，定点。

七日

午 10 时看张光祖老，谈到入文史馆、书画种种事，颇振奋。进过午餐返校。

书王字一幅。又一幅。尚好。发峰兄信。

夜送交侯部长简历，转交省统战部（管人事），省政府（管财政，出钱）。双层领导。

八日

下午三时在图书馆开书画会。

九日

两次到张老（光祖）家，送经历一份，明日参加学术会见面。耿老，88 岁，精神颇好。

十一日

与陈俊民副校长座谈，值傅在座，嘱为作字，并云要找我谈省鲁迅学会事。

王金西同志来，告以已告知法院，嘱速函内弟写一材料：房产继承问题，表态要回（侨产政策），回国住。需要，姐家需要,乐意委托王为律师办理,等。

整理书法卷轴。精品可得十数幅。

十二日

发宋志贤信。

万事条件具备,只待“大刀阔斧裁”的英雄行为。果断。迁就,将就,尚早……真害煞人!

十三日

见张老,告以耿老颇高兴,即为办理,嘱余听之。晚7时多,冯老师雨中来,告以速给美聪弟去信,以便办理。1.房产是老人手置,所有权……2.定要要回,需要,侨产政策。3.委托律师王××先生代办。又告一记者要来看我……静待,欢迎之至。

十四日

到振纪处,看了会学生练功。年已七十余,作字仍未能溶化,自铸新体,殊可怜。动笔只写我自己,有甚泥滞处?艺术合拍,足矣。

振纪来,明日他可发信,证件。

十五日

到雁塔文化馆取回展品, 纪念品,水笔。收到盟委信嘱参加元旦展出。为粮店作大字八个。夜政法院王生才等同志来。

连日胃不适,吃饭量少。午五时傅开药,服之,颇好。

十六日

食量增,腿行路无力。钩字,送。买宣纸。

政法友54岁即令退,余如此年纪,何所求?准备走开,求安闲自在,足矣。

作字,写信,与友往还,乐。深究庄子,写专文,亦一乐也。

下午去西大街粮油食品店, 见到卫、穆同志。

成都武侯祠三同志来为该祠索字。运城王泽庆同志来信, 附为我所写的文章。文达同志有批字。

饭量增加了。明日下午二时到省工会开会。决定辞去编委。

十八日

换棉衣。速复健康。到处是有心眼人:为了钱,不顾身份、体面,个人如此,集体如此,甚至公家亦然,可笑,可耻! 当一律外之,不予理睬!杜门一年,一切谢绝,名,位。只要时间,良好的工作环境,足矣。

吃得一岁苦, 夺得大丰收。“百中争能”[18]。拿公精神,即保证也。

年内解决几件实际问题,赢得心思恬适,以鼓余勇。做出震惊一世的奇迹!

文,书,画。印帖,展字,亮画。既益于国家建设,亦一大自在人也。(庄文可深攻!)有不为而后可以有为。自知之谓明:明年老,审时势,料前途。自求多福! 勉所不及,讨苦。收拾精神,自做主宰,转正轨道,建我乐园。以什么为沉浊,不值一顾,大刀阔斧,自行剪裁。

闫俊礼今日返回西安。

人最怕的是没有目标, 没有理想,没有希望。旗帜即立起来,没有可行的计划、步骤,也是枉然。

思想有系统,定于一(得道),一乐也。

技艺精良，动笔即出精品，二乐也。

生活规律化，身体健康，三乐也。

环境优越，工作有成效，四乐也。

外物，心无挂碍，自得其得，自自在在，创成个世界外之世界，五乐也。

“无私无畏即自由”。

得天地之正，尽我之能。

鲁迅先生吾之师也，庄周亦吾之师也。豁达大度，高祖风也。

十九日

发汉中信。收聪弟信。借到李滋煊兄《瘞鹤铭》一本，清拓本，一礼拜当还之。速临三通。王氏姊妹来，周强来，中文系吴生来。明日复运城、日本信。晋字。

二十日

健康近恢复矣，今后宜保持之，少病不病。

寸心无任何滞碍，自得，自适，自养，浑身轻松，任飞任跳，管他娘的。

收到李惠卿兄信，可借给300元整。

二十一日

见张老，嘱书字。

二十二日

发铁夫、聪弟、强儿信。收到柴建国书家稿，汉中吕从周信，附刊物二本尚未到。

解琰来送酒、食品等礼物。世庆来借大笔，为陈副座用。东方艺术室可成立。

二十三日

书政协、家晋、孙字（二），校展。北京往铁中字二，发。

二十四日

发峰兄、赵望进同志信。

二十五日

书字。

二十六日

发建国，日本梅津、泉弘子、岸本清舟三女士信。许为书“佛”、“寿”等字。

作字。收到李惠卿兄惠借300元整。又接南京雨花台（碑林）征烈士书画委会谢信。作品留存该馆内。年底再加评选，刻入碑石。候通知。

又收侄孙海洋信，工作转回襄汾农工部，张耀廷老尽力不小，拟作谢信。

一部世界史是一套永远写不完的连环画。生活就是演唱《金沙滩》，自然有时也唱唱《月明之夜》、《葡萄仙子》。但非主体。人生又是旅游，一程一程又一程，柳暗花明又一村，总在向光明。

二十七日

送盟转政协元旦展字二幅，光祖老字三幅。

为王晓时老赠书80寿辰贺联，尚如意。树儿、平女下午来，送牛肉一碗。

二十八、二十九日

作字。方胜同志晚上来，嘱为中国银行书字。永济书协索展字——青晋、李绪守。

三十日

开始临《瘞鹤铭》太半，明日上午讫。明日改稿。发运城信。

与符有堂同志看书法字。

十二月

紧张胜利月。

房院。清贷款。

新职称。备好印帖。

广交。

一日

完成《瘗鹤铭》定稿帖。收刊二本。续书《霍扬碑》、《黄龙碑》……

二日

发吕从周同志信，回家，书王泽庆同志信。改稿，明日发。臻女来。

三日

发运城文化馆王泽庆信（改稿）。为成都武侯祠、中国银行、永济书协、王老、傅宗文医师等书字幅，明日发。清理了一批笔债，可稍得息肩矣。

即为《瘗鹤铭》写前记。

参考山谷、有为、祝嘉、日本书道全集。

校展字条幅。

四日

收建国、品三信，附诗六一送平矜兄。

五日

下午参加民盟大会，由外语系教师董等谈到香港情况，颇得益处。上午到方胜家送字，由银行车送到钟楼，买防风纸15张即回。

六日

送傅宗文大夫字。

七日

发品三、中青、建国等同志信。附字。宋金龙同志信。收家晋、罗平安（简历送去）、聪弟信。

八日

发子正、耀廷兄等信。

九日

俊礼、张忻来，送黑米一包，酒一瓶。送《瘗鹤铭》，借《郑道昭观海岛诗石刻》。

请张光老改英文简历。耿老索简历，办入文史馆事，已无问题，候批送聘书。

明日看路克军兄。

十日

看路兄去，明日又要到北京去，半月可回。嘱为黄俊礼同志办事，要等回来。发徐文达老、家晋信。

十一日

收银莲信、照片。

十二日

收中国书协信，索字，寄白旭同志。又省书协转索题字：1. 快报；2. 陕西工作动态；各省报重要消息。明日写寄。

临毕《郑道昭观海岛诗石刻》。取回贺王老晓时寿联。

十三日

与方绮一同到银行办事处归清1500元贷款（并利息73.20元）。办了宗大事。杨、王等同志很热情礼遇。

为三种刊物题字（快报等）。明日看张老，顺便带去。问新加坡书展事。

昔抱国士志，扬鞭上战场。

壮志喜得酬，何计枝凋伤。

神州见天日，寰球放光芒。

功高又如此，有口齐颂扬。

献此岂不薄，

聊表热衷肠。

为北京中国残疾人福利基金会函邀捐赠书作拟词。

十四日

上诗作按注意事项不用了，选健康诗一首，不要上款。须附经历一份。

到书协交省上三刊索字。

从张老家取回三国文字履历表。雪。

十五日

收到峰兄信并大同照片 4 张，汉中温兄信一件。柴建国、李宁太、王……三同志来，为办复制《明律》事。

十六日

发峰兄信，附《石门》。书字八九幅。订《参考消息》半年，4.8 元。

十七日

发中国书协字一幅，三月展出。白旭一幅，汉中林彬一幅。

收到成都市诸葛亮研究所刘京华、戴惠英同志信，嘱写一简历。

十八日

收聪弟信。又为友作字十许张。

十九日

柴等三人今日返临汾（打英文简历十份）。曲沃县委来同志二人，卢永祯、李登豹索字，为县书协成立纪念。当作字五幅，承赠麦乳精、玉瓶、酒、烟等物。即返县。

收成都信、润。

与陈副校长座谈。

二十日

发成都戴惠英等信，附简历一份。

下午到李滋煊兄家又借来《郑道昭论经书石刻》二本，大人气象，真足慰怀，神品妙极！不知此老胸中如此开阔，从何而来？天欤？人欤？未之尽者。

从明日开始，认真临摹，不许有一草率笔！

二十一日

接到强儿自美国来信，又品三兄寄来与峰兄集体像。政法学院王同志送来归聘请书，任该院书法协会顾问，并赠《简明社会科学词典》一本。黎风兄从杭州回来，赠孩子们食物。

二十二日

雪。收到日本明场美也子女士信并名片、贺年。当寄字。

二十三、二十四、二十五日

到临潼女臻家住了三天，回来，收到峰兄、聪弟信。赵世庆晚上来，知陈校长等抽回字作，不与展出。原因……不予装裱，胡议论，即到陈家一谈。又到大陈家去，外出未见。须急定妥。方胜来。

二十六日

1.备课（29 日），为学生作报告。2.杨、王功成字，日本字，门市部字。

会见四川画家李道熙同志。收到省教育厅送来参加书展证书及奖品（硬提包）。

二十七日

发明场美也子信，字。

二十八日

收梅津彩石贺年片。

二十九日

晚参加美工室晚会，李道熙画家（四川人）参加。又下午二时参加省人民银行欣赏评会。之后到体院餐厅进餐。成国权来送八省市展，15 元。图书馆赠画。

三十日

发惠卿、师院展会二件。

三十一日

1984 年在胜利中过去了。李道熙同志来，约二号下午去，送字二幅。一送四川省乐山地区书协。拟索画二幅。

整天作字，清理了不少的字债。

买相册一本，日记二本。周交为外国留学生上课 8 元。

〔注〕：

①语出《孟子·告子下》"故天将降大任于斯人也，必先苦其心志，劳其筋骨，饿其体肤，空乏其身行，行拂乱其所为，所以动心忍性，曾益其所不能。人恒过，然后能改。困于心，衡于虑，而后作。"

②张市长，即张铁民，山西吉县人，曾任西安市市长，为人刚正，政绩突出，被誉为"铁市长"。

③鲁迅语，见《南腔北调集》。

④吴三大，西安人。曾任中国书法家协会理事，全国书协评论委员会委员，陕西省书协副主席，书法家。

⑤傅嘉仪（1944-2001），曾任陕西书协副主席，西安中国书法艺术博物馆馆长，书法篆刻家。

⑥柴建国，本书整理者。山西师大中国书画文化研究所名誉所长，山西省书协副主席，教授，硕士生导师。

⑦史念海（1912-2001），山西平陆县人，我国著名历史地理学家。

⑧高元白，陕西米脂县人，曾任陕西师大中文系主任，教授。

⑨语出《孟子·公孙丑上》："《孟子·公孙丑上》：我善养吾浩然之气……其为气也，至大至刚，以直养而无害，则塞于天地之间，其为气也，配义与道；无是，馁也。"

⑩林鹏，河北易县人，曾任山西省书协主席，中国书协理事，著名书法家。

⑪水既生，山西朔州人，著名书法篆刻家。

⑫刘念先（1927-2006），陕西三原人。陕西师大历史文化学院教授，著名世界近代史学者。

⑬王朝瑞，山西文水县人，曾任山西省书协副主席，山西画院院长，书画家。

⑭郭璞，原山西师大党委书记。

⑮孙宗武，原临汾地区书协主席。

⑯"百中争能"，出杜甫诗《见王监兵马使说，近山有白黑二鹰，罗者久取》，有句："在野只教心力破，千人何事网罗求。一生自猎知无敌，百中争能耻下鞲。"

一九八五年

更加大胜利的一年。

1.出版:傅山、鲁迅两书出版。

2.新作:《汉魏六朝书法探究》、《庄文》。

3.《瘗鹤铭》、《郑道昭石刻》临本。

4.自书帖(印书帖)。存500幅。

5.大展览,100幅。画。

6.经济库。

7.交接网。

制度:

1.时间:生命,金钱。

2.少作笔墨应酬。

3.“毋不敬”,“不苟然诺”, 不浪费纸墨。

4.健康。

按虚岁计算,年纪已届78岁,不可谓小矣。应自知,不必外求。守拙,务实。

鲁迅先生。

严明,远见,不抱空想。与古人比肩,超之,人上人,目空万类,独秀一代。李白见皇帝,拿翁视寰球。心无滞碍,途无阻塞,心中必胜。

元　月

元旦

书婚联二副。发海洋信,附字二幅。看望王晓时老,80寿辰。

二日

下午赴外院见到李老,座谈,为作字二幅。将给我作画:梅、葫芦。送我来校裱画室。夜见李、陈正副校长,正在谈成立东方艺术室事,本月内可以建成。甚为快慰。

三日

发翟英同志信。

睡中拟一联:

师法古人,继承书法传统千年计;

赶超前贤,发扬文明精神万世业。

进城照相,一寸。给任平、王克均、季朝海诸同志字。

临郑道昭石刻,得手,明日可临完一本。

收到张耀廷老、中国工商银行西安市解放路办事处信。五号下午一时半去书法表演。汉中亲戚信。

四日

领工资80.9元(补贴未发)。雪。临完郑论经书一卷。

五日

赴银行,作对联一副。大餐,赠纪念品围巾一条,挂历一幅。

不争气的人:

1.时间观念。2.没责任心。3.没信用。4.没礼貌。5.没是非真理心。6.没正义感。7.没同情心。8.没雄心壮志。9.没理想。10.贪占便宜。11.没事业心。

猪狗生活,空头脑,黑心肠,可怜虫!

六日

看张老,俊礼一家已转来西安工作。邵段长(西安段),邓科长(安康)均到他家,一同进午餐,丰富,饮酒不少。

雪。

七日

收到永济书协寄来挂历，隰县李殿清贺年片，县志编委会信。书展结束。

明日上午写完论经书石刻二卷，下午去市政协看书画展。收品三信。

八日

程连凯带倪娜（宾馆翻译）来，为书对联，约二月五~十日宴请。下午西安市科学技术馆三同志来访，谈书法、健康问题，摄照，为书字二幅。

燕孙感冒，热39.8度，到医务所成医师帮忙，葛大夫来作检查。

九日

参观政协书画展。晚心甚烦。适玲到，燕亦有点精神。

十日

燕打针，已见轻。李大夫。收到长安书画店赵祥熙同志寄来日本友人照片一张。发书协五年工作情况信。

十一日

睡中拟联：

识大体，明大理，做大人，惟大为贵；

干难事，交难友，破难关，畏难可鄙。

陈俊民副座来，谈东方艺术室事。

一切全靠自己，不可依人。当断不断，反受其乱。自做主宰！

按个人计划办。

买《艺概》、《书谱笺注》两本。

接徐文达老、张劲知信。为惠卿、久子小姐（日本人）、刘丕烈老作字。

十二日

发惠卿、望进等同志信，并字幅。

好好计划一下，整顿一下，严明，认真！明己：年大，手颤，须急为书，五年之后，唯恐为书不易矣。因之，须抓紧时光，其他皆次等货。排除一切干扰，庸俗应酬，一概拒之。建新天地，大观园。得失，荣名，殆身外之物。抓点子（傅山书法，道昭气势），开浪头。

汉魏六朝书法探源。

大讲傅山书法极其生平。

王老晓时年已80，随侄、媳来，赠酒、点心、枸杞、鸡等礼，真不敢当。为代书寿联一副。为滋煊、小学刘某书字。

臻女来，方绮来。甚慰！

平日以鲁迅为宗，服膺青主，临事则反其道而行，此之谓口是心非，最为可耻！

自尊自持，亦豪亦大，

颖脱不群，雄姿英发，

任真自放，云海天涯，

心空万类，振兴中华。

十三日

远大理想，开阔大计，坚毅行理。

十四日

庄周头脑，李白狂放，杨老六鏖糟的气势架干，鲁迅远见，周总理器局。

书法三十六利：

1.精神寄托（必要。蔡代宗教）；

2.调节生活（达尔文）；

3.运动；

4.安定情绪；

5.纯洁心灵；
6.乐园；
7.创造欲；
8.远俗(与古为徒)；
9.希望；
10.兴奋；
11.陶冶性情；
12.潜移默化(教育)；
13.道德；
14.情操；
15.新天地；
16.专一；
17.探索；
18.做人；
19.快活；
20.长寿；
21.交游；
22.济人(救灾)；
23.发扬精神文明；
24.社会秩序；
25.继承祖国传统；
26.表现民族精神(岳飞)；
27.为国争光；
28.政治斗争武器(**吞虏,宣传**)；
29.团结门径；
30.有所恃(技艺)；
31.为人民服务；
32.爱国表现；
33.个性表现；
34.发抒感情；
35.时代精神；
36.享受。

文联通知。省军区招待所东八路。

清理傅山会议账,交付38.6元。

送还李郑道昭帖。明日出购中国书法三期,右任帖。问赵祥熙。看平凡同志。

十五日

发张劲知信。买中国书法一本。看西安成都书法联展。余作被列前茅,殊不安。

阳光颇好如二三月,深知光阴之不可浪费!

程连凯陪兴平宾馆郭经理随二友人来,带礼品,烟、点心、乳精等。约春节后到香港一游。

十六日

整理存件,颇费功夫,一上午时间过去了。复印聪弟证件三份。

德为邻和为贵有德乃和；

正则大光则明守正……

夜到体育馆听音乐会,未半返回。

十七日

袁翠霞等三人来了解住房情况。省落实办须请一催……上午跑路多，未见人，午睡颇好,三小时。

凡事以常规论，便错！一切反常矣！“大刀阔斧裁”,正是好手法!

十八日

1.面壁8个月,做出优异成绩!

2.严明做法,破除情分,笔伐官僚家!

自做主宰!

发徐文达、赵祥熙、柴建国、聪弟、强

儿信。

十九日

到长乾、连凯家，均未见面。

二十日

与王金西同志材料。送刘丕烈老日历、字二幅，进晚餐。

二十一日

送路克军兄挂历一份。

二十二日

书林鹏兄信。接韩左军自北京来信。余伯兴赠罐头。

二十三日

凡事能做到"心安理得"，便是大幸福。

举目看看，实在没有几个像样的人物：私心害了他们。

不拘飞往何处，必须实现：1.示范国内，远征寰球；2.颖脱不群，振翅自得。资本——钱；货色——创作。赶快找场所！时间！跑外！

二十四日

庄子给我的教益：

1.大——宇宙无极，鹏飞万里。

2.久——500年为春，椿寿。

3.小——地球。虚心——人。

4.解放性灵——逍遥游。

5.目空万象——心无滞泥。

6.公而无私——廓然，万物……发挥创造欲，反对占有欲，无争。

7.乐园——自乐、适、得、养。自由王国，极乐世界。

8.快活人生。

真正退休，目的已达到，学校一切事可脱手无责任。一轻松也，可以自由活动，干自家事，二大乐也。开展大业，计划经济，三大志也。

二十五日

我的宇宙，包括有四个——大系，人生：

1.艺术天地。大诗人，大哲学家，大文学家，大艺术家。

2.劳动世界，自力更生。时间！创造一切。

3.自由王国，独往独来，自得居安资深。人，通，行我素，识见。

4.幸福生活。善于生活。安排，劳逸，灵活，科，卫，艺。

书法因素：1.心；2.手；3.人品；4.学问；5.场所。

百练身心成铁汉，
九度关山据书城。
从此跨上康衢路，
万山独秀一青峰。

夜到长乾家，吃羊血烩馍，适李日新也到。九时返校。辞腊月十六日生日事，改春节与同学十数人在家相会。

二十六日

美发射一宇宙间谍号(？)飞船，10分钟进入轨道，时速二万八千多公里。我南极考察团进入南极圈内展开考察工作。人是万能的！

无不可克服之困难，无不可达成之目

的！雄心壮志，能力，毅力！

午程连海来，应庆华厂之邀即赴该厂，有美院教师石、陈、刘等十数人。午餐后休息，二时半作字画多幅。晚餐后承赠水壶一把，瓷豹一樽。李书记另嘱作字二件。八时半返校。

二十七日

作字十数幅：李振启书记二，健儿师二，日本彩石二，山琦元宥一、浩然随友四人来，为作字3幅，临汾一，等等。

方琦来，明日赴京。晚饭过量。

二十八日

拟壮语：

纵浪大化中，猛志固常在。

阔步云汉间，阊阖为我开。

独来而独往，盖世一英才。

为我所欲为，万福自求来。

人为万物灵，天人两相开。

万类尽我用，至乐在胸怀。

酒多振妙笔，大刀阔斧裁。

癫狂何足数，艺苑新风开。

今日下瀛洲，明日西洋外。

睥睨小寰球，庄生一胸怀。

为李振启书记作字。

二十九日

收到强儿、建国、志正、劲知等信。书建国、左军、山琦元宥、梅彩津石信。

莫道三寸毛颖弱，

风云雷电放光辉。

颠狂沮丧气势颓，

天马行空谁阻得？

直下瀛洲向欧美，

气吞云梦心力壮，

誉满全球振笔德。

明日发日本仙台、宫本、惠卿信并字幅。

已发。

三十一日

整月忙于应酬，殊不妥！即改。书杨默同志信，发之。

二　月

鲁迅先生。

“武王一怒……”

浩荡广宇，俯视大地如凳。

英雄。鸡虫！

人品，学问，见识，气魄，本领，——胜利的资本。

上午买月票，顺便到美协，在国美家用午餐——家乡麻花，豆面发糕，豆面丸子，不易吃到的好饭。张市长初出院，当走看望。已离休在家。

汉中张文德同志来，住小寨音乐学院张玉田、元修和家，明日去看。明日清笔债七幅。

天福来，谈文化服务部事。建议写帖，展后，再印之。

二日

为太原王建功等省市书记等书字八幅。去看张文德同志。贾兄带孙来，为书牌匾。明日来取。已发,取走。

三日

路遇李老,说昨天他已领了工资(退休),与往年不同,只发一个月的——照顾退休人员? 反常,取财之道。

现时处处在抓钱,一切=0。为何不捞几把?旧道德不适宜矣!赶快趋时!“一手交钱,一手交货!”皮薄,不好意思,便是大傻瓜!

“不激不厉,不愤不发。”欢迎逆境!坏事即好事!

人间世——地,窄狭,鸡虫。

空间世——天,广阔,大鹏。

——天人之间。

开天开人,——英雄。

争吃争喝,图饱暖,只为个人打算,王八蛋! 可怜!

人品高尚,独来独往,自由王国,世外桃源。

发海洋信。

四日

领退休工资 80.55 元。买饭票钱 10 元,交了月份奶费 9.2 元。

开始写自传。收到陕西省委会函,云有事相商,到省统战部一谈。收到柴建国寄来打印字中、英文经历。

午由张老光祖家到张市长家。

五日(阴历腊月十六日)

到统战部三楼干部处,见到尚文友处长,问到待遇情况,决定到文史馆为名誉馆员。不上班,月补助 30 元。顺便告诉张老(留简历一份,中文;留简历,英文,请阅正)。买订书钉一盒,0.33 元。小笔记本二册。

六日

晨,张光祖来,谈到文史馆事,认为本月即可送来聘请书。一同进城,到王晓时老家,在他家用午饭。到方磊同志家,没找到住址,回校已是下午 2 时。参加图书馆联欢会,五时毕会。

七日

飞跃笔,突破! 展开攻势,夺取胜利!“自知之谓明。”“不在其位,不谋其政。”不为人“作嫁”。养胖自己,我行我素。真理面前,必争! 守正不阿,万事亨通。

八日

发庆华厂李振启书记、方磊同志信,又发宋金龙、张志正、殿清同志信。

买煤、二月份。

珍惜笔墨! 不得胡乱应酬!

九日

发张家晋信。

“德,行,道,艺”。“才,学,德,识”。“爵,齿,德”。

领点心三斤。

终南明日小雁塔开会,通知刘老。

十日

与刘老到小雁塔开会。社科院赠照片一张,前次来访在室内作字摄照。正月十五前后将在革命公园展出,中央领导将来指导。所谈材料已整理出来。也要展出。

十一日

发统战部干事处尚功友处长信。庆华厂李书记来,送来麦乳精等礼品。约星期五来取字,送聘请书。

十二日

接到陕西省参事室、省文史馆请柬,十四日上午到省政协开茶话会。女女、□□来大扫除,大洗衣。为庆华作字七幅。

十四日

上午9时到政协参加迎春会,近百人,老人多,90,89,88,70多岁的人,但精神都佳。席间,苑恩光女,自称是我的学生,亲热之至,他已是统战部干事处第一副处长了。

珍惜时间,保重健康,

多创精品,为国争光。

十五日

书习一、建国信,聪弟信。收到日本明场也美子的贺年片,精致,花鸟工笔。

李书记振公来取走字,送高质电池一盒8筒。约三月初来接,参加联欢会。李任副会长。

总理。

经济部——搞活,积富。

外交部——有良心,能为友。

技艺部——本领。

作字疾不得,慢不得,草率不得,持重不得,只需雍容自然,心到笔到,羲之字,笔画,结构,粗也好,细也好,长短都好,疏也妙,密也妙,其中含有无限聪明智慧,难以言传也。

十六日

到连凯家,复到玉雕厂,见到本人为李老嘱刻印事,并托转郭拴庄等同志字作四件。

方磊、解琰来,解送来寿糕等礼品,各为书字一二幅。方介绍去看魏庚人老,为书字一幅。先生年已84岁,喜钱南园字,看了几本帖,真迹,颇佳。先生热情,平易近人,说甚久。

又见到胡李夫妇,临行,送到楼下,客气之至。

十七日

雪,冷甚。

作字须如鸡孵卵,猫捕鼠,或可臻佳境。以其:1,不知外界有任何干扰。2.沉着,不轻举妄动,不中不发。3.浑身是力,踌躇满志,觑得的的当当,时机一到,一扑而上,所谓"疾如脱兔"也。

十八日

洗涤。作字,——鸿科,金西。

十九日

发聪弟、峰、林、董、庆华李芬等信。

农历除夕。

收到日本宫城县仙台市川平二町目五三梅彩津石女士寄信,《东北书道》1985年二期,全家照片数张。

二十日

农历春节,正月初一。

批准元旦前夕计划,实施之。

不随便应酬。(人?)

不轻易动笔。(书必成佳作)

二十一日(初二)

同黎风同志看王平凡同志，谈论颇久。书必出版。现出版社将大改变，八三年赔了八万元，今年要赚出余。发李何、峰兄、董老信。

二十二日(初三)

独立企业公司。

发中青、白旭、品三、映仑、杜五安、杜石坞、耀庭老等信。到张市长家，他又住了院。

王世民同志(外语系)来。冰如画展嘱书字。3尺长，1.2尺宽。

方胜同志来，礼品，交工商银行字稿酬30元。戴同学来。

二十三日(初四)

杨万亿处长来，谈颇热。俊礼夫妇来，厚礼，谈论颇有趣。

目前出版界、书法中，骗子手花样不少！把人家书稿改头换面，作为自己的创作，退还原稿……为了发财，压低学术著作稿子……如何得了！

少作应酬字。人爱财，自己也得爱！

经济门路：1.展销；2.笔润；3.出售。

二十四日(初五)

午，刘鸿儒、李日新、光文蔚、长乾、方次韵、邓霞云等同学来，餐。王绍伟同志嘱书，儿子结婚，银祥，路锦萍。(横幅)

鸿儒赴日本时托莅颖写介绍信，莅又转许德。写信，当作字一幅。日人回信送手表一只。莅回来后即交。

二十五日(初六)

为日本、王绍伟(功成)、冰如等同志作字。买徽宣一刀，25元。专供字展用。不许浪费，滥用。书必得效益。

冰如展出，省府资助2600元，不足再补。印请柬500张，简介5000份。供观众购买，张五分。画廊不出钱，门票画廊。

着手动笔，积存妙品，一战而胜，远征欧美！

连日脉不安宁，原因：工作繁重，思虑多，劳动多。体重99斤。尚好。临画！快快下笔！

二十六日

发柴惠和明场美也子信。到阎明同志家，请为我译日友人来信。承赠所著《日译汉常见错句例解》一本。

去看王晓时老，承赠胡桃半提包。买《书法》85年一期。朱同志介绍的，傅山字幅多。到邮局兑邮票10元，日友人寄来的“国际回信邮票券”，合人民币34元。

二十七日

看贺长庆同志，送字一。

二十八日

发刘仲宁同志信，日本梅津信，《书法》，字幅，5元多。

三　月

一日

应日本京都府同陕西省书画联展之邀，下午5时到人民大厦参加大宴会。日方60人,共80余人。

二日

参加开幕式。下午二时开书画交流会,为书字一幅,又摄影多张。

需要名片了。

展出200多幅,已印成册,颇精致。又发讲演文一本。

三日

收品三信,聪弟信。

下午六时参加日本京都答谢招待会。(大厦)

不浪费一笔,不扔掉一字。

笔酬记载。

作字:

笔画要舒畅,浓郁。

一字的结构要大方,开朗,清爽,眉清目秀,硕大美娟,一见喜人。

字与字的上下联系,气脉要贯注,如高山流水,淋漓尽致,有气象。

全篇章法,包括题款盖章,成为完整、匀称、排敞、美丽的妙品。庙堂气息,山间逸风。

为第一印厂厂长赴日本书字4条。刘平同志、曹树本同志各一条。

四日

接到省统战部通知,承聘请为陕西省文史馆名誉馆员。月发生活费30元。后天去报到,办手续。张光老同去。

五日

参加省工商业银行书画展开幕式。收张耀庭老信。

作字数幅,得较为称心者一。能日得此一幅足矣。

收到兵器工业局请柬,7日上午8时来接。又收到山西省志编委会索字,编入志内。又收到长安函授学校7日到小雁塔开会,9时。

六日

同张光老到文史馆办理报到手续。交给茝颖字5幅。该厂长送日本人用。

七日

赴陕西兵工业局参加声像协会成立大会。为书字2幅,照相,午餐。

收到四川李道熙信。发健儿信。

八日

送张忻《中国名胜古迹概览》下册。日本人喜欢田园生活,“小桥流水人家……”对吐鲁番的天然风光极为欣慕。

与朱同志到王冰如家,又至画展廊。看程老。买米字、张黑女两本。

展出系统计划:

1.汉隶组——石门颂、汉中碑、西峡、张迁……

2.黄组——米,王铎……

3.草组——素、山、黄……

4.魏组——铭、康、猛龙……

十日

大雪。

十一日

收峰兄信,临汾地区书记杜五安同志信并文件。寄海洋《张黑女》帖。

发山西太原地方志编委会信并字2

幅。买山谷书《经伏波神祠》诗。下午去看路同志,送字一条。谈到今日风气,唯有浩叹!莫与此辈为伍。

十三日

臻女来,绮三媳也来。

收到建国信,海洋侄孙信、字。

气候转暖,赶快作字!

夜茶多,失眠。

十四日

下午到文史馆开会。学习,办理聘请手续。听蒲剧数段,颇动“归欤”之意。馆发表3份。

十五日

傅山先生。

鲁迅先生。

12日下午5时张约去吃饭。18日上午翁维谦约同去看刘丕老。

“现在的青年!”“中国的事情!”充满贬意,令人浩叹!昨在会上,一老人,振振有词,……其中有几句话:“雷峰塔的倒掉,不是众人,正是那些善男信女挖掉的!他们今天一块砖,明天……政府禁止,他们还是要挖去,……”颇有意味。

鲁迅先生去世时,才56岁,我今比他当年大了二十来岁,成就如何?可惭,可惭!努力,努力!

冯源来。下午到国画院索中日书画展印本,知罗平安同志去北京。适遇一朱姓女同志,很主动,痛快地把她的一本给我,我的那一本即作为她的了。

十六日

到冶金机电工业局,未见刘。又到银行办事处见了杨伟业同志,问兑换券事(侨汇)。本人可以,详细可问中行信贷处侯建秋。计划处主办。

收到聪弟信及简历中英文打印册4份,为我重加整理,颇好。甚为快慰!明日作复。为郭治平亲戚作字一条。晚与黎风兄畅谈。

凡事;自力更生,最为上策。

“时间即金钱,效益即生命。”

拟书:百练身心成铁汉,九度关山据书城。

半生总结,概括了数十年的苦史。

半年不鸣,一鸣惊人。脱颖而出,鹤立鸡群!

十七日

到张光老家用晚餐。到有耿老端芳、杨勇谦、刘老、李克等。九时半尽欢而散。

十八日

为苑恩光同志作字,她现任统战部干部处处长,自称为我的学生(陕师院中文系)。一见倍加亲挚。

十九日

收到北京中国书协寄来新(加坡)中书法交流展一册。强、健儿信二封。

书峰兄信。收到省卫生厅发《陕西省卫生计划生育科普宣传栏展览》请柬。

二十日

参加“陕科协宣传展览”。为日本友人买童衣3件,22元。

二十一日

发峰兄、彩石信。书恩光同志信并字。

二十二日

寄梅津外孙童衣3件。邮局字，庚志乞书。

二十三日

成俊同志从临汾来，赠汾酒，赵建功赠蹄筋菜一包。为何金铭(50年生)省副秘书长、袁志伟等作字6幅。

二十四日

发苑恩光等同志信、字。小雨。

二十五日

为刘赴日作字2幅。

二十六日

参加孙德威同志追悼会。地局景乍来。必有事?

二十七日

发海洋米帖，思聪字。

理想——道德——文化——纪律。此当前中央首长所提出，正对时弊也。不可不勉!

发赵望进同志信，海洋帖、字。(亢思聪同志)

二十八日

为文史馆填表三份。请袁翠霞同志托外语系打印日文简历10份。

二十九日

同品川久子到外语系聂同志修改打印履历稿。

三十日

霍泛[①]同志从太原来开会，询问我，党办董同志来告，以霍未归，明日去看他。给他书对联一副，条幅一。又为赵雨亭同志作条幅一。

三十一日

上午与贾平矜兄座谈他的大作《则而》篇，颇有发明，提出作书原则：全不全(广度，量)，透不透(深度，质)。青云独步，俊伟自壮，颖脱不群。

下午到大厦看霍泛老，坐两个半小时之久，5时到车站送行。夫妇将到四川、湖北，转郑州回太原。

四月　紧忙月，快乐月。

一日

开始动笔作展字精品，日必写二三张。书四条，尚可。借到云麾将军碑、霍扬碑各一本，即临之。

二日

心绪太紧张，作字，有时动笔，殊不宜，有碍健康。

不疾不许，从容出之，怡淡乐趣为要!

发凤翔、宋志贤，临汾东站杜新有字。

笔德——敬谨，不敢放肆也。

书法：

1.聪明，智慧，乖俏。

2.感：乐——雍容自得。

愤——气力不平。

3.笔德，操守。

4.个性。

5.神韵，魔力，效果。

三日

拟写《庄子文学艺术》。

发韩左军信,——放大照片。要字照底版。文史馆例会,交表3份。

四日

赵英嘱书"春华秋实"四字横幅。明场美也子寄来信笺一册。日本印,精致非常。又强儿信一封。

五日

字展书开始矣。日两幅。得意之作。不得间断!

六日

临圣教序,尚好。

七日

发赵雨亭老、李耀天同志信、字。

收到中级法院函,嘱20日前交讼费100元。候解决房院问题。

请小靳放大照片,15日内可办妥。

作字三幅,可可。

八日

午2时同李道熙同志到任天东同志家小饮。接聪弟信。临丹枫阁跋半章。振纪来。明日买浙江宣15。字照。

九日

鲁迅先生。

1.以天下为沉浊,不足以壮语!(傅:人最坏,蚁蜂才是万物之灵。)

2.以大德济物自豪,目空一切。

3.以神艺感世,横征寰宇。

5.勇驱恶邪,世界全属乎我自己。

自得,居安,资深,左右逢源。

活泼灿烂的笔致,充满感性,具有无限魅力的手指,赋予深情,一字字都成了仙子,引人进入温柔的梦境,淋漓尽致,豁人胸襟。

十日

收到日本彩石、岸本、泉子三封信,附昭和50年纪念邮票。

临王铎诗二首。买徽宣20张(0.33元一张)

十一日

小聂为我打日文履历,送来底样,已改正,送交袁翠霞同志托转交。又作小字三幅,仿王铎。尚如意。

十二日

雨。惠卿转告健康事:1.运动;2.洗澡;3.蛋白质食品;4.海带。作复矣。

十三日

刘帆夫妇来,为书字二幅。自作二。

十四日

到光祖老处。买煤两个月,240块。树儿们都来。

十五日

夜酒尽醉。未有。

半月计划:30幅佳作!临李、霍毕,雍容自在。我行我素,保持健康,辞应酬。

(二轻字,张长松)

下午发郑州书协(国际书展)信,经历,表格,照片。另字3幅。

十六日

填房屋登记表送袁翠霞同志。作字二幅。书太原出版社信。

1.拿翁毕竟不同,意志坚定。“有情而无情”,不可一世!

2.七月内必须良好地完成任务,远征国外!

3.目空万类,唯我是尊!

4.颖脱而出,独树一帜!不狠,万事不成!攻坚破难!

十七、十八日

文史馆例会。决定5月3日到蓝田旅游,四日到黄陵旅游。(校盟办)

事事暗,可叹之至!必须与黑暗斗争到底!3000万(?)教助入囊!一案4元,日断5件,即得20元。

蜂蜜,糖,假的,外国人退回!(河南)民办教师被拘留,不给工资。

十九、二十日

送交市中级法院讼费100元,见到冯法官,候聪弟来后开庭。又知对方尚未交答辩书。学校宴送李道熙返里,共八九人。临罢霍扬碑。

二十一日

刘(图书馆)、李夫妇来,山东人。为花园李某索字。收惠卿信。

二十三日

收到聪弟信,强儿信。看五家字展,失望。但也好,鼓励了自己。粗野,狂怪,很少碑帖意,自然谈不上笔德了。书字2条,尚好。择日去看胡征[②]老去,为作字一幅。选陈毅同志诗求作。

二十四日

夜召开书画会,对会长数人,五月将开大会,整顿之。收中级法院通知,29日开庭。

二十五日

杂念仍未能尽破除!

鲁迅先生。

冷静点,放眼世界。

二十六日

发太原社科院高可信,及赵雨亭老信。

二十七日

书讼文补充材料。

二十八日

同上。茶。

养精蓄锐,准备一战(房院问题)。高瞻远瞩,鹏程万里(不必留此)。无声无臭。一鸣惊人(书展)。

梦苏国家领导在一大场地演讲,以不友好态度云:“……一大国(指中国)对我的影响……”我领导亦予以批评……我在一旁站立。

为“西北橡胶厂技工学校”书牌一面。

夜、午睡都好。

二十九日

赴中级法院。明日到文史馆,定出游事。继续干自家事,下半年去向?不容犹豫。

人能有一坚强之志念,则千恶疗愈矣!

里里外外,一塌糊涂!

试试,再碰个钉子,则乾坤定矣!

择日到美院、国画院求几幅画。大约

他们也会向我索字，作个交换也好。杨默老久无信，必有缘故，当一询问也。今年必到京一行。

三十日

到文史馆，领生活费30元。王根学（边家村俱乐部北院——长安书画函授大学）稿酬。见冯老师，写稿，为法制刊。大快事！非仅房屋问题，这是行为品质问题。不正！外籍财产不能否定。举日籍华人例。季朝海同志填表。

学生会负责生尤佳来，邀3日参加笔会。

保健！莫为仇者所快！千万！英雄所以为英雄全在于善斗争！敢于斗争者没有悲观的时候。况正义在胸，干下去。邪不压正，必胜！

五　月

大高兴，大战斗，大胜利，大收成月。

一日

放假。书文稿。字幅。计划，安排聪弟归国后一切活动喜事。

鲁迅先生。

傅山先生。

二日

作字——王羲之豹奴帖等。颇不爽快。夜眠不好，闷甚！下午六时半学校欢送李道熙同志回四川，会餐。

三日

晨，王玲送来人民政协报。大得启发，当给峰兄信。写文。另，联系处长转京。常同志来，嘱明日赴黄陵，要作字。由文史馆到李思白兄家，吃午饭。参加五四学生笔会。

四日

动身到黄陵旅游。住一宿。

五日

游耀县岳王庙，北魏碑石颇多可观。接李何老信。小靳送来照相。明朝看王律师，面谈。

六日

收太原宋金龙同志信，书本月中旬付印，七月可印出。到出版社，见到王平凡同志，知6月廾鲁迅研究会。

七日

发李何老、高可同志信。

八日

发宋金龙、方磊、峰兄信。

九日

发汉中温兄信。

十日

上午8时5分接聪弟回校，住专家楼。他颇精神，晚全家聚谈。

十一日

发临汾师大中文系林信。

十二日

柏汉承礼物，书字。董老字。

十三日

到法院。发景思忠信。财校校长来。拟写文章，大干。

十四日

发山西师大中文系林先生信，附聪弟简历。又发峰兄信。

十五日

一塌糊涂！糊涂一塌！

“从前种种比如昨日死，此后种种比如昨日生。”何必为此伤脑筋！害健康，碍工作。

常笑老秀才，到今日始知自己并秀才而不如！鏖糟！窝囊！拉倒！

十六日

到统战部，都出外开会。与张老谈。候通知。

十八日

江苏教育学院周成平同志来西安开会，专来看我，送来《野草研究论文集》一本。并知甘竞存同志对我颇关心。

赴成守焕宴请聪弟作陪。

鲁迅先生。

二十三日

为美杨绪敏、日人作字。

二十五日

发神州墨迹编辑部信，附字二幅。

成国权来索字，展销。（动物园）

收校通知成立侨眷会。归侨侨眷参加。

为柏汉承书贺诗。

二十七日

发法院信。书彩石信。

三十日

陪聪弟到临汾，住三天。为师大作字数十幅。同车回东柴、景村。给玉顺20元，甥女15元。

六　月

七日

到太原，住7天。聪弟给山大、教院讲学。我给市书协、群众文艺馆、老年、青年人书法学习班等讲书法、作字。太原日报记者王俊卿同志访问。

十八日

登载访问记一文，并作字照相。教育厅、市领导招待一餐，会见。

十九日

动身返校，张培梧同志帮忙不小。

二十二日

发铁夫、惠卿、俊卿等同志信。还惠卿兄款300元。

图书馆发奖金94元。茶水饮足。书慰问胡风家属信。

二十三日

整理书物。将有记者来访问。田际康[③]同志索字，寄山西省政协委员会。夜，周强同学送来彩色照片3张。

二十四日

整理书物。发张晓风[④]信。陕报记者编者吉虹同志、临潼宣传部刘建民同志来访。看了不少材料（书信、文著），索写纲要，5点。到学报社要来83年三期学报一本。

下午省电视台胡同志等6人为我录

像(作字)于图书馆工具组。为作对联3副。收到日本仙台市彩石君寄来和服一套,又人形玩具三具。

二十五日

送省鲁迅研究学会申请表,附《陕西师大学报》。

二十六日

为陕报科教文艺部吉虹同志嘱写材料。

二十九日

发彩石信,家晋字幅。收品三信。发铁夫、刘届远信。到统战部开校侨联会。

三十日

送张老光祖家门篆2页,太原产。去交大。吴可法同志搬家,未及见。发田际康同志信、字幅。

七　月

战斗之月,胜利之月。国际书展。雨花台字。电台傅书。陕报。

一日

发陕报科教文艺部吉虹同志信。寄材料,吴忠匡赠我的诗。为培梧同志作字。收田际升兄信,振绪信。

二日

发白旭、田际康,升,建国等同志信。与张鸣铎×。刘玉俊同志来,嘱为找数学系女生为其女补课。

激则厉,愤则发,武王怒,百物安。志一定,万事吉。战斗始,胜利来。

凡事无远见,一迁就,讲究,便糟。明知战斗免不了,却一味逃避,存幸免之心,竖子耳!凡事打定主意,一往无前,立于不败之地,便是取胜之道。

有理便有力,有力乃得利,取得利,自能立也。此之谓L主义。

三、四日

发江苏灌县政协祝尔康字、经历、字照、小传等件。到文史馆与李副馆长谈话。发聪信。送侨联分会成立大会贺词。

五日

发徐文达同志信,黄光耀信。作临板桥字一幅,满意。复印聪给吴信三张。

六、七日

同黎风同志看望作家胡征先生。68岁,老革命,七月派,谈得颇好。赠我《社会科学评论》一本,我亦为赠字作一幅。

八日

发《鲁迅研究》编辑部袁良骏同志信,并学报83年三期一本。草报告一份。下午三时书画研究会开大会。到会者踊跃,开得不错。表示辞去会长职,让青年上台。

仿佛交待了件大事,轻松多了。当即集中院内事。必胜!

九日

到国画院领纪念品,稿酬。看看赵亮、王静等。拟书李、峰等兄信。

验血型:A。身高:1.65米。明日照相。

十日

陈俊民同志赠所作《美学研究》一本。讲课大纲一份。今晨动身到京,赴美讲学。

下月返回。送行。

夜饮，近醉。戒之，勿忽！

订购《辞海》，78.90。买黑格尔《美学》四本，格罗塞《艺术的起源》、布鲁诺《论原因、本源与太一》。

十一日

雨中到政协听录音报告。领取人事职管科慰问西瓜30斤。周强等四同学来，将离校，为作字。

十二日

为吉虹、刘建民作字。肖杰、李雪影亲戚各一幅。自作一幅，均如意。

为杨万亿同志写“高校财会”4字。到财务处，始知从□月份起停发补贴，甚好！可以自由外出谋事矣。

接到河南书法协会来函，喜知参加国际书法展览二幅已将入选，为我祝贺，并请再写四幅，七月底交出，以备展销，按四六成分。

十三日

发李何老信，答应为作字。寄峰兄。中日作品集。又买大连玉版宣2刀。细致光滑，吸墨性强，价廉，0.19元。周强为送来1刀。红三刀。暂足用矣。

十五日

收河南郑州国际书展筹委会信。到法院。

1.以请假理不足，视拒不到，目无法纪，可恶。

2.对方有产权证？

3.地皮费补交？

必须斗到底！

明日到景思忠处去，查证一间、二间有无？王老家去。房局熟人，法律家。

十九日

数日以来，纠缠房院问题，真所谓“终身为悲人”矣！不值钱，可怜！可叹！今下午铭到市中级法院，云：冯武才态度大变，愿调停。对证前三次之态度，何其乃尔！想来系法人，先以斜压，使人不敢言，可以给求之者一方，取得胜利之基础。既已如所打算，则出以和蔼，乐得个好……“我们再不受骗了”！不论如何，算是告一段落。今后如何办？

1.请另找工作。不能工作！大事！（为了工作）

2.经过须表白于社会，明是非。

3.骂人种种暴行，更须上达，开展道德、精神文明，以正恶风。

连日接到：白旭、强儿、文史馆等信。临梁杨公则碑，解烦颇大。

为郑州作字，发吴可法同志信。给海洋帖黑女志铭。

二十日

学习鲁迅先生真不够！百练身心成铁汉，九战关山镇书城。

二十一日

吉虹编辑、刘建民同志来访，谈了八个小时（书法、自作方面及其他）。嘱书《实用英语2000条》书签。稿成或再来面究，定稿。午未睡，热闷，夜不成睡。

二十二日

发郑州国际书展筹委会信并字5件。又发黄光耀信，附为县书记李英明字一条。昼眠好。题签字。心情如常，精神足。

二十三日

思通万里，神震霄汉。

廿年冤孽虽已过，凶狞恶狗正多多。

且看房院被侵夺，不容邪恶逃得过。

二十四日

发太原公证书一件。

发刘建民、吉虹等同志信。

二十五日

夜眠不熟，思想仍未得解脱之故。

收到赵望进、田树苌、建国、健儿、方绮、聪弟、刘等信。发峰兄信。（写赠词事，太原）

因思想太过，神经衰弱。

发望进、树苌[5]（附字照）、建国信。

周强同学送来照片数张。

二十六日

梦诗：

邪不压正，正义必伸。

取彼歹徒，投之有冥。

天地腹疾，自生害虫。

迎头一击，鲁迅精神！

健康之敌：费用脑筋，工作不息，啬道不行，饮水不足，进食不慎。

二十七日

去看陈之中老。

二十九、三十日

建国、符成俊来。

三十一日

接到峰兄信，知道他从5月就到江南一带去，无怪久未来信。又收到曲沃、新绛、太原画廊几处信。

为董寿老书贺寿词，柴建国带到夏县装裱，送北京。

房院事暂告一段落，当进一步展开攻势！

下月10日发稿。

去陕报商量访文事，房地局事，住居、书字事。

7月份，烦恼月。已过去，心情大好，奔上康庄大道了。愉快地工作，实现大计！

保健！准备参加郑州、太原书展开幕式，现身手！活跃一番。颖脱不群，任真自得！

吃饭不少。

八月（快乐，胜利月，轻松，如意。）

一日

建国、成俊返里。建国许送《庄子》一部，正所需要。复峰兄信，勋甫兄信、字。午眠颇好。

能把脑子控制到如真如似的，不存任何念头，才是有修养有本领的英雄。

使用脑筋，当如使用机器，说转就转，叫停便停。脑海如涌泉，不是容纳器。

二日

发峰兄、勋甫字，惠卿等信。为临潼华清池作字。吴可法同志一横幅。

三日

发董寿老信。

四、五日

到交大，吴兄已赴太原。到陕报宿舍五楼四层见到吉虹同志。知10日前刘建民同志已拟出稿，15日左右可来家一谈。嘱为付编辑、责任编辑各书一条。热甚，39度。

买宣纸50张，9.5元。

夜日文翻译胡莉萍来，云日本留学生拟约请座谈。先与团长男女各一人谈了一个小时，聊些问题：纸、笔、砚好坏如何买？如何指导小孩子写字？求个正路。对汉字参加假名书法的意见？对日本一派字中带画（不像字，亦非画）的看法？中国有无专门书法学校？（日本有，不多，私人请专家教育。）

六日

发范梅容字（史纪言夫人）、品三、江汉（相片）、田际升信。

七日

立秋。作字——临潼。

八日

夜梦。夜行，眼前愈来愈暗，立即堕入深处，似大地陷落者，立即醒。埋掉过去之意也。

简易功夫毕竟大。

谈吐、为文，才士本领，不复一毫文饰，作葛藤，使别人以之不知如何安排也。

识以理人，道以安人。

发华清池征字信并字幅。

整理书箱。

九日

午夜，复起翻书箱，寻“经历”，不见。晨翻书褶子，寻到了。一快事。梦虎，待吃，没吃。

拟傅山先生心事：

1.该死，想死，不死，待死，忠烈，处士，和尚，道士。

2.孤高，傲骨，雄强。

3.南华，楞严，净界，（西天）妙境，东土天地。

4.为诗文：龙门山径中，石檀，失题，读《庄子》。

收到聪弟寄来照片多件（24张）。田树苌同志寄来《书法通讯》84年5本。郭拴庄同志索字，信1件，已书。

黎风兄自四川归来，送竹篮一个。

七日

颂傅山先生：

耿耿猛志，浩荡八荒，

永战不休，粪土王侯。

托身方外，长歌千秋。

《壮士》，《石檀》。

十一、十三日

到临潼。收到峰兄、建国（送《庄子》一本）、惠卿、江汉、文史馆等信。

十四日

上午文史馆开会。解琰送来，方同志

刻印3颗。

十五日

送贺长清同志刻印字1件。谭岚同志赠泰国折扇一把。

十六日

发建国字、树苌、金龙、子正同志等信。

醉中,为教师节作字。

十八、十九日

收到郑州国际书法展览会通知,9月1日举行开幕式,29日前当赶到。方磊同志来,为赠笔记本1本,《书法通讯》1本。

西安火车站建设指挥部信,嘱书“西安”2字,2—4米大。买华山墨汁一大瓶。二十二日内完成:1.二字;2.关部长信。

复郑州信,29日前到达。带山传稿,日记笔记本,衣物。准备到太原。

二十日

为火车站书“西安”二字。又为刘兆谦同志书二张。送“西安”二字,由张忻转交。

刘文哲字:老骥伏枥……

刘平:横。

书协办结束。交文联。

二十一、二十二日

到文史馆请假半月。准备讲词、书词。拟观规模、气势,用意等。河南古物发掘情况,游览胜地。斟酌情况,决定居住时日。考虑到太原事。今后工作安排,自力更生,不求外援,自由活动,建设经济,欢度晚年。

二十三日

读傅书,收益颇多。

做人做事,要有个气魄,魄力,以德慑人,不为人所慑,主动。气象,器宇。为大人,小天下。独来独往,顶天立地——故大。

石檀精神!豫则立,不豫则废。

二十四日

在如此环境里,能安心住下去,这可算是没至性到顶了!郑州归来,无须考虑,立马行动——为完成100幅作品,一切在所不计。

大便干燥非常,饮水太少。

二十五日

午8时许,关三俊同学来接到革命公园参加西高五一级联谊会,师生共80多人,十分欢快,会后照相,赠花一盆,像摺一本,糕点等。12时送回。闻西高将恢复原校名,颇有意义。皆大欢喜。

看董老师(侨分会主任),告以北京来一演员慰问政协,住师大,约10时前后欢聚,送书画,已报名我参加。

二十六日

收到聪弟家像,田树苌,符成俊,终南信。

拟大会词。

二十九日

发吉同志信、字。告王馆长赴郑州开会。

周强、窦同学送上车,黄俊礼为软卧铺颇忙(34.3元车票)。晨6时零5分到郑州。雨。下车后没个立坐处，终于问到博物馆，乘 101 电车，等到 8 时才又到文联，开好住宿证　　煤炭厅招待所。日 2 元，交 10 元，住至 3 日。买饭票，3 斤菜票，2 元。午晴，见阳光。早食鸡子一个，奶一杯。

三十一日

睡眠好，休息过来。饭食每顿 2 两，菜 4 角，2 角。粗心，信人，丢了毛笔 3 支，可叹！外地青年，不断来见，求看字。（江苏，四川，河北……南京。）

九　月

一日

参加国际书展开幕式。人山人海，秩序不好。进展室时门玻璃被挤碎了……

二日

与刁一到少林寺、嵩岳庙游览，环山流水，气象颇佳。又看打虎亭，东汉墓壁石刻。

认识：

1.金钱高于一切！纪念品，没有；旅游，钱；听报告，钱，0.5；选印本，钱；不照相，参作品者与观众等；拜师会、纪念章，钱！

今后不再受骗矣！不参与此等事！

人与人——关系——利用。无情！莫操好心，行善即罪恶！

三日

下午四事半与陈鹏动身返西安。

四日

下雨。3 时许到，6 时回校。收到建国、日本医师信并字照二幅。又托转茹桂一张。终南索字，梁信。

五日

睡眠颇酣，几天的疲劳恢复过来了。办报销，交照片。领工资，99.65 元（没补差 18.98）

六日

任天夫同志送来字酬 30 元。买笔 2 支 2.9 元，纸 1 刀 19 元。在国英家知张市长病，三两天去看看。发复日本元霄信。

七日

下午 2 时半召开 30 年以上教龄教师会，赠刘泽如《心理学基本理论问题研究》一本，花一盆。

发聪弟、董老、李雪老信二件。外事办交为日留学生讲课 2 时 10 元。

八日

时间就如此像流水似的过去，马上就是国庆——阳历年！生活，工作，一天拖一天，不成个样子！到立即行动的时候了！

1.房院，住室，作字，著作！

2.陕报，大事，或是前提。

3.印书——山，迅。催办！

发梁吉凤信，题灯谜书签。为黄永年、吴元勋等同志作字，赠。试新笔，作字四幅，较好。与吴元勋老师座谈书画事，赠字 1 幅。

九日

到张老家，文史馆购月票。今后由集

体买。领生活费 30 元。国庆书展。

十日

首届教师节。下午应邀参加“首届教师节北京全国侨联赴西安慰问演出团”聚会。领队演员共 8 人，四男四女，有政协顾问、教授等。参加本市统战部、外办、外侨领导、校领导数十人。为作字 4 条，吃了印度尼西亚大餐。演员们亲自掌厨，饭间歌舞，宾主尽欢而散。又学到不少应酬本领，

欢快，亲热，幽默，活泼，客气，大方。与演员分别照了不少相，全体合影。她们都是国内、国际名角。

十一日

发铁夫，赵延龄等同志信。图书馆赠台灯一具。书李何老信。发青年团贺字一条。

十二日

盟学习会，12 时完。南人喜表现。买香蕉、苹果，去看张市长。中医部。

取回《辞海》。

十三日

发李何老信。买灯泡，放大镜(3.1)。赴文史馆送卡片，八月份月票。到李滋煊处。

多看魏碑自免俗气。倘消化力强，则进于创造矣。

十四日

发陕日报社吉虹同志信，融慧兄信。

菜票 3 元。

古碑帖须置于案头，常常翻看，庶免俗气，而渐入古朴，遒丽。

应记住自家年纪！对言谈有好处。青年、老年心理、想法毕竟不同。不得乱开玩笑也。

脑子不够用，谈吐不周，表达意思不妥善……为老年人通病，总须多考虑，力求得体，简明为要，不得罗嗦。

莫与妄人交锋，没水平。

持重！不说过分话，不盛气凌人。

正义、敢吐真情人并不多。

作字一心急，一苟且，便不足观。平平稳稳，笔笔到家，咬到实处，乃为正法。楷书行草，一个样子。作草似速，而自具规矩，比之作楷，更须谨慎也。否则，漂浮无根，有甚可贵？更忌做作，有碍痛快。

十五日

雨不止。昨买邮票 2 元，失去 1.6 的。邮局捡到，今日面交，甚感！应为字报之。年纪大，不中用，今服矣。发建国信。

十六、十七日

收建国信。为文史馆展出作字 2 件。到图书馆作字数幅——商业局。

十八日

为文史馆写工作调查表，交展字。

一身纵浪大化中，
条条道路通北京。
无翼凌空瞰世界，
养得浩气琅天声。

十九日

交展字、工作计划给文史馆。

二十七日

报道，开 5 天会。住芝园。准备作字。

小靳来要照片，介绍，索字。“耐得寂寞”，“滴水穿石”。

一切烦心事，一笔勾销。拉倒！汰去外缘，心宽神怡。无冀求，不追逐，自无苦恼。干自家事，莫管外务。

二十日

外物爽神，破除一切利害、得失、荣辱、滞碍，对人无所冀求，对己乃能居安，自得，自适，自乐，便是神仙。

自作主宰，不看人眼色，不随波逐流，不助热闹，独来独往，耐得寂寞，便是圣贤。往来天地间，目空万类，时或玩世，物莫能役。拸画为乐，可贵也矣。

纵浪大化中，逍遥放踵行。

破得外障苦，一身自在轻。

醒得人间世，览物显神明。

旷怀自高士，大地一庄生。

二十一日

发上党博物馆信、字（上党战役胜利40周年）。作字数幅。为高立民老书其所作庆国庆古风一首。送上车。

二十二日

书国庆词。修养上已进了一步，可排开一切滞碍矣。保健为第一要事。

作字四件，较好。总得认真下笔，便好，丝毫苟且不得。

印书事，须得与平凡同志作切实谈，与朱谈。

抓紧陕报事。吉虹同志去宝鸡，留字一幅。

二十三日

日读（记）部首3.P。

作字，以于法书二条，以山法书二条。体会：于学问、气度之外，须有绝妙之聪慧。妙笔所至，令人莫测。笔笔皆字，字字入神，粗细，大小，斜正，长短，无一不称，无一不是。一动笔无思无虑，无心无意，纯赖神行，自具境界，气象，进入化境。其中有宫廷，音声，姿态，山水，花鸟，虫鱼，龙凤，狮虎……万类。

二十五日

乍接张市长铁民治丧会讣文，惊悉市长逝世矣！13日去医院，总算见了一面。年才65岁，太可惜了！阎明同志来，合送一件悼词——“人民的好市长”。交屈氏素裱，27日下午往取，28日9时参加告别仪式。（改29日）

二十六日

到故张市长家慰问。小偷照顾了1元5的粮票。书聪弟、强儿信2件。明日芝园报道，托□兄代办，付3元、5斤粮票。

二十七日

晴。应河北美术出版社邀做条幅一件，发之。收到青年美协及河南南阳地区文学艺术界联合会信，征字，建武侯祠碑林。

二十八日

搬赴芝园参加省文史馆大会，住5天。夜，观秦腔。

二十九日

上午参加张铁民市长追悼会。

三十日

听报告。

十　月

一日

上午笔会。统战部请会餐。

二日

讨论。下午回校。

三日

发建国、史虹光信。

摄影——外形。绘画——意态(若听茶声然)。诗——灵魂(欲辩已忘言)(无声胜有声)。书法——外露可触,字如其人。(全部反映)。

小靳来夜谈,将为我作更深的绍介,明晚再来续谈。6日他回山西,为作介绍信。

四日

中日或将从此不和,日人可恶,我太忠厚,为人常吃亏。

五日

为应酬作字、信数件:建国(永生字),朱振瓯(2)、王重九(大荔)、南阳地区文联致贤。发郭拴庄信。

庄重,守中。直情径行,行不通。安静和平,安度晚年妙道。

六日

发南阳地区信、字。杨默老信。作字数幅。李何老字。

七日

任平同志来,嘱作字,系送外国人者。中文系学生来,云将成立砚友学会,请担任顾问。黎风兄文稿取回。王与之原属好友,而居然弄得翻脸,可笑!

八日

托屈氏裱字,送任平同志字四条。

九日

雨。自力更生,是句好话,谁都用得着。

夜看董老师(侨联),谈及照相。上次来演出名单。又云有数人索字。北京演员、领队诸同志对自己之书作颇感兴趣,有求字意。三二日分房后一批名单即公布。倘无,十一月即走出也。先到临汾,返里,稍留,转夏县。作字一月,完成任务。

十日

赴馆开会,停开,下星期开始。书振绪信。

十一日

闻喜梁建民同志来,建国介绍索字。发刘云青、振绪信。到美协。下雨。买笔一支,看历代画展。遇西安,未购票。大幅,名家,大方,有气魄。为化学刊题字。

十二日

收峰兄信,即复。赵亮同志们来。橡胶厂约讲书法课,20日后。又美院约讲。一个中学约讲魏体。明日发律师事务所信。备讲稿。

十三日

雨。廓清一番。1.写书法课本;2.清理

心上事;3.生活,功夫安排;4.大事展出;5.修养;6.锻炼;7.改诗;8.专著——庄艺;9.开拓工作;10.展开衢路;11.耀武扬威;12.横行天下;14.创造条件。

博(以品局,胸襟,气象,德行,一人而已);

大;

精(精专,开拓);

深;

高(知识面);

厚(踏实);

明(智慧);

志(眼光);

为钜子！有影响人物。开创者。世界性。现实性。能耐,本领,资本,自,气足矣。

到陕报与吉虹见谈,进午餐。

十四日

又收峰兄信。

十五、十六日

刘云青同志来。

入世,用世,玩世,出世。

挂号发律师事务所袁所长信。发吉虹、建国等同志信。

十七日

雨中到画廊送字一幅(岳飞诗“经年……”)。

十八日

事事莫操心,

满口吃个饱,睡觉睡得好,

健康了。

难得糊涂,有道!

十九日

发襄汾政协、县志信。睡又欠佳。

二十日

发赵亮信,约讲课时间二三星期。公家、个人都不讲信用,可叹万分!

书展目的:1.挽书妖风。2.做人——内容,大人。3.推向世界艺林。4.助进精神文明——内容,形式。

武王怒,定于一,

作奇人,创奇迹。

二十一日

不写颜,则写魏,

最后百家齐相会。

颜门高,魏势大,

代代桃李满天下。

何子贞,钱南园,

颜家门徒无敌他。

康更生,于髯老,

魏府势头特光大。

颜也罢,魏也罢,

没有本根难成家。

古篆汉隶真渊薮,

专精会通铸腕下。

大河日夜注大海,

万紫千红园中花。

收湖北荆州地区博物馆函,索字。

二十二日

作字,可以自如矣。

“能耐”即本领意,词颇好。且待日报刊出,大放光彩,一切冰解冻释,水到渠成也。怒而飞，垂天之云，其不大哉！

莫渎用脑筋，常打腹稿，便好。

二十三日

发李何老、赵老信，太原出版社信。收到日本梅津彩石信，附字。听刘峻（司法厅副厅长）法制报告。遇杜威同志，嘱书，随后来。

二十六日

发李何林老横幅，日本梅津彩石信，照片，全家。

两大事：

1.书法谈。大纲：（1）书法艺术；（2）篆系；（3）隶系；（4）魏系；（5）颜系；（6）山谷系。

2.庄文。

房院文。陕报。平凡同志字。

人最怕是不争气！能外物，至矣！守一，尚矣。此之谓贵德；德者，得也。

返老还童，童颜乃仙。

二十七日

一大进步：

能做到“李白见皇帝如见常人”的气度矣。此非有几分学问，道行超逸者莫能为，否则非莽汉即妄人也，有何可贵？

通体精神如长江大河汪洋恣肆畅然流去，有甚滞碍？此之谓贯注。胸襟似大鹏腾跃于九万里高空，有什么东西能放到眼下？此之谓“壮”，此之谓“大”。

闻教界将改学衔，不用职称名称。退休或在职者，用聘请制。对退休人员又给了希望。

二十八日

收河南扶沟县为纪念吉鸿昌将军索字。建国、光耀信。

梦鲁迅先生来游，住家中，覆余被，余为握手礼。起还礼。

1.间架（外形）。安排，结构，布白。

2.筋骨（内力）。李广，老六。

3.血肉——墨水。

大方，风韵，气象，格调，气派，神情，境界。通体泛出才情、聪慧，非从外来，

自散。

三十日

发藤县、建国信。湖北荆州地区博物馆朱由信、字。

作字数幅。

三十一日

作字如意。大力赶集。

十一月

一日

此地无用武之地，即寻求一良好环境，做出大好成绩，腾跃挺出，光我前程！决不叩头作揖。

发出两件文后，拟定大计，即走！实现半年计划。

收山西人民出版社信，知书已付印，十二、二月就可见书。又李宁太信一件，作字集《瘗鹤铭》字，颇佳。

书峰兄信（拟寄字帖，山谷），宁太信。

二日

发峰兄信(山谷帖),李宁太信。

三日

发耀庭老信、字。平女偕外孙来,送蜂乳4袋,臻女带来的。作字三幅。梦阎山来家,畅谈。教书,又增体育课。育方林。

四日

领工资112.3。有炭火费12元。

五日

发振绪、梁鸿志信(新绛阳王镇北池村。)陕报田长山同志来,索字。

六日

收山西教育厅通知,11月29、30日成立山西省教育工作者书法学会。嘱与会,书贺词。又山西省大中小学书展闭幕式授奖会。

1.书法课;

2.房书;

3.准备。

七日

立冬。风雨。文史馆学习,谈及物价涨、治安。法律,人为!多少纷烦事冲来,须冷静!按步处理之。莫害健康!

八日

收李何林先生信。有总工会信。

九日

发李何林老信,收强儿信。

十日

参加函授学校大会,作字,进餐。到平凡同志家,为书字一幅。贝贝外爷、姥姥来。

笔兴来时,无心无意,无笔无纸,一任神行,何知碑帖字法安排?笔锋到处,间架结构,全是多余。粗细,大小,斜正,行间距离,都是好的,所谓“化境”也,一片生气、灵动,沁人心脾,魔力无穷,乃为神品,逸品。此非大才人、大智者所能到。深于佛事禅业,自无须论,灵台静界哪容个凡俗扰扰?唯有我,有天地乃大,能无我、无人、无天地更佳!

“笔舞”,“舞”字绝非无端造作,正须是舞,才到妙境。张颠、素狂、山谷、傅山,大草之至者也,生龙活虎,龙跳虎卧,不舞便不能到也。

十一日

雷全璋同志来,赠近作一幅。温亲家夫妇来。

十二、十三、十四日

为一厂书年历题字。文史馆开会。收到建国信。大力保健!加紧干活!自力更生,自求多福,外物皆伪,唯己是真。

十五日

发建国信。

十六日

发陕报社教文艺部田长山同志信、字。为安大夫送友人字二幅。洗衣三件,颇累。

十七日

发林鹏、李殿清、家晋、北京袁良骏同志信。书任映仑、品三信。劲知。亲家夫妇来。玉升从晋归来,为我大做文章,随后酬谢。

十八日

发品三、映仑兄信。夜看苗保森同志，约明晚谈话。

赶快准备回晋。

十九、二十日

到省委科教部与熊处长耀西谈，颇入凿，当为书横一纸，以其能书画也。

发劲知信。

二十一日

文史馆例会。

欢迎：1.有启发性的东西；2.有激励性的东西；3.反面恶毒的东西；4.挑战性的东西；5.其他。

二十二日

一眼看透的事理，断然行之。一存侥幸心理，作梦想，非愚则妄。

在是非真理面前还是要曲折一番，叩头作揖，真蠕蠕虫也。

师事鲁迅、傅山诸大师，所学何为?!

悟空碎诞，应以诞为实，乃为好学。

二十四日

为张光来、熊耀西同志作字。颇累。明日买票，计划回晋。昨送馆专申请调职称文。关键事。

二十五日

买票。收峰兄、聪弟信。

二十七—三十日

在临汾参加山西大中小学师生书法展开幕式。山西省教育工作者书法学会成立，被聘为大会顾问。赠《辞海》一部。

十二月

一日

忙于应酬作字。

二日

乘日本造皇冠车来太原。感谢王蛟云，侯马汽车运输公司经理。在介休雷起龙同志请吃午饭。

三日

发铭信。书峰兄信。休息。明日活动：品三，汾东公寓，书协，四史事，霜红龛集，林，史纪言家，大学，教院，教育厅。印郑裱。赵望进。讲课安排。听德国儿童唱歌曲：咬字真切，清亮，刚健有力，一字一个炮弹似的。温柔处，暖然似春，给人以美的享受。表情能把极细致的神经纤维梢饱含的灵魂送出人间。音色真是沁人心脾，似正好抓到人的痒那样的舒适。变化处如浮云，如梦境，轻重、刚柔，捉摸不透。作字能到如此境界?

四日

看品三，同行到文庙近处，见到田树苌、冯俊秀。返途在林鹏兄家用午餐。复同到古籍书店，在段处小坐。买《霜红龛集》两部，共24元整。

林建议展出后，印一本册子。再印临郑诗。

航民调到临汾地区农专任校长职。子正兄住院。

五日

梦枫兄寄来一本黄色册页，嘱书。

六日

风，小雪，冷。书韩树藩、吉虹，夏县贾起家[6]等同志信。

七日

晴。发吉虹、贾起家、韩树藩等同志信。

思想大开阔，已自作主宰。一切滞碍，得失荣辱……，摔去于心。自力更生，积极拼干。大人之行，心空一切，何虑之有！何惧之有！

际断，即干。心上常是干干净净。庄"大"，傅"性"，鲁"态"。

八日

冷甚，冷甚。

九日

韩副厅长[7]，张总编辑，田树苌等陪同到教育学院讲书法，并作字。300余人济济一堂，颇多浓趣。

十日

到汾东公寓去看中青兄、丁纳同志，为述所作电影剧本故事，即将出版上演。午饭后，赠树结苹果，映仑赠酒。霍副省长到北京。赵雨亭老谈甚热。认识了李生才同志，北京军区战友歌舞团导演，嘱书。

十一日

作字为友。晴和。

入世，出世，弃世，用世，玩世，脱然无累。

品三兄一同到教育厅，见到韩厅长，知道他到山大为我安排，请赴该校作一次书法报告。明日林鹏同志一同到山大去看朋友。又，改天约朋友们会面，便餐。拟为张颔老作字。（介休人）

十二日

林鹏兄陪同到山大，见到姚学长、郝兄，赠我《傅山传》一本。午餐。有李之光[8]参谋长、王朝瑞（赠书二本）等，文联长江同志……。为作字数幅。四时送我回来。为《人民日报》书"神州"二字，又春联一副。

到出版社见到任兆文同志。知样本已打出来。

十三日

到出版社见王朝瑞同志，托转宋金龙、任兆文、潘俊桐字。承复印履历三份，为留一份。又嘱书横二，"神州"二字。（人民日报用）。

十四日

品三来，未见。到田际康老家，赠我田师字照三件。又陪到水既生兄家，赠我仿宋壶一具。夜，望进同志来，约明天到他家去住。

十五日

到望进同志家住三天，作字不少。最大收获，喜观傅山千字文草书墨宝，珍宝！当临摹一通。尚如意。承其岳母一家人热情招待，感激不尽。

十七日

晚，陈茂林院长来看，晚九时乘其车送回，甚感。

张劲知昨与其父提酒、烟等品来，找

未找到。今下午他一人来了。当为其物色对象。26岁。

十八日

到林鹏兄家，允为刻印章两颗。供给印泥，盖章。明日下午取之。选作品。

演员对于所演的剧情，所担任的角色的思想、性格、经历、作风，及其灵魂深处的东西等等体会不够，其唱腔轻重，婉转，表情、动作必不能入微。临帖亦然。

“未学鲁公书，先观鲁公诂。”

十九日

发峰兄、熊耀西、望进同志信三件。

二十日

听晋剧丁果仙唱《空城计》诸葛亮，一字一板，字字清晰，句句响亮，扎实，毫不含混、模糊放过。如书法草书之一笔一画，入木三分，活泼婉转之处如行云流水，变化叵测，动人心弦。认认真真点子真，千临万摹功力深。任我笔舞，颖脱出群。胸襟学问，人品高德，骗不得人，骗不得人！

鲁迅傅山，傅山鲁迅，
顶天立地，万代长春。

“煤气！”“医药！”
好汉！高千！
万千，千万！
鸡虫，可怜！
顶天立地，
不值白眼！

墨宝！身价！
爱我中华！
波涛震天涯！
去征东瀛，大亚，
四海一家！

字：雍容自在，举止安闲，丰腴通畅，周正大方，气味宜人，色泽协调，气象万千，无一笔不沁人心脾，魔力无穷，久看不厌。

野字：发育不全，气息不足，猗顿不稳，重心失正，粗细悬殊，软弱无骨，与美相反，枯燥不润，章法板滞。

到林兄家，取回刻印二颗，印泥一盒。下午盖章。发聪、强等信。

二十一日

刘浩然犯罪行为17省88个单位，千万大数字。足令人警惕愤发！

精神文明要义。

发家信。收贾起家信。

二十二日

冬至。发文达、劲知等同志信。盖章。

二十三日

振绪送到车站返临汾。农专见子正兄。

二十四日

到师大，与郭璞书记午餐。见到惠卿。

二十六日

回景村，师大车送。夜县委李英明同志来家看望，约定28日接到县上宿招待所。作字。夜看戏。

三十日

参加县新老干部会，会餐，摄影。

姜同志嘱三事。下午回临汾。

三十一日

王蛟云、雷起龙等同志邀到平阳宾馆聚餐。作字。

张有才同志，晋城，颇照扶。王耀庭，下北许。

观赏齐白石老年画、题字，真是双绝。不拘是残荷、瓜果、花卉、老鼠、葡萄，笔笔自然，随便，引人神往，大笔也。作字亦该如此，任我作来，不容做作。

〔注〕:

①霍泛，原山西省副省长。

②胡征（1917—），湖北大悟县人，抗日时期“七月派”著名诗人，一生从事诗歌创作，具有很好的成就。

③田康，字衢，鲁木，山西汾阳县人。毕业于山西大学，著名书法家，擅行书和隶书。

④张晓风，胡风先生的女儿。

⑤田树苌，山西祁县人，书法家，山西省书协副主席，曾为中国书协理事。

⑥贾起家，山西夏县人，书法家，中国书协理事，中国文联牡丹书画艺委会常务副秘书长。

⑦即韩生荣，山西祁县人，原为山西省教育厅副厅长，山西省教育工作者书法学会会长。

⑧李之光（1912—1992），山东临淄人，原为山西省军区政委，山西省书协副主席，书法家。

一九八六年

此册于年代下书“活跃年，胜利年，颖脱年，远征年”十二字——编者。

元　月

元旦

回顾八五年，大部分时光消磨在应酬上，原定计划受到很大的影响，殊甚可惜！今年应大加改变做法，汰去一切无谓的应酬，珍重健康，做几件有意义的事。

作字十数件。于临汾振维甥家。

余深知书法之妙，亦知作字之道。渐入得心应手之高致矣。往日作字力求合拍，难逃碑帖旧范。近日作字，不计什么“古法”、“规格”，但写我之心神，无心无意，任笔所至，大起大落，有甚拘束！似傅非傅，似王非王，亦汉亦魏，神妙叵测。什么张颠素狂，全不在话下。唯我老卫一人而已。此非余之夸口，亦非敢小视前贤也。外师造化，中得心源，心空万类，自作主宰，伟哉神品，天地安排。

禁烟！

二日

齐白石老作画，小鸡、老鼠，鱼虾，葡萄，牵牛，荷花……无不得天然之姿致，天趣盎然，魅力迷人。长蔓有提有顿，节络如生。叶脉用墨用水，浓郁中富有深情。

书法中之“字”，非动植有形象可比，如何得其天趣？难！然亦非不可求者。须于字中含有物形感，如人如虎龙、枯树……有气象，有情挚，以静生动，能动则引人注目矣。故走笔须活，如虺蛇蠕身，若浮云变化，自佳。

三日

张书记、航民各送汾酒二瓶。

横空出世，大笔起落，万类何有于我哉！自作主宰，上帝也无可奈何！无始文坛业，法也法无法，神行真大家。

集中全力，唯展字是务，定须震动全国，惊彼欧亚，鸡虫何得置眼下，举世只此一家。

庄周旷怀，马氏器宇，真山傲骨，鲁迅横眉。

胸怀天地，我即天地。

包弼、马立基赠汾酒、《辞海》。

白石老人题画字中常多虾气——长须，带丝，然不觉俗气。

“精气神”三字，不单用之于拳术中，实亦颇宜于字画中。精者，精练也，入骨也，“灵犀一点”之谓。入微，用志不分，贯注，猫捕鼠，专精。气者，气势、气象、气态、气骨之谓。神者，神韵、变化不测之谓。乃书画中最高境界，故曰精气神宜于书画也。（偶得）

建国、成俊、习一等来。李晋林1买票送我回西安。高平人，留校生，24岁。宜人。为作字一幅。

省教书协赠《辞海》一套。成俊复印板桥《道情》一册，履历20份。

四日

字到放处，任性处，须是齐白老之画虾、牵牛，挥洒自如，至绩不乱，画画是神，没一点不合适处，魔力迷人。字画须是处处饱和着聪明、智慧，光凭功力，难到上

“文境如高山流水”，文章贵有气势。“龙跳虎卧”，书法也是，同样。气势出自感情，感情出自思想。《出师表》、《满江红》、《正气歌》之所以不朽，都在于此。亦即人格之表现也。证之傅山之狂草，尤为明显。

思想感情之充沛，又往往根源于针对性。无针对性，即外来之刺激物，不激则不厉，不愤则不发。激也愤也，都是针对之物。鲁迅先生之文章，岂出自心境之恬淡者？

不争气之奴人，皆窝囊鬼，哪会有好文章、佳书法？

二十日

为北京一鸣书法学校“虎”字书展作“虎”，《文心雕龙》句二幅。附经历、照片二。又吴庆云、苑恩光，长青司令夫妇作字。

党文蔚来，代表长乾、鸿儒十多位同学为我生日事，日期。梦大肆清理房舍。睡眠连日大好。刘丕烈老来告医师回上海。

决定为同学作字各一幅，帮忙朋友各一幅。

二十一日

大事：1.完成展作30件。2.书法讲稿。3.积大件精品。

二十二日

送陈俊民兄字四件。

简易功夫毕竟大，

支离破碎不久长。

二十三日

送吴庆云、刘纲民、苑恩光等同志字。窦文海来赠白石挂历一份，金猴烟。文史馆领凤酒2瓶，金猴烟1条。转送黎兄。

收太原日报信，索字“天龙”条幅一件。交太原日报编辑部梅智强、梅雪岩。

开始枸杞作茶饮。

二十四日

发姜福林寄0号。太原日报寄(天龙，条幅)。梅雪岩(智强)，阜阳冯文先字。翟英同志信。为北京举行和平年展出作字，又开封翰园主任李公涛先生作字。

二十五日

送贝贝到其母家，明日随外爷、婆回汉中过春节。晚饭后返回，留给10元。

书展事如到京，当上书最高领导，目的：争口气，日人语。

二十六日

见到吉虹兄，在她家用午饭。承她详为撰文，并于明日到临潼嘱刘建民同志誊抄，下星期来家面商付排。另索字四。再写一张作排版用。

书法妙境，时如蜻蜓点水，时若猿猴攀缘古木，轻灵便捷，饶有风趣。作字笔下不滞，有如清风明月，有如活风快水，使观赏家若服清凉散者，舒畅如浴春风中。这是一个方面。有时似旋风骤雨，风云雷电，惊人耳目，气势难当，此又英雄诗也，极足鼓荡之能事。又须如婴儿，嬉笑，啼哭，浑然天和，诗意盎然。字中得有奇景，有诗意，否则便无口味也。羲之也好，板桥也好，山谷、傅山也好，各有其天，自自在在，绝无勉强处，因无不宜人处，此之谓艺术。

《长恨歌》、《琵琶行》，人莫能到，以其善传神也。书法亦贵乎传神。齐白石翁之蝌蚪、花虫，人不能及，也在于善传神。如此而已。

二十七日

“思则得之。”一和外地人接触一次便得一次益处。

作字须领会“虚实”二字原理。“虚”处更为重要！神境全从此地来，聪明得从此际萌生，不知所从来乃佳。此是道家学问根底，要有会心，善于用儿。

发刘建民、李公涛等同志信、字。

作字六幅，海南岛四，建一，翟嫂一。睡眠大好。为刘老书寿词，行草，尚如意。

二十八日

发翟英同志信、字。看路克军兄，送字一件。作字四页。

书画中必须富有意趣境界，于人不觉处三笔两笔便引人神往。断无笔笔入神之字画。诗词中警句不过一二句，岂能句句皆精彩耶？一字生色，两字穷形足矣，善于点睛至矣。至于龙身龙尾，尽可有出入处，无关也。

二十九日

收到峰寄来《庄子七篇新解》一本，山西王孝鱼著。任平同志来嘱为中医师李昭瑞作字，明日动笔。文史馆赠张寒杉画三幅。山西电视台信，书稿 20 元。

三十日

终日忙于应酬作字，殊非长远之计。

陕报吉虹、刘建民同志来，摄影定稿。西高几位同学来。朱数学系。发梅津信三件。

三十一日

照拂书春联，理发。

二　月

一日

到吉虹兄家送补充材料。早点太多，改之。李壮猷馆长来，留条嘱四日下午二时到大厦开座谈会（统战部召集），带笔，为白纪年书记写祝词。吉嘱为启通宝兰作字：“人贵在于志，家贵在于和。”与之共勉。

领补差金额 170.82 元。六月—二月。

收到省委会统战部、省文史馆请柬，三、四日茶话会。

二日

买小立橱一具 90 元。检查傅千字文，重书跋记。临山谷经伏波词，做展用。

三日

参加文史馆茶话会，百余人。承姜鸿基同志推誉，作了讲话，尚好。吴部长、苑部长来握手。吕光明同志孩子结婚后，请吃喜餐。给胥、念先、秀生、侯应云。季朝海同志等字。甄同志自陕南归来，赠腐乳……女女来。心神甚畅快。

四日

铭女友雷艳，随孙子（从湖南大学）来，赠米粉、点心、莲子等礼物来家。她在五十三中任教。下午参加统战部迎春大乘。

五日

李晋林[①]同志送我回西安，照顾到家，甚感。在校途中遇到杨芝，送我到新居，足矣。

六日

整理书物。看二位任同志，胡海等。

七日

李晋林回临汾。看望杨、李书记、胥主任、黎兄等。清华大学副教授赵立生同志寄来贺年片，当回信。李嘱书扇子，书翟英同志信。

八日

发翟英、峰兄、晋远、雷起龙同志信，蛟云同志信。收到山西师大台历一份。鲁迅学会通讯四期一册。获鼓励奖。盟讯10。韩左军同志从曲沃来，送了不少花生，为我写评论文，嘱作字 3 幅，寄郑州经七路 30 号《书法家》编辑室。

九日

文史馆会。

十日

发左军、王蛟云、恩光、林鹏诸同志信。赵立生信。（清华大学）

十一日

接到胡风同志治丧委员会讣告，十五日在八宝山公墓举行追悼会，即在图书馆为书丈二长挽联一副。二位任馆长、胥超主任帮忙颇大。任平同志为拟内容，即付邮。

贝贝姥姥来，知莤颖食豆角中毒，已愈。温老病也好了，心情为之一快。整书物。

十二日

心境颇适，拟数句：

庄生宙宇，马氏天下，

傅山傲骨，鲁迅笔法。

先贤大师，开我步伐。

颖脱不群，豪迈骏发。

抱道不屈，拥书自拔。

万国何有？只此一家。

发福林信。李英明、朝瑞、航民信。

十三日

发丁纳同志信。又韩生荣厅长、赵望进同志信。

十六日

为南郊书协书大字幅。收翟英同志信。收益民、屈远信。跌跤。

到省委教干部落实办见赵同志。发翟英同志信、字。

十七日

“空中取势”，“笔断意连，”，得领会了。

下午书画会改选，仍担任了会长。

十八日

发铁拂、汪双，胡光亚、杨光、郭静西同志信。

王朝瑞信。（神州。大横幅，条幅。）

十九日

发朝瑞字。到陕报吉虹兄家。观张寒杉遗作展。见国英，嘱代问她姨母好。5 元买裤子一件。

会,游艺颇多。为作字四幅。四时返校。

五日

梦掉入大尿池，复入大海似的水中，洗之。

大搞卫生,整理书物,布置房屋。为聪弟六十岁作字:寿字,对联。

八日(除夕)

庄生天地,马氏世界,鲁迅精神,傅山气态。有此四招,导夫我前,便觉一片生气,何往而不遇!

九日

阴历“春节”元旦。龙虎,鱼龙变化,虎威震宇,祥瑞。大计:1.展出;(一鸣)2.出书;(一扬)3.书法讲稿;(除妖)4.庄文;(启迪)5.活跃,志四方。

无坚不摧,无发不中!

初二

阳光倍好,女、媳、婿一家都来,喜餐。任平兄、郭兄来。

初三(八)

发峰、英兄嫂贺年信。解琰买来“药”,感激甚。黎兄来。

四日

与黎兄去看方磊同志,看张光老。三三来,嘱字二幅。

吾所用之笔,命之曰:龙虎吞虏笔。

五日

发韩生荣、甄同志等信,为山西日报作字(字展)。

豫则立,不豫则废。(事前计划)

激则厉,愤则发。(欢迎逆物)

有志竟成。(毅力)

赴吉虹兄处,月底可登出。平凡同志上班,未见,留字。杨处长来,刘老夫妇来,约后天7时到小寨医院检查眼睛。

六日

发山西日报信、字。(展)

十五日(七)

与刘丕老到附二院看眼——老年性内障。王宇敬大夫,出席国际眼科大会。嘱点法可林,可延期。

十六日(八日)

雪兆丰年。夜三时二十分三媳生一男,七斤重。可叫个瑞虎吧。

莫俗气,为大人！高,大,精,深。

十七日

写书法稿。

十八日

到陕电视台王仰通同志家。任天夫夫妇,张光老,李副馆长,王法政……来。

十九日

收信不少。日本梅津(照片),翟嫂,王根学(寄字,颜草),杨默老,河南动物园,江苏等等。胡同学来,约看字。

二十日

发海洋信。戴俊来,送酒,元宵。收翟嫂、李英明信。贾福奎信。寿文字。

二十三日

发贾信。终南年会,又小寨协会成立大会,书三幅字。认识了西大张宣同志。

二十四日

作字——克平，李修斌父子女婿三

件。发翟嫂信。收河南翰墨主人信，知拙作已入选刻石。聪弟信，索柳、赵材料，山书。强儿信，汉中信。

二十五日

为朱平、严记、守敬、张修斌作字。

二十六日

发建国、成俊、品三、福林（经历）、黄克平（字）、劲知、李何老等信。

二十七日

为芮城书匾四页。夜，王书记夫妇来，甚感。

三　月

一日

到吉虹兄家，赠日报15张。又与翁维谦到全家谈裱字，约三两日送到，月底裱好。收姜福林信，可以去。老季湖海为我送来长方桌。刘兴搬放，并整理家。

取回裱字，明日送杨泽先生。刘丕老来嘱作字。

三日

送振兴全氏表山字。王守敬字，余敏、滋煊家用午餐。

四日

领工资116.87。

不应酬。

五日

发翟嫂、望进同志信（报）。姜福林字（12），振绪信。

六日

发日本彩石信，字。

七日

发林等4函。到文史馆付烟酒钱。

看透物理、世情，化得开，人生不过尔尔，有甚奇处？人贵有志，家贵能和。斯人无影，不必观睬。

催冒信。补费！

八日

发段彬信（宝鸡高家坡11–3号）。晨雨，约胥仁到小寨吃羊肉泡。送杨健生老腐乳一盒。电教系杨主任与强来，约教书法课事，每周二次。

九日

钟林元、王仲石同志来，均带礼物。书翟英同志信，字。须保体养神。不得过劳，少应酬。逍遥自在为要。读书写文作为取乐可也。心不存物。

十日

发翟信，字。铭病，请付大夫来诊，肺部病，开药，针。打针后，见轻。

健康！

不必谈甚工作，愈闲适愈好！什么名？人不知，最自在！

放心！保健！自适！万类何有于我！庄生良师。

十一日

三原参观，请假。

扫尽诸缘无挂碍，

看透物理乐事多。

反锁读书游方外，

偶来佳兴亦狂歌。

见小尚，正积极办落实事。

十二日

发王、任、品、北京书协、长治信、字。看方亲戚，未见。

十四日

发韩厅长、聪弟寿联。长安老年书家会孙、费两同志来。

十五日

与朱老师去看程克刚老，午餐朱开了账。邓同志来，送点心。收到翟嫂信。方济众老寄来贺展松画。北京师大历史系何毅亭信、纸，索字。（汉中人）汉中亲家信。兴平（政协）县委会张过索书对联，陈执中，美协王三京索字（交张西安）。峰兄87年1月19日80寿辰，阴历腊月六日。临汾师大中学生文学编辑部寄来刊，又50元字稿酬。

心上非常痛快！不存任何疙瘩了！得到广大人们的同情，慰问，夸誉。万事大吉，可以安心一意干工作。

峰兄寿辰尚有8个月，可以：1.容准备；2.一心做展字；3.编书法论文；4.庄文；5.房院书速写！！

作文，书信，大小事，须敬谨周到！不动感情话，使性，大人气象！

简易功夫毕竟大，

支离破碎总不成。

十七日

发翟、健民、修斌同志信。

十八日

为赵振川同志作字3件。

十九日

发北京师大何毅亭同志信、字，刘建民信。

二十日

夜西安电影制片厂三位负责同志来，取字。谈颇热，云我赴山西前再来。

二十一日

为电教系讲课。送史念海字。近日动身到京。

收到建国信。知省协等会对我展事颇愿玉成其事，并助以经济。仍用个人书展名义。尚同志来，人事处通过补助500元，裱字可有办法矣。

1.印字帖；2.千文，展字；3.郑石刻；书籍二种。

二十二日

发宁波海军杨桂松信、字（37510部队73分队）。取钱。收晋阳文艺稿酬10元（字）。

发建国信。收李何老赠所著选集一本，翟英同志信一件。陈之中老允为作画。

阎正斌，全孝文。（振兴裱字）

王汝业（铁一局，安徽）

书须沉着稳便，如胸有成竹，安闲处痛快流利，如高山流水。

二十三日

目空兮无物，

心去滞碍兮乐多。

海水震荡兮不随波，

山高路阻兮算个什么?!

到旅游局在芝园召开的书法会,写字二条,午餐后返校。发贝贝、铁夫兄信。

二十四日

姚伯言(一价孙,万荣人)由太原来。发李何老信。同海凤上大雁塔。

不苟然诺!

一切外事,什么有关出名的、讲学的、捧场的,大刀砍掉!屏除干扰,专务:养神,著作,书法,绘画。

二十五日

西北大学郭校长函任嘱写字数幅。送蒋弘基同学字。收建国信,山西师大加授书法课。不够分不能毕业,甚好!张耀老来信。

作字能放得开,自是可喜处,然能由放再回到敛,乃为更妙,所谓复归于婴儿也。婴儿者纯真也,举动皆出于天性,不受外物干涉,独来独往。愈凝练,劲愈大。内功,不外露也。外露者气易竭,无后力也。

为聪弟复制赵、柳材料三件。

二十六日

健康! 愉快! 幸福! 老年经,生活原则。

二十七日

文史馆开例会。电教专业薛主任、杨主任等来,送聘书一件。

草《艺术家的解放》稿。未完。

二十八日

收宋金龙、何毅亭、建国等信。

二十九日

草文稿。

三十日

完成初稿。《千字文》裱成,50元,一乐也。交文史馆字二幅,照片二张。

三十一日

定稿,待誊送出。

须清理一番,待发山西。讲稿,字幅。周强为抄稿。本月忙于书写、回信,浪费时间太多。琐事烦心,不宁静。渎用脑筋,神经衰弱。须放心,空心,力求轻松,松快为要。计划太大,包揽事太多,事事亲自下手,太累。

拟书法课:1.中国书法特点;2.功能;3. 当前中外书法形势;4. 今日书风;5.任务,责任;6.目标;7.计划,实施办法;8.概述技法。

每次课进程:1. 概述;2. 要解决的问题;3.要求,目的;4.重要性;5.技法,道理,做法(示范,写,放映);6.学生习作评述(纠正,姿势,字迹);7.留作业。

四　月

大忙月,成功、胜利的大活动,轻松愉快,忌紧张、疲劳。准备工作。

一日

新作原则。减少复信,应酬。节省时间。善用脑力,会休息。生活有规律,工作有条理,思想有系统。集中,少而精,有重点,有效益。

简易功夫毕竟大,

支离破碎总不成。

大人气度，大家作风，大天思之，大力成之。

唐僧心善，常受尽妖魔折磨。悟空常做错事，而能识别妖魔鬼怪，有本领，敢大干。对唐僧忠心耿耿，完成取经任务，大德，大智，大勇，备于一身，良师也。此中颇可体会出德智才能几微之妙，不可思议！

二日

见平凡。取《千字文》裱字。程老着学生送来字。

三日

取稿。取陈之中为画、字二幅。吴继孝来，午餐。任平同志许为车送车站返临汾。

陈文章（《探索》编辑部）、秦弘民（《教师报》）同荆玉彝等同志来，谈经历后为书封面字，个人字二，明晚来摄影。

学问之道须求放心（收心），健康之道则务放心（一切不存在心上）。

连日太紧张，殊无谓也，何苦？书法文艺等等邪气上升，闭门读书为要！

百事以快乐健康为准，余皆末也。

为利？素无发财观念；为名？已超过界限矣。故曰无为无不善。读书亦养生之一道也。

四日

昨夜睡眠颇酣，日记的作用。今早精神奕奕，大异平常。赵建功寄来《中学生文学》二卷。前汇 50 元，均未复。

五日

约卫东、戴俊、周强、杨兰同学们便餐。

六日

收太原晚报六元。发聪弟信。书乾县延长、兴平信、字。（政协张过）夜睡不足。赠任平同志书。

七日

发狄西海信、字。峰兄嫂、许麟庐同志赠书各一本。

八日

发董、启老、建国、振绪、宋金龙信。周强、兰送果品。朱同志取走灰提包。

九日

到王仰通、卫杏芬大夫家，开来药方，留午餐。

十日

发宋金龙、方磊同志信。

十一日

发韩厅长、日本梅津彩石信。

接建国电报，23 日到临汾，同车赴并。整理行装。

十二日

见张沂。

十三日

发董老、启老书各二本。发电报（建国），十六日赴临汾。书岳飞《五岳词盟记》八条。

十四日

发白旭同志信。（中国书协）

十六日

早六时半，周强和路送我到车站。小季司机。下午 2 时抵临汾，师大友人们正来接（王处长俊卿，井头人）。到铁夫家。

十七日

午十时郭书记、陶校长来看望，甚感！告以给予名誉教授，一年来两次讲书法。午饭在建国家，虾鱼，甚丰富，烙饼可口。下午同好友作字十数幅。贾起家也来，甚好。嘱裱字四十一幅。

十八日

午赴王俊卿同志家用餐。发家信。

十九日

赴刘延勃同志家午餐。

二十日

随校七老赴广胜寺游览。余子谷，何林天教授，郭璞书记，子健生，杜石坞老……文管所服务女同志晋桂元（讲解员）、陈玉泮，招待热情，已三次会面，成了朋友。各为作字一件，共八件。便血止。丁福生夜来。樊习一来，定为字拍照。

二十一日

整整便了四天血，便前量过多，自知过累。昨日从广胜寺回来，大约是由于在车上睡了一阵好觉，在文管所饮卡克利什么水（郭书记带的），照了好几张像，游兴足，心情好，大便居然正常，没出血。夜眠也好，更加精神矣。

寒流，颇冷。

二十二日

郭书记请早餐。扶青家用饭。

二十三日

同建国、扶青、克林于下午四时二十分到达太原，韩生荣、陈茂林[②]、张秉谦[③]同志接站，住教育学院。女同志招待非常周到。李书记、李秘书长（北师大毕业，教师）热情之至。

二十四日

吴思中陪同到山大去，看姚奠中同志，外出未见，见到史学系老兄，又见到张劲知全家人。

二十五日

开书法会，气氛颇佳。见到考古学家张颔[④]老，一见如故，书字三条，尚满意。一送李可风同志，一送教育厅，一送教育学院。三十余人开会。

二十六日

建国陪同到汾东公寓、张秉谦、田树苌同志家，林鹏同志家。

二十七日

霍泛副省长随秘书姚来。

二十八日

张劲知来，与唐见面，当有成。

二十九日

作字十二张，山西日报社有电话，约明日来接。中文系董、蒋主任来，约会——举行聘为名誉教授仪式。前日收到峰兄嫂信并许麟庐贺画。

三十日

发峰兄信。杏花村文景明[⑤]同志字。应山西日报邀赴会。

五　月

一日

节日。收到峰兄大幅贺词并信。发聪

弟信，峰兄信。与陈院长到韩厅长家。

二日

下午张劲知来接，夜宿其家中。一家人招待备至，如见旧雨。感甚！

三日

劲知陪到山西省人民出版社，见到朝瑞，张同志(女)，宋外出。约下星期二到该社。为李立功书记，张颔老，李炳璜老，曹福成[6](李云花)夫妇作字，题书签。作字颇如意。眠食颇佳。

四日

作字——李立功书记，山书，对子，中堂。送回教院。韩厅长适来视，商量展事。晚饭在吴处长家。

五日

上午游双塔寺，为书字一幅，韩厅长诗，照相三张，与韩合照一张。下午赵岩凌，厅长，陈院长，王同志，小阎选字。真出了大力！

六日

发贾起家、建国信。到出版社，劲知同往。宋云，稿费已寄家中，书尚未送到。

七日

作字二十多件。书岳飞《五岳词盟记》八幅，尚满意。为姚奠中学长作字一件，附信，明日托劲知带去。为刘梅作字一幅。所长刘敏赠葡萄干一盒。明日进城买眼药，傅书，茶。去看延龄、曹福成同志(取书)、品三。写信——何毅亭、李何老、文史馆。寄日本岸本清丹、泉弘子、梅津书。白旭书。吉虹信。

八日

书《步出东门行》小楷。韩厅长、张秉谦、文同志(女)来。约十日到厅座谈、作字。回临汾改期。张钧夫人送我来教院。

九日

到振绪家。赵延龄、刘届远、郝师傅来。校中来看。存600绪。

十日

到教育杂志社。有画家杨秀珍女士、李炳璜老、冯长江、赵连凯、田树苌等参加。作字不少。大餐。会中李参谋长之光来电话，明日到李炳璜老家会晤。

十一日(星期日)

昨今早在吴兄家用饭。昼夜休息甚足。收拾什物，字幅，未裱字，《千字文》均寄存他处。

十二日

来振绪家，发李何老、文史馆、家信，吉虹、杨默老、朱影同志五函。宋金龙、品三。为《山西画报》、《中外近现代教育家》题签。《山西教育》题字。

应李炳璜老邀，下午三时到他家会餐，见到张颔老，姚奠中兄，李之光参谋长，林鹏，水既生，王朝瑞等同志。谈天说地，快乐无比。作字多幅。又承张、姚、李老等赠字画贺词。夜十时回来。

十三日

晨振绪带我到赵延龄同志家，稍睡，书数件。望进同志便到，约整理山作品，100日完功。往晋祠书展场所，说明由他们定夺。大体上算已办妥。

十四日

又到赵家，转省委休干所，韩厅长办公去，未见。为王力群老作字一件，请为作画。交延龄装裱。到出版社。买法可林二瓶，1.2元。决定明日回临汾。

十五日

下午同陈兄夫妇到达临汾，建国、扶青、办公室主任、振维来接。

十六日

早同郭书记、陶校长、马主任、周老师、扶青到夏县，看过司马温公墓后，一同到武警专科学校。下午作字十数件。

幸得见到作家、翻译家戈宝权[7]老夫妇等，为书一件，其研究生（女），拿去写坏的一件。夜戈老来，许明上午为我作字一幅。

十七日

参加武装警官专科学校运动会开幕式，与戈老同坐主席台。领导讲话铿锵有力，如发出征令。运动员分系成分列式从台前正步越过，十分森严。

戈老送来书作，正楷，诗末附识文蝇头小字，工正之至。客气非常。大文豪毕竟不同。自矜人，不谦谨，只是水平不够，小家之气，令人失笑！

夜宿夏县招待所，孟昭民、文化局李副局长、起家款厚。

长城长万里，好汉争登攀。

青龙舞晴空，红日照关山。

“一九八六年五月十六日在山西夏县得识著名书法家卫俊秀老先生，承他索字，我既非诗人，亦非书法家，无以应之，特草录旧作游长城即景一首，敬呈法家教正。戈宝权。”

十八日

到夏县县委。

十九日

到温泉洗澡。在起家家用早餐。十二时在襄汾李英明同志招待午饭。

二十日

上午十时，师大郭书记、陶校长四十余同志为我举行盛会，授予书法教授学位。

二十二日

回景村，同孙饮一次。

二十三日

与村书记、村长高升等议改革村务，天井，修路。

二十四、二十五日

中雨，来师大，住扶青家。明日发铭信。收到她一信，吉虹送书一本。午睡，梦抱虎，两虎在身旁，一大一幼。

二十六日

发日本梅津三人书三本，五元多。白旭书。铭、朱信。明日赴太原，扶青同去。贾起家同志送来字二十件，裱工好，甚感！

二十七日

作字，展用，篆，隶。

二十八日

下午到太原，住精营东边街五号市一建筑公司招待所。

二十九日

赵望进同志来同赴晋，作字四幅段克明等。亢司机(铨午)应作一幅。

三十日

赴出版社，见到宋，书仍未交来。跑路不少。猛雨。

宋已函董老送四十元书二本，启功老送20元书二本。

一二日内告诉见延龄，询装裱事，力群先生作画事，补裱字事。

当草致谢词，讲座稿。

前夜在曹福成同志家，遇张耀教育厅副座，临汾人，颇健谈，明是非，为教师叫苦。又知八十年代已有八个高中优秀生，将届毕业，而犯大错入狱。

三十一日

到田树苌、赵延龄家。事办了。交给字四幅。篆联考虑。跑路不少。

六　月

丰产月。禁烟！拿翁："人能有一坚强之志愿，则千恶疗愈矣。"

一日

到振绪家送提包，到韩厅长家，知未返。未抽烟。

什么也信，什么也不信。自作主宰，自行安排。

收到杨默老自郑州河南水利厅(纬五路)惠赠贺画古松一幅。请吴思中兄转请裱。

四日

教院车送回振绪家。上午与品三兄到融慧家去。见了赵延龄、望进等同志，韩厅长。吴处长送烟一条。收铭信。

五日

发铭、劲知信。草致谢信。访韩厅长，未遇。适他也来家，留言，明日上午来。买灰色上衣一件，32.9元。品三来，谈甚久，感于人世道德沉沦之可畏！

六日

睡眠好。注意健康，发挥优势，打出去，立于长胜之地。学者态度——雍容自在，健康，坚决。

计划：丁纳、林鹏同志等联系京展场所事。鹏，秉谦文，日报文，聘书。傅山书艺事宜，讲学事宜，研究事宜。教学、科研、生产相结合。治社会病，健康发展。发亲家信。

书法有清心去欲，排除一切干扰的效能。"私立育民小学校"的牌子是恩先师田羽翔写的，张猛龙体。

韩厅长来接住教育厅招待所楼上九号。交给谢词。明日上午候赵延龄同志来。

七日

发李绵书记信。翟英同志信。张秉谦同志赠字照一幅。午，韩厅长约望进、秉谦、郭振有、梁等同志来所请会餐。洗衣六件。

八日

收到峰兄嫂寄来于右任纪念集、释文两本。收韩左军信，即复之。明日为作字。

炳璜老为作藤一条,颇佳。

九日

发方济众、峰、许兄等信。左军字。到鹏兄家,明日回到晋祠。

设想:1. 傅山书法专校(二——三年)。金石,书理,书史,哲学,诗词,技法,文学。傅山研究,省书史。2.讲师团——省内普宣教,书风,学风。(省教育工作者书法学会主办)《书风》,《书法探索》,《书法世界》,《书友》,《书法天地》。

看透物理莫多虑,识得世情常得安。

十日

于廉教授索书(石家庄河北化工学院)。为教育厅招待所作大幅字,并于、董廷远,振绪各一张。

十一日(端阳)

连日眠食大好,做梦也好,(96斤)健康了好多,保持下去。李何兄八十多的高龄,童颜,我何不得那样?

十二日

理论:社会——战场。取胜——人生的目的。目的的目的——美满。

具体实践:理想(希望)(对象,针对性,力源,逆物,同路)。计谋,筹划,组织,安排。资本:财富,才能,干才,风度,仪表,魄力。

武器:学问,技艺,关系(人)。

自信,快乐,顽强。

马,列,傅,鲁。

七时去看望进,延龄同志,在延龄家午饭。知会谈情况,甚感!

十三日

发张光祖老信。书黎风、周强、家信三件。贾起家一件。建忠等来索字。

十四日

发日本梅津彩石信。

农村干部之恶劣,律师法官之无理,社会道德之败坏,书者之贪财,经济界之贪污成风,凡此皆足以励吾精神,高我身影,独来独往,目中无物,轩翥肆行者也。

目的明确,针对性强,下药对症(对策)。

今日缺乏两种人:包公——是非严明。孙悟空——敢闯敢干(不是胡闹)

十五日

星期日,无事可记。

十六日

发建国等信。九时看韩厅长未遇。见到望进同志,午餐在他家,约有韩、周廉(半坡小学,书法女将,赴西安夏令营十数孩子,小学生,十岁以上的)。作字十幅。

以往腹部一揉,就有水响动。近日揉不揉没有声响,结实了。年余夜里推揉的结果。

十七日

发铭信,索钱。左军信。到出版社见任兆□同志。王朝瑞同志告,前所作大幅字,已发稿。印出后,赠三十份见李炳老,将赴东北去,需要印章,改天送去。买鞋一双,4.57元,药2元。

梦联语,通夜绕心:生意兴隆通四海,财源茂盛达三江。

十八日

昨晚接赵兄电话,上午八时同平副处长、周处长来晋祠。午饭后赴天龙山旅游。与胡渝所长相识,洪洞人(胡毅仁之子)。游西峰,东峰,佛头多为日本人打去偷走。观盘龙松,奇甚!益我书法不浅,悟傅山书法道理,《再咏石檀诗》愈透。下午观拍《西游记》照,与猪八戒、沙僧合影。识杨洁导演,唐僧扮者迟重瑞。今日作字。

十九日

上午，赵宝琴同志邀到他家作字,十一时乘《西游记》演员车到其住处,见到导演杨洁同志,唐僧、猪八戒、沙僧扮演者同志们,知道沙僧同志以《西游记》册片带到摄影场,寻找不见,带回。及见到我,满怀高兴。杨导热情的招待,合影,感谢我的字作礼品。午后赵为我饱观傅山字作数十件,甚慰。为解决了几件难题。

孙悟空扮演者托田江水同志（稷山人)索字,当一书,由田寄之。

设想:盘龙松作诗,书之,刻之,可为公家得外汇……元。当建议。

二十日

为晋祠作字,对联,张颔老撰句:亭在悬山之麓,地高晋水阿旁。横匾:阿旁亭。扮孙悟空演员章金莱索书。

二十一日

回太原市。教招。

二十二日

到望进、延龄同志家,均未见。张秉谦、孔等亦未面。开会入闱去了。张颔、林、曹同志等均须看。教院,劲知。纪言子宏宽字。韩,桥东公寓。

民歌,民族传统基础上,吸收外来有滋养的东西。特色:1.民族自豪感;2.整体性。其他,语言准确,生动,活泼自然,神色。

山西话剧院导演董国华同志与田江水同志来,取为章金莱书字,又索字各一件。

二十三日

赴李炳璜老家,为书对联一副,一同去看张老,共进午餐。晚,望进偕××同志来,畅谈。接到黎风兄来信,知校领导要调。

二十四日

上午林鹏同志家进餐，张老头昏未到。李老,长江同志在座,为书数纸。

下午到教育杂志出版社,幸好田树苌同志在,当校稿三件。秉谦同志陪同到陈院长家,任书记家(八楼)。明日教院车来接。取字幅。

奋斗力之由生：针对性——仇者,逆物！恩情——感动!

二十五日

到张劲知家,携酒二瓶,其母赴新疆。反赠葡萄酒二瓶。下午李守清书记来。收到文景明厂长信,照片。朱影同志信。扶青、克林来到。

二十六日

发文景明同志、朱影同志信。又发铭、出版社信。于右任展册送韩厅长。

二十七日

发翟嫂信。秉谦等同志来看了前言照片、安排。颇好。姚先生题字。

二十八日

到赵延龄同志家，住一宿。

二十九日

看望王中青同志。丁纳同志嘱咐三事：1.要经历——介绍政协委。2.为深圳"体育大观杂志创刊周年"作字，又深圳梨园社写唐诗，又为子赴日本作字二幅。3.写中青兄史(品三兄共)。

赵雨亭老嘱为册页题字。霍泛老家观傅山大幅屏，颇佳。任映仑兄家用午餐。带回冤案书一件。接日本梅津女士信。

三十日

月终，忙了整月，朋友们都为我忙了整月。有时忙乱，浪费时光不少。

昨午后与望进友看字幅，他为我写评论文章，问到代表作、特色等等。

要事：1.签到，意见簿二。用宣纸裁开，书后再装裱。2.摄字照——印册。3.合影纪念。4.接待，接友。5.总结事宜。6.赴京准备——访友：李尔重、段云、孙玉石、张晓凤夫妇、柳倩、赵朴初、黄苗子、欧阳中石、政协会议室、郑思远。7.卖，书写。8.收卖票，签名，招待。

有礼貌，少生气，人间协调关系。美环境，不生气，有趣，希望，情畅，健旺……知识，学问——精神寄托，涵养开阔……思想——理想，指针。拿翁[8]曰："余只有一语勉汝，曰为主人！"这是句好话，看你会不会正确理解！因为没有一个人会说："当奴隶是很好的。"

为日本、深圳作字。文化厅四件。

晚上劲知陪周强来，甚慰！带来300元，衣物等件。七日返回，当为找字画、材料，带点东西回去也。

1984年，《青年一代》设立"道德法庭"专栏，好极了！可为冤家鸣不平。但顶什么用？

七　月

大演习期，颖脱月，百胜节。

一日

陈建设同志送来裱画(杨默老)一件(苍松)。为深圳体育杂志社、梨园社、日本……作字。

安克林自作联：从来多情空遗恨，该到绝情便绝情。经验之谈。

好心操不得，铁汉非无情。

丈夫过闹市，睥睨众鸡虫。

诈骗，偷盗，无品，取闹，种种不仁不义事，虽欲不高谩，岂可得乎？长此以往，又何以了乎？

买《傅山诗文注》一本。

二日

雨。赴丁纳同志家，送字件、履历。延龄家，李慎字。青兄精神不错，颇喜悦。午餐吃饺子，丁纳同志同媳、女做。南宫期满，拟即到晋祠展出。

三日

为中小学书写教室、办公室标语条幅。偕周强、劲知到出版社取回傅山书 80 本。钱已扣除。购《急就章》二本,《丹枫阁记》一本,赵之谦篆二本。乘韩厅长车返所。发胥超等信。感谢派周强来为书展帮忙。又家信。

四日

夜同左军、起家、扶青到望进同志家安排展出事。

五日

合影。韩厅长来。接到峰兄嫂信。他们是刚从南方回来的。

六日

书法,不从学问上、做人上着功夫,只在字形、安排、结构上标新立异,寻求创新之路,此之谓舍本求末,做梦！字如其人,失灵魂之之物,有何可观？须好好作篇文章。

发峰兄嫂信。周强来。明日回西安,付 30 元。

不欲即仙骨,多情乃佛心。

八日

为老友亲送请柬。新疆军区休干所为我安排车送回。午餐在张劲知家,并午睡。

九日

韩厅长陪我看望各省长、部长。去张雨田同志家。总机 24451–26396。

忙甚！心急！其实是多余的。朋友主张虽不同,有统一办。刘届远忙碌万分,朋友们同样。左军、起家为我摄照,滴水未进。扶青、克林、建国办了多少大小事。韩、赵更不用说。秉谦为印刷。

十日

开始,适洋马竞赛,交通至下午一时才解放,幸得通融,得到南宫会场。市领导来了不少,快甚！雪岩记者(太原报)来谈。

十一日

郭记者面询甚详。青兄,力群,颔,市袁书记……均来。安志藩老,李炳老早八时即来。前来为李济远、陈其安嘱作字。王焕同志邀到办公室吃瓜。发王蕴玉、张光老信。

十二日

政之、雨田、丁纳……诸同志来参观。晚,市电台三位来采访,谈甚热。李朴同志也来。

十三日

发峰兄信。又寄说明、请柬,太原日报评论。

在展厅为百余北京函授学校山西分校学员讲解二十分钟。山大钟渠晚来送方磊同志信,陪我去陈茂林院长家,未遇,留言,复送我回所。甚感！嘱作字一幅。随后写寄。曹福成同志明晚来。印《野草》书有希望。与袁旭临(文化局长)同车回所,后当为双塔书对联。约期到他家面叙。届远同。夜眠不佳。梦穿套先岳父大皮衣,长,卷衣。

十四日

赵(阳曲县工商银行),天津电视台为拍电视,座谈。

十五日

客人甚多。汾酒厂长文景明同志等邀赴迎泽饭馆进晚餐。嘱为书对联。纪言的夫人一家来。曹福成同志来。市电台来，为作字，题书签。振绪、振维来。

十六日

省市领导继续来展厅。品三、融慧兄等送来贺词。

十七日

上午刘舒侠、邓晨曦等老来参观，备于推崇。拟邀为老年会顾问，讲课。下午收拾字幅。晋祠文管所长车来运去作品79件。午，谢启源请午餐，王焕同志同餐。梦大水，足陷入。

十八日

太原工艺研究所刘太平同志为安排车辆，十一时到晋祠文管所，郭处长、任所长等招待。

十九日

为刘丹峰（十六中校长，前所长）作字。水提夫同志邀至其寓晚餐（干部疗养院书记）。为补书其七十大寿字一件。清徐县书记、局长等八九人来访。航民家来，不及招待。陕西文史馆馆长薛崇礼、王心白、张光祖老、李珂、徐耿耿同志来慰问，甚感光彩！韩厅长适亦到，欢会，午餐。所招待。同回城内唐明饭店。

二十日

乘省文史馆车再去晋祠，为了我请文管所所长任、张书记志义午餐，花钱70元。即返。下午韩厅长、赵部长、袁局长、柴厅长、张秉谦编辑、吴思忠处长、辛、届远、刘素珍、山大等三十人在教育厅招待所请陕西客人晚餐。非常热闹，感谢不尽！

二十三日

送醋、烟、小衣物给陕西客人。山西文史馆请陕西客人吃饭，买车票。张光祖、王心白二老晚回西安。薛馆长三人明日赴天津。夜刘太平来嘱为“晋文斋”写匾，并任顾问，愿为赴京展大帮忙。

二十四日

发郭春塘、王俊卿、梅智强等记者同志信。峰兄报。午饭在振绪家。中央电台已放出我之书展。下午韩厅长多人来参观。与牛桂英，水提夫，韩厅长四人合影。

二十五日

在赵宝琴家书碑石（天龙山盘龙松赞）。赵部长偕余市长等专来看我，云，23日中宣部副部长夫妇，又贵州省书记同来，适在太原，不及一晤。云都听说我的名字。邓晨曦同志留条。为万里副总理作字。

水同志送来照片。卜秀玲、任所长请晚餐。

二十六日

回城内。

大乐：

1.79年平反。

2.86年7月太原展出。

君子兰。谢十一个单位的友人。吴处长纸。问赵部长处照片。晨曦信。刘老事。

二十七日

中堂兄来，知融慧眼出血。约照相改

期。

二十八日

与韩厅长到刘舒侠处，他很为我吹嘘，嘱书“汾水灵沼”(宁武汾水源处)。丁纳同志嘱为政协书“长城”二字(政协报)，以后多作字，国际展售百分之五十。午餐在韩家。同看牛桂英同志。送各家字。邓晨曦老来，谈及字幅留存事，云改日约颔、姚、璜诸老聚会。又聘顾问事。

二十九日

清理了一番，须静静了。要事：1.致谢会。2.京展。联系展厅事。3.印册子。4.西安展。5.处理　　留一半。

刘太平电话晚上来，约聚餐，嘱改天再议。扶青、克林回临汾(10时50分)。感到累了，拟速回西安。一切善自排遣！心无凝滞！会休息，会工作，永在康泰！

下午应市宣传部、人大之邀去座谈，讲书艺。作数条字。夜刘太平、韩冬梅来，约午餐。

发翟信。买白内停，B2，一元八角多。刘太平请午餐，正太酒家，48元。作字四幅。夜，张天亮同志来(民盟)。

三十一日

发吴家裕同志信。晨到曹福成同志家。明后天晚上来，取《野草》稿送人民出版社。他的《中外近现代教育家》八月中旬问世。看品三、鹏兄。王俊卿、届远来。师怀堂针灸家来请，吃西瓜，嘱作字。明日来接，到山西针灸研究所为我治手颤，白内障病，

八　月

凯旋月，胜利。

一日

连日夜睡眠颇好。须好好休息几天的。针疗。

二日

针灸所车来接，针疗。为书三幅。孝义医院院长瑞龙来索字。十月四日下午同去晋祠看书展。梁所长送来两个瓜，甚感！太平来。

三日

为省政协题报刊“长城”二字，如意。邓晨曦老约八日下午与张颔、刘舒侠、李炳璜诸老聚会，进餐。

五日

早约与丁纳同志赴晋祠，见水提夫同志。为大兰、王森林、瑞龙、徐等作字。

晨到曹福成同志家送《野草》稿，附《探索》一本，李何老介绍信。今后须为丁大作字。省老年书会即成立，嘱任顾问。

四日

宗泽送稿酬十元。北京市教育考察团来谈。

潇洒自如，不疾不徐，自自然然，若有其事，若无其事，不在意，又在意，得之于心，养之以神——一切艺术佳作，不外乎此。婴儿的一弹腿，一展臂，喜也，笑也，一片纯真，烂漫宜人，处处诗意，可贵也，可师也。演员，歌手，须臻乎此境界，乃得称

为神品。可味而不可道也。此盖道家老庄哲学之奥妙处，难与俗士言也。（偶识）

望进同志来电话，云明日赴京。明晨来，为作书，介绍见峰兄。

五日

赵同志来，带去介绍、日报等材料。又书信一件介绍与雪兄会面。

丁纳、朱司令员来，同赴晋祠，直开干休所疗养院，为介绍水提夫同志，同到李永林院长处（万荣人），商量书画事。又，所办公室主任安排了我的午餐。赵宝琴照顾为取饭。复到他家为青兄女司机耿玲玲作字二件。又二件。午睡一小时许。

中央老年书画会习仲勋会长、省分会朱任会长，丁、付将任我为顾问，出《书画世界》，半企业、半学术性质，对象：全世界推销。外省书画家可参加作品。女女和振绪来，小赵、秀珍颇为礼遇。

六日

小赵领游，照片十二张。秀珍请照相，合影。赠高级烟二盒。下午二时，所为备车，女女与振绪回太原。

六时返回太原，天龙山所王所长同来。带回花君子兰等二盆。振绪全家，女女来招待所吃瓜。树苌同志留言，明早八时来，有事面商。交女女二十元。师老昨夜来，饭后，照手电看字展。

七日

晴。针灸。作字二件。女女回景村，付三十元路费，二十为虎虎买玩具。发文景明信。

八日

发建国、扶青、克林信。

五时赴邓晨曦老家，宴会，李炳老，张一同志，刘舒侠在座。刘太平来，为装裱李老藤画一件，约明日来，决定到晋祠。云张耀（军区顾问）要来。嘱为李镛（正太酒家经理）、李光荣作字。

十日

发郭春塘、文景明等同志信、字。到陈铁夫兄家，振玲全家也来了，还有小介。

须办之事：1.约曹、出版社数友一叙。2.约韩、赵、届远、延龄、太平、秉谦……一叙。3.十一家……4.老友……5.赴京问题。6.印册子事。7.整理材料——成就，影响（悟空，报纸，桂英照，丁、翟信，晋祠碑字，贺词，汾酒厂，晋文斋，领导字）。8.赴日。

十一日

发薛崇礼馆长信。韩厅长偕董处长来，云，二十一日中小学书法评奖会，嘱书字幅四件。树苌取并州饭店联，并小匾字。

十二日

去教育厅，孟学林嘱为小草堂书画社社长程一鹤作字。发铭、思忠同志信。交奖品字五件。作书：对象——男女。内容——大江，柳雨。思想——文文山，岳飞。体会——日人，劲，真字，灵魂。心情——场所……效果各异。

做人！爱国主义。舍书法传统，学外国人=不爱国！外人笑之。得不到东西！所以不爱国。名利熏心，艺术？

爱国，公——自豪感——真情——大

作，佳作。

成人考委会，崔毅、温政中、赵玉清赠相册一具。

刘太平偕女同志来，约明日到晋祠，十时来车。

十三日

眼入磨甚。与烟永别。健康，省钱，少麻烦，益多！

十四日

刘太平、韩冬梅同赴晋祠看书展，刘请合影。午餐。夜与谢启源谈赴京展事。

乘所内车与任、王（管书库）回太原。午睡颇好。食多。发雷秀峰信。雨日夜不止。

十五日

晴半。眠甚好。接邓晨曦老电话：正筹备老年书会，将送来聘书。须作数句以祝贺之。

邓老处收到聘书，顾问。二十日上午八时开成立大会——山西老年书画研究会。来车接，须讲话。

十六日

看张颔老，吴连城老。建国、成俊已来太原，明早来所。

书法课，一家一家地深究，1.原委；2.特色；3.发展影响；4.功绩；5.技法，基本功；6.规律；7.作者生平——时代，学问，道德，志趣，个性。

十七日

未出门，休息。观章草，有心得。篆隶逆锋，藏锋。汉简、章草顺笔，露锋。后之真行草均依此。魏体两者均用之。

十八日

翻阅祝嘉老《书学格言疏正》，是本大好书。

接铭信，知陕报已刊出书展文章（文史馆稿，8.28）。《文汇报》、《人民日报》也有。朱影同志见到电视（中央台）。

十九日

托杨同志、成俊为保平办事。理发。

二十日

上午参加山西老年书画研究会成立大会，担任了顾问，作了讲话，照相。仝云书记约面谈，嘱书对联（金石……）、中堂。

郭肖晨（光监先师女婿）嘱书。迎泽大街 54 号，山西黄河画院工作，电话 25335。田际康老拟赴晋祠看展字。张颔老嘱书对子：观其为文不随时趣，与之定事大有古风。

《老子新解》，《汉溪书法通解》。校正。中国书法丛书。

二十一日

发李何老信、书。上海、大同信、字。下午教院陈院长来接到校。

二十二日

举行山西省中小学书法竞赛，与张颔老任顾问。各地区共学生 50 余人，分组举行。当面动笔，规定：1.楷书，内容，60 分。2.自由书写，规定内容，40 分。成绩不错，最小的六岁。下午发奖，作了讲话。送《日知录》三本。

二十三日

上午到晋祠参观字展。各区师生邀合照不少,二时返校。下午八时回教育厅招待所。

二十四日

夜到曹福成同志家,政协田际康家。

二十五日

作字。

二十六日

夜朝瑞、林鹏兄等来,未见面。冯长江同志一人等候,为作六幅。中有作家二人。

二十七日

与朝瑞赴师怀堂兄处,针灸一过。知患胆结石者大量吃红萝卜、芹菜,大有好处。与朝瑞到面食店(大南门内)吃凉面,可口。共看《千字文》。午睡。谈论颇惬。将为我印展册。分为早期作品,临摹作品(瘗鹤铭,郑道昭,千字文,羲之圣教……),近期作品。比例为2:4:6。要寄字照,拟请方磊兄办理。为述余之遭遇情况。师来,给字一条。为小海、小介买水笔、本子,花10元强。明日为司马光逝世900周年学术讨论会作贺诗,寄之。

朝瑞:"王铎作字,较有意,人为的。傅山作字写自己的生命、灵魂,气血发作,有法无法,有意无意,一片真情,狂而已。

神品。"

山西晋华纺织厂二十八日成立大会,函邀参加。应之。

师大图书馆梁月琴索字一条。明日速见望进、韩厅长,取画。

二十七日

看韩厅长。在刘政之兄家午餐。牛桂英[⑨]同志送汾酒一瓶。

在长风剧院与赵望进、袁旭临、韩决定二十九日下午七时半在教育厅招待所请五十余位同志茶话会,答谢。太平来,约明日一同到晋祠。代告田际康兄,展已结束。又代送全云书记字。

二十八日

同赵同志到晋祠。薛秀珍同志送山字一本,晋摄照三本。余赠傅文一本。

二十九日

夏县苗修林到家,礼分。圆满结束,夜答谢会,教院为我开支200元,茶点。到50余人。领导,记者……皆大欢喜。心上这才大大轻松了。大喜事一宗告成,花6000余元。

工作:1.摄《千字文》、云峰山刻石等照片。搜集旧作。2.函丁纳……函出版社,促成初步《野草》书。3.同陕书协、师大、文史馆谈京展事。出资3000元。4.创作字——创新,补作品(京展)。5.自传,助手。6.开展工作,讲座,书法十讲。7.秦晋沟通,书画互展。8.交结知己。9.培养后进,孙子女。10.整理村务。

三十日

振绪赠竹叶青酒二瓶。得信,鲁迅会,赴京,十月。太平送书字。借友好照数张。为雨亭老、十中礼贤作字。张曾同志嘱问好。七时半太平、韩厅长、振绪送车站返西安。

九月(健康月)

一日

到文史馆。见薛崇礼、李壮猷、吴家裕、王心白诸同志,各送书一本。看张光老,病,中耳炎。李珂同志赠照片二,托购月票。领补助32元。夜见胥超同志,李绵书记,杨处长(未见),送书。为燕燕升学事。收到中央文史馆感谢通知。

二日

到图书馆看诸同仁。收到日本寄赠《东北书道》杂志一本,请阎明同志翻译信(彩石)。整一下午整理信件。明日作复。李绵书记嘱为省顾问委员会作字。陈立人嘱为教育部某司长作"大江东去"词,横幅,系司长指定者。收到汉中吕从周、黎风、张晓风等同志赠书,各一本。吉虹兄前赠书一本。

三日

为文史馆书"寿"字。复印材料,看朋友。

四日

文史馆开学习会。教育,15万大吃。农村生育大放。贫不少。痛心!如何了!风不正!

有堂为我查诗,种种帮忙。七日为非洲救旱在大街作字。九日文史馆书画会。

五日

接劲知信,拟入教育书法学会。送吉虹、建民、克军、一宏各一册。午餐在吉兄家。赠其谚语本。题字金10元。为峰兄买右任草书集(上)一本,3元多。曹全一本,增杜岳母。

六日

发峰兄右任草书集,罗元贞教授字,北京《书法丛刊》编辑部字,照片,履历。

郭平凡(槐年),山西人民出版社古籍整理编辑室。

七日

为救济非洲旱灾,上街作字。雨中,写三件中堂,卖了50元;对子先付10元(未带钱)。复陈俊民同志信,付材料(新加坡)。疲累,须好好休息!

八日

赵万怀副校长来,嘱为北京教委赴美十名大学参观用作字十幅。

消灭占有欲,发扬创造欲!自力更生!(出展)

九日

文史馆开组会,作展出报告。

十日

取作品(画廊)。徐耿华、李珂同志来,交"寿"字幅。为作字三幅。吃便饭。又为展销作二幅。交王子德同志,共四件。收翟嫂信一件,八日写。做教委字六幅。明日补足。

十一日

接左军同志信,出版展作集,已同王朝瑞同志谈过,已无问题矣。送刘安国老书一册。交年会傅山文一篇。

十二日

给电教系上课，作字二幅。与赵书记坐片时。与校刊、学报、侨联各送说明书一份。发赵、韩信。

十三日

发薛秀珍、刘太平、曹福成、振绪、届远等同志信。

十四日

方胜同志来，赠给信、书。夜，徐魁善同志（记者）、强来。

十五日

为徐书一张。青海、兰州字。发左军同志信。

志，令：1.恬静，拿翁师。2.志，事业。3.绝外缘，少应酬。4.莫为人计。5.体格，人格。6.识人，明己。

十六日

山谷、王铎字，下笔多从远方来，右上方攀探甚高，字态宽博纵放，故大方。亦疏爽，如大人气象。紧密处，造型甚乖，章法大小参差。一字中部分搭配有倾左，倒右，将分即合，统而一之。

外事谢绝，闭门养性，保健第一！老年人有甚过不去处？

十七日

人能敢于藐视一切，才能压倒一切。颖脱不群，王长自得。万类一刹那，人生不过一场喜剧，戏完便了。地球不过一粒米之大，人能有多少高？玩之耍之，可也。

尼采的超人哲学，酒性的人生，吾之师也。

达尔文的生物世界，彼此关系不过相食耳。国际情状有何是非真理？礼仪，骗局！历史社会，千古正然。慈善，假象，背后刀枪！自得，自适，自居，自安，有“我”为贵，第一保健。（晨，偶感）

复习不愧，养生要道。读自家书，写自家文，乐园天堂，婴儿世界。

发彩石、杨默老、青海博物馆、兰州兰山印社信、字。

十八日

发民盟中央信，书，报纸。翟、卫中兴信。

交盟费三元。收罗元贞[10]、林鹏兄等信。

十九日

下午参加文史馆为八十以上高龄馆员祝寿茶话会，有名演员康振绪、肖茗兰、张心华，戏校校长×鹏，学生等清唱，甚好。康等大有感情气势，肖之节奏。

参观院校字展，殊无意趣。

此真绝矣！可以少花时光，专心致学矣！

给民盟省委会填送表。

安心写作。1.庄文。2.书法讲义。3.傅书。4.峰兄寿文。

定于一！凝神，远恶魔。务正：著作，创作，远征。

二十日

整饬：1.珍惜时光。2.珍重精力。3.脱去俗事迎接。4.专事学术、创作——一套。5.慎独。6.胖，健。7.调理生活。8.条贯思想。

9.加深挚友关联(知己)。10.大学者诗人,高人修养。(风貌,气度)

摔汰一切渣滓,远离妖魔鬼蜮!创建乐园,世界外之世界,不与妄人言。

急办:印字册事,北京、西安展览事,房院事。

二十五日前办清复信等琐事。赴黄埔村,修养一番,下月正式开动!

发秉谦、思中同志信,聪弟信。

"武王一怒……"。武将风度。

刘兴来,告说《书法报》载《书法家》六期目录,有我一篇,想系左军所作。

一件作品,每个字有如一个名演员的演出,要有形态,有神韵,有灵魂,一举一动,含有多少的聪明智慧,动人的魔力!全幅字有如一场戏,各个角色要配合得紧凑,有情趣,和谐,令人醉倒。

二十一日

帮忙人来。

生活规律化。自由王国。

思想系统化。世界外之世界。

人品高尚化。

行动敏快化。

朋友诚挚化。乐园。

研究专一化。

发梁佩绪、林鹏兄,上海张健,彩石信四件。又吕从周信、字。徐文达、田树苌同志信。

二十二日

书张晓风、李何老信。清理书物。

二十三日

夜请胥超同志座谈会,在天夫同志家。作字三件,可可。

二十四日

发复张晓风(胡风之子)同志信,又师怀堂、贾起家等同志信。午约周强、杨梓、卫东、戴俊吃便饭。任平同志来座谈。提醒:保健!上午工作,下午玩,过得轻松。Yes!到平矜兄处。看白羽《一代风骚》。

不赶任务!莫应酬!心境常在自在中。

字境如高山流水。"云气意行似天"。傅山:"云气行天取其意而可矣。"直情迳行,浮云变化,不可捉摸,雍容自在,笔外逸气。太白以气象胜。要做出气象的诗,得有个气象的人。

创造才能,内在的强烈的高尚的同情渗入作品,成为民族的灵魂。

"充实之谓美。"

"只追求真实情感,恢弘气度,浪漫主义神采,而不在艺术美的严谨完美上下大功夫,做大锤炼,艺术就缺艺术最强大的夺人魂魄之处。"(《红旗》10.19.86 刘白羽《一代骚人》)

"我们应该摄取中国文学传统之精髓,吸收外国文学之精华,但立足点不许在……立志创我们中华民族自己精湛的艺术。"

二十五日

从中国看世界,要发挥自家的优势和长处(正义,和平,大国,人众,举足轻重)。从世界看中国,要明白自家的劣势和短处

（经济、科学文化不如人）。

二十六日

发颔老、宝琴、思忠等同志信。

作字一笔一画，犹如太极拳中之一举一动，一字等于一式，一幅等于一套，处处沉着，处处灵活，回环自然，一贯到底。无破绽，棱角，断续，虚实，节奏分明，精气神流韵其中，像一个活物。此之谓章法。意有所向，气在鼓动，神似在流，劲而清和，味之不尽。

人怕就怕在“不怕”二字上，人能不怕，一切皆怕，此之谓勇。

书中要有金石气，（刚健，不随俗），书卷气（雅味，学者，道行）。

书：形——形态，面貌。

神——高韵，深情。

魂——妙道，志向。

晨，遇到李钟善副校长同志，告以将成立艺术系，请担任顾问，云云。

二十七日

收翟嫂信，书收到。文史馆座谈会，甚好！

心已收得住，便是英雄！拿翁，师也。

准备好书法讲稿。

二十八日

路克军、陈久斋老们来座谈颇久，甚快！嘱作字二件。看望陈之中老，遇钟明善同志。

二十九日

夜眠甚好。想法多：

外绝俗缘，内无凝滞，

心通天地，江山万里。

咥彼鸡虫，高视广宇，

收拾精神，创建乐域。

体重 90 斤，掉膘不少！

不激无以厉，不愤不得发。激也，愤也，逆贼也；厉也，发也，师友也。师友固为吾恩厚，而逆贼更为吾之圣哲。故逆境比之顺境尤为可贵！彼助我发愤忘食，乐以忘忧，此之谓也。

三十日

去大厦看日本电影，统战部招待。

收丁纳同志信。

十　月

健康月，厉发月，准备月——明年出征

国庆

发罗元贞先生、段炼、劲知信。

二日

《影的告别》是《野草》中较难懂的一文，原因就是它是影，不可捉摸，它要沉没在黑暗中。太阳出来，连黑暗也完了。人贵在踏实！

为古都文化艺术大厦作贺词，尚好。收师大《中学生文学》一册。

三日

将谋远征，一须有健康，二须有阿堵（钱），舍此等于做梦。胸中有了一个“大”字，一切便放不到眼下，何足道也！

能吃，能睡，不用脑子，少思寡欲，养

胖之路。加之运动,始为健康。

到文史馆领取月票,又30元。再到古都文化艺术大厦,交贺词一张。师大仅余一人被函知。又知茵侬夫人逝世,已月余矣。

四日

文史馆开学习会,发言。

五日

作字四件——卫中兴,黄再生老。又外事处印册子二。吃罐头肉,肚子不舒服。发起家信,20款。建国信。

六日

发航民、张修斌同志信。(修斌赠汾酒、竹叶青酒二瓶)。

七日

夜应邀赴解放军三五一二厂,书法座谈。作字三件,赠集相册一本。

八日

病愈。书卫中兴字,许慎纪念馆字,明日发。草庄文千余字。看电视,西洋大艺术家创作,英雄报告,颇多感触。

作字——要有大艺术家雄伟气魄!

贪污受贿者可以羞死!

午梦大水,晚接汇款单。

九日

收河南美术出版社稿酬20元。

十日

发丁纳同志信。胡家庙木材加工厂取字二(外事处印)。发秦洪彦、中兴字。

十一日

发克林、建国、扶青、赵雨亭老、翟嫂信。

十三日

收望进同志信,即复。到滋煊、方胜同志家,李嘱贺词。

十四日

夜饮水不少,腹松和矣。

孔子七十而从心所欲不逾矩,今已体会到了。即对一切得失毁誉,种种制约,均置之度外。我行我素,此入道之心境也。只务个人想做的,力所能及的,随兴而作,坦坦荡荡,自得,自适,自乐,亦人中神仙矣。

庄周良师,看透物理,识人情世故,管他娘的!可以健康,可以长寿,足矣。

十月内准备:

1.书法上,讲几个大题。

2.庄周文年内完成。

3.作品,大力积存千百件。

4.固牢几位有肝胆好友。之外,什么鸡虫、曹商之徒,无道德,没本领,而自高身价一流,均须摈除眼外。

不逢场作戏,不随域进退,不趋炎附势,一个忠诚,大天而思,大地而行,大事而为,岂不伟哉!

发左军、温亲家信,王焕信。

十五日

参加老年体协,到百余人,为作字四幅,求者不绝。

十七日

党文蔚来。为电教系上课。作字二:孙平部长和田文棠同志。

十八日

发王朝瑞信，宋金龙信。

十九、二十一日

为峰兄草八十寿文。工作有重点，一件件来，心不烦乱了。

百事看来看去，中国人，中国事，马马虎虎，无是无非，"金钱"迷了鬼，可怜之至！无怪"难得糊涂"成了圣经。

态度：1.少管闲事，少参与无意思的活动。2.保养身体。3.不要行善！4.著《庄子》，勤写字；《书法哲学》，随时写些。

颜习斋——笃行！莫说空话，唱高调。

日人可师，好胜心过于人，认真，有毅力，有礼貌，科学一切都居第一位，世界水平。小作物，毋不敬，严肃。苟混者自垮台！马拉松赛谁是敌手！此非余之崇外，正足医我之病也。你有什么理想？作为？有无道德观念？损人利己，贪婪之徒，图饱暖，与猪狗无异耳！庄生以天下为混浊，不足与壮语，有以也夫！

二十二日

今人，说空话，不做事，说好话，做坏事，衣冠禽兽！没理想，没信用，没道德，没同情心，没礼貌，没正义感，浪人，漠不关心，瞎混，唯利是图！

读书：1.扩大眼界。2.增大豪气。3.有所恃，无恐。4.虚心好学。5.引入理想。6.希望。7.奠立人生观。8.热爱人生。9.培养道德心。10.认识现实。11.引起上进心。12.增加勇气。13.人道主义。14.英雄行为。15.唤起自觉性。16.启发悟性。17.自知，知人，晓事。18.识物理。19.明世故。20.创作自由王国——乐园。21.不堕入庸俗浊流。22.得道行。23.给人以活力，兴奋，扑向人间来。24.提高精神生活。25.身影随知识学问的扩大同时升高。26.时代的新鲜空气。27.读书使您成为上帝，主宰者。

发浪泉、中兴信、字。吕从周说明书。李何老信。汉中法制展贺词。

书法须是娟洁、清秀、明晰。来龙去脉，让人看得清清楚楚，感到爽爽快快，轻轻松松，如服清凉散似的。这就得自然活泼，所谓行云流水者也。

为地理系题签《西安市地理志》，宋德明教授来取去。

二十三日

发建国信。

二十四日

收张颔老、宝琴信，即复。薛馆长、凤英等三位来，关心落实事。又嘱展出负责事。

书法一定要写出深情娟美，给人以美的感觉，动情，轻灵而自在，聪明而乖巧。如观名旦之唱腔表情，魅力沁人而后快。

二十五日

李书记邀到办公室为省领导刘宪曾书86岁长寿松鹤图字，尚好。书聪弟信，明日发（附临汾书协信，索字）。上午约贾平衿兄与铭吃羊肉泡，尚好。

二十六日

作字不少。杨万亿字。

二十七日

发习一展字，扶青、贾芝字，修斌子字。聪弟信。平女昨日送来药一瓶，24元。今开始服用。又糖，炉子等。清理笔债等。

二十八日

发任映仑兄、邓晨曦老信。

二十九日

为罗元贞教授作册页四张，行草，杜诗，解闷十二首之四首。

开始写册子，大文章。

三十日

高元白老来嘱题字。下午文史馆学习文件，讨论。

三十一日

发罗信、字。《山西日报》八月份汇款7元。邮局毛同志告说何以未取？将来找我。经问校收发室尚未查出。明日问邮局日期。赴文史馆评作品。下午上课。

十一月（清理笔债等事月）

一日

小寨工作会谈。

二日

为闫明同志作字，题书画签六份。建忠来。收西安国际书画展通知，作字。又西安京都缔结友好三周年通知，丸山乐云转知二十三日来西安约见。高老嘱代书诗作。明日书李兄寿文，房院文。均须急写。取字！赴香港一带展，闫将为联络。交去材料。

思想形成，谈话，作文，取之左右逢源。如庄子者，道无所不在，卮言日出，有甚可虑？

三日

收秦洪彦同志信，新闻研究二册。师怀堂老信，太原出版社信，野草文，不出。

四日

领工资135元，又山西日报社稿酬七元。

作字，改文。

五日

建忠回太原，书韩厅长、届远、刘太平信，曹福成信。送文联国际书展字。定寿文稿，对联。

有病就要治：个人病，家庭病，社会病，国家病，世界病。发现病，治疗，这就是人生的工作。宗教，哲学，百家之学，科学技术，这个问题，那种主义——都是一个目的：治病！

六日

收品三兄信。成国权同志来，约九日下午二时到工人俱乐部做义卖字。傅嘉义同志明春节中日书法展索字。

七日

发品三信。后为宏宽父作字，品三一幅。收翟兄嫂信，又河南焦作市中原画院院长王祖光信、字。

八日

发王信、字。作字多件。

九日

赴小寨工人俱乐部为赈灾作字七八

幅。见到不少朋友，徐芳、莉萍、于文同学们扶我回校。

十一日

古月、王广元、天夫等同志来，拿去迅稿、书等件。收山西出版社稿。

凡事须有针对性，离开它，便缺乏生力矣。针对物，有友好的一方，不完成即心不安，对不起！另一面为敌对一方，不鼓力解决，即出不得气！然志气不能空抱，须靠力量，实力！充实！——健美，学问，能力，智慧。赤膊上阵，只能挨剑，何谓邪?!第三方为不足为对敌的一方，如小丑，无心肝人，何须放在眼中？一笑可也。何用费力！人有时须当谦谦君子，有时须学虎狼，有时须是一老僧，视对象而定，不得一概而论也。

赵校长从美国回来，来座谈，见到亲戚，她妗母，嘱问好。赠打火机一具。所为作十一件全部选中，分送给十一个著名大学。

发建国、韩厅长、山西出版社信各一件。平矜兄送来寿文改稿。

赠霍松林、吴元训教授书各一本。

十一日

到地质学院评选该院书画展出作品。我馆员八人，分别为作字数件。午餐丰富，并各赠题字册一本(14 元)。下午四时回校。

宋曾贻兄许为作梅联。杨永乾兄索书法本子。

做大书法家，艺术家。大讲。夜梦：丢掉双履，袜子。

为王先生送行，提议照相。占杰代办收款。奇梦。争世界展游："天高任鸟飞！"

十二日

生物界达尔文找出生存之道——优胜劣败，适者生存。(弱肉强食！)人类社会应该进步了，然仔细体察，明争暗斗，彼此吃咬，何尝少逊一筹？或更惨也已！

十三日

文史馆学习讨论年会，字画展。下午看闫培信。解山岭、胡大安等气功师来校表演，导引方术，有神秘处。吸三四下，平息，无声，柔？息(出有声，吸无声)，暴声(大声)，手摩擦(电)。

十四日

举动，言行，我行我素，独来独往，登泰山，小天下，万里云鹏，无任何牵挂，自由王国，大千世界——大人。

收《书法家》一本，复左军信。

十五日

高格不通调，
自居书城，
一代天骄！
神游广宇悠宙，
万里飞鹏。
俯瞰大地如小凳，
众星小小。
万类微尘质点，
何足道？
指挥齐天大圣，
神魂颠倒。

谁惹得，
任他歪风邪气，
肥翁富豪，
不讲仁道的混账糊涂，
害国殃民，
全部踏倒！

乐园大家创，
好花共欣赏，
自由王国，
理想世界，
日长明，
月长亮，
寿世有文章。

开始为峰兄书写寿文，四幅，近一半。收翟英嫂信。海洋信、字。

“冷冷淡淡，对俗人应如此。”

“欢欢乐乐，友好交也。”

十六日

到冶院参加省大学生书法评选。饭后，书二条，赠给相册一本。发海洋、县志办信。（送路我的材料）

十七、十八日

文史馆研究书画展安排。续书寿词。

十九日

王泽庆（华山）从运城河东博物馆来，在闫明同志家看书画，拟购傅山指画等。带回余之履历、日报、写作材料。发表文章。希望我写自传，庄文书法，美学（哲学）。谈甚热。吃便饭。闫、任数友，明年将为我完成香港、日本展出而努力。

看瑞典左恩大画家油画，及其苦心经营研究。太阳光下对人物的变化，富有瑞典特色的作品。又少年钢琴比赛——表情。

寻求书法的创新，天地，气象，境界。对社会、人类的贡献。

感觉？印象？作用？鼓舞，启示。

拿翁，良师也。已奏效。

二十日

减少社会活动，节省时间精力。

崇俭从青海来，鸿儒、长乾、文蔚等回来，畅谈一下午。各赠书一册。

二十一日

送寿文给刘、闫装裱。

二十二、二十三日

发南京、广东、青海、江苏、海安信、字。修眼镜。见到方济众、嘉咏[11]同志。王冰如同志赠秋岩行书一册。

晚，吴三大同志来接，即同车到吉祥村唐城宾馆报到，出席长安国际书法年会。

二十四日

开幕式。书法表演，交流。

二十五日

参观碑林，小雁塔，举行雁塔题名仪式（应在大雁塔）。歌舞团演员扮演仕女，弹弦击鼓，如置身唐代。十分热闹。可惜天寒，省去不少节目。

二十六日

座谈，闭幕。外宾赴汉中游览，准备。

应酬不暇。

二十七日

回校。

二十八日

晚再赴宾馆，为友人题字。赠乐云、梓淡书、砚、墨。

二十九日

乐云为我刻印一方“子英”。梓淡作画，不满意（其实不错），许回国后再作寄来。为上条三郎作字“康宁”二字。赠我菊球、打火机。照相多幅。回校。

下午，赵前进自临汾来，另有刘老师女，山西师大地理系程修文赠汾酒、竹叶青酒。裴玉林同志赠茶、画。嘱作字，贺词，题书名等。收到省纪念西安事件50周年筹备领导小组急件，明日上午八时在政协开书画座谈会。

三十日

文史馆书画会，甚好。

十二月

一日

发翟嫂信，收其寄来《庄子研究》一书。书程修文（临汾行署计委会）、裴玉林、单华驹合展贺词（百花齐放，万众开颜）。颇烦。

二日

为陕西省顾问委员会书二件（李绵书记）。书赵望进同志信。发临汾程修文信，题“临汾地区国土资源”。裴玉林、单华驹联展贺词。又徐养龄、王化韵、陈牧字。收到《中学生文学》、《山西老年》二册。

三日

发吕从周同志信。参加西安事变50周年会，作字。为云南边防前线将士作字《祖国干城》。需要休息！保健！放心是好。

四日

大天而思，放踵而行，

独来独往，八荒攸通。

五日

到文史馆，与薛、徐同志们详谈展事，甚慰。收鲁迅学会通知。

六日

晨，李钟善副校长远远招呼，告以艺术系大体筹备就绪，聘为该系顾问，兼职教授。书李雪兄寿联。收青海博物馆捐赠作品证书。

七日

发运城老年人大学马步海同志信。收拾房屋书物。

我的四个畏友：

1.神经病者。2.醉汉。3.泼妇。4.顽童。

畏他们：破坏公私财务，不讲礼貌，伤害人身，扰乱社会秩序。

友他们：目中无人，独来独往，行动自由，到处是他们的自由王国。不谄上骄下，一片天真，神仙日子，自在生活，无忧无虑，不会贪污，猖狂而行，欲笑便笑，欲哭便哭，老天也不能奈它何！

他们是大哲人，大艺术家，葛天氏之民，无怀氏之民，竹林七贤不在眼，诗仙李白不相让。杨万亿、王同志嘱书字，带来纸墨。

张文雨同志，为作字数件。

《庄子新评》，100 000 言。

《书法哲学》，10 篇。

自传，文学作品。

书法创作，精品，1000 件。

四大工作。打个漂亮仗，压倒一切，雄视一切，万类属于我！

文史馆年会，供给材料：1.《鲁迅野草探索》。2.《野草》研究，孙玉石。3《陕西师大学报》1983 年三期。4.全国第一届书法篆刻展览作品集。5.中国陕西省书道展作品集。6.日中书道艺术交流作品集。7.新中书法交流展。8.中国陕西日本京都书画联合展览作品集。9.中国古今书法选。10.修美。11.山西老年。12.“神游故国”（照片）。13.履历。14.陕西日报。15.太原晚报。16.美国感谢信。另，聪弟照片二张，信一页。（张天海君）

八日

选作品，过了一遍，颇好。作字须十分重视调墨和水，色泽浓郁，如人之皮肤，丰润乃能吸引人，焦枯浓重无甚可观。

借给文史馆屏幅：1. 虎。2.“金石”对联。3.狂语。4.种竹。5.魏武。6.山谷四。7.石门颂。8.石檀。9.冻雀。10.山谷“上座”。11.椒山。共 15 条。另《千字文》一轴，五丈长。

九日

清笔债，信债。收拾精神，集中心力于大业。大人之行，视地球如小凳，何有于鸡虫？有马、列、庄生、傅山、鲁迅诸公在前，便是灵魂！有高韵深情，有坚质豪气，虽千万人吾往矣！

明日晋扶青，程修文同志信。（字，裱、单）

十日

取回峰兄寿文长卷，交裱寿联一副，20 日取。

十一日

书牛桂英、李耀天等同志信、字。省委办来人索字四尺横二件，后书。

十三日

为商业厅作字三大件。收荆州博物馆寄来木刻尺一件。太原水西关南街 29 号六期稿酬 30 元。建国信一件。

十四日

到少年宫观布置作品。发天津张老、刘、陈同志信。馆领导午餐，羊肉泡。

十五日

来飞机场招待所报到。

十六日

上午举行文史馆年会开幕式，省许省长，吴部长等参加，百余人。下午到少年宫举行书画联展开幕式。天津文史馆画高级，我省书法好。录像。薛副馆长介绍认识了省长。为云南前线将士赠书画，坐前排，与该军代表握手。照相不少。天津同志评我“虎”字富有立体感。总计余展出作品十余件。尚得好评。

十七日

学术发言，下午小组讨论。

十八日

讨论。

十九日

统战部茶话会。戏校演唱。

二十日

闭幕，总结，回校。

二十一日

发荆州朱由信、字。(《书法》六期)郭钧西同志(电视台)邀赴宁夏展，函辞。杜连秀携其子来，留午餐。

二十二日

发《山西老年》社、朱由(字)、刘鹏斌、王焕信。王玲。

二十三日

裴培礼访问齐白石健康之道，答云："随便！"甚妙！随便即自由，尤其是精神上的自由。无牵无挂，自得其得，足矣！

日本人阶层观念很厉害，教授对教授，差级便是降低身份！

二十四日

收牛桂英女士信。发翟英同志信。

二十五日

清理笔债。

二十六日

参加了五一三厂书画座谈会。发太原古籍整理编辑室孙安邦信、贺词，赵雨亭老信、字，杜新有信、字，韩厅长信。

二十七日

下午三时参加省政府办公大楼八层书画家茶会，计有宫葆诚[12]老、苗重安院长、赵振川、王冰如、老王等八人。办公厅主任树春、齐岗、刘长水(女)、刘等……作字画不少，七时赴大厦中餐厅聚餐。九时回校。夜玩，电影。

二十八日

书左军信。

二十九日

大天而思，大地而行，

金石斯春，日月长明。

发李炳璜老信。

三十日

发吴思忠、蒋福泉、李、陈书记等信。徐庚华同志来，取刘学义、赵延龄同志字。校统战部赠挂历，民盟。图书馆赠挂历等。

凡事只要认真做，事后总可以得到一点经验和体会。作字亦尔。适作字两件，愈体会到王羲之作字时的心境、气态，雍容恬适，不疾不徐，暖然如春，有陶醉处，有自得康乐处，安闲自在之至。形诸笔端，无一笔不周到，不端详，俊美宜人，魔力无穷，令人如食人参果，三千六百个毛孔都感到舒服。

三十一日

曲沃卫生局局长王哲来，为字照二副，照相二张，送烟一条，取字三件。嘱交韩左军同志。商业厅副厅长、办公室主任等来赠名烟、名酒等，为书四件。儿女们都来，带来鸡菜。徐芳同电教系同学赠花。

全年总结：

收成颇大：1.太原字展。2.国际年会。

3.陕西省、天津文史馆联展。4.为省公安厅作字,商业厅作字。5.为峰兄寿作长卷、对联。

忙于函件,应酬字,误时太多,宜戒之。过于劳作,疲累,宜戒之。碍情面,殊不佳,宜戒之。保健第一！建造自由王国。

〔注〕:

①李晋林,山西师大文学院副院长,副教授。

②陈茂林,原为山西省教育学院院长,山西省教育工作者书法学会副会长。

③张秉谦,原山西省教育报刊社社长,山西省教育工作者书法学会副会长。

④张颔,山西介休人,原为山西省考古研究所所长,著名古文字学家,书法家。

⑤文景明,原山西汾酒集团副总经理,山西省书协副主席,中国书协理事。书法家。

⑥曹福成,原山西省教育厅厅长。

⑦戈宝权(1913—2000),江苏东台人,我国著名翻译家,文学家,鲁迅研究专家。

⑧拿翁,即拿破仑。

⑨牛桂英,著名晋剧表演艺术家。

⑩罗元贞(1906—1993),广东兴宁县人,山西大学教授,著名爱国诗人。

⑪嘉咏,即陈嘉咏,山西吉县人,定居陕西,著名国画家。

⑫宫葆诚,山西神池县人,定居陕西,著名书法家。

一九八七年

元　月

元旦

阴，瑞雪。开来，红年。苍头异军突起，颖脱不群，任才发挥。

放眼世界，蔑尽鸡虫，独来独往，自辟王国。

师拿破仑。“开扩大计，广行天下。”（《通鉴》赤壁）

习作：临，文，诗，哲。补课：诗，篆。

任务：《庄子》新论。书法哲学。路是人踩出来的。（自传）

活动：大展，中外。交知友。

本钱：虎狼体躯，聪明头脑，精灵耳目。

贡献：为两个文明争光，资助。

真理在胸笔在手，无私无畏即自由。

李白做官如做秀才，见皇帝如见常人。

自得居安资深，左右逢源，为大人。

活人要活得像个样子。（柴霍甫）

生活即斗争。（马克思）

好朋友给我以鼓舞，恶敌人更给我以力量。

王羲之行草，走笔轻灵活泼，如行云流水，丰润，令人悦目舒心。美的感力极强。姿致端雅，娟洁可爱。

美：喜悦，和谐，舒畅，亲切。（佳人）鼓舞，力量。（张飞，赵云）

爱：痛快，爽朗，明达，入凿，处事有方，合情理，切直，正派，大方。（包公，汲黯）

效果：大人，大德。外貌美观雄壮，内涵正义和厚。

二日

复日本甲南女子大学胡利萍信，为东国惠来我国事。经校长办公室郭福堂同志商同外事处同意，并为安排住食行。

请杨老、李春仁便餐。发杨默老、李殿清①、莉信。山西书协代表大会贺信。收左军信，字册山西出版社决定印。

四日

接翟英嫂信，决定赴京。发黄光耀信。明日汇款。

五日

汇寄黄光耀为建校捐款200元整。写房文书始。

六日

发翟嫂，北京徐魁善信，新加坡邱程光友信，左军同志、江苏昆山信、字。

字要治而不乱，一、在于走笔，同是一画，匠人搭尺画，是死画，匠气，没艺术性。艺术家只随手画去，如蚯蚓之蠕动，使人感到有生机，动态，运动着，便是活字了。二气态，或如大人，或如龙虎……三、神韵，流露出脾性，温和，有力……总之，一字一章，应是个有生机的东西，有灵魂的动物。有姿态，脾性，动作，风度，气概，精神，色泽，骨肉……使人感得到，得到启发，安慰，振作，激励。魔力，绕梁。有力，有韵乃佳。

七日

房文力争完成。

抖擞精神,开始活动,行装,备件。发长乾、文蔚、左军信。

字的形象性,1. 如鸟鱼瓜果……2.感得到所谓龙跳虎卧,骤雨旋风……3.点画中特可反映出来,如"永"字八法。又一画之走笔如于字有如蚯蚓在蠕动,富有动态。

书法反映个性,时代性(风尚)。缠足,文身,时装。篆,隶,楷。韵,法,意。

八日

文史馆学习会。

九日

到车站,黄俊礼为买赴北京特快票,付50元。孙静副局长、赵慰民副段长嘱作字。(黄送礼用)

上午8:50开车,36次,经太原,十五日动身,十六日晨5时到京。到文史馆取月票。领生活费30元。准备买牛羊肉。强儿礼品(信)。完成房文稿(打字)。发翟、海洋信。

一个字里面,不知含着多少哲学思想,艺术人的感情,一点一画都是聪明睿智。

好演员,1.对人物种子,体会深透。2.表达感情,恰到好处。3.肯出力。

十日

吉梦。名等,出国,首席。

参加政协会,听闫录音报告,有心得。

吃了肘子,不好消化,不可再吃,绝缘为要。

十一日

完成房文。《山西老年》,建国印册字。

作字应像《蜀绣》中的闺秀绣花鸟图似的精心、细腻,苦心经营,稍一松心,便破坏佳作。

一件佳作中富有多少聪明才智,美学的修养,给人以赏心悦目的世界,天然乐园,幸福!

书法艺术是人间独一无二的自由王国,这里有的是快乐之神,和平之境。不懂这种艺趣的人,便失去这一方的幸福,永远遗憾。这本册子就是专给人们敞开这座艺术之宫——自由王国的大门,给你以美的享受,健康长寿,良好地为人群服务,造福社会。

十二日

发山西老年书画研究会字,邓辰西老信。刘自椟老借中日展册二本。

十三日

买腊羊肉五斤,交给苑恩光同志房院材料(聪弟信、景思忠信),申请文转吴部长,另赠山书一册,说明书。交刘转荆长安字二幅。大事办妥。方济众同志赠李兄画一幅,雪山。

十四日

整理行装。为赵、张各书二幅裱。

十五日

早七时周强送我到车站,图书馆要校车。俊礼办硬卧手续。见到赵慰民副局长。晚餐冯、魏(女)车长招待。睡颇好。

十六日

早7时54分到北京，冷，英嫂等来接，峰兄泻肚，同进餐。英嫂为服防感冒药，至矣尽矣。

十七日

上午英嫂到红都商店为买衣料一套，复到琉璃厂荣宝斋观看字画，董老一小幅标价千元。启功老字一件1200元，费新我900元。下午看董老，谈甚久。赠给酒，腊肉。许为作字画。识得周巍峙副会长。

十八日

陈先伟司机同志同到史家胡同五号看望李何老，房内悬有余为先生八十寿贺词等。先生左股神经痛已半月，未能起床，老伴亦病，其弟八十矣，摔倒骨折，亦未能动。儿子照料。赠酒肉，谈十余分钟，告辞。颇多依依之情。取回衣料，77元多。买李思训帖四本送友。作字七八件——孙杭，外交部，翟淑芳，谷景生，丹宇等。

张思公，河南郑州铁路局工作。

作字如作画，境界要高，要大，要远。气势中，又须有几分仙姿逸态，妖冶乃佳。如“静女其姝”，深不可测。夫惟不测，是以愈爱。

王——赵——美软；

傅——美中有风骨。

南北风尚习性不同，效果各异。

十九日

峰兄喜寿吉日，全家、亲友聚餐，照相，快乐之至。发林鹏、韩厅长、梅彩津石、赵望进诸友信。票买到明日下午三时左右。

二十日

为峰兄、嫂作字。又赠以墨一盒，压尺，玩球二颗，信纸，衣里等。下午3时嫂、晓林、张大子、陈司机送我上车。

二十一日

上午9时10分到临汾振维家。睡眠不足。吃饺子。

二十二日(23)

到师大，建国家用午餐。作字四件。见杜老，送给李思训碑一本。约二十七日接来参加老年茶会，二十九送回景村，为海洋买绸被面红绿各一面，47元。给金顺买烟一条。

二十三日

宋玉岫[②](山西省教委)谓“家有卫书不算贫”，因托建国索书，实为过语。

二十四日

书字，玉岫、包弼、徐辉、马立基。发翟嫂信，铭信。

二十五日

发航民信。

二十六日

振维派送回师大，住柴建国家。为中日职工联展作字二件，柴发。

二十八日

参加杜石坞老举行师大老人茶会，颇热闹，陶校长亦参加。史宽量同志见到，为书二件。

二十九日

师大(柴联系)车送回景村。

初一,春节。

晴朗,平平静静。听唱片,王秀兰《杀狗》。零星炮声,鸡声,牛叫声,乡村气息浓。午睡梦水灌溢舍地面。运强来给老大茶一盒。

三十日

初二。

夜梦腹大,动手术。眠甘酣。晴,暖手指解冻,不痛矣。

二 月

一日——六日

初四、五、六、七、八、九。

与村友周旋,谈天说地也。

七日

初十

海洋结婚。村中酒风大盛。不办事,不像话。下午与航民、冬梅回到农校。

八日

作字,与任跟心、小青、郭泽民等名演员合影。夜到师大建国家取包裹,复至振维家。吴景珠同志来,盖印。

九日(十二)

作字,又为任跟心书"艺术即上帝"(贝多芬语)以勉之。

十日(十三日)。

与航民、冬梅、留梅、杨柳青(司机)乘小卧车同来西安,宿临潼铁路招待所。在臻女家进晚餐。

十一日(十四日)

游兵马俑、华清池。午餐后到家。他们同去宝鸡。海洋夫妇来。积件一大堆。看黎兄,病。天气甚好。

生活又进入一新阶段。整理,静静心,依计划进行。不乱作应酬。写作。

十二日(十五)

节日也。

航民等返回。周强来,闻交到钟点费50元,实应归强。又闻文史馆孔馆长送来100元。又知其脚折。一年两次骨折,真是不幸。当去医院看望。又看黎风兄病,已近愈,甚慰!与航民、冬梅、老伴同去碑林,摄影。昨游大雁塔。买元宵八斤馈赠,即返回临汾。

十三日(十六日)

节日也。

十四日(十七日)

看傅允惠同志,小牛已38岁。整理书件。

十五日(十八日)

夜梦乘飞机,先到临汾,即出渡洋出国。眠甚好。

十六日(十九日)

发杨默、袁旭临、何建良、秦洪彦、建国、狄西海等信,翟嫂信,李殿清,曲沃卫生局。

如此年纪,少管闲事,少应酬,计划自己的,养神,工作。看孔馆,收山西政协五元,文史馆32元。周康嘱字。

十七日(二十日)

发赵宝琴信。

看《庄子》。

十九日

翻阅《丑陋的中国人》,觉得无话可说。应猛醒!争气!长进!丢脸事太多了,为了钱,一切丑事都可做!

二十日

欣赏一幅作品,正如看一个人物,他的人品、道德、思想、学问、作风、气派,都会体现在他的作品之中。这是毫无疑虑的。愈是率真的、天成的,就愈可贵。反之,扭捏做作,鼓弩为力,就越不足观。这也是可以从慧眼中看出来的。当然,同一件作品,在众多的眼目中,会有不同的评论,褒贬各异。这应该归于以各人的水平,于作品无所损益。

二十一日

发郑州《书法家》字。梦掘土颇得力,游房洞狭隘。

看方济众老,买白内停一瓶。看三大、恭子年字画展,不足观。收习一信。临汾成立书画院,请任顾问,三月十日开大会,嘱贺词,参加。

二十二日

终南印社选举理事会。

二十三日

看傅氏,未见,上班。

方彦光老由美国来信,以拙作《傅山论书法》为"精神太极拳",殊惭。又介绍《四库全书》中颜鲁公全集留传字长文大碑136件,精品59种,供参考,感甚!梦赴非洲。

魏玉珍,上海陕西北路470弄13号。

二十四日

到统战部,吴庆云部长、苑恩光同志开会、治病,与赵秘书座谈。在文史馆见到薛馆长,知吴已嘱协助解决房院问题。当交材料一份。徐耿华同志嘱作文稿。又到张光老家,嘱为王慧敏、张蓓作字,又他本人一件。

发晋城泽艺轩、临汾国画院字。发改良、爱民信。振纪为程鹏、贺琳夫妇字。

速复聪弟、方彦光老、祝嘉老字。

二十五日

为张蓓、王慧敏、张光老作字。发北京西直门内大街172号西直门宾馆寄字,交费一元。(应征)

运城鹏斌(习何字,好)同刻印者二人来,赠酒三瓶,枣子等。为书册页数字,留相片数张,前在头针医院照。张载、李一枫(昆山)君自北京来参加西藏什么会,晚上来,谈及书风事(中书协),颇感兴趣,思一振之。

二十六日

发左军信,家晋信。

二十七日

夜眠甚好。发李何林信。看望李书记,动手术,配眼镜事。拟号"天放",大天而思之意,无牵无挂,自作主宰,无怀氏之民而已。

二十八日

月终。收上启下。

一、开始正式工作：1.书法30件，为四月份展出作准备，售之。2.书法，庄文，粗成材料。3.莫应酬。4.开始洗眼。二、清理杂件。

发刘荣庆兄信。书方老、聪弟信。买粮票50斤。收翟老北京信。陈之中老、李建国等来，嘱为秦川书社作字，30元一件。星期一来取，明日作。李告以少作字，可取也。

缪式楫同志来访（江苏扬州人），谈问甚详。将为北京、上海发稿，陈女同志来问书法问题。

煎药，明日洗眼。

三　月

一日（二月二日，龙抬头）

吉祥日子，开始用道藏方洗眼，必见效。傅山老人语没假话。

胥超、任平同志们来。收品三、爱民同志们信。

二日

去文史馆领月票，送张光老字三件。收李慧卿、县志办、市文学艺术联合会信（索与日联展字）。河南开封翰苑碑林信，特挂印刷品。山西政协报，临汾日报，郭亚丽婚字。

三日

收到山西日报赠迎春书展册及展出证各一本。

四日

发中青、映仑、品三诸兄信。看望陈之中老，病情不好，听他老伴嫂面叙。

多养精神，少管闲事。

夜一同志在小寨见我等车，即邀同车回校，甚感！

五日

到文史馆，适遇李振启书记，约十日后来接，赴该厂一叙。薛馆长明后日来谈。送印社表。到陈之中老家，问病。

六日

发聪弟信。到统战部。发省外事办字一幅。交牛华恩收转陕西人美出版社，附相片。李健墨同韩同志来送宣纸（25元）一刀。为各书一条。拟襄办赴日本展出事。收聪弟自苏联归来信。

七日

请天夫嫂子裱字二件。心情颇爽。薛馆长随杨同志来，为办理房院事。赵鼎新[③]来索字二件。

力源：

1.正义。（孟子语）2.敌对。3.伟人。4.希望。5.理想。6.困难。7.钉子。8.目的。心腹事。9.违天灭理的社会现象（制假药，冒牌货，推销坏商品……）。10.不平事。

乐源：

1.天文学。广宇，球米。2.古史学。时无限。3.生物学。4.道德学——负债而来。5.年龄——100/2……6.父母希望。7.国家培养。8.后代责任。

法宝：

战斗。实力。

四神：

理想之神，快乐之神，正义之神，战斗之神。

八日

写房文完，明日交曾部长。

九日

送房院材料给统战部曾志权部长。

十日

晴，梦东南大楼西方似土山，又似楼房，碗口大水从中倒出，又三处亦从缝内流出，霎时满院积水尺把深，又说是黄河。

清理笔债琐事。

夜眠甚好。发祝嘉、李卓见（新会）、曾宗（北京）信。中日展字一件（学义）。收李殿清、王琴琴、海洋等信。

十一日

收吴思忠同志信。午后小毛贝胳膊似脱臼，经余嫂子关心，陪同到医务所，成所长来为捏，即愈。与字二条。

夜，刘、王夫妇来索字，纸墨。周强、杨梓来，从京归，送点心之类。

停止应酬之作。

十二日

发吴思忠、吴可法信。收陕西省总工会信，知中日职工书展字已入选，再嘱写简历一份。品三信。到文史馆。明日去房地局，观态度。

十三日

买《中国通史》一本。收习一信，被聘为书画院顾问。领信封纸一套。雪。观秦腔。

十四日

开民盟大会。下午六时赴庆华厂住一夜。

十五日

作字。下午回校。收到日本神奈川县中□大矶□石神台 1-15-2 イ 259　01 安本静惠女士信，附照片二张。太原中共省委老干部局信，索字印册子。二十日前来人。发殿清信。

十六日

作字。杨万亿处长来嘱书“雪松”二字，为校司马迁庙赠送。

十七日

书“雪松”二字。午睡极好。史念海副校长来信，嘱为栗苑生书数字。

魄力太不足！

应自力更生，为个人展出，印鲁书而努力！5000 元。定须震动中华，影响东半球！

莫靠外援，自打出路！

尼采哲学还有大作用！

两个月万元收金，公私两益。

评日本作品。

十八日

雨。《书法哲学》、《书法世界》、《书法问题》，三种书名，都不错，均可用之。

日本书法家字，重气力而乏韵致，富有个性，好强，敢创，反映出个人性格。以我国书法尺度量之，怪态百出，时涉俗气。

喜破笔，墨疙瘩，少有败笔，一鼓作气，起笔凶猛，如炸弹爆炸，如临大敌。极力表现内心世界，雄强之势，给人的不是舒适，而是冲上去。作书如饮酒。瀑布，危石，力摩形象，有做作处，标新立异，抹字，描字。

写颜体，笔笔扎实，不苟且，然板滞乏活泼。行笔疾速，欠雍容之致。一笔中时分阶段，有浓有淡。重架势雄强，墨浓重。

作字如饮酒，应是大快事。愈饮愈壮，愈写愈畅，不知天高地厚，哪知离合悲欢，寄豪情于杯间，爽快意乎笔端，诚天地之大乐，人世间之趣事也。

收振绪甥汇寄 20 元。贺八十寿礼。其实我还不到此年纪，那倒亦不必也。

十九日

张皇五同志来，赠酒、罐头之类，为书对联。见刘天泽、王孟学夫妇。到文史馆。

二十日

五叹：

1. 外国人骂我们中国书店为了赚钱出版，不顾国家体面。

2.一法官对一位没有进贡的原告说："现在还能说清是非？他要把钟楼毁掉，你有什么办法？"

3.药厂制假药，丧尽天良！

4.酒贩造假商标？

5.女教师受辱，处对方三个月——如何办？爱国者太缺乏了！

发品三信、字，振绪信。收海洋信，其上级郑昌文、邓士俊索字。

须积极建树：1.本市、北京、日本书法展出。2.办书法学校，训练班。3.著作：书法问题，书法世界，书法哲学。4.打开外交！

地球即我，我即地球。

师我大圣，何畏之有？

鸡虫飞叫，无丑不有。

高视寰宇，噘喈雷吼。

长江大河，无出其右。

展矣君子，鬼神来就。

发方胜信。

二十一日

阴，欲雪。买煤三个月的。曾克远同志来。

二十二日

星期日。王璐来送烟一条，熟鱼，气功书。甄老嫂送油麻花一包。甄宏莉晨去看芷颖、强儿，打不开门，未见。

发黑龙江申守真、王哲民，北京加工纸厂信四件。收李洁信。太谷农大子弟学校、山大两研究生来。

二十三日

交盟费九角（三个月的）。发扶青信，翟嫂信。

收建国信。吕文载，太原重机学院教授，索字。家晋信。

二十四日

到留学生办公室，王同志为找翻译生，适日本日中信彦到（日中留学生协会代表），顺便请为翻译。

二十五日

作字，信。明日发安本静惠女士、方彦老、邓晨西老字、信。书陈俊民同志信，交黎兄。

病人多，重视健康！不可累。少交结为要。

二十六日

须改变做法，少费精力，少费时光，少应酬（作字，写信，开会，来来往往），少管闲事。发开封李公涛信、表。

艺术行中偏多小气人，争名嫉妒，殊可笑！不能以诚挚态度对待之。

为吴庆云部长作字一幅。

二十七日

第二次中日书画联合西安展出。陈之中逝世。下午为聪弟再作"虎"字。为临潼华清池书匾额二："碑林"、"望湖楼"，尚如意。

二十八日

买白内停。陈铭家去。

二十九日（阴历三月一日）

拟买洗眼杯。发吕文载信，建国信。李铠同志来，嘱香港索字印册子。三届字。

三十日

昨晚山西师大郭书记、史书记、陶校长一行五十人上师大联系，结为兄弟关系。当一一看过。

三十一日

阴雨。昨收到中国老年书画研究会、中国人民革命军事博物馆来函，为中国抗日胜利五十周年、八一建军节六十周年征字。五月中旬截稿。

李同成，外交部任职，扶青函介。愿帮助展出。

李洁信，嘱为沈寿藻作字。

四月（备展月）

一日

收到日本德岛县德岛市南常立岛、德岛大学综合科学部书画研究室东南光付教授信并书作集，经历（四月份办寄邀请函）。请郭璞老便餐。买辣面一斤以赠。金猴烟赠史宽量书记。为日本女子艺术大学书"培兰育秀，艺圃长青"八字。

二日

晴。发杜石坞老信（告补八十寿礼）。午刘荣庆同志来，送字一条。文史馆书画组开会。临潼华清宫来人，交给匾额字三幅：长汤，望湖楼、碑林。

"自力更生"，展开活动。

三日

应酬客人，琐事，一天过去。马主任夜来，代表告辞。

四日

师大五十位同志返回，赠香蕉二斤，金猴烟一条。早赶上送行，十九人乘汽车已自己走矣。结清零星事：发北京抗日、建军、香港三百首之一字，四川字。郭老字。书胡利萍、东国惠（日本一副教授）信，明日发出。以我身为会长的私人名义邀请，88年二月来游。

五日

发日本信二件。杨默老一件。颖即赴日本京都短期大学学习，为书赠该校礼物："艺圃长春"四字，送屈氏装裱。为杜石坞书贺联。

六日

名"怒斋"。取武王"安民"与尼采"酒性的人生"之意。1.求充实。目空无物。2.招牌，建"王国"。大肆清理，心上弄得干干净净，一尘不留，是为英豪。

又发东国惠教授信，前日的地址写错了。为茝颖裱字，催早完成。在书亭翻《弗罗伊德传》，他先人是犹太人。"他怀着藐视一切的激情……，贡献给人生。"颇得我心。（针对性，力的源泉）

发建国信，附介绍信（启功老）。

希望是什么？是灯塔，是太阳，
她照亮了四面八方的黑暗，
给我指出了前面的方向。
敌人并不是什么凶类，
应该当做益友，
它给我以无比的力量！
社会是什么？
是英雄用武的战场，
毫不容情地扫荡鸡虫，
豺狼，鬼蜮，牛首阿旁，
就是人间的天堂。

七日

为　颖赴日作字五幅。书宋金龙、王朝瑞信。

八日

发宋、王信。收杜石坞老八十裱寿信，赋诗，师大校报。

为温媳书介绍信——胡利萍，日本兵库县芦屋市三条町 17-17 松影寮 409 室。

九日

发田尔斯信、字。（安康地区文艺创作研究室）

送茝颖赴日本学习。

尼采"超人"、"酒性的人生"。敢于目空一切，蔑弃一切，才能驾驭一切，主宰一切！

十日

夜狂饮。

十一日

雨。尚同志评我作品如弹古琴，一老妪说我写字使人害怕。又一妇女说我的字好像笑的一样。

强毅来座谈。到李家（油画）谈介绍方磊工作事。收到山西出版社古籍整理组孙安邦信，将寄来聘请书等文件。终南印社嘱作字，与四川联展，自裱。美协信。订阅《书谱》（香港）。

十三日

取振维汇款 20 元。发建国、左军信。收建国信。见曾志权等同志，答以星期六（18）同文史馆解决问题。又补助，新文件规定。

十四、十五日

作字。到文史馆、杨家村，约后天了解房屋情况。景时忠病。

十六日

中国不少人不讲是非真理，不讲人品道德，甚至于没人性，胡作非为，凡事讲关系，讲人情，没钱什么事办不成。呜呼！如何了？力量的源泉，针对性，良药。不要脸，不争气，不长进！凡事要以战斗的态度出之，鸡虫面前不得有理！

决定研究日本史系统书道发展，阶段成就。

十七日

文史馆数十人赴兵马俑、华清池春游。见乙丑年为书诗已刻石，尚好。又为所书望湖楼、碑林、长汤匾正在刻，二十日可悬挂。又预约为书对联。钟楼也有字须写。函校要照片。

十八日

非常感谢！杨国杰同志、党复生同志们为我费力真不小！到杨家村办事，曾志权同志也真够关怀。孙成有司机同志够辛劳。都须感谢！

“大河书画社”，横联。吕梁地区，上款。条幅：马长亭，王志金。给山西省书协写个信，李殿清参加省书协。87.4.22。

十九—二十二日

晓峰由京来，送饮料食品等，未见，即返。发峰兄嫂信。李殿清等来送核桃、枣、汾酒等，嘱作字。见嘉泳兄，为我作画一件。国英要字。字展约五月五日后，定日期。收张劲知信。发杨默老、劲知信，林鹏兄信。

保健第一！饱了才能作战。

二十三日

收李小峰寄来峰兄八十寿辰照片五张，发赵步堂、张从云（地三局）信，字二幅。发韩生荣、赵望进副部长信。收书协信，嘱作字（全国三届征字，即送）。湘西土家族苗族自治州图书馆索字。陕西旅游局赠《旅游博览》，有拙字一件。

二十四日

为青岛文化局、全国三届征字、湘西自治州图书馆作字，水丽、玉珍等同志作字。借《书道全集》，愧甚！

人家对我国书法研究又博又深，超出我们。而我们对日本书道则是一无所知！一切落在人后，只有窝子里争闹！席位，名声，不争气，不长进！

多余的操心！但求放心。唯胖是务！学问无穷，何必绞脑汁？糊涂为佳！是非真理，一塌糊涂，达尔文世界，争名夺利，一场空，巧笑可矣。

计划：

1.如何吃得入口，过去太将就了。

2.如何玩儿得好，从来不知娱乐。

3. 交几个有心肝朋友，酒楼上谈心事，大快也。

4.大肆作字，以取乐。

5.逍遥中写自家文章。

6.读书取乐，不伤脑筋。

7.该战斗时，出出阵，也痛快。

8.建造自由王国。

二十五日

雨，发李小峰信。参加赵望云师生画展开幕式。睡眠好了。思想一开朗，便好。

黄胄、黄苗子等名书画家都讲了话，讲得很生动，吸引人。

从画人民的苦，到人民的乐。

心情是矛盾的,"感慨——高兴"。

人去世了,生命长存。高贵的人品(赠人钱),自己的渺小。身子大——自己低;德大,自己小。生平画绩。"冯玉祥友赵望云。"

见了苗子,谈了画,他知道我,在书册上。为峰兄作字等。

画幅气势大。老年画,清淡,味长。曾:"齐老画叶子,有时就离开枝干,不合理,然而愈看愈有味。"老年画到了炉火纯青。

写字一理,大,神,韵,化境,灵魂。

殿清等来,又赠汾酒,竹叶青酒,为书数纸。

三届书展字交余文阁转交。

二十六日

发水寒、玉珍、青岛、湘西四函。又赵宝琴信、字。建国信。洋县何老陁女来。看《快枪手》,非常痛快,即在上帝面前要打倒魔鬼,仍须出之以武力,才能得到人间的"爱"的。

二十七、二十八日

为李书记、小峰等作字。嘱任裱字。过累。

二十九日

发小峰信、字二件。

三十日

整一个月,写信、作字,为人作嫁妆,耗去了多少时光!自己的重要的工作没有干出个什么,健康赔了进去。

下个月,须堵住一切无谓的应世。养眼睛,吃胖,散心,游玩。房文,印,展事。轻松阅文,写文。写20件。

五月(奠基月)

一日

一、健康。保眼,一小时内。养脑,不渎用,胖,少应酬。

二、字展准备工作。展厅,主办,联系,钱,印请柬,记者,电台,助手。

三、房院问题!(文,印)

四、书法哲学。

五、日本书道研究。

六、字作。(大件)

李书记、李主席等三人来,赠三彩马一,电池1.5号两盒,索字。女女、方绮、毛女来。

二日

运城韦佳志来,字一件。眼科,写稿。

三日

阅日本书道全集。

四日

收到日本安本静惠信。(日本神奈川中郡大矶町石神台1-15-2)

四日

收四川铜梁信,嘱为邱少云烈士作字。书会开会。李副校长宣布担任艺术系兼任教授。

六日

繁体字又收到批评(晚报载一人参观户县街道的报道)。到省政府办公大楼,看文史馆新址,甚好,宽大。与杨国杰同志谈房院问题,他是很关心而能出力的。理发。

七日

曹伯庸同志来,明善同志嘱为函授校题字,又曹书册页题字。

八日

民盟会。草字作。

九日

作字十来件。写文。

十日

雨。

十一日

收韩厅长信。临汾画院感谢信。浙江诸暨县城关镇光明路139弄8号席徐明信,索字,展。常福生同志来,关心房院事。

十二日

参加中文系笔会,开得不错。作字三件。发言。

十三、四、五日

张广老同李氏(阿贯)来,索字。送酒、烟等礼物,接文化厅请柬——国画院、京都展出开幕式已误。办理借书证(尤同志颇帮忙)。还《中国古迹》上册,借《日本史》二册。为北京三次展作字二件。

十六日

到文史馆,送字七幅。适薛、李副馆长们正谈关于我展出事。当以全力支持。转赴美协,又正遇国英同志,询问展厅事,稍待即回话。似需500元。拟展七日。

观电视围棋国手谈战胜日本事,为国争气!书法亦应战胜之,舍我其谁!

自力更生。必胜!先为钱谋门路子!注意:1.健康。2.学问。3.技艺。

掉瓜,不念农民苦。公安已予逮捕,真快人心!太丢中国人,尚何言哉!

知其不可而安之,乃了解陶令公④、王右军之心境。陶醉自然,恬淡安静,而大乐。

何必刻苦,已无所谓。

十八日

雍容度日月,闲才读我书。

兴来偶动笔,神志乐何如!

为谁来作嫁?凡百一糊涂。

名利苦世界,笑煞蠢老夫!

收到翟英同志信。天夫同志来,约讲书法事。

十九日

收到徐文达、建国、山西教育工作者书法学会信。领到书画会笔墨纸。

二十日

写稿一篇——书风。

二十一日

展出钱50,文史馆办义书。宋嘉木同志来,赠食品。

二十二日

屈增民,新城区政府区长,同王同志来索字。书画会邀杜力信、胡西铭、崔同志(印)表演讲课。开得好,共餐两顿。强毅来约讲课。

二十三日

为阿贯同志作字二件。为工笔画班讲书法课。

二十四日

星期日。张庆余(夏女婿)来。

二十五日

发翟嫂、兄信。收韩左军信。发李何林老信。

二十六日

到展厅,丁济堂、郭军管事,未见到人。候复信。展事,大烦琐事。这点小名,已麻烦,最好谁也不知,无声无嗅,便是神仙!

还是自自在在,心不存物,身不劳累,珍重健康第一,管他娘的!看书写作,权当娱乐,过劳不得。多日来对自己太苛刻。不许应酬!

造假药,盗卖文物,工厂浪费,出卖败坏食物,吃钱卖法,诈骗,挪用公款、公物,济私,无理取闹,伤人,观众无动于心——尚何言哉!

无奇不有,无有不奇,

一塌糊涂,糊涂一塌!

自壮,自高,自大,宽舒而安,独乐其身。无忧无虑,我自天地,此之谓"养本体"。

二十七、二十八、二十九日

文史馆书画组开会,画廊赵振川、赵军同志们决定由他们负责,交600元。明日上午到文史馆与李副馆长、薛馆长等具体商谈。看望亲戚。

三十日

到文史馆商展事,后天去定点。收江苏俞建良字、信,附邮票2元。看陈俊民同志,书成可无问题。

三十一日

1.用功过量,应酬颇繁,影响到个人健康、工作,损失太大。

2.渎费脑筋,打腹稿,设想,均使神经疲劳。

3.保健!

4.太随和!

六　月

煊赫月,收获,建树。

1.少应酬。2.工作一小时,休息。3.星期六半天处理信件等。4.莫过劳。5.修养。

一日

儿童节。王璐一家来。玲同朋朋来。到文史馆,定了个人展出。

二日

天夫同志来,一同到万亿老处,李副校长外出,同符有堂同志决定印请柬事。周强同志也到。容再见李,决定款项后,即可办妥。义书事再商谈。甚慰!

颜公字堂庑广大,体态稳坐如山,器宇甚广,一片浩气。山谷字辐射面广,手脚极长,大模大样,条枝远扬,踢破九宫,难得藩篱。

三日

晨广播,国家领导借词到运城等地调查,游览到广州,花万余元,何故?

四日

到画廊办理发票(韩群)。吴主任写来

信，与师大合展，李钟善同志与王校长表示同意。

五日

与任天夫、符有堂同志研究印请柬、简介事。符明日办汇款事，交画廊。曹老师为书，作罢，需用红纸。

跑路很多，累。其实是多余的出力，枉费精神，欠考虑。

六日

雨中，到画廊送大标语字、前言。到文史馆为吴主任、薛馆长、张馆长告说师大同意两家为我共同展出。办好印请柬、简介事，400 份。下星期取款 300 元（文史馆）。

留言签到簿。程序，双方主办讲话，感谢词。14 号送作品，10 号发请柬。总结会。

八日

到文史馆取到支票二份，会后交馆（300 元发票，清账）。昨夜睡眠好，梦到山西师大工作。

九日

写请柬信封，周强、刘兴帮忙。夜杜富德老来，嘱为杨文东同志作字。又转李副校长意，欲赴新疆展出。

十一日

吴主任、许耿华同志来，关心书展事。贾起家友来，礼品。

十二日

雨。广播：日本特务装置在莫斯科城外查获，对外国的挑动可想而知。

收左军信。八路军办事处字。到文史馆送请柬 60 余张。画廊见郭军同志，友人赠张、杨双十二事变材料两本。

十六日

几天以来，忙于书展事，心绪不宁。今日总算举行了开幕式，很光荣。省委领导，文史馆老人，九十多的，八十多的，师大领导陈俊民副校长，李钟善副校长，人事处，组织部，统战部，保卫部，图书馆，各系教授……约 300 余人，够光荣了！只是招待不周，殊歉意！

十七日

魏庚人老七十六、七高龄，也到。

收到李何老信，患肿瘤病，幸已控制。人虚弱，犹来信告知，殊难受！钟明善之子来，为函授校拍相三张。

十八日

到文史馆，明日统战部领导将去画廊观看。校日报张桂英为我大帮忙。

十九日

桂英定稿，送吉虹兄材料。在画廊见到不少参观人士，交谈颇快。

梦登长城游览，我村西山地大路清扫干净。

二十日

收到韩左军同志寄来书法选集样本，复李何老慰问信。查对原文，作释文，已复意见。释文另页。为振川等应酬。

二十一日

下午五时半校办（汾西人，女）为我备车辆，□同志司机、周强、杨梓、杨同志（大荔人）、研究生三人取回作品。圆满结束！展厅为帮忙者：华实、郭凡、蔡艳琴、李秦臻。平女为摄影数张。夜眠甚好，七小时。

二十二日

急办之事：1.与校方、文史馆联系总结事，拟招待以表谢意。2.致李雪老信。3.复左军信，明寄原件。4.山西协会友人信。5.八路军西安办事处贺幅。6.新区政府屈增民区长字。外，与陈兄商谈印《野草》事。清账目，交文史馆发票。

取奶忘记戴眼镜，试看了一棵树干上的花纹，清楚多了！大约是连日少看书的缘故。药物似也有效。须善加保护，或可免动手术也。

收政协秘书处王建宁同志信，邀参加该会的活动，已复。发峰兄信，附样本二张。收山西日报《新闻研究》三册。

二十三日

发左军样本修改原件。到文史馆与薛馆长谈，嘱为许副省长写信——书展情况报告，建议等事。收程修文同志寄书《临汾地区国土资源》一本。

天津“道德委员会”(老年人成立的)。

二十四日

发秦洪彦、程修文信。为八路军办事处作字，增民、兆祥各一件。

停止一切应酬。养精神，目力，保健第一！

看《斩关羽》，愈觉“义气”、人情讲不得！

二十五日

月内清理笔债，澄清一番，养神，专著。闭门学道。

1.不参加“选拔”、“赛奖”一类字作。2.不为不得人心的人物动笔。3.不作一般应酬。4.烈士、大的纪念、好友为之。5.自作。6.讲学，著述。

发建国信。刘梅来，回新疆，送礼物很多。劲知画一件。

二十六日

字如人，应有自己的体态，面貌，姿致，脾性。

作字十数张，清笔债，明日发出。

收林鹏兄信。

气象——一个人进入一座古庙，无音声，神像恶貌……，便感到一种阴森可怕。又当你到海水震荡，声动鬼神，便感到气势壮烈，招人精神，这就是所谓的气象。“落笔惊风雨，诗成动鬼神”。这是写诗中应有的气象。落笔满纸如云烟，这是形容张旭草书的气象。风云雷电，林薄晦冥，这就傅山形容杜诗、马史的气象。

形成作者的人格，思想，作风……造成的气氛。七七事变抗日战争爆发日报纸上的一字变成了……

发湖北文化局信。《野草》内容介绍，前记。

二十七日

收湖北省文化厅邹建军同志信，嘱写《野草探索》简介500字。编词典用(朱影同志送来)。收聪弟信。北京中国人民革命军事博物馆请柬。均发出。发丝绸之路、邱少云纪念馆、八路军办事处、屈增民、中会信，字五件。

二十八日

发林、韩、赵信三件。送王校长赴日本字幅。

二十九日

发武汉文化厅、北京中国革命军事博物馆祝贺词。

三十日

到文史馆交帐，花 250 元整。收景明兄信，品三信。转来梅容嫂寄史纪言纪念册一本。

荀子有“大天而思之”句。

“大心而放，宽气而广，其形安而不疑，能守劳而弃□苛，见利不诱，见害不偲，宽舒而仁，独乐其身，是谓云气意行似天。”⑤《管子》）

孟子：“君子深造之于道，于其自得之也，自得之则居之安，居之安则资之深，资之深取之左右逢其源。”⑥

七月（完备月）

一日

清理字作。作字不少。宣布停止应酬。发品三、杏花村信、贺词。决定参加杏花村赛评委会工作。收运城报张智德同志信。广东一喜好美术工作者来访。

二日

赴教院遇张改良老兄，同到教务处见到刘副教务长为李关办事，成功了。又到红十字医院，见到李士敏大夫。胡增贤同学来，留宣纸数张。太原外院培训生、山大法律系学生三人来，赠汾酒一瓶（范建军）。省委组织部赵处长索书，约星期六下午来。赠徐杨老字二件。下午六时 50 分退休干部看眉户剧。

三日

曹伯庸同志携张范九老信来，嘱为香港友人运光等作字。

四日

与李春仁吃羊肉泡，买尼采《悲剧的诞生》一本。春仁为我付了款，2.85 元。托他带回杜老字。交思白字三件。政协王建宁同志来，约参加整修活动。留言，未见。省委组织部六位来访，索字。函授学校王根学等三同志来，赠《学书法》三本，索字。

五日

发太原杏花村全国书法大奖赛筹备会信。发北京鲁迅博物馆王得厚函。为李钟善同志作字一横幅，草书。足矣。

尼采给我以力量，拿翁亦然。

发左军信。即定稿。

停止应酬！

与魏庚人老座谈颇久。他有心到山西一行：一看大槐树认祖，二看司马温公墓……又示以扶风县志，新出《善本碑帖录》，中华书局出版。当买两本，一赠聪弟。

六日

清理笔债：新疆的四件，香港的三件，范九老的三件，组织部的二件，一达……整理字幅。

七日

为聪弟买毛笔六支。

八日

素方夫妇送君子兰，西凤酒。整天整理字幅，118件。为全国运动会作字，锦旗，大标语十二字。

静静心。开始写书法文，念书，养胖。

安心：1.无愤怒事。2.无不安心事。3.无紧张事。

曹同志带去香港、范九老等字。潘森明老带去字。

九日

再清理杂事。复信，字。阴，闷甚，雨兆也。

1.不轻易落笔。2.莫随便动古齿。3.不遽尔披肝胆。

发李洁、王蛟云、张智德、赵志刚信四件。

十日

针对性——常经。

焦点——源泉。

关键——激励。

太忙。朱影和张同志来，谈得很热闹，提醒我写自传。

屈增民同志（新城区政府区长）来，赠酒一瓶。他是北师大毕业的，与魏庚老前后同学。发林鹏兄信。

十二日

遇见历史系杨教授、李副教授（中文系），索字。杨为介绍山东治白内障，改天来。

睡甚酣。为吕剑秋、幼鹏二老作字。

刘太平妹巧俐来，赠酒四瓶，便饭，明日回太原。参加画作，午在招待所食堂进餐。文史馆请柬，明日八时参加五省交流会，共六天。

十三日

参加文史馆交流大会，照相，会餐。

蔡教授、常□生、邝平诸同志商量成立侨民书法讲习班，大好事。廖同志带友人，妇女，来索字照。为我展出发表长文章。又，西郊纸厂二同志来索字，将送来印册。

十四日

终南印社印展开幕式。洗澡。文史馆大会。下午二时半举行书法表演，为中央文史馆、宁夏文史馆各作字二件。聚餐后返回。

十六日

发南京长江路266号江苏美术馆字。

十七日

为聪弟找曹全碑材料。日本右翼分子“关东军英灵队”又在名古屋破坏中日友好纪念碑。书韩、赵、陈、里、吴信。收振维信，克林信（子名文生）。

十八日

雨。清笔债，信，字，寄出。发聪弟信。

人：私（钱）——无是无非，真理？

恶——麻木不仁，不敢说，不愿说（谈了无益），观望。“现在的青年”，“中国的事”，一塌糊涂，无奇不有！官僚主义……

看戏，不想办法，也无办法。不研究，

不觉悟，不争气，不长进，大而化之。

不知为什么活着，吃吃喝喝……

宗教？光念经不行。

高人？无可奈何的处境行径。

补修，堵漏——无足于事！

鲁迅："日本人做戏就是做戏，做事就是做事，二者分得很清。中国人把做戏当做做事，做事当做做戏。"

无所谓！无须为！无为！"窗户不受风，残简易消日。"

利？——禽兽！

名？——狡徒！

理？——空！

礼？——×！

立？——难！

发太原信二件。

早，何同志来，告以方济众老病危，即同车赴医院，正在抢救中，未面，即返。

高伟群同志来，云北京有复信，索字寄京，再定妥。

午后吴三俊带韩书记、萧等来。何来，知方已故。

十九日

买瓜五十斤。昨发韩、赵等三件。

二十日

到外贸学校量衣服。

二十一日

为方、中令同志书挽幅，已分别交转北京……

词：

廿年深交到如今，
情义日重老更亲。
遥闻先生忽作古，
无以为质高士门。
忍看旧赠秋藤绘，
理理点点成泪痕。
呜呼先生安息吧，
道山路上涉归真。

第一印厂王琪同志（一女）来看贝贝，带衣物，瓜果。方磊、解琰来，谈甚热。

二十二日

研究对象：1.日寇史。2.当前道德痛事。假种子，肥料，药，机床出大价，卖废品。假药厂数起，牛黄，假酒，伤人，盗文物，挥霍国家财产，不负责，小麦坏了……3.书法哲学。4.庄子真面貌。5.德国人的精神。

离开爱国主义，一切学问都要落空！

发田际康、刘太平等同志信、字。

二十三日

发俞建良信，代购字书。东八里村取字数件。胡增贤赴日本长野一带考察，即赴京，托呈汪锋先生草字一幅。

二十四日

参加方济众同志告别仪式。杨力雄同志（雁塔区人大）来赠酒、罐头等，嘱书。

开放四大要点，目标：资金，技术，人才，信息。

日本重视教育。

我独立自主。面面开放（全方位开放，忌一边倒），省外汇。对外开放政策，增加出口，赚外汇。以质取胜，包装。如瓷器，电视。

收韩厅长信，又南京长江路266号江苏省美术馆函（收到字）。

二十五日

收政协信，八一上午八时半开艺术室成立会。收海洋信（常大明字）。河南平顶山市文化宫成立平顶山中国书画院。

二十六日

为杨大雄字，政协字。

二十七日

为王生才同志作字。收田际康老兄信。书李一枫老兄信（北京）。作字。

看《包公》。应与孙大圣合为两大巨子。中国急需要的良药，箴石。

二十八日

作字。

二十九日

收青岛文化局寄酬50元。李洁信。书屈增民字二件。浙江聚墨斋、河南平顶山市文化宫字。到文史馆评字画，张建文同志也到。

三十日

发信二件。地质学院郑文德、许德培等同志来，送西瓜一颗，索字。李永久等来。贾平兄来，放假，约玩。

三十一日

不拘个人，国家，须：

明耻，自尊，自强，争气，长进！我们？麻木不仁，可怜万分！事事令人作呕！

收济南机床二厂能源动力处宋奕信，索字，附邮票二角。

中南民族学院中文系邹建军信。在贾平兄家午餐，畅谈大半天，告以近作词组（词群）文稿，颇多教益。

八　月

一日

建军节。参加省政协书画室成立。赠词一件。午餐。到文史馆领生活费，月票。新来干部张克忠，闻喜人。收李守清书记信。

二日

左军同志来，谈书法册出版问题。为我刻印一方，我亦赠给印一方，作字三件。带去临霍扬碑、梁字。照相数张。收方磊同志信，知已与解琰同志结婚。当送个什么。已告黎兄。看了原信。

三日

发海洋、张志德信。为刁、任英作字。

雨。凉如秋。看天夫兄，知李老绵书记有意要我写点东西，敦请学校付梓，作为八秩纪念，真是感激万分！不敢担当。任英嘱作字。发峰兄、福葵信。杨梓从家返校，赠龙井茶两盒。

读书：

1. 与古今中外多少圣贤英雄豪杰文人学士名家为友，得到做人的模楷。

2.扩大知识领域，破除门户之见。书卷气，金石气。

3.愈感到自己无知，不敢妄自尊大。

4. 愈感到人民的可爱（从来受压迫

者），为他们服务。

5.愈感到历史赋予的使命之重，培养爱国观念。

6.扩大心胸，提高思想，放眼世界，破私立公。

7.善于生活、工作，得到修养、长寿。

8.看透物理，识破人情。

9.认识问题，解决问题的门路。

10.书是药物。（数学）

11.书是精神营养。

12.书是娱乐。

13.良师益友。

14.珍宝。

15.上帝。

16.源泉。

17.兴奋剂（刺客传）。

18.生命力。

六日

凡吵吵闹闹的人，都是由于水平不够。

夜，屈区长来，谈颇久。随到屈怀勇兄家，为书二件。

七日

吴主任嘱作字。张老约后天下午六时前到他家为范亚杰送行。作字一件送之。

明日发屈区长信。杨国杰接家去，十天后回来。又韩又新字一件，交换画。

八日

发屈信。

应了解已是老年人，今日是青年人为贵的时代，正不必为人作嫁！为谁发热？可怜得很，没专家，对自己尚不明。友之，外人对我所有的透彻程度，简直是天上地下！无怪人家敢动手。

九日

收俞建良信、字、印作数件。索联、文章。下午七时到张老师家用饭。

保健！

心无滞碍，思通万里。

大圣为师，傀儡万类。

十日

为俞建良作字。

十一日

房地三分局景、林等同志来，嘱写匾六字：西安房产大厦。赠烟酒、罐头等。找屈区长，外出，留言。

一天的工作、生活——集中，紧张（收益），轻松，愉快。储蓄：精力，时间。不渎用脑筋，不浪费时光。善于工作，善于休息。荀子："故君子善假物也。"⑦

二十四日（星期日）

省老年书协来通知，十月五日笔会。

全美最强壮的母亲嘉莲（32岁）曾说："我的偶像是超人和无敌女金刚。"颇引起我们的尊敬！只有懦弱鬼才害怕"超人"二字。有的进步者又常把这个词和希特勒联系起来，未免太了不起了！社会上一切坏现象太多了。"吾从众"，能成个什么人？对国家、民族，能起个什么助进作用？弗思甚矣！

二十五日

夜雨。市政协笔会50人。邱宗康照相

四张。

校史会张培植同志来询问北院时情况，并《〈野草〉探索》出版情况。夜，徐勇来，建筑，喜书法，习颜。

二十六日

耿华同志要500本。为齐岗字一。

摔外缘，少烦；

建王国，大乐；

一竿旗，屹立；

一条心，爱国。

戈氏气态。

二十七日

我之上帝：无畏。无畏的灵魂：真理。真理的准绳：爱祖国，爱民族，爱人类。凡侵略别国的民族，害及自己民族的利益权利，损伤民族气节，不顾国家前途的行为，都是不合乎真理的。故应以无畏的态度对付之，这即我之宗教。

见杨力雄老谈心。真大好人！吴同志忙于发请柬，十月五日展。

二十八日

发长沙湖南老年电视大学成立贺词并校牌字，又离石环境保护局展词。

中国人办事，真离奇，马虎，不负责，推得过去便好。引人失笑，也唯有一笑。

二十九日

送荆老册一。另托售十册。刘梅由新疆来，住梁家，累梁不小。梁来，嘱设法要车，为办，颇费周折。辛季开车，给予大方便。明早六时开到草楼前。得为李宁、兴轩字酬。友婚字。有堂费力不小。到文史馆，李馆长云台湾人要买字画（统战部）。十月六日开小会商谈。

三十日

赠李绵字一本。见天夫同志，书会可购50本。告有堂同志。看嘉仪，交10本。

十　月

一日

发翟、李兄，朝瑞信。依旧解脱不开，散焉之人耳！

自庆，孩子们来。

激发“斗志”的动力：

1.不公平事。（恶势力）

2.针对性。（敌对）

3.真理。（认识，主张）

4.理想。（抱负，希望，远见，目标）

5.逆境。（困苦）

五者助人进步，向上，故人应欢迎矛盾，愈挫愈奋。大无畏精神。

百炼身心成铁汉，

自居书城拜三公。

我属于世界，世界亦属于我。前者我居于万类之一，后者乃“改变世界”之道也。

故英雄可贵。英雄即上帝，亦我即上帝也。只有对于拾不到眼中物，才有勇气改造它。对于畏惧的东西，能付出什么力量？奴而已！尼采的“超人”哲学，最能启发人有所作为。叔本华、安特列夫只是个罪人。梁漱溟先生的坚毅精神，顽强的气态，可师。昂扬起来。

横眉冷对千夫指，

白眼看他世上人。

二日

书字。看电视，欢迎墨西哥朋友，歌舞。男演唱家，自然，多风趣。女的音色并无尖细声，说笑平易。表演前要说几句，客气，亲切，有情趣或幽默语，中国表演者无之，——板，欠表情、意态。墨西哥有，传神，高妙。

三日

大晴。到黄埔村，提回几斤大米，白萝卜，很好。家家养狗，偷盗，抢劫风甚炽。抢牲口。年轻人，还有学生。

养天机，逐异道，远世俗，高昂，自壮，修身而自洁。

体格——强，品格——高，风格——高，格局——大，格调——高，格言——言必中，信，得体。金科玉律。

四日

雨。到函大。留言。刘家去，见到张瑞玑[8]诗文集。拟向三晋文化研究会推荐出版。学生会书展、教师书展开始。

夜戏棋，一快。伦敦89岁的太后，准备活到100岁，志可嘉，并非难事。曾与峰兄相约以100岁为杠杠，正可作此努力也。徐勇送来图片社开来的收条。市老年人体育协会、书画研究会通知八日活动表。松园翰墨斋，710004(邮编)。

五日

参加市老年书画展。浩然告以将发通知，书册。

看书画欣赏的能力，我感到一个真理：最怕的是和没有水平的人谈问题，正如和山老婆讲破除迷信的问题同样恼火！

认识问题是一个最复杂的问题，解决问题比较地要容易得多，正如认识了病症才谈得上开方子一样。

六日

发梅津、建良、海洋信。收《鲁迅研究动态》，内有介绍拙著《探索》，誉为“开山”之作。窦詹同志们来，上课事。

七日

参观省图书馆。

八日(九、九)

老人节。曹鸿、天夫、傅等来坐。

九日

发翟、许、建良、孙字册(五本)。梅津字明日发。收他妗子信，嘱为小聪婚礼作草字立轴便好。

十日

松园。校招待午餐。赴文史馆会。失字册一。可笑！李明道、郑希圣等同志允推销100本。明日即送去。(翰墨斋)

十一日

郭、曹、王同赴松园，送字册100本。为李明道、郑希圣同志书字。又于锦熙，西高五一甲班毕业，住北大东方语言系，攻梵语，在驻印度大使馆工作17年，为书中堂。刻在轻一局市老年体会常委。发梅津字册。得原信。

达赖居然获得诺贝尔和平奖，世界事

原来都是在开玩笑?! 讽刺,嘲笑,变戏耍……观此,凡事切莫认真!鬼的世界,能有甚真理?开开玩笑吧,看谁耍得好,谁就是英雄。有本领受人尊敬者,反正就是那几张牌,只看你如何打法。不聪明的人,只会负。最使人泄气的是死狗扶不上墙的东西。过分忍辱的人,会气煞人的。“自力更生”最是一剂良药。“超人”哲学——尼采,应是受到世人,有上进心的人的尊敬者。

十二日

发董寿老信,鲁文字册。杨宏毅来。政法学院邓天夫来。

十三日

“养其大者为大人。”民盟小组会。发言热烈,都能尽情而言。

心平气和,两耳塞棉,只干自家事,欢度晚年,一触目便是气,何益?

心机并妙用,

浩气与轮囷。

十四日

读钱伟长老有关教育文及其他拐卖妇女,访美观感文,颇多感慨!

收张颔老信,收到《野草》书。何清谷老兄来。邱老要字册,推销。政法学院杜校长派程远忠同志来取字册,推销。收山东潍坊市索表,出书家辞典。外语学院马欣东电子社五周年贺词。市书协二十二日字展,贺词。《书法导报》社送来报纸。(开封大相国寺内,475000)

十五日

发海洋信。徐勇来,知字册识者称赞,多数人欣赏不了,甚慰!虽不利于经济,但得到了艺术“价值”。

十六日

识书协叶同志、刘浩然交给十五本。刘念先兄送来诗作——小聪结婚。买鞋,6.6元。乔锋同志路遇谈及书展事。

心机并妙用,

浩气并轮囷。

十七日

函大孙景钊十本。

十八日

冷了,金风侵人。时觉无聊。所谓物色之动,心亦摇焉者也。书于右任一百一十年诞辰纪念字二件,中堂,对联。十一月一日展出。明日寄之。

一切似已无所谓。国势如此,有甚力气。可叹!治安,恶风,妇女贩子,赌风,一言难尽。

十九日

到南院门送展字,中堂、对联。留字册十本。给钟明善信。张庆余父子家。小毛同事。

二十日

省政协看画书,校车。电报,殿清。

二十一日

发殿清信,送邓尔康字,政协展用。

到音乐学院,儿童团。昨交马云字,换画。徐勇来。英华、刘远……36号三楼。

收韩左军信,字售尚可。

阅报,上海一家赌博,两周输十万元。中国?看惯了,便不生气了。国事,家事,一样。闭门,塞耳,大肚子——养生之道。

二十二日

市书协百人展。张永年(医一院)专车送回来。有堂取三十本。

二十三日

赴政协参加侨联改选会,半天。发朝鲜著名书法家金君举办国际书法大展索字,为书"和为贵,德为邻,继圣学,太平春"十二字,交甜水井25号西安书学院。明日交表。

苗墨同志来,未见。索赴日本展出字。

二十四日

申哲字展,午餐,座谈,发了言。

字:1.高大;2.稳坐;3.奇险;(支撑之势)左右两旁,取不随便意;4.倾颓;5.超逸

不食人间烟火。

临潼寇玉等五人来,为看字作。两人系函大学员。

二十五日

函大将来取书。一律停止应酬作字!

二十六日

雨。改变环境,完成计划工作。不为人作嫁,养胖顽体! 莫管多余事,莫发谈论。慎独,独来独往,无人无物。为搪瓷厂骆驼杯门球赛纪念作字,师大赠。

二十七日

程思忠与吕波爱人取书150册。乐器(笙,胡琴,筝)——音量——墨量(多少)。音色——墨色(色泽,适度,不焦不燥,不淡)。宇宙声音,变化多,大。

送吕韶光大夫字,念先兄字。看外国电影,行动强,热烈,有真率处,更多幽默处,令人激越。

二十八日

待战,等变。

读傅翁四屏,颇有领悟。率性之谓道,如此而已。

作字三件,习四屏偶识。收聪弟信,并像四张。文联信。十一月七日开理事会,要事。艺术界,斗角事颇多,嫉能,怕压倒自己,出风头,找抬轿夫。还是如所见办事,仰仗外力不行。交相利,墨子远见。正不必空讲仁义,假君子耳!

二十九日

梦与斯大林,也许是戈尔巴乔夫成为亲家。接广西师大代表来校。晚与李绵书记等八九人到招待所看望。王若莲来,方绮姐妹亲戚们来。

三十日

付、曹取字幅四件。明日在画廊布置。值楼。

三十一日

看望仰通老兄、路克军兄均未遇。晚看望广西师大伍纶道、王大亨诸君。

十一月

一日

联展开幕式。省市领导,校长名流专家参加,颇热烈,讲了话。

有几件大幅草字,似乎颇令人惊奇,得到好几位老者的大赞,中年男女围住了

我，永久同志拉了好些人合了几次影。平先生对我云，已建议为我评职称，答以我已是教授矣。毋须。人世乃尔，旧作风不行，来新的。扩大眼界，大展开。亚、美、欧远征。宣传，人必信。抓时机，机动性强。办法，人力，主见，准确。

夜徐扬同志送来搪瓷厂厂长锦熙同志赠给的大洗脸盆，大磁盘（骆驼杯赛纪念）各一件。另请为作字，条幅。收到日本梅津彩石女士信，附照片一张。俞建良信。方胜同志随华阴杨同志来，送来忻州地区书画展请柬（内有为作前言）。又嘱为叶访桥四季春长卷题字。赠其伯父松岩老字册一本。

二日

座谈（夜），颇得发挥。

三日

上午座谈，笔会。赠字册。（昨夜）广西吴纯道代表来家看望。

四日

“思则得之。”义赈。磁厂应为一力。铁路……

武王一怒安天下，汉武雄才通西域。豁得出去，何事无成！

邈友大谈计划，主动。

刘念先老为我赠联：

书仰傅山风骨骏，

文研鲁迅事功先。

感谢！

找朱氏 25 元钱。学生会冯问政教干部取书二。

广师鲁迅：“就是昆虫值得学习的也多得很。”（大意）况人乎？张飞，赵云，岳飞，文天祥，杨椒山，傅山，济公，包公，孙悟空，陶渊明，李白，多得很！总之，人须知人生的价值，为社会、人民、国家能拿出什么东西？使人感到什么？德！大德！

气象，神态，暖然如春，豁达大度，普救神仙，叱咤风云，都好。

翟老送来照片六张，另有放大像二张，真高手，颇有研究，胖宜侧照，瘦须正照。

余之能源有三，1.针对性，日帝。2.大人物。3.傅公狂草，马迁史，庄子文，忠烈诗文——最足启人精神，良师也。

五日

发作品。宴桂林代表，送行。

六日

清字债——任平、搪瓷厂、日本（国画院）。张星五老来赠小米、毛山药豆。收秦洪彦同志信。书收到，他也出书。

余之年龄已超过鲁迅先生三十三年，傅山先生二年矣。然无一件敢与两贤比较！计唯有在“德”字上做功夫，或可稍得进步耳。爱国爱民，不敢落后。

七日

世事：创世，用世，益世，务世，应世，愤世，逃世，厌世，出世，超世。个性解放，自由世界，极乐世界，自得居安资深，左右逢源。睡中想及，归而纳之如此。历史人物亦不外此数种人生观。阅历深浅所定。

文联书协理事会，午餐。

1.作字先作人，人奇字自古。鲁公。根本。

2.“外师造化，中得心源。”（悟性，观察）

3.“退笔成山未足珍，读书万卷始通神。”[9]（精神活跃，思想道德……）

4.字不到变化处不为妙。熟能生巧，手熟为能。变化，创新。

八日

收洪彦《春归集》。翟绍德同志来，游成都。带去字一张。豆豆同学来，云豆豆九日调回西安工作。

九日

高祖草莽英雄，目无儒生，然豁达大度，敢用人才，自有高大处。

伯夷不降其志[10]，最可贵，率性之道，堪味。

知识领域要广，点子真，功力深，气度大，思虑深。“三公”备我身。

食谱（自订）：煮白菜，红白萝卜，卜菜，洋芋，豆腐调之。少量荤，炒花生米，粗粮。

道高一尺——艺高一丈。

自由王国——无处不乐。

自由之神——无赖于人。

超逸高士——轩昂何拘。

太白纵恣，目无皇帝。尼采亦尊。

东关省中药制造厂同志来。士颖兄来带去字三件。

十日

赴文史馆送二寸照片，交张克忠同志。便颇好。阴，细雨。

十一日

细研山谷书法，颇有心得。又草书王、旭、黄诸帖特色。

十二日

再读王字，落笔、行笔，必须很讲究，有笔所在，不得草草一过。乃能给阅者以游心之深趣，久不忍释。你自己已感到浅薄，人家如何肯花得功夫？白过时光。能于古碑中痛下功夫，乃知今人之浅陋，不足观也。此即进步处，友人益我处。此中要妙，全在乎学习，有涵养，假借不得。学问之道，在于深之又深，乃臻于神。吾得之矣。正如医道，非不是学问中人所可妄谈。

十三日

字——

外：奋飞，轩翥，轩敞，轩昂，远扬，高视，气魄，凌云势，雄伟，卓荦，倾摧，高爽，端庄，大雅，侠义，堂庑大，胸次宽，飞扬，大山峻岭，雄视皇冠。

内：神理，高韵。

十四日

政协四十周年展出。

十五日

连日把玩山谷字，颇有会心处。

常秀山信，嘱书“居而安”，一尺一寸。曲沃县西常乡东常村，043406。其展字未见，难评。

临碑帖，对所临之碑帖乃至书者生平事迹，思想作风，了解愈深，愈能写得精神。照猫画虎，万无是处。

十六日

赴临潼女家。华清池文史馆魏基智、李凌同志引导看书法，送拓片一张，余书诗石刻。又长汤、碑林、望湖楼匾。索简历印入该地志内。

十七日

下午三时返回。连美清留条，嘱为临汾山西师大地理系孙元巩写字，愿将梁鹤鸣主编《地理教学法》赠山西。盼能将三子明年毕业转回山西大学（医学，化学系）。大子北京军人，二子文学。

十八日

文联开会。发祝老信，字册。书连美清、翟老字。银莲信。近八时，茝颖丢了车子。为常秀山书“居而安”，刘江汉书“松筠雅操”。

十九日

发秀山信，“居而安”字。

二十日

收郭振有[11]同志信。（建国长文介绍我，郭退寄原信，修改后发表，要黑白照片，字一件。）收襄汾文史一本，索字。值楼。阴，落雾。

二十一日

杨力雄老送回老年书会展后裱装字一幅，索字。买册页两本，寄银莲，留一本。文史馆田跃同志送来校稿，让我再看看。

二十二日

到新城区政府，留名片。收翟英同志长信，增我力量，思考。作复信数件。

二十三日

发郭振有、孙元巩信。洪彦、智德信。

二十四日

收朝瑞兄信，百分之二十八折扣。速到文史馆办。

看马子明、郑秀英同志，谈颇洽。是位亲切、明朗人。午餐羊肉面，可口。云随后来家。书英信未完。

我的哲学——超人。英一老夫人语。可庆可贺！此正余之箴言！“小小寰球”，“几个苍蝇”，有甚可风处？宣之传之，吹之擂之。神采，气度，放翁，太白，狂师也。

黎风兄来，数次告以外院一日本教师要来见，辞不开，约以二十七日黎到外院转看他。

二十五日

发海洋、玲、得厚、县政协（志远）、翟李兄信。

人到一定年纪，饱尝人间酸甜苦辣，熔百家之学，胸次宽阔，作字只如游山玩景，目所触处，尽是新趣，登高下水，纵情一快，有甚规矩、绳墨？乃成得佳作。

二十六日

与黎风同志赴外院看关根谦，日本旅游文化专家。收山西书协通知，字展二十五日开始。终南印社通知，十二月三日在民革开会。

是非真理早看透，
守拙闭门莫他求。
野草鲜花自生意，
偏遭顽童当寇仇。

针对性愈强，愈明确，斗争性愈强。

是非真理因人因时而更变不居。正——反——正……盖权即理也。

见人须如五十年代毛主席之接待外国人，使对方战战兢兢乃得。若为对方威压，能自如邪？识见，风采，以此观人，近是。装化不得。

复山西书协信。

思维是无限的，思则得之，它是人类精神的上帝。

二十七日

文史馆徐耿华同志来，即写给王朝瑞同志寄字册500本。为日人作字。

二十八日

为日僧作字。裱字19元，未付。

二十九日

发潍坊市总工会材料，王朝瑞同志信。收祝嘉老信，评明清书家行草交代不清楚，推崇毛主席草书可学习。西工大学生来，四日下午一时半来请。

行草要交代清楚！

“提不起笔”，家乡人云。有理！可见“提”的重要性。

又忙了一天。

三十日

平矜兄从杭州归来，赠茶叶一包。傅郁文同志来。看楼。李欣乐同志送来复印文。托带送孟永安大夫字。与吕老谈习画。作画如作字，一笔一笔地写。

月终，事多，应酬繁，浪费时光不少，警惕！

准备下月工作。拟1988年计划。超人，高人。主动。钱。六日，日本关根谦买字册六本。

十二月

整理月，摒清一切烦扰问题！

一日

到三日到临潼女家。问题，交给魏基智、李清、华清池研究馆材料，补“长汤”下款，名字。

三日

午返回学校。下午西工大请参加该校纪念一二·九书画展。赠笔筒等件。

民盟通知明日下午二时开会，交盟费3.60元。明日动起来！

五日

去文史馆，领生活费30元，月票。交照片二张，明年用。

前日派出所送来作品三件——户县卢观台骗去的。

西安老战士大学周华民、向远桂同志来拜早年，并赠植物油十多斤。

七日

出版社结稿费，应给孙玉石君65元，千字13元。以书代款，须取回250本，九折计算。吴同志送来川宣十张，试用。到老战士大学送油瓶。交军队分校表二份。李、马云（秘书长）等五人赴二十一军讲课。《探索》已在校出售。

八日

屈增民同志交到文件，缺景思忠信，后详谈。见若莲。西大电教系三人来，为照相数张，录像，字。

明上午去化工六院，黎。夜黎牧桥偕刘来，山东人。送稿酬500元整。嘱作字二件。一书："苦练身心……"一随意书。

贝孩眩，不正常，头痛，心烦，想哭、笑。原因：想得多，作业多，休息不足，劳动多。

九日

情面+爱财=中国之君子。+引狼入室=(？)前途。(敌我不分。)

凡事采取主动，不失时机，立于不败之地=成功。认清目标，善于安排，如遣棋子。

物的学问——自然宇宙领域。不断演变开拓。

人的学问——社会历史领域。不断演进深化。

发得源同志信。订《动态》1990年。

十日

清理，整顿，开来。

书建良、建国信，明日发。整理书物。老年人糊糊涂涂，忘心大，可笑可怜！

十一日

不得与"难养"人物学习。吾师拿翁。发韩厅长信。为宋伯鲁[12]先生一家四代人书画展书贺词："艺术之家"。马子明夫妇来(秀英)，携纸嘱书。横、直幅。阴欲雨雪。

夜看电视，日寇杀害我株洲同胞8000多人。王震同志命嘱建立碑石，激励爱国思想，同仇敌忾。

十二日

宋伯鲁一家四代书画展。中国传统作风。客人颇多，并外宾七八人。

修理水管。暖气来。整理桌子。树茞信，为闽杨灿荣索字。

十三日

到馆取回故宫展品寒山寺一件。陈青与稿纸四本。见余敏同志，赠《市长张铁民》一本。正在为市长拍电视剧。有我字一件。为她做横幅一件。

张耀廷老介绍李斌(安泽酒厂)来，带绿豆，酒六瓶等物。索字，李一件，董继源一件(心如铁石，气若风云)一件。高清亮一件。(已有，可不写)

十四日

云雾。午眠好。交裱工19元。交还翟老英文说明册。取回旧照翻拍像。

拟买日记本，1988年。须认真记之，字迹须清楚。

健康——劳逸，饮食。雍容，冲淡，自在。

十五日

为子每、秀英作字。开会，泄气。

埋头苦干，莫出言，摒除外缘，自宽。为谁增光？小喽罗，小丑可怜。伯夷不降其志，率性之谓道，正是好语。

十六日

为翟作六件，横一。夜观唐伯虎电视剧。大才人目中无物，大踏步走去，安能与俗物为伍？俗流亦安能谩大才人？有所恃自无所恐。

十七日

发翟、李兄信，牛道生信。平陆希艾同志由京来，见到李雪老。题词："黄河东去，砥柱中流。"董寿老云全国十大书家，以余作居第一。刘宁一诸家推崇余作。又知黄镇老近日逝世，八十六岁。

十八日

为李耀天同志书贺寿辞。整理桌案。李斌从张掖返回，带字，张耀廷老信，海玲帖，褚圣教，龙藏寺。

聪明点，善于宣传。不吹，飞不上去，好人有什么用？

十九日

暖气水管渗水，地面尽灌。夜魏逻荪同志陪同找工人同志，止住水。房内如同被劓了家。

二十日

整一上午电焊。下午电视台来接，有宫葆诚、刘自椟、陈则秦[13]诸老，另方胜、赵熊两同志，作字，录像，晚餐。十时返校。

二十一日

值楼。整理书物。收韩生荣老信。知其胆结石动了手术。已愈，办公。

书画会选举班子。并有字展、录像。未出席。

静待，演变，定行程。不降其志——人生价值！"岂能以身之察察，受物之汶汶者乎？"[14]

情面+爱钱=中国人。1.私字当头。2.无是无非。3.邪气成风，不爱国。危哉！

二十二日

为韩城司马迁自修大学题词：

"历史有《史记》，文史功勋，千秋不朽，自云述往事、思来者，实寓有为生民立命，为万世开太平之至意。今自修大学创立，盖欲绍先贤意志，学术上期于有所发明创造，光我民族节义，振兴中华，衣被世代，德业实大。"

二十三日

平女赴京，带给枫兄字三件。送交李绵书记贺韩城司马迁自修大学成立纪念字。收文史馆通知，增加待遇，50元。收包裹单一件。收政法学院摄影家谷金海赠挂历字。成所长要字一件。收甘肃通渭县马营乡西关社朱连璧索字信（743306），拒书。收山西师大《中学生文学》。理发。

写文稿须多斟酌，求得体。贸然，发必失。总是能牢记"认真"二字，实为立足之要诀无疑。古"毋不敬"、"慎微"数字，确是经验中语，大有学问，不我欺也。

二十四日

发韩厅长、耀天兄信（贺词）。看克军兄，午餐。

二十五日

去文史馆，见若莲，谈到晶体发炎事。收开封翰园碑林（475002）寄来入选证，正刻石。收襄汾纺织厂赵鼎新信，正字册误。价高。附小楷二页，写得好，宜复。

二十六日

仪表厂笔会，会餐，没多写，照相数

张。汇寄孙玉石同志稿酬 65 元。

二十七日

收李萍贺年片——兰州一中(730030)。收常胜先生贺年片。见到黎牧桥同志,化工六院院长,谈及筹备几老京展,颇欲为力,当与杨力雄老办。

为展事:1.交货交钱。2.健康。3.少外出应酬。4.蓄精力,惜时光。5.无复独多虑。慎独功夫。

立作字人名表。可交者。敌我分明,绝不降志,有失民族气节!

二十八日

收广西民族出版社寄来《名家书法精选》一本数页,内有一百零八岁苏局仙老书法。为宏俊、全喜同志作字各一件。书册页——诗稿。

二十九日

才如天马行空快,笔似燕尾点水轻。(已能体会做到)

去看孟永安大夫,拟定初五后,初六动手术,并云晶体颇优,稳定,勿复发炎。能保数十年。为史愿修书记作字(旧的)。徐勇来交书钱 17.6 元。又知河南出厚册评余字册,佳。

三十日

文史馆领补助 200 元。河南汝阳刘笔厂来人,赵氏留笔八支,拿去字二件。夜学生笔会。

三十一日

88 级学生孙新权赠挂历,作字二件,试笔。树儿来,送来菜等。参加张建文同志画展,不错。

送一九八七年。

年终了,回想一年中的大事:

元月 19 日赴京参加李雪峰兄八十喜寿,反赠我大氅、衣料等贵重品。

六月参加全国杏花杯赛评委会工作,赠给傅山书法、汾酒等。

同时,被中国书画函授大学西安军队分校校长。

六月间,师大、文史馆为我在画廊展出。

十一月加拿大为我作小型书展。为白求恩纪念馆作字。

作字真不少,太广泛了!

迎 88 年。

力量之源泉:

1.日寇霸道,屠杀我同胞 2000 万人,财产损失无计。砸周总理碑,东芝骗局……近日以“南京屠杀为虚构”光华□,课本问题……不认错!要想再起!

2.“丑陋的中国人”!

3.“中国事难办”!

4.人民的道德,沦丧殆尽!

5.不知耻,不争气,不长进,麻木不仁。

6.拜金主义,杀亲灭友。

前途?—“自”之道。目空万类,蹈乎大方。“无私无畏即自由”。

〔注〕:

①李殿清,山西离石市人,卫俊秀学

生，书法家。

②宋玉岫，山西省教育厅原厅长。

③赵鼎新，山西襄汾县人，诗人。

④陶令公，陶渊明，字元亮，世号靖节先生，入宋后改名陶潜，曾为彭泽令，故又称其为陶令公。

⑤语出《管子内业第四十九》："大心而放，宽气而广，其形安而不移。能守一而弃万苛。见利不诱，见害不惧，宽舒而仁，独乐其身，是谓灵气，意行似天。"

⑥语出《孟子·离娄下》，原文为："君子深造之以道，欲其自得之也。自得之，则居之安；居之安，则资之深；资之深，则取之左右逢其原。"

⑦语出《荀子·劝学》："假舆马者，非利足也，而致千里；假舟楫者，非能水也，而绝江河。君子生非异也，善假于物也。"

⑧张瑞玑，清末进士，山西洪洞人，工诗文，善书法。

⑨苏轼诗句。

⑩见《论语·微子》"子曰：不降其志，不辱其身，伯夷、叔齐与！"

⑪郭振有，教育部督学，书法家。

⑫宋伯鲁（1853—1932），字子纯，号芝洞，又号芝田，陕西礼泉县人，清末进士，工书法。

⑬陈泽秦（1914—2006），字少默，陕西安康人，曾为陕西省书协副主席，陕西省文史馆馆员，西安市文史馆馆员。著名书法家。

⑭语出屈原《离骚》："吾闻之，新沐者必弹冠，新浴者必振衣，人又谁能以身之察察，受物之汶汶者乎？"

一九八八年

直上年，巨龙腾飞，吉祥幸福。
八十岁。严肃，活跃，胜利。

一 月

元旦

一、待做的要事：1.书法哲学。2.庄子新诂。3.自述。

二、能源：1.倭寇罪犯。2.麻木不仁。3.丑陋的人。4.自拔。

三、政策：1.省时间，养精力。2.少应酬。3.沉默。4.辞去外务。

四、工作：1.字 500 幅。2.画 50 幅。3.文章。

五、拜师，会友。古：慕兰氏，拿翁。今：……

六、态度，毋不敬（认真，敬谨，卖力，满意，成效），嫉俗念。大学者，大诗人，大艺术家。目空万类，蹈乎大方。无畏，自由王国，帝莫能何。

接到新加坡书道促进联盟邱程光君贺年片。作字三幅。

二日

发新加坡邱、王绍尊①、董老信。

鲁公字，堂堂正正，堂庑广大，魁梧其伟，就像国公字。

三日

收李雪峰兄嫂贺年片，并《自然界》二本。看路克军兄，午餐。嘱书卜居。

四日

收临潼饭店赠人参、蜂王浆。西工大讲课费 10 元。

昨日黎风兄告出版社朱同志，询问他关于我的《野草》意见。填写年龄表。

五日

军队分校集训开学典礼，讲话，作字三幅。张光来，未见。下午去看他。知他的友人在美国成立一公司，专销我国字画，嘱作字，自定价格，对半分成。

海洋来信，生一男孩，嘱命名。

六日

赵熙若同志在馆内查阅书作者姓名（介绍由有堂兄办）。发建良、铁夫兄、海洋信。

收太谷郭齐文先生赠赵铁山先生书法一本。山西出版社赠拙作字幅 20 张（太谷县志编委会郭）。文化厅王安同志来，嘱为李子青书展书贺词。吉虹兄来，即回。海南省□□嘱作字二件（林施筠、赵光炬）。

七日

发太谷郭、太原王信。收太原老干部局“翰墨秋红”稿费 20 元。收建良赠祝嘉老著《书学史》一本。又收沈阳“雾虹杯书法大赛评委会特别奖”证书一摺。

文史馆讨论会，发言，建议。科技报记者陈文章、李晓鹏来，留言嘱书报头。

《参考消息》：我企业只谋学到日本管理技术，而忽略了人家工作热情与质量之提高，没水平！皮毛之见。书法只重视技法而忽略作者的修养思想感情，错了！

八日

最怕的是“看穿”二字，也许即所谓“得道”吧，但又不同于得道。得道则安，无往不乐。看穿是泄气，不管……

为美公司作字四件。

洞观宇宙，与天为徒，走向世界，刍狗万类。此之谓“大”。有此胸怀，天奈我何？

收临汾地区书画院、刘梅、李殿清、太谷县志办郭齐文等同志贺年片。见朱永根同志，谈《野草》事宜。

九日

上午陈文章（科技报记者）来访，三小事，嘱书数字。下午中国新闻社记者张铭来访，取字一张。朱影同志来，未能座谈。为一电影书题“深深的根”，签名。

十一日

保安值勤。陈清来送月票，又87.2，88元，月补助金60.25元。吉虹兄来取字。黎风兄来，印书可无问题。

十四日

发韩厅长、杜老信。收俞建良寄来祝嘉著《书法格言》一册，山东徂莱拓片一份。发高效鲁信。

十五日

在文史馆作字——“虎”、“佛”，大条幅。雪。张若谷同志来，惠赠鹿茸精一盒。

“生活即斗争！”

“自强者胜！”

十六日

发张毅生、付守超信，收俞建良信。将寄来《霍扬碑论》，索照片。陈文章同志带来访问记稿，订正了几点事实，写得生动活泼，将向天津《美术家》推介。下星期重来定稿，并附字作两件。

十七日

为祝嘉老九十寿，俞建良得子，书贺词。又科技报字。

十八日

受寒。

十九日

收书协转来日本新生寺书法稿酬55元。（书“梦觉”二字）

二十日

民盟小组会，提出爱国主义等题。

二十二日

五建议：

廉洁政治——贪、腐！

法制精神——居正法律！

严格教育——真人才！

公民道德——爱国主义思想——应让文化人士在报上发表意见。

破私立公，无声了！

国际主义、爱国主义精神，又无闻了！

我为人人，人人为我，无音了！

为人民服务，还在说，但不过口头禅而已！=0。

二十三日

海洋来。去看张老，知张忻被汽车撞伤，脑震荡。陈文章同志来，修订稿颇翔实。

二十四日

交奶费11.64元。

二十五日

到文史馆，作字。随海洋去。

二十六日

杨教授同天夫兄来，赠酱笋、茶等。刘帆同志来，赠挂历一份。

二十七日

海洋返里，带字数件。

二十八、二十九、三十日

发聪、莲信。陈铭来，嘱为其先父题词，前进来送寿糕、酒等礼。

三十一日

送“虎”字，张老不在家。作字四张，清账。平女、王璐为我过生日，忙。自己一家人，只少树儿一家。菜饭都可口，甚好。

二　月

一日

书法如画法，也须重视墨性、水性，通过娴熟的经验，构思挥毫，达到神明的境界。

二日

为准备生日操心，王璐办理。

三日

十一时西高五四厂同学刘鸿儒、长乾、陈崇俭（青海）等十三位来家赠以厚礼：青海毛毯，长白人参酒，乾隆帝健康酒，寿糕，水果之类。茶水毕，全家同赴长安饭庄二楼，痛饮畅叙，为八十年来首次极乐。饭后摄影纪念，各赠字条幅一件。张茂全同学尚未书，即补。又青海四位，亦须补寄。振纪送尼裤料一件。

四日

健儿一家来，吃素饺子，亦甚乐。晚强儿来，樊川来。泻肚，受凉。借《文选》两函。

五日

病愈。平女买来人造毛裤，颇软。文史馆吴主任来，送年节金 100 元。大风，好睡，未出门。强儿在家。

六日

图书馆茶话会，黄酒等礼物。

七日

发劲知、建国、建功、习一信。取回裱字三件。为作字。（天夫同志）

八日

到文管所，见到刘（省办公厅，山东），送回校。湖北武汉刘延勃友来，赠罐头等。未见，索字。书百胜、元里信。

九日

发元里[②]、百胜、望进、翟英诸同志信。

人事处又来慰问，送寿糕等。赠武汉张等字三件。

十日

发林鹏、吴思忠、刘梅信。

十一日

发日本佐藤常仁、梅津彩石、李毅、王焕信。收到翟嫂信。北京朝外金台路甜水园 10 号 311 室《丛书》编辑部信，索稿。

詹校长派景钊来赠皮包一个。索对联。

十二日

发段云[③]老、建良、王绍尊老信。

十三日

梅津彩石君寄来包裹。赴小寨邮局去取,丢了,邮局同志查出后嘱寄证明。

十四日

同铭取回。东西杂样颇多:我的四季袜子,妇幼袜子多件,蘑菇两包,食品两包等等。赴美协,王冰如老嘱书对联,邹莉贺词面赠之。灵子字,云杨老五月来西安展。收日本东惠君信, 三月十八日来山东、西安。

十五日

发日本彩石信,感谢。祝嘉老、俞建良信、字。又收祝嘉……研究,复印。书戈老信,索题签。

十六日

月尽。雪。发祝嘉、青晋、戈老信。收品三信,附词作。

总结:

1.国事难办。2.中国人的宗教——钱。3.不知耻,不争气,不长进。4.认贼作父!5.人→鬼,兽!无德品!因此:1.目空万类,唯我独尊。2.我行我素。3.世界外之世界……自由王国。目中无难事,自强者胜。拿翁,悟空,为所欲为!(不损人)英豪。

夜看电视,中央晚会,热闹非常,颇得鼓舞,热情有力——艺术世界。

清静无为,无事身轻,欣研所学,卓有发明,我行我素,老孙悟空。

大年(戊辰),飞跃年。

十七日

正月初一日。

晴。手令:1.保健。2.不作书法应酬。3.接益友。4.珍惜时光。5.针对性:倭寇,无耻者。6.师拿翁、老孙、包老爷。自强者胜。“深造之于道……”“天将降大任……”“目中无……”泰岱黄河为主宰!自由王国,乐园,世界。

工会徐老、尉树山同志来,顺便谈到赴京展出,房子问题。任平、天夫同志们来,宏儒、明晖尔两同志来,为我展出,销,提出好意见,赠酒等礼品。

十八日

初二日。

看张光老,托带给聪弟茶。中国书法故事。看王长、徐老、二任、朱同志,知《探索》已入计划。高老、胥超同志、杨处长、刘念先等来。

十九日

王夫妇来(礼品)。温震东(霍县)来(市府参事)。吕老来。王校长爱人何来。邹莉来。张光老来。

二十日

初四日。

发左军、品三信。看李、张副馆长。杨教授来。吕来,士颖兄等来。

二十一日

初五日。

看陈铭母亲。发日本安本静惠信。

二十二日

品三赠《山西文史资料》一册。临汾李书记夫妇来,运城宋嘉木同志来,方磊夫妇来。

二十三日

初七日。

发峰兄嫂、杨默老信。

二十四日

发王明学主任信。

二十五日

无事。

二十六日

下午赴文史馆，与薛馆长畅谈，介绍我认识了曼卿老，喜书画，住国防办东院平房，用车送我返校。31日前去看他一次，藏碑帖颇多，与郭琪是同乡（四川乐山）朋友。午梦大水。介绍信。薛勇（计算机系博士研究生，二年级）、薛渊（建筑系结构专业博士研究生，三年级）兄弟。

“善于发现美的眼睛。”

二十七日

十一。

抄稿。强、杨梓来。

二十八日

雪。发李尚兰信。

二十九日

发李尚兰同志信。嘱周强抄文稿。本月已完。日本安本静惠来，未让进家。回拜。坐半小时返，赠一理须刀。陪同者，姜姓，日本人，普通话说得很漂亮，即返回。我对于这些人总是不放心。桌上有刘自犊的名片，说是昨晚来看他。

一苏联学者喜老庄之学，在《庄子》里看到自由。说人不自由，还有甚意义？

时间要善于分配，事业时间，家庭时间，个人时间。

仍陷于忙碌之中，宜：1.辞去一切不必要的职务、活动。2.少交接。3.完成主要事业。

三　月

龙抬头。基建月。展开活动。（领导根子）展品，展金，基干，房院，文稿。针对性，倾向性，能源。广师，友谊，痛快，自由！人最能忍受，可怜虫！

一日（十四）

1.把时间掌握在自家手里，办实事，莫打诨，说做便做。

2.多动脑筋，觑门路，关键创新，周到，小节。

3.交往，人事，须细心，重礼节，不苟然诺。

4.认清人鬼！（损友，益友）

5.严肃。（身份，地位，年纪）

发海洋信。到于右任书法学会，王冰如老家，字各一张，祝三八妇女书画协会成立。

闻王同志去欲改画馆。终日忙。

二日（元宵节）

时间，事业，研究，创作，真友，礼节，正义。

鲁迅先生。（道德，思想，学问，识见，行动，教师，作家，学者，革命导师）

三日（十六日）

见曼丘老，字画收藏颇多，嘱书中堂

一幅，即就。蔡携教育局副局长张克忍信来，未见。

四日

收张原理兄信（字）。收陈巨锁[4]信，嘱为五台山作字。兴平县委会张过同志赠《茂林诗册》一册。赴科技报社见到陈文章同志。

五日

书法，决定招生，书法课。栗生茂同志来，赠西凤酒，云陕西旅游局长王步唐同志要来见，约定星期二来。

六日

无事。

七日

收北京王绍尊老信，山西书协、华东政法学院信。（字）参加省妇女书画协会成立，午餐，作字二件。

八日

发原理字，张克忍、张过信。

九日

昨晚省旅游局局长王步唐（灵石）、栗生茂同志来，赠酒、烟等，谈颇久，看了傅山字。答应为联系赴京展事。发崇俭等五人信、字。收到李尚兰（笔名，名高信）同志回信，他研究鲁迅而能画、评论，近编《现代四十家漫画》，华君武序。三月半即来西安。

十日

赶写稿。

十一日

稿完成。为北京、南京作字。明日完成笔债。十五日前办清琐事。月内完成展大事。

十四日

发张克忍、北京、上海华东政法学院、获鹿、五台山，五件。（均字）

展事：高教局，省文化局，旅游局，文史馆，政协，接头。手续？

到旅游局，王步唐送我上车，返校。送他傅山一联。

十五日

报载，哈尔滨某飞行学院团政治处主任李鹏礼修皮包，为歹徒抢劫，受伤，观众百人无人过问，歹徒远逃……如此风气！

十六日

到文史馆，约定房子事。交书风文稿。为人事处书签。

社会风气太坏，非有扭转乾坤力者难改进。何必操余心！一切事，难办！“自力更生”，最为妙着。

晋，京。创作。生财之道。分秒必争。

大有可为。

十七日

发建良——为张寒月老（八十三岁）为我制印感谢信，横幅一件。在周强办公室作大幅数张，如意。

重新考虑！改变观念。旧道德不中用，旧想法吃不开。谁受用？谁爱我？前途？希望？种种现象气煞人！乃悟竹林七贤之所由生也。无怪鲁迅先生欲学陶靖节。试试看吧。

十九日

下周开始加紧办理琐事。大事(展览,房院)。作字。礼节活动。出书、字等等。

社会丑事烦厌,不闻不问,静心做成绩:字、创作,要文。

日渡边美智雄小丑诬我山西一带挖穴而居……因取号为“穴居士”,或“山西穴居士”。

看电视《西游记》孙悟空,真过瘾,良师也!必如是,乃称得“大圣”!包公自亦不弱,中国之元气!失此元气,危乎殆哉!

复读鲁迅杂文,又生起色。

鲁迅先生。

才学德识,自有天地。与众不同,言必中。

收到吉虹兄信,嘱作字。四月可返回西安。

二十日

颖由日本学习归来,赠我手表一只,百元。

收到韩秋岩老书画展。

说话要保证效果:

高视,

藐视,

沉着,从容不迫。

幽默,魅力。

独特的高见,远见。

以庄严的高大身影面对一切对象。为中华民族增光!

鲁迅先生。

二十一日

雨雪。拟一笔名曰:拂士。当为鲁迅先生所喜。

闻颖自日本归来云:

1.日本人觉得他的国家最好,绝不愿离开;

2.自由随便游行,贴标语,政府不理睬;

3.出国易,护照就在自己身边;

4.在国内也可自由到别处去,只要找到工作;

5.老人尚有道德,对中国人对不起。年轻人看不起中国人;

6.大有钱,小莲云比美国人还富;

7.卫生最好,东京已好得很,尚不如京都;

8.社会秩序好,无偷窃事,安全;

9.铁路事故,日人云:这是第一次看到中国公诸国外的事故消息,因为有日人遭难。

收太原省文史馆函,索字。(四月十五前)

建国信,办叶圣陶杯全国赛。山西师大,三十周年。1.展品。2.祝贺词。

书韩秋岩展贺词。(文心句)

夜,国际旅行社两人来云,刚从日本仙台市归来,收到梅津彩石女士又赠玉泽(酒)二瓶,《东北书道》一册,照片二张,副社长后藤善雄字青峰名片。吕某让座(公共汽车上),云其父与我相识,代表省赴京参加残疾会。

二十二日

雾。放晴。看韩秋岩老书画展。气魄极大。大笔也！笔笔有情有意，出自天然，不觉有一笔人为处，颇受教益。画如此，字亦然。乃知挥洒自如，天马行空，活风快水之真谛。一加鼓努为力，便非佳作也。

写了三幅得意字，原因：看了韩老大作，提起了兴趣；室温，光线好。

安闲自在第一课，
名利思想早打破。
不高攀，不接贵，
跑来跑去为什么？
世情已看破，
鬼蜮牛毛多。

一盘棋子——车、马、士、相、小兵、大炮，有如社会群众——士农工商，自以安善工作，但任棋手随意指挥牺牲之，便是不幸。

艺术界的黑暗，原来如此！前途？谁吃了亏？真本领，真货色，总是像太阳般地普照天下，普天同庆！

二十三日

发建国、尚兰信。杨力雄老来，送来北京军总赠证书等件。刘帆夫妇、张同来，赠《写作知识》一本。温亲家夫妇来。屈区长来。

昨夜与友饮。

二十四日

亲家为我一席话：知年纪。过去受委屈已够了，不能委曲求全。为所欲为，惟乐所乐。既无所求，求，又能怎样？

收到卫树廉[5]同志信。嘱共同为张耀廷[6]老七十寿作字祝贺。路克军同志来，嘱为祝贺临汾解放四十周年，合作。又收习一信，内容如上。并为他父子四人在晋祠联展作字。到文史馆，明九时同杨国杰到长乐路办事处，解决房院问题。

二十五日

与杨国杰同志赴长乐路办事处，由谢兴接待，齐国祯外出。留言后与杨联系办理。

兵爱民，民不爱兵，民军关系何所在？
邪压正，正不压邪，邪正颠倒诚可哀！

河南项城汝南刘毛笔厂刘长德、刘好俊来，赠斗笔一支，小楷二支。

二十六日

时间如金钱，要会花用。零星费用、零食，买废物……或丢失，没办成一件事，发挥不出钱的作用。浪费时间正没用。

梦拾得羽扇，毛羽黑亮，自以为诸葛。

万事看得透，思想便自由。
心旷体乃胖，管他春与秋。
礼义今何在？赵公最当头。
拜敌为友好，祖国何所有？
人心为兽兮，万类为刍狗。
惟私是务兮，健康而长寿！
求放心[7]，莫为仁。
拜大师，达尔文。
贵斗争，幸福存。

二十七日

有信心的希望给人以武士的力量。彻底的希望使人获得解脱，取得上帝的信仰。前者打开事功的疆场,后者导入乐天的佳乡。

无是无非,得失荣辱,不介于心,别有天地,是为大乐。

发峰兄嫂、襄汾政协、吉虹、日本梅津四件。

做事不少,星期日孩子们都来。

人人拼命地抓钱,我亦须考虑:1.只为自家干活,广积珍品。2.绝不为人作嫁衣,一切拒之千里之外,养精神。

二十八日

周强助我在电教系作字数件,如意。

上街,购物。

二十九日

发荆州、山西文史馆、山西师大、原里、习一、卫树廉,六件。(字)

三十日

译《曹全碑》文。劲知、刘梅来。赠酒、葡萄干等。

三十一日

赴文史馆作字二十幅,颇满意。(丝绸之路)

夜,西安中学领导来,请四月三日到该校与会。收左军、海洋信。喜事,凤结婚。印字帖。任务完成好。太忙。

如期完成计划,快慰之至。乃觉轻松。

四月(成效,全备月)

一日

愉快的精神。

参加故友陈之中老遗作书画展。

世界何所有?唯有一俊英。

奋飞雄杰前,所遇皆亨通。

神仙不过尔,铁壁筑铜城。

俯慨蝼蚁辈,大圣孙悟空。

我自具胆识,堪称天骄种。

译完《曹全碑》文,方绮助成。

二日

克军兄引我理发,为付款七角。朱、宋同兄来取陇县中学牌字。

陈文章、李同志摄影数张,拿去雷雨顺信,五月三日可登报,送来。杨力雄老兄告书展事,甚感。太敬事。

三日

到西安一中,应邀作字,十数人。解放路饺子馆聚餐,颇佳。赠相集一册。

四日

发海洋信。领工资178元。

五日

参加于右任书会展,日本人36件。观众多,秩序乱。就是如此,大场面莫过于此。尔后可不必观赏矣。多少宝贵时间,殊不必浪费在这里!

找个清静环境,勤研究写作,有益于人。

志向(目标):理想,希望,有奔头。世界,国家,社会,家庭……

认真(责任心):狠下功夫。“矢志如心痛。”创造条件,克服困难,达到目的。

收到阜阳函,索书。

五日

欧洲人视自由如上帝，我中华人最能忍耐，日本人则勇于自杀。各有突出处。总以“自适其适”、“自乐其乐”为宜。“我行我素”，最得人生真趣。

收建国信。

六日

我自具胆识，狂颠何足数。

蜿蜒何所似？蛟龙腾空去。

发左军信。张生才、淑凤来，又送来咖啡二瓶。明日返里。带给淑凤被面一件，送淑凤日本鞋一双。为书字三幅：临汾日报总编希祥，张强，祝刚（呼和浩特日报编辑）。

七日

文史馆作字。（田耀、陈青帮忙）

陆放翁曰：“花如解笑还多事，石不能言最可人。”言之“无益于事者，明之不如已也。”“哈哈主义”还用得着。

集中力量作十数幅大品！

八日

昨发开封河南大学出版社信，购高文《汉碑集粹》。

九日

晴。23度。没做什么事。为山西老年会、古井贡酒会作字二幅。午眠好。

理得则安，

无欲自刚。

有德乃大，

有才自高，

无愧则雄。

十日

为大人，赋大文，举大事。敢于与日寇比高低，粉碎其野心， 服其威风。作字画亦然。要有大气象，大境界。小刀细工，无为也。

阎晶明自太原来，未见。为书“尔雅书刊社”牌匾。

十一日

收建良图章，即复。发古井字。

十二日

发人民出版社鲁迅学会公函。买面10斤。

自神其教，（思想认识）

自享其德，

自重其身，

自负其才。

十三日

张若谷君来，谈心腹话，大快！右任会情况内情如此。愈打实了返晋心。

十四日

文史馆学习，悲观味浓。国事问题太多，太严重了。

十五日

作字。晚报：人贩子大发财。272车次在韶关站袭击车乘员，客人，创伤女医生。逃走。抓住。（冶院学生四人办好事）。南五台旅游学生被抢照相机……难得糊涂！

在周强办公室作大幅字七八件，如意。

十六日

下午作字六件。

十七日

开始写傅山稿《四毋》。决定赴并，作准备。

书韩厅长、林、铁兄信三件。

念国耻，力争气，求长进。

十八日、十九日

为美国黄柏元、博士华安、左□女士、柏大卫先生等四人作字各一件。

张若谷同志来，又赠首乌粉。

二十日

到长乐办事处，未见人。到文史馆，取回《书风》稿。申请书(复印书林同志尚未付钱)。途中遇黄华诸美国博士们为我拍照，又合影两张。

看大字标语：吕教师之子14岁，为民工打死。如此恶风(？)一言难尽！

二十二日

夜余葭生同志送来美国费博士集体赠给米黄色凡尔丁衣料一套，又毛衣一件。(百余元)

二十四日

书“法门寺”、海南省文昌县书协成立祝词。嘱任同志为汉承、东莹裱字。闻物价又将涨。

人都有正义感而不敢发挥，原因：法律无用。“打抱不平”不行！默然为佳。

二十五日

周强为我买票，临汾，6.30元。早七时三分的车(262次)。看李校长、任平馆长，为我要车。有堂同志为办“虎”刻十份。28日送行。胖了，肉食，放心。

二十六日

有堂来，为图书馆书赠美国北□大学行草一幅。又给王克钧、余葭生字各一件。

收拾行装，准备赴临汾去。阅报，日本无理！余文可以寄出矣。到太原必办！否则要求国外华侨日报。

愤发之道：

1.针对性——明见。受挫，私，公。定志。有的放矢。(思则得之)

2.理论——策略，规划。

3.行动。

二十七日

找侯冬生。

二十八日

任平同志为我出资车送车站。有堂、铭送到站。下午三时半到临汾，振维、包弼来接。夜航民、金副校长来。

二十九日

建国来，接到师大。王蛟云同志来。

三十日

航民陪回景村。海凤出嫁。下午回振维家。决定四日赴太原。

五　月

一日

张胜才同景同志来。张某：“看卫老大幅草字，好像游华山，一派气势，使人精神大振。”住师大建国家。赴耀廷老家作字，卫树廉老家吃午饭。贾同乡送回振维家。航民来，接住农专。韩处长来。

三日

航民、韩送上车到太原,为我购车票。下午三时到并。

四日

韩厅长家用午餐,莜面,颇可口。午睡。三时老年大学王司机来,与韩一同看鹏兄,未见。元理也不在厅,转赴汾东公寓,碰到霍泛老,七日到西安开会,住龙首村双龙饭店。与邓晨西老谈京展事。中青兄尚好。即回北区。

五日

去新休干所,劲知父母款待,赠我宝王昭君酒物。作字。航民随贾副教授(山大中文系,南贾人)来,送回。

六日

雨。教院陈建设来接,魏司机。饭后为我照相。李守清、陈茂林、吴思中、孔云生、辛亮、邢,诸同志。作字,赵德爱、王振金……陈同志为我买车票。(八日)

夜航民、小马、曹福成同志来,送稿费(太客气,过多!)兼汾酒、竹叶青两瓶。

七日

未出门。

八日

看望进同志。下午一时陈建设同志和振维送我上火车。振玲、小介来。

九日

上午六时回校。

十日

赴建国饭店参加文史馆三十五周年会,四天。

十一日

到十三日年会毕。十三日赴周至楼观台游。

十四日

赴止园饭店南楼看望霍泛老、孟秘书。约明日九时到省博物馆参观法门寺宝物。

十五日

同霍泛老参观碑林,赴纪委招待所午餐。晓林同来师大,送来鸡子一箱。书曹福成,李、翟老等信。

十六、十七日

作字,发:颖字三件,陈建设,航民,李何老,李、高信,荆业选(大营盘 4-3-1),新加坡肖启庆字(枕石漱流)。为聪购字帖(石门铭,石门颂,孔宙碑,龙藏寺碑,爨龙颜碑)。

十七日

民盟组织赴蓝田游览。上午八时二十分出发,去到水陆庵(隋唐建古佛,原为真悟寺)。再至辋川溶洞,一为凌云洞,一为锡水洞。五时回校。振纪来,芬姐电报感冒,不来了。

到处议论国事:世事坏了!满目焦然。但静观好戏。奈何!

中国人的上帝——钱。

中国人的大行——抢钱。

中国人的前途——?

社会主义制度,资本主义灵魂,无政府主义畅行。

抢劫。无视法纪。

打破旧观念，放手大干，哪有不收钱的笨汉？一手交货，一手交钱！

十九日

为山西老年书画学会作字。发太原邓晨西老信、字，苏光贺词。在周强处写六尺大幅四张。到函大，收到报、照片。

二十一日

刘青、詹五生校长来，同去刘念先同志家，约明日赴渭南讲书法。

开始改稿。须加紧交出房文三件，以清烦愤与不静。

到处忧愤事，世道了矣！

二十二日

奶涨价一元(7.0元)。停止为人作字！一起须打算盘了！不得了！

人——崇拜者，益友，敌手，难者。

书——经典，广识，修养，技艺。

事——急要，需要。

二十三日

银莲姊今由美来西安，尚未定时间会见。

年已八旬，尚如童子心。言不虚发，行不妄动，字不浮写，文不粗书，书不粗读。必是“毋不敬”，缜密周详，才示妥贴，可行。一字主义：“自”、“气”字。细思之，方会作字、读书、作文，入门耳。不敢不勉。如此乃能虚心，虚心乃可大。

为家兄书传。

作字，一字一章同一道理，有似作战。敌虚我实，人左我右，诡变乃见争趣。有画直势曲，有前大后小，如仰望，如逃走，忽开忽合。观魏造像书法，如细看墓中群俑，种种姿致，情味各异，耐人体会。

收到俞建良寄来《书学论集》一本。师大校刊同志告我《人民日报·海外版》发表了拙作《关于当前书法问题》一文。贾兄寿文初步完成。

二十四日

银莲姐妹来，颇为快慰。赠给虎、佛、墨，书家故事。分别赠家人亲戚美元。我得四十。

《人民日报·海外版》八八年五月二十日刊出拙作《谈当前书法艺术的书风问题》一文，两千来字。

收翟、李兄嫂信，知将动手术。张若谷、函大孙主任、马等同志来，索字。银莲明晨七时五十分乘飞机返上海，学校备车去送行。

二十六日

送银莲姐妹返上海、宁波探亲。姐杏莲嘱书“难得糊涂”一幅。等候寄来尺寸再写。书翟、李兄信，俞建良信。已发。

二十七日

发韩、赵、柴、鹏、航民、原里、洪彦信。附《书风》(《人民日报》)。汇太原曹福成同志180元(收20元题字酬)、昆山俞建良30元购书款。

到文史馆，书刊名“三秦文史”。张孝忠副主任为购月票。书张显生字。

收到李豫(李何林老之子女)信，云李老仍住院，二月间改鼻饲，不痛苦，尚好。

又湖南省吉首大学C号信箱，校庆三

十周年办公室，信，字。七月底寄到。

二十八日

收李、翟、王朝瑞信，寄来《人民日报》，发稿信。发殿清、晨西老、光耀信。得梦：满天星斗，熠熠光亮，虎来，西山大火光，以阻扑来。

二十九日

发海洋、左军、品三、朝瑞、铁夫信五件。

三十日

读书：1. 须是在感到疾需情况下，乃可深入，如饥之需食也。2.须逢适当的境况下读之更真切，如雪时读雪诗文。

书贾平矜兄八十寿贺文（长卷），只待装裱了。满意。

收郑州黄河碑林筹委会专函，索字。

三十一日

嘱屈师傅裱贾兄寿文。送军分校《书风》文。

完成任务，收获不小。

拜金世界，假货市场，鬼蜮人物，安所何在？破私立公，公在何处？

六月　脱颖月（百备）

一日

（儿童节）收翟嫂信，云与人民日报社总编联系，可多写文章。宁波信，书家辞典事。收陈建设信，云发现教育学院记载内有中青、树侯、我的名字。

二日

书翟嫂、田尔思（安康县汉江文艺编辑部）、宁波辞典编委会、湖南吉首大学、浮山郑洪峨信、字。

三日

发黄河碑林字。

1.大讲——书法哲学。2.大艺——书法文章。3.大学问——鲁迅，庄子、傅山。4.大人——无畏。5.大敌——倭寇。6.大事。

四日

发祝老、建良信，贺词。又北京朝阳门外金台西路人民日报总编辑部李庄先生信、字二件。外国来中国的人说，要到中国，须有两种准备：1.忍。2.能受气。这也是我们应有的本领。

五日（星期日）

艺术真天地，劳动好世界。要看你如何安排。时间是自己的，上帝不索钱。空闲则未必！要受限制。

认真看二小时书，写二小时字。

补课，篆，草，诗。

永志不忘（灭寇，宗尼），坐镇十方。

赫赫王师，四海莫强。

包公、济公、孙悟空。人须有本领，万事亨通。

发俞建良信。

六日

犹豫，事之贼也。即断即干，功成事臻。

七日

发沈锡健信。买饭，钱票 18 元。订《参考消息》、《晚报》,16.2 元。

观赵铁山先生字,敬谨非常。余作字则过多放,欠修养!既疏宕,又茂密,乃佳。茂密谓布白,疏宕谓气态。

法<权<钱,——法制? 封、资,——社会主义?

八日

安本静惠君约后天下午六时请吃饭,拟赠字一幅、印谱两本。发票,生茂夫妇字。

九日

饮奶后,无力。文史馆学习。一摊奇事,一言难尽。教师不干了,研究生不学了,改行! 娼妓 600 多人,公安收容,又放了,养不起,没粮。警察带枪赌博,负了,不给钱……

十日

发陈建设信。收铁夫兄、汉江文艺(安康县鼓楼街)田尔斯信。

十一日

收田尔斯信,问师大书法教学负责者,教材谁的好?

李日昕、王□□同学来,赠字各一张。正建旅游一级楼,在临潼。题匾字。(名称定后)

十二日

星期日。雨。洗澡。目标,信息,力量(个人,集体),环境。目空万类,乃有实力。

克期进展。

十三日

写"四宁"文。发汉江文艺田尔斯信。到雁塔游。

发董老、白煦同志信。附《论书法问题》复印件一纸。

十四日

十六日赴昭陵、乾县游。临汾农牧局高步斗、尉达三同志来,赠礼品,为作字。收品三信。

十七日

电视台刘瑞华来,索字。托送胡光亚同志《人民日报》文一件(电视剧文学部)、杨力雄老信,明日参加一笔会。

改"四宁"文。开始服消蒙片。

十八日(端阳节)

小寨区委会老年书画家团聚,赠书等物。发建国信。

十九日

方胜同志为杏莲刻"难得糊涂"一方。

世风之坏,古今中外,难得。何以救之? 难!

二十日

完成"四宁"文。杂文。卸得重担。只待房文矣。

收建国、鲁迅研究会信。杨力雄老来,为进行书展事、转载文字事。

二十一日

发李殿清信。清理字债、信。作横幅二件,满意。似又进了一步,知作字三昧。

一字须有其性灵,或坐或立,嬉笑怒骂,自有姿态。一行有似小学生排队,歪歪扭扭,总有个自然样子。一章如狮子混舞,乱采花,也有趣。

吾作字如战马上阵，心力足，杀敌狠，痛快非常！

收王朝瑞同志信——征订材料。

二十二日

图书馆同仁为贾平矜兄贺寿，赠长横幅一条。

二十三日

文史馆开会，托张显生同志打印“四宁”文，复印“书风”文。交李馆长征订书法。

二十四日

赴西北大学录像，军分校字画展开幕。收科技报稿酬50元。杨老力雄来，告以晚报情况。

二十五日

发品三信，附刘存善字。购票事。发聪弟信(2元)。省政协徐鸿等同志们来。去协会为美国人作字。

二十六日

清理笔债。健康！简粹！严肃！定交！

要务：1.书法哲学。2.自传。3.家兄传，师老师，子正。4.庄文。

连日37度，热闷甚！微雨。

二十七日

晨，凉如秋，睡好。清除心上事。房文。

凡事讲效果(益)，不浪费时光：1.少而精。即使看五分钟书，真懂一字一句也好，万不可在一时内乱翻一阵，没懂一句，费时间，没收获。2.“真积……入”。贾兄治学。3.善用脑力，没读书也会有收益，思之。4.认真治百病。5.聚光镜。会神。6.解决疑难问题、矛盾，根治病症。7.寻要事做。莫错过，莫白费精力。有所得。8.向恶势力斗争。

贾子景(九十八中)、民政字。明日定须交卷。房。五省。

二十八日

吾之书作，殆书法中之李广也，程不识之流安足以识之！

二十九日

收祝嘉老信、劲知信、四川合江县卫生学校信。九十八中子景取去陕西老年书画研究会(黎明)字。参加西北五省展。并给子景一件。吴小宝(笔厂)字取去。为王冰如老作字二。

三十日

月末。任务完成，交房卷。书法又进一步。心得。

对之已无希望，不得人心，休矣。屏外物，务内。定一。

希望给人以力量，绝望也会同样增加人的勇气——互等。以此正可了解绝望之为虚妄(抗争)，正与希望相同的道理。

发峰嫂信、郭齐文同志信，谢赠铁山老字一本。

收建国信，山西书协、山西省教育工作者书法学会资助4000元展费。

七月(活动月，出动)

一日

世界形势>中国形势。

国家，人才，教育，知识分子。

中国人，麻木不仁，没灵魂，没记性，没脑子。财！一切坏事都可为。乌合之众。没纪律。没礼节。没信用。没理想、希望。没正义感，没同情心。过一天，算一天，没有为公的观念。……有如动物。能忍，受气！

为什么人人爱“难得糊涂”？

决策：1.目空万类。2.神仙日子。3.不应酬。4.破千障。5.绝外缘。6.坚持洞识，独树一帜。雄视世界！为主宰。7.有所恃。(自，气)8.无所求。

为八四级毕业同学同学录题字(山谷句)。收孔孟故里书法篆刻大赛办公室信(山东济宁市文联)，八月底止。

二日

作字，如意。

三日

看到剪贴一纸。可笑万分！尚何气哉！

拟写《吃老本》一文。“周之后裔”，“先人……”“火药，罗盘针，印刷术……”“古文明国”，“十一代王朝”……后继乏人，子孙败坏！不想，前途无望！自善！

雨，凉如秋。

观国际体操赛。吊环，跳马，飞跃翻杠，自由操，平衡木，双杠，柔美，节奏，刚健，利落，舒展，明快，疏宕，率脱，协调，稳健，魔力，惊险(观者为之担心)，自在，连贯，轻巧，自然，熟练(如猴子乃佳)，稳定，轻利，一举一动分寸分量，层次，段落，分明，幽美，缠绵，飞跃，活跃，峻整，若飘风之环，若羽之旋，会神，娴熟，精诚，从容，有把握，随心自如。

如楷——见到功夫。人，本领。

如行草——才情，聪明。天，神行。

艺高而胆大，有恃无恐，横行国际可也。

天成，无痕，没破绽。

国际魔术大赛——巴黎。

发笑，神秘，不知所从来，不知何所去，字亦如之。最高境界，神品，绝技！

针对性即力量，希望、理想同样。

“绝望之为虚妄”[8]，难言。

四日

雨。

完成两件事，剜却心头疮，

写罢三两部，灵台现佛光。

收拾精神，自做主宰，

雄浑冠冕，气象万丈。

不觉又到四日，马上即出月，犹豫，事之贼也。年过一年，遂至半刻无余，难矣哉！

日寇虽大敌，然颇有长处可取，正须以其人之道，还治其人之心！

认真，专精，说了就做。严纪律，刻苦，狠干，胜心强。

1.自拔。一个人只把自己置身于庸流之中，也不过一庸俗之辈，如此而已。

2.思得。脑子如涌泉，思则得之。

3.信念。行动的指针，力量的后盾，原动力。信鬼神比什么也不信的人高明得多！

想法，神算，必成必胜！

收黑龙江牡丹江市平安大街一号（《唐诗三百首》四体书）稿酬20元。

“如果您希望现在与过去不同，请研究过去。”（斯宾莎）

作字不少，为应曲阜选二件。赶快办定要文交出，安心干活，以定前程。

五日

写好曲阜大赛三件，明日邮出，另汇寄2元参展费，算是一件大应酬。

力源：正义，理想，抱负，信念，奋斗精神。

发祝嘉老信。

六日

文史馆订书100本。发曲阜信、字。王绍尊老信。须养精神，赴蒙。

七日

途中听人言：“此处是埋没人才处……”信然。

收到师大人事处给财务处字。第216号函：

财务处：

经研究给图书馆聘用的师大书画协会主席卫俊秀同志每月发酬金40元。请给补发返聘酬金60元整。（八八年三月——八月，每月补十元）

1988.7.7

今日为国家之大耻，够痛心矣，有几人念及？哀莫大于心死！

八日

领到240元（上项补发）。发汉中亲戚信，订字。

书傅山《再咏石檀诗》，满意，甚慰！作为座右铭。写出一笔满意字，如妇女生出一婴儿之痛快。

写一套爱国英雄、贤士作品。

自我能动性，自我价值，自我神圣。

没有克服不了的困难，没有达不到的志愿，“事在人为”，此话最妙。

九日

发品三信。文史馆张蒙车票事。收图书馆书报费15元。

十日

雨。与友人话闲有感：

看透前途没前途，
夜读南华欲何求？
收拾精神做主宰，
管他冬夏与春秋。

尺有所短寸有长，
抢窃杀戮好儿郎。
搬来赵爷为真宰，
万福来朝好家当。

老实不如聪明好，
捞得资本地位高。
私字当头公字倒，
自由世界乐陶陶。

应该用自己的话来写；老调子，古人

的话，不新鲜，没生意，没灵魂。看外国人的文章，一比较自知。

一切置之度外，对健康、思想、情绪、风神，大有好处。但不是麻木不仁！是清醒。得道了。孟子语："君子深造之于道，欲其自得之也。"最有智慧。

运动——身上痛快

书法——心上痛快

唱歌——身心痛快

少应酬，不轻易动笔，下笔必成妙作，不求合拍，有我体，宇宙精神。有针对性，有大目的在。

十一日

晴。恢复早运动。书摺页字。

十二日

书柴建国信，祝叶老杯字。收翟嫂信。许麟庐夫妇同来山西游览。水灌家。

十三日

发俞建良、柴、翟信。由霍泛老收交或寄京。

定稿。

中国对外商行贿，完了！

十四日

文史馆传达会。收到建良寄来苏局仙107岁寿星赠"福寿"二字，甚为荣幸！已复，为作字，庄子句，给俞一横幅。

又陈建设寄来《教育学院一览》，甚慰。拙文陈院长批示学院术会、学生会学习。

十五日

发王朝瑞、苏局仙、建良信、字。

华清池刻碑拓片30元，却没得到一点报酬。

谋钱路：1.刻石文。2.字幅帖。3.展销。4.润笔。

十六日

书摺页字始（文、岳、杨、傅）。收李殿清信、汉中亲戚信、北京王绍尊老信。女女们来，决定随同赴内蒙古。

十七日

做到"不负于人"，便能安心得下，此即幸福，自由，鬼神莫可奈何。受外人责备，未见得难受；只有受良心之责怨，乃真苦痛事，无以能脱，此之谓"真作孽"。心思放正，不做亏心事，一片光明远大气象，言语行事，自是"仗义"。此之谓"得道圣者"。有所恃而无恐，不是句空话，其充实处，放之弥于六合，恃权，恃智，恃才、恃……举不尽，其要归于大德。

对权力所欺压，心神固受委屈者，精力大，有机必伸，所谓"哀军必胜"者也。

十七日

星期日。完成两稿：反日杂文，房院文。傅山册数页。

美反日，烧毁日本国旗，好得很！

十八日

正义最美丽，最得人尊崇，喜爱。当人们看到孙悟空降服妖魔，看到包公镇压贪官，看到周信芳在上海日寇威迫下，演出《打渔杀家》时，一阵拳，声如雷，何以？故正气使然也。

十九日

收品三信，病，口述子写。回信，慰问。到文史馆带回□生同志为打印《四宁四毋》文80份。

二十日

西安晚报记者编辑李敬寅同志来（杨力雄老介绍），谈论颇好。将为我发表文章。带去《探索》、《山西日报》、《太原晚报》等材料。临行嘱为万家春终南题字。

二十一日

到方磊同志家，嘱为誊文稿二件：日杂文，房文。

二十二日

发劲知、陈建设信。看王宝钏，静女其姝。唱腔温存柔美，情态雅静高致，心灵纯洁，书法亦然。

二十三日

作字。1.胸度。汉高祖、楚霸王都没什么学问，而大度过人，亦可写出好字好诗，但易堕入粗犷。故须——2.学问，书卷气，高雅，雍容宜人。3.德品，原动力。4.才情。

书放翁诗。

二十四日

雨。星期日。

初师时，读梁任公《世界外之世界》一文，至今耿耿，颇得教益。俗人日沉醉于扰扰翕翕之中，耳闻目见，一片浊气恶声，脑子得不到用武之地，拔不出来，终为俗物矣。故一日之中，不可没有一时之静园，便于深思远虑，引出理想、计划、希望，得以开拓人生境界，高矣。此即神仙也。余多年《人书事》、《理计行》两个本子，执根用机之理在于此矣。——为大人，养大者。

悟空、济公加包公，这才是大有本领人。有胆有识，有德，有化育，开天入地之能，天地襟度，无往而非佳境。有根有本，有大能耐，统御万类，自是主宰。宇内尤物，何足挂齿耶？超群出众，如鹤立鸡群，乃妙，乃神。拿翁亦大有可取处。奇人奇事，世上无有。创奇迹！奇迹一出，无所不有，“万物皆属于我”。但他落在湖海，可需得别人来打救。“不拘怎样力大的人，他也不能把自己举起的。”

二十五日

拟书：

鲁迅诗，曹氏父子诗，陶渊明、王建诗，杂诗。

发宁波金通达同志、李敬寅（晚报）题字信。

借到戚继光文集一本，知其著有《止止堂集》（“横槊稿”三卷，“愚愚稿”二卷，共五卷，合称《止止堂集》）。

二十六日

赴文史馆。书戚继光诗。

二十七日

到文史馆。送房院文给薛崇礼馆长。杨国杰病，写给信。送薛、白海兰副馆长字一件。决定八月三日赴内蒙。通知女女、英英速来。

二十八日

整理行装——材料。

讲题：《书法哲学》

1.中国书法特色，功能。2.临摹。颜魏。3.书风。4.四宁四毋。

方绮抄《一出□□剧》。

二十九日

收到俞建良寄来苏局仙寿星107岁照片、张寒月老相片两件。甚慰！又祝老逆耳诗。此之谓知音。

北京朝阳门外金台西路2号人民日报(海外版)，副总编李庄同志。

三十日

发俞建良、人民日报李庄先生信，杂文稿。雨。

发峰兄、韩厅长兄信。

庄子："踌躇满志。"逸足，容与自得。"……四顾"⑨。无可无不可。

世界外之世界——寻求理想之乡。有志者自然的心思活动。

精神放松——真正休息，一分钟也好。大喝，吃，谈天，心平气和，沐浴。飞翔的燕子无忧无虑。

切实下深功

举世奇——独家。

看吴庆云部长字、文。原政庭老字、文。

探索，有信心，苦劳，新想法，异军，奇特，用世，出世，玩世，避世。

三十一日

任务完成。今后大题：1.书法哲学。2.庄子新论。3.自传。4.家兄、师老师、子正兄碑文稿。

大诗人，学者，书家。(梁先生精神！)

交王璐《房院申请书》。看原政老为作横幅一件，论"书风"文。张鸿雁事。图书馆曾堂之女370分。柳巷33号领纪念品。河南省陆浑灌区题词。通讯处：郑州经七路叁拾肆号河南省文联中国书协河南分会吉欣璋收，注明陆浑灌区特邀稿，4尺，捌月底交。新城区政府屈增民同志信。薛崇礼、杨国杰信。

八　月

一日

建军节。亦我之建兴日。济公，悟空，气魄，胆识，本领，目空一切，胸怀一切。磁针石，引力，魅力大无穷，福寿一身。

彼德裴："绝望之为虚妄，正与希望相同。"何以故？在当时情况下，即使抱有希望，也不得实现，=0。故……

大校长免职。应得教训。

庄子。涅槃。真解放了。是非，真理，情况，莫伤脑子，莫操苦心。"踌躇四顾"，无可无不可，无所谓，吾得之矣。大乐也！

二日

往文史馆(女女偕英英)。蚊多，夜不成眠。

三日

早六时赴车站，下午2时到太原，住山西省军区第一招待所，尚好。文史馆左、李、李招待。霍老(山西日报总编)来看。

四日

游晋祠。车上张、马等同志谈。张山西

人,军人,在内蒙。

见□□,在内蒙二十多年,对内蒙人颇有好感。直率,说干就干……要求对方饮酒,不饮可以,否则必尽醉。市卫生好,建设好,学校为宝□□花500万。毛线30包一元,抢购皮鞋。四十周年建电视台花3亿元。他回山西,感到人无情感。(让座……)

五日

睡眠甚好。凉爽,无蚊子。黎明到大同。先到土贵乌拉,旷野起伏,散树矮小,荞麦被野,一片白花。7时一刻到苏儿,远山阴云,土豆,谷子,荞麦,不见村落。胡麻。(古营盘站)7时50到集宁(乌盟),半农半牧,莜麦。卓资山县正收麦(小麦)。大青山,属阴山山脉。11时到三道罗。蒙古营。铁道一旁两道雨水如汾河。灌木丛树。11时20到旗下营。下午一时到达呼和浩特。大雨。幸豆豆随两同志来接。陈青雨中去文史馆,车来,暂住一旅馆,午睡尚好。在车站旁午餐,吃包子四个。文史馆张秀珍同志来。

六日

阴。初秋气候,凉爽不冷如西安,而且清静。人言顺耳。本月内:养胖,健康!休息好脑筋、眼睛。养神,不操心。

山西人、河北人最多,蒙人少有。洗澡。饭食对口味,绿豆稀饭,米馍,素菜。

卫生,物价,治安,礼貌,文化,服饰,产物。逛大街,街面整洁,楼房各色各样,新鲜,以蒙古包式为其特色,行人稍稀,安静,少嘈杂声,秩序井然。古旧书店购《傅山书法选》六本。

午放晴。饭量增加,睡足。孔、张由西安来。豆豆来,接母、妹赴军队处居住。给80元花费。

七日

阴云。到处潮湿,如水国然。外游,正是休息的好机会,心无杂念,凡俗牵扰。所见均新鲜事物。健筋骨,广见识,开眼界。

洒脱一番,长进一番。

静观,多闻,明见,决策,持重,发必中。要见到人未见到处。录像,傅山先生。午前游民族市场,一连几座大楼,四层,设自动电梯,很阔。四十周年大厦新建,并赛马场等3亿元。距市府不远。此地冬日取暖,供应,气候都好,惟春季稍有风沙。车上有礼貌,让座位,诚实。天色和内地一样。妇女服饰时髦,受北京影响。街道绿化很好,花木,松柏,杨树,垂柳,宜人,文明。见到三几个欧美人。匾额字没狂怪字,也有很好的,蒙文均有。不知谁释文。

八日

昨夜看电视《昭君出塞》四、五、六集。从受辱看墓到为公主、长安出塞。

书法:势(侧、勒是也。左顾右盼,欹侧不平,牵缰勒马)、力(内在生命力)。节奏,虎虎有生气的节奏,反映有生命力的节奏。在宇宙里找到自由自在(即美)。

形式美:结构,布局(建筑),线条,姿态。体形,运动(舞蹈),张旭,轻重,疾徐,回转(节奏),拳。

游五塔寺，大昭寺……寺院院子大，方砖铺地。

菜蔬供应足,水好,西瓜好。下午三时半搬来军区招待所。

九日

报到。

十日

开幕式。笔会,为作字一幅。参观蒙省会议厅。包括八个盟,又市厅。高大,布置马、草原、壁画(陶,玻璃制),线条,牛骨刻等,极有特色。省领导请午餐(蓬莱饭店)。下午休息。

十一日

阴雨中沿阴山下,六辆小车东南赴包头午餐,夜宿伊金露洛旗,次日十一时到成吉思汗陵园,行宫,登瞭望台。极目四野,无边草原,真是开阔眼界。赋得二首:

初到紫塞外,呼和为名城。
百业竞四化,旧都新文明。

朔漠关塞外,阴山云雾中。
无边草原上,一任胡马鸣。

一片河丘一片绿,沙似麦黄时是秋。

十三日

午返回呼和浩特,下午讨论会,发言,尚好。赠各馆展出说明书,又交《人民日报·海外版》文,颇得重视。明日复印分发。

十四日

讨论,听到刘永老、杨老(刚从日本回来)观点。对当前内外颇与余一致,可谓知音。夜为黎颖书册页。

十五日

讨论,颇开心,畅所欲言。又作较长的发言,得到赞赏。选发言代表,杨鲁安。

十五、十六日

游昭君墓。

十七日

闭会。应酬颇多。为文史馆领导孔、徐、哈旺加卜,天津文英、耿鸿钧等同志作字。

十八日

应统战部长邀,赴文史馆作字。孔馆长等动身赴兰州。我明日随徐崇寿老等返太原。深感年纪大,口不从心,身不如愿之感。以守拙为要。所谓“年纪不饶人”也。

作字,为文,绝外缘,如此而已。

杨鲁安、耿鸿钧、孔、徐、哈旺加卜诗老,宋主任,贾、吴部长。

创造适当的工作环境,做出有益于社会的文化教育事业!不许浪费一分钟时光,耗费无谓的精力。

几次作字,尚属满意。深感到桌案、环境、各种条件的重要。英雄须有用武之地。

多年来居住房屋,太不像话!须力求一适宜之住所,弗可忽!

十九日

下午四时动身,宋香波主任、温禄、薛司机等同志送到车站,为卧铺,颇费周折。

二十日

上午10时半到太原,霍成勋主任、左

泽林同志来接到老军营陈兄家。

二十一日

发信10封。洗衣3件。放晴,明日访友。

二十二日

看望进同志。为我派车,由吴主任陪同看品三,复到林鹏兄家,又看张颔老,又乘政委车去看李之光参谋长,送我回来。遇吕文博,云一二日内来。张秉谦同志约我明日到韩厅长家,王朝瑞同志也去。

傅山研究会改期举行。

二十三日

柳巷33号残疾人福利基金会领纪念品。到韩厅长家,赵承楷、王朝瑞同志已到。作字数件。书河南陆浑灌区字,张毅生、徐耿华同志信,明日发。昨发秦洪彦同志信、劲知信。午睡颇好。吃饭多。

发加拿大张毅生信、河南挂号、秦洪彦、徐耿华、韩左军等信。看中青兄(午饭),霍、赵、邓、刘。任三晋文化研究会顾问,峰兄名誉会长。

二十五日

发峰、英兄信。赴教委,张、宋均外出。曹处长福成外出,白同志云下午即回。180元过退回西安。王定南老、霍成勋老、左泽林同志均见到。阎晶明预见。字重写。秉谦同志、孔老未见。明日或去教育学院。

三晋文化研究会、山西日报载。

书聪弟信。

二十六日

雨中孔老、李书记、邢书记来,同车到教育学院,晚回来。阎秘书、吕文博来。

二十七日

到出版社,朝瑞为购傅山书法一本,31元。见到孙安邦同志,万荣人,亲切,年轻,为寄书六册,家中想已收到。去看李炳老、肖黎,均打不开门,步行回。发海洋信。天放晴。

二十八日

到韩厅长家,取毛笔,看刘政之同志。一天没事。明天去劲知家。如何向现状、平不下的局面挑战,改革。

二十九日

张中堂(西羊市25号)、融慧兄来邀,赴桃园饭店午餐,作字数幅。返回。

三十日

赴劲知家。

三十一日

劲知送我回24楼。赵云峰、中堂、张简斋、徐崇礼、韩厅长、霍成勋老、习一诸同志来,未见。王定南老问好。李玉明(省府秘书长)、刘在文(省顾委会办公厅秘书处长,三晋文化研究会副秘书长)君来,嘱为贾俊同志(省书记)作字。住市府东街101号。航民等同志从临汾来。收到三晋文化研究会李、刘二君送来聘书并文件等。

九月(从心月,新建月)

跳入高级阶段,高水平,高质量。

周总理,鲁,傅。德,爵,齿。研究环境,

工作条件，健康护理。

一日

到画院作字，院长靳耕石（及群）、李玉明、刘在文、贾俊诸老。

二日

乘农校汽车，同航民、胡处长、韩处长、杨林青去临汾。

三日

回景村住三日，颇无聊。

八日

到振维、建国家。看卫、郭老。

十日

回西安。丽萍来，海洋来、

十一日

赴小寨早餐，羊肉泡。杨等回临汾。女女、英英来。

积件多。为李绵书记送傅山书法。须静休数日。新计划。收到英嫂信。1.寿联由京裱。2.收45元。3.九二杂文事。4.动手术。

文史馆订书1000本。孙序。

十二日

到文史馆，薛、杨同志们云，已将房文转统战部白办理，又送信访办一份。候批示下来。

徐即给王朝瑞同志写信。雨。明日写文景明、杨林青字，孙、翟信，太安字。

情况。因为：1.财神时代。2.人心死矣不念国耻。3.无德品　　鬼蜮世界。

所以：1.不参加任何骗局活动。2.自得居安资深。3.看看戏，小丑的滑稽剧。4.干自家事。5.石不能言最可人。6.糊涂是良药。7.其他。8.此之谓得道　　神仙生活。

1.传略。2.庄文。3.书法哲学。4.录像（大纲）。5.书法字作。6.真心朋友，有益学问。

十三日

雨。有堂来，知学校、高教局人事方面对余之书法颇为重视。明日送来教授聘书。高教系统在展出。西北师范学院在校展出。

十四日

晴。发孙玉石君、文景明信、字。收图书馆取暖费9元。

草书须写得轻灵，虚和，如藻间嬉鱼，时隐时见，耐人神游。虚虚实实，转折活泼圆润，耐人琢磨，魔力无穷。而又必得有骨气，所谓化刚为柔乃佳。个体字似柔，全部则刚劲，一气贯到底，若铁丝然。

海洋、丽萍下午六时半返里。

字密处见亲密，疏处见清爽，连处见缠绵，一行之字，有拙有巧，一字之中，有拙中带巧的，有巧中含拙的。有隐现出没的，有阴阳分明的。有疏有密，亦虚亦实，小大参差，变化不测，神。

十五日

胖了点。

“坐观西山色，卧读《南华经》。”五十年前田师为余书之对联。

饭食猛增，睡眠亦好。

读书须求放心，健康须尽放心。

戚继光《纪效新书·射法篇》：“怒气开

弓，息气放箭。”力雄，心定虑周。

戚：“慢开弓，紧放箭。”

戚：“拳法似无预于大战之技。然活动手足，惯勤肢体，此为初学入艺之门也。”“量力调弓，量弓制矢。”

文史馆书画组开会。

十七日

参加东北张仃山山水画展开幕式。荆老同学。参观张仃山画展。

开始书《古诗十九首》。买册页一本，19.2元。

名利，得失，荣辱，已能置之脑外，意与天通，可贵也矣。惟仍碍于情面，不能尽脱儒者风，亦一累也。

一得健康，二得有本领，三得有高品，四得有智慧。

体重98斤。

十八日

清理信件。发建良信、字。李敬寅，屈增民兄等，建国。

海灯法师，武德，武神。替天行道，见义勇为。

师老道：“只有恐惧，才感到黑暗。”

又见奥运会，自由体操与跳水运动员之姿致，柔美凌虚，婉转自如，骨力高绝，节奏分明，神矣！作草当如此，乃臻绝境。空虚中弄舞，翩翩然似有双翼者，奇矣！足不着地高悬，随意控制，若有附着处。作草须向此求本领。

十九日

写完十九首。交杜海潮、刘俊杰、乔锋等同志字。为我裱字一大幅。收人民日报副总编李庄先生信。

大解放！社会如此，有何希望？为我所为，破除一切俗念，便如入佛境也。

二十日

发翟嫂信。收到北京书画函大聘书名誉教授。吕从周同志寄《石门》一本。

二十一日

写完册页。

二十二日

发从周、吕安庆（江苏东台市何垛桥北路34号色织厂厂长室）字。

落笔须动感情，发泄，述怀，同情，深怨，都好。此乃书之灵魂，无情便无书也。锡山题“责任年”可取之，洒脱自如，轻松愉快，凝重深恨，豪气振宇，皆为由内向外之发射。

二十三日

收到山西日报成立四十周年书画展索字，11月底交。

屈增民同志信，索字，中堂，对子。关心房院事。到函大，见到刘玉玲。看若莲，未见，外出。任馆长来，送来新□成立□礼物。知李绵书记为我住房正在努力，甚感！

二十四日

在周强家作字。

字品种（佳书品种）：

1.豪放，大方（英雄气态，志士型），拼搏性强，90%情。冒犯一切。

2.俊巧妍美，孤芳自赏（公主型），淑美袭人而不可侵犯。

3.本分,正道(展矣,君子型)。

4.高蹈超逸,萧散尘外,仙骨不凡,目空万类(仙气),睥睨一世,玩世(天仙型)。

5.硕大娟秀。

6.情意芊丝,简静古峭,中正安舒,自我陶醉。

7.俊伟大雅,独善其身。(威仪)

二十五日

昨夜梦刘明锋诸学友排演《红楼梦》。

跳水,向高飘逸。跳前,沉着,静守,凌空,自持,舒展,优美,和谐,转体规范,体歪一侧不行,灵巧,轻巧,健美,难度,活如鱼。

书法,亦当向此中求之。

书法,有国格、血性的中华民族。

双杠,跳马,高低杠　　罗,德、俄女子技巧,干净,利索,动作快,艺术娴熟,落地稳。自由操。

中秋节,孩子们来,吃喝了一天。

足球赛,赛场广大,易使尽气力,给人痛快上进。

跳水赛,凌空,活跃,舒展,优美,轻灵,俏美,给人欢欣鼓舞。

二十六日

印材料13份(校史附)。交法门寺协会字(郭子直老和我二件)。收品三兄信,附其夫妇与李雪兄照片一张,都胖了。又收救灾信一件。

好演员浑身是力,一肚子感情,欲止不能,欲罢不休,方可激动得情。书法同此,自然,娴熟,有情。

字　　人为,功力,外,有形。

造化:神妙,内,无形。

二十七日

发品三、甄亲家、殿清信三件。见康有为书“兰台石渠”。

二十八日

字有大,古,劲,正,美,和,安,清,高,妙,神,远,雅,　　境界,不见斧凿,天然姿致。

字,根据以上书法意境(十二字),各选诗文举例,以实之,如庄子(神),陶诗(妙),岳飞(劲)。

二十九、三十日

书翟册页。收翟信。成绩不小。

十月(收成月,颖脱出)

一日

国庆。发铁夫、韩生兄等信。孩子们都来,一家欢聚,乐甚。

二日

清理书物。完成翟嫂贺册。书赠灾区字。书杏莲亲戚字(“难得糊涂”)。聪弟信,翟嫂信,附杂文。陈铁夫,韩厅长信。

三日

包装册页,信件。书陶渊明诗九首。黎风兄来,赠龙井一盒。

四日

发翟嫂信、册页,聪弟信,杏莲字,孙玉石君信。(黎风兄托友人询问。)收百寿图,蓝田赵斌煊同志赠。腰扭了,端花。

五日

梦与毛拥抱，以他可活 150 岁，奇矣。

六日

到画廊，为赈灾作字，共 10 件。

作字用笔有实有虚，实笔容易，虚笔难。二者调和，由健美、优美至于神明更难。

七日

昨夜屈来送傅山帖一册，中堂一幅。

八日

收到李庄先生寄来《新纪元集》一本。翟、李信一件。历史系苏芸茹同学来，说她亲戚桑勤志（人民美术出版社）想出版我的字作，要来看我。晚，为周强、杨梓结婚作证婚人。

九日

发翟、李庄诸老信。黎风兄谈，他正在为我《野草》一书详阅。待我作序。

十日

寄翟嫂七十寿联。开成立系，初步商谈，非易事。须付一定代价。

收建国信，助展，王、李等愿出资，促成北京展。扶青等将来西安商谈。

十一日

山西晋城市柏部长率领九人来访。到北关一宾馆座谈，为作字数页。国画院段新凯（和顺人）书记介绍，刘平同志领来。小时同志送裱字（张建诗）一轴，尚好。

书苏、祝老、建良信。发出。

十二日

雨。发王朝瑞信。夜，柏同志等来，辞别，明日回晋城。赠大册页一本。

十三日

到文史馆交陈俊民兄信。

十四日

收翟嫂信，册页收到。文化局信。李子青二十一日字展。作字不少。明日午后书画会开会。张老与王洪老专来看我，谈到王的遭遇！其子千里善书法，亦有骨气人。

十五日

发李毅信，问李何老病情。雨。《野草》稿黎风兄已阅毕。为校出很多错误，颇费心神。拟于 25 日前交卷。

1.目空一切，才能超出一切。

2.小视万类，才能战胜万类。

3.听他们的评奖和处于他们的麾下，身份低了不知若干倍！

4.应该自做主宰，我即上帝，百□拒之于万里。

百练身心成铁汉，

自开书城作富家。

看稿。

十七日

方胜同志来，赠展册一本及日本丸山乐云赠照片多张。老年节联欢会。黎风兄来，告清华大学赵立生来信，知孙玉石君已收到信，外出，月底回到北大。明日当去一信。回乐云等信。收左军信。午睡好，梦毛氏。

十九日

复左军信（嘱五件字）。东关“省药物……”刘鼎汉同志来索书册页。参加西北五省书画展(少年宫)。

二十日

发李尚兰同志信。

二十一日

书厅长信。

二十二日

“不为物役”，既能砍掉外来一切干扰，不拘是得失荣辱，处之淡然漠然，仙也。今已能修养到此矣。呵呵！快哉！小人莫能施计于余也。

收祝老书签。收魏德宝苹果三箱。又收祝老信一件，建国信。

二十三日

晴。发祝嘉老、孙玉石君二件。

二十四日

太原武警校(大营盘)郭某来(承楷学生)请看字作。赵柱家(太原)，中国民主促进会山西分会，索字，赠应县木塔照。

完成关于《野草》文。明日书《再版前记》。付大夫开白内停二瓶。收李殿清信。

二十五日

写稿。收翟英信。

二十六日

栗清来。

二十七日

清稿。

二十八日

发翟嫂、建国信。书俞建良、苏老信、字。

1.健康。2.工作。3.成果。

睥睨一世。

二十九日

赴西安市老年书画会过节，作字一小件。发建良信、字。看望余敏老。

三十一日

清稿。任、杨老等来。

十一月

胜利红月。

一日

雨。送稿，与黎风兄共同翻阅一通，有所修改，颇好。受益不浅。书李庄老、航民信，发。永久等来，七日将赴扶风法门寺参加典礼。

二日

书应酬字。送黎兄材料：1《野草研究》。2.李何老信。3.《探索》。4.苏州会册。

三日

晴。为银莲作字，送裱。文史馆会。李兄取材料。

四日

送屈时裱画共三幅。任平老字。托陈看照片。月票。发东关索罗巷药材公司刘鼎汉信。

无怀氏，双开楼。

苦练身心成铁汉，

自据书城拟山翁。

收福建省物资厅宋岗先生信，索字。(湖东路41号)有学问人。翟信退回，迁居？地址不明？海洋信。为黎兄友人书瓷盘字。

五日

发翟、李兄信。为敬寅、世洁作字。到统战部、政协,询问材料。尚公字。

六日

养气,固气。发福建福州宋岗信、字。(物资厅)赵世庆来,谈了不少做人应世话,绘画事。水有多种,茶水,骯水,米汤……等等。背后论人字画长短最忌。

回拜也要紧。

哈哈主义还须学好!莫说过分话。

七日

赴文史馆,问文件事。

八日

八时动身赴扶风法门寺参加法门书法协会成立大会。观看遗物,午餐。九时方返校。

九日

科技报主编李保均同志赠报合订本两本。陈文璋同志来,未见。为周原遗址展馆作字一幅。

十一日

发太原山西日报、老年书画研究会信、字(贺四十周年国庆)。李敬寅信。

思想渐转化为消极,对当前情况灰心,没希望。

读书养性,固气,明哲保身。

1.加紧生产。2.不参加任何应酬。骗人勾当。得失荣辱……一概置之度外。3.白眼看世界,"以天下为沉浊,不足与庄语"。4.师拿翁。

十二日

书册页。

十三日

黎兄来,拿来《光明日报》,惊悉李何林老于九日不幸逝世。一位恩师,又与人世长辞矣,何胜哀痛!与黎兄打电报,表示哀悼。

十四日

认定国事=0。因此:1.大自由主义。2.目中无物。3.为所欲为。4.自得,自适,自乐——健康,长寿!5.万事大吉。6.葛天氏、无怀氏之民。

又:1.为谁难?2.谁可敬?3.谁足信?

衣冠禽兽!4.我即上帝,我即神。

字:1.手熟为能,功力。2.元气(肉),针对性,外贼。3.正气,是非道德,正义感。4.主人翁思想,公,爱国家、民族。

收段云老字展邀请函。

柴建国信,叶圣陶杯中小学师生书法大赛字。叶至善[10]字,及其他字。

十五日

翟嫂信,附雪峰兄题签。建国信,索字。书贺段云老字展,明日发。

十六日

取回装裱字画三件,44元。吴元训教授来,赠画一大幅。当为作字。为济农生花(双老介)字。侯部长友字　京三女字。书叶圣陶子至善字、叶圣陶杯中小学师生书法大赛字。

十七日

发翟、李兄,左军信。文史馆学习会。

十八日

发王德厚同志挽李何老联，与黎风兄合送：

一生致力文教事业发扬鲁迅精神衣被后代德无量，

终生献身革命工作服膺马列主义临风怀想哭先生。

拟书鲁迅诗一套。

十九日

李绵书记约进午餐。赠李字一张。任平、天夫共四人。

珍视个人创作，会心之作。不随便落笔！不随便应酬！时间精力！

二十日

发建国信、字。敬寅信、字。书李保均、元训、汝钧等老字，襄汾老年局展字。

收到北京大学孙玉石教授信，将写来序文。李何老讣文。福建宋岗同志信，将寄来印泥。

二十一日

发孙玉石、赵立生等同志信、字，襄汾老干局字。

二十二日

安装暖气。订报。左军同志来。

二十二日

汝钧、元训老字。

二十四日

下午文史馆会。看阎甘园先生书画，甚好。左军来，明日赴深圳。

二十五日

赴人民美术出版社，桑勤志同志未到，令狐（师大毕业）、周两同志接谈。

二十六日

西北大学图书馆副馆长武同志来，了解我的情况。带去报纸材料，将为我写文章。到统战部，何为我写给新城区信，房院事。送政协字二幅，出展国内外。

二十七日

清前记稿。作字二件，　　米晓东、武德运同志。

二十八日

交新城区政府统战部公函一件。文史馆见薛馆长，交张显生厂牌字。

二十九日

发邹德忠信，寄表、像二张。发海洋信。洗澡。书邓晨西老信。领到书画会川宣16张。书革命十余诗用。修表，2.30元。

三十日

山西师大秦德行同志来，带来建国托交大字六件，《司马温公奏议》一本，及字证书。书建国信。发邓晨老信。窦、詹校长们来，商量办西京书画研究院事。

衣冠禽兽，孰为可尊？

豺狼世界，四维不振。

大圣天地，威武之神。

擒拿本领，必胜之心。

月内成绩不坏，册页两三本，改稿，交出，定印刷。房院可批，轻松不少。

下月为88年最后一个月，拟定事：

1.房院事催紧解决。

2.书十余老册页。

3.悼李何老文。

4.家兄生平文，师老师文。

5.庄子文。

6.书法讲义。

口号："真积力久则入""杀尽中山兔""傲然而行""尼采超人"。定交。

十二月（清理、整饬月）

认定：无计可施，一塌糊涂，糊涂一塌！目空一切，唯我独尊。莫献能，莫为谋，莫逞技。谁为国？谁为民？我私即公！公即我私！

书辞：

1.破私立公。

2.礼义廉耻，国之四维。

3."无善恶之心……"

4.为国为民，要长进，要争气。

5."有真意……"

一日

文史馆学习。"几千万吨汽油报废"。

一直在忧国忧民，为国家民族前途担忧！至此，一切可以解放！忘却一切。管他娘的。乃领会到"自得居安资深"的心境。所谓"达人"、"至人"、"真人"、"神人"，无怀氏之民、葛天氏之民的乐趣得到了。真够轻松，快慰，幸福！

大大进步了一段，而今可脱然无累矣。佛教世界，大概也不过如此吧。为所欲为，不为所不欲为，不损人利己，安道乐趣。

二日

书怀念李何林先生稿。

三日

收王绍尊同志信并画。又收"龙"、"虎"字册一本。

四日、五日

发孙玉石同志信。荆老、杨起超（三原人）、刘金才（骊山书画院）等同志来。

六日

发王朝瑞信。五千册。

发西大武德运，科技报李保均、王绍尊信。

书有放意之作，全为发抒性灵，无规无矩，狂草是也。学者于此中难得草法而可收气象，烈丈夫气亦必要者。

修养依旧太差，影响健康不小，大大感到了。无可奈何。得设法。

七日

午睡甚好。

八日

赴区府，留一信。

九日

赴文史馆领月票、补助费。交刘氏裱字五六幅，二十五日取。

十日

发李、翟信。

十一日

豆豆回来。怀念李何林文章完成，明日发。

十二日

上午平陆关陕平（文化局）、史念海

老、荆梅承老、赵起超等来，明日请会餐，来接。太原山西日报如才同志来，为我写一报道，带去一些材料。下午国强来，赴电教楼为黄河展作大幅字一张，又其他数件。接到孙玉石君函，序文即将寄来，甚慰！又拟在《鲁迅动态》发表，问到年龄，盼告。

十三日

赴西安饭庄（平陆黄河展邀请），参加人：史念海、邱、刘、宫诸老，苗重安、修军等同志，平陆张西霭、关陕平、杨起超、刘某。

十四日

发李毅同志信，附《怀念李何林先生》一文，两千来字。兼致王德厚同志。赴晚报，取回《野草》书。余材料未取到。看望程克刚老兄。发翰园书道社信，指出“书道”二字不妥。

十五日

发孙玉石先生信。孙，畅春园 54 楼 210 号。

十六日

荆老来，嘱为所作画题字。将赠《于右任二十首》书作。国内尚未见到者。开始写自传幼年一段。

十七日

晨收屈增民兄给法门寺合影一张。午喜收到孙玉石先生序言，长 4000 余字，过誉。

十八日

发孙玉石信，两问题。与黎风兄畅谈。窦远勤、詹伍生校长来，约 20 日下午三时商谈西京书画研究院成立会议。

今之社会哲学——私——拜金主义。

空虚。

无：羞恶、是非、辞让、恻隐、理想、目标、信用、本领。

荒凉。

衣冠禽兽。赌风，娼妓，无奇不有，无有不奇，一塌糊涂，糊涂一塌。无所谓，醉生梦死，过一日，算一日。不争气，不长进，麻木不仁。弄虚作假，贪婪成风。国危：官僚主义，仗势欺人，官倒，私倒，假票子，假车票，假药，假种子，假肥料，假粮票，油耗子，杀人抢劫，以权谋私，盗卖文物，糟蹋人才，不管教育。

公？

心中无物，目空一切。独来独往，唯我独尊。我即上帝，主宰万类。

“自得斋”，又一阶段。

个人的进步，社会的退步！

学者文士，与人无争，静观世变，天人幽通，精神享受，任意纵横。

十九日

改《后记》为《再版补记》，原《后记》仍保留。

印度以耗子为神圣的。

健康：肌肉，耐力，柔软性。

蒙古有斯大林大街，斯雕刻大像二。遭涂抹。

二十一日

书祝嘉老、翟英嫂、左军信。

二十二日

赴文史馆送照片，月票用。《再版补记》、《关于野草》修改讫。甘肃天水世昌送石压尺一双，索字。豆豆来，动身赴蒙古，送20元零用。

报刊，日一企业："不要学中国人。"继《丑陋的中国人》之后又一"光彩"！何以故？说不清。此吾之哲学所以形成也，——自得哲学，"老子天下第一"！

二十三日

取回裱装大幅五件，120元。郭均西同志来，邀26日参加书画友谊联欢会，朱雀宾馆，来车接。交黎兄稿二文，妥矣。

收到日本安本静惠贺年片、信。地址日本国神奈川梁中郡大矶1-15-2。

书协通知四届书展字交四元，不参加。

二十四日

收印刷名单，想是孙君的。李平与二人来。（578，579）

二十五日

完成《后记》、《补记》、《关于〈野草〉》，较妥贴，心甚安矣。

二十六日

"自得哲学"体系：

公（包公，大地，站得住）

大（悟空，大人，大众）

神（上帝。神明。神化。万物皆备于我，神仙，大德，大智，大勇，无忧，无惑）

自得，居安，资深。

参加陕西省电视台第二套节目开播纪念会，近二十人。为作字两件。午餐，朱雀馆。台长王超、郭均西同志将来家。收山西师大教育工作者书法学会聘书，叶圣陶杯书法大赛评委。吉首大学荣誉证书。

二十七日

发李庄兄、品三、韩生老，方磊同志信共四件。

二十八日

到荆梅承老家，赠我右任高醉词一本，共同研究了不相识的字。买山谷书廉颇草书二本，赠梅津一本。收到孙玉石先生信，并改稿二处。遂与黎风兄研究，拟保留张禹代序。函大窦、詹等来，赠日历一本。收牛道生贺年片。

三十日

书体例。计划，内政，外交，保健，地位，气态。发日本安本、梅津信，山谷帖。杜新有"酒"字。

三十一日

收杏花村酒厂书酬50元，汾酒报。

为校出版社作字二件。太原赵柱家字。树儿来，送来面粉一袋、菜、奶等。详明年计划。宇宙、国家等方面。字，登记，条例。静房工作。

周总理：

大江歌罢掉头东，
邃密群科济世穷。
面壁十年图破壁，
难酬蹈海亦英雄。

1917年。

朱德：

伫马太行侧，
十月飞雪白。
战士仍衣单，
夜夜杀倭贼。
1939。寄语蜀中父老。
董必武：
欺世盗名小爬虫，
以假充真变色龙。
日照原形终毕露，
巍然牯岭谁能冲。
偶成。1971。
叶剑英：
攻城不怕坚，
攻书莫畏难。
科学有险阻，
苦战能过关。
攻关。1962。
陈毅：
大雪压青松，
青松挺且直。
要知松高洁，
待到雪化时。
青松。
林伯渠：
春风作态已媚人，
碧桃有晕似轻颦。
恰似现象能摸底，
免入歧途须遴行。
待到百花齐放日，
与君携手共芳景。
1918。参加护法战役，在郴衡道中闻十月革命胜利。
吴玉章：
少年壮志扫胡尘，
叱咤风云革命军。
号角一声惊睡梦，
英雄四起唤沉沦。
剪刀除辫人称快，
铁槛捐躯世不平。
风雨巴山遗恨远，
至今人念大将军。
纪念邹容烈士。
徐特立：
丈夫落魄纵无聊，
壮志依然抑九霄。
非同泽柳新稊(新抽嫩枝)弱，
偶受春风即折腰。
1905.言志。
谢觉哉：
绝似江南雪，
初临塞外春。
飘来湿帘幕，
望去泻琼银。
余熯昨宵火，
沾花处士巾。
天公为涤秽，
村市少游人。
1945.春雪。
续范亭：
物换星移岁月更，
病床游子动乡情。
遥知陌上多辛苦，

父老鞭驴载雪行。

1936.岁除落雪。

李木庵：

闻道时危党锢急，

伤心不许问家国。

忍见河山成破碎，

收泪一坐东山石。

巉岩四顾觉身孤，

俯瞰龙潭深千尺。

引吭欲作九噫吟歌，

下有毒龙歌不得。

歌不得，心如结。

敌骑踏破江南北。

满眼狼烟何日息。

我欲飞上昆仑头，

拔矢张弓射落日。

1940.东山吟。

熊瑾玎：

万芳丛中兴转高，

沾毫为汝□情操。

斤斤志与秋霜洁，

皎皎心同朗月昭。

八载琴弦虽歇奏，

百年鸾凤足逍遥。

一朝之患何足计，

共破难关我自豪。

1934. 接端绶出狱后来信。（作者爱人）

钱来苏：

战地中秋十四更，

今天初听祝欢声。

瀛洲魑魅潜消灭，

辽海波澜已彻清。

一角残棋能救活，

九州遗子庆回生。

延渝道上庆云现，

万里同看皓月盈。

1945.捷后中秋有作。

续范亭：《1936.国难日有感》：乡邦不可问，有家若无家。奔驰三十载，国危空咨嗟。北守贺兰缺，西征入流沙。未遂区区志，苍苍鬓已华。黄金身外物，美女雾中花。我惟爱宝剑，干将与莫邪。我亦爱名马，骐骥与骝骅。剑马求不得，狂歌走天涯。

《蝶恋花·游仙·赠李淑一》：我失骄杨君失柳，杨柳轻扬，直上重霄九。问讯吴刚何所有？吴刚捧出桂花酒。寂寞嫦娥舒广袖，万里长空，且为忠魂舞。忽报人间曾伏虎，泪飞顿作倾盆雨。

〔注〕：

①王绍尊，原为山西大学艺术系教授，齐白石弟子，著名篆刻家。

②元里，即张原里，曾为山西省体委主任。卫俊秀在曲沃中学做代教时，与其为同事。

③段云（1913–1997），山西蒲县人，曾是国家计委副主任，亦为著名书法家。与董寿平、卫俊秀并称临汾地区书画“三老”。

④陈巨锁，山西原平市人，曾为全国书协理事、山西省书协副主席。书法家。

⑤树廉，山西洪洞人，曾为临汾地区副专员。

⑥张耀廷，山西临汾人，曾为临汾地区副专员。

⑦语出《孟子·告子上》：“学问之道无他，求其放心而矣。”

⑧语出鲁迅《野草·希望》。

⑨语出《庄子·养生主》，庄子写庖丁解牛时的得意神态：“如土委地，提刀而立，为之四顾，为之踌躇满志，善刀而藏之。”

⑩叶玉善，叶圣陶之子，曾任中国民进中央主席。

一九八九年

任意纵横，丰收年。

手令：1.保卫地球！大国军备竞赛，大闹天宫，海陆污染，地球将如金星，动植物难以生存。必须反霸，侵略贼寇，不容其猖獗！确立针对性，提高警惕，防止污染。

2.保卫国家。拜金主义，私字当头，礼义廉耻四维不张。与坏人坏事斗争，紧防侵略贼寇重来！

3.修炼自己：

①一“自”主义，一“气”为用，目空万类。

②著述，创作。庄子，书法，传记，书法哲学，老年人的话。

③与有肝胆人共事。

④不为人作嫁。

⑤不参“大赛”、“征字”等活动、应酬。

⑥来信即复。

⑦凡事经心。

⑧保健，百寿。

⑨自得哲学实践。

⑩关心疾苦人。

⑪培养新生力。

元　月

元旦

外院艾子高教授赠挂历，川糟二盒。送朱永康、韦建培字。发赵立生教授（清华大学）、赵柱家（民进）字。取回杏花汾酒厂书酬50元。发汪陵字。

二日

孙玉石先生信（拟送傅山）。窦、詹、李正峰①同志等来，商量西京书画研究院事。写院牌子。李吟西老托问太原一家专治羊痫病者。校对《四宁四毋》文稿。

“艺术即上帝”，贝多芬句。

1.创造性。2.凡以赚钱为目的，狂、怪，跟外国人走，都是上帝的罪人。3.永久性。（无国家民族观念）4.造物主。5.大德无量。6.长寿无极。

高天，理想，日月——人。主宰，自得，无物，针对性，力量——大地，根柢。

三日

到文史馆，交改稿《四宁四毋》。托吴副主任买车票，六日天津快车，交10元。下午陈青来告。

四日

陈青送来车票。发青海陈崇俭、纪纲、□□、本市长乾等十数件信。

任平老为我安排车辆，有堂送我赴站。

五日

收江苏俞建良、福建宋刚、安徽书画院、西铁周报陈文章、李殿清、方磊等同志信。

六日

符有堂、辛治平司机送到车站，下午二时半到临汾，符成俊同志来接。扶青到西安校。

七日

看郭璞老。夏县武警学校作战参谋杨

益民同志来访，侯马人。睡眠颇好，饮食如之。

宪章，本根四则：1.艺术即上帝。特点。2.作字先作人。3.国之四维[②]。4.教育乃国本。

针对性——力源，大小。

人的价值——分量，贡献。（事业）

德（本），情——偿还不完！无限大。

金钱，外物——来之有限。

看卫树廉老，知其八十寿已过。当补礼，书字。午饭在李慧卿家用过。

八日

太原朋友们都来，甚为快慰。

九日

评选，4万余件。成绩好。

十日

北京中国教育报社潘先生、郭振有同志来。下午录像，许可在该刊开专栏登载。昨晚航民、冬梅来，孩子结婚。发家信。

十一日

上午作字不少——北京中国教育报9件。下午赴新绛参加县教育工作者书协成立大会，共10人。梁维雄（周之子）、侯辽生、苏步云（县长）、和宝桐、赵良璧热情招待。

十二日

大会，发言。午餐甚丰。赠毛笔二支。下午返回。

十三日

叶圣陶杯赛委会赠仿宋大瓷瓶一具、书法两原本。午师大学报、语文报编辑室宴请。为书数件。王宗礽为书“寿”字。午后四时航民接来农校（付长金同志陪，四川人）。

十四日

大晴。发陈文章，詹五生信、字。作字数件。张国彦，临钢书记，东靳人，来赠书一套，五本。

“希望中的快乐是不下于实际享受中快乐的。”

“抛弃时间的人时间也会抛弃他。”莎士比亚语。

十五日、十六日

航民为儿子小平办理婚事。

十七日

李谦教师送我返西安。

十八日

早五时到达车站，雇小车返校，25元，李付。午饭后李买车票回临汾。赠金猴烟一条、茶，勉强收下。

十九日

有堂同志为借15张粉连纸，黎兄为我贴书稿用。政法学院王同志来，约笔会，药王庙事。平、健来为我收拾家，就绪。

二十日

黎风兄为我忙了一昼夜，贴好了书稿。看了一遍，只好如此。订书，题签。晚持孙玉石先生信，与朱同志面谈。算是完成了一件大事。女女来。

二十一日

晨交朱老师书稿、孙玉石同志信。选定题签，黎兄意见等。

到函大，未见人。见到傅嘉义、玉玲，交终南社酬费12元。托付转交。玉拟石刻。嘱留心材料。送任平老枣子等。

二十二日

喜收到翟英嫂寄来黄镇先生题的书签《鲁迅野草探索》，颇佳，甚慰。峰兄字抽去。顺便送交朱同志。

发翟、李，赵万益，王绍尊兄信。为聪弟嘱为朝鲜人权赫基、李银珠结婚字（百年好合）。赵万益、省老年书画学会字数件。（送北京中国老年书画会捐赠筹建费）

二十三日（腊月十六日，生日）

发杨默老信。书聪弟信，朝鲜字两件，聪一件。

无是无非，也没有讲道理了事的地方！忍辱吃亏，便是惟一求生之道。

习书歌：

点子要真，功力要深。

博览群书，开阔胸襟。

外师造化，中得我心。

体物微妙，智慧之门。

高格高调，重在作人。

介者㨖画，乃臻上品。

专精一兮，自见创新。

胸罗碑帖，去伪存真。

寻师访友，用馈我贫。

官止神行，一代至尊。

气象境界，书中精魂。

神逸上品，时代永存。

二十四日

收到山西师大学报王宗礽先生信并照片多张，复信。发王宗礽、方磊、日本京都西亚义心信。收柴建国信。中国教育报有电话，转告我写评选后的短文，2000字以内，开始动笔。

二十五日

收到陈崇俭信、田际康老信（天津南开大学西南村25-205，300071）。段培武，襄汾县农业银行书画摄影展办公室收。字展，三月底交。

一、概念：

1.书法是一种艺术（画画，评品）。造物主。大道之行，天下为公。天地之大德，日生。

2.艺术即上帝。

3.书法不仅是技法，也是一种精神活跃表现。

4.作字先作人，人奇字自古。

5.书法又是一种学问。

二、功能：“毛颖足吞虏。”极乐世界。灵丹。

二十六日

草教委文。

二十七日

发郭振有文稿、田际康（南开大学）、建国信。收到黄埔军校同学会、统战部、博物馆、政法学院等信，请柬。收到聪弟、莲姊为我八十寿赠100元礼。夜到韦建培同志家，送黄镇老称道句，知书稿已交印刷厂矣，任天夫同志陪我去的，快事。王璐送电子手表一只。

二十八日

阴。发孙玉石、杨默等先生信、贺词。下午赴省政协参加黄埔军校校友、亲属二三代春节茶话会。收孔孟故里全国书法三等奖。

二十九日

发聪弟信、芬姐信。送时字、建良信(苏张)。孩子们一家都来，方绮做菜，颇佳。

三十日

参加政法学院、文史馆两处宴会，茶话会。

收到北京李庄先生、中国教育报郭振有同志(100816)、新绛塔寺信，方磊同志信。

三十一日

和和平平，收获不少。东明复印教育报文10页。赴大厦参加省委统战部春节招待会。

二月(收成月)

一日

发人民日报总编李庄先生信。到文史馆领二月份车票、补贴30元。

大才人在生活中找到了社会的题目，来做不得不做的文章。庸俗学者在做便当的题目，可有可无。

二日

整家。女女来，接毛贝。

三日

与黎兄看望方磊夫妇去。办理车事，送铭、绮到太原。

大地正气，宇宙精神，风云气象，都是一物。应为大人必备。庄生，太白，舍此便无以成其大。文信国公、傅山先生，舍此无以成其大。可不慎邪?

四日

铭、绮6时10分乘车去太原。赵氏司机。

雪。立春。收梅津彩石女士信。将给来礼物。杨默老信、贺年片。剪贴日本动态(参考消息)陈赠挂历一份。为尉书春联，赠灯泡二个。

五日

周强、杨梓来，赠人参酒、糕点。枝儿来送菜。王璐来送饺子。整理卫生。西高54厂王栋林来，携孩子。下午雪。若谷兄赠挂历一件。文史馆忠孝同志送来补助金150元。晚，收杨默老(收到贺字)、水既生(典善所15号)贺年片。

柴建国信——展出事。极重要!

六日

春节(己巳岁次)，展拓年，颖脱年。

元旦。心情甚畅!做了不少工作:卫生，整理材料(九一公司为我书展)。健儿来，带回。臻女给以鸡、糕米。炖好后，下午食之。守焕、任天夫、郭林兴(正馆)等来。午睡颇甜。任平老来，平女来。洪莉来邀到她家用晚餐，真丰富。一天舒舒畅畅度过。树儿送来莲菜等。

七日(初二)

发外、柴建国信(放假未发)。看李书记,建议印刷《图书馆藏名碑帖》。黎风兄、杨跃中处长来。孩子们都来。

八日(初三)

看任平老、黎兄、杨老夫子、徐老。杨老欠和。年纪大,一切须从容,心平气和,不可勉强。自做主。

政协梁峰同志来,初结婚,送来厚礼。

九日(初四)

晴。张光老来。谈吐甚快。给一文请教。

耳目所触,使我深念到鲁迅先生一生的苦心,忍痛,气愤……活得不得快意。他是伟大的世界人物。傅山先生也是了不起的!故能至今活在知识分子的心中。当然可尊敬的人物还不少。

人只要有一颗爱国心, 公而不私,惟穷孤是怀,天地者吾之天地也,到处通途,何险之有! 看高、贾诸老,付大夫,杨同志等。

十日(初五)

晨铭、绮从太原返。书外总信。洗眼。

看路克军兄。收江苏美术馆赠《当代书法名家作品选》4 本。京展作品、介绍材料等打包毕,明日寄出。

准备:1.千言。2.录文。3.书法演讲稿。振纪来为我抄简历一份。

十一日(六日)

晴。发柴材料三包。

十二日(七日)

方胜(印画),陈铭(糕)来。郭老、姚老、王(政法学院)同志来。王等明日下午要来。书翟、李兄信。

十三日(八日)

刘鸿儒二孩子来,酒、糕等礼。望进妹存义来,河东书展,复函。毛贝脱骨,请成俊谦为捏,嘱作对联、条幅。觉民来信,嘱为杜仰星作字。收梅津彩石赠品。

十四日

过去功夫由里向外。今后由外向里。广开拓,打得出世界。

以今日之反常,无是无非,颠倒黑白,暗淡无光,麻木不仁之时日,有何真理可言? 以吾之所有,正可大刀阔斧,行吾素,目空万类,所谓横行天下也。

发望进信。收河东博物馆信。收回梅津寄来包裹,东西真不少,付 4.70 元手续费。发公信(李、□二)。政法学院领导送照片、酬金百元。

十五日

发彩石信。牧牧来(酒,物)。臻女来。赴赵光祖老家,谈颇久。霰雪。取回杂文稿。静心养胖,学老僧。张牙舞爪为谁雄?

生活:1.作学问。2.制艺品。3.游山水。4.谈天说地。5.哈哈大笑。6.朋友。

梦高空架桥。(铜官——对岸)

看祖国乱纷纷,前途何在?

高歌一声:哀哉!

闭门读书,与古为徒敞开怀。

莫动肝火,自求多福吉星来!

十六日(八)

雪。收师怀堂贺片。

十七日

收李慧卿信(师跟英问好,字,碑文)。市书协字展。山东大学印书画家辞典。土门吴三俊信,明日上午来。

十八日

徐老来,谈出展事。李钟善同志来,带来请柬四份,明日上午九时半赴朱雀饭店开中国长安国际书画篆刻会成立大会(分送朱影、曹、傅)。窦、马教授,程诸同志来。王生财同志来。字三张(张臻等)。抽时间须大书30张。

吴三俊、李菊同志来,礼品,各赠字一幅。夜,徐、杨老来,三月十日成立民间艺术协会。赴乐山等地展出。今日来客颇多,不应酬,休息为要事。

十九日

参加长安国际书画篆刻研究会成立大会(朱雀饭店)。作字二件。丛一平老等在场。识得何金铭同志,原西安高中学生,任中共陕西省委秘书长。会开得好。

庄生文:1.卮言日出,以和天倪[③]。2.道在屎尿[④]。3.高才空结构。4.恍兮忽兮未之尽者[⑤]。5.文境如梦。

二十日(十五日,元宵节)

大雪。发孙玉石先生信,段帖。卫树廉、建国、扶青信。午睡醒后,小雪从北京来,带来兄嫂的厚礼衣料等四件,名砚台带盒子,名茶四五种,以及小玩具姑娘……真是暴富!小雪二十四日即回京,匆匆没有托带回什么。小妹索字,生了个女孩,已经六个月。收秦洪彦同志信,他升为主编。

二十一日(十六)

发李、翟兄嫂信,孙玉石、铁夫兄等信。

我外交部对竹下登提出愤慨抗议。杂文有望矣。

字(人):

1.正气,凛然有节概。

2.温温君子,雍容自在。

3.外柔内刚,胸有成竹,不露。

4.劲瘦,挺拗,再具脾性。由内容决定。

5.大人高态,豁达大度。高人逸气,超然自得,何居仁义。目中无物,一片空旷。

6.方正,自有棱角,不少假借。

7.宽博,堂庑大,容量似海。

8.凝练如铸,精神内涵,太极,有真功。

9.天人浑然一体,有何畛域,高格高调,乃成得个大人气象。

10.神韵所在,魔力无穷。

11.横空出世,傲然立于天地之间。思想——感情——字风。针对性。

12.大无畏(人,事)。

13.令公世界。

古人作字,针对性:成名成家,光宗耀祖。作家临帖只在“字”上下功夫,此外无别的刺激激励之。故字中无灵魂,因乏魔力,木偶耳。岳飞、傅山字便不然。

二十二日(十七)

读陶诗,颇得清味。自得自适自乐,闲静。冲淡深粹出之自然,真。

章法:

1.粗服乱发,纷纭一团。

2.清雅爽利。

3.行间墨轻,笔韵明媚。

4.墨重笔放,满纸桠杈。

5.仙女散花,飘逸轻虚,令人神往。

6.消散冲淡之趣。(局促尘埃)

二十三日

发洪彦、师怀堂、丁纳等同志信。

二十四日

清理字债。发品三信。

南韩、意大利反对竹下谬论,钱其琛外长参加战犯天皇葬礼,友好也。

屏外缘!1.养精神,行我素。2.陶公自得,自适,自安,自乐。3.完成字展,了事一宗。

二十五日

发朝瑞、芬姐、左军信,襄汾农业银行字。路克军兄夫妇来,臻女、方绮们都来,很热闹。徐、杨老随张会长来,告以台湾、香港均有贺电来。三月十日开成立大会。后即赴外地展销。须作好准备工作(材料)。

健康,风度,南人高姿扬气(梁漱溟……),鉴定,有魔力。

三达爵齿德艺超人何□有。大!今人看他不起,即古人有几个上得眼?

道,自得,居安,资深,逢源。

针对性——爱国主义。

高——小天下。

超——颖脱而出。

二十六日

书陶诗三首。制定书法课系统表。

二十七日

为梁峰、栗生茂同志作字。收文史馆、杨默老信。到美协王冰如老家,作字一件,册页数字,赠东北人参三根。

二十八日

发杨默老信。文史馆会。夜梦波水满池,大鳞浮漂甚多。

春节已过,整整一个月,忙乱,应酬不少,浪费时光,可惜!从三月起,少——不应酬。为展出活动妥善安排。

几件固定大工作,著述,及时动手完成。

保健,清心,葆真。高,大,颖脱不群,任真自得。横眉冷对千夫指,白眼看他世上人。

建议:社会,学校,增开日本研究课,成立日本研究会。

为中国精神文明的建设担忧!——道德败坏,贪污腐化,政令不行,拜金主义,无恶不作,麻木不仁,认贼作父,无是无非,混账糊涂,争权夺利,无理想、目的,不研究,没信义,没礼貌,不争气,不长进。

三　月

活跃飞腾之月。战必胜,邪必惧。

一日

小视一切，才能掌握一切；蔑弃一切，才会主宰一切。

字势（内容决定）：

1.鸷鸟式——恣肆豪放

2.宫殿式——堂庑大，宽博

3.明主式——雍容，雅量

4.太极式——精气内敛

5.天鹅式——超逸高飞

6.腾蛇式——活跃任真

7.田园诗人式——洒脱自在

8.怪杰式——劲瘦挺拗

9.婴儿式——稚气，浪漫可掬

10.淑媛式——美，魔力沁人

11.鱼乐式——自由活跃

罗同志送来西北师范院校展字两件。原长安一中36级同学解同韦礼品，长安教育局工作。

二日

雪。书劲知、李均保同志信、字。

世界上最伟大的人？

世界上最伟大的事？

赴京、外地展出，目的？抱负？工作？扩大中华民族、个人形象！交接？

字间有疏有密处，密处以示偎依亲昵，不觉拥挤、逼窄；疏处以见松宽舒展，不觉散漫、离异，乃佳。

三日

雨雪。翻览古碑帖，颇有深味。光章法之妙，已足沁人心脾。章草，晋人书札，高韵不可及。久读自得古人启发，远俗也。

四日

王生财同志和医院司机同志来，嘱书对子（画鸡中堂）。区上韩勇同志和郭同志来，为推销字册事。收方磊同志信，附耕耕婴儿照，云书法报登出字册消息。

五日（正月二十八）

梦里好天地，醒后朦胧中。

眼前何所有？万民无所从。

无是自无非，喊冤一场空。

银钱能通神，小鬼闹龙城。

万物无不假……已焉哉！

一塌糊涂，糊涂一塌。

无奇不有，无有不奇！

莫：1.莫谈国事（不济事）。2.莫谈法令（不行）。3.莫论是非（无）。4.莫讲道德（丧尽）。5.莫夸实学（无用）。6.莫献能（空）。7.莫争□□。8.莫心软。9.莫助人。10.莫提意见。11.莫收惠。12.莫任真。

要务：1.健康。2.爱好。3.利己。4.寻趣。5.平为福。6.独尊。7.目空万类。8.行我素。

早上，张同志来，约赴朱雀饭店参加国际书画会，20人，笔会。作字数件，会餐。梁峰来，取走字。粟生茂字。

六日

为美国文德惠博士、劳比博士作字，学校赠礼。茗生字。送民间工艺会成立贺词。

七日

借鲁迅书信手稿，交出版社辛陶同志，作封面用。寇钧峰同志帮忙颇大。张培梧。

作字没有感情便没有吸引力，魔力。感情发自内心，形于笔墨。笔欲活，墨欲润。浓郁，走笔乃心灵的活动。喜怒哀乐变化。安闲，自在，急促，兴奋……均可于走笔分析出。章法变化同。专心，分散……杰作，神品，逸品之产生，都有其特异的心境使然。纸墨笔辅佐条件不够，也受影响。

八日

作字。点画须是圆熟，转动如蟒蛇翻身，则更见力气。有棱角，欠佳。

收卫树廉同志信、卫尔斯信（安康县鼓楼街汉江文艺编辑部）。

九日

洗眼。文史馆会。民间艺术研究会布置。会上意见蛮多，一句话，对国事？！

十日

参加民间工艺美术学会成立会，会餐。刘玉玲来，为作隶书两张。

十一日

嘉义字。承赠汉武帝建章宫（76年出土）瓦当一件。玉玲字。军分校没人。吉虹兄来，约明日到他家，为我写稿。

留心对象。余之书作，在历次书画家会场无不大受欢迎，以得到余之书字为光荣。昨在民间工艺会上却冷冷似不予注意，水平不够也。亦一经验。可贵也矣。

十二日

见吉虹同志，为我写一报告文学，要材料。张永年（医学一院）送香油、烟等礼品。嘱写对子、中堂。荆老来。菊，28号。

梦腾飞天空。试准备飞。

京展！全力以赴！

十三日

收到翟、李嫂，柴建国信。明日收材料，回信！为颖作签褶字。

十四日

上午书建国信，翟、李兄嫂信。收出版社刘同志送来书二校稿。送吉虹兄材料。

要事：1.登记展品形式、内容，编号。2.说明书，前言，简介。3.校稿。4.养精力。5.讲义。借影临。

董信。孙玉石信。

十五日

开会。书英嫂、李庄先生信，材料。发建国信。复印材料十数份。

十六日

校稿。送徐阳老简历。山、陕等报材料。明日徐、李赴京。书翟、李、李庄老信、材料、书册。

十七日

中文系学生杨帆、刘全红为我□，下午、晚上。王英华（气功大师）、刘先生来。四川方宗、子华、方青山气功师寄来照片。张星五老来，礼。

十八日

校稿毕。收李保均同志科技报合订本（88年）。

十九日

发田尔斯、河南郸城信。鲁迅博物馆鲁迅研究室编辑王世家信（订《鲁迅研究动态》）。航民四件信。王生财同志来云张臻同志要赠东西。方胜同志偕数人来，云台湾马相伯教授(千里)将在西安办画展，嘱书贺词。参加中文系文化沙龙会，作字二件。

二十日

发王振华同志信，交稿。钟楼字。为澳洲孔子研究会康绍老作字，台湾马相伯(千里)展书贺词。赴函大，作字二件。星期日会。

二十一日

雨。发孙玉石、惠卿、建良信。张谦同志等三人来，嘱题画。

二十二日

田跃同志为照相数张。五月他结婚，当为作字。收李惠卿信，作字。汇10元，购纸用。为英华，数学系，台湾作字。朱影同志来，嘱为会作字。苣颖嘱为她厂长作字。眼病。为国家深抱不测之忧虑。一切应酬搁止。

展品登记。统计北京关系人。请柬。

二十三日

建国、扶青来，为展出事。印来简介。礼品。

二十四日

白内障良方：1.杞菊地黄丸，内服，日三次。2.内停，同时点。3.搓眼球。三个月大见效。

张谦同志来。窦、詹、王天德三同志来谈院事。时同志来嘱为赴美作字，二件。

李参谋回来，四月二十日后赴京展。徐月底可回到民族文化馆展。交涉顺利。

二十五日

广播竹下登向朝鲜道歉赔礼——过去对朝殖民地政策之误。罪恶！中国？

发王德厚信，订《鲁迅研究动态》，11元。书莲信，“佛”字。吴西平同志取走马相伯先生贺词，四月八日开幕。

二十六日

柴、晋返里。很如意，办了件大事。寄银莲“佛”字。

“知识就是力量”，我说正义才是力量。

二十七日

收翟嫂信。张永年同志取字幅。吉虹同志来，为我属文，查对材料。

二十八日

天地如寄庐，万物一沙鸥。人生戏焉耳，玩世可也。是非真理，得失荣辱，凡百种种，只是变戏耍，玩七巧板而已。世事云烟，沧桑变化，何有于人？行乐耳。亦正行义耳。我即天地，我即上帝，大刀阔斧，迈步前去，有甚碍事处？此之谓天放。如此胸次，万里秋高哪比得？亦何人敢辱得？今人看他不上眼，古人亦有几个上眼者？

竹下登不承认侵略中国，否认南京大屠杀，还有甚理可讲？还要和他交世代朋友，令人失笑！有甚是非真理？世事云烟耳。正毋须多操闲心，添麻烦！思想，大进步。长寿。

收鲁迅博物馆研究室王世家同志信。咸阳厂校同志来，赠茶叶一包。为电教系88级学生讲书法。

二十九日

在周强办公室书字多件。时同志取字二件(美国)。托裱一条幅。周强赠笔一支。整理书报。剪报。牙痛,少说话。陶公了不起。

三十日

《傅山论书法》,修改之。庄文,准做之。清理笔债。养胖。定交,陕西日报吉虹同志为我写长篇文字,同茹天顺来对正。甚好。为书字一幅。晚报李来。张永年偕妹康娟来,题册字。交有堂桂林展字五件,市政府朱字三件。广东晋奇、襄汾谷留文字。发。

三十一日

清笔债。

总结:应酬多,误时光不少!为人作嫁!没成绩。下月起:1.少写应酬字。2.整理展字。3.写文章。4.整饬一番。5.健康。6.打个痛快仗。

晚上剪贴报纸材料。杨同志来,约为学生讲一次鲁迅《野草》。又为鲁迅刊物写一篇文章。徐、杨老从北京返校。明后日详谈。展出时间将在五月底。

强调一声:包公济公孙悟空,三公者一为法家,一为科学家,一为军事外交家,可法,可法。

针对性:法家,力源,目标,力量,理想,主见。

四月(出征,凯旋载誉月)

一日

王生财同志取药王山等字。楼值日。收《临汾地区农业合作化史》编辑办公室寄赠《农村合作制》一本。

看解放日报《报刊文摘》,亡国征兆?服刑罪犯当了人大代表?无法可想!

决定:1.什么事莫干!钱!?×。外出,名声,参加展,表演……停止!2.静观世界。养精神!3.解放精神!一切外来应酬根绝!

难得糊涂?糊涂难得!

苦味庄子。

二日

发韩厅长、翟英同志信,李庄同志信,建国、扶青信。方磊同王彪同志来,为女女刻章又一方。王为我摄影数张。为题字二首。

三日

收到《鲁迅研究动态》一、二册,得厚信,王绍尊老信。到文史馆领生活费、月票。军区分校赠《书法讲义》两本。

四日

发劲知、临汾地区农业编辑室信。发太原总工会信、照片。运城市总工会李金玉信、字(刘在文)。收省老年会信、纸数张。为晓林等作字六件。

五日

观电视,李慧芬乒乓球,沉着,脆快,

手硬而灵活，有把握，得胜。作字当如之。

六日

书王得厚同志信。借《书道》一二卷。郭子直老兄为我抄来《平复帖》释文。甚感！

七日

收左军信，即复。复印日本唐代书法十数件。收孙玉石先生信，升为北大中文系主任。海洋信，要侯宗廉政府工作报告。为成永太作字，人事。老年协会杨乐人、李正道先生来，平陆文化局张希艾同志来。

八日

参加马相伯（千里）台湾大学教授画展。发海洋信。交张谦同志转美国荆磐石法学博士字。

九日

《月夜读庄子》书名甚好。

十日

发孙玉石先生信。复印字九页。收翟嫂信。五一后他们到桂林。小妹名谷丹。振维要字数件。

十一日

发王绍尊兄信，振维信、字。

应该莫忘：

1.痛苦的日子（二十四年）。

2.国家灾难的日子（八年）。

3.被侵夺的事实！有甚客气？有甚情面？

十二日

取回为树廉同志寿幅。

停止任何应酬！

发屈函。书李、翟兄信。看吴元勋老，谈颇洽。

十三日

参加西京书画研究院二次干部会，晚九时归。收赵熊信，通知字展，送字到博物馆。

十四日

发杨默老、海洋信。复黄埔军校陕西同学会公函（建国路信义巷 13 号），人名辞典编委会。

十四日

仿佛又回到鲁迅先生的痛苦！这是不爱国者永远感觉不到的。然而又能顶什么用?！傻瓜。“无言室”，郭老。

黎风兄又为我花了两天的时间校稿。明日看封面。

十五日

中国的假蜂蜜走向世界市场！

不蔑视一切不容得了！

发得厚、翟英信、字。朱来，下午会。

十六日

为广西、陕西两师大联展书横标。

十七日

清理杂事。校稿即完。

十八日

发海洋信、资料。

社会特征：人欲横流如猛兽（裸画，贪污……），通货膨胀临病危。

收《鲁迅研究动态》三期。

十九日

收华清池送来纪念品提包一件。

二十日

看学生悼念胡耀邦文字。

狂言：

济公包公孙悟空，

万类点头奉至尊。

叱咤风云海涛声，

庄生真山鲁迅公。

节概凛然壮东风，

健笔凌云为国雄。

二十一日

发董寿平老信、海洋信。铁山字，三秦文史，英借。为郭子直老作字。

二十二日

郭平凡同志来，山西出版社。临潼疗养。

二十三日

赴赵熊[⑥]同志字展开幕式。张若谷兄绍兴笔会归来，赠筷子一席八双。买册页一本赠黎风兄。体重93斤。

二十四日

赴函大，吕波同志送我上车。嘉仪同志为我刻印章两方。崔随栋(博物馆)字。郗毅。

二十五日

梦居危屋，黄河大水四围。惟惧冲险，然转到安全处。晨遇一老云："不敢过劳。"当志之。的确太劳了。

复翟英、惠卿等同志信。取药，白内停二瓶。

二十六日

为西安电子琴学校书校牌。为黎风书册毕。

二十七日

发俞建良信。

二十八日

到旅游局看王步唐同志，外出，留字一张、信一件。为徐耿华同志事。

二十九、三十日

函大讲课，李正峰兄一同。书法上用脑力太多，休息，休息！际断！健康第一！

本月仍然忙，用脑过度！几无休息时日，费眼甚！无谓事多，费去时光可惜。

五　月

改进月。新人。改正上月毛病：

1.修养脑力、体力，保健。

2.少应酬。

3.集中精力，干几件自家事。

4.一举一动要有意义，有成效。

5.也须学会算账。聪明人太多。

6.无言，陶公诗。

苦练身心成铁汉，自居书城作三公。

一日

复望进同志信，复郭振有同志信。孩子们都来欢聚，十数人两餐，颇热闹。完成桂林联展改词稿。仍未闻。

二日

若谷同志来。作字四件，从容自在，较如意。收耀天兄等信。

又有大字报，深抱国家不测之忧虑，顶何用？

1.无言,莫动气。

2.闭门读写,勤制作。

3.不管闲事。

4.名利早就打倒,尚有何外求?

5.干干净净,作个自在人。陶公可师。

作字:“稳扎稳打”以固气,“心花怒放”以抒情,“雍容自在”以爽神。“君子之风”,感人惠众,德莫大焉。艺术价值。

发耀天兄信。

大字报很多,一批又一批。看情势,事态要大起来。令人担忧。

四日

偶成

——读三日西安晚报

愿费心机是何因?

只缘爱国又爱民。

还是闭门读书好,

青红皂白谁来分?

发李庄同志信。学生游行,没发生事故,甚好!甚好!

五日

睡颇酣。梦品三为我代填给阎锡山提意见书——卖药饼。又梦在王中青家墙上见到给我的粉笔大字报。王又告我说全国性对我攻击大字报。并后交一纸大字报。有具名若干人。

连络处见章法,洒落处见气象(意境),两家供献的都是一家之神,曰变化。书不到变化处不为妙,亦若梦而已。

拟写一册《读帖偶识》。(习书偶得)

开始动笔写《习书偶得》。

六日

作字。

七日

赴军大函校讲课。为吴元训老《丰收图》书题诗。

八日

收航民、建国、卫树廉、翟英诸同志信。

九日

发航民、建国信、字(杨同志带回),惠卿信,刘信。眼病。郑秀英同志来,五十年未见矣。

十日

雨。徐、杨老送来陕西省民间工艺美术学会聘书——理事。一席话,得益颇大。张谦同志十三日赴天津、北京。

十一日

发翟英同志信。

时时以鲁迅先生为师,学习之,以自居,乃能日趋高明。

文史馆学习。发言人踊跃非常。

十二日

报也看不下去了!中国人,中国事!归侨想爱国,也爱不成,泄气!

1.忍气吞声,老僧。

2.□□□,自便。

3.自顾自,少烦。

4.师三公,大胆!

人对于一切绝望之时,乃能产生出大无畏精神。

收韩左军信,书法五月印出。

十三日

发左军、朝瑞信。书册五月可印出。一问版在北京,又以闹事,迟。到朱同志家,询问《野草》印出时日,知怕赔钱,只印1500到2000本。已回到鲁迅时代。先生的作品也不过2000,真是光荣。

十四日

孩子们来。

十五日

夜听音乐,美,讲解分析。

十六日

文史馆年会(东城饭店)。

十七日

讨论。

十八日

天塌惟有天柱顶,

地裂全靠大家缝。

十九日

中国足球队队员广东古广明的球技使人看了感到心旷神怡。作字亦当如此。

刘军赠《地理素描学》一本。发海洋信。

二十日

李鹏一席话,气势不小,解放军进驻北京了。“维持秩序”。今后国家前途?!不能不令人忧心忡忡……

中国如何办?答不出!还是回转到自己吧。明哲保身,能有多大力气?欢度晚年,自建乐园。是非说不清,真理分不明。权即力,力即理,理即利。有利则立,何人敢欺!

二十一日

发翟信。

假定鲁迅先生逢此局面,将如何?笔伐!

陈氏拳——陈小旺,今十几代孙,外似柔,内如铁。河南武术会会长。春秋刀——大方,舒展。对抽又打……日本人来学拳着了迷。

天津展已定妥,俟平静后实现。

1.干个人重要计划工作。2.外务大量减少。3.健康第一。4.鲁迅行径。5.不能随便发言,言必中。齿,德,(气)。

二十二日

发品三同志信,《三秦文史》。收光耀信,自找。郭振有同志信,《中国教育报》。

二十三日

发海洋东西、信。周强来,遂到电教系作大字二幅,如意。书光耀、振有等信。

二十四日

发信二件。

上午到煤炭运输公司黎明同志处参加任汉平同志座谈会。(解州人,由台湾归来,跟于右任老学书法)

二十五日

今人不人,鬼亦不鬼。

何以应之?似人似鬼。

桂林事,已打退。路途远,亦不安全。更无甚益我处,徒劳耳。非惟桂林,即别处亦不在心也。

心上能无挂碍,即是神仙日子。这之前确有个“公”字在心,嫉“私”如仇,爱国爱民,事业从不后人。然看来看去,只落得个空虚,愤而已!只好独善其身,也还不失正人之路。洒脱一番,延年益寿,岂不快哉!老僧常态,佛自归心。

二十六日

整理杂件。

二十七日

看透物理一佛境,

识破世情浊水流。

梦中得联句:

万丈石檀,

组成石绳。

勒杀缠断始上绕,

粉身碎骨,

手段真高明。

千年龙鳞,

雄视苍溟,

顶天立地,

白眼看他世上人。

戈尔巴乔夫高昂爽朗的气态,大国风度,

托、白二氏同样辈辈有高风。

二十八日

学生游行。赵中建同志赠于右任书《赵君次庭墓志铭》一册。其兄在台湾。喜书画。

三十日

作字五件。发左军信。

三十一日

清理信件,杂乱碎物。

五月份又送过去,仍是为人作嫁事多。

收到文史馆办公室毛笔字信,六月一日下午书画组组长评定去北京展作品,届时出席。若谷、朱影同志来,谈甚久。

六月(颖脱月)

一日

看报,戈尔巴乔夫当选为苏维埃主席,日报评为新“总统”。偎依有权力人。党政力量集于一身。万余人游行示威,对进步的代表大会上的失败极为不满,要求提名叶利钦为副主席。组织者维塔利·波诺马摩夫指责戈不是站在人民一边。叶说:“我必须奋斗到底,我不会放弃任何机会!”

赴文史馆选作品。带去自装裱“月落……”一件。展后回还。

二日

茶。人们对于一个问题或什么运动的看法,约有四种人:1.是非真理(义人)。2.势利眼(八面风)。3.派性关系(党同伐异)。4.无知(糊涂)。

一些零星的东西,人不留意,甚至于被人们看破的废物,如果善于利用,常会变成一件贵物,赋予以高的价值。

挖掘宝藏:1.社会领域中。2.书库中。

家兄生日,11月7日。殁于2月4日。

健康,精力,情绪,意志。

按摩,行气,自疗,锻炼。克服弱点,病

魔!

生活条理化，思想系统化。学习，集中，效果，休息及时。情绪饱满而愉快。风度，戈氏，学者，工作认真，任务负责。

三日

今人已无信用，欺骗行为，不管是领导、群众，均失去人的价值。唯有以不信任应之!

四日

也还自在! 闻京中发生冲突事故，一言难尽。

五日

作字。

六日

无甚可写。触目焦然。

七日

雨。收左军信。

八日

很平静。看碑帖如看人，意味深入一层矣。

九日

吴同志取去老年书画研究会赴日参展字。细品汉隶，多心得。眉批。

十日

连日惶惶，一场梦大体苏醒，人在事中迷，加以成见，愈趋失实。俟后真相必会石出。能以冷静、客观、理智分析评断者，毕竟不多。亦一大教训也。

损失:国际形象，国内经济，文教……惨重!自然也多收获。使上级一些官倒家，贪污腐化、官僚主义，会有点觉悟了!

为林英等题签，照相数张。教育垂危，文化落后，民族素质低劣，国家前途?令人沮丧!科学技术落后，经济困境改变难，如何办?

十一日

书法:1.外发派。2.内敛派(有意)。3.超逸派(无意，内外杂乱)。

发峰兄嫂信。

十二日

雨。看眼。傅大夫开了药。嘱书对联。

十三日

字应亦有:1.帝王;2.将相(大人)。3.拂士。4.谏臣。5.妃子。6.渔夫(高士)。

十四日

大晴。甚快!虎口夺食，难得晴天。连日眼病，赴桂林事已辞。

十五日

周强为我录像，杨、王二同志摄照，颇佳。约七幅，另册页一本。历时约一小时左右。

十六日

闭户读书，研究，别一天地，其乐无穷! 搞出一套书理。

十七日

买藿胆丸。整牙。到雁塔，刘、傅(病)，函大无人。

拟一斋名:“默斋”。(桃园)

十八日

作字“意在笔先”，只是对二把手而言。若施之于支离老手，未必宜用。以余体会，高人动笔，无意无笔，并我亦无有也，只是如醉汉猖狂，一任发作，何知仁义？然亦非绝对语，当挥洒前，总得有个样子在心神中，筹措满意，内容，为何而作，发动情感。至于落笔之后，只是驷马难追，字形，章法，都是脑后事，唯爽精神耳。人在发脾性时，一切后果还有暇顾虑耶？必如此，乃成逸作神物。莫说一字千金，即江山有何足重？此中机密，断非食人间烟火者所能识及。

1.踌躇满志，意在笔先。2.一鼓作气，书法语所谓快马斩阵、天马行空也。万毫齐发，金刀割尽，玉尺量齐。3.凯旋而归，得意之作有如天成。作字如作战。

作字如作人，没有几分仗义挺拗节概，坚卓俊伟之至性，便失去作人之价值。所云"浩气与轮囷"[8]（扞格不入）者，其草书正尔，作人亦尔。济公、包公、孙悟空，凡事有此三公在前，何惧无物，何虑不得人心，与日月争光，齐天可也！（济公，万能的大科学家；包公，大公无私的大政法家；悟空，神通广大的大军事家。）三公者，大德之集中表现，系乎天地，中华民族主精灵也。舍此，中华莫救，勉之。

《恐龙特急》，日人之乞丐也，可畏乎！不可不加警惕也！

傅山先生草书，有温和的，有感伤的，有激情的，有愤慨填胸的，要视所书内容为转移。亦有因一时之豪兴大发，不受内容限制的，勃然振人，不可不解。一字之形，极力上提，横阔，支撑面广，气势绝大。轩昂如巨人，鹰扬盖世，荡荡纵横，佛用。有时笔画远扬，极多野气，不甘就范。而不野胡为哉？

十九日

桂林今日展出。天阴欲雨，东风未止。

二十日

晨广播四川德阳偷购国外轿车200辆，光日本皇冠40辆，痛心哉！教育没经费。难怪日本人说他们不发财也没办法。

我不了解我们中国人的一贯信仰是什么。有无远大的理想抱负？如何实现这个理想的实际修养、操作？——学问，德品等等。一句话，对于自身运命的掌握。历史时代的使命！不枉度一生。

为了钱，不争气，不长进，不要体面，更不知道民族感、国家感了，这就是今天我国人的行径，险哉！

发田际康老字、航民信。《探索》印出，取回样本一册。文史馆学习文件，中央文史馆索字。赠宁佛吾老兄（画家）字（710004）。

二十一日

饮茶。书翟英、朝瑞二同志信。为京文史馆、惠世恭老作字。

荡荡无碍，任意纵横，无我无法，猖狂而行，神笔在手，蹈乎大方！

二十二日

发翟、王信。书银莲信，为我中国历代名流材料。发孙玉石先生信，告书已印出。

二十三日

复印李何老信件。

二十四日

老战士大学邀作字三件。收省图书馆八十周年嘱作字。杨默老信。

二十五日

发杨默老信。作字:

1.走笔宽和,墨水腴润,须法于右任老。

2.字态俊伟,拗强,富有立体感,须以傅山为则。

3.笔致稳贴,纡余茂密,师赵铁山。

4.古雅、美好,法王世镗。

二十六日

为“动态”写文。收翟、韩书两件。须急复。

二十七日

晴。

二十八、二十九日

草悼念李何林老文,毕。

三十日

发王得厚同志信,怀念李何林老文,附信。

书印出,紧张的工作有成绩。仍累。

心情一空。作字选句婉约派、豪放派都好,但求一快,何限英雄不英雄。执著一端,何济于事。令公为鲁迅深所佩服,实亦伟大诗人也。旷达自适,天地存心,地球算得老几?古哲人正须师事之。

七　月

新日子。默斋启用。陶靖节生活。转机。“颖脱不群,任真自得”。

一日

放翁:“花如解笑还多事,石不能言最可人。”

曹公:“养怡之福,可以延年。”

傅山:“吾家学庄列者也。”

孟子:“自得,居安,资深,取之左右逢其源。”

把一切看得无所谓,才能真有所得。

李白见皇帝如见常人,做官如做秀才。

傅山:“莫说今日看他不起,即古人有几个上眼的?”

高格高调,轩昂不可一世,真大狂者,良师也。

孟子:“说大人则藐之,勿视其巍巍然。”

1.高人价值。

2.行我素。

3.莫作嫁。

4.念书,属文,作字。

5.神仙生活。自在。

收铁夫兄信。

二日

抄文稿。深刻体会到属文之妙:——真情,易上口,口吻,语气轻重。切合实情,丝毫不差。俏处。

作字如作人。心灵,姿态,逸气,猖狂而行,不许做作,行于不自知之间。如醉如梦,无心无意之间,嬉笑言谈,出之自然,与天为徒,人,古,神行。

作字如对人讲话，看给什么人写，起什么作用，说心上真实的话，有声色，表情自然，或直言不讳，或婉而多讽，余音高韵，虚虚实实，蕴意无穷，使对方常在念中。

写字要写出自家本色，我即碑帖，有何师法！人的一言一动，难道还有个什么偶像在眼前，作典范耶？观傅公草字，直情径性，铮铮硬骨，令人感佩。

余今时年纪已超先生两年，学问赶不及先生，以书法论还不该接近先生的吗？

字态：如武士屹立，笑容可掬，烂漫天真，倔强，难以驾驭，柔顺宜人，轩昂，不可一世。

飞扬跋扈，温温君子，弯身探物，仰卧高视，长驱直入之概。

荦荦大方，坐镇一方，威武不屈，桀骜不逊，立坐仰卧，喜怒哀乐，老实如山中汉，温厚感人，飘飘欲仙，聪明乖巧，高品逸世。

三日

真理——上帝。

笃信真理，应如牧师之信仰上帝，山老婆迷信鬼神的一样。不降其志，乃得到人的价值。

收得厚同志信、杨默老信，挂号单一件。

四日

徐芳女萍为抄稿。收田际康老信、书法，杨默老信。写字一件，甚如意。但取兰亭比观，乃知冲和不足，尚不够敬谨。急改进，可稍进一步。

徐芳、李萍同学抄来文稿。铭买来《书法》两册。作字一幅。写《圣教与兰亭》一文，体会耳。闻毕业班学生为辅导员大送礼，为分配工作……颇奇怪！可叹！可叹！不得了！

五日

阴云欲雨。写文章，看书，必须深入，发现、创建出人所见不到的精粹之处，抄人家的材料，勉强成书，可叹！作人，作书，作字，工作，要万分严肃。

1.日写三件精粹字幅。

2.有见地的短文。

3.完成家兄、师老师、子正碑文。

整饬一番。

荀子："真积力久则入。"

六日

昨日夜张、朱影、曹、傅诸同志分别来，告以广西师大展出等情况。朱赠黄鹤楼筷子。

写文章、稿件，写就后定须放放看看，修正，乃能较为妥贴，少差错。

光看理论、评析，不在碑帖原作中大浓一番，如何使得？

学问之道，莫过于深，真积力久则入。入得里，创新。

七日

雨。学问之道，写文：通透（十分之见，深），广博（辐射面大，交代到家），创见（清醒）。

八日

晴。作字三幅，从容，墨入里，浓郁有情，笔到，中锋，观赏不厌，人迷，乃为佳作。

真理？是非？研究？学问？为谁？国家？民族？糊涂！“道”。无谓，即无为，福多矣。

九日

字的境界，有如天空，高不可测，神矣，妙矣！

世界之大，无奇不有，全球各国，无丑不有！实无奇怪处。

巨人者，敢作敢为之谓（但其行为必须于人有益无损，否则巨魔也）。爽朗，思则得之。找门路。教育效益，经济效益。吞云之概。（悟空）堂堂正正之义（云天）。济公之能（绝技）。

巨人，大人，天人，狂人。老更狂，以顺（顺天，顺民，理，情）为正，唯理是从。真理，真实。规律。

矛盾（矛盾统一）——变化（质量互变）——发展（否定之否定）。道，沧桑正道。自得，居安，资深，逢源。乐，自由王国（破得失荣辱），佛境。与天为徒，全神（不知险），蹈乎大方。

靠山，有所恃：鲁文，书艺。史记，杜诗，屈赋。法宝：书法。

天大：“万里秋高未是宽。”

格高：气态，襟度，神采。“阅大人则藐之”。

孩子们来，十五口人，吃了顿饭。很热闹。

习《易经》天人之际的学问（天道，人事。数，理）。

十日

雨。到文史馆带书 50 本。薛候午餐，即回。明日交款 90 元。（送 15 本，卖若干本，八折；再卖若干？）取原稿。

须静心一番。保健。

清理一番。理思路，解谜。

余作字时，有如旅游时之心境，处处皆新奇，好水好山，幽景，满怀快慰。每写得一佳字，有似遇一株奇花异树的大乐。

十一日

晴。玩。

十二日

十省文史馆书画联展开幕。内蒙耿鸿钧同志、启老、霍老都来了。星期五笔会。发建良信。（高林字）

十三日（星期四）

黎兄来，一席话颇开茅塞。专心搞书法，取得大成就。关系要广，交实在朋友，不可轻易推心置腹。鲁迅：“莫信人。”

十四日

作字三件。

十五日

上午在张光老家用午餐，下午与徐、杨老等赴长安盆景园出席王泰来砖雕艺术开幕式。雕工主精，真足惊人。题贺词。作字，周芳等。

十六日

士不可以不弘毅[⑨]。山谷：“心如铁石

要长久,气吞云梦略从容。”正是为其注脚。吾得之矣。

有志竟成!

当扫尽一切“内障”、“外障”,居北辰位,众星拱之。我自有我在!严镇!弘毅!戈氏气态。

为亭林纪念馆作字,明日发。

十七日

收李殿清寄来红枣。作字四件,如意。发俞建良信。

十八日

到武警总队招待所看霍成勋、融会、耿鸿钧(内蒙古)、傅处长(中央文史馆)等。遇省委车,徐送回校。成立《现代书法家》,拿去报材料四件、照片等。送李绵书记字二,回赠边条人参。

十九日

改文史稿。发王得厚同志信,并书一册。

二十日

送文稿、发票、郭老书。(办公室副主任)杨老住院,留言。

收翟英嫂挂号信,知故宫已展出各省文史馆作品。我的一幅大立幅草字,顺利通过选上了。许鳞庐老任评委,又嘱为峰兄写扇面两件,许作画。

在全国四百多件中,再由中央选一部分展出,并赴日本公展。

应是一个新纪元。

1.少应酬,省精力。

2.持重,岸然。

3.交好友。

4.完成几件大作。

横眉冷对千夫指,

白眼看他世上人。(集鲁迅、王维诗句)

苦练身心成铁汉

自据书城拟三公。

济公,包公,孙悟空,三子者,最有本领之大人也。一是大科学家,一开玩,就要对方的命而复活之,解救之;一是最严正的大执法家,敢作敢为,惟公是务;一是最有远见的军事家,战无不胜,斩妖降魔,岂不伟乎!

二十一、二十二日

作字。陈文章来,写稿,带材料二件(传,介,书风)。发杨老、殿清、西安民族出版社字。海洋。

二十四日

为李雪兄书扇面一。为吕梁行署外事办作字(神游仙境)。方胜同志来,为借阅《兰亭选粹》一函四册。陈文章同志订正文稿二篇。

二十四日

发吕梁行署外事办字、王治国信。外院马、韦同志为录像,另照相三张。张毅生有信来问好。延居两年。郭裕民同志送来法门寺照。台湾将有人员来。

二十五日

雨。收中国教育报社稿酬40元整。

二十六日

发翟、湖北电视台信、扇面、字、简历、

照片。与劲知、强赴小寨用餐,买《瘗鹤铭》一本。

二十七日

为劲知、强、方胜作字。

二十八日

劲知乘飞机赴新疆。取书百本(函校)。

二十九日

与傅蔚文同志到省医院检查眼睛,已成熟,秋动手术。孟永安大夫,文水人,颇尽心。玲玲来,住十六楼四单元一号。带去省图书馆贺词。朱满堂同志来,带去中堂、字照两张。

三十日

书寄北京黄(字)、许、晓风、世家、得厚、立生、李庄(人民日报)、峰、英书、信。孙、武警字。

三十一日

收俞建良信。发英、李庄信。许书,黄字。为顾鹤冲、孟永安大夫作字。赴文史馆。

八　月

较闲月。养神。

一日

到文史馆,领月票、生活费30元。英英打扫家,几明案净,发人精神。

二日

发日本梅津彩石书,建良字,英嫂、得厚、殿清书。

西郊纸厂周同志赠字毡一件。带去字一幅。作字四幅。

三日

文史馆政治学习,收益颇多。听听文件,发言,明朗了。荆老嘱匾字。

四日

海洋来。发梅津书,俞信、字。

五日

作字。纸厂段书记等来送汾酒等。

六日

发左军、朝瑞、三里河信。

七日

发祝嘉老函、书二本,左军书。收得厚同志信,书收到,分送了。

下不了决心的人,只是吃苦头,还不够深透。

今人道德已扫地无余!一切莫信,莫信一切=得道。

拿翁手段,百病疗愈。

八日

为邓庄镇段秀峰书记作牌匾字。朱满堂送来字照等件。

九日

海洋、段秀峰等返里,带山西师大书十一册。航民、胜才三册。看王鸿俊老《回忆录》前后。

午睡甚好。盖连日太累也。作字、文,陪客。

□穴大保健,为动手术打好基础。不应酬作字!遵大夫嘱。

静心。养天机。

做个无声无臭的静中人,但须做出有影响的大事来。“热闹人毕竟俗气。”(山语)

弘毅。

把自己“锁”起来,这是颇不容易的事!大人物(不是做官的)往往都能在此做功夫。然而这种人太少了。按着人的脚印,跟着人后面跑的人,能走到什么地方去?

思想上常常洗澡,才能从庸俗中拔出。这方法:“世界外之世界。”(梁任公文)慎独善思。

应不忘自己是“人”!

一出马,便起到一种“镇定剂”作用。

二十四年的冤案,无情!一切不信。

只仰望三公——济公,包公,孙悟空。正义而有大本领。

十日

实践之日。新道德。

是非曲直一听群众公议,酸甜苦辣总须自己亲尝。(劳教期间佳作)

送图书馆、校刊、刘军、若谷各一本。

发峰兄字。收清华大学赵宜生教授信。(100007)

险峰尽在脚下,眼前无非坦途。意大利登山健将梅纳斯。

汉篆:纡馀急挑——三阙铭。

简静古峭——五凤刻石,雁足灯铭。

汉隶:缓按急挑,长波郁拂。字:弘——旷达;毅——严重。

下午猛雨。夜看电视,张飞巡查耒阳县,颇妙。好戏。人总要有本领。知识分子不见得没有用。他袖中有乾坤,壶里日月长。是摆龙门阵的时机了。哈哈!书岳飞《五岳祠盟记》八幅,如意。

收得厚同志信。袁良骏同志通讯处。

十二日

法门寺博物馆馆长韩金科同志来,约随时去游。友人去函介之。

作字:(文文山[8]四页)公权字,行草,楷,力足气壮,骨峻,如关中人之性分,只是一个“硬”字,毫不随和。自然缺乏晋朝人之高致,不耐观赏,吸引不住人。

玉苓来,嘱为汉中出土古玺印汇书签。(710068)

十三日

写李、高信,袁良骏书信。书岳飞盟记八条。老年会一件。

十四日

梦走入一道谷口中,寻不到出路,清水成渠,可见底。

寄李、高书信。

十五日

饮食不调,上吐下泻,请符大夫治疗。平陆张希艾赠罐头一箱。索字。照片一张。睡觉,进食不多。

十六日

稍愈。收秦洪彦寄来赵如才为写的文章(《山西日报》,89.8.6)。赵云峰问好。俞建良信。

听意、奥音乐团演奏,认真,聚精会神,抑扬顿挫,高低,强弱。

十七日

文史馆学习,得益。

书法:

书卷气——文雅,超逸。

金石气——古拙,朴茂,刚健。

十八日

雨不止。大力恢复健康!人格,体格,风格,规格。发洪彦信。

细观郑道昭、石门铭、瘗鹤铭,殆似读《高士传》[10],使人畅快;观傅山大草,如读侠客传然,吾得之矣。

四要:才,学,德,识。

十九日

我对于我们的炎黄子孙:不争气,不长进,没胎气,而又没本领,自矜,小心眼偏多,不明大是大非,没远大理想、抱负,不知羞恶,不讲廉耻,不讲信用,唯利是图,没道德心,忍无可忍!危哉!——漱溟,戈,侯,态度。

我听过讲演的学者:江亢虎[11],黄炎培[12],景梅久[13],梁漱溟,陶希圣[14],萧三,林语堂,陈大齐[15]。

政界:汪精卫,于右任,戴传贤,白崇禧,何应钦,杨杰,阎锡山,蒋介石,张治中,孔祥熙。

见过:宋美龄,张学良,韩林春,彭德怀。

学术如熬肉,先用猛火煮,后用慢火温。甚佳语。

正气在胸,邪气何存?

发山西书协信,十四人入选全国书展。在周强家观鲁公中兴颂摩崖大字,气势绝大,颇有道昭摩崖气概。

二十日

晨,跑步,与李吟西老一席话:运动可健身,快乐可健身——精神爽;读书可健身——入道,自由王国,通古今中外,一体;书艺可健身——忘我,忘世,贯一,心胸宽如秋空,脱略一世,气血通畅,无淤积堵塞之状,又有充实之能量,克服强敌,一鼓作气,气功能负千吨之重压,砖石为穿。一切拾不上眼。外物。与天为徒,与古为徒。

久欠饮水,大便十分艰难,适张显生同志来,喝茶不少,又食水果,乃得通便。发蒲州西厢记书画展纪念,并卫俊耀字一小幅。

“一接触事,便是气”,颇有同感。所以最好学学老僧常态,不闻不问,倒是养生之一道。急发朝瑞信。

二十一日

快活哲学。快乐:勤快,快速,快事,痛快,明快,快利,爽快,畅快;活跃,活泼,活力,活动,生活,灵活,虚活=幸福。

二十二日

作字二件。如意。赠鸿科、耀中书。

二十三日

收左军信。修改文。交贾平兄再一阅。收《农村经济》二册,刊字一幅,首篇位置。行长=鸣钟。赠高元老书一本。

勤劳,豁达,乐观,勇敢——回族。

二十四日

文史馆学习。赠书五本。

对一个不了解，或了解不够的人，就诚心地发愿和人家要“世世代代地友好”，真是大险事！

二十五日

清理字件。纯一思虑。

万事淡如水，庄列真我师。

还是读书好，字字皆有益。

远离尘秽染，精神常得浴。

超逸一化老，高视奋袖袂。

收字册两本。周强、杨宗佑来录像。政法学院牛子安送来照片二张，颇好（盆景园）。为峰兄作字八幅。收郭振有字，李殿清、梅津彩石、清兰、爱子（字）、陈文章（西安铁道报社，友谊东路一号），当代书家。许琳：“奇花有骨开愈秀，满月无波望转深。”（教育报）

二十六日

清理杂物。领到信纸、稿纸（有堂）。嘱裱大幅一张。树儿来，定燕燕入护士学校事。

二十七日

发左军、张志德。给聪《野草》。朝瑞。发陈银莲信。

二十八日

收全国文史馆书画联展请柬，地点：故宫博物馆绘画馆。九月六日开幕式，十月二十六日止。发新绛县政协会贺词。赠王平凡书（郭秘书长），遇王艺光同志。劲知由新疆来，送葡萄、瓜子等。

冷冷静静观变，打破一切虚荣心，随风扬尘；我自有我在；轻松心中无滞物。活得爽朗！便是圣人，神人。

周强、杨梓来为我录像，带去字幅、报纸、字册等件。

二十九日

收拾精神，赶办一切琐事！洗一洗心。九月断烟！

京翟信，太原书。房子。薛、杨应酬，购书。售字（李），方兰寄。看秀英。字展处理。内障治。写碑三。重新计划研究工作事。大活跃起来，开展外交。购《野探》30 本。收到《鲁迅研究动态》七月。

三十日

收山西师大《中学生文学》、河南郓城信。书翟、李信。收峰、英兄嫂信，知新从北戴河旅游归来，告以动手术应注意之点。又对余字（有曾黄镇老……）做出高度的评价。

三十一日

文史馆学习，发言。月终。生活仍欠规律。

九　月

一日

户县楼观台王道义同志等（杜中信介绍）来索书刻石。为书条幅二件。（“男儿欲到”，“道骨”），对子一副（“修竹气同”）。一件百元。

长安名家书画苑康智峰同志来取字

二件、简历等，出书册（康任主任，赵鹏副），地址：三学街18号，长安名家书画苑，720001。送果品。陕西日报吉虹同志来，赠《〈野草〉探索》一本，许为写一介绍文字刊载。收李高信同志信。与铭看郑秀英，没找到住处。

二日

赴文史馆作字二件。（公）中旬赴延安展出。

三日

发张志德、李玉明同志书、信，李、翟兄嫂信。给方胜同志送还《兰亭选粹》，为臻女刻章子一枚。嘱为写前言。市文史馆派陈泽泰、刘平等乘飞机赴京参加全国文史馆书画展开幕式。省文史馆辞谢，可笑！何以不开会征求意见？

四日

把所有损害时间、精力，无所谓的种种门路堵塞，便是自由幸福！

书协瘫了，文，书画组（专，不负责，私），工艺，胡来；出书画，销售，骗局。

撂开。

新道德："利上往来！"

发北大孙玉石先生信。

走路不少，足有十五里。肚子舒服了，稍事休息，即正常。午饭肉食多，晚饭只喝面汤，一份馍，颇痛快。

五日

发海洋、清兰信、字。收师怀堂老师信，赴新加坡讲学一月，九月十五日起程。广西民族出版社《名家书法精选》出版，内有一幅。

六日

全国文史馆书画展在故宫展出，听、看消息报道。

七日

发觉民、振有信。邓剑（法政）赠《药王山诗选》。为陈俊民同志作字，赠别赴杭州大学任教（傅山句，非诗）。收北大文学研究所孙玉石、袁良骏[16]等君信。耀天兄信，为我赠一联："立德立功立言三者备，多才多艺多能一身兼。"称誉过高，不敢当。

八日

盟员大会。

九日

雨。昨接王朝瑞兄信，发行科寄来字册500本。托符有堂同志办，西车站。交退休证。梦古木郁茂，可数十围抱，私意以为唐槐。收昆山顾亭林馆酬50元。荆老来，索字册十数本，未见。

多少事，纷至沓来，不免心烦。这时用得着"镇定"二字。分别主次处理，乃得头绪，自可轻松，有益健康也。

符同志来，候订单来，才可取货。又一经验。

十日（星期日）

发孙函。

所谓学者，有见地，坚定不移，坦坦荡荡，"士不可以不弘毅"，至矣，所谓得道者也。

发左军信。

十一日

晴。等发货单寄来。发孙宗武同志信（题老年书画选签）。为方胜同志抄前言。（女女）发聪弟信。整行装，明晨赴延安。（李副馆长等数人）

十二日

昨日心情紧张，事多。收王朝瑞兄信，作复。今早重写一遍，心情安舒。七时王同志来接，乘车出发上延安。

十三日

早七时同李庄老、王毅二同志等乘小车赴延安，由宜□川黄陵车辆数千辆堵塞，六时才到洛川，饭毕已七时。九时赶延安，住延安宾馆。最佳接待外宾馆。

十四日

与洛川王老看街面，很好。南北大街，两面山。饭食可口，有地方风味。中秋，馆餐厅主任特加月饼之类。

十五日

上午开幕，行署统战部、书协领导都来到。笔会。下午书协座谈，发言不少。

十六日

游枣园，藏毛、朱、周、刘、任旧居，办公室，接待室。杨家岭中共中央大会堂，康生书。砖构造，舞厅。王家坪毛旧居，会客室——简单，朴素。纺花车，澡盆。军委办公厅，会议厅。宝塔。

创业者的艰苦，守业者的负心，历史规律?!

下午三时游万佛洞（寺），宋刻。弥勒洞门对联云：大肚能容容天下难容之事，开口便笑笑世上可笑之人。额：皆大欢喜。

月儿井水真美。毛主席此刷驴驼送。在展览休息室饮数杯茶。名人书画，贺敬之，丁玲……范公祠在最高处，刻有范诗毛主席手迹（草，颇佳）。合影，求为作字（在宾馆书），赠小册子二本。

十七日（星期日）

为清凉山作字——（范仲淹诗），万佛洞。

十八日

昨梦中诗：

延安漫行

范公守边地，云岭被浓绿。
群山万壑深，高楼宽且新。
清凉山下好，一片古素心。
风俗今和厚，延水自常春。
轻车上枣园，瞻拜圣人门。
窑居何所有？板床木火盆。
纺车旧桌凳，触目皆苦辛。
奉劝乘凉者，应念种树人。

上午参观延安革命纪念馆。从1921年共产党成立到1949年中国人民革命胜利之日止，“艰苦奋斗”四字足以概括之。

下午二时半游万花岭，十五公里。木兰陵园，马上戏装塑像，廖沫沙、舒同题字。延安人，一生未嫁，八十余岁。万花山遍山天然牡丹，四月庙会，名人题词刻石，为书：“花气浑如百合香。”杜句。参观宾馆三层古建筑拱木，池水游船。参观房舍（江泽民住）。五时返。

十九日

口号:不贪污一文,一心做好事,为国家争光,为民族争气。经得起调查,吃得住研究,无愧于屋漏,不畏乎鬼神。

旧联:横眉冷对千夫指,白眼看他世上人。(鲁迅,王维)

梦听邓讲话,一部分人不迎。收麦子满场。

参观凤凰岭麓毛主席初住延安旧居。百姓家,独院,窑三孔,炕上架木床(不能睡热炕)。外室,办公室,阅报,书室。一年一个月后搬杨家岭。朱德另院。三孔各居一孔。均简陋。到展室略坐,看展妇女允给小米各五斤(李)。下午延安行署、统战部举行座谈会。

二十日

五时半动身,下午二时半返回西安,800 里只七小时到达。星期六取字册,有堂办。嘱为子婚作字。

二十一日

省政协三位同志来,二十五日上午来接,举行笔会,50 人。纪念国庆五十周年。高信同志已返回,未得一面。收张志德同志信。

二十二日

周强介绍张永利同志及同学来,赠字册一本,谈及赴日展事。为姜子玉老年书会作字。秦德行(山西师大研究生)来,建国赠醋四瓶,字册五本。复信数行。赠李宁太、赵建功、杜老、建国书。

二十三日

夜雨未停。魏修拉线。琐事排遣,稍舒,静静心。国展后,整顿,上道路,远俗,专务著文。创造良好环境。

小刘取回字册 500 本。酣睡,没打开门,对门小高为提回。又午睡到三点,睡足之日,精神大增。赠图书馆字册、湖海同志书。

生活规律化,思想系统——哲学。意志坚强,有信心,针对性。行动果断,神速。工作,主次。用心,集中一心。透辟。

十二日

发俞建良信。收俞信,寄来复印祝老《论曹全碑》。拟为印一份寄聪弟。

十三日

赴省委旭阳、新华等处,地质学院郑义德处,小寨人大代表常委会杨力雄同志处。(刘收)杜富德同志来,嘱为作字。速复印《论曹全碑》。

十四日

书法须懂艺术。

十五日

到王仰通老兄家,为铭看病,知其左肺欠佳,略有冠心病。开一药方。并以瓜招待,为书一件。拟习字,魏碑。借李书记《傅山书画选》。杨同志由苏、杭、沪等地回来,知关百胜兄九月回西安,到临汾、太原。有机会会面。

十六日

老年的感觉:

1.时光太不够用。

2.才知读书研究的入门。

3.知识贫乏,什么也不懂。

4.会保养,会生活,会工作。

5.看清物理、世情。

6.能看出问题来。

7.处理问题,能顾到全面。

8.聪明起来了。

9.心思细了。

10.做的事愈多了。

执根用几。感觉到的东西不一定就认识,只有认识了的东西才能感觉他。个别的东西在大局里才能得到他的地位。

自字。气字。

四神。

读书法。

写作法,事理,人性,物景。

乐源。

知识即一切。

教育万能。

思想即上帝。

人定胜天。

四法。

二圣。(孙、包)

巨人。

认识一切问题,解决一切困难。有志竟成。一切都是人的问题,关键在于人。

清理笔债。

"倒爷"成为我国严重问题。日本《朝日新闻》刊登,够我们丢脸的了!此类恶作剧倘不加紧灭绝,如何得了!

十七日

去文史馆,又到区政府,适遇屈同志,知已交办事处查复。

吴家裕同志来,途中遇到。交来名单九人,作字。女女随豆豆来。收山西人民出版社孙安邦同志信,将寄来《山右丛书》一套,即复。收李殿清寄来照片二张,又聪弟信,嘱对联,又补一联:东……莹……汉风继承有人。

十八日

去黄埔村一行。中国书画函授大学西安分校副校长詹五生、教务部长郭振亚等同志来,留言,为担任名誉领导事,讲点课。晚同事三人又来。地址:小雁塔对面友谊西路31号,西安政法学院招待所东楼203号。

十九日

赴区政府,未见。西北大学鲁迅研究者武德运同志来,赠《鲁迅谈话辑录》一本,初识,厚礼,甚感!

二十日

写得一笔漂亮字,大约正如说得一口漂亮话一样。但若只是靠这张不烂之舌,终是欺骗不了人的。这得看话的立意,心思。字呢?花哨不行,要看里面的东西:骨气,气象……这不是装扮得来的——做人。

语言,书法,都是个外形,现象,工具,决定它的价值的在于它的质,内涵,灵魂。能说善道,哗众取宠,不一定会得人喜欢、仰慕。字亦然。

字的章法是一种自然的趣致,占美的大部分因素。有如长河流水,有曲折处,直流处,有漩涡处,蜿蜒直下,情趣变化不尽。此乃作者的才情、聪慧的全部流露。行距宽窄,字间疏密,字形大小,参差,整齐,落款,用印……表现了作者的艺术观和艺术水平。

二十二日

夜眠颇好。清笔债。读《日本史》。

自我检查:1.受儒礼影响太大,忍让,面子重,不好意思。2.太刻苦。

二十三日

发建国信。

二十四日

发三大信,索字幅。到市政协、文史馆,交字,地局,大厦字。滋煊同志家,刻“八十后作”印。见王仲实同志。

二十五日

收到太原“杏花杯”赛通知,九月九日在并州饭店报到,十七日结束。

二十六日

收李一枫老来信。

思想,爱国,爱民。大公作风气概——风度。

二十七日

收到中国函授大学西安军队分校聘请书。刘平同志来赠论文。收江西抚州王安石研究会赠杂志三份,索字。山西书协田树苌同志信,并通知两份。外事处领日本学员佐藤常仁来家,问书法颜字写法。赠笔二包。拥抱辞去。

二十八日

参加八路军办事处座谈会,赠提包、纪念册等。

二十九日

祁寒冰、李慧敏夫妇来,午饭,为照相数张,留麻贡纸50张。推销。

为加拿大白求恩纪念馆,及其省长、校长作字四张。到文史馆张光老家,想搬家。

三十一日

收翟英同志信。邓霞云爱人同张同志来。空军贾博鸿同志从北京来。张毅生将赴加拿大,来取字。为函大书贺词。兰州书协一理事来,为题册页,并字一条。

本月份太忙太累了。

九　月

到太原,出外月。轻松一些。

一日

“自胜者强”,老子大好句,哲理无穷。

二十二个“自”字:

自学,自立,自强,自豪,自振,自拔,自壮,自奋,自决,自神,自恃,自胜,自知,自明,自量,自尊,自求,自雄,自壮,自新,自治,自卫。

十三个“气”字:

胎气,神气,浩气,稚气,勇气,盛气,旺气,大气,和气,养气,力气,精气,云气。

善于体悟,善用,受用无穷。

书:1.日用品。2.营养,滋补品。3.药物，药方。4.能源。5.罗盘针。（望远镜）6.魂精。7.智囊。8.金钥匙。

尚朴路40号南楼308号（省文化厅家属院），杨灵子、王天德（美院油画系）。

医生（新城区中医医院针灸科）刘凤英。（三、五晚上7-9点，日，下午3-6点）

灵子来。发江西抚州王安石研究会信、字。环城西路北段138号，长安画院信。王根义。作斌。

发书杨默老信。见李书记，王校长家。催问杨事。发翟嫂信。

二日

发铁夫兄、树苌兄信。函授字，贺词。收请柬（六日九时开会），函大刊。榆社县委张善甫（生人）信，索字。

针对性，自我实力。

三日

到画院，程征同志帮忙领到京都展字册，原作二件，又总工会（143号）领奖品，瓷品文具一套。张老为我买车票，六日上午来。毛女来，买来电子表一个。沈楚（如璋，雁冰茅盾侄女）赠《古代短文选》一本，市六中编印。

辞去一切征字。

四日

上午长乐路办事处齐国桢、邓同志来，谈房屋事。发灵子、方磊信。

五日

发路克军兄信。傍晚姜维同志偶然在门口遇到，他就是专来调查我的情况的。山东人，解放军，在太原工作多年，现调校人事处暂时工作，长于日文。英、法文都好，谈话痛快，拿去材料、履历、太原展说明书，送给了他。今后向他学习日语了。

拟给人大建议教委加讲日本史。忘了耻辱，麻木不仁，自利，钱！无恶不作（假药，假种子，假肥料……）失去民族自尊心，没爱国观念。

六日

杨老（南关银行办事处）同其子鹏林来，将赴日，索字。方磊夫妇来，喜糖，烟，赠裱横幅作贺礼。张老甥孙李佳禾送票（交大生）。

七日

下午一时赴太原。

究遍世情相视笑，

破得千障偏自在。

1.印册。秦洪彦，卫中兴。（字，磁带）2.书风，专刊。3.讲课。

日书：飞快，描字，使气，乏韵，逞强，色艳，俗，装腔作势，表现。武士道，杀人！

下午十二时半周强、杨梓送我上车（小季开车），并买饮料等品。36次，二时四十四到太原，黄克毅（体育评判，聪明有名）、省电台郭业元，省军区军械处诸同志来接。又识郭如汾同志，省军区政治部主任。夜宿招待所（马场子）。林、文均见面。贾（口书）亦见到。午饭后来陈、晋亲戚家。

齐白老画灯柱，盘座莲叶杆，直是篆笔。

九日

到希望大厦看书画展，见到韩厅长、

赵雨亭老等。晚茶话会,西餐。

十日

评分,共27000件,选出200件,再选10名一等,20名二等,30名三等。余作为优秀作品保存。基本上不错,没有狂野风,不失传统精神。陕一人,任步武。总编号,分装箱。王焕老来。

十一日

搬居山西饭店,办公室陈中山同志。补:十日夜笔会,为西德克劳斯·德尔曼博士作字一条。刘艺,中国书协秘书长,翻译。又山西日报、电台同志作字。(王炎南,晓明……)

谢启元、王老来。午与王绍尊、王焕老在山西饭店合影。晚为范春庆、陈中山等同志及饭店作字。赠山西古籍二本。饭甚可口。

十二日

看望王中青、丁纳同志,王病有起色。赠我一本《赵树理评论》。适一大学毕业生吕文博(女)也去王家,早欲见我,一直陪我看了赵雨亭、邓晨西、韩生荣、牛桂英、力群、刘政之、任映仑诸老(有的赴京外出),转到省电视台卫中兴、赵艳红家吃午饭。照相数张。答应复制磁带,约到他家住宿。即来陈、晋亲戚家。

十三日

下午建中、振玲、小建、平等来。回山西饭店。看《书法》82年五期,颜字。前卫派。田际康老、劲知来,留言。

十四日

赴杏花村参观,赠送汾酒、竹叶青酒四瓶。为书十数幅。书等册。

十五日

参观祁县乔家大院,为书三件。六时返太原。收大会车票23.2元,存箱内。

十六日

为山西饭店书匾额四方:望景楼,聚贤厅,观海楼,凌云阁。为五台山、孙英市委书记、秦洪彦、孙安邦作字。村善赠书,索字:“宁拙毋巧……”品三兄来信。田际康老邀讲课。夜,韩厅长同刘处长来,约二十二日上午到老年书会讲二小时课。(250人)。二十三日日赴教育厅座谈。

十七日

离馆,到铁拂兄家住。

十九日

吕陪到山大劲知家,住一夜。秦洪彦、刘太平来,未见。

二十日

太平来,邀赴宴。饮以茅台酒。返回途中看卫中兴。秦(洪彦)来,送月饼。今晚或来。

二十一日

山西日报社秦洪彦同志,邀到家午餐。便中看望张雨田、李炳璜老、肖黎同志。午后刚回亲戚家,韩生荣厅长来,又乘车到他家,作字,晚餐,牛桂英同志。

二十二日

为山西老年大学讲书法课二小时,听众400余人。尚好。下午与韩厅长去看山西石刻拓片选展，留言（刘舒侠老拓的）。午餐。牛桂英同志邀请在她家吃过。女志燕、婿成洪武在座。

二十三日

日食。在韩厅长家作字，午餐，午睡。同去教委，见到美蓉嫂、赵维基老。肖黎携二孩子来，吕文博来，赠寿星瓷作一件。

二十四日

动身回临汾，与韩厅长住师大。看校长。

二十四日

与韩厅长观市容。赴三招看友人。张原里同志，又杜老，校领导等。夜张航民夫妇来，习一来。作字。杜石老赠诗。

二十六日

郭璞老家午餐，农专晚餐。张耀廷老、孙宗武、石珉、梁国玉等同志来，路遇。看刘光老。柴交来200元，贾装裱费。殊非理，不安甚。

二十七日

樊习一请午餐。明日返里，买酒二瓶，月饼等物。晚上张原里同志来，赠汾酒二瓶、月饼二盒。刘光专员约晚餐。韩厅长的老友，霍县人。73岁高龄。健如青年，拳师也。

二十八日

裴玉林、程修文、郑、耀天等同志来。书“老乡风情”（题字）教委会诸同志聚餐。行署办元天星同志为我安排车，明上午八时回家乡。

二十九日

邀韩厅长、元天星诸同志回景村。关百胜兄来此，未见。夜，贾同志来，明早来接。

三十日

贾卫新来师大接，看望关百胜同志（刘佩英同志家）。顺便送韩厅长返并。饭后同车赴尧庙，照相数张。返回刘家午餐。即回临汾招待所。邹娥、贾照料周到之至。洗澡。

十　月

一日

睡眠良好。饮食，一切都须有地方特色，一般化，无味，不能给人以深刻的印象。与百胜兄谈话，体会到的。

赠别关百胜老学长兄

忆昔四高日，嬉戏诚烂漫。
并垣分手后，一别五十年。
巧遇临汾市，前世盖有缘。
同车游尧庙，披豁尽其言。
合影宫殿左，永作友好念。
叨承贵亲厚，盘杯一何欢！
但愿几秋后，重会古长安。
明朝隔山岳，共勉度百年！

1989年10月1日

临汾宾馆，204号

买月饼两盒。

余与关兄幼年同学于襄汾第四高等小学校，抗日前分别就读于太原，别后迄今50年。余在西安师大教书，关在上海政界工作。今年九月余至太原，关至西安，两不相逢。下旬不约而会于临汾。故乡偶会，其乐可想。

湘江碧水映蓝天，
屈子魂归渡锦船。
胜友如云来四海，
京都盛会喜空前。
炎黄胄裔兴诗学，
华夏骚人仰谪仙。
万代千秋逢舜日，
清辞隽句铸新篇。

韩生荣《中华诗词学会成立大会祝词》，87年端阳。

贾请午餐，到振维家，复至师大，李晋林来，陈焕章老来。

二日

准备回西安，晚八时五十分开车。九月十七日至十月二日在山西整整住了二十五天。

三日

回到西安。张胜才来接。李晋林、卫雪梅夫妇送我。

四日

休息。

五日

张、李二人均回山西，与张赴同盛祥吃牛肉泡。买月饼送走。

六日

发字、信。清理书物，宁心绪。发王绍尊老、左军、日本常仁信。收赵宝琴信，照片一张。为汾酒厂、浪泉中学作字，收江苏省美术馆信，索简历。解琰来，约星期日午餐。

七日(八月十五，中秋节)

下字眼：稳当；对人：恰当；对事：妥当；做人：正当。

年纪须安闲，自在。

文史馆举行大会，座谈，清唱。

八日

为香港沈教授(神学)夫妇作字。看杨处长，索关通讯。送醋一瓶。关赠运球一双。

九日

前日发浪泉中学、杏花酒厂、韩东风老字。文管会。

十日

发翟嫂信、照片，屈等民同志信。

如此年纪，正须颐养，哪有功夫应酬？

十一日

赴方磊同志家午餐，与黎兄。

雨。笔法(规矩，法则)：1.中侧锋；2.方圆；3.藏露(八法，三十六法)。

用笔：留驻，提按，绞转，印印泥，锥画沙，急涩，厚薄，灵活，虚实，刚柔，巧拙，断续。

章法：美致，疏落，茂密，神情，参差，丰腴，整齐，边白，天地高低，用点水，浓淡，火候，一心。

结构，间架：大方，气势。体态，方长扁交互。房子。烹调。

用笔——方整，棱角(刀)，明显利落，

笔势雄奇，方整厚重。

风格——沉着，凝重，灵秀，爽利，挺拗，温和。

章法：端正，规整。

魏——均衡，有□四方。

结字——1.体形：长方扁交互。2.分白：疏密，宽紧，开合，聚散，背向，俯仰，揖让，往来，伸缩，正奇。

领悟：看透（形，感觉）。度，针，门道，巧，作法，门路。

人：智慧，巧心，立体感，场地高大，也得开展得开，前奏感，余音味，龙跳虎卧，画意，宇宙精神，气功，凝练。

十二日

文史馆小乔、席金峰来。有广东文史馆员来，求见，定明晚来接。

十三日

无事。作字三件，为克军兄嫂。

十四日

陈清来。孔馆长索字。广东客人拟白天见。收日本东惠君信，为设法来我国研究书法。屈增民区长来信，正忙。稍迟来见。所作字为其友人拿去，欲再写。文史馆函，送会议记录。

十五日

看克军兄，给字一件。雨。

十六日

发日本东国惠、太平、光耀、王根学（表）三四件信。整理物件。杨一达同志赠茶杯一双，索字二件。蝇武，森材。

十七日

雨。看望赵恒元副校长，赠字一横幅。为孔馆长作字。任天夫同志来，谈房院事、（孙）作报告事。遇贾平同志，约来商书法座谈事。

要有敏锐的感觉、慧眼、识力，领会出书法的性分、人情味（关系，疏远，亲腻），战斗性、情态、意态。

十八日

有容乃大，无欲则刚。无何有，自尊。

哲学家的头脑，科学家的态度，艺术家的敏感。（包括诗人）

长安秦苑书法学会赵敏生等三同志来，赠《长安当代著名老书画家作品集》四本。发贯卫新、元大星、关白胜兄信。

十九日

发翟英同志《长安当代著名老书画家作品集》一册。写传略。

二十日

同吉虹同志夫妇去气功师方宗骅处，一见如故，即为我发气，说我脑、肝有病象，不要紧，由王秀华同志教气功几段。又为我照相三张，合影。别后，与吉虹夫妇进早餐。晚参加函大会议，赠书画教材一大套。晚餐，吴校长同车，送我回校。识郭教务、毋、吕、李、窦诸同志。

二十一日

为方等作字。

二十二日

再看方气功师，洗相片数张，收信多件。

二十三日

吉虹夫妇、校刊江民智(气功)、金仰正等同志来。

点子要真,功力要深,
用志不分,乃凝于神。

法本无法,有法求化,
无意合拍,遂成大家。

退笔成山,未必足珍,
读书万卷,乃能通神。

作字根柢,贵在做人,
一身浩气,笔笔宝珍。

二十四日

发长治、晋城司法局信、字。杨力雄老来送票(老年展)。收韩乐风(彭真秘书)信,告以字收到。

二十五日

赴函大讲课,讲法对头,学员高兴,午餐。作字数件。连日睡眠欠佳,早睡。

二十六、七日

重九。到新庆公园笔会,作字三件,受到赞扬。几位领导邀在一处交谈。字照将放映。收王绍尊信,索字。发秦洪彦信、书。

二十八日

无奇不有,无有不奇,
损公济私,真乃卑鄙!

道德败坏,不讲廉耻,
作恶万端,名利是取。

凡此丑行,长我强力,
誓与战斗,一攻到底!

不知有国,恬不知耻,
投之有北,罪该万死!

发江苏连云港、浙江宁波、太原老年会信、字。书左军、朝瑞、孙安邦信,劲知、吕文博信,发出。

二十九日

发卫中兴信。发沈阳、泰安、南京国画院信、字。丁增文同志来(市政府),丁果仙本家,河北束鹿人,为题册页,谈话颇长。

凡事须有见地!不随风波,以国家为重,不为民族丢脸,顶天立地!

三十日

存圣心,去聪明——乃如存天地之神,而成形之精。神者物受之不能知,神生于无形,成于有形。(山语,意)

三十一日

发航民、韩乐风、朝瑞、俞琨山、孙安邦信。

十一月

一日

雨。剪报,整理杂件。

二日

收卫中兴信,附照片。旭如信,助其子赴美事。发王绍尊老信、字。人事处高庆达同志送来全国教师书展三彩瓷马,取高教局字二件。

三、四、五日

文史馆大会，会餐，发“寿星”证章，文件。饭过饱，整夜不舒服，服黄药等。张毅生索材料。又云陆军大学罗绍基同志要来看我。

六日

病轻。续服药。收山西师大《中学生文学》二册。

七日

军队分校张校长、窦秘书长邀明天到渭南讲课，因病辞去。陈立人校长来索字。

八日

为加拿大展作字10件。王玲送来小米，听说我病。病初痊可。

字：平正，奇险，挺拗，峻拔，凝整，工稳，飒爽，犀利，钝拙，厚重，俊俏，飘逸。

九、十日

书法中的字，有生机，有生命，有气息，可以系人，像动物而行动着。此即书法的艺术性。何以故？一画有其笔势（字：平正，奇险，挺拗，峻拔，凝整，工稳，飒爽，犀利，钝拙，厚重，俊俏，飘逸），数画搭配成了个字，各笔画的凝聚、俯仰、顾盼、向背构成体势（态），如打架，亲好而次行（章法），参差，疏密，组合如龙似虎……便有其生命的活力了。我这正反映出作者的心灵、性格、聪明、才智、道德、思想、气派、作风。

十二日

发李旭如信、齐够桢信。夜贝贝感冒发烧，张毅生同志为我去医疗所请医师，忙，离不开，我即请傅大夫兄来，开药方，即服。

十三日

政协会，午餐，一时回校。

十四日

发品三信。

十五日

收那边信，补近照底片一寸一张。王绍尊老信。

十六日

收张耀廷老、俞建良、洪彦同志信，索字。毅生夜来，约明日下午用餐，看程老。写讲稿。

十七日

笔外起笔，如跳高，须从远处跑起（由慢到快）乃生力，又如鹰踏兔，必先高盘猛下……草书更多如此，所谓凌空取势也。

十八日

民盟总支部成立，摄影。平女送来大衣，合适。

十九日

收北京军事博物馆四楼中厅中国书画展办公室明信片，云发给我的参展证等不好邮寄，嘱托便人来取（带亲笔信）。毛女买来鞋一双。

二十日

与毅生去看程克刚老，吃饭，摄影。为学生讲书法，因与学生课程冲突，到会人数不多，只30多人。洗相10张。

保健！

二十一日

发张耀廷老、海洋、王治国同志信（赠

来照片多张)。印一厂二同志来看贝贝,赠礼品,因为作字。翟英同志信。

静观世变,洒脱一番。

微言何用?健康唯安。

读书作字,自适清闲。

莫伤脑力,达哉神仙!

二十二日

发太原山西日报秦、杨木林等同志信、字。小毛信,代领参展证等件。一印厂长夫人等来,看贝贝,赠礼品。芮城煤矿厂许厂长来,字。

二十三日

发俞建良信、字。清笔债,稍得轻宽。

二十四日

发宁波信,一寸底版。李书记英明信——北京1070信箱六楼210号。收韩左军信,寄来霍扬碑等临本二册。作字四幅。

"中日不再战碑"(长琦)又被污损!

二十五日

发黄光耀信。谢伯康同志从日本大学归来,取走东本惠材料。

二十六日

艺术人条件:

1.崇高的道德品格。

2.天文台似的高大的身影。

3.高贵的思想信仰。

4.爱国的心潮。

5.坚毅的苦辛经营的操作精神。

6.丰富的文化知识素养。

厌恶的虫物:1.不知耻,不争气,不长进。2.麻木不仁。

为鹤峰。横空出世,雄视世界。

垃圾中有甚可观!败类中有谁可企重!

孟子曰:为大人!

对象:日极右翼——靖国神社以杀人为习性的凶狠贼子。

二十七日

雪。临其帖、碑前,须就该帖字精心细研,得其特色,揣摩于心。如此数月,而后临之必有入门。又须单画专练之,先懂笔意,知其用笔、结体之规律、手法为要。

二十八日

发孙安邦同志信、左军信。收南京市邮政3708信箱81分箱夏小宁信,索字。光耀信。

二十九日

函大刘校长、张校长等来,携礼品,专看看我。天寒,12月课着李正峰同志上。去咸阳、渭南太苦,大教室没火。开始草书法文稿。生炉。

三十日

刘玉玲来。

十二月

一日

收俞建良信,祝嘉老大作条幅一件,即复。素芳夫妇送来木箱一具,装字作。

二、三日

收峰兄嫂信。西工大学生郭、张等来,

邀下星期一晚赴该校讲书法。

四日

领工资110元。发品三、海洋、光耀等信。

五日

为四川巴中平梁、安徽阜阳文化局作字。

陈毅元帅的性格真叫人喜欢、敬佩！

不认真何以为人——认真顶不了用！

还是老主意：1.健康第一。2.安闲自在。3.为谁吃力？4.名利、职位、荣誉，狗屁！5.自得其得，自适其适。

六日

发峰兄信。

七日

夜到西工大团委为学生讲书法，到一百八十余人。

八日

到文史馆开书画会。

九日

写字稿。

十日

学习会。刘丕老家晚餐，过量，腹稍痛。戒之。

十一日

天暖。定一，文稿。

十二日

看望张光老。

十三、十四日

发俞建良、黄光耀信、字。

十五日

岳忠武王诗多忠气，文信国公诗多惊险秋杀气，傅真山公诗多抗气。

电视中，继续破坏、伐树、偷盗抢窃事愈来愈严重，如何得了？！无能为力，只好看戏。看得伤心，又何必看？！中国，民族，不知耻，不接受教训，不争气，日寇必会再“光临”！中央机关一些人讲阔、派，大购买漂亮小汽车。（电视）……

十六日

收江苏常熟书画院言恭达同志寄赠信、展册并大床单、桌案织品等件。

十七日

有针对性，乃有思想，因而有奋斗目标，有希望，有前程，因而有感情，发挥性灵，发生力量，鼓劲。变化发展。

连日读文山先生全集，此真英豪，国之精魂。

发常熟书画院信，山西日报信、表。

十八日

下午工会、人事处、书画会举行老年笔会，赠暖水袋一具。（工会主席许有涛字一）张同志嘱书。知从元月起增发80岁以上者40元。明年调资，不知若干。遇玉玲同志。赴函大。张校长来，约到渭南一行，云学员渴望见我。

十九日

领调资163元。作字。发左军、兴平字。

二十、二十一日

志定兴会自远，身忙乐事偏多。

解放思想，老一套不中用。杨朱篇大有用处，达氏亦良师也，拿翁更是楷模。

二十二日

发李何老、杨默老函。读椒山年谱[17]。夜饮。

电视：日本东芝与我数公司订合同，届时不交货，使我损失惨重，政府要求赔偿！世代友好？走上“世界舞台”，须持大人气态！（目空万类）浩气与轮囷！“为主人”！针对性?！二院办公室主任王明学同志来赠瓷长颈瓶一双，取字一件。赵路司机字。

二十三日

翟1919年生，十一月六日生日。明年十一月六日七十岁。

读岳忠武集——忠贞←内奸。

文文山先生集——惊险←外敌。

杨椒山集——痛楚←奸谗。

皆为国之忠魂，义迫云天者也，悲夫！

傅山集——愤情填胸，顽强折冲，求死不得。

鲁迅集——铮铮铁骨，战斗到底。

西大郑幼生来。周强、杨梓来赠挂历。

梦建大楼成。

二十四日

到博物馆参加民革成立四十一周年书画展，见到了不少的老朋友。为作字一件。邹莉来，赠自画《献寿图》，佳作也。

李何林老家属来信，知先生患癌，已扩散，甚虑！

二十五日

晴暖。作字清债。爱民夫妇来，礼。中医药陈来，邝平同志来。

社会国家的事和国际上的事没有两样。达尔文主义：弱肉强食，大鱼吃虾，客气不得，退让不得。孔孟之道，不行的。什么仁义道德，是非真理，公道正义……全是自杀！

拿翁，尼采，应引以为师。

夜，屈增民同志来，房院问题可换，可妥善解决。

二十六日

大晴。拟明年为直上年。信条：

1.自强者胜。

2.自信者伸。

3.自知者明。

4.自得者安。

无私则无畏，无畏方自由。自由为极境，便是神仙也。

政协：送黄帝陵字。在王仰通家吃午饭。

二十七日

甄亲家来，发峰兄嫂信、王治国同志信，为宗文兄守焕，日本字。残云斋主人字。

二十八日

赴二医院看眼，白内障，等到一定程度去做手术。张天宁。东友谊路人民银行办事处杨老赠“龙杯”一个。屈增民区长来，赠金猴烟一条。周强赠挂历。

二十九日

函大副校长三人来，赠日历一份，文件等。增民同志来，取走字二幅。

三十日

尉(尉树山)带王(王建民)来钉箱锁。陈辉赠挂历一份。树儿帮忙收拾字幅,约150件。拟号“慕蔺”,八十岁青年。

须妙作500件,绘画50件。

三十一日

书银莲信。

苦读经卷发豪兴,

饱经风霜真英雄。

电教系王等赠挂历。卫东来。

读岳忠武王、文山先生、杨椒山忠愍公、傅真山霜红龛等全集,他们诗文中的思想感情,高格高调,一片浩气,如出一人之手——体现出时代性、民族性及其个性。何以故?他们都有个针对性——国敌!有针对性即有憎爱、强力。

明晨订出大计,部署。

昨日收强儿名片、信。

1989年除夕阅报有感,新的认识:

达尔文主义——生物世界现象,即以强凌弱的威神,依然占有地面,侵入人类社会领域。侵略者正在耀武扬威,狮虎鹰隼,小鹿野兔对它们能奈何?空喊人道、正义,不如培养实力!大小事皆然,从国际、国家到社会莫能例外,个人之间亦然。威力即上帝,最为实际。有了力,即可掠夺(利),而又以“利”投向别国,名之曰“支援”,赢得“理”,正大光明,仍是侵略,站得住了(立)!呵呵!平日好讲正道,廉洁,仁义,真是书生之见,今乃知其幼稚!扎实起来了。金猴,不许空谈!但须保住人生的价值。

三十一日夜六时。

横眉冷对千夫指,

白眼看他世上人。

为国家增光,给民族争气,不买外国货,便是爱国主义。

人生价值?!

世界(力)力→利→理→立>理→力→利→立。

强权(真)>公理(空)。

〔注〕:

①李正峰(1932-2000),河南博爱县人,曾为西安联合大学教授,《书法教育报》主编,书法家,书法理论家。

②语出《管子·牧民》:“礼义廉耻,国之思维;四维不张,国乃灭亡。”

③出《庄子·寓言》:“寓言十九,重言十七,卮言日出,和以天倪。因以蔓延,所以穷年。”“寓言”,寄托寓意的言论;“重言”,借重先哲的言论。“卮”,酒器,酒器满了,自然向外流溢。“卮言”比喻漫无目的的无心的言论。“日出”,日新。“和以天倪”,合乎自然的规则。

④语出《庄子·知北游》:“东郭子问于庄子曰:‘所谓道恶乎在?’庄子曰:‘无所不在。’东郭子曰:‘期而后可。’庄子曰:‘在蝼蚁。’东郭子曰:‘何其下邪?’曰:‘在稊稗。’曰:‘何其愈下邪?’曰:‘在瓦甓。’曰:‘何其愈甚邪?’曰:‘在屎尿。’东郭子不应。”庄子的意思是说道是无所不在的。

⑤赵熊，西安人，西安市书协副主席，西安书学院副院长，中国书协篆刻委员会委员。书法篆刻家。

⑥语见鲁迅《野草英文译本序》：“段祺瑞政府枪击徒手民众后，作‘淡淡的血痕中’。”是说在段祺瑞政府枪杀了徒手的民众以后，鲁迅写了一篇杂文《淡淡的血痕中》。

⑦“浩气与轮囷”，轮囷，高大的意思。《文选·何晏·景福殿赋》：“爰有遐狄，镣质轮囷。李周翰注：遐狄，长狄也。古之长人，以银铸之，其形质轮囷然而高。”卫俊秀多用此语，以写其对浩气、高大精神的赞美之意。

⑧文山，文天祥（1236–1283）号，南宋著名的民族英雄和爱国诗人。

⑨《高士传》，晋皇甫谧（215–282）撰，所记人物皆是避居山林，不慕荣禄的人。

⑩江亢虎（1883–1954），江西弋阳人，曾投靠袁世凯，后任北洋军阀制宪要员，汪伪政府考试司长，抗日战争胜利后以汉奸罪被捕，1954年病死狱中。

⑪黄炎培（1878–1965），江苏川沙人，早年加入同盟会，为著名民主主义战士，我国职业教育的倡导者，教育家。

⑫景梅久，名定诚、定成，山西运城人，同盟会员，辛亥革命参加者，陕西省议会议员，《国风报》主笔，因反对袁世凯称帝被捕。对书法碑碣颇有研究。

⑬陶希圣（1899–1988），原名陶汇曾。湖北黄冈人。1922年毕业于北京大学法律系。曾任中央大学、北京大学教授。后主编《食货》半月刊。早年追随汪精卫。1942年后任蒋介石侍从室秘书、《中央日报》总主笔。1947年后兼任国民党中央宣传部副部长。到台湾后，历任国民党“中央”改造委员会设计委员会主任兼第四组主任、《中央日报》董事长。是国民党第七至九届中央常委。

⑭袁良骏，字万里，1936年生于山东鱼台。1961年毕业于北京大学中文系并留校任教。1982年加入中国作家协会。1983年调入中国社会科学院文学研究所。现为文学研究所研究员，中国社科院研究生院教授、博士生导师。

⑮杨继盛（1516–1555），号椒山，河北容城人，明嘉靖进士，性情刚正，大志大节，以直谏称。

一九九〇年

飞腾年

元 月

实力,役物,自信,自求。

拜三公,铭“水牢”!

与有肝胆人共事,从无字句处读书。(周总理)

元旦

天气很好,家人团聚,看电视《滑稽的婚礼》,颇快慰。女女、小毛一家都来。看有关李可染画家的一文,所写内容与余所见者颇多吻合。多用心思,便有所得。

二日

生活要有着落,事业、工农、技艺等,给衣食住行以经济保障。精神要有所寄托,文学、艺术、哲学等,给思想感情以欣慰,二者缺一不可以为生。

看透物理得化趣,

识破红尘排浊流。(大自由)

夜未得好睡,有所感而成此联。既有哲理性,亦世道之反映,非无病呻吟者也。一笑。

希望给人以力量,绝望也同样给人以力量,都可以使用人发愤。可作“绝望之为虚妄,正与希望相同”的注脚。绝望=希望。

三日

今人:

似人似鬼,非人非鬼,

何以应之?是人非鬼!

不讲信用,靠欺骗度日,躲躲闪闪,偷盗抢劫……

看望张光祖老,午餐后即回。

四日

从文史馆领50元生活补助。收李、翟兄信。杨力雄老等来(阎亦农,吴立德),再要50本。发海玲信,电校发变电五班,041000。

权丽华,三桥西安武警技术学院114号,710086。

张家晋,朔州市平朔医院内科张康转,038506。

做梦有时是享受,但总是空的,仍须返回现实来。

五日

世事经不尽,一眼看到底。

弱肉而强食,强权即公理。

求神与问人,枉费尔心机。

哪里有上帝?正人偏多欺。

浩气与轮困,百病可疗愈。

(阅报,巴拿马被侵偶感)

闻杨默老去世。玉玲送馍盘。收徐文达同志信,铜梁纪念邱少云烈士书画册。函大孙交字册10本,两本交了钱。

你来我往,君臣父子,亲友群众,都是在演戏。凡戏都不过假象,有甚真情?人们都是棋子,将帅士相兵卒,彼此噬咬而已。所谓“关系”,一时利用耳。社会=剧场。人们=演员,如棋子,=斗争始终。仁义,假象耳。“兼相爱,交相利”。[①]墨子道出真情。彼此有利,乃能彼此相爱,有真利,无纯爱。

六日

吕波同女孩子送我上车。交到50本

字册，另有14本钱后交。杨力雄老下星期一来取50本（发表）。陕歌雷科长索字，未书。收日本安本静惠君贺年片。市书协年终会。见灵子，其父亡，甚痛心。任振宇赠旅游杂志三本。

七日

交常胜同志字、信、名片。发绍尊、际康诸兄信、字册，郭振有信，许琳字。书翟嫂、广西师大信、字。

八日

发翟、广两函。傅送来书据50本，275元整，交开据41.25元。发赵鼎新、李萍、徐芳信。

九、十日

杨力雄老书（字册）50本发票，赠《野草》一册。周强为取《野草》250本。发日本安本静惠信、字，0.2元。

徐阳同志来，为住房事，甚感。看今日印出之书画册、展作，殊无真趣，不必参加。眼力不佳，年纪已大，所有与会、作嫁事，尽可推去。

十一日

写册页完。

十二日（农历腊月十六）

生日。吃牛肉、面条。元旦已过，清静。值楼。作字三幅。书鲁迅诸旧作以快。国画院苗、墨同志着牛同志（司机女）来，取走赴日本展字一条。（12月15写好的字）山句“余雪依枝……”

字已能臻高境，有把握。张颠素狂，上至二王，觉并无奇处。其奥妙绝处，只在运笔轻重、虚实，擒纵缓急有节，轻如燕尾点水，虚处无处，不可思议。心随点画游，渐至山穷水尽，又入柳暗花明又一村。重处亦不觉沉重压心，只觉其感情浓烈耳。不急不徐，深得火候之妙。而雍容自在之致，我耶天耶？是为逸笔，不朽处，殆在于此。吾得之矣！

“官止神行”，纯任乎“天”。“无声胜有声”，“缺陷的美”，“于无声处听惊雷”，“从无字句处读书”。一凭诸“人”，我欲如何如何，则大煞风景，正如大诗人为诗然，入情入理，贴切慰人以合天倪。所谓天衣无缝，暖然似春者也。暖言甚于衣帛，轻松舒畅，字令观之，正当如此。（部分道理）

健康。自得自乐自适。“攻心为上”。“种心田”，“导引术”，自得，居安，资深，左右逢源。

羲之字：

1.敏锐处斩钉截铁，活泼处如小鱼穿沙。

2.清健美，不媚。

3.落落大方。

4.气态高韵深情。

5.轻松愉快，如和暖春风。

6.如天成，非人力所致。

7.活风快水，流动感。

8.虚虚实实，天然节奏。

9.雍容自在，曲尽其妙。如坤角表情，达到灵魂深处。如跳水、体操之名将，惊险奇趣。

10.章法，字字照应，痛痒相关，血肉

之情。高才空结构。缥缈似梦。

北京之行,必须完成!

必须至少要有庄生的头脑,乃可以言艺术事。他事亦尔。系于俗务,私字当头,奴气人,何可与言?高起来,大起来!有一坚强之志愿,万事亨通矣。排除万难如卷席,三公是师。

行笔须如太极拳师之打拳,一举一动,一招一式,外示沉重安舒,内则气血潜行,蓄力无穷。而自在灵动虚活,高迈可风。“毋不敬!”“种心田!”“气吞虏!”益世远。

十三日

点构成画,画结为字,走笔由于有起有止,有轻有重,或疾或缓,亦虚亦实,正如歌曲之上口,遂形成自然之节奏(抑扬顿挫)。由字成行,鱼贯而下,流动似活物,以致成章,如有机物然。气象境界,神游于中,散发字外,恍兮忽兮,芒乎晞乎,不可思议,佳作乃成。其根在人,精神活跃。法犹其次。

深究画法,沙粉,酒,矾,奶。

空想如不能转化为事实,等于浪费、亏损、虚妄,愚昧者之行为。聪明人善于不失良机,行动敏锐,收到实效。

收湖北电视台信,收到作品。黄埔军校信,索稿。文史馆17日下午会。

书画佳作,使人看后,如食人参果,一笔一画,都感到舒适,不忍释卷,魅力不尽。

十四日

梦作联:

欲求银海无浊物,
莫将红尘付细看。

难得糊涂盖愤语,
板桥哪能比庄生。
混沌总使能凿得,
红尘剧场仍空空。

为图书馆作字二件。余作字直是梦游云海瑶岭,恣耳目之所欲听视,极兴而已。有何顾虑?有甚挂碍?登山情满于山,观海意溢于海,浩荡于宇宙,谁其尸之?我即上帝,真宰即我。庄生、李白之才情,不足逐也。

大天而思,极天而游,斯为大人。古今有几个?南海、山谷、道昭、石门、瘗鹤、青主诸公字,方足以穷其道,尽其致,不至乎此种境界,何足以为书?

莫视翰墨为小道,
万里云物在其中。

十五日

发海洋信。昨夜梦,细味右任书法,颇多会心处。

张谦来取简历三份,说明二份。新加坡来人索字,出展,价格须再说。整理字展纪念册,已数十本。收孙玉石君信。盐城一信:盐城市刀具厂,张太平,224001,景芝斋。

十六日

发孙信,慰问病。整理字作,得230

件。一笔大收获。均为较满意之作。春节后进入马年,更当马上加鞭!认真作字,写作,不得草草从事。一字千金,必达。

有堂同志送来图书馆年礼,工会送扁蛋15个。

作字三件,如意。须更讲求功力、才情、神韵,以拳家出之,用诗人、哲人之睿聪,艺术家、体操技艺之神妙,音乐家之曲致,合而为之也。正规化,不胡来。行草笔笔交代清楚,有出处,人认得。放笔自如,别一天地,高雅不俗,存我为贵,真艺术品,超绝古今,一鸣惊世。

南海、傅山、山谷、郑道昭、瘗鹤铭、石门铭都得有。爨龙颜、姚伯多、高灵庙、二十品同样也得有。三颂、石门、十三品都不可少。田润公、刘荫老、于老、赵铁公都须记取的。

十七日

世界在大变化,国家在改革,个人应不例外。

1.钉新本子——触悟篇。为写作积累材料。

2."无复独多虑",纯一。

3.几位可靠友好。

4.诺必诚,做便做。

5.独立、自由王国。

6.做出大业绩!

著作,字作,活动。"毋不敬"。科学性,艺术性。卫生宜用。放眼世界。

送黎牧桥同志字。看病去,未见。与其夫人一面。收到日本梅津彩石女士信并包裹食品,临汾师大《中学生文学》,北京《鲁迅研究动态》11期及资料各一本。参加省政府茶话会,侯省长作了报告,看电影。文史馆发给《三秦文史》二册及全国文史馆故宫展出目录。省委会统战部邀请23日(星期二)在大厦中餐厅茶话会。

十八日

孙宗亮、李菊来赠画。马建民,司机,军队,金殿人,乘车取回日本邮包、食品、计算机一具。各赠《野草》一本,带字册二本。

一件字幅中要有:

1.犀利笔。2.洒脱笔。3.妍美笔。4.高韵笔。5.墨水浓郁要有情感。6.个体字:君子之风,雍容自在,美妙系人,高风大雅,轮囷浩气,粗服乱发,婴儿趣致,高格高调,烈丈夫气,高古,伉俪味儿——艺术精神,灵魂。

魔力,书家应极力追求者此!不在落笔点画的考虑上。

前日电视,日天皇受枪击未遂,今日电视,长琦市长被击毙。因他宣讲天皇为战犯。日本出不了世界人物,天皇只在日本称雄。中国却有毛主席,海量。

十九日

仪表厂赵主任、小刘(字)来送伞,照片四张。生才同志来,为买枣子,付10元。赠《野草》。整字作。

文艺复兴画家追求永久的生命。书法追求?

二十日

参加吴三大师生字展联谊会。收王振华女士赠《李何林纪念文集》一本(北京大学、南开大学中文系合编)。

二十二日

发梅津彩石信、字三件,宫林爱铃、东北书道会各一件。中兴、杨力、贾平老来。医院。送画。

二十三日

宗文、志玉、任平诸兄作字。收扬州邵志良信,60岁。225001,字。

二十四日

发品三、建国、文达信三件。殿清,峰兄。省电视台邀请看范崇岷录像,不错。书画会在李校长家团拜。路克军、马、郑夫妇来。振纪、英英来,未见。

二十五日

大扫除,五单元宋龙同学来帮忙。作字二件。王璐来。强儿病,须良医诊治。痰。收广西民族出版社稿酬20元。李宝珠,古城县进修学校,寄胡桃。李殿清自离石环保局寄红枣。吴同志嘱办转账号。拟赠书。为杨力老、年会作字,酬谢。

字如人,骨架高大,堂庑宏深,乃谈得血肉、走势。鲁公、道昭、鹤铭、石门,皆骨架大者也。

二十六日

收《鲁迅研究动态》12期及89年总目。动态90年改名——《鲁迅研究》。

除夕。

慎独——“热闹人毕竟俗气”。

毋不敬——“做事是做事”。

发必中——齿德爵。

庄重——不许碰钉子。

交真友,针对性,为大事,无不能克服之困难,做大人。

济公,包公,孙悟空。

廓然而大公,浩气与轮囷。

足所到处,王长其间。

天马行空,万马奔腾。

马到成功,人间英雄。

破除偶像,真理是从。

存我为贵,唯己独尊。

杨万亿等三位代表省民盟委员会赠影集、糖盒各一具。

二十七日

庚午新春。发达年。马。祝词:

苦练身心成铁汉,

直取书城拜三公。

济公,包公,孙悟空。廓然而大公,浩气与轮囷。为天地立心,为生民立命,为万世开太平。所至王长其间,一马当先,万马奔腾,马到成功,天地辉光,宇宙吉星。

济公,神妙莫测的方术家;

包公,铁面无私的大政法家;

孙悟空,神通广大的大空战家。

无私即无畏,与天地并生。有此三公在前,何事不成?严明以敬。

二十八日

初二。

晴。张老来,烟酒等。张忻嘱为崔鹏作字,纸三张。艾克仁同志来。孩子们都来,一家欢喜团圆。看秦腔，颇过瘾。朱吉祥来。

当尖子。

二十九日（初三）

夜梦记语：

挚友藐视一切，才能掌握一切，目空万类，驱使鬼神，如棋子在手，生杀予夺，全在庙算电脑中。深广大水，睡酣。

自由王国，幸运世界，健康长寿，欣乐无边。

看了几个老朋友，雪开始大起来，四面阴霾，清静，少人来。午睡甚酣。

叱咤风云，英雄天地。高士胸怀，淡泊磊落。“心潮逐浪高”，为吾多年来之情致，于今为烈。虽年纪日高，从无衰退之感。工作一连四五个小时，不困乏也。

夜梦掘出如一大南瓜似的蜗牛，颇奇。

三十日（初四）

夜大雪，晨仍未止。丰年可卜。刘帆夫妇来，赠《野草》一册。书祝、苏、张三老贺年信，俞建良信。

三十一日（初五）

发文景明、宝珠（野草）信。收品三（030009）、王绍尊（100050）同志信。中唐作古矣。北京西城石灯胡同11号，100031。

大学生们，女士们，你们追求的是什么？有无观点？理想？前途？针对性？“不在乎”的人太多了！收“易水寒”名片贺年。一味防范，能做出什么事来？

养颐之福，可以延年。

二　月

一日（初六日）

发广西民族出版社信，收到稿费20元。王振华同志信，将寄《三秦文史》2期。易水寒信。张铁民市长夫人余敏偕秘书卓浩然、女来，赠画松鹤一帧。高老来。收王得厚兄贺年片。须发“狂言”！太中庸之道不行！

一日（初七）

孟同志同符有堂来，赠城固酒二瓶（为题书签感谢）。刘玉玲来。晚余馆长来。

初八日

重发文、祝、宝珠、得厚信。温震宇老来，住省医院8-2-27，爱人徐杰大夫已退休。

五日（初十日）

“精神第一！”

“金钱并非无价宝”，颇好。

省广播电台播出我为陕西省书法界第一，张益谦为绘画第一。看贺长清司令员、谭岚夫妇，寒暄说出这个消息。不少同志也告我，但我还不知道。杨老处交作品二件。十三日展览开幕。赠吴立德同志《野草》一本。

六日（十一日）

雷长科，音院提琴，粽子，字一件，将送玉压尺。赵熙若，子赵平，党校编辑，欲学字。看陈铭母。

七日(十二日)

看王仰通老去。

有志竟成,无欲则刚。惜时间,保精力,怀公心,而无疑。

文事有甚印板可师?合情顺理,直说出心事,通脱感人,便佳。此中机密,一在聪明,一在阅历,一在好学深思,如此而已。

八日(十三日)

小寨展字。赵亮来,作字二件。字极雄伟,如人立。"心潮逐浪高",乃有此境。王生才、璐来。收张臻画松。

作字如大诗人之赋诗,兴之所至,一挥而就,若只在字句间捉摸,力求是诗,便非诗也。斤斤于点笔之间求工,当得谓之书也?

九日(十四日)

看秀英,遇张老来,改写字,太大。为教育报作字。书温茂亲家信,西凤酒。收翟嫂信,眼病。照片。

十日

元宵佳节(十五)。

转晴。睡眠颇好,精力自足。书诗作,翟、李兄信。

中国制作,质量低劣,假货,可悲可叹!

吾忧:地球——崩毁;国家——败坏;下一代子孙——没教育。

十一日(十六)

晴。12度,暖了。节日度过,正式开工。

扣牢针对性,浩气与轮囷。

若作二三纸,一二诗是诵。

颖脱而出,举世震惊。

精神饱满,唯我是尊。

发权信,家晋。看路,字。谈甚快。

人一为领头,便有了架子,高贵起来,而水平不够,真可笑。扯淡。

还得大傲起来!"白眼看他世上人!"此语甚好。速向外达,用其服人,以德品感人。

十二日(十七日)

收梅津彩石女士信,二月六日,海运寄出衣服,一月可收到。王得厚同志信,盼寄去《三秦文史》二期,内有拙作怀念李何老纪念文。文史馆通知二月十五下午恢复学习。李正峰来,明日约到他家进餐,车接。上午赴画廊参展,有车来接。孩子们都来。雨。

十三日(十八)

东城区职工书画展。

十四日(十九)

郭林兴同志来,要履历。贝贝下午玩,被同学砸破头部,出血不少,经医师缝好,复打防破伤风针。平时教育不严,娇吃娇喝,过分随便,不听话,惯了。

昨下午周长乾来,未见,甚憾。明后日等候,不外出,写自传。收余昆山信。

有些人,真不值一顾,白眼视之可也,管他是什么人物。

十五日(二十)

的确,精神第一,千金难买。有了充沛的一往无前的神威,便是一切!这是钱奴之流所万万梦想不到的。“莫说今人看他不起,即是古人有几个可拾到眼里的?”(傅山句)草芥,沙土,众鱼,也来同他比肩?你的价值还能有几两重?可怜!(晨记)

敢与古人比肩,与今之中外大人物抗礼,乃成得出色不凡。观人要观其胸怀壮举,勿视其巍巍然。

大智若愚,德与云齐,

慎独离俗,深莫测底。

青牛老聃,恍兮忽兮,

诸葛子房,功无伦比。

郭子直老来,为亲人索字。赴省医院看眼,孟永安大夫未去。(付蔚文老友人车)看温震东老,李之恺引路到家。

十六日(二十一)

雨。李老失明原因:就医太晚,右青光,左白内障,医生误。不让看书,而责任心强,一连看四小时,二时乃睡,次日大变。

教训:1.读书,一小时便须休息15分钟。2.工作、书法、写作,同样不能过度。3.病要早治。4.心情好,随和;固执、极端,易病。5.营养。

十七日(22日)

止烟!健脑,保眼。漠视鸡虫,高瞩。大人气态,惠万类无边。技艺进道,傲然!

西北电力学院笔会,写二幅,十数字。午餐。下午二时半返回。

十八日

晴。写简历,为自传打基础。

日本电视。山山在大陆攻硕博士,不到毕业,一人为弄到文凭。大陆一句话:“走后门”!不学本领,只凭关系,这不是自欺欺人吗?可耻!

十九日

取《三秦文史》10本。

收普救寺照片,嘱书匾“塔院回廊”及楹联。仝毅来信,049511,楹联:高标跨庐宇锁天拔地独雄秀,佛道怜众生伏虎制龙深造福。

山西日报四十周年贺词:弘扬三晋声貌,推进乡梓改革。

二十日

小雨。赠刘念先、黎风诸兄《三秦文史》(二)。

不少友人索书“难得糊涂”,今乃知所用心。

谈吐,著书立说,都是多余,出版难。

文、诗不斟酌到家,达到一字至义,不能打动人心。

二十一日

发王振华(100010)、王得厚(100034)信,《三秦文史》各一本。为普救寺莺莺塔院书“塔院回廊”四字,满意。联词已拟,俟来信书之。

乡人形容人有“气派”、“大样”之词,字正须写得如此,乃佳。开怀通脱,一片清静,无私无畏,洒脱自得,自得人喜悦耳。(戈氏)

为女女送材料。罗同志转黎。

二十二日

发普救寺字，托康万民找四角号码材料。雪终日。

二十三日

雪。星期五。文成焦叶出犹绿，吟到梅花自然香。拟印《晚晴诗吟集》用。郭赠地道货挂面，岐山。为陈少默老介学信作字。郭老字。豆豆来，将去张家口调训。住房问题?

二十四日

代文史馆书，为华清池书匾补刻题款。收山西老年书协信。

二十五日

遗山印社，山西忻州市自来水公司，安开年，陈巨锁。

二十六日

老年体会开会，发纪念品睡毛巾，与毛贝。发忻州市水电公司安开年信，牌字“遗山印社”。又山西老年书画会信，填表，附邓晨西老信。

二十七日

平矜兄改联：飞宇凌云汉拔地锁天势偃蹇，慈航渡众生制龙伏虎教弘深。普救寺用。

抄写自传，基本上完成。明日送去建国六巷。

用脑力要会用，系统有条理，有意义，不会费伤脑子。工作，分段干，休息，也不会伤力。二号上午吕友请吃地菜饺子。康许印几张加拿大信封，四日取。居梅取走字。

才学德识，四者为写作之条件。

二十八日

黄埔军校同学会之自传照片。见杨力老。六十生日贺词即写。季同志途中停车，呼坐。

三月(踏实月)

一日

文史馆学习，发言，交李馆长发华清池信，补款名。

二日

刘觉民同志约吃地菜饺子，作字二件，交兴善寺书会展销。收郭振有信、字。发普救寺对联字。詹、窦勤远同志等来，约星期日指导毕业生行草作业。

三日

写庄子文章，颇有兴致。省电视台强毅同志为我介绍治眼事。下星期来，约时间。

西安市新城区中医医院眼科主任郑爱莲(主治医师)。每周上午上班。省电视台新闻部，强毅。

四日

值楼。一平、贾嫂等均以不慎摔伤。

1.谨慎！勿累伤神力。2.老年岁月生活，宁静，适意。3.为所欲为，高为。4.少管闲事，少操心！5.寻乐趣，健康。“应尽便须尽，勿复过虑”。摄身术。创造环境。书法系，庄生。5.义事。家兄，张老师。6.鲁文系——。

念国家，深抱不测之忧虑，独怆然而泪下。两耳塞绵，难得糊涂，乃知战国时庄列杨朱之学的产生，愤语，非甘心自毁，寻不出办法。

中国必亡于寇仇之手！“私”为万恶之源。金钱乃“私”之精灵。金钱可以兴国，亦可以亡国。人人为金钱，不顾国家前途，道德品质日下，无恶不作，为寇仇所觊觎，国将不国！人口陡增，文盲大夥，如何振作？杨朱纵欲，无可奈何！

五日

一日一日，一礼拜，如流水似的过去，成绩见不到。人事，琐事，太繁。下令：一切无意义事，一律砍去。轻松，积时日，事业亦因之而大。如此年纪，疾宜如此处理。

住房问题如仍是如此，即改变计划，半月内行动。

六日

发加拿大张毅生信。即发振绪父为袁旭临书法选题签词。高泱、高沁字。收田际康兄信，校出不少错字。

七日

取回峰兄寄来他全家像一张，个人像一张。1930年国师毕业时同级友契合影一张，19人。发银莲剪纸，振绪信，(字，题词)。

八日

发峰兄信。受凉。刘觉民同志送来稿酬百元。付大夫开方，取药。徐勇送来复印件　　书法博览。

九日

休息，服药。王玲胆病。闻军大有良医，为介绍。铁道部副部长贪污大犯，真可笑，无知之故。

十日

发赵鼎新信。收山西书协函，王治国秘书长职由田树苌接任。

十一日

托徐勇送陈少老字，又半坡字价150元。宁佛吾兄画来山水横幅，求字。思忠数日未信，今始通。受寒，休息，少活动。孩子们来。写庄文，瘦了。食欲振。

十二日

集庄文材料。储存富，别处也可动笔的。细加考虑。世界，国家，社会，到处污染，何处可逃？洁身自好，如何洁？

买册页二本，40元。顺便到张勤同志处——国画院，看画。

收建国、翟嫂、普救寺仝毅同志信。嘱书对联。高标跨穹隆百尺危楼独雄秀，钟声震寰宇万念俱空悟世人。字大一指丫，戒去指甲。大钟楼旁柱上用。第一座，仿唐建筑，高17米。(董西厢“百尺钟楼”也)

十三日

书建国、耀廷老信。

收山西日报信(百元)。天夫同志来，为写介绍信。樊川来，给他姑姑写一信、字。张坤玉同志，张培梅之女。

十四日

发建国信、仝毅字、王得厚信(《鲁迅研究》多寄一份，以后少一份)。

十五日

消化系好了。上午工作,下午玩。杨力老送来50本钱。张若谷同志来,赠人参蜂王浆。收山西日报纪念册,外有稿酬百元。

十六日

余之精神靠山:1.美的世界。2.快活哲学。足够受用不尽。智、美即一切。哲学,艺术,舍此无可系心处。物化、科学,皆实技,适用于人生范围,不住脑子。然不可不重,比之上条远矣。

哲——“道以安人”。调度思想,顺人思路,固人精神,坚定信仰,发生威力。

美——情以感人,沁人肺腑,魅力诱人,水乳交融,梦寐以求的神力。聪慧。

李明道、马同志来,嘱为松园写木刻对联二。

十七十八日

作字,为《西北教育管理研究》题签。

十九日

七都字展作品一件交玲转张逸。书翟、田诸老信。

实事求是,莫存幻想,这一点应学学日本人。他们的工作切实、认真而生效,干干脆脆,说干就干,砍掉一切枝枝叶叶。役物不为物役,战必胜。

善于运动,即善于休息,一动去百病,永葆青春。砍去邪魔,正气乃生。

智慧即宝库,快乐即上帝,健康即权力,正气即统帅,“白眼看他世上人”,活跃起来,鬼自远逃。

技艺要到化境,学问要深,做人亦然。此之谓通人、达人,头头是道。

脚凭大地,精神须有靠山(理论,信仰)。挚友即膀臂。

二十日

生活规律化,思想系统化,工作集中化。

“应尽便须尽,无复独多虑。”

择交,真友。

开始作册页。

人的地位!人的价值!柴霍甫:“被混蛋所称赞,不如死在他的手里。”此语极有身份!堪快!

二十一日

阴,欲雨。发权桂信。交强儿发四角号码材料。

研《庄子》颇有会心处。

二十二日

林兴、万武、康凯字。闻博物馆丢失钟鼎一件,35万元售出。钱已追回。对方正在活动中,某大公司头子,没有敢问,包藏,不让人知。非办法。

二十三日

1.完成册页。2.充分备好《庄子》材料。3.整好字件。4.琐事清理。5.书法讲稿。6.友谊。

文史馆稿酬30元。

二十四日

阴雨。连日睡眠欠佳,欠精神,工作也乱。发王朝瑞兄、望进、左军信。自谋:1.肉食。2.青菜。3.铢积寸累的写作。4.改变环境。5.拒绝一切应酬。6.养颐自为。7.不靠外力。

请付蔚文老带交孟永安大夫信，推迟治眼。女女们来。

“百忍堂中有太和”[②]，中国人，大特色，忍耐迁就，等待，以致幻想，没出息之至！可悲，可叹！好日子等不来，靠闯劲儿，才能享受。

金钱，情面，必使中国无立足之地。什么道义，正气，爱国主义，都会被它勒死！金钱是做事的手段，而今人把钱作为做一切事的目的，悲哉！钱是个甚？

二十五日

坦坦荡荡，“应尽便须尽，无复独多虑”。心无存物，行无滞碍，我行我素，如此而已。发海洋、卫树廉同志信。

我即条件，万事曷难？我即一切，何必他求？我即上帝，自有主旨。“养其大者为大人”[③]。

手令？向外打！京，晋。神通法宝：1.讲学：书艺，庄，鲁。2.修养：体态，高格，气度，大人。我即王国，三公。

二十六日

雨。

二十七日

研读《庄子》，耐人寻味。不堪设想，权，钱！国忧。耳聋眼花，养精神，自私自利。

二十八日

选举。收省图书馆公函，赠茶一筒。嘱为日本“刘义林朋友会”赠字，索书。内容：“东风携手长安路，明日吟诗彩凤台。落纸云烟凝秀色，莺啼翠柳百花开。”

二十九日

洗眼。翻查文稿。剪康有为字《兰台石渠》。回观作字放得还不够。须两忘乃可。为省图书馆作字，赠日本人。并不愉快，勉强书之。未参加学习会（文史馆），困乏，睡。函大生李节来求批字，尚好。

须大笔作字！写自家字，可称雄矣。如今此摊子有几人可拾在眼中？可横行天下，称霸有何不可？

杨力老来，送参展证书，字三件。治冠心病、半身不遂病妙方：丹参片日三次，每次四片。VC日三次，每次二粒，长期服，早空心服。

三十一日

用眼太多。松园字交出。对联二副。册页字。条幅二件。荆老来，即到杨启超同志家。

四月（规律，整行件）

一日

不应酬。军队分校改为中国函大西安分校，欲推为校长，拟辞。李道熙同志由四川来，将住校招待所，为校作画。

养目！养神！

到文汇书店买《三国志》一套五册，《易经今译》一本，《何典》一册，共人民币17元多。该店黄伟同志，外院学生，来取《野草探索》35本，代销，百分之二十折扣。李道熙夫妇（张）来，张敬梅（香蕉）、西北电力设计院、赵大山等来索字。

二日

雨。田跃同志来，送照片，取《文史》三期，字："文章史汉……"又为杨民生、高全信求字，润笔50。

"解疙瘩"最要紧。读书总有一些疙瘩解不开，心里不好受，解开了，才痛快如毒疮之须开刀，放尽脓，治痊后之痛快一样。近读《庄子》，久有几处疑句，得到解决，甚快！

学校宴请李道熙夫妇，作陪。李道熙老赠送画一件。

三日

看望方磊同志，收卫树廉、海洋信。赠李道熙老字册一本、字二件。

四日

晴。切实起来。汇寄王朝瑞书款。刘玉玲取去省图书馆赠日本九十人刘义林学友会字。政协康同志等来，请于十日上午八时候车赴芝园开会，午餐，为亚运会作字、录像，送京，留念。

五日

文史馆司机同志二人来看望，会计送工资(张显生前已交来100元)。一册页完竣。

鸡蛋，葡萄，新芽菜(碎)炒服之(不放盐)，治眼，明目。

午，邓剑同志送来南朝鲜国际书法艺术联合展纪念册（185面），感谢状及其他。印刷精致大方。理事长金膺显文辞客气，有礼貌，认真不苟，不知我国何时才能赶上，惑矣！

六日

收左军信，复。收临汾老年书画展册一本。

七日

珍惜：时间，精力，笔墨。

重视：友谊，事业，健康。

八日

发李、翟信，册子。侯克旋同志来，汾酒五。嘱字，曾为书"仙境……"等四字(吕梁旅游局，033000)。

字须写到大方而又凝练、自然乃佳。布白处紧密，间仅容发，便是凝练。气态充溢，便是大方。雍容温顺，乃见自然。走笔轻灵、玄虚处，神韵之象，极尽聪慧之妙，通达可贵。笔力扎实处，以示雄厚，正是功力之深，坚质豪气之谓也。章法如人之走势，君子、小人各有其姿态，反映在观者之印象，日成风格也。莲花，梅菊，各有其天。

电视，南极探险队一女同志的报告。奇迹！世界上没有完不成的大事。纸上的学问算什么？奇人，英雄：有学问，有能力，有胆识，有魄力。纵目寰宇，我之天地。

九日

取回梅津彩石女士寄来衣服25件，交海关税100元，又手续费2元。田跃同志帮忙。取去文史馆字。

十日

收王中青同志治丧委员会讣告。

十二日

毛毛买车票，262次，30元。

十三日

早七时半符有堂同志送我动身，小季同志开车，下午九时振绪、小介接回铁夫兄家。

十四日

九时赴丁纳同志家，送黑幛一件，乘车到双塔寺参加追悼会，千余人。回韩厅长家夜宿。

十五日

韩老要车看品三、曹福成、张原理、宋玉岫、林鹏兄等家。

十六日

教育学院李书记守清接赴教育学院，邢书记、孔云生各赠《野草》一本。作字。七时回韩老家。

十七日

韩老陪赴汾东公寓，丁纳同志赠礼。邓晨西、霍泛、赵雨亭(未见到)、刘舒侠诸老，均见到。十二时即返。又知任映仑兄回来，明日往见。到山西老干部活动中心，同上课的老朋友见面，寒暄数句。参观各室

健康室，棋艺室，按摩室，布置精致，一台球案，十六万美元，颇佳。作字。太原日报记者来，为题字。

十八日

雨。韩老陪看任映仑、张颔、王朝瑞诸老朋友。司机窦同志。字册，王嘱不必在意，剩不到数百本了。霍泛老来。

十九日

耿玲玲开车到山大看郝树侯、姚奠中，罗元贞老外出。为姚老书展作贺词。张颔老来。玲玲车送回铁夫兄家。为韩厅长作字二件。赠汾酒，蜂王浆。夜，曹福成夫妇来，赠酒二瓶，罐头，蜂王浆等礼。

二十日

师怀堂老，尚庆富午前来，乘车到他家用餐，又送小米，谷面。作字二件。振绪来，赠刘届远《野草》一册。参观市画院。荆院长。

二十一日

中国当务之急，抢救古文化。1.学术书院，讲坛(汉之讲经，宋之书院……)。译白话不够。先秦诸子，历代大师著作。2.书画研究，文物。3.文字改进，拉丁化，不予考虑。汉字优越性，发扬之。

山西日报，对联杂志社，赵如才，030002，太原双塔寺街24号。郭春塘，赵云峰。

1.抱琴看鹤去，枕石待云归。

2.海阔凭鱼跃，天高任鸟飞。

3.人因求知瘦，家缘买书穷。

4.养十年气，读万卷书。

5.明月松间照，春风柳上归。

写一对联，《民间对联故事》。

有了骨气，才有灵气。百练身心成铁汉，直取书城拜三公。

为《联海泛舟》题书名。如才来谈，为我到韩厅长家，买票事，教院。振玲、玉珍来。女女毛毯，袜子。

二十三日

晴。

既往不咎，过事不悔。

坦坦荡荡，唯义是追。

十年光阴，莫此为贵。

养精蓄锐，骏马腾飞。

赫赫王师，无坚不摧。

本领，条件，机遇，钱财，针对性。

午后阎主任同马同志来。明日上午八时前来接，50分开车，260次赴西安车。两册《野草》赠袁旭临[④]、望进兄等，两函：文达、王奂，振绪交刘届远转。

二十四日

下午2时十五分到临汾，李晋林来接，宿招待所。在李家用晚餐。看望杜石坞校长，老。

二十五日

扶青陪同见到武伯琴书记（贾册人）、副校长陈哲卿（原晋中师专校长）、齐全山（校办，科长级），宋守鹏副书记赴京。派车看惠卿，用午餐，烙饼。下午来航民家。四月二十一日中国教育报有建国、晋林为我写一文[⑤]，甚慰！教院马同志返太原。

不事工作，只事地位，忌贤害能，中国之前途，不堪设想！

二十六日

农校作字。

二十七日

同冬梅、李洁回景村。夜到师大建国家住。

二十八日

看卫树廉等友。

二十九日

郭璞老请午餐，午后作字。又承郭老家晚餐，夜宿。

三十日

星期日。雨。早餐后，山西师大武伯琴书记、陈哲卿副校长邀午餐。宋司机送车站，李晋林、刘阶耳送上车。拥挤不堪支，到运城李为购卧铺，始舒畅。夜十时雇出租车回校，已十一点。晚餐后入睡。

五　月

一日

很平静，没活动。邓剑同志来，赠西凤酒等。参加省图书馆日本刘义林朋友会赠该馆两万册图书开幕式。李晋林、省一院司机同志随同。看过的旧书、小学生课本，也算数。雨未止。

半月来，未得喘息，累极。好友——韩厅长，张原理，曹福成，刘届远，师怀堂，李晋林，郭璞，武伯琴，陈哲卿（校长），齐全山，张胜才，航民，建国，扶青，刘阶耳……为作字数件。途中，李晋林照料备至。拥挤难忍，至运城始买到卧铺，松了口气。须静一静，整理一番，走上正路！环境，习作（字画，书稿），修养（不应酬，少外出）。

对百事百物，不敢再抱希望。从军要花大钱，高考要花大钱——要钱！数百，数千，数万，保加分，保录取。人才？气破肚子，何益？世纪末，难熬过，力挣扎，可奈何？

二日

参加省图书馆日本赠书开幕式，晋林

同去。

三日

晋林回临汾。书温震东一鸣学校、深圳红荔书画馆字(发之)。饮食颇好,量增。发聪、莲信。

不——

1.不加入任何会社。

2.不作任何私人应酬。

3.不损耗时间精力。

4.不出头露面,为人作嫁。

安闲乐道,行我素。

广播余为“我国著名书法家……”

四日

值楼。

五日

作信——振绪,届远,如才,田际康老。

七日

午睡佳。买眼药(桑白皮,皮硝)。

八日

发田际康老信、李石梅信。(春俊之孙女,交大生)

九日

收李殿清信(033000),权丽华(710086)。

十日

文史馆学习。胡增贤来,约18日空谢政委来接。

十一日

晴。琐事多,杨力雄老同区政府李、石、李等来。权丽华来,带礼品。留午餐。为米俊琪作册页。青岛字作。季波册页题签。

十二日

庄文,书法,均须分段写,自传亦如之。兴之来也,即动笔轻松,不费力,久则成功,给人讲解有话可说。

知己,没几个,亦不必多。诚实,志同道合,好心肠,近方外人,便好,坦坦荡荡。

开始做起:

闭关自守,莫应外求,

安闲自在,我行我素。

遇拙勤,到国画院略谈。为函大,未见人。张显生来,未见。到周强家。季波来云赴延安。

十三日

星期日。

1.资本的资本——健康。

2.资本——学问,经济。

3.干将——(条件)人,物。

4.工具。

四者为成功之因素,缺一不可。才学德识,机遇。(智,人,勇)

十四日

孙觉民、李思远等同志来,赠礼重。嘱为临汾新华印刷厂写匾额。交酬百元。外院邢、季、强三同志来,赠鸡蛋数十枚。

十五日

雨。赵秀英家用午餐。孙收字,《野草》,约20日(星期日)来家玩。马子明君直送我到小寨,上车后始返回。看楼,值勤。

十六日

雨。睡酣。看人：

最敬仰的人？最喜读的书？尚友，为文？最热衷的事业？何以故？目标？有无针对性？嗜好？观行，像不像？

午睡四小时，半月来之忙累，乃得恢复。符有堂来，告以台湾书法家18日到西安，游览，21日开报告会、座谈会，作字，交流。

十七日

白老来，拿去《史记》、杜诗为作书套。

作字三件，月可书百件，一年可得1000件，此即是富。百事可得而发达之。细算数年来，不知虚度了多少时光，可叹之至！决定摆开俗事，找个便宜处，干个三年二年，期于有成。“热闹人毕竟俗气”，傅公此语，良药也。

发郭璞、韩厅长二老信。

十八日

9时半兰空谢政委雪畴、胡增贤、司机小于来接到休干所。轩敞的房院，颇阔气。夫人做湖南、云南各样大菜，丰盛之至。电告司令刘懋功同志共餐。均和蔼，无官架子，谈颇洽。壁间悬林散之对联、中堂（镜框）通幅。各为作字一条，共二件。行前赠“松鹤牌”健身球一盒，徽宣多张。其媳刘红在空军西安451医院眼科（武警学院对门门诊部），约为我看眼。午睡良好。

十九日

陈岱荣君赠墨芗书会首展作品集一本。回赠字册一本并“书风”文。孙党民等来辞别，明日返临汾。又赠小幅二页。

二十日

马、郑夫妇带孙英杰来，午餐，摄影多张。刘兴来约27日来接赴临潼休养。余之谟老来。黎牧桥同志通知26日来接参加一会。玉玲来送猫一只，好玩。

二十一日

下午三时欢迎陈岱荣先生光临讲书法，座谈并笔会。夜在专家楼再商谈今后联系事宜。十一时毕。玉玲来，付文稿。

二十二日

雨。晴。收日本彩石君信。印收讫。收田际老信、李耀老信。贺词收到。订报，12.90元。陈岱荣先生请餐。

二十三日

蔡松杰嘱为《陕西招生报》题报头，题词。夜座谈。

二十四日

陈回上海。

二十五日

剑之回桂林。刘帮忙为书写庄文。勤拟赴京活动画展。

二十六日

上午学校十一人到省图书馆为亚运作字，义卖。写五件，立售出。购者为惧购不到，相互争吵。午餐同盛祥。黎牧桥兄等原约来接，未来，大约因与松园时间冲突，改期。

二十七日

书院变卦来接，馆经理张江同志关心之至。午饭建设银行经理雷等作陪。为作字。为自己作字二十来幅。女臻来两次，午餐。王同志同来。夜刘兴陪住。强儿来，住两夜。

三十一日

任司机雄回校。下午区老干局吴同志来接开会。作字一件（云霞）。

几日内来人很多。

作字事一概谢绝，不必要会不参加。干自家事！

六　月

一日

儿童节。发彩石信，像一张，母父子三人合影。梦毛先生。时同志送来50元。

二日

收振绪信，找到韩老，为介绍见原理，事不能办。铁夫兄病。朱、曹来，明晚会。新规定：不参与任何会社，不担任任何名位，不干任何所谓“弘扬……”事，不作任何应酬。少交新友。珍惜时光，爱惜精力。做文事工作。方外人最理想。有几个知己便足。

三日

函大会，商议考卷问题。午餐。七日去看画作。女女、毛贝一家来。咸阳纸厂春平等来。松园赠笔二支。

四日

向任问药方。台湾赵君来，未见。发振绪信。

五日

书法：1.堂庑宏大。2.气象万千，感天动地，震惊鬼神。书不至此，难称大作。

殿清寄来枣。

看透物理得化趣，识破世情天地宽。

法：1.练功（如练拳，点子真，功力深）。2.善悟（肯用脑子，思则得之，巧处，天分）。3.胸襟（念书，作人，气度，本根，修养）。

收太原旅游局、翟嫂、扶青、徐松龛展、台湾赵斌煊字，交黎兄。翟、余、刘大夫（中心医院）来看眼。合影。本星期日来治疗。值楼。

六日

精力充沛饱满，
信心百倍，
光景无限好。
轻天下，小万物。
拥书自雄，
自神其教，
自做主宰，
我即上帝。

收本市北关外语师范专科学校刘绵第同志信，710014。附田际升同志信，拟出版《碑林碑石考》，嘱联系，设法。张学众送来的。曹伯庸同志来，送到明善信，字，照片，经历。收孙觉民同志信，为临汾市新华印刷厂作字，添了“临汾市”三个字。拟《庄子》文章纲要。

七日

雨。发觉民、殿清信（印刷厂字）。海洋信。书师怀堂、刘绵第、扶青、江汉匾字。（松菊雅操）

八日

聪弟嘱书李白《静夜思》。

九日

赴东关陪铭看脚。下午又到王仰老家，享以桔、梨、绿豆汤。八时许返家。书贺终南印社成立十周年纪念。明日参加。

十日

参加终南印社十周年纪念。

十一日

发翟、李兄信，建良信、字。杨起超同志来，送药膏。为书一件。

十二日

发铁夫兄信，汇款百元。张坤瑜、王香亭（新民）同志来，赠天麻蜂乳精五瓶。住祭台村铁十一局十号楼 311 号。

到函大，博物馆，见傅嘉义。杨送来洋参三节。

十三日

张司机（医院）来取简历，今日要字照。育民字。终南印社纪念日电视。为聪弟作字。找张学忠同志阅卷。季波到家。

十四日

今后午餐与刘同志吃水饺。为黄埔军校建校六十六年纪念作字。亚运一件。陈岱荣寄来照片。陕西教育报稿酬 30 元。鼓励贝贝 10 元。

十五日

字。

十六日

黄埔军校六十六周年纪念字贺。看世界跳水赛。跳水动作，人称“空中芭蕾舞”，上部放松，下部加力，果断。起跳——转身——入水。起跳过早，判断不足也。转身，翻身，入水，线条展直，舒展。环环连接，节奏。浪花尽量小。“打开”时间正好，不多不少。完整。优美，流畅，协调。忌紧张，急躁。繁动作化简，简而准确。忌紧张，急躁，苟且。难度。控制身体，判断准确，规范细密，科学训练，科学创新，稳练有力。

马拉松高度可计算，跳水高度难计算。

作字之道同。

1.思想，情感，轻重，力量，虚实，笔墨，都得善于控制。

2.科学训练，判断，规范，心中有数。

3.技法，艺术性，效果，了然于心。

4.神韵，自然，完整。

空跳动作如鱼之在水中游，自然极矣。作字笔之在纸当尔，乃佳。

思白兄夜来，索篆书。

十八日

雨。

行笔如鱼游、燕飞，有几分洒脱；如龙跳虎卧，有几分雄伟；如宫殿建筑，堂庑轩敞；如忠良，高亢，高士雅量，如神人仙气。

夜赴台湾刘祖光书家，黄埔同学宴会，作字一条。朱仰超同志百般照顾。

十九日

午九时雨中赴画廊参加刘字展，正统，规范，很好。收峰兄信，知其动身赴太行，新林陪同，七月十日到太原。收赵如才同志信（双塔寺街二十四号对联杂志社，

030012),并山西政协报。为我撰文一篇,字:“作字先作人,人奇字自古……”⑥中国民主促进会山西省委会赵柱家信,要转载黄光耀文,又字。河南巩县经委一院“神墨碑林”字,咏宋陵。451200。一米四公寸高,七公寸宽,王山中收。开封市新曹恪范庄翰园碑林,475002。山西省旅游局,太原新建路文源巷八号,字,王吉爽收。教育社郭字。深圳爱国路东湖公园内深圳红荔书画馆,黄南美收,518003。

书苏局仙老诗:

国庆四十周年

亿万斯年国祚长,
初过四十等微茫。
年年庆祝年年壮,
大地清宁赤日光。

二十日

书“漠谷大桥”四字。写得有骨有肉,气态颇佳,铺笔有感情。写深圳字幅一件、如才一件。聪弟字,封之。

家兄,十一月初七,二月初四(农历)。爱子,小,三,来顺。

二十一、二十二日

赴松园取字册,即送来。杨乐人,阎、连老等。收杭州制氧机厂宣传部王光明一家来信(310004),附邮票,索字,已发寄。北京8101信箱中国现代文学研究丛刊信,将在三期上发表拙文《悼李何林先生》一文。稿费后寄来。望寄稿。编辑部。发赵如才、深圳红荔信和字。

二十三日

发赵柱家字,中国现代文学研究丛刊信。8010信箱。深圳字,聪弟信。山西旅游局三件。

起笔要捷,爽;行笔要妙;收笔要老。

作字数件。

笔不离纸,浓郁多情(墨水),以容安闲自在(涵养,操守),美妙系人(聪慧)。

二十四日

雨。写《逍遥游》一文,顺手。电视,美军演习语:“准确操作十分之一秒,等待时机”。我们做事马虎!

张天德,西安空军工程学院政教室,邮政编码:710038。

福建省泉州商业学校,杨灿荣,邮政编码:362000。

王淑兰,师大五楼五单元七号。

二十五日

取书86本。军分区吕秘书送上车。书钱60元。赠一本,关系书。

二十六日

开会(文史馆),交李馆长书50本。荆老请吃羊肉泡。为省电视台作贺词。荆老字。张天德字一小幅。刘念先老送来作诗(宋陵)。松园送来书册92本,卖8本,交40元。

二十七日

刘平定夫妇来(翟老……)。针疗,两腿、腕各四五针,出血,义药,王中王,日一颗,肌苷片,日二次。又药方二剂。

书“神墨碑林”字。食欲欠佳。体重95

斤。

发乾县人民政府“漠谷大桥”字、巩县“神漠碑林”字,银莲信。

二十九日

泻肚,未外出。发吕梁开发总公司侯克杰信。

三十日

发朔州、铁夫、张仰文信。收三晋文化研究会徐材料。取药霍香正气丸、白内停。

七　月

一日

泻肚愈。女女来,毛贝一家来。

二日

发赵承楷同志信,为所作《大学书法教程》题签。

三日

参加文史馆诗词书画会议,三天。午餐后即回。故宫展精装本印出来,只选建文画一件,普及本可有八九人。

四日

写庄文。闻考卷300元出卖。

五日

雨。自省:学庄生、令公。没意思。忧国忧民何益?自私,不害人,足矣。鹏之大……动起来。

六日

作字三件。收殿清信,嘱题字,字展。

七日

发任映仑兄信。大晴。食欲不振。发李殿清信、字。夜宴、詹校长来,送补助。研究院登记成立。又请柬,王文业书法展,邀届时剪彩。后座谈,午餐。书普救寺李毅信,索摄对联照。

逆力较顺流大。

八日

余病:

1.因循误事,当断不断。2.而不立行,为人着想,孔孟之道太深,过恕,重情面。3.容忍亦非上德。4.脑力劳动之大非人所能为。5.太重“公”字,忧国忧民何益?6.大而化之,无异懒汉。7.经济上太不在意!不估计、细算,浪费。8.不注意子孙教育。9.只重视个人精神上的研究、突破。

建设银行会,赠纪念章、红布提兜、压尺二等。方磊同志来,送蜂王浆,奶精。田恒五君来,赠字照,松园对联雕刻。建良信。

十日

为王文业书展剪彩。另一位为谷政委。座谈发言。午餐五一饭店。

十一日

琐事毕。行动、健康甚好。37度,热甚。作字二件。临汾地区电大成立六十周年贺词。收樊习一信。省函授学院18日师生书法展。

十二日

女女一家来,毛贝也来,很热闹。战甥回来。收聪弟信二件。

十三日

大整理字幅、书物,略就绪,战甥帮忙

不小。新新、团团送来稿纸4本。

十四日

继续整理字作，未裱的，分给子女。留作参展的。泉桂来。

十五日

发习一信，电大贺词。热甚。

十六日

与泉桂到小寨吃牛肉泡，看秀英、马先生，午餐，赠合照多张。振维从临汾来。

十七日

得道。世事如儿戏，一笑。是非真理，国际大小事一同。有势——钱势，权势，走遍天下。国际法如同一纸。

荆老来，为陕西日报五十周年作字一件。杨力老来。收《法制书法展选》二册。

十八日

函大师生展，赠书册二本。杨帆同学回新疆，为题词，一小幅字。买何子贞临衡方碑、兴祖帖一本，小学时师振堂老师让我临过此帖，以资纪念！

十九日

送屈氏裱字。为赵大山同志作字。方取字六件。

二十日

作字三件。

二十二日

收姚国瑾信（太原南内环街31号山大师院内，山西高校联合出版社，030012）。胡增贤同徐、余等来，赠鲜桃。

二十三日

窦权民、李天红夫妇新婚贺联（九月）。余骥、王倩结婚（十月）。夜梦周总理在一会上向大家介绍我，我在场，连连叩头，及退会。买墨汁三瓶，10.5元。方磊一家来，借来韩画葫芦一帧。

二十四日

夜梦入清华，似入数学系，深感于数学之精确。住了两夜，有教务陪同作巡游，一面有土山，一带有嘉树。教室初建，粗糙。补不足也。买本子。

二十五日

涵养太差矣！何必！整理。不应酬。田取走钟楼对子二件。

二十六日

夜大风，雷声连续不断，雨亦随之。

“思则得之”，世界外之世界，可证。

拟开个玩笑：以字幅标大价，自知不易售出，亦不欲售出，盖为世界争光之一举也云尔。

发姚国瑾信、字。

二十七日

发李、翟信。杭州制氧机厂宣传部王光明信（310004）。

教育如命脉，一稍微停顿，百事俱暗矣。人才如泉水，永远用不竭的财富。

二十八日

会讲——字句弄清，弄懂，领会内容、真谛，证明，创新。

二十九日

昨下午郭振有同志带讲师团来，赴延安为校长讲解，今日到临潼，明日去延安，八月七日返西安，嘱写报头、横幅。谈甚热。参加函大毕业学员书画展。

三十日

发左军、韩厅长信。明日起邮资涨价，本埠 1 角，外省二角。

三十一日

集中数事：1.先兄文。2.师老师文。3.自传。4.庄文。5.书法（傅文，改）。6.创作：字帖（敌戒）。7.针对性——日寇（不包括日本好人民）。8.以日人之“狠”的精神做出大事业。9.房子！10.京展！

本领便是一切，骨气方能镇邪。青主先生，师也。无私无畏即自由。

书法世界：傅山书法。讲稿：1.特色，功能。2.汉隶，二王，魏碑（瘗鹤、郑道昭，爨龙颜，石门铭，廿品，墓志）；黄草，张，怀、山谷，傅山，右任。技法与精神活跃。书风，创新。

鲁迅世界：《野草》。

庄子世界：生平。文章。论语言。艺术理论，画面。对历代文学的影响。篇帙分析。

我的世界。

八　月

建树。“从头起”。江山如画。弘毅。志似铁。

惜纸，惜墨，国格，民族感，体格，品格。

写作（庄书，书缘）。师老师、家兄文，不敢缺。选书作内容。外物。一日的工作、生活，乐，乐……

时间、精力二宝。善于养生，善于工作。

“毋不敬。”我国人只是一个“混”字。无有不奇，无奇不有。一塌糊涂，糊涂一塌。哄骗只为了个“钱”！人的价值?!

一日

八一建军节。路克军、贾钟来，书二，又二。收北京中国书协信。为范公碑林（范仲淹）作字。山东邹平县政协办公室成学炎收，邮编 256200。九月十五日交。四尺为限。范诗词名句等。

求知：1.闻。2.知。3.懂。证明，领悟，创新。真知，十分之见。深。

文句讲解——形；真谛领会——意。

二日

看力雄老，闻六十寿生日。见石同志。为台展开小会，作字。

三日

收河南孟津王铎碑林索字信，地址县文化局王俊生，471100。作字六件与方绮。又为力兄杨老作贺词。收函大八月刊。

四日

书芬姐、陈茂林、宁波信。付 8 元辞典邮资。《人间世》完工。

五日

庄文。

六日

今日寄出辞典、钱、信。

七日

王玲来，送字册 10 本。晚报记者约

来。即交方绮，又日英译介绍。

八日

立秋。阴凉。

九日

王璐来，盖字印。平、强各给一份(20幅)。树尚未给。郭振有同志来，明日到太原，交给题字。钟楼已将所书对联刻出，即悬挂木柱。收左军书函，郑怀礼遗稿。拟赴日本展览(日邀请)。贾起家，运城地区书协，044000。见强毅，托为白涛报名事，中堂，对子。武德运来，赠《野草》一本。鸿儒、长乾、文蔚、小王来，各赠《野草》，字册。

十日

发起家、左军、建良、孟津，安徽字。高元白、孔恪馆长来，25日赴太原开文史馆会议，笔会。须妥善准备。作对联三件，草书数件。

心事多，不宁静，不甚快，散焉之人也，英雄断不如此！无敌国外患者国恒亡⑦，其与个人也，正同。战下去！

黑龙江五常县杉林啤酒厂张绍华，150223。

十一日

准备：1.讲稿。书法，庄文，《野草》。录像，字幅，周旋资金。笔具，名片。2.精神快态。3.计划。

发信。书翟、韩、陈院长、力兄老字，黑龙江字，平定字，看看李、任老。白省长秘书、市长。钟楼字。国画院。碑林(“漠谷大桥”)。长乾诸弟字。京展。房院。售书等事。大计。洗洗心脑，整整行动。鲲鹏，拿翁，三公。小世人。为三晋作点贡献。参加雁塔区九〇年老年节笔会，约三十余人。午餐，送回校。为阎仲鲁同志(老区长，代州人)作字一件。收鉴委会荣誉证书。《五台山》陈巨锁印出，邀书。薛能诗。

听数学系张京同志告一些怪事，可叹可笑。如何办？大肚子，装入大气的口袋。到处是气布袋。

十二日

发黑龙江五常县杉林啤酒厂张绍华信，安徽、孟县字。心情宁静，活跃起来。作字四件。

读书如吃东西，如吃鸡子，不善吃或不能吃的羽毛、骨头……自须剔去，若全身吞咽，岂非傻瓜？

十三日

发航民、左军、翟、李信、夜睡眠极好，未写作，少思考也。

十四日

终日选条幅，颇烦琐。陕西电台赠送纪念册及其他礼品。收芬姐、振绪信，告铁拂兄病情。雨。

十五日

李广好汉，骁腾善战，立功大漠，拜爵河关。

书山东政协办公室信、字。(范仲淹碑林)

针对性(思想，感情)，威力。苦学苦练。

聪慧——战机——勇为=功成。

十六日

发山东邹县政协信、字。琐事太多，烦。

十七日

雨。洒脱一番，长进一番。大笑三遍，多活十年。

读《庄子》，颇受大益，亦多新的领会。老年人佳品，善读者无不获大益——无私，大公，无虑，无惧。

周强陪同进城买箱子两具，120 元。收翰园碑林信，即复。赠字册。

到钟楼，所书对联悬挂在东面红柱上，西为石宪章书，南为王心白书，北空。

十八日

晴。佩升同志送来亚运会荣誉证书，作字四件。收拾箱子。明日再整理行装。收拾精神。收太原民进赵柱家同志信——黄光耀文，收录在《当代书家散记》中。

十九日

孩子们来。天德来，罐头。册页盖印。

笔法种种：

1.以顺为正。（馆阁）美女插花（柔媚）。

2.坐镇一方（气势，声色，高韵）。

3.飞扬跋扈（正大）。

4.丑拙远俗。

观电视中两位演唱家，一唱花脸，一唱小旦，唱腔均洪亮，有声色，发自丹田，元气十足（后力，胎息，胎气，中气），故能轰动全场。作字缺乏元气，便难臻绝境。系人之力，盖在于此（庄生所谓“呼吸以钟”，更得于丹田，即此）。忘却人，我如居无人之境，堂堂胆气，强敌丧胆，一切艺术高致莫可逃此。俗气，扭捏，做作，只在外形上做功夫，未掣鲸鱼碧海中，学问不到，智力不高，悟性不深，见不到主宰也。时或怯场，顾前顾后，唯恐出丑，更加出丑，为众所役，临场慌张，失控，不自然。谈甚艺术表演，艺术家岂易哉！艺高胆大，雍容自在，令观者无不舒畅，得到美的享受，皆大欢喜，始为上乘，乃得与上帝同吃同坐——“艺术即上帝”也。

二十日

早上翟老来，台湾亲戚马德润一家回陕，约吃饭，辞。要两三个字。

为杨力雄老赐贺寿词。取字，17 元。到碑林。王仁德赴西德，由马同志接谈。他知道我。到函大。太原矿院玉枋。

二十一日

文史馆讨论会。张光祖老的学生，市公安局国家安全科科长白云瑞同志索字。

走到大门口，门房口两个老乡聊天，一人说：“咱这人想的宽，出门上山打柴，回来上炕脱鞋，能上能下，由自己安排。”我自己就说不出这样的有风趣的话。

二十二日

作字。收孟津文化局信，索释文。471100。

二十三日

复孟津信。另一件。收《鲁迅研究》二册，100034，西城区阜城门宫门口二条 19 号，鲁迅博物馆鲁迅研究室。收张胜才信。

九月十日中央电视台来临汾，为我录像。

二十四日

发孟津文化局、日本梅津彩石信、字。文史馆接赴馆，明早起程到太原。力桂老赠水杯等礼品。

二十五日

与孔恪、祁恒文、张克忠等同志赴太原，软卧一，硬卧三。与孔坐软席。对面意大利一对夫妇。八时七分到达。文馆霍同志等来接。下车时适遇李治国同志，正检查车，帮了大忙。牛肉面后，洗澡，入睡。

二十六日

午10时半看铁夫兄，打吊针，不能说话，尚清醒。

二十七日

开幕式。各馆汇报。

气功。松，静，自然，稳健，舒展。

二十八日

讨论。

二十九日

讨论，发了言——谈出版问题。

三十日——九月一日

游五台山，未去。韩老陪看丁、邓、霍、刘。

九　月

一日

曹夫妇来，酒四瓶，托办小剑工作问题。张颔老、林鹏、韩老……在山西启德汉堡包有限公司熊其伟总经理处宴会。贾树勋来。映仑兄赠火锅。

二日

李治国同志（太原铁路局南车辆段）为办好卧铺，夜九时半开车，与张克忠同返临汾。复生来接（事前柴建国电话告知）。

三日

到达，晨五时。在丁家用饭。小马车送克忠到刘村。午餐忙累了李洁。

四日

张星柄老校长请吃饭。午，张胜才来。

五日

胜才同记者姚建红同志来，为写稿。谈二小时。发家信。又陈茂林校长信。带去材料。加拿大信，对联，“神游故国”，介绍海外版，教育报。家兄材料。诸子。

六日

海珍同她姨姨等来。丁、李家用午餐。姚同志续谈，师院阶段，陕北生活。

十三日

到振绪家居住。

十八日

夜，航民、丁复生、胜才、姚来，研究回西安的事。

十九日

赴师大，看郭老、柴、晋、安。郭老夫妇、霍馆长同出聚餐。看李惠卿。克林送我乘公共汽车回农专。住复生、洁家。

二十一日

作字。航民、振维均喜得孙男，各送

30元贺礼。午炎热如夏。看《山西日报》(九月十五日)姚健同志评陕、山藏珍展，着眼在大处，公正，全面，有见地。

熟思庄子，应从积极方面考究之。可弘扬之处正多，惠人不小。庄生极言死亡至乐，正极言人生之悲痛，与视死如归之乐观精神，所谓“知其不可奈何而安之者，命也”。王羲之，陶令公、傅山……正此辈人，何得以虚无主义者视之？悲世悯人，苦痛之极，放出的幻景。向世人诉心事，表示对人生之态度，非如政令引人必行也。

《人间世》句句真切，字字苦痛，嗟言路之窄，却曲难行，最后只能是锁闭灵台，苦于对付无方。心斋一途，孤傲自达已矣。以死为解倒悬，旷达极矣。以诗看待，人间辛酸泪。有诅咒，有歌颂，有讽刺，有嘲笑，辛辣，幽默……以杂文观之，战斗的匕首，毫不留情。而文笔的洒脱曲尽其致。

二十二日

夜，雷雨大作，如盛夏光景。大放晴。为委员会写一牌匾。下午二时赴西安。姚建红同志一同。选择材料。甚慰。没吃好饭，请吃羊肉泡。他却开了钱。路费一切，我一文未出。买票，牛肉六斤。

二十四日

夜九时到临汾，住张胜才、淑凤家，颇佳。

二十五日

休息，未出门。

二十六日

三时，带材料一同到临汾宾馆106号，见到杨专员，北京中央电视台成黎力导演，记者，美术家共五位。座谈，颇快。丁复生、张航民、柴建国等都来，晚餐，八时拍照。作字数件，如意。各一件。为杨专员写书名“啊，土地”。

二十七日

夜八时，续拍照，顺利，顿觉轻松。大事基本完成，只待回景村摄影。惠民字。姚为我辛苦写文章，详细，传略。

二十八日

贾起家，孙宗武兄等来，赠我字册、诗册。

二十九日

夜九时座谈，拍照。张、郭、孙宗武三老，起家、建国、振维　发问，发言。后来写“艺术即上帝”，接着郭老等围绕余书各写一句。后成黎力导演索书二件。赠字册。

三十日

台同志赴洪洞，退回，未能去景村，实亦不需要。同淑凤携礼物到宾馆送行。杨专员赠送火锅。姚建红文稿。又在胜才家住了一天，淑凤忙于为我作餐，变化花样，不言谢也。朋友们出入宾馆之中，筹划布置，接送，马不停蹄。康秘书长、景科长、韩科长、司机等。

胜才两年心事，为我做了件大事，真不易得。加之太原之行，还付原件多件，大大轻快，足矣。俟当静养数日，筹谋一过，以期再战。言功两立，德自固然。为我省稍尽绵薄，用求心安，不负亲友厚望。

1.康。2.讲坛，书法，学术。3.庄文，自

传。4.师,兄,子正兄,碑文。5.家计,子孙教育。6.交友。7.整理书物,要件。8.其他。(于胜才家,晨)

十　月

国庆节,中秋,红月。

二日

动身回西安,张艳平送我。

三日

游碑林。

四日

到东城饭店参加省文史馆年会。五——八日。

七日

送艳平回临汾,买牛肉。

八日

季波、艳平游兵马俑。

九日

看书画会学生展。看任平老。发翟、李兄信。收彩石信,照片三张。九月师怀堂老来。栗生茂(山西)来。前日张耀廷老来,带酒等,明去看望。函大詹副校长来,送100元。图书馆字展,白天居然被偷去一幅!收俞建良寄来祝嘉老诗文。

不入会,不参展。
读我书,开我颜。
养精神,福无边。
你节约,他浪费。
谁爱国,谁爱民?

十日

眈友多病,年老力衰者众,看不完。晚年日子是较苦的。无病便是福。

晋超同志来过,为刘某索字。

读书,写文,作字,但取兴趣而已,不得伤脑筋也。

十一日

到路克军兄家,取张市长书。拟写《铁市长》一文。找张坤瑜未果。

十二日

外院邢同志来,约下星期到该院座谈。刘玉玲来,她意在完成“石”在艺术上的功绩一册。助写庄文。作字四件。一给谷校长,一自存。整理字幅、照片等工作,轻松矣。无误。明日复信:日本,张,栗,师。山东潍县改稿。俞建良。后天看树儿。

季波为我开车,看树儿、玲。创伤近愈。带回菜、豆之类。下午打针,止血。长安教育局友人来,送苹果、麦乳精之类。收山西师大协会请柬——十一月六日开代表大会。朱影取走台湾贺词,99岁郎静山百岁寿。树儿为医师送字两张,近为书之。

十三日

夜成军来,携《泽平印谱》以赠,嘱为书“东方艺术中心”牌子,当与之。河东运城畅民来,赠苹果等,为书“头针二十年”册页。方胜来。

十四日

畅民摄影三张,回运城。解建科送来白药三包。索字(金石……)。周景老带许昌五人来,写书签。为谷炎城、强作字。铭友人来赠厚礼。便血愈,食欲大振。

十六日

看丰颖兄,未找见住所。收翟、李兄贺信。雨,发日本信、美国信。送谷炎城、强毅同志字。

给我勇气,增我力量,助我浩气。

十八日

发中央电视台导演成黎力、京红、姚国瑾、建国、张老,建良、怀堂、栗茂林、杨专员增杰、胜才信。

梦被令赴县一银行任编辑,奇矣。

十九日

强儿又带来烟一条。午,作字五件。自传稿。黎风同志归来。孙新权。

夜观电视:穿筒,滚碟,转灯,武术(如猴)……万事都可成,只怕有心人,无难事!震撼世人。智,胆,闯——四时春。一举一动,一笔一画,牵人心。生活秩序化,思想系统化,学习经常化,经济计划化,工作紧张化,朋友热情化,情绪快乐化——足矣。

不要忘了休息。

听广播,日本又在我钓鱼岛私设探照灯,政府已提出抗议。心不死,忘恩负义,又来寻衅,可恶万分!

刘兴夫妇来,云文西、步唐等同志,建设行为借巨资为印书册,或帮助印字画单页。又知书院裱工价廉,拟一看水平,裱个二十件。孙新权为抄简介约800字。

傅山鲁迅风骨,庄生太白胸怀,总是吸引着我,不可须臾离。禀性相近,非学所能致。

二十一日

阴雨。上海苏局仙寿星之孙永祁来拿字二,合影。外院邢同等三名来赠鸡、牛肉等。

二十二日

雨。整理:1. 书法集团——书籍,文稿。2.庄子集团。3.鲁迅集团。4.零星集团。5.活动:讲学,大会,交谊,祝贺。

发山东潍坊市总工会辞典编委会信,附简介。孙新权买来《庄子校释》,大字,甚好。参加松园老年书展评委会。午餐。

二十三日

看马子明同志,情况很好。嘱为梁石大夫作一横壁。

二十四日

省委老年节会笔会,晚餐。

二十五日

山、陕日报藏珍品展毕,座谈,晚会。胡青光、温兰勤、李江鸿等同志明日回太原。陕报副总编杨锦章。收宁波辞典一本。

二十六日

发王世家信、字。

二十七日

发柴建国贺大会词。胜才信,附中央电视台信。书梁石字(为马子明君谢作)。祝嘉老字展贺词。

二十八日

为祝嘉老、马子明同志作字。杨万亿、赵万怀同志来,嘱为韩城文化节作字。

二十九日

为韩城作字，霍松林诗，如意。

三十日

看宫葆诚老，杨大夫贵奇索字。梁石大夫（女），心脏病专家，字。马子明同志字，赠梁。

三十一日

发祝嘉老贺词。文史馆曹同志来，为我写辞典材料。张毅来，嘱为“西京金店”作字。为军政学院书“发扬延安精神，培养合格人才”十二字。寄山东淄博市齐都灯泡厂刘利国字（2555422）。

十一月

持重，肆展月。“苍头异军突起”。[8]

一日

文史馆学习，发材料一册。

二日

画廊参加薛巨人、张西安、王蒙、王、钟等九人书法展开幕。午餐。阴雨。高教务长、王克钧馆长来。陶遵谦市长到图书馆看书画，对余作品赞赏。校长即嘱两位来索字。广西成立科技学院，来信索字。张毅取走军政学院、西京金店字。开书协理事会，作字七件。

三日

余今时作字，已能不拘法度，直是直抒胸臆，任笔挥洒，必至纵情放意而后快。年纪如此，尚有谁人可师，何法可依？故动多妙笔，以合天倪，若庄生之行文，空中架构，若梦而已。逸仙人，天人也。此中机密，不在手指，只在胸中。读书万卷，神游六合之外，舍此，技艺细致，小刀细工，难见大方之象，俗物耳。

四日

备庄子文材料。新权明日上工。年内完成一二大任务。

收王世家同志信，嘱勿给《鲁迅研究》订钱。仝毅寄来普救寺字照，索字。明年去游。

五日

为百岁摄影家题字。刘文西画家，朗静山，台湾人。

六日

杨老、阎主任、吴立德等同志来送展览证书。草庄文（传略）。

七日

去文史馆，李馆长100册出售，开给收据400元。陈青交四本稿纸。冀字。李嘱为馆帮忙人作字。谈及房子事。作字三件。庄文一章本星期完成。

八日

甚冷。吴立德同志来，送阎主任办的枸杞发票。詹同志随会计来，送工资。星期日上午十时赴教育出版社开会。黄河厂总经理参加，资助研究院。

九日

值楼。

十二日

教院课。

十三日

老年大学上课。收临汾市第一人民医院院长蒋森信、字(041000),建国信,收党民信、字照。赵如才信。老年报,双塔寺街24号对联杂志社,030012。广西壮族自治区科学技术协会,南宁市古城路31号,530022。普救寺文物管理所仝毅。古田。苏州祝老信。

十四日

作字。

十五日

上课,似颇成功,深受四十名学员的赞誉,算一大收获。家里乱七八糟,需要改动环境,忍受不下去了。

十六日

作字。杨力老未见。

十七日

教院课。胡西铭同志来赠葡萄画一件,甚好。索字,贺词。昨日樊川来,托赠坤瑜字册,鲁迅书二本。

十八日

何超、王崇人同志来,赠《长安古书家》一本、寿糕、烟、酒。作字二件。

十九日

看余敏同志,送张剧本。玉珂亲家,午餐后,回来。阴,天冷。须休息,静,保健第一,万事居次。师陶公。作字,写庄文,稍迟。争论无益,独多虑,禁。生活足矣。快活主义。

二十日

发如才、蒋森同志信。厦门大学,广西壮族自治区科技学员,山东肥城师范学校“烛光颂”字。

支差真不是好事,费时伤力。

二十二日

到附中家长会。

二十三日

谷金海、王同志来,赠像装潢框,另与宫老合影。

二十四日

孙新权为购《画论丛刊》两本。看思白兄,酒。问树儿家况。

二十五日

连日写庄文。付大夫为贝贝孙医疗,取药。嘱为振华(地理系)作字。刘(教育局)字。星期日毛贝没有来。

教书,研究,须破盘根,越是抽象、含混处,越要穷追巢穴,落到实处,豁然透底,真懂,有所得道,其乐无穷。

心中不得有一点滞碍,解魔品,无疙瘩,头头是道,自得,自适,自乐,事理通达,心安理得,无违心处。卓伟,生之经也。俗人多忧。

二十六日

晴。政民、谷金海为摄照三张,将送一放大。赠酒、水果、烟。前日为题画三件。

二十七日

金海送来照片三张,收四人书社。临汾杜新有展字索词。

二十九日

雪。淑芳取字二。新权抄稿,糊窗。庄散文基本完成。

三十日

铭受寒，骤病，吐不止，头晕甚，引起心脏、肺。付大夫来家为医，打三针，病渐轻。毛女来， 颖来，取走炉子。夜眠好。

读庄文，理出头绪——至人，神人，圣人。抄出全书中定义，作结论。景物，语气。

道。大道。大是非。爱礼乐。

理想世界。自然。无为。与天为徒。不伪。大。

人间世。人为。世，入世，用世，玩世。解法。与人为徒。伪，小。

柏拉图，两者关系。

十二月

总收成月——庄文基本成。下开书法讲义，自传，书法作品集，先兄、师碑文。

一日

放晴。铭病见轻多矣。过得清静，舒适。平女伺候母亲。午餐饺子，可口。暖气送来。《庄子·内篇》细读一过。

二日

自然←道←天←人。概念已得其端倪，须具体写出来。

三日

铭到校医院打吊针，平女办理。强儿亦返，陪送到院。付大夫宗文大帮忙。

四日

为付作字，即送。铭病大好。饮食。写庄文。平女来做饭。孔馆长来索字。

五日

平女来，九时才生火，吃饺子。作字七幅。收山东临沂中共县委信，为纪念王右军索字。邮票六角。

铭又一次重病得救了，第一次是1943年在黄埔村，都深感不安，惧。前次怜蛋儿、女女，此怜我孤独。幸都已逃过，厚幸！

刘玉玲、平矜兄来。文史馆通知星期五下午二时半诗词书画组会议。为作字起了个名称：“太极推手运笔法。”

六日

收学院百元。詹、窦、李来，同车到西铁五小学，王秀莲校长、孙等座谈。

近日起，个体奶只送半斤。上月款付清（26.1 元）。

铭病愈，食欲浓。

七日

文史馆会，李壮敏同志交字选百本400元，将汇出太原王朝瑞同志。

八日

发梅津信、字、照片，翟英同志信。天暖如春。

九日

书山东临沂王羲之故里为王 1688 年诞辰作字。吕梁北武当山展作字。小成来，嘱为洛杉矶作“老东方家具”匾字。董祥明字。中强来，礼品。收郭振有同志所赠《中国教育报》二张。

十日

发山东、吕梁字，左军信。谢政委来，

赠人参蜂王浆、葡萄干等。为看草书数张，不错。魏俊初，86岁，着人来赠字，元月将在汉中办个人书展，当为题词。作字；可法、祥明的洛杉矶匾老东方家具、敏。书聪弟信。

十一日

小雪。国画专业讲课，李正同志陪行。字一条。

十二日

庄文稿。月内完成语言、艺术文二。郑志国同志来，嘱为刘愿忠作字。文史馆会。

十三日

强儿后天动身赴美。儿女们均来，颖为摄照数张。李正峰友来，告以下星期二在联大举行他个人书展，届时来接。另有霍松林同志同往。并即为我写录像说明文字。他对我较有深刻的了解。收到北京现代中国文学研究编辑部惠赠三期二本，内有拙文悼李何林老一文。明天写回信，及孙玉石同志、胜才等信。进城交国英转余敏同志横幅一件。

十六日

周日。女女、毛毛来。阴，欲雪。发胜才信。强儿今晚七时半动身到上海， 颖、平女去送。

十八日

健儿感冒，方绮来。

十九日

发中国新文学研究丛刊《野草》信。书山西师大慰问信、感谢信。

庄子论语言文明日完稿。作字三件。

二十日

黄河电影厂会，九时—下午四时五十分，五时返校。夜为学生书会讲课。

二十一日

复山西师大武书记（伯琴）、陶校长（本一）慰问信。樊川同、张平举、高诚信（工会）来，字。

二十二日

午，老年大学刘校长、李顾问等请座谈，午餐。

二十三日

赴马、郑家，没人。完成庄文艺术篇，共五篇。初稿成，主要篇，轻松了。收权丽华贺年片、克林信。山西省教育工作者书法学会顾问。

二十四日

文史馆会。几天来，没作“清心”工作，空虚了。打杂，随波逐流，没长进。

收张耀廷老信，嘱为数友作字。

二十五日

发孙玉石、张耀廷、陈文章信。收日本梅津彩石女士信、徐芳贺年片。

二十六日

发峰兄信。

二十七日

长安解同志来，赠大米，取字。收翟嫂信，知峰兄患脑病，血稠，住院。新城区人事局田、矛同志来，成立老年书画研究会。正峰同志介绍，任顾问。

年老易病，须休息，莫应酬，不必忙。

二十八日

发翟英同志慰问病信。建国、习一、侯、樊专员等来。醋、核桃。

二十九日

赴国画院,看国画展,系人作品甚少。未见二苗,丈八沟去了。

由于峰兄病,想到老年人,注意自养、自安、自保三事。写《逍遥好》,明日完稿。

自得,自乐,自适。

三十日

阴,霰雪。看庄文。

三十一日

苏永祁同志来,赠合照。吉虹同志来赠所著《教改之歌》一本。内有为我书展记一文——《秋菊傲霜》。

一九九〇年的成功:

1.中央电视台录像。

2. 现代中国文学研究丛刊悼李何林先生文。

3.老年大学讲课。

4.庄子《南华夜谈》稿完成初稿六篇。

5.韩城字。

6.书画家辞典。

7.黄河彩电厂。

8.所至无不成功快乐。

9.钟楼,普救寺,松园,对版,匾,刻字。

10.太原字展报答题字。

成绩可观,百事如意。

学生会赠送日历、像摺。

〔注〕:

①语出《墨子·兼爱上》:“欲天下之富而恶其贫,欲天下之治而恶其乱,当兼相爱,交相利。”

②古格言一则,文谓:“世人谁能无有过,莫为小事动干戈,和与人交受众敬,百忍堂中有太和。”

③语出《孟子·告子上》:“养其小者为小人,养其大者为大人。今有场师,舍其梧槚,养其樲棘,则为贱场师焉。养其一指而失其肩背,而不知也,则为狼疾人也。饮食之人,则人贱之矣,为其养小以失大也。饮食之人无有失也,则口腹岂适为尺寸之肤哉?”

④袁旭临,河北省盐山县人,曾任山西省书协副主席、太原市书协主席、原市文化局副局长,现任山西省书协艺术指导委员会副主任、太原市书协名誉主席。

⑤柴建国、李晋林于 1990 年 4 月 21 日在《中国教育报》发表《作人作字老更鲜》,这是在国家级报刊第一次发表文章评介卫俊秀先生。

⑥傅山诗《作字示儿孙》,见《霜红龛集》。

⑦语出《孟子·告子下》:“入则无法家拂士,出则无敌国外患者国恒亡。然后知生于忧患而死于安乐也。”

⑧语出《史记·项羽本纪》:“少年欲立婴便为王,军苍头特起。”

现代名人日记丛刊

卫俊秀日记全编（下）

卫俊秀 著／柴建国 整理

山西出版集团
山西古籍出版社

一九九一年

创世记

元　月

展翅腾飞，胜利凯旋，战果光辉！自保，自养，自适，自安，自得。三公在前，梁师是贵。庄文《南华夜谭》。书三家《汉隶魏碑行草》字，1000幅。诗人，哲人，学者，艺师。

发海洋信。《逍遥游》初稿完成。

二日—六日

研写庄子文稿。读《中国美术史》第一卷，李泽厚、刘纲纪编。发黄陵碑林、抚顺关东碑林字。殿清、丽华、徐芳信。书老年会与北京联展字。

阅报，日本防务针对中国，可恶！

七日

看士颖兄，平女一同。刘主任同玉玲来，礼物。面商北京艺术学院将在西安设立西北分院。多人，陈泽老，推荐余任院长。面辞，嘱考虑。余介绍陈泽老，听口音，似难脱。须慎重！学问上得下功夫！

庄子。书法。出帖。哲学。主见。讲学。

八日

杨力老来，带去京展字一张。值楼。午睡甚酣。

九日

对"自然无为而为"得新解。刘主任约十二日宴请，来车。

十一日

收湖北电视台赠书画纪念册一本。对"道"又有所体会，甚愉。

十二日

庄文。老子。

十三日

发湖北电视台复信。海洋、宁波信，购辞典。（友人）

十五日

文稿。小李墨来，赠苹果。

十六日

书画组开会。收巩县经委一院赠字一份，451200。

十七日

发世家、得厚信。

十八日

王冰如老画展，人多，热闹。收西北……题签酬50元。雪峰信，病愈出院，甚慰！

十九日

发峰兄、李金玉（京8101信箱）、巩县经委院一号信。

二十日

赴宴。发王绍尊兄信，田捷、常青、余敏、晓琳、张玲。

二十一日

发北京8101信箱丛刊信、光耀信。午眠好。凉。

庄子《山木》、《秋水》，命题颇佳，艺术性强。潘纬，函大，赠酒、果品等，纸，字。

二十二日

真理诚宝贵，讵若权柄威。

是非果常在？凡百一委颓。

发建良、际康老信。连日午眠颇酣。稍

受凉。

二十五日

发四川广汉群众文艺馆罗永嵩信、字,新城区田登岳字。

二十六日

昨、今读《列子》,发现庄子采用《列子》材料数十处,重言十七八,不虚也。

二十七日

文史馆书画组会议,交字七件。

二十九日

陕报计财科信、海洋信。县副书记王增礼字。发郭尔康信、陕日报计财科信。收小寨俱乐部信,二月一日——十二日春联。文史馆张培礼副馆长、杨国杰、吴醒民同志来,赠礼,慰问。

三十日

中国艺术研究院西北分院赛委会吴教授等三位来,约二月一日上午来接,开会。雪。"五一"前成立大会,中宣部批准。整理书物、环境。恐有朋友来。瑞雪未停,大快。晚收到鲁迅博物馆王世家兄函、文史馆函。

胜易,持胜难;卫生易,永保卫生难。

法规:

1. 不轻易为人作字,不参加评奖作陪,更不为俗物写匾之类的字。

2.减轻工作量。

3.可复的信,即时。

4.计划中的事,即做。"尚早论"必除。

5.保健,自乐。

6.考虑须周到。

7.条理。

8.攻难,存我,真懂。

9.人生价值。

10.笔德为上,文风。

三十一日

腊月十六日。

读《庄子》,有时似懂,实非懂,似是而非,识不透,最忌。

二　月

一日

中国艺术研究院开二次筹委会,孙作宾老会长,83 岁。到近 30 人。午餐。三月一日成立。下午文史馆会议。

二日

为李绵老书册页。

1.长寿之道。

2.制胜之道。

西安市工人疗养院刘成林,汾阳人,拳师,表演是陈氏拳,轻灵之至。有助于书法。

三日

函大在省图书馆开春节联欢会,严效洲教授为我画像一件。乃良办主任。午餐后开会。

四日

辞去外来活动。中国艺术研究院分院,孙作宾老……京展事。条件。人,杨力老。充实,讲学。

高德高品世有几,

争光争气头等人。

不爱钱，不爱名，少说空话，多做实事，便是有用人。

不忘国耻，努力争气，求长进，不愧炎黄子孙。

心中没个针对性（敌），哪来个好思想，真感情？也就难得有大力量了。无所谓的思想，也就是无所谓的人，能留得什么影子？

志气，不可空抱，没学问，没见识，没才华魄力，梦中呓语，醒后落得个独自感叹耳。

上午九时收到校长办公室通知，白省长①下午三时来校，看望我和史念海、霍松林。三时半来家，叙旧。问到李雪峰老。校摄影室三人先来布置，摄照。李副校长陪同来，后辞去。备茶、水果、烟之类。杨乐人老等三位来，赠礼品。严处长闻杨力老谈房屋问题，答应解决。梦大水溢岸。饮茶。收建良信。

五日

发彩石君信、照片，发峰兄信。樊川同仁来。文联大兴艺术公司请柬，八日上午来接。刘觉民取字二件，小寨用。韩老、望进、林鹏兄等信。

六日

有堂同志来，图书馆赠水果。刘觉民老伴送来120元字酬（尚未结算）。小猫跑出，尚未回家。午饭没吃好，睡了一上午。作字，刘志孝（仪表）、刘主任、孙作老、谢振中。

七日

雁塔文化局会。西安法制报编辑蒋少宁字。

八日

省文联笔会，写一张，交四张。文物保管处。嘉仪终南赠印汇一套。为“三八妇女节展”题词一张，全国性的。

傅为治疗手颤，将刻印。张瑞霞、丁柳同学来为我诊断，脉等均正常，稍有肺气肿，无碍。为开药方二剂，常服。眼药三月内见大效。止烟、酒。老伴血管硬化，不够冠心病。工作不得过二小时。休息，睡眠，早起。饭多顿，量小点。

余作字殆似神游大观园，触目遇缘，一片怡情，无不随心，至乐也。应手之笔，画沙之痕，春色之墨。

九日

统战部茶话会，金华饭店，平女、孩子、贝贝都去了、季波赠礼、寿糕等，又“历史教学”题字酬100元。

十日

校老年集体赴长安县职工疗养院洗澡，水滑，温度宜人。铭同去。

方磊同志来，赠礼。收文史馆通知二件。

字，风韵，气象，气度。

才子，行云流水，于，毛，郑。

志士（侠骨，狂士，壮志凌云），傅山，鲁公，大人气度显见，郑道昭，瘗鹤铭，山谷，石门铭。

学士，文人，温厚君子，魏墓志，章草，

铁山字。

仙女,道士,纤巧,凝神美,夔龙颜,章草。

十一日

发韩老信。

春节后:

1.不随便作字。

2.自作诗——余诗每请识家一看,多云意韵如何如何,独于格律不合见教。大可破格为之。

方为二三事,颇佳。

认真做人、治学、做事、治艺!充沛,专注,透底,攻难,创获,崇真,存我,为大人,毋不敬。周,马,恩,庄,史,汉,魏,三公。收南开大学田际康老信。广西科技书画院荣誉证书一本。招待电影票。符有堂送来学生部赠线毯一件(32元)。周德明(部主任)嘱书郑板桥“千磨万击还坚劲,任尔东南西北风”句(横)。发韩生荣兄信。

十二日

省府茶话会。

人的价值:光明——正也,大也。

正:邪不压正,正派,正义,正色,公正,以顺为正,正事,端正。

大:大人,大地,大天,无不包,无不容,至神,至美。

为周德明同志书字,带去。

运城高等专科学校副校长来,联络展字(苏玉前),五月间。收全国文史馆书画藏品选一本,有拙字一幅。霰雪。宫老临帖一本。

十三日

偶成:

利欲熏心,民德归浅。
弄虚作假,罪恶滔天。
何是何非,寸长尺短。
钱能通神,触法曷关。
瓦釜雷鸣,黄钟寂然。
男盗女娼,秽气冲天。
尔虞我诈,凡百成患。
认贼作父,鬼神莫辨。
已矣焉哉,仰天浩叹!

纵浪大化中,不喜亦不惧。
应尽便须尽,无复独多虑。

针对性——大敌。真思想,感情→大强力→大事业→人的价值(正大)>金钱地位。字不轻作,人不轻为,友不轻交,言不轻诺。毋不敬。

收品三兄信,喉疾,呛,王定南馆长逝世。有稿《目录》。

十四日

除夕。作字四件。收日本安本静惠君信,附字照。

晚会——风火轮,颇佳。孟宪恒字一件。

壮怀,壮志,壮语,壮健,壮美,壮实。

傅、任、曹兄等来,告以新房问题。杨启超、郭、刘老、红等来客颇多。为黎作字三件。

十六日(二日)

饮蜂王浆始,健体。日字,完一件东西。莫杂翻。梦老家井水满近井口。何清谷老来。

字类。规范,方正,内厚。

正人君子,高雅——赵铁山。

大人气态——郑,颂,黄。

侠客狂人——傅,气焰。

玄道妙笔——爨龙颜。脱凡。

诗画意深情浓,古拙思远。

形迹脱略,放意自若。

磊落异人,气森喷薄。

"心连心"颇佳。

陕报史斌横眉,对联。

功力! 功力!

神奇! 奇神!

天下无难事,

功力即天梯。

把书法推到最高峰,

别世纪,史无前例。

收日本梅彩津石信、照片,李彦滨明信片。赵万怀、吕同志们来。孩子们都来,很热闹。

十七日(三日)

本校友人家去。王国发、刘淑芳夫妇来,赠蜜枣。五单元,赠糕点,一得阁两瓶,为评字。荆老梅承来,嘱为陕报总编作字,"横眉"对子。

小咪早出未归,大约是被人捉去了!但望能返回来。

十八日(四日)

夜半时分,小咪回来,蹲在门外,声微细,不敢高叫,似若受屈,又似做了错事,有点愧情者。老伴为开门,急奔床下,饱以残鱼骨肉,入被窝安睡。甚快慰!

须裱字幅,四帧。

十九日(五日)

破五。昨晚七时半与方强、胜弟兄看望白清才省长,谈 40 分钟,九时回校。赴交大。

展开活动。

谢政委来。胡家庙电厂周金堂同志来介绍二人作字。十日晚来取。

杨万、贾兄、赵恒诸老来。为史斌诸同志作字数件。

对百事已不抱希望!独善其身,保健,立德,立业,足矣。人的价值,断不能听风摆布。为所当为。庄生还有一肚子愤情,今人可如槁木邪? 乘风破浪,鹏飞万里光景好;顶天立地,峰高千仞秀色佳。

二十日(六日)

认识自己,认识环境,认识人,定于一。徐勇来,卖去 55 册,余退回,要开账号,25 日前办妥,来取。

中国事真难办,有人有钱,做事不难。

书法中有画意,更须有诗意。线条流动处,如浮云变化,画也。气象高远,气韵超逸处,诗意也。乃称得个艺术品,魅力无穷,令人陶醉。章法,即步趋,如途中醉汉颠之倒之,亦佳。若入鲁儒行径,规矩非常,顾前虑后,唯恐有失礼节,有甚可观!

二十一日(七日)

事多,一件件来。1.字册,“草探”。2.眼。3.杨力老(房院)。4.工作地点。

作字既要有几分英雄气,又须有点儿美人娇。

作字劲瘦挺拗,乃见轻云飞空趣,然若处处作态,便失逸趣矣。

务大者,为大人。探根柢,解难。能脱胎,出奇迹。胸襟阔,纳天地。

二十三日(九日)

忆鄜州

忆昔劳教鄜州北[2],夜走山林砍柴归。
忽听老囚扑地倒,仁心为之大悲摧。
可怜天涯罪恶人,张目四野一片黑。
安得天上黄河水,还我清白展翅飞!

玉玲、朱影同志来,礼品。

二十四日(十日)

赴文史馆审书画作品,标价。带去精裱草体二件,又愤世四幅,又三单条,合前送七条共十五件,只在亮相耳,开展活动气势。发安本静惠信、字。送文史馆50本字册。“松园”来人,郭老陪取条幅一件。文史馆书画展销在美术商店举行,价高,观者众,买者少。门口摄全体照一张。

二十五日(十一日)

夜眠甚酣。周金堂字取去。杨力老、阎秘书长来,礼品。三月上午谈房屋事。余文阁送来百元,无信,没交待。二十七日赴市体委一询。候松园车来。符来,新楼无望,窄小。胡来,明早九时半校车赴菊焕画展开幕。正好,一读。

下月始,不应酬字,计划大事。

今人无礼失信,抓阄自肥,精神文明毁尽。

二十六日(十二日)

魏庚虎、宋送来锦裱字幅,赠小幅二件。文史馆吴醒民写证明交显生办书款事。为美术音乐书店作字,交吴交。张臻来。

二十七日(十三日)

校车,赴萧展会。

人生道路——遇到问题,发现问题,解决问题,寻求真理,实现真理。目的——为国增光,为民争气。今人,金钱即真理,后门即桥梁。真理=0。礼、信……×。前途=0。男盗女娼,假药,假种子,万恶,天下沉浊。顶天立地,白眼看他世上人。自壮,独尊,务实,本领。文化教育,治根之道。

看人须看他对于时间的观念。

识见,作风,神采,气度——温度表。(注意的问题,评论?)

莺鸠?鲲鹏?[3]一眼可定。巨人毕竟不同。气象感人,乃知其伟。小家之气,缩手缩脚,看人眉眼行事,鬼神觑的就是这流货色。他自以为聪明过人,实不过一小人。

穿衣服,一要看气候,二要看体质。跟着人家换衣,赶时髦,要受症。扬子“存我为贵”[4],有理。此之谓务本。然而趋时者多,逐末也。至于出洋相人,自以为立异,出众,求震惊一时,殆矣。人走路,总是用脚,头仰上。今人有以手掌当脚,头垂下,虽引人奇观,患了脑充血,殆而已!

三怕：没水平，执迷不悟，自以为是。天之骄子。

无可救药。唯有“无言”。

老庄无言和鲁迅无言等同（小道不足与言）。

见有堂。

二十八日（十四日）

何不随波以逐流，无奈生性太别扭。

而况久事鲁迅老，哪计春夏与冬秋。

所恨芳林寥落甚，独念天地长悠悠。

昨受到市新城区人事局老年会赠铜大墨盒，又聘书（顾问）。田登岳、毛彬同志来。杨、牛同志来，将赴日本，索数字。强毅来，赠酒类等礼品，又字册款40元。进行1000张字作，交展，实现门路。眼医，院落事。

为白省长作字。山西老年祝建党70周年作字。杨文极、牛勇赠日本字。本月参加茶话会、笔会、文史馆展、文联展销，杂差多。下月始，正态，鲁迅风！严肃，不苟。“热闹人毕竟俗气”。稳步实现大计。深刻。

三月（决策兑现月）

一日

正月十五元宵佳节。

鲁迅作风，傅山风骨！

发太原老年书画会字，新城田信。白强字，收照片三张。作字五件。

二日

没行动，说得再高明，等于没说，无效。

买药，张瑞霞方。

要事：四月七日展字三件。五一西北分院成立。准备。京展活动，房院事。开始办。

字：

先天——才情（高，发展前途）；

后天——功力（久，平稳，站住脚）。

人品，学问，识见——高绝，大人，人的价值。

傅山极崇拜庄子、陶令公、杜工部。非仅字佳，人更佳也。

余书法已臻于自如之妙，能率性挥毫，不为外物滞碍矣。盖随学力长进，非仅在古人书体中捉摸也，人品高一丈，书境亦随高一丈。每见俗子作字，鼓努为力，扭捏做作，可厌之甚！

三日

余作字，时如途中醉汉，颠之倒之，不计一切，一任自然；又如山中老实汉走路，脚踏实地，一步不敢放肆。

四日

字须写到化境，自然活泼，无迹无象，一字一精灵。

收韩生老信，心脏病住院。不能看书，心烦。体院郑老教授明日访。看若莲，未见到，外出。

五日

发韩老、翟品兄信。平女来，上街为买药。带来《教师报》四份。第一版载有我与白省长清才同志亲切交谈的一张照片。

(在我家中)

傅正乾同志携安徽省一鲁迅研究者索抽著《野草探索》(名芝明),各赠一册。邱宗康来。

六日

送屈氏裱字。同郭子直老到干休所刘觉民同志家裱字二幅。并到政法学院谷金海处。书翟英同志信。

七日

雨。发英函。谷金海来送照片。又画一大幅。夜大雪。

横眉冷对千夫指,白眼看他世上人。

不是才力出群众,鲁仲清廉无比伦⑤。(偶成数句)

八日

参加全国妇女书法篆刻展。成绩可观。

九日

冷甚。理想,抱负,宏图,胎气,正气,气派。骅骝开道路,鹰隼出风尘。眼中无物,唯我至尊。

鲁,傅,庄生。

太白见皇帝如见常人。松下白眼中山来。(三公)横行天下。闯劲。远大抱负。本领。落实眼、京展、院房三大事。针对性:日寇。

昂扬阔步一旗帜,粟米天下真上帝。

老子犹堪绝大漠,嗤彼小丑不成器。

十日

赠王崇人同志《野草》一册。电视中观关山月先生作画,年80岁,精神颇佳。

事业上的追求,精神上的追求,目的是给人以鼓舞,上进,为国家民族尽责!

人生的价值在此。

十一日

明善函大来。韦曲解来,赠礼品。约清明前后来接游。若莲来,将返里,清明前后。柳如松来,月底赴美。见到李正峰同志,四月十四日大会,十六日展出。讲话词。

十二日

发市教委冯亚明信。收李滋煊君请柬。伯庸君随子来,银行字其子可径送交。许为代买王世镗字帖。

自明:

年过八旬,齿。1.德自信高;2.位尚列较高层次;3.字、书算有言立;4.还有一杆能以寸铁杀人的笔锋;5.具此五端,足以自豪,小天下矣。

十三日

方胜来,其母作古。同赴曹伯庸同志家,议挽联。又送银行字,装裱之。黎风兄来,其作已打印出。看贾嫂子。

作字断不宜疾,笔力不到,则活力不足,墨渗不透,便不浓郁,缺欠情挚,寡耐寻味了。赵铁山字贵处多在此。

画密用提笔、裹笔,少则用铺笔,按之。

“到家”便好。入凿。舒和。令观赏家如食人参果,三千毛细孔无不觉得舒服,陶然若仙人,足矣。

字要活起来,立起来(似笑,似喜

……有行动，有停留）。笔下有揉劲。

运笔——

用笔——绵里铁。（画外，美画）

行笔——蚕吐丝。（有骨肉，匀称，不急不徐）

十四日

为方胜母送挽幛，17 元， 在谷处写好，交转送，附信。

严禁滥用脑力（行路思考，打腹稿……）！

文史馆会。雨。

十五日

看克军兄。他弟从家乡来。村民有买小汽车的、摩托的，富有。收翟信，知峰兄患口疮，师怀老为诊治，即愈。脚趾痛久，眼晶体颇佳。

十六日

刘觉民同志送淋浴器一具。拳师刘华林同周强来，作字一张。作字六幅。

十七日

柳如松家，买药十二副。收孟津文化局拓片。苗重安[⑥]、墨来，送日本 100 元。聪信。

十八日

发孟、苗、翟嫂信，苏玉前信。

李绵老、任来。

十九日

李绵校长、任天夫来。张若谷、符有堂来。收省政协通知，台湾展二十九日九时开幕。

王铎小视张颠素狂，有此气概，亦足征其书体之高。有自信，乃有出众之力。气度不凡，久为余所自负。故最喜王维“白眼看他世上人”之诗句。非故为骄傲之态，实众庶之不自爱也。便当以开阔大方、横行天下，何惧之有？何情之顾？

珍惜笔墨，即自重身价，自矜高格。

一笔一画，绝不苟书。一字不废，重之千金。

三公即我之上帝。神通广大，威力无穷，凡事有三公在前，万事大吉。

二十日

自力更生，万事亨通。

靠天吃饭，旱涝灾难。

攻守同盟，彼此诈骗。

利益冲突，白刃相见。

伟哉达氏，远瞩高瞻。

强梁为贵，鱼肉作醢。

考诸史册，千古未变。

举目国际，又何惑焉。

莫信上帝，莫畏鬼神。

横空出世，旷古至尊。

“绝望之为虚妄，正与希望相同”意为：

对一切绝望之后产生的力量，不顾一切，勇猛精进，就和希望后发生的力量一样。敢于藐视一切，才能掌握一切、左右一切，立于不败之地，取得胜利。若缩手缩脚，顾前怕后，动弹不得，无异奴人，何立足之有？吾得之矣。（晨偶笔）

书法长寿之道，又得一解：

人到更年时，诸症——如失眠，头晕，

忧郁,恐惧,动气,多由环境恶劣,工作不顺心,家庭不和而生。→体弱,下降,苦恼。书法使人情绪安和。→健康。只重饮食不足。

二十一日

雨。

仰观穹庐,唯人为灵。

唯日月明,并称三才。

俯视大地,伟乎神明。

参天地兮,庶几无愧。

亦伐亦征,为世立功。

习书讲稿提要:

做人学问——人生哲学。

余作字恰似游览胜境，时遇奇石异葩,古木怪兽,饱我眼福,一片情致。天乐也。

李墨随,一美院生,乞为“滇庐国画展”作数字,赠蜂蜜等。

二十二日

晴。赠白字一件。周老(民盟主委)来,谈住房问题。盟早有书面文字,要求解决。

大人能写出个童子字来，便臻绝境。稚子心地纯真,不知所想者何事,亦不知所不想者何事,以天为和,形之笔端,一片天然,故佳。

古碑字可贵,亦只见其性灵,不觉有人心在,如此而已。难与俗士言。

审字之为佳作与否,只看它是:

天然>人工? 人工>天然?

道心>人心? 人心>道心?

台湾百幅字画展,字平平,内容为尧舜禹文武周公孔,中山(国父)颂。“子曰……”传统。无大家气象。画工细。未参加书画会。

张光老信,四院晶体千元,为介绍。作字四件。强毅来。贝贝课业下降。

二十四日

雨。临摹古碑重功夫,而尤贵天然。

见张光老，诚挚地告以四院名大夫,其侄女潘医生乐于为治眼,保无差误。约四月一日同赴院。包办交1400元(住院一切在内),当与姜院长面商交费事。李健墨取贺词,小成取字四张。刘同学代买书三本。王蘧常字,诸子,老子,付六元。

二十五日

张显生送来字册钱200元,嘱作字二(胜安同志,明顺小侄)。

京院开字画会,午餐。书标语字。撰讲词。

二十六日

姜院长一口答应,明日索四院账号,即办转款事。送刘觉民老字二。权成同志来。拟洗澡、理发,带日用品。写词,题字。家谱序。信。(北京,临汾,买本子,花上肥)

二十七日

针对性即奋斗目标,根本动力,能源,无限潜力。

二十九日

书山西书协信,内蒙一件。校自犊、少默字。礼品。

三十日

发翟京、海洋信。草讲话文。克林、会

信。

四　月

一日

季波、符有堂、周强等同志为我到四医院治眼白内障，要车，煞费苦心。张光祖、平女陪同十时半到院，见到潘爱珠护士长。检查后，可动手术。又返回平女家午餐。下午一时半复到省医院见到徐大夫检查，测量晶体大小。付十五元手续费。植义带我到小寨上车回校。午睡甚好。赠张老好友陆敦生老（创建西安电厂，重庆政协常委，母德国人，父福建人，受过二十五年冤案）。

二日

北京市老年会与省老年会联展，有车来接，未能去。平女陪赴四院，取账号，潘随通知住院事宜。平为我买皮鞋一双，6.7元。下午办转账支票事。小刘帮忙。姜院长立即办妥。交押金150元，出院后领回。饮食、午睡，月来甚好。

人生如梦，梦即人生。是非曲直，虚实真假，气脉相通。尺有所短，寸有所长。钱能通神，殃及无恙。求卜詹尹，释策无方。

三日

收市书协聘请书一，松园请教行草，辞去，住院。翟汉生来，赠肉二斤，午餐。姜院长送来入院介绍信，随支票着燕燕送平女，明日赴院办手续。

四日

晴。念先兄来，《霜红龛集》借去。为□堂诗作注。明日住院。

五日

九时辛同志、季波介绍，开豪华车，有堂、平女送我到四院，住24号房。贸校马同志来看我，礼品。明日检查。

六日

张光老来。平女买饭票。

七日（星期日）

病房共住六人，数人回家，较清静。相住颇融洽，彼此帮助。为我打水，下到一层非轻松事。晴，光线颇好。赵恒元、荆梅承等老来，王璐、树儿来。石大夫告以九日动手术。

八日

赠潘爱珠、石一宁等医师字册。做心电图，拔眼睑毛，再验眼光，内科。

十日

荆老再来，礼品。贝贝随姥姥来，王玲随父母来，平女来。

十二日

姜院长、黎风、正峰兄来。

十四日

昨下午师大郭老、王生彦、曹鸿远、季波、符有堂等兄来。李书记、天夫问好。

十六日

有堂、季波来接回校。下午周骏章、杨万亿老代表民盟来，礼品。张女志来，杨老来，菊梅，伯庸、张淑芳夫妇来。王生财来，礼。周强来，礼。刘觉民夫妇来，礼。杜鸿科夫妇来，礼。魏朝生夫妇来，礼。平陆杨杰来，礼。

十九日

志和、杨司机来接，来临潼臻女家休养，一切舒适。

二十五日

健康大好，饮食大增。庄子：幻想是现实的深化，现实为艺术的折光。

二十六日

发峰兄、韩兄信。书强儿信。

二十七日

基本力气（体格），对手，利器，时机，拿得下来，顶得住，功成在最后，能耐，虑周。发海洋信。

二十八日

阴。爱子、清兰来。午餐后三时回西安。

二十九日

收王仰老、卫芬、姚国瑾信。文稿在《美术耕耘》发表。文史馆领导四位来看，礼重。艺术研究院西北分院成立。郑子国兄来。潘姊同学送大米一袋，索字。余馆长来看。刘军同志问好。杨耀忠夫妇礼。对门高老礼。柴建国信。健康大好。

三十日

发强儿、聪弟信。

五月（养精自备月）

一日

不参加任何组织团体活动，建立自由王国，高筑学术城，集结干城，群英会。

事业：人力，物力，财力。

梁漱溟先生讲词的坚定性，至今耿耿，感人肺腑。

贾起家、苏、王等同志从运城来，七月十日三校展出事；又十月在运城开卫门书派学术会事。留通知十数份，转送。

二日

睡足。临潼科委王宗禄同志来，带习作，礼。戚同志陪，曾将我的《四宁四毋》全文小楷书成横幅。

自然——道——天——人。

老子——列子——庄子。

三日

到华清池，见到魏基智、王若，书、画、文俱可。

四日

小雨，即晴。李耀天兄孙女夫妇来。

五日

书：福也，富也，扶也，佛也，沸也，拂也。

五谷杂粮，油盐酱醋，都会变成人的筋骨血液——热量，力量，建设物质文明，精神食粮→才学德识→理想，希望，意志，毅力→文明世界。

六日

乒乓球，拉开弧线、直线，脑力灵活，变化，精彩，脚步不乱，稳扎稳打，一路领先，如愿以偿。

三天未便，干燥极矣！历时二小时，精疲力竭。女儿为我忙了一阵，买药，过了一关。

七日

病愈。晴。发姚国瑾信。出恭二次，大好，正常。腿部受点凉，无碍。防病保健。

孔孟=老庄。

孔，语录；孟，文章。老，语录；庄，文章。

人之道，天之道。

八日

大晴天。书法：

1.打成一独有的形态。独体，方块，象形，行音义，毛笔，艺术胜韵。实用性。

2.四千年悠久历史。碑帖丰富，理论丰富。

3.学问。文明财富。

4.战斗武器。

华清池洗澡。杜新平同志办理手续。秦陵字已刻，待安装。

猛然又想到动笔写一本《老年人的话》，内容无所不包，生活，保健，处事，接物，学术研究，书艺心会，读书方法，笔记门路，写作经验，碑帖评论，习书一得，修身养德，严斥寇仇，短文章，语录，板桥戏笔。耐人饭后取笑，有益健康，感触悟性耳。

庄子"有待"⑦即等待之意。至人，神人，圣人何以"无待"？因其"无己"、"无功"、"无名"⑧，无所求故也。物化——得失荣辱，无之。悬一目标。"有用"，"无用"，俗人之见。物物皆有用。道？对于天地宇宙，广大群众，人类社会，万事万物关系的认识、看法、主张。理论、认识方法→根本思想。

观人以德，气宇胸襟，知识领域。广阔，博大，大行。

九日

老伴，小梁、王引成（司机）、季波等同志来临潼，接我回校。

十日

浩天（力群老之子，空军）来看我。余文阁同志来。收到翟英老、建国……信。中国艺术研究院西北分院名誉院长聘书。夜正峰同志来。

十一日

女女来。看魏朝生同志、高老。收品三兄信，某老下世，融慧行走难。振绪信。潘纬来，函大同学成立研究会（下星期日）。米50斤，不收钱。

十二日

李正峰展，热闹非常。成功。

十三日

健康恢复，便通，痛止，倍见精神！几种人：爱钱不爱国，要钱不要脸。（命）徐扬面告市副市长（陈某）民盟将成立书画会，要我任会长，辞，不敢当。发振绪函。为孟子林（赵之秘书）书。张光老来，适未见。

十四日

看张光老。数十年来与南人接触颇多，一般看来，气态昂扬，架势高大，不知有多大本领。凡此等人物，多半空空如也，无甚可取。反之，谦逊者，则大有本领者也。

十五日

文史馆生活费百元。《三秦文史》四本。检查稍迟,人太多。大夫动手术,不易见到。

胡□□、山林来,随后送来百人展字幅,拿去字一件。

解得魔品,也就弄清了真品。认清敌对,才能明了自己。

清谷老来,撰《卫门书史》一文,颇佳。

十六日

周强陪我到四医院, 见到一宁大夫,送给字二件,潘爱珠一件。买药。到古都外宾部中国书法研究院西北分院。西北师大徐信。

上帝创造世界,人类毁灭世界。世界、社会、家庭,都要被一夥不肖之子糟蹋一空。

强毅来,李金海来,礼。

十八日

睡。养身。

十九日

函大陕西分会成立大会。开始服枸杞。

二十日

发张淑凤信。卫东来,礼。太柴阎某来。

二十一日

便大通, 半年所未有。饮茶水多,枸杞。托任裱字一件,纸裱(女女)。读石门铭,又悟得新意。荆老来,惠京鹏画展(星期六),车来。

二十二日

看透的人、事、理,万无商量余地。养成喝茶习惯。闻中石将来西安。

锁闭书法之门,大兴著作之风。

不拘什么大计划, 洋人说的好听事,一律不介入。

交几个实干人,知心者,完成写作任务。

壮我精气神。

高人,达士,侠客,学者,哲人,诗人。

二十三日

收海南省书法展览筹委会收藏证,纪念品,(海南省文昌县文城镇文南路135号,571300)。赴高元白老、贾老家看望。文史馆会,领导换下三人,苑文光老调来,任副馆长,甚宜。

二十四日

雨。事情提得起,必要成功的人,了不起;事放开手,清闲,也同样了不起。一眼看透认准,不妥协,不将就,不对付,坚韧到底,不眨眼,更为伟大,如对日寇者然。

狂士(李),旷达(庄),放开(陆)。

无限,无极。一最大,众皆小。无我即物化,一也,故无功,无名,即无所希求,自无待什么条件。为素王,毋为晕官。

看华子玉同志。张显生同志来。

二十五日

吉虹同志来,约明日到她家。除小园草。杨东方,学针灸。(师怀老弟子)

二十七日

为了文史馆公事,十数书画家由西凤

酒厂车来接赴凤翔。海洋来西安。

二十九日

雨中返回。为日本作字，交苗重安兄，带交装裱。刘长庚厂长、赵书记、李春喜工会主席……酒厂现代化操作。饮食增加。

三十日

阴。方胜来，取去日本兰亭笔会展字（放翁），裱，相片。六月中旬在南朝鲜展出，再到日本。印册子，归还裱原作。陕西十件作品。

三十一日

海洋帮整理箱子什物。书梅津、品三信。

傅嘉仪同志赠刻章一枚。梦大水如海溢岸，由砌石筑渠道。

六　月

一日

雨不止。海洋返里。大整理书作。选装裱佳作三十余件。自觉暴富，穷而不穷。

向古圣学习，与古贤比肩，超古人之伟绩，直登世界之艺林，为国家增光，为民族争气。

余走笔风云雷电，林薄晦冥，启人胸臆，时参而上之，何以故？盖心目中有个针对性，扬祖国威风，不甘为奴也。

梁来，赠与西风、画本。儿童节。

梁漱老——学者的坚定性，威武不屈。人的价值，真理至上。权势、功名、金钱——粪土！

二日

整理纸张。新绛来米某同志。

三日

给傅嘉仪同志送卫门书法讨论会通知书。赴省医院，知子明同志出院。宫老住院，未见，上午不会客。

道是能源：

老——信、礼入世。

列——尚存出世。

庄——无之。出世。

午，振维陪送他姊母来，精神颇佳。赠季波西风。

四日

订《参考消息》，半年 12.9 元。

五日

看欧阳中石老。为四院送赠词。张光老酒。

六日

文史馆会。太极，放松，入静。

七日

欧阳中石全家、亲戚（张老台北）回京，学校宴送，作陪，得赠字。回赠《野草》一本。赴振兴路裱字八件(四大)。

八日

看王仰通老，赠酒。松园阎老来，七一后三老展、笔会，辞去。黄埔同学会为某同志 13 日展出。

九日

南京日寇大屠杀杀我炎黄子孙三十万人，今在南京建中日友好大厦，令人哭笑不得！民族气节？

全家儿女媳妇都来，欢聚至乐。

十日

晨，雷雨。食欲振，饭量大增，眼亦佳。发峰兄、建国信。成所长、大夫二人来。

十一日

振维陪母赴太原。照相数张。陈珂子来，父八十一寿，约去，餐。

十二日

晨，雨。书陈信。未能赴宴。朱仰超、翟汉生来。十六日黄埔同学会为残疾义卖，来车，参加。

十三日

书聪弟、银莲信。小雨。强毅、敬梅（西北电力设计院）来，礼。看字。魏碑、颜体均佳。终日雨。

十四日

“绝望之为虚妄，正与希望相同。”

一解：鲁迅到绝望之际，仍向空虚战斗到底。

二解：一治一乱，否极泰来。

三解：失败为成功之母。

地质学院同志来赠奶粉二包（字），与刘觉民老熟。李正峰兄托洪波送面粉一袋。刘司令夫人随胡增贤友来，索书“坊膳”二字（英国饭馆）。朱影来。

十九日

黄埔同学会在邮电大楼前为陕西残疾人、贫人举办义卖事。

十七日

看望刘绵第、李滋煊老。杨力雄老来，印册交五件，七月上旬。贾老、张教务主任来，为纪念西高百年纪念索书图书楼、实验楼纪念字，后天取。

十八日

阴。为西安高中书百年纪念文，图书楼，实验楼，校牌。又为兰州空军司令部刘懋功同志书“坊膳”，楷草。太原赵雨亭老索字。

十九日

晴。看望程克刚老。看裱字，24日取，锦裱（阎氏，陈氏）。体胖了些，肉还不可少，瘦人需脂肪。孙新权来，取女女展字二件，为我整理房内卫生。轻松多矣。

二十日

文史馆学习。苑文光同志就任，尊长，谦抑，颇有个样子，文史馆前途有望。西高贾、张取走字作，礼。收劲知信，看字。

二十一日

健康。筋骨松弛，心绪舒和，气态舒展，神情自得。

二十二日

八里村居委会同志来（梁），二十五日车来接，区政协会。

一切事，看得“淡”。应付相得有余。紧张出岔子，笑话多。然“淡”谈何容易？没本领，没识见，没准备，胸无成竹，休养不够，难矣哉！以医道为例，老手遇患者，从容不迫，一剂见效。见习生一见病人，便不知所措。

心机并妙用，淡泊而自安。

理发，0.5角。

二十三日

现代派，“创新”等等：

1.张牙舞爪，不知天高地厚，强装大人气态，想以气势取胜。

2.故作奇态，效颦异邦，装模作样。力求奇异，以怪取胜。

3.不读书，没修养，以我为贵，自恃高才，目无古人，令人刺目。

4.妄自讥评名贤大师，自立门户，口书，逆写，江湖卖艺之流，自炫高能，欲以一举惊人，可谓倒行逆施也。

5.非画非字，狂妄自大，招摇撞骗，自称草圣，令人作呕。

6.匠气俗气十足，而颇有市场，书中大敌，毒人至深。

拟“派”：江湖派，媚外派，市侩派，庸俗派，妖孽派。

俊伟坚卓(鲁公)。英姿飒爽，丈夫气(山谷)。高贤襟度，逸仙高致，“一段青山颜色，不随江水俱流”(文文山)[⑨]，(傅山字)。流韵气若兰(王右军书)。文士雅操(书卷气)。

二十六日

发赵雨老、刘司令信、字。文史馆展，作字五个：“正气在中华。”

二十七日

詹同志送来140元(铁校办学)。

二十八日

发信。

二十九日

秦晋三校展览开幕。

三十日

刘司令、谢政委来，赠名烟、鲜桃，为看字作。王仰老夫妇来，赠茶、酒、罐头四样。整到字册六忠烈，交建国出版。专署拨四万元。夜，刘、王等来。建国来，拿去忠烈字册六本。为曼若书签事。

七　月

一日

陪二校参观博物馆、清真寺，吃回民饭。晚赠书、字册。

二日

送行。刘玉玲来，电台要为我录像，嘱准备材料。拿去《教改之歌》、《现代文学》两本。小黑燕燕抓走，大猫一夜不安，至今外出未归。焦灼甚！生性如此，不行。

教训：1.自强，自尊，傲然。2.莫依人。3.少交。

三日

结束展出。好好休息，完成应酬，养胖。正思。

邓夫妇来(政法)，礼。小梁来，赠鱼肝油。朱影来。收西安书法函授学院来函，中日书法交流展在西安宾馆招待厅，不必去！

五日

彻底作个计划，大清理一通——人，习作，业绩，生活，振作，苍头异军突起。

快活哲学之理论基础：

1.千载一时。(有生物——猿——人)

2.百年。二分之一。

3.负债生。

4.人生价值。

5.为后辈计(前人为我,我为后人)。

6.父母生我目的。

7.斗争史。

8.悲剧不可逃(国家,民族,个人)。

书道由来重继承,卫门传遍有家声。
当时众仰运笔妙,后世更崇论著精。

名家端赖启蒙先,青出于蓝本自然。
若少夫人传笔诀,如何流美两千年。

(刘念先老兄撰)

六日

雨止。发韩老、建国信(为陈曼若书签)。殿清信。潘玮来,取条幅一件。

七日

服用鱼肝油。自律,严明,不苟,整饬一番,高格。时间观念,蓄锐。人生价值,真友。撰文,字作,为作,总结。

青山颜色。

整理稿件,选字作备装裱。

八日

观延大校友书画展。蔡京东(河津人),李鹏的老师,约吃午餐。赵杰同志、顾长平(省图书馆,画家,工笔人物,虎)陪同。写贺词数字。印字册时约为题签。将出数大城市巡回展出。

九日

开始服鱼肝油。女女来,毛贝儿来。

十日

看望马子明、秀英,又赴院,女佣人在家,刘同志帮忙。留字,留粮票 50 斤,钱 20 元,面袋。

十一日

上午八时半在图书馆选作品。

十二日

发祝老、建良、王光明君三件。十六日早芝园接开会。发贾起家信。

十四日

发聪弟信。

十五日

半阴,凉。发张劲知信。季波来,赴专家楼午餐。霍松林、石宪章、曹伯庸等在座。小猫逃走——书柜上纸堆中睡觉,没出门。

十六日

参加芝园饭店书画大赛筹委会 20 余人。夜宁夏、安徽等书画装裱人士由朱满堂同志陪同来。

十七日

夜,饮水不少,始用花粉浆。胸部不适三日,不要紧。宴席上饮料多。书斋名释文,《当代书家》用。

十九日

玉铭来,为田钧书数字,取走。

二十日

赴黄河机器厂,宴会。为朝鲜驻日总领事董西豹作字(仲舒后裔),荆宽义经理将赴朝鲜。

二十二日

省老协在钟楼义书，写一中堂，傅山“几株”诗。为华侨买去，500元。电视。

二十三日

再去一次。

二十四日

付大夫为治疗，已愈。稍凉。

二十五日

白雪生小猫五只，二寸长，三黄二黑白花。为买猪肝二两许。

二十七日

收成同志送来法门寺请柬、字（佛语），月十五日止。

二十八日

晨，雷雨。似变为阴雨天。凌晨睡颇佳，初秋矣。西高一百年纪，南开外语系年纪。运城卫门书法讨论会字，法门寺二届展字。家先兄，师老师，岳父，子正兄生平字。田师签。申、罗文治、韩生老。

二十九日

晴。看马子明老，仍住院。见秀英，赠我蜂王浆二。嘱介绍中医。修眼镜。

三十日

晨凉如秋。发峰兄信。作字，韩、罗、陈。

三十一日

清理笔债。西高，运城，卫门，法门寺，田钧，市教委冯明，罗文治，南开，陈茂林，韩生荣，景培瑞，王清泾（申）。

八月（养颐月）

一日

完成上项任务，轻松多矣。郑义德同志来，送大西瓜一个。字。嘉仪字，刻章二枚。

女女来，鸡蛋。草荆老《于右任醉高歌》题词160字。

二日

北京老年报记者罗昆禾同志来，十三陵公园立碑索字，赠大笔二支。谈颇久，食以瓜。乾县文联主席安鸿翔、李长宁、王亚飞等来，县立碑索字。纸。临潼寇钰、王等来，石榴碑字。赴外语学院刘锦绵弟同志家，为田师书书签。（振华路）

三日

看荆老，送题词稿。拟书鲁迅旧诗。李老嘱老歌名诗二首。夜胥超兄送来联大聘书，兼职教授。

四日

见秀英，联系王仰老，为治病。为临潼、乾县碑林作字。裱字。阎字。

五日

雨。文史馆学习会。苑恩光同志嘱书名字。发刘绵第同志信，书题签。发建良同志信、字。八日后来西安。

六日

作字。书须至无迹，乃为高绝。而自然、变化正是无迹所在。心意能至乎自得，一任神游，不受物牵，是谓天人。唯天人乃有神笔。然此何易到?不得道家学问,万难入窍。

七日

收《鲁迅研究》五、六期两本。看余敏同志,住院,即回。看孙作宾老,九号,谈颇热。文史馆交苑恩光同志署名字。荆梅丞老来,三原印于字,须弄清事实。

八日

乾县安鸿翔、李茂宁、王亚飞来赠烟。20号取字。临潼寇钰、王书记来取字。

九日

中国书画研究院西北分院等十八个团体义书,卖。写对子、条幅三件。到文史馆,同耿华、荆老、恩光同志谈三原印于二十首诗。苑送我回校。

十日

收安徽萧县邀请展函。赵同志、蔡津东来,20日来接义书,赈灾。

十一日

作字,对子二副,条幅一件。心不宁静。收海洋信。

十二日

睡中为乾县碑林作句:

乾州古胜地,人杰地亦灵。

高山自固气,大堂帝王风。

为于题词,交徐百烨同志。徐、杨老,尉树山同志来,云:市领导嘱担任市民盟高级知识分子书法研究会会长,表示辞,再议。发表格一张。兰空刘、谢政委赠自种葡萄一包。在小寨为科技校作字二。车送回校。交成国权同志法门寺展字一件。山西文联宁居正、薛军送大瓜一个,嘱书。据说省文联春联发财,骂名随之。

十三日

买水笔一支,3.9元。见老尉同志,派车事。看望任平老。收日本梅津彩石信,十八九日西安参加中日书会。下午到画廊。俞建良来,四时返咸阳。

十四日

上午参加台湾书法家郭瑞琛老(78岁)书展,学校去十四人。钟鼎、草、章草、楷颇佳。国内恐不多得。一、书德高,态度正。二、各体字高古。校拟请来作报告,20日以后。

以文会友,与古为徒。

耿华交来10本字册。嘱看郭老字。

十五日

为聪弟买笔九支,23.8元。到画廊,着送文史馆请柬。翟韩生陪去买笔,为雇出租车,10元。约22日上午到徐家庄导航研究所(810研究所)招待所,请郭老来讲谈。陈茂林兄等五人从新疆归来,赠葡萄干。下午即返太原。乾陵碑林字。

十七日

发海洋、杭州光明信。参加延安抗大同学会义书义卖。邀午餐。赵女士、顾长平(省图书馆,画家)、司机、老伴。饭后,一中年人索字,交200元。主办人云义卖字外的,钱归我。回家后,赵同车来家,当即200元如数交赵,明日交给主办人,作为我私人送的,用以给办事的同志们买饮料用。我不能借此义卖赚钱。老伴同意。

看参考消息报，不胜感慨。

珍惜艺术品，不能滥应酬。

十八日

女女、小毛、豆豆一同到唐华宾馆（白氏司机），两次看望日本东北书道会旅游团，副会长后藤善雄，号青峰，翻译宫本爱铃女士（原姓李，改从夫姓）。夜雷雨，十时从外归来，即在大厅相见，甚欢，合影。收礼品，字作（万叶集句）。种种资料，手卷，二万日元（合 400 元），余亦赠印石一双、徽墨、字册等。告辞。领会：

1.日人体质棒，元气足。

2.认真，时间观念强（一下飞机，行李运至宾馆，即参观）。

3.礼貌，客气（外表也罢）。

4.妇女服装朴素。

5.礼品包装精致。

6.讲卫生。

十九日

发彩石信，感谢。午睡极佳，三个多小时。有堂来云，赵万怀副校长[10]去看郭瑞琛先生，有礼。郭赴京时我须去送。

题词不管诗文，总是用自己的语言有意义，情味深。

二十日

秋意足，微雨。

储药要广，用药要准。开拓要宽，钻探要深。作学问一理。有如金字塔，既要博大，又要高。

眠食大好。用脑力嫌多，有时渎用，一病也。

赵杰同志送来延大表扬信，蔡津东同志书。

二十一日

夜，同赵万怀副校长看望郭瑞琛老，赠我楷书《三字经》一本，石兆民、贾同志等来。二十五日书赈灾。

二十二日

校宴请郭老。

二十三日

阎处裱字画十三件。光耀、淑琴同志去买绫，米 8.5 元；锦，米 11 元。

二十四日

大雁塔题名，六十余人参加。为书二幅，一贺雁塔（题名），一应市长郝。公宴。合影。出与光耀、淑琴合照。

二十五日

雨。光耀返里。淑琴裱工可以。寇同志（招待所）。阅报，戈氏居然大变，红旗打倒，换了旧俄时旗！世事沧桑，“非党化”。将来什么化？民族化？自由化？法西斯化……

二十六日

雨。著名数学家苏步青教授九十寿辰。

负笈东瀛一鳌头，
为国育才数十秋。
科技史上立风范，
无量大德无量寿。

在鸿科原作上改三、四联。

余不能诗，每遇应酬，辄烦请刘念先兄代作。其实律诗不好下手，古诗有何难？

管他平仄格律，有似说话，明明白白写出便是，有何难焉？有真情实感，亲亲切切动人自佳。

二十七日

为学校书贺苏步青教授九十七寿辰。刘毅来，礼。交民盟书法会表。

二十八日

发李、翟兄信。

二十九日

保健报记者来，为题“物资……”“同乐天地”字。收邓晨西老作古电报，9月3日告别仪式。余老来。周强来嘱书“重阳阁”匾字。梦登大长木梯，铺以土，直上。

三十日

老咪夜来归。发邓晨西家属慰问信，以示哀忱。休息不足。收杭州王光明照（全家）。

站得住：

1.体格健壮。

2.有本领——一技之长。

3.正义感——有德行，辨是非真理。

自得：

神闲气定，八方多助，无往不乐，居安资深，左右逢源，无处不顺。

三十一日

收杏花村汾酒厂文景明信、字。运城教育局王富有信。聪弟、强儿信。书赵雨亭信（小剑事）。作六条屏，柳宗元。

九月（肆展月）

一日

雨。发文景明信。碑廊字——“美酒淋漓……”夜，晋城李金斗托贾某来赠汾酒等礼品，字未能写。一件。

二日

晴。清理字债（贺词）。

三日

李晓林来陕开会，上午九时来家送被面、酒、水果等一大堆。饮以牛奶、哈密瓜。十时半车来接，下午返京。薛祥中（晓林），环境保护。英嫂信，知赴北戴河月余。拟明年五月前后来山西各地一游。思公要字四屏。去运城改为七日。写来信。作字六张。

四日

到文史馆，为西影（崔同志）书“关中风云”四字，已上演多集。领生活费50元。看李滋煊同志。刻印：海洋。字四，茶镜酬谢。为蔡题册页数字。

五、六日

忙于赴运城事。

七日

八时半董氏开车出发——李绵老、刘念先、曹鸿远、王生彦、尉树山等十人。风陵渡船渡，下午四时到。

八日

开幕，余讲话。下午游关帝庙，参观艺术学校，颇感人！夜为马龙校长等作字。头针焦院长请吃饭。玉匾四字：“华发玉楼。”

十日

雨中过中条山，到永乐宫参观。留字一幅。又赶到永济普救寺，有余书对联、匾。出行五里到黄河滩看唐代铁牛，四只，每只重六十吨，十二万斤，极受感动。

十一日

返回（夜十时半），途经韩城到司马迁自修大学，李校长等陪游。小吃。司马迁庙。

十二日

何（省秘书长）、杨二人来，为题书目四字。为武伯纶书挽联，与张文华老二人合送。研究院詹、窦来，谈研究院情况。为运城高专书校牌。

十三日

发运城信，发运城高专信，校牌字。收姚国瑾[11]（印社）、赵承楷[12]《大学书法教程》两本。山东赠《中国当代书画名家作品集》。

十四日

参加武伯纶九十诞辰纪念会（历史博物馆）。发赵承楷、姚国瑾信。收到赵《大学书法教程》两本。生彦同志约十八日赴三桥武警队交流。

十五日

夜雨未停。谷金海来，为题画数字。

十六日

收省文联信，十九日在芝园报到，代表大会。翟英同志信，六、七日到太原参加纪念会。为其弟写四条，不题上款。周强夫妇、孩子来，十月赴英国学习。李馆长世猷来。为安元作横幅数字，交高老。收台湾蔡渔展字请柬，明日八时来车接。

十七日

参观蔡渔展，又到画廊参加函大西北分院五周年展。魏院长、王……午饭后回来。豆豆两人送石榴、月饼。力雄老派友人来取字三件，摄照出书。

十八日

雨。静心，整饬振奋一番。

赴武警学院，共七人，下午五时返校。

十九日

发翟、李兄信、字。办公室郭主任来，为赠台湾友人礼索字——马千里，柴文明（于右任基金会会长，记者）应邀欢宴宋文明先生。三桥印染厂张治民同志送来放大像。刘玉玲来，礼，交卫门书家会稿。

二十一日

碑林石羊同志赠书道千字文一稿本。夜赴大厦，宋文明先生请吃西餐。有政协副主席魏明中、秘书长王志敏、气功师石慧英等参加。政法学院摄影师。月饼。

二十二日

韩汉生夫妇来，礼品。女女昨来，抓去猫，送车站，明晨七时赴临汾，校车七人同行。女女给我买套衣一件，80元。

二十三日

晨一行七人，赵万怀副校长等乘校车赴临汾，师大联展，下午六时到校。

二十四日

开幕式。隆重，省高教局、教委等参加。主持王春元同志，讲话中特别突出了我,甚感不安。

夜张航民、丁复生、李杰来。

二十五日

回景村,贾起家陪同。闻京文化部评全国书法大师,十五人,余在内。葛司机。看丁、爱子,光耀。四时返回师大。

二十六日

笔会。下午到韩城,夜宿。

二十七日

为司马迁祠题词——“龙门千尺浪,司马万古文。”李禄勋、陈、王、张等礼遇甚厚。书四字。夜十一时回校。吴利歆照拂备至。张少纯、宋民德……

二十八日

闻厨师持刀杀大学生事。有感:

谁来持正义?闭口多安全。

敢说公道话,白刃请你看!

无为无言,最为上乘。

节省时间精力,少交际。

收翟英同志信,四屏收到。荆梅老来。

二十九日

到文史馆,取房文。

写大些,好摄照。急件。到西高送贺词。董校长派车送回,曾司机。发航民信。收山西教育学院汇款40元,为学校题字。

三十日

发张、卫信,题签。孔馆长、王凤英、小曾来,说是报喜,北京文化部评出全国书法大师(40名?),余列第三名。浮云耳。李思白亲家来,约十月四日车来接,到农业银行一叙。孙新权为买《庄子导读》一本。

十　月

一日

国庆。孩子们都来,一家团聚,至乐。罗昆禾同志来,礼物。取走十三陵碑林字。

二日

耀天兄随甥李经纬、孙向虎二人来,辞别,晚车回家。地院友来,礼。女女回临潼。赵万怀同志约明日宴运城高专同志等,外国人一名。作字。整理信札碑帖。

三日

晴。发郭素云信。为其父瑞琛介绍明夏京字展。给欧阳中石君信、字一件。赴宴。一新西兰教师在座。摄影二张。高元白老、李壮猷老来取字。

窗前有景忧乐系,

心底无私天地宽。

四日

书法:1.庸俗化。2.商品化。3.江湖化。4.离奇化。5.洋相化。6.唯我化。赶市场。7.速成化。8.趋时化。

标新立异,一鸣惊人,捷径恃才,自立门户,唯我独尊,思想坏,作风劣,市侩,逞能,文化浅薄,空虚无物,暴露头角,欺骗无知,目中无人,才高胆大,自负,横行天下,空中楼阁,海市蜃楼。

赴农业银行,作字数件(六件)。思白兄嘱作大字横幅。

五日

保健,惜时,爱物,敬事,尊友,知人,

明已。

滚滚黄河直下黄海翻巨浪，

浩浩长江长驱东海琅天声。

文史馆，为消防展同荆梅老合作词一件。荆老请吃午餐。为常青处长书数字。题《文史馆丛书——烟毒祸陕述评》。拟为我印《古诗十九首》帖。

针对性，敌，志，事业，思想感情。

崇拜人。

言行。

六日

中文系曹黄刚同学来，要为我写一报道。十五日后来。刘念先老来送诗作二十五首。

七日

集体到文史馆报到，文史馆年会四天。

八日

开幕式，发到名誉馆员证书。讨论。

九日

参观黄河厂，讨论。长乾、文蔚接回家。夜为五四级同学书贺礼“百年树人”。

十日

杨成同志（临潼人）来，约笔会，未能参加。书字五件。

十一日

西高百年大庆。三千人参加，坐主席台一排。五四级十多位同学请到五一饭店午餐。在图书馆同五四级同学坐叙，甚乐。校午餐未能参加。赠送《探索》字册五本。

十二日

文史馆十多位赴中国银行笔会，牛行长等领导热情款待。

夜，赵万怀副校长来告住新房事。当晚看过。

十四日

孙新权约同学三人刘、曹、秋等，由阎菊梅借车子二辆，搬了一整天。傅同志也来（财校）。

十五日

继续整理房内事。

十六日

友人不断来庆。杜夫妇人参。铁路工会（生彦同来）来，礼。收太原出版社（并州北路 11 号）财务部稿费 1419 元整。

十八日

温茝颖、王玲二媳买来转角沙发，420元。苑恩光同志来。

十九日

到文史馆，为鲁迅图书馆作字（横眉……），馆赠。午餐，薛馆长请。

二十日

荆老、张希艾来送大幅字（太原用）。礼，鸡蛋。为苗重安同志赠运城平陆画题字。

发李、翟、甘肃字，汉工信。留学生教学部开会。

二十二日

同朱影看程老。小偷割坏皮包，眼镜、水笔掏去。邮局取钱，服务员为我别好别针。吴乡兄赠笔一支。

社会何时好？到处是强盗！皮包三次被歹徒割破了！

二十四日

验眼。买茶镜，126元（西北眼镜）。赵万怀校长来谈书法写作事。收翰园赠书一本。

二十五日

发建良信。为赵万怀作字。

二十六日

松园阎希孟来送字酬，250元。宝鸡王炳礼来，魏字写得不错。礼。

二十七日

到医院检查，不错，可直接配镜。

二十八日

李强带某来取对联，价250元。

二十九日

整字，送裱。

三十日

参加西安一届国际书法研讨会，作字一张。起家、王陆同志们来。王泽庆嘱书“王泽庆首创布笔书画”，又题句。省文联罗素兰。

李老师带儿子李军来安装吸烟器，颇费力，甚感。意大利威尼斯某女士将来访。

三十一日

起家、王陆来，回运城。安克林、李晋林来。送阎三十余件装裱。

十一月

一日

准备去运城参加卫门书派讨论会。

三日

夜，运城王陆[13]来车接。

四日

早点后，与刘念先老出发。下午七时到达市府招待所。

五日

开幕式。下午讨论。

六日

讨论。笔会。

八日

游览。

九日

九时乘火车，卧铺。回校，下午四时。会开得好，招待热情，百般顺利。王英，王通、王勃后裔，颇照拂。王秀兰夫妇来。张旭林，文联副主席。赵根成，盐化局副书记。路道清，印名片。樊晋英，相片。

十日

早翟汉生同郭瑞琛老来，赠茶、笔，急于买飞机票，匆匆告辞。高信同志同黎风来。

十一、十二日

受寒，睡两天，愈。

十三日

发柴建国信，印章多张。

十四、十五日

书聪弟等字。侯马左军赴日本展贺词。韩、李援国同志字。赵万怀副校长自昆明归来，赠大理石压尺。看付蔚文同志。方磊来。付宗文大夫为开药，取回。高信同志前几天来，托小曾送胡增贤棣信。王生财赠苞谷。书起家、王陆、王英信。已发。

二十一日

文史馆学习。

二十四日

荆老来，枣子。付、蓝学友来赠酒。为赵作对联。京展事，大力活动之。增贤、谢政委来，赠茶、水果。日展事。惠卿前日来，看耳病。小张来，整书架。腰闪了。

二十五日

轻了。鲁迅图书馆赠书。

二十六日

小梁来，礼，带字二幅去。郑志国兄来，字。

二十七日

豆豆们来。曹伯庸同志赠田师字照。张根生、吕等来。买水笔，7.5元。

三十日

发翰园信、字。夜，上官仰之、张教务主任、李同志来，赠茶、墨汁、照片、纸，为教院书记马世杰书字。

十二月

一日

请小季为李惠卿买火车票。改修程老千字文序完。

二日

季波、寇小荣为惠卿买票。周强夫妇来，索字。

三日

新权送惠卿回临汾。波、荣车看望程克老，赠礼，求字，送序。告以文史馆许出版。付大夫赠药，索字。连日琐事，忙甚。可少事休息。饮食欠调。小魏按摩，字。

四日

无电。

五日

发德厚、品三、建良、振有信。书曾丁子、毛学君字，发。

不能这样下去！

六日

松园宴。薛淑俊。

八日

发李、翟兄信，汇款18元，三角费。订《鲁迅研究》。

流光太可惜！抬轿，打旗，装在葫芦里，还不知。赶快安起笔阵，开拓文坛大业，竖起大旗！

书耀天同志信。

九日

小张陪赴裴教授处，验光配眼镜，0.7，300度两副，98.6元，小张垫付38.9元。同小曾约取字。章显生，田（西高学生，易俗社花旦）、马兰鼎来。郭□送喜糖。

十日

盟通知开会。季波来，谈及展事。魏国

按摩，字。显生名片，字。

十一日

下午二时半盟会。发耀天信。欣赏亦有深浅不同。阅《龙藏寺》，深悟做人之道。素芳字二。启明、李宁二。送来床，平女安放好。

十二日

技——官知止而神欲行，得心应手。

道——自得，居安，资深，左右逢源。

襄汾贾保庆、霍县邢铭杰来赠糯米、黄豆，字二。庆华厂志。花圃李科民赠花。

十三日

小曾帮我取回三十六件装裱好的字幅，费力不小！又得两女生帮忙，才到家里，都是值得感激的。魏夫妇(按摩师)取走字一。季波来，谈到出展事、评职称事、安玻璃事。戴了一下午行路镜，左眼角红了，赶快戴上石头茶镜，二小时后不红了。

小曾祖母被日寇活埋，祖父被杀害。因她父亲是红军，如何同鬼子握手?!

饮食大增加，喝水要紧。严氏子。

十四日

作字。午眠二小时半。

我说我的，不谈别人。

一切大著作，离开现实，不关心当前问题，便说不到“大”！即是谈古，也必然寓有今意的。庄子谈论似玄虚，实则很现实。

十五日

看胥超同志。

十六日

孙新权赠《鲁迅诗稿》。整天清理字幅，就绪。张刚嘱字，九三年挂历。石宪章[14]介绍信。明日下午看宫老。收聪弟信、照片。惠卿信。睡眠、饮食均佳。

十七日

整理字310件。季波同看宫老。看李书记，他腰闪了。

十八日

午二时，袁良骏教授从北京来，阎庆生同志陪同来看我。精明。赠给字一件。即为中文系讲学。季波、王印成同志来，安装书橱玻璃。到专家楼作字。方胜、曹伯庸偕王同志来，约为王饭店谈叙。辞，以后再会。念先兄赠彩笔一支。

十九日

李根生，前大公报记者，下午来访问，为我写报道。王英同她的科长来，赠稷山枣、山楂等。为安置住招待所。三王(勃、通……)讨论会元旦举行，为书贺词。与刘念先老合赠。她临《祭侄文》自如，尚快，欠沉着。

二十日

发李、翟兄嫂信。王英、李科长午时回运城，赠长安书法册、《野草》各一本，笔一支。李明远、张、薛等来，赠雪糖、辣面等。嘱书“药王山”三大字匾，又对联一副。闻莲湖区公安副等借舞会，三名办妓院，副市长参与之，被捕。完矣。天夫同志来，下星期一下午二时联大师院车来接，讲课。

大天而思之，大步而行之，与天为徒[15]，以我为主，物为我役，所向披靡。大解放，什么道德，主义，国家，法律……为己而已。

健康！禁烟！拿翁。

二十一日

收拾精神。录像，款额，人员，前言，说明（振绪），宣文，请柬，横标。

二十二日

小雨。发三王贺词。根生取字。书姚国瑾字。收陈万绪信。

二十三日

赴联大师院讲课。晚餐，胥、旭东同志送回。魏同志改日来送酬。季、王带专家楼电工为按灯。王、刘送韭黄。

二十四日

雪。彻底清理书物，整好书架，清理箱子。

二十五日

明日作药王山字等等。唐老来，二十日下午统战会。李大树老孙子自临潼法院来，赠蜂蜜、乳精、鹌鹑蛋等。学余字。发建国、晋林、重安、日本、海洋信。季友。收李雪嫂、建国、山西省图书馆信（030001，解放南路文源巷一号）。北京解放军报社书画苑，阜外西口三十四号。

二十七日

晴。作字。一点墨汁落在硬光纸上，以手提之，顺纸下流，如树枝状，自然活泼，生动系人，可爱之至！作字笔画能有此几分，则妙矣。

余已八十有三，比傅山翁还大几岁，然学问能有先生三四分否耶？愧见先贤。唯书艺一途，再加努力，或可望先生项背也，要须打破一切束缚、障碍，无意合拍，自可成得大家。

二十九日

发梅津信。统战部办年会，作字一件，表演。书“药王山”对联，满意。

三十日

发峰兄、建国信。收韩厅长贺年信。收山西高校联合出版社郑少云汇来稿酬 50 元。李甫运老师赠挂历——清明上河图，甚慰。

三十一日

发梅津字摺，傅小千字文，31.9 元。赠赵校长年历一份。作字三件。

送旧。

1991 年正在度过，成绩可观。裱出 50 件作品，写出庄文 8 篇，历代忠烈诗稿投入印刷，三次回晋，三校书画展，一次参加卫门书派讨论会，结识了新朋友。特异——搬居新房。可喜可贺！白内障动了手术，不错。张光祖，赵万怀，季波，念先老，建国等。

迎新。

筹划京展，录像，拟赴外地展出，完成庄文。续写大作品 500 件。书理。

展开新局面，创立王国，世界。树立家法，书中之王。新风气，大作风，周旋一番！开阔大计，快活哲学。

去除名士旧习！

认真！识别人鬼。

不轻易动笔，严肃，不随人作计。

有计划、步骤。

康乐第一。永葆健康,青春再来。

不渎用脑力,不浪费精力。

作画!

东西放在一定地方。

节约。集中精力做事。抓得紧。

寻求同道、知己。

庄生,李白,陶潜,鲁迅,傅山。

敬谨,深情,开豁,开路,健康,青春,时间,精力。

知彼知己。

〔注〕

①即原陕西省省长白清才。

②鄜州,即今富县,在陕西北部。卫俊秀六十年代初曾在这里被劳教。

③"莺鸠"即《庄子·逍遥游》所言之"学鸠":"蜩与学鸠笑之曰:'我决起而飞,抢榆枋,时则不至而控于地而已矣,奚以之九万里而南为?'""鲲鹏"亦见《逍遥游》:"北冥有鱼,其名为鲲。鲲之大,不知其几千里也。化而为鸟,其名为鹏。鹏之背,不知其几千里也。怒而飞,其翼若垂天之云。是鸟也,海运则将徙于南冥。南冥者,天池也。"卫俊秀在言对小鸟莺鸠的鄙视和对鲲鹏的赞美。

④语出《列子·杨朱篇》:"智之所贵,存我为贵,力之所贱,侵物为贱。"卫俊秀常用"存我为贵"来表示其对自身价值的肯定和重视。

⑤鲁仲,即鲁仲连,战国时齐国的高士,是一个清廉、爱国、仗义的人。见《战国策·赵策三》。

⑥苗重安,山西运城人,陕西画院一级画师。

⑦"有待"即《庄子》的"有所待"。《庄子·逍遥游》:"夫列子御风而行,泠然善也,旬有五日而后反。彼于致福者,未数数然也。此虽免乎行,犹有所待者也。若夫乘天地之正,而御六气之辩,以游无穷者,彼且恶乎待哉!故曰:至人无己,神人无功,圣人无名。"庄子的意思是说无论鲲鹏还是列子御风还都是借助于外物(有所待)的,只有做到"无己"、"无功"、"无名"才能达到无限的自由而做到无所待。

⑧见上注⑦。

⑨语出文天祥诗《山中六言三首》之一:"风暖江鸿海燕,雨晴檐鹊林鸠。一段青山颜色,不随江水俱流。"

⑩赵万怀,时为陕西师大副校长。

⑪姚国瑾,山西万荣人,太原师院书法系副教授,山西省书协副主席。

⑫赵承楷,山西孝义县人,曾为山西省书协副主席。

⑬王陆,山西新绛县人,山西省书协副主席,运城市书协主席。

⑭石宪章(1930–2004),天津人,曾为陕西省文史馆馆员,书法家。

⑮"与天为徒",语出《庄子·人间世》:"然则我内直而外曲,成而上比。内直者,与天为徒。与天为徒者,知天子之与己,皆天之所子,而独以己言蕲乎而人善之,蕲乎而人不善之邪?若然者,人谓之童子,是

之谓与天为徒。外曲者,与人之为徒也。擎跽曲拳,人臣之礼也。人皆为之,吾敢不为邪?为人之所为者,人亦无疵焉,是之谓与人为徒。成而上比者,与古为徒。其言虽教,谪之实也,古之有也,非吾有也。若然者,虽直而不病,是之谓与古为徒。若是则可乎?仲尼曰:"恶!恶可!大多政法而不谍。虽固,亦无罪。虽然,止是耳矣,夫胡可以及化!犹师心者也。"卫俊秀多次提出"与天为徒"、"与人为徒"、"与古为徒",是他希望达到的精神境界。

一九九二年

元　月

一日

“骅骝开道路，鹰隼出风尘。”

红日。大晴。开始书鲁迅诗。合家团聚。作草数页。饭食颇佳。

二日

书鲁迅诗。两日得十一首。李波玉同志及其连襟来，约星期日下午一时来细谈。香港飞迪公司总经理，骆章勇先生。交二件，不裱一，裱一。见到伯庸兄，同意。

太极拳对象，筋骨，气脉，如此尽美。骨欲硬，筋欲软，气(肺)脉(心)欲正常。运动圆转，如环无端，周身一体，自然通灵矣。缓疾，巧拙，生熟，变化，开合，调节阴阳、动静、虚实。轻重，进退，刚柔得宜。

夜，张培梧夫妇来，谈他的设想。陕西师大学者墨迹展，嘱题名。民盟组织数次为我建议住房问题，感甚！

中正安静，神定气足。血脉通贯，美乐心惬。

三日

猫走了，夜未归。杨克勇同志为买煤气。

发韩老信。张光汉、蒋淑俊取去“药王山”对联，赠挂历、拓片。周强拿去材料。书鲁迅诗太半。

书法，最能表现个性、抒发思想情感、富有魔力的艺术形式。

四日

书讫鲁迅诗三十六首。张允文嘱字。

季印成、李先生来，十九日再来。定人事(画家)，赴京事。写文章，展地。(刘艺、王景芬)

莲湖路口(火车票南面小巷内教育厅宿舍楼六单元一层西边)。

夜薛君舟(函大)来，赠西凤三瓶；烟一条，红塔山。字。

字：架势，节概，高风，气脉通，体贯，生龙活虎。体态开阔大方，精神贯注凝练，成一有机体，如奔蛇走虺，活跃纸上。思想领路在前，感情勃发于后，有目的，自有远志，有如行军然，浩浩荡荡，愤发无阻，真使人服，善引人敬，魔力之故。容貌美，心田美，色泽美，在用墨上着功夫。体态美，安排结构。点画美，行笔风韵。无不宜人，系人，魔力无穷。美之至也！体态(身段)，骨肉，色泽，风韵。写字多了，中间须涤砚洗笔，便觉精彩，起到笔趣，生发光华。

主帅，英雄，学士，美女，合为一体，乃佳作。

五日

九时，增贤同谢政委雪畴来接赴宴，刘司令懋功陪，赠他笔二支，胡一支。他赠我洮砚一方，为书一纸。余骧、刘倩夫妇贺词数字。辞赴日展。林散之草书，好的，极有味。书画研究会赠挂历。卫生报令狐勇等赠挂历，为报索题词。苏局仙[①]老逝世，110岁。

六日

发建国信,安邦等。起家信。克军夫妇来,赠人参。

八日

到国画院,苗夫人杨子彤招待午餐,即返。晚太原牛惠玉之侄女夫妇来,赠酒,进晚餐,字一。朱影等来,留字要评。

九日

发起家、孙玉石同志信,收袁良骏同志赠《当代鲁迅研究史》。赵柱家,解放军报社。山西图书馆信、字。

十一日

发袁良骏、李、翟、老信。

十二日

为文史馆书赠省领导郑斯林、牟玲生、王延年、赵宝玉、卢希谦条幅。书李甫运同志字。苑恩光。

神闲气定——中正安舒,凝神贯注,不忘针对性,以我强劲之势头,打别扭之怪癖性,透进笔端,自有高绝处。

鲁迅偏不磕头之气态!傅山祖父之精瘦挺拗。才学德识四者备乃可称贤。博大精深。漱溟先生之坚决,自有见地,不随行,有信心,不惧权势。

一点一画,都是笔者心曲的流露。聪明智慧,脾性,思想情感,端庄,奇险,高雅,古拙,风韵,逸气。

十三日

只缺"一点灵犀",开窍,入神,即得道。此强求不得。或于偶然中豁然悟之焉。

王老师来。(中文书法)

十四日

做带有世界性的大业——世界对象,世界抱负,眼光。为中华争光荣,争体面。窝里彰,图小名,可怜虫!

十五日

玉苓、李同志来,赠田钧挂历二份。内余作字二件。刘玉苓,西安友谊西路72号,文物研究中心,710068。书杜诗讫。发四川自贡市朋友信、字。

十六日

书王宗礽信。平陆裴川石来,胡桃、枣。"无名居"。

1.清除各方面的烦扰,什么奖会,荣誉,名流辞典,一律不理。

2.干自家事,写作,研究,自由王国。

3.少谈国事,莫论是非。

十七日

字的形态,有仰卧起倒,正襟危坐,嬉笑面谈,高视目中无人,枭雄丈夫气,此之谓生动。生龙活虎,龙跃虎卧——亦尔。

夜,李、王、黄、王龙等来。重安孩子来送画、简历、名片。指画计划。

十八日

清理书债。明晚李同志来,清账。发玉苓信,向田钧学画事。新权买来王世镗为于伯母书行述帖,把玩不忍释手,书法又可进一步矣。营养颇富。

十九日

整家。王玲随两弟来,寿糕。亦赠给西凤两瓶,为其母六十寿贺。程克老学生解磊寄程信并请柬。季波来,字八。约八时陪李来交款。谈香港展事。

二十日

孩子们来，过得喜欢、热闹。发品三信。收光耀信。图书馆尚、李来赠□子。常红利赞助，字。明日赴画院，季、王印成。

二十一日

收王英信、字，复。吉虹、刘觉民来。文史馆孔馆长礼品。

二十六日

联大主任来，赠水壶，报酬，贺年片。焦同志（楼上）、沈、李司机，途中乘校车归。看望黎，荆老骨折病。夜与季、王赴国画院苗同志家，谈香港展事。收北京大学孙玉石教授长信。邓剑来，字。看方磊，午餐。小曾送我到方家。席金锋《野草》。亚利图书工作。丁增藩来，未见。元月29日（星期三）在西关正街林业厅招待所内召开陕西西京书画研究院92年春节茶话会，有车来接。

二十五日

发起家、郝健、建国信。吉虹来，字。海洋来。

二十六日

赴省府黄楼开会。

二十七日

感冒，整整六天，付大夫给药物多种。杨力雄老等来，赠长安字画册。

二　月

一日

李甫同志赠酒、鸡。方磊夫妇来，赠礼。独善至乐。

二日

发翟嫂、得厚、生荣兄等信。收袁良骏同志信。赴京物：身份证，通讯人地址，笔，胡刀，资料，字轴，肉，馍，报文，鲁迅诗册，钱。

起家兄信件。

四日

发玲、得厚信。农历除夕，看李书记，刘念老、李甫运。收拾家，孩子们难得帮忙。因想到社会上多少鳏寡孤独人的痛苦！

尾巴主义太严重！“为主人”。观点鲜明，表示决断，做法胸有成竹。必胜，拗强，莫做秀才，应当为英雄！知彼，明己。分析之。见识远大。从前种种一笔勾销，兹后种种大力今乃超。

收京解放军报王英信。

察今：

1.社会风气大坏，人心大坏，非短期所能挽回。

2.抓钱不顾脸，渣子多。

3.好人太少。

4.逞能者众，败絮其中，什么“家”、“圣”，可笑！

5.以“目空”出之，傲然雄峙大地，一

人。鲁迅先生在北大广场讲演之姿态。

四日

农历春节，元旦。立春。放鞭炮以快。孙贝贝来拜年，给10元。阅《史记》，文极劲强。

上午来友人颇众。午睡休息良好，精神足矣。铭水泻。数日来，体气虚弱，只是太累，今乃知之。不可过劳。心事尤宜宽展。纵浪大化中，何喜何惧？端由自造。图书新天地，翰墨真神仙。自为造物主，踏人脚跟何谓邪？

吾字中，有点水蜻蜓，穿沙小鱼，有神有鬼，有螃蟹青蛙，狮虎鹰隼，林莽烟云，长江大海，大自然世界也。

吾作字有个假想敌。必有此物也，笔下乃生神威，此余作字之奥秘也。外人哪得而知？今专养精蓄锐，战必胜。

正气即力量，壮志超三军，康强真资本，友好如神。

饭食颇加。虾仁、鱼，吃得多。平女下厨。赵校长夫人来。杨夫妇来。

五日（初二）

金海来，赠照片、酒、画鱼。夜徐义生同志来，赠画册，李钟善、蒋书记等三人。胡西铭酒，金海酒、罐头。孟宪恒书、烟等。尉、曾莺、王书记夫妇、吕光明等。王印成礼。全家儿女媳妇都回来团聚。

六日（初三）

杨小荣夫妇来，寿糕、酒等礼。裱字，六十五周年。生彦夫妇来。明善礼夫妇来，礼，书二本。谢政委夫妇来，砚石，新疆梨。胡增贤寿糕。段士颖兄来，礼。夜方胜偕女孩子来，礼，约明日去看白省长。

七日（初四）

看白省长。董继昌，三楼；何金铭，十楼，诸老同志。发经委信。校内看朋友。收彩石信（傅山千字文收到）、照片。解放军报、湖北烈士墓征字。左军信，照片，挂号信，汇款单。不快？

莫受俗物诱导，不与俗流争高低，求内容上的充实，不贵外形的迷人。

上午九时半何金铭同学派人来接。十时半李弘来，赠烟一条，留字纸并留言，为别人求字。约一时半李正峰来，赠西凤酒两瓶。女女取汇条十元，郑州稿酬。取提货单，小寨。

九日

张老来，张琴，重礼。季波来，礼。黄戴俊来。

王通[②]：“自知为英，自胜为雄。”坦坦荡荡，任自然，毋勉强，不伤脑筋，为神仙。老僧常态，自具胸襟，高风凛凛。不喜不惧，睡得酣，毋慕毋羡，自在天。

十日

同季波看宫、张、赵老。到黄埔同学会，发来荣誉证。何同志信，索字。文史馆为开介绍信（中央文史馆）。杨力雄老来，礼。去看付、何、马等同志。发左军信。统战部招待所六元。心上宽展了好多，薛馆长三月赴纽约，写介绍信。

新的花样，做法，创造性的事物，大胆表现出来，给世界增添美境。说自己的话，不说流水话，像新闻老一套似的。

十一日

侯应云、孔宪文诸老来，刘、付、任来，王苓来，礼。

十二日（初九）

夜，同季波看王育同志，赠我宜兴茶壶。

十三日（初十）

邓夫妇来，礼。季来，安电话事。贾子敬、强毅来，礼。李克、宗嗣、志伟等字。工人字二。

创造性的新做派，不苟同俗，有新的意义。行我素——座谈会。学人文士居高，不傲。主动，左右人。文人学士，文化教育，艺术家，为主。不怕贸易不畅，只怕自己没真货。招牌要紧，内容更要紧。

十四日

农历十一日夜十一时五十九分乘四十二次特快赴京，小季小王夫妇、郭送行。

十五日（十二日）

下午四时十六分到京李兄家。

十六日

赵秘书春伟、司机冯勋海。到中央文史馆见到付春然同志，颇帮忙。又到书协，见张、王景芬……美术馆郝健同志，交字册等材料。

十七日（十四）

收郝电话，审核，通过展览。看王世家同志，赠鲁迅诗。摄影。看王振，赠礼。北大赠饭具。

十八日

到协会，决定一概不接收主办单位。

十九日（十六日）

上午作字，下午李兄、英嫂看董老（康复医院，谈1.5小时），看过拙作条幅（大，小），颇赞美。即为其友人，美术馆杨力舟副馆长（稷山人），未通。嘱归来由翟嫂再打电话，通了。求改展期八月为九、十月，答云，中央已安排为外国人展出，难，十一月可以的。提前三个月可联系之。

丹林赠红裤带、水果、蜂王浆。英嫂赠杞菊药六盒、蜂王浆……

董：傅山字幅用绫子写，二人各执一端，人立一旁，写古文字均向左倾斜，墨点多（滴下的）。临字，形拘，没个性，失神。放开则佳。

要问（？）得到所以然，乃知特点。

二十日（阳）

夜，春晖、勋海送站，返太原。

二十一日

上午九时到太原，振绪来接。访林鹏兄。

二十二日

见到曹福成同志。经营有办法。看品三，陈茂林院长。

二十三日

振玲、虎虎、建忠来。平女回西安。天津车午九时五十分开车，夜十时到家。陈车送回。为振绪作字。昨发乔玉生、高耀华、陈来朝信。

二十四日

空间广阔，宇宙大了。空气振荡，流畅多了。极目天际，身影高大。目空万类，一笑走肉，罢！二十年冤案，亏我精神，欠我工资……有甚不安！摩顶放踵，条条通道，悟空正我师。变白为黑，倒上为下，念世界之悠悠，独怆然而泪下！国家！！

振我精神，谨防日寇卷土重来。“风霜砺吾剑，金铁满山鸣”。气冲牛斗。

二十五日

韩厅长来接，看赵望进、树苌。到汾东公寓，看丁、邓、赵、刘、霍诸老。在韩厅长家午餐，李广耀老为谋款万元，为作字数件。满意。

二十六日

韩赴介休，为款子事。张颔老，师院吴思中，董文有（书记，侯马人，曲中），河津姚国瑾病，未上班。赵承楷上课，电话中相谈。昨夜曹福成夫妇来，茶等礼。写信告知，赵望进、树苌等同志来，云部队来接……

《参考》二十五日提，二次大战日寇迫中国850妇女充军妓问题。

北京军区后勤部太原第五分队陈秘书平均同志来接，书二幅字。安部长、陈参谋陪，午餐赠酒。林鹏兄在座。次日作字。下午赴韩厅长家。军区赵长秋[3]同志、韩渡赠□一大包，水果。回芬姐家。劲知父母、妻子来看我，赠烟。

马烽，北京作协党组书记，杨总作协主席。

二十八日

振绪送我理发。发薛馆长信，附介绍复明见聪弟信。

书彩石信。姚国瑾、刘锁祥[4]来，为看作业。他们都在从事书法创作。一为近代书家，一为三百年来书家，都给了我以位置。袁、孙《野草》研究，研究史中都过奖了我在《野草》探索上的重要性。（刘锁祥，山西大学师范学院书法教研室，大营盘）

二十九日

军区韩渡接送到省干休所韩厅长家，看望牛桂英（著名旦），赠我食品，礼。郝力群[5]老，版画家。刘正之老赠所著小说《烽火岁月》（抗日小说）。人民出版社文艺编者来看我，拟为我出版字册。师院乔某也来。午餐后休息，作字三页，韩渡摄照数张，商量回临汾事——韩厅长也同行。闻山西省教育工作者书法学会将在取消之列。

三　月

一日

阴欲雨雪。陈平均秘书车送我到临汾。雪，到后勤部（临汾石油库），李主任、车教练为安排午餐。到振维家，饭后又来接油库。

二日

为作字数件，送师大柴建国家，午餐。夜航民接到职业师专，张淑凤同来。晚又回医药公司，崔同志（中陈人）赠补药五瓶。崔刚从北京回来，云见到董寿老情况，介绍驻京办事处崔副主任情况，决定送我回陕，淑凤同去。买票。

三日

来振维家。

四日

作字。

拜金主义，“私”字当头，至今已发展到顶巅！为了钱，无恶不可为。真理是非，礼义廉耻，全都垮台！善于诈骗致富者称为能干，此能干人即可取得高官厚禄。此处犯法，离至彼处，仍可上达。法官违法，不失贵人。钱可买到学位，取得身份。尚何言哉?！如何办？曰：发财，正当的财。用不着客气了！

京中一行，领空寥廓了，行动神速了，身影高大了，空气流畅了，神通广大了。

发彩石、左军、起家、王英信，翟英信。

展期中，爆出头角，震惊中外。前言动人，年月，稀有的经验，理论，感人。

六日

席希文局长（水利），李校长……欢聚，设宴。

七日

八时二十分包头快车。张淑凤送我回西安。整理信件等。武警校来，杨老来。

八日

看小玉，波。赵校长。女女、方绮一家、贝贝、妈妈都来，平女一家来。明日去文史馆。杨力老家。取印章。序文……许麟庐老嘱书：

麟阁勋名都是假，
庐山面目本来真。
（台湾一作家赠许联）

九日

谢雪畴老、朱影来，未见。赴文史馆杨力老家。波、印成来。董氏来。

午睡颇酣，饭量亦佳。

十日

王仲实同志来，礼，赠小楷《离骚经》，甚佳。金海处一行，明日。为照相。

十一日

明日上午九时到政法学院照相。香港会改星期六（十四号）开。振纪来。国桢题签。席文完竣。收王英信。

十二日

古金海为我照相。张淑凤返里，为我买鸡蛋一篓，菜，方便面二十余束。杨同志来。袁来信。适会，未及一面。谈及出版事。鲁迅会顾问。发展情况。明日开始发函。

冷静。

百事纷至，须冷静，考虑分清主次，函件处理，最忌心急，同时下手。

目前大事：

1.京展——录像，印材料，联系人，经费。

2.主持者，宣传者。字书——修改，出版，联络。

3.文章——家兄，师老师，岳父，传。

4.字作品。

5.著作——庄子，傅山。

6.健康——营养，补品。

7.真谊——交游。

莫浪费时间，珍惜精力，废物利用。严肃，不苟。纠正儒气，开展局面。

秦岭，西北政法学院法律系（四十七号）；秦洁，西安邮电学院，112 号。

慎独，慎言，打基础，抓契机，敏于行。

十三日

发袁良骏、张梦阳、傅春然信，建国信。

夜会议——书例，展出事，文章，录像，五一展会。要事：材料（印），报。念兄为□。

十四日

晨，赴馆，吕光明同志在图书馆自缢。一位好干部。

大哉宇宙，自由王国。
独来独往，磊磊落落。
唯我独尊，幸福正多。
妖魔鬼神，其奈我何？
目空万类，大笑呵呵。
济公大圣，万世楷模。（偶识）

政法学院照相，字。发左军、得厚信。

出门访贤去，满街下棋人。
自由王国好，闲散不费神。

十五日

雨。刘自犊同志来，送通知，汨罗江屈原碑林索字，《卜居》末段。又告以省旅游局二十日举办国际书法年会。未通知省书协，没钱；但通知了几个会员。又云，张茗同志去年会，争取参加会……

吴同志来，明日上午八时来接，讨论馆四十年纪念会，展览，出册子事。发孙玉石先生函。铭赴临潼。

庄子文，傅山书，超然物外，想见其高迈，目空万类，最得我心。

史公文，放翁诗，有声有色，浩气与轮囷，振我精神，良师也。

十六日

利用时间和处理金钱同，有用处，收效益。若零星乱花，如何使得？

读庄子、傅山，令人放逸。读《史记》、放翁，令人振拔。两者皆得余之性情。

杨成、薛君舟来，取老协表，字。何秘书长（金铭）来。咳未止。谢政委来。

二十日

连日咳嗽，便秘，五六天，难。

二十一日

西工电研究生部王克敏同志、马同志来，礼。约四月七日赴铜川，归来赴西工电讲课。55801 转 2786。河南省焦作市幸福街小学院内 27 号，王祖光，邮编 454150。

建墨取贺词，中青展，五一。

大便大通，良快！铭从女女家回来，白氏、小毛去接。茝颖来。

二十二日

冷甚。外游，精神了。昨夜地理杂志社田同志送来罗、武名片，字。收航民信、政协信，二十五日画廊台湾中华展。

1.人的价值，大于一切！

2.思想，人的灵魂，统帅！

3.德品，思想的表现。

4.学问，知识；思想，德品的滋养。

阶级，是否衡量人的天秤？

（公字应是标准。为谁？）

人的思想作风，由其特定的历史所形成。用今时的尺子度量历史人物，一概否定，非也。

二十三日

附张秦祥为刘光新（太原军人收藏家）索字。气功，夜盐洗足。参加台湾中华伦理教育书画展，刘刚民先生主持。随小季看宫老、张越老。

二十六日

发左军、光耀信。夜饮过量，移床睡。未咳嗽。小季、小王为买转椅，安装毕。收建国信。姚国瑾处□，24 元。增隶、魏体，改书名。刘念老来，书册页。有堂、朱影来，展事。徐画。赵办。可为李副校长申请展事（京），拟好书例。傅大夫开药。

二十八日

徐文达老来，下午即返太原，病，来不及招待。夜咳嗽大好。《烟毒祸陕述评》著者李庆东来，赠六尺宣五十张，索字。徐文达，太原王村南街五号，电话 775290。

二十九日

咳嗽好了。西高王满道（画油画）教中学，赠银耳。

三十日

发山东教师册字，汨罗字。收袁良骏同志信，云《人民日报》将要收集一丛评论他的《鲁迅研究史》一书，嘱为一篇文字，并说上次给他的那件信，便是好文章，无须太加工即可。五一前交卷。自当勉强应命。

四　月

大准备，操胜券。

一日

发袁信，二十日交卷。下午书画会，五月展出。书润。请谁？讲稿。自介绍，经验。

二日

文史馆学习。曾明忠父母字。五月二日到七日天水军队请。

书李、许信、字。建墨来，四条，二联。看马□明同志。

三日

发李、许信，字。齐（徐运臻女调动事）。

五日

陈国勇画展，午餐。襄汾文化局李等三人来，索书“襄汾文化名人录”题签，照片，字照，传等。明日下午来取。

六日

为杜鸿科作字（傅眉），题签。

作字时胸襟须宽大起来，一气呵成便佳。若只想到拘拘秀才，小家子气，不足观矣。

长安张六斤二人云，师怀堂已赴云南讲学，问带什么。作信问好，名片一张与之。

字如其人。没有个性便无特点。蹈人脚跟周转，奴人贱俗。艺术高贵，何须添此一角色出场，取厌观众邪？

七日

夜赴画院与苗重安同志谈香港展出事。见所画《北国风光图》,1.2丈,大笔也。嘱题雪诗。得见李洪、李耀武等同志,久欲为我录像。谈甚契。

八日

为苗重安同志大幅画《北国风光》书雪词毕。发王信。为日本东南国先生书数行曹文敏(南辛店)、李光禄、李学文、文化局,博物馆赠老伴衣料。题"襄汾文化名人录"字。

雨。

不能浪费纸张,笔墨!一字也须看做千金。

详味郑道昭摩崖大笔,飞宇广阔,身影高大,气势雄强,而又中正安舒,心境恬淡自然,神韵自出也。一句话,大人气象,足矣。

九日

作字二件,横,草,满意,送裱。赵煦若孙媳来,礼。昔赠《傅山论书法》,四七年印。晨与日本东南国等合影二张。写稿。托季波送苗字。约谈合展出事。杨万亿索字。维礼、建墨,协会诗词,十五日取,院成立字。

十日

撇开一切,便是福。闭户写作,读我书,神仙也不如。

心情恬淡时,可以写出柔美的妙笔;动气之后,便能写出气势雄强的大笔。而意味两样,作用也不同——一受青年喜欢,一为老年人赞美。正是书法绝妙处。都反映出人的性情,自然流露,造作不得的。

草须大力肆展,向外开拓,又须有几分"左"劲,若鹏飞者近之矣。

周强学友为我买来《鲁迅全集》十六本,精装,160余元。添了一种愉快。稿,作字二。

十二日

发姜福林信,收到材料。铭晨出鼻血,重。傅大夫来诊疗,愈。白氏车来。李甫运同志为刻闲章一枚。作字二,好。

十三日

山谷草书,宛如蛇虺蜿蜒,放意自如之至。王铎便有几分吃力处,差一筹矣。

十四日

赴国画院,送我上车。交字二件,裱。

十五日

送阎、仝字二十五件,裱。

作字四条,芬姐寿字。夜开会,展出安排,书酬例。交分院贺词。何金铭,大雁塔地下室周,山东人,能书。太原栗茂林同志来,未见,住西北饭店。十八日早返太原。

十六日

学习,各抒己见,还痛快。李绵书记,中文系张、赵三位来,成立司马迁学术研究会。欲见白省长,嘱介绍一面。答马新民信,贺词。收徐文达兄信。

十八日

海洋、新春来,赴无锡开会,一周回来。

中文系司马迁研究者张,一同看方

胜,介绍见白省长。

纪念郑成功收复台湾330周年书法展览筹委会,厦门市公园南路二号。

二十一日

范九老字画展。海洋、海珍相继来。收翟英同志信,五月十日—十五日来运城,字展九月,当去信。

王大亨先生寄稿纸百张,校名用我的前字展题字“广西师范大学”。

二十二日

新权赶抄评稿完,明日发出。

张淑芳(方胜)。

二十三日

发翟嫂、王大亨、栗茂林信,袁良骏教授稿,建国信。

石油公司刘副厂长、小曾来,曾白鱼瓶等二具。星期日来接。作字,满意,存之。

二十四日

发韩厂长信。收太原商业局刘书记广新字幅,酒二瓶。附中张老师又一送来。顺其自然。

二十七日

翟博来,为我写报道。翟博,《中国教育报》驻陕西记者站,电话:718005,地址:西安市药王洞119号。仪表厂三位来。西电来,约五月六日下午来接作报告。吉虹字。

二十八日

发杨力舟信。洗澡,换衣。发贾起家信,收王英信。

二十九日

发卫树廉信,张校长兄教院来,罐头二。为□兄拟碑文稿。

三十日

作字。海洋回来,外居,即回。

黎风兄派孩子来,函告艺术系报聘为名誉教授。

五　月

红月,扎实干。文稿,展览,清笔债,定展期。活跃,整饬一番,严肃。

飒爽英姿。鹰隼出风尘。雄姿发。开阔大计。

一日

铜川来,高、刘赠瓷品数件。张仰文来,给王蕴玉信、朱老信。

二日

墨须蘸饱,画乃雄强。看李正峰同志,送傅山千字文,酒。詹、窦来,明日下午五时赴宴,黄河机厂名义请日本茨城大学教授川又南岳教授,兰州教院美术系主任范有信、黄河厂赵佩琋厂长,邢宪文总经理,许大(?),满足要求。

五日

收赵春伟秘书信,起家信。

六日

上午接待天津大冈油田十五位专家,晚赴科技大学座谈。赠皮包百件。

七日

发李,赵秘书信;起家信。袁良骏君

信，字册，简历。取字，未裱出。十七日取。

八日

雨。胡同志来，谈甚久。谈心也。作字二件。印字二件。

书老——去枝叶之柔弱，应有几分老树枯干状，硬骨直上云霄，无繁叶荣华，而自具傲霜，风神凛然之美。

人老——直言，无顾忌，直心见肺肝，不做作，行我素，无奴态，事理通达，随心所欲，信笔，无不可。

九日

文史馆交自传、照片。见到余敏同志，病愈，尚健。房内悬挂我为张市长书对联、横幅。洪波来。书中美术馆信，六月中旬寄款16500元。书黄河厂信。午睡颇酣。

十日

西北分院周年，振华展。解放路新世界开幕会，会餐，到120人。长安县车送我回校。石瑞芳照料我甚周到。吃饭不少。路过八里村一酒店，李同志倍加招待。发中美馆挂号信，黄河厂赵佩　、邢宪文厂长、总经理信。臻女来。

十一日

发建国信。陈少默老要来。作字。文史馆通知北京文史馆吴副馆长带领十多书家来馆座谈，十三日下午。

小惠来，通知市府在北院门建大牌坊，十四日上午十一时来接，研究书写对联事。

梦登山，不费力，到顶处，一条大路，平坦，延伸不复已。

十三日

馆会，清雅斋餐。宫、刘、陈。（字）

十四日

与中央文史馆十二位座谈。吴空副馆长、罗铭等、陈女处长……西安饭庄。

十五日

收许麟老信、画。

中国美馆杨力舟馆长信，代候。满道。寿阳字酬120元。李应东、王冬菊同志来（小寨邮局退休）。李钟善校长嘱培训中心成立周年题词。

孙安邦，李建义，韩生荣，柴建国。“自序”，明贤。

十六日

下午五时偕曾莺搭包头一趟车赴永济，八时半到。刚下车，县副县长等十数友人，运城王英、张生也同来接，甚欢慰。夜宿宾馆。李雪兄嫂、家属弟青昌、侄张思公夫妇、县长石均来。

十七日

早饭后座谈。一同到普救寺，观铁牛。下午观鹳鹊楼，新拟别建地址，下临黄河。顺便看二贤庙、故土堆、有鲁公题字碑，云破坏，存县博物馆。

夜书数字。

十八日

上午留寺内，未出游。作字十数件，每件二三字。午饭后县有人来，嘱作二字。李兄闻之，恐影响余之健康，大发脾气。午睡醒后，李兄特来我住室，畅谈，似有慰意，情同手足。王英赠粉十八包。返运城，县上为我购软卧(104元,二人票)。夜十时半返校。作业:书"鹳鹊楼"字。

十九日

来人多。杨字。

二十日

安排展事。朋友为我出尽了大力。李校长、赵校长、刘兴讲话稿看过,世庆、郭、周、吴(电)、照谷金海、许贺画,郭老对联,曹鸿远贺诗,均佳。

二十一日

发柴信。收国瑾信,寄印章。

二十二日

发王英信,张生信。大会成功。

二十三日

休息。录像丢失,可叹。校方正查寻,未能播放。王仰老夫妇来,礼。

二十四日

荆老,蓝田贺民贤求书"蓝田县志"题签。省杨同志来,联系中银行。午睡好。李书记谈话。建议书:沁园春,郭沫若太史公诗,周总理赞刘志丹,王震等诗。张思公未到来(李雪老侄子)。

二十五日

写序文,题签。世庆来。

二十六日

盖玉明同志送来北院门牌坊对联文嘱书。赠塔山烟,芒果汁,强力等礼品。谷金海赠展会摄照一摺。晓文买册子。来客甚多。

二十七日

到文史馆荆梅丞老家,取回赠史念海老八十大寿礼。书贺培训中心词,赵世庆临潼书画社字三件。教师报展字二件。

名利得失世间事,
合离悲欢万古情。
名人遭遇虽皆殊,
百年到头一场空。
可怜显居王位者,
浩叹不如老百姓。

二十八日

书普救寺题名,词。为展出大会同仁作字。午睡好,梦黄河大水,渡难。明日书北院门石牌坊联。明日为职业师范书图书馆楼、教学楼字。郑成功贺词。

二十九、三十日

1.北院门石牌坊对联二副。

2. 郑成功收复台湾330周年纪念字幅。

3.国家教委韦鹏飞(民族司长)、宋成栋字各一件。

4.校培训中心十周年之贺词。

5.聪弟"诚朴"。

字。

发普救寺字(题馆名,题词)。信汇或电汇支付场租,北京东城区王府井分理处中国美术馆,财务账号:891078—85。盖玉明取字,赠牛肉。发郑成功纪念贺诗。

三十一日

作字。女女、蛋蛋们来。三十八号房即处理。送赵世庆材料:字照,硕望,报纸(白合影),英译(自简介),人民日报复印。

夜世庆为指导画竹三幅,居然画得不

错。继续画下去,三年成大家!

夜困,睡得好。

六　月

大准备月。人,印件,安排,“北国风光”,陈毅字。

一日

儿童节。经济。作字。

二日

发航民(字),起家、左军、建国信。

三日

新权为发李之光唁电。抄写万武呈报材料。赵世庆点子好。轻松了。郑欣淼[⑥]调京。荆同志为安吊扇、电灯,费力整整一上午,八时才得用饭。

四日

杨力雄老二人来,知惠世恭老眼发炎。文史馆来,取阎庆生讲话稿。

赵校长来作字。赵世庆帮忙送出。傅大夫来,送药四瓶。

六日

作画三件,不错,进了一步,放肆起来。黄埔王立沙女来,纪念校庆,作字一幅。映超。

七日

周强助书成毛泽东《雪》诗,六尺长十幅。

八日

文史馆会,为天水部队作“拔山盖世”四大字。

九日

新权取回裱字四件。作字赠帮忙友人。

十一日

书画会七人开会,赴京安排。

十二日

中国书协权希军同志来,午餐。三时归。为司马迁研究会写贺词,交赵光勇同志。收李殿清枣子。振绪、振维先后来信,寄来草书,虎虎楷书,不错。收日本吉久保俊夫信,照片五张。日本水户市本町3-10-3。

十三日

发杨力舟同志信,收袁良骏同志信。庚虎同志、小会来,星期三上午来接。裱字,曾莺为复印材料,交赵君。明日到强家,补写“雪”文。书日本吉久保俊夫信、殿清信。

十六日

黄埔军校六十八周年纪念会,报到后车送回校。朱映超为联系,张素娥等,发请柬事。发起家、建国、殿清、袁良骏、日本吉久保俊夫,新权帮写,均附教师报。王生彦、周强同志为我汇美展款,费尽周折。

十七日

看权希军同志,了解情况不少。

十八日

发日本吉久保俊夫信,发袁良骏兄信,教师报。曹福成信。曾招待所,专家楼横幅字。平遥郭长字,催书。昨日魏庚虎、小会司机来,赴魏家。午餐后,其夫人送回

家。交字十一件。(八屏,雪)

十九日

雨。考虑赴京事。

二十日

雨。赵世庆同志晚十一时以学校名义赴京,赠鸡蛋、茶,路用。带李、董、许信三件。作字,整理字册。取回字画照十八张(晓义摄)。武警宋送来裱字二件。取教师报二十张。

二十一日

候赵归来,展开活动!邀请人。京,外地,秦,晋。1.印材料,文稿联系;2.会商,经事;3.聪弟来,赠;美展计划,倾谈抒发研究打算;4.作品添补,字画;5.庚虎字酬。

加鞭!主战!迅、山气态,必胜!

铜川公安局来,赠长颈瓶三件,鸡蛋、桂圆等品。参加旅游设计公司根雕展,赠伞、洗发香皂等。长安水电公司马同志来,为看作品,赠黑米酒、城固酒。马同志来,任马迁会顾问。

二十二日

战:

集中战(歼灭战,围攻战,硬战)。

持久战(韧的战斗)。

做学问亦当如此。

弓建国,师大党办,横幅诗词。

目标明确,计划步骤切实可行,行动神速,成功,克敌制敌。

二十四日

司马迁研究会成立,聘为顾问。新华报社记者王进财、王谦同志采访,带去照片,字册,探索,字二件,晚饭后为介绍傅毓文,去见。

送庚虎大对联一副,为数字对子,条幅。技校王诚学为买票(出租车),送回。赴文史馆,托给中央文史馆,任主办单位,索右任词一百本。赴金海处,收新安西铭画。

二十七日

徐义生画展讲话。

二十八日

赴兰州大军区长征将军郑司令、李虎等政委……宴会,作字画,七八人。世庆归来,好!振维来——须作大幅字画,长度第一。

二十九日

晚七时半开会。安排京展事。振维来。

三十日

发柴建国、韩、林、赵信。任主办单位。芬姐、绪等来。

延安地区中级法院鲁辽,赠画一件,为书数字。716000。

七　月

六日

连日接待聪弟、银莲娣。

舞会。校方颇支持。售济众画。为美华裔作字。黄河厂来接,振绪同去,作字,赠我萧焕、刘文西画册。收李、翟兄嫂信,对书展大关怀,去见许、李庄老、董老。杨力老为芬姐买票。

十日

发太原曹、林、赵、起家、王英、李庄老、峰兄、安邦信。作大幅字一件，周强助力。为中行李行长，金融书画会，军队老年书画展作贺词，谷风鸣政委作字。董司机字。

聪、莲此次来，颇受影响：

1.率脱，非常活跃，快乐。

2.自强，精健，不要人扶，自立不起来，便无一切作为。

3.人生本是麻烦事，须不怕麻烦，为人操心，既诺必行，尽心尽力，周到。

无私无畏，大踏步闯去，众人是神，我亦即神。最怕是俗！俗人俗气，难得对话。

阔人，往往是不能的人，有何高贵？世事，没样子，有甚标准可寻？鞋子是照自己脚的大小做的，别人的鞋子，难得合适。参考可以，也只是个参考。走自己的路，做自己的事，跟着人跑，能跑到哪里去？大智大行，存我为贵。处人做人，固属一道，根本还在自身。

抓住：领导，干员；电台，记者；体格，气态；足矣。

人生即持久抗战，人生即旅游，人生即唱戏。

赵同志为抄郭沫若诗。

中国银行李行长派人来，后天来接。

赵世庆同志夜谈至十二时，为述平生事，将为我大做文章，企图远大！言之有道。甚感。

松，竹，藤萝，瓜，菊。

题签无成，即集古碑，高雅别致，如上高岭，正不必他本也。快甚！

深交数友。

书册。张永寿老，九十一岁，来访。冯玉祥秘书，天□县长（闻喜人），能行草，高韵，为留字一张。徒步返。武德运君来，赠报，复印三件——宣扬拙著《探索》。开始作字——展品之一。四十件。

十三日

小雨。准备：名片，名流，人名，单位，地址，放大镜，发文，礼品，录像师。

自力更生，人定胜天！高雅风致，破俗务实！

周玉书，北京总部（武警）司令员（中将）。

十六日

邢经理宪文，马队长来，谈及赞助事。樊川来，函施金昌、史历修厂长书记赞助事。见窦勤远同志。

十七日

作字：山大九十周年纪念，于右任研究会字，马祖印对子。送庚虎裱字，大幅，马迁，鲁迅，傅山，正气。搬家，八月初开始裱。发张梦阳字、信。

十八日

窦勤远同志来，带去马祖印对子一副。去黄河厂接谈展助事。赠给《探索》，教师报。王仲实兄来，带来证书（中国老年问题研究会等赠）。振玲等从临潼返回。

十九日

下午黄河厂窦勤远、詹二位来接，书

数件，即返，已八时了。郭瑞琛老由韩解生陪同来，赠我风衣，袜二双。散氏毛公拓片，颇珍贵；张芝草二份。甚感！又赠谢《自序》，刘念老笔二支。

二十日

收峰兄题字四页，翟嫂信，李庄老信，人民日报文难。振绪信，曹兄关心展费。

二十二日

刘迈（许婿，地方志办）索诗，寄之，字册。为俄国萨乌罗夫先生（汉学家）作字（“几株老杏”）。看李思白兄家。

二十三日

发山大贺词、建国二信，寄李兄题字。

昨发翟嫂、建国、襄汾县政府、王英信。

二十四日

陕军区（王志成司令、赵政委，给老政委）老年书画展，赠瓶一件。收峰兄题字。

二十五、二十六日

李甫运同志赴京，交马文瑞、汪锋、刘澜涛等同志字。开京展会。世庆办公室作画。

摹拟——临帖——创新（首创）。由字形——外神。由工稳——变化。苦练——精金。

识时。明己。

满目憔然视不得，

独爱庄生一老师。

苗重安兄为画。取裱字二件，不收钱。许作对联一副，赠佳宣纸数张。看望李珂同志。易水寒同志寄来字照，介绍张素娥（张治中侄女）。收建国信，字册或可发稿，即复安邦、建国信。

展出要事：

名片，请柬，说明书，定人员，作品选，送请柬对象，人数。礼品，杂字。“故国神游”。留言簿，前言，指路小牌子，讲话稿。费用。

北京，南开，。石油，统战部，鲁馆，汪、刘、马，社科院，书协，武警总队，北大易水寒，清华李、许、董，乃朝，中央文史馆，郑思远，贾芝，人民，光明、中国教育报。新华日报社，北京报，解放日报，警校，艺院，中书艺院，中国老年书画研究院，中国革命军事博物馆，民盟，欧阳中石（北京师院），中教委韦司长鹏飞，电视台，王坚如（天津美术学院），朱乃正（中央美术学院），刘开渠（中国美术馆馆长），杨力舟，王迎春，吴空，王然，沈鹏，柳倩，蔡，白旭，刘艺，赵朴初，王景芬，田际康，中国书法杂志，人民美术出版社中国书画编辑部刘龙庭、马海方，新华日报（周年纪念），赵立生（北京西城区皇城根南街一区八号），人民日报文艺部蒋之明、刘梦岚，海外版蒋荫安主编，光明日报科技部刘子达，总编室，王朝闻，林默涵，乔明甫部长，杨静仁，吕琳……

〔注〕

①苏局仙（1882-1992），上海南汇人，清朝末代秀才，享年一百一十岁。著名书法家。

②王通，山西河津人，隋朝末年著名学者，“初唐四杰”之一王勃的祖父，史称名儒。在我国思想史上颇具影响。

③赵长秋，山西书协副主席，书法篆刻家。

④刘锁祥，太原师院书法系教授，山西书协副主席。

⑤郝力群，即力群，山西灵石人，1912年生，我国著名版画家。

⑥郑欣淼，陕西澄城人，1947年生，任文化部副部长，故宫博物院院长兼党委书记。

一九九三年

1993年春节之前

一年中，成绩不小。学校六月间为我展出，研讨会。九月初又为我资助，赴京展览，取得意外成果。要都是好友们，北京的李雪峰全家，山西的韩生荣老，曹福成兄，姚国瑾，张劲知，柴建国，李建义，贾起家……西安的赵万怀，刘念先，王生彦，吴应驹，胡增贤，王满道，田耀，孔恪，王言民，曹，季波，印咸……多得很。

襄汾领导为我建艺术馆，建国、建义、孙安邦为我印名贤诗文字册……我都不能忘记的。

春节后大工作：庄文，书法论文，书法作品，自传，先兄、师碑文，讲稿，活动，电视录像，交游，知己，协友。

制度：少书法应酬，报酬，筹资本，养精神。

大法：苦练身心成铁汉，直取书城拜三公。三公者，济公，包公，孙悟空也。（自撰）

横眉冷对千夫指，白眼看他世上人。（集鲁迅、王维诗句）

凌空顾八荒，浩气琅天声。（傅山先生诗）

石檀拔石精，枝柯纽石绳。轮囷络紫贔，鳞甲穿青绫。輆軋骨不折，风霜神愈生。盘根砺吾剑，金铁满山鸣。（傅山《再咏石檀》）

得此精灵，一生受用无穷。“真理在胸笔在手，无私无畏即自由”，足矣！

1993年1月20日夜

君子自造之于道，欲其自得之也；自得则居之安，居之安则资之深，资之深则取之左右逢其源。（《孟子》）

为他不得，只好自得！

“与天为徒”（《庄子》），岂不伟乎？

增补。

1993年元月23日

一　月

二十三日

春王正月

初一。龙虎。（鲁迅先生曾如此写）

二者祥物，做人应引以为师，作字亦当尔尔。生龙活虎，龙跳虎卧，人、书，臻此足矣！赵子龙，虎虎有生气，“文雅不书生”，侠士可贵。

“雄鸡一唱天下白。”

明乎大任所在，自能众望所归。人生就是在能为大众办好事，爱国爱民，舍此无他。

无针对性，即无努力目标，以敌为友，引狼入室，尚何言哉！

梁漱溟先生是位卓荦的人物，坚毅，不苟同，出语肯定，态度明朗，不可转移。曾见其为先师潘逢照先生写过一副对联，一如其人，疏爽不驯，自具高格。

来客甚众。施维芝，高元白老，图书馆

诸友，成守焕，王（英文），杨起超，胥超，《千字文》书者等二十余人。

看碑帖、诗文，已得三昧，能见到书外之“天”，天外之“天”。苦用心思，如是乃能著述，有高度见解，不蹈人脚跟，真意所在，发人所未发。

二十四日（初二）

向李绵、阎景汉、师维芝、刁仪钧、周俊章诸老拜年。高家良夫妇来。

忧国：

1.师范学校收费，不津贴，谁来上学？

2.师生做生意，分散研究精力、时间，影响教学质量，学习时间！

3.目前情况，教者难教，学者不学，教育失败。今后教师荒，接班人？

4.人人抓钱，不择手段，事业心没有了。

5.教师工资发不到手，罢教，同时即罢学。

6.物价飞涨，教师工资不动，平时工资比起别国（日、美……），可怜之至。

7.“文化大革命”害了三代人，此次，彻底破产，害了百年，国家元气何在？

8.社会道德品质=0。

9. 城市街房租卖给外国人为害……再要设赌城、妓院……

国家主流虽好，但现象也得注意，解决问题才行。

其他几百种，不说了！人人做生意，事事都承包……法律效果？公民的道德标准？用人唯亲？贤？

汪兴中夫妇来。

二十五日（三日）

王才、□副馆长、赵氏来，夜为司马温公祠书长联：“澄神养性方知六祖修禅意，察古鉴今当识先生洛宋心。”（刘念先老文）

二十六日（初四）

晴暖。作字数页。孩子们各自回家，静了好多。吴元训老来，看任平老、志玉同志。明日发司马光祠对联。李明道同志来，有人求对联。

还是搞学术研究，对国家人民有益，精神文明要紧。

宏儒偕孩子来。礼。

二十七日（初五）

春节过。发贾起家信，司马光祠长联。强毅偕弟瑜来，礼重。王满道来，礼。

收日本梅津彩石信、宋庆龄基金会信。李殿清信。包裹单。

二十八日（初六）

新春已过。该上马了。起家来电话，将去太原，为姚奠中老京展事。徐、杨老等来。孙新权来，礼。吴三俊来，《中国书法》已出版，文章、字刊登，列入“现代名人”栏。介绍了齐白石老自作印刻，第二即余之字作，建国文[①]。甚慰。发潘爱珠信，约动手术事。收《光明日报》复信。收到彩石寄来的食品多种，女袜，毛巾，枕巾，上下衬衣。

二十九日(初七)

人间复杂,是非事莫谈。接起家电话,《中国书法》已刊出文章、字作,如新权所告,表示满意,与贺。够关心矣。□□同志来,礼,教外国学生书法,据说欧美学生,不同人说外语,他不教你,须另抽时间教,要学费!但占便宜。日本生更小气,重利!他们算经济账仔细得很,决不吃亏。我们太宽大了!不算账。没关系。

收印刷品单——《中国书法》?

保重自身,珍贵作品,珍惜言论!

三十日(初八)

南门里京都饭店二楼四院(一个点子),潘爱珠大夫电话,正月二十前后联系,来,或电话,动手术,好照拂。收《鲁迅月刊》十二月份。书“美苑饭庄”(满道弟)。发起家转姚奠中老书画展贺词,入姚信一件。

三十一日

收孙莉信。发起家信(姚贺词)。夜马在春夫妇来,礼。周强夫妇(自英国归来,杨梓)来,礼。客人甚多,张光祖、申秀生二人,吉虹,九岁神童二人,一小全国珠算第一名,父母,友人,刘欢(西北大学研究生)。摄照,十数人。礼多。

二　月

一日(正月十日)

红月。定于一。充分准备。开始大工作。方磊同志来,礼。

二日(十一日)

丝绸出口公司李司机同志送我看路克军、方磊诸同志。起家电话,收到字。一中韩同志来,礼。朱景、李仲善一家亲戚,五岁孩子能写好字,来,礼。照相。

三日

中共陕西省委《共产党人》杂志社副总编辑张西望来,赠杂志二本。翟博同志来,谈话三小时,记录,为我写文(育才书店),正气在中华。住外院。西大武德运同志来,字一件。傅正乾来。育才书店字。发水既生、邓军信。

四日(十三)

余作字,乃以千百万聪慧的神经纤维在慧眼独照、太极动作中所织成。其织入画面上者,有龙凤,狮虎,君王宫殿,英豪,大山,大海,风云雷电,林薄晦冥,出神入鬼,镇降百邪,正也,大也,伟也,不亦威然?

五日(十四日)

南大街古都饭店未找到,或云正在建筑。松园为我雇出租车回来,十五元。满道来,取走美苑饭庄字。

对我的几位“恩友”:

二李,二冯,二轻,文,协,李光,赵,黄——增我力量,助我长进,永志不忘!

真友:胡,王,贾,韩,刘老,田……

饭食大好起来。

清理笔债。青海西高同学。准备动手冲。休息数日。

书画,亦乐。任性放笔行去,一如天

成，上帝不曾给你规定一套死法，非如此不可，只看你有无本领耳。我为主宰，万类置我笔下，但听我安排处理，它不会提出任何不同意见，但观众可以随便指责，你没能力捂住大家的嘴的。

思白兄嘱字。

六日（十五，元宵节）

洗澡。陈崇俭信、字。光明日报肖信。李赫来取字。乘车到振兴路□城巷十一号四医院眼科区，潘不在（新权同去）。买《中国书法》九三年一期一册。李正峰兄来，拟办《书法教育报》。好事。收王英信，住院。刘延勃信。

七日（十六）

发王英、刘延勃、田尔斯信。小运（李雪老外甥）从太原来。为作字。子良，青晋，饮以银耳。王璐送《教师报》数份。方胜来，为《经济》作字二张。毛贝去临潼上学。

余年已八十有五岁，比鲁迅先生年纪超过近三十岁，较傅山超过五岁。余自信秉有二贤圣性，利他，疾恶如仇，并有庄子的旷达，不计得失、荣辱。然论学问，实圣乎望尘莫及！论书艺，应该过之。我仍不及，当努力为之，或可并肩矣。至少在作书上应有进一步的丑拙、直率。拙即是巧，也当不失骨气也。年纪正横秋，何务乖巧邪？傅眉字可法。大刀阔斧裁，一任天地安排，快哉！

八日（十七）

见到潘爱珠，当即试看，可以动手术了。季波等来（重礼）。振纪来，人参，蜂王浆二。

八日（十九）

老子执古契，慧眼透天机。
白眼看天下，而况虫与鸡。

平原气在中，吞虏一支笔。[②]
气象转乾坤，直比陶钧力。

气象尔何物？感人无所极。
纵横数万里，高扬绝天际。

狂飙扫荡过，海水若山立。
拔山复盖世，鬼神为之泣。

发梅津彩石信，并《中国书法》二册。王阐胜，《散文百家报》将成立，文化局办，刘格派来写报头。强毅来，送为人59年写的对联，拍照后还之。刘玉玲来，礼。书字，横幅，联句。

余用笔无形无画无色，唯觉混沌气象，逼压震荡六合之外，万物随之俯仰，惊动鬼神，如此而已。

十九日（二十八）

发峰兄信。完成满道任务。

余在古碑帖中，能使我日夜味之者，约有：爨龙颜，石门铭，龙门二十品，崔敬邕墓志，郑道昭摩崖石刻，梁刻，魏墓志铭，瘗鹤铭，章草，山谷，南海，傅山，西狭颂，姚伯多，大将军墓志铭。大方，有威仪，气象境界，不食人间烟火者。天真自然者便佳。

二十日

樊川来,米,字。发扶青、建国信。

女歌唱半分钟,50 万元! 我辈真可怜! 买房钱? 准备。看透一切,否定一切。讲甚面子,“钱”! 大解放,大革命! 破公立私。不动笔。

郑志国兄嫂来。夜梦老家门前枯树为人推倒。粪场里丛树甚盛。刘刚民夫妇来,重礼收日本(政协方胜转来)王羲之九回国际展。建国信,民盟信。十二楼四单元女医生赠人参。民盟文教会明日开会,建新街七号。

二十二日

崇俭等三人来,约赴东亚饭店进餐,宏儒、文蔚、春艳等等候。回民三人来,羊肉。冬生等二人来,礼,尚未细谈。民盟文教委座谈,畅言多感慨——教育界现象。

二十三日

冬生等回家去。(热闹信)李强、赵甲立等来,礼。满道来,取走字(牌匾)。铭同小毛去临潼看毛贝,带给张世恩通知信。请寄来病理证明。一阵小雨,即止。

二十四日

雨。书张冬梅信。王玲来,做午餐。

平原气在中,俊厉一支笔。

拔山气盖世,八十力正足。

白眼看天下,青天有耳目。

振纪与法制报记者来,谈三小时。饭后即回。雨未停止。满道来,送炭素墨汁一瓶。

又来电话,买《中国书法》三本,将赠二本。

二十五日

水管没关,洗碗锅又盖住水道口,满地变成波池,连下楼李老师家也灌了,真是不安。

二十六日

发赵险峰、冬梅信。

细读《老子》,颇有新悟。前人所解者,未必都是,也未必深入。

阎刚横幅,傅山句。收海洋信。正月底来,附《山西日报》,有段记者一文。

假的世界!盗的世界!怀疑——否定。但不失望、绝望,因为虚妄正与希望相同,仍须尽力而为,对教育有所贡献。

书画会开会,讨论,讲座,十周年纪念事。张少纯借傅山帖。生彦同志手。

《八十年习书甘苦及其他》。

二十六日

发海洋信。满道电话,知台湾看了介绍、墨迹,深表赞赏……又美院一教授欲来访……李钟善同志面告湖州一笔厂经理要来西安举行发布会,定时日……

二十七日

收《中国书法》杂志社梅墨生[③]信,并杂志五册,即发回信。新疆军区疗养院赵政委、张主任来看望,重礼物。送到十二张照片。

收翟英嫂、田尔斯信。又本市太华南路陕西第十一棉纺厂家属区一村 59 号白风奇对联,钱。附信封。

失　题

平生忠愤义，忧国千秋心。
男儿何所事，浩气冲星云。
不雪国仇恨，何以报忠魂。
鸡虫人不齿，豺狼终难驯。
引狼入我室，殃民水火深。
叹君门九色，下怀莫由申。
徘徊迷前路，一步一呻吟。

雪。周强赠《老子》一本。保姆不能来了，答应为另找人。草书法一文。得手。

一起都在大变动，课程砍掉不少，都下海去了。意识形态不需要，著书立说，纸上谈兵=0。如何办？

1.写字，作画，自娱。能变成钱也可以。

2.写自己的东西，自传，书理，庄文，写几句，算几句。

3.自强力壮，有福气。

4.朋友，助手，需要的。

5.少提意见，少说长短，不顶事。国家大事，形势好，操心多余。

6.行其所欲事，能婴儿乎！天真烂漫，自由世界，好极。

7.静下来！杀断琐屑，惜光阴，养葆光，自爱。

收到忻州王长榆信，索字。詹五生来，黄河厂可买大作。窦离婚，一人生活苦。师维芝老来。毛贝回来，方绮回来。白氏来。

二十八日

月终。发建国信。申杰等三人来，赠《艺舟导报》一张，约撰稿，题词。午睡颇酣，两小时。取《中国教育报》稿酬四十元。

三月（整饬之月，大改之月）

“白眼看他世上人。”

“直取书城拜三公。”（包公，济公，孙悟空）

梁漱氏。足矣。

一日

晴。去二疗区。三五日可住院。开来汇款单。发南方日报信。收到梅津彩石信，字也收到。左军信，或将来西安。通知一件：注意门户！有几家被盗！社会治安如此之坏，人多实不多，鬼多！防不胜防！闻乡村盗少，而骗子多！可怕！教育下降，素质大坏，将来？一年不如一年，没盼望。毋动气，淡心。如何办？应思有以治之！文化人有职责！

二日

平女电话，明日午十时住院，季波派车。发郭齐文[④]信，简介一份。广东广州南方日报社信。姜志荣院长来，言给申请住院事，办好送来转医院，大事已办妥，静等出院成功，作新计划。收《鲁迅研究月刊》（1993.1）。

三日

海洋、安生、重洋回去。上午平女陪赴四医院做B超。赵氏司机、季波来。姜院长送来发票。收王英信，出院上班。斜坡宋世山子信。

四日

住院。北京《国际人才交流杂志》李记者来电话，欲来西安一面。今天《参考消息》：赴俄学生百余名不好好学习，胡作非为，杀人家的狗肉吃；中国妇女骗入泰国卖淫……百货大价售俄，穿不到十天，破了，内装草物……形象日坏，无怪日本人说："不要学中国人。"可叹！

排除一切，埋头学习，充实一下，自固气。教育今后是一条大道。物以稀贵。没人当教师，教师必贵，好教师更贵。没人研究学问，学问亦必贵。此余之预言，必无误。

收邱文选同志信，即复。

五日

草大纲（人，乐干）。发邱文选信。西影高同志要来一面。

生活规律化，思想系统化，精神有寄托。为大人，人品公正，心旷体胖。

读书——入得里，逃得出，化得开，用得着。此余几十年研读实践中得来，可贵。

书法——人生哲学，做人的学问，大乐园（健康之神）。战斗武器。

大解放，心空旷，
男儿有志走四方。
没知识，有何妨？
一切由我定，
大业由我创。
吃吃喝喝一辈子，
管他民族兴衰，
国家存亡！（闻浪子狂言，记录）
横眉冷对千夫指，
浪读列子杨朱篇，
为我欲为，别一世界。
什么清规戒律，
作茧自缚，自囚可怜。
高歌一声，
拔山盖世，气象万千！

六日

平女陪赴医院，交发票，B 超检查，爱珠为安排，八日八时动手术。取回新疆疗养院病理。

七日

夜眠、午睡均大足。未能作字。

时至今日，乃确知一字之味，连数字之味，以致数行全幅之味，既在字中，也在字外，味之不尽。一字如一人，合数十人，集体为舞，其趣乃出。个体与集体之关系更显。全存联络变化中见神采，出惊险。草书逸品，其中不知多少大自然中形色，交织成龙成虎——交响曲。一幅快书绝作，全是感情闹事，鬼出神没，虚虚实实，如醉如梦，其中有精，有道。一字之贵，曷止千金，故不得轻易下笔。

复光明日报肖海鹰同志约稿信，《书法与健康》。宋振东信。

八日

平女送入医院。爱珠颇照顾。

九日

检查，王丽大夫，周到。

十日

王为动手术，佳，眼针四次，吊针六次。

十六日

平女用校车接回。

在这一时间内，王玲、平按时送饭照扶，孙新权住两夜，办事颇多，为我复信七八件，代买郑孝胥帖。收许杰、孙莉等十数件信。安徽张冬梅大夫寄来香椿菜。文史馆馆长薛、苑、吴，校领导赵、刘、季、王育民、黄……来院看望，重礼。

二十日

满道来，重礼。赴院检查，打一针。赠清王字册。

二十二日

午睡颇好。

二十三日

晨，植物园活动。忽忆：

1.“不要学中国人。”

2.二十一世纪来向我们学吧！

3.留学生杀洋狗吃肉。

4.假衣装，内装草絮。

5.“中国人滚回去！”

6.《丑陋的中国人》。

7.丢人，丢人，丢人！

炎黄子孙！不争气！不长进！休矣！

欺骗外宾，不讲信用，不守时间，无正义感，无事业心。

二十四日

赴医院，新调来胡大夫打一针，潘云已长好，不必到院，有不舒适时，随时去。她八月份离开疗区。

卸去一切职务（会长，陕书协）。建立自由王国，宇宙大乐园（书法），文化世界（庄文……）。个人研究。

王一平笔庄赠笔两支，季交。（湖州）

二十五日

书画会十周年纪念会筹备会。

二十六日

收孙安邦同志信，复印许杰老信。江山自固气，猛志终常在。李甫运同志赠银耳茶等重礼。

二十七日

有堂送来屈氏裱字四幅。阴雨。睡足。

二十八日

强毅同志来带回为其友人作对联一副。新疆疗养院病理一份。《天演论》取回。

二十九、三十日

海洋电话，约返里住居休息。应、付来聊天。

三十一日

眠、食均佳。健康好。收姚国瑾信。眼渐近正常，红退。收《中国书法》字稿酬50元。

四月（健康，休养，饮食，营养）

一日

开始新生活，勇猛精进，巨人，有所恃。大笑一场。

张航民信，嘱作字。

物外散人，甚好。

二日

踏踏实实走下去，严肃认真，进到自由王国。

三日

雨。便通。

四日

牛道生来，礼，夜谈甚快乐。收王英、张冬梅信。

五日

胡增贤夫妇、谢政委来，刻名片、录像事。礼。康凡自青海来，刘鸿儒来，礼，各赠字册共13本。傅大夫随地质院同志来。西安东方大厦匾字，六月初。书许杰老信。明日发信、字册、字幅，及博物馆信。牛道生请午饭，即回临汾。李钟善同志来赠蜂王浆二。眼力大好，渐复康。

六日

发许杰先生信、字册、字。

今日生活，退休，如出笼鸟，东西南北，任其所止，我行我素。“物外布衣”，颇佳，本分，合实际，启用之。知其不可而为之者也。百年树人。教育若崩溃，有如黄河决口，最难得救！此余之预见，不信往后看。

十一日

毛贝回来，他妈送来的。收鲁迅学会通知，九月在宝鸡师院开会。世恭老赠所书《千字文》二本。

十二日

贪财自取祸，无名便是福。苦练真金，深自固气，填海移山，猛志长在。拜三公，拟三公，增我志气，摒弃万类，人间大乐，有如得道，帝力何有于我？[⑤]

收建国、习一重要信。

理发。拟印信纸300张。张西望，《共产党人》编辑，来，嘱为该杂志书江总书记一段文字。因眼力未能应允。带去翟博嘱书“育民书店”牌字，及张嘱字。

十五日

发王得厚、世家、冬梅信，挂号。收许杰老信、海洋信。

青年可怕！黄，李，赵一流。

十六日

发海洋信。上午九时曹笃女陪赴二疗区检查眼，爱珠特别照顾，幸李主任也在，左眼去线二，右眼也抽去一线。轻松多了。从下星期一起，潘请十天假，不到院，照看她姊女。氯梅素日点1~2次。书陈巨锁信，五台山国际展字。

十七日

雨。右眼已照常，左眼红也消了。

振纪收到《陕西法制报》，内有记者访问我的一文，尚未见送来。

十八日

星期日。水管拧不住，急，适遇□来，解决了。他发明的油榨机，列为国家发明，陕省三种之一。知生物系电教、化工……走出人不少。好人做不得，外出有前途，便正常。发陈巨锁信，五台字。

余之年纪已超过傅山先生，而书艺学问终难赶及先生矣。愧甚！当勉之。书艺或可企及，余无为焉。书须放笔为之。都将百年兴，一寄翰墨城。平生孤愤义，扫荡奏奇功。一鸣惊世界，何人敢述评。

十九日

成功人：

1.针对性（敌）——思想——感情盛事（大业）。

2.去中像（师法）——偶像（三公）。

3.经书（寄托）——庄文……

4.嗜好（修养，乐趣，乐园）——书法。傅山。

乐园骄子，赛场冠军，事业泰斗，大地巨人。（白眼看他世上人）

二十日

发习一、建国信，翟英同志字。收建国信，七月成立“卫俊秀书法研究会”，在临汾或在太原。收到《鲁迅月刊》二期。

安大夫来（王同志陪），送来眼药二瓶：盐酸，吗啉咪胍。

二十一日

长寿之道，正大，旷达，自然，天真，和乐自得，行所无事，和以天倪，目空万类。

换退休证（宋同志办）。积榆同志给学报五本，剪报93年的。若莲来。清兰信，照片。

临潼：一酒店=妓院，查出六个局长去“做客”……碍面子，不游行，各罚5000元，撤职（？），一局长乘卧车送罚金。

睡觉，喝茶，吃菜，已过关，健康！石一宁，王丽丽，好大夫，胡大夫亦好。潘爱珠为我介绍，确实好。饭单：米切子，菜合，烙饼，然面倒蒜，浆水面，清汤面，饺子，包子，羊汤面，漏面，炒面，绿豆汤面，苞谷碜面，羊肉泡，生菜，凉粉。

二十二日

徐耿华同志来，知文史馆卖了一条字，500元。余前卖于右任帖200本，合价600余元。清账。又同至王育民同志家，赠余茶五包。

二十三日

克忠送来《国际中国书法》。收王世家信。

二十四日

赵校长自郑州归来，赠灵宝枣一包。整信件。

二十五日

知识领域（史地，自然），文化水平（人文），语言文字运用，科学艺术（特异功能），超常，思维学问高深。

窦勤远同志来，送日本川文南岳、范有信先生书画联展请柬。四月二十九日开幕。《少年书法报》建刊题词。

二十六日

收李、赵春伟秘书信。李老，合影两张，甚佳。内蒙、赵鼎新信。发南开大学田峻生、鲁迅博物馆王世家信。

二十七日

看李正峰同志，谈西京书画院事。

教育：1.立国之本。2.国家命脉。3.心脏。4.国家最大的财富——人才。聪明，才智，创造财富的动力。

二十八日

参加妇女协会书画展，周强陪往。

二十九日

参加日本川文南岳、兰州范有信书画联展,颇佳。由我、郑州铁路局林等剪彩。照相颇多。十三个日本妇女参加。午餐后返回。

三十日

校书画会成立十周年,来宾刘自椟、钟明善、胡西铭、谷金海几位参加。雨天又没电。到外状元楼会餐。一宗大事过了。

贾起家同志来电话,七月份来。累甚,午睡尚好。又会餐。

五　月

一日

昨饮酒(米酒),几醉。雨。发法制周报李廷华⑥同志信。外孙豆豆与孙澄结婚,二十多口人,颇热闹。

二日

周同志赠刻印一大张。

三日

韩城司马迁文化艺术节大会筹委会,名流二十余人参加,午餐。收太原山西古籍出版社并州北路11号孙安邦信,已批准,字册快印出来。文史馆请柬,五日大展。忻州地区文联陈巨锁信,作品收到,034000。

收海南省文昌县文城镇文东路77号文昌县孔庙管理处(571300)信、照片。书孔子格言一则。

四日

发张劲知、任映仑照片。周强、田刚同志来,赠《人文》杂志二册。中文系马效军同志送我回家,赠《探索》一本,周强赠《寄园日记》一册。六月三日函院通知为七十岁以上顾问祝寿,车来接。

八日

雨。发梅墨生《傅山》、《野草》二本,张匡、陈巨锁信。武生运同志来赠绍兴《鲁迅研究》一本,内有为我所作一文。宣纸百张。

九日

收建强(函院)送森林西服领带一条(为台湾书"朝晖"二字赠品)。收太原姚国瑾六人书展请柬。西北分院信。杨虎城纪念索字。

十日

发姚贺信。书王克钧馆长信。

十一日

收王电话,随时可到馆查看余之字幅,摄照。收解放军报社信(100832)。《现代老年》"当代名人书画录"字,七月三十日交,半寸彩照一张。

1.兄、师夫子碑文。2.八十年临池路上好风光。3.《傅山论书法》修订本。4.庄子文。5.六型书法选。6.录像。7.册页(陶令公、古诗十九首,傅山杂文)。

五日

参加文史馆庆祝成立四十周年字画展纪念。

六日

收梅墨生同志信，索《傅山论书法》。李雪老信，张冬梅信。王志刚赠陈星焕画牡丹一件，装裱。体协徐老请午餐。

七日

方胜同志取字一张（“朝晖”）。兰亭笔会，日人办。

不怕鬼，不爱钱，
顶天立地男子汉。
卧读《南华》化人也，
洒洒落落度晚年。
拜济公，敬悟空，
目空万类一世雄。
看宋代，一包拯，
大公无私万人敬。
存我为贵智所贵，
真理砌起一铁城。

十二日

读傅山集有悟：
饥苦是福，
仇敌是恩。

文须脱胎乃臻妙，
学到寻根自无疑。

书能变化乃为妙，
心存大公即是雄。

看透事理无忧惧，
破得盘根真工作。

作字二条件：一为做人，二为治学，乃谈得上技艺佳作。

十三日

雨。收张劲知信，发王满道信。

读古碑，只觉得一片纯真，有似婴儿真性情，仙姿妙态，和以天倪，稚气可爱（观二十品偶悟），所谓“与天为徒”、“不食人间烟火”者也。无心无意，喜笑怒骂，举止无忌惮，莫知其所以然，丑处，怪处，自得自适，不可思议。

十四日

收张劲知信，拜师。

瓦釜鸣，黄钟弃，贤退隐，架上鸡（闻谣唱词）。

蔡望东来，赠《始皇出巡图》，令人刻，云建立新碑亭，索字。常胜介绍官某来求字，辞，眼力不好。

十八日

吉虹同志来，赠挂面五束。许义生画家赠老参王酒。马兰晁同志送来西北书画院请柬。22 日下午晚饭时刘老、傅、任来，知道图书馆和书画会发生矛盾，可笑！为华君武老写贺词。

十九日

倍有精神。收翟品三同志、王小运信（太原市 10 信箱研究所）。

二十日

雨。广师：
介者拸画，醉汉危言。
包公铁面，政法好汉。
济公活佛，救世居先。
横空一人，大圣是瞻。

二十一日

松弛。寄华老展贺词，二元。收王绍尊同志信，邮出印三方。收金海转农民展字酬金200元。

二十二日

赴美院展出。发绍尊、品三信。收王英信，政协、书协通知(字)。

二十三日

发王信。李杰与工会主席来，礼，未及吃饭。

二十四日

九时谢政委、增贤、曹、武同赴兰田县玉石厂，刻砚。安厂长、杨刻师商谈。在南街花盛饭店午餐。转赴空军学院，院长、政委接谈，参观机厂。见到成功地发射第一颗原子弹的大型飞机，长33米（苏联给的）。晚餐。途经一农村，胡增贤友家，看果园，赠以土产，夜归。

二十五日

发祝嘉信。到文史馆，耿华同志告以于右任帖200本款，作为馆赠京展赞助，开给收据，帐清。领生活费150元。劳动周刊编辑贺开泰同志来，未见。书《少年书法报》创刊贺词。收梅墨生同志信，收到《野草》、《傅山》书册。

二十六日

赴保健品公司，字二件，300元。

二十七日

胡光亚、增贤等同志来，为录像写文章，录音，谈五小时，午餐。天耀同志来，带去材料、杂志二本、报纸等。赠右任帖。

二十八日

定序文稿。书西安东方大厦匾字。

二十九日

收安徽医生信、临汾行署等信。左军来。劳动周报编辑贺开泰来，赠《陆游读书诗译注》一册，紫阳壶一盒。余亦以《野草探索》赠之。发中央电视台孙莉信。收生人信数件，索字。新权取回贺华老大幅一帧，付30元。

三十日

赵唐同志来，照相多张。

三十一日

到画廊送华君武老展贺词。邹家绪等同志热情招待，上下电梯。久未见面。雨，五时半返回。收王绍尊道友寄来刻印三方。李向虎还债200元，合前邮(2.10)300元，共500元。下欠500元。

六　月

归清杂税。

老来狂更狂，不狂太冤枉。
历尽风霜苦，幸今道体康。

迷阳塞衢道，却曲仍刺伤。
妖孽任肆虐，何处是公堂。

反锁读我书，天塌管他娘。
难得容身地，糊涂即天乡。

“绝望之为虚妄，正与希望相同。”炎

黄子孙，前途光芒万丈！

一日

儿童节，下午七时胡增贤和和平的爱人、小女来，同车到新民街省电视台，录像，为全省少年儿童赠词，直播，原词："神童来自早教育，调理得宜，教导有方，大器何待晚成？"十时到家。先是出租车送到水电公司宿舍，复由和平送回。

华老由西丁夫妇作陪，小张司机来家，礼。相谈颇热。

二日

参加华展开幕，友人同行多，仪式简，开新风。午睡大好，二小时半。

字不到变化处不为妙（山）[7]，文不到脱胎换骨处难称高。

三日

雨。陕西书学院批准，为老年顾问祝寿（状元楼）。开会，会餐，摄影，赠证书。寿糕，鲜鱼……礼品。

四日

书峰兄信。阎庆生[8]来，赠《古文字与殷周文明》，作者王慎行，是一本得国家奖的名著。

五日

文史馆会，书纪念四十周年贺词一大幅。前日韩局长、邓军来，醋、枣、酒两箱。建国、晋林来，醋……韩厅长住院。

六日

谢政委家宴请，铭同去。增贤夫妇，作字。

七日

韩局长返襄汾，赠送黑米酒12瓶。带去展厅字24件（内对联一副）。

八日

书王绍尊、晋林对联，发河东书协宋华平字三件（展），赵恒元老女婿赴日本字四件。

九日

建国、晋林回临汾。发田峻生信，又王绍尊信、字。为倪文东作字，约明日来取。刘鸿儒同张经理（西安东方商厦）来，取字，约明日晚五时请吃饭。

十日

发贾文兴外孙信、字。红旗厂志英来，送刻印"俊翁长寿"，颇佳。为写册页字。收安徽合肥省委门诊部蔡永生茶一包，230001。劳动周报贺开泰同志捎来观华老展诗，嘱改正寄去，案板街吉庆巷二号。发韩生老信。鸿儒来，张平经理请晚餐，有郝凤梅、司机朱同志。西餐，东南亚风味，清淡可口。有歌唱音乐助兴（日二小时，月薪1000元）。倪文东取字，四尺，两张，对联两副。

十一日

发孙玉石君、袁良骏君信。

十二日

倪文东偕王、吴来，交字酬1540元。正好作电视台录像、录音、专题播放用。王东林兄弟自河南来。

十三日

发孙莉信。

十四日

收省档案局信，展字。耀天信，杨信平信。眷序文。

十五日

完成序文。书画会。黄埔会。

学——

探根见底，脱胎换骨，运用自如，化，神。

十六日

发南开大学田峻生序文。雨。轻松多了。市电台约下午五时后来采访。

电视台来四位，录音、录像一小时多。赠艺馆报一份，字帖一本，字一件。相谈甚惬。收韩生荣信，后遗症，学走路。为韩国作字三幅（校赠），答问有趣。谷金海来，为画题数字。

十七日

下午三时半，接车送文史馆员十二人赴芝园，纪念馆成立四十周年。

十八日

开幕式百余人，省领导，统战部纪鸿，刘副部长……参加。看展览。

十九日

讨论。纪部长、省秘书长为八十岁以上馆员祝寿。下午三时回校。杨力老来送收藏证书二册，嘱书册页。刘念先老来，明日九时讲课。

二十日

讲课。雨。收王绍尊老信，字受到。长治信，博物馆征字（张晋皖），太行西路（046011）。

杂事略轻。陈冠英，天水文联副主席，刻百猴图，嘱题字。

宁静，肃严，整饬。拿翁虽武雄，颇多可取处，列宁尚赞誉，可师也。

二十一日

雨。学生部秘书韩耀文、季波一同来送安鸿翔书画展请柬，明天九时半。作字，长治博物馆。

莫为人作嫁衣，
不为人摇旗呐喊，
一切大可放心，
无政府主义，
自由乐园。
藏天下于天下，
随便拿取，无关。
埋头乐干，
日创作数篇。
苦心经营，
完成三五本丑著。
中正安舒，
寿星神仙。
看不惯金钱世界，
收紧心，绝外缘，
开拓内心世界。
别有天地，
何处来得烦纷？
放眼纵观。

读苏步青（92岁高龄的教育家）文——教师作商挣钱，有碍国家体面。教育断线，国家危险。

琐事太多，时间精力两不足，碍及研

究事业。一律杀住。

二十二日

参与安鸿翔君书画展,均佳,可贵。午餐后校车送回。书毛、杨虎城、曲沃中学校庆等应酬字。刘念先兄送来董寿平老九十寿联文。收河南书协回信,字收到,将寄来字酬600元。王志刚信,索字。

二十三日

到增贤家,胡光亚同志同意市电视台录像,由他写文章。杨和平送回校。王仲仁同志来。发贾起家信。

二十四日

发曲沃中学、长治博物馆贺词。购《庄子研究》一本。安鸿翔画家和子女来。

二十五日

发孙莉同志信(北京海淀区复兴路11号中央电视台对外新闻部)。看马志明、秀英、赵熙若等同志。

二十六日

发许麟庐老信。谢、胡来,约二十八日赴兰田看砚。

余之书法,以文比之,殆如庄子文,马迁史,岳武穆、文信国公诗文。正义所在,系于丹心。以戏剧人物为量,则伍子胥,嚎啕大哭之刘豫州,发自肝胆,动人心弦。在不可遏制的激情下动笔,行乎不得不行。

收田峻生教授信。

书法(大书法)五式:

1.傅山式:傲骨,英烈,肆展,高亢。

2.颜鲁公式:架势大,坐镇一方,王者,威风,大人气象。

3.王右军式:美色,儒雅,高韵,雍容自在,中正安舒。

4.太极拳式:精气神,内敛功,婴儿,慧眼,真人,凝练,内涵。

5.庄子式:与天为徒,自然,率真,光大,超逸。

五者,书法妙道,至矣,尽矣。

二十七日

雨。满道来。

伟大的著作:饱经人间疾苦,看透物理,识破世情,括纳万类,跨越古今,吐纳宇宙精神,至理名言——《庄子》、《史记》是也。

大人物:不知个人得失,为天地立心,为生民立命,为万世开太平——济公、包公、孙悟空、是也。

鸿翔来,取贺词。济明(碑林)字,了。马在春,张晴车接到他家,作字。

二十八日

郑志国兄来。赴兰田看砚。胡继汉来,作字。

二十九日

发中国美术馆成立三十周年贺词、档案局长贺词、王志刚字(汉中)。

铭心脏病犯了,看情况,不轻,不让我出门,服药二粒。大约睡好了,可无虑。原因,勉强陪客,过劳。

三十日

发刘开老家属慰问信。郑志国兄来,同到西北眼镜行配镜。王任窦同志,女,西高五六级同学,又一杨同志验光,右0.3,

左 0.8。共花六元。赵万怀校长一同。下月二十日取。正峰兄派学生取报头——《书法教育报》。

医学界太乱，乌烟瘴气。严格，工商局不行，这样我们没钱可挣了。

七　月

改作风，保健。1.休息好。2.少应酬。3.不轻易动笔。4.少用脑力。看透世事，真无所谓。世界大事，国家大事，以致社会、家事，殆若儿戏，可笑亦可怜！还是庄生高。知己没几个，好书没几本，抓紧自身，万事全在掌握。

1.正常工作——保证计划完成。

2.临时活动——斟酌处理。

3.研究——探根见柢，存我为贵。

4.为文——脱胎换骨，自己的话。

5.写字、读书——不超过一时半，休息一刻。集中，少而精，独到处，收益，创见。

规律，系统，惜时如金。

一日

晴。取汇条。安鸿翔送来照片三张(放大)。郑志国兄来，嘱“姬颖秦腔创作选”改繁体，香港印，收柴建国信，索中石、华老字画照相，作文用。重庆市铜梁工人俱乐部《中国文艺作家传》征稿。收陕人民出版社稿酬 28 元。吊任平夫人赙礼 20 元。

二日

法制报、田峻生、侯平、顺清、武德运。刻印。省电视台记者强毅来，为字一件。杨成来。陕秦岭书画院字，照片，七日以前交曹雨同志。

三日

作字——敬谨，一切毛病自少，自然，笔笔送到，不急不徐，安闲而舒，沉着中见智慧，华媚是轻薄，不是才华。笔德体现人格，不可不慎。——古今名流作字秘诀，殆在于此。

发董寿老、海洋信。

收到成都四川美术出版社赠《中国当代书法家百人精品集》两大册，精致非常。收许麟庐老信，知李雪峰老以心脏病住院，急写信慰问。明日快信发出。待复。

健康第一！谢绝一切应酬！

四日

为董寿平老九十大寿书贺联。杨信平同志字。发翟英嫂、张仰文信、字。

看今人字作，少有能如古人，系人心处。何以故？内涵不足，没学问，不用心，阅历少，小小的花盆，养不下蓊郁的大树。只求外扬，一片傲气，亦匠亦俗，志在名利，可叹孰甚！

五日

字字安舒，从容走笔，
色泽郁浓，凝练气足，
魅力无穷，神志超逸，
追踪古人，一代之师。

毋不敬，百业成。

到庚虎处，裱对联，十五日送来。看杨信平同志，出差。夜书画会议。山西师大学生彭哲辉来，赠太阳神、西洋参。

六日

裱汉生、素云结婚字。

女女、志和整理阳台，杂东西尽行处理，清爽多矣。书建国信，附华老漫画照片，中石老为我书展贺词，供作文用。方绮昨日来，接毛贝，今早送来，未见。晚饭始知情况……

七日

孩子们各返回，房舍整理好，清静。彭哲辉明日返山师大，带交建国信、画照、欧阳老贺词。送来孙思邈刻联照片，欠佳。

八日

惜时如金，敬事若神。

保重健康，上帝至尊。

“中国的事，现在的人”，八字足令人伤神。忧国即爱国。

庄子最会联系实际，他是最忧国者。(我之后……)谈人意中真话，讲人未发现的真理，是为创新。拼凑，捏捏，出怪，无我也。扶沟县何超来家。军分区刘礼来，礼，摄像数张，字二。朱仰超来，十日成立书画组。到二疗区，潘爱珠大夫赠数字，裱字。王玲处，择日与画家天峻来。

九日

书司马迁《史记》名言录。发姚国瑾信，书学院贺词。

十日

发翟英同志信。上午黄埔军校同学会召开筹委会，谷任顾问。下午校书画研究会改选，谷任名誉会长。夜阎庆生来，持陈华昌所作《唐代诗与画的相关性研究》一书。

字有形、神两个概念。

形：具体，看得见，有丑，有好，粗，细，无变，凝固。

神：抽象，不可捉摸，无丑好之分，境界，气象，意境，能感觉得到，体外，驰骋万里之外。艺术高峰，精，变化万端，如梦，想像不尽，魅力无穷，美的世界，超越现实。爱之神。

十一日

发郑州书协、成都美术出版社信。何超同志来，赠烟一条，字二，明日再来。牛道生来，武汉开会。小赵持拍卖过的名字画册，高价，百三十万元；少者三万。袁志伟学友来，送同学录、诗册。

十二日

惜时，惜作品(笔墨)，惜精力。字能写到如石，乃臻精练，高放则应如鹰扬，精金可贵，浩气足珍。二者均须以情趣贯之，境界气象乃出，妙矣。

全国政协委员会，100871。

收赵春伟同志信，李雪老即出院，七月中旬将到晋祠疗养。

十三日

雨。发赵、翟、方信。书文天祥《过零丁洋》诗四条。

十四日

雨。正反相成，故为一体。二者合一，相得益彰。

阴阳，内外，异物，(H_2O=水)乃成新物。此之谓矛盾统一。鲁迅杂文,客观事物,反映主观。

“大道废,有正义……”物必先腐,而后虫蛀。“党→派别。此之谓道生一,一生二……”通人,达人——至人。何虑何患?

收到著名雕塑大师刘开渠同志治丧领导小组讣告,昨日在八宝山火化,来不及参加送葬,但呼负负耳。

十五日

雨止。韩城市府赠长刚先生字(赵译,张登第碑文),张登第二字。发信平、殿清、广东深圳蛇口雷公岭 7-201 房林某信,照片。为台湾大学史学系李仲孚作字。

十六日

为外语学院教授马常刚作字(司马迁铜像碑文译者)。复四川广汉群众艺术馆罗永嵩信。

十七日

去周长乾家,爱人孙在家。为我雇出租车回校,留言。开保养药一纸。

古人形容作字有千锤万炼句,人云亦云,不知究竟。今日体会到了,写字一笔一画,总须如铁匠抡大锤,打得准,又须狠,使尽气力,毫不松劲,苟且不得,此之谓也。百炼出精金,字亦然。神品非随便可得。火候清时,也非难事。余京展作品,都是一次奏功,决不遴选。

十八日

到师院,郑老返城,老伴住院,明日出院。李正峰同志为我雇出租车。承海等来。庚虎偕同学赵国宁来,送贺董老九十寿联,颇佳。不收费。嘱给国宁写四字,横幅。作字,杜《登高》诗四条,较如意。水管关不住,运甫同志来,关住了。

十九日

取回贺汉生、素云结婚横幅。到西安电视台与贾、张处长、小张少坐。车送回校。张力同志赴京,托带送董寿平老九十寿联一副,信。田峻生字,明日发出。袁志伟。收樊习一信,嘱书“尧天阁”匾字。收校少年报酬 100 元。

二十日

为习一作字。收杨信平同志信。易水寒信。

二十一日

王成林回临汾,托带习一“尧天阁”字,并带信。发易、起家、英信。睡足。收日本吉久保俊夫信,并照片十九张(日本国水户市水町 3-10-3),川文南岳字。

二十三日

到二疗区,潘爱珠为看眼。镶牙,五十元。

二十四日

发起家信。发许杰、王振华等先生信。

二十五日

银川飞机失事,59 人丧生!可叹!1.没有科学头脑,文化不足,修养不够。2.重视技术不精。3.更不重视人(心)的责任心。“毋不敬”。粗心大意!

鲁迅:“日本人唱戏即唱戏,工作即工作。中国人把唱戏当做工作,把工作当做唱戏。”谁注意?

不重视文化，只重视粗浅的技术，不倡导道德教育，品质的磨砺。外国人笑中国人真“勇敢”！可怕！

总结：不吸取教训，讳疾忌医，且不虚心，只自谓“胜利”，错了！错了！一代逊一代，老子天下第一！“忧天下”，空话一片，不干。文化教育第一，道德教育第一！私>公=(？)

科学的头脑，技术的训练，仁道教育，文化水平，爱国爱民思想，同情心，正义感。

清官！你敢，我也敢！光景大家董。争当败家子，谁也不言，谁也不语。黄河已决口，堵不住。忧世之士，屈原：“望北山以流涕，临流水而叹息！”

莫能为力，
唯有正己。
挺胸高瞻远瞩兮，
太忍何益？
养精蓄锐兮，
磨砺以须。
随流而不秽兮，
不知俱于胡废。
纵浪大化也，
何忧何惧？
我行我素，
奋迈直前，
天地同归。

今后艺术经济价值将与股票、房地产同高，或过之。不能轻易为人动笔。为自己写，必须是精品乃可，否则即浪费纸墨，徒费时间精力。大幅，多条屏。有价值的名诗文，选择内容必精，有益于文化教育，道德品质，思想，爱国主义，警惕性等，个人见解。时代性，历史参考。为国家民族社会负责。

二十六日

看李滋煊同志、余敏同志、书画会开会。艺术系学生赠枸杞一包，工作分配到北京职高。收太原三晋文化会请柬，八月十五日开会。姚国瑾来电话问赴太原时间，安排车接、住居。

二十七、二十八日

女女们来，为安镜子、天线。

二十九日

发纪念毛泽东诞辰百年字，志国兄信。为汕头宾馆陈如海题签。刘玉玲、田伍云来，承赠裱画二件，一赠李雪峰兄。自留葫芦。均装框子。为写一小幅。介绍庚虎装裱水平。收姚国瑾、黄埔同学会、王英等信。

三十日

发郭素云父信。发海洋信。

三十一日

动身赴太原。上午九时乘校车，并市政府车，同赴太原。李甫运同志、人大代表朱先生、刘同志参加德育会。下午五时到达襄汾招待所，杨所长招待甚勤。黄副县长来看望。朱等夜宿侯马招待所。

八　月

一日

下午先后到达太原学术大厦，陈茂林兄招待。黎同志送余到张劲知家居住。一家人热情招待。

二日

劲知、刘梅由新疆军区干休所车进城，看韩生荣老、林鹏兄、芬姐、姚国瑾，及霍泛、赵雨亭、刘舒侠诸老。分别赠送于右任二十首诗字册。

三日

上午九时劲知、刘梅等由晋宝斋经理派车送来晋祠宾馆二楼看望李雪老、翟英嫂，健康都佳。放心，甚慰！思慕女、爱军倍加照扶。其姑晓明第一次见面，一见如旧。总经理樊春庆、高经理颇关心。夜同看电视蒲剧，甚欢。樊云香港、美国客人将来馆小住。熊其伟等见过面，有意索字。

四日

樊交千元，嘱写二幅字，又数幅，退去款。午胡省长、副省长、赵秘书长来看李老家人。见余正书册页，一同进午餐。照相数张。午睡好。完成册页字，毛泽东、陆游、王渔洋、苏轼诗句。看过眼。终日雨，未出。

五日

冯俊田来，午餐（留宣纸数张），贾起家、陈茂林、张生、姚国瑾、李刚（晋祠馆长）。题字，纸，毡子。

六日

文联赵宝琴、李馆长来。为李、翟老，侯振民大夫，张爱军，吴司机（照清），晓风字。爱军煎药，服之。九时，同峰、英兄嫂、爱军参观董寿平艺术馆，大幅竹梅兰松，真饱眼福！

七日

上午九时，与李老及夫人，爱军，司机小吴，太原市委秘书长张仲、国师馆长李斗，市文化局局长等接待，并赠送校纪念册及校徽。夜阎处长来，检验缪篆图章，不识。

八日

上午九时同峰兄、英嫂、爱军并陶鲁笳书记夫人等游圣母庙，合影数张。下午作字，英嫂，晓明，小妹，国瑾，俊田，宾馆樊春庆总经理，客房部高玉林经理。夜风雷，无雨。

九日

晴。上午九时同李、翟兄嫂、爱子等赴文管所观赏傅山藏品。赵宝琴，一女同志操劳。见到赵为张颔老、赵及余三人合作刻碑石。下午五时李局长、赵来，共餐，留宣纸十数张。夜爱子为打蚊药，洗澡。睡眠甚好。

十日

为峰兄书大幅，六尺一张（冷眼向阳看世界）。馆长、宝琴各一件。姚奠中老、赵有才同志来，午餐，字一件。访谈。赵宝琴来，送毛笔二支。改序文（印谱），为刻印两方。

十一日

拟贺三晋文化研究会词：

古为今用，今古为邻。

日新月异，崇德明民。

峰兄颔之。刘梅来，晋宝斋张经理亦来，邀请去看画。姚国瑾、三星公司经理李守义来，拿走题签——《书法音乐美术基础与欣赏》。字三件（俊田、李冠平）。张爱军（爱子）赠衬衣、裤、袜。为我参加大会。真够操心，感动莫能言。多日来为我煎药，开洗澡池水，烫脚水，生活照料，无不尽心，周到。侯大夫振民来诊脉，开药六剂。赠字一张（咏梅，毛诗）。昨发建国、王英、海洋、杨所长、邓军信。

十二日

要事：1.展出事。2.八幅处理问题。

霍泛副省长偕秘书周木田、孟树光来。王宝春字。赵春伟同志从北京来。刘融慧老同学行路困难，也来。又郭局长字。周理发师小范（女）为我理发按摩，技术颇高。与峰兄深刻谈话，国师旧址事。嫂着爱军送来保健药等，洗澡。

十三日

梦强儿……果实累累，压枝，大水。

十四日

雨。去迎泽宾馆报到。贺词前日送到。看李芳芝（映仑夫人），赠字一条。

十五日

七时与李雪峰、赵秘书、陶鲁笳夫妇、吴建清司机赴迎泽宾馆一层会议室开三晋文化研究会二届理事会，会长赵雨亭、李玉田分别作报告。李雪老（名誉会长）、陶、裴诸老讲话。下午顾问讲话。姚奠老讲毕，姚国瑾来请赴空军招待所，六位书法有成就者拜师，三鞠躬，合影，会餐。九时回晋祠。

十六日

为王省长、陶等作字。与李雪兄闭户详谈国师、教院十年学习生活工作情况，由赵春伟、张爱军（李孙女）笔记。

十七日

续谈。晚餐，进城，至并州饭店，市政府请客。

十八日

为裴丽生老作字。由赴并州饭店午餐，西餐。王、裴、陶参加。作字。国师馆长来赠纪念册。袁旭临文化局长赠字册。带纸墨，嘱为国师旧址馆书大横幅、对联等。师怀堂老来为照册页，广告牌。

十九日

赵秘书回京，辞别。下午二时与和平游天龙山，在接待处为作一"佛"字。主任姓于。五时通过晋祠庙会，回到宾馆。侯振民大夫来，又开来六副药。嘱写山西省中医药研究院、海南三星中医药有限公司牌，耄塞通。运城王世荣文化局长等来。与李老等看陶鲁笳夫妇，送行。

李在文来赠书册。

二十日

作字数件。为侯振民大夫写牌匾二。

二十一日

上午游晋祠，正逢会。张志义、贾副经

理大帮忙。小运、爱军摄影，录像。二时半，吴建清送至芬姐家。爱军晚回郑州。

二十二日

庆平送上小车看韩厅长，又赴汾东公寓。刘舒侠老送《山西石刻目录》一册，复派车送至芬姐家。下午韩厅长来，云明晚曹福成等十数位老友会餐。小运来，爱军留信，款未收。

二十三日

忽忆王冬生，赴京展托交董寿老题签事。二十一日孙安邦同志来，书法稿看过，封面欠佳。改之。

什么人，事，广告，鬼话——一概否定。否定一切！鬼世界，兽世界，地狱世界。一个主义："存我为贵。"目空一切，一切唯空。

晚曹福成好友、韩厅长、张厅长、张颔老、林鹏、李守清、吴思中诸友数位宴请，在教委招待所，甚欢。

二十四日

八时再赴招待所，教委服务部，师院内。作字。午餐后即回。看品三兄。陈茂林兄送于字。夜国瑾来，托找孙安邦同志印封面事。

二十五日

七时四十吴建清来，即乘车同侯大夫、谭主任、钱等返晋祠宾馆，李兄焦念。交侯大夫题字三件。午睡。李芳芝电话，问李兄见到王茂林否？电话：442026 转 203。遇张经理，明日下午望进同志来，晋宝斋一周年（28 日）贺词"储宝富才"。

二十六日

书贺词、丹林等字。张、赵来，交给贺词，又留册页，再书数句。又嘱作数幅字，代卖。董寿老一幅卖了八千。

二十七日

与李兄所作国师对联：

宿立救国志，潜研马列干革命；

久经风霜苦，历破坚阵为人民。

兄赞同。为胡富国省长、赵劲夫秘书长等作字。小运（向东）送来照片数张。看座谈笔记，晓明抄稿。

二十八日

为峰兄作大幅字二件，景生老中堂。午睡良好。刘江（省三晋文化会，傅山研究，省委退）同志来赠峰兄二大字"雪峰"，已裱。云有余字一件。

二十九日（星期日）

小峰从北京来，接小女，下午即返京。为书二纸。同游晋祠，摄影数张，有意大利女高中生，专研究太行山，能说汉语。看望李老，合影。洗澡。

三十日

详作计划：王副省长、李兄字。书册。展事。研究会事。杂书。宴请老兄字。山大。动身日子。谭威主任字。

三十一日

崔光祖（省宣传部部长）来取字。到徐文达家，谈甚久。为我刻印，作字三件。徐为刘、李、季、王作字。为毛百年作字，大幅。徐为李兄题册页。李亲戚翟红生字，云南电台。

九　月

一日

来客多：郑林三子江豹，省公安厅。月娥，郭起云爱人，斛家村人。张礼南边，山西饭店，约午餐，后天。运城、永济人……

二日

赵宝琴来，答应郭沫若题词释文。

三日

世荣等来，嘱书对联事。国师旧址展馆李非数人来，取题字、对联，合影数张。

四日

上午九时，同李老夫妇、晓明等到晋宝斋观览，即赴山西饭店，应郭起云夫妇宴。午后郭陪同我找孙安邦同志，解决了字册封面问题，用董寿老题字，李老扉页。送回晋祠。

五日

天热，三十度。作字数件。昨闻李兄面告，《沁园春》八幅大屏将由毛纪念堂展用、收藏。并知希望配一副对联。十日，赵秘书来。

与兄相住月许，领受到大人气态：1.简要功夫——处理事，扼要，简明，脆快。主意明确，解决问题，精细科学，来龙去脉，条理极清楚，抓得紧。2.文章字句分析，对正事实，恰如其分，主题。3.用思深刻，纲目、主次不乱。4.识人准，一分为二，认真不苟，打太极拳数十年如一日。贵智存我，不听流言风语。

六日

上午与李兄谈论学术事。　读马列著作，分析人物，毛主席著作，谈论作风等。询及二事：为40余小学教师为日寇残杀事，可否立碑，可否？又新绛日寇的水牢，可否保存？立石纪念？李兄答云："可以，好事。为后人进行爱国教育……"赵宝琴来，后天他去北京，托致候董老。

七日

纪仲（《老年杂志》编辑）同孙安邦同志来。《老年杂志》十年纪念三件。宣纸。

八日

与李老计划大联事，闲谈。

九日

小运来，字，书传略。

十日

赵秘书从北京来，联络成功，畅叙。刘梅送裱字十件（李、翟、小妹等）。晋宝斋宣纸六尺十张、四尺十一张。下午同赵秘书到大庙借大笔，薄秀珍同志费心，终于借到手。小麻帮忙裁纸。

听了好多"洗澡"的新事物，妓女的花样——人类文明！世界毁灭！

崔光祖同志来，赠铜尺一对，付桃桃。李玉明同志来，字，购票事。

毛纪念堂管理局局长樊世晋，地址：京前门大街11号（毛管理局），李正杰同志收。100006。

十二日

颖来。赵春伟为整行装。

十三日

发海洋、建国、国瑾信。看林鹏兄，转字（朝瑞，水，赵，韩，曹）。看张颔老，抄诗作数首。徐文达老为刻章一枚（双开楼主）。

十四日

与峰兄闲谈。崔光祖同志来，字。

十五日

赵春伟秘书为打包裹，翟嫂赠药物等。峰兄为白清才同志写介绍信。

二十日

张劲知、梅回太原，带信多件。

二十一日

见友人。李甫运兄赠毛石刻长幅。

二十二日

友人不断来。河南何超来，赠酒、茶、笔等厚礼，1500元（字）。整字，摄照用。西安音像出版社张司机来，取贺词一张。翟博来，嘱书鲁迅句，出书用，辞。心烦，吸烟多。书方磊信。发樊习一信。前日发柴建国信，其母亡，悼慰之。收韩厅长信。王育化、季波等五位同志上午两个半小时在专家楼为我将字幅三十六件摄照，真费了力气。至谢。午解琰来，为其书展题签。拓片六张，二十八日带来文史馆。

二十六日

何超来。开始整改先兄行述，得手。

二十七日

阴。发韩大壮局长信，稍后寄艺术馆字。十一月回家。书毛、杨百年诞辰及其他字。清。书张航民信，收张爱军信（李雪老孙女，师范学校教师）。吴与高导演（西影）同志来，曾为作过一件字。赠佳烟二条。詹五生来，嘱交清萧、李正峰等同志为系统借的字画，并千元。告以宝鸡一个公司经理在惠州新购房地，收字画，求来一面。夜包装八幅屏送毛主席纪念堂管理局展出、收藏。李雪峰兄推荐。耿华电话。

二十八日

文史馆大会，八条展出。七时校车送去，午餐。薛馆长崇礼陪官员灶。为馆作横幅一件，办公室用。下午二时半，吴醒民一同去省办，见到白省长、李宝荣同志，交清八屏，另二副对联，并信一件，简介。云一二日内赴京，亲自送往毛主席纪念堂管理局樊局长。又交李雪老致白亲笔函一件。余赠李秘书条幅，回敬两包月饼。小曾送回校。甚累。

二十九日

参观邵仲节（夏县人，四川文史馆馆员）牡丹画展（陕西博物馆）。发航民信。

要事：1.胡增贤家取录像、文章，谢政委砚。2.西高友好。3.翟汉生。4.襄汾馆字。座谈事。何超信。发人通信处整理。

三十日

发李、翟兄嫂，海洋，雪晴信。所阅：

人才外流诚可叹，
浪费人才亦可哀。
六十花甲等废物，
精神文明何处来？

文史馆学习会——忧国。领生活费四个月，300元。看宗文。

浪费时光太多，枉费精神太大，营养也差。

十月（革新开始，改变作风，世事人情……）

一日

张星五子来，礼。赵校长来，礼。张小民偕同学来，礼，为写书签“一个豁达的人”。

一、保健。晨操。空腹不动笔，工作不过量。睡良好。及时用补药。不动肝火。

二、习作。刻期完成计划。惜时，保元气，不累着。效果，少而精，深透，心得，见解，解疑，不随声，认真。

三、挚友，及时复函，办事，少应酬，写作，尚古人。

傅宗文夫妇来，礼，将赴银行。

二日

发郭瑞琛老信。司马迁会送来字酬300元。给女百元。小毛等回家，给黑米酒五瓶。

烟少抽。

哲人——自由天地，目空万类。旷达自适，傲乎高才。

艺术家——一双慧眼，自开世界，我行我素，万物等尘埃。

至人，神人。表现最高的思维。包公，济公，孙悟空，人类最高贵的性行的表现。胸中有此五神，足矣！得道。

外来者淡，末也；自发者深，本也。

夜八时半郭瑞琛（台湾）老、素云、汉生来。赠茶等礼物。

三日

读《文选》，为庄文增材料。看甫运同志。

余作字如写杂文，须把胸中久积潜伏之真情至意，付诸诡谲之大笔，以白描手段，畅快流露于观者耳目心神之间，扬眉吐气，足矣。

四日

艺术，卫生，科学——房舍整饰。桌上只放需要的书物。不乱翻阅，有目的，求效果。时间，精力！

收到晚报解维汉同志信，附9月11日报。南开大学田峻生教授信。中国当代艺术名人录编委会数次来函，当须急复。王育民同志赠照片档案一本，三十元。作字。辽宁师大曲佳信，索《鲁迅“野草”探索》再版书。377信箱，116022，黄河路650号。阎庆生赠铜墨盒一方。

五日

刘凯、刘明霞夫妇来（灞桥区政府），送照片三张。庆生为我写小传，供北京《中国艺术名家辞典》用。刘念先兄赠宁夏枸杞一盒。

六日

发许杰、侯振民二老信。发何超桂、维河信。北京《中国艺术名家辞典》材料，庆生代发。

七日

收中国银行张云同志所赠《秦融艺

苑》一本，精致。谭欣来，取毛主席纪念字，赠瓷壶二件。中行纪念毛字一。收姚国瑾、王英信，附习作信。

与吴老聊天，所作花卉、人物、工笔，清雅，开眼目。

八日

剪报。收建国信。刘玉玲来，将到太原。乔、傅来，教委二人来，索字，未书。赵、刘来，约定下星期日座谈。备点。书院送来借字(韩裱鲁迅句)。

九日

发建国信。新权代送“虎”裱字。志英兄刻图章三枚。中行张云，临汾人，取纪念毛字。翟宝玉书法选。发襄汾韩大壮字十六件。为成健书字。

十日

九时四十九分余司机来接赴谢政委家做客，郭瑞琛老、翟汉生老伴同。聚观所收字画，甚可观。天水86487部队政治部李长海同志为余刻闲章二枚，颇佳，索字。又秦毓、唐遗兰(谢政委夫人姨母，八十余岁)索字，为书横幅。

十一日

雨。发晚报唐进、红玉、赵利文信。刘绵第、刘在文信，文稿事。

十二日

雨。

贪财当惹祸，无名便是福。

知白守黑[⑨]兮，愿与天为徒。

作字四屏，收航民信。育民同志为洗像二张，放大个人像，甚好。

十三日

发海洋信。能感到自己就是块石头，那就是真健康了。若只觉得没分量，轻飘飘的，那可弱极了。

发起家信，方信，文化部字。(陈文章)

十四日

山东济南吴立波二人来（公安体育队)，赠酒物重礼，索字。李致祥三人来，赠烟酒等重礼，为公家索字，对联，刻板。开始为先兄写行述，册页，刻碑用。

十六日

发方磊、小运信。

十七日

上午金海为摄照三张。为胡西铭、罗国士作字。下午收胡画葡萄一长幅。宴请历次展出帮忙之友好20人。刘念先老为作诗，曹伯庸书之，与宴诸友均签名，尽欢而归。

十八日

上午郭瑞琛老邀宴，谢政委夫妇在座，为赠字一横幅。收秦赠酒杯两双。余又赠谢夫人姊母横幅一幅，王育民同志赠《美术辞林》三本。收许杰先生家属讣文，许老作古，甚痛！

十九日

去文史馆，知白省长随秘书李宝荣已到了北京(电视已放过)，八屏已带去。发许玄信。天水成冠英同志送苹果一箱。

二十日

发济南吴立波、李大伟字。扶沟南大街五十号何超信，翟英同志信。托金海代托李雪老字，摄照。取回彩照二张，甚佳，并为放大一张。屈原碑林刻石吴取回，改天送来，后自取之。

拿公毕竟是英雄，
意志如铁耻苟同。
勉励世人做“主人”，
顶天立地放踵行。

二十一日

吉虹同志偕解超军来，赠绞脱兰诸等营养液三盒，字一张。庆生来，为陈绪万作字一条。夜王育民通知来，畅谈，必须为秋羊事玉成之。

二十二日

发陈冠英（天水文联副主席）信，鸿儒信。梦作对联二副：

与天为徒，养得正气光万物，
唯德是邻，不失松心拜三公。

一颗赤心比日月，
满腔正气薄云天。

发海洋、安邦信，董老信。

二十三日

去文史馆，取回屈原碑林为我刻的纪念词刻石拓片，并荣誉证，甚好。为馆书赠白省长大条幅。午餐后，看□子，其子来，误将稿纸烧了，又得重写。跑了。分院。社会如此不安。盗贼多，无奇不有，各管各。少说，不必为人打算，关心人，多余。

二十四日

续书《行述》，近尾声。参加西安老年活动中心会，书中堂一张，付200元。午餐。石宪章同志派人取走贺词。杨虎城将军百年诞辰纪念辞与刘老送去。

二十五日

惜时如金，惜墨如珍。
书即我身，慎莫许人。
贪婪总是害，无名便是福。
知白守黑兮，乐与天为徒。

收鼎新信，碑文稿。

二十六日

发谢政委、庚虎、满道信。有堂为买广西宣一刀，合前郭一刀，共118元，付清。文史馆冀取字二件（条幅、中堂），简介一张。曹伯庸同志来，云方胜同志抽闲送来日本展字，并赠割纸刀一把。一公司为印信纸，须题签“双开庐用签”，明日写出。又薛、孔、苑字。整理书，三秦文史稿。先兄行述明日写讫。

二十七日

为文史馆撰稿——《忆许杰先生》。延、傅来取字，900元。书院有二位来，约五六天内取字二件，照片，小传。庆艺来，嘱写指纹说明。为薛、孔、苑作字。

二十八日

雨。发聪弟、强儿、赵鼎新信。

二十九日

见李正峰同志。赵民同志来修电棒。

三十日

去李正峰同志处，字。取李雪兄裱字、照相。买药，二十元。

人，情，理，新社会，新世界，儒者跟不上去！善书也不行。还是要“阿堵”好。可济人,也就受害。

作字之道,已得三昧。自然,不急不徐,笔笔精到,烟墨淋漓,有灵气而多味,稍有苟且,不足观矣。

三十一日

字也须有人情味。如客气,礼貌,大方之家,亲切宜人,安详,谦恭,和蔼,鞠躬,折腰,俯视……都从字态中现出。

十月已毕,大整顿。

午间天暖,作字数幅,甚得意,如轻车行,顺风,至乐也。

李老校长来坐,为友人求字,刘文科。

十一月(新一页)

一日

天气晴朗,难得,可以挥毫清笔债。打扫一番,整理一番,干干净净,如入傅山书斋、鲁迅书院,一庭旧式窗棂,清雅,高洁,与古为徒,而目盯现实,震惊一代,良师也。

谢政委来,赠酬酒二瓶,相片三张。彦红来,为文化艺术部书"寿"字,芝园刻石用。罗生来,取相片(与李合影)。念先兄文千余字,介绍文,在军工报发表,整一版。

防感冒良药:丙种球蛋白,每冬前打一针,永不感冒,最宜于气管炎患者,一般人均可用之,兰州生物制药厂出品。只此一家,进口货不可用。为晋保亚书记、陈志龙校长作字,时已月余,以应嘱。菊惠,静为躁君。

二日

发陈大壮、觉民信(字)。党委、中文系同志来嘱书字。

三日

赴交大为明善书法教学电视作检验证。曹伯庸、杨春霖同志一道去,午餐,又付60元。收侯振民大夫信,并州西街十四号,030012。赵志伟同志信。八幅屏毛主席纪念堂管理局收藏部李正杰同志收到,甚好。又两幅字已装裱。收藏证后寄发。(对联)

四日

发克军、耀天、曲沃中学信,文史馆会,许杰稿,三馆长字。文史馆交稿,字。胡增贤弟来,还录像带四盘。赠亚光《野草探索》二册。文稿已完成大半,数问题挡住。将有信来,待回答。收孙安邦信。张星五同志来,嘱为陈乃朝作"神游古国"四字。

五日

有堂来取"秘书……检索"题签。赵振川同勉县县长等来。杨霜中(人民政府县长)、唐安勤(交通局长)等来武侯庙诗对联。

六日

发翟英、安邦、崔光祖、赵春伟诸友信。盟总支召开校60岁以上老年会,谢书记讲话,群众热烈发言,为校方提意见、建议。

七日

海洋来,为作字。

八日

阴冷。看黎风同志。

字有时写得如婴儿之烂漫，如壮士之执戟，如仙女之飘逸，如高崖之矜肃，如青桐之魁梧，如海水之壮阔，如山磵之傲松，若浮云之变化，似泰山之雄立，或如杨柳之依依。

刘念先兄来闲谈，甚慰。嘱为友作字。张、高条幅。小毛回来。

正气堂堂贯星斗。

须知：

1.仍在达尔文世界！

2.孔孟之道不适应。

3.谁是爱国者？

4.金钱世事！欺凌诈骗！

5.无是无非，真理何在？

6.人人鬼鬼，难分。

唯有：

1.生活就是斗争！

2.礼、让、温、恭，行不通！

3.还是达尔文，拿翁！

4.莫等闲，一锤定乾坤。

5.污水池里，哪能洗干净？

6.英雄豪杰，群众慧眼，自可分明。

九日

发侯振民大夫信，心脑灵十五瓶收到。

戏作（读复仇）

“来了”不明“来”何意，
随着大家唱同调。
但求满足心底趣，
放一脚步看热闹。

发小运、李、翟兄信。

开始写《八十年翰墨路上好风光》文稿，导言。

十日

刘兴来，约星期天一特约撰稿者来访。党委会弓建国、张永祥同志来，赠宣纸、墨。“拥书自雄”二幅已收到。又韩绍君、王东成来赠《长安当代书画精品》册，香港印，颇佳。为书册页数字：“我欲因之……”系赠崔市长者。

云雾已退，晨光已明，旭日高照，大地光辉。

夜《中学英语导报》编辑嘱题报头，明日下午四时来取。

来人多，题字，册页，报头。热闹，也好。王才柏、冯（油田局长）来，字。

十一日

文史馆学习会。书报头。

十二、十三日

新权来，赠傅山书《金刚经》，又《毛泽东书信手迹选》两本，甚佳。

“邪不压正”，正义即力量，也即元气所在。

黄山旅游客人感慨：中国人没同情心、正义感，看热闹，幸灾乐祸。为晋人争光，为中国人争气！为书艺界创出路，为知识分子吐气！

写导言，近尾声。

鲁迅先生，傅山先生。

十四日

刘兴随一《三秦晚报》记者来访问，摄影数张。甫运同志来，水果。完成导言。

十五日

为文苑酒楼作字。育民同志赠苹果一箱，感甚。冷。

十六日

郑志国兄来，赠苞谷糁等品，谈颇热。给任毅（眼行）小横幅，郑长幅。盟省委会通知，助校统委会调查高校、普校教师、学生外流、学习情况。王璐来。收到《军工报》五份，有刘、阎为我发的文章。吴同志来，摄专题。

十七日

初雪。晨，忽忆中学时代读日本大约是菊池宽的一篇小说，叙述一青年人得不到公正的待遇，奋而到一深山谋生，爆破山石，凿洞开渠，以十年岁月功成，出头。民族英雄，国家功臣。求民族勘天精神如此！多么坚毅雄厚的威力。

一笔钩掉，昨死今生。

一道白蚁粪，诉说不尽。

不想办法，何异染缸。

作字一件，快意。

细味毛泽东书信手迹，颇得教益，启发颇多！顺手写眉批满纸，并粗略看出其书法特点，必如此而后可临其绝作也。

作字之道，将更进一步，得其神矣。良慰，良慰。亦愈体会出作人与作字之关联，壮我精神，大我气魄，一切小刀细工之字，打扫得干干净净。唯我是存，落笔可以横行无阻矣。与天地同流。

《书画艺术报》佳山、黄钟等由京归来，嘱为毛泽东纪念百年字、绘画，22日来取。生彦、朱影等来。周强归来，借康有为字两本。为阳光公司书贺词。收印刷品单。

十八日

小雪。逻辑思维也有其局限性，不能说明问题。

为纪念毛泽东诞辰百周年题字，黄埔军校建立七十周年贺词，发赵春伟字二条。金惠淳、张坚如信，小横幅。

大雪午止。路克军兄偕婿袁溱来，为书八字，铁路局长毛东亮。

拿公最是良师，坚毅志愿，足以振聋发聩，圣人心照日月，一片光明磊落之气。浮云遮日，能有多久？

读毛主席书信手迹，受益实深，不仅书法也。其天地气魄，大哉。无以加矣，众生何足以识之！

十九日

霰雪。王生彦同志来，赠实业公司礼，《中国古玩大观》精装一册。补贺词，又告开幕之日，有余作“金石不随波，松柏知岁寒”对联，买主给四千，卖主要六千，未果。发赵春伟、张坚如、胡光亚、增贤、贾起家信。整理东西。开始写自传，自1949年解放后西高中学起。

二十日

大雪。发柴建国信、彭哲辉信。孙新权来，代发信。书自传。万同志送来杨虎城将军字画展函,11月2日下午三时。即席挥毫,留念(历史博物馆)。又收到唐诗研究所王元送来台湾《大陆》杂志发表的文章。收济南市青年东路12号书法艺术报社信。

真理是正气的根源,正气是力量的动力,事实是铜墙铁壁。

庆生同志校文稿,为我写的文章,即交陈书带回交陈耿华同志。

1. 前年在省图书馆门前二人争要拙字,几已动武。

2.钟楼义卖,一二私买余字,直等到晚饭用餐毕,为写数字,交200元。闻一干部饿肚子办事,即将此款交干部。

3.平时不要钱。

4.为校出国写二十件之多,无酬。

5.为安康义卖写十数件,计入别人名下,不争。

李洪,音像社,赠录音带。

二十二日

晴。植运始。大人。彼何居以识之!更何足以论之!

《书画艺术报》黄钟、佳山等取纪念毛泽东百年字。写数字。念先老带学生二人字为评阅。送苏智华同志酒楼字。

1.商人为钱计划。

2.政治家争地位,掌权,侵人。

3.科学家救救人类,放眼深矣,远矣!大人,可敬!

4.宗教家,只想到天堂。

发泄,吐愤,世外世,遐想,花园,计划,信念,远大希望,道路,坚强志愿。

世界上的水,正如铜铁矿产,必有竭尽的一天。人口多,饥饿日增。人类(?)政治造成的。

1.小圈子。2.大世界。3.小我。4.人类。

5.解决大问题。职责所在,人主大根。

乌合之众?

出类拔萃?

群众需要:1.生存,温饱。2.教育,文化。(如鱼之需要水)

利合世界:争,夺,矛盾。

天属世界:平等,自由,亲,统一。余已八十五岁,再五年九十岁。九十以后难得工作(作字,为文)。五年计划,如何定?细心考虑。从1994年开始。自身需人照料。文书助手。字5000件。文,自传,字帖,字画,庄子著述。娱乐。教育孙子。悦豫的环境,精读的著作,碑帖。停止应酬。

自由王国,陶然世界,我即上帝,主宰即我。

二十三日

发解任汉信。收东北师大成运信,搞《野草》的一硕士生,复函已收到《探索》。庆生嘱题报头,又字一件。赠报数份。强儿买房,作字。明日发复晏小平挂号信。

拿翁精神又忘了!心正行正,坚强之志。泰山。

二十四日

战始,红日。生彦同志来。发阳光实业公司行书贺词,又带去对联一副,条幅一件。卖,云3000。

庆生同贾文涛（原平）来印信纸，文章。书“正清楼”斋石。鲁迅作风，傅山傲骨。

李承林同志送来陈冠英赠装裱的《百猴图》一张，甚佳。

车队任氏夫妇送来省档案局兰台杯赛收藏证。（夜大工作，教单二楼）

二十五日

上午赴文史馆听毛泽东秘书高智同志关于毛的生活、工作的报告，受到教益。生活简朴，勤读书，平易近人，不批评人，一句话，文人生活。

午时，天暖如春二三月，即作字数件，如意，甚快！午睡好。

收柴建国信。

二十六日

参加杨虎城将军书画展，冯浩、强同志为摄影数张，作字一张。

二十七日

孙新权的朋友来赠火锅和白石挂历。发建国信。袁志伟来，亲切谈话，甚慰。子女字。开心。甫运同志横幅字。高建国取横幅二条。

二十八日

傅宗文大夫家，铭赠贺得孙礼。夜眠颇佳。志伟、春山字带去。

做人不能振拔于俗流，随域进退，顺口接屁，尚得谓之人耶？爱看热闹的情趣的群体，在鲁迅时代起于愚昧贫穷之故。今天，因过于聪明，顾前顾后，失去同情心、正义感，亦自然之势也。没教育文化者，最是可怜虫！

二十九日

收李雪老、建国、起家信。

三十日

仁慈，谦抑，宽抑——是美德，也是罪恶。拿翁也有大的，为主人，斗士。大其精神，奋起！以自全于天地之间。

发李耀兄信。真真像社 1.2 寸各十张。

中国人?!

正清楼。

正以申己，咥彼邪恶。

清廉自得，造福必多。

十二月

一日

李建章来。许德培（地质学院）赠册页一本。田成来，嘱书贺词，册页丢失。收劳动报社（太乙路 33 号）贺开泰信，索《傅山论书法》、字册。华老病，半年内禁活动。开泰住案板街吉庆巷 2 号，710004。有堂取纪念毛 100 年寿辰字一张。

二日

张孝忠来，为毛纪要秘书高智书册页。写《习字历程》。汉中王志刚来，赠黑米。

三日

取一二寸照，放大。为谷金海题画。发贺开泰信，张小文爱人代发。收秀明善照片数张。为胡赴日本作字三件。

环境已够恶劣，生活如此，肠胃遽坏，便须大刀阔斧，为所当为矣。人生目的何在？做人的准则是什么？够窝囊矣，说什么学问、教化？

书华君武先生信，问病。

四日

夜，庆生来，谈及军工报经理诸同志，下周内将为录像，当即准备字册、聘书、著作、介绍文，房布置，录像带，字幅照片，像摺，书信，签到簿。约友人座谈。

断不容邪恶小丑胡闹，起而奋战。是斗争的时候了。武王一怒，天下太平。大转机。图傲乎，天开日月。横眉冷对千夫指，白眼看他世上人！三公是师。与恶环境战，与坏人战。新纪元。

明日作字。

五日

发华信。满道来，三字。庚虎来。陈泽老赠茶，字。张根生同志偕一记者来，赠《探索》及材料，为我作文。

愈增我力量，大干，白眼看他世上人。

唐守仁同志来，嘱为中学作字，交200元。

六日

钉子，不能再耐！不轻言，不表态，深，肃，行。

收赵春伟信，知毛展在十二月初，届时他们去观看。张坚如字收到了。常熟市孝友中学教师□□□信，索字（红旗桥南路十五号，215500）。庆生明日去军工报社，约录像时间。赠大信封100个。

七、八日

收海洋信，索自传。夜荆同志送来《中学英语导报》二份。报头今年重书。育民同志来，畅谈。

九日

时间，精力——乃成功之母。

健康，学识——乃成功之父。

知己，友助——乃成功之兄弟。

偶像，志念——乃成功之师。

寇仇，钉子——乃成功之力。

自做主宰，我即上帝。

目中无物，纵横如意，

脱颖而出，豪雄一世。

展矣君子，全球有几？

收小运信，录像放在永济。浙江信，国理信，题书。发爱军信、字。

要想在泥水坑里洗澡，对着耳目瞎聋的群众表现佳剧，又对落后的没文化的群众发表论文——作耍！

为《中学英语导报》重题报头（我的建议）。育民同志赠茶花一盆。

与神斗争，大开天空。

与鬼斗争，杀气腾腾。

与人斗争，天下太平。

孔孟之道，不行。

达氏强道，大兴。

戈壁滩上，独秀中峰。

乌云雷声里跳出神龙。

大显神通。

日本鬼子的军人面孔，

像铁冷，为谁露笑容。

邪恶面前，叱咤风云，

哪有真朋？

看透物理，

识破人情。

闻外院四学生杀死一学生，惨境。社会乱至此，尚何言哉。

更须慎独，静观其变，救国无策，呼之何益？宣传，教育！图傲乎救世之士。

十日

发姚国瑾信，题签。市委统战部何小林二人来，摄照数张，下礼拜三以后来。

十一日

发董真求（江苏常熟中学虎山印社）信、字。新权帮整理家。通知刘、曹备菜饭。唐取字。

十二日

军工报广告公司赵悟、贾同志文涛、阎庆生、刘念先、曹伯庸、新权为我录像费了半天工夫，赵真够经心，感激无既。办了件大事。

收华君武老信，知先生病愈，甚快！

十三日

发海洋信，附简介一件。

十四日

雪。赴金海处。田跃来，未见。张兴国、何小林约下午三时来。赠照片七张。又照数张。茶罢，归去。市教委统战部带“朝晖”裱字一件，又三尺一张，对联照一幅。

十五日

小义取三幅装裱字(孤根。谓，为向)，又二件字。

因阎庆生的推荐，得与省长安广告公司王福奇经理相识，前日派赵悟、贾文涛两同志来家录像，极为认真，刘念先、曹伯庸陪座谈。今日为诸同志书“虎”、“龙”大字，又办公室长幅一件，赵、贾各一条，毛奇作家一条。

读祝嘉老《书学理论》。

十六日

参加书画会纪念毛诞辰百年展，录像，合影。李建章同志来，取字。

收柴建国信，重要！庆生来取为经理、办公室、赵悟、贾文涛字。

十七日

晴。六类人：

1.商人抓钱。经济世界，商战。钱即上帝，一切。鬼推磨，通神，死变活。

2.政界人抓权。A.为谋国家民族利益(公)。B.作威作福(私)。

3.科学家，哲人，艺术家，关心地球毁灭，人类生存。

4.最可怜的人。没有文化教育的人，愚昧无知。

5.最可恨的人。A。忘恩负义。B。诬陷人的人。

6.最伟大的人。三公：济公，包公，孙悟空。为天地立心，为生民立命，为万世开太平。

养其大者，为大人。敢于藐视一切，便能胜于一切。

发柴建国信。张星五老来，礼。

十七日

育民同志偕临汾三晶书店登高来，为书店写牌字。十五个。卢，太原出版社，即来。刘梅未来。赵胜利、焕章，工人日报，书签，摄影。冯老先生字。收王福奇贺年片。胡增贤来，从蓝田同谢雪老取回赠砚台一方送来。润气非常，大快。只等刻字，以臻完美。

收到中央电视台中国电视报社对外新闻部孙莉同志贺年片。另黄埔军校同学会通知，二十一日上午九时在松园开会。校刊一期有有关赴京展情况，赵万怀同志文（荆玉升报道）。

十九日

卢祥之来，嘱书《中医药研究》，另一纸。李甫运同志又赠挂历两方。赠育民同志红烟一条。又补录像二场面，砚，像，谈话。

二十日

去文史馆，见耿华、孔、薛。22日来接去政协开会。小曾送回校，午餐。

二十一日

发麟庐、李老、华贺年片。孙莉、卢祥之字，挂号。王成、韩绍君送来《中国长安名家书画精品集》，香港印，深圳装订。索字。

二十二日

省政协开会。吉虹记者兄来，将为我大写文章。长山字。旭升来。

二十三日

文史馆会。田跃同志为我写材料。约星期六下午来谈。郭偕女同志来，未能赴会。少纯来，明晚送于字帖。

二十四日

舒心斋（钟楼电影院）书画展（画廊）。

二十五日

收赵春伟同志信。吉虹同志来，取材料写文。知中国教育电视台先后播放1993年全国教育界四位教授书法家的影片——启功、欧阳中石及我等。

二十六日

张登第同志字，借《傅山全集》三、四两本。世庆为文，目过。为长山作字，带去。见吉虹同志。吴醒民来，为题签。

二十七日

军风报社总编辑王允毅来、画家高连智、艺术编辑童兆军（女），庆生陪同来家。赠宣纸一刀、挂历等礼物。高嘱书一件，三尺长，为明年日历用。又高栏题“禁区内外”、“艺术天地”、“谐趣园”。畅谈甚欢。耿华嘱书“达尔文书店”，竖写。荆旭升送竹叶青。

二十八日

文史馆约赴庆安公司作字。李承林同志来，赠挂历、人参。改天取陈冠英对子、字（写于稿），费心不小。

二十九日

小运来，赠晋祠录像一盘。东成字二条，取去。（长安字册）书“达尔文书店”，陈青代取。

三十日

发王绍尊信。孟宪文同志来，赠挂历

(26-2-5)。市统战部小林、兴国来送展品，赠挂历。小运来，午餐，返永济。

三十一日

吴醒民等来，代庆安公司赠皮带、报时表、名片盒……作字。阎庆生送来录像配音一盘。

惜时，爱物，保健。
自尊，敬事，肃严。
憎邪恶，报以白眼。
拜三公，自由世界。
“老子天下第一”，
语出有源。
事事物物，乱，乱，
好不伤惨。
不争气，不长进。
“不要学中国人”，
落到如此境地，可怜，可怜！

〔注〕

①这是指《中国书法》1993 年第一期发表的柴建国写评介卫俊秀的文章，仍用《中国教育报》的题目，但内容做了较大的改动和充实。这是第一次在国家级书法核心刊物上评介卫俊秀。

②傅山诗句，见《霜红龛集》“作字示儿孙”，其中有句：“未习鲁公书，先观鲁公诂。平原气在中，毛颖足吞虏。”“平原”，即颜真卿，因其曾为平原太守，人遂以此称之。

③梅墨生，河北迁安人，中国画研究院理论研究部副主任，副教授，书画家，书画理论家。

④郭齐文，山西太谷人，山西省书协主席团委员，曾任晋中书协主席，书法家。

⑤《击壤歌》中的句子。“击壤歌”传说是帝尧时的作品，其诗为：“日出而作，日入而息，凿井而饮，耕田而食，帝力于我何有哉！”

⑥李廷华，原籍湖北宜昌。出生于重庆，久居西安。作家，文化学者，书法家，艺术评论家。

⑦语出傅山《霜红龛集》“杂训”：“写字不到变化处不见妙，然变化亦何可易到？不自正人，不能变出。此中饶有四头八尾之道，复谻不愧而忘人，乃可与此。”

⑧阎庆生，陕西礼泉人，陕西师大文学院教授。

一九九四年

丰收，胜利。

一　月

大局一眼看透。
赵门财神当头。
万般听他主宰，
屈原冤屈活该。
真理原无法则，
达尔文的世界。

一日

过得平顺。写于右任书法欣赏初稿半。

二日

孩子们来，聚餐，看我的录像，未睡好。一家欢乐，各为书一纸，回去。方琦来，给一幅横条。前日收北大孙玉石、天津石油厂冯浩等贺年片，照片。

三日

写复信。收强儿信。发玉石、立平、冯浩诸君信，日本吉久保俊夫信。收杨虎城100年展证书。

书，画，文三事。世庆拿取照片一张，登报用。

四日

收山师大建国、杭州王光明贺年片。李殿清寄来枣。发日本吉久保俊夫信，浩浩信。金海处一行。托赵利文、焕章送重安日本字，对子。《论康有为书法》初稿成。

五日

夜未得好眠，梦作文。晨起头昏。旭升字。醒民来，取庆安字。杭州平定娃先生，王国顺（外侄子），马延涛（报纸编辑）（三尺对开，横幅）。

六日

赴文史馆，田跃为摄影，电话中告吉虹同志，即送去，报用。未参加会，已十一点了。收许麟庐老、郭振有（北京中国教委办副主任）、牛道生、田际升（山大25楼29号，教授）信。曹文敏（襄汾文化局）赠《古今名人传奇纪实》、《河东文化》两册。修军等同志贺年片。达尔文书屋赠《中国对联大辞典》。刘玉玲、郭保江来，赠桔子、花椒、枣子、苞谷糁、画幅。

七日

到金海处，为作菊兰。

八日

王福奇广告经理、庆生来，赠鳖品三盒、泰国香米。刘念先兄嘱为子女作字。有堂来，为复印《国际人才交流》三份，后天送来。收张爱军（李雪老孙女）来信，索电话号码。满道贺年信。老军来，付字，有话来谈。收宋庆龄百年字册，孟同志送来。作字四屏。明日发春伟、王光明挂号，曹文敏、郭振有同志信。张小义来送字，赠一件。修书橱合叶。量字，相片尺寸，古为装镜框子。周强借给齐白石画册。

几等鬼：

1.恶棍。白昼行凶，肆无忌惮，亦有暗中行凶者，大卸八块，灭迹。

2.妖怪。

3.无心肝。翻脸不认人。

4.诈骗。

5.笑面虎。

6.蚊虫。暗处难防。

九日

发上项四件信,张西太字。作字。平女字。齐白石画可玩味,与书法相关。粗细交待清楚,不含忽。

十日

不觉年届八十六,
麻麻忽忽渡春秋。
如此派头仍不改,
受骗日子在后头。

发殿清、谢雪老信。

诸味齐全。

收袁旭临寄相片,介绍医院信。

十一日

明善同志又赠《国际人才交流》杂志一册。作小幅横三件。

在我的书法里,可以发现你所乐见的"宠物":小鸡,小鱼,猫,狗……它会吸引住你的心灵:"可爱极了!"这就是书法的魅力所在。

韩局长夫妇、沈秀水等来,赠枣一袋。为书"襄汾新貌"四字。嘱看碑文,商讨艺术馆开幕事。书爱军信。张建强送来程克刚书法册二本。

十二日

"土匪气",鲁迅愤语。良然。

秀水等来,建议:1.签证。2.地址,丁村一带。3.保管委员会。4.开幕,招待从简,不铺排。

谢政委来,赠《布衣将军》,为我刻印一方。早睡。托带海洋信,四。

十三日

写文。

十四日

受凉。白水仓颉庙来人,嘱书对联。周强送来止咳药,有效。

十六日

发薛馆长信。请姜院长为铭看流鼻血,打止血针,好了。

十七日

晴。

人能有个明确的认识,即是走上正轨的开始。人能有一坚强之志愿,则事功已成矣。

收梅墨生同志寄《现代书法家批评》一册。方秀敏同志赠《中国人民解放军书法篆刻选集》一本。

独立更生,不得有所傍依外符,自知胜于外知,不迷信。

独立王国,目中无物,自做主宰。

十九日

发梅墨生信。

二十二日

出席教委评选全国参赛奖。民生字二件。午餐后返校。正峰兄来,留报纸数份。未见。

绝名弃利少系累,
胸无俗物心自宽。

二十三日

平女一家来,共餐,饺子,甚欢。夜,周老师来,知余感冒。为贝贝教育,佳言。

二十四日(腊月十三)

金猴奋起千钧棒，

玉宇澄清万里埃。

颇力吾欲，勉之。

今人无耻，不讲礼义，男盗女娼，极矣！必须在此症候上开刀。人云鲁迅为骂人，傅山到老只叹落得个骂人之名，不骂何云哉？张目一看，不过鸡虫，可叹！

二十五日

收赵春伟同志信，知李雪老兄心脏病住院，已装起搏器，良好，可无虑矣。

二十六日

去见史念海老，问他装起搏器情况，即复赵一信，附李、翟各一信。顺便问赵北京纪念毛泽东百年诞辰书展情况。收劲知、刘梅信。已调山大艺术系，即复。又收白水县仓颉庙信，嘱书对联等件。看望任平馆长，病愈。通知李绵书记，明日下午开会。王东成、小林等来，送《长安书画》册一本。将开发布会。杨信平同志来看望，甚慰！书劲知信。

二十七日(癸酉腊月十六)

初度。大晴。

整一年里，平顺，工作不少。八九月晋祠与李雪峰老、家中亲友相住四十日，可称奇迹。八屏送京亦奇事。可纪念。待下文。

年纪已升八十六，养颐之福第一功。书法事，莫应酬。

下午书画会开总结会，热烈。朱两次发言，建议，书协情况。

二十八日

收马来西亚大学中文系吴天才教授信，嘱题日本著作词，又对联一副。

饭量欠足，青菜吃得少，工作时间长。整理聘书、参展证，一箱。赠育民、甫运同志台历，为姜院长书对子一副。人事处副处长赠茶，给字一幅，季波陪同。黎风兄送来花肥料，并复印养花材料一份。

四门不出，外事莫问。

二十九日

贺开秦泰志来，赠《学者毛泽东》一本。回赠字册一本。又带去《国际人才交流》复印稿，将在《劳动周报》发表之。

整理字帖。金海来，三号到政法学院。二号候接。饭量增加。送姜志玉院长对联。

三十日

整理函件。

独来独往天地间，

啜茗饮水乐守贫。

横眉冷对鸡虫笑，

白眼看他世上人。

三十一日

为校碑林书字十二个(蔡元培:“抱定宗旨，砥砺德行，敬爱师友”)。

取回日本友人梅津彩石寄来包裹单，明日到小寨邮局取东西。文史馆明日开表彰大会，不去了。

新的认识，新的行动。

我行我素，自由王国。

无忧无虑，自辟天地。

凡百居次，康寿第一。

一切看得开，万般看得透，少一般不成世界。

二　月

一日

（一）

现象：1.淘金（新疆）。挖三国时墓（江苏）。滥挖煤（山西、陕西）。文物。小汽车走私出卖……无政府状态。2.人品、道德堕落，无人性，执法犯法。3.百物皆假。私>公=0。4.人鬼，相疑。5.以权谋私，富贵子弟大经商。6.父子相食。白刃。7.大机关、单位，不速之客，骗子。8.其他妖精。白烟。

总结：已矣哉！

（二）

怀疑一切，否定一切。辞去一切荣誉，表彰，地位。不要靠山，不存偶像。唯我独尊。上帝，主宰。自创王国，独辟世界。王长乎其间。

目空万类，万类皆空。

为所欲为，坦坦途径。

（三）

有所恃：年纪，不容欺。

德行，不可卑。

道艺，威震华夏，与天地齐。有几？

谁开绿灯给方便，看破红尘福祉多。

收到湖南屈原碑林建筑规模彩色图。河南孟津王铎书法陈列馆信，购买拓片优惠单。五台山书画家联谊会孙存锦信，索字（忻州市长征街一号，034000）。

傅山、鲁迅→三公弟子。大，公，正。

身影愈高大，心胸愈宽阔，责任亦愈重，形之书法，自有不可一世之感，超逸不可攀矣。

二日

关中画廊开业，宾客颇多。作字一件。陈赠玉猴纪念品。

三日

上午金海处为十二人合作大型画题字（画头）。下午二时参加省政府为参事、文史馆员举行茶话会。发工资。统战部慰问百元等，被罩单。收杨信平科长贺年片。

数种人：

世间最可怜的是受不到文化教育的文盲，最可悲的是没有信念没有希望没有前途的人，最可耻的是为了钱无恶不作的强梁之徒，不肖之辈。最幸运的是健康、得道，精神有寄托，看透物理世情，建立起自由王国的智者。最光荣的是教育人的学者。最有靠山实力的是志之有象[①]（三公），有抱负的大人。

肚皮要松，头脑要空。

眼神要灵，心气要平。

事理要通，衡量要公。

鬼神来朝，显示高风。

图傲乎救世之士[②]，坦坦荡荡，俨若泰山。

四日

发翟、梅津、振绪信。教委仁贤人事司长字。小张煤40元。

收海洋信，惊悉嫂于农历腊月十三日

病故，十九日与先兄合葬于村西十棵柿树北面。

收梅津彩石信，又徐芳、市书协贺年片。书包秉民字。李、余等代表西安书学院赠礼品。托转郭老、王辉礼品。

五日

发海洋信，钱。窦远勤、詹五生、陈女士等来，厚礼。《幼儿书法报》，赠烟酒等礼品。

六日

晨振玲带虎虎从太原来。收拾档案、文件，清理一番。周强带孩子来，蜂蜜两瓶，捞糟等礼品。胥超、袁志伟、王要文来赠剪报字。庆生送来文涛广告公司赠信封1000张。托转阎宇、和平字。收易水寒、穆嘉婉夫妇贺年片。

七日

杨启超同志赠《汉中地理志》一本、蓝田玉石砚一方。杨力雄老来。中国工商银行吴志祥（陕西省分行科长）赠离退休纪念章一枚（镀金）。高斗管字。午睡好，饭量好。合影数张。《中国老年报》罗同志来，赠秦俑酒、宜兴茶碗。李彦宏赠《少年书法报》。世庆为我作文，附八条屏。又赠拙画一件。

军工报发文。友谊。（以下有内容）

十日（春节）

甲戌农历正月初一。元旦。

敬三公，夺高峰。

空四海，万事通。

一神龙，奏奇功。

一扫荡，满江红。

有所恃而无恐，艺高则胆大，鬼神不上健康者的家门。

大人——空四海，狂者——见皇帝如见常人。哲人——得乎道，自得，居安，资深。二者——实一体耳。

三公者，济公、包公、孙悟空也。济公活佛，具有魔术性的大慈善家、科技师，救世之神人也。包公，铁面无私之大政法家也。孙悟空，有正义、勇气的空战无敌将也。三子各有特色，而为天地立心，为生民立命，为万世开太平之胸怀则一。人能得其精灵，何忧，何虑，何惧？无上人物也。虽与上帝比肩可也。吾于是乎以此自壮，亦以此自雄！图傲乎救世之士哉，凡百莫我若，此之谓大人。

友人：1.王生彦同志，刘，赵，任，曹，傅。2.杨二人。3.成夫妇。

图书馆女同志，黎兄子礼。看傅大夫。新华父母来。李承林礼。为方胜女办礼品，与曹二人，初七日。为临潼医院作字三件，横二竖一。王玲作手术。

十一日（初二）

孩子们、亲戚来了，又是一家大欢乐！黎风兄来，赠《张田诗文选》一本。书信六七件。

欣赏山谷书《竹枝词》，甚快！忆及田羽翔师书韵，安详高雅，笔笔入木，如此聪明乖巧之至。阅黄书札、行书亦尔。看王铎字便不如此之从容，韵味差矣。与古为徒，应如此，笔不离纸，妙。

李正峰父子来。发侯振民、王英、起家、李兄嫂、清兰、中石(首都师大)、忻州孙存锦、林鹏信。

十二日(初三)

看李、黎、申、刘数家。孙新权赠拓《快雪时晴帖》,水果一箱,食欲大振,不知饥饱。鸿儒子女来,礼。

十三日

文涛来,作字。胡增贤女儿来,礼。世庆来。力雄老夫妇来,礼。

那人好行小惠,不拘小节,动不动云要什么紧,没关系,似乎大方,实属小气,斤斤计较个人得失,装腔作势,似周到。语言草率然诺,不负责任,善变,不认账。曲曲折折,文文雅雅,自作聪明,矜持,摆臭架子,不知有多大本领,出语多吹牛,要求无理,主观太甚,强词夺理。言不及义,晏如也。不顾大节,关键时刻,逃之夭夭,骗子。趋炎附势,无正义感。势利眼,显得亲腻,假气。甚厌之。对策:傲慢,不说实话,不造次示肝胆,话不说尽,不谈心腹话,白眼。若愚,守黑,处下。

十四日(初五)

发信四件。

十五日(初六)

宁。薛军、司机三人来,礼。魏丹江(公安),题册页签。樊川来,礼。收《书法艺术报》,济南市青年东路12号。

十六日(初七)

赴方胜同志喜宴。

十七日(初八)

苏长安(省六楼车队长)、薛(女,南通人)、阎来,去看东方商厦北院门石刻联。即回。张星权同志来,礼,赠字一件。王满道来,礼。看贾兄。收外孙贾文兴寄来咖啡一大盒(800元)。狮泉河阿里地区中学索字"钟灵毓秀"。收韩生荣厅长信,附小诗二首。

收李村外孙信,知外甥女热闹夫妇病重,甚忧虑!又收贾起家信,将开二次文联大会,须作贺词。

十八日(初九)

刘玉玲来,礼。武德运来,赠《鲁迅郭沫若与五四新文化》一本。赠送字一件。松园田会长等四位来,赠送文件、礼品等。地理系刘来,嘱为临洮一饭店题字,留照片二张。傅嘉仪嘱题"红柳斋"字。宗江字。

二十日

同振玲、女女上街买字帖。

二十一日

文史馆会。袁志伟来,礼。王亚新、方济众来。吉虹、赫父女来,礼。白水仓颉庙来人,嘱书碑文,四尺。看望平矜兄。收《鲁迅研究》一册。山西老年书画研究会文件,迎泽大街四十六号,030001。

二十二日

发文兴、《书法艺术报社》信、字。为振玲作字。

书法上的字,从一个到三四个到数十百个,都须以一种活物来看待。如果一字可以当一个人,那么百把个字就是一个合作、彼此相依为命的集体。纯粹行动，必须一致。

一个人有其坐立、姿致、声容、笑貌、脾气、至情、气派。人又有大人、正人、英雄、豪杰、雅人、侠客、美女、狂士……字亦然。把这些人组织起来，如同汇演。

周强兄弟来，赠寿糕。书胡光亚、何超信。

二十三日（十四）

雨雪（正月十五雪打灯）。

老夫具慧眼，隔衣照心肝。

任他鬼蜮能，其行莫可逭。

一切看透，看透一切，已矣哉！念天地之悠悠，收拾精神，无复独多虑，保我顽健。拜三公，广胸襟，无极世界。任他风吹雨打，天地自有安排。笑呵呵，神仙生活，无往不乐！

发王得厚、世家信。

莫人不骗，无物不假。

男盗女娼，致富发家。

无事不奇，无物不怪。

请客吃饭，亿万算啥。

送礼拒收，部下见怪。

要我出差，就是不来。

谁讲廉政，廉政何在？

一上官途，必须变坏。

上下同贪，谁反腐败！

……

绝望——虚妄——堵塞政策。

不参加任何“为弘扬……”的“大业”，不要人抬。什么荣名大事，一概置于千里之外，省得麻烦。乐得轻松愉快，延年益寿，福自天来。

魏丹字，礼，对联一副。吴金彪公安厅长。胡光亚同志信，为贾坤《中医癌瘤学》题签，又横幅一件。

九时，振玲、虎虎动身回太原，十时半开车。

二十四日（十五元宵节）

发王世家、得厚信，将汇寄月刊订款。

一、回顾往事，审度当前，推定将来，对国如此，对个人亦然。定夺行动，有的放箭。二、须知年纪，时间、精力均得珍惜。三、任务繁重，尽力少应酬。

书法，快活哲学。三公师，得道。自传。

收到司马迁研究会赠第三、四期刊一本。为贾坤《中医癌瘤学》书签。

二十五日（十六）

霰雪。好睡。心地宽舒，莫大幸福！曾拟数句，云：

正以建己，眼空四海。

清廉自守，福从天来。

又作《三公颂》：

多年以来，生不逢辰，却曲而行，阻塞难通。或遭妖怪，口吐白烟。可怜唐僧，幸有大圣，一路破阵，取回真经。爱吾得三公，自得居安资深，中正安舒，无往而不乐，无时不轻松，目空一切，自由王国，如进大同。神仙境地，姑射山人[③]。

三公者，济公、包公、孙悟空也。虽非上帝，而更亲切。具体志之有象，足以自壮矣。三子者一为万能的活佛，僧帽，芭蕉扇，黑色佛宽大衣，赤脚，满面笑容，从不动气。便是要万两黄金的那种，能为你换去坏心，从新做人。人间灾难，都可化险为夷。

一为铁面无私的政法大人，法所宜加，贵贱不宥，才有可用，孤远不易。不明冤案，或死九地，为你下阴曹地狱，查个明白，复你形体，得道救矣。

一为大闹天宫的空战大将军，一身武艺，浑身正义，有胆有识，建天乡，为后世，功与天齐。则三子大德，所谓"为天地立心，为生民立命，为万世开太平"矣。

收海洋、田峻生信。题签"田际康书法选粹"。刘兆谦字。育民嘱字。

二十六日

作字。收爱子信。福建中国瓷苑艺术家名品画廊征字。德华邮电局二号信箱，362500。黎风同志赠《延安文艺精华鉴赏》一大本。

中国前途，兴亡盛衰，关键全在教育问题上。各行业继往开来，学术，治安，风气，科学技术，民族精神，政治，经济，一切无不与教育有必然关系。

二十七日

育民同志赠《秦文字》一大本。字二。路克军兄偕侄子、友人来，赠银耳、麦乳精。叙家常。庆生带来田和平同志赠《秦文字类编》。马在春同志赠酒物，照片数张。

剪贴报纸数张。

一个人对于一切都失去希望，以至于绝望——虚妄，心地也就得到解放，无牵无挂，一身轻了。有似得道，岂不快哉！

各国一面大喊和平，而无一不在大力研制惊人杀伤武器！难言哉！口是心非，人世关系如此。

二十八日

收品三兄信，照片，文史馆通讯。三月三日开会。小运自太原来。

三月(外事多)

一日

发安邦信。小运来，即返永济。启超来取字。书巩廓如兄信。同潮海诸人看平矜兄去。精神欠足。高翔(图书馆)嘱为人民医院俞世勋作字。平女为做衣服一件。鹤龄明天要来。收福建法制报社《法制文摘》一份。载有泸州市考委会石仁富凭借副考委地位鲸吞学生四万元，处死？

满道带孩子(王鹏)来。

轻轻松松，随心所欲。
我行我素，管他娘的。
不谈真理，少论是非。
私字吃香，公字废弃。
莫管别人，只贪便宜。

茫茫学问，植根在无可奈何的乱世，知白守黑，正甘地的不抵抗主义，非真甘作奴隶。兵法中之以退为进，将欲取之，必先与之的策略也。

二日

天气清和。季波偕陈发全来修电话。拟郑志国兄八十寿诗：

西高经五载，交情更相亲。
忘形到尔我，披豁对吾真。
桃李盈天下，门斤常在春。
仁者南山寿，福祉东海深。

庄子的理想人物：

至人——故庄子中语皆为至言。

真人——真言，率真不假。

神人——妙语，高深莫测。

圣人——明言。

醒民、天荣来，送庆安公司赠品（寿桃，花瓶）。西安市东方文化艺术展览（演出公司）傅瑞等来盖印，对联，条幅。收春伟同志信，知李雪老供血不足，思恭照料，未出院，又云见到李正杰同志，整理外来书画，随后分批展出，发收藏证书，放心。

书法：

雄伟正大，大人派头。1.一片朝气，蓬蓬勃勃。2.气象万千，变化不测。3.万里鹏飞，纵姿莫可拦挡，极力肆展，直到天池（齐天大圣气概）。4.震惊鬼神，征服世界，眼空四海。

鲁公（中兴颂）——山谷（刘禹锡）——傅青主（狂草）——瘗鹤铭、石门铭——郑道昭——齐白石，康有为，于右任——章草：索靖，羲之，王世镗。大爨——太极。

王（报社）赠宣纸一刀，二字。

字缩小，凝聚到爨龙颜，放大到道昭摩岩，聪慧娇巧到章草。艺术性——活络，连续性，动作中散发出的魔力，自然，协和，变化，温存，亲腻之感。

三日

收王世家同志信，嘱莫汇款。（送阅）

四日

文史馆书二联，学雷锋日。庆安中学教师王蓉现场为发气功。心脏佳，肾、前列腺，小病。还有十年寿龄。蓝空嘱书签“铁马冰河”，横幅。眼有点白内障。发廓如信、字。

五日

军风报高廷智“翰墨铸情”一条。为田峻生作题签。

六日

发峻生信，海洋、韩大壮。接到北京中央办公厅秘书局卫金木同志电话，嘱作字。勉县杨来，赠酒。文化宫对联，字。有堂陪冶金学院李校长来，赠脸谱二。

七日

为勉县文化宫书对联。谢政委来，取题签“铁马冰河”。

四斗：

与妖魔斗，与病魔斗，与鬼子斗，与败家子斗。人生职责，爱己，爱国，爱民。自得，居安，资深，取之左右逢其源。凡事有三公在前，虽千万人吾往矣。有肝胆人元气足。

勉县李来取字，出国，瓷瓶酒十数瓶。收翟嫂信，乃知李兄一切情况，明日复。收虎山印社感谢信，文字佳。

八日

复翟、柴信。刘刚民老夫人随女来，为大夫索字。刘住军大动手术，胃。郭福堂、有堂来，为于右任研究会台湾代表送字三件——马千里，吴桢、刘禾章。

九日

高廷智、张省莉夫妇赠画册。《军工报》。

阎民处裱字，二十三日取，搬迁了。寒冷如严冬，而暖气已拆除。

十一日

昼夜眠十数小时，甚好。收国家教委郭振有同志信，北京师大出版社办公室嘱书魏徵纪念联：明镜千秋鉴，直言万古风（张过撰句）。晋保平同志与郭是好友。

十二日

雨雪，冷甚。清笔债。

字愈写得凝练，想到先师田羽翔先生作字的敬谨，不敢纵恣；情态，走笔，慎忱，雍容，安舒，高古，端雅的情态。年纪关系也，壮年时体会不出，今乃悟及。良慰。可见欲知古人之不易。专精，唯一，如鸡孵卵，猫捕鼠，佝偻丈人。一着急，苟且，草率，便糟。此即做人。笔到墨足。

老年人，没记性，气力不足，手眼不灵，懒，看事淡，而偏好操心，指指点点，啰啰嗦嗦，难怪人不喜欢。

十三日

雪。书信：郭振有，强儿。字封好，明日发出。

十四日

申秀、老齐（老年书会）来。发卫、郭、孙存锦、聪信、字。

陕西李凤兰画院。

莫轻易落笔，不随便出言。认真负责之谓也。烟墨淋漓元气足，画如金刀割净，自知入木三分之精。细味古人之字帖，笔笔有分量，具有千钧之力，千仞之势。又须平衡，非一纸鸿毛，一笔泰山也。轻重，虚实，刚柔，疾涩，擒纵，互用乃佳。

十五日

收海洋、廓如、满道信。参加方磊展出，200 余人，很热闹，余与李老剪彩。作品是吸引人的，深受院方领导赞赏、重视。刘刚民夫人电话，刘手术成功，索字二件，赠医师，十八日上午来取。

每到一处，大小会，好像人人都是熟朋友，男人、女人，谁都想要字……

十六日

作字八件。为李凤兰画苑题牌。家用。

字可以写得儒雅，侠气，君子，狂者，大人，学者，各类人物形象；或立，或坐，高昂，前赴后继，逞强争雄，严武整饬，仪表堂堂，魁梧其威，雍容大雅，仙女散花，逸气系人……把这类人物，组成一体，现得团结一致，协和可亲，此即章法也。有机体，生命力，活物。给人以启发、教育、亲昵、爱情、力量……的作用。足矣！内涵别世界，观不厌，喜气洋洋；王国，美的境域，天堂，欣赏不尽，高于听戏，看画。飞跃。

洒脱一番，长进一番。深入一度，长进一度。总结一次，前进一次。

1.磊落大方——瘗鹤铭，郑道昭。2.喜气洋洋，行云流水。3.浩气——山谷。4.超逸日神——王羲之。5. 乖巧耐味——章草，田师。6. 正正派派——铁山。7.狂颠——傅山，五峰山刻石。8.含宏光大，庄重——鲁公。11.凝练太极——爨龙颜。

1.烟墨淋漓元气足。2.画入金刀割净。3.布白如玉尺量齐。4.走笔如蚕吐丝，雍容自在。5.用心如鸡孵卵，猫捕老鼠。

人的流露，总的表现（学问，思想，人品，道德）。

拜三公，崇傅、鲁，
深读《史记》、《南华经》。
能驾雾，能腾空，
圣心日月明。
俯视大地如小凳，
虫豸何用？
败家子，害人精，
对准神通。

十七日

发赵春伟、海洋信。书强儿字三五幅。“寿”字，南京。杨力雄老来。志祥、斗管字。阎、田和平、黎子来，送高中参考书数种。苏司机、原野字。畅谈。为李绵老书吴玉章诗。收到毛纪念堂管理局材料。西安书画艺术学院征字，顾问，函二件。

十八日

寄强儿字，邮局误看做国内航空，退还，须补邮资七元九角，未发。

梦中作：

怜才有佛眼，儒雅岂书生。
轮囷与浩气，性喜鸣不平。
正以建我身，眼底四海空。
清廉固自守，不改老松诚。
平生有所恃，虔诚拜三公。
……

收白水县庙巷006号魏德保信。715600。四尺联改六尺。贺词。

十九日

去舒心斋过生活。三十余人畅谈，自由作字画，聚餐，看电影，舒心！为杨兴、王大愚（作协副主席）字。邢永亮经理、潘索字。

随心所欲，为所欲为。
行无所事，萧然自得。
太白令公，宜法宜则。

二十日

作字。收孙存锦字、照片。天津峻生信。

二十一日

满道来。魏丹江来，为题册页签并题词，礼。作字还乡用。万怀同志来，黎风同志来，关心事。

二十二日

阴天，冷。取郑寿笑词裱字，只收十五元。另裱字六件，四月十五日取。全新利字。魏庚虎同志来，黑米酒两瓶，名茶。字，对联四条。另裱对联、横草书各一副。四月十五日取。周强搬家。收浙江浦江县潘宅樟山江南书画社函，特邀入社。

二十四日

收赵望进同志信，并《火花》杂志五册，二册中有姚国瑾、晓尧分别介绍我的文章。发日本梅津彩石信。校医院费大夫、护理部蔡主任二人来检查，约明日八时半作心电图。脉搏五十余次,缓。方胜夫妇来。景先生字。

二十五日

作心电图。欠佳。费大夫开给药三种,开始服用。两礼拜后去检查效果(四月十日)。不能劳累!少操心!恬淡自然。

收建国信,嘱转董寿老、宫老信,又为题签“山西书法通鉴”,又八屏照。王元军取字一件,为写稿用。

二十六日

看路克军同志,他不回去了,等候艺术馆成立时再回,有意义。建议:1.节约,不铺张。2.只请太原、临汾文化界的人参加。3.捐资者立碑。4.丁村为宜。5.管理会……

自我疗法:健身术。

1.应深信人的精神作用!微妙,特异功能。精气神,正气,深道,精金,专一,精满,气血足,专注,神通,则周身灵活,法轮常转,无孔不入。

2. 应知无知疗法——饮食。牲畜吃草,——血肉,生命。人吃青菜,——维他命。面粉,植物。少量动物。

2.运动,呼吸新鲜空气。壮筋骨,肌肉。

真:——书本,经验,阅历。深悟庄子,天人之际,天地同流,人定胜天,自做主宰。

理发。

二十七日

小雨。发董寿老、建国信,宫保老信(陈青送)。李素老药,专治指甲白症。

吃眠均佳,思虑正常,平静。夜朱仰超、刘世功来,营养品,嘱字二件。四月十五日来取。

二十八日

领补贴六个月共189元。取地奥二瓶。景芥荪(方疆内弟)来取字。方送名酒两瓶。

二十九日

作字数件。平女为赠糖品。阎金女带信,四月十五号裱好字,即送来。傅作义一亲戚。

“兵莫憯于志。”庄生言,甚佳。英雄应是英雄作风:拿翁可师。倘人人都成了阿Q,尚何国家之有?

三十日

肚子不舒服,服药,未进食。

三十一日

海洋回去。休息不敢动身。下午米儿面。

听参加全国政协代表郑同志传达报告,有收获。政协“非官非民,亦官亦民”,妙。作用?“蛋——饭”。只教育一部门,问题就很大,很多。复杂。培养人才,到2000年需多少万?今日教育质量,上?平?滑坡?谁调查?

四月(深化,改革)

一日

政策:健康乃本根。少吃,莫忘青年时

光。

正义，真理，精灵，总会战胜邪恶。

医嘱：1.年内不动笔应酬。2.少参加活动，少讲话。“热闹人毕竟俗气。”（傅山语）

改号：莫开楼。臭老九无用，儒冠误一生。

经验：不发慈悲心，莫怜人，莫为公，防妖。斗士作风，为大人，沉勇而潇洒。

明己：老年人，山西人，学人，书艺，突出，国手，打出世界。

米面条，淡，适量，通夜舒畅甚。梦为割麦子，完，光大麦子地，干干净净。

世界上一切都是人创造出来的，上帝没有给人规定什么框框限制。没有英雄气概，难得创新路子，奴隶只能顺从，如牛如马。

顶天立地的世界巨人，二寸高的小人人是看不出来的。他太矮小，因此也不可同他计较。一计较，也就非巨人了。

杨朱纵欲，正是大解放，但能掌握住不伤身，也是不失为一种学说的。

早点又吃得多了！作字四幅，得手。须日书之。好时光，莫过！

多在事业上考虑！

山西是用武之地，亦须报答众友人对我的希望与恩情也。

刘念先、王生彦、有堂诸友来看望。

针对性（目标），为什么？目的（治病）。

下海——讲学，开发，启迪教育。中国危险！教育滑坡，不做学术。社会上事没人过问，没人管。

日本政府有“说干就干科”，真厉害！我们——

二日

收建国信，字册即印，董、李老分别题封内外签，封面深蓝菊花，可观。刘在文同志寄来三晋文化研究会成立五周年纪念册。

发廓如、建国、刘在文信，字照，人照。

减少来往信件，轻松，不得疲劳！

柏拉图以为地上的都是坏的，丑恶的，天上的则都是好的，美丽的。天在哪里？就在您的脑子里，全靠您的创建——别一天地、世界。庄生美语，他的脑海里的每一丝神经纤维末梢，都是触角。

年纪不饶人，受不住折腾。

走笔画如利器，敏锐而痛快，足使懦夫奋然前行。体态须似桃园关张（杨老六，鏖糟），展脱，光大。竖如鹤立鸡群，卧如狮虎蹲如，章法应如部队行军，聚散皆有规律，彼此相顾，一条心。一到阵地作仗，神出鬼没，忽隐忽显，炮火一作，气象万千，所谓神韵也。（七七事变，一见报刊大标题，顿觉满纸云烟。）

四日

夜搓腹部300次，舒而服之，康复，中气足矣。“人定胜天”，我即上帝！一切鬼神、阴阳、前定天数，皆狗屁耳。

开始服用太阳神。少吃，多休息，适当地看书、作字，断应酬。草讲稿——手戏。

无物不假：种子，药物，肥料。

无事不丑：盗文物，贩妇女，买教授，

文凭。

无人不坏：子孙残害父母祖，贪婪诈骗杀人放火。

无话不诈，无脸不鬼，无心不黑。

李彩英，物理系毕业生，任学报英文编辑，大革命中全家六口人丧生，均教育界名流文人，湖北武昌人。

近期完成先兄行述、先师振堂碑文。

五日

清明。夜吃西红柿、糖，颇合口。病除。

庆生、阎老偕孙迟、赵润民来，赠蜡制寿星狗各一件，又诗词集一本。索字。

健康如常。

作字一心急，放肆，便不足观。狂草看来放肆之极，然作字时自有规矩，一笔一画，平平稳稳，非如百米赛也。张、素自云霎时千万字，似甚神速也。然笔笔送得到，自有神闲气定处。智深意远，勇沉不躁，乃能凌云劲健。醉汉力非不足，胆非不勇，然脚步不稳，只能跌倒，作草书可如此耶？

六日

晨操。运动也有会不会。只用力，不用气，一也。用力有深浅内外之分，二也。气由你呼吸，呼吸有从喉，从肺，从丹田，从足踵者，深浅不同，作用亦异也。另有配合问题，不可不究。

智（思虑）深——志念，目的，作用，意义。

勇（力）沉——内劲，敛聚，不分散。

神闲——奥秘，要妙，韵。

气定——匀细，不得粗野，浮。

作字之道，尽矣。

作字须是如快刀斩麻，脆快之至。及乎篇成，则如龙蛇游地上天，生动惊人。下笔如工人之打杠，铁匠之抡锤，狠狠全力以赴，轻滑无为也。至于微妙，灵巧，系心之处，动如蜻蜓点水，风中燕子，水中游鱼，名演员令人叫好处也只有一点，自然极矣。静如鸡孵卵，猫捕鼠；动如脱兔，惊雷，至矣！

论者辄云：书至于无心无意，乃臻绝境，此固然。然实际上断不如此。无心无意者，斩断一切想念之谓也。如小时，必有个内容，诗词……这便是心、意。且说走笔，即心头之活动也。无指挥之行动，能行到何处？不如云心中有素，旁若无人，一任自然，我行我素，方为近理。所谓意在笔先，也非无意之谓。如动笔前字的大小、字数安排、字体，必须要想的。落笔后忽然发现墨水稀浓，纸质粗细，又焉能不想？

国手，只是善于控制，变化，不付安排，我即法，法即我。大刀阔斧，扫荡一通耳。总是：一，功力深，二，理论高，三，修养好，四，经验富。……故能自做主宰，立于不败之地，目中无物，一人而已。

梅兰芳《贵妃醉酒》，他可以不顾观众……如果忘记观众，演成红娘，那真糟了！

集中认真。少费眼力，遂志怡心！工作时间节制。

颐养，食欲食，为欲为。快乐的自由王

国。介者移画,外虚誉也。

无心无意,只是写时不抱其他目的、想法、顾虑,为艺术而艺术之意。得到神品。又惟切念之望,信心,把握,顶峰!只此一家、一人而已。

自神其能,自负。山西人,需要大吹,南人可师!

趾高气扬,目中无人,夸夸其谈,吹牛,自高身价,对我晋人来说,是药物!

作草亦如儿戏,一鼓作气,元气足,劲健,一泻千里,有生气矣。内无中气,若病夫行走,谈甚感人?

如健儿破坚阵,领略到此意,可得草书奥秘矣。

又须一笔一个脚印,画画送到,入木三分矣。

七日

运动。有心得。点子真,功力深,思虑高逸,得天真。

《逍遥游》在《庄子》中有如《伯夷叔齐列传》在《史记》"列传"之中的地位、性质然,含有序文的作用。总括全书的精神,议论多微词,言外有意。

"无心无意"解:

1.行其所无事。"作诗必是诗,毕竟不是诗。"

2.与天为和,莫知所为,莫知所不为。

3.无立意于作字之心,必求其如何而得可。

4.一任天机,官止神行。

5.随手移画。

6.破除一切外障。

7.行在深宫。

8.然亦非到涅槃之境地。

9.只是神想净虑,不为物牵。

待从头大干一番,还黑真金。

收彩石信、照片、字幅。整理文件。

一切东西坏了,都可治;人心坏了,不好治。济公能换人心,但济公在哪里呢?

国家经济一切,都可想到办法,唯有缺乏教师,谁也不愿当教师,就不好办了。行行业业,接不上班子,没文化,技术……完了。反是不思,好戏在后哩。

八日

雨,冷。夜,牡丹江公安局同志电话,问我从山西回来了吗。左肾上部痛,神经性的。浑身痒。

书翟、李信,问出院否。

细味《兰亭序》,评曰:

神闲气定,中正安舒,敬谨不敢纵恣,若有佛心者,超逸进乎姑射境界,给人以心怡泰和之感,盖近于道之作也。高雅之作。

傅山小楷:傅山先生作《心经》、《庄子》小楷,惟见虔诚,心怀佛尼,自臻圆觉,萧然物外,百障破除矣。

书与道俱,道高一尺,书亦随之。故书者,思想之影也,灵魂之体也。

今日活得像个人样子,饱食,饶睡,复元矣。希长久如此,体格壮,貌堂堂。强人夺,我不让。达尔文,必赞赏。新哲学,斗为上。

点子要真,功力要深,思虑高远,直驾白云。

整理文稿。未来世界(?)

从毛民貔貅时期始，就在不断地斗。天——兽——人。一个原则,达尔文:“弱肉强食”! 世界——国家——民族——社会,都依此原则而进行。

十日

松和,葆真,养生延年。

王元军来座谈。岚凤偕建堂妻来,告知平矜兄于今晨五时许逝世，不胜痛悼!为书横幅、对联,公用。

发翟、李信。午睡尚好。

十一日

于右任115周年诞辰会，台、港、兰大、西大八十人参加开幕式。

十二日

赴三原参观,未去。为贾平矜故友写悼诗一百四十字。

十三日

讨论会,发言,下午闭幕。收尚鹤龄(北京)信、字、照片(与李何老)。赵春伟同志信,李老三月二十一日出院,腿有些肿,行走不便,医嘱:少见客,勿激动,勿过食。翟嫂又住院。

老伴坐在地下，起不来，过劳累,失眠,脾气愈坏。

十四日

激励愤发始。1.对于一切什么公益、公家大事,停止过问。2.不作字。3.对故乡建设、文化教育大业有利。4.行我素,超然。5.三公事业。

夜,赵校长来,告以调资情况,进了一大步,自然是为了照顾全局,思不计及。今日事,一笑了之。但究非善策,可怜。

参加宫葆诚老九十寿辰庆祝会,七八十人,甚热闹,为招待所作四字“群贤毕至”。许九星先生字,浮山人,香港有影响人也。

取回日本梅津彩石女士赠一万五千日元(小张代收)。在金海处为刘文西、王愚、刘兴作数字。杨力雄老来,赠照片,嘱为兴善寺书对联。夜,军友来,嘱小中堂二件,星期二上午取。文史馆通知郭沫若《甲申三百年祭》发表五十周年文章,五月底交。十八日游园(蒋同志来通知)。收航民信。

十六日

赠许九星字、字册(香港)。

世界上最可怜的是文盲,没文化知识的人。最畏惧的是黑暗世界,不见青天。

参加郑志国老八十寿辰庆祝会,百余人。有清唱(相识)金、焦等名角。二时半回来,铭也参加。午睡酣。王育民、赵校长来,告以工资按副教授发——假空头支票,无信用,自食其言,可耻万分。开始服心脑灵。

十七日(星期日)

夜梦:与日寇角逐,争部署战场,几经避过日寇眼目,挖战壕,修堡垒,功成……醒后,甚快慰,自念:吾其兴乎!

近午时分,王市长令爱来(张华潜爱

人），告以刘刚民老出院，询及余评工资事，市长女云：听说按讲师级评……刘老至关心，俟稍复康后，将向有关机关明言……王之爱人赴广东，二十六日可回来。

冯亚明取题签。刘展画贺词，专人拿取。豆豆两口来，嘱为其姑父书字（山西人，中国旅行社社长，离休，70 余岁）。修函数件。字二件。晨雨，止。午睡良好。

十八日

雨。发航民、尚鹤龄、孙存锦、玉顺、彩石信。书李超信，刘刚老信。收《中南海》征字函。《中国书法》一册，中石等编。《劳动报》两份。

建国寄来《傅山论书法》一本。

梦挑水三桶，池水，有力。贾处长、少纯来，谈工资事，按副教授发。

十九日

雨。朱映超等同志来，取字。发李、翟，春伟，陈泽老信。刘刚民老信，托送。午睡足六小时。梦衣冠楚楚，到田间，似在参加检阅。又闻某名流也到。

二十日

谢书记电话，索字。一校为校赠大款，答谢。共两件，霍松林写一件。

细味于右任《千字文》一过。老年书。看出老年字的特点。眉边批出。

二十一日

梦校为我写文章宣扬，又被选为大区代表，赴外省开会，关鸣珍也同行，赴黑龙江开会。

临汾师大图书馆熊江山、郭耿同志来，建国带来老陈醋四瓶。参观图书馆。

张坚如、满道来，畅谈。乔忠武（校办公室）同志来，为阎俊向母校捐资题嘱书："情系母校，功在千秋。甲戌卫俊秀（印）。"兴善寺索书对联："月色佛光明广宇，钟声醒世响名城。"

二十二日

取回裱字六件。张积玉嘱书"含和养浩"四字。领补发钱七个月 170 元。书阎俊捐资题字。

二十三日

为中南海、兴善寺作字。田跃，积玉。文史馆开会。

二十四日

受寒。黎兄来。

二十五日

办公室取走字。

二十六日

连日病，姜院长、安大夫、费大夫等来，打针二支，药物多种。

二十七日

再来，王巧霞为按摩。

二十八日

周强为买洋酒，巧霞送搅团，均可口。收赵鼎新信。寄字。

三十日

洗澡，换衣，轻松。病因：1.谈话多，累。2.写作紧，心静不下。3.应该赶不上。4.休息少——不善于生活。

夜梦峰兄一人，向南方向走去了，很远，未回顾，适故友资正穿灰大衣，亦精神，面容丰满，亦到。

收海珍、巨锁信。贺开泰案板。

五　月

一日

大好晴天，体气复和。亲友来人多，热闹。铭忽淌鼻血，姜大夫赶来，值班同志打止血针，夜方好。余亦以受凉，终日躺着。孩子们为清理室内外。王玲来，拉去一些笨木器，轻松不少。英英八日结婚，海珍亦在家结婚。

二日

阴，风，冷。北大中文系高远东、孙玉石先生来，赠高丽人参茶。参加现代文学研究会，住西大招待所。八号闭会。当为作字。

守一，敬一。

夜食油泼面不少。

文非《庄子》、《史记》不快。字亦当尔尔。非瘗鹤、山谷，不足以发泄者。笔画顶天柱，浩气塞广宇。

三日

女女回去，代寄海珍礼共300元。

四日

整理玉石兄、高远东、钱谷融教授字，托庆生带送。

健康无碍，饭吃不可口，苦矣。陕报姜延延同志来，取照片一张，下星期日送报。应酬大减少！对外一切事投不信任票！人亦然。为葛天氏之民，无怀氏之民。舍保健事无他。尽力放心，莫发。

五日

透视，天寒，止，安大夫云可随时来。

六日

饭食尚好。

七日

杨力老来，问病，带去兴善寺联一副。

十日

乘外贸学校车，成校长来临潼女家治病——情况颇佳。(另有日记)

二十八日

铭来，即返西安。平女照拂吃饭。

二十九日

上午孙新权来，帮写寄北京中南海书法字。阎庆生亦来，完成，由孙代发。

三十日

七时半白氏车送回临潼。铭与豆孙赴临汾，接聪弟。小胡来，告以张国忠明日同兰州军区一少将吕少堂来访。

三十一日

大便困难，少食肉。发文史馆薛、孔、苑请假信，赵春伟信。

开始服西洋参，日一勺，日一瓶。

六月(康复月)

一日

发谢政委函，清兰信。眼亮，下火。挑

食，便大好，腹松和之故欤？

我讲书法，即讲我的哲学。其实不论讲什么课，都应渗入自己的哲学，才是正道。是讲自己的学问。扬子："智之所贵，存我为贵。"亦"学无常师"之道也。

为黄岩峪——华佗千手佛作字。又为金锴等作字。

查血上升到12，达到标准。病毒丸39，20余正常。保暖，刺激物少用。

五时返校，晋书记来，郭振有同志托赠茶二盒。赵校长夫妇来。收电报，下午二时四十分聪弟到。明日上午校体检，安大夫诸同志颇加照顾。志和、女女、毛女收拾房屋，颇忙。

安大夫来，退回晋铭透视费四十元。作字二。

收王英、于右任研究会、劲知等信。李、王、胡来，与聪弟座谈。为美国《书法教育》题字"书法启蒙"、"与古为徒"、"书法教育"、"寓文化于书法之中"。

教书法，不仅是教作字技巧，写佳作，更在于无形中教了多少文化知识(文史……)。丰富：文字源流，发展变化，作用，作家，欣赏，真伪，精神文明，风尚形成，做人，境界，功能。

珍惜字作！不轻易为人动笔。经济贸易世界！儒道不行！

七日

连雨。愈健康，食量大，松和，通大便。作字：马里恩大学一，银莲一，强儿四张，韩国权赫基、李银珠夫妇一，魏颖、西春一，振绪一。

同聪弟、振绪、周强到文化街买毛笔。赴关中画廊史胜利经理处，强付款购照片四张，一张加框。裱字一大幅，赠聪弟。收《徐文达书法篆刻集》。

八日

晴。全家乐。下午刘、赵、曹、李正峰四位来，谈书法教育问题，甚快。订《书法教育报》一份。又英文书法稿即复印，交李翻译刊登。日后通信。

九日

全家亲友送聪弟到咸阳机场。原定九时五十分起飞，改为下午二时，机已改为兰空，均返回。只留茝颖、振绪候送。早上赵校长急设法找到校财务处汽车司机李铁锁送到机场。志和买来贫血康一瓶，日服一次，服完停止，病愈。须急复郭振有同志信(茶)。王陆索题签字，当速复之。

健康大好！收李雪峰老兄信，甚慰。健康尚好，嫂子亦尔。明年还拟去晋祠，来陕西。甚盼！甚盼！

十日(星期五)

可以静静养神，从新安排一番。集中心力，做成绩，不得辞，零碎消耗时光，浪费精神，管不了多少事。照扶好自己。

发郭振有、王英字，为王陆题签字。

作字尽可放意为之，有甚好丑。拿得出，拿不出，如此年纪，但有真情真意，笔意之外，另有神气，如此足矣。

十二日

夜眠甚酣，大约因白天工作多了些的

缘故吧。梦南辛店来某地展出，内有专为我设有一处。发李、翟兄信。

物价，面粉55元，飞涨，奈何?!

孔孟学不得，人不要脸，那就得如鲁迅公所说“要有点土匪气”了！不客气！又听人说：不要赔，是为报恩。有道理。不然如何起家?

上下午睡甚酣，梦亦佳好。

电视台孙悦(运城人)送来雪老九十寿辰照片五张。

庄子天地，三公神通。
鲁氏精金，万事有成。

包公铁面，爱国爱民。
舍此大节，衣冠兽禽。

我自圣雄，目无鸡虫。
不报国仇，天公不容。

与古为徒，沙里埋金，
与天为徒，超然出尘。

十三日

端午节。园中锻炼独想：

一副真头脑，一颗赤子心。
无怀氏之民，葛天氏之人。
不知是与非，不见真理存。
独与物婉转，庄生得吾心。
无中外，无古今，
无南北，无远近，
万物一体，何益何损?
纯思可高飞，超绝万般品。
荣名进退，一笑一嗔。
三公本师，佛光尺寻。
哲绍大业，修身要津。
参天化地，扫去鸡虫。
哀我众生，圣雄自任。

此余之道家思想——世界观，人生观，作风。与儒有异，有同。根本上是一家，“无为无不为”。作法上不同俗儒家之“礼”。庄子反对……

我不是书法家！我是研究学术的，所以我讲书法，实是讲我的人生哲学！文化，做人，等等。快哉，我得之矣！“君子深造之于道于其自得之也……”(乐)“智之所贵，存我为贵”。(中心)“中心”，非讲述者的中心，是听者要能抓住讲述人的中心！《论语》，《老子》，零星话(做人，饮食，礼节……)无中心。鲁迅文章，只是个“真”字，有创见，有情从内心、灵魂发出，非蹈人脚跟者。发人所未发，高矣，远矣。可以为师表矣！现代的圣人。

外来的东西多，自己的东西少，不好，没价值，没特色，没重量。借外来的材料，创出新品种，则是宝贵处。

苦练精金，咬得实。

午睡甚好。阅《诸子学派诠释》(“天下篇”，益深)。

表现，风头，积极，荣誉。图腾：蛭，野蓟。生命最强。

疗养两天，不许看书、用神。按时服药，细查健康情况。

十四日

庄周天地,三公本师。

泰岱一呼,武王来思。

振我精神,充我元气。

自做主宰,得吾心矣。

一

作字即做人,字字示率真。

浩气盈天地,起笔转乾坤。

二

我讲书法课,君读我哲学。

快意人间世,天地何壮阔。

三

光明俊伟字,高山与大川。

摩岩中兴颂,巨人自参天。

四

斤斤点画间,梦想巨龙腾。

跛足断腿者,难得攀高峰。

五

创新谈何易,书须功力深。

夜开特快车,终难上青云。

六

临池根何在?推陈而出新。

不与古为徒,涂鸦曷天真。

七

一字一圣雄,叱咤起风云。

高山与大海,浩荡万里春。

八

书艺天下事,陶钧会五洲。

平原气在中,毛颖足吞虏。

九

一字一个兵,浩气与轮囷。

笔阵不测处,砚池起蛟龙。

十

几分才情外,更须学力充。

功到善醒悟,艺高愈臻精。

收北京大学孙玉石同志的助手高远东信,住校十八楼311室,100871。

十五日

赴金海处,晓义为买膏药。史胜利、罗坤字。宝鸡书协王喜慧来。国际妇女大会明年在京召开,索字。交。

常思以八十余岁之老人,饱经人间酸甜苦辣,一切当从心为所欲为,猖狂做去便是规矩,有甚行不得。

与古为徒笔德正,与天为徒境界高,破除百障真至乐!

十六日

黄埔军校成立七十周年大会,发行纪念邮票。九十三岁四期会长将官主持(周某)。朋友多。王仰通、张老均见面。七、七文史馆上季最后一次学习会。刘超、谷政。

健康大正常,心律60次,脚腿不肿了,食欲振。会后餐便饭。甚好。

渺霞送我到会,解放军陈部长车送回。

日需二两肉,青菜,水果,鸡蛋(蛋黄忌煮得老,胆固醇高)。王数年日食胡桃4个,牛奶。

王,横,草;刘超;谷政;姜,横。

工作轻量(字,文)。

学习少量(看书)。

运动,晨。

休息,晤面。

十七日

周强、庆生为贝贝购地理复习参考书。金海摄二寸照。书山西老年书画研究会成立十周年贺词。河南孟县索字(韩愈纪念馆)。

十八日

莫学唐僧拜悟空,

有胆有识照妖精。

唐僧慈航非不贵,

有眼无珠糊涂虫。

周强为买药。王克虹,生物系教师,山东人,慨让周强住房之友,为作数字。为宝鸡书。王喜慧来,为书册页,写于体。刘刚民老偕夫人来,未见,甚憾,赠人参浆二盒。

十九日

发韩生老、方磊、海洋、韩大壮、鼎新信。刘、曹、王、傅、赵诸同道来看望。

二十日

夜梦一飞机高跃太空,另有一机,非一般机,腾然而上,似有追意,竟日飞不下,余观之,直近斜阳时,头一架散落下地上房舍,追的飞机飞得更高,未落。奇之。

发玉玲信。朱影、王舒心来,题册页。玉玲赐画。贝贝咳嗽止,又感冒,发高烧,急延医。贝贝感冒,曹雪玲大夫治疗,打针,内服,38 度。胡武亭、傅有堂同志们赴院接回。下月为我拍片,看病理。

民盟主任袁博文子小宁、宁宁字。

二十一日

书籍如食粮菜蔬,各有其营养功能,光吃一种,发育难得完全,影响健康。全面发展,博学,其意义盖尽于此。

发王陆、赵春伟信。

读书如吃饭,既要吃荤,也要吃素,细粮吃,粗粮也要吃,大菜、小菜都要吃,腌菜、辣子、葱蒜,也需要动动的嘛。看个人的胃口、消化力需要定,不可勉强。有会吃的,有不会吃的,需要学,习惯不同,也得改改。以受到教益,为则。饭无所谓丑好,丑的也许是好,好的也许是丑的。书有正面的,有反面的,都需要。从中权衡,可得己见。

航民、海洋通话,海洋近日来。

二十二日

翰墨虽小技,艺境天界高。

不与天为徒,何得梦逍遥。

休息治百病,切忌过操劳。

舌根耐百味,砒霜亦佳肴。

张克忠来送通知,告以雷米封等药,一月后暂停一周,伤肝。再检查一次。黄雪玲亦如此说。吴元勋老来。

二十三日

介者漫挎画,外誉出奇迹。

孑然甘寂苦,纵横一支笔。

此实雕虫事,于道亦何有[④]?

平原气在中,毛颖足吞虏。

艺术真天地，雨露共五洲。

纸上林泉胜，旷展心卧游。

二十四日

晨后午前风雨不止，北方旱情可杀矣，可庆！南方洪水成灾，奈何？平时防汛工作叫得响亮，无效，没人才，不负责。

刘绵第同志送题签100元。收航民信。北京名人出版社寄58元，发证状。

二十五日

发开泰、王英信。新权、元军来。取回庚虎同志裱字，对联，横披。裱工甚佳，字亦工稳。稍一潦草，便不足观矣。

二十六日

雨后春山近十里，

堂前秋水更贴心。（壮神）

英英、小罗来送瓜。

午睡梦作

达人无不可[⑤]，任君说短长。

知白守黑兮，反以我为芒。

慧眼独照处，俗物哪得量？

可怜昧世事，"聪明"真荒唐。

自然有所指，所谓男盗者也。

二十七日

布局，安排，即章法，亦即笔阵也。阵必讲势，势有奇有正，贵在变化，方能取胜，无死法也。变化之道，按地形，依敌情、人力……条件定决策。章法亦依字形、宽窄、大小、横画、竖笔、长撇……以定参差距离。如卜辞章法之安排，横无列，竖无行，自然成章，岂人力定向耶？一说我要如何如何，便不足观也。"作诗必是诗，定然非佳诗"，然也。（夜想）"弘扬书法艺术，振兴东方文化，四维八德，人生大根。为国际间书法交流作出重大贡献"（祝新加坡狮城书法会成立）。

周强买水笔十二元。好用。又摄照，黑白、彩色数张。朱影同志来。

二十八日

热甚。整理桌案什物，简化。双目明净多矣。取药数包，心脏的。贝贝咳嗽药。为费大夫书数字。饭量大增，肢粗壮矣。收韩生老信。张丽霞偕美国人来，观字。买三尺短条一件。

二十九日

王喜慧来，取国际妇女大会字，盖印20余方。拿取百人书法全套，下月中旬来送。书法迷，恰似朱影，志大苦干，习于右任书，颇似之。书北京书法五十八元信。

三十日

月尽。清理一番。美国人托张寄200元。谢雪老来，赠大作《铁马冰河》二本，战争篇什，甚佳。嘱字二件。刘老送所作对联二副。有堂来，字款600元。文史馆开会。交刘自椟徽章费10元（借吴10元，交50元，未换退40元）。

七　月

一日

1.以三公精神，蔑视一切。

2.以庄周思想，解脱今生。

3.以饮食锻炼，健康体魄，斗倒病魔。

4.以智慧、学力、书艺开拓自身。

文史馆会。交刘自犊十元徽章费，借吴10元，交给50元，未退。朱本源史馆带给册子，托有堂转交。

二日

收清兰、建国信，即复。发清兰挂号信。与谢政委看望郭瑞琛老。傅淑梅裱工索“剑”字，辟邪。郭老评余字，如同茂盛的田禾。见到傅濡手书注《诗经》，字诗画均绝。

永济电机厂杜亚都、方振中同志来，厚礼，字二件。

三日

明善新加坡信、字，统请曹伯庸兄转交。为平矜故友书立石字。眼痛。天大晴。

王元军赴京，托致欧阳中石君函。午与曹伯庸兄、世庆照相，为宣传用。

观台湾字作多件，一言以蔽之，曰敬谨不敢纵恣，与古为徒，是其德也。然创新处不足，所谓烈夫气更不足论矣。

四日

袁博文盟委来，领工资930元。

五日

38度，热。贺其裕、海洋来，礼。即带华佗殿等字上街，明日回。襄汾碑林、贺书、对联二副。李着人来取聪弟通讯处。

离开桌案，便做卧龙，早晨植物园活动，也还轻松。

方胜同志电话，日本将举行第一次王羲之兰亭笔会，索字一件，本市一人。

书赵雄书法展贺词。

七日

发名人录58元。收郭齐文同志寄来荣誉证，030620。

今日为卢沟桥七七事变，日寇发动侵略战争，莫大国耻！

八日

作字。市电视台三人来。

九日

在周强处，书黄陵字一件。杨力老对联一副（印册）。电视台十周年贺词一张，又对联，中堂（约件售）。丽波，内蒙学生数字。

参加赵熊书画展。交国际展字（钟）、王羲之笔会字（方）。

十日

生彦同志取杨力老字对联、黄陵字。郭瑞老来。女女来。

十一日

发建国信，海洋黄岩对联，王字。书李、翟兄嫂信，韩生老信。

十二日

发李、韩信。

今日人们缺乏的是：人伦道德，即做人的学问修养。素质越来越坏，不仁不义，不讲信用，诈骗，丑恶事无不应有尽有。故形成余之：太上三公。

其次（个人）自为。等下无物（非真无物，太少）。天下、社会者，特劣之天下社会也。目空万类，行其所无事。无丑无恶，无古今是非……唯我主义。快乐之本也，源也，得道矣。

十三日

书法里有楼台云树……一眼看得清楚。字不是字，而却可从中看出楼台云雨，风雷……这就难了！“红杏枝头春意闹”，画家只能画出“红杏枝头”，却画不出春意，更画不出“闹”来。而其中托出的气氛、气象、境界，更不易了！七七事变第一张报头一版，标题：日寇发动侵略战争……使人立即感到满纸战火云烟。画可依计划规定进行，书则如梦。

交住房保证金（339.4 元），交季波同志字，对联。（500 元收）

豆豆带送张国忠、世忠、蓉蓉信一件。阅《列子》，有趣。

十四日

睡中作《庄子文》：

大厦虚空结构牢，蜃楼海市何逍遥。

千秋鸿士攀不得，楞严难得试比高。

世庆来，为拍字照十六张（内裱三轴）。

十五日

赵民来，修煤气，小房昨已修好，即返五十四号楼。

十六日

发金兰信。

作字：沉着，持重，严肃，痛快，敬事，轩昂，活泼，自然，浩气，逸气。

十七日

作字四条，又四件。复喜彗星过，夜空明。

十八日

顿觉康复。值日扫地一层楼，稍疲乏。收海洋信，黄岩字受到了。收翟品三兄信。王英约去运城。翟病多种，老年人多如此。增贤、晋北海来，托带去谢政委字幅，酒。为曾莺、校方、分别给水德顺、张渤兴作数字。

十九日

健康欠佳，又非不佳。总须自计伙食，轻微工作，服膺道庄，凝神练功。信心强！药物可研究，未必可靠。我自是神仙，何藉山石？

收心在静里，少触外缘，颐养天年。

真言：

会活人的人，不知要害死多少人；不会活人、只会做人的人，不知要被杀害多少人。

真正会活的人，是又会做人而又不被杀害的人，如陶渊明。历史上极少这样的人。广言之，也是被害的人。故知人最要紧，亦最难！（午睡醒写出）

停止服肺药，试试看。书品三同志信。

二十一日

陶华，西安电视台，送来请柬，22 日举行成立十周年纪念活动，车来接。看《三国志》、《续资治通鉴·明帝纪》第三。热甚。

日本人厉害：

1.做事极认真，不苟，专心，必得到成功。

2.好强，不向困难低头。

3.对于研究的对象，从各方面分析研

究，经常集体讨论（人，事，友，敌）。

4.创新，发明，谋居世界第一位。

但：

1.不认活账，顽强，死不改。

2.愚蠢。

3.侵略主义，不仁道，残酷！

4.目无亚洲人，中国人更不在话下。

5.狡猾，狭隘，报复。

6.豺狼，狮虎！

7.野心大。

中国人，不争气，不长进，不知人，不明己。奴才，没出息！

吴金兰同志来（35次车长），字三张。（22日出发，每六天一次，类推。）

二十二日

作字，王璐二，外贸校长夫妇一张（国外工作）。

二十三日

看李正峰同志，交120元，聪弟订报费，月二张，一次寄出。延红处晚上交。

田际昌同志回太原，赠字。又其母91岁龟寿。午睡好。

二十四日

发翟、李，赵信。

二十五日

发劲知信。赵彦宏处办聪弟订报事。

二十六日

阅《蜀志》部分。西安电台十周年，为书六尺宣大字十字："艺术真天地，劳动好世界。"又书三件，数字。心情好，较满意。陶华送回，赠大桃一箱。托薛铸交会费15元。台长侯冠荣，电视局长王学民，副局长李秋实（女），文艺部主任、导演张峰。另关一坚（西安金花房地产开发公司总经理）。李建平司机。

现在是要吐丝，不是急吃桑叶，叶子吃得很多了。

集中一件一件地完成成品，不要滥来，一齐下手。减头绪！

今日作字，痛快之至！"舞台"好，桌案大，六尺宣，铺得开。领导、干部都是内行，贵宾都是专家，书画名手不少，帮手有目，热情，故得鼓励，称赞不绝口，气氛足。

二十七日

上午宝鸡王喜慧来，取国际妇女会作品。还帖。欲拜访邱老，为介绍数句。刘浩然取走韩国展字一件。念先老入书协表为盖章，介绍人。续看《三国志·蜀志》部分。拟购《晋史》一套。书"章法"篇。

二十八日

每天开笔写段文字，著作用。静静心，半年内完成书法作、庄文数篇。

二十九日

昨夜，西安电台播放十周年笔画会，作为国际广播。今晚或向国内播也。

上午九时半省上来曹伯庸同志家，为书画五人摄照，并为个人摄照，全体合影。十月可出版，共300幅，定价500元。

三十日

作字，对联三副，郭瑞老一副。钥匙锁在室内，余、王、赵万怀同志又帮大忙了。

三十一日

为人作嫁。

八月(整饬月)

健康,写作。(大品)

一日

服药,——贫血康,心肺。行我素!攻读,讲课!

1.书法,庄文,自传,年内整理出头绪。基本文章完工!精深。

2.书艺作品,一大套!精品。益我顽健。自由行径!

3.艺馆材料……

4.友朋助力。

精神世界,

不随声,不苟同。

慧眼,心解,思通。

酸甜苦辣日子去矣,

创我新生。

三公我的上帝!

目中无物,心境太平。

行其所欲事,轻松。

执大根,有所恃,

则无恐。

德,行,道,艺,

备于一身,

卓哉元气足,豪情。

活得有趣,

干得起劲。

强儿来电话云为校长、图书馆赠字已装裱,即送校方。又问字的出处,给正了"翌"字的读音(易)。

作对联二副,短幅一。

小张取于右任三届书法展贺词一件。

二日

电视:青岛市市政大楼卖给老外了。

三日

章法篇完毕。

四日

省人大秘书长陈富深、方胜四位同志来,取字二件,赠饮料。收陈嘉咏京书画展请柬,拟书贺词:

世人尚偶像,偶像何在哉?

法本法不法,好花由我开。

相禅不同形,惟其情与才。

似与不似间,连犿而安排。

尽扫书袋陋,大刀阔斧裁。

平原气在中,五岳腾空来。

五日

39度,为全国之冠。金海偕长安平来,嘱书册页二,赠瓷瓶一具。收东柴刘老九十寿为书匾"硕德高风"字照。作字三条。收黄埔军校贺词收藏证。

六日

夜雨。已盛秋,一扫数日以来之烈火炎气。

安心立命。书——作文,养性,(气)学文。

文心(析文)—— 大段,细曲,铺张,组织,补缉,波澜。

义理易明。□播。□谑。鏖糟。驳难。

窥测。

七日

书嘉咏京展贺词。刘超，杨力老，老年书画会对联。明日于右任会上托交。

观双杠赛——1. 字态：运动员元气足，充沛，精明，展脱爽朗，快利，轻便。2. 表演动作：技艺精，熟练，如猿猴腾跳丛林间。王长其间。纯熟，便非轻佻；从容沉着，便非亵渎。轻捷灵便，惊险，有把握，自自然然，胜不骄，因而窃笑之矣。技→道，熟→生，法→变化。

八日

夜梦——一颗明亮的星，正在西山头，慢慢地落入山里去了，我让毛女看，她没作声。

中国大陆、中国台湾、日于右任三届书法展，宾客众多。下午七时联欢会。未去，与臻女赴美协送嘉咏京展贺词，已赴京矣。由他女儿转。见振川、王冰老。

九日

尺璧非宝，时光无价。如此混下去？断然行我素！保重！作准备！（学问，哲学，本钱）创条件！

文化即国宝，生命，神圣，佛眼，灵丹，上帝，真宰，大根。

四快：气血健康。甲、操（经）。乙、安身立命——庄文。丙、书艺（癖好，乐园）。丁、文宝——《史记》。戊、趣，识。

满道来。为郭老作字，中堂。

十日

凉爽。午间又热起来。开始写自传，日写 500 字，一年完稿。

十一日

写自传。

十二日

写自传。孙新权，朋友来，赠板桥画兰竹一本，为书小横幅。生彦同志取老年会对联一副。收大雁塔刘军同志送来请帖。十一月在西安举行国际纪念佛教千余年书法展，嘱作字，自撰对联一副，等九月半交稿。聪弟信，允许为书家、新秀册顾问。报纸续订。

十三日

作字如作画：

大，形神（仪容，威仪，气魄，大雅）。

正，气骨（高士，飒爽英姿，硬汉）。

美，色泽（玉润，浓郁，美容。水墨）。

活，风韵（韵味，流韵，逸气，仙气，灵气）。

真，心态，意趣（作者根本立意，志念，主志。哲学）。

玉玲来接，参加郭保江画展，写意，有味道。为作数字。会毕，赠一幅来。念先老同永康同志来赠烟、饮料等。为书对联一副：“无私安且和，养性寿而康。”吴醒民、王天荣同志来赠老人氧气瓶一具（庆安销售服务送赠）。嘱为作字，刘安安书条幅，李修文书横幅。

十四日

发王信。生活走上轨道。刘念老家书字对二。赠蜂蜜、酒。

人生哲学：

1.人定胜天。“自强不息”。法天，服从自然。

2.迎逆——顺境给人以自足，自满，自大，自傲——堕落。逆境给人力量，使人上进(动脑筋，“思则得识”)。

3.超人。目空万类，自做主宰。勤奋。

4.万物一体，归结一同。

5.快活世界。自得，自适，自乐。我属于世界，世界属于我。

6.三公在此。

读书是享受，是营养，力量。她引导我们走向未知的宇宙，新的世界(未来)。又引导我们回头看到远古祖先生活的时代(过去)。脚踏的是现在的地面，你须适应他，改变他，这就得认识他，分析他。知识给你以力量，方向。迎头赶上！

十五日

奇怪，没有一个知识分子谈到自己的事业、希望、前途、打算，何故？大学是学府，却谁也不谈学术、研究成果、著书立说事。

西安电台陶华电话，索字，横幅数字。发和平、爱军信，转问李雪老情况。王英九月或可去运城。

外国人，尤其是日本人，来中国都有个目的，调查，收集材料，了解中国人……。我国人去日本者多矣，回国后，无声无臭，不知所去何为？可怜虫，危哉！

“骅骝羞皁上，
傲傥不人前。”⑥(山)
孤傲鲁公里，
解人固甚难。
白眼看世人，
可怜复嗟叹。
敌寇小视我，
何以报黄炎！

十六日

“敷教翌化，盛德可感。百年树人，国之大根。”(祝师大五十周年)

法宝：1.康乐。2.德识。3.文化。4.三公。

醒民电话，苑明日赴京，均田、岳洪(女)，京统战部字。明日上午10时来。

十七日

刘玉发同志来，工笔画家，赠画、日本毛笔一支、仕女一件。绞股蓝，保健品，降胆固醇，血管硬化。

十八日

买《庄子传》一本，13元。书校庆五十周年字。

1.人无不可。2.傅眉创劲。3世纪末病深——恣意为之。4.华山之冠以自表。5.傲视王侯。6.独尊。俊伟大人。(山)

十九日

收喜慧信。整理字幅，送装裱。开始写《教育工作生涯》。收聪弟信，知强儿已将赠字送校长、图书馆馆长。想不久可来信。工作正联系美国并香港。

二十日

写教学生涯。

二十一日(七月十五)

粮油均大涨价。管他娘的……复王信。

作字八条,极认真。有两件,凝练如铸,涵有大爨笔致。“毋不敬”,即做人功夫。

字做人:

1.姿势。2.态度(严谨)。3.专心致志。4.笔到,沉着,痛快。5.佳作,得趣。(乐观主义)6.字有大人,英雄,正人。7.智慧。8.养性。9.养气。10.活力。11.毅力。12.审美观念。13.道德,人品高大。14.器宇。15.参悟。16.字中精神。17.社会教化。18.别一世界。明静远俗。19.大学问。20.参天化地。21.神圣。22.仙逸。23.赤子之心。24.孤傲。

人=字:

1.浩气,轮囷。(山河气,元气足。山,眉,山谷)

2.大人,宽博,弘毅。(于,郑,瘗鹤铭,鲁公)

3.内固,凝聚,太极。(大爨)

4.巧俊。(章草,羲之)

5.仙逸,不可捉摸,气象,境界。空灵。

放纵,收敛,都须从容自在,莽撞无为也。

莫忘:我是艺术家!艺术即上帝。多么伟大!创造物质世界,精神世界(灵魂)。

收张爱军信,知李雪老、嫂子在晋祠,健康一定好的,放心了。爱军爱人和平升了副处长,儿子近视,他未能升高级职称。

二十三日

赴权氏、阎氏裱字画处送28件,留交400元整。十月初裱出。赠对联二条一件。

便道去西安电视台,张、侯台长引导看各操作室。看了一番。陶华、强、陆送我回校。

二十三日

发郭瑞老信。同刘念先去看正峰同志,字四件。债清。遇郑志国兄,稍后来车,用餐。

王璐电话:前几天,《人民日报》(94.8.19八版)发表了我的一幅字(“渭城……”)。顷有两编辑主任来信索字。育民同志赠信纸、信封两本,又签两本信封邮等。李正峰同志嘱题报题,简化字。育民嘱为惠军和他各书一件,“神游古国”,横。

二十四日

北京《人民日报》,西安电视台、育民、刘对子、《书法教育报》。

二十五日

晨二时半,大雨。

几位师友。对手。国仇。

饶英,子正,李老,贾老,梁浩然,王中青,陈乙和,田,宁。

感冒,服银翘片。收李雪老、舒心信。

二十六日

复李兄信。□月,姑姑来去成都。继秦、武亭数字。

二十七日

为北京中国佛教会书玄奘圆寂1336年纪念联。景生、承秀夫妇对联。育民联。

二十八日

舒心来。北京世界妇女大会贺对,小,不注月,须再一件大字,她自装裱,亲送去。张扬同到周强处。上海五人游。照片,学生。

二十九日

发建国信。李建义四，裱。“山西书法通鉴”题签。

三十日

收耀天兄信。李经纬来（东风仪表厂）。

三十一日

装暖气片，颇费事。复劲知信。应酬多，健康良好。工作时长，忘休息。王璐来。周强处字。

九　月

一日

发李雪老、建国信，起家、王英信。

二日

发清兰信。（贾文兴回家乡）

整理字作，环境一新。沉下心来，写作。先兄行述、字幅——每天必作。信，习书文，《傅山论书法》改写。

舒心斋仙书记、邢经理、赵熊等同志来。展字，陕博物馆，文化节。金海明日来取。书四幅屏。一条。

三日

毕从云，湖北江陵县郝穴轧花厂（434133 码），收集古泉。金海、晓义来，取舒心斋展品三大件中堂。为题画。转来山西老年书画贺词礼二。

四日

为清兰祖碑楼书对联。曹亚莉“鲜脆果库”字。

“爱我师大，兴我师大——卫俊秀题”。（陕西师大校园文明建设纪念）

爵齿德三者如愿，尚有何虑？

创造性不够！做主，新裁。

豪放，爽朗，大方，萧散，解放。行其所欲事，恃无恐，毋不敬，自得，居安，资深，逢源。

总结：

1.确信：

(1)老子“天地不仁，以万物为刍狗”。[7]

(2)达尔文学说：优胜劣败，竞争生存。

(3)尼采“超人”学说。

(4)庄子至真神圣，睥睨一世。

2.供奉三公：济公，包公，孙大圣。有我在。道，人定胜天。

3.字画，至乐。

4.工作，自传，习书总结，庄文。

6.针对性——鬼子，魔鬼。（力源）

7.丹砂。高（才德），大（胸襟），博，精（学识），深（技艺），简挚，自，气（凝）。

五日

困知勉行，勇猛精进，志正体直，手熟为能，专心致志，神闲气定，智深身沉。

无往不乐的世界。

发贾清兰碑楼联。收张坚如信，照片三张。《鲁迅研究》三卷，《劳动报》两份。须分别去信了。

六日

横空出世，莽昆仑，雄视大地。小凳，细流，小草，蠢豸，野马尘埃，乌烟瘴气，梦神境地在何处?佛经里,依旧渺茫。念天地之悠悠,独孤愤而无求。

七日

发张坚如、江陵毕从云信(元军代)。张英芳、尚风清离退休处长同志来看望,礼。高登云、李修文(王天荣车站)字。

八日

省民盟教师节茶点大会。六时回校。书听广东音乐桥与演奏,夜观《兰亭序》。

九日

雨。作字数件。收樊习一同志信,二十日来西安,(三老展馆)索字。董老正作,段老早已交到,拟即准备。复信改二十五号后来。

十日

好雨。发海洋、鼎新、习一等信。

为"三老展馆"作对联数副。大人,侠客气十足,豪矣,威矣!此盖全出于余之壮心,乃有此笔力。壮心何来?爱国,正义,为发扬民族精神,无愧于炎黄子孙,不甘为奴,有个针对性——日寇而已。历代前贤感我,亦不可忽。人生哲学之精灵,殆在于此欤?吾往矣。当更上一层楼,元气更足,以期感人至深。所谓发山河气,足矣。奴人奚能语此?吾得之矣!

字:

1.仙逸。(高人)灵气,化境。不食人间烟火,不知所从来,所从去。

2.圣贤。(仁,正德)

3.大人。(鲁公)

4.侠客。(国士,壮士。傅山,山谷,元气足,剑气,狂者)

5.雅士。安舒自在。章草,巧气,雅。

6.怪杰。(眉)

十一日

舒心斋博物馆展出,乐甚。

十二日

胡西关中画廊展出,快甚。

十三日

收起家介绍信,夏县武警校刘守平宣传处长来,赠鸡蛋一箱,为书字联。收马来西亚大学教授侯天才(江天)赠《神州如此多娇》诗集一本。为题签,余去年函嘱作。此外尚有四种,将陆续出版也。

《庄子》:"嗜欲深者天机浅。"神闲气定,心不外驰,中气全在平时陶养为要。

十四日

参加碑林区五届古文化节大会,上主席台。十一时半赴老孙家羊肉泡。杨静夫妇、佳山送回校。送阎氏处裱字四屏。午睡。季波同朱科长(基建处)来,三十六楼东单元二号,其子与贝贝同学朱园,关系好。王元军索生活照片,二十七日赴京。收文史馆函,二十日上午八时半开会,带字一幅。琅华馆展,十五日。王喜慧信。复赵俊杰信、邱老信。

十五日

阴雨。滑入俗流中矣!速止步!书,画,文,三不朽。

日本机关中有个"说干就干组"。

高强、李琰夫妇来,代王主任送月饼,托复印报纸文字一百张。

十六日

奇梦:糟蹋,喊不出声,接肛。为文史馆作字一幅。节,册。张逸乐送书法册。

十七日

能吃能喝,赛过服药。

劳逸结合,心神舒和。

我即神仙,不让华佗。

体格雄伟,足抗五岳。

力拔山兮,气壮山河。

电劈雷打,三军难夺。

况有三公,妖魔奈何!

读理性书,洒脱一番,长进一番。做人,做事,做书画,生活,无不需要洒脱,一拘泥,便违自然,难以自得自适矣。懂得老僧日子,差近之。一切不拾到眼下,自有个世界,谁创得毫毛?

大同世界,四海兄弟,炎黄子孙,人类和平,世代友好,睦邻……都是空谈,鬼话!

十八日

作字。豆豆来,石榴。

十九日

发王得厚信。李时光来,礼。楼长送来校过节三十元。作字。孙新权来,礼。给毛贝二十元。李彦宏来,礼。

二十日

参加文史馆、统战部联欢会。收杭州王光明复印报纸多份。山西老年书画会四十元。聪弟信。江陵毕信,古泉一枚(宋代)。中南海收藏证书。李甫运来,赠酒等礼品。山西教委讣告,解玉田先生逝世。

二十一日

魏丹江同志来,赠桃饮小鸟瓶。书册页数字,大字另写。小罗工作。颖(燕燕)工作以后谈。第一次感到饥饿,食欲振。

每一个字的一笔一画,应该写得像健美操的一举一动,矫健,秀美,高雅,自然,多姿,舒和。

二十二日

晴。发太原解玉田吊唁信。景生,承秀老对联,大字。李、翟老信。取太原老年书画会字酬四十元。收张耀廷老信,重九书展贺词。喜慧来,题签,赴京送国际妇女大会字。问书法问题,赠维他命 E、C 三瓶。小曹来,送月饼。王天荣。托带张建文“艺无涯”三字。交□民收转。王拟专攻书法,近将办个人书法展,恳尽心指导。

二十三日

附中校长嘱易教师索字。为黄冈中学贺九十周年:“硕果累累,誉满中华。”赠热膜玻璃锅一具。喜慧带来建文画一件。刘老来,明日下午三时在家开会。重安同志介绍中国国际文化交流陕西基金会会长张忠信、办公处主任杨耀兴来,嘱担任理事,字二件。明日赴京。庚虎同志赠四尺联镜框一副,两具。育民同志运回。

作草虽如作真,亦须如画藤萝,藤条缠绕,莫见端倪。而筋骨劲强挺拗,纽捩似石绳。其中有狂士侠客之风,有放诞超然之怀,有妍美清雅之姿,高瞻远瞩,心畅轩昂,率真,俨似仙人。

二十四日

雨。书家在家开会。

二十五日

看庆生、杨文极同志住居。庆生随县秘书长赵润民同志来赠安徽宣一刀。回赠《探索》一本。碑林书帖作者来,赠孔府家酒等礼。书贾、王信,九月不赴运城。

二十六日

韩建畅来访材料,鲁迅部分。强毅在座。摄照四张。发张老贺词,建国、习一快信。

再申:健康!停止书作应酬!勿参加无谓的社会活动!养精神,保卫眼、脑力、心肺!放心!不喜不惧,淡!少交接!神仙日子!

二十七日

收建国信,杭州王光明信。

二十八日

作协作家郭京夫、王晓新来赠书《八里情仇》(京)上下二册,王愚《也无风雨也无情》。张素文、李甫运、育民设宴。赠字一件。扬平,美术家,字。曾为我帮京展。"拥书自雄"、四屏书。收赵春伟同志信,知李老、嫂健康差了,供血不足。夜乘出版社车同育民赴庚虎家送裱字 14 件。扬平、胡在座。为我出版大书册。计划,当大力实现!

二十九日

反锁,辞应酬,创作,家人接待友人。问题,除障。另立家风。否则,损失太大。广社交,为所欲为,重视饮食,休息。保健!"应尽便须尽,无复独多虑。"自我世界,艺术天地。不浪费时间,不渎用脑筋。也得向钱看。完成计划。明年前半年前,几位大朋友。日人"说干就干"。"悟空"。

傅宗文同志来谈,甚热。收强儿美国大学图书馆主任感谢信。

三十日

昨夜早睡,今晨早起,精力足。植物园活动四十分钟,似已转回青年时代矣。运动即生命。户县一刻印青年赠桔子果品。胡武亭赠大连水产品。为甫运同志作字,育民四字。思白兄字。树儿字。发郭瑞老信。

健康大好,运动收效。

十　月

一日

普通话(京调),统一性,功大,效果上差:圆,滑,无根,靠不住,如应酬。如托办事,答:好……

地方话(方言),扎实,有根,可靠性强,感人,有力:中!对!

作字,起笔有根,收画得实,毋不敬,斯为沉着。亦有如作文,高山大川,白日皎月,俊伟爽朗,简挚节概。

作字四件。

南海书:元气足。

孝胥[8]:沉毅。

山谷:龙跳鹰扬。

右任:活风快水。

傅山:生龙活虎。

石门铭、瘗鹤铭、道昭：高风大雅，大人气量。

右军：萧散自然。韵胜。

二日

夏县武警学校赵守平同志电话问何时去运城，来接。樊川母来。

三日

作字三件。如意。

画藤萝：1.狂放，不可一世。2.纠缠，不见端倪。3.柔而刚健，韧的斗志。4.老气横秋。5.轩昂。6.劲瘦挺拗。7.轮困，自神，不降其志。8.枝柯纽成绳⑨。9.脱光叶子仍赤身迎风，狂草良师，古木与松杉共斗雪寒。到此，其神乎！

四日

作字四件。发海洋、鼎新、玉顺信。棉衣收到。

五日

牛文山部长、柴、樊、蒲城樊政委、裴司机来，重礼，肉、酒、醋、果，贵烟……专为看我。各赠字一件。带去三老堂字十多件。李文义裱字屏，于五幅。一同陪赴临潼四十一军军部看望李宝祥老乡，景茅南高人，少将政委。乡亲毕竟不同。韩左军为我吹嘘。夜宿甚佳。书字。李秘书招待。

六日

早饭后即回。在小寨用过午餐，饺子、四菜等，59元。坚阻我付钱。午休后即返蒲城樊政委部队。牛同志忘记钱包，明日快信告知。校庆未参加。

七日

发牛文山同志信。取回北京中国书画名人录荣誉证一件。

徐义生同志偕友人来，字二件，交500元。增贤来，赠蜜胡桃。嘱为日人书“佛”、“寿”二字。日人不喜“静”字。

有堂来，上次题字太小，制版难，改大些。“会做人的人，必不会活人；会活人的人，也难以会做人”。

黎风同志来，方磊赠所作《书法教程》一册。作字五件，如意。赵芸生（岐山高中教书）来赠苹果。

作画，绝招！年内赶超吴昌老！藤萝，梅。梦磨子两扇错位。乔日新、保平字。

体操（翻杠，拔桥，自由操），高，远，飘（如仙女），腾空，转身（激扬，绯跃），艺态美雅，健稳，坚实，利落，洒脱，如鱼跃于渊，猿猴挂树，练达，舒畅，沉气，固气，神游，圆润，清韵。四体如飘带，滚球。太极妙处：抱月，圆，自然无滞处，通灵，松和，缓，圆转，绝招，难点，人人达不到处。本体，妙处，奇特。苦练成仙。深情。向大自然索资料。左右逢源，自得居安，自然律。

活——和——自然——灵敏。

八日

取字28件。巨才（省宣传部长）、凤喜赠猴玉刻，字：巨白贺词，王延龄，陕报。“宜未雨而绸缪，毋临渴而掘井。”刘振东（小杨岳父）寿。金海题画。往取彩色、墨汁。

九日

观亚平乒乓球赛。长抽，远射，截杀，翻拍横打，无不自如，扣人心弦，给观众以快感。得冠军。婉曲如蟒蛇翻身，扭身如铁，傅山狂草挽强压骏，正尔。

十日

雨。发李、翟信。赴医院，联系贝贝气管炎打针事。收李玉明、刘在文信。田师书稿已在太原交白清才省长，在西安设法出版。

十一日

发刘在文、李信。

藤，筋骨健劲，柔韧强有力，蜿蜒若龙在天。

晚饭时，暖气流水，急甚，幸得甫运、育民、耿霞夫妇大力支助，乃罢。

高强来，取走宗侠同志字。又二，册页（陶华……）。李祥元——辽宁省盘锦市鲁南信箱（艺术馆）索字。百元，强留。

十二日

发赵春伟同志挂号信，字屏事。彦宏车，小张司机，去看郭瑞琛老，未见。收韩健畅文稿，孙金锴契信，《书法通讯》，《劳动报》，《书法教育报》。书贺开泰信。刘政诗稿。郭素云信。领贝贝打针（史大夫颇尽心，热情）。昨今午心甚烦。刻已恢复正常。早睡。豆豆、孙澄（赴深圳工作）。收孙亲信。

赛场比赛——决战，最醉观众。可见斗争的吸人。无斗争，便无生趣。活人便是斗。敌对可贵如此。激发意志，超人。此即人生哲学的精魂。鹰隼出风尘。吾得之矣。

食补大于药补。

十三日

发素云、开泰信。参加老年书画会十周年纪念。赴群众文艺社看书画、古玩。松园老年节。作字二件。电视。收李、翟老信，王英信。

十四日

雨。发翟品三、刘融慧信。

十五日

雨。白凯，学生三楼。来问“拥书自雄”及蔡文意义。拿取绿色雨伞，改日来换。夜眠，午睡共十一小时，前未有，甚酣。

伟大的人物，只有数字以蔽之曰：

高——身影高，德品高，风度高，才情高。

大——心志大，气魄大，气局大。

公——为国，保民，反私。

正——反邪恶，正义薄云天。

十六日

作字。女女、毛贝回临潼。为庚虎作字。午睡佳。鸿科、宏莉字。

余作草如画九盘龙，奔蛇走虺，又似藤，缠挂大木惊天地，捆杀恶魔，齐天大圣。

十九日

王莹来，300 元，字一幅。赠我画册，她爱人石所作。强儿明后天由香港回国，小住，仍返香港工作。

取眼药二瓶。贝贝续打针。购《元明散曲评注》一册。刘念先老送来惠诗，山文。

楷书，出书用之。巨白、王淋同志来赠礼，以字一、《野草》回敬。生彦同志来云，人民银行索字，赠十大元帅镀金章十枚。杨力老嘱写石达开句一联。

二十日

大晴。作字，杨力老，友人。发李、翟、芬姐信。方胜引来宝鸡任，楷书展，十一月一日来接。周强送朝鲜六尺宣八张。生彦同志取字。

二十一日

电话，吴醒民联系李宝荣秘书，田著事。书家晋、方磊信、字，发之。夜眠好。

一个字的构成，一点一画，衔接关联处，都须自然显出来龙去脉，如点画各自为政，勉强拼凑搭架，便无生命，如木偶耳。章法亦尔。

二十二日

强儿离美国到香港联系工作，昨日回来，全家欢快！二十七日返港，就职。下午书画会开会。王生彦同志来。杨老托带字酬300元。交小毛百元。书孙莉、袁良骏同志信。

二十三日

收周金冠寄来《中国古今名胜遗迹长联》一本，嘱书东坡《过太行》诗，为燕赵白诗书用。陈巨锁信，附拙字五台山石刻拓片一张。曹州函，索牡丹诗，将刻石。新权来，将为购《云峰山刻石全集》。

二十四日

女女一家、树儿等来团聚。消化不佳。

二十五日

收品三兄信，照片，复印文章，为杨荫榆辩证。庆生来，评职称，送《小鸟集》。

二十六日

发巨锁信。蒋蔚奎同志来，赠菊二盆。兴庆公司办公室。收首都师大王世征信，十一月专人征询博士生招生规格，考试课意见，欧阳中石兄主办。翟嫂信。

二十七日

《陕西广播电视报》江彦博同志来，为我将发表文章，5000字。陕周报取照片三张，嘱为报题字。运城茹长义夫妇及其兄樊来，礼。北关自强路。

二十八日

收赵春伟同志信，方磊（社科系）《中国书画名家作品鉴赏》编委会信。嘱写沙罗伦（英国人，香港），曹州书画院，石家庄纺织厂字。应振华同志字。发首都师大信。郑志国同志来，约星期日请吃饭。胡武亭代值日一周。刘延勃同志来。

三十日

目中无物，天高地阔，

我即上帝，阎公奈何！

上午九时在招待所由冯浩老介绍达摩功大师李国峰（四川人，青海大学物理系毕业），26岁，李艳气功（西安人）气功，发功治病十九人。胡谨（女），市委代表，文艺路6号大院（市委家属院），字，电话：5267370。王增斌副教授，马列教研组，教哲学，字。

三十一日

张一逸来，元军来，字。发石家庄信、字，曹州碑林信、字。牛大军（燕赵百诗）来取走其父文山部长黑包，送字、茶。古金海来赠苹果，带来陈少默赠枸杞、枣晶。豆豆岳父母赠药物。

十一月

一日

参加任步武楷书展览开幕式，颇隆重。北京楚辞研究专家，一级教授，文怀沙老，84岁，极有风趣，健康。午餐并坐时为余检菜。王景芬夫妇，老友，座谈中两位发言，后余亦发言。饭后任步武同道特为余赠鸡鸭一只，带回，情谊厚，至感！赵钧同志，咸阳人，苏州工作，电话嘱为作匾额：吴江市百货总公司，又字二件。邱宗康电话为一画廊书六尺横一件。会场中一位复姓同志明日下午三时后来送剪彩，兰州骆驼专家同日人展照。

二日

铁路办王欣林、夏雷雨同学来，重礼：红塔山，猴头营养8盒，香蕉等，习书画者，听我讲过课。为赵钧同志作字，吴江市百货公司牌，条幅。

三日

缶老[10]画，不拘是松梅、荷菊、杂花等，无不坚干矗上，而枝柯稍细，常多侧横倒垂以取势，复上仰，或于主株外，另配一斜株者，交叉挺拗，以别一般画家，独具风格。画幅题字偏多，盖以能诗善书，尽情以快耳。叶脉浓淡清晰非常，以见来龙去脉，真切如生，醉人神往。“艺术即上帝”，不虚也。

袁志伟来，云近日街上发生大事故……一片好心，惟似神经曾受挫，欠正常焉。

笔似活佛济公，有神圣□□□力。

受观众爱戴之激情，不知何以为报！绝不能随便动笔！既成篇幅，必惊动鬼神，千秋不朽！无论内容。此之谓神人、神笔、神品。

天地大德，宇宙精神，大帝气概，从兹始。

早上买秦菜，一位名角女演员（易俗社）为我付钱八角六分，惜一时记不起她的大名，她不久会来家看我，求数字，宗文大夫介绍过，校家属。

眠食大好，百病尽除，晨活动有关，心情如之。

四日

民盟会，提出意见、建议。

魏固安从北京托王生彦同志嘱为福建省屏南中学书校牌。全巧民、康礼来，文彦章赠茶，约元旦请吃饭。

五日

苏州赵钧同志携女，又临潼高步等来，赠刻石壶一具，精微之至。取去吴江市百货公司字，又条幅一件，留千元。托带送祝老枸杞、枣末各一件。又介绍育晖赴苏州开会，请帮忙事。名片批字即可。

竹智生（对联），吴果英陪同。赠中华鳖精，惜未见面。方磊来，未见。

六日

晴，22度。清理笔债，作字。

七日

邱宗康来，取书店六尺横幅，个人一条，付千元。建国，“关中秀色”，“毋非”，小竖条（教育内容）。霞，寿剪纸。张育晖赴苏州，托交赵钧同志《野草》书，祝嘉老枸杞、枣粉。

生活太杂乱，失了轨道，作嫁事多。反正！

画廊耿介托曹伯庸同志取字与京都联展，明日交一小幅（杜句：九□……）裱件。

立冬，保健。晚饭过量！

明日与黎风兄取字，修毛笔。

八日

邹莉来，送张卫华赠贺年卡、金圆（银行自制）一板。长信一件，索书陶渊明诗。郭子老来，座谈。与黎风兄进城裱字，取回为港英人所书“和为贵，德为邻”。不收款，且为记在账上。

缶老有时以作篆之法作画，略有斑驳之趣。运用之妙，在乎一心。聪明人，自会有其聪明笔，怎么都可。

九日

发春伟、蒋蔚奎、账卫华信。世庆为姜秀乐取条幅。

十日

傅宗文、应振华兄等来，畅谈，甚快！孙安邦同志来西安，住芝园饭店，来电话将来校面谈。适接史念海老电话，约明日下午二时半一同去芝园。收刘信、诗。武汉南江岸武汉市职工医学院。

半大小字，小楷，能写得像齐白老画昆虫，如螳螂走动，蝌蚪……那样，浪漫多姿，便到神处。而非有赤子之心，善观察小物者，莫能到此境界。（看白石老草虫作后）

十一日

同史念海老去芝园看孙安邦同志。秀才不出门，哪知天下事？可怕的世界，人？事？离奇，离奇！人鬼难料，无奇不有，谢绝一切鬼把戏。思想上又一解放。

进入艺术苑，乃知真乐宫。

不闻肮脏事，耳目多清明。

少生窝囊气，心神自平平。

延年而益寿，百岁乐无穷。

不要和官人打交道，远离巧言令色的聪明人，不交生人，不参与任何所谓为宣扬文化的事业。公章、私章的文书一律不矛答应，不再受骗了！不接声，弄清什么人，不开门！黄书充斥，花样多，骗钱——变形鸦片，如何得了！国之前程。

少管闲事，建立自由王国——研究艺术，学问。自我教育，为国家民族精神文明建设，做出有益的大业，为人民装人的体面大业。要争气，要长进！人的素质，已下降到近于可怕的地位，为了钱，不顾一切。人耶？鬼耶？开始写庄文，书法，传略……排除种种外缘，行我素。与瓦釜斗争，本领第一！

十二日

发刘延勃同志信。

写出最佳的作品来！

女女来，鸡一只，看英英去，婴女出院。

十三日

雨。交育民同志对联6副，为书法印大册子款用。书聪弟信。豆子随母回临潼，毛贝一同。收袁良骏同志信，正写书。宗康来取字："豪气冲星斗，文光射日虹。"又四尺对开"关中秀色"、"毋非"四字。唐城宾馆附近三千米书店何人办的？后天开幕？宗康说晚上送交小寨康乐宫。

夜看电视——孙殿英盗慈禧太后墓一集。

十四日

雨。发赵守平同志信。收到北京《中南海珍藏书法集》一。去金海处。祁建民、选民，又所长，谈论为我写专题，索照片。(华，李，董……)明善文章，襄汾介绍，三老堂，八屏，中南海，博士生聘书，京展，加拿大白求恩，顾亭林馆，屈原。

十五日

雪。收曹州碑林信，收藏证。明年六月寄来碑刻、字册。书画会活动。书"离退休工作简报"。又砚友社字幅，下星期学生取。山西古籍出版社原晋对子。收集文章材料(祁建民同志)，小郁取。1.中国书法；2.照片7张。国际京展，艺馆五件。退还二件。明天0度——1度。

十六日

冷，稍受凉，睡。

十七日

北京首都师大高惠敏副教授来，早点后，畅谈招收书法博士生情况。赠聘书——咨询委员会委员。全国共十数人。

十八日

张小郁来，材料，书法，国际人才交流复印明善文章，照片4张。说明，艺术馆2份。受凉，咳。张育晖自苏州回来，赠竹帘画。书李、翟老信，建国信。星期一，政法，八号院。

十九日

发李、柴信。

二十日

与黎风兄到方磊同志家，作数字。解琰煮饺子，赠晋铭鼻药两盒。

二十一日

咳嗽甚，血沫。服胜利丸，晚餐停止，舒和。

二十二日

咳见轻。

二十三日

起家电话，明日来。

二十四日

起家同志随友人来，嘱为育民同志作字。刘懋功同□□、晋北海来，取去字幅。临潼县长(会滨)。傅大夫、生彦、有堂同仁来，问病。开方服中药。

二十五日

新权来。

二十六日

发王喜慧信、字。咳未止。泻,便大通。

庄生真明圣,旷古一哲人。
识透造化理,乐道甘清贫。

万类形名殊,是非理实齐。
牛不可为走,马不可为力。

鸡虫贪口实,难于晓事理。
盗窃共所恶,钩铢国侯立!(未完)

二十七日

何金铭同志来,赠《无花果文集》一本。平女为整理书物,代存印字钱1.4万(内存条二千,取之补足)。存一年,记在她下,利高。明年四月,她存款满期,交付用之。又日元1万5千元,代保存。刘、傅。咳见轻。傅大夫来。

二十八日

午前睡好,未出门,10时服银翘解毒丸一粒。傅大夫来,药4包,较好。

二十九日

霞为做白菜炒面。咳减少,午睡好,便通。新权来。

三十日

病魔夜上,病从口入。

收赵鼎新信。

十二月

岁末,送旧月,除病魔月!迎新,健康月。自力更生,万事亨通。开始为友人发信,清理一番。字债数件。完成自家分内大文。

一日

蒋蔚奎同志赠水仙五大瓣,取字。食搅团,浆水菜,洲霞又送来芥菜水菜,饭后平稳,无发呕现象。阅《大唐西域记》,如游古印度,释迦所历城池。刘锁祥,山西大学师范学院书法教研室,寄《丹岩社刊》一本,。写稿(前辈页),030012,市南内街31号。

三日

毛女、玲来,食饭不少,感冒似已除,只待良好的进食,休养。

四日

病大好,饮食照常,尚须休息好。傅、应兄等来,陈大夫送河南墨砚,九龙刻,甚佳。天气大暖。

新权来,药二瓶。观清道人李瑞青对联字,规矩之至。

五日

大雾。

六日

书刘锁祥、赵鼎新信。傅大夫送来药六服。大便通。霍泛副省长、武亭送来药茶。

七日

发梅津、起家字册、字。鼎新、锁祥、王英信。

饮食增加。收祝嘉老信,耳差,眼尚好,腿力欠足。九十岁的老人亦属难得。

八日

换衣。咳嗽大轻。发日本信。庆生来，为余请来电工。

身体虽弱，尤不可过于爱惜！爱惜有如养奸，必至受害不浅。

阳气愈提则愈壮，不可不知。

梁漱溟先生为人，治学，无他，执著真理，不苟同，顽强到底而已。然非有力者所指：花岗石。真理如何戕得？其作字，无法有法，任我之性情，天放不拘，大手大脚，爽朗，高山大川也。

九五年始，此即余之书作境界，力攀高天，广求自张，不得滥作应酬。书家加学者，字乃可贵。不务创新，必有新作。去就自知，拸画可珍。

高格大行，心远神逸。

爱子偕儿子来，带小米、绿豆、糖等。

九日

王玲来送菜。

傅山草书，如生大气，其意曰：亡国之氓，有甚人味？有何体面？猖狂而行，了此残生，殆犹介者之拸画然。

收姚国瑾信，云新房可分到，一厅三室。

健康进展好多了，咳少，饭多。

道昭摩岩，庞然神物，坛座俊伟，为横空大巘，雄视大块！如一国之疆域，神圣不可侵犯！杨老六之气志。宫廷仪态，蹲狮卧虎，浩气塞宇——字之方向，规模，器宇，金刚力撼五岳，诸神退位！得此气概，意象自出。南海书元气足，足达此情。

陈青代领10~11~12月三个月生活费225元。楼长送来校奖费150元（天选、永安，立志四字条）。

十日

雨。

天游化人，无牵拘。

高蹈派——乘彼白云至于帝乡。

狂飙派——烟尘万里腾玄空，人间侠义侠客敢为。

秦王宝殿——威震寰宇。

正人君子——铁山翁，墓志，威仪，独善，表率。

杨柳春风——风流，王，于老。

韩反日小说畅销。《没有日本》，日本精神与道德贫乏，不足以作为国家发展的模范。《木槿开花》一年内售出100万册。奉承西方，对亚洲露出军国主义嘴脸！（参考94.12.10）

十一日

醒民同志来，知白省长将田师遗稿已交省出版局长石大璞同志，委托出版。托赠白省长裱字一件，李宝荣秘书一件，未裱。

十二日

夜雨。爱子随子文兴返里。照顾了我几天。夜咳少了。羊肉汤，也顶事。暖。

改变作风，为我欲为！

笑是良药！“为了健康，且莫错过机会，从内心发笑。”快活哲学。

礼泉郭好学教师来，请评字，索字，赠苹果。

三宝：

1.坚守不可移的远见，信念，信仰。(三公)自发性。

2. 永矢不忘的国仇！不可抵抗的神威！(正义)

3.心情万态空如水的幸福，轻松自爱至乐。

十三日

收起家信。育民条幅一件。

十四日

收南方晚报广东字展余作一件。刘念先老还□文字书。志国来，赠照片。刘玉玲送照郭江展会上。田跃来，嘱书“民声报”，人大出。

十五日

病大好，能吃，睡。清字债5件。

收廓如兄贺年卡。交陈青“民声报”字转田同志。邱宗康电“关中秀色”条“文能换骨……”属相12字。渺霞赠剪字百寿。

十六日

收日本兰亭笔会赠感谢状，笔会赠册一本。铭住院输液，马克霞来看。平女来。方磊、赵同志来，赠止鼻血药数包。新绛王建成赠水果。收王英信，印刷品单二件。庆生来，交为我写介绍近日新事迹。将有摄影家、记者来摄字照(“楼观岳阳尽……”对联)。

十七日

发宗康“毋非”作字。

十八日

查找日记、材料。吴虎来，义潜返回。

十九日

发彩石、易水寒、段克己县长信。

二十日

复赵秘书、李雪老、纪念堂管理局函。书张光祖老、中南海书画编委会信。收湖北江陵县郝家礼花厂毕从容贺年卡。日本国水户市町3-10-3吉久保俊夫字二件。一送张伟华(银行)，另邹的。刘文周赠日历。周强送来《晋书》一套，81元。

二十一日

发中石先生信，中南海、张光祖老信，白省长信，克军信。

见陈鸿寿一联，其乖巧，走笔从容，姿致，绝类田师，魏味十足，凝整。

二十二日

发韩生荣、姚奠中老、劲知信。

书不带几份古篆、汉隶、魏体，难得见简古高雅气态。唐宋诸大家不足处，正在于此。(章法、笔致，体态……任其一)

两种不同的物质结合起来，才能创出新的成果。氢和氧结合就生出水来。作字只写一家的字，只觉单调，没内容，创不出新体来。文章达不到脱胎换骨，陈陈相因，必至一代逊一代，不能进步了。故贵博览。博而能一，尚矣。两种不同民族文化一遇，新文化乃出。人类文明进步，就是这样得来的。闭关自守，孤陋寡闻，一条胡同走不出去。矛盾——统一，一例。创新，脱胎换骨之道。

南同志赠函授教育五册，高教杂志三本。

敌寇，针对性，刺激——良药，创新源泉，雄强之力，恩人。

平静、安闲、幸福的日子——慢性自杀。

二十三日

发林鹏、品三、福成诸兄信。赵守平同志赠□□、大肉五六斤。

轻松愉快。

二十四日

北京来人。结婚。北关航材公司，送照片二人。大学生字展未能参加。

张淑芬、习一来，厚礼。

二十五日

习一返里。为《文化艺术报》题词。倪文东同志、王云长（经理）、刘玉安（司机）等来，烟酒……为雷珍民总经理，陕西国画院，为华龙实业有限公司（华越酒楼）成立书字：飞鸟闻香化锦凤，游鱼得味成金龙。

吉久保俊夫请霞送信。

二十七日

金海字三联，三百。育民兄二十四元。为画院酒楼书联。收彩石包裹，小郁取之。1.《政协各界导报》题词。2.临汾医药管理局题词。《文化艺术报》题词。收梅津同道信，一万日元。二十八日蒲城县84507部队副政委樊明印（夏县人）、于生龙来，代表兰州军区司令部副政委李保祥（景第人）赠面粉两袋。

大天而思（从大处考虑问题），

放眼太空（眼睛识力要高远）。

参天化地（充实，庄重），

龙飞风从（为人所不能为，非常之态）（睡中作）。

地球的将来，生物的生存，人类的命运？污染水源，资源。人口，经济，食粮，争夺，地震，战争，治安，教育，素质，道德品质，金钱……

健康，抱负，风采，气概。充实，学识，才气，吞云梦。

举大事，转乾坤，为民造福。

二十九日

阴霾。金海来，为友人索书，三百元。另专为筹字册寻门路。对，中，横。曾莺送鸡子一只。

一字如一人，身段，举止，脾性……各有其天。此之谓人格化。如此，乃能表现出字的心灵，情感，生气，气象，境界，有如活物，供人欣赏，动人心弦，大可观赏。更在于内在精神。其教育作用，于是乎在。精神文明。

作字：

1.有的如人在追赶，急急忙忙。

2.又有如小孩走路，小心过余，放不开。

3.唯闲适自得，趣致盎然，可佳。然仅为个人情趣。

4.倘有针对性，有所为而书，则高矣。

三十日

结清笔债。崔惠民、王芷□、步珍（淑芬陪同）到陕西国画院、关中画廊等处一行。谢政委来，赠所著小说一本，又嘱为裱工索为祓,未赶及见面,甚憾! 整日饭适口,量大增,睡亦佳。

三十一日

不觉又是一年过去了! 马齿日增,事功无成,光阴散掷——无谓应酬,琐事缠绕,病不离身,渎费脑筋……可叹孰甚!趁精力尚可,从新岁开始,订出严格规划(五年四划):健康,时间,学习,工作——自传,书画,庄文,杂记,交游五项。不稍宽让。规律(生活),系统(学习),突出(工作)。三公(信仰)。艺术,科学,卫生。严明,通脱。自得居安资深。顶真,爽朗。

病:

1.满不在乎。

2.无所谓。

3.没关系。

4.玩世。

5.不识人,一见倾诚,空头脑+忠恳。

6.以己推人。

7.殊不知:人-→鬼-→兽!

8.好人少,丑事多,警惕万恶!

莫做善人,私> 公,贪> 廉。

大雪飘扬,心甚快慰,明年丰收可望。张淑芬午饭后动身返里,从二十四日来,整八天,勤勤恳恳,眼里活多,对余照顾,无微不至,感甚!健康赖以恢复,适王玲媳亦来,两人看来,能劳动,吃苦,会做饭,脾性极相近,合作得入凿,都使我在生活上得到幸福。如此日子,是颇少有的。

鲁迅评郑振铎文学史,资料,非史也。今乃发现出处(静农信),多年来,寻不见。可以动笔矣。

〔注〕

①见屈原《九章·怀沙》:"离慜而不迁兮,愿志之有象。"屈原在写自己虽历尽忧患也不能改变其品质,仍自强不息,给自己又树立起一个榜样。卫俊秀也是在表明人应该有自己学习的榜样。

②《庄子·天下篇》:"图傲乎救世之士哉! ""图傲乎",高大之意,是对救世之士的赞美之词。

③"姑射山人",卫俊秀原籍襄汾县景村的村北就是姑射山,古籍中记载就是《庄子·逍遥游》"藐姑射之山,有神人居焉"的"姑射山"。卫俊秀在这里以"姑射山人"自称。

④傅山《霜红龛集》中有句:"文章小技,于道未尊,况此书写,于道何有!"其意是说写文章不过是雕虫小技而已,和"道"比起来是不尊显的;更何况书法,和"道"比起来就更无所谓了。这是傅山在强调他对"道"的崇尚和追求。

⑤"达人无不可",王维《赠房卢氏》:"达人无不可,忘己爱苍生。"

⑥傅山诗句,见《霜红龛集》"不解四十韵"。

⑦见《老子》第五章:"天地不仁,以万物为刍狗;圣人不仁,以百姓为刍狗。"其意是说天地是不讲仁慈的,对待万物就像对待祭祀中用的以草扎成的狗一样,用后就会随意丢弃的;圣人也是一样,对百姓

也是随意丢弃的。

⑧即郑孝胥(1860–1938),福建闽侯人，曾为伪满洲国国务总监兼教育总长，近代诗人,书法家。

⑨傅山《再咏石檀》诗中的句子,见《霜红龛集》卷八。是说石檀的枝蔓缠绕纽结,就像用石头纽成的绳子一样坚硬。

⑩吴昌硕有别号为“缶庐”,故称其为“缶老”。

一九九五年

元月(甲戌十二月初一,星期日)

元旦

大雪满天地,矜肃之气凝,更觉精神。自当整饬一番,从头做起。既须严谨,认真不苟,亦须达观,通脱不拘,为所当为,为所欲为。有三公作后力,何有余虑?轻松愉快,或为雅人日子,自适自在。时亦似战士阵上生活。视情况而定,固无定规也。

保健,惜时,爱物。

自传,书画,庄文。三大工作,刻期完竣,不得延拖。

交几位挚友,莫大快乐!

研究几本大著作,富我精神生活。

开始服鳖精,真品。

收到韩生荣老信并诗作,韦国安校长贺年片、信(海淀成府街1号,100080),王绍尊兄贺卡、信(天坛南门东2-7-101),牛道生贺卡,外事处,山西师大。

二日

大晴。草《庄子颂》。女们回去。

三日

大晴,暖如春,作字数件,顺手。书李保祥政委、樊明印、谢政委信。左军、绍尊、杨海山。

四日

作字。有如三月天。

五日

谢雪老夫妇来,赠梅数枝。回赠草书曹操《夏出东门行》。又一裱字家要为我裱一件,致谢。为作一"剑"字,辟邪。念先老来,借正峰字帖。李学文同志从襄汾来,赠酒二瓶,板桥拓片一张(布衣暖……)。为书襄汾县博物馆牌,字一件。江彦博同志来(省广播电视报),访问遭遇经历甚详。明晚取对联字照片,另字。应老来,赠木耳,食品……珍品。收舒心贺卡,张劲知、刘梅信,韩大壮同志信。

六日

赴陕西国画院参加该院院庆暨龙华实业有限公司成立纪念会,人众,热闹(文艺节目好)。生彦同志送来《晋书》一套。为广播报书对联。收满道、大壮信。

七日

发大壮、方磊、舒心信。作字数件。书满道信(介绍)。赵立、诗人……字。

八日

上午九时参加大雁塔唐玄奘1330年圆寂大会。字画展。午餐后送回。同人郭子直、霍松林、曹伯庸,共四人。江彦博取字,对联,照片。

电视,纪晓岚答南方才子:多山多水多才子,一天一地一解人,颇为解颐。然而纪犯罪了!书生气不可取,从来如此。卖弄,卖弄急需要!比比。退让,谦虚,大可不必!!

九日

发梅津彩石信(地震),韩生老信。看外院朱、张。看傅大夫,字二。开始服E、C片。

停止书写应酬!

连日来，太紧张，为人作嫁，可笑！须闭门，做老僧，益我身心。

收姚奠中老回信。张积玉赠学报三本，又《学术论文写作导论》一本。嘱为学报题签：陕西师范大学学报，又编辑部，再张毅数字，选登字作。江彦博电话，明日来。

十一日

梦老伴为找出上校军服，急用。睡眠甚酣。江彦博来，取字二（赵学文，陕西广播电视报社社长；张立，周末编辑），将发专题。育民来盖印，二千。甫运一条。书建国信。收湖南张家界市委党校《中国当代民族文艺家》编辑委员会公函（427000），拟聘担任该会名誉主席，辞谢，近复。

十二日

暖然似春。作字五件。离退休处处长，副校长杜鸿科一同来，赠年礼。黎风兄来赠年礼。字一条。

夜梦作：（正气所由）

济公活佛，大圣斯尊。

天地气魄，宇宙精神。

作字、作人的精灵，舍此，鸡虫。宗教，上帝。

十三日

郑志国兄来，赠苞谷糁。赵步唐兄来，找曹伯庸兄，不暇细谈。作字。

十四日

收周金冠书二册——《布衣百俊歌》，《燕赵晚报》一份（刊字一件），信，嘱题“清气”二字。石家庄市和平中路9号石家庄第三棉纺织厂，050011。中国书协《书法通讯》二册。书李、翟信。

作字，只有一个正字。正乃大，而奇生焉。以其举止磊落不常，非世俗所能达，故奇。奇非怪，怪近邪。奇者，特也。为人所不敢为。

书鼎新信。高强同志来，通知十七日下午四时赴大厦出席市电台十周年纪念会，赠报二份。取字三件，中堂。宗康二十号取字。

十五日

姜佾真副省长夫妇、王□敏秘书、曹文专来看望，吸烟，二枚糖，健谈，辞去。

十六日

生辰。王玲、王璐，孩子来，吃长寿面。王璐代发桂林师大附中信，碑字。自默字（北京信），周金冠（石家庄）字。理发。杨力雄、齐静波老来，赠鸡蛋。文史馆吴、张、耿诸同志代表馆长领导来，赠寿糕，年节礼。带《国际人才交流》一册。刘、王、有堂诸同志来，学校托书五尺长幅，为校会议室用，王璐来。收曾立平贺年片。一天轻松过去。

杞人忧天，今人忧地。地球必将销毁。人口爆炸，生活无着，自取灭亡，宇宙污染，上帝何在？故不可不表现！无忧无惧，老子即主宰，即神仙，目空万类，唯我独尊！人者孽罪的东西！吾得之矣！岂不快哉！杨朱大哲人也，宜师之。

十七日

发梅墨生同志信。西安电台十周年展。参加市电视台十周年招待会、书画展，空前。发纪念品——书画册,电脑报时钟表,册子……

十八日

金海处,完成任务,中堂(二,又二件)。午睡酣,二小时。收文史馆公函,二十五日下午欢聚。

地球?国家?民族?对于这问题到了绝望之为虚妄的时日,也就进入神仙境地,因为没有负担了。自由王国的日子,是最幸福的。

十九日

刘钢民者来,字四,带去为政协报致各界导报贺词一件。纪鸿尚部长入院,头昏。

二十日

发品三、融慧、春伟、廓如信、字。

二十一日

发华君武①、许麟庐老信。画院华龙公司王□经理等来,赠电炉一具。字一具。高强取字。

二十二日

发潘爱珠、吴金兰、曾立平、王光明、汪凌信、字。宗康下午五时来取字。郑园二人来取字。为姜信契夫妇作字。纪鸿尚部长字一件。

二十三日

发杨信平信、字。收三晋文化研究会赵雨亭、李玉明、刘在文诸位贺卡。海洋、许久康、张浩然信(新绛县东街十七号,043100)。参加省统战部、政协联欢会。

二十四日

清理信、字——新疗,北京,张颔老。

二十五日

文史馆会。姜信真同志字,凤英收转。仰通兄字,面交。

二十六日

洗澡(长安温塘)。发王得厚、世家、林鹏、张颔老、张国忠、赵世忠、王蓉蓉、孙玉石、袁良骏字、信(托陶送)。志国兄送花。杨送黑米酒。乾县画家同志带儿子来,送挂面。黄家楼留学生部赠清油……李甫运兄赠芦柑一箱。收李雪老、许麟老信。早睡迟起,甚健。

二十七日

发枫兄信,聊天。整理字。兴庆公园奎老兄又送来梅花及盆花。陶华电话,初十前刘书记及继德同志来拜年。

二十八日

玲帮整理字,轻松大快!够累了。梅花开放得好,馨香满室。

二十九日

吴虎送来红花油、麝香壮骨膏。正好用之,腰痛。赵校长赠活鱼,大可数斤。

南北韩朝将联合举行日寇投降50周年!

美将在珍珠港举□,邀日政府参加!日人视为污蔑,拒之。

我们?不会冷淡的吧?准备文章!九一八前后在新满战事……有机会,大讲!曾受日寇包围,不吐不快!青岛青年纪念甲午百年,服“国耻衫”,可效!

三十日

看李绵老、赵万怀同志。李甫运同志又赠鸡蛋一篮子。曹、杨万亿等六位来。收韩左军同志信,问李保祥将军情况。

除夕:

送旧。1994 年过去了，闹了几个月病,好了。工作,写字,著文,收成不小。可庆!

应酬仍多,经济上在育民兄、高强同志帮助下,颇有收获。

须继续完成——出册子,写书,要文。保健!交友。大展宏图!

认清:国际变化!国家前途!个人责任!

三公斯尊,独来独往,自由王国。

飞黄腾达年。龙虎。

新春佳节。健康,欢乐,幸福!书,碑,至尊,友,针对性……三□德,大力源。

洪钧陶万物(类),

大块秉群生。

余春高,二号楼 402 房间。

三十一日(正月初一)

宁静,四处没炮声,禁令。节约,少事故。好事,宜于老年人的心情。只是牵了孩子们的猴儿,不热闹了。任何事情总是难得尽如人意的。

天气大好,晴,一片光明世界。

书画会同志八九位来,畅谈。印字册事,每人发三百元,酬劳。余实有愧。辞之不得。暂存之。

姚生泉馆长、郭(中文系,40 楼)、汪书记夫妇、曾□子来。赵校长,郭,艺术系领导、教师,马老师等五位来。杨耀宗、傅大夫、应老、魏夫妇、小成夫妇来。罗昆禾(地址:和平门下马陵一号干休所 826 号,邮码 710001,电话 7276700 转 826),中国老年报驻陕西记者。

贾起家同志从运城电话拜年。

二　月

一日(初二)

余春高(航天公司)来,礼。知田润公[②]遗稿已由石大璞局长交出版社任东京。方胜来,赠梅画。全家聚会,至乐!剪报。晚,小罗为按摩,贴膏药。

二日(初三)

腰部痛已轻快。刘鸿儒夫妇,大、二孩子来,礼。舒心贺电。

三日(初四)

夜雪,大雪纷飞,自是大快。张星五老及儿子来,寿糕。李钟善同志来。午雪止,日出,晴。为李保祥,兰州军区政委,作对联等字数件。

四日(初五)

作字数件。胡西铭女儿,外院学生。金海来,礼。

作字,笔笔写得如音乐家弹琴,清澈晶莹,玲珑剔透,不得马虎。行空无垠的了悟能力,天地正气宇宙精神的气魄。让你的灵犀相通,意念直达心田。指挥观众跟我来!

宁可居来，礼。为振兴路东巷23号盖章。樊明印同志来，字二。李政委回襄汾，七八日回来。或可来西安。

五日(初六)

育辉夫妇来，礼。收品三兄信，云廓如兄体健下降……

六日(初七)

为书“剑”字的女同志专为裱字一件，感谢之意。谢政委兄来，赠香港补性饮料，送君子兰，正放花，供欣赏，花后取回。适逢强儿赴港，孙澄战甥孙赴深圳，午一同到车站，谢老车为送之，至谢！孩子们都去送，亲戚返回。鹤龄、中兴、中强来，赠美酒二瓶、花篮等。庆生来，新权来。

七日(初八)

志国兄来，赠大枣，回以贵州酒。松园老年书画会田会长等四位来，礼。海洋电话。关百胜同学贺卡。王萱同志来，赠鹰画，礼。

八日(初九)

李绵老来，礼。巨白夫妇来，礼。嘱写序。

九日(初十)

李正道、曹伯庸兄等来，赠药王山孙思邈对联一册。腰又稍疼。陶华电话，电台友人要来。拟日本杂文数篇。

人——天——道——自然。问题考虑。概念？

十日(正月十一)

运城高等专科学校副校长苏玉前同志随赵校长来。周思思、陶华电话，近日要来，运城市河东路39号，044000。

社会上最可怜的人，是没文化的人，但本人有的不觉得。

文化有高低、深浅、广狭……

还有最可怜的是有理没处讲，有冤没处诉，公正处在哪里？

而有文化，而得不到发挥的人，则更加可怜！更可惜文化成为废料！

重视人才，而看不见人才，不敢用人才，哀哉！

国家前途，人的希望——绝望，虚妄！尚何言哉！……

国家没人才，目前可醉生，一辈可寄生，再一辈可偷生，三辈，四辈，外国人不许生，奴隶社会复生，遍地牛马劳生，苦生。上帝，释迦牟尼在何处？念天地之悠悠，独怆然而酸痛！难得糊涂！糊涂，救不了生！聪明又顶什么用？

赵守平同志来，惜未见，送汾酒二瓶。

看透事理，通过一切现象，
无想无望，
方是思想的大解放！
因为它已破除了百障，
唯有一条大道：
猖狂。
“肆”，
放射出百道、万道的光芒。
无往而不适兮，乐乡，
王公，权威，蝼蚁，蚊虻。
三公世界，
任他岛国鬼子，深洞魔王。

唯"正"是尊兮,老虎性王。

四体康强兮,万寿无疆!

不争气,不长进,中国人!

没本领,吃大亏,肚量大?

十一日(十二)

席小阵要来,刘五六学友要来。午一时,陶华、焦维发、市委秘书来,未见。夜李甫运兄之女等来。英英回去。

十二日(十三)

发陶华信。樊川和朱同志来,说修煤气灶。

十三日(十四)

石羊、马同志来,礼。六人展贺词20号取。节山来,字。斯老来。玉苓来,礼。升学。

思想大解放:

1.地球必为大国间的争霸毁灭!

2.人类,生物同尽!

3.达尔文世界!地震!民族间,宗友间,×!

人口爆炸,大国团结>食粮。

亡国:教育落后,人才专家缺乏。私>公!是非、真理=0。黑暗世界!

力之神。

元宵节。赵守平同志电话:明日返夏县。收杭州王光明同志信,附蒋给他的书联。平女来,吃饺子。黎风兄送来张田赠《耕犁初记》,又《中国游记欣赏辞典》。

名利早看破,人心自险恶。

百障不破除,谁能救中国?

张光卿同志来,礼。孟县韩愈研究会嘱书(年内)韩诗。

杨文极先生来聊天。

付平女630,五月印字册用。

十五日(十六)

小毛贝贝赴临潼。发芬姐、左军信。按摩。

十六日(十七)

浇花。情景,没来客人。睡觉多,没看书写字,只阅报。饮食颇佳。腰部欠适。

赏活风快水,微风燕子,能手滑雪……作字能和以天倪,得大自然极致,至矣,尽矣,无以加矣。

善战者固可出英雄,凡善于排除百障、坚毅自持、特立独行之人,也都是英雄!心空万虑,丰昂似仙,如此而已。

慎独的人,自然都是了不起。

十七日(十八)

拿翁真英雄,浑身一坚强志愿,无"恶"不可疗愈,无"尤"不可鄙弃!振作即生路。

陶华电话已通,随后她们来。

十八日(十九)

腰痛有进步,由痛→木,困。

十九日(二十)

星期日。卫俊贤(韩城人)、张长松(河南人)赠画,卫索题字。

二十日(二十一)

收聪弟信。睡足。腰痛处大轻,起床后不难受了。脊椎酸困,似复原前应有之现象。列子为庄子所用,文笔,句法,述道,故事等。唯较列子难读,妙文如梦。

二十一日

念先老陪习鹏华、王荣等同志来,厚礼,字四。李克之,西影,送照片多张。字一。

二十二日

张小义来,安镜框照,字一。可在他处照字幅(存照三张)。陶华电,要来。余来,刘若兰要来。送□□(田师)。杜英等来(校刊)。

二十四日

杨成来,赠剪纸(寿桃、喜鹊、梅)。三八节参展。魏按摩一疗程,暂停,字。李明琪字,赴京为学校办事。发陶华字,李宝祥同志信、字。

二十五日

周强夜带孩子来,送字三件。二十七日赴英国。潘炜来,当赠字。

二十六日

发谢政委信。好天气,15度。

济公活佛,大圣一尊。

包公铁面,汲郑[③]国桢。

蔺相英豪,完璧赵存。

天地正气,宇宙精神。

间架高大,容积深广。轩昂俊伟(大度),气宇逼人。门前左右安排古木大树,杂树嘉卉。周强明日赴京,新权亦来,共进午餐。毋老师,有堂请来(赠母鸡一只),为发功,医病。小腹欠舒服。

二十七日

收梅墨生君信。已调荣宝斋出版社工作。河南周口地区纪念老子2540字赛信。赵校长来,将为联系拍照,治腰病。腰痛较重。明日书守平、劲知信,廓如信,明日发。

二十八日

发三函。赵校长、李延□来,看病。午赵送泻药麻仁丸等各一盒。明日拍片子。

三月(抗病,健月)

一日

赵万怀校长、应老陪同赴校医院拍片子五张,李大夫等几位颇关照。黎兄照料门户。明日看片子。便大好。先服麻仁丸二粒。夜做腹部运动,颇见效。

晋北海同志电话,刘懋功司令约明天来接,请吃饭,腰痛,已辞谢。病愈后去看他。

收徐文达同志信。托陈青带照片二张,出入证用。

二日

晨高强同志来,知宫老跌倒,头部撞伤,老伴半身不遂……顺便写数句慰问,托高代送。宁、权婿来,礼。

夜读杜老义鹘行[④],

瞎背春秋一部经。

我本“山西穴居士”,

飞船破浪斩长鲸。

男儿生来尚义气,

燕赵志士鸣不平。

一鹗振翅万云怒,

席卷海湾一危城。

国际：

1.加紧军备，武器创新，争购，系统。

2.拉拢伙伴。（哪怕是假象）

3.形成堡垒。（敌友）

4.打！

5.直到最后，那是只剩下伙伴两家。

还得打！争第一。

这其实是在打地球，打自己的生身母亲，地球也有发怒的时候。逞强的枭雄啊，看你往何处走？

文化低，进步慢。科学进步，变化快。

牛车——火车，瞬间一个式样。插足再入，已非前水。保守——落后——掉队。珠算——电脑！前进……科学，高技，万能。文化教育神圣。你追我赶猛冲，落后掉队。

杨万亿老来看我，甚感！

三日

大晴，15 度。病又好了一些，不大痛，可翻身。赵校长送来照片，上一肋骨变形，余无他症。肺钙化。满道来。为雷荣老九十寿书贺词，"佛寿"二字。多日来，首次动笔，尚好。小魏来，按摩。收广西师大附中信、姚国瑾信，均须速复。

四日

发墨生、国瑾、文达信。刘、曹、傅诸位来，傅七八日展出。书罗（广西师大附中裕康）信、韩生荣老信。小魏二次按摩。领工资。吴应驹同志来看望，他的爱人患乳腺癌，刚出院，家电话 5238256。托小魏购普通物理三本，11.5 元，办到。

五日

心空云汉庄生超尘与物化，
气壮山河蔺相完璧称史册。（梦作）

事事丑，人人坏，
是非真理果何在？
好人当不得，独忧千载！
健旺第一大事，
善自调理，学习，写作，
适当安排。
科学万能，
文化教育神圣，
保国爱民，全赖人才！

六日

晨饮山楂汤，饭后已不觉难受。便好。总是多喝水为要，青菜不得少。

莽昆仑横空出世直与天公来比高岂不伟哉，

春海潮惊涛骇浪卷起堆雪惊鬼神得吾心矣。

谢老来，赠新加坡红花油一瓶，取走君子兰。字三件，京二，余司机一。

女女来。午睡颇酣，能吃饭。

阅报：工作报告等文件。

中国问题：

1.通货膨胀。经济问题。

2.贪污腐败。

3.社会治安。

三者属于急症！不火速送交急诊室，险哉！

4.文化科学教育。

虽是慢性病，事关前途，江山永固问题，其重要大于急症，然而未见重视，更可虑了！

七日

人有二重性：

1.动物中的人——兽类人性。

2.人里面的动物——人面兽心。

夜读《列子》渐悟。

八日

路克军兄来，拟月底返乡一行，当尽力能同行，乐何如之！

日读诗词两首，月可读60首，岂不大哉！

“嗜欲深者天机浅”[⑤]，留意！

刘、任、曹、傅、季诸同志来看望。阴雨。决定不去医疗。刘带去片子。候晴暖时再定。

九日

晴，凉。

一个字，笔画撇点，前后上下，衔接关系，有如球赛，投递接连，环曲婉转一套，非常自然，恰到好处。无空失，无白费气力处，一投即中，痛快，全场掌声……一行一列的草法亦然——神笔。行其所欲事，不知所自来，亦不知所自去，玄之又玄，拆合不得，一片天机，如婴儿之可爱，英烈之可崇，美妍之可喜，如食人参果之舒服，足矣——艺术品之魅力。此中机遇智巧岂可道哉！

王荣大夫、刘念先兄一同来，知腰扭病属于老年性病，有点增生，紧缩，变形（多年事），不需手术，也不能手术，服药。

日本交通界格言：“永远领先”。加紧研制磁悬浮列车，时速500公里！不许说“不”！它要在百业方面，居于世界首位！做事是做事，做戏是做戏。中国反之！无怪日人看不起中国人！没有民族感，上进心！不争气，不上进，奴性！危哉，险哉！

不亡国，不觉醒！

任务：唤醒，工作！

傅、应兄等来，聊天。慰安妇册子（妇受辱，不敢说！）。香港医院看□□□人数……今天参考未刊人大会消息。

十日

甲秀老来看望。杨启超同志来按摩，尚不知有此技艺。明日再来。张劲知汇款200元，为我养病之用，甚感！

昨收到县志办寄《襄汾人物》古、今二本。白强同志来，改天将来为我摄照。长森来，赠物化数英参考资料，取走字一件。函授杂志为我写文，字照。陕西省老年书画会50周年字展。

十一日

阴。杨启超同志为按摩。碧（字好）。收廓如、融慧、品三信。

十二日

发张国忠、劲知、姜福奎信。

十三日

发融慧、品三、国瑾、中国书法杂志社、王舒心、襄汾县志办信。发曹文、国忠、赵守平、王英信。启超按摩，赠傅山《兰亭序》一册。草日50周年文始。

十四日

病轻。王为看品字。三军平福字。收赵春伟、王舒心、国瑾、三晋文化研究会、文史馆(50周年文)、赵鼎新(董牌题匾取回)信。

十五日

冷。未雨。任平老带病来看我。书李雪老、赵春伟信。杨启超来按摩。育晖来,送片子。写日50年文。

十六日

发李、赵信。

十六、十七、十八、十九日

收建国信,写文稿。鼎新信。

二十日

收84807部队政治部樊明印同志信。宁居正送来韩中展出册一本。韩愈纪念字四月交。碑林函索终日字展字,谢绝。连日写日投降50周年文,甚得手。杨启超同志来,明日去运城。

二十一日

书樊明印信。工作不宜赶,自然从容,做多算多,我行我素,目中无外界任何干扰。城市如园林。一切已失去信仰,无可靠的东西。

作字须负责,有目的,有针对性,尽到爱民爱国作用。

唯有智力可贵,意志可信,健康可靠。没有可怕的事,因为有三公作后盾,大智大仁大勇。神仙就在人间。富有掌握一切的能力。认识之,解决之。

二十二日

对一切失去希望的人最厉害。绝望与希望为邻。功成人,对专门:

迷恋期→火热期→咬牙关→歼灭战→胜利→神仙。收获,大快,自得,居安,资深,左右逢源,多助,所恃……

日寇问题:

1.人性不纯。2.思路,脑子绞线。

有如"儿童问题"一流,不正常。有些怪味。主观,狭隘,刚愎自用,报复,小气鬼儿。没有大方、正气,豪爽人物。令人不愿接近,讨厌!

理发。

发樊明印、鼎新、建国信。

行其所无事,有所恃而无恐,君子坦荡荡,童然如新生之犊,心空万类,存我为贵,无往不乐。

二十三日

收郑园自四川大学来信。满道来,为购水笔(毛笔头)、墨水各五支、瓶。另一支。北京弘发古笺纸绢工艺有限公司总经理李祥来(北京市通县郎府乡冯各庄,电话7610569,邮编101100),留红黄数张。周强自英国来信。松园李纪青来盖印。吕治疗四次。云将成立老年大学。

一天日报:

全国94年查出违法金额204亿元。《光明日报》。

农妇搬家200公里罚款400元。《光明日报》。

小学生作业未完,教师让学生轮打。

（晚报）

武汉，破获贩毒特大案。酒瓶酒变成水。（晚报）

领导讲话关键在反腐立廉。

吁，可叹！

日本右翼分子，大肆反侵略，翻案，如何纪念50周年？

二十六日

李纪青从松园来盖印。写传文。发王世家信。午未睡。海洋来电话，约五一回家，来接。

二十七日

夜，想法多。国中乏人，唯有自振。乐哉，王国！康强。

市政协李超、李梅赠证书、礼品（瓷瓶）。小传完成。发王世家信。

二十八日

雨。发方磊、王英信。路克军、贾夫妇来，四月初返里。

字有神仙字（不食人间烟火，方外），大人字，狂人字，侠客字……此数者，非高人、超人莫能为。杰人（上乘），正人君子，丽人。舍此皆不足观。魏晋以上多可观者，之后差矣。一为有心，一为无心。为作字而作字，发泄性灵，后则多怀有用世意。戒惧心存乎胸，顾虑重重，失自由，无纯真。破障灭戒，城市山林都是净土，无万念，字亦神仙矣。

午睡良好，休息二天。

质正内厚，爱人以德，堂皇正大而不猛——大人。

高风亮节，以义为重，救人之急，在所不惜——侠客。

任性而为，猖狂而行，无所忌顾，不计利害，但求快意一时——狂人。

纯真，有至性，远离尘俗，灵虚物化不可捉摸——神仙。

国家已重视教育了，甚好！

保健（脑、目）：

早，西洋参。

平时，饮枸杞茶。

卫平取走小传文，抄誊。

自做主宰，自强不息，保健第一，意志第一。对准鬼子，浑身是力！

报：一名人物，造假合同，财发800万元！

救国之道　　教育！教育！

只能在此，尽点叩头之力！

大国，小国，军备！大战必起。

日寇野心不死！警惕，警惕！

不争气，不长进，

可怜的炎黄子孙，

何处去?!（梦语）

二十九日

卫姓为傲。（康叔姐祖）

山西人好。

三公。

法：大自然。

为：大人。

喜：庄子，《史记》，屈原，《鲁迅全集》。

针对性：日寇。

旨：教育。

趣：书艺（郑道昭，爨龙颜，傅山，山谷，姚伯多，二十品，石门铭，瘗鹤铭，章草，鲁公）。

王玉财同志来，谈及石艺术，知此中大有学问。

三十日

梦一老妇为余钉扣，又为修容，整眉。一小卒举枪向余射，告以教授，免焉。

何清谷先生赠枸杞酒一瓶。高强送西安电视台十周年纪念贺词收藏证。

书法：1.艺术。2.做人的学问。3.综合的学问。4.享受——乐园。5.战斗武器。6.长寿妙诀。7.交接窗口。8.广阔的宇宙。

日必外出散步，多迎接阳光，心亦亮堂，健康！读《史记》，若观道昭摩岩，思接千载。乐无量！

收赵春伟同志信，李雪老嘱养病。

三十一日

梦虎从麦地过，未回头，免于难。

收北京中国国际文学作品博览会组织委员会索字，李瑞环，5月20交。书画会刘念先等七位老看望。平女送来抄小传稿三份。赵守平同志来电话，知起家同志情况。

50周年日投降文限期结束！

四月(清理月)

一日

寒冷。试作字，难。书周强信，为东方时空夜总会作字。国际变化急剧，吃咬，转向地狱，是非，真理，人道=0，一眼看定。自强，保健。方磊同志电话，明日同赵同志来。

三日

上午方、赵同志来，计划拍照事。取照片二十三张，京展影片四本，又二本室内小影片。约20日后等候，再来摄影，室内外。字照不拍了，已够用。大事一宗，如此。抽时间到小义处取董老等合影。

20日前完成先兄生平，日寇文，字幅笔债，回家用字。带扬茶。

看育民同志，为其父丧礼。日文稿。

四日

发清兰、贺开泰信。夜眠欠佳，五小时。周强信，复印传记一份，1元9角。领工资，应、许为我帮大忙。庆生代送信。下午三时半北贾贾来，取县志传略，当为段县长、韩大壮、鼎新等各给报二份。路七日动身。收鲁迅博物馆王世家同志信，书鲁迅诗，基金会。宫葆诚老星期六字展。

五日

心平气和，平顺为乐。
知白守黑，尖毁锐挫。

吉人天相，灾星奈何？
八秩庆后，福寿山河。

天开美景，敬我三公。
轮囷浩气，炎黄子孙。

四季长乐，三军莫夺。

震彼邪恶，威震万国。

高强来取字二张。邱会作，胡敏(医师)(老革命，只百余元工资)。

《光明日报》：日右翼分子敲开首相的车门。中、波、黑建交。

田耀来，将调人大办工作。送《陕西文史》十本。索字，中堂，对条。

须振作自信，以抗灾星。平顺，吉人天相，胜天！

胡敏医师云，喝水多，应少，晚上喝水多，给胃增加负担。吃高级饭，难得健康！观农民、僧人可证。延安"挖墙脚"、"精神外交"，什么"小麻雀"、"小白菜"……原来如此。

七日

字：威风，魄力，雄强，神韵，蓄力。

傅大夫赠万花油。收中共四川威远县委办公室王琦(642450)信、字。附邮票一元。李甫运、育民同志带白夫妇来，赠燕窝、书包等物，索字。写文稿近半。

八日

宫葆诚老字画展。收山西书协通知，选定望进同志主席。夜朱同志（报主编）来，字。

九日

好话：行其所无事。无忧无虑，坦坦荡荡。有所恃而无恐。人品正，有学力，担得起。

信仰三公：

济公活佛，大圣是尊，

包公铁面，是为大人。

经典：

天地正气，宇宙精神，

目空万类，存我至尊。

发赵望进、劲知信。中国银行处长朱来，索字，千元。字册页数字。今后不作应酬，不给字，手眼不中用。阅报，中国对日本提高警惕了，好现象！甚慰！有此骨气，中国有望！

十日

交稿。

十一日

高视河汉，旷怀震宇。

十二日

完日投降五十周年稿。收到字册五本。太原青年路东街南巷11号，古籍出版社，孙安邦。邱宗康来，字幅交。

十三日

阴，微雨。发建国信。

十四日

发孙安邦同志信。王莹来，查司马迁诞辰时间。定润格。约下午四时后去看画，摄照。土门同志来。蔡东京字费事。运城樊晋英摄影家来。妹鲜菊，茹长义字(航天公司)。

十五日

早游植物园，偶成一联：

高视云汉空四海，

气壮山河老英雄。

孙新权来，誊抄日投降文十七页。

字要写得雄峙，有气派，豁达大度如高祖，英武雄强似武帝，子胥怀愤逃出楚，长坂大战一子龙，足矣！

《侠客列传》最能给人以生气，得此灵药，何事不成！

十六日

写文，得手，激我生力。

十七日

收建国信，劲知信。

十八日

能活得“轻松愉快”，不受任何干扰，居城市如山林，便是神仙释迦。然此实非易事。要有学问，心地正派，会生活，善于修养。得之矣。

发劲知、曹福成同志信。

夜九时半，兴庆公司蒋福奎同志着二同志赠郁金香两盒。恰好近日迟睡，只觉一种兴奋之情，殆所谓预感邪？悦道昭字，又有所心得。雄强二字，足够形容出其特色。

十九日

生活、学习、工作基本原则：轻松，愉快。自然，有兴致，行其所无事，以和天倪，曷知人间？

羲之晚年字极佳，人多以为是由于心境冲淡，了却一切外缘之故。我的较满意的字，则多是在动气之时写的。何以故？有生气，虎气，生命力强，感人深矣。

能善于控制脑子的人，是最了不起的人！

脑子是发布命令最高指挥长官。能驾驭住它，便取得了一切。胜利全在于此。

失去一切希望的人，是最厉害的人，因为他无顾忌了。

两种不同的东西，碰在一起，才能孕育出新东西来。所以和外界结合总是有益处的。

铁要成钢，不经火炉，千锤百炼，还是铁。

没有针对性，便没有动力。

能管住自己，才能管住别人。

“道在屎溺”，能在屎溺中看出“道”来，全看你的本领。

二十日

发建国、方磊、大壮、海洋信。育民同志送来《献礼》校样。应、傅二友来，天文仪，文章。唐□同志介绍刘涛来，为一报纸题报头，册页数字。

二十一日

大天而思之，
白眼中何有？
念民生之多艰，
哀全区之难全。
绝望之为虚妄兮，
猛志固在焉。

字：
婴儿纯真，山川秀灵。
天地正气，宇宙精神。
破除百障，敝屣荣名。
与天为徒，大人可尊。

二十二日

发李、翟兄信。晨雨，午晴。

最心爱的书字，一展卷，感到欣慰，合

拍入调，有启发心得，意味无穷，百观不厌，不可须臾离。

《楚辞》，《史记》，《庄子》，鲁迅杂文。郑道昭摩岩石刻，傅山行草，大爨。

二十三日

植物园主任袁力请观郁金香展，刘、曹、赵同往，作数字。赠鲜花一束。魏丹江来留纸。

二十四日

完纪念文，修改。遇梁培钧女士，新疆干休所，书法。

读书——精神上（心灵上）游览。新奇，兴会，多启发，新景色，健筋骨，增能力。

书法——须有倔强气，豪放气，大人气，超逸气，超迈气，不随俗转。自固气，通脱不拘。鲁迅文，能以寸铁杀人。书法亦当尔尔，有震惊之势，如迅雷烈风，行其所无事。太极周身通灵，空结构，虚实，拙巧，奇正，放收，疾涩，轻重，运用之妙，存乎一心！官止神行，魅力。安和自然，神化，境界，天趣。

二十五日

续改纪念文，颇吃力，前后材料调动，剪贴。大体可以定稿矣。明日再过一次，复印。交平女重誊一遍。王英同志电话，五月五日也许来。墨汁厂傅德玲副厂长来，巨白陪同，赠墨汁五瓶，饮料二罐。为题字，字数个。

二十七日

韩愈字。樊明印同志来，赠川酒、生鸭一箱等。参加全国书画展。年轻人。复印文。平女带去原稿誊抄。育民来，将为打印。大事一桩。荆老文，停止参加一切书画展。现代派字，不足观。难得共同语言。老一辈人少。

二十九日

发许麟庐、华君武二老信，对联。樊明印信。

三十日

赶写文稿。

五　月

一日

连日写五十周年文。平女整理字幅。

二日

平女来抄文，补贴，已完竣，约9000来字，轻松多了。睡眠大好！梦大水如秋水篇所云。收北京崔自默君信（北京阜城路11号，北京轻工业学院065号，100037）。甘肃西峰市建市十周年“梦阳碑”全国书画展组委会，745000，六月十五前交。

三日

发刘延勃信、字。张同志来赠龙凤墨一支，18元价。

四日

为二战胜利文稿《人间地狱》完竣，交陈青，文史馆。

济公活佛，大圣至尊。

包公铁面，肝胆照人。

天地正气，宇宙精神。

五日

发高□道、路克军同志信。方磊、赵竞宇同志来，字二。七日来拍照，整天。备词。育民同志来，托印名片百张。

六日

准备明天电视专题片工作。

七日

方磊、赵竞宇、周康诸同志来，为拍照，大累整天。午餐由方等到进食。明日再有一个上午完毕。下午子国兄旅游归来，罗春山、成乃凡等三位来，畅谈。颇困。陈青送来复印文。

八日

国将不国！

李绵老来，赠《陕甘宁边区教育史》一本。发王秉德(四川威远县委办，642450)、崔自默、赵春伟信。

九日

雨。睡眠好，精神足。撰文。

十日

撰文。时空总会。毡，砚。活动。

十一日

荆梅承老、田耀信。稿子，托陈青交。收文史馆通知，写老年长寿之道，六月底交。(冀)

十二日

海洋、小梁来。函授杂志社何同志来，稿酬三百元。

十三日

托季波、赵中智(？)买票。赵同志三位送来票三张，明晚十时半开车，九时动身。

十四日

发刘延勃信。动身回故乡。先到临汾张航民家——回景村，住四天，到黄岩村，支书等作陪，上龙斗峪。余有为峪中新建牌坊题字——“佛光咫尺”、“龙斗□□”前后各八字。不错。华佗座已建起。与工人十数人合影。在支书家用饭。二十二回到襄汾县，观艺术馆。董寿老为题匾额。与卢莲香县长合影，录像一套。次日回临汾去师大看老友。为农专师生作二战五十周年报告。看云香家，住张淑凤家。田大海，二孩子，均甚好。

二十八日

由淑凤夫妇送回西安。关六斤、贾车长二位同志费尽力量，带东西多。医药公司崔主任赠归灵奇，董字册，请吃饭……真感激！

收信多，许麟庐赠画……

午睡甚好。大海等进城外居，三天回来，与游览。阅报。收许麟庐赠画。

二十九日

休息。

三十日

发华君武老信。

偶作狂言

饮我水，吃我饭，
随心所欲自由干。
一任迅雷烈风变，
对得起国家，
不负民族心愿。
拜三公大仁大智大勇，

公字当头，

万代一条好汉。

天地正气，

宇宙精神，

向前看！

保卫地球，

大处着眼，

扫荡尽啊，

人类邪恶，

天堂人间。

毛颖足吞虏，一支笔，书，画，文章，震撼美国，神通超凡。（补句）

山西人，自具特色，不竞周容，豪情轩昂，蔑弃一切强霸，自辟世界。（再补句）

发华老、方磊、国忠信。

三十一日

克军、郭素云、应振华赠给字一册。电话，张光老明日上午来，慰甚！

六月（清畅）

一日

养生：

治心——正（德）。

用脑——清（静）。

动四肢——活。

顺气——通。

和血——

张光祖老来，赠天津膏药等。新权来，带来郑园信、字作，佳。王舒心来，取题词。昨日赠药。

二日

晨雷声，小雨，午放晴。下午进城，为大海返里买字帖三种：勤礼，山谷，欧阳询。小儿书四种，又烤鸭、饼，四十余元。王英电话，振绪信，李殿清信。文景明同志索字，邮寄红枣。荆老电话，询问郭老古文字学。

三日

发许麟老、卢莲香、韩大壮、文景明、李殿清信。收王英信、字（交司马迁研究会）。

摆脱庸俗气，一振爽朗气。

做狂人，狂人真，

敢吹能干一神人。

本华一家尽疯子，

人人都有大学问。

世界人物都有份，

登上舞台算个甚！

当今人禽无分寸，

小视鬼蜮自成神。

天皇总统多罪人，

要做地球一巨人。

壮大精力乐哉，

事事皆称心。

南征北战驯狮虎，

端赖一颗红心！（狂语）

四日

吾今乃得道，道也在屎尿。

岁月真良友，古贤独贵老。

万事经不尽，青少知多少。

变白以为黑，粪土做真宝。

群虬事奋飞，孤剑鸣出鞘。

天地无真理，达氏生道妙。

孔孟岂不贤，退让祸乃招。

孙子今犹在，一战登坛高。

五日

同淑凤赴振兴路裱字画九件，二十日送来。去松园，稍留，李同志在。育民送看拓片字样，横改为竖的。淑凤为取枣子。

作字数件，塞责。

行草，须如蜻蜓点水，轻灵，虚实，神行莫测。开阔，又须以大爨之凝敛，更多深趣。

收赵春伟秘书信，李老或赴太原一行。

六日

道同为谋。通脱，天地宽，朝气盛，元气足。

爱地球，独尊一人，目无物，轻世，玩世，达氏可风，三公老天。

纸张大贵，惜纸，神字。

上午去政法学院，交小张晓义一百元买宣纸。金海去了泰国，九日回来。文史馆王同志电话，五十周年纪念文采用了，唯太长，须缩短至四千言，同意。指定大会发言。后天去开会，过目。凤看校碑林。

作对联三副。育民为裁名宣纸送来，名片底样照印百张。铭又不舒服。

热甚。新疆军区张国忠、赵世忠政委来，礼，约疗养。

七日

发李老信，附照片“龙斗双阙”。

对一切失去希望的人，是幸运。无所求，无所务，大解放！心空似得道。长寿之道在此。

玉苓来，赠文章，当问王生财同去石材料。借阅，或介绍。

八日

文史馆开会。

天地一赛场，

群虬争奋互不让，

弱的跌倒，胜者称王，

百年人生，眨眼过溪，

一堆粪土，终得同状。

可笑那豪夺暴徒，

愚昧无知，

落得什么下场！

东条[6]“自白”，

不挽救，惨伤！

祁广来，题字“共产党人”、“文史学习”。

九日

增贤、满道来。发英信。

十日

发方磊信。苏延喜乍来，喜甚！赠瓜，约十七日聚会。与淑芬取汇钱。与庆园游。

十一日

生机，活力，希望。著作庄子。在杂志社王办公室为京通县作字二件，南高二。办字送刘老。

开始了！工作加紧：传，书学文。

鲁迅博物馆。

建义，卫青故里。郭家庄，振维，振玲，

登泰，增贤，满道，美院张，照相，李殿清。张同志送来华老大作。

十二日

赴宴。谢雪老请，郭……摄影。为建义、黄岩、浪泉、南辛店中学作字。

十四日

大喜事，王元军赠《唐代书法与文化》。考上北师大书法博士生，历史系。

小赵取题签。题崔画。为五四级学生书字。刘、王、傅来，赠《集行草字典》。路克军带孙女来，畅谈。

十五日

早八时左右，气候凉爽宜人，运动毕，舒展逾恒，心情大好(力量，元气，朝气，生机)。今后须大力工作——创作，文章，作出贡献。作字不少，可清多少笔债。“卫青故里”。为董寿平老三十岁时所作竹菊莲松四幅题字（崔惠民局长保藏)。李建义字。仲寅、菊芬字，等。均如意。淑凤帮了大忙，甚为感谢！解决了大事。笔债重压，轻松多了。午睡好，少人来。吴电话，书“闻道书情”四字。

十八日

发华君老信。

最厉害的人：

1.绝望之为虚妄——无希望的人。

2.无所谓者——无所谓乐，喜，忧，惧，求。

3.真——乐——道人，英杰。

4.无私——无畏，自由。

5.醉汉，疯子，泼妇，傻童。

6.真人，达人。

7.天地正气，宇宙精神，大人。

全新利送来裱字，对子二，条幅三，又画一，碑一。不收钱，强交200，又退回100元。为书条一。何一，宁居正横，司机横。书爱子信。

张淑凤、赵秀莲明晨回临汾。帮忙二十多天，勤快，经心，大方，甚慰。为崔惠民局长题董寿老早年画四屏，又一画题字，赠对子一副。

三十、三十一日

天热，未动笔。

仍忙于作嫁！

敢于藐视一切，才能战胜一切！自做主宰，我即上帝！狂言不狂。国际，社会，无奇不有，无有不奇，一塌糊涂，糊涂一塌！是非真理？权柄，财神，关系。

八　月

一日

完笔债，碑文，文稿，战。设想：太原傅山书学综合学院。

集中：艺术馆事。材料，赠册，作品。保健。社会，国际×。建树。针对性。拳师。郑、傅。达尔文主义。

二日

叔本华一家都是神经病者，狂人；但都是学者，文人。我想，狂者，敢于说真话，吐真情，发人所未发，言人所不敢言，为人所快，所敬，如此而已。

人最厌的、畏的，只是一个“伪”字。

思维逻辑应该是人的脑子的特色。一味只靠蛮力，不讲理的人，有如禽兽，非人也。侵略者而不承认是侵略，唯原始野人如此，反以此自称英雄。

字有时如欲有美为胜，须写得乖巧，而不轻滑虚浮，凝练如铸，精金可爱。

收段绍嘉书画展筹委会请柬，十月十一日上午九时半，车接。

三日

金海处，作数字，托办的事，轻松了多少。看生财同志。为玉苓阅材料。

一个人，在他的血气还未衰的时际，都应有理想，希望，信心——野心。为这世界做出点贡献。酒性的人生！战斗！战斗！坚强的信念，改变一切邪恶的作祟。犹豫，事之贼也[7]。弱者的表现在此。

达尔文，尼采，大有神威。秀才最没出息！“安得无情似孤松，宇宙万物无好丑。”路是人踩出来的。走旧路，懒汉！空喊高调，谁也会说，但无济于事！世界大同，人类和平，美言也。但禁不住敌寇的炮火。民族，听来，太狭隘，但到民族危机时，“灭种”！阶级斗争，行不通，还须大团结。全民抗战！铁的事实已证明。

鬼喜欢扣病夫的门，他害怕铁汉！此之谓“邪不压正”。火最能鼓人心血，健人筋骨。没火性的人，病魔就来了。但不能把“发烧”当成“火”，此之谓“似是而非”。

发苗重安同志信，收赵春伟信。

四日

写爱国醒世文，我的思想变迁文。发扬达尔文、尼采精神！六朝人脾气，酒性的人生。快意哲学，天地世界。“老子天下第一”。（贵人不如贱人）通脱不拘，猖狂而行，是为大人。天下通途，没有滞碍心的事物，明朗高于一切。

文史馆电话，九日八时来接座谈五十周年日本投降，十分钟发言。高泽电话赴美。高关中数字。收梅墨生信（启功的文章？），附报《中国艺术报》。建国信（讨论会约请书）。王舒心信（药方）。政博取四十周年字。甫运兄冷饮明眼。

天地不仁谁有情？
灭我种族一东瀛！
三千五百万军民，
惨死黄泉……（编者按：此诗未写完）

收赵春伟同志自京来电话：李、翟兄嫂在晋祠疗养，希能到晋祠住居，游览。电话：0351-6440063 转 201 后二号楼。

五日

发王英信。27 日司马迁展。贾地址。柴建国信。

无欲自刚，则强。无欲则无畏，无畏则自由。天地并生，参乎复载，乃为大器。师拿翁，达尔文，尼采，孤松。

送校办，民盟，司马迁会邀请书。书航民、邓军、鼎新、海洋信，明日发。为陈荣利请何、曹写介绍信。明日义生册。季波。鸿远册一。

已无法可想！

观电视——“送别”响声，观众之热烈掌声，欢绝！可见社会低级兴趣，完了……解放军，男男女女无例外，吁！可叹！扫黄结果。又，一老农以旧票换新票，遭到六七家银行不理，白眼，唯一一家一女工作者为之办事。电视大表扬。（？）

赴太原准备，艺术馆问题事项，工作。李建义信。重视我晋人！改变观念，热情，热爱之，为故国做点事。发热发光。讲学，训练班，学院，传授。救国之道。

电视片，题名：“百炼精金”。

拿得起，放得下，抓得牢，打得开。英雄。

文史馆举行老龄日投降五十周年胜利大会，百余人。时间11时半。未及发言，赠资料、药品多种。赠给苑文光、图书室各一字册，邀请书一件。发出租车（费）45元。

各省饮食，各具风味。字当如此，一无风味，便糟。但所学所能，多赖几分聪悟、才情，乃可致之。

罗同志来，赠茶二盒。

十日

发李建义信。

一幅字，一个，一行字，应如一套太极拳，联串，自然，安详，通体松和，凝聚，如石头。潜力无穷，精气神，合金结晶。顶得住、打得倒千万吨外来之阻力，而放射出之气象、境界，高远广大，风神万千。章法之妙，有似一道长城，坚实无缝隙——神品，逸品在此。

看透万般，顺天游。

扶摇北冥，不知净无愁。

不平，已平，不平，

扫荡万亿一拳头。

梦二童稚来告：校长（大学）欲与自（己）□跪写检讨；后又一子来，告：送郑州改造。（？）夜眠甚酣。

晨锻炼中，悟气功，发出冷风。运动，百利。

教育立国大根！1.百年树人；2.收效不在眼前，持久。3.接班唯一人才。靠国人，不能靠外人。4.投资。5.发扬民族传统精神。6.长明灯。7.精神文明之光。8.普及。

语文不几个，背地理、政治。小学教师。失学儿童。义务教育？扫盲？数量，质量？录取北大，没钱——日本教师？

书法？美学。化妆品。服装表演。

淑凤电话，赴京津刚返回。武亭兰州归来，瓜。杨万亿，盟总支贺词寄出。

十一日

芝园中共工委会（五十周年）赠毛巾被、书籍、药物。安大夫送来小毛左脚小指折片子，一个月可痊。安季波、印成接送。为赵治中、印成作数字，赠季字册一本、字。指定发言时已到11时，未发。马卿教授发言颇佳。日本发家——中国，甲午，《马关条约》，割台湾澎湖列岛，款二亿七千万，抢去三百万两黄金。日俄之战，在东北，又损失……满洲国……七七事变……三千五百万人还多。广岛日死十七万人，日宣传二十万人。电视（拳，枕头），思想，文化教育，乱了！

收风雷、爱子信。李允经赠《走进鲁迅世界》一册。书信多类，解读，好的。

十二日

发贾风雷、李允经信。精神满好。梦鲁迅先生考问我几个生字，均不识。先生云："你怎么当讲师？"……敝衣，将洗内外衣，一棉衣尚黑净可观。

习画藤，梅，松，基本功。

茹长义，樊夫妇来，礼物，字幅。樊明印同志酒，礼品，联一。方胜赠画。

十三日

秋艳大地正夺目，

蝉声何故更加惨？

莫愁寒衣无着落，

头上自有青天管。（梦作）

想到日寇之顽固无理，耿耿难寐，默而息乎，真乃哀莫大于心死。报载：我政府已表示愤慨，足矣。兴国有望！令人振奋！

人的精神上受到压抑，定不了点，安不下心，莫知所向，无所寄托、依靠>任何苦难。

故思想第一，魂灵。教育大根。武装头脑，在此。

马教授发言好，科学。系统性强，组织。事实数字，有据，内容。问题的正面、反面、内外，周到。深度，质——思想，总结出原则，主张，合情合理，要点，要句。

王元军同志自北京归来，赠荣宝斋印信纸百张（毛笔书用），大方，颇佳。九月赴北师大历史系改博士生。送给条幅一件，又嘱为其兄作数字。

练藤萝，悟与草书关系相成，甚快！

十四日

《光明日报》（95.8.13），二十六史横排，简体字，在长春开印。

山西领导，浪费人力，物力，时光，公款出书，卖书，为名，为利，为自己，29万元。儿童失学，救灾办法，教育经费？坏彻了！

藤萝须是龙蛇腾空上天之势。盘曲回转，交待清楚来龙去脉，不得混乱，虽在中间插入一串花叶，交接远扬处，都可清晰参出根本、梢头衔接处，起伏、明暗，醒目，两枝交接，分开深淡，不得一色，混同不清也。狂草亦尔。狂放中有谨慎，有疾有涩，一味奔马，不得喘息，岂可久长？

作横两件，行草，先笔已报废。

十五日

日寇投降之日。

一切都无意义，无兴趣，瞎混。有人叫做嬉戏，幼稚可笑！什么也不懂。浪费——人才，人力，金钱，时间，物力。盲目——没计划，矛盾，没效果。重振作，整理……有头没尾，不交代。

最怕的是——没有共识，同等的文化水平，因无共同的语言，只好锁闭住自己，不相往来。精神上的囚犯，最可怜。看不惯。创造"世界外之世界"（无何有之乡）。庄生不得已也。是社会罪恶？个人罪恶？不寻根柢，只见末梢。

藤条，画写须有韧性，像铁丝刚健。

李雪老从太原来电话，决定二十日动身，36次车，早8点16分到达太原，有车接。1.振绪、振玲字。2.衣物。3.食品……(□画师)讲稿。

崇外媚洋真堪气，
目中无人自风神。
下笔满纸风云起，
参乎复载一高人。

十六日

梦与毛同桌，毛以怀表赠故贾平矜兄。甚奇。

金海交书画贺礼七件（一件留未寄出，人物）。襄汾县城关新建路十七号，卫俊秀书法艺术馆筹委会办公室。

十七日

发邓军字二包，十三件。刘玉玲来，要为刻石章一枚。赵正峰处，送讨论会邀请书。明年八月赴美开会。

十八日

发湖南电视台二十五周年贺词，李湘春收。

十九日

发方磊、黄埔书协(交费表)。整理行装。

“参乎复载，乃为大器。”
“无私无畏即自由。”
“平原气在中，毛颖足吞虏。”
“百炼精金。”
“有真意，去粉饰，少做作，勿卖弄。”
“凌云顾八荒，浩气琅天声。”
“艺术即上帝。”
“逆寇真良友。”
“道佛天地。”
“千载难逢一知音。”
“知己一兮忘形真。”
“空空即真真。”
“万物争生存，师宗达尔文。”
“至乐凭自身，尼采我之神。”
“大哉三公也，灵魂。”
“浩气充天地，到处皆春。”
“精神>一切。”
“勇猛精进。鲁迅。”
“理想，希望，信念。唯我独尊，唯国是存，忧国忧民，千载子孙。”
“养其大者，为大人。”

平女电话，二十一日票，余未定。

金海交到明善等书画三件，为题字画数张，字数个。陈凤春同志将赠寿星雕刻一件。

二十日

山之雄强吞虏，不可一世，恣肆极矣。道昭之正大，威震华夏。皆天岸马，人中龙也。

许学生画，嘱书联，陆游句。

杨力老、生彦兄要字册一百本。西影李克文同志来，为写一文，在《健康报》发表，送京展说明一张，报刊用。王元军等来，字两件。九月五日赴北师大博士生班深造。整理行装。

二十一日

金海、骆长安、李敏赠画二张。

九　月

七日

从临汾返西安，六斤派员李志祥（临汾铁路公安处刑侦大队，喜书画）送回，夜餐。乘警队李建军（虎之亲戚）、郭建伟、高建生（四幅）帮忙。李春芳赠《塔儿山》小说一本。田大海、张淑凤送上车，礼品。丁、李礼品。王英电话，其舅父，名医，月底来西安开会。谢雪老电话，明日赴香港。郭瑞老电话，由五台山返回。数日后来。

八日

发方磊信。庆生来，将赴湖南开鲁迅会。嘱为省长作字。杨万亿老送民盟赠菜油十斤票，二十日前领，到粮站取。黎风同志来。

九日（中秋节）

刘文阁同志来，月饼。曾为题书签。办公司，市西一路市政协楼，位兴庆公司西边。昼眠甚好。

国际知识：

1.三次大战难免。各国均在备战，购置武器。小国联合，大国创新武器。

2.美向太平洋发展，联日，日野心不死——针对中国。

3.中俄关系，亲近以对美日。

4.战场在中国，可虑。

5.国内现象不佳。

6.不争气，不长进，不爱国忧民，人才不足，视财如命。

十日

“儒术于我何有哉？
孔丘盗跖俱尘埃。”
群虬振奋世道坏，
杜子真从庄列来。

达尔文毕竟博识远见……吃人以活己，比比是真理。乃知日寇不承认侵略之道。虽人人得起而诛之，终难改事实，儒术何益哉！

张星五老随孩子来，礼品，为来朝索《野草》一册。书航民信，淑凤照片二，信。

1.邀请柬，好友名单。

2.开始写年谱。

心无滞碍，洒脱自在。
是非真理，告谁仲裁？
人面兽心，达氏世界。
人类和平，炮火告哀。
四海一家，已矣焉哉！

十一日

应老来，赠京月饼。适建国自成都来（赠品多），谈起观星仪事，颇恰。当与郭振有联系之。赵校长来，为校书“涟瀑源”三字，急待刻石。王生彦送收藏证。

与建国谈讨论会事件颇多。十九日在师大开会，住一夜，次晨返襄汾参加开幕式，二十一日再回临汾，续讨论。旅游。邀请书。作字一件。午睡好。

收湖南电视台回信，收到贺词，感谢。

十二日

心情不宁，夜眠差。赵取走字。草书法讨论会发言提纲，九条。

十三日

发李、赵信，韩老信，方信，聪信、字。

打扫精神，聚精会神于艺术馆事。

十五日

发李、赵信(美术馆证事)，邓军信。托傅大夫购药事。

书吉鸿昌将军诞辰百年纪念对联一副，明日发出。又书数件，以快。

连日习画藤萝，觉草书大进，真上天游龙，乐何如之！

开张天岸马，奇异人中龙。

乍收北京理工大学张英志副教授信，索字。其父冯庸，大学毕业参加抗战从戎，全国老年书画协会副会长职，八十四岁。有堂送信。方胜同志带碑林公安人员来，送收藏证，一百元。郭老瑞琛带女来，赠酒两瓶。书韩生荣兄信。少纯送印泥一盒，六十元，纸墨，嘱副校长武国玲书“拥书自雄”横壁。义生同志联。收海洋信，知金梅即出院，仅属血稠，非他病。甚慰。

健康近恢复，能睡，食欲亦稍振，多休息便好。

新权昨日来，为写文章，带去傅山字册。

十八日

晚参加学生书法赛，讲了话。

十九日

金海处作纪念五十周年胜利大字幅十条。颇累，费了三小时。帮忙不小，感谢！育民取《陕西抗日将领年谱》，题字，送来红塔山一条，又售字一千四百元。胡西铭同志赠画作品一册。新权来。午睡好。

抗战借日本一亿，还给六十亿！

二十日

发吉鸿昌将军诞辰百年对联。育民送来《<野草>探索》原稿，整理材料。

二十一日

临汾军区嘱字三帧。

二十二日

市书协赠印盒。四人来，二十八日会，在五一饭店。发起家、韩生荣信，又药物普思复五盒，二百零五元。送阎裱字三件，留二百元，再寄大幅一件。“金石”急用。

二十三日

张爱军来，厚礼。霍和平赠毛尖一筒。调中国银行，培训银行人才。 颖回来，强儿赠水笔一支。

二十四日

作字，治平等。唐史。

二十五日

马驰来取字二，又一，付一千六百元。收建国信，附请函数份(方、李，三化发寄)。为送裱字(几大幅)。作字暂停，休息。季波送鱼二条，餐馆。交名片题名。少纯送来复制件数张。清理桌案。交王字：碑林。建国对联。

六日

蒋福奎同志来，赠橡皮，又一花两盆。取题签“十病防治管见”，米百让著。

二十七日

卢莲香副县长、韩大壮局长、邓军同志，今日八时回襄汾，留请柬四十五份。顺便去金海家,取去大型照一张,另一装潢。晓又来悬挂起,可观。甚感。

二十八日

首届篆刻展贺词。李正峰兄宴会,字。山西政协贺词(人才字),礼。照片,邮寄赵柱家同志。

二十九日

庆生同志回来,全国鲁迅大会为我写来贺信,非同一般。另有多专家,续写,学生集体写。余春高回重庆。田+陈绪万……师书有望。

三十日

晨赶写完《年谱》,复印一份,赴钟楼邮局发出。为庆生整字五。海洋电话,十四日来接。

十　月

一日

国庆。小雨。书李、翟兄嫂,左军,刘锁祥信、字。赵秘书、赵柱家字、信。四件。午休良好。

钟镝取篆刻展字,给傅嘉仪字,一横。玉苓信,告以艺术馆开幕时间。计划发请柬名单。健儿、小毛、方绮来。

健康。准备赴襄汾事。

二日

李学文来,赠文征明拓片两种,为题签等字。庆生取字五,为陈绪万同志赴京用。谢老来赠纷茶。燕燕工作事,十天内师大定后……

香港一杯普通酒200元,早点奶,鸡蛋一、二,西安一烤鸡。陈家义,唯资本家20000亿(中国只有2000亿)。香港人多半是中国人,但不说是中国人,没祖国观念。怕打仗,怕中国官僚!不种菜,三面石山一没钱不能活。吃日本黄瓜,不吃中国的。门口摆活鱼,选定后,进去吃。层层建房,海洋馆,高贵。地铁没人管理,自动买卡。街上行人如小跑,时间要紧,赚钱。街上没老年人。车多,没停滞现象。都说英语,近增学京话。小房一人多高,空调,半天通一次空气。少言,冷,老年人苦。

世界之阔,美比不上,日本有一处可比。股票交易了不起。工作人员水平高。房价高昂,租一小房万元。

香港由本地、九龙、新界三部分组成。九龙,没人管,坏人集中,外国人不多见。五六十层楼普通。港居太不舒服。至今仍保清朝制,国旗,服饰、习惯。世外奇物,最高人物——县长。

朱影来,赠贺词。借董寿老画册。中国签证千元。陕北油井开发。张别墅。

三日

大肚能容,容天下难容之事;

开口便笑,笑世上可笑之人。

杜鸿科电话,十七日赴京学习,艺术馆事不参加了。新权来,为写请柬四十五张。

四日

上午金海处作字五件。下午晋城李金斗同志(工商行政管理局)赠小米、酒、瓷瓶、晋城文化刊物、老陈醋等。字两幅。郭振有，北京西单大木仓胡同三十五号，100810，国家教委会。

五日

文史馆会。

耳目世界——狭小，现象，物质，生活，社会（人间世），有限。争夺……你我。

灵感世界——广大宇宙，超越，精神无极，大自然一体，至乐……

听传达报告（陈贪污事）。李教报，逍遥茶秀诗，晚报发之。金海五千元，陈三百。富平石刻匠刻砚字。来路线（王天荣）。

六日

雨。文史馆会，发言。收生荣兄信。药收到。祝嘉讣告。文史馆电话，苑馆长、省领导蔡去山西参加开幕。书画会开会，去员五、六人。《中医十病防治管见》（蒋福奎同志电话）。石匠刻砚字：三友洮砚。庚生来，千文。工资。

明日发郭振有信，祝嘉吊唁信，山西省政协信。

七日

发郭振有信，祝嘉治丧会信。作字（庆生、石匠多件）。

观世界女子体操表演，中国第二。技巧之高，熟练之奇，作字有何难哉？亦曰熟练而已，精粹而已，自然而已。有如玩乐。无心无意，以趣味为中心，活泼，洒脱，率真，如流水游龙，快哉！天上人间，天堂生活！王长其中。

定在"艺术馆"中，做出如女队员在世界会中之表演，出头何妨？

八日

发山西政协字，照片。生彦为买请柬二十张，信封十个。陈同石刻，为赠匾额。后天取字。

九日

庆生写发信件。

十一日

小郁为写请柬。连日赶发请柬。吕志平（长安）赴日本刚回来，贺画一件。庆生又为发请柬多幅。

十二日

请柬，一切，庆生、生彦诸好友为我办妥，轻松矣。裱字即取回，只待整理字幅，专题片。别事放后，且乐斯一日余闲。

交大书画会顾林、施均先生来访，赐诗一册，观书画作品。约山西归来去讲授。庆生代寄请柬，复印。生彦同志购请柬十二张。赵竞宇赠药，止鼻血。李绵老来，赠《陕甘宁教育史》，和所作《教育文选》各一本。庆生夫妇来，明日下午五时半校办聚会，晚餐。

明天准备回家乡要带的材料、字幅。安静一下。恬然，肃敬，热情，愉快接待友好。字两件（感谢字）。信念，影像，成就。

十三日

刘鸿儒学友来。

十四日

中文系主任来，赠贺词。海洋来。收书法协会信，即复。长乾、文蔚学友来。整理字册，发现丢失对联、条幅、京展三长巨幅,又若干件。赵竞宇二位来,观所摄专题片,不错的。

十五日

整理赴襄汾艺术馆材料。

十六日

早六时,王玲、燕燕、海洋一同到车站,动身回家乡。夜住招待所。

十七日

县卢莲香副县长、工商局韩大壮、邓军讨论开幕事宜。观看馆装修情况。良好。

十八日

看展字。赠字画者七十来幅。贺电、信多件。校又赠花瓶、匾额……

十九日

陕客人继续来。

二十日

开幕,军乐,鸣炮,讲话。武国玲书记讲话。可百六十人。气氛颇佳。午餐十五桌。缺欠:组织乱,未放专题片。接失时,未送。无酒,领导上手续不到……有的住室差。甚不足。

二十一日

山西师大研讨会开始,发言热,面对面争议,收获颇大。校招待热情,歌唱,尽欢。侯校长、书记讲话。

二十二日

讨论热。李建义(驻京)招待。

二十三日

游洪洞。

二十四日

回景村。送客人。

二十五日

回西安。

二十六日

睡。休息。

二十七日

休息。庆生送十一月二十一日鲁迅会(渭南)。

二十八日

看栾栋同志。

二十九日

发侯校长、建国、劲知信。又昨发卢、韩信。收翟嫂信、字,李春伟信,许麟老信,李亮信,字。

又完成一件大事。应感谢领导、朋友们!亦必报答!人生至此,知足矣。一件一件来,月内清理一番。安心定神,保健第一,少应酬。

十一月(舒心月)

一日

一、大而化之,没关系,不要紧,不在乎,粗心大意,不计较,随随便便,种种毛病,须大加革除之。

二、身份,须稍加注意。

三、时间,精力,爱护之。

四、服药。

五、作画始。

六、有计划地作字。

七、与友人叙坐。

九、做人严肃,认真。

发奠中老、李亮字。韩健昌请柬，字。赵秘书，李、翟信。

收建国信，为马鸿旺校长写字(朱晦庵)。

二日

路克军、贾钟美、杨起超，书法教育报助手□□□来，十五日为我出专号，字。为友人作字：刘郁瑞(春芳)、钟美、起超、鸿旺、张克塘(卫校校长)、舒侠老对联，李老中堂，对联，霍泛老字。

工作，整字，选字册字。裱祝、刘、杨画。作字。《逍遥游》。年谱充实之。买箱子。

三日

发建国、张克塘字、信。小郁爱人出发。为"逍遥茶秀"书诗跋。刻工字，栾栋字。翟嫂二件。

四日

清理笔债，曹亚丽赠白水苹果一箱，应、傅两位来。下午去书画会。睡足矣。余来赠《西安碑林明碑考》。

五日

发翟信，四幅字。发郭振有、振绪信三件。邮索字二。购张瑞玑诗集两本一元。新权、小罗买箱子两具。一百二十五元一个。收赵鼎新信，曹青如老信。重视书法，反歪风邪气字。舒侠、霍泛、曹福成、赵雨亭老字。张颔老字、信。鹏字。郝。

学生应读名人传记，地图，历史，应给学生讲讲读书方法，作笔记方法。前人经验等。介绍佳作。

收建国、劲知信，华人年鉴。市电视台贾惠芳、计委主任乔保光。马温才同志电话，云一外甥欲上卫校，可减免费用。外甥不知何人？

书霍泛、赵雨亭、刘舒侠诸老字，信。曹福成字。

七日

发上三信、字。

学问之道，专在破难攻坚，发前人所未发，简易功夫。

时间花得太可惜！耗精力！汰去一切无谓事！不做无意义事！损精力事！科学化，卫生化，艺术化。不作嫁衣！损之又损。不高谈阔论。

翟品三学友十一月五日逝世，发电吊唁。

八日

发唁电，于同志帮写之，电报费九元多。海洋电话，将寄来公证书，友人赠品，贺电信名单，兰亭临纸。

学生学习索然，新教师没货；聘华侨回国任教。数千万退休教师浪费——教师工资欠发，如何办？国营企业百分之七十亏损，应赶快谋救。知识缺乏急待救，粮食进口剧增，农业要紧。

"读书无用论"必须转变！日本幼儿三岁起学英语，附以德、法文……

燕燕党员即转正，可喜。

九日

庆生来，约赴图书馆前摄影两张。午睡颇好。

十日

发邓军信(“山西工商报”题名)。辛小民字,终南……

时间,精力。

1.谢绝百事。(无谓举动,俗事,名利……)

2.集中著文,精品。

3.大清理。

4.扫荡一切厌烦琐事,干扰。

5.整饬阵容。

6.知己好友几人。

7.清静日子。

8.快活哲学。

9.规律,系统。

10.庆幸——寡言,务实。

11.健身。

12.创造新世界。还是达尔文主义。高调唱不得。

十一日

选字册作品。

十二、十三日

同上工作。少京展三幅长作品等,可痛!大悔!

收赵秘书信,李老,对联,中堂。鼎新信。崔三人,二人字。刻石狮。同心同德,攀登高峰。陈同道来,墨,石匾一方。

十四日

庆生来,字,“鲁迅研究书系”。王英电话嘱题字。王戈,教院蒋、赵、高,赠校报二,茶具。

十五日

金海处,字,崔永柱……李兄对子嘱裱。

十六日

发王英题签字。写《逍遥游》文。

十七日

淑凤返临汾。阴天,冷,有雪意。收邓军材料多份,赠作品,贺电,信。崔永柱字,即寄之。

十八日

参加徐义生嫁女典礼。

十九日

收李正峰兄专刊数十份。

二十日

发建国、鼎新、振绪、邓军、刘幼生字,曹清如兄信,聪弟信。

二十一日

庆生托一贸易公司友人高级卧车同赴渭南参加陕西省鲁迅研究学会大会,住交通宾馆,到会三十余人。海波同志照料我。报到。

二十二日

上午大会,渭南专区李书记等参加,由我作学术报告一小时。尚满意。下午赴渭南师专,书数行字,办公室大幅。

二十三日

李经理请午餐,赠宣纸二百张,餐具一套,红烟,水果。合影数张。有女性二人。一教授之女,喜熟谙。李是书家,赠字册一本,道友也,为书册页,中堂。下午二时师专刘氏专车送回,下午四时到家,此次会丰收。

谢雪畴电话，明日十时来。

嘴的唯一作用——吃饭，婴儿吃奶。其次说话，嗥叫——为了要吃饭，吹牛，炫耀……鸣锣，开路。走出去，别世界。歌唱，大笑。哑巴？说理？一唱天下白！

二十四日

谢雪老来赠枸杞、八宝保养品。香港人，福建人多，已五、六代的人，只知英、台、日、美，不知中国，没国家观念。不拘英、中哪一家管理，只要不降低生活水平，就好！搞卫生人员，月工资六千元港币。英语，广东话，近学普通话。有知识。

孩子知识第一！没本领，不行。临时工，不行，没前途。今后凭才智取胜。远见。

文景明兄寄来信封一千张。柴索字。前日发聪弟书两本，七十余元邮资。下午三时在书画会为樊、李二人作字。明日付邮。（临汾）

跨世纪工作：

1.爱国爱民！目标（认识）：针对性，

日人！才能，本领——学习，文化，教育！为中华昌盛而读书！下世纪，没真本领，站不住！

2. 态度：一套学问——发扬鲁迅精神！治社会病毒！

保健，资本，方略。站得住，打得开。闯世界，目空一切，干。人！正义。为师。认病（问题），治病（解决之）。人——社会，

世界。争气，长进，超人。为所当为！有所恃而无恐，行其所无事。大，高，深，厚，远。言所人未言，行所未有事。参，化。上帝，主宰，我。

庄周：宇宙精灵，开人心窍。

司马迁：历史精英。

鲁迅：民族灵魂，做人典章。治学，作文。

理想——信念——强力。

二十五日

赴方磊家宴（兴庆公园东门仁厚庄宿舍 14-3-505）。李、刘教授赠宣纸一刀，字二。宁居正同志赠茶，西洋参两盒，字，东大街 476 号，钟楼茶叶公司。

二十六日

新权来，山谷、大观等三本，抄批一语。饮食、睡眠大好。

梦游

大鹏一浩荡，扶摇上九天。
晨星皆邻里，万籁何寂然。
朝沐天池上，暮游银河边。
星光何灿烂，不闻游子还。
不甘寂寞苦，怎耐太空寒。
誓将回大地，不忘我故园。
怎耐骤空谷，豺狼嚎我前。
更有高寒处，峭壁万丈悬。
乍闻涛声起，狰狞下树泉。
不容一物安。

二十七日

发建国信，樊、李字。小于帮忙。即须书坚如、玉顺、爱子、许华信。

修水箱，暖气。发文景明、玉顺信。收翟英嫂信。

二十八日

发樊明印信，郑园信。新权来，借《历代书法论文》上。杨老，又老干部局女局长，又韩同志三位来，送省委公函，二月前交贺建党七十五周年字（五~十人）。王戈同志来，北院门公司字。路克军、贾钟美取字，又嘱“精神”、“佛”字。为书四本字，见到了，75 年书。又年谱加 78 年前后路介绍见到丛一平校长，杨耀宗校友为办平凡事，出了大力。

三十日

发财——倒灶。贪污——死罪。观万象，伤心肠。

一切为己，为人，名声，大富。

“蠹简常消日，

蜗庐不受风。”

安闲自在，小屋一统。

杨朱洞见，何事不为？

此之谓定于一。一者，大道也。庄列世界最广阔。斩截万缘，绝不受骗。破除百障，人间神仙。金圣叹批云，好得很，进乎道矣，心地宽，居之安。

书画世界，大哉乐园。

借公家之名，诈骗业太多。公字破产，不敢相信，倚赖不得。

陈崇简一家人，女孩子（不是亲的）入学事。明日上午九时去，东亚饭店，刘春艳处见面。

我之进步：

“否定”便是进步。

因为“肯定”，常常使我受骗。

此如 X 广告的宣耀，Y 行业的优质，保证……假的！我聪明起来：一切不相信。

天经地义——做人处世。

书：益友良师，食粮，名医，罗盘针，天梯，神仙，救世主，侠义……大海，矿山，取不尽，用有余，永不骗您，恩同真夫妻，天地。

头脑，第一！达尔文，尼采，生存真理。克难破坚，阔步闯前去！慧眼光照悠宙广宇。万事大吉。目无物，粪土王侯。

建立艺术世界。

三公神佛，顶天立地。

求实。少说大话，莫计千年后和平幸福事，解决实际问题。空言不能改变世界。全为人为。不重视文化教育建立不起社会主义，没人才，一代不如一代，只能自取灭亡。

十二月

一日

澄清思想，扎扎实实面对人生，洞观国际世事，知彼知己，寻求国家民族生存之道，莫发空言。

三公天下。

一、否定良策——防伪免欺。

二、读书生活——取乐。

三、写作生涯——言志。

四、艺术天地——至乐。

五、交游——真友。

天地正气——大德日生，无为而为。

宇宙精神——包罗万象，容量至大，

情理备矣。

放——弥于六合。道昭摩岩大。

收——凝铸精金,聚精会神,田师字。老君炼丹,至贵。龙颜碑刻。

县孔副县长夫妇来,代表中学赠景泰蓝瓶一对,苹果两口袋,未吃饭上街去了。前为书"物理楼"三字。

崇俭生意大折本,须研究原因!信息,管理,受骗?经济行道生。

最贵:1.健身。2.时间。

一号世界!无物不假,无心不坏,无事不丑。(世界性的)

朱映超同志来,三日赴兰州军区招待所,作数字。午餐。

托尔斯太:"夜愈黑暗,星愈明亮。"

二日

东亚饭店五四丁十位同学聚会。返到谷金海处。陈同志明日赠泰国木制佛一尊。为书"神韵"二字。饮茶不少。

三日

赴兰州军区干休所,作数行字。即归来,为陈岳松(诚之侄,书画家)、李维礼各一件。

书法,字外功夫:

1.指字外的气象,境界,神韵。

2.金石气,书卷气,读书修养,功力,才情。

3.字展时的花费,阔派。

前两者为贵,末一条可笑,不足取。(报载贬文)

阅报,"中日世代友好"字样看不见、听不到了,萎缩起来。余之所见毕竟不错!日寇,豺狼也,如何交得朋友?!

四日

秋水文章一何壮,
庄生襟度大海洋。
大鹏乘风九万里,
浩茫南冥宇宙王。

收李建义信,并赠枫叶艺术品两张,另为其友人十余人作字,都系中央大官,司令,参谋长……霍泛老信,收到字作。

陈老兄赠百余座佛一尊。

五日

收海洋信,临圣教复印。暖气来了!李甫运友送陕北枣。细读吴昌硕书作,有受益,不愧大家。明日为李甫运作字二件。曹嘱为友题画。

胃口始开,上下通了,想喝水。排种种去干扰,务写作,以纯一为本。拿翁精神,治疗百病。吴昌老佳品!

六日

雕虫小技俗士见,
蒙庄文章天地心。
千载古史根何在?
马迁史笔壮士魂。

何清谷老来,转来兵马俑《秦陵墓俑研究动态》建刊十周年纪念,嘱题词。元月内交稿。李大夫索字。

七日

收郭振有同志信,中国教育报。鲁迅研究月刊95年九期。

八日

字如人：

大人气——天地存心，威而不猛；天地正气，宇宙精神。

丈夫气——英豪，侠士，正义，大行。

高人气——鸿蒙，洒落，仙逸，不染尘，不食烟火。

仙子姿——天真，慰人，稚气，无思无虑，顺性，不知所云，和以天倪。

发海洋信（孔繁义，中学，段彬字）。送裱李老屈原拓片，月底送来。

九日

收吉鸿昌将军百年祭编委会通知，前寄书作收录纪念册，优惠价190元，纪念瓷碗26元。吉题字“做官即不许发财”，颇有教育意义，决定购买。十二月底寄去简历，二寸照片，款额。

作字愈觉纵恣不得！步趋要正，草字看着随便，放肆，其实规矩非常。细审大家草书自知。古人不骗人。

十日

题石鼓大篆特点。

“不薄今人爱古人”[8]、“古人重守边，今人重高勋”[9]。

古时社会进步慢，纪律严，讲正义，不敢为非作歹。做事踏实，为子孙打算，一物用几代，艰难生活。限于文化水平，思想偏执（必，固，意，我），看事不周，逞意一时，使气，识力欠准确。今人机械机心，重权钱，抓眼前，变化多端，不顾人，性理浮而不实，骗子，今日有酒今日醉，应变力强，不长。

发李建义、李雪老信。赵守平来，书起家信，带交。

十一日

小郁代汇吉鸿昌将军纪念册、茶碗费216元。收建国信，山西日报、中国书法报消息。将来西安，温才同行。为柴泽民、黄华同志作字。庆生《鲁迅思维研究》题签。

楷——工稳，平实，严正→令人起敬，无邪。

大人气——开人胸襟，豁达大度，敢为肩大任的勇气，廓然大公。

豪杰，侠士气——赴义，鸣不平。

狂草——飞扬跋扈，不可一世，勃发，目空万类，为所欲为。

仙逸气——高蹈，逸尘远俗，高人。

细笔——清雅高洁。

粗笔——雄肆。

妩媚——邪念，轻浮。

元气足——后力强，魄力大，有成。

字如人。一人一模样，有甚准则？心实纯真，功力深厚，有自己的性格，时代精神，怎么都可。甲骨卜辞，有何所宗？造化自然，天也。或如婴儿，小草，大风，山河，都是。

创新，以己为根。心灵，聪慧，万变莫知所届。惚兮恍兮，说不出所以然。道之云远，天乎？人乎？亦人亦天，无天无人，浑然一体。什么周秦汉魏，古篆章草……一起纳入笔底，爽然出之，有甚正变。“自我作古空群雄”。一人而已。莫说今人，即古人有几个大像样人邪？妄自尊大耳。自然我亦是狂妄人。历史上有几多正人？“无奇不有，无有不奇，一塌糊涂，糊涂一塌”。此之谓花花世界。我即上帝，上帝即我！有衣冠禽兽者，管他地位高下，还是三公至上，无与伦比！

通——纵，横——会——博，贯（一贯）——精（发明）。

化——消化，化境，文化，物化，净化，大化（天人之际）。

天文，地理，物理，化学，生理，心态，生物演变，思维妙用。

十二日

发吉鸿昌字册，信，照片，简介。西安电视台杨建军、史晓瑾两位来摄影，谈话，录音，近三个小时。好学来赠果品，书数字。

十三日

书忻州硬笔会贺词。日展词。以“诚”为主教育鬼子。日本军士教官极严！以一御百。每周用汉字写周记，少一画都不行。

凡事不过硬，不行。严教！认真！探根见底，苦炼精金！受尽人间苦。以自苦为极，墨家精神。法禹。“人上人”不易。狠。“平时为战时事，战时为平时事”。“十九次失败，二十次成功”。神。

健康亦当如此！心志强，信念强，元气足。与魔战到底！

十四日

精，气，神。解。

精神=元气。气（燃烧，鼓动），风，恣肆，台风，负力九万里，排山倒海。观之者，叹为神，不知其然。功力，自身变化。

今人作字：（前卫派）

1.畸形。2.发育不完全。3.怪胎。4.画鬼符。5.色像（红绿）。6.作字术：变色，变戏法，出洋相，反常，神经病，画蛇添足，哗众取宠。无奇不有！（筷子，勺子，头发，脚，泼墨、水，自神其能。）出风头，天才灵感，创新。从笔画中显示主旨（凶险，倒毁，吉凶，意象……）。

发忻州硬笔会字，重安字，鬼子字。书振有、光美、兵马俑字。裱字，新利、冬莲字，维夫字。

十五日

广告公司吴强、贾同志为摄字照（光美、兵马俑、又一幅）。燕燕下星期一上班。

十六日

夜，小雪。

真知识，能力，品格，是从久功夫，苦磨练，实考验，深阅历，大彻大悟中得来。故年龄（时间）越老越是宝。《吕氏春秋》有《贵老篇》，不虚也。今时人岂识之哉？《孟子》：“天将降大任……”真经也。

参加第一医院书画会，午餐，三时回来，误了校书画会。睡得好。交光美裱画室字。收贺龙子赠照。

十七日

发廓如（七元二角，不给条，只说贴上了）、秦俑、振有字。作大字对联数副。

观吴、邓古篆，一片王者风，廓然大公，威风凛凛，正气所在。读张、素狂草，如暴风骤雨，迅雷烈风，莫可阻挡。大勇也。至如山谷，大撇长竖，有似豪侠之士，足镇邪恶。字外功夫，境界气象，天地正气，宇宙精神。

报载南京屠杀照片资料出版，真大快人心事！得吾心矣！

十八日

发贾清兰信。收鼎新、文史馆、书学院信。看马志明、秀英同志，赠给玉猴、字，午餐罢，送回校。收石家庄市育才棉三宿舍（24-1-401）周金冠先生二百元。

十九日

发鼎新、张家晋、邓军、大壮、振绪信。

上午九时，庆生陪同陈绪万、杨凤兰（秦腔著名青衣）诸先生女士来，赠送《秦文字类编》，秦腔录音带、剧照四张，名片，留有材料数份（阅后还），索字。名字。谈甚惬。索题字，为其妹作字，狂草。

二十日

收艺院雷日曾请柬，二十五日书展，来接。韩琦同志来赠《风雨春秋》（韩复榘之孙）。发李亮信，寄《野草探索》（小于垫付邮资）。发鼎新、振绪、大壮、邓军、家晋信，王元军信。

二十一日

王庆、刘雪花来，赠红塔山、酒。参加新加坡狮城书展。赴李正峰家，庆生陪同。黄陵中学刘树勋来赠茶叶。“今日新闻”（西安电视二台）三位来，开播，录音，作为贺词。明下午六时半，三十五频道。书玉苓，山东梅坤庆、杨凤兰信，材料。

二十二日

开播看过。

二十三日

金海处，为孙宏（作宾老三子）作字，献派出所。陈泌水（绪万）、杨凤兰（赠我扇屏）、继军姐妹来，摄字照，谈甚惬。树儿来，字数件。亲家来（建行），燕燕去带枸杞酒。舒心斋赠挂历。田钧赠挂历。杨没名演员架子，家常。

出帖：1.十九首。傅山杂记（易）。2.大型字册。

印书：1.修改《傅山论书法》（易）。2.《八十年翰墨路上好风光》。

著文：1.年谱。2.自传。3.庄子文章（逍遥）。4.鲁迅文章（魏晋）。5.日本文章（五十周年，妙文）。

人生如梦岂真梦，
百年实有总归无。

二十四日

不以声名傲众庶，
难得家常作良师。
任他诅咒翻异样，
总是北国第一枝。

二十五日

陈凤喜君邀请十多位音乐家集聚蒙古包（蒙人开设），依蒙古风习，敬酒前，父女礼服歌唱，到年长者身边双手以白丝绸带，举双杯，递长者手，先敬天地父母，向上下洒酒，额部，饮之。然后进吃，全羊。又歌唱数曲。夜十一时，杨顺来，运城人（画竹），小郁送返回。睡甚好。庆生取信纸。田刚字，及陈绪万同志字。

应美院教授宁日增、李青邀请字展，出席开幕式并讲话，日书家二人出席。

庆生送来《师范群英光耀中华》(陕西，各省)五册。自作三册。

二十六日

收周金冠赠《布衣百俊歌续编》，石家庄育才街棉三宿舍二十四楼，319401号，050011。荆淑英送画虾。梦海水。

马温才电话，元旦过后即来(文章，印字册)。

二十七日

发张光、许麟、华老、李、翟老信、报。周金冠信。收王七一同志送来石羊君(碑林)贺年卡。

二十八日

始知只会作字，其实字也不作得过于抬举了。某人写书评文中，提到做人、研读事，领导曰："为什么写做人、读书？离题远了。"又某人用马克思主义分析艺术作品，讥之曰："搞……"可笑！

文史馆书画座谈会，赠给《书画珍品》一本。领十二月生活费。贾钟美来，赴京，带给李兄对联一副，郑思远字，横一件。施老来，少坐。

铭病，符大夫来诊治，受寒，半面头痛，咳嗽，吐，不要紧。女女、豆豆们来。

吴告庆安购字，为准备，函知。收寇琪信、贺卡。刘亮，天坛信，贺卡。

二十九日

铭呕，不能进食，恶心。符大夫来，开药，医院医生、护士为打吊针。碧碧妈(渺霞)来，帮忙，取药等事。女女来。符大夫请了假。

三十日

发王绍尊、李建义信。韩生荣老。夜眠尚好，而梦多。收劲知、山西书协、教育报、政协报、绍尊、建国信、照片。铭病见轻，头脑松和，睡得好。发韩、鹏、生荣老信。王蕊娥大夫电话，季大夫延德来，六时一刻住院，玲、女女、小罗、外孙等送去。

种种事态，看来爱国人士能有几人？皆自私自利之徒，我字当头，利字当先，叩头作揖，不分敌友，民族气节丧失殆尽，尚何言哉？尚何言哉？

水平不够，而威风十足，颠倒是非，变白为黑，倒是阔派得很。没常识，连各科关系都认不清，却自以是学者。居要津，不明责任所在，竟敢发号施令，胆大！

力量之源：

1.能写字。

2."不务正业"。(可笑万分！)

3. 文系——日寇书教授。(可耻之至！)臭了。

4.不为伍！

5.惜字！

6.千金，不能滥送人。(立场！)

学鲁迅，所干何事！

三十一日

月尽。发建国信。迟来，寄书法册。陈辉来，赠年历。将赴福建泉州华侨大学任教。字。樊明印政委、王秘书云鹏来，棉大衣一件。夜，胡武亭夫妇来，赠人参、海蜇皮菜。鸿科夫妇看铭。

日来妻病我也病，
我病今愈她亦生。
人生是乐还是苦？
苦乐同体一梦中。

穷穷富富身体好，
病魅缠身最苦痛。
精精神神便是福，
管他春夏与秋冬。

事事物物过得去，
生气过烈害自己。
富贵荣华有几日？
天地胸怀大肚皮。

〔注〕

①华君武(1915–)，江苏无锡人，著名漫画家。

②田润公，即卫俊秀大学时期老师田润霖。

③汲郑，汲指汲黯，郑指郑当时，皆为汉代刚正骨梗之臣。

④义鹘行，杜甫诗，其中有句："人生许与分，只在顾盼间。聊为义鹘行，用激壮士肝。"

⑤语出《庄子·大宗师》："其嗜欲深者，其天机浅。"

⑥东条，即第二次世界大战时日本战犯东条英机。

⑦《左传·哀公十四年》："子行抽剑曰'需，事之贼也'。""需"，迟缓，犹豫之意。意思是说犹豫不决、优柔寡断是导致事情失败的蠡贼。卫俊秀在这里稍有改动。

⑧杜甫《戏为六绝句》诗中的句子，其诗为："不薄今人爱古人，清词丽句必为邻。窃攀屈宋宜方驾，恐与齐梁作后尘。"

⑨杜甫《后出塞五首》中的诗句："古人重守边，今人重高勋。岂知英雄主，出师亘长云。"

一九九六年

颖脱年，展宏图。

一　月

元旦

一、不忘国耻，不给豺狼一面善，发扬炎黄志节，吴佩孚①将军爱国精神，这一点不能磨灭！

二、善心操不得，万不能作恶！

三、面软要不得，不许轻易交接。

四、矢志文化教育大业。

五、健康第一。"土匪气"（鲁迅先生），绝决。

六、几位知己，几部大作，几本大碑帖。三公上帝，胜过千万英雄豪杰。

七、莫忘难中恩情人。

八、一切国际新闻、电视，以至小道消息，好坏传闻，我都给予一个负号"-"。我只相信我自己的脑子。

九、今天的国际，人间社会的特点：复杂化，变化迅速，有似旋风，难以捉摸，自然难以应付。为孔孟之道的头脑，对新人新事物，险哉！是非，真理，好人，坏人……哪有固定不变的道理？信义，成了浮物，废不得，成了一杆无用的旗帜（条约今天立，明天废），随利害转变之。

十、如此年纪，有甚好丑，失误，考究，怎么做怎么行。

午十二时，吕韶光大夫给苁蓉通便二瓶，服半瓶，四时后便出。许为书条幅（鼓励孩子）。强儿电话，知母病。今日能饮食，精神多了。

大便已通，好不容易，感谢吕大夫！下午七时十分钟，一直难受。四五天了。教训。

午睡，出恭时间绝不容缓，稍一迁就，难过几天，甚者住院。原因：1.多日未早活动。2.吃菜少。3.饮水不足。4.不吃水果。5.牛肉之类，细嚼不到。戒之！

发陶华贺卡。爱子信，青兰。

中国教育如何办?!（收青年信的惊叹！）

二日

肠胃舒服，便正常。开始正常工作。

铭经化验，又是恶性感冒。渺霞帮忙赴院。王玲过累，一时又病。亲家甄来，送药。

方磊电话，为建国刻好印章二枚。铭饮食增加，甚好。玲也好了。霞陪赴医院去。为陈辉作字二件，取走，赠茶一大包。文自福建讲学归来。长乐字。庆生送来南京师大教授朱晓进赠所著《山药蛋派与三晋文化》一书。收牛道生贺卡。

平为福，乐长寿，福寿康宁。

"行为有度，做人有节。"（冰心为中学生题词）

人心是树根，枝干花叶，全赖树存。精神文明，全靠一颗心。心思一坏，文明何所存？"攻心为上。"赶快来挽救这株树根！教育，教育，永远是民族的精神，国家命运之神。知识是国家的宝贵财富。

一些人，没学问、本领，年轻，勇气，靠关系上台，如何发令？

文能如梦幽妙幻霍，不可思议，达于极境，是为奇文。

笔欲似天岸马，云中龙，奇逸，难得捉摸，是为仙作。

人能有宇宙精神，天地正气，廓然大公，真大人矣。

参天化地，与天公比高，小小寰球上，有个什么东西可拾到眼里?！戏弄之可也。（傅山先生说言，非余之狂语）

收韩、沈要信，武德运要信。西安大学李中旬来。伟刚贺卡、晋全茂信。

不善于出语言谈的人，往往倒是善于用脑筋的人，哲人。（思索，探究）

四日

王英信，运城书展册两本。兴庆公园蒋书记送来水仙、梅花。铭出院回来。霞、玲等接回铭，明日去院清理帐项。够费心力。

全新利二人来送裱字二件（中堂、碑刻字）。前托曾莺交新利字，没找到裱字，地址未送到。全取到字为裱。她感冒高烧四十度，女为打吊针。

六日

收张光老、鼎新、文史馆等十多件信。发王英、梅保平信。

八日

发聪弟、周强信，陶华信。甚寒。写庄文。修诗稿，定。

下午四时多，李翔宇同志（党风与廉政杂志社编辑，记者），与义生女同学，为老年书画社……刊取去相片六张，报纸等，元月出版。用毕还送。

三天没大便，苦了！晨问吕大夫去，借苁蓉通便，一下给了六瓶，直到晚十时半才大便一通，松和了！可以安睡了。半月来，如此者两次。可以得到教训了。

收聪寄来美国凡萨大学《书法教育》一份。有为题签，贺词，良慰。将发寄一信。铭下午喝饭一碗，午未食，精神欠佳。后天看情况，住院治疗。

九日

又大便一次，真通矣。悟得：

1.是非真理，和平正义，世代友好……家园，都集中在纸墨之间。国际，国家社会里，没有它的位子，被达尔文的世道障去了。此历史、国际现实所昭示，非余之杜撰也。

2.人生住在锤炉之间，时时处处都在受锤炼，所谓“人生逆境恒居十分之七八”者是也。

3.对人对事，不能轻易给他画个+号，一律给以-号，慢慢给他添成正，或许永远是负。此从经验阅历中所证明之真实，非瞎论也。

4.故，结论：不信好听的话（巧言，保证，誓言），不忘抗争，不信任何好人，好事。凭靠自己。病，饮食，别人不能代替。百分之百的真理！从正号中看清负号。正号+就是由负号-构成的。反听之谓聪。两种不同的物体结合在一起，才能成为一种新物体（两个 H+一个 O=水，阴+阳=电，子女……）。矛盾统一律。（晨）

寡言的人，往往是会思考的人。故好孤独，静。“热闹人毕竟俗气”。（傅山）

人的发育，有迟有早，小时拙笨，不等于没出息。

读书使人健康长寿。

常用脑子，脑筋活泼，不会萎缩。清醒。

书法本是心灵的体现。心腹的正否，行为恶劣良善，性情的好坏，无不显示在笔墨之中。故云：“作字先作人。”而书法又给人以作人的启示……

建义字明日发。铭三餐用过，好了。

夜蔡光澜（师院正峰同道，报）偕余海庆（西安市新闻出版局新闻出版处）同志来，赠挂历二份（中，洋），集邮册，收有古今邮票、鼠票等贵重品。谈甚惬意。报五十份。

十日

晚报将发文、字。

十一日

大天而思，小视世界。
敷教育化，千载斯怀。

不凑热闹不趋时，
自作楷模一杆旗。
苦练身心成铁汉，
顶天立地拜三公。
大仁大智兼大勇，
高山大川一器局。（晨戏句）

发李、翟，春伟信。郑志国赠玉米糁，约星期日赴家午餐。庆生赠宣纸两刀。窦清稚索“佛”字。收陕西人民政府办公厅陕西清明公祭轩辕黄帝陵筹备工作委员会办公室信，对联，二月底交。

四围摩岩石刻工作室，广东省澄海市莲下镇槐东金兰池蔡学仕收，515834，伦理道德句，摩岩石刻字。19号林鹏兄函退回，写错了。

十二日

眠佳好。雪花飘落。书振玲、张爱军信、字。

十三日

吴醒民取条幅十件，对子一副，庆安要买，七八百一件。《逍遥游》文基本上完成，只待修改，即定稿。

生活于乐趣之中。

十四日

写文章不易！即使对于一个小问题都必须集中精力，深入，化得开，头头是道，无不通透。言之成理，前后照应，一致。扣入原作的主题精神，有发挥、创见，对人有启发、收益。大家动笔，无不尽全身之力，讨巧无为也。即是小字，亦须以全身之力以付之，盖小字亦须见精神也。

十时郑志国、崔老（傅作义亲戚）来接家宴，郑天祥、鸿儒、罗珏、次韵等在座，热闹非常。下午四时归来。

瑞雪，丰年到矣。

明天修改前部分，完成末段文。下一步写《人间世》。书黄市，广东石刻，党六十周年纪念文，李建义字。笔债。观王□□碑有心悟。

十五日

收许麟老信，春伟信。中华逸吟神墨诗书画国际展览会会徽对联。鲁迅月刊。曾立平贺卡。陈巨锁函贺，赠《隐堂散文集》一本。

十六日

庄文近完。庆生为购字册五本，六十八元。

十七日

补充庄文。庆生来，托复印河南信。将买广西宣纸。李大夫延怀来，嘱为培林作中堂，横幅。为开病例，报销用。眼药。

小雪，喜人。

卫校电话，即来西安。书册事。建国同来。魏江丹电话，赵振川印出其父画册，又年历一份。即送来。

读书不能反复折腾，犹之熬肉之先用猛火大煮，如何入得里？识得透耶？此如读杜诗、庄子，初以为是的，再读，变了，适得其反意，终至于糊涂，如堕五里雾中。

十九日

完成《逍遥》文。

二十日

书李、赵信。李正峰转蔡、余转知取字。陈绪万君、庆生来，赠纸一刀（三尺），为作字一件。文章稿（庄子）后出书。凤兰照片正重洗，送来。魏丹红同志来。卫俊贤电话，有人买字，明日上午来。田刚同志来，将为我写文章，取照片一张。建国来通知他。

二十一日

发李、赵、巨锁、振川、正峰诸信。

二十二日

文□赠年历、贺卡。

二十三日

庄文。生财夫妇来，礼。

二十四日

为广东四围山岩题字“提高警惕，保卫河山”二，中菲（菲律宾）建交二十周年题字“友好往来，海内存知己；和平共处，天涯若比邻”（提供）。为黄陵书对联“华夏开初祖，文明肇始人”（刘念先兄撰联）。发聪弟信，许麟庐、华君武老寄字册（阎餐）。杨凤兰君电话，明后天来，照片。书振绪中堂，条幅。图书馆康万武等来看望。

中国人，不爱国，没针对性，没警觉性，跟人跑，没专家，不治学，只看眼前，图利。政法（学院）语文教师，省电视台记者（王震）来采访（昨日）。有考博士生意（生财认识，说人不错）。阎广生代购章草、魏碑两原本，百元许。

二十五日

身许庄生不平凡，
上帝于我何有焉？
廓然大公天地阔，
无私无畏小神仙。

二十六日

发振绪、锁祥、张立文、省府办公厅嘉桢、蔡学仕、广东石刻、蔡桂莲、福建中菲建交二十周年字。育霞来，为毛贝入学事。庆生又帮忙。

学习鲁迅不易，学习庄子亦难。都须领会于心，落实到行为，是其难也。今之教育，大问题，孩子上不了学，上了学，负担太重。教法，课本深……没法子！毛贝明天回来。

二十七日

连日写庄文，观碑帖，深悟“学问之道，莫过于深”之理，孤静专一，用心深邃，见微知著，书外独照而已。

外俗。世外之世，任天游也。

一套系列：庄文一套，书法一套，日寇一套，我见，不苟同。

梁漱溟先生讲演气态，鲁迅先生治学为文，远见，山、眉父子。存我为贵，目无万类。透底，不含忽，“毋不敬”，坦率，令公行径。

文能换骨无余兴，
学到寻源自无疑。

人间无苦境，天地大乐园。
境由自心造，达人襟度宽。
旷观古今变，沧海成桑田。
富者骄不得，贫人总有天。

书名：《漆园通讲》，《八十年路上好风光》，自传《我的生涯》[②]。静言。教育，民族的命脉。缺乏教养的人，连子女都管不了，更不用说为国家培养人才，发展社会主义。教育，国家最雄厚的财富，哪一件事能少了您？愚昧无知的莽汉，你能和他讲出个道理？是非颠倒，自以为是……

二十八日

马兰鼎同志赠牡丹梅画一幅，索中堂，贺展词。陈绪万君赴京，受奖（出版社）。

夜眠甚佳。

运城李金玉来，枣子等，市工人文化宫，索字“汲古惜雅斋”，题之。

一家亲人都来。睡足矣。

乱糟糟，谁也管不了谁，无政府状态，彼幽怨，如何办？大问题。

二十九日

收正峰兄信。为胡文华（长安师范校长）、赵虹（市教委处长）作字。（蔡、余字后来取。）

三十一日

张光华台长、陶华来，赠《走向明天》、《十年论文集》、蜂蜜等品。谈甚惬。

二　月

颖脱、光明之始。

一日

发朱晓进信、字，余志海字（款三百元），崔蓉蓉字。

二日

收许麟庐、华君武二老信（得到历代字册）。翼城郭文林寄来照片四张（放大），法院工作。春节来，带来录像。

阎有志，离石人，会计师，西安四方广告装饰工程公司董事长，赠汾酒两瓶、红塔山烟一条，带去书匾字：开元商城购物中心。满道陪来。

三日

王英电话，嘱春节期间约赴运城。松园李明道、盖等三同志来看望，赠芦柑一箱。复信。

四日

星期日。生日。文史馆苑恩光副馆长、吴醒民来，赠贺词、礼品。女女们来。

五日

西北大学邀请座谈成立人才库问题。陈校长、赵秘书长等七八人外，另有李凤兰、刘自椟、我三人。晚餐后摄影。

六日

交庆生庄稿。

七日

吴强总经理、贾文涛来赠酒、茶……回赠《历代字册》一本。谈甚热。摄字照。贾回山西。为侯、张光华、陶华、东方酒店字二十幅。庄文须大改。明日书海洋、大海、鼎新信。休息。李雪老信。韩富国字。

还是研究庄子好。无事做，不必做，少说，不说。

八日

凡是对我没启发、刺激的外物不管是人，书，物，我都不接触。浪费时间！（心得）坏的，反面的东西，常给人大益处。所谓解魔品者也。

多看看你不懂、不喜欢的东西，不要专看你心爱的东西，才能扩大眼界。

善于逢迎的人比拙直爽朗的人可怕。

收山西汾酒厂文景明君寄来酒两瓶，中国银行河南分行教育处爱军信，附靓靓画，颇佳。刘丕烈夫妇来，谈颇热，老友毕竟不同。夜吴醒民陪庆安经理、方等送书酬800元。取眼方，表，字一条。庆生送来清稿。

九日

省电台电话告以下星期日晚八时半广播余之前采访录像，及时收看。颖五月份赴日本，校庆，德、意参观。

生病，失眠，浪费时间，肥别人！

浪费时光的事，不要去！

消耗精力的事，不干！

得不到启发、有益精神的事，不做！

简单，明了，俭朴，爽朗！

十日

夜眠好。思想又一大进步，落到实际了。不作字，活动。看透一切。春节前定妥全年计划——庄文，绘画，字究，年谱。目标明确。出书，字册。

书文景明兄、鼎新信，大海信。晚陈辉父亲来，送侨联开会通知。是个痛快人，好极。

新不如旧！一本《天演论》丢了，另买了一本。内容一样，一是竖排，一是横排，一展开，有如陌生人，常常想到旧本子，不舒服。因旧的有批点，字行还能记得……有了交情。

十一日

发海洋、航民、文景明信。理发。

人能外物自轻松，
管他春夏与秋冬。

万里高翔莫能器，
傲吏庄生几人同？

颖脱不群，任真自得，
目中无物，道心唯微，
高山大川，为民之则，
展矣君子，俯仰无愧。

十二日

李绵老来，赠所著《教育论文选》精装一本。工作适可而止。吸收养料有□难以承担，甚是！作字数件。

书须几分自才，敞爽，灵性，童真，清脱。又：高姿，儒雅，清傲，娟秀，美妙。下午三时陶华、牛莉等来，接赴东方大酒店做客。总经理杨涛，胡，杨顺……作字十十余字，洗澡，晚餐，六时经理送回。校电视台并酒店赠床花罩，皮包二，手绢二条，等等。为侯冠荣台长、张光华副台长书数字。

十三日(二十四)

1.读写(工作)。2.教育。宗旨。3.日寇。(针对性)。4.态度(大人，目空一切，自恃，强壮，豪)。干则干，止则止。

费时费力，管教子孙要紧！光明磊落。不随时，少言谈，养神，一杆枪。尚友。

发林鹏、韩生老、劲知信。黎风兄送宁夏枸杞一包。李建义托谢(运城人)带来礼品，酒……为小学校长、教务(主任)作字。书劲知信。

十四日

植物园运动。精神振作矣。

字如人：

外形——俯仰，起立，顾盼，笑貌，身材大小，资质，做人气态……都须表露出来。

内心——思想道德品质，性格，聪慧，经验，阅历，年寿……表达出来。

陈绪万总编托庆生来，转告杨凤兰[③]女士刻在京，十六日返回。十六、十七两日中央台下午七点四十分《王宝钏》全国播放，嘱届时收看。又约定时来，聚会一次，约七八人。又明日9.50时省电台(有线)将播余录像，收看。赠杨诗届时面交，急索之。改庄文，待交。

十五日

杨力雄、齐静老来，礼。钟明善同志来赠台湾冷饮八瓶，嘱为“书乡”题词，又二期为我出专刊，索题跋、笔记等复印。庆生与一女同志代表民盟礼。

十六日

1.喜欢：解决有趣的问题。

2.朋友最值得赞赏的：踏实。

3.最重要的任务：

4.最大的安慰：

5.最痛恨：虚伪。

6.最喜欢的古今人物

7.狂言：好好干，不回头。

(保罗·□森博士谈自己)

理想：

最大的贡献——

最大的快乐——

人生哲学——

最喜欢的书籍——

最值得考虑的问题——

最喜交接的朋友——

最关心的事——

出版社陈总、健军都来电话，告以杨凤兰同志刚由京返回，客人多，春节即来家……生财、钟、宁陵来，文史馆王凤英等来，携来省统战部王，礼品。

夜观凤兰《王宝钏》，中央电视台，柴捆、镰刀，颇动我心。回忆七十年守约家居生活……一言难尽！

十七日

小雪。收书协通知，交96年会费10元。深圳索字，印年鉴。张若谷同志来赠检验真伪票子的小玩艺，好玩。一切皆假，可怕。

二月十八日——农历月尽

石宪章电话，拜早年，云北京人对余之书作，名声颇大……凤兰电话，□日来贺年。收拾房屋，卫生。收韩左军贺卡。附校高校长爱人通电话，字收到，表示感谢，并代表夫妇贺早年。

一年来，收获不小——书法艺术馆成立，研讨会成立。获将军100年纪念最佳作品奖。交接新友渭南李有刚书家、戏剧家杨凤兰、教育出版社陈绪万总编等。

写庄文，思想大开阔

自做主宰，二台、有线电视台时有报道，播放电校专题片。

有如得道，有了靠山，力量。无往不快，无事不通！

多病已除。

快乐，健康，做出大好业绩。

三公导我前，又好帮我力。

到处是乐园，自有我天地。

宇宙精神，天地正气。

目无邪恶，鬼蜮何处去？

为国家，为民族，

只有真理，闯前去！除夕寄语

十九日

农历丙子，正月初一。

瑞雪。龙，虎。（鲁迅先生如此写）

航民电话，贺年。

兴致颇佳，胜过往年。

杨柳依依，感念感念！

献岁发春，力量之源。

满道等电话贺节禧。李珂电话祝节日好。西北大学王肇国，又某友人，电话拜年。长乾电话。初一、二日强儿父子来，三人又去鸿祥处。

二十日（初二）

谢雪老夫妇、栾栋夫妇、李钟善副校长来。方胜电贺。增贤电贺。中文系同志刘阁君等来。赵万怀、王书记来拜年。符、王、刘三人来。成守祥夫妇来。

二十一日（初三）

放晴。六斤十五前来西安。杨耀宗夫妇来。

二十一日（初四）

晴。阴阳，有无，虚实，动静，进退，刚柔，力劲，巧拙，奇正，一切事事物物，不外此数者之运用。执根用机。

社会——战场(舞台)

人生——三国演义。

人——角色。(娘娘,公主,跑龙套)

二十二日(初五日)

巨白夫妇,张星五儿子来,礼。生财、中强夫妇,朱影,增贤夫妇。

二十三日(初六日)

晴天。庄稿改毕。尚嫌啰嗦。

二十四日(初七日)

吴元老夫妇来。完成庄子《逍遥游札记》一文。钟镝为购字册十本,135元。雪峰兄、爱军、杨继军信。庆生告毛贝明日下午二时考试。席来,礼厚。

中国人办事之难,为各国所未有。奇观!凤兰职称工资问题,令人惊异!别事可想而知。

强儿来,取裱字二幅,明日动身回香港。毛贝考试明日发榜。发峰兄、继军信。

准确,稳当,形象,生动。语言有趣,作文。

二十五日(初八)

入学,交2500元。发张爱军信、亲亲字。

二十六日(初九)

李甫运同志、陈其明老、辉、白氏夫妇、郑老来,均厚礼。收周强寄来的信、相片。政协报,四国。字帖。博士生情况。收摩岩石刻筹委会信,即石刻97年冬寄照片。收田俊升信,问书印出来了没有。

二十七日(初十)

教授林施均(画家)与另一蔡同志请柬,正月十四日在八仙宫书画院展出。王满道来。

二十八日(十一)

为周强、振绪等作字。

二十九日(十二)

发振绪信,中堂。金海赠烟。

万物皆假,尼姑也假。××长也假。吁!炎黄子孙!

下午王同志来,为周坚取走给周强的字三件。酒、烟、字册、信。发陈绪万同志信。改庄文。

三　月

一日(正月十三)

建立新世界,新作风。

健康第一,时间第一。不拘公私事,不烦人,不累人,不亏人,不损人。两第一。

读,写,作,乘兴而为,重旧友,莫轻交。“毋不敬”。

写文章、著作,当有启发性,新意,开拓性,指导性;若无,不必动笔!

夜梦旧在老家门口大槐梢高空,出现太阳与圆月,一东一西,对面,渐渐移动,傍近,似将合为一体,因树枝遮掩,终未看清。特志之,亦异趣也。

贺开泰同志来,礼。

二日

陈绪万、杨凤兰同志来,礼,谈四小时(评职称等事)。

三日

胡、李、王小画家等来，礼。赵守平同志来，礼。

四日（十六）

完稿。发李翔字（党风……）。方磊同志、满道来，礼。

五日

张义先夫人来，礼。正峰兄来，陶华同公安厅贾主任等六人来，厚礼。赠侯冠荣台长字册。建国信。

六日

定稿。聪弟七十喜寿字，近日书、寄。钟明善题词，其明，均急用。许志强，三秦都市报美编，漫画家，环城南路一号。钟锦，镝弟，摄字照三张（报用）。

九日（二十一）

夜梦中为聪弟拟七十寿辞句：

七十古稀今不稀，
百年亦非寿大齐。
自信人生二百载，
日月方长创世纪。

陈总、杨凤兰两位来，嘱题“杨凤兰与王宝钏”，电视专题用。王彦宏赠茶。

书字多件。庄文完工。

黎风兄来，赠宣纸，嘱为日本人作字一件。

十二日

赵兢宇、方磊、小康带机子来，放映余之书艺专题片。刘、赵、曹、黎、李正峰诸兄来，提出修正意见。颇受启发。王英电话。

1.应注意全面要点。鲁迅、傅山研究，教育家，人品，书法功力。

2.一生悲剧性奋斗。

3. 历史意义的大作，影响到当今书坛、后世，评价。

4.重视精神，高度评论。

5.改题目。

6.读书，大自然，社会启发。

7.超现实想法。

8.理论——事实。

9.作品，分析，美，魅力。

10.特色，不同一般写法（展览），振动性，影响，永久思维的。哲，文、艺。

11.时时用心，处处是材料。

12.从艰苦中成长起来。

13.目空一切气度，自做主宰。无难事，独往独来，孰能碍之？

14.不计名利（讲 38 年），克难攻坚，创造性的（傅山册子，野草），庄子文，数十年。

15.耐力，不急于出书，十余年。

16.钻研精神。

17.襟度如海。

18.谦和×强硬。

19.牧师。

20.没架子。

21.爱国主义。

22.侠士。

23.道家任真自得。

24.达人无不可。

25.不顾小节。

26.不骄，不谗，随和，求必应，情面

重。

27.正义感,抱不平,疾恶如仇。

苦难,幼小失父母,中年劳教。

1.如何奋斗过来?

2.动力何在?

3.人!

4.不虚度。

5.一世书籍,好学。

6.字。安慰。庄、傅、鲁——力量。国仇——我民族争气。自幼百年耻。

三公。宇宙精神,天地正气,针对性,目标,大力气,不知老之将至。追求真理。

尼采哲学,超人。大自然启示。守纪律。不计得失,吃亏主义。

赵兢宇送录像带六盒。临汾李建森来,代表马温才④、建国等,印字册事。柴配手章,马字。(我意,讨论会推迟到明年)再印字册1000本,淑凤?发行?报酬?应与古籍出版社说清楚。序添李、董题字谢句。字照。临汾可有50件。

十三日(二十二)

西大王昭河教授偕王爱珍(医学)来,谈"人文资源公司中心"计划,甚佳。生彦、庆生、美院二友来,托赐赵(李唐兄)字册一本。

"无为而为"。

"无为而无不为"。

为,无不为者,皆有为也。如地球、太阳公转,乃有春夏秋冬之象,而万物以生。此有为也,法天。

无为者,不知所以为,不知所以不为。

十五日(二十四)

完成一切外务。振玲十件,聪弟七十寿诗。东莹汉承子女字。莲姊字。

十六日(二十五)

夜陈绪万、杨凤兰来,礼。三人书。陈玲返太原,字十件。

十七日(二十六)

聪弟寿辞未发出,不合格。交庆生文稿,送陈总。

信心?希望?
前途渺茫!
鼓不起力量。
沙漠一片,
大戈壁荒凉。
人?鬼?
分不清。
灯光的夜市热闹场。
真?假?
一个样。
漂亮的装潢。
财神,上帝,
天下没挡。
是非?真理?
莫要谈,
做个好梦,
天堂!
破得百障,
自狂。
结几个好友,
谈天说地,
乐乡!

烂苹果，

四分之三烂了，

人们生长在四分之一的上面，

虫子还不断地进攻，

直到全部完蛋！

其他，地狱：乱收费，回扣，毁人才，文盲，天灾，破坏，假人，假物，外债，贪污腐化，浪费，外侵，敲诈，吃喝玩乐。

无念无虑，目空万类，万事不闻不问，谢绝外事，能吃好睡，读写自慰。健康长寿。

十八日

为张淑凤、应、傅作数字。贾克、亚军等来。明日九时来，拍字照。即可轻松一阵子，作游览计矣。休息几天。

不曾入寺去拜师，

已觉望见菩提树。

感谢庄生前引路，

破除百障总自如。

十九日

大事一宗。快甚！上午九时吴强老、贾文涛来拍字照，余志海、庆生帮了大忙！竣工。70余件。真不容易。钟镝来，为购魏碑第八册一本，后可补齐。午便餐后，余午睡，他们继续拍照。文史馆电话，明日紧急（二月二日）会议，全国展事宜。聪弟信、字。

二十日（二月二）

发李、翟老信，赵春伟信。填中国书协登记表——六年交会费120元。生彦兄代交。许耿华同志来，取照片十张（洪洞二张未拿）。巨白来，五月字画展。赠刻印一方。

二十一日

刘念老托方磊刻印二方。为明善书贺词“日日新堂”。

二十二日

金海处为文史馆交京展六尺大幅二件。樊明印君来，赠苹果、麻花两箱及其他。

二十三日

西大贾教授，易经专家。庆生来。贾平凹先生赠所作《太白》一本。田钧夫妇、刘玉玲等来，厚礼。嘱书册页两本。又其友人托求字三件。两千整收。

天甚寒，小雨。

《人间世》新解开始动笔。

二十四日

是亦非，非亦是，是是非非原一体；

真即假，假即真，真真假假本邻家。

发樊明印政委信。

陕省政府办公室陈平社副主任来，送参加黄帝陵清明节大祭邀请函。建国信，四月中旬来。书展，六月底前交，英、法、德、日等国。

二十五日

金海处，作字数件。李正峰、方磊诸友来，谈讨论会事。1.明春举行。2.文集，从容，内容，出册子，编委，山，陕。3.经费二万元。4.邀请外地书家、评论家。李兄借《咸阳宫》，方赠《火花》，送来弘一法师集。收吴强老信，明日复。为生财同志书“石癖"二字,"寿"字。文史馆字。书会字二件。

二十六日

书册页。发建国信。

二十七日

陶华等来。为晋城画家题字。出国展,牡丹。交字,题册页——田钧、任之、吴强、王生财、钟镝。收朱教授(上海,作家)《山药蛋派与三晋文化》打印信一件。庆生送来。

二十八日

好天。梦羚子武奋锦袍登场。发到柴、杨信。刘晓东托修水管。节能办公室电话:2877,传呼:998 呼 932118。宇航公司赠《党风与廉政》杂志一册。

二十九日

发张光老、谢政委、李珂信。书秀英七十寿句。交大百年纪念,陈东辉、党亚贤、庆生(女)工程师来函请,四月二日。因赴黄陵公祭,不能参加。省电台来校办公室,为拍十分钟录像。四日后来。晓义送来二寸照十张。收赵春伟同志信,知雪峰兄正月到今住院,饮食不多。英嫂也住了院,已出院。

三十日

晚感冒,咳嗽不止。傅、应兄等来。

三十一日

休息。

四　月

一日

流感重。

二日

晚咳嗽不止,强忍。

三日

傅宗文、应振华诸兄来,牟大夫打针止烧。

四日

段社□夫人为看病打针(注射室检查血,试验,青霉素可以打),拍照。住院室吊针。一时返回,累甚,几不可支。庆生、育辉、□霞、玲等陪。强儿归来。

五日

针,钟镝陪。李院长来查肺,轻了。

六日

如上。末一针。完。强、芷来。女女来。饮水特多。两大缸,又一小杯。夜温度好,未咳嗽。如常。

七日

昨夜梦,乡人为王富前植大株树。嫩芽偏火。昨收陈绪万信,云风兰拍采访片,嘱车接参加,自未能如愿。

少用脑力,不必要,文章少写,没意思。为谁写?谁看?何况又无写处?

今世:1.治心为上。文化教育,人民素质,至要。谁管?有几人注意到?又有什么能力?

五时,燕燕、贝贝接回。强儿、芷颖回

家。明日下午六时返回香港。

破除百障，若居天堂；

目中无物，视野宽阔。

人生有似抗战，不把敌人吃掉，就要受到灭亡。

故乡情正是有情。

行其所无事，——自然。

有所恃而无恐，——正道。

坦坦荡荡，——常乐。

八日

健康好。打针，完。李院长又到病室看望。十二时出院。玲、燕来接。便亦大好，可静养矣。不咳嗽，不吐痰，舒畅。

小雨。

关闭：时事，国家大事，人类和平，世界和平，民族精神，精神文明，人民素质，“为了弘扬传统书法艺术”……，了之。但图安康，安适，我行我素，慰我心，如此足矣。（一号）

无共同语言者、异趣者、背道而驰者，……一律远之。（二号）

不办多余事，名、利、宣传，×。（三号）

好事，要事、大事。办几宗，足矣。

大型字册。专题电视片。中型字册。

庄子文章。翰墨总。自传。日寇文章。年谱。

南海字，雄放，元气足，给人振奋，有山河气。政治见解与遭遇使然。

九日

1.减汰外缘——人，物，事。

2.充实自己。

3.□适上达。

4.应化解物，不竭……

“才大难为用”，

无用更能显神通。

大宛戈壁奋霜蹄，

一日千里纵横行。

雪飞玉立为谁雄？

天地广阔无处容，

登山观海与天通。

大人者，赤子心，与天比高，廓然大公，饱经风霜，天地大德。

世界三人：济公，齐天大圣，包公。

文章，做人，正面：严肃，威仪，认真。侧面：金圣叹、板桥、随园⑤，生趣盎然。

十日

晴，冷。李殿清带来汾酒。郑志国老来，十日请吃。十二电台嘱为我摄放。又台湾（郑老同学），空军，善画，蒲城人，将在西安展，嘱参加数件作品。为附校作题词。殿清数字。吴强老、贾文涛、庆生来送字照。方胜等三人来。丁伯苓刻制“正清楼主”印一方，嘱字：“行到水穷处，坐看云起时。”吴老：“三十功名尘与土，八千里路云和月”，大草。

人能修养到“无情”，高绝，便毋须什么破除百障，涅槃，菩提树……我即佛，佛即我也。何用陀弥佛为乎？此真大悟一着！爽快，爽快！

万事无动于心，即无情之至境。

十一日

程取字，附小。刘、任来。

时虽已过清明，常阴，风头大，蛰居，病初愈，不展曳。

吴道石头争磊落，
夸世黄胄岂无闻。
纵观天下风云会，
磨砺一须争生存。

十三日

贾起家、赵守平诸友来，厚礼，五月初赴秦皇岛休养。午餐太不像话！没办法。翼城法院郭文林夫妇赠绸料青包二件。又黄白绸数件，作字。摄照数张。许到襄汾馆为拍柳宗元戒十幅字。□□道友来，取册页二本。为书三件。款辞绝不受。上次收的多了，须知还有人情在内。

生命，活力：睡眠，营养，放松，思维，扩大眼界（博学哲文史），处理人际关系，安排时间（不受干扰地工作），寻乐趣。希望将来集中解决一个问题。

十四日

放晴。欣慰之至，不闷了。精神愈提则愈出，阳气愈提则愈壮。以振为是，一怜便坏。病在何处？在心上。

宝鸡王来，取本子，欲印余帖。嘱自寻出版社。无能为力。

十五日

郭文林夫妇来，送照片，又照若干张，下午返翼城法院。

强毅偕余树声（社科院研究员，马兰劳教六年多）来，赠《历史文化的多维透视》一本，有识力。收张光祖夫妇信，天津七日归来。

十六日

夜饮水二次，咳嗽少了。午睡佳，未咳嗽。梨水。为温茝颖书贺京都艺术短期大学成立二十周年纪念，词："教泽长新"。陶华电话，约二十一日来拍照，并赴襄汾、北京、纪念馆摄照。

十七日

便已通。服麻仁丸二粒，晨一次，夜一次，分段。真吃力。

十八日

高强来，嘱长条。华已离开台。材料。外间一切事，一律拒绝。方磊电话，将来看吴老等字照，能否用，出册子。张臻来，膏等礼品。吹嘘赞扬他字好。贾仲美来，谈家常事。麦子长势好。地方上乱，没人过问。村长权大，阔人。

不咳嗽了，便通之故也。真通。晚又一次。

鬼多人少，不可信。断外缘，最佳。暗社会，没正人、正事，相吃互咬，但求肥饱。站得高，借大纛旗号。自江山自保，莫上当！

汪文彦（市二台，主任）、温军来，携礼看望。新权寄来郑园字作等，写瘗鹤铭，佳。

十九日

发李、翟兄信。

人面鬼心多，鬼话多，鬼事多——×，不信任票投之，否决！振纪来。二十七日上午将约李廷华（法制报编辑，现调北京工作，为我写文章）来访问一小时。写文。郑志国老来，明日下午二时车接。

纲要。

环境：

1.五岁丧母，十二岁丧父，十五、十六大小姐亡，赖家兄由小学——大学。

2.高小决定从事文化教育工作。（仕农工商）

3.国师，喜哲学、文学、书艺。（博学）《淮南鸿烈集解》，《老子》……文章：屈原，荀子。办小学，认识社会。

4.教院。庄子，鲁迅杂文，准风月谈……

5.十二——三十二岁，二十年的痛苦日子。

三十六——四十，日寇灾难。——针对性。

四十九——六十九，劳教苦日子。

6.人生——千载一时。

百岁。

还债。

父母。

爱国。

7.公——（？）——私。

达尔文——马克思——“老子天下第一”。

是非，真理？=0。

才学德识。苦练精金——实力。

针对性——日寇。

8.竞争武器，武备。地球，人口，文明？

《逍遥游札记》——态度。

二十日

师大教工书画展开幕。傅大夫来，字三件。赴宴——郑志老八十四寿。

答句：

1.先生最崇拜的是什么：

我自己！——这是无数的先哲、大贤陶铸成的我自己。千百万的贤、哲——三公（佛济公、包公、齐天大圣）——上帝，我自己。主宰。

2.你最厌恶的是什么？

自私自利、损人利己的鬼！

3.你最难受的是什么？

有话无处说，有理没处讲，想为人民服务，没机会。救世而不得。

4.你最大的敌对是什么？

豺狼，日本鬼子！

5.你最难耐的是什么？

（1）假货，假心，不讲理的人。（2）会活人的市侩。

6.你最爱的是什么？

宇宙，大地。

7.你最感到自由的环境是什么？

无人无物，无私无畏。

8.你现在最喜欢的是什么？

寂寞安静，辞却一切系扰，——过生日，什么喜事，表演，电视上出头……

9.你现在还干什么工作？

自己的老行道——读庄子、史记，写自传，庄文，书法哲学，八十年翰墨路上好风光，写字。

二十一日

为关中书画展——香港回归——作八尺宣字一张。念先、学军帮忙。二纸。

浑身发痒,不可支,即电烤了,热温水袋入睡。

二十二日

愈。不许受凉。收李、翟老信。出院,前列腺大。怕冷。

二十三日

晴。

二十四日

社科院《人文杂志》发表一百期座谈会发言,午餐未参加即回,需休息。赠品,合订本等。杨老师送来茶镜,当为作字报之。田刚同志送回。

二十五日

整理字照。经济。明日继续,半天可竣工。李建义⑥京字。完成字债。

二十六日

明日发李建义字,富国字,庚虎、蒋蔚奎信。

饭量如常,或更好一些。

二十七日

整理书桌。笔债。谢老子已回北京工作。雨。整字幅。振纪偕法制报同志来,年四十余,颇有见地。

1.余重点放在书法上,已得公认。有数人。庄子,非当务之急,消耗精力。自传、书法文章,抓紧。

2.改变环境,客人多,应酬不起。时光白费。

3.保养。注意策划。

4.印字册可不出钱。

双方有利。非专为作者服务,对方可赚钱。印数3000本,作者可购销,宣传双方的。

校中文系不可行。校干预?六十退休,新人上……日教授,我不同意,丢人!奖金,没意思,=出卖!公证,难保。图书馆藏还保不住……思想要现实,改旧入新。

爱惜时间,爱惜劳动成果。不能教书,不研究学问,自慰。社会不容易。现成货,捞到手。关心国家大事,顶甚用?在浪子面前讲清廉,愚也。洒脱一番,长进一番,自在神仙。

大解放!康强!为人?高人?

二十八日

梦作

磊落夹道石,孤傲岩石松。
盘根砺吾剑,金铁满山鸣。

真伪不分,是非不明。
想着其谁,草莽英雄。

发李建义六件。庚虎、兴庆信。理发。韩富国、青如信,爱子信,海洋信。胡征先生赠《先生集》、《诗情录》及其他大作,张选送来。

二十九日

天地一人,满眼鸡虫。
为所欲为,有甚是非。
狂人不狂,唯真为贵。
无物不假,无心不黑。
无事不丑,黯然堪悲。

俊伟一老，关此民则。

文史馆书画组会，选参加北京展品。午餐。单灶，半饼子，出汗，热，衣服太厚了。

新权来。午睡欠足。晚饭不少。

累，眠好。复康。

三十日

换裤，轻健。春来，几个月困于病魔，写庄文，工作紧张，心不闲，自取之也。

忧国，忧民，多事，顶何用！国仇？“公”字=0。“为人民服务”，“正义感”，“清廉”，“廉政”……少上口！“私”字当头，不损人，便是圣雄！

1.大革命。

扫清过去一切浪费现象，时间，精力，无谓的琐事，经济，无计划的行动。情面危害了自己。

2.大建设，大作风。

策略，规划，目的，意义，成效，保健。

3.大解放。

4.大王国。

下午五时陈绪万、杨凤兰先生们来看望，谈字册出版事，又《古诗十九首》计划等。

杨牙痛，庆生同去医院。九时返回。

谭创冲。

张文光，符景垣。“天高云淡……飞雁。”

林鹏。“行到水穷处，坐看云起时。”

健康近恢复，乃知无病之福。重振旗鼓。孙仲谋。

强、涛字交。

五　月

一日

吴强、贾文涛诸友来，礼。

二日

发柴建国信。贾平凹、符景垣（西大易经）、陈绪万、谭创冲、胡征老。

1000亿，可怕的数字！“物必先腐也，而后虫生焉”[⑦]。良然。

张根生同志来，为“海峡两岸书画名家精品大展”索字——“行到水穷处，坐看云起时。”端阳节在广西壮族自治区博物馆展出。（南宁市桃园路29号七楼吴学斌收）

四日

增贤偕陈某（营城商店）、育民来，为估字册价。庚虎明下午来。作字数件。梦洪洞孟师来。

还是庄生好，最足慰枯槁。

一言透天机，字字皆珠宝。

厌恶人间苦，引你逛九霄。

不堪城市闹，太古森林绕。

无情实有情，世事无丑好。

饭食大增，超过病愈前。

五日

作字如携健儿赴阵，既须胆气过人，元气十足；又须从容不迫，识得敌人阴谋诡计，趁其不备，一拥而上，取胜之道也。

作字数件，惬意。彦红来。贾起家同志

偕运城电台卫兵、小民、旭东等人来,礼。各书数字。育民、庚虎夫妇,武同志(美院,摄影家)等来,交费5000。生彦、有堂来,党瑜、康维铎字(拥书自雄)。来顺条。白氏为制书套三个。庆生来,将为胡征老送字。金海为照字。海洋岳父来,回家,字,玉顺200元。育民送来估价字册单。

七日

东生来,为农校书实验楼等。收郭文林函、照片。

八日

发郭文林信。东生返校,托带建国、温才信。书李翔宇字。

昨日走路多,康强多了。阎氏送胡征来字、信。田刚来,稿酬百元。钟夫人字酬200。东生购宣纸百张,一得阁两大瓶。

九日

大加收拾字件——字照品,给家品,零字张等,登记,顺理。纸张。集中精力。孙新权[⑧]来,赠吴玉如字册。为整理箱子,毕。钟镝帮大忙。一大快事!胡老偕韩少立画家来,赠马作。张根生,大公报记者,来赠《金秋》杂志,封面为余之照片。有堂取字幅三百。生彦取字一条。

十日

"长生久视,不累于物。"[⑨]非有几分道力者,难能。

李健彪(省宣传部)、王国杰们来,二十日后为摄专题片,8分钟,须准备字册、证书、杂志、报张、照片、学画、赠品……讲话,小传,工作,研究,著作,人生观,世界观(小树),庄子,鲁迅,书法,包围,经历,李雪峰,王中青,师振堂,张维汉,田润霖,劳教生活,饼,李干事夫人,爱国,体会。今后

王国杰两次赴苏联,嘱题书签《中亚东干族形成发展史》(印刷中)。

十一日

巨白字展,为剪彩。书画会午餐。吴强老、丁伯令柿饼等稀罕品。字。武国玲字,托李甫家转。黄昏运动走步。便燥,服麻仁丸一粒。爱子家中合影四张。兰顺200,又一。

浪费,不重友谊,真无心肝。没法可想。不受教育,忘记友人家10个月的寄居的日子!……得罪了多少朋友!猜忌,小家子气,可怜! 我太能容忍。

饭食量大好。行动倍增,撂开拐杖,有力了。

十二日

李、翟,韩生老信。赴大街口,便通,麻仁丸顶事。爱子、清兰返里。书华君武老信,寿辞。走路不少,复康。

十三日

晨雨。发华君武老信(寿八十词)。明日送字,摄照。碑林局讲书法。郭文林字。省委宣传部录音像8分钟。

建国、温才同志们近日来。二十三日后西大会。建义字4件。振维小女事。莲姊信,锦纸。书银莲信。寄锦纸字。

十四日

李迷胡同志电告,航民赴太原,建国

赴河南，二十五日后来西安，汽车二辆。

十五日

读《赵铁山论书法》，有得。发李建义信、字。

十六日

发复生、航民信，庆平事。

十七日

下午4时，庆生陪郑欣淼先生（青海省副省长）来，文豪，赠青海特产虫4包，回赠对联，历代字册一本。谈近一小时。收作家胡征先生信，附赠诗。（5月8日）

报卫俊秀教授赐我书法

一字千金举世无，

千金难买卫公书。

摘星楼望卿云月，

拜谢飞龙壮我居。

胡征敬题　一九九六年仲春

小注：欧必元《寄太识文长》诗云："卿云夜映千门月，彩笔春题万丈红。"

省书协通知楷书展，6月底截止。庆生去金秋社，带回《金秋》杂志3本，李翔宇旅游未归，相片未取回。

十八日

作字。收建国信。王国杰取字。张长弓电话，20日来接，讲，谈。

十九日

作金刻文（缪篆，汉篆）。

二十日

虎梦二，听从人言，去又回。宜绿色，装。

魏查照片，发现二寸照不少，三十多岁底片，长条字照二件。

二十一日

朱影字画展开幕，讲话。强毅同志偕一同志来，赠紫阳菜一筒。省宣传部彪同志来，定所写陕报稿，颇佳。约二十七、八日来拍照10分钟，准备材料。陈青送来字照。为陈泽老（少默）送信。

二十二日

书少默老信。吴强老、丁伯令来，一同去植物园摄照三十六张，一卷，甚有趣。李翔宇同志电话，即将送来照片晃及《金秋》杂志。作字数件，杨二。

购世界地图，《中国人的精神》（辜鸿铭著）。

二十四日

山东梅坤庆信，作数字，残疾人。山大王教授托女同志送来章程，6月开会，字件。

二十五日

准备录像材料：参展证书10本，书法10本，书作7本，剪报三捆，日寇。

二十七日

省电视台（李家村）李健彪、王光武诸同志为摄10分钟录像，整一下午颇费周折，王生彦、阎庆生、符有堂友出力不少，刘念先、曹伯庸友参加谈话。评论后在图书馆作字，拍照。党同志帮忙。晚于专家楼用餐。未出费，当问问生彦友。甚累，操心。

二十八日

夜眠好。斯、应二老来，陈岳松同志赠竹画，为题字册。整理材料。

二十九日

为燕之工作事，作字。

本地垃圾，洋垃圾，一大堆垃圾……只够熏煞人。何处是干净土地？千疮百溃，如何收拾？

三十日

牛莉、陶华来校，洗砚园府学巷1号。王勇超经理等作字二件，摄照数张，赠汉代陶器一件，报酬。为王舒心出右任册题字，二件。九月出版万册。

三十一日

雨。事仍多，成绩不少。时光荒废可惜！字照大事未完成。《劳动报》印出，庆生为我撰文，送来数份。《党风与廉政》、《金秋》，中共内部杂志，均刊载字，人照，介绍文章。电视录像10分钟。省宣委传部（李健彪、王光武）。庄子《逍遥游》。胡征老信、诗。郑欣淼先生，王勇超，牛莉，傅经理（洗砚）。皇帝公祭。信，杂志，纪念会。两大会。好事多。读《庄子》，有深悟。化字上见功夫。

读辜鸿铭著作，颇收益。学问，世界，理解，比较。为中华增光。

1.庄子——气度。

2.书法——做人学问。

3.传——感人，教人。

4.日寇——针对性，力量。

5.教育——印刷，错字，编辑，近视。

6.快活哲学。健康，乐趣，交游（各人之长）。知己，结一兮。

开始服虫草精一次。

魏丹江：上面调查了解市文化人，师大二人，霍，予。

六月（红月）

一日

夜眠至酣，无比。饮虫草精第二瓶。休闲中观世界地图。9时10分庆生陪同贾平凹、费秉勋[10]教授来，谈甚惬意。贾为我作字二件。费赠《贾平凹论》一本。余为书斋名“大藏堂”，贾：“陋斋”、“安乐窝”，费。书各一件。11时赴东门口餐厅午饭，70元。植物园一转，分手。

胡兄、韩少立（画马）来，赠照片，嘱给蒲剧名坤武俊英等二人各一件。刻在京排《西厢记》，李雪老、彭真、王谦诸老为题祝词。

二日

雨。认真做事，读写……均不得含混草率，必有成。

书李、赵字、信。郑园信。

三日

雨不断。看日本中小学生苦读一文，发现：野蛮的国家（侵略）就是用野蛮的手段对待其儿童的国家！然却博得了文明国，因为强！

为文化教育，如何做出贡献？——没人管，没人问，烂摊子，也没条件，不许可，听之任之。

教授没用，自苦。没出路，以读书来过瘾。消磨时光，另一种只好打扑克，下棋……傻瓜才研究学问、著作。

养生之道。

发李、翟，赵，扶沟北大街吉鸿昌将军家属，郑园信。郑欣森君嘱书二件。方家驹特级教师事。

四日

雨。赵国梁送六人展请柬。在三□村成立裱装社，杨小宁社长，告刘某不许来家，取消一切职务……

六日

温、柴建国来。

五日

元天星同志来，礼。晨约早点，他出了钱。收郑欣淼君赠《雪泥集》，古体诗作。《人文杂志》六月份刊余贺词。王育民同志送到赠《陕西抗日将领年谱》一本，余为题书签。又书稿酬2千。赵文润（历史系教授）、李振武（体育系主任）索字。（育民介）

六日

发张文立同志信（收到《秦始皇评传》）。正峰来，方磊离不开，临汾大约未动身，今天来不成了（？），田大海电话　临汾市百货公司，下月来，公事。田刚同志送来《人文》杂志10本，内介绍余之书法艺术。刘鸿儒友偕唐燕（党校工作）来，谈甚久。唐画葡萄，将赠一张来。夜九时柴建国、李建森来。

七日

选字照，出册，初定稿。

八日

开筹委会，分工。刘老，十一人参加，工作量大。明年五月开研讨会，午餐，专家楼。未收费。饭后同仁为留字若干件。

九日

柴、李五时返里。王璐送来字册一本（王维、陶渊明），可用。张长弓（篆、照相佳好）、秦捷来，赠照多张，甚佳。随后送二寸照。各送一件。新权来，取郑园字二件。帮整理纸张。

想做便做，不负担！做多少，不勉强！心无滞芥，一统内心天下，意不随境变，与天通达，爱干啥，就干啥，不受人干涉，广交豪侠，同道一家。不忘国仇恨，不听好鸟话，我即上帝，自做主宰，白眼观天下，“老子天下第一”。

王勇超、董森林等来，赠照片、西瓜。

雁塔区书画协会成立十周年纪念，7月1日上午9时开幕，书贺。吴强老来，赠咖啡奶。

6月6日《解放日报》“报刊文摘”不忍卒读，思索，思索，再思索！！！

十日

庆生下午帮忙清理重印字幅，大半工作完成。

十一日

吴强先生来，字二件。下午来拍照，庆生帮大忙，轻松了。

社会如此，一切置之脑后，干自家事，保健为上。笑一笑，少一少，莫谈国事。一切没人管，真自由，神仙生活，知足。

十二日

运城日报社，创刊二十五周年纪念

（编辑部美术组），月底交，电话224033，邮政编码044000。吴强老送来字照二十七张。甚清晰。其夫人正在为我10分钟录像配音。（省电台）

十三日

昨斯维至教授老兄赐诗：

壮年忧世上京华，忽起狂飙走石沙。

返里耕耘苦作乐，翻然书法自成家。

俊秀仁兄方家雅正，

山越斯维至书。

又书陈抟老祖联一副：

开张天岸马，

奇逸人中龙。

山越斯氏

少壮吃尽冤枉苦，垂老享得糊涂福。

莫羡南面王者贵，自有上帝主沉浮。

十四日

报卫俊秀先生赐我书法

一字千金举世无，千金难买卫公书。

摘星楼望卿云月，拜谢飞龙壮我居。

胡征敬题

一九九六年仲春

小注：欧必元《寄李太史文长》诗云："卿云夜映千门月，彩笔春题万丈红。"

适找到胡老信，快慰，快慰！

八时季波友来，开车赴政法学院，送字像32件，册页4本，"几株"、李老中堂二大件，临道昭、山谷帖，为聪弟题字等小件，霍扬碑。刘五四明日帮忙照字，八时去政法学院。胡文龙兄赠蒲剧武俊英[11]《西厢记》录音带。

十五日

林散之行草，殆如婉约派中诗章，秀美隽巧，慰藉，惬人心意。以言横空出世，飒然瑟爽，烈丈夫之气，殊不识也。南人特点使然。

上午小郁照字32件，册页等件。刘五四，政法学院工作，住西大，为帮忙并送回字作，真可感。嘱为书"龙虫并雕"。馆长一条，人人有。为余刻"任真自得"图章。照末二件，灯坏，停，修理。李老字，横。十来分钟。继续摄。

十六日

发翟、李老信。运城日报社二十五周年贺词。理发。

健康全靠自己，幸福亦然。宿命论似乎也在发生作用，说不清。回顾半生的情况，确有神秘处。解释不来，说不透，那就只好创造了。坚强之志愿，可以得福。

午休，梦女女捡得红半联，上书长寿之意，赠父。

十七日

读《印度名医养生之道》。夜眠极酣。收益不浅。

收到鲁迅博物馆王世家同志寄来《李何林先生纪念集》、《关于鲁迅及中国现代文学》两本（内均有余之纪念李老文，及李老致余之书信，五封信）。

为关帝庙大会敬题：

肝胆照天日，

节风感古今。

十八日

收到王绍尊兄赠印刻一本，耀州岳王山博物馆赠书法集一本。松园7月12日会，索字一件。路克军兄病三个月，手术出院。陈青通知文史馆明日会。贾国杰、李立芬来，取关帝庙大对联。赠大瓷瓶，摄照。送小郁字，附对联一副，长大幅。王璐横幅二，补照。

十九日

发郑欣森信。耀县岳王山孙思邈研究社张光溥函。文史馆开会，选代表五人，京文史馆宣传用。午餐归来。王萱来送信，北京和平统一会发来。方磊来取8本字帖，未及见面。

二十日

赴洗砚园。九时王玲随看路老。

二十二日

发王世家、樊明印、张坚如、王天坛字。世家100元寄出，买李何老书二本。吴强老、徐钊铭作家来，写文。□如、魏德运、庆生来。李建森电话，约7月10日来。

一切可以完成矣，当从头做好。

发陈少老、赵秘书信。

二十三日

阴，小雨。为西大作字。徐钊铭、尚贤、田刚字。魏德运来，摄照10数件，颇佳。国产机，自然光，阴暗不在乎。极有修养，思维足。非同一般。

字册工作：1.尺寸；2.释文；3.临帖；4.时间，年份；5.中堂，对联，横，自序，题签。经历，特色，心得，教育意义，书法作用，宗教，做人，读书，用心，精神文明，兴趣战斗。转变，师承……

五时，去张文潜同志家，送四尺整幅大字；“闲中看破……太和。” 北京统战部通知指名索字，以北京、上海、西安为重点。西安书画十数幅，全国100幅，台湾100幅联展，为和平展出，各赠20册为报酬，大型本。文潜画马。

二十四日

睡眠佳好。自然梦记不清，总是顺和的。想到的是“现在人”、“中国事”，南人，北人，山西人，做人，通人，心境，净界……多得很。看透世事，一笑撂过，莫伤脑筋，便是神仙！阿弥陀佛！善哉！善哉！

人间苦，一为物质的，一为精神的；而后者最甚！难得解脱，非得道人不能离樊。然有几人到此宽境？身外人摧残，自己也不争气，岂不痛哉！而今后，得之矣。转机。

嘴，好办。脑子，难。文化，教育，习惯……非一日之寒。可怜，谁管这等事，几人懂得这等事？鸡虫耳。

杨起超来，为计算房价格数字。发陈少默老、侯台长、赵步唐信。市二台电话，田、张同志前几天来电话，拍照事，云一年轻人接电话，颇失礼。如此家庭！

收上海鲁迅博物馆信。（字）

二十五日

发建国信。

二十六日

邓军等明日下午来。

二十七日

西大开会，到王、赵弘毅、李凤兰、王爱珍(中医院)、于海珍(山东，西大生)。

二十八日

发上海鲁迅纪念馆、盐城市施耐庵700周年字，山东泰安碑林信。

二十九日

参加当代中国书画大系会，200余人。北京一将领，文化部长等。笔会。午餐后即回。

傅大夫、电工刘慎谦来修电扇。洗砚园女娃们二人来，赠大西瓜。收赵鼎新信、字。

三十日

看郑志老，老伴车祸已半月，慰问礼200。李教育报交订钱100元，为聪弟。欠数未收，须补。宋建元，陕师院中文系教授，赠《西安地区纪念鲁迅诞辰一百周年文集》。徐勇送来陈少默老复信，电话7217108。小郁没来，昨日大会未完耶？月来忙于字照事，下月十五日以前，可以轻松一些了。

“师梦”。

梦不可测！变化如神。梦亦真也。梦是自有的世界，因而也是乐园，即幸福，幽妙幻霍不可思议。作诗文，作字作画，得此，便臻神笔，逸境。高矣，远矣，奇矣，大哉！

七　月

快慰。字册功成，转入新工作。展势。

一日

文史馆会。小魏来，照相数张。托赠陈少老字一条。文史馆工作证，交二张一寸照。丛字若谷来取走。盟表，生彦，托方发信事，写小介绍。吴强老来取徐钊铭、尚贤字，嘱书“双开居”斋名。吕九如信，四字为友人。发温茂林亲家信。秋□、晓薇结婚字。下午雨。方磊友、解琰一家来。方复印余读碑帖札记，订正。有意义。尚存三本，又带去南海帖二本。明日赴李兄家。夜方的老师胡□援，定襄人，夫人李教授随解琰来，赴胡家用晚餐。

三日

雨。建行孙、李，书数行。午餐。玲母能吃、睡，较前大好。包秉民、幼生同志来，五号来接，大会。收园字、信。洗澡。

五日

纪念长征六十周年大会。作字二件。收春伟、世家、宋振东信。

七日

樊明印同志来，瓜四大颗，赠字。午餐后去赵步唐同志处。新权来，郑园赠张中行《负暄琐话》两本。颇佳。

纪念闻一多殉难50周年词：

博大的学者，

人民的英雄。

达人无己，

求仁得仁。
为生民立命，
永远活在我的心中。

华君武老八十喜寿词：
七十八十今不稀，
百年亦非寿大齐。
大师高龄心益壮，
艺坛一老跨世纪。

晚8时9分观陕西电视台为我播我的专题影片，共七分钟。吴强老打来电话，说有精神……感谢他的关怀。

八日

雨。郁晓送来字照及原作。夜，统计尺寸。

九日

晴。发赵鼎新信、字数件。浮山孔子箴字。宋振东字数件。作协李彬来，送《西部文学报》，取小传、相片，将刊载庆生为我写的长文章，3000字。改过李健彪文，省电台播放(7月3号)，专题七八分钟，影响大。不少的友人来电话，面谈。王愚老问病。张素文。

十日

天晴，似有秋意。为西农创刊拟题词：
民为邦本，食为民天。
天不可靠，科研是瞻。
敷教育化，人才源泉。
本固邦宁，造福人间。

十一日

中国的人，
中国的事。
人坏，事丑，物假，地脏。
方外，净土。

1.罪人无不可。2.为所欲为。3.自创世界。4.自得，自适，自乐。5.为谁忧？为谁惧？你为人人，谁为你？(一切按照自己的想法去做)

十二日

作字，收建国信。

十三日

发运城字二。交购房表。给强儿字。

十四日

夜眠甚酣。时间长，心情好，有为，无不通，吉兆也。发张晓宇信、字，山西文联。小于帮写信，素常如此。买《人间词话》、《论谎言》(柏拉图)。

十五日

浑身奇痒，起粉刺。赴兴庆公园蒋蔚奎处，途中过杨处，坐半小时，识得中国教育报记者安俊□，摄照数张。杨继军夫妇照。古明林，杨之妹夫。

十六日

文章：山西人，日本人，中国人，书法，佛，养生之道。庄子内篇拈解。

宋斌，省办主任，郑欣淼好友。青海字取走。阅戏曲刊文，大感动。

十七日

阎明同志由香港来。发李健彪同志信。杜威同志，宝鸡无线电台，交。修改赠友人作。十九日8时到政法学院开“杨王宝钏艺术座谈会”。

自古大才难为用，从来庸碌不受嫉。
多少英雄含冤泪，况兹聪慧一少女？
怜才幸有佛慧眼，鬼蜮逞强能几时？
诅咒而今翻异样，总是北国第一枝。

十八日

胡丹，北京，中堂；李正义，省，条幅。党怀信赠《中国古典文学纲要》。

十九日

参加政法学院为杨凤兰举行《王宝钏》座谈会，到30余位学者专家，各界名流，为赋贺诗。

二十日

杨继军、林明孩子茜来，礼，取贺词等。李院长来，礼。邓军来，赠字册二。陈晓东子来，礼。作字数件。收赵鼎新信。

事事应该秣马厉兵，夺占世界最高峰，头等人物。中国人不争气，不长进，私字当头，我字当先，可怜，可怜！应该突破孔孟之道的“让”字，顶上前去，尼采主义“超人”！当吹就吹！白眼盯鬼蜮，客气不得！！跟随外人走，不顾体面，大失炎黄子孙骨气，尚何言哉！针对性即力量！

王冬生偕女来，礼，明晚回太原。刘念先兄、任超字。金海、银行字，伯庸均取去。山西教育报刊社建刊四十周年。李健彪同志来，带回材料、报册、年谱、照片。

二十一日

发李、翟兄信。

二十二日

作字。为保志先生题画。浮山文化局索题孔圣箴言碑廊。为题画。

二十三日

甫运、庆生来。贾，太原文艺，字，条幅：“无欲则刚”，瓜。冬生明日午1时返太原。曹、韩、张秉谦、朝瑞，林鹏始皇书贺词。李建森同志电话，后天(25)下午7时来，马、柴三人，甚慰！大事一宗即将完竣，可以轻松一时矣。略事休养，散心，从事写作。

二十五日

郭瑞琛老偕女素云，翟汉生来，礼，台湾奶粉等。须告谢雪老。发李洪峨信，为题碑额“孔圣箴言论语碑林”，及为其画题词。

二十六日

柴、李、赵等下午7时来，安排。查阅字照，字。徐岚(车站)来，礼，字(方胜学生)。王蓉大夫来，礼厚。看耳，健康好。九如副长费炳新，习隶，厚礼。

二十七日

开会，十一位，午餐。马、李等明早回临汾。大事办妥，甚慰！(带字5件)新权、朋友郑园都来。字照百件许。须办事：1.金秋小照。2.自序。3.通知书字照8件。明日休息。

二十八日

凉爽，有风。胡文龙道兄来，尚未赴新疆，赠梅花鹿茸一盒。

二十九日

发华君武老、田大海、安鸿翔信。北京中国教育报社安同志来电话，杨事迹，尚未谈毕，随后续谈。

三十日

王英电话，约赴运城，回复日子难定，暂不能去。

三十一日

李滋煊道友偕儿子来，礼，知其老伴去世。嘱为其友人黎向群作字。谈一小时。写自序。

唯一课题：生命-健身。时间-惜时。

写日寇投降纪念文，唤醒人民，仇视日寇，争气长进，小视寇仇。日寇危机四伏，桥本垮了。

八月（百顺，胜利月，颖脱月）

一日

壮志

纷吾独揽此内美兮[12]，
又伸之以正义。
仰获日月之大明兮，
俯蒙后土之广济。
参天化地之任重兮，
矜吾排山倒海之神力。

白眼看它鸡虫兮，
振吾千钧之铁臂。
斩绝东瀛之豺狼兮，
何怜乎小岛之废墟。
乐吾乐兮适吾志，
适吾志兮巍然立。

小雨，凉爽如秋。夜眠好。自拭门窗，玻璃清明似水，心境怡然，神仙不过乃尔。而系国之情，又复震荡矣。便须活跃一番，磨砺一须，看老夫手段如何?！公字当头，无私则无畏，自由天地，大步闯去，能奈我何！——人生宣言。

衡量国家兴衰，事业发展：1.人才（尖端，成就）。2.资金，来源，分配——实力。

总的：人民素质，文化程度，道德风尚。精神文明，生活水平，精神状态（信仰）。

午前晴，午后阴。接触了几位朋友，谈后，醒悟了！如此日子……何必！“心闲乐事偏多”，想干，干；不想干，算。保健第一！什么前途，国家大事，是非真理，人类和平，大同世界，扯淡。有情趣，动笔，找朋友，谈天说地，读读《庄子》、《史记》……自得其得，自适其适，岂不快哉！吾得之矣！谢天谢地。力求放心。

玲为燕工作痛哭。

九如同志电话，嘱为陈祝福作条幅。

二日

秋凉意浓。监考大有望矣，快甚！

夜眠甚酣。盖看透世事、世道、世风、世故、世人、世情、世运。鬼把戏多，尚何言哉！定于一，不外想，行我素，任我游。如此年纪，断不能受任何曲阻。谁爱得?乐哉神人。

孙作宾老之子赠枸杞三包，大枣等，取字二件。陈青女送8月份生活费75元，又稿酬30元。胡文龙友嘱作字，200元。为陈祝福、曹炳新作字。吴老送来新换的鞋子。陈炳新夫妇来，取走字。

三日

小雨。江山难改的性格！遗传学的威力！——家族的启示。闻振纪久病，铭去看，而不能去。

四日

雨。改堂名——“至言堂”。“至言无言”[13]之意。改变《自序》写法、《老子》写法，语录箴言式，不是大做文章。

错在：

1.看到自己，看不到别人。

2.看到现在，看不到未来。

3.看到一面，看不到其余的面。

4.看到好的，看不到坏的。

5.看到对己有利，看不到对己有害。

6.看到私，看不到公。

7.看到正面，看不到反面。

8.看到单纯，看不到复杂(关系)。

9.看到事实，看不到环境。

10.看到明，看不到暗。

11.看到理论，看不到实际。

《自序》文。

六日

发翟嫂、建国信。收英国周强、华君老、牛道生信。赵信平(车站工会主席)父病住院，欲来看望。牛道生。郑洪峨，浮山文化局，042600。

七日

凤兰电话，京一记者(人民日报)朱遵涛索字。下午来。杨、陈来，为出十九首。杨赠醋。

八日

发杨信平信。书郑洪峨、周强、张国民（河南原阳县委会）、张晓宇（山西文联）信。

书中须有风云雷电，林薄晦冥之气。天地正气，迅雷烈风，宇宙精神，烈丈夫气，大自然气象。

九日

狂草须似宇宙人，横空出世谁敌得？

踏破星辰。

十日

写序文。

十一日

刘念先老送来寿辞，白居易纪念诗句。范明将军女、婿带孙女傅榕(12岁，习颜字，好)来，赠西藏雪域茶，草虫品，重礼。嘱作数字。女，一院卫校教书。

十二日

与李绵老，松下一席话，颇有感悟。理之固然，开心。

胡竞田、李淑琪夫妇，五台人，方磊之师也，曾请到他家共餐。庆生为写长文一篇，送陕报。

十三日

贝孙入大学已解决，快事，心上一宽松。

用脑集中，时间要短些。眼用得太多，减少为宜。

“放心”常乐。

“快意”自得。

健身！养心！没负担。(仙家)

收到林鹏兄信，书已收到。门牌：府东街285号，新改。

字字咬得实，唱得狠，情感足，表情真，腔调圆转，自然有分寸，音色玉润，动人。以之谱入书法，高绝，神品，逸品。

体操，跳水，纵身凌空翻转，一连几匝，摇曳多姿，急转直下，从容自在。惊险处，恰似猿猴攀援，轻灵安闲，王长其间。杂技中空中飞人，幻变不测，险境边缘……作字能到此境否？神仙。

建国来信，九月赴京看病，印字册事。贝贝转户口事，收到通知。九如同志从户县回校，电话报贝贝录取消息。

为南韩作参展字幅："正气冲……射日虹。"中肯，良慰！丛一平老八十贺词。杨凤兰讨论会，诗，出册用。贝贝礼字三。《自序》，隶篆字。

十四日

清理笔债，后杀住！

十五日

文史馆讨论长寿稿问题，交陈青字册、《探索》两本，京展用。魏均成处长送回家。

十六日

解小民来，带来豆、醋等贵品，嘱为一中等作字。日鬼子越来越凶，韩、朝丈夫气十足，可贵之至！

十七日

睡眠尚好。

看万事可怜，万般无为……亦已矣哉！唯我独尊！不自尊谁尊？又有谁人可尊？！乌鸦一般黑，夜间黑，白昼也黑，白内障=黑。广告，标签，外国文，不懂，一样黑。认不清人，受骗，更是黑。国家前途，民族命运，说不清，黑！黑！！黑！！！唯我独尊！"老子天下第一"，并非狂言。炎黄子孙，传统精神，目空万类，不甘为奴，自强自振。达尔文真名圣。尼采可亲。（晨阅报纸，感愤）

国家永远的害虫：东邻！不爱国，分不清敌我，引狼入室，最是恼人。

书法：发山河之气，愤百年之耻（国耻史），激八年之恨，有针对性，此实为余书法之精髓，笔头有千钧之重，他人不及也。

十八日

解小民今晨返回，又赠饼干、饮料。为临一中一百周年题贺词，校长靳同荫字。五洲大酒店题字。书建国信。发书学院信。韩国展。

十九日

8时停水电。书对联二，条幅二。书五台山杯赛字——"佳书须慧眼[14]，苦练即精金。"庆生来，取字，人照，长稿送陕报。吴老文涛来，为郭树兴（西安日报编辑）字一件。书郑欣淼同志信，慰眼病。（协和）

二十日

发五台山字。郝西茹、范明女、傅和睦来。杨信平、马文彦、铁路局书记来，礼。贾文杰照片。

二十一日

作对联、条幅数件，得意之作。

梦担任中俄一杂志编辑。饮水不少。

悟喝水重要。过去喝水太少。

说话已失效，少说为妙。我行我素，只管自己，便是正行。“至言斋”开始用，有意义。

方磊友来对正碑帖眉批，他辛苦了！《自序》，须积极清稿。尽量缩短一些，不得大做文章，对人有启发，便好。

二十二日

世界上并无真正的奴隶。短期内的屈辱，积怨愈深，危险性愈强，否则奴隶制应永远地传到如今。渺霞为贝贝办理户口、粮油诸事，颇费精力，合先前种种大帮忙，可谓至尽矣！孙弘来，气功会将出书画册、挂历，索对联。

功能莫能测，

物理可幽会。

二十三日

作字，胡征老联。定《自序》稿。方磊电约，为他家。发郑欣淼省长信，眼病，协和。

二十四日

秋意浓，换衣。燕燕赴青岛，竟未告我。方磊友来接，住一夜，招待热情，饮食睡眠都好！《庄子》，墨缘。

二十五日

下午3时，方送我回校，途中看望正峰兄，外出。郑志国兄，健康，愉快，赐药十数瓶，即回校。邓剑同志赠诗。收翟英嫂信，峰兄出院（请假暂住），翟眼疾。太原、蒲城县委信，贺词，28日来取。杨信平同志电话，稍待来取字。山西李广祥字展。刘志刚等来。林鹏兄托赐汾酒等品。

二十六日

赴文史馆，苑恩光同志告以9月20日赴京，专人陪我火车去。陈青陪同上13楼见到王俊民局长，杨健军谈甚久，送上车，陈同回校，馆出车费。军电告其姐。诗作，出刊用，工会负责。能干得很。书翟英嫂信、胡征老信，对联一副，录其诗句。

二十七日

雨。清理思绪。胡文龙道友同任茂林秘书长来。送裱字，赠葡萄干、酒，任赠茶二筒，索字。摄照三。杨明日来。定稿《自序》开始。

二十八日

从一平老夫妇来，礼。发翟、李信，胡征老信、对联。杨凤兰来，礼品，取字，填年龄。天放晴。

二十九日

清理字。夜杨信平同志派吴取走字。理发。

三十日

晴。

1.一切乘兴趣办事；

2.为所想为；

3.辞去外役；

4.不行孔孟之道；

5.量力而为；

6.老庄自然；

7.精神生活：画、文、书；

8.知友无几；

9.不必泛交；

10.免精神精力消耗；

11.保健;

12.爽朗,明言。

徐志明乡友(山大副校长)偕办公室主任来,礼。慰问参加运动会校队。2日回晋。

发起家、王英信。收建国、振维、庆平信。

大着肚皮现天下,

白眼看他世上人。

最有力量! 振人精神!

三十一日

浪费于无谓的佣书时间,无法挽回!而今后可以轻松矣。一概辞谢!

自在生活:营养,调整工作。

读书——《庄子》、《史记》,乘兴鲁迅。

作文——书法文。

书法——创作。

聚谈活动:自由世界。乐园,精神,挚友,绘画。

九月(红月)

一日

王治平(剧院)、郑幼生(书学院)、刘鹏(特艺厂)、赵承(剧院)邀赴太原。

六日

动身。太原——宝鸡。下午4时41分钟开车,刘阳父、贾军夫妇、小所及田处长等送行,赠酒、醋两箱,食品多种,又妇人赐财二千。

七日

晨5时40分到站,刘鹏、赵承送回家。早点后各回家。

八日

吴强老来,赠给醋一大瓶,许为购羊肉5斤,赴京赠友品。十五、六来电话。胡武亭、刘念老、有堂、朱影来。孙新权来,代赠李正峰酒等。郑志国兄来,嘱为其夫人左岚题墓志额“左岚同志墓志”。赵守平同志来,观所收藏于右任行草太史公修《史记》文。嘱题跋。

收到中国老年书画会李振海先生赠贺九十寿中堂一幅(“德昭寿隆”)。聂子俊信。又长安英振先生赠大幅桃画一幅。

九日

淑凤来,志国兄来,钟镝送剪报,庆生撰文。书建国信,托淑凤带交。曹福成兄、振玲信,文达兄信。

十日

雨。作字数纸。

十一日

雨。作字有造像笔意,多趣。家事烦,谈话略解,通脱。

十二日

淑凤返里,遏门口,送之。阅碑刻,快意,堪味。打电话,文史馆,赴京事。黎风兄来,儿子婚事,日子改为10月。荆老电话,问好,说平陆怪事,县委书记强奸30余妇女,开现场会,群众要求枪毙,上级不同意,只开除党籍,撤职……

翼城吴廷祯,父吴春安,棉花亩籽棉

1050斤，金星奖全国劳模（1952），一、二、三届全国人大代表，84年去世。

临汾专署朱耀洪字。（卫树廉邻居）

十三日

陕报副总编杨剑随赵良同志、庆生等来，赠烟一条，谈甚热，刘念老在座。送报纸十数份（庆生为余所做文章），赠字二份。

十四日

胡征老着孙女来，赠大作《历史的回声》一本，又照片，附赠诗——

拜谢卫老俊秀公馈我墨宝：

卫公墨宝动京华，

遥拜如来赐晚霞。

万古风流悬陋室，

品辉不让帝王家。

胡征敬题

96.9.

西安王祥村。

钟镝陪邓鉴来，送字照。金海来，字，千元整。文史馆任学敏来，赴京事。

十七日

赴京，17日下午7时半到车站，在出口行李处集合，出租车，与曹、周联系。

缩小工作范围，文章，著书为人佣工，大可不必，养胖却是第一！解放思想，好好看戏。即是念书，如《庄子》，也是为慰心。

身份证，肉（世家，廓如，良骏，何林，王振华）；笔，印章，字幅（王，中石），寿中堂，华老贺词，枸杞，衣物。王绍尊，天坛南门东2-7-101，100050。

文史馆一行30余人赴京。范馆长，干部们安排照顾周到。

十八日

下午到京。住七省驻京招待所。

十九日

赴协和医院看李雪老，健康，好。

二十日

在中国历史博物馆开幕，人山人海，参观作品，为余摄照者甚夥。内蒙文史馆，京人，元军，起家，方胜均见到。老舍的儿子合影。周明……另详记之。

二十一日

赵秘书接到李、翟兄嫂家。（中堂、肉……）见到华老，赠我近作一大本。谈甚热。饭后送回，赠给寿辞，羊肉。贾钧。女记者来访，赠杂志一份，余赠陕报二份。

二十二日

赴颐和园游。发孙玉石先生、王得厚、世家、天坛等信。

二十三日

返西安。

二十四日

下午回校。咳嗽。

二十五、六日

服药。友人多。

二十七日

中秋节。王英电话，20日以后来。李珂电话，5日后张老约。小阳来馆，礼。季波来，礼，字一。刘文阁赠诗作一本。曾莺来家，酒二瓶。应振华老来，礼。傅大夫来问病。“朱墨书画”，硬笔字，五台山，文达兄，丁伯令。信，11月京展。

二十八日

市民政局局长程群力同志随秘书惠来，送来其父映华老信，赠月饼、茶等礼品。谈近一小时，辞去。谈到书法问题，聪明有才气，实实在在。

二十九日

咳嗽。无事。

三十日

张光老来，未见，憾甚！适来电话，约3日午10时便餐。友谊东路刘家庄小区5-1-2-1，煤炭公司大楼旁。小运来，赠董老画册，放大像（李老二人合影）、礼品等。振绪来，嘱书《满江红·念奴娇》，又二条幅。亢国锋文史杂志一册。参加秋阳结婚典礼。

十　月

一日

交工。轻松之月——《自序》。健康。

孩子们一家来团聚，振纪送来羊肉泡，振绪也来，颇可观！发李、翟老、建国信。树儿为按摩，浑身发热。

二日

母子争吵，奇怪！病，午睡，咳嗽，竟不知详情，任之。

三日

振绪陪赴张光老家（二环经玖路刘家庄小区5-1-2-1，煤炭公司西旁楼上）。

赵刚、张志翔，戏曲研究院，礼。杨信平书记来，礼，字。钟镝来，发信。

四日

淑凤电话，拟来，问好。赵守平电话。贾钟美来，路健康恢复。赵俊杰字。振绪做拉面。服川贝药。

五日

田先生偕竹石镌的书目撰《书法韵谱》稿，将付印，嘱题句：与古为徒，不随时尚，隶中有篆，富有金石气，似得汉印刻意，耐人观赏。邓剑同志来，嘱为合阳宋代《雷简夫荐三苏纪念碑记》题额，霍松林撰文。留赠《荐才楷模》复印本。魏丹江来。

六日

冷。樊政委赠梨果两箱。赵承楷同志来（夫妇），16人旅游，住招待所。超亮来，赠京照，数字。赵守平来，礼，于字题跋。收得厚、世家信。

七日

好睡。杨力老、齐老等来，赠鸡蛋等礼品。李院长来送药，桔红丸二瓶，通窒理肺丸两盒（中药）。整字。

十日

金海处，晓义为印字册两本，付百元胶卷钱。下星期竣工。邓超字送去。

十一日

竹石取题字。吴老取字。赵守平题跋完。侯素珍、曾取字。

十二日

赴五指山公司总经理吕伟东、崔玉泉为书法教育报宴请十多位顾问等。义卖事。

十三、四日

书文史馆、鲁迅逝世六十周年献礼文。

十四日

发成乃凡信、字。

十六日

扫清零碎笔债。

十七日

文史馆讨论会，交字。交景廉发票15元。莲信。西安匾。

进步了，脑力知休养了，不紧张，想做，做；不想做，算了，吃睡好了。

竹石送来蜂药(土方)。整理书物，仍乱。明日书篆隶。

十八日

赵守平同志取题跋。发胡征信、王英信。

十九日

古人书法，无论古篆、隶古、行草、汉魏碑石、墓志、造像，无不古拙醇厚，结实，天真自。一如古人存心，行事，心口一致，不使心眼、讨巧、走小路、做作、粉饰、卖弄。务甜去辣，可厌之甚！

狂歌——

万事无关，心地自宽。
远超鸿蒙，凌云神仙。
我行我素，顺其自然。
随人脚跟，容貌可怜。
天之苍苍，正色不变。
勇士受赏，卑躬可叹。
天地正气，宇宙是瞻。
四海一老，盖代尊严。

孟子云："养其大者为大人[15]。"贪污之徒，腐化之鬼，何有于人世，蠹虫耳！故为狂歌以广之。

魏丹江同志来，字对联二，暂辞。刘扬自太原来，赠酒品、皮裤、人造毛背心等贵物，感甚！

二十日

王庆赠大鱼5尾，索对联，配山水中堂，留500元。发徐文达老信。钟镝送复印信等，待发。整给孩子们字，平女帮整理。谢老昨天来。郭老也许回台？

二十一日

作字。

二十二日

北京中央文化研究委员会（人民日报、宣传部……)电话，明年3月举行全国巡回展（精神文明)，11月15日截稿，文件将寄来。

二十三日

郑园来，豆乳等，即赴京北师大访问博士招生事。阎某交来牌字，赠酒物，固辞，受，难却。黑社会，无奇不有！接赵鼎新函。安徽黄山市长干东路上唐村四幢201室甘乃光信(法学博士)，10.16信，字。郑园代发柴建国挂号信一件。

二十四日

雨。清心第一！

新权借来邓石如、吴昌硕、吴大　等篆，殷周金文。文天祥书法复印。

收赵秘书寄来李、翟老合影多张。中

国政策科学研究会文化政策委员会通知。开封翰园碑林信、字。

民盟沈晋老八十寿辰字。交张晓郁字一。发聪、赵鼎新信、字、印。晓柄字(房管会)。收合影一张。

二十五日

为京展、翰园作字。

二十六日

吴漫(民盟)取沈晋老寿辞。平陆陆贤忠写得好字(解学义),(赠楹联册子)。赠石膏枕,甚佳,胡桃等品(荆石友三字)。谭康明子,摄影。李健彪,市委,赠名人册二本。交志祥字。名人书画屋字,满意。

1.饭量大增,复康。

2.字大进!厚实,盖敞观。邓石如篆书《庐山草堂记大字后》得到启发矣,快慰无比!其书力大如椽,隶亦如之。拟临一过。自分改进一大步。又观文天祥书法,亦收益非浅。

庆生回来。发聪、莲信。鼎新字。须发李、翟,赵秘书,天坛,信。金海明天来取字。付育民、晓郁字。

二十七日

马志明、秀英来,加拿大茶等。陕报来摄照 8 张,报用,嘱题"周末"二字,又数字。丹江来。育辉、霞来为毛贝赠衣、书。

二十八日

郭治平来,绿豆。申堂、魏丹江题画,付 500,字二。刘阳来取字。为书"日月同辉"四字,如意。赵承向刘索款,怪。

二十九日

发绍尊、开封翰园,天坛南门东 2-7-101,碑林廓如 301,程映华,李、翟,聪弟、莲,中南海(1749 信箱)。张应杨教授来(印女士),带气血保健器试用,两次,良好。钟镝来,填通讯,发之。钟美为俊杰索字。

三十日

章青同志来,字写得很好,将为画梅。杨教授偕印女士送气血保健器,1600 元。

三十一日

文史馆道德讨论会。雨。梦假日分散碑帖,笔、衣被,拿去。穷。皮包夹?赵步唐兄约赴家一行,叙旧。收建国信:1.华老画题句。2.子正字文。3.自序。王英电话,后来。修暖气管二次。

十一月(健康月,自在,轻松)

一日

赵女士电话,云其兄赵赋煊教授从台湾归来,前天有省宴请,明日午 11 时 20 分牟玲生来接回请作陪。铭、平 10 时赴临汾,为振维作字一,又为赵书竖、横各一。金海来取字四件,1300 元,将送来宣纸一刀。

魏丹江同志赠大米一袋。取字二件。

赴赵家招待会。牟玲生、胡景通(政协副主席)、地质学院罗春山、杜院长等十数位,畅谈甚快。摄影,赠送碑文。余回赠赵赋煊先生二件字。

二日

发群力、王小运字。陈漱渝、世家贺词。育辉送来午饭。微雨。钟镝送来魏志一、二、三册。取通知函名单。(五指山照)

四日

发文达信。发“五台山杯”。收鲁迅博物馆陈漱渝先生信。将寄来书数册。

粉饰太平！时间！麻醉！

大哲人看世界:无所谓。放行,何虑?何拘?都可！大人赋,七贤,竹林。

五日

王印成、季波、曹老师等赴美院看画展,而已展毕。赵步唐兄家叙谈。返至科院,看望胡老,住院未归,夫人不在家,即返回。收海洋字。赵鼎新兴善寺聘书,顾问。陈毅展会(97年1月交字)。北京中国社会保险杂志六本(贾韵东女士编辑寄来)并信。(吴强老)寄字,待排印。起超来。秋阳来换灯泡。郭剑青夫妇亲家来。赴鸿科家午餐。

作字行笔不宜太疾:

1.让点画运到,而多味。

2.使墨匀匀称称,渗进纸的每条纤纹里去,显出字的丰润、凝聚、饱满,绵软甜适,色泽宜人,美丽可观,观之不厌,魅力无穷——发挥艺术性。

七日

雨。鸿儒、唐燕来,礼。钟镝送魏志4本,10本全了。杨取报3张。

八日

发贾韵东、王英字册两本。新权来交还字册,余石如篆帖1本。伊秉绶帖送了我。买《中国书法》杂志1本,8元。晚作字。建国电话,给安邦写信。

九日

发建国信(安邦信附,庆生代发)。为庆生友作字,送宣纸一刀,□酒……

十日

郑园由京回来,赠食品,夜即回成都师大。留《陈寅恪(大历史学家)最后二十年》一书,最苦惨。反右斗争。颇感动！

十一日

罗春山书记来，嘱写西安宝玉石协会。发淑凤信。赵尧,陕报记者,来采访,借孙玉石、袁良骏、《野草探索》三本,赠字一件。翼城吴同志嘱为其父写字,吴春安纪念馆开幕。刘念先老来。庆生、殷同志赠鲁迅著作一本。平陆□□□收杨起超材料,写文给《山西日报》载文,来信,《人民日报》字。后来取。

十二日

吴回翼城,为题字“棉产之最”。书甘乃光(黄山市长干东路上唐村四幢201室)信、字。245000。李凯,皖萧县政协委员会信、字。赵同志取罗春山老字。西安宝玉石协会信、字收到。西大王昭洲先生信,

表,字,后天来取。身份证复印,　王虹。

十四日

李凯、甘乃光信、字。晓郁字照出来,

当去取。观造像书法，深有所悟。

十六日

鲁迅会，发言。

十七日

收孙玉石君信。李建森电话，建国去太原。年谱。

十八日

收三峡、侯马贾文信。

十九日

王喜慧赠杏仁一包。于字册即印出。书社牌数字。安徽“美哉禹功，明德远矣”。侯马数字。浪泉二件。三峡湖北宜昌一。

二十日

发三峡、淮禹、贾文兴三、省政协贺词、侯马，共5件。收发，省委二，待书。杨信平、王才、魏丹江，待取。收到聪弟、春伟信——李寿联，托何人送来？交给谁收的？

建国太原回校，电告安邦，赴日本，25日可回。字书库存，不卖，买不到！印数超额，非千册也。

卫校马副校长、王校长运坡来，鸡蛋……厚礼，字三。收汇款单，印刷单，计算机单。

二十二日

发翟英、李老信。给未央区字。收北京陈漱渝先生书三本，郑欣淼省长赠词，信。《山西文学》三册。卫海军300元，索字。荆梅承老逝世，明日同史念海、席先生吊唁。

书法系人处，应有：

雅气，清气，豪气，爽气。

字没样子，画之多少，任其变化，不失形象便可。而结构，字画左右正斜、倾侧，关系至巨。揖让向背，呼应，分合，气氛，一任聪明。（乖巧，虚实……）

二十三日

书信件。郑志国字二。

二十四日

发郑欣淼、陈漱渝，卫海军、西大表；书南明，中国现代文学院又一件。刘春线、王素取字。郑志国送药一瓶。邮电局、收发室字。

发邮电局字（公），市宣传部李健彪之父字。自备5件。自序初成。照片。取字册二。

清心，整饬！

个性？缺点？大奇！

季波来。上官联，又二条，600元。曹伯兄取简介，交书法□□。京劳动部，贾韵东地址。于亦芬子，八岁。

二十七、八日

贾钟美以李老寿联？

郑志国兄送阿斯匹林一瓶，字……。庆生送来陈绪万一套鲁迅著作，殷教授《看美国》。马家骏赠诗作，索字。为关中画廊女司机书匾，赠鸡，牛肉。……看字，赠骨刺药。新权郑欣淼词原稿，索存之。王生财字二。王英电，要来。

二十九日

发建国自序，字四。杨信平字。海洋、玉顺信（上官代发）。

张晓郁（金海）字册照。诗人胡征老出院，电话见告。振纪来，闻振维去世，心酸难言！礼200元。原因尚不明。振纪明日赴临汾。

三十日

发李雪峰老信。张国宁老来，四十年记者，赠农业书一本，礼，字。

十二月（洒脱月，通脱，颖脱。）

一日

书段崇轩信。钟镝、宫烨文来，合影。陈绪万、杨凤兰同志来，元宵、饼干。

振维甥遭车祸，酸痛！酸痛！

二日

崔自默电话，梅墨生均发来文章（中央美院）。

秦，寇□女，来赠诗词会收藏证。张长弓装镜框。索字。张晓郁送回字册、字照全部。可分两本印出。

三日

郭、甄亲家来，赠给字联，条二。甄送《汉三颂》一本（媳）。庆生来，赠报，嘱为段作字。国明，华东师大。胥超兄来，丛一平老八十寿。12月15日9时在市政协举行庆贺。赠照片3张。

完成《十九首》字照，编次。拟写一梗概。请陈绪万送友自序说明，编排目录，页码，题签。

张淑凤电话，感冒，推迟为五号。收安徽甘乃光、湖北宜昌三峡艺术馆等函。

诈骗，讹赖……社会已不成个样子，停止一切往来，安然干自家事。

〔注〕

①吴佩孚，是双手沾满中国共产党人和工人鲜血的北洋军阀主要代表人物之一，但其在日寇侵略中国的严峻时刻却能坚决不做汉奸，其民族主义精神尚须肯定。

②这些是卫俊秀晚年准备写作的书，但由于时间和精力所限未能完成。

③杨凤兰（1943-1999），西安市南郊人，国家一级演员，著名秦腔表演艺术家。

④马温才，临汾市职业技术学院党办、校办主任，曾为卫俊秀编辑《卫俊秀书法一百跋》。

⑤随园，袁枚的别号。袁枚（1716-1798），字子才，号简斋，一号存斋，世称随园先生，晚年自号仓山居士、随园老人等。浙江杭州人。乾隆四年（1739）进士，选庶吉士，入翰林院。乾隆十四年（1949）辞官，居于江宁（今江苏南京）小仓山随园，以后绝迹仕途。为乾隆时诗坛领袖。著作有《小仓山房诗集》、《小仓山房文集》、《随园诗话》等。

⑥李建义，山西永济人，山西驻北京综合经济办公室主任。

⑦语出苏轼《范增论》："物必先腐也，而后虫生之；人必先疑也，而后谗入之。"卫俊秀据记忆写出，个别文字有误。

⑧孙新权，字稼阜，陕西咸阳人，陕西师大文学院毕业，卫俊秀学生，《书法》杂志编辑。

⑨“长生久视”，语出《老子》五十九章：“有国之母，可以长久；是谓深根固柢，长生久视之道。”“母”即道家的“道”。其意是说一国有道，就可以长久，根深蒂固，传以永远。

⑩费秉勋（1939-），陕西蓝田人，西北大学教授，对中国舞蹈史、神秘文化等均有研究。

⑪武俊英（1956-），山西运城人，山西运城蒲剧团团长，著名蒲剧表演艺术家。

⑫“纷吾犹揽此内美兮”，屈原《离骚》有句：“纷吾既有此内美兮，又重之以修能。”卫俊秀此句乃从屈原的句子化出。

⑬“至言无言”，语出《庄子·知北游》：“至言无言，至为无为。”意谓最好的语言是不要说出来，最好的行为是不要去做。

⑭“佳书须慧眼”，傅山的诗句，见《霜红龛集》“墨池”诗：“墨池生悔吝，药庋混慈悲。子敬犹今在，真人到底疑。佳书须慧眼，俗病枉精思。投笔于今老，焚方亦既迟。”

⑮见《孟子·告子上》：“养其小者为小人，养其大者为大人。”

一九九七年

元　月

平顺，吉利，幸福，健康！

1.破百障，摔去一切干扰。

2.建乐园，行我素，行所无事。（世外世）

3.针对性——瀛洲地府。

4.武库，有所恃。能源，烧酒，兴奋剂。三公，庄，尼，傅，鲁。公，正，高，大。

真理，生命，永恒的。现实——假象，幻变无常。

实力——道友，学识，魄力，技能。

横眉冷对千夫指，白眼看他世上人。

老眼平生空四海，赤心跨世怀九州。

盘根砺吾剑，金铁满山鸣。

养浩气，为大人。

元旦

整饬一番。

历史，现社会——战场。

不讲道理、信义=动物世界。

漠不关心，麻木不仁，愚昧无知，可叹！

不争气，不长进，私字当头，拜金主义，可怜！

陈崇俭自青海电话贺年。

柴建国、李建森自北京电话，告出版或由北京出版社出版。

清理档案，可肆展矣。很平静地过去，恬适，自在。

二日

改稿。收太原山西工人报社社长田峻岭、葛葆庆（摄影）信，照片，嘱题字（精营东边街 29 号）。李殿清、杭州王光明、陕报杨剑、蒲城 84807 部队樊明印贺卡。光祖老兄来电话，前列腺炎，住院月余，几乎不得见面，已愈，在家住，不敢外出，怕感冒。经九路。

健康第一！一切扯淡！

动物，万物之灵，等同！有什么可贵处！鬼蜮耳。此余所以目空一切也。杨朱毕竟古哲人，可师也。

收西安碑林博物馆智忠贺卡。

黑心，丑事，假货，三部曲。人间世邪？哈哈，岂有此理！

尼采人生：酒性的人生，良药也。壮士，宙斯[1]，狂人，疯人，泼妇，傻小子，最自由。无忧无虑，不喜不惧，猖狂而行，任真自得，无怀氏之民也。此之云乐天。

鲁迅不过旧年，我则极喜旧年，盖一提旧年，便想到儿时，而儿时是人生最快乐的时代。回味一番，即多一份幸福。人生何必要老苦下去？太残酷了。

社会是最残酷的战场，哪有永战不休的斗士？需要洒脱时，就要放纵一番。久传习惯，是无形的魔鬼，唯英雄豪杰敢于破之。

二日

发太原韩石山[2]、葛葆庆信，索字。中文系总支书记傅同志、梁、孙等领导来，赠徽宣一刀，谈系成立卫书法展室工作，为学生座谈事。庆生陪同。

四日

自做主宰,去伪存真,

顶天立地,为民立心,

奸彼凶恶,斩草除根,

东土光辉,三公现圣。

陈辉、福建泉州华侨大学对外汉语教学部丁伯苓贺卡。

五日

郑志老、刘鸿儒、长乾、樊、瑞良为寿宴。原德福。甚慰!田老师陪临潼印帖来,礼。

六日

窦文海、杨彦华子来,礼。

七日

周、李凤兰赴深圳,字,对子,草条。为叶剑英元帅诞辰百年作字。

天寒甚!难得外出。改抄自序稿。初稿太粗率。阅报,空空洞洞,徒花时间。名著,闻所未闻,有启发。

柴、李电话,出版事进行顺利,由北京出版社承印,5 月前出版, 先印 3000 本,13 万来元,成本 40 元,嘱出委托书。

“北京出版社公鉴”:

兹委托柴建国、马温才、李建森三位同志为我联系出版书法作品,书名:卫俊秀书法。一切出版事宜由他们处理。

卫俊秀

1997 年 1 月

八日

收电缆厂左军、牛道生贺卡。改序文,明日完。收山西工人报信。陕报赵亮数同志来,摄照 10 张,字二。文章即发出。

九日、十日、十一日

市电视二台(莲湖路)籍树新、李青女同志来,摄照十多张,录像,录音,字照,文章材料,拟发稿,字一。政教系博士生陈答才同志取叶帅诞辰百年祭字。

朱影爱人余先生逝世。信。

十二日、十三日

图书馆杨馆长、万武等来,赠餐具,《雍录》一本。发建国信(自序,委托书)。张鸣宾老来,字。贾文涛将寄回红军六十年对联(被盗,查出)。书李兄寿信。

十三日

黎风兄送大枣一大包。师胜利爱人桂香、石俊赠烤鸭,字。发李兄贺信(小毛)。书周强、王苓、淑风信。建国电,问《自序》事,已发。

时弊:

1.趋时人多,务实人少;

2.钱第一,人第末;

3.做作人多,真人少;

4.鬼多,人少;

5.盗多,正人少;

6.牌子多(空),实力人少;

7.图目前,不顾后;

8.吃喝有钱,做事没钱;

9.争名位实权,不学本领;

10.媚外,奴性;

11.不争气,不长进;

12.利己,损人,害人……

13.巧于外，拙于内。

险哉！！！

要事：健康！自拔！老子天下第一！蔑视一切！

十四日

梦政协傅老、张醒民送赠政协老年书画会聘书、文件、米芾《梅花赋》纪念品。

夜梦做诗歌："吃得香，睡得甜，破私立公是根源。……"

赵竞宇同志来，为写介绍信，赴襄汾艺术馆摄照。海洋信，领赴景村事。

茹桂介绍东隆美食城王练字。起超嘱为二十世纪《平陆人物录》题字。

十六日

发周强、王苓、淑凤、郑欣淼先生、鼎新、尚贤哉字、信。胡征，中石老。

夜想：以《今日何时》为名，写文章，或小册子。计分：

1.内观——门前清（个人）。社会。国家。群众。

2.外察——国际（日本）。美俄……

思想家。

十七日

前梦射月，满地绿皮大瓜，转大瓜。

夜梦竞走力壮，责斥同走者。

日读元明散曲数首，自慰，有趣致。

赴太原时，书法同志来访，谈写文章。收太原王治国《黄河颂》信，索字。兰州晨报冯玉雷字、信。经贸时报。

梁漱溟："道德就是生命的和谐。"我对于今天的道德表现完全予以否定了。鬼！豺狼！哪谈得上生命的和谐！谈有甚作用?！气煞好人。抱定以我为中心，私字当头，但不损人。

十八日

作字，交任务。山西工人日报葛葆庆、张光老二件，明日发。

十九日

发葛信，张光老信。赵竞宇、小康来，明日赴襄汾。买黑米醋8斤，康为发信，挂号，代付钱。明日书《十九首》参考。淑凤电话，21日要来。建国嫁女，代垫礼200元。为崔画题字。条幅。大海助字帖款事。带字。明日书白志彦同志大展题词。个人数字。《黄河颂》。字，不管写出大人，英雄，雅人，什么字来，总须有个性，脾性，　　拗态，傲骨，清正。傅山、文信、鲁迅诗字中表现者。

二十日

写就"巍巍大中华组曲书法作品展览"贺词100字，附给白志彦同志信。崔局长字。五台山展字，王长轩，忻州长征西路友谊街二号。剪报贴报改名《动物世界》，符合世界风云情况。"人与人相食"，失去人性了！

二十一日

公正博大，高厚远明。

夜想做人（对人，对己）原则：治学，修养，书本，社会，自然，八字足矣。勉旃！

中国：缺乏人才、专家。大报上，见不到中国在国际问题、大事、人物，发表过什么专题文章。新加坡、韩国则时有论文。美国更不用说。

下午3时，文史馆姚馆长、冀、陈来校，在专家楼小会议室贺年，座谈。赠礼品。作字。

收劲知信，其父患脑血管病住院数月，出院，仍须治疗。明日作复。蒋蔚奎贺卡。

冷静，放松，致胜之道。（打羽毛球）

二十二日

发劲知信。收北京国际邮局9129号中国国际交流出版社来信。

"入编通知

您的电脑编号：gm1363

您的传略资料经审阅将被收入《世界名人录》中。特此通知，谨表贺意。

您为本书的特约顾问编委之一……"

李向虎为郑林禾题书签"笔耕在黄土地"。赵淑梅信，陕西合阳县孟庄乡孟庄村十组。反日长文。民族魂意义。

二十三日

吴群生、张鼎、李菊等七同学来，礼。李国富，江西进贤县前途笔庄赠笔4支。文史馆领导电话，明日来贺寿。

二十四日

上午10时半苑恩光馆长、王、陈、任几位来，礼。红纸书"海屋添寿"隶体贺寿，照相数张，热闹得很！新权亦来，赠林著《笔谈书法》小册子，精粹。

今年差近九十，有七十年唱的是悲剧：5岁丧母，12岁父亲又离去，唯一依靠管我吃穿的是小姐；大姐已出阁。在我15岁的一年里，两个姐姐又先后逝世。天地不仁，偏把我当做开心的洋玩具……

二十五日

收到胡老征信二件，附诗二首，甚感！

二十六日

发张国忠、荣信、字。向虎题签。赵淑梅信。

清理笔债：胡，王，丁诚（陈绪），荣、王夫妇（育辉），胡文龙二……明日寄。四尺三，又中堂。余园，吴群生，张鼎。

二十七日

与王免、张素文夫妇同赴兴平昭陵饭店参加咸阳报副刊创刊百期纪念，百余人。总编汪玲女士，张锐，鲁曦编辑赠书一本。赠陶瓷茶具一套（千元）。8时多回校。

二十八日

盟会，请假。文景明道友赠镀银酒具一套。

教师、学者——精神财富（道，思想）。最痛苦的是：愿意把这笔财富毫无保留地贡献出来，教育，传之永久而不得。利人。（创造欲）

商人，企业家——物质财富（钱），尽情地享受决不愿分给别人享受。利己。（占有欲）

有形的东西——无，暂。

无形的东西——有，永恒。（真理）

白志彦陪胡老夫妇来，摄照数张。谈天说地，甚快！白取走中华大展贺词，王生财同志剪纸一张。樊明印友来西安开会，夜来。收葛葆庆、成乃凡、五台山、胡征老

（改诗）、王长雨等信。

二十九日

庆生上午帮书（中文系）转国家□谱所四尺一幅，四件。文龙兄等来，赠猕猴桃一箱。尚硬，须放软。取字二件。魏烁勋小孙字。庆生取《十九首》拍照全部。生财偕家人等参观石文化收藏，承赠天然汉玉桃，白底，上缠红、黑条纹如带，均天然生成颜色，颇有生趣，宜观赏，艺术价值高。

杨继军电话，明日午来，代表他姐凤兰看望。大夫王俊民同来。温军、陶华来，赠泰国米、油、八封柑等。东方大酒店请洗澡。温2号10时来接。册页二，题词。杨涛经理。

三十日

发文景明兄信、字。劳动报总、副编、程中女士，牛玉林主任来访。发文景明（杏花村酒厂）信、字二。

颇累，数歇，午睡4小时。

收首都（师范）大学中文系叶培贵为欧阳老代复，欢迎报考，与研究生招生办联系，或与王世征教授联系。98年计划尚未定。（元月26日信）邮编100037。

翔送，张部长礼100元。

三十一日

杜雷婴、汤楠结婚，送礼300元。牛玉林、刘光贤总编来，赠名茶，庆生陪。谈颇久，甚快。

桃李满庭争艳丽，
薜萝绕径放精神。
清兰索书。

二　月

一日

雨雪。准备返里琐事。发海洋、淑凤信，通知东生、航民。王英信。复印报纸文章。收赵安志君赠《偷闲集》一本。收胡征老题词。徐文达老信。京展成功。讨论会定来参加。甚慰！换棉裤，舒适，皮裤不行，套衬裤下溜，苦了多少日子。

胡老词：

“右军风骨晋人魂。俊秀翁教我。胡征敬题。1997年元月吉日。

全诗：

香港回归第一春，秀翁书艺献诗情。

笔走龙蛇天出纸，右军风骨晋人魂。”

同样书二纸，附信一件。粗笔书之照原真笔付梓。水笔书之可刊报纸。

东方大酒店请洗澡，吃饭，赠礼。字二件。温军代发胡征老信。中强父子来，酒。王蓉蓉大夫来，赠花、礼，字三。育民兄多种多样礼。赵德国。清香。

刘晓贤，政法学院，为买肠溶阿斯匹林，日一次一片。电话5211127。

航民脑病，须动手术。

李正峰须注意健康，脑有病。

长安画坛……

三日

小雪。刘晓贤买来肠溶阿斯匹林（沈阳）二盒，皮炎平一盒，未付钱。发航民信，问病。复印胡老题字。作字：甫运、傅、延德、吕大夫、胡、育民等。欠万怀、樊、县上……赵亮同志电话,将要来,嘱候。

水仙初放,清香盈室。正逢佳节,合时。

凡事,须有我在,方免奴气!奴人不可学!

四日

赵亮同志来,赠陕报5份,照片十数张。庆生取胡题字诗作。梅墨生同志从河北老家来电话,贺年。其父63岁,不在了。生彦同志来,为换小票,取字。

县政府卢莲香代表政府贺年,临汾行署教委会贺年。陕西铁路局杨信平二位来贺年,礼。

五日

发田峻生,李、翟兄,克军,聪弟信。

六日

赠李院长对联。代发华、庐二老信。

月尽。除夕。

97年过去了。旧病亦除,大好起来!吃睡正常。应酬仍多,切戒之!

今之社会风气,人心之坏,无以复加。忧国无用,白操心!

应从头做起!

1.一切拾不到眼里。

2.唯我是尊。

3.好人,除几位老一辈外,动物耳。

七日

正月,元旦。宁静淡泊,自做主宰。真理是永恒的。友好。存在都是暂时的,虚假的。勇猛精进,健康即神。

莫蹈人脚跟,勇于创造,上进。

力改旧作风,玩玩世界人。管他天皇地皇,一大堆孽罪、鸡虫!

文章、艺术方面大创新,开个新局面。

电话多,客人多。看几章《负暄夜话》,马玉藻、张东逊、梁漱溟三章。

吴强老赠福建茶具精制品。山西、北京、郑欣淼省座电贺,杨凤兰……电贺。马温才。航民作古!毛字赠友。二件。中文系主任、书记等三位。汪、杨、守焕夫妇来。白志彦……电贺。甫运、育民、胡等礼。春节过得平顺,热闹。三儿子全家乐。

八日(初二)

手头有几部世界名著,中国的如《庄子》、《史记》、《鲁迅全集》;外国的如别林斯基等等,足以壮我志气,开我胸襟。莫说今人拾不到眼里,即古人能拾到眼里的有几个?(傅山先生句)

樊政委来,果子。定日子。十二电话。

书冬梅信。杨万、吴元老电话。王英电话。

九日(初三)

整旧字,分包。

精神须武装之。

安闲自在,轻松愉快,——行其所无事。

艺高胆大,——有所恃而无恐。平时为战时事,战时为平时事。——老态依然。

有远虑,无近忧。

李正峰兄取字幅。吴三俊、晋□兄来。

作字。赵步唐夫妇来，礼。傅、李、斯老来，魏摄影来。

一个有影响的人物，浑身就是块磁石，来者无不受其吸引身旁，结为一体。人皆爱之，敬之。武王一怒而安天下之民，纣王一怒能安天下之民否？

十日（初四）

放晴，春意浓。

写得数件字，知用墨汁之要。蘸饱，腴润，富实感。以前蘸墨少，细，欠浓。

1.针对性（外）——大力，处理外事。

2.真诚（内）——巨力，做人根本。

二者，感动天地鬼神。所谓“金石为开”；“不诚无物者”也。

杜鸿夫妇来，方胜同志从台湾回来，赠豆角画一方，颇精致。张星五老儿子来，赠草虫药等品。银川曹雅菊来，茶、柿饼等，嘱“梅花铁石气概”。数学系，八十二中生物教师来。振纪寿糕。胡平大夫字。八医院院长。邓剑夫妇来，赠诗，装裱他大张。

夜，刘、草、王、傅等同仁小会，——讨论会事宜。

十二日（初六）

陈总、凤兰、巨白夫妇、政协兰等，胡增贤等。赠诗本。

十三日

初七日。王满道、新权《中国书法》、《黄宾虹文集》。

十四日（初八）

九时四十分政协滕竹英同志来接，友谊东路长安饭店。谈到她去年十月赴朝鲜观感，理发。街面警察都是女的，没有红绿。婴儿一出世，交公家——大学毕业。断奶，一礼拜生母看一次。老年人生活，医药，国家管，无后顾之忧，精神痛快。道德品质极高：“我们的领袖金正日告诉我们，要做一个正直的人，品质高尚的人。”没假货。三分钱一公斤大米，房钱二元。平壤楼房大有特色。男人女人均着黑蓝色，没其他颜色。

盖大夫赠凤凰画。朱文蔚市副主席。胡文龙、西铭、王广香来，赠画装裱，酒……给文劼34，购电子机。新权为购《陈子壮书画语要》，散之三本。

十五日（初九）

二十多位五一级同学言谈会。几样菜，烤鸭，饼，甚慰。作字一张赠东道主——炳炎。

十六日

初十日。作字。发胡征老信，附复印题句、诗。张颔老拜年信。强儿回香港。生财来。黎风夫妇来，礼。赠字。庆生来取牛字。凤兰（三），女女字。志和字。平女来，明日整行装—— 钱，字，衣物，照片，礼物……

十七日（十一）

发久原陈其明、保险杂志社函。樊明印同志电话，明日下午来接。晚报“长安画坛”赠题字，下午来取。收山西日报秦洪彦同志信，写稿事。（030012，太原双塔东街）

廓如兄年前逝世，十日火化，老同道又少一人！

十八日

樊明印友来接赴蒲城驻军师部，家住一夜。甚舒畅。

十九日(十三)

下午三时到达临汾博物馆习一家，住餐馆。由财政局局长、副局长王安排。

二十日(十四)

看冬梅，宴会十数人。

二十一日(十五)

赴景村，樊政委送去，当日樊回临汾，回夏县，返蒲城。

二十二日(十六)

寿。大海、淑凤，亲友数十位。

二十五日(十九)

小马接住冬梅家。

二十六日(二十)

住淑凤家。建国、晋扶青，克林来。

三　月

一日

返西安。因雨来到师大。送回。六斤大帮忙，免卧铺。全茂送。复生夫妇礼。

大海为买软椅、药物。新权来。

返里。重阳、安生去治平亲戚家，玩玩回去，不来了。午睡。女女来，小毛来。

村中大变。私字当头，当利不让，人与人之间远离。村中河水、交通，没人治理，不过问，一片死气。可叹！

二日

书张颔老、樊明印信。刘、王、傅来，讨论会事。上午睡酣，仍须好好休息。

三日

发张、樊信。教育出版社王志章、阎来。(挂历编辑)

四日

绪万君友好，礼200元。卢惠敏友来，年底回西安儿家。退休。收王元军信，文稿。

五日

发李、翟信，文达、林鹏、白志彦、王元军、胡征诸老友信。周总理百年祭字，中文系。

稍事清理工作。钟明善友赠《书乡》两本。

“凡存在的，都是合理的。”而合理的必然转向不合理！凡实际存在的东西都是短暂的，最后反回到虚无。不占空间的东西，都是永存的。——友情，公正，真理，永久得多。

六日

发钟明善友信。书璞信。李建森八日来。“卫俊秀书法”自署。另数条字。中文系(阎)十四条幅，对联一副。西大，十幅。

七日

为字册整理友好诗词数首，生活照五张，题签三种，字幅数件。李、张、罗、胡、郑五首。董文字。(建国)书论(自序代)。三题签(内外刊之)。

卓秘书(铁市长)、张主任(广东)赠花瓶。江西笔厂兄弟来，赠手杖、笔、索书“精益求精”，对联。西大文德拍卖行郭智林

(女)取字十件。

闻傅大夫老伴去世,甚为酸然!急往慰问,200赙金。

锁子都能开,开不开只是不对口。人生不过一场戏,戏有长的,短的,要演得好一些,不许叫人背后笑骂。

八日

发秦洪彦、崔惠民诸友信。义潜夫人来,为人索字,付两千。书张光老信。

九日

作字。晨。发张信。

世界上有无永久性的东西?凡存在的、有形的东西,必不永存。无形的东西,则是永存的。——爱,人道的情义,艺术动人的魅力,永不会消失。故最贵,最有价值。唯学识能使人充实,金钱皆末也。故不学人最可怜。

晨李建森同志来,知北京出版社一切顺利,索字四件及其他。照片四五张,友人诗六首。窦文海夫妇来,将为我灰指甲延医治疗,甚感。忙于作字。大任务完成。

建森明日回临汾,7.30时。明日休息一天。

十日

必办的事就办,推诿何故?欢天喜地办。成功信念!

研讨会,大事。出字册,四家大报(天津、湖北、河南、西安)。

铺排已完,张罗随之。

萱来,酬两千,门楼字,横,"东流"。人多喜厚字,瘦硬不爱。

省广播电台明日上午召开香港回归事会。胡老来,赠毛尖二盒,报以角马。忘记带斗方字。

十一日

飞龙酒店大会。雨。收袁旭临贺联,研讨会,无信。新建路155号,030082。雷龙璋山水展字。李胜前字(迎春小区303幢,710002)。省老年书画学会港回归字(西五路付31号,710004)。

十二日

小刘来,为我按摩。

十三日

雨。作字,清债,陈绪万道友。笔厂(江西),联,横。研究史部方程(王世征教授)。大海。庆生唐宋词,李后主。李允对子,贺联。序文。张积玉字照。

十四日

魏耕原送还《古诗十九首》。江彦博赠《文化报》、《报刊之友》。殷树峰,西安通讯学院军务处;王曲,5431550。

读三月十四日《参考消息》,载法国记者参观日本371部队在中国旧址一文,国仇长恨,再上心头。此仇不报,国将不国,民族气节,丧失殆尽矣!悲夫!

十五日

晴,参加东郊部队宴会。赠净水器,酬。

十六日

收山西省书协《书法通讯》一册。为李雪老书贺联。为王书李《虞美人》词。

念书:1.开拓知识领域;2.扩建精神世界。

行天下,空四海。

为天地立心,为生民立命。

天地正气,宇宙气魄。

大人大行。

鬼蜮兮国仇,无敌兮三公。

十七日

收赵秘书复信。许老:方庄,方群园一区 13-1028 室。

县委,香港字。四月三十一日交稿。

十八日

人民日报西安站长孟西安、省副秘书长张光强两位来,谈甚契。为题“五谷丰登”、“五业兴旺”字,将刊载之。各数字赠之。刘来,赠药品。中文系字。牛文山友寄回三公字十三副,书回信。

十九日

王萱同志偕田顺生先生来,取字各一件。

新权分送裱字,李老对联,大海屏。(庚虎外)渭南文联,培林。小虎。香港字幅。田顺生、萱字。育民同志字四。门楼字“祥瑞”。

北京出版社杨良志先生来电话,感谢为他作字。又云,字册开始印,大方,美观,自署签甚好……一定要全力做好这项工作,云云。杨吉平字。

二十日

发袁旭临、云香、淑凤、牛文山信。接凤电话。收林鹏兄信。285 号。

二十一日

开始植物活动。完成序文。

二十二日

平女为大清理书架。改序文。

二十三、四、五日

书自序。发赵鼎新同志信。为张家晋诗词题签,金海来,鬻书,字。

二十六日

省教委督学李宪孝同志来,索字,为设法重印《野草探索》,似可靠。

杜为、丁凤、财经院教授、应、付兄等来。

理明,句顺,气静神藏,是谓平淡。苟非绚烂之极,未易到此。浅近非平淡也。不经意,不费力,皮壳数语,非平淡也。

作字一点一画,都须像铁匠抡锤,用尽铁臂力。

二十七日

金海千,育民 240,作字。

二十八日

按摩第二疗程始。十岁幼小者随父母来,礼。阅字。郑老来,饭量不小。积玉同志来取字。

二十九日

庆生、费秉勋教授同赴北关石文化家李善明、徐湘媛夫妇家观藏石。计有类石、晶石、化石、禅石、景石(三叶虫,鱼,立体感)……玛瑙石中有水……饭后,作数字。承赠玛瑙项链、耳环、镯子、辟邪带子。对于造化,更得了一了解。形象、字、画,非人力所能为(艺术即上帝)。文化开拓出一世界。若干亿年前，山矿，生物变化。化石非尽平面，亦有完整的体态，立体。

强儿昨日由香港归来。

三十一日

兵马俑西安华艺文化有限公司经理杨胜利、艺术总监刘向等，何清谷来，赠《秦俑学研究》、《断裂的文明》磁带。索书"秦兵马俑旅游购物中心"横标，书画展字，件数，内容，大小不限。装裱展毕，退还，可销售，由自己定。张文卫先生推荐。西安临潼38号信箱，邮编7106004。

发鼎新、树芪信。介绍应、付二兄来。

四　月

二日

正峰兄来，研讨会，生彦……收狄西海信，补题签四。应老面讲星斗，材料。

三日

夜梦黄河川流阻行。陈青来，下午文史馆医生贾老看病。

苑馆长、陈青邀请贾老来为我看病。药六剂，一周服完。

收聪弟信，七月三日会半天，我将为会表演书法。

少纯赠鲁迅像。人民日报陕西专栏题字："五谷丰登，五业兴旺。"

四日

服药，便大通畅，无虞。卢老字二，简介（胡征老高兴取书）。作字数件。

五日

清明节。咳嗽好一些，夜饮三次，运动，饮食注意便好。想干什么，就干什么，无禁无忌。饮食，看书，写作，谈话……不过劳。轻松，愉快，自由，自在，爽朗，开怀。放得下，起得来。无忧无虑，由我安排，

自由王国。童然如新生之犊，进乎道矣。

重庆田兄来，余春高陪同，汾酒，小米等三种。文海夫妇来，礼。为市李甫生处长字，200。北京安定门内柴棒胡同27号刘正成先生出册子字（家），100009。

六日

夜咳嗽，大约吃了香蕉之故，凉。开会，小议，钱。如今事有甚样子？到处"穷"。没人笑话，丑话说在前头，好。

光景不能靠讨饭过日子！

向亲友求乞，向路人求乞，以至于向敌人要，元气丧失殆尽矣！地上刮不动，挖先人墓。造假欺骗，卖皮肉……天道软？人道软？请"天问"！

梁先生，北大拔尖儿人物。

山西老年书画会、县委会，香港回归字。新权代发。书耀老、淑凤信。字裱好了。

七日

托庆生交陈绪万君字幅。发李、韩、张老等信。周总理纪念字。作字五件。

毋不敬，古训明，力行之，益终身。

可怜的中国人，不争气，不长进，丧尽民族气节……只好蔑弃一切！

杨顺来同志电话，赠山水画一件，约赴一企业。

知识——学问(原委,系统,博识,纵横,识见,创见,脱略,提高一步,发扬光大,——能力,革新,创新,实力。)

八日

大晴日。何清谷陪杨胜利同志来,取题字,横,京展说明。另索1.二十幅,展用,销售。(依个人意见)2.相片。3.为何题字。介绍庚虎同志装裱。

香港詹松林来索书"博达"二字,陶华陪,专人摄照,500。

送报女李莉珍、郭辉索字,"忍"字,附小字。

詹松林,新产业投资集团公司(启功老题字)总裁。

李建森将调地委工作,四月六日赴京,索对联二副。杨吉平字。

九日

托陈青给苑馆长信,谢贾老。

十日

晨,厕所后,忽觉右手无力,取册子为难,稍睡,休息后,如常。首次发作此情况。淑风由临汾来。

张长弓的学生,六十四岁,随高桂枝来,为发气功一通。少坐即去,有眼色。为团团介绍新加坡上学去。

十一日

上午参加于右任一百一十九诞辰研讨会,张淑风扶我去,未结束因看病辞退。明日赴三原,请假。代表五十余人。台湾马千里参加。

十二日

发狄西海信,题签。淑风返里。赴太原字,书。书何老题字,展名。武德运赠照六张,放大一张,为装框。可吾心矣。"灵魂的工程师",岂在斯乎? 得吾心矣。

十三日

时间就像空气一样!时间即一切!不离时间,利用时间!

庆生来,中文系故刘学林教授夫人迟铎合著书多种,今承惠赠《千家诗辞典》、《中国古代风俗文化史》、《古文观止辞典》三种,感谢之至!

十四日

晴。咳嗽渐轻,食欲振。夜,研讨会,分工。

十六日

庆生陪同一公司同志来,字四张,交两千整。韩钟琪来,长安第一中学五十五周年字,礼。吴强老来,托丁伯苓刻字四方。李国富,江西笔厂,天一方翰墨阁,对联。五月笔画。苏荣彪,西安中医药管理局局长,横。傅大夫。蒋平女士,陈院长夫人,条幅。

姚国瑾索材料,急需。文怀拍卖两位来,交1440元(三件)。另七件嘱送来交西大王昭州入股,取走原收件。

十七日

发王昭州信。张忠孝之子张皓,艺术系,送来照片数张。书页。交给其父周一百年祭字。

夜雨。生彦同志来,植物园外字展销,

索对子二副，中堂，横。省教委宪孝同志来，一心为拙作《探索》奔忙，去过两县，即赴兴平一带开会。销售他负责。出版社？我联系。拿去《金秋》一册。刘念老来，取材料，谈话。秀英给来讣文，马志明老作古。

十八日

方磊来，谈《札记》问题，借南海二册。江西取字。王取字，未写。新权为填表，发去北京。交180元裱工钱。午饭只喝苞谷汤一碗半。

十九日

发北京刘正成信、字（起家友）。姚国瑾材料。秀英悼马函。

二十日

张珂赠《中国新闻》二册。有为我写的文字。

时时忙于为人做嫁衣，太不值得！想一想？计一计？

三□来，大礼。女毛毛赠礼，字二。阎婚字。茂林兄字，信。傅、应老来。国事，可怜！生彦同志取对联二副，中堂，条各一件。

二十一日

下乡，下海，下岗，

可笑不得。

天上地下，生存路上的挣扎。

无奇不有，

没关系，没样子。

没真理，没是非。

说大话，瞎吹。

创新，能干。

正人君子，王者风。

丢人败兴，

足资鼓励矣。

大天而思，宇宙世界。

大解放，人群社会。

大行动，如入荆棘大野。

阔步创世纪，空无人境之地。

大笑，大歌唱。

无可无当，为即可即当。

视野皆空。

狂者，蔑弃一切。

为所欲为，为谁？

鲁迅不易学，既学矣，可不严乎？！自律，绝不能随便。梁先生！毋不敬！

万事万物皆无，唯有我是有，真有。我若不存在，一切皆无矣。万类皆假，亦即空，唯我真，亦即实。可不大贵乎？杨子："存我为贵。"尚矣。

收到上海鲁迅博物馆发寄收藏证一件，附信。保管部主任秦海琦地址：上海四川北路2288号，邮编200081。

二十二日

雨。敢于否决什么，可说明他有否决什么的能力。反之，什么也害怕，他真成了软胎子！

路是人踩出来的，你就得大胆地去踩！英雄主义并非全不对的。紧跟着人跑，能落脚到哪里？

二十三日

翻阅《鉴余杂稿》，因而查阅碑帖以证之。

作字，即思想情感之旅游，兴致随山水景物变化，时而惊喜，时而狂跳，心神飞跃，莫可测知。

日三乐：1.庄文妙；2.书法奥；3.自传要。

“大众周易与生活顾问”，西大王教授（昭州）嘱书。

晓报王尚信、李青二同志来，送证书，中国和平统一促进会会长钱伟长发给。册子正在印装中。《统一》杂志一本。又须为北京书香港回归一件。

春风得意马师雄；香港回归报；无为尚信。下星期二来取。

二十五日

理发，三元。看报，增加新刺激。无奇不有，出洋相，怪事。不稀罕，随和不行，须有个性，特色。创新嘛！无可无不可。庄子毕竟不平常！做个有影响的人，浪头人，震动社会、国家、世界！方为大人。要富有奇处。地方性，不效颦。

十六日

胡增贤夫妇、樊政委来。邓军电，卢莲香中堂、省委字一件。

治学、书法诸事，能弄透一二难题，　小乐；解决主要大题，　大乐；通透，博达，　天乐。

明理自平居，莫到有事时存两端念；

置身须得地，当为从古来第一等人。

迟锋女士来，庆生陪，谦和，谈片时。陈青来，任□仓字。

二十七日

愈矣，久咳嗽。心地平静，万事皆平静。疑神疑鬼，鬼神最会钻空子。

二十八日

天夫同志陪同宋寿昌先生（八十三岁），来赠其先父宋联奎，大有名堂人，《城南草堂诗》稿一套四本。甚慰！索字。发王英信。为居梅作字，贺结婚。收胡征老信，病了，介绍入《人物词典》填表事，甚感，即办。

二十九日

钟镝来，正峰兄赠高级水笔一支。张老夫妇，李珂兄等四号约来。三号聚餐，来接。王□信同志晚报，取走字。宪孝来，字一，为《探索》出版事努力。雷长安数字。吴思中夫妇从太原来，未及午饭，不周。字。正峰为保书法报，反送礼。荣惠，改民。

五　月

一日

欣淼先生云晚上来候，不及，庆生电话应酬多，赶不来。李建义信。

二日

夜未咳嗽。

五日

住院。王主任、贺大夫、李珍等，关心之至。三十八度，痰混血，住小房，打吊针。

六日

上午全部检查，左肺下痰，心电图，输

血，大小便正常。共打吊针二十五瓶。

二十八日

第三次照片，痰消失，出院，药利君沙二盒，日服四次，二粒。

宏莉夜送鱼汤、银耳汤等。

二十九日

新权赠黄庭坚帖，将以赠李宪孝君。吴强老脑病。丁伯令电话，四枚印刻好了。

三十一日

星期六。平陆谭康明、解学文赠面粉一袋（二十五日）。李绵老，老年书画会，齐静山老等，宏彦，又一位青年，影，书画会，中强媳，段兄，正峰兄，郑老，杨处长，赵校长夫妇，育辉夫妇，做伴数夜。庆生，起超，应老，付大夫，

收赵秘书信。发李、翟老信、赵守平来，桃等。剪报。下午雷雨一阵子。吃桃二（略煮热）。午睡好，大便畅。文史馆展颇佳，得好评。晚报载余贺香港回国字。五月份报，剪完。

六　月

正式通车。红月。健康。愉快的工程。成绩突出。暂露麟角。

清理——铺平大道，进军。闯出国门。地球，一面要保卫，一面视为皮球。

一日

小海、振玲电话问病。收到北师大博士生历史系王元军信（新街口外大街19号100875），云，在书店见到朱仁夫撰《中国现代书法史》（北京大学出版社，国家课题），重点介绍，少数大家之一。作品为《中国书法》中所载三幅。

关老师陪同去看路克军乡兄病，下午三时故。发元军信。王勇超、兰竹英，碑林区政协赠花篮。

汉丞相忠武侯墓，定军山度假村，勉县人民政府，1997.6.2，六月底用。杨霜中，勉县县长，交通部长来赠名茶二筒，嘱书武侯匾。

三日

发王元军信。白电话，十日晨将来家一叙。收平陆陆忠贤寄来《山西日报》，原稿，又字照三幅。晚八时西安蛇口安达公司司机陈元同志带潘和平（永济市长）名片来，取为李雪老寿联一副。给开收条。

四日

发陆忠贤信。应老来。发翟英、胡征老信。

雷龙璋，美院一教师，来嘱为雷题南方山水画长卷大幅题字，索画展贺词。襄汾县邓副书记、张立佳等赠家乡产品数包，索题迎香港回归书画展，十五日寄出，又各数字。

航天余携先师手迹付印稿赋，代序，辨识难字，无误，赠一张，甚慰！

六日

白志彦来，赠巍巍大中华书法大展复印本。

庆祝香港回归书展，咸阳展用，补数句祝句。私藏旧作一。十日接取。胡先生

序。胡老赠新著《创作拾穗》一本。

七日

王英电话，已由泰国回来。平女来做午饭，鸡，面，可口。看佛经，　“无我”系列论。

激励果——国敌；

苦海果——哲理书；

乐园果——艺术别墅；

友善果——行仁。

信心增踊跃。（佛所行赞）

思维等机杼。（自禅定）

八日

杨胜利、何清谷先生们来，说展出计划，请贾平凹君写序文。方磊同志来：1.看稿；2.拟定《探索》始末，准备材料。稿出版，西安？校印？教育出版社？山西印？写信？林序？作字：襄汾，白志彦题、横各一，雷龙璋长卷。明日勉县丁伯令，卢县长等，工人日报，郑欣淼先生……

九日

郑欣淼先生字四，庆生转交。武侯墓，定军山，度假村字，丁伯苓字，斋名等。襄汾回归横，白志彦横。政府三，工人报字。

收田峻生信。

人生就是矛盾的关系。百分之七十八

斗争，智愚，强弱。

十日

白志彦同志在西大举办香港回归书法大展，胡征、曹伯庸诸老参加。西大李志慧教授赠《庄子探微》、《司马迁论文》两本。省统筹办社会保障报赠《保险实用册》一大本。收贾起家信。收谷扬寄来纪念周总理诞辰百年刻后拓片一张。

日美联防，不操好心。愿我人民团结起来，一致对外，爱祖国，爱人民，第一要事！没有国，便没有家！

十二日

发李翟老信、建国信。作字——明日发卢莲香、香港回归题横额字，葛葆庆等字、信。陈绪万君、李文君等三人字。送笔润。贾文涛来，偕二女，公司记者，赠花。赠报一份。

十二日

发葛葆庆、峻生、赵中辉信三。卢莲香联，条一。福基、来顺等信。香港回归题名，向虎碑石联。夜饮茶多，火气下。谷阳(周总理一百)。贾起家信(文稿)。庆生来，取陈字三。为发信四。作字四。

夜九时入睡，张化洲夫妇来，云毛主席纪念馆负责人将要来看望我。晚饭没吃成。

十三日

发建国信。太原古籍印册事。新权电话，告元军购来《现代书法史》一本，明日带来。作字多幅。

十四日

植物园。谢雪老夫妇来，赠所作军事书一本。新权来，元军托人带书，即来。贾来，克军灰撒甘肃兰州黄河。

十五日

星期日。方磊携女任稼来，赠礼，索字。催看札记稿，借去佛碑五本，《野草》及材料各一本。夜新华通讯社陕西分社报刊中心编辑吕宝鸿同志来，为回归百人签名，小照一张。

十六日

发王元军、李殿清、田峻生信，挂。林鹏信。

开始服西洋参，不许间断！复我元气，壮我筋骨。

收建国信，安邦字册印，《中国现代书法史》复印页。

十七日

晨四时起床，书大字对联三副，条二，满意。拟看方稿。王元军托王昊同志(京市委党校学习)赠中国现代书法史一本。另，陕省社科院增《人文杂志》增刊两大本。刊有拙文《逍遥游札记》一文。看方磊书稿。

十八日

夜眠颇好。

文化艺术报编辑、记者江彦博同志来，赠《报刊之友》，礼品，嘱为题词，又索书一件。新闻局领导为了调回女，赠礼，原在山西工作，顺便提及书法教育报……书"博爱之谓仁"，赠住院部办。主任王甲申对联。谢意。

三日会，赠字。安排……李甫运出版书教情况。会前语……

参加飞天公司，省级祝香港回归书画大展，刘异乡同志专照扶我（电视局职员)。方磊来，商讨文稿事。达成一致意见。

国际有风云，国内也有风云。社会人与人之间同样迅雷烈风不静。要看也要干，挺起来！不能退让。自负，自尊，要强。鲁迅先生。

研究什么?

对象——针对性。

所恃——武器，资本，能力。(才能无恐，行其所无事)

自知之明——年纪，慎重，不宜失足，无包袱，轻装上阵，游刃有余，操必胜之券，成功。知人知彼——优，缺，时机，条件。

赠送住院部王甲申主任对联，办公室横幅。

听友人说——

但愿常听君奇谈，
笑破肚皮开心颜。
人间万般皆瑰宝，
妙文在手不由天。

收建国信，太原送去名贤帖200本，原价，外加邮费三元。钱到即寄书，不误。

二十一日

发劲知、望进、力雄老等信。

二十二日

晴。37度。

会议即临，准备。

1.识字问题。(起点)

2.教育自己。(用功)深。

3.爱人类的母亲——地球。(主义，目标)

4.文哲，文学，艺术——教育培养，大精进。科技——实力。

昨日工作不少，夜睡眠大好，好梦，终

南岳,腿垂下去了。晚饭未食,肚子舒服。

张积玉来,魏巍字展一册。刘念老,庆生,书稿打印。三号会。食、住二房事。29日定?

二十三日

发爱国、建国信,周强。省军区香港展,礼品镀金币,纪念品。

二十四日

大风。建国电话,将同四五友人来西安。能在七月六日来最好。淑凤拿去若干字册,想是为医药局,存或代销的。索名贤册原稿,由北京出版社印刷。安邦处,须取回版,不许再印,登报。书银莲寿贺词,横。

二十五日

连接副县长来顺电话,说题字未收到,告以发信时日,封号单号码,经查早已寄到,收发处未转,意欲干没不与……

邀李甫运社长参加座谈会,三日评职称,万一不能去,嘱延红书。并要由社设宴。余不接受……

收西安晚报一份,张正彪老师带回原作,对联。

二十六日

夜清醒地梦虎、子二只在家门外东房外玩,委顺,不惧。宏科、胥超须通知。午餐。曹、李、予三位字。美一二位。

一切,万类,都要回归到他的起点

无。地球莫能例外。全在气候变化,人之自为。列强大罪恶,动植的大敌!

二十七日

整字。赵秘书电话,峰兄又住了一次医院。翟嫂脑血栓。文联叶君为大公报取“香港回国、振兴中华”展字。

二十八日

作字数件,美国。

杜宏科电话,学校招待。一切事电告王纯同志。有堂来,横标,纸、墨,毡,茶水……告胥超、万怀诸友。魏德运来录音,摄照。

(语欠考虑)态度,成绩。

二十九日

雨。杜、刘、有堂友们都来,商谈座谈会事。静候振纪电话。

三十日

人多事杂,纯静,忌多繁想。

做嫁衣太多!

时光太不值钱!

耗费精力,可惜!

有点成绩。

雷龙璋同志取走画题额。丁伯令字。文海、杨春丽来,西瓜,茶。兴平化肥厂质检处,713100。

山西书法协会通知,九月开九七年书法理论研讨会,征稿。

马温才同志电话,十日后来。

书南郑谷扬字、信(武侯墓,定军山)。岐山文化局局长祁建业、张华(周公庙文管所所长)字、信。杨顺来信。

七　月

一日

香港已回祖国,雪耻皆大欢喜!

整理书案。聪弟、银莲、小莲孩子们即来。芬姐亦来,欢乐盈庭。

四周异乎寻常地平静,大约都在闭门看电视。——香港回归祖国。英国人自然不好受。

魏德运送来放大像,装框,为悬墙壁,年轻而精神。

振纪来,联系北京事,友人多少?接送?

二日

强儿昨日回来,与莒颖来,做午饭。午前睡尚好。

三日

刘念老、有堂……很忙碌,安排接应,九时许聪弟、银莲陪同美国书法教育访问团一行二十五人来到,随进招待所会议室就座。刘念老主持下,先由聪弟讲话,书法教育成立发展情况,计划(明年四月在美举行全世界书法教育大会),一一介绍成员。下面刘念老介绍本校　　市邀请书法家。赵校长致欢迎词。中美发言,余亦发言。作字……热烈,皆大欢喜!午餐六桌,家属二桌(自开支)。晚餐,亲戚二桌。

四日

聪弟来,带来求字名单十数人。字极少(忍,恕,多者四五字)。赠黄宾虹《现代书法史》、《散之论书》(未能按原计划办,因临时情况变化,发言人多,时间短,即作字……外宾获字多,满载而归)。

五日

午餐。西安饭庄宴会,三十余亲友为聪、莲送行,并与友度此一宴会。雨。

六日

芬姐等回太原,带去振玲字十五件。清平、全茂回临汾。晚建森亦回。

交来三包字册,出售美国九本(720元),孩子们五本,400元。带回去十本,(李、方二本)。实交我六本,又全茂带来五本。共交我十一本(聪一,女女一,念老一),余六本。字　　惠民局长对一,又条六。淑凤二,马三条,豆子二字,又杰一。

七日

发北京出版社信,淑凤回临汾,崔惠民信、字。准备世界书论文。九月会事宜。莫应酬。

南郑谷扬字。岐山张华周公庙字。

一切从“快活哲学”出发,吃饭,睡觉,工作,游览,会友……没固定时间安排,随时即干,有兴致便佳。结果:满意,有益健康,便是大发其财。

接谢政委电话,郭老瑞琛明日赴京,候返回后聚会。志和、臻女来做饭,安排饭庄宴会,颇费苦心。健儿联系。

书画会刘、有堂够辛苦。杜副校长总理一切,解决了车辆、桌、饭食大问题。一宗大事圆满结束,成功。亲友分别回家。余尚精神。

八日

发杨顺来信，糖坊街五号。发南郑、岐山县信。

九日

为新民，新作风之谓也。存我，爱己，慎独，“不随江河俱流”。

念书，写文，作字。事事做得，轻松，愉快。

有恃无恐，行所无事。德，做人大根；真，灵魂之精，大、深之极。以后世界，小天下。对万有一切吹牛大广告，“奇人”、“名人大辞典”，骗人的鬼话……报以“不信任案”！空空如也。

十日

李珂友随朱汉志(36.11)等三人来，字四页。张光老兄夫人(李玄子)病，嘱稍迟去。

十一日

谷扬先生等来，赠藏书证，周恩来拓片，唐人诗长卷，王治国碑林办。马温才送字册30本，为临汾第二医院(卫校附属医院)作字，书记、校长、跟元各一，24。扬来赠火腿，日食之，胖了好多。今乃知营养之重要。蔬菜。

十三日

山师大教授来，交卫树廉同宗信，赠秋衣一套。发李、翟老信，董洪运(运城行署副专员)信、字，李建义信、字。

十四日

庆生来，字册一。复印一张。午睡，朦胧中见一妇女站立面前，疑为菩萨，又像是宋夫人(华老)。

十五日

收建国信，为临汾新建大牌楼书“华夏第一都”、“现代花果城”，又山西省临汾地区附属医院报。《名贤》再版，稿酬事，张安塞办。

十七日

请刘念老拟三晋文化十周年贺联。教师报数位取材料。勉县张世清同志来取牌楼题字(杨霜中托)。323医院外科主任刘铁纯索字，送礼(黎风兄托)。

十八日

雨。癣病奇痒，不可支。达克宁，李院长介绍当有效。泻肚好了。一时饮食不合适。

河南黄飞同志电话，为我写文章，见到湖北文史馆馆长吴丈老，似对我尚了解，嘱代问好。下周来西安。

钟明善同志来，取字册，将写文章。符、应陪郑竹逸君妹郑涵春来，赠二十个龟玉砚一方，精致非常。

十九日

发爱子、明印信。作字数幅，顺手。墨水调好，笔蘸饱，落纸如画沙，又似轻车之奔放于高速公路者，痛快非常。无鼓努为力，观者亦收到轻松愉快之效也。

二十日

砚园王勇超先生开车，胡珊、竹英来紫宸山庄，赠千佛，购三十本字册。

二十一日

发勉县李霜中信。书三晋文化贺信，

字联,字册二。午前睡好。

二十三日

发翟、李信。赵竞宇信(长安中路电力专科学校)。女女、振玲以淡盐水洗癣腿,轻快了。工程界——力;贸易界——钱;文艺界——才情(脑子)。

二十二日

杨丽春来,送杨树汁,夜涂,流水颇多。

二十三日

肿胀,女振玲心急,为请李院长,杜也来,急为打电话,恰好李来,止,勿用汁,刺激厉害,嘱以灰孟痒洗之,再涂以蓝药水,内服利君沙。带字五份,住院部。

二十四日

肿消大半。关六斤、任来,赠酒、醋各六瓶。小罗为叫理发工,洗身子。

二十七日

临汾市委书记王春元先生来信,着王希斌(办主任)来,裴玉林亦来,取牌匾字。带竹叶青及吴氏熏肉四盒,润笔二千。饮可口可乐后,因事即进城,明日返里。建国信。

二十八日

振玲将到达太原。晨大洗脚部顽癣,涂以蓝药水,轻松,稍刺痛。午前睡颇长。杜宏科来看望。书窦文海信。猛雨。白志彦来,赠礼品。胡征赠茶。

二十九日

"从无字句处读书"。

从虚如空处思考。

思维,转轴,运杼,运筹,——丰收!

三十日

马温才午前先到正峰兄处,饭后即来。

建国电:《山西书法通鉴》,《山西书法史鉴》。写两种题词:既知书法渊源,更见日新,名贤双绝,永以珍之。

马温才偕其嫂,司机三人来,午饭在正峰兄处吃,四时后来,嘱书数张。赠笔纸。又发运城副专员信,赠绛州砚一方,刻工精致。留字册三十本。为正峰兄留300本。嘱为卫树廉同宗赠字册一本。交付30本钱2400元。发窦文海信。

八　月

一日

山师大秦良玉党委书记,宣传部等来看望,礼。温才君等下午三时返里。为临汾副专员高清亮作"淡泊养志"四字。

治病!清兰信,取到字册。研讨会。

二日

生活自谋,经济计划。清静,优越,善自为。

钟镝送字册十五本。温等亲家,大后天回汉中。收谷扬信,刻梅。

脚病已见败退现象!

十日内打个全胜仗!

黄飞,周口日报记者,来赠葡萄酒二瓶。座谈。是个文化人。由吴丈蜀口头介绍,复印《我与书法》、林鹏文。临走时定要留千元，固辞不得。周口地委地直工委黄飞，电话 0349-8237305(宅)。

三日

秋意浓。心中只须有个爱国家、民族的赤心肝胆，形诸书作，自可表现出一种飞扬跋扈的雄姿。1.《齐物论》“万窍怒吼”的强烈飙风。2.傅山《再咏石檀》中的“石檀拔石精，枝柯扭石绳”的巨力。自然也须有位乐神，爱之神，　　雍容，纯真，诚朴，自在，所谓高韵者就是。章草，兰亭序，魏墓志中的安详，和悦，要自不可缺。

傅山、鲁迅，亦书法中筋骨，舍此，字莫由站立得脚跟。

四日

秋风起，热已杀去威风矣。为勉县诸葛忠武侯祠、定军山作字。杨霜中县长派张世清等同志来，明日下午取字。

大便困难，服果导片三粒。

吕老来，便秘肠干燥，嘱吃点坛子肉。开来药名，苁蓉通便口服液(天水制药厂出品)。癣病大发，不得吃肉，都是酸性。矛盾克服不了！

五日

果然，矛盾各起了各的作用。奇痒、大便好了点。需药:通便，蓝药水。

晨，吕老来，电治便秘。应老来，字册二本，傅一本。陈万老、庆生来，《十九首》样子，不错。高信儿子来，赠《北窗书话》一本。便通，大事，良快！梦三人与毛合影，余居中，毛站左，右一人。勉县张世清同志取走为武侯祠题字，附信给杨霜中县长。

六日

健康。清理信债。书欣淼兄、华君老、董洪运、王英信。文海来，二十三日赴京，杨丽春送行。方磊友来，嘱书“翛然居”。黄飞电话，下星期文章即在《周口日报》发表。许麟庐，华君武。

七日

王勇超经理着女孩子送鱼两尾。发信五件。

八日

谢雪老来，赠郭瑞、胡征字册三本。正峰兄来，取简介，赠茶。草 25.60 纪念文。

九日

作字——《山西日报》《报刊之友》，书法。　然居。菊字横三。

体会名角唱腔，蕴藉，音色回转，韵调抑扬顿挫，节奏婉转中耳(果子红)。走台亦尔，通，淑，和谐，流畅，自然，和悦，爱。

十日

吾书给人以：

一、喜悦，爽快，舒畅，幸福；

二、豪放，活泼，自然；

三、放胆，搏斗；

四、天真；

五、目空万类，行其所无事；

六、自由王国，幸运世界。

游鱼翔燕，蜻蜓点水，举重若轻。

周林(大雁塔)，平铺仪，癣，300 元。

作字数件。为笔债，也有自用的。对书法更有了些体会。

翻读《天下篇》，对抽象的词句，都能

落到实处。结合书法更得到说明。较为条达矣。良快！良慰！

精神更有了寄托。天下泰平！

十一日

发胡征老、赵竞宇同志信。强儿电话。

书家作一个字，就像培养一个新秀一样，这是书人的笔德和责任心。首先当使这一个字站得高稳，巍然，摇撼不动，枝荫过硬，影响万世。关心周边关系，上下，前后，团结一致，敢于打先锋，带头。揖让迎送，彬彬有礼貌，不得独断专行。顾全大局，注意章法，落到爱国爱民。

发天地正气，

振宇宙精神。

赵望进友随两位亲戚来，大礼，即返并。难得。闲谈中，知艺术馆居然有人盗卖了赵赠送的贺词作品（已追回）……可恶！如此精神文明！

又书协通知五省展字事，是假的，骗子！……

坚实，自作孤独，远离社会！沉浊！！

作字，应似网球疆场上的老练名将，巍巍一株高大的青桐，何知百有，既稳且准，远抽近打，啪啪啪！百无一失。站得高，立得稳，如鹤立鸡群，千万只目光一齐投射在他的身段，练达，快速，痛快，一颗精彩的球不知令人有多少的欢乐，开心，鼓舞，启示，久久留恋在心头。一笔一画，更为深远，其中有精有神，有象有物。

十二日

存我，贵我，我思故我在[③]。身外何有？鬼蜮耳。独来独往，即神仙。寂寞无形，正是真形。以其变化无常，不可捉摩如浮云，故似无形也。忽乎何出，忽乎何适？不知也。应化解物不尽，神明如此。

收郑欣淼信。复之。黄飞写一件，复。改稿，定矣。

十四日

阎复印郑、胡诗。托买药，发信。胡电话。书横标。取照片一张。刘玉玲来，文章写得好。大便开始。陈总赴京，带给郑欣君字册，交给字。

发建国信，题签二纸。

十五日

秋意浓烈精神好。自适，自乐，自得，居安，左右逢源，天下太平。争权夺利，临危慌张，入地无门，追者在后，不如逐兔。官场中结局，可怜，大恶！

十六日

便秘！五天未便，自知吃得少，没吃难消化物，与往日不同，艰难之至！昨服果导片二粒，——二粒，晨二粒，便通。自然，毫不吃力。

阴凉，夜癣痒甚，然干不流水，似见轻了。

读列宁《哲学笔记》，有所得。

新权来，赠李北海麓山寺一本，托带赠孙玉石先生大型字册一本。文海一家来。二十三日赴京，春丽将送之。作信一件呈欧阳先生。刘念老，将开会，定日子。庆生送来毛信书法一本。

十七日

王璐、新新送来油画大幅像，颇佳。背景雪山乌云有意义，精致。

开始用花椒水洗脚病处，痒止住。

十八日

天地正气，宇宙精神，山川气象，英雄气概，仙家逸气，鱼龙变化，感得到，表现得出，方为高绝。

卓荦不群，任真自得，天地并欹，没能拾到眼者。高之至也。

迅雷烈风，海水震荡，白波若山，排山倒海，石檀石绳，进退伸缩，挽强压骏，拔山盖世——突出——古今中外从未有，蟒蛇转动之力。

巍然屹立，恶云飞扬。

十九日

开讨论会，略定为十月下旬，后天上午九时开碰头会定妥。

写魏碑笔画要活，有生气，墨水调好后，笔肚蘸饱，适意落笔，行笔不宜快，缓进，揉揉，让墨渗透润腴，有色泽，观之不厌。写行草皆然，奔马式不行，不急不徐，雍容自在便好。气势不在快缓，在结构，堂庑广大，开阔，展脱，出自人的胸襟，所谓内在功夫也(做人问题)。至于提按轻重，虚实……自是功夫，素养。所谓炉火纯青，盖难言之。其中有物，有精有神，正如“道”之难以言传也。素养在平时日渐之功，非一时之可以力致见功。一时的触悟，也须有学问、经验基础。读古今，观察大自然变化，社会现象……都是财富。储宝育才，是也。

《学人小品丛书》：

畏庐，蕙风簃，三松堂，蕲弛斋，遐庵，五石斋，亦佳庐，七种。孙恒年，王宇珍女士，北京出版社文史部。草书大辞典题签。

二十日

蒋福奎同志赠橡皮花一盆，取字“瞻贤驿楼”(勉县)。傅大夫来，关心病。大好起来。

收柴建国转来北京出版社编辑部王宇珍女士函，请为新编一套文人小品题签，又草书大辞典题签。傅大夫又拿来中药四剂，外用药一瓶。病已大好，肿消去百分之八十，尽痊愈，行走无碍。收梁东生信，对子，中堂。

二十二日

欣淼兄电，字收到。书北京出版社《学人小品文丛》八种题签，又草书大辞典题签，明日发之。杨力雄老电，字册收到。买十六本字册，径向李正峰处。又嘱作中堂“终南……”下星期来取。贾风雷明日返里，字二。李院长来，字三。张积玉同志赠学报三本，刘念老为我属文一篇，甚好，有分量。明日休息。

二十三日

大自然界——宇宙，星辰；

大社会——地球，国际；

大人物——大圣，济公；

大道理——佛，道(哲人，科学家)；

统帅——上帝(我也)。

新权来，代发北京出版社题签信，八

种小品文丛，草书大辞典。文海、春丽全家来。文赴京，托代呈中石先生信。力雄兄购字册十六本，又为友人索书中堂“终南……”对联。马温才君电，专署友人要来。

二十四日

病痊愈。急书——县一中，柴，杨，晓郁。庄，文章二。自立才能生存。命运是注定的。依靠友谊，也是天理。

墨家宗禹圣，自苦为极乐。
幼小离双亲，命也当奈何！
怜才有佛眼，奋力斩妖魔。
尼采真夫子，三军不可夺。

李庆华(为我写过文)电，黄山邀请全国100人书咏黄山对联，应之。

刘泰平电:4082821。云山西副省长王文学同志刻在延安，拟通电话一叙。马温才电催为专员郭景旭、孙晓东字。王向东托胡志东君为印名片100张，赠董寿平书画，带去字。

二十五日

发建国、韩钟琪信，题词，贺词。

二十六日

作字。素珍赠红花油两盒、瓜等。收到屈原碑林字册大本。桥本将来中国，友好二十五周年。世代友好！(贵宾！)国家，社会，家园，何处有乐?!

二十七日

发温才信、字。文史馆新任馆长杨才玉电，醒民陪同来，赠收藏刊一本，要题字，刊登。拟题:万品毕罗，尽归于己。收文景明字册。

二十八日

太原王文学副省长，秘书夏县人，介绍杨政委二位从北京来，赠礼，报以字二。辞去，即赴榆林回延安家小住，回晋。

明日十时开会，李廷华、王英二位(法制报)。

黄飞电话，文章已发表，即寄出，三日内可收到(河南周口)。刘锁祥介绍学生，五台人，白锐，保送本校旅游管理学院，赠醋两瓶。接曲阜孔子博物院函，书《论语》“加我……也”④，立碑。

二十九日

发文景明兄信，王英信。

三十日

素珍来，为武警学院图书馆购字册二本，要发票送钱(李正峰开票)，交300元。

母亲地球变了脸，
东西半球大变暖。
春热干旱久不雨，
看你生生怎么办?
老天无情也要老，
不肖之子自捣乱。
宇宙水陆大污染，
水鱼山木空一片。
山崩地裂星辰变，
主宰上帝玄空看。
万有化作空世界，
谁来组阁空嗟叹!

三十一日

送往迎来，从头起，收拾精神，说干就

干!

数篇大文,随时写,自传,书法,日寇总论,告国人书,费希特,尼采式样。释文整理。别文。

思想,作风。

亦智亦愚,随随便便,不顾一切,行我素,外誉。

坦坦荡荡,真率。

自具世界,至乐。

目空万类,为所欲为,毫无忌惮。

三公弟子,仰大哲人,大诗人,大艺术家,大学者。

小疯子,狂人,泼妇,醉汉,二百五。

能源,针对性:国仇,卖国贼。

宇宙大世界(物质),天地真精神,正气,酒性的人生。

基础:九十岁,经历,体会,八十一难折磨。八十年读书,作字,苦学。

三朝人,两朝高级大人物。学者相见数十人。

深入研究鲁迅,庄文。

良师益友

离奇事——学子临财苟得,偷劫,野妇,负义,无赖,法官胡言,律师贪财

珍贵之资也。

创出世纪!创出世界!放眼在国际大国,脱颖而出,为国家、民族放异彩。书法,学术。

学人,萧散,高远,自得,自适,自乐。梁漱溟先生。慎独,独善,不随俗流的异想。“凤凰不落网,志士不受赏”。

书如人:

1.南海:“书如人生,须备筋骨血肉,血浓骨老,筋藏肉莹,加之姿态奇异,可谓美矣。”⑤(余论835P.)

2.“心正笔正”(公权),外象,内涵。

3.肖像形。

4.因年龄不同而异。

体格壮了,武亭一见如此云。他刚从北京回来。自己也觉得大不相同。书得大字联一副,较为满意。

九　月

一日

顺理月。——生活,学问,写书,作字,交游……各方面调理好,自己爱好自己。保健,眼睛,脑力,时光,不渎用浪费。存我,养我,爱我。日人:“说干就干!”尊友,敬友,爱友。他们为我解决问题!益友。严肃一点,认真一点,活泼一点。

孤独有益。山:“热闹人毕竟俗气。”⑥

不要忘了年纪!

还须为“正义”而言。“正义”是任何人、团体、国家高举的大纛,可以取胜,也可以欺人!正如“圣战”,日本杀了中国、亚洲几千万无辜人民,这就是日本人的“圣战”!多么“正义”!大小事皆然。

赠郑自毅先生百年诞辰纪念词。徐阳君、陈悦彦大夫字,吕大夫字,书对联四副。

二日

写《养生主札记》第二篇。月写一篇，明年完成内篇。即时随书自传，书法片段。日本，透视，四部丛书并进。

三、四日

发李、翟，赵，华，许字册五本。张晓郁一本。收文海信，见到欧阳中石老。晓郁将赴韩国摄影展出，贺词。黄飞寄来信，报纸，又电话。侯晋公来校出版社，运城人。电 5218443，印方志事。收《鲁迅研究月刊》八期。雷长安来，取 98 年挂历书法（音院教师）。芮城县阳城高中郭忠旺同志索字，颜体。省文化市西一路 231 号索贺词。陕西同日本香川建立友好十周年书画大展，九月十五日报作品名录。平陆寄药方信。

五日

发梅墨生贺词，胡征老信，鼎新信，芮城县阳城中学郭忠旺信。

六日

续写《养生主》，顺手。

治国老来，赠月饼、驴肉等。38℃，奇热。不雨。可虑。

七日

参加郑自毅先生百年诞辰，一百来友好到，午餐自助餐。

怪闻二则：

1.一学生考 85 分，超过标准分，不录取……

2.晚报载一文，西安葫芦头，全部抄袭，查明即此店老板所为……瞎了！

八日

发劲知、凤兰信。曲阜孔庙碑字。北大百年校庆，九月内寄出。

九日

又是狂言！（？）

“凤凰不触网，

英豪不受赏。”

宇宙烂塔，罪恶的敌手。

正义。

比地球更大更重的磁石，无穷威力的激光。

光明降服黑暗的最后的金刚。

我行我素。

“有所恃而无恐”。

“行其所无事”。

不克隆，不动心，不动于衷。

为大人。

酒性人生。

存我为贵。

十日

傅、孙等，中文系三位，庆生来，交字十六件，5……霞来，嘱为高三件（4.4.2）千。张晓郁来，取赴韩国摄影展贺词（西安，晋州）。礼。一国公法，教师同来，谈及日人。

十一日

作字不少，辞不脱的友人。下午六时许雨。收高信同志信，附为我写文一篇（陕报），良慰！车站赵信平同志电话，将赴郑州住月余。又云北京车站领导索字，夜来家，不知能来否？郑善应字样傅大夫已取去。

十二日

收李建义信，嘱书：1.中国武圣集团；2.北京市花乡山西农产品批发市场。

写文章，搞创作，不要看到一点就写。积蓄材料，观点，没有几年的工夫、多年的思考，酝酿不充分，是会失败的，给人留个笑柄，就坏了！孟子曰：“思则得之，不思则不得也。”取材要严，开拓要深。鲁迅：“反复地想想，多修改若干遍，不要嫌烦。多商量，请教，大有好处。”

好雨。霞交来千元，为高字酬。明日来取。书杨力老、高信信。

印度自然疗法蜂蜜作用大。

十三日

雨未止。宗康取字，千。霞取字。今日陕西，国外发。何金铭同志字一。养生之文。

心理健康，永葆青春之本。一颗上进心，排除干扰，保持清醒，劳逸，营养均衡，锻炼，开朗，豁达。（艺坛阿姐汪明荃谈）

十四日

钟镝来，赠南方礼，嘱书。书法，送发票九本，交我矣。发李建义信，题牌匾二面。信二，高信，杨力老。平女、王璐字，大幅。买墨汁。作字　　寿字。

十五日

作字，庄文。

十六日

文史馆中秋十五大会。李宪孝同志来，借《探索》上海版，赠师大报。收郑园信，许麟庐老信，书收到。天津市红桥区西关北里8门606号，孙捷附一元，字，价格？张五星老来，字二。王英电话，河南《书法导报》整一版介绍。

招待所周科长明、吕春元、运城人、来，嘱书：“陕西师范大学学术活动中心”，餐厅李榕同志负责，电：5308422（办），5038425(前台)。

收河南《书法导报》十份。（李正峰）

十八日

发孙捷、郑园信。德运陪看胡老、余树声同志，均未见，外出。为招待所作字。

十九日

沈建中，摄影师。上海投资杂志记者，索字。上海延安路1111号东楼580房间。方形，尺内，自我箴言。中文系某老师，正峰兄，一作家来，摄照十数张，又合影。收李廷华信，黄山联：山海多画图，黄裔多壮怀。西北一路司法厅宿舍，710003。

二十日

杨力老来，取终南中堂，另赠齐静波老字，杨老字。振纪来，送牛肉、酒。春丽来，将赴杭。文海信。磊来。万怀同志询问出版事宜。“负天巡地”牌，楼工完。字是好的。“华夏第一都”。

老年？

二十二日

发鼎新信。少写信，不写信！

财源不茂盛，何苦硬支撑！

准居士，——信士弟子。

“然，不然；可，不可。”[7]

看透万事无好丑，

倒行逆施同样走。

讲求无奈，

只好将就，

喂饱算数。

教授？

太史公，牛马走。

儿孙念不起书，

父母心酸，

相顾泪流。

书偶悟二则：1.道一卵；2.庄子宇宙意识。

庆生送来毛锜先生杂文，甚好！获全国一等奖。

周明二人来，500，薄礼。牌匾正在做，甚佳。梁崇科（渭师）索字。午睡甚酣。

二十三日

发周强信，王炳礼（宝鸡），谢振英，窦裕庆、凤翔（敬庵）。为陕报题字（十五大），取走。钟镝送来通讯单，约方磊来找赵。发柴建中（上海）信、字。

闭户……

二十四日

北大百年校庆，拟贺词。

敷教育化，国之大根。

根深叶茂，华夏常春。

百年树人，咸与维新。

文化源地，文明一新。

俚句，不成样，用表贺忱。

宇宙意识，天地高价。

酝酿旷久，精品乃达。

登高望远，抬头天大。

俯视下土，万类没啥。

学校十怪，令人徒嗟。

莘莘学子，令人践踏。

文化教育，由他去吧。

莫为法善，不学佛法。

养生保健，庄列一家。

夜，李建彪同志来，取题字，赠与条幅，从柏雨果摄影（非洲）展到屈儒微雕艺术，颇多感触。

屈儒，山西人，地主，任政府秘书，因成分关系，离去，发配到四川，在竹林刻字钻研——微雕，能将头发批开，刻外文。在一片象牙上刻一队骆驼。骆驼背骑人，人被□，□上刻一首唐诗，出国游，得外国奇之。今七十二岁，省市文史馆馆员，市文史馆副馆长。

“官止神行”例子。

明日看柏展。

二十五日

参观柏雨果非洲摄影展，如赴非洲一行，甚快。

白志彦来，赠果子。庆生来，送《十九首》扉页字，佳。郑志老取字。

二十六、二十七日

北大，西北大学建校贺词。

二十八日

发之。三日陈院长等来。收北京出版社信，《学人小品八种》及《草书大辞典》明年初出版，寄赠提前八月收到，有电报告知。

二十九日

会期改为十月十九日报到。起家电话,已,并请转王绍尊友。王英电话,告诉贾北京地址,贾平凹君地址。新权赴京,他发北京出版社复信一件。元军信、字。郑园字。

三十日

月来冷,任务完成。可得休息,轻松一些矣。

蒋福奎七十寿,托侯马求字。韩左军。

养精蓄锐,轻装上阵。必胜之心,圆满成功。

展品十数件,横标。三晋文化会。

十月(活动月)

一日

国庆。刘、王、傅来,请柬事,补救有方。傅、应陪同陈院长妻、女来,赠玉雕精品一樽、果品等。斯维至老来,闲谈互勉。要四菜,招待所亲戚一家欢聚。

二日

凡事细心商量,没错,心里平安如意。

认真负责。印发请柬事。发振绪信。轻感冒。

四日

发左军信。吴群生、刘智侠,哈尔滨大学。

五日

符有堂同志赶写请柬。

六日

发出四十来封信(稿),心甚烦。庆生为购吴宓遭遇!《心香泪酒祭吴宓》。文人下场!何必?忧国怜民何益?!

放眼万类零空,正须为己。什么周到、礼仪,管他娘的,老子要紧。

七日

谢雪老夫妇、胡征老、余树声同志等来,约十日上午赴谢家宴会。

侯素珍来,取字册四本,交给发票,320元。转送李正峰君。赠猕猴桃一箱。

石松,横。王拴九,教报。

八日

志定一。

雨。庆生来,帮写请柬、信封。完毕,轻松了,明日发出。作字五件,又四件。强儿电话。咸阳学生交邮票、信封。已弄好,随后带回。

九日

作字。

十日

赴谢政委家宴,胡征老一人及晋铭,胡夫人因参加教会礼拜活动未能参加。午餐丰盛,环境颇佳。临回各赠新摘柿子数串。下午杨顺来、樊进全(北关联志路),厚礼,龙井等。

王英电话,十九日来。赠巨款,已辞。文联王、张来此,未定,有贺词。

十一日

发北京名人典。附京展说明书。芮城郭来,苹果一箱……新权来,赠杂志,陆游、朱熹字。

十二日

早，临汾市委王希斌来，字，赠华夏第一都牌楼夜景像框，裴玉林[8]98年年历，裴玉林信。赴京矣。

十三日

宴刘、王诸友，吕副校长于悦盛祥，商讨研讨会分工事。十八日再会一次。陶华随一女同事来，嘱结婚字。新买水笔十二元，启用。明日发出校函。少用脑力，多跑跑腿，集中工作。收湖南二信，同一内容求签名。航天报信，十九首装订事。中心字。住室，桌口？义、潜、义生、马、杨耀宗，等。

十月应是光辉的一月，须良好地度过之。

找到旧笔，新笔已够，新旧并用，比美，亦变化之一方也。开心事，双喜临门。

大事一过，又一大转机，重开新世界。同好友一聚会，人生快事。先兄，振堂夫子，子正学兄，三碑文年内完工。即事著述。

十四日

破除一切(百障)即是大解放。莫要自己捆绑住自己。令公释神句最佳，“友”字最伤神。

大

儒——大学，大仁，大智，大勇，大人。

道——大一，大钧，大空，大化。

李宪孝同志电话：宝鸡地带购买2000册。十九日赴商洛考察，月底归来，电告，刻须准备，整好文稿。

十五日

发重安、竞宇、方胜……李宪孝电话，印书事，托庆生询问，办理，时限十二月中旬出版。二十四日后赴李家观奇石。拟赠：“石不能言真有言，璞不失道，巍然独与神明居。”

能考虑到，关心到几个最大的问题，事业，一切琐屑就都不见了。此之谓“放下包袱”，执其环中，以应无穷也。此谓大，抓大的，心胸大，提纲挈领，如此而已。

十六日

招待所，陕文史馆，开三秦丛书会议。十人留此审稿。

十七日

侯素珍来，武警学院图书馆石松信、字。长安县字。交沈楚日本文稿二件。武来催诗稿。春丽来，询问讨论会帮忙事，赠铭手绢一方。从杭州回来。数省展赛字。

二十四日

从十八日起，为书法研讨会的事，机器忙转起来，宵旰为劳。朋友们够辛苦了。校领导、同学们同样关心备至。杜宏科副校长操心，校学术活动中心，专家楼季波安排车辆，魏德运摄照，备小卧车……十分感动。中心题字挂起来。

朋友们王生彦，刘念先，符有堂，阎庆生，曹伯庸，刘兴，赵世庆，李正峰，应驹，孙新权，介绍了西大王海东、蜀文绪老兄分别担任了重任，渐轻了我的负担。二十日开幕，到二十多位参加。山西师大柴建国等，田大海，机关，襄汾亲友，太原刘锁祥，张淑凤，运城王英……本市胡征，贾平凹，毛锜，吉虹，明善，刘兴，诸学老，作家，白志彦……未到会者，贺词，赠品……二十三日分别返回。一件大事圆满成功。不胜感谢！不胜感谢！吴应驹赠录像一盘，二十二日有线电视台连放三次，二十三日校放一次。新闻栏，时虽不长，简介，但质量高。给予“学者”，“书法大师”崇高衔头，中南海，纪念堂，纽约，均收藏，享受到中外的赞誉。

张积玉赠校报二十余本，校刊下星期发表较详纪实。桂英来，庆生供稿。王英将来稿。吉虹正撰文，在陕报刊载。朋友们都关心我的健康，自当自爱。

发信！看望！——贾平凹，李，翟，锁祥，建国，大海。

国运不佳，一切难言。干什么事？……我行我素，养胖，万事不管，静观，阿弥陀佛，老天老天！也还自在。已矣焉哉，可怜，可怜。任性干。

学习会：两万。

赵守平来，约下月赴宾馆邀请。刘念老来，印材料、字册，多人未得赠品。结账事。有堂来。小魏摄照（临潼）事。陕报登出文章，未见到。聪弟信。复印白文。

停电，昼眠甚足。

发李、翟老信，王英、大海信，刘锁祥信。财经学院傅为复印、送信、购邮票、信封约数十元。陕西日报社记者张斌峰、李克延来，赠报纸数份，惠赠《探索》一本、京展说明一张，谈话多。

襄汾县招待所所长电话，索字：“团结务实，创优争先，”——为襄汾精神而题。

二十八日

工会夫妇来，赠饸饹等食品。约到他家叙谈。王英电话。钟镝送阅《龙门百品》、军区张山书画摄影展、《史铭书法篆刻集》。生财明日，李锐先生车来接。观石文化品收藏。名玉，石画，化石……党委办公室张晓东来，嘱为小会议室作字，四尺横。贾国杰来，字，出售。史胜利及夫人二人来，司机张三年赠石。

二十九、三十日

改文。客人多，整理字作。清笔债。

三十一日

下午蒋蔚奎君同县中生（退休）赠花、酒。南大街国际信托投资公司赠礼，表，笔，索字。霞嘱字，为人。

夜梦西方近山半天布满山水画，又立体长条，若干人物。毛欲合影，奇之。

发秦洪彦信。

十一月

坦坦荡荡月，轻松保健月，行素，更加高一层。

凡事认真，不得马虎。

石不能言，正有言。至言无言，璞不失道[10]。巍然独与神明居[11]。幽妙幻霍，不可思议。深沉，爽辣，老狂。

一日

晨，教委会赵虹同志来，刚自俄国归来。为许多取题书签。为看字作。谦和，有礼貌。鸿涛字，霞托。发湖南信（收藏）。收到聪弟给女女寄来1998年4月中旬在马利兰州大学“东亚书法教育国际会议”20份，每份5页。希望我出席。当考虑，准备贺词。赠全套书法作品集四本。文章数篇：《书风》，《我与书法》，《四毋》[12]。另写一文。笔。

二日

贾国杰同东关银行任同志来，香蕉等。托带大字册二本，赠鲁迅博物馆、王绍尊君各一本（贾未带李、翟）。明日发林鹏、朝瑞、望进急信——美国东亚教育会议通知。

三日

发林鹏、文达、淑凤、春丽信。搞石文化的人谈石的标准有四：质，色，形，韵。

字亦当如是。质——朴拙，厚实，宁拙毋巧也。色——水墨浓郁，光彩照人。形

体态大方，威仪不可侵犯也。韵——有逸气，神味足，超然，耐味，字外功夫也。四者备，乃为佳作。

四日

史胜利夫人取条幅一件。陈绪万友同冀东山局长从德、法、比等四国回来，看到《古诗十九首》，甚慰。转嘱东山索对联一副。刘兴来，告明日兵马俑博物馆馆长来，送陕报数份。世庆来，将为我写二千字文。陕报又刊文。明日交陕报文一篇。吉虹合撰。杨凤兰即赴深圳一行，归来即来。交庆生转毛锜诗人一件。

五日

夜饮食不宜。一晚上不得安宁，反常。琐事也多，急需杀去烦琐，过个大自在日子。

1.行我素。2.为欲为。3.独善身。4.天下一。5.师庄周。6.宗鲁迅。7.拜三公。8.独来独往。9.为大人。10.天地正气。11.宇宙精神。

清理杂事。专写三碑文。轻松一番。

田刚来，云美国一中文报纸将为我发刊一文。发文景明信，《古诗十九首》。

六日

1.庄子。2.艺术理论，理无穷。3.碑帖，味无穷。变化无穷，挖掘不尽，发挥不尽！它找到了无比的矿源——大自然！宇宙的秘密。

人类社会自然也是一个大领域。动物世界，植物天地。变化无尽头，也不断改变，影响着大自然界，而终为大自然的敌人，不肖子，忘恩负义，对不起母亲——地球。母亲终会翻脸！森林破坏，污染，气候转变，动物绝种，矿苗日小，地震，种地面积缩小。人类何处去？

义祥楼聚会，结前段事，开后面工作。印总书册，集组材料，文，诗词，贺文，照片，字。拟发北京出版社。

徐天德，明武威将军之后徐怀璋之孙，赠张过先生对联选。（中国楹联会）副会长索联，本人数字。兴平人。

八日

彻底检贺词、文、未寄字册、材料。

到了大自然,是读上帝的书。进入图书馆,是读圣哲的书。一为原版,一为翻版;一为真迹,一为仿制。气味不同。都须靠聪慧领悟。有得无得,存乎其人。

马克思属文,少一种材料,不肯下笔。画师作画,观千峰乃得奇峰。材料既富,而后踌躇酝酿意明,心豁乃著于纸。既草定,又复多次斟酌考虑,改修至于十次八次,所谓文章千古也。而读者欲一朝一夕之间获取龙珠,天下哪有此等便宜事?观宾虹《画语集萃》102 页,岂不然哉?

世上明白人太少,教养不足之故。山云:"认得一人,添得一累。"正是。若此人不识,何憾之有?老年人正须静养,不得啰嗦增烦也。乃信,好友唯有书简,足以安疏拙焉。

九日

应驹偕兄应华、王文立(运城人)来取字三。枣子、猕猴桃、香蕉等。摄影。发聪弟信,字册二,翰香厅三笔字。庆生来,交出版局冀东山联。魏贤取字,又一联,交340,下欠 1850。后天来。

十日

阴。杨信平友电,从郑州归来,思恭带来东西,后送森林,《廉正》杂志主编字二。李宪孝同志二十六日回来,面商印书事。方磊友来,印书事。起收书艺纲领。

十三日

发建国、鼎新、吴震、绍尊、春丽信。收赵秘书信,李老泻肚,足肿,住院。心脏好。

十四日

发寄周强、北京出版社、王宇珍字册(《古诗十九首》三)。

十五日

暖气来,热量不足而冷甚。爱子信,拟来帮忙。

廓清家事务。不断生对客人、友人不礼貌事,可虑!不能再忽!接友人信,今后不来家中矣。……已非一二次。

临汾专署于德全同志带来方志题签三件。

十六日

动气。不顾健康。书爱子信。梦不祥,见效。

十七日

清理书物。文稿二篇。《野草》材料。太原、临汾发清材料《古诗十九首》。聚恬楼酒店校友字。

打扫心上灰尘,静静生活,摆去干扰,寻趣。

先兄碑文。

砍掉一切荆棘、障碍物,拨开云雾,心宽眼亮,独来独往,太平日子,全归于我,有甚行不得!万事全在人为。鬼蜮不敢见阳光。

题陈寅恪最后二十年

悲莫悲兮伤冤案,
危莫危兮我独断。
只有我是你不是,
何不细读齐物篇[13]。

杨信平同志来，张思恭托带湖南菜、花旗茶等品。何同志来，曾赴灵宝一行，西谷关修理漂亮，云馆长知道我，意欲书匾一方。

午睡好，精神足。为了国仇鬼子，不得不勉。

财院同学，习颜体，礼，从河南回来，赠送手杖一根，特产，坚实美观，雕刻二龙戏珠，吉兆也。龙为神物，足震邪恶。

宇宙精神，妙道玄虚，不可思议，造物主似乎早安排好，有目的，宿命论，非人力所能转移者，妙哉。余不信神信鬼，徒于预感事，则绝对深信不疑，分秒不差，奇哉。

文海自京归来，欧阳中石老赠书一本，礼拜六即送来，感谢不尽。

加深了写书法中的几个问题的努力，二十日前完成，再修改几遍，成为纲领，打印之。

十八日

夜，王中青好友

谢公北楼上，每过暖心房。
今日来故居，北风何其凉！
忆昔攻读日，同舍床并床。
今日论才子，独秀同班行。
每闻新说论。一言震高堂。
辩口若江河，文辞秋水壮。
切直汉汲黯，不愧社稷王。
三起复三落，唾面有何妨。
昊天不负人，终得万人仰。

收徐达君信，李帮年长文，得吾心矣。北京书法家协会信，字。有堂来，校办字，悦盛祥字。

《探索》材料整理就绪。

十九日

发李廷华君信。

二十日

西大倪文东[14]、何炳武二君来，赠礼品，手表，黄帝历代祭文册(何编)；千里青先生赠散文集等。作字数件。

田刚为借右任诗词集。作字。

二十一日

收芮城阳武高中郭忠旺信。

二十二日

王仲仁君来，字一。临汾东站小范来，马温才、良玉字三。赵守平君赠铜火锅一具。窦文海、杨春丽来，欧阳中石老托赠《中石抄读清照词》一本。王陆来，商量字册事。刘兴文，嘱阅改正。交出。

二十三日

夜悟

执根用机，守道不屈。
横空出世，为我欲为。
无奇不有，无有不奇。
何法何规，谁从谁依？
莫唱高调，达氏主义。
国际风云，侵人有理。
不作法善，不为法恶，
避开一切干扰，
开辟个自由王国。
孑逸书展。

二十四日

莫信赖一切。

敢于取消一切。

“老子天下第一”。

横空出世，从头越。

经验阅历告诉我，公家，私人，骗子手多，其数一二三四……是也。

“几时无情如老松，乾坤万事无好丑”。

孑逸居士。（自封）

月内清理外务，有所恃，行其所无事，几件大业！

侯晋公同志来，《……札记》即排版。字。建成办公室主任字。性开朗活跃。徐天德、兴平取字二张。张过先生联未拿去。省电台田滨赠《老树红花》等二本。

二十五日

阴，微雨。

文章，不要看到一点就写！材料越全面，越好，且酝酿要久，成熟。

二十六日

屈原，马迁

文辞——有真情实感，动人；

作字——勃发，健笔。

皆源于有针对性，国仇。

不为物役，不降其志，真理永在，宇宙旷怀（大人）。诸佛小。

发绍尊、关帝艺术馆信。

二十七日

雨。

书籍？

1.精神粮库。

2.宇宙，大地，大自然，世界，人间世艺术广厦。

3.神药。

4.明圣，高贤，大人摄照。

5.取不尽的财富。

6.金钥匙。

7.长寿之道的灵芝（安身立命）。

8.智慧的源泉。

9.乐园。

10.罗盘针。

11.博物馆。

12.武器，镇邪。

13.爱之乡。

14.福田。

15.良友恩师。

16.精魂。

17.靠山。（有所恃而无恐）

18.乐神。

19.城郭，甲胄。

20.自由王国。

21.育化大根。

22.力源。

23.事业发达的保证。

24.国家兴衰的测量器。

收《鲁迅研究》月刊。蒋福奎《百出戏曲剪纸集锦》，运城日报裴川石寄。

二十八日

收到教育出版社寄来的图书三十五本，合前共一百八十五本，其中九十六本交李正峰会议赠书。

少一点不成世界。看报，电视，聊天，五花八门，都不稀奇！闯吧！天下事，上帝，有甚规范？亮亮聪明，智慧，颖脱而出，走向世界，开怀。

做文章，要说出前人没说过的话，形式。作字要写出自我的字，来为文化部门增新色彩。此谓开创性的工作。

文文山先烈之法书，一片高格骨气，直上参天，启人胸襟，豁人耳目，令人一震。看来看去，小小寰球，有个甚来？在此小东西上的所谓强国主子，夺霸主的人物，不过虫豸耳！适足一笑。活不到百年，完蛋了。

二十九日

书艺天地：

宇宙大观园。

八百诸侯会孟津。

哲学领域：

佛道天地，无极，天乡，佛庄，思维天府，其乐无穷，行所无事。

文学世界：

人间世，涛海，愤积，屈子，马迁，离骚，报任少卿，盟记，血的文字。

国仇世界：

针对性，日寇野心，人间地狱，神力之源，横空出世，颖脱出群。

星球人，创世纪。

空万类，一天地。

巍然将与神明居，

大人之行，日新月异。

独行，独见，心无滞碍，

心宽，眼宽，广大精深。

着眼大，步子大，涵盖大，胸襟大，身影高大。

瘗鹤铭，郑石刻，庄生文，马迁史，中兴颂，文信字，梁漱公，启我至大！

作字，作文，有甚法规。养其大者为大人，一切出自我手，无可无不可。唯大便好。大者，正也。谁奈我何？观今之大人物为人题字，五个字就写错了三个字，提不起笔来。何妨大扫荡一空，“乾坤万事无好丑”，正不必斤斤于琐屑也。为所欲为，不为所不欲为，即是大为。

作文，对于一个问题，总须全面观察，酝酿既久，领会于心，便可信手写去。材料多少，如何安排，无关也。思则得之，思维花不到，那不行。

书评中有“不食人间烟火”句，那么吃天上什么呢？当是如神女吸风饮露的吧？“逸品”是。超脱，远离世俗，微尘不染，正乃书品中之高洁者，然乎否耶？

1.智之所贵存我为贵；

2.伯夷，不降其志；

3.有所恃而无恐；

4.行其所无事；

5.养其大者为大人；

6.思则得之；

7.防守为之；

8.颖脱不群；

9.为所欲为，不为所不欲为；

10.创造性的工作；

11.无法皆法；

12.天地正气，宇宙精神；

13.达尔文、尼采，真学问；

14.梁漱溟,真人物;

15.曹孟德,通脱;

16.汲黯,率真;

17.辜鸿铭,自有其天;

18.深造之于道,自得,居安,资深。

通脱,通达,通透,通畅,通神,通顺,通妥——通家,通人,通神。

生彦同志取书二十本,寄秦洪彦、贺有才、北京元军、崔子默、评家中央美院共五人。(同阎清帐)

三十日

李白论文暂置,开始庄文。

十二月

一日

新月,新风,

尽在乐中。

破除百障!

夜想:美文章,小篇文章,如碑帖,人帖,附钩字。类别,大人,英雄……组文,合之为全文。帮手。

急信:建国,聪弟,梅墨生。

南大街守平(手表|火锅等,字)。杨馆长,文,像,字(凤兰字一)。刘志彦文复印。高泽书字。

发张思恭信。收李雪老亲笔信,甚慰!《古诗十九首》收到了。

1.日寇,短文,小题。2.八十年为书。3.传略。4.庄文。

至乐篇,人间篇,应尽篇,原则篇。洗澡(中心)。

二日

发建国信。陈总告阎庆生、生彦兄等,面转云大会中收96本,近又收20本,共116本,作为余之稿费。账清了。收阎春静信,告国杰京地址。

三日

清理信件。

发绍尊、王世家、贾国杰信,王英照片。庆生夫妇来,送《"野草"探索》20本。观董老画。交大党委书记林施均君同方磊来,嘱题"不凋之风"签,桔子礼。耿荣华先生来,杨凤兰从深圳回来,托赠录像数摺。晓东陪北京教委刘政法、李忠芳夫妇来访,摄影。赠《探索》各一本。全茂来。文史馆听许山林省长报告。

五日

无私则无畏,无畏即自由。

大地恩泽厚,我亦能转轴。

胜利家,素珍来取题匾字。带赠周明字册,信。李宪孝同志来,耀宗乡友陪同去出版社洽谈《探索》出版事,俟高经纬回来定之。庆生同志阅一过,检误。牛文山君来。

六日

马温才、高先生等八位昨日来,专为生日赠羽毛纱一套,800余元,摄照多张。为高等作字。壶口笔会题字,明年约来接参加。明日返临汾。

七日

星期日。

历史何所似?儿戏竹马走。

忽而结怨恨，忽而又好友。

本为习所见，既往何用留。

试看动物界，王者尽恶兽。

并此迷不悟，危难在后头。

清理饭单。

发凤兰信。开始细校《探索》。渺霞去奶场，甚慰。书杨胜利信，索字。明日发出。振绪汇生日礼款。

八日

史胜利夫人来，字一。发杨胜利信（保姆）。校《探索》。收陈巨锁信，五台山文学。浙江三味书画院院士证。平陆陆贤忠信。运城日报文，人民日报文等，字作。

九日

淑凤来，十一时赴上海开会，托给关百胜友带去《十九首》、《探索》册子。赵有义、卫旭莲来，赠《古诗十九首》、《探索》。

十日

发李、翟老信，中石老、墨生、马温才字，挂号。庆生代寄。

十一日

渺霞来，谈话，关心家事，出了力，甚快。书《探索》小序完，明日清稿，交卷。魏德运送来会照片十数张，字。

十二日

人生一场戏，戏罢何所有？

为告贪婪者，几时方回头？

唯兵不祥器，称霸有几时？

往事堪借鉴，治国非儿戏。

进了小屋成一统，管他冬夏与春秋。

四时全靠星球转，谁能管住上青天。

刘玉玲来，要写一文章，带给田任之《十九首》一本。

工作无所谓轻重，累不着。乐于做的，感兴趣的，干得愉快轻松，顺手，便好。材料丰富，酝酿久，化得开——准备充分，考虑周到，便佳。多修改，多商量，成功。

张友余同志来，谈及华罗庚事，数学落后于世界水平二十年！摧毁人才，可叹！王元院士，华的学生，有胆识。

十三日

李宪孝赴京，教委汇报工作，十八日可返回。江西小李送宣纸一刀。

十四日

阅报，知昨日是南京大屠杀六十周年！可怜！这是中国人的大耻辱！全国，全民族性的！不知省上开会没有?!

思想更加解放！天下一家！敌我一家！泰平盛世！万事莫参加。

十五日

达氏旷古一圣雄，看透万类无真情。

明争暗斗相吃咬，一部《圣经》是求生。

在戏剧中，我很留心名演员的唱腔。那音色中的柔嫩、丰润、丰美、甜美、温存、浓郁，对于用墨用水泛出色泽，可以增加书法的血肉丰美之感。而唱腔的抑扬顿挫所构成的圆转流美，可使草书写得更加如行云流水的快感。

乾坤万事无好丑，

几时无情如古松，

希魔侵吞欧亚志，

云散烟消一场空。

文史馆交“炎黄情”题签。统战部。陈青松十一月补助费，为人购字二件，明日来告。曹老来云，国家教委举行全国大专教师字展。中文系导引明日来，将付千元。

十六日

作字。

听唱腔，音色绵密，一片悦耳，蕴藉，暖然似春，沉浸爱中。书法调墨适度，滋润，走笔雍容，有情致，此相当于音色矣。疾燥，墨不入纸，枯笔，不得丰满色泽，大损。巧而不媚，柔而不奴，轻松自在。得月仪深味。活风快水，古拙随之。

十七日

朱君哲，狂亦有可取处，目空一切。梁氏可风。

梦记

天地一戏场，任人尽观光，万般气象。

无奇不有，无有不奇，独来独往。

人笑你，你笑人，脏，脏！

突破重围，周瑜横行天下，何妨？

反正乱咚咚，一塌糊涂，

静观世界，地球崩毁，国家灭亡。

沐猴而冠，混账。

十八日

晨，马温才同志电话，书：平阳大地光舜日，生花妙笔歌尧天。

交陈青文转青刘文交杨馆长。

十九日

读拉宾日记：

为人类正义而活，

为国家独立而活，

为民族昌盛而活，

为给社会作出大贡献而活，

为个人健康长寿而活。

参天化地：

德性元气灵魂；

学问，技能，资本；

身体，资本的资本；

贡献，天职。

发吴震、明印、茂林、钟琦信。李宪孝同志见到出版社高经纬先生等，印10000册。

明日开始定稿。

淑凤返里，7:40车。新疆疗养院王大夫来，赠围巾二件，字二。（蓉蓉）

二十日

书上海沈建中、鼎新信。卫校李志远同志带交马温才同志七件，玉林、习一《十九首》二本。

二十一日

改完《雪》，如意。

杨惠君持李正峰贺卡来，为抄治腰痛药方。

二十二日

收王得厚、牛道生、寇琪三位信，贺卡。

作字：

如对好友说话；

如对学者雅人；

如对国仇；

如居梦中；

如对神人超人；

如逢狂者；

如旅游；

如泄愤。

总是要有真情，有我在，趣味盎然，独来独往，为所欲为，自乐其乐　　云气行天。

二十三日

赵守平同志来，五尺宣50张，作字，公检字，三千。临汾来，数字。省招办，"炎黄情"。教委六位来，取字二件，千。收韩大壮、周强（加拿大）、梅墨生、温才君等信，贺卡。

二十四日

书元军、鼎新、吴震信，小傅代发。

温才、申慧文夫妇下午三时回临汾。生日前与建国来的。须作准备。振绪、玲、淑凤也来……

二十五日

书沈建中信、字。王玲来，白菜等。图书馆馆长二位来，赠按摩器。

二十六日

陈总送来《十九首》50本。字。约凤兰一叙。发陆贤忠字，上海沈建中先生信、字。邮局小宇数字。速寄许、华二老字。

强儿昨日下午七时回来，今日来，一切尚好。作字数件。陈青取"炎黄情"题签，交统战部。明日发许、华字。定《野草》稿。作字。

幻想——妄想——遥想——希望渴望。

一步逼近一步，离实现愈近，渴望愈切。反之，愈远，愈淡漠。

收张爱军信、贺卡。建行陈一三（襄汾人）贺卡。

二十七日

发华老、许老、明印友信，《十九首》。新权发，做了不少事，又誊抄三版序言。傅大夫来，为茝颖看病历，不要紧，先检查。嘱书"桃李不言，下自成蹊"。（医生）二件。建森二条，下星期六来。

二十八日

晨起，以两点十分清理罢《探索》工作，交代了一件大事。良慰。为饭馆作字一。元军电话，欧阳中石老希望他到首都师大博士生点再攻读二年研究，有工资……颇理想。连日忙，饮食不合口等，急需休息两天。自谋饮食。羊肉馆嘱书，横，联。陈青饭馆？

二十九日

大整理家当。买日记本、册页。收田峻生、张坚、赵秘书、鼎新、郑园、毛锜、韩宗琦信。整理房，较大扫除。收文景明道友挂号信，要件！回信。招待所康、李来，赠挂历。

三十一日

赠伯庸联，耀宗横。李建彪同志电话：微雕大师曲先生，馆员，七十二高龄，将来访。佛家。蓝田李字一件，千元。收劲知信，父病，工作重，公开书法课，百余人，妹剖腹取子（女），母老态……字册。

回顾一年，成绩大，京出版社大型册子。

1.陕教育出版社《十九首》。

2. 为林琴南八大人物小品文题签。（北京）

3.书法研讨会二百余位参加，成功。

4.庄子文两篇（《人文》杂志）。

5.应酬字太多。（帮忙好友，医师……）

6.售字幅不少。

7.修改《“野草”》文。（三版）

8.交新友。

9.日记字太草，不详细。赠品、经济账不清。

10.三碑文未动手。

财贸学院小傅赠挂历，电暖手器。

〔注〕

①宙斯，希腊奥林匹斯（Olympus）十二主神之一，他是众神之王，至高无上的主神天神，用雷霆和叫做“埃奎斯”的神盾治理天和地。

②韩石山，山西作协副主席，《山西文学》主编，作家。

③“我思故我在”，是 17 世纪法国哲学家笛卡尔的名言。说的是“我思维，这个思维就直接包含着我的存在”。

④即《论语·述而》：“子曰：‘加我数年，五十以学《易》，可以无大过矣。’”

⑤语出康有为《广艺舟双楫》。

⑥傅山语，见《霜红龛集》“佛经训”：“幽独始见美人，澹泊能生豪杰，热闹人毕竟俗气。”

⑦语出《庄子·天地》：“夫子问于老聃曰：‘有人治道若相放，可不可，然不然。……’”“可不可，然不然”，以不可为可，以不然为然。意思是说：夫子（孔子）问于老子说，有的人虽然修道，但却把可以的说不可以，把不可以的说可以。卫俊秀这里是凭记忆写出。

⑧裴玉林，山西襄汾县人，国画家。

⑨陆游《闲居杂述》诗有句：“花如解语应多事，石不能言最可人。”卫俊秀此句是从此诗化出，意谓石头不说话，却正是在说话。意思和他上文说的“至言无言”同。

⑩《庄子·天下》篇有句：“块不失道”，块，土块，意谓即使是土块也不失于道。璞，未琢之玉。卫俊秀的“璞不失道”与《庄子》的“块不失道”意思相同，可能是他的记忆有误。

⑪《庄子·天下》有句“以本为精，以物为粗，以有积为不足，澹然独与神明居。”卫俊秀改“淡然”为“巍然”，表示他对高大境界的追求。

⑫“四毋”，即傅山《霜红龛集》“作字示儿孙”中“四宁”、“四毋”的“四毋”。傅山的原文是：“宁拙毋巧，宁丑毋媚，宁支离毋轻滑，宁直率毋安排，足以回临池既倒之狂澜矣。”这是傅山的美学观。

⑬即《庄子》中的《齐物论》。

⑭倪文东，陕西省黄陵县人。曾为西北大学艺术系教授。现为中国书法家协会学术委员会委员、北京师范大学艺术与传媒学院书法专业教授。

一九九八年

时光。养生。新生。创建。（著文，绘画）

元　月

一日(腊月初三)

大心而敢[①]。(管子)

斯谓能参[②]。(荀子)

大天而思[③],(荀子)

云气行天。(傅山)

天地正气,宇宙精神,

怀我三公,日月长存。

心中常有个“大”字,万类皆渺小焉。

收北京国务院侨务办公室张璞同志贺卡(字)。张星五老来,赠金“福”礼品。蒋蔚奎友来,拣石,似古庄老像,嘱题句。马家杰,花鸟竹鱼,送照片,放大。白水人。仓颉庙。倪文东交千五百元,字三。

退休年龄,愈提愈早,男50,女45。县级干部35以下合格,有勇气,敢字当头。复兴有望。松松心,缓缓气,养生第一!无为,老子宗师。贵我。“善于我者为善人”。有益于心者为友人。有益于身者为惠物。

恩人必报,坏人难逃天伐。

收文景明兄要信,作复矣。

三日

理:天理(执道),物理,情理(人道),事理,生理(人体组织)=道理。

培根:“征服自然先要服从自然。”(正反合三律)常理。

四日

颖检查,王玲陪往。整字册,发之。(文景明君转)

发文景明君信,柯、邢字。阎刚、欣淼等《十九首》各一册(庆生代发)。收元军、贺有才、文史馆表。中国书画报(天津春联)。谢冰心女作家集龚自珍联:“世事沧桑心事定,胸中海岳梦中飞(梁启超为谢书之),余亦集联:“横眉冷对千夫指,白眼看他世上人。”(鲁迅,王维)

五日

王玲同甄嫂赴灞桥二院。发张过信、字。(小传)收到淑凤生日礼二百。峰、浣字。

午,近10时地震,4.2级,或云5级,只觉一晃即过。

六日

文海、春丽来,赠花大盆。户县佛联。郑老来,玉米中堂礼品。苣颖、玲回来,健饭。14日举行礼。补庄文。文史馆公函,八日研究义卖书画,扶贫职工问题。托伯庸交杨玉才馆长字、徐耿华同志(填表一张)信各一。

余化、李忠取展字一张。(十八日历史博物馆给苣颖二千,医疗)

李宪孝同志电,明日来取“探索”稿,交字二件。

七日

收蚌埠禹王碑林纪念品:犀牛,收藏证。文化厅王安同志送来。山西师大语文报秦良玉[④]、齐峰[⑤]同志来,礼,为题字,字二。收建国信。

八日

秦、齐返里,带信给柴。小学收费445

元，毛贝。（交迟了！……）未收？转学？

收费名目多，学生当奈何？

九日

茝颖乳腺动过手术，良性，无碍，强儿回来，皆大欢喜！韦、李两位来，交给书稿，10000 册，3 月内印出。6.35—3.35 比例。快事！序文，题签，明日交。力雄老来，礼。

十日、十一日

准备生日事。李彦洪礼。李饶老砚台、纯皮手套。

十二日

九十华诞寿禧，百余好友参加，10 桌。文史馆杨玉才馆长、苑恩光、杨科长、李绵老、赵校长、吕副校长、西高十多位同学、奶场诸位、杨凤兰、陈总编、书画会十多位友好、季波友、秦腔研究会数位、学术中心周明，所有服务员，摄照，热闹非常！夜，文史馆礼，杜礼。新权早早来了。

应驹送来录像一盘，渺霞帮大忙。

回拜。须看望的，赠字的　　礼节。

今后，只有一个目标：寿之大齐！

万般不计，一切过得去。国际=狗屁！

胸襟：大宇。至公大难得器。朋友最贵！

书籍营养。碑帖。

十三日

发文海、春丽信。厂爆炸？黎风兄住院，应老下午去看望。李饶字册。陈一三字。振纪字。秀生老礼。周强信，其弟字。张光祖、李珂、杨宏毅诸兄带孩子李根弟兄来，厚礼。锦章嫂住院，缺血。给字数件。树廉侄子国章来，张耀廷厚礼。字册。爱子、清兰来，寿桃。字一。

十四日

小雪。卫国章返临汾体院，带给树廉《十九首》，长白参，200 元；耀廷老《十九首》，大笔一支。杨春丽子来，兴平化肥厂爆炸死 30 余人，重伤近 50 人。世界第一，可虑！收郭振有（北京，邮编 100816）、曾立平（南京市北京东路 29 号，邮编 210008，中国国际贸易促进会江苏省分会）信。李钟善、陈其明、黄美淳、沉辉、岳克强贺卡。许麟老信，字册收到。张过先生信（713100，兴平政协）。齐峰，山西语文报社，贺卡。鲁迅月刊。薛□和、崔剑字（不提上款），秦唱，符清坚。照片款付给，明日送来。分赠之。振绪来，带回 18 册，友人。袁旭临？张颔老？

十五日（17）

一字如同剧中一个角色。章法即各角色在合演一出剧作。彼此关系紧密结合，完美无缺，乃佳。

爱子们下午二时返里，交兰顺等春节钱。振绪三时回太原，给 300 元，字册带去 19 本，分赠友人。

茝颖出院，甚慰！王玲回厂，交款 400，发送照片（170 张，170 元，玲出的）。

作字有如风吹（自然有微风，清风，大风，旋风，狂风之别）飘动，不知怒者为谁，一鼓作气，不容停歇，越吹越见力量。时遇旋风　　忽东忽西，没一定轨道，奇险，正是自由泛滥光景，振人精神也。

刘念老为红螺寺赋联一则：

三重绝业，二妙红螺，几处山林留胜迹；

两代祖师，一方净土，千年古寺映新辉。

明日书之寄出。

中青文。

十六日(18)

好雪。为怀柔红螺寺书联。超逸，仙气，境界高。

发文景明信、字。陈辉父子、许久康、曾立平。大雪中小傅来为我送信，帮忙写完款。收陕西省人民政府办贺年卡。

十七日(19)

大雪，放晴。瑞雪。

字内见功力，字外求意境，都须以学问、聪慧为基础。

心上宽展多了。

小傅来，四信发出，为购邮票、大信封多，若干件。开始书中青纪念文集文章。

十八日

庆生来，题签复印一张。发丁纳信。文海成绩？阎刚先生来信，字册收到。

速成“养生主”一文。中青文稍后写，书教文。

十九日

松园李正道、张文庭老来，100元，礼，嘱字。贾文涛来，字照一张(禹涂山碑)。

赵树理。(罪？)

社会事实，真话——为百姓鸣。(反)

假——官僚——为皇行意图——皇。(正)

二十日

上午边家村地区书画会王节会长等五位来，礼，广柑，渭南骨刺药数包，发送名誉会长证书一摺。

后天(二十二日下午一时半)集合到省政府会。作字八张。天津美术报刊登文、字照。

二十一日

华山庙文物管理所李明亮副所长、刘宇生副所长三位来，索书。李建森电，正月来，条幅二，对联二。编论文事，集外文诗。

余之行草如风在吹，越吹越紧，大有推波助澜之势。一浪推一浪，后浪赶前浪，活力无穷，横冲直入，变化不尽。亦因内容句意而变者。情感之力，或为旋风，微风，顺风，逆风，自成节奏，自为音韵。由内所决定也，非从外来也。

章法者，人的思维活动，情感变化起伏、隐现、虚实、忧乐……之记录也。

二十二日

赵守平来取字，云拍卖行义卖救助下岗人员。条幅：“平生不负云上梦，一步能空天下山。”售价3300元。小傅也特来告。成守焕子来取字(赠日本)，二千。

二十三日

何金铭同志偕南京黄先生来，礼，嘱书“老上海酒家”，急用。鸿儒与唐燕来，摄照多张。王司机字二。明日来送照片。昨文史馆会，发收藏证。——救困义卖字一条,14字,3300元,破格。祁恒文字。财贸校长字。

收文景明友寄柯老[⑥]扇面诗等。女女看黎风兄。

二十四日

发李、翟,华老信。石汽赵贺年。唐燕赠照片。晨冬青嫂张女士来,礼。告杨跃中友,字二件。

华山五岳庙:

作乐始西京升馨自若,

侑神配东岳鼎建维新。

乾隆皇帝。

雅气和晖。(醒民)

二十五日

生财同志来,赠剪纸——虎。钟镝来,送教育报合订本(李兄)。齐静波老来,嘱为黄陵永久展出事,文文山诗:

我瞻涿鹿郡,古来战蚩尤。

黄帝立此极,玉帛朝诸侯。

鸿儒送来照片。郑园二位来,酒、京糕、大锅盔等礼品。作字,五岳庙匾二,对联。李宪孝君来,赠一箱南方果,即返临潼家。印书事,已开始校矣。方磊册4月出版。《野草》3月底印出。

作字殆如旅游,村落,山树,一处一风光,一处一新景色,变化无常,神与俱往。

作字八十余年,今乃知随心所欲、操作自如之趣,无往而不乐也。无法有法,有法无法,介者拸画,有作必佳。

人生如儿戏,有甚正经。君不见国际大事,相吃相咬,胜者王侯败者贼,不值一笑!看得透底,我即上帝,有何物能拾到眼里?

还是作字好!心空万事了。

墨池有乐神,九凤争来朝。

二十六日

振玲、虎虎来。

报纸要看,不管真假消息,胡说八道,使你不忘记现实。激愤,斗争,活跃起来,战斗生活有意思。

吴强君来,字册二。丁伯苓各一,字各一。

周坚夫妇来,赠活鸡一只等贵品。应驹归来,字一件。安□、王安君来,字,斗方,刻。何金铭,黄先生夫人来取字(老上海酒家)。核桃仁大包。重书五岳庙匾一方。

二十七日(腊月二十九,月尽)

1.这一年,总的说来,不错,胜利了。出字册两本:《卫俊秀书法》,北京版:《古诗十九首》,西安教育出版社。如愿以偿。各地报纸,电话,友人为写文章宣传,足矣。2.书法研讨会,九十寿辰,都很热闹,感谢友人的恩情!

病住院顺利。应酬太多。

3.为华山五岳庙书对联,匾二方。红螺寺书对联,交友,柯先生等。户县药王庙对联。救济下岗工人,扶贫,义卖。条幅3300元。为蚌埠禹王碑林作字。"老上海酒家"匾一方。浪费!没计划!交友不够。孩子教育?

4.保健,眼力、脑力负担过重。

5.《逍遥游》文,《养生主》文,文史馆文章。(日本鬼子,诗词)

下午张永军三位取册页,礼。刘老等多位友好早来拜年。畅叙快甚!李绵老电话互拜年。铭赴院,打吊针一次,明天又须一次。

收中国国际名人研究院辞书编辑部信,王雷收,北京市亚运村邮局第32信箱,邮编100101。半寸照片二张,66元(证书费,邮寄费),附寄回2联。3月20日以前寄出。

书法教育报。除夕。

行其所无阻,行其所无事,行其所自得,行其所好。

道固无情。“夫道复载天地,万物生也。”

1.无私情。天地之大德(道)同生,天复地载,不是为某人某物,同仁(道),天何言哉?

2.无人间俗情(方内)。内我小惠。方外情。大众。中气。无限。

3.中,空,虚,无。

二十八日

农历正月初一。天气晴朗,春光大好,正须大展宏图,看老夫手段何如?

虎气,虎威,虎勇。

晨,好友电贺佳节好!约十多位矣。杜、甄、张均来过矣。铭二次打针,明日动手术。下午李建彪君父子来,厚礼,并带来微雕大师曲儒先生(运城人),赠送为余专刻象牙微品诗一首,难得,甚感!夜胥超兄来。

两大问题:

1.中国的真正的敌人是谁?友人?

2.中国的前途?如何办?人才?负担够重!人力、财力都不足!

3.对策,办法:(1)健康;(2)德性;(3)学识;(4)能力(聪慧,才气);(5)胸襟;(6)派势;(7)其他。

元旦,舒畅、顺利、欢乐,一天度过。

王父母电贺节禧。蒋蔚奎电勉县政府赠品。李建森电,樊明印君电……西大二学生(讨论会材料)字。应、傅老友来。女女一家来。书《养生主·解牛》故事完。赵校长来。苑恩光同志电贺,鸿儒电贺,胡老电。起家。方胜。

放意弄笔,快意弄笔,愤意弄笔,率意弄笔,信手弄笔。

三十日(初三日)

杨文极同志晨来,告以赴京东方大教事,嘱题签“中国经济体制改革经济发展战略研究”。五岳庙电贺。

三十一日(初四日)

《养生主》竣工。

吴群生、德潜等三位同学,代表51级同学来,厚礼,贺年,寿。房鸿禧同学自常州来信,作品(字)。民盟三位盟友来。王少纯夫妇,彦来。德运由京回来,礼。胥超兄来。

二　月

一日(正月初五日)

信仰:达尔文优胜劣败。"兴者王侯败者贼。"制度?人才!正人。是非,真理?

开玩而已!社会,国家,国际,多联?×!

自身!本领!

田任之兄从韩国归来,厚礼,营养品多种。刘玉玲友尚来,转交字册《十九首》。怪事惊人!深圳为人建数座别墅三十六亿……有数千卫士夜守之。

培梧,女来,柿饼等。

真完矣!莫为!养健!

庆生陪一位研究艺术理论的同志来。

二日

初六日。方磊友来,礼。刘念先老赠《陕西耆老诗词选》一本。邢德朝同志赠《陕西文化人》一本。

阶耳字一。振绪信,振玲带回。马在春夫妇来,礼。

三日(初七日)

张育晖同志来,畅谈。竹石(河南隶书)、钟镝来,礼。收赵秘书信,李兄好,翟嫂住院。照片两张,健康。齐鸿禧信、字。

四日(初八日)

振玲、虎虎返临汾,治疗颈部病。南山送海棠一株。蒋蔚奎君赠花一盆(户县)。午睡酣,春光明媚,怀舒情畅。

五日(初九日)

敢想,敢说,敢干,敢闯!

在无有不奇、无奇不有的今日世界里,要想开出无比奇花,只有以上的四个"敢"字!妈妈的!世界是个甚?开玩,儿戏场!!张眼,高视远望,近看,什么也没有。

无可挑战的对象=伟大。

一切制度,无不在应时而生,故以都是好的。关键在于人!人坏了,什么都坏了。

收文景明兄信。红螺寺联尚未收到。孙秀娥同志来,借给周林电器,平女为换药,出脓不少,烤电颇佳。收聪弟信,春丽信。文海1月26日回兴平。陕电台赵韬来,赠郭钧西挂历一份,带给讨论会论文一册。《美术家》用,写文章。

六日(初十日)

晴朗。马温才、李建森来,卫玲学费,他们解决。马鸿旺校长嘱题书签"饮食健康长寿"。对联:淡泊为人乃大度,宁静处世是坦途。光明磊落,横。陆贤忠明日来。天津美术报。鱼石脂膏,外用;牛黄解毒丸,日二丸;螺旋霉素间服,四。

七日(十一日)

发李、翟老信,张国忠友赠重杖一根。即赴新疆,三月初回来。字二件。

八日(十二日)

马温才、李建森、刘、曹、赵、李开小会,——论文集,欣赏书作集分工。疮换药,快乐了。

十日(十四日)

杨信平同志来,礼,嘱字三。赠马文彦段长《十九首》。方胜友来,从日本归来,礼，孩子与日女结婚。方秀敏同妹月美来，赠保健药二瓶，日服10粒。

完《养生》文。

十一日（元宵佳节）

杨文极君来，后天赴京，《十九首》一本，为《中国经济体制改革与经济发展战略》题签，又字一件。江西笔庄李数字。收久康信，收到字。王女同学来，健谈。书五岳庙匾二："灏灵殿"、"棂星门"。李建森午饭后返里，字二件。

十二日（十六日）

收张颔老信、振绪信。宝鸡朱、周来，糖。作字清债。

我眼中的世界？儿戏！

我深信什么？自己！

十三日（十七日）

夜梦与晓英乘木椽渡海，不见边际，晓英能辨方向，到达一地。

华山刘来，送笔润二千，余再补。新权来，给书联："开张天岸马，奇逸人中龙。"姜院长来，治疗病。发方鸿熹信。昨发文景明君信。夜申秀老来座谈，陈青来，为友索字，交七百元。

十四日

上午九时半，同老伴、平女赴陕西博物馆观恐龙展，颇受教益。身长22米，颈长11米，两具，一食草，一食肉，四川产原实物。1亿4万年前，侏俘纪时。地球已有47亿年矣。

庆生为校稿，问题多已纠正。

十五日（十九）

《养生主》讫，交张继玉友，轻松矣。华岳庙对联、匾额完成。耿老师、杨凤兰来，礼，摄照，取京字，儿子字。

十六日（二十）

发张颔老信。齐静波老取黄帝陵字，齐、杨各一。送信，植物园发财树受冻了，少浇水。行路不少，未停。《养生主》又改数处，较为如意。

十七日（二十一）

作字数件。下午四时多，李正峰兄来，有一件事，春节前，没告我谈，怕影响春节情绪。说《书法报》刊出《何为大师》一文，石偈，户县人，韩建昌？为我写过一短文，晚报发表，没给写字，得罪了。可笑。建国、正峰兄等都写来文章，送《书法报》矣。小傅来，买到报纸。买赠大小信封、邮票。

十八日（二十二日）

开始为马利兰州大学写书法教育文章。十日完成！纲要，见解。省电台郭同志来，录像四五天来拍。小张数字，小马后天来取字。

一字的点画结构衔接处，密缝莫见其隙，字间行间关系，联络关系密切，递传迎送，情感浓烈、亲腻，至于拥抱，虽分手远去，仍在目送，挥手，依恋，藕断丝连也。

十九日（二十三）

反腻，不舒服。育民友来，联。大珍题名河南"炎黄二帝"四字。北京字照，5寸，速寄。

二十日(二十四日)

发郑州王信,庆生寄送。学报《养生主》稿,照片一张。育民兄取字。庆生字。上海酒家匾额悬之,一米大,校刊桂花赠报纸,送下楼。

二十一日

写书法文。

"有守"则有所寄。不紊不乱,专精,创制——彦,圣,独来独往,目空一切,不动心也。真解放,大自由。

通畅,顺达,透脱。无碍也,破除百障。

二十二日

郑州电话,收到题字。小马取拍卖字,对联三,"虎"、"佛"二。收山东枣庄信(中石老推荐),建碑林字("虚怀三葆真")。宗文兄嘱字。写书法教育文数页,顺手。

二十三日

鸿儒、唐燕来,字展事。收邓军信,嘱书驻京办事处牌子。

人心大坏,无奇不有,与禽兽居,讲甚礼义!!

开价:对联两千,中堂两千,条幅 1.5 千,横 1.5 千,四屏 5 千。

李宪孝 5 千,交付出版社款。

二十四日

大改革。

1.国际纷乱。达尔文主义,动物世界。

2.国家黑暗。人文扫地,金钱世道。

3.人类走向问题?国家,民族,忧患!谁挽救?听天?

为所欲为,放胆。花花世界。往前看。庄子先生不要名,不要利,恬淡,保健!"至人无情",独善。

理发。发邓军信,题牌。庆生二千,四条。傅大夫送药,取字。

王锜先生电话,三月五日文史馆会,带去对联。

葛天氏,无怀氏之民。

罗志英文章好,即交正峰兄。白志彦友来,黎五月赴京,《野草》,字,名单,题标。作字数件。二中队书画院梁柱字。

二十六日

收甘竞存教授信(南京师范大学文学院),曾立平同道信(南京市北京东路 29 号中国国际贸易促进委员会江苏省分会,210008)。马兰鼎,女,来赠画(装裱),题册页,索字,交 2200 元,对子,条幅。小爱信。

二十七日

收文史馆信。三月五日上午八时开纪念一百周年。山西壶口笔会通知,三月半交字,九月赴壶口开会。韩夫人取字。郑老来,带给李、周字。

二十八日

收丁纳同志信,住院,病床上写的。父已故,她也病了。多年来,奔波在省外,其心情可知。即作复。柴建国来信,报编辑水平不够,可笑!李廷华文章将发表。志海来,赴沪复旦大学进修半年。《书法报》、《书法教育报》借阅,文,字一。

三　月

一日

庆生来，一同赴省委招待所看阎刚、周明两位，自京来，参加十四位，畅叙，均大文豪，作家。凤兰迟到。午餐。后看正峰兄病，轻松了。郑志国兄、小傅也赶到，送礼。（会上内容丰富，待补）

二日

发黄飞同志信、报纸。志海来，《书法报》、《书法教育报》（文），字一件。书曾立平、甘竞存信。

三日

下午电视台郭同志、赵韬等四位同志为拍照大忙半天，刘念老、伯庸友来，晚餐。为书小幅数纸，尽欢而归。

四日

上午吴、丁二位来，食品。余志海陪中国教育报记者柯昌万同志来（陕报记者站）采访。收美国信。

五日

黄飞电话，月底来。平陆电话，日报字。发信二件。文史馆大会，周百年。

六日

发建国信、杨信。整材料、照片（电台）。

下午雨。读《参考消息》：《二十一世纪人们的忧虑和希望》（法国《科学与生活》月刊）一月号文章，颇有所得。大意：

1. 危惧世界化。平时一无所知的邻居，突然凭他的资本、社会保护、工资、文化等手段闯入我们的生活。在此世界较量之中，没好坏善恶之分，只有负赢之分，让别国厮杀，技术影响空间缩小，节奏加快，赢得时间越多，处境越好。将来的世界，没边界，世界化，没显明的敌人，没强加于人的计划。柏林墙倒=签署意识形态上的死刑判决书。其“功劳”规范了公众的辩论，使人们具有了一种意义，一种目的。领土界限与意识形态界限彻底消除，——“世界时代”。

忧在自然秩序受到侵犯。给后人的思考在1999~2002崩溃的原因。我们的这个世界的末日，非世界的末日。

2.我们从操作的观点来看自然，他们把自然看成一大堆开发财富。我们已进入科学和工业的社会，我们应该携手使人类合理地成为自然的主宰者和占有者，制定长期计划，保护我们的文化、自然和人文遗产，并使之发挥积极作用。

好文章！值得反复思考，研究。找出路！救国救民。

研究一种学问、问题，最好通过一种典型事实，翔实深入分析，得出结论，使人信服。

收姚国瑾信，即复。

七日

晨作字数件，得手。

发鲁迅博物馆王得厚汇款100元，定月刊。姚国瑾信。

作大字须如三弟闯辕门，不怕捅乱子，以全副气力、宇宙精神、狂人空头脑泼墨，便是大快人心事。此字为古今中外所无有，足矣！观陈抟书联"开张天岸马，奇异人中龙"偶识。

阅法国《科学与生活》一文，此为余思想又一转变之台阶。双开楼——正清楼——孑逸居。1.在针对教育之危机，然而无效；2.在针对摄照之弊端，品质恶劣，无可救药；3.爽然放弃，不作法善，不作法恶，随缘取兴，独善其身，又一新境界，达矣！

书楼，艺苑，文会，春游，四趣，足矣。

八日

李珂带孩子来，为锦章嫂夫人书挽联。魏禧带来周，交千元，索字。

不托人带东西（字，钱……）；

不说真话；

不相信人；

不行善；

不多事；（建议，捧场）

不收礼；

不为人评公道；

不随声。

书城有乐神，

希腊有爱神，

天地有美神。（自然界）

自由王国。幸福。真主。活力。生趣。寄托。利、力、理、立四大金刚。

九日（十一）

作书三件。发蒋蔚奎信，谢又赠花。好雪！

张忻的孩子来取挽联，附信，五百元赙金。续写书法教育文。走上轨道。湖北邹节笔商不断地来，又派人来要取回对联两件（？）

下午又雨。收李才旺先生京字画展请柬。赠陈一三乡友字。程群力先生《古诗十九首》字册，条幅。思白兄信、字。

十日

发程群力、陈一三、白兄等信、字。王玲发送。李才旺京展贺信、词，快件23元。写文。午饭油腻不堪。省电台赵翔来取材料、照片、文章。

十一日

庆生来，助书四条，张良庙字，山句。

夜梦做壶口赞：

幻霍幽妙兮，

造化绝作。

瞻彼云汉兮，

壮我山河！

种柳观生意，临池学为人。

辛景瑞赠戏作，索字，400收。魏禧千字文，联。第一台领导刘志明、董源康、陶华来，赠名茶两筒、茶具一套。胡文龙友赠《艺林漫笔》一本，又请柬（15日座谈会）。

十二日

发峰兄信。北京首都师范大学博士招生委员会双挂号信。（王非推荐书二纸，李步曹、卫）王赠《美术艺林》、《美术文集》文稿一篇。

收蒋蔚奎为儿子龙结婚请帖。星期日

赴胡文龙座谈会。

十四日

蒋蔚奎同志儿子蒋龙、李芸结婚，赠贺词。吕迪生来接送，司机王有平。办2487342。

十五日

胡文龙著作座谈会，武俊英来参加。发建国、王英信。夜栾栋博士夫妇来畅叙，大快。他负责研究生班哲学、美学，将要求为学生讲课，赠美酒等各种珍品。收张晓宇先生贺诗（讨论会），甚感！030001。

十六日

黄飞同志电话，文章写完，20日前后来。

十七日

作字，题六愚阁。钟来。

十八日

发张晓宇君信。收牛桂英信，晋剧名伶。气候骤变，阴霾，欲雪。暖气来了。

读《广艺舟双楫》：1.六朝书无露筋，雍容和厚；2.疏处可走马，密处不使透风，真善言魏碑者。二者均有之。

用笔：提按（轻重），疏密，虚实（气、力），掌握得宜，足矣。肥瘦，藏露，正侧。

藏锋：无往不缩，欲上先下，欲右先左。

用意（意趣）——沉着痛快，谨严，排，纵横，奔放。

十九日

改文稿。作字数件。黄飞电，已到西安。

二十日

黄同志来家，谈甚慰，为作一文。供材料若干份，加改向数处发出。午后，雪花飘飞，冷如冬。胡文龙兄偕摄影家来，赠相片6张，放大三张。俊英合影二，萧合一。黄炳新香蕉。

阅过墓志、造像数百件，字形结体，意态，章法，笔意，种种奇异，有甚法规？我写我字，有个性，水到渠成，自自然然，一片天趣，便佳。正不必蹈人脚跟也。

二十一日

黄飞返里，五一全家来。赠吴丈蜀老《十九首》、于右老《醉高歌》各一册。材料、论文集、报纸等，字各一幅。

二十二日

国兴、俊英、福全（摄影师）、大同殷宪、一台、育民，对子二……守平来。发建国、文海信。定稿。

二十三日

邹送来景泰蓝花瓶、玉镯，取字一。赵韬、郭振西送来拍照片、报、材料。字二副（对子）。收枣庄梁柱信、碑拓小册子、邮票。小沈来，900，字。晨雪午晴。

武警技术学院，何斌，二十四岁，西安大学语言文学系英语专业，英语：专业四级，日语中级，报考鲁迅研究生。写条横三个。

午胡文龙友来，赠药酒，同赴食疗饭馆午餐，甚快！刘念老来。

收北京出版社孙恒元先生函，八种小品文出版邮寄，题签稿酬千元，索字一幅。

草字大帖尚未出版，后寄。

雪峰兄亲笔长信，看来精神不错，英嫂仍住院，书交稿矣。夏将赴太原晋祠住一段时间，来西安。

陈总、凤兰来，送来角鱼两只。雨。书法教育事已办妥，当电告正峰兄。四月十八日户县花会。明日书壶口字：

海涛崩浪，

天公斯凿。

瞻彼云汉，

壮我山河。

星期五赴宴。

二十四日

书壶口字，发之。

二十五日

书北京出版社孙恒年(元)字三件。

二十六日

发京信、字三件。文史馆杨、苑馆长，吴、耿等同志来，高八十九生日，嘱书“文史与书画”，竖、横各一。文兴、耀宇兄弟来，贺老伴寿。

二十七日

满道来，赠我画像装框一帧。江西笔庄小李来，留笔8支。铜川粮局来人，送癣药方，欲索字。文兴等明日返里。文稿明日完稿。

二十八日

张国忠同志来，徐山林省长索字(6尺，横，内容自定)。另一件。刘老带孩子来。完稿。九月四日赴美。

二十九日

铭八十喜寿。因赴大上海酒家开张，不能不参加——为书大型牌匾。王生彦同志来，拿去寿书画册，请友人作品，又财务科嘱书“天道酬勤”，周科长嘱书横。米养素——姜的秘书。老年书画会四月六日开会，纪念周100年。刘无奇《长安书画艺术家》索字。(为教育出版社)

三十日

起超友帮大忙，对文稿，打印。郑老来。

三十一日

雨。文稿毕。起超友大帮忙，轻松，夜眠良好。心上无事，健康之母，良然。

四　月

一日

美国文稿校毕。杨起超友来取，他费尽大力！陕西省决策咨询委员会闵智民处长、工程师来，果品。何金铭君嘱题横幅“今日陕西”，前字太长。闵字。(省办公厅，710004，家电7887296)霍和平明日下午三时来，字。

京出版社信。继军。

二日

文史馆学习会，发言(教育)。杨馆长玉才赠《收藏》杂志三本(刘念老为我写文一篇)。朱健龙索字。外院，馆员，蔡恒君介绍。交闵智民字“今日陕西”，条。霍和平来，知英嫂住院，思恭赴京月余。交字二。

刘兴一。张良庙字昨日交。《文史与书画》字，字照二，像一。

各省大会，设烟民收容所，全国五百多万吸毒品人，每省十多万人！

三日

“以天下为沉浊，不足与庄语”，“正气填胸以自壮”，此之谓“得道”！

四日

乡人说 “没有戏味”，“听话听音哩”，“说话枯燥无味”，可了解笔意所在。刻字，只见刀痕，不见情意，是也。不动声色，不善于表情，没姿致，科学文章，只有概念（干枯），不生动。要烧亮人心，无情焉乎可？带劲，真情之谓也。

收鲁迅博物馆王世家同志信，前寄之刊费 100 元，不能收，月刊是赠送的，但又不好退，只为我买三套书，感谢之至！

吴强老来，赠《南方周末》一份。他的冤案已登出来。发峰兄信。庆生送来《“野草”探索》五本。

六日

发赵鼎新、卢莲香、《世界名人录》信。辞赴泰国开会。凤兰信。

送旧残雪恋柳岸，

迎春黄花满墙头。（偶成）

雨不断，女女回临潼，强儿昨日回来。收李廷华信，附《书法报》载文。黄飞电话，从武汉回到周口，文已发出，开封《导报》、《书法报》。见到吴丈蜀老，赠我书一本，将为我作字一幅，亲自寄发。文海电话，爱人赴云南。

作字数件，午睡良好。

七日

发孙恒元、文景明信，附邢延生信，刘延勃友信。

十日

收到孙玉石先生赠新著《生命之路》一书，内收录为所著《鲁迅“野草”探索》重版序。市出版局（市府八楼）余海庆副处长公函。

十二日

发李廷华同志信。吴群生、薛德、新权来。于书苏东坡《赤壁赋》出版。后记中得到感谢语。

十三日

收张过先生信，附为我名字题句。赠俊秀翁：

“俊拔人里杰，

秀发艺中珍。”

甚感！

山东薛城书画院（文联）信，索字，题词。

十四日

张晓雄（学生处长）、杜宏利来。柏扶疏回晋城，鸡。书锦州检察院、张过先生信。故罗文治遗孀周玉秀、张有时（秘书）来，嘱题签。胡文龙友来，酒。赵也来了。收信多，求字，一律辞了。

京诗词学会滥收钱。

十五日

忻州郎华君、方胜来，赠砚、醋。儿子考艺术系（美术教育专业），郎晓政，报考号9840005，育英中学毕业。

十六日

振玲字，张铁山、马旭光四条，太钢汽运公司，否则下岗。一台字，礼。

耿荣华赠照片三张。兰，2210757。中心吕春元、杨建民修电话，留一台暂用，杨为修二台，字。

胡马依北风，

越鸟巢南枝。

赠吾×耿健、尤静珊媳。

曾经沧海难为水，

除却巫山不是云。

17楼4单元10号，5253797。

夜，贾文涛来，为弟索字，酬，给《"野草"探索》一本。天水人。总编蔡智敏字。名医魏翎，毛小春，胡老风夫人。名家，照片，《七月》。艺术教育研究院。

十七日

一向不用脑子，忙于事务，应截断！(外来琐事)

人：希望，国民，社会人群(？)，个人事业，有所守，嗜好，宠物，小猫，小狗，文集，碑帖，至友等。可得安慰宽松，减轻负担，健体。

自料：健实，饮食安排(？)，人格(个人守则)，人群，民族×！无压力。外来应酬××，辞绝！不顺心事，摒除之。自放。

自救，自强——庄生。

孑逸居士。

十七日

任丹，佛山市环市镇安中二中心区7街07号。骆培林，渭南市文联，馍，714000。

二十二日

发景明信，收到了款。锦州友刘字。吴、应代发。生彦兄取李廷华文章。收河南荥阳市　水武门周西海退2.00元票，450141。

新绛县塔寺二号张延寿门楼对子。博物馆，043100。要碧落碑刻。

轻松愉快，自有乐趣，管他的。

二十三日

雨。高张，刘克(晚报摄影)来。徐天德来，字三件。张过先生。广东刘某电话，五一后来见。李建森电话，孙女学费事。刘拟红螺寺联，余送酬5……陕图书馆1909年成立，99年10月落成新址，贺词，十月底交(九十周年和新馆落成纪念)。市西大街图书馆馆办收，李乃良，赵新文。

二十四日

怀念王中青同志文完竣，轻松愉快。月内清理材料，笔债。"新颜日"。

收县委梁茗蔼信，附照片，索字。字册，错字×。

二十五日

发中青纪念文稿。

二十六日

刘冬青同志来，嘱为马洪(中央国务院经济学家，部级干部)。路老战友刘兆兆字(洪洞大企业家)。正峰友来，札记一本。

二十七日

文稿今始发寄。小朱帮忙。今始真轻松。晴暖。

读重老画,学画开笔。不应酬,求安闲,唯意所适。倨傲何妨。人生戏耳!哈哈……。泠泠……。

三碑文,陆续动笔。

创造新世界!从“毋不敬”处观人。

郭同志陪陈平社(省办公处副处长),取字。收许麟庐老信,并葡萄画。曾忠脑病二十天,住院。张浩然信。南昌刘玉、安康,晚霞报社,信,字。

二十八日

清笔债。

二十九日

发梁茗蔼、辛景瑞、张浩然信、字。午睡良好。为马洪、刘兆兆作字。刘冬青同志代索字。收澳大利亚书展邀请函,六月底交作品,等。150 件,书法 50 件,画 100。杨吉平同志信,问候。

三十日

清理,调整:心态,外物,生活,健康。

展拓:工作,写作,交游,方外,手续,认真。

人各有志,我行我素。

广宇悠宙,目空万有。

大彻大悟,大笑曷忧。

悯我众生,何人拯救。

识透国敌,唯在奋斗。

淑凤来,1.题书签;2.崔要京字册 50 本,4000 元。回去带《札记》50 本,字幅 10 件(崔,张田)。李、翟、卫树廉信。赵来信,李老嘱题签:“李雪峰回忆录”,副标题候来信定。雨。李书记电告郎义子考试成绩好,平均 86 分,去信转告。题签事,题画,题册名 50 本。带《札记》、《十九首》,看友人。

五月(红)

一日

大变。

私>公,邪>正,鬼>人,钱>人,权>法。

如何办?尽力而为,匹夫有责。结论:

无奇不有,无有不奇,一塌糊涂,糊涂一塌。

中国人!中国的事=没样子!是=非,非=是。

为京字册题字,淑凤帮忙,50 本。为购赠新式悬灯,安装,花了 700 余元。方磊电话,嘱为田树苌、锁祥、巨锁写便条,推荐《札记》。

马温才夫妇来,礼千,册页题画,二日来校住数日。

二日

为崔惠民先生题写竹三幅。应驹友为录像,午餐川越菜。午睡好。与驹同室。其妹与凤在会议室布置。

三日

温才友今日来,住中心,其妻、子先回临汾。题画二件,册页数字。习一信,树廉信。

凡百皆假唯我真，
藐视万类即为神。
克难攻坚称至尊，
存我为贵一条心。
自由广厦庄列君，
独立亡国久长存。

马温才来，下午三时返回。带给习一信，《札记》；树廉字册，《札记》。柴信。守平来，鸡子，看陈老六大幅字，颇佳！笔力大，精品。

苦恼，无知！？

孑逸居士启用。

省教委周振豪同志、李绵老转嘱为书数行：“敷教育化，国之大根；书法教育，不可不厚。”

李若冰先生赠所著《满月绿树红花》一本。马温才送20本京字册。

四日

夜眠大好。大福。

天机不易识，识透也容易。
偿得烂额像，人情一张纸。
“国联”岂不伟？等同儿游戏！
文明廿世纪，动物何所异？
争逐一枯骨，强力即公理。
马列诚明圣，达文更上帝。
百年堪一笑，庄列人间师。
万类皆假象，□□亦骗局。
神龟寿万年，终归化土泥。
扬子“存我”贵，至情通天理。
丈夫贵独往，豪杰贵独立。
无情岭头松，乾坤一敝屣。

读文。张卓命题取字，照片。

五日

赴方磊友家，凤求刻印四枚。购《札记》100本。收鸿熹桂圆一箱。甘竞存《野草》，房字，册子，廉《十九首》资。李若冰先生字，《十九首》。源，三晋字。周振豪，教委。

发许麟庐，李、翟诸老信。为崔惠民书题词、题签。收崔赠50本京字册。树廉《十九首》。寄甘字、册子。

五、六日

雨。为鸿熹、竞存、若冰作字。

作字求放，放后收敛如铸，所谓精金也，乃为至贵。如二爨。

郭钧来，送新疆信一件。观电视后索字。

长青电话，传呼：126--8057转669。住文史馆同院。

老亲家温茂林先生去世了，茝颖即返汉中办理丧事。赶不上送礼。人生！

兰州军区陈扶军由省军区景有明同志陪同来，送请柬——陕西博物馆书展，五月九日来接。

七日

教训已受够！八德亦看透！
万类皆假象，社会一蓬庐。
老子真神仙，于世何所求？
无情真吾师，万事无好丑。
一真吾自得，开始总烦愁。

孑逸广天地，何处有楚囚。

欲求生存路，唯赖一拳头。

达文真明圣，尼采酒浇愁。

作字，俏易，拙中见巧难。

淑凤回临汾，燕燕送上车。赴植物园摄影数张，为我一人照。合阳党为家人病，字，二次来。晋留字。收张浩然同志信。陕报：南京又发现屠杀坑！

八日

阎刚侄女赠宋伯鲁一卷，回赠《探索》一册，《札记》。

饮食好，午睡一直好。盖一切放得开，无所牵挂。孑逸居士便有仿佛矣。人生不过一本戏，戏一演完，万事了矣。

赵秘书信：

1.——太行十年（上），已寄出。

2.——文革十年（下）。

3.——巨变十年（中）。

4.——南下北上。待选。

临汾地区讲师团甄作武字。

丁纳回信，年底出册（回忆文章）。桃园北路西4-1。

九日

冷甚，老天也忘记了已到夏天。

1.写友人信；2.庄子文；3.书法文；4.写自传；5.爱好生活。

恃无恐。行所无事，为所欲为，——无当为，如此社会，讲什么道理，有甚正义。

破百障，自做主宰，——存我为贵。

自得，居安，资深，左右逢源，孟夫子。入佛道，孑逸居士，大彻，大悟，大乐。

雨。参加兰州军区陈扶军（36岁）书法展。军政界头头，来宾颇夥。曾赴日本数国展出。书卷气浓，内容诗词，应选军人气质，豪放者为宜，以合乎军人身份。（朱影、正峰诸友均参加）

收西北书画报信，并报二份。兰州市排洪南路219号，730000。

十日

1.阿堵。2.诗稿。3.碑文。4.照片。5.人物。6.友人。7.书物。8.要函。9.要事。10.己立。11.短篇。12.人情。

书南京甘竞存教授、李若冰、王英、常州房鸿熹信，《札记》，字。

新权从北京回来，见到北大百年校庆会盛况，邀请来宾贺词作品在美术馆举行。纪念册将寄出，内有余之贺词。郑园参加了人民大会堂大会，附中仅十八人参加，可喜！赠陈鼓应《老庄新论》一本，甚慰！并糖类。

十一日

晴。发兰州排洪南路219号西部书画报社信，贺词。张国忠同志来，赠兰州保健醋二十瓶、湖南烟二、百合等珍品。

重改旧作——95年春观儿童画展。少年宫：

都将百年兴，一寄少年宫。

良辰知时节，花浓动京城。

好雨。老天为少儿展出安排了宜人的时日。余素少作诗词，计诗作中，唯此与前词最为快意，盖亦破烦闷之真话也。重作天真烂漫，一片天机。老庄爱婴儿，何不动心邪？又识。

郭老电话，他来了，更加兴趣。

十二日

细读刘念先老为书《卫俊秀先生简介》长文，略改数字。甚好。省文联何廉党组书记、萧云儒副主席、黄道峻办公室主任来，云宣传部姜汉中调来，约十五日会谈，下午。我驻美大使馆发言讲话，指出日本侵华滔天罪行，好极了！新发现南京屠杀遗骨坑！消灭鬼子！（陕日报，5）

十三日

晴。夜眠大好。

一切撂得开了的，心情似水，毫无泥滞。如此乱摊子，没文化人，有甚正经！报之以大笑可也。

发李、翟老信。白志彦、王来，礼。拿去胡诗。张岱年先生信，二十三日来，取字三件，京册三。王英电话，大孩子高考事，来西安公务，升科长。收王世家同志信。也离开，不同意见，仍助。拟讲稿大纲。

十四日

郭、谢去电话，约下星期聚会。淑凤电话，见了卫树廉妹，钱收到。

梦为人代作对联，山谷体。奇矣，增寿之象。

今日始深感身心轻松，得到恬淡之味。

孑逸居士。摆开俗物，高人天地。

刘、王、阎来，商讨印论文册子事（文、诗、照片……）。刘文简介九份。陈总转知杨宁夏看病归来，电话，见轻。托阎须购字册事，京用。谢政委通话，告以下星期约时间叙谈。明日文联会。

十五日

发湖北沙市、山东菏泽《中国当代书画家传》丛书信、简介、字、照片。钟镝代送文化艺术报四月二十七日第二版文。罗宁信。

省军区，文联会。赵连臣政委，省宣传部长张保庆，王金西，黄道峻办公室主任，何廉，武画家……。写十四字（赵，张），快慰。

十六日

礼泉建行武富民，八四级毕业，礼。收赵秘书信，题签收到，李老认为很满意，即送出版社。后两本题签不急。二老又感冒，不要紧。文海夫妇、孩子来。临汾建森来，拿去《野草》20本，交一百元。张建国书记嘱题签，张建国书画展。明日返里。尧庙被烧毁，又以三千万元再修。张中虎字。正人字。

十七日

书画会星期日学术讲坛——书法纵横谈。书法列国：1.品德；2.读书；3.书法教育（大纲）。听众满座，尚满意。捎带骂了一阵鬼子。建森、张建国参加。生彦同志来，众多的学生索购《碑帖札记》。

十八日

感到松和，神仙心情，

书文自慰，管他秋冬。

发振玲（三藏寺）、李建森（张建国书

画展,杨文海,春丽字)信。牧娇字,二十五日后来。夜,八时半郭瑞琛老、素云夫妇及亲戚川人来,赠纯毡一方、西凤二瓶,九时回家。二十六日通知谢雪老家人聚会。季波同志取中堂,付1500元。

十九日

理发。睡半小时。赴王勇超同志处,座谈。小糊送回。告搜集余之字作,建博物馆,特设千……。昨晚陈扶军同志赠花篮。

二十日

书大海文,应之。紫寰艺术博物馆。灏文堂文化艺术有限公司。要200本《十九首》。

二十一日

整理材料、诗、照片,阿堵。书字册三处。鸿熹信、册退回,地址写错了。鸿熹二字册明日发。昨日寄出临汾讲师团字三。

二十二日

曾立平字册。竞存。房鸿熹二字册。群生、蒋德潜、强毅等友来。张光老来,同外出看友人,他将赴天津。吕晓明,深圳。任振荣,宁夏。董治顺,西安。

二十三日

白志彦来,后天赴京,带京版字册四、《野草》三、《碑帖札记》、字幅四,分送张岱年、任继愈、季羡林及孙玉石。忙甚。

魏德运从北京回来,赠酒,人民日报。明天上午日报记者来访。约郭老、素云夫妇、谢政委夫妇赴外小吃。二十六日上午十一时。

下午,刘、王、曹、李正峰、庆生诸兄小会,研究出版《卫俊秀的书法艺术》分工事。准备材料:文、诗词、照片、字照、年谱。午睡良好。

工作:照片,报文(86年),年谱,碑刻,屈原,湖亭,松园,莺莺塔,诸葛庙,大上海,临汾牌楼,北院门,兵马俑,钟楼,中南海八屏,美术馆(退还),与董老,白省长,牛桂英,武俊英,杨凤兰,王中青,李雪老,艺术馆,京讨论会,学校会,谢政委,聪。春好。

二十六日

宴郭赠(给碧落碑)、谢家人。大上海,尽欢而归。饮料一箱。收王纯杰先生字。(美国)

二十八日

朱同志,政治学院,来接。陈将军热情面叙。一处长,亦朔州老乡,招待。海滨馆。2500,书联一副,快意。

发樊习一壶口大展贺词。

夜梦从身后发出大雷声,连连不断吼向前去。

赵同志,副教授,男人患癌病,无虑。谈甚快。赵校长夫人谈数学编著。

作字数件,快意!

读《中国严正交涉……》,真是雀跃三尺!看来鬼子不……

二十九日

钱忠诚,烟台市福山区四里镇钱村收。赠六味地黄丸,石斛夜光丸四瓶。名茶,600元。赠字一件。嘱草小幅寄之。张鉴宇赠瓦当一套,将送来华岳庙对联,匾刻字,照相。字。

三十日

殿清又买来苏州绣花"寿"字幛,大红,作为补礼。烟、茶太多,太多心了!为作字三幅。黄书记,河津人,吕梁工作,赠酒。新权亦来,近午十分两人相跟外出用午餐,想来殿清请客。王陆由新加坡一带回来,赠燕窝补品。为文景明道友书对联一副,托道歉带交,并信。续二次讲稿。家事甚烦,困扰。夜梦吃肉,上火。

三十一日

雨。大约不讲了。月尽,须总结一番:

1."中国的人","中国的事",可见素质太差,大可忧!

公、私——无是非真理——麻木不仁——哀莫大于心死!

不争气,不长进,忘记国耻,拜敌为友,引狼入室,危哉!

2.道义扫尽无味——金钱万岁!无法可治!谁为国为民?!俯首低眉无写处。好心操不得。"不为法善",良然。

3.行我素,保我健,摒弃一切,九十老人自照管。"公事",万般无缘。"为了弘扬……",莫受骗!单干。好悟性,好经验!独立亡国,自由世界。"崴凤高其翔,万里谁能驯"。其乐无边。

上午八时半到十时,书画会续讲,未完。满座。

十时,郑志国老来接,赴宴。二时回来。陈少默老伴名君雄。建民、英哲(公路,交大餐厅),字。

愉快的一天,难忘的一天。

六　月

一日

晴。吴丈蜀老,79岁,由东方大厦杨涛同志陪同来家,健康好。将乘下午三时车赴临汾参加壶口书展。回西安后,叙谈。李殿清明日回吕梁,夫人李桂兰,托带给文景明友《札记》、《野草》。张化洲为书一张字,嘱字,待东北博物馆"毛纪念馆"索字,300退回。来取时。臻女代寄王纯杰先生京字一本。黄有根先生,礼,取字,6。

金海送来书斋铜制匾,甚佳。

二日

电黄、厅字,取消。书"平生负……"十四字。晨草"楷书谈",颇有新意,深透。自慰!发文景明友信。夜眠良好。读王国维学术经典集,了不起的大师!收教大,发前人所未发;眼界广,新旧学俱精深。"香象渡河",谁比得?

北京邓军电:崔永柱、任建新字各一幅。"重现秦风采,特赒困学人",刘念先拟此联系为学校赠雷应魁君而书。雷为师大惠赠100万元,以报谢也。校招办取去,云后谢。

三日

发北京梅墨生君信,谢赠画,并望赐惠文,论文册用之。

四日

文史馆大会:1.传达报告,规模宏伟,

全面开道，修铁路，文化法制，科技，治安，教育，五爱……。2.讨论，发言：社会恶风情况，贪污……。无异对上项大计放了颗炸弹！和尚把包囊中的破鞋烂袜子、死猫烂狗抖擞了一摊子。

听众信口如开河，满场大快好不乐。

一塌糊涂国不国，请谁收拾旧山河！

五日

定于一，无多虑，
唯保健，自求安，
随所遇，尽开颜，
谁爱得？感青天。

再清笔债。书《人间世》。

我自有天地，捧腹笑呵呵。
寰宇一老子，豺狼奈我何？
不做亏心事，为善群众夥。
保民而王兮，网民难逃脱。
无病便是福，财旺顾虑多。
高官岂不威，杀身无下落。
奉告世上人，守分不失错。

书邓军、周纯国（重庆）、钱忠诚（四千）、王英（销书）、张光老。

樊明印友来，米、烟。明日回榆林。

六日

“自”字最贵：

自振，自拔，自力更生，自求多福……

外来品，骗人货，莫上当。兴旺。

有病，别人替不了；饱学，别人抢不走。

自得自安，最妥当，良方。

任人议论，任人笑，稳坐钓鱼船，康强。

乐哉，真个南面王。破除百障，神仙老庄。

尼采，酒性的人生，创一创何妨？

开天辟地，莫笑他满脸凶相，一片阳光！

宁夏文史馆王预先同志由冀同志陪同来，赠西夏古铜币一套。该文史馆四十周年，贺词。郭老电询谢老请吃时间，不详，静候通知。新权代发信四件，附建义三字。

对联一副（印书）。全□二。宁夏文史馆贺词一条。

七日

楷书评论会。书字。文海夫妇信。挂号信二件。

八日

清笔债。李建彪同志为写一文，颇佳。赠其结婚贺词，已裱。

十三日赴谢、钱政委家宴。王世荣同志携子女来，水果，十日取字。玉顺信。马中堂，交东生裱，转交。新权来，复印《养生主》，留两份。来客人，避见，甚至无礼，有了事要求人。可笑！知收礼，不想回礼，失礼；食了食品，不知吃谁的礼，可怕！如此家政，少有！一家人，别扭，不交谈，各自为政，无政府主义！

九日

发玉顺、东生信，马中堂转交。

十一日

雨。翻阅《拉贝日记》、《我认识的鬼子兵》、《与彼为邻》，如身居茫茫大雾里、空旷的戈壁滩中??? ……

“非淡泊无以明志，非宁静无以致远”。杨静女士，傅嘉仪敬托，9082613 手机，5253015 办。

岳大公，公路交通大学 490 信箱，拍印照，摄像合影。赴附中办报考事，交强儿户口本二，再交照片二，毛贝的。李绵老、天夫来，宋寿昌字，赠诗册。文化艺术报编者刘无奇同志赠报。为人民教育出版社(出版书用)写对联二件。任刚取字。李波友取字。

栗洪武，教育系，送来李绵老嘱为周振豪先生作字有关教育内容。(省考试管理中心)

十二日

夜梦频繁而睡颇酣，通宵未觉，盖白昼作字，客人众，累之故也。今日清理半天，扩清繁枝琐屑，则更为宽敞矣。

太原冀晓强、郭书平，极爱书法，写傅山狂草、张猛龙，都不错。陈醋。由树苌介绍。顺来来赠画，礼品等。为田书：“佛”字，书二。李广收、史建生、徐志亭、郝银平，收 230。樊进全：“安贫多寿，好学忘忧。”胡松林，江苏南通国棉一厂，字，226002。王世荣来取字。傅嘉仪同志电话，友人索对联三副，1500 一副。

十三日

赴谢政委家宴，郭老一家，甚为快慰。郑赠纸二刀，付对联一副。

收中央美术学院国画系梅墨生信，为了文凭，正赶习外语，暂难为文。

景村小学王英俊、兴家全体师生信。周口黄飞信，7.1 来。

十四日

聪弟、莲信，嘱为毛先荣、王纯志先生作字。

十五日

无事乃轻松，国家兴亡，小人无责！

有是无非，有假无真。

顺从我来，四季长春。

来南方商人多，章庄宣纸厂，能说善道，喋喋不休，北方人不及也，烦甚！决定找个僻静处，或回山西，安静一时，然谈何容易。年纪大，多心，造成人家不安、不乐、担心。“念天地之悠悠，独怆然而泪下”。亦唯有“回向自心观”，孤守书城耳。

一塌糊涂，糊涂一塌；

有是无非，有假无真。

振纪字。三晋字展字。

消除百障，复归恬静。

假世界，

骗人群，

鬼蜮社会。

真理？正义？

早已逃去！

规章制度法律，

为所欲为，

无政府主义！

无奇不有，无有不奇。

老子第一，
混水摸鱼。

郭益城、秦天选(克忠……)。

十六日

清理，大转个弯子！自由王国，为大人。

日本，永远是中国的害虫！

一切工作的对象、靶子，

一切事业的伟力源泉。

目的——振兴华夏。

发张浩然信，新绛东街26号，碑拓考证事。徐山林省长、张克忠、王天荣同志来，赠高级茶、按摩器，示谢意。发王英俊信。(小斧，收罗宁同志复函，小沈真不老实！如此青年！)邓军来信，字收到，崔转任建新。

安徽×来，真无知，发了火。

淑凤由桂林来，茶等品。陈青取宁夏回族书画展字、对联、贺词。预先条幅，陈青少数字。

十七日

边家村书画学会。康惺同志赠诗词一本，小楷，好。

栗洪武(李绵老助手)赠按摩器、烟。黄连英与季波友好。校建艺术楼。淑凤返里。七月间来太原开会。

1.如此家庭：无政府主义，个人自由到无极限。几个人吃不到一块，各人自做自吃，不关心别人。油盐酱醋公用制，吃饭则私人制。脾气大，各有充分理由。

2.浪费，应有尽有，没计划，自己做主，不商量。

3.没礼节，伤害了多少朋友、亲戚，不能再登门。

4.破坏成性，清理，不商量。

5.饮食：充饥。

6.不和美。

7.不尽欲。

午睡颇酣。

拿翁，师也。

自求多福，保健第一。

知己数人，足矣。良慰、良快！

自由王国，独立亡国！

整理作品。庄文。打仗。

1.中国精神文明过剩论。

2.学术界的危机：专家太少了。

3.中国的将来的危难：文化知识的贫乏。

4.中国人的大哀。

孑逸居士。

世事已颓，希望乌有。

何依何求？自我奋斗！

小傅字二。小陈字。

十八日

大转变，纪念日。莫谈“精神文明”！过剩了！学学鬼子的“无情”，有益处。达尔文、尼采都是良师！真理的归宿！历史的必然！人生的途程！

说干就干，莫拖延！对付，迁就，危险！

精神清理一番，总结之，大轻松！得到智慧，自得，自适，资深，足矣。去百障，定于一。发李、翟老信。《养生主》。

魏德运来，经济日报又为其发表文章。中央台台长杨伟光、经济日报总编艾丰索字。八月十一展出，有余大照片，三件。为北大校长陈佳洱、牛津大学校长科林·卢卡斯……。摄照博得盛誉。——朱博公文——千古摄精神。人民日报季羡林文《从魏德运先生的一张摄影谈起》。

作字如燕子戏空，鱼游池中之乐，一妙也。如龙跳虎卧，二妙也。魏碑妙在恬静，水静犹触明荫，而况精神？静乃神出，神者不可思议之谓。幽妙幻霍如梦，难以形容其境也。又似浮云变化，莫可测知。如婴儿，如初生之犊，童然之心态。非大诗人莫可捉摩，至矣，尽矣。走笔如龙，不知所自来，莫知何所往，无踪无迹。然又非无根柢，天乎，人乎？合天与人而成乎？偶然欤？必然欤？如海上高空，蔚蓝如洗，而霎那间一朵白云隐隐然逍遥至头顶，此之谓神，众妙之门。

十九日

老年作字，高绝。原因：是由于心境冲淡、虚和……重在不计好丑，不冀求荣誉，不计收入，上进。但取自得、自适、自安、自乐，一片快情耳。何以故？经验阅历多，读书多，看得远，识理透，酸甜苦辣尝够了。有了个人的人生哲学，根柢固，不蹈人脚跟周转，自做主宰，即得乎道矣。又缘精力不足，有甚野心能够实现，只好屈从自然之道。故下笔自如，不求合拍，不鼓努为力，我即法，法我一体。

立竿见影，百障于我何关？处处都是阳关大道，平平坦坦走去，便了。年轻时，却曲而行，力避迷场，仍难逃得刺伤，不免痛苦悲感。

发李、翟老信，《养生主》复印件，太原会字。张福全横（影师），沈已转交。两次来家，坚持文是我写的，不提录音带事，文章太低劣。……

二十日

爱国教育。

1.史地；2.哲学；3.文化课；（工具，基础）4.科学。

A、您听到地球的悲哀声嘶吗？看到万类生物面临的太空大地污染绝境吗？

B、您明白国际风云紧张的局势吗？

C、中国的奇耻大辱，您忘了没有？

D、中国当前问题？将来的走向？

E、您读书研究为什么？

F、麻木不仁，一天的日子怎样过的？您常常想的是什么？前途？希望？责任心？

人能以国家民族为重，就没有什么琐屑烦心的事了！

人类和平，永久幸福，大同世界。精神文明=0。

少说空话，多做实事！

说真话，吐真情，不网民，不骗人，便好。

张赠学报五本。

二十一日

为张积玉同志作字二。作字六件，傅山放笔。

郭瑞琛老请吃，谢政委夫妇，共九人，清雅斋，颇佳。树儿来，厂归并，候办法。住房，安排，问题多。

老子偶得：无为而后可以有为？

老子句解。

无为，非不为。在为作时，心理状态居于“行其所无事”之意，大学者进入深刻的思维，忘记一切，专之至也。“虽天地之大而吾唯蜩翼之是知”⑦，“庖丁解牛”、“八十治钓”是其例。科学家发明，常出于偶然，“不期然而然”，天也。故曰无为。可以“有为”者，于无意中新发明、发现是也。

艺术家在创作中，孩子习字，忽出奇古，非立意中得之，乃无意中得之是也。

无为——有为。有为，一事进程中之一体，非对立，亦不矛盾，一件事之始终。行其所无事，有所恃而无恐，（得道）（谋事在人，成事在天），（手舞足蹈）自豪，目空一切，独来独往。

炎热。改变习作方式。

1.暂停写文章，少用思维。

2.取消无谓应酬。

3.对国事、民生无关的活动发言、扛旗，砍掉。

4.大事。

5.养浩然气，为大人。

6.不受干扰。（时间，精力）

与友人谈天。

1.横跨银河，克难攻坚。

2.横浮天地。

3.横目宇宙，放眼世界。

4.横空出世，屹立大地。

5.横行大小，横眉冷对千夫指，天地变色，与万恶斗争。

扫荡邪魔，开拓新境，

踢破樊篱，创我王国。

虽属狂言疯语，要亦现实之反映也。

乐在其中——道——大；艺品——高；人——贵。君子坦荡荡，小人常戚戚⑧。无忧无虑，神仙日子。

二十二日

读梁漱溟先生后，在今日世界，我究竟是个怎样个人？怀疑主义者？悲天悯人的菩萨？斩钉截铁的英雄好汉？做什么？该怎样的？满脸笑？道貌岸然？如何过得日子？责任？跟人脚后跟跑？年纪，数十年的钉子、健康状况、生活、能力，都不容许明石暗礁的磕碰了。为所欲为，不损人，不害人。自由世界，不容干预。独伤。

发罗宁挂号信。

作字何难？正须放其精神，开阔眼界，气充力足，一鼓作气，便是神笔耳。笔间有帝王，有丞相，有后妃，有奸臣……乃成得一场戏耳。形成动人颜色……足矣。妙笔，强笔，拗笔，和笔，温存，雅笔，神笔，仙笔，蕴藉，险笔，奇笔，正笔，巧笔。

夜，饼子，白水充饥，颇甜。

二十三日

少小孤哀子，老来还苦辛，

人生固多难，见酒忆尼采。

刘念老、生彦，庆生取赠中文系《野草》，《札记》，京大，《十九首》。

古城李红梅字，有前途，能草，放得开。自强西路盐业采供站家属新楼四单元202号，6226393，传呼126-2023469。酒、奶粉等。

收李向虎信，襄汾日报照片二张。

二十四日

1.成为真正研究书法的人（学者）。

2. 达到无涯岸之可望，无辄迹之可寻。（思维）

如此生活、轨道，殆数十年灾难苦辛换来，较为理想。

书乐，字乐，文乐，人乐——精神寄托，只在欠饮食生活！烦扰难解脱。

（庄生，碑帖，创作生活）

收崔永柱（贾罕人）、任建新先生嘱问好。张浩然先生回信，碧落碑将由其侄女送来。

嘱题画带回可也。陶华明日来取字三。

二十五日

蒋蔚奎同志赠大桃。7.10建国四十周年贺词。

一天任务完得好！庄文。清理报、文章、笔记。终于翻到材料——郑欣森君为书《贺新郎》妙作。星期六赴外地。

七时克林顿夫妇一行四百余人到咸阳机场，迎接盛况。八时半复在西安南门迎接。

做人要做到：遇事，不拘什么事，甚至地球遇彗星，能不喜，亦不惧，不动心，恬然，泰然，等闲视之。佛家所云："如此我自"，有似早经过的陈事，或预知的，有甚稀罕处，足矣。然此亦何易得！

一者明了因果律，一者靠信仰，此即科学与宗教之力。然必有过于人的聪慧，修养到，至矣尽矣的水平不可。又须明心、脑的作用：心主心术，脑主思维、智慧。

二十六日

作对联二，条二。

作字须如打太极，周身轻灵，气脉通贯，而精气神养于吾内，发于笔端，内刚外柔，香象渡河，气力无穷。稳步，虚实互用，不可双重。

二十七日

老白酒家饭庄聚餐，书画会讲座。文海夫妇、儿子来，瓜二。生彦友取诗文材料。为曲沃中学五十周年、兴庆公园四十周年书贺词。

得生活之道：晨练操，早点，睡片刻，写作，午餐，午睡。劳逸结合好。剪报。自由工作。

A、三碑石文，集中完成。

B、诗集。

C、重要书物。

D、字幅。

E、碑帖。

F、砚石。友谊。

二十九日

赴省老年书画学会观赏楷书展，180，全体，颇佳。夜郑志国老来，赠煮枣，嘱为王锐，何信锁字。育民友取对联五副，付6000元。收三晋文化研究会函，建会十周年，八月十日大会，庆祝。

三十日

为张浩然先生题画。总结月工作，作文、作字多，琐事烦，浪费时光不少。顽健大好，气色大变。心情恬然，得生活之道。文集材料交出。讲书法课二次。《养生主》发表。野草、札记均印出。

有计划地作字、作文，交接。整理人间世。完成碑文。保健。

三乐：碑帖，庄子文，字作。

松竹梅。饮食眠。修理。两次门外活动。

攻势。打开局面，英雄好汉。脱颖而出。

行素有守。杂文，会心文，整理。为欲为，恃无恐，自王国。天骄种。

傅蔚农为发曲沃中学五十五校庆贺词。梁、琛信，复印数种。

克林顿访华——点滴，笑话多，行为，诚，收益。北大学生提问有水平！

三神：天地正气，宇宙精神，大圣一尊。

七　月

一日

郑志老来，取字。史胜利、高夫人来，取字一。上午停电。任务没完成，文。（王勇超题字）

修养——胖，气色，益。

二日

学术界人：赤子，婴儿，纯真，坦率，诚挚，文化人，由衷之言，不顾忌，公正，圣心大根。

酒性的人生。朝气！尼采。

影响。为大人。

市委统战部编辑部张卓等三位同志来摄照，借去装框照相，用毕送还。

傅蔚农[⑨]送来复印多种。倪文东等来，印册子事，字二件。

李柯友电话，信收到，张老也过目，静候通知，清雅斋或同胜祥择一，上午 11 时至 12 时。馆领导。

书吉虹信，文稿。黄飞星期日来，家属。收山东菏泽等三件信，字。

北大五院中国语言文学系，电 62751601。邮：100871。

三日

李柯友电话，张光老女由美国归天津后，月底才能到西安，宴会推迟。但那时已赴太原矣。想法弥补。

高信同志来，借去上海版《探索》，复印封面。将出书，20 余万言，已在三校。星期日黄飞来，上午八时。收孙玉石先生信，夫人菊玲，收到书了。《生命之路》。中国国际交流出版社函（北京市东四邮局 24 号信箱）。

四日、五日

作字数件。黄飞携爱人雪莲、子璟璐八岁。四日夜宿师大中心。晨来家赠衣物两件。吴丈蜀老赠书法辑，自作诗词，高古难得可贵。又许慎书法报数份,内有黄君书一文,甚感!午餐在中心共食,为洗尘,周科长免费。

"无为"(行其所无事,态度问题,心境恬淡,无任何居心叵测处,不分心于外物)——1.君子深造之于道;2.南国子,吾丧我[10];3.何所为而来……去;4.婴儿;5.新生之犊;6.涅槃,现界;7.有守,有欲守。

趣致,乐。如梦如醉之至也。不知有我。(庖丁,蜩)

"有为",创新,出新,精通。《庄子》中多少艺术成就的故事,足以说明。

六日

日前为张浩然君嘱以崔振宽君作华清晨曦图题句:

终南深树秀,泉声响山麓。

奇石争磊落,楼台一风流。

情系我华夏,永不忘国仇。

七七事变。雨。黄飞、雪莲、璟璐返里,赠字册、札记,《野草》两套,吴丈蜀老一套,并信,200元。夜淑凤来,赴武汉,明日动身。崔竹题字,条二,中堂、对子。笔润3000。方磊图章。(前一时,匆念来,果然,又得一证,预感)

八日

七时,雨中赴中心看淑凤,已赴车站,去武汉矣。修改庄诗二首,快慰无似!定稿。早点,多。豆浆、油条,1.5。

为崔作条二、对子。

九日

结:1. 学问领域——有守(鲁迅、庄子)。

2.游艺领域——贴心,安慰(汉魏六朝)

3.友朋领域——知己(李老。恩爱,如鱼得水)。

4.事功领域——教育。

5.邪魔领域——暗夜,鬼子。国仇(针对性),蠹虫(贪污、腐化分子,烟,赌鬼,黄,窃,哈哈主义思想、话)。

6.模楷领域——三公。

7.生活领域——保健。拳经。

8.其他领域——虫豸。

以上八者合为无极力,上帝,尊一,万事动力,成功之母,支柱,源泉,金针。

鼓动思维!数十年的功力,经验,阅历,观察,悟性,深究,正反面的材料搜集、阅读、考订。

生彦君夜送来250元,嘱交方磊友。洗砚园小瑚来取走题字,另留条子,小幅,园牌子。赠我粗墨一支。同庆生赴杨雪兰家。坐骨神经痛,脊椎骨轻了。嘱为张祥涛社长字。大同市振华南街28号龙新花园(533号)卢文悦夫妇慕名来,电2091044。

作字,题画,不佳。须改。

收《文化艺术报》(98.7.4),第三版下方《致歉》启事,算了。道歉。

十日

雨。跌一失,长一智。不能作诗,困于格律,不必勉强,也不强学也。

清理笔债。中文系谷怀兴副系主任。李正义、曹鸿璧、许建国(市教),条二,中堂一。书罗宁、石宝山(西部书画报社长)信,致歉,7.4 报,三版下方。

精练当师大小爨,雄健无忘邓石如。

十一日

持志无暴气,敏事宜慎言。

须食大肉,自谋生计。

预感,千准万确,毫无含忽处,则宿命论亦非当全属子虚也。大学毕业后,工作,直线上升,大机关……(快感)陈师事,不可思议。前定。而诸多旁助。为所欲为。尼采足破万邪。闯即开创。“乾坤万事无好丑。”何疑何虑?以如此年纪人,大步走去便是福分。

世界大事、国事、家事,一个模式,同样道理,没有奇怪处、神秘处。大自然已经把一切神秘说透了,只是糊涂人太多,醒不来,悟不透,可怜,可怜!虚虚实实,真真假假,变来化去,造成个离奇天堂、人间。科学家看得较明白。飞船敢上天,哲学家也不糊涂,但也不念打空战,有时还把自己套住,突不出去。宗教家在骗自己,也骗了人。寄意于未来!未来是什么?-→0。达尔文看得透,弱肉强食,动物世界,噬咬而已。活命第一。下岗人,没饭吃,说什么爱国,爱民?天下为公,终于私字当头,乱了。从原始人道主义开始,就是从吃咬一条路上过来的。讲什么阶级,父子相食者有之。父子之间,还分阶级?连爱憎都没有了。有之,它是人为的。

张晓阳、邹规划来,嘱题“昭陵人物志”,赠石刻、碑拓,下星期取。新权来,送信二(李、罗)。发峰兄信(平)。《养生主》,交大,字各一。

第一次观看打高尔夫球,名家,巧妙!从容不迫!角度准确!用力轻重大小,恰到好处。思维——聪明,料事如神。书法亦然。

十二日

运城地震,4.9 级。发汉信。凤兰电话告以 15—20 日有地震。又闻 7—11 月份有地震,临潼、西安一带。南方湖南、湖北、江西、安徽等省水灾,淮水重如过去。现汉中、宝鸡等地水灾。真堪虑!军队忙。

惠君赴广州大学看女,原在专家楼工作(人事处),住半年回来。写甲骨、草字。

十三日

径情见至性,

正道应直行。

做人一着,

民族灵根。(记梦偶得)

鬼子的危机,正坐乎此。鬼蜮多端,孤立了。

任何限制防范都是无能的表现。堵截、监禁是慌张行为。无政府主义、无限的自由,是网民的行为。从一个极端转向另一个极端,危险!不断地防守已透出强弩之末。特工愈多,惶恐愈大。

游刃有余,行无所事,轻装上阵,轻而易举,坦坦荡荡,举重如轻,有本领者如是,——非大手笔、有所恃者难能。

没有经过一番大磨难大痛苦,而很自然地生出大慈大悲心肠的人,永久成不了大艺术家。宗教、哲学家莫不如此。

老调子弹得久了,令人厌烦。

骗人太多了,便失去信从,孤独起来。

惯贼,谁也不敢接近,完了。

精神快乐如同源泉,愈流愈壮阔,其乐无极。物质享受,过饱,则成胃疾。五色令人目盲,何益?!

艺术大业,作字绘画一理,它陪伴着绝大的浓趣,才成得不朽之作。

西部文化长卷,题字。胡征老又为题词,明日为书,下午取。赴京急。华夏正气长卷,民族精魂,100 幅佛像,华夏瑰宝,艺苑奇彩。

千事万事,
无有不奇。
一上天梯,
不要脸,不顾皮。
抓钱第一,
人人为己。
老子发脾气:
生活第一,
保健第一。
反锁读书,
管他妈的!

杨信平友电话,告 15—20 日地震,注意。赵秘书信,李兄 6 月底出院,拟赴太原,须经大夫许可。

惠君广州。字,李友。

止烟!保眼!

十四日

昨夜饮水多,有好处。

认病:

1.政策变化快,点子多;

2.前言不对后语;

3.由一极端转到另一极端;

4.计划性不强,今日盖,明日拆;

5.用人唯亲;

6.争权谋利;

7.防御工作;

8.政策贯彻不下去——防腐、扫黄、打假,数十年无效;

9.不重视精神、文化教育,没人才;

10.少认错误;

11.法律不上高级,走私收不住;

12.犯法一串串。贪污……;

13.截堵工作,不治本。

14.只听好的,反说的;

15.一刀切,经验主义;

16.领导学习不够;

17.不以身作则,王八主义;

18.朝三暮四;

19.治穷无法,指派,滥收;

20.网民:不打棍子?

21.无长远计划;

22.无责任心;

23.捞一把;

24.取消报刊;

25.外行——太深,不懂教育;

26.考第一,不收;

27.赠送礼品;

28.钱即神——男盗女娼,赠……;

29.不顾人民生活;

30;分不清敌我;

31.□□主义,少建设;

32.手段惨;

33.难讲理;

34.经验主义(麻雀);

35.不变;……

=失信!无奇不有,一塌糊涂……!

地震,要观察种种现象,研究!

十三日

鬼子桥本下台了,果不出余之所料!

十五日

夜食苞谷糕太多,胃口并未感到不舒服处。胃健是大好的。消化力极强。坚信不可移。足矣!发张浩,东街26号,振绪信。傅蔚农小友送来《中国财经报》(98.7.2),四版,日本鬼子专版,好极了!

有事可做,有文可写!

人:

没脑子的人——空空洞洞,大穷人,经济上也许大富人;

有脑子的人——最富的人,充实,思维创出无限的财产,用之不尽,取之不竭,现在,未来,物质上则穷。

反日教育:

1.小学查日货,下乡讲座、宣传(《二十一条》)。

2.国师初二级听朝鲜金××讲演。

3.国师毕业前,九一八前,日寇满城炮楼!

4.百年史,《马关条约》……费希特,尼采告德意志国民书,德《最后一课》,启发。

5.抗战时期,39年春,受敌包围,目睹惨状。

6.逃难生活。

7.胜利后:世代友好?鬼子反和言论……A、不赔偿,××(?)B、来来往往,应接不暇。C、大买日货,皇冠……

8.剪报(十年)。

9.揭发鬼子著方军、日记、为邻……

10.《中国财经报》7.2,(北京丰台区广安路甲54号,10073)星期日、二、三、五、六出版。

馆长沈楚、刘老师来,在招待所校书稿,一星期可完工。馆长借《我认识的日本鬼子》一书。

《人间地狱》文,鲁迅引语须看原文。

中国不需要精神文明!!

做得太多,过剩了!膨胀起来。

笑脸太多!

客气、礼让太过!

倒赔!

慈航!

以大德报元恶!中法镇南关战,大败法军,倒赔隔越南,赔款,出于昏帝。

《卫氏短小杂篇》,整理剪报、札记、日记、偶得、小传。

十六日

应时顺变,处世良策,须大变一番!客气不得,容忍不得,看不惯了……。须180度的转弯。杨朱、庄子、佛家、孔子、达尔文、尼采、梁漱溟、马、恩……百家之学，都是良药，用得对，救时；用不对，罪恶。

大笑，冷笑，好笑，无奇不有，无有不奇，一塌糊涂，糊涂一塌。无可无不可，无常理，无常非，水到渠成，公即私，私即公，圣之时者也。

针对性要强，要准，狠！有恃而无恐，行其所无事，自由王国。

大哲人，大艺术家——大人也。解魔品，圣经。

大公无私，大私无公——大公。

"天下者，一人之天下"，岂非大私？又何尝非大公？此之谓大通。

《天问》、《人间世》、《哀郢》、《哀地球》。"四海一家"，"人类和平"。

达人。思维之神。

宗教，骗人，都是骗子！能知受骗，即不受骗=大圣。能知无用，即是大用。

虽天地之大而莫能容吾身，而况物乎？藏天下于天下，最妥，无窃也。公库=私库。一切都荡来之物，无永久的东西，星球也有个终穷。

写一本《好邻居》。（远亲不如近邻）

世代友好，前后剪报十周年回顾。

鲁迅名言……

小傅陪同赴振兴东巷23号裱字，对子，二件，揭裱振宽中堂。十天可裱出。小全。应老师来，黎风友住院数日，欠佳。

十七日

洗浴，清心。

宣布：不务书作，非书家，厌恶这个称号。

新任务：《好邻居》50篇。研读外国、国内大著。

《小传》、《书法散论》。

交知友。

《庄子新探》。

收浙江温岭市太平镇万寿路154号中国银行温岭支行317500陈长孺信。

教育报北京西单大木仓胡同35号老部长秘书室刘政法、教育报社李忠芳合影。

小杨来，校对《逍遥游》稿。陈青、沈楚（茅盾侄女），杨《人间地狱》稿。

健康大好，保持之。任务多。

十八日

体系。

大自然（财富），艺术，哲学，自然律，辩证法，定律，道（理念）（矛盾）。

1.对立面。（公私，人我，多少，长短……）

2.齐物观。（统一）（大=小，多=少，丑=好，人=己，公=私，心=物，百家=一家）

鸦片、砒霜、人参、鹿茸等价值。用得适宜，上品；不适当，大害。

3.（同一）

通（达）脱。

气血畅，大小便（不滞），健康。

学问，思想，通人。

博通，贯通，会通，精通。

蚂蚁，蜘蛛，蟋蟀。

入得里，跳得出，化得开，用得着。

自得、居安、资深、左右逢源，备于一身。有所恃无恐，行所无事……化人。皆发自自然。

哲学上原理，鬼子罪状，故——专家：

鬼子通，反日将军，宣传，教育，针对性，思想，感情，力量，爱国家，爱民族，博爱。天职！

顶天立地，大人，小视万类，尊重万类，役使万类，改造万类。

智之所贵，有我为贵；力之所贱，侵物为贱。而光杀人，日贼必须打倒！

新圣人，尼采。

精神文明，争生存。

人生严肃化，生活规律化，思想系统化，博爱艺术化，寇仇憎恨化。

收王英信，科长一人，余五六人下岗，科务如何做？

十九日

发李、老、王英信。

大悟——脑子用得太过，数十年日夜一样，应立即停止渎用。除正当集中用时，定保其休闲。

李甫运老来介绍名医贺中胜教授来为治脚癣，送药数种，即服。夜，李来为涂药。胡来，周纪念字。

二十日

教委，北大信。高清亮展字。

周文：

高怀有宇，唯教是宗。

兴国大根，为国育英。

雨潜入夜，润物无声。

贤哉夫子，为英为灵。

鞠躬尽瘁，为民立功。

收获：老庄悟解。

二十一日

“无为”盖行其所无事之意。“轻而易举作书家”，不以为意，亦即自然之意，水到渠成，不强求、不走速成也。

“有守”（有所守），兴趣所在，滋扰钉在心上，成为习惯。触遇有缘，“缘督以为经”也。“庖丁解牛”，“蜩翼”之知“治钩”……。

“无不为”，没有搞不精通的。

道德，所恃，根子。浩然正气（至大），恬淡之德（无我功、名）。高人之志（仰临下），大人之行。器宇（放行，公，正，大）。才，学，识。资，能力，博，思辨。

根（本根）——资（滋养）——机（时会）。

一国家的兴衰，要看民族的气质，积极，消极，有无向上的朝气，有无希望，有无理想。风尚！精神！中国的社会就是摧残民族精神积极向上的机器！麻木不仁！不争气，不长进……完了！

学校环境等同。忍耐，习惯，爱国？奴隶的特征！

棉花上市上交，正好给了大头头，大亨，私的好机会！教谁来爱国？捐助？奉献？谁能来给你发光荣的奖状？物质奖励？契诃夫：“被敌所称赞必死在他手里！”

独来独往，一切无缘！慈悲菩萨，以德爱人，积福行善，×！

地球——母亲,子子孙孙还在做着毒害您的暴行!政治,军事……!

二十二日

琐事多!削繁。

黎风好友20日晨四时过世,今日火化,一切从简。昨下午同应老去家与其老伴面谈慰问。77高龄。一生苦了,苦了一生。能诗文,助人为乐,正人,老党员。

山西师大校办薛珠峰礼,十月一日校庆四十周年。

二十三日

志不夺。做一桩世人做不出的,对今人、后世影响不灭的大事!

配备人力,写作。

发教委、教育部老部长秘书室刘政法、李忠芳(中国教育出版社)、张长孺(浙江银行)、玉石先生信、字。“养生主”文。庆生。

轻松了。

张建强小友来。钟明善好友赠□□装裱一轴,内容:卫“与天无极”,意在祝我长寿也。又一张伪作,气势不贯,还可以,足以混目。

作字万不能彷徨,落笔定要惊天动地。如浪下三峡,飞泉直倒,健儿破坚阵,欢快如歼灭敌寇,收复失地。

二十四日

发王英、浙江绍兴市信、字。赵电话,李老不去太原。李建森、高君等午时可来。

每个人都背着大包袱(公民)——生存(生活)、工作、婚姻、教育……。

孩子考不上跳楼,为什么?谁的责任?追根!!制度,作风,风尚,教法,家庭。

一刀切,轻视老年!不到六十,不用了!物极必反!

老年=智慧。“老龄成年人”,“有成果”,“成功的”,(7000万老人总数)做文章发表看法难!吸收群众意见?

“门诊大楼”。取字画,售《野草》。振玲、李翟信。

二十五日

重庆田季兄来,赠先师润林遗作《西安碑林石刻考》二本,三秦出版。

临汾高清亮专员、马温才、张建平(女)、党史等来,赠铁牛铜制二具,可贵。书协等。嘱书数纸。

整理材料:150字简介,改稿,打印……。文山文字。校报。卫信。梦熟大杏十数颗,余留三枚,余赠友人。山师大信。方磊、正峰各一件,托转薛同志(校办)。北大收录拙文《养生主我见》、《中国社会主义精神文明字典》,信。

二十六日

高、马同志返回。张建平将寄来日寇罪恶材料。

劲松:敢于冲出习惯,唱反调的人即为勇士、大人。创新路,改革,浪头人物。对社会负责。不拉后腿!不随俗流转。发言标准:对国家民族有大利。正义感。移风易俗之力。“吾导夫汝前”。向前看!

二十七日

书山西师大三晋文化贺词。发峰兄

信。王英电话，二孩子考上高中，大的未定。拟赴太原，设法。

下午雨。压缩"养生"文。"有守"则一志。心神安乐，若信佛焉。发朱影、赵鼎新信。惠东平，历史博物馆保卫科，赠花5盆。字二。

吾得之矣。（希腊发现浮力的科学家。船。）

夜，一至二时，忽然想到、悟到：

《庄子·养生主》句："彼其所以会之[11]，必有不蕲言而言，不蕲哭而哭者。"

"彼其"——彼，老者少者弟；其，那样。

"会之"——"性定会心自远"，高远深刻，复杂化，会悟，总会，会通，聚会，引申为浓烈、集中……之意。

"必有"——推倒判断之词，连续。

乡间妇女哭丧，联想到种种自身遭遇，死者的恩遇事……过于痛之由。大通了，解蔽。

二十八日

新权偕劳动局长李凯轩来，字，草佳，礼。高存德市长字。陈青带白幼敏会计、梁永莉出纳，四字，礼。月终。复印"养生"，馆存。

陕西博物馆樊建修，保卫，五盆花，字。惠东平。

起家信，牡丹展对子，6尺，9月交。吕克明，安徽小岭宣纸厂，六刀，字。贺胜医生字。阎字。鼎新斋号。

二十九日

乐神：

精神的——高度修养，文化教育。

物质的——适度财富，科学知识。

生理的——合理生活，保身。

自己的世界：大，通，康三字足以概括其精髓。全面，四通八达，宇宙，透，道，左右逢源。"彼其会之"。

清理盘点。希望认识系统一番，类别分清条理。上阵。为张浩然题画并复信。小傅帮忙，代发。缩"养生"文，明日定稿。东平同志取字二，坐片时。又为贺中胜大夫书对联，条三。女女整理杂物，取出赴太原时赠书。三十一日再清理之。张老明日去天津，三月里回来。赵中刚信，栖梧子，字。

三十日

"为学日益，为道日损"，"绝学无忧"，不是说放弃学习，而是说要到绝妙。

三十一日

发三晋文化研究会、赵鼎新字。北京大学《中国社会主义文化建设宝典》文章一系列事完毕，傅蔚农为打印复印，轻松之极，下午一并发出，附信。

八　月

一日

排华罪行！阅印尼五月残害中国华侨大事件，美华侨、香港……都提出反抗，向联合国上诉。（电视此消息7.31始露）

彻底醒悟！尼采态度！旧貌更新貌，客

气不得！从头越！

不会有人人都称赞的好人，全面交，平均力，大错！不还手，做梦！视敌为友，其后也悔。

大人颂：

敞步行，大撒手，

既是人，不为狗。

与天地称兄友。

眼看鬼蜮虫豸，

抱头溜走。

“老子天下第一”，

横空出世，

排山倒海，

四通八达，

无往不是通路！

看电视，陈希同判十五年徒刑，议论哗然。将弘扬贪污之大风。免而无耻！如此则对贪污 50 万，100 万，1000 万元……之人物，将判若干天？法律扫地，法官呢？不须气愤，世纪末，固当然，上帝早已作好定论矣。等一年半载一过，进入新世纪，旧貌变新颜，便是太平世事。

世纪末现状：

天灾：南方，两湖，江西，安徽，东北，都有大水灾；北方地震。

人为：大贪污案，新棉花贪家；青岛等地，走私不断，奢靡风盛，一二千亿；森林大火，破坏森林；乱挖矿产——煤、铁……；报刊停业，知法犯法，无处申冤，无处发表文字；吃喝嫖赌；计划大，搬不动（大工厂建筑停工）；作假——虚报，种子、肥料；破坏工厂；文化水平下降，文盲日多，学生乱收费；教育师资不足，水平不高，学习不力；大工厂工人下岗；无政府主义；浪费人才，六十退休，缺乏人才；无是无非；用人唯亲；政令没人听；办事不公平；消极怠工；低级游艺；时光，金钱；不争气，不长进，麻木不仁，没希望，没理想，没法律，不知有国；污染名城，小城镇，乡村……；大学生出路，生态？林木，环保；听天由命，私字当头，钱为生命。

二日

理发。平女为书橱安锁。新权来。小傅昨日帮打电话。

历史上凡是开创性的人物，没有几分闯性，冲破时弊的精神，如路德者，难能。尼采“酒性的人生”，可贵！

三日

心情安泰。没任何滞阻处。有一身轻之感，达到真明白境界。但国事，社会上的问题太多，太复杂，也无所谓了。习惯成自然。可怕的国家前程！不乐意听反面意见，不反省，一切都是好的，胜利，统一，升平日子。都是自家人办事，放心。——的确是个光华。=麻木不仁。

太原不去了，走不动，脚病，只好等振玲回来。……急写几封信发出也。

做完，甫运兄、贺大夫来，为看脚，摄照，带来一大包药，真负责、费心！赠对子一副（瓦当）。洗澡。健康大好，眠食均佳。建国要来，日记整好，著文面商。

书法贵有生命力。看《史记》中多少英

雄贤达,令人鼓舞向往不已,此即生命力。道昭、鲁公字使人孤傲,不可一世,亦生命力之感召也,可三思之,即得。

省邢同志,明年挂历,三尺横,条一,十日后来。

五日

兴庆公园蒋书记来接游园,宴,午餐。一家亲戚七口,饱腹而归。赠画册。

省许杰电话,出版大型书作,索字照三件,个人照一,小传,十二日来取。

钟镝、生财来为文□先生索字四,题书字,明8时来取。收高清亮君函。

六日

发胡征老、贾起家信。给王元军挂号寄《养生主》文,缩短文二。淑凤购笔两支,粗细各一,80.12元,自是好用。现笔都不中用。

教委会李宪孝同志今日要到勉县,要《鲁迅〈'野草'〉探索》1000本。新疆疗养院张国忠先生明日来,为书:"自知者英,自胜者雄。"

八日

张国忠同志来,赠黄螺新茶,字八个,即返。陈晓东同志从北京回来,购字册三本,送友人,教委,签名。在人大门口见到,霎时售出十来本。毛贝挨父打,也算大事!离婚,结婚。家人瞒我,一概不知(合同可怜),真没法子。

九日

收王中青纪念文集编委会函,收到文稿。

十日

与亲戚九人游未央湖,孩子们游得痛快。淑凤、宇宙、田涛、英英、小女……。午餐牛肉泡。老伴,树儿。

收北京大学三机构函,文二正式收入。9月份寄来"优秀文章证书",附征订单。

生彦、有堂友来,明八时半来作字。

十一日

南国水灾,如何办?尽用旧法,靠人力抵住,顶甚用!须找原因。下流淤泥日厚……没人才!有之也不肯听,危哉!常胜将军,老名堂,疑神疑鬼,失人心。……

十二日

要事未办,谢绝一切为名事。

王经理,作字数行,千元。四人午餐,饺子。

合欢、春丽侣赠杭菊一大包,9月来见。文海明年再试,回校。

收中国产业科技杂志社专题部公函,刊文,盼复。等三件。《陕西文化人》一本。取挂历字二,横。

笔债清半,松弛一番。加之庄生学之深悟,心有所托,情有所寄,所谓"君子深造之于道,欲其自得之也"。无忧无虑,坦坦荡荡,又一境界,足矣!亦悟还童之妙。孟夫子"自得居安资深","取之左右逢其源"之道,不虚也。从事实中体验而来,乃为深懂。

明日看费秉勋、贾平凹先生。

童然如新生之犊,味之不尽。

静观。不知所以，行之，“行其所无事”，“无为”，真谛。坦坦荡荡，自然，率意，率真。和之以天倪、天籁。“丧我”，“无己”，空也。

道，佛最高境界。

十四日

雨。天地正气，宇宙精神，(得道)庄生。

自救、自雄之源：

1.理想(人生哲学)的培育。

2.艺术(书艺)的滋润。傅山，道昭。

3.苦练的精金。(铁的意志)

4.鬼子的教训。

无敌将军——达尔文、尼采的武器，武圣！斗争威力。

深信：灵感！定命?！老子。神。

调雍得宜，中和且平，一刀切，走极端，国之不祥在此。不能持平，危哉！借大旗之威风，行私字之我欲……。

人世大战不可复！星球必然灭，生物一起完！

尽人为，可延长岁月。善于生活，身心调护，劳逸适度。会学习(读书)，能工作，保持兴趣，才有深远意义(创作好文，有价值，有影响，传之久后不息)。浪头人物，克难攻坚，云人之所未云，独树一帜，创新者如此。正大，豁达，开朗，诚挚，感动鬼神，神圣也。眼前有甚可系人处?

为日本东惠光书展书贺词。山师大贺词(淑凤带回)。检察院书展贺词。□□夫妇来，为书二件。清如、全爱来，字二件。淑凤扇面明日为书之。纪送牛肉等。汉口、嫩江灾情严峻！聪弟来信，须寄庄文。清和云家乡污染严重！北京成了污染名城！(参考)救中国！

李建义快信，为王月喜题签。交淑凤带回。发建国信，交校庆四十周年贺词。

十五日

放晴。梦南方大水灾。想到国家、民族、人类、地球，到何处去?终结?终于回到了庄子身边。我的见解毕竟不错，远见。我自信，我不亚于什么大学者、哲学家、宗教家。我之宇宙观、人生观、处事接物，种种事物识透了！何以故？七十年的遭遇、土壤，给予我奠定了基础、教育。久长的思维活动，使我超出于红尘的窖子。贪读书，使我高大起来，深厚起来。苦尽甘来，自由王国建成了，我是个十足的劳动者。体力、脑力，苦战不休，坦坦荡荡，没有任何滞碍处。“有所恃而无恐”，“行其所无为“，“为所欲为”，随遇皆缘。人的胸襟有多大？然而可以包纳天地宇宙。人生不过百年，然神思可以通向远古来今，岂不大哉！快哉！

淑凤带孩子二人，明日返里。半月光景，买东西，帮做饭，帮忙大。半月后将再送100本大型册子，王勇超先生要。她垫印书钱，尚有万余元，真说不过去。

(98.8.15)《参考》：《控制饮食，提高生命力》。

生活上要俭，

读书上要贪。

时光不许流失，

思维活动贵专。

控制饮食，

走得缓慢，

生命上不让壮年。

真理面前有正义感，

胸襟海样宽。

酒性的人生，

管他妖魔万千，

干，干，干！

苦练精金，亦疯亦狂。

练太极拳后，筋肉松弛，浑身轻灵，温存和悦，熏风拂面，神仙也。百岁长寿，何难得！

十六日

自然律，契机律。（机要，中会，恰到好处，开生面）莫随声，不跟人走，踩新道路，贵我！信念！理想世界。高为，欲为，无为，有为。出乎无心无意，行其所无事，顺其自然，不知所以然，不知所以不然，皆然。有物有创，蹈乎大方。无往而不自得、自养、自适、自乐。天地宇宙，皆属于我。有守，真。（假，伪，现象世界）

今后十年大计：

1.掌握衰老，生命力，控制饮食，养力。

2.驾驭思维活动。

3.神纵写作、研读。庄文，书法文字，书册，自传。

4.不让时光流失。超人的。抖擞精神。

5.重友，广师。打出世界。“白眼看他世上人”！为主人，做主宰。

十七日

1.开始书先兄生平事略。

2.停烟！保健。

3.早饮凉菊茶，洗目。

1.司命之神。

2.理智之神。

3.快乐之神。

4.战斗之神。客观，实际。

十八日

“元气”，即“胎气”，天赋的。胎儿，桃仁，杏仁。本身禀赋的生气。冬天冰冻地裂，一到开春，土地仍然坚硬，镢头破不下去。桃仁、小草却能顶硬皮而出，元气之力也。但在冬天就不行，又可见“时机”之重要！勉强不得！

黄河改道多次，也是出乎自然律。盖下游泥日厚，升高，非尽由人力也。

道家顺乎自然，岂不然乎？秦民揭竿而起，亦时势所迫然也。

刘玉玲来，礼。新权、郑园南通同学分别赠给《十九首》、《探索》。收华山药技学校张鉴平信。人大展字等信。王英电，大女考入北大法律系，9月12日赴京。来西安。

十九日

赵春伟同志电话，李、翟老身体可以。贝贝昨日住院，肾病，面部浮肿。

二十日

有线电视台数人、李书记等来为拍照，借大型册。赠庄文等三种。字失？书海南省国兴中学邢福本信、字。

平女电话，贝贝腿部肿渐消失。正查原因。不想吃饭，打吊针。

少来往人，凡是“为了”人才，扬名世界事，上电视，大可不必。看透了！坏人多！

教训受不完，为了健康工作，拒绝一切干扰，大吉。

二十一日

雨。渭南师专梁崇科同志来，托带给文联骆培林同志字一件，附信。收赵鼎新信，翟要文字。绍兴许建华转叶石萍来信，照片数张，此人必是遭遇过深难者。

贝贝出院，须去看看。骤然的病，容易好的。方磊友返回，知奠中、文达兄等体力均差，未到三晋会。77 高龄以上者均未参加。

二十二日

开始写先兄生平事迹。

二十三日

惠楠小友，高中生，字，赐荞面 20 斤，山西枣泥饼 8 个。发海南邢福本信字(新权)。民盟，水灾 50 元。周强、杨梓从加拿大回来，礼。为赠京册一本，半月后再来，即回浙江探亲。

二十四日

杜鸿科夫妇，团团。毛贝看贝贝，托带一信。郑志老陪印传朱教授来，厚礼，字。陕西师范学院，南京人。收甘竟存教授复函，南京师大中文系索材料，将与同道合写文章。浮山洪君来，花瓶，礼品，拓片二张，为题字、画。甄亲家从四川回来。

二十五日

甄电话，贝贝肿消失，好多了。夜眠大好，因白天过累也。赶快动笔写“行述“事。收王英信，9.12 赴京送大女北大法律系入学。(张丽若，北大；二女王丽春，高中)女女帮收拾书箱，整理，废纸尽除。休息，心甚宽敞，有了条理。收姚奠中兄赠《诗文存》一本，甚慰，书回信。英国信，书“中国陕西”。夜眠欠佳。省许杰、方磊来。贝孙病将愈，食欲振。印传朱。

二十六日

雨。书文达、英、姚奠中老信。

二十七日

睡眠好，少吃有益。发上信三件。(复印二件)

二十八日

许杰同志来，取去“中国陕西”片一张。朱志谟孙媳索字，中堂，500，友人用。

二十九日

侯素珍取字三件，钱未带足。强儿昨回来，收张建国书画展信，作字。

三十日

家庭特色：

1.浪费；2.没礼貌；3.购物没计划；4.不保管，破坏性大方；5.一人一个性；6.互不通气；7.无故状态；8.各自行为；9.不接受批评；10.私字当头；11.饮食将就；12.不重视健康；13.有来无往；14.疑心，暗斗；15.不教育；16.抱怨；17.不想别人。可虑！少有的作风！

临汾卫校王茵等来。老友画家为摄影

二张。生彦友来，取题字《三秦书画展》。强儿来，赠药一瓶，日一粒，半年用。收三晋文化研究会寄来四十周年大会材料，证书。收“平阳市场”一册。秦洪彦为书文章。

三十一日

应酬字太多！私事尽废。时光浪费太大！忻州同志赠五台砚，枣枣。

1.早，阿斯匹林片，VE；2.饭中服强儿药；3.午，贺大夫药；4.晚，鱼肝油丸。收江苏信，邮票8元，字。惠东平子字。

九　月

庄文七篇。日寇文，50篇。书论，小册。自传，中册。年谱，簿册。文集。字册。

康强，时光，友善。（三要）

教子孙。（大业）

一日

发吴丈蜀老信，慰问病。甘竟存教授（南京师大）寄书法等材料四份。浙江□□环保叶军苗信，字。

纵观全球风云：

1.没有什么新奇的、可向往的。

2.没有什么值得兴奋的、光荣的。

3.悲喜全在自己手里，希望、前途在自己手里。

“横眉冷对千夫指，白眼看他世上人”。

“中外有几个可拾到眼里的？”

庄生最伟大！尼采最有力！

不卑下，不招摇，不扛旗！不须人扶持、称颂、高抬。

为了生活，健康，工作，对较大的贡献、事业的成就，如此日子，难得保证！如何办？

二日

看问题，如透视，照见五蕴，料事如神，万无一差，心似明镜，清如秋水。存我为贵。神人何难？

“最无情的讽刺，其实伴随着对同情最真挚的呼唤”（卓别林喜剧中人物的话）。年轻时，崇拜英雄豪杰；五六十，志愿成哲学家，为大人；今则喜神仙。吕老每遇必告以摄生之道，日食枣三枚，大花生三颗，蜂蜜、香油、海带，三餐认真吃，油条忌食，内有白矾，不利脑。按摩，搓手，拍打头顶、胯。

字，书外功夫，空灵处用心。

收树廉信，9.26九十寿。

曾立平同志从南京来，由西北大学教授薛瑞生陪同，赠宜兴精致小茶壶、折扇、烤鸭，又集句诗一首。薛为赠所作《乐章集校注》一本，甚是丰收，感谢不尽。又嘱出书作题签二。余已回敬《十九首》、《札记》各二本。

洪水猛兽，可以体会到了！

三日

开始书先兄行述。

蔚农陪父来，酒、烟、水果。

五日

足病大有好转之感，换药。三日内完成先兄行述。十日完成。

六日

马同志夫妇来，嘱阅临章草数件，赠增蝎子酒二瓶，西凤等。元军信，嘱为中华书局编辑朱振华作条幅。力雄老来，800元，字酬。咸阳新权取题册页字，赠酒二瓶等。刘、王来，收藏杂志，赠收《收藏》二册。舒心托曹兄题字。三友楼舒心阁右任题句“既读……”一，牡丹联。毛小春赴京展，深蒙诸学者名流称赞余之题名。胡风夫人梅志云将来信，80多岁，赠佛像，嘱题字，又条幅。

七日

夜眠好，梦不少。人生琐屑盘绕，几多光阴被夺去，无价宝！长绳系不住飞鸟。德运为摄影数张。省文化厅社文处赵登峰，华阴市文化局长马宝华同志来，“98年华山中国画大展”，18日取。

陕西省电视台，西安长安南路76号，710061。

挂历，9.30交，1×0.5米，横。研究室吴长杰收。

八日

发毛晓春信、字，秦洪彦信。杨超友来。徐晶两位来(有线电视台)，送来京字册，21日播放，20日来送录像，字二。薛瑞生老明日9时来。

九日

薛瑞生先生来，题签字；郑老来，字。长安诗四十首，展介。

十日

放步而行，大天而思，便是大福人。

天地一大笼，吾身生笼中。
男儿自有志，耻受小笼封。
展我乾坤志，峥嵘一世雄。
天高任鸟飞，水深任鱼腾。
万类同一理，不须遭侵吞。
振翼远无极，浩荡四海空。
百年一梦间，神游亦有径。
贪婪何所为，佛道吾所宗。
莫笑淡泊志，花有几日红？
今逞权威人，明朝囹圄中。
不为暗中物，日月总长明。

忙甚。赵国良书家，杨小宁装裱家，分别从香港、泰国回来，赠礼品，嘱书“孺子牛”句。书家，油画。乡友来，嘱题“十九首”册子，赠册页一本、旧照一张。收爰子等信。

九时入睡，酣，梦虎，在家乡旧居后小院，一额虎，绕磨子周围转。不畏，视机，急出小门，紧闭门，关，以身紧抗。乃大惊，恐闯去，危矣！深惧之，惊醒，此真梦虎事。看表已十时四十分矣。起床记之。十一时十五分复入眠。奇甚，吉兆也。续梦，棉花丰收，由余介绍给一军队。摘一次毕，过秤，二人同样如此，可总结亩产若干斤，彼此满意也。吉利有成。将四时，再入睡，直到六时，天亮。

十一日

收天津篆刻家任秉鉴赠所作《印选》一本，颇佳。天夫送来，须回信，附信。完成先兄行述，良快！须休息休息矣。

脑子里须“一无所有”。“七十而从心

所欲,不逾矩。”自律,自在,况九十乎?

十二日

文海、丽春孩子来,赠特茶饮料。刘建军字。甫运子烟,结婚字。中韩书艺交流展。

十三日

自信人生二百年,
不到长城非好汉。
我今一晃到九十,
再过百一方尽年。
完成庄周十二篇,
再写杂文十万言。
暴露日寇滔天罪,
传于亿万后昆看。
报仇雪恨春秋志,
不到瀛洲心不甘。(偶成)

洋涛字,托耿建华带给凤兰收转。

辞去一切浪费笔墨事,不留情面,保健第一,光阴第一!

自力更生!

十四日

如此年纪,还难得安定下来,过个清静的日子,真丢脸。如此家庭,少有。只为放开,爱自己!

效大师——佛道。

北京报材料,已裱字,胡字,复印。

内外干扰,一笔勾销!

陈青为复印刘念先老文,《养生主我见》各三份,送发天津任秉鉴,又挂号信一件(王元军,中华书局)。关六斤一礼拜后来。李电话,《野草》拉回教务处,还欠出版社八千来元。取字一幅。整好魏德运《人民日报》材料。收中国书协信。下午作字:“空不到空……”

十五日

收甘竟存先生复信、文章。索自传,材料,参加会。字册……。给淑琪字,老乡,长女在广州,不回来了,生活太好。

苦于饮食,设法。香港田家炳先生为校捐资600万元,教委补600万元,建教院九层大楼一座,校拟一联,嘱书。(教院二位来,六尺、三尺、四尺宣多种,轻被子一付)句:

千秋伟业捐资助学高楼广厦荫学子,
百年大计重教兴邦……育英才。

刘念先老意改上联为(编者按,有缺文)

十六日

忽然想到:订大本,初稿用。且分为:1.解魔品;2.庄文;3.小传(年谱)。三种。世界性的。杂文。人力?

十七日

德运送来照片五张,一张放大,带去人民日报材料数份,为写文章。高夫人带其表妹来,甘肃土产数种,字,祈文章,改数字。

十八日

秀水字,克钧、海洋二,赵振宇来,土产,为作字数件。(鼎新、风雷等)

十九日

返回。莲香、爱子信。雨。

“九·一八”三千尸体找到了,如何办?

赔偿? 罪状。

作字数件,如意。

千秋功业捐资助学宏愿丹心超前世,

百年大计重教兴邦古训新风育英才。

二十日

方磊友送来陕西西安光盘收据,因题字,不收费(600 元)。徐杰同志。等王英来取书。新权为购蛇药,70 元,付。皮纸,右任墓志一套,36 元。

二十一日

周强、杨梓来,莲子一包,浙江产。杨明早动身回多伦多,赶不及用饭。周再住一月。摄照数张。晚餐,中心食稍子面一碗,2 元,出汗。午睡至三时半。新权购赠林散之帖,右任墓志一套。

二十二日

我之奋斗:(规模)

1.搔痒集;2.解魔品集(寇文);3.书院;4.自传;5.书法哲学。

保健。效大师。真弟子。国艺。条件(人力,财力,环境)。认识问题——解决问题。

知己——知彼。能力。德性道艺,聪明才智,才学识,先师伟业,宏愿。有守斋。道:自得居安资深。

二十三日

发竟存、起家,华山张鉴宇字。吴长杰字。瑚燕来,礼重。中秋,带四件(三字)。

下午五时,庆生、保障报社来接,赴野玫瑰大酒店宴,董事长钱小焰,曹玉霞、张少华招待颇亲切,酒店招待甚好。饭克扣。发顾书。

二十四日

毛贝交费用 500 元。书建国信,代致侯晋川校长信。作字。吴应驹取字三件。赵周明来,送书法教育 30 份,托交郑志老信。代问王世英子入学事。李正峰友回河南老家。志彦来,甘惜分赠字一张。回信!

二十五日

梦句:

浮云富贵,公心怜民。

儒雅侠士,举世伟人。

学鸠小雀,安近我身。

汝固劳矣,孰视我贫。

孑逸自乐,自拟有神。

染缸污水,难遇善人。

百年墨缘,便是神仙。

惜我时光,壮我铁身。

闭户饱读,文章如金。

留得篇章,嘉惠后昆。

庄子有如人参果,有如源泉,有如金箍棒。

上午参加边家村地区书学会,讲了话。王会长主持。甚快。张专陪我。篆刻、篆书都不错(终南印社)。淑凤电话,明日参加卫树廉本家九十寿辰,代我送礼 200 元,糕点等。

二十六日

盟友赠礼(中秋)。廉生辰,想客人正多,未能亲身贺,幸有淑凤代送礼。

二十七日

吴强、丁文涛来,糕、工商报等。发李、翟老信。

二十八、二十九日

参加文史馆双节会,杨馆长赠收藏杂志一本。今赠月饼。夜校办王科长代表学校赠月饼等四样礼品。

三十日

正峰友回来,葬母事毕。月饼。生彦友取字,出版社取字。书展销字等。凤兰电话,交出版社社长。病见轻,欲来一面,止之。续书先师行述,明日完。八仙庵举行八十以上老人书画展(十一月下旬),交字一件。李宪友来,带去“逍遥”、“□文”两篇,相片,嘱题签字。字二条。曹托题字,四大字。又二条,千,转王氏。

十　月

一日

国庆,人庆,自己庆。

一通,百通,万事通。

目中无人——善作假,害物虫。

眼下有物——花草,昆虫,有益于人。

小傅来,送复印文,帮写笔债字。

善养生!外物,外人,无憎。扰攘众生,豸虫。清醒。

1.先兄一生太苦,行善。为书其生平,彰先生德行。

2.先师振堂公,一生太苦,有业绩。述先生生平,让国内教育界人士看看,学习先生为国为民的大作风!并非应景之作,乃号召之文。

3.又将写50篇杂文,《解魔品》,揭发军国主义者之兽性,公诸世人,为天下太平。

4.“庄文”,为庄老翻案,积极性。

5.写自传,反映时代,一面镜子,唤醒梦中人苏醒自振。

6.“书法杂谈”,发挥艺术教育功能,对书法界或许是一场革命。

7.《野草探索》已三次出版,足矣。无暇再费力。

8.书法创作已五本,可续印之。

鲁迅先生谈写文章取材的问题,一在脑子中,一在书本上。我先前用第二法,现在重在第一法:“思维”。一是外来的,一是内在的。有如泉源,取之不断。古代人的文章,主要靠这一方面,如《老子》、《易经》,真诚。今人只靠抄写,坏了。一是根本,一是枝叶。

强儿回来。

二日

有守恒,欠则入,致远。

人间世:志,孟子志。气,浩气,暴气。气,虚气,道(恍兮忽兮)。沉其气(拳)。劲,蓄,内功。精气神。血,经,流动,思,活。

庆生陪同社会保障报社长张少华同志来,礼。劳动厅长宁长珊将来访。庆生为拟润格,为发表。

三日

孩子们都回去。夜眠好,午睡足,休息了一天。雨。强儿来,贝贝病愈,须好好休养。为写仿影,笔,纸,未带砚。

杨信平、马文彦来,礼,字二。

独立为标。

望远镜作用——知彼知外。

超人一筹——不屑一顾,不值一笑。

行其所无事——君子之德,风也。

旧友亲邻——同乐不孤也。

破除百障——四通八达。

四日

1.细阅剪报,归类材料。

2.细读庄子,彻底领会。

地下矿产,不发掘,无用。碑拓中亦有源泉,不能随时把玩,深思领悟,难以汲取,且无益也。“学问之道在于深”,良然。深之又深,至贵,乃见功夫。孔子读《易经》,至韦编三绝,乃为得之。

莫作多余事,举凡领导上交下的东西,照办,意见提不得。

约周强、坚弟兄中心便餐,50元,少算25元,照顾。

五日

中秋节。惜时,敬事,敬友。

闻日本奖中国人用一次性筷子,是要桦木!他收回筷子可造纸!!又喜吃山羊肉,山羊吃草拔根子,破坏土壤。他们高兴!此间军人卖去保密图纸,十万元。可笑万分!日留学生到德国偷图纸,食之,回国。(蓝纸事故)

公司团长赴英,英人问香港回归看法,答云:“回不回没关系……。”外人无言。华侨愤怒之至!日俘虏,不言。

日书家贺词不回信(?)

再不受骗了!(鲁迅)

解魔品。(傅山)

高价倾宇宙。(李白)

为主人。(拿翁)

漱溟公,鸿铭公。个性。

何彦文夫妇礼。树儿字二。文涛。

六日

先师行述完成。晨作书五件。庆生随冯玉雷同志来,兰州日报,赠所著《敦煌百年祭》一本,好书。即以《野草探索》回赠。午约赴小寨会餐,应之。又唤起文史浓趣。俗事,不可为。晚贾文涛偕台湾美籍华人二信,又李景然、毛小姐,西安收藏协会主席来,礼,待以月饼。购名人书画,在美宣传中文化,作协阎洁君来,取字二,800元。约16号后来拍生活照。

七日

为公安作10字。另三件(陶,钱)。二院张和平来,嘱作二横,4字,千元。张浩然君从新绛来,赠新绛县资料一本。蔺永茂君赠澄泥砚一方,嘱题字,出册子。罗文治先生书出版,12号开会,车来接。收姚奠中老寄来《论文选》,甚慰!收全爱、王英信。文史馆书,惠字照。

八日

时光似箭,惜阴当先。

安得无情，著书自安。

杨子纵欲，老子无欲，盖同一根源。反映社会之无情，角度不同耳。

九日

傅大夫送来维生素C一瓶，日服二次，一粒。饭后。应各赠茶二瓶，月饼二，字一。张永年偕郭院长、会计，取字，又交400元。晋人杨发刚二人来，为题字，长卷12米。新权赠鲁迅日记三本，交给100元托为购房龙《地理》、《□粮》、《群学肆言》。山西出版社社长宋富盛，美编室王鸿，编审主任李松年三位来，拟出版《傅山全集》，谈甚洽。顾老明日下午来。谢老来，送猕猴桃，自生产。过敏，嘴唇厚、木。吕大夫为开药，已痊愈。先师行述，字7张，书讫，轻松矣。只剩张子正故友一文，待书之。

休息，玩玩。

《参考》今日内容大改变!? 内容不关痛痒，事儿多，趣味化了!

回到正题上，转到自己的写作生涯。作字为国家服务!庄子，日文，自传，书论，友朋文苑。超，保健。

发聪庄文二。新权。

十日

清理桌案，书物，心理状态。自尊，自爱，自高，自养。庄周、尼采之和=互用。坦途得胜。我之宗教，心气，“一”，“异”，道之难鸣。玄兮，目空，真灵，无终穷，破百障，大通大明，圣，有守，为所欲为，无为，有为。

黄承孙友电话，月之下旬来，赠名家图章二方，为友人收藏字。收山西师大侯校长晋川来信。合阳博物馆馆长王德荣等来。书树廉信。明日发姚奠老信。已发。

十一日

赴谢政委家宴。郭老一家。丰富珍稀大餐。赫鲁晓夫土豆烧牛肉，味颇好。脚气又过敏了，吕看。健康好多了，有似小伙子，脚跟有力，浑身是劲，心力足强。解琰一家来赠猴王烟一条。贺大夫、李甫友来为看脚病，服药太少。

十二日

运动，劲足。书看不完。系统治学，不必。写拟定文，足矣。想写就写，想做就做，想玩就玩，乘兴。绝对自由，无定规。

目中无人，天地广宽，杨子亦师，放怀恣意，放行适意，是非真理，一塌糊涂，坏人=好人=坏东西。有甚可忧?有什么可虑?山林城市，到处是乐趣。神宽不惧，一风吹去，病魔不敢近身，唯健强是倚。老可还童，日月为明，普照万里。

前途渺茫，灵台空虚，岁月闲掷。

梦刻象棋。

善于安排，生活裕余，是为得之。儿童自有其世界，赶课业，工作量超过常人，损失健康，危哉! 自然? 反常。裕余? 紧迫。合理? 是非不明。有兴致，有希望? 失业。乐于工作=幸福? 苦海。良好的社会。创建环境，改善生活，理想的工作。

睡眠也是幸福。好梦即满足，充实。

小傅来，谈到书市情况。他买到《文化苦旅》一书，余秋雨著，有意思。引起一书名：庄子回到人间。解魔品颇好。

自然可贵的真人：人的道德、信念、思想的形成，是几千年形成的，正如宗教的信念，同。用革命手段，法制，行不通。历次运动中，害了千千万万生命，改造的结果如何？压力愈大，反动力愈大，此物理学的定律，强它不行。

阳历年至今，人们对旧历年感情不减。禁书、烧书，人的精神是烧不掉的。戴东原："人死于法，人或怜之；死于'礼'，其谁怜之？"⑫乃知自然之可贵。政治与学术毕竟是有距离的。

十三日

还是看中外古人的大作可以得到启发、教益。

读柏拉图得到的启示。

八年抗战得到了什么教训？

我一时答不出！……？……？爱国？复仇？友好？宽大？自拔？希望？理想？……=0。

自传材料。书法之友！特异的偶想！

深感身体坚实，四肢有力，劲足。

1.二篇行述完成，松快，没负担。

2.药物。（贺老）

3.饮食增加。

4.工作量轻了。

5.心情较好。

6.达观。

7.思想系统化。

8.目空一切。

9.有目的、希望。工作愉快。

10.有守，一志。（庄子）

11.自豪感。

12.心情如洗。

13.慰安（书法）。

14.读书心得。（如得道的快情）

15.精神食粮充裕。

16.无往不舒服。

午睡梦大水满道，行。

十四日

服药从贺医师规定，仅两天成效显著，胃更好，浑身就有劲儿。发赵春伟秘书信，询问李雪老夫妇健康。

四根：

1.胃口好，能吃。保健根。（体）

2.脑力灵，善思考。学识根。法，通。（智）

3.品德高，得众心。树人根。哲学家。（德）

4.艺术妙，完美精神，世界的追求，慰己感人。快乐根。（美）

发赵春伟信。文史馆、统战部任学智、陈海洋，主编《炎黄情》，来，作字，星期六来取字，为摄照片。周强午约至老孙家餐。张永年来题册页。

十五日

周坚处，为周强兄弟书字四件，送行。放大字一张（学校）。午餐甚好。市领导前天打该饭店，无理，群众不满。摄照数张。二十一日强来，赠札记各一本，大笔一支。

兰州军区景志忠，永济。白鹏书，政委；赵勇善，所长（河北，长安）。

十六日

应酬一律回避，复我写作计划，复我健康。学画开始。书法浪费了时光多少年，真可惜。观于老书《胡笠僧墓志铭》，美不胜收，详见原文余之边批。其书，盖先生蘸饱墨汁，中锋，提笔，轻轻走笔送之，不用捺，稍缓，收之即成。所谓“轻而易举作书家”者也。

睡觉十多小时，这才休息过来，轻松愉快，爽爽有神。

十七日

晴。文史馆友、统战部来取字，摄照数张。小傅送来《季羡林杂记》、《山居笔记》、《文化苦旅》三本（余秋雨）。代发中央分会、蔺生茂挂号信。

梦：赤身在山地作农活，回归时遇一帮人正往工地走，内有白衣战士，我心力颇强，有种往后看显示大有前途的信念……。有些友人对我关心备至。

小傅为修理笔。

十八日

二爨，感情内敛力不外散。

山谷，情意所至，放笔一快。

赵铁山，君子行径，以礼节之。

于老，出乎天机，自在无为。

傅老，发山河气，极笔砚情。

康老，天游化人，广宇气魄。

瘗鹤铭，不食人间烟火，仙笔超然。

石门铭，韵致飘逸，神采照人。

缺：不容旧的。

新旧对立！（批判地学？实事求是？）一边倒！（由一极端→另一极端）。学苏，百分之百。阶级。俄文>英文。英文>俄文。马>孔。孔>马。森林<耕地。耕地<森林。计划经济>市场经济。

收北京军事博物馆宣传处大本子。

十九日

发王信（天晞）、文海信。书张永年册页字。收文景明友信，知中国艺术研究院柯文辉先生已回国。并云柯打电话，说北京友人，大画家赵普最近要出书法集，请余题签“张普书法集”，面商可否？寄稿酬。又要题一堂名“一砚堂”（景自己的）小条。明年退休。直寄北京北三环中路6号，北京出版社邢延生。为什么要我写？柯老云：“卫书法是当今中国第一人。”柯随刘海粟先生十余年，著作等身。和景想来西安，刻有难，未能来。

二十日（九·一）

清点书物等。“人与人之见的珍贵情感是永恒的”，“真挚最贵”。假的比朝露，一见太阳就没有了。

六斤、司机古城任来，枣、胡桃、竹笋等。大字八个。

二十一日

发邢延生、文景明友信，题签，附柯老信。

如此家庭！受到极刑。但还是活着。噪扰甚！

吕九鹏电，拟同贾平凹君来。为赵普书法集题签二，一为雍容端雅，一为康体，自然，均满意。做到“毋不敬”三字，这才能达到“艺术即上帝”的水平(昌硕句意)。又一经验:一草率便糟了。做任何事,亦须持此态度,成功之母!!

老年会赠衬衫、雨伞。倪文东、兴庆烟,字。关六斤、任返里,字二。

二十二日

发淑凤信。梦门后井水上升近井口,清淋。发北京市6357信箱征稿组联部收,辞海华人卷。凤兰来信。表填好发出。

二十三日

发凤兰信(北京表寄之),作字七件,周明三件,数字。收胡征老信,书回信。

二十四日

新权、文海来。黄飞自周口来,赠衣二件,取字一。吴老前列腺病,家境不快活,苦恼甚。杨永来,为希望工程书扇面二三字。保险公司兄妹来,赠鲜鱼四尾,嘱为张丁画家作字,又一企业索对联四副,十一月中旬取。

二十五日

赴八仙庵,为八十岁以上四十位老人祝寿,余讲话,受赠秋衣一套。蒋蔚奎君特邀到老孙家吃羊肉泡,百元,甚可口。两点钟返校。与余照相者颇众。书朱映超、李、翟兄嫂信,80寿,十一月。

二十六日

发上信二件。

人最大,又最小。猪狗不如!

“不降其志”,“我即上帝”,“顶天立地”,“万物之灵”,“我即一切”,“心无存物”(不得侵人,条件),岂不伟哉!以不变应万变,“超人”。

收到北京大学法学楼5216室寄来《宝典》著作证书一摺,即复,征订之。蒋蔚奎电告书匾额“水态寒清”四字。赵国光同志约明日下午五时来。重九节。郭剑青亲家来,赠给《札记》三本。受洋参。贾风雷、陈思云来,嘱题“丁香文化”报头字。小傅来,放下水笔二支。张有时先生赠罗文治书两本。字,卢胜利。

大事,小事,中国人真自作孽!完了!对外大方,对内刻薄!

筷子!

二十七日

无事。

二十八日

人,书,事。

学识。见识。胆识。(学养)

理性。韧性。悟性。(智养)

上午九时参加灏文堂文化艺术有限公司开业大会。陈老少默,各厅局约三十余人。下午赵国光九月馆请餐。过了两个重九。

二十九日

胃欠佳,早午饭节食,睡眠好,轻松了一大半。食盐水泡馍,晒太阳,夜九时服药,宽松矣。郭、甄亲家为贺律诗颇佳。书巨川信。念先兄送来拟匾句,明日为书之。贾风雷、陈思云返里,未及招待,赠《札记》各二册。明日送李甫运贺礼。

三十日

送甫运孩子结婚礼300元。为兴庆公

园书匾额字“平湖清晖”等字。

三十一日

人生如夜梦，醒后无踪影。

醒时即人生，合眼黑洞洞。

迷糊过日子，几人是清醒？

相噬如野兽，野兽难善终。

总统到末日，悔不如百姓。

碑立高千丈，断碑做茅坑。

歌颂皆暂局，莫夸为王公。

知雄而守雌，老庄总高明。

横眉冷对百官指，枉吃猪肉煮豆腐。

白眼看他当权者，黄金悬心无硬骨。

便大通，松和不可言，乃悟“通”可贵。作学问能到此，足矣。通则达，达则化，故“僵”者，化之贼也。

发蔚奎友信。新权来，留书《百岁老人近代史》，赵医生编书。

十一月

一日

新作风，新境界。（画室）

未能进入新境界，

只缘心沉浮世中。

快事：

1.巨川、国光两位来，绘画事可开始。为作字各一件。

2.杨民同志修好电暖机，费心了。须急去看谢。

3. 收到久不通信的日本梅彩津石女史信，并介绍文部技官木铃兴藏。

翟嫂八十寿联。张老天津信。

马温才电话，将任副校长，可喜。十二月八日九十周年校庆。

二日

安置便于写作环境，损失太大。健康亦必要，饮食马虎不得了！

一切似有宿命论在作祟（？），果如此，何不捣乱一番！

九时半郑老陪同赴西北眼镜行，杜青稚为检查，甚详细，散光近视（左眼）。十一时半杜又请吃（五一），一时回校。星期六上午九时郑约赴北关羊肉泡，有陈少默老。贺川带孩子来，修装窗玻璃。午睡好。

杜女儿结婚，贺词。翟老八十：赤心比日月，仁者寿山河。

一切都顺利。

一百年后的世界？今日国际的大国干什么？竞赛武器!？战争。道义何在？人心所向?！发横财?！禽兽！儿戏，做梦！（空）天诛地球，活该！忧国忧民，多余。出路？杨子，也好，真好！自由王国，妙道。快活哲学，大笑，艺术天地。

三日

大觉，大开，大通。

星球叫我玩，

万类由我耍。

宇宙魔术家，

枯木放鲜花。

放踵天涯。

上与造物者游，

闲适而上达。

举目尽光华。

孤独多堪慰，
一任心猿奔。
自由国土上，
意马空绝尘。
热闹总俗气，
少年爱鬼混。
行动若荡子，
一步一呻吟。

周明君为送杨建民字，代托译日文信。景廉为同志取字(三横)。

门前游，遇宋德明教授(地理系)，即回家，26-3-2，取西安市地理志一本见赠。并嘱为陕西省地理志题签，明年出版。续写《人间世》文。

四日

1.寄情于书画。

2.寄思维于庄文。

3.愤懑属《史记》，屈子，鲁迅。

4.涵养在古哲人。

5.透视宇宙，人间。

6.乐道德挚友。

7.图傲然独尊，孑逸，傅公，尼采。

足矣，豪矣！

全新利为友人购字。

人才，专家，普及文化。救国不二法门。教师。道德教育(公字)：责任心。儿童世界没有了。成人工作量！知识分子可怜！农民可怜！如此环境，越看越难过，如何收拾?！不争气，不长进=哀莫大于心死！可怜的中国，可叹的中国人！自作孽！完了，完了！

收胡征老信，先生太客气，对我过分褒大，什么大学者。

五日

吾不欲自豪，而不得不自豪，盖鸡虫逼我上架也。岂只是上架哉，直是圣人矣。即以年纪论之，与之何愧?在鸡虫做圣人，实已丢尽身份，一笑。

张家村书协李康会长来，赠照片三张。新疆疗养院王蓉蓉大夫来，赠礼，下午赴南京，回敬条幅。中心周明同志送来日本译文。文史馆十日上午8时到芝园一楼报到，三天会。

六日

境界：

1.文，须达到如梦。

2.画，须达到无梦。

3.书法，须达到无笔无纸。

4.哲学研究，无迹。

向神秘的地方进攻空战。变实为虚处难，把虚处现为实处的本领亦不易。前者指创作，后者指讲解。经验与理性的合作。

发张光祖老、张晓宇、文景明友信。收耿送来凤兰信，下午赴北京，飞机。王世荣友电话，篆刻。省文化厅十六日照相，周浩。

七日

十时郑老来，请吃羊肉泡(北关老孙家孙义轩先生接待)。李宪孝来送《野草》50本。方磊友来，取字三件(省书协、文联字一件，即宋北京书协上网），代填表，写介绍，字一赠之。未午睡。收聪弟信，庄文收到。接强儿电话，问好。

八日

1.真理是永恒的。真理一离开公正，便无立足之地。

2.夜愈黑暗，星愈明亮。

3.假象一见阳光，便消失，没有根子。

4.妖魔已有地狱归宿，它没有作人的品质。

5. 骗人实际上是骗了自己，其后也悔。

收峻生信，山西政协哀思，丁纳同志逝世。又一好友走了！痛哉！

九日

书峻生、丁纳同志哀思信。作字七幅，对联一副。收赵秘书寄来《李雪峰回忆录》（上）两本，印得好，字大。再写一书签“李雪峰回忆录”（下），竖写。又，《……人才》已收录，寄一寸照，98元，邮书。同庆生到市群众文艺馆看庚虎刻字展，颇佳。午餐请吃，并赠一木刻《延年》，二时回校。明晨七时半前赴芝园，开年会三天（文史馆）。

1.题字册名，吴强，丁伯苓。

2.笔，印，水笔，纸。

山川增气色，文字发光华。

飞文何洒落，援笔起风霜。

水之江汉星之斗，凤在云霄鹤在楼。

药，题竹。淑凤来。青年路芝园南楼文史馆开会，接信。

十日

文史馆三天会。

十三日

笳咏书展，佳。张过，茂陵博物馆，赠瓦当一套。书联：一代武功书剑气，千秋文治柏梁风。十二日来取。清亮，杜玉，字三。凤一，题竹图。

十四、十五日

笳咏画展，佳。合影。稚青夫妇来，郑来，送眼镜。中心午餐，稚青却出了钱，不安。贺词一。忻州来。交大来，千元，横一件，题签。

《庄子发微》未找见。作字，玉龙……。发峰兄信。淑凤返里，树廉、清亮信。新权来。新绛县中城巷一号信封。

十六日

请刘念老为翟嫂八十寿联。收于良英笔庄信，字。风，冷，暖气送来了。寻到《发微》并稿，大快！昨夜未好睡，恶梦。一笑。

交情，知己，非经过长期共事考验，乃能生根。“如结一兮”，[13]“巧言令色，鲜矣仁”，[14]经验句也。

十七日

曲沃阎靖宙三同学来，赠被子、毯子等贵重物品，为题签，贺词，四件字，数字，明日返里。收翟嫂函。赵国光来，巨川画裱，后送来。玉苓来，赠毛背心。《慰安妇》上演。（地狱有几层）

十八日

换药。书翟嫂联，胡老信，海洋信，500元。（刘老拟联）

希望，理想，仙丹——如结一兮，式相好矣。

书协郭永平同志夫人来，看材料，赠《野草》，“双馨”。小傅代购《傅山评传》，汇款。填表。

应有自己的预见。

王英电，下星期三来，三人。

“快活哲学”之建立。（我的奋斗）

十九日

“自由王国”之建造。

“有所守”。

对联应酬。清理。

禁烟！收曾立平、甘竟存信。为贺中胜大夫、甫运对联，育民斗方。强儿前几天回来。长珊先生条幅。

现实可厌，就看现实的背面。从背面也可看到正面，连内心也可看见。反正一体，全靠作者的手腕。

二十日

太原市新建路56号山西科技报社记者阎礼、薛凤华来，给《野草》各一。劳动报少华来，字一，报以《缶庐翰墨》、《中国书画》。临汾卫校李志远同志来，马温才副校长赠坐表一尊，回赠札记二册。

二十一日

任务使我不能停息——国家，民族，现在，未来，都需！真理即余之唯一信念。尽管当前是非颠倒，黑白不分，而真理永存。使各得安生，应是天职。老吾老以及人之老，泽及飞走、小草。人人爱好花、小猫、小狗，是其征也。

笔耕在心田，读书砺吾剑。

收聪，曲阜博物馆碑拓文，权贵等信。还笔债，育民、甫运、贺中胜大夫字。书翟嫂寿联：英雄仙侣八旬华诞黄菊傲霜迎上寿，

戎马书生十载太行白头□史出新编。（刘念先老撰）

书回信。发太原山西书协赵信，字，照片，100字介绍。

收张文立同志赠兵马俑论文一本。

二十二日

复张文立信，发翟英嫂信。作对子三副。刘鸿儒约明日赴临潼游。郑老偕友人摄照多张。文海、春丽、宣传部几位来。新权来，为送庚虎裱翟嫂八十寿联。□慧赠于右任墨迹精选一本。

动力之源：

1.国仇。（鬼子）

2.国贼。（媚外）

3.国之败类，不争气，不长进。民族气节扫地，群众拜金主义。禽兽。

白眼→0。

责任：

1.发山河气。

2.民族气节。

3.鼓足民族精神。

4.教育下一代。

5.进行健康教育。

花花世界，八仙过海，不怕出洋相，突出国门。

写庄子文章：

1.通读数十年，思之数十年，会通全书，抓住精魂。

2.串讲，坚定主见。

3.系统化。

4.为庄子翻案。

5.不泥古。

6.评价。

二十三日

作字，快意。薛瑞生来，赠曾立平信、照片，将出新作，赠字一条。贾平凹一条。

中俄一体→美日。

写庄文得手。想的到家，通会，化得开。

振玲赴广州，即来。英推迟下周来。

薛云："老年人要当二吊子。"对，对，对。"老来狂更狂"！

写大幅字，组字。精品名作！

狂草，惊世之作。长品，震动世界。前无古人，启人胸襟。

凝神而作字，笔管欲尽裂。

何物在飞越？纵情难控御。

援笔何洒落，横空而出世。

二十七日

收张晓宇，日本梅彩津石女士第二次信。为柯文辉先生作字。为政治学院学报题签并贺词。（为政以德……）

不计衣食任天真，

少年哪知老人心。

乱世无主多狂士，

啸傲一声自由人。

如此年纪，应踏破一切樊篱，创出个为世所未有之奇迹。书画、文章，惊动一番世人，看老夫手段如何？奇姿仙态，独秀大山，何如？字要压倒古人，画亦然，文亦然，作人亦然。写得蓬蓬勃勃，云里来，雾里去，恍兮忽兮，吓倒鬼神，颠之倒之，迅雷烈风，拔木发屋，山洪滑坡，迎面观之，反面看之，识不透，味不尽，始为绝唱。孤立的几株梅竹兰，有甚奇处？不到古原始森林、风雨如晦的深谷万壑中呼吸呼吸空气，哪能领略到造化之秘密、自然界的风光？难言的境界气象？所谓天地正气，宇宙精神者，岂空言邪？落笔就是抓住这种麻胡来。吾得之矣！神中之神！

哲学家，定是艺术家！古希腊哲人苏-柏-亚，春秋战国的孔子、庄子即其实证。真情，浩气，发自灵根。

二十八日

寄出柯老字册。梅津。

二十九日

发邢延生信，字三。另柯老字册二本，托转。作字四条。

鉴于今时民族气节之低落，人品之堕落，书法应大力提倡豪放、腾飞之气。正书风为要！

三十日

在人世中，唯真理、真情是永存的。或云黄金高于一切，这只是魔鬼、非人。因为他只能回到他的地狱中去。

真即"诚"，专注，一志，不存一点杂念，任何想法，达到空明灵觉，静之至也的境界。

建行加娟来，赠蜂蜜两瓶。赵周明（师院）来，赠日本筷子两双。为祝嘉老学生字。寻找柯老文辉诗，甚慰，心安矣。郑老来，送兰生先生摄照照片六张，放大一张，颇佳。索斗方字一张，青稚女一张。

余之书法，不在于使人看，而在于引人深思，即一眼观后，百思不尽其美。

庆生赠《释中国》一套四本。铁汉、林伊伉俪。收北京大学《宝典》信，订书 500 元收到，12 月印出。

依旧忙！下月始，改变，休息多。排除外来干扰。

十二月

一日

清理。轻松。健愉。

好好看戏，不担演员，写大文，书大幅，立大计。自订饭单，不将就！为我所欲，不为人役。宿命论者，非全无依据。经验之谈。自做主宰。即师庄周，亦崇超人的尼采。不失情理，不丧道德。真理、真情最永存。

创珍品，惊世人。为巨子，毋不敬。时间，精力。发必中。

整理先师振堂公行述，付于装裱成册（摺帖，七页）。又元军文一篇，文辉老诗二首。付王生彦兄。

长安一中简六班牛继夫妇来，赠小玉米糁、豆类。70 岁矣，为我抄鲁迅稿，给写过字（小桥流水人家……），子午人。留宣纸。

气魄：高远，广大，精深，作人，治学，逃不出三要。否则=混=0！访日，不欢而散。非常好！有了新认识。鬼子毕竟野心狼！

江主席成功了！给日本国民上了一堂好课！非常高兴！就是要这样做！百分之百的拥护！爱国主义。

昭陵银行来赠画。四维堂。

三日

发风雷、张晓宇君信。收曾立平信，文章，索相片，“神游故国”字照。郑老来，斗方。洗像数十张，百元。魏德运来。

金钱>民族气节。□□！

莫再提国事！心轻定于一。

世事无好丑，不许再提笔！

言之真痛心，一笑泪沾衣。

廉颇老英雄，反锁独叹息。

蹴尔而遇之，垂头而受之。

伯夷不降志，中华何处去？

四日

收到柯文辉先生来信，附牛棚诗二十五首，嘱写个册子。明春拟偕景、林、邢几位来，将赴韩城参观司马迁庙。当陪同前往，大乐也。通讯地址：北京朝阳区惠新里 231 号七门 201 室，邮编 100009。

紧紧握笔，心凝聚于一点，狠走笔，则字仙丹之贵重矣。

五日

明日发曾立平、柯文辉老、翟嫂、梅津信。

六日

书美国王纯杰信。

为人要有骨气。（山，鲁）

属文何妨清淡。（王维，靖节）

德运偕侯鸿来，取字五，付7。收志彦信。甘惜分。张凯之字横。

静里当思平日过，闲中补读少时书。（门木刻）

凤兰，11月2日赴京时信。

七日

集中清笔债。复函（文林）。

八日

发建国、景明信。赶清理笔债。王级医生四字。

“月来水上真人心”。（山句）

九日

山师大四十周年校庆大会，赠校纪念品、通讯录，表等礼品。襄汾工商局沈秀水，宝塔，横壁多件。

十日

发赵春伟、王天晞同志信。襄汾、临汾友人明日返里。肠胃畅通。服康必得2粒。李景龙先生赠寿，电子塔附近住。检验新制飞机。质量标准。

茂陵博物馆王馆长三位来取对联。杨寿裱付。王纯数字。茂陵联。

专心写“人间世”。速成日寇文。

字到化境：

字与物化——远看是花，师法造化。

字与人化——字为心画，字如其人。

人物俱化——喜、怒、情，自一体，庄周=蝴蝶。

中文系管教学党怀兴同志来，字，为亲友子就业事，酬。（艺术展室字挂起，参观）

十一日

王愚老，作协，电话，20日上午文艺路北口展出。五十年纪念（？）。随后王愚老出书，再写也可。

十二日

侯鸿同志交来补款，赠横一件。托代交德运字（李渡，人民日报记者，要小杰条）

书诗文，须是显出真面目，真心肝来，便是上乘。傅眉诗册，都标出个“我”字，别于非我也。其字如怪杰，有我也。管他人说三道四，自会遇到知音者的慧眼。作字为文，在大气候中，自然要现出时代精神，时代特色，只要真实。跳出乌烟瘴气之外，突出一条好汉拯救国家大时代，狂得出奇，不同凡响，不逐流，逆水抗进，顶住迎面歪风

说出人不曾说出的话，写出人不曾见过的字，然而却都是人心所向的东西，引起欢快、拥戴。

深明群众的要求、希望所在，及时供应、解救，足矣。

真性情。

十三日

书陕西于右任释草符号研究社牌。又一条。收柯文辉先生信。

十四日

晒太阳四十分钟，甚快慰。增钙。写庄文。

十五日

文史馆会。午饭可口，荞麦面片，炒白菜，药酒一小杯。午睡总是好的。

出乎自然，效果佳。人为，勉强，不佳。规定×，自然需要0。

读书，写作，可以调剂，不能硬性。忽然想看哲学，就看；想阅魏碑，就阅。专务一种，厌烦，收益小。保持兴趣常浓。

读书多，自然好。问题在于体会得深浅，认识水平的高下。“读书有得，存乎其人。”专？一班？见解，特色。书法贵性情。

十六日

夜，温友言同志二位来，又明日收藏杂志社马德康君要来，书牌子（刘念先兄面告）。白志彦同志十时要来。后天王生才、李晓两位要来。

十七日

李老夫妇共五位来，谈天说地，甚快！余大谈自己经历。晚上温友言、李志慧来，礼，题册页数字。淑凤明日从上海来，电话，今日下午七时到西安。春丽来，正忙于新工作。

十八日

收柯文辉来函，十九首收到，为友人索书。李廷华信，告电话号码。为田书方圆阁餐馆。爱子、文兴来，三管炒面，兰顺需衣服。王生彦君电话，德康题牌子，字二，赠瓦当砖片。

十九、二十日

五人展。张四字。

二十一日

发峰、翟兄信。联裱好。义生同志来，索联。红纸千□。党三字（庆生）。耿取□字一套。图书馆肉5斤，下午二时半开会。

什么也不要听，什么也不要看，万事撂在一边！

轻松愉快，人间神仙。管他什么节目，什么大会，闭门读书，笔耕，精神松宽，省得麻烦。可不能忘却国仇，□□一把宝剑，看，哼哼，地方剧唱，欣慰，心神安。

收赵春伟信，知李雪老能吃些了，行动也较好一些。贪睡。夫人将出院。周金冠信并书，索字。

二十二日

庄文，作字。冬至。巨川，国光，德运来，赠画，补药。

二十三日

作字、作文、讲话，有真意，乃有真感情，有力，动人，自然。读文不易。“闻以有翼……未闻……。”非表述句，乃感情语（天道一段可证），一微之差，意义远矣。讥笑世人，岂知……。

陕西省电视台吴□杰赠挂历五本，李敬宾同志赠梅雪村散记。李廷华将送来黄山书画册。收建国、伯苓贺卡。

省专县下乡到小学检查教学，十数人两次吃喝花去4500元。学校没办法开销，报销不了。学校太贫穷，干部发了横财，学生学习没劲儿，教师没心教，十多年来，不写仿了!

二十四日

阅古之名碑、真帖,墓志造像千把百种,愈逆往上溯,愈觉一片原始人的本真与发之天然美,引人想像不尽,魅力无穷。反之,愈往后世看,临摹,扭捏做作,一片死气,兴会索然,不足观矣。乃知什么法度、规律,全是人为,天机殆失。何以故?真不真耳。所谓“反真归璞”,的真言也。书法生命力,全在于此。晨记。

三种可怜人:

百姓——没文化,受气。

小学生——儿童世界=0。负担太重。

知识分子——精神生活,完了!

国家、民族前途?

二十五日

书柯文辉老信、字。

二十六日

发柯信、字。斋名(李先生)。

字册邮局代捆发。

午饭颇可口。收牛道生、周金冠贺卡。

人伦道德,一塌糊涂。是非真理,糊涂一塌。人心坏了,坏了人心。国不国,民不民,人鬼不分,行似野兽,不若飞禽。群雁有行,孤鸿可悲。

二十七日

杨顺来偕一女年轻学生来。马忠义先生赠延安画卷一册,下册,嘱题字。小瑚来,字,题佛,长卷。明日寄字册,信。西高吴、符健、崔字。同学录。开会。小魏字,1000。参谋字,答书赠。

二十八日

写柯册一。信,淑凤、李、华。收赵普先生《弦外集》(诗),赵普书画(历),隶书(学习与欣赏)手迹(篆)。茶等。秦洪彦,剪报。殿清从侯马来,甚慰!

锁闭起来,莫作字。

写作,行我素,从心所欲,受不得累,拒一切人事,放开脑子,放行,无压力。

无礼,无理。

从心所欲,水到成渠,轻松自然,行所无事,达人狂士,无惧无碍,天马行空,活风快水,唯我乃贵,天然自乐,无忧无虑,自由王国。

二十九日

灏文堂,为延安书册二卷字。收孙玉石夫妇,周强,全州(陈其明一家),国务院侨办(张朴),南开,贺卡。

〔注〕:

①“大心而敢”,语出《管子·内业》:“大心而敢,宽心而广。”意谓心志高大而勇敢。

② “斯谓能参”,《荀子·天论》:“天有其时,地有其财,人有其治,夫是之谓能参。”卫俊秀“斯谓能参”就是从此得来。

③“大天而思”,注见前。

④秦良玉,时任山西师大党委书记,现为山西大学党委书记。

⑤齐峰,时为山西师大副校长,语文报社社长,现为山西省出版集团董事长。

⑥柯老,即柯文辉,中国艺术研究院

研究员，美学家，文艺评论家。

⑦语出《列子·黄帝》，原文是："虽天地之大，万物之多，而唯蜩翼之知。"卫俊秀凭记忆而写，有误。

⑧"君子坦荡荡，小人常戚戚"，见《论语·述而》。

⑨傅蔚农，西安经贸学院教师，卫俊秀的学生。

⑩"吾丧我"，见《庄子·齐物论》："子綦曰：'偃，不亦善乎而问之也！今者吾丧我，汝知之乎？女闻人籁而未闻地籁，女闻地籁而不闻天籁夫！'"子綦，庄子假设的高人南郭子綦，偃，南郭子綦的弟子颜成子游的名字。"吾丧我"的我是偏执的我，这是说我已经没有了偏执的我，而成为与天地齐的真我。

⑪语出《庄子·养生主》：老聃死，"有老者哭之，如哭其子；少者哭之，如哭其母。彼其所以会之，必有不蕲言而言，不蕲哭而哭者。是遁天倍情，忘其所受，古者谓之遁天之刑。……"卫俊秀在这里谈了他对这一段话的理解。

⑫清戴东原语，见其《孟子字义疏证》："人死于法，犹有怜之者；死于理，其谁怜之。"卫俊秀凭记忆写出。

⑬《诗经·曹风·鸤鸠》："鸤鸠在桑，其子七兮。淑人君子，其仪一兮。其仪一兮，心如结兮。"卫俊秀此句乃从此诗化出。

⑭"巧言令色，鲜矣仁"，见《论语·述而》。

一九九九年

新道德，转变世纪，保健年，丰收年，停止书法，开展专著。

认识：国际风暴，地球悲哀，人间地狱。

世评：无奇不有，无有不奇，一塌糊涂，糊涂一塌。

集联：横眉冷对千夫指，白眼看他世上人。①

友人自作联：

信以为真常受福，情不随俗老向隅。

经见风雨世面，触残皮肉灵魂。

处世迎接俗崇假，为文作字我实真。

文章千古事，浩劫念余生。

一真吾自得，开眼忘全蹄。

自撰联：独立绝顶揽日月，极尽沧桑没东西。

勉学庄生知否知，聆拜三公平不平。

大志：为天地立心，为万世开太平。

天地正气，宇宙精神。

箴言：从心所欲。

思则得之(深思熟虑)。

行其所无事(无为)。

师造化。

书外有物，字外有神。

永恒，真理，挚情。

针对性。(力源)

自得居安资深。(快活哲学依据)

进化。100年。报答义助，子孙。

四法　　入得里，逃得出，化得开，用得着。

一通　　纵通，横通，贯通，会通，精通。

时间，精力。(宝物)

一　月

一日

自庆老大狂更狂，瞻拜三公平不平。

喜闻狂人吐狂语，不为奴人写奴书。

黑心黑手黑缸漆，招来海外野心狼。

呜呼炎黄子孙何处去？徒吊千万为国殇。

(晨读三十日《参考》"工程"一文慨叹)

黑暗笼罩着世界，
没有星月，
没有阳光，
志士从来不受赏。
忧国忧民，
不用你说，
要我歌颂，
歌颂个什么？
人间的地狱，
妖魔的天堂。

友人黄飞偕眷，岳母、妻子昨日来，明朝赴临潼，回周口地区。字，联数件，万。傅蔚农赠吴昌硕挂历。李老、付大夫来。李绵老电话，新年好。饮食好，午眠酣。

简易工夫毕竟大，反锁俗事笔能成。

劲瘦挺拗本生性，郁勃纵横自有天。

似与不似宜思量，蹈人脚跟总堪伤。

二日

文之妙者，其唯道家，一者以其能显难显之情，二者自有风云气象，还有似梦，不可思议之处，何以故？真纯也，精诚也，创造也。突破人间窠臼，径直参与造化精神创建丰功伟绩的工程。大哉，庄生之自由王国中圣哲，古无有也，今难得也。

美国为了其一国的利益，一心想做世界王，它忘记今之人民已非十八、十九和二十世纪之初的认识水平，必然陷入泥坑，聪明即糊涂，迷信武力而昧于知人心，祸之端也。地球也有个生命极限的，但也有其聪明的一面。就用人一端言之，它善于利用人才，打破一切国界，为自己广揽人才，兴邦，致富。别国不然，限于阶级，党派，用人唯亲，奴才为上，穷了，弱了！一代不如一代，接班人，未来=0。时光，最有力的证人。认人不清，容忍过分，一失再失……不学无术，骗人过日子。日本更是个失掉灵魂的莽汉，迁就，侥幸，妄自尊大，糊涂，不足挂齿。

初闻北京书协领导到各地卖字，自写百幅，收到50000元(500元一件)。省市书协领导充当评委，收钱无数。听头头讲话，交200元。(40分钟离席)……

登报，上电视，展览……宣传出名等，一笔勾销！

接待名流，偶像，崇拜，题字……烦琐行为，敬而远之！骗子手，于我何有？

不行善，不多言，

不要名，不要钱，

不当官，不捧场，

不抬轿，不帮闲。

心里安，真神仙。

精研一部书，掌握一套技艺，结识几个学人，体体面面。对得起国家，民族，祖先。莫谈人类和平，未来的好世界。能打倒侵略鬼子、人类的公敌后，再畅谈。

魔品，一遇到它，立即化为乌有。万灵丹——天地人的精灵。自得居安资深。环中。治百病，克万敌。

收北京军事博物馆陈宣处王天(同志信、照片。赵鼎新(入书协)、毛小春信。周斌(蒲城)题字。

夜细味山先生寿祠，又得其精神所在。回头看所作大幅草书，极得傅之拗强之势，而更过之。曾记得一老头亦在场观赏，“怎么能说是好字？”不足为掩口，若人人都说是好字，便不足观矣！久不翻读先生碑帖，泥于魏墓志造像，日见疏远，结合今之社会情况，正须复倡导先生之体，以鼓荡人心。

善于生活，善于思考，善于工作，善于阅读，善用时间，用情识人，快言。

建森，电视台二友人来，为拍电视片，收材料。

五日

建森等由明善、方磊看了几处，颇有收获。明日上午详谈。收风雷贺卡。

不少书法青年喜爱山翁字，临之谈何容易？不知其人，不临颜字、王字，真是做梦耳。

六日

拍照。建森、吉仙虹(编导)、卢晓东忙了一整天。庆生。局长刘新德,续天元字,主任。省档案局屈伟,李,孙志珍材料。126-2099665,传呼。德运字,七件事。雷龙璋画,字(虎),题签。

临汾电视台李建森三四位同志来拍电视片。返里后,又到县,艺术馆,家中摄影。感甚! 十日感冒。

十一日

气短不可支持,幸得付、李兄等急与医院李延德联系,即住院,立即输氧气。到二十一日共打吊针 15 瓶,九天。自始至终,傅蔚农小友寸步不离,什么活都干。

二十二日

院方领导、大夫、护士周到之至。前数日,甫运夫妇又请贺中胜大夫来开药物,合傅大夫药物同时服,平和,甚见效。淑凤夫妇专来,今日返里。

三十一日

愉快甚。

二　月

一日

十六日生日。

玲赶早来,备饭。傅来续为进药。仍服六七种。

二日

收浙江博物馆寄来表格、上海信件。

三日

小傅代书之,发。茝颖来看我。去厕所二次,大通。

四日(十八日)

立春。饮食如常。感冒,回校休息治疗。

五日

贺中胜大夫药,又购。

六日

礼。看望。

七日

陈青送来三个月生活费,她也感冒,住院半月。午饺子 25。

八日

健康,眠,食,便,均好,一帆风顺矣。打算:从新,庄,寇,传。小傅叫理发匠理发。今日他回宝鸡。忙了一个月,大功。

九日

新作风:

1.辞却一切俗情外缘,应酬。

2.行我素,为所欲为。

3.虚室生白,空明,精神生活(轻松)。

8.健康第一。

是非曲直恒存,友情恒存,不为恶,不为善,乐趣。(自得居安资深)

自由王国自由民,颖脱而出不随群!

白眼冷对千夫笑,一片荒凉不见人。

新权来,赠录音机,不亦乐乎。李正峰兄来,甚慰! 小傅又向贺大夫取来药,可用到三月二十日。

十日(25)

健好。眼药照规定,甚适,坚实有力,如常日。

十一日

大改革！一反旧我。

十二日

黄飞同志从周口专来,重礼,将调郑州艺术出版社工作,甚好,谈甚开心情切。李宪孝友来。赵万怀兄来,礼。便大好,结实多了。

十三日

整书案,平帮忙。王元军友将到首都师大任教矣。(李宪孝友转中石兄问好)

《人间世》熟思后较通脱。李绵书记电问好,初知住院。

畅然于怀,可以放行矣！

育民兄嫂赠羊腿一只,明日返里。鹏兄来信。

清心:解魔品(鬼子)。解疙瘩(书拦路虎)。解烦纷(社会干扰)。解决问题……

快情:1.自传。2.文集。3.印字作。

野草。书法哲学(品评,创作经验)。庄子。

十四日

《人间世》,不易读,想了多少年月,昨晚始觉得较为解透,可以动笔矣。良快。

惠东平君来,鸡、牛肉,感甚！

字,文,须到高绝处,心乃安。否则,何贵乎艺术也？总是做甚事一不认真,便不足观矣。勉之。

以白眼看人,如高人看鸡,皆其自取,非我真高于人也。世风之坏,莫甚于今时,应自发奋,率之以正。梁漱翁,师也。

成家母子来,生子,择日去看。

振玲、王□涛来。明日去临潼,初二返回。

十五日

月尽。上午,书画会同仁刘、曹、王、付,又付、赵、王先生来,快慰无似！王送来先兄册页。(白国惠)字二。

收日本东南光先生贺信。另寄字册一套,尚未收到。

《参考》载,俄对“周边事态”不能容忍！好态度！有骨气！感到光彩——虽不是中国……

软胎子×——但愿非是!?

兴奋剂！力源！定于一。

对治学、做人,大有好处。专心致志。

更助康强。

对书法提高了千丈,领会傅氏父子拙气十足的书艺价值！有此性子不须碑帖榜样矣！我即碑帖,超过翻版。大自然宇宙即原帖,此之谓本根。得其环中矣,岂不快哉！

呜呼,王者独尊贵,尊贵何在?

何金铭、清谷诸友电贺。

胡文龙、西铭兄弟来,赠武俊英《西厢记》全本录像、礼等。回赠《十九首》。中文系书记、主任来,礼。崞县友来。忻州生家长电贺。

庸俗之辈,随风颠倒,无是无非,有甚见解,主张妄听妄说而已。高明人士便不尔，留心社会事物，大是大非，寻个究竟，喜怒哀乐，一片真情，自具见地，做人做事，为文、书、画，岂只是一时兴趣而已哉？必有所寄托者，不忘国家民族耳。不发则已，发则动人心弦，造成影响，有益人生也。人贵有志，志非出自偶然，盖由平素集积而形成。但又非空抱。缺乏经验学识，不易实现。伯夷不降志，梁氏从不低头，此真志也。

送往迎来，热热闹闹，一天过去。

十七日（初二）

阴云可喜。

午睡三小时，酣，补足昨天的忙。午餐可口，泰国米蒸饭，丸子汤。

夜，亲友外出，晚餐，喜辉光恋人，无睡意，顺便翻开《应帝王》粗阅一过，不可不先解读，而后动笔，乃得要领。《人间世》清稿后，动笔也。

十八日（初三）

昨夜大风，晨胥超来。西高三学友来，煮饼。分食数个，谈甚热闹。开始服西洋参五片，枣三，冰糖。

思想，作风，傲骨：庄周——古文；傅山——书法；鲁迅——今文；梁漱溟作派。（坚强到底）

突出世界性的人文书艺，高大深远。

挺拗，沉思，不易笑，傲然，目无物，感人，气氛，句句有深意，见解，字字扎根，落实，思维逻辑性强，启发大。

十九日（初四）

文云霞女士来，赠梅花书、茶壶、黄叶、俄挂历。张星五偕子乃朝赠寿糕，果等，摄照。

赵、周明同志来，合阳人，花馍两个，难得也。赵亮夫妇来，畅叙。

振玲赴上海，字二件，急寄太原。

二十日（破五）

至人，真人，高士，大人，超人，一张目举步，一切神神鬼鬼远走跳窜，心上鏖糟龌龊打扫得干干净净，一马平川，纵横通道，有甚拦挡障碍！——天人矣。

收四川张子良君贺信，又因刻一样本，佳，字也好，专业。

钟明善友赠四川陈滞冬著《中国艺术史》、《书法艺术史》各一本。均须回信，表示谢忱！文云霞赠宜兴壶。王纯夫妇来。阎庆生夫妇来，牛肉。

二十一日（初六）

郑老来，蜜枣。昼眠甚足。女女发振玲信。

没头脑，软骨头，少办法，前途暗淡为楚囚。

二十二日（初七）

饮食无序，速调整！工作开始。姚国瑾带孩子等三人来，礼多。赵副教授战友西高女生二人来。正峰兄嫂来，鸡、名茶等。樊明印政委赠宝剑一把，可以无敌矣，快哉！

二十三日（初八）

月来水上真人心。（傅山句）

梦中为配一上联：风吹新柳迎春意。

更有戏燕游鱼乐，莫负郊外踏青游。

梁东生一家,海凤五口来看我。

二十四日(初九)

另立炉灶,重开世界!

小傅来,换纱布,药,服药。轻松了大半。雷霆之后,大转机!我的世界!

午,振纪媳送牛肉、面糊糕、馍,可口。

调理:1.饮食。生活。2.学术思维振作。3.劳逸结合。

书李、翟兄嫂信。省军区肖、罗先生送酒物。

二十五日(初十)

惜时如金,动笔如神。

葆光至尊,四季皆春。

克难攻艰,半生治学精神。

向大师学习:王国维,鲁迅,梁漱溟,责任心、慧眼、创见。

庄子,叔本华,尼采,傅山,鲁迅,马恩列,浪头人物,开山祖师,伟大处何在?

二十六日(十一)

转变,私字当头,莫当老牛。

赵守平友赠胡刀一把。

发峰兄、柯文老、淑凤信。玉顺信,钱(东生转)。冬梅信,钱。收开放二十周年大展集证书(中国书法家协会机关分会,1998年12月)。

二十七日(十二)

叔本华、尼采、梁漱溟研究,根本概念!

午九时强儿乘火车回香港,海凤等返回临汾矣。一切为文作字,脱口出之,信手书之,如此日月,乌云蔽天,有甚讲究处?鏖糟世界,龌龊社会,说得个什么理义、文事,却……一心念念不忘,亦自讨苦吃耳!以高龄九十之老人,有甚可熟虑耶?入世不可,出世不乐,唯有玩世,虽自知不恭,无可奈何!笑呵呵。

二十九日(十三,星期日)

轻装上阵,轻而易举,为所欲为,随心所欲,——自然律,勉强便糟。

完成大计划:

1.自传。

2.解魔品集。(30~50)

3.庄文。

4.书艺散记。整理,登记。书,碑,信札,物,报纸,文集,书法作品,友谊,清理废品,一套建设。

5.健康学。

6.神秘奇异记。

早服西洋参后,一睡就是数小时,康乐无既。然梦多。梦见中法之战,冯子才大将军一战而胜,赶快求和割越南,还赔款!梦见甲午之战,割地,赔款惨!梦见八年抗战胜利后,对国仇的宽容,杀害民族3500万。梦见世代友好,今日翻脸。梦见百万学者教师知识分子惨死,不尽年。梦见……丢脸!民族尊严!

王生彦友带师册页,压平。二件字下次交。贾文涛友来,礼。周坚友来,强礼。睡眠足,十数小时。

三　月

开工。业绩。

鬼子使我愤怒!

同胞使我沮丧!

莫知所措兮,使我疯狂!

彼君子兮,飘风浪荡。

险哉,以敌为友,

不争气,不长进,

亿万人民,齐蹈厉,

空喜一场!

百万学者教师死于非命,

谁来招魂?

真说得上国殇。

思维即神,神圣即神,开发宇宙,创新世纪,人类文明的大根,独尊!

庆生,中文系朱同志二人来。增贤来。刘司令字,中堂,条。振纪赠花篮、果品。郭老夫妇乍来,礼。或云他已返台湾矣。快甚!七月回台。

元宵佳节。

翻味巨川画,颇得启发。字画诗文何须说得太明亮,风雨如晦,虚实参半,给人留个悬想处、希望处,最佳。

王勇超经理赠暖水器桶,瑚燕送来。用完打电话,送到。拿去宫隶书帖跋句。

挽脚布(傅)。为花移栽,疏通。

赵守平君来,同起家电话,八月会来西安。

晚饭吃元宵四个,糊糕四个(老家带来的)。只说明我的胃口好,如此而已。生活总体能上轨道。

三日(十六日,星期三)

国际风暴,国将不国,社会莫措……完了,完了!

清理,解脱,平顺,定心,工作。

正峰兄来,似闻余有什么负担者,欲分任之,至交之至也。政治学院某君来,求阅所作,礼。正峰为之分析,甚当。姜院长来,量脉,近60次。血压60-110。须为门外活动,见太阳。姜院长说市政府向西一条街打锅盔,颇好,陕北风味,文豪饭店。

四日(十七)

凤兰电话:2210757,眼病,稍迟来。睡中梦多,庄文,作文,大力截止,伤健康。计划饮食,庄文,快乐,书艺自慰。用眼,思虑,太长。发张子良信,印刻佳。聪信。

五日(十八)

耀宇来,运城许复活先生来,取翟嫂八十寿联。厚礼,毛尖……蜜枣等(山西省运城地区解州铝厂党委书记董文长,地址运城市解州镇新建路36号)。兄嫂赠金表大小各一,红葡萄酒,毛尖茶二筒,山楂一大箱,小米,枣等。复函。贾耀宇返里。夜梦便大大畅通,又醒后,遍地白雪皑皑,平矜兄说他三本书找不到,掉书堆,忽倒在地面……

六日(十九)

文海夫妇,子来,礼,谈及工作、社会情况,特急。得到一些新的理解。可笑。树儿发李、翟兄嫂信。新权来,阅作品。速还医师笔债(校医院贺君)。小傅、李、傅、姜、苓、柯。清字工作,稿件,作品,杂志,书籍,信札,文具。明善,交大三村 42–1–2。

八日

笔债急,试作了两条,困难! 德运来,八月四日赴京。

九日(二十二)

明善、曹伯庸摄照,电视。

十日(二十三)

其雨其雨,杲杲出日。

蒿目冬苗,一冬无雪。

昊天瞪眼,败子内照。

黄天酸雨,天无正色。

发兵马俑贺词。

看来对方阵营已形成。美日韩澳

中俄朝–?前途?罪人? ——脑子,人才。团结? 发财? 爱国? 民族? 周边? 侥幸。幻想。

中国,何处去? 无法无纪,无是非真理! 生活都得到温饱,谈甚前途大计? 敌人,世纪友好,正在磨刀霍霍。国内外一大堆难题。天高不雨。少说。一切放得开,健康第一。欢天喜地,趣味第一。何必苦自己。

乐观,达观,寻欢,期百年。写有趣短文,有如丰子恺漫画之极吸引人。

春畅园作字,竖幅。

十二日

夜眠颇酣,八时起床,莫大幸福! 以后必会更好。看透了! 真理? 自私自利,达氏主义。什么四海一家,人类和平,爱国家,爱人,世代友好,人道主义,鬼话,骗人!

尼采超人,扬子为我,颠扑不破。

党怀信,副教授,系副主任,条幅,中堂。马、铁山、苗丰条幅。礼。收玉顺信。

十三日

发蔺永茂,涛(砚)字。志彦来,苹果、豆子……平陆谭康明来,礼。柯文辉先生信。裱字二,老年展字。

十四日

书三中堂:念先,懋公老,铁山。拟杂文题目——“及时雨”。国家也贴赔进出了! 沾光,得了救,报以雪中送炭,报恩,精神文明,中法战争,无独有偶。

十五日

文(庄子,神于文者)<漫画(传神,思不尽)<书法(境界,气象)。

造像文字——童体字,天机,原始,真挚。

实→虚→反实。诗,景,情,意关系。

收张过先生信,赠联句,将来西安,赠新出联书,取字。北京总参字。春伟电话,字联、信,尚未收到。李兄将出院。李建彪友来,其父病,田儒老病。

十六日

“人皮难背”,“人难活”——鬼话!

“自反而缩,虽千万人吾往焉……”

不从做人上用功, 只考虑活人办法……

酒性的人生! 应万变,只够有余。

曲儒 7807108。

薛瑞生教授赠《东坡词编年考证》一书。曾立平托赠茶等礼。小傅送来《参考消息》。

文——散文诗——诗——画（漫画）书法。

强儿回来买来维生素一瓶。下午蒋蔚奎君司机送来角鱼，作得正味，可口。文题，打假（提参政议政），铺张浪费，报空白发票。

十八日

昨夜十时小雨，地面湿水窝。作字赵、刘。曲沃虎毡子。群生，清旧笔债。完成任务，恢复庄、诗文工作。

文（诗）——画（漫画）——书法（碑帖，真迹）。

作品——读者的关系问题。理解，懂？不懂？半懂？

作者——人生，生活，历程，背景，社会环境。

文字语言。

解诗（象征派的诗），有如圆梦人。虚无的意象，最高的精神，诗的思维术。不依赖概念（感觉的方式）。以直觉所得的印象来表达内心复杂的心绪。出于无奈，如《野草》，难于直说，只好绕道而行，有如梦境，与读者拉开了莫大的距离，需要说，慧人来圆梦了。寻找入门，背景，情节，语言。

高，陈国勇画长卷题字，千元。陕报吉虹、刘剑平等来，明年陕报六十周年贺词。99年10月来取。

种种猜夺，玄学思维，机智，打入朦胧之密宫。

十九日

雨未断，冷如严冬。收拾书千字文，陶诗，傅山杂文。题匾额，书名，斋名（蔚农，王玲……散件）。

文章，序文，书法，庄诗，论文，书法教育。

摄照。扈言小集。修订《傅山论书法》、《鲁迅〈野草〉探索》。友人信札。

二十日

魏丹江友来，局长字二。雨停。从山西回来，五台山，太原……李翔宇来，水果，阅习作，于体不错。《党风与廉政》三本。赵电话，寿联收到，中堂没写。嫂老重病，能吃饭，心宽就好。明日写信。查出曲沃阎靖宙三同学虎毡。

二十一日

神仙日子全在自创，上帝于我何有？傅眉亦师焉。诗文、书法只贯以我字，足矣。国际暴力，有甚真理是非？龟儿子！定新计划，为欲为。曷碍之有？

大展书情！快事乐事！庄子云：知其不可而安之者，命也。蹈乎大方！乃臻康强。“奇峰凌绝顶，心海映朝阳。”张过君联句。酒性人生。大开我意。

陈总将赠一套古典文学，《古文观止》十本，又赠辣子、糟子。《十九首》三十本。字。

魏丹江同志来，正在破案。秦晋豫公路线已有65人被杀害，可虑的社会治安！何以故？不知道。天知道。抢劫，破坏，不稳定迹象，破不了，真堪虑！

梦村坡地水涨满。

余之性格，先天受父亲之遗传，侠气，

正义感；后天为鲁迅与傅山之合体，抗劲十足，行我素。文则受鲁迅、庄子、《史记》影响极深，不客气。

午梦步房内大池中。

余葭生同志来，书名改为《小中学图书馆理论与实践》。武德运、余葭生主编。另书数字，千元。

收柯文辉老信二件。先生先父书房挂一联：

诸子以南华为绝妙，

列传惟太史得沉雄。

清末汪甸侯书。另书“无佛……”李振家。

林鹏兄赴北京讲书法。

发翟、李老信。

二十二日

雨后冬寒。开始写文稿。

二十三日

甫运友来，食品一篮。四月二十日以后为孩子结婚，横，长些。贺大夫要来。姜院长来，赠条幅。须运动。脉欠足，40次多一些。党主任取字。余来，字。

二十四日

德运来，组织部的人将来。宗康赠字册一本。赵国光同志赠药酒、胡桃……条幅改对联，红底黑字。省上郭同志毛字，京同，均辞谢。

二十五日

字、文，取材要严，开拓要广，用思要深。

赵大夫来，开方四。两次松林活动，小傅扶。睡二次，酣。育民友代购对子。

二十六日

育民兄偕出版社取字，对联。赴住院部，赠字，谢意。贪睡，可喜。

二十七日

生彦、王健(400)，德盛堂。宏涛(育民)。梦生题字。张老电话，从天津回来，明日九时同李、刘来，甚快慰！当外餐，畅叙。

二十八日

休息好，兰顺、三爱大孩及春生晨来。张老、李、柯及一女，惜杨宏毅老未到。畅通，招待所午餐。新权(180元)。“八·一五”张老又谈。

二十九日

大好梦。以石块横空投出，正中入似一大厂炉中，红光直冒上高尖，将得到报纸宣传。……发柯文老信(李家振君题斋名“无佛……”)。兰顺二人回去。

心情又转正常，连日忙，人多，休息好了。临汾市电视台在地区播放了余之电视片，两次共一小时，据反映不错，甚慰。

三十日

张过先生偕儿子来，取走字。作字债。颇烦。

颖脱不群，任真自得，陶公也。能踏破笙蹄脱缰乎？为李太白也。此之谓真狂士。

四　月

一日

凡事要弄清楚，明明白白。过去满不

在乎，大而化之，错了，错了！防翻脸。乃知鲁迅先生，收钱，领工资，出入，借书，信件，人名，经手，理发，都要详记的道理，现在的人=鬼。儒家作风，行不通。须如会计工作，不能含忽！字作不能随便赠送。

作字八件。

二日

发牛继信、字。南辛店许留大修铁路，桥涵洞。余沿路转角上下回去，健康颇佳。

黄飞同志五一来，嘱题“野草艺园”报头。题词句。八件。

张苗芳大夫来，脉搏58，血压72——112，较上次好多了，正常。下星期将送来药。小阿斯匹林……

三日

梦便畅通，果然舒服。新权来，作字数件。毛边纸一刀，交毛贝写仿。

四日

为《临汾卫校报》题报头。有堂字。应老、傅字取走。

五日

清明。温才、高专员即来。

读书作字，不超过两小时。保健，保眼，保大脑！

当务之急：1.完成庄文《人间世》。2.解魔品。新满城斥日寇，照相。3.传体文。“我写探索的前后”，回忆录主要部分。

七日

动物世界，人间地狱。保卫地球，群策群力！

周金林，大乙路建东街东端四号。山西煤炭局（黎牧桥附近）。

周来，为余刻大章子。苗芳来，赠小阿斯匹林，日服一粒。刘司令司机来，增贤约后天（周五）上午八时参观万亩桃花园，大夫也去。柯老信。教育报，方磊又为我写文章。

八日

晨雨，阴霾，明日不能赴万亩桃花园参观矣。为螺寺书印光纪念堂，柯老对联。陈文军，北京时事出版社西安发行处，送《中国传世书法》，一套两本，900元，托买《群学肆言》。

九日

放晴。文史馆顾问会，不去了，桃花园也不去。收牛继信。

用笔，也只能是：提按（轻重），虚实，疾徐（缓急）。至于屋漏痕、锥画沙、印印泥，比喻之词。收笔，藏锋，慢，敬谨，笔到。而巧拙，刚柔，断连，奇正，收放，粗细，方圆，窄宽，大小，藏露等。

十日

朱总理从深山归来题。看增贤新居。杨和平同志车送会。郑欣淼先生由京来，郑老、胡老来，失迎。明日上午刘懋功司令同赴万亩桃花园，王苗芳大夫同去。窦文海一家来，西瓜等。行书进步速。

阅《参考》，朱总理一上台就得到国人的欢迎，国际人物！大快人心！美国之行，我的评论：“智深勇沉”，庄而谐，诚挚感人，威仪凛然。待返国后试写一文。

自自在在，侃侃而谈，骨气，发挥出民

族精神，潇洒自如，幽默，有才智，应付自如，在那种复杂的场面，欢迎者，赞同者，怀疑者，看热闹的，反对的，闹事的。

十一日

增贤八时半来，王苗芳大夫也来到，老伴一同乘车，刘懋功司令做东，赴万亩桃花园观光。先到胡的学生桃园休息，又转度假村国营农场一游。甚佳。十一时半返回司令家，午餐，摄影数张，即回。女女回临潼去。午睡一小时。

十二日

嘴过敏，下唇好了，上唇复胀，不很重。为生彦兄打电话，嘱裱工送来字册。郑先生电话未通。甄作武寄来《平阳市场》刊一本。秦洪彦兄为我写文章。《新闻天地》现改名为"平阳市场"，主编卢玉民，索题名，条。甄母90寿，题句祝贺。地委讲师团，041000。郑园来信，发赵春伟、翟嫂信。为贺大夫书四条。欣森、郑宁泉结婚字。甫运兄裱联。费交付。

没要事。收《鲁迅月刊》。志彦苜蓿菜。

十四日

书太宗诗，志彦明日来取，赴上海、南方一带为澳门回归工作忙。

十五日

清笔债。

十六日

胡文龙、李□、郑志兄来，其姐百岁晋一，贺词，300元礼。蓝轶字二。艺术馆。

十七日

发文景明、甄作武、东生、欣森诸好友信，挂号信，题字。新权代寄之。书临猗书展贺词。茝颖贺高振平、苑淑珍结婚40周年贺词，另一条。

昨午梦小人人来，又梦便正常，舒畅。

诸子以南华为绝妙，列传惟史公得沉雄。（汪甸侯）

百年高隐归三径，一柱狂澜砥六朝。（怡惺、蔚青公书）

守一通天地，止止集万祥。

生活之树春常在，爱情高价倾连城。

电池，启用之。

十八日

发柯文辉老信，附鹏信。字幅，题印光纪念堂。

重要信札、字，均清理一过，清闲一时，可书写庄文矣。健康为多。月内写庄文。气候暖。小傅为购五号电池，安装，启用。旧电池可用于收音机。

十九日

细加清理，认真！师法朱总理熔基先生。

智深勇沉，颖脱超群。

舌战顽劣，一净恶氛。

成竹在胸，谈笑风生。

惊彼顽劣，匍匐影从。

振我国威，感人以诚。

今世诸葛，一代英雄。

白勇俊、生彦一同送来字册，索寿字。

茹老（士安）来，告以脑血栓妙方：米

醋，鸡蛋浸泡二天后，去皮，搅之，服之，四颗，即愈（日一个，空肚服），可常服。

二十日

雨。贾志华勉学横。襄汾“书山有路勤为径，学海无涯苦作舟”。

明日始，赴中山食堂用饭。

观国际风暴，不可终日，南联苦矣。战争难免也。且看俄罗斯……

二十一日

敷教育化，国之大根。

广育英才，后继有人。

文明以建，四海同春。

徐生翁，《二十世纪书法经典》（河北教育出版社），主编张子康。

三顺二女，又媳来，付二百，外游。

政法由京回来，观徐作品，颇佳，颇有特色。

收北京《世界文化名人辞海》二大册。文兴夫妇来，小米。人民日报记者李晓群等二人来访。谈二小时。带去字册等材料，发稿。凤表存橱内，书中间。

淑凤来，赴桂林学习一周。

二十三日

文兴夫妇赴临潼，返里。白虎字，返里。建国三五天来，日记事。林鹏兄已由京回太原。书李、翟兄嫂信，《逍遥游》文，照片三张，赵一张。忙了三四天，休息休息。收王元军信，新著作下半年，将辞中华书局编辑工作，赴首都师大工作。小傅明日代发李、翟兄嫂信，照片，《逍遥游札记》。

二十四日

兴庆公园画展。人民日报记者李晓群陪省人员外出，四五天回来，送字册。取材料。甫运兄送我到公园。

国联=虚设。美破例，自由行动；日本同样为所欲为，周边关系扩大，突然袭击，目无中亚各国，反华，寻隙挑战！中国？何从？可怜！忧国何用?！自得，居安，保健！麻木不仁，天平世界。一笑，失笑，大笑!!!放浪，为所欲为。万事无矣。达人，天人，自在神仙。守庄生经典，书艺乐园。无言胜有言，少惹事端。闭户读书，看好友谈天。健身长寿，红光满面，酒性的人生。无缘有缘。

二十五日

外交：

理性：哲学学问。有守，止止。

专业：专门科学。朱，博识。

感情：过去，拍桌，退席（老百姓，日本式）。6.4。暴气，鹏。

不要急于著书，须精于读书，要会看。入得里，逃得出，化得开，用得着，深思熟虑，了然于心。读书如过关口，攻大难，破坚阵，一关过不去，不容轻易放过，直到打通而后止。须知难关，层出无尽，积累愈多，阻塞愈大。避难就易，终无轻松之期、自得居安之时也。大脑如涌泉，愈开发愈流畅，如大河出峡谷，痛快极矣。

小傅送来修好旧水笔二支，又取回良药两瓶，多种。（贺大夫）

人都成了鬼或禽兽！北京展毕，为了

报友，曾给书协王景芬、白旭、张藉及美术馆副馆长（晋人）等各寄字幅十多件，均未复信，自然未转到，沦没了！真可恶！真猪狗不若！可叹！又男盗，香港一人，册页，浪，音乐者，忘恩负义，借书不还……都不是东西！并记于此，以警惕！

横眉冷对千夫笑，

白眼看他世上虫。

此集联，末一字换“指”为“笑”，“人”为“虫”，盖有新意，非对前人不恭也。非如此，不足以尽情（愤）。知我者，当能见原。

二十七日

发李、翟，王元军信。《人间世》：“……未始于非人……入于非人。”②今始讲得通。

夜睡眠大好。1.饮水足。2.食适度。3.眼药。4.便畅。5.思想纯。6.工作交清，轻松。

适来电话，应老住院，脑病，甚念！即问问傅大夫。

二十八日

睡足，枵腹，甚舒畅。

日寇猖狂已极，余之所见无丝毫差误，难道诸公并此不识？可叹！

二十九日

建国夫妇来，甚慰。带来71　　79年在家乡劳动时日记，云太原出印，对正之。其编著之《山西书法史》，国庆前出版。大好事。嘱字数件。傅大夫来，知应振老病情，稍可。王□同志索字。书院事？临电视台片将在太原播放。家兄、师夫子生平事迹。杂文。明年写50篇。野草探索前后。从事书法之路。

拟为日记写段文字。守约时，公社劳动生活纪实，一时感受，包括：读书，写作，做人……信手写来，文辞优劣不考虑，有发牢骚处，打油诗……可笑。但求自己知道，不计影响。受人同情宽原处，蛮横受气处，白眼威压处，不与青睐处，逆来顺受处，种种复杂不解处。每想到古希腊苏格拉底之海量，庄子之为……现在就大变了。酒性的人生，鲁迅土匪气。不争气，媚外，动物世界，达尔文主义！无情，是非？杜甫，孔子×。

三十日

马温才同志电话，明日高专员来（清亮）。发玉顺信。

四月份过去了，仍是无谓的忙，消耗精力，害及健康。孔孟之道，害人不浅。“礼”有甚用？“无情”胜于有情。一通百通，应做圣经。看以后吧。

但人总须有其针对性（目标），有所为（有守），有个止处，有所期待，有生趣，才有劲头。（归宿，道，乐）。

小瑚来，西瓜，饮料一箱。

五月（变，动，活）

一日

毛女生日，未来。女女来。

建国夫妇明日返里。高、马今晚来。忙了一天，有趣。

少出门，莫参加任何大会、集会，减少

别人担心，自己也安闲。切切！莫忘记年龄，九十一岁的人了！

二日

王玲、女女来，正好。为卫校题招牌字。

清静，午睡好。王璐来。

三日

为卫校作字，校长马希贤，楼名二。交贾华君工作事，温才转高清亮君。张光老，2235117（张欣家），四维堂。省有线电台徐晶等来，星期五上午谈专题，字。人民日报、书店字联。吕大夫字。振纪。

四日（54）

王大夫苗芳来，血压70—140，脉46。

五日

清理物什、字件，整理一番。（强力急救丸）

郑、李新夫妇来，桂圆、枸杞、葡萄等，畅叙。静坐……顺便带薄礼红包。

如此日子，急离，影响健康。王玲来了。正峰道友来，谈及书法体会，应写本册子。郭老夫妇来，又是礼。太多心了。近赴嵩山雅游，五岳跑遍了。大好事。七月到台湾小住，即回西安，嘱书。书法家学人艺术室，交女保存。大事，有个着落。流失太可惜。聪信。回国后旅程计划一份。七月十日到西安，住三四天。可畅谈。庄子。淑凤赴桂林学习一周。尚未到，或已返临汾。

六日

上午胡文龙友陪同武俊英女士，一同乡来、厚礼。给晋铭留赠1000元。畅叙。赠条幅各一件。亲家郭剑、甄玉珂来，礼。发林鹏兄信，258号。

七日

健康恢复到二年前情况，进药，维他命有效。正常状态。书信二件。分字。发张、王二件。

八日

到严的日子了。

行其所嗜，安其所染。

是非曲直一听群众公论，

酸甜苦辣总须自己亲尝。（自撰，经验）

房鸿熹从常州来，赠茶。胖多了。畅谈书法事。三四天后即返回。

久翻阅拿翁言，今愈觉其可贵。孤独千金，热闹俗气。

曹仲霄秘书长赠精品奇石一方，古木老枝参天，盖原始森林的一部分，天然造化，不假雕饰，可贵也矣。并聘书，任名誉会长，我哪懂石文化？

理发，3.5元。女女来。天大热，换棉衣。

电视——昨晨，以美国为首北约侵略者居然炸毁了我驻南大使馆，死记者两人，外交部提出强烈抗议……北京大学生开始大游行示威，向美国使馆抗议……有了朝气！且看以后的发展吧。崇外媚外，叩头胎子不行了，离开群众，一事无成！

九日

小受凉。周边国家对中大使馆被炸，关心者不多，反应不力。正义？我游行者，

“经过公安机关批准”,没水平!只能对外,表现出不民主。爱国行动,出于自发,谁敢阻止?

十日

姜院长来,脉不齐,微。钟镝来,印谱题句。柴隆谟,西高学生来,省热能标准化委员会副主任委员。带过半年语文(野草文)。宋可生先生(37-3-6)同来。

横眉冷对千夫笑,

白眼看他世上虫。

额曰:动物世界。

将要进入人类新世纪的当儿,美国北约一夥强人,居然背弃自己的组织国联大会公约,向一个主权国南斯拉夫进行灭绝性的手段,妄想成为人类的霸王,化人间世为动物世界。达尔文主义运用到人世,奇矣。尚何言哉?中国驻南使馆被炸,其也信可见!……

十一日

收徐文达先生信,嘱为太原烈士陵园书廊作字。(共100通)

省有线电台梁鹏飞、任韦、徐晶等同志来,小赵来拍照。小傅也来,三小时。甚慰。收文景明兄信,即复。

十二日

整饬一番!发景明、文达信二件。李廷华同志来,取走题斋名。小傅来。

强力世界!“人道”、“民主”灭尽!文明盛世,焉退到动物世界矣!

开始阅读《卫天霖传》(柯文辉老著),感我实多,颇受教益。

贺大夫来,谈北大为女贺宁书稿事。换药。莫出门参加会……为人担心。

发柯老、杨信平兄信,书李、翟兄信。罗志英、刘舜强(故宫博物院)赠汉陶器、瓦当二件。

凤凰不落网,志士不受赏。

庄子《德充符》——道德上完美无缺,上可比天之高,下可比地之厚。天地人为三才,“德配天地”。“天地之大德曰生”,为人办好事,即“生”。“充实之谓美”,是也。故曰美德。明乎此,乃知全篇之要旨。

十五日

文海、春丽来。韩学义,豫剧团团长,改习书法(甲骨文),下月展览。

南被炸愈严重。我中央态度强硬,好极了!拥护!俄国是唯一伙伴。北约不会死跟在美的后面乱跑,欧盟各有打算。拒绝美国参与。日本梦想难得实现。我国自然要付出不少代价,最后必胜!无疑!和平势力是大的,美国孤立。

十六日

整好部分字件,分交五份,各十张。书上海《书法》周志高、胡传海信。(字二,招牌,简介)元军介绍。

偶成

网民岂明圣,百姓不糊涂。

手腕耍得妙,孤独起来了。

群众眼明亮,当做鳖来抓。

知识分子真国宝,

多少人才冤死了!

精神文明叫得响，
经典文物不见了！
……

十七日

雨。发王元军、郑园信。

十八日

健康好，体重增加了。傅、应兄等病去看望。字二郑。发海洋、鼎新信（襄汾报社题字）。作字、画，一到成熟时，顺手涂去，水到渠成，便是佳作。有甚法规？我有我体。看古人笔，同写一种法帖，各不雷同。不忘我也。况到得九十高龄人，还受什么局限束缚。由拙到巧，由巧反拙，巧拙为一，各有妙处。其中机密，不可思议。至矣！

赵周明同志陪同赵小也（北京，作曲家，《华人》编辑，中国地区文化部部长）专门来访，著文发表，交材料二，书二，《野草》，方著札记。用王粲，摄照。周明付钱。收鹏兄信，因种种原因，未能及时来西安，推迟了。

十九日

往事一笔拉掉，
酸甜苦辣，
人间味，尝遍了。
开眼，闭眼，斜眼，正眼，
青眼，白眼，瞠眼，蒙眼，
都领受到，逆来顺受了。
而今后，
守着几本蠹简，
蜗牛不受风，
自得，居安，资深，
青天也怎能管得着？！
乐，乐，乐！
二十——二十二世纪，
世界文明返回动物世界，
相互噬咬，苛，苛，苛！
人道，人权？未，未，未！
什么是非真理，正义，
用不着！
什么正人君子，文人学士，
滚开，算个什么东西！
啊，啊，啊！

孙□子，栗青萍，侯马李斌来，油两桶，字一，即回去。夏县两人来，起家学生。省档案馆，经历，《探索》各一。须填表，证书。

两人极有骨头：鲁迅，傅山翁。

灵魂，慧眼，庄子。

指针，国仇。武器，书艺，文笔，足矣。

孤独给我思维（活动），热闹使我庸俗不堪。拿翁、尼采了不起！酒性的人生，斗。

靠山，学问，功力。

本钱，健康。

淑风从运城来，数十人，参观旅游。

天地有正气，宇宙大无边。
人生天地间，排行居老三。
横空独出世，负重在参天。
宏我民族魂，克难而破坚。

发文达先生字，文景明谢信。邓军、卢莲香字二。刘念老字。

狂人狂书杂文，
英明英豪俊杰。

郭振有兄昨从北京教育部来校考察，住芝园饭店，由省教委冯齐昌(738610，办;7320686，宅。字，李宪孝领导)陪来家，礼。多年不见矣。为赠字，书字。淑凤摄照。

马行之，王特光，雷晓东(21军，宝鸡)三位来，看右任老对联，非真。厚礼，荔枝大包……

作字，郭等。

王大夫来，诊：血压，70–120。脉45。苗芳照片一。晚送来药，消炎，气管炎。又送来阿斯匹林。服过了。杨顺来同志电话，即来，赠竹画。

二十日

详观吕祖③笔，“寿”字气态有若云梦之势。回视90年余所书“虎”字，正不减其精神，足于自豪。论文以气为主，字正然，做人亦然，所谓愤然之气也，正气也，关公义薄云天是也。

小傅购得宋拓《忠义堂帖》上下两本。上册“马伏波语”，下册“郭公庙铭”，指法劲瘦，与柳体几无异，体长。行、草活泼，展脱，有巧处，绝无柔媚之感。盖框架大，雄强，恣肆，所谓“充实之谓美”也。(西安出版社)

二十二日

淑凤返里。

杨顺来友来，赠竹画三张。偕孙韵中，山东人，鸵鸟专家，北郊，3000只，一只3000元~6000元。日下一蛋，一个500元，一雄一雌，一家人，绝不乱配，分居。吃麦秆、草类，一日二元足矣。寿命70年，古稀。交通工具，可骑，驼送东西。

一棵树木，花枝干，不能是栋梁的硬直。直，那是经过匠人的斧凿的剥削的直，没生气了。作字的笔画须有点生气，流动性，活物。细审于老字，尤其行草，点画如蚯蚓之蠕动，都是活的，生动得很，生命力很强。每个字，似都在走动。但忌漂浮，华而不实。

“炊烟如人立”，字亦当如人立。倾身，走跑，嬉笑，怒，追赶……英雄，妇……

二十三日

发柯文老信。

二十四日

书册页。

二十五日

发王英、张坚如信。(阎秉会)

书玉玲册页，解琰册页。

主观臆断，不好。

陈、国英子约去讲书法。李大夫字。正峰友来，为我分析国际风暴，甚开茅塞！甚以为然。立场。为了一面，丢掉一面，错了，不具体，不全面。

华山张鉴宇饭店对子。

二十六日

□□来，取题字，对子，赠芝麻糊，中心食面，不要费。识曹局长。

贝贝来，面色、形态正常，取字20。明日九时赴灏文堂，字册事。

二十七日

灏文堂一行，书字，午餐，为购鞋二双，西瓜。小瑚、韩司机、李送回。

二十八日

胡增贤夫妇约明日九时来接午餐。史胜利爱人二人来，对联。方磊友来。姚大夫来(永利)，爱字迷，专收集余之作品。

下星期一早空心，不饮水进食，去检查。小寨教育学院对门自动化健康检查中心。偕朱同志，看字，摄照。徐文达兄信、字收到了。印刻出。

中美日关系已铸成难以医治的创伤了，再退让也的行了！幻想只落得挨打。前途？……

二十九日

赴胡增贤友家午餐　满道夫妇，李郁、胡嫂，杨、李一同志。摄照多张，畅谈，甚乐。晓林电话，来西安开会，下午赴华山，即返。李老尚好，母病住院。收柯老信，嘱为友人张万里题书签，马友渔之外甥，翻译家。

便大好。

三十日

侯素珍字二幅，留1000元。北京周明同志赠烤鸭。国庆，中国现代文学馆。事假。赠《十九首》，字二。晓林来，明天飞回北京，重礼。衣服，新茶。父尚好，不能行动，饮食均欠佳。母不好，病多，腹积水，癌。

饮食增加，胳膊粗多了！(量体重明日)

美中关系=×。两院决定调查6.4主犯？干涉我内政！——大战！？台李竟主张中国划分七国，分裂！

庞建国题名片，存照片，送来。(省有线电视台连播五次，完)

三十一日

夜雨。

多次不想念及国事，
国仇不断涌上心头！
奴颜婢态，够丢丑，
中华民族精神何处去了？
悠悠上帝也发怒！
为什么弄到如此地步？
天欤？人欤？
问天，天不语。
搔首，搔首！
招得强敌必来干涉，
独霸全球！

胡征5221834。

河津蔡津东先生，陕西省图书馆创建九十周年嘱贺词。政法学院路鸿斌、赵杰、王香兰来，赠《延安大学回忆录》大册。祝国庆、澳门回国贺词。

六　月

一日

保护儿童！重视儿童世界！看今时儿童负担之大，等于摧残儿童。救救儿童。(鲁迅)……感触万端，难得下笔，低眉无写处，无言胜有言也。

二日

落实延安精神，艰苦奋斗，自力更生。不畏强暴，保卫国土完整，为国家争光，为

民族争光。(延安精神)

有奶即是娘。文学,娘也,奶也,她乳养出多少文豪巨匠,英雄豪杰,使天地为之变色。她是超过一切的上帝。(文学院贺词)

晨李建森、樊永义来,赠《窦娥冤》电视片两盒。吉仙虹文,甚好!礼。字。发李雪老信。柯文辉函嘱为所著《卫天霖传》重印插图本写一短文。

三日

胡增贤大夫来,赠衣一件。大对联,急需要。建森来,册页复印去了。贺大夫来,字二。四字:"熔古铸今",姚大夫留念。睡足。

四日

王凤英电话:姚大夫、庞建国均来,惑解了。下星期二下午,国家参事室主任、北京文史馆馆长来访。

五日

小瑚取题签,绿豆糕、桃等。

如此家庭无站立余地,快快外出。为了还想多活几年,贪生!外事一律辞谢!安得无情如孤松,动物世界何讲求!

清理要事,努力加餐!

完成计划中的写作大事!

小傅为我买来《东史郎日记》,痛心!愤怒!……

六日

中国人,不争气,不长进!!! 奴态。世代友好?不要赔款?

增贤、李郁、满道友们来,取走字:楹联,郁华园,神游故国等,即赴蓝田玉雕厂。

七日

作字。

八日

下午五时文史馆杨钰馆长,凤英,天荣陪同国务院参事主任,中央文史馆主任陈鹤良,随员摄照,畅谈。赠花篮一丛。辞别。各赠字一件,《野草探索》各一册,共三本。

小傅来为整理书物,抄表格。

郭振有君,100816,西单国家教育部。

明日:档案表材料,京展证明,文联发肖像,字照,简历。甲午联,柯老信,卫信,终南,延安,国画院。

九日

夜咳嗽甚。

傅大夫来,服螺旋霉素、甘草丸各三粒,咳少,痰少了。续服三天。另感冒止咳冲剂,作茶饮。树儿来,照料进药,用餐。振有君电话。寄字,寇琪。

十日

国际风暴似近结束,俄立场变了,看下一步,变?中国??

不必存任何希望!做什么工作、奉献。

贪污,陈,已到顶头,国威扫地!

外人小视,自己不争气,不长进!奈何?

真解放了,没有任何包袱。平安得很。

黄飞友7月1日前来,字。

十一日

发郭振有友挂号信，字。寇琪一。写柯来文稿。

十二日

心情不佳，饮水少，痰。傅大夫来。王大夫、苗芳来，血压 75-150，脉 44。

十四日

文水郭夫妇来，礼。长安文化局三位来，徽宣四刀，明日取“翱翔”二字，四字。

十五日

长安志平二人来，取“翱翔”二。贾国志来，礼千元。李华二人来，取照片，赠《探索》。

十六日

雨。脑子停不下，事多，放开要紧。

动物世界，有甚道理可讲。皆是皆不是，为所欲为，皆是。不想做的皆非。——自由。国联宪章，任意踏毁。都合理。正不必自我批评，内疚也。

自我满足，自来幸福，第一原则！“杀人有什么罪恶？历史就是一部杀人史。”(鬼子的人生哲学)哈哈哈哈！

正义、真理、人道、人权=0。王八蛋即是英雄、贤圣。主宰世界即上帝(？)梦！

科学家造福人类，真帝王。

造杀人武器的科学家——投之于虎口、有北，其孰怜之！人类大解放！

快活哲学，杨子看得透，利个人。

庄子圣雄也，看得高，利万物，博爱。

民盟会议，三个小时，即退席。王苗芳送药，明日来。金海送来药。甘肃赠小茶壶。武山县地方税务局贾新元，县老干部局张治文，五十周年字，8 月 30 日交。周强信，照片多张，搬家到美国。

十七日

忙甚，心乱如麻。下午盟会三小时，没中心议题，甚烦。晚饭没吃成，糟蹋身体，梦也乱，更心乱。

晨洗澡，清理心事。——轻松，愉快，趁兴，乐时，健旺。什么国家大事，世事，人类和平，扯淡！忧国忧民，顶甚用！？

只有一个认识：人间，天下大事——动物世界！弱肉强食即真理。孔孟之道，佛教积善行仁，一笔拉倒！历史就是杀人史。鬼子的哲学！谁称霸，即是贤圣、伟人。

庆生同中文系二位来，畅谈，一快。赠礼。甚感！1.5，字三。王苗芳大夫来，《探索》。慎独，致远，拼搏。

谷金海同贾三同志来，照相数张，川贝药，字二，一。食品研究，健康法，鼻，眼，口，四肢，自然，从心，合意，快意。五百。友，谈心。宣泄心理，皆可，无忌。赠食品多种。五乐——大转机，运。吉祥。

灵感之神，感应一切！天。普遍性的个性。自神，超脱。人生大哲学，身心得所，四通八达！头头是道。

收柯文辉赠所著散文集一本，快慰无似！又得一奶娘矣。前收到先生信，嘱为写一文，盖序之类也。连日动笔以来，深感不安，盖对天霖公书作知之甚少，不敢孟浪。辞谢也不是，拟改为读后感，较为合适，且一试。

收白志彦寄来《咸阳日报》名家评说卫俊秀。政治学院教官来问书法问题,礼。

这是我一日内收获最多最大的一次!值得自庆。心情好,有了生趣。

夜梦李雪老口述文章,为之记录……

十八日

眠好。

伤人心,伤元气,最可怕,无可挽救。

暖言甚于虎。心绪无何挂碍,白日皎月,清爽透亮,骨肉酥松,所遇无不宜人,惬心,会通,无一点亏心处,德也。无不可告人处,济人,会心。坦坦荡荡,长生也。

好书!事实感人,情不尽,启示无穷,难捉摸。理无穷,涌泉。百读不厌。字外有物,神,精。得安乐适——神仙。节劳,休息,感德。

碑林陈根元同志取走印社贺词字四张。

十九日

发柯老信、字。张禹字,书。文海、春丽、新权、武警校女同志、兵马俑、凤翔诸同志来。人力:元气——胎气,靠血(食物)。婴儿未出生,靠母亲营养。

人,狮虎,社会,动物世界,不讲理;弱肉强食,合理。文明社会人群关系。讲理,道德,爱人。

元气,不在形体上。魁梧大汉。在精神感人。一个人失去人格,孤立起来,没人味,振作不起来,便失去元气。

光明俊伟之文,高山大川,白日皎月。做人亦然。大人气象,浩然之气。

爱人以大德,感动鬼神。无处不自得,自适,自乐,自安,人人尊敬爱戴,　大人。天地正气,宇宙精神。放眼大海,远眺城楼,有甚障眼处?大仁,大智,大勇备于一身,大圣也。什么帝王五侯,尘垢秕糠而已。

这又是在发狂言!然实非狂言呓语,做人不当如是耶?庸人俗辈,奴才,可怜虫耳!大笑一过了之。良快。

上午东生来,助完成笔债。新权友来(贺事,地址)。代发柯文老信、字、照片、轻松多矣。下午书张禹、友柯诗,明日发。甫运兄,贺中胜字。中文系二位字,交钱。

心无滞物,一片空旷(阔),轻松多多。不随境变,意与天通。勉行!读好书!哲人化。艺术大师行径自居,达人无不可。

味古人书,化今人书,写自家文,交豁达人。

好书,读法?如柯老写法,体会深。

二十日

积仁行义夜眠好,
生龙活虎元气足。

真人多寂寞,寂寞铸真人。
雪野莲如斗,无情最有情。

柯老赠诗,并嘱书之,分别转赠友人张禹等先生。合肥市大西门外文园文联宿舍。

书张禹君信、字。

观电视,吉县农民娃朱朝晖摩托飞渡黄河,世界第一人!

"兵莫憯于志","真积力久则入"。

一举成功了！小伙子生龙活虎，元气十足，有大勇、大智、大识！决心大，志气高，不怕！黄河崩浪，天声，已足使人振奋，冲天。加之飞渡，惊人势头，极尽人生价值。快哉可风！有此精神，世上难事，有甚怕的？闯！……侵略者，强人，猪狗耳。少壮英雄！为山西人争光，突破世界！

作字同样，须有此精神，吞虏！

孙新权、傅蔚农为整家。蒋蔚奎兄赠合香。

二十一日

回想昨午11时惊看山西吉县朱朝晖摩托车飞渡黄河，生龙活虎，元气十足，飞前举止鹰扬，雄心百倍，震动万众，乃见英雄气概。喜庆山西人，农村娃，还有此等人物。今晨作得字数幅（傅眉《鹰□》），快意，自豪。今时作字不当如此邪？

喜收张禹先生信，即复。

高山大川壁垒壮，

白日皎月万里明。

贺大夫来，取走郑园介绍信，字。（药）

赴周明宽一巢，题词——昌硕句。

二十二日

发郑园信，介绍贺大夫爱人张西兰偕女见面。发张禹[④]先生信，《探索》。梅墨生，中央美院国画系。郑园电话，学校整修房屋，她将要搬出，尚不知在何处，可于学校另觅一床位的。书柯老信。为赵周明书题签，斋名，野草艺园，题词。

雨。

偶书

手不释卷还临池，

池中泛出龙虎姿。

龙跳虎卧天地壮，

气吞云梦几人知。偶书

一鼓作气，浪下三吴，书法气势，盖尽之矣。

排山倒海力，崩浪震天响。

悬天三千仞，流沫四十里。

二十三日

题钟镝篆刻句

刀笔直切性，金石不随波。

一臂加五指，强劲动山河。

作联一副，庄子意，满意。

夜得大好梦。校为建碑，荣耀不可言。今午在大塔松下吕大夫邀同坐，遇光岩女士，又过往数人，女孩为鞠躬问好。一老妪作揖为我送喜，说我是全国第一。有人送大花篮等等。甘肃武县人来，为题签。前看过字，赠玉壶。总务长取题字。许为燕燕办理正式工作。玄妙事，可信。

侯鸿万来，可贵也，双礼。

好梦！张淼龙来，戊班，郑老同来。收襄汾……院名誉院长聘书。

二十四日

发柯老信。

学人书如学人诗，但求快意，有甚规格限制？

骗人事太多，一律谢绝，有甚客气。

胡文龙偕治邦来，赠画大幅。为题字数字。胥超兄来，赠三大字册。文联王琦来，500，明日赴京中宣部，礼，字二，又王一。柯老牛棚诗，急书。书李、翟兄嫂信。王大夫来问病，尚好。

二十六日

黄飞来，枣子，汉俑一套。小傅来，淑凤来。

二十七日

看望胡老，住院。淑凤陪同。买书。

写大字要有气概，气概须由内在中现出。有抱负，远大气象，大德行，从稳定中表现之沉雄。

喜收柯老长信，为余发变黑，特赋一联：

剪除白发三千丈，
换取青春二十年。

感激不可言！当书之以自慰。又嘱为其外甥女王梅书：业精于勤，行成于思（四尺三开）。淑凤午返里，赠油一桶。

二十八日

柯老转来：（对联二）

诸子以南华为绝妙，
史传惟史公得沉雄。
百年高隐归三径，
一柱狂澜砥六朝。

作字数件，中文系三。

二十九日

侯鸿取字，文南，大教授，右派，苦难。作字数件，书柯老信、字。甥王梅数字。

三十日

赴灏文堂，大字。午餐。为强儿办事。

七　月

一日

增贤、璞玉来，送照片一套，畅谈。杨惠君赠电按摩器。将送药来。为省电台书签。摄照数张。

二日

发柯老信、字（王梅），眉“鹰”诗句。收到甲午战争博物馆收藏证书。爱子电话，字二。

世事已看透，
天大事，愁何用，
黄河也断流，
百年耻辱，似忘昭雪，
更大耻辱在后头。
掌舵者，引错路，
谁敢报其咎？
少数人，发横财，
吃喝玩乐，
无奇不有，
丑，丑，丑！
贪污腐化，
无有不奇，
臭，臭，臭！
坐观山河色，
卧读南华经，
两袖清风，
悠，悠，悠！

王大夫来问病。陈文章，礼，字。

省政协，华清池刻碑，邀请书。

《长恨歌》:“在天愿作比翼鸟,在地愿为连理枝。”对联,五号取。(时先生)

襄汾“亚光之声”——刘润思参军,古城人。

三日

发师通熙信。胡转送来李郁同志赠鲜桃一箱。

考虑过日子,定居处。孤独为生活,如此年纪,不受委屈。宿命论,不容置疑!

辞去一切应酬!太累!主要工作,影响大!碍健康!少管闲事,没有是非正义,无情世事!忽然想到,知识分子,力量大,今则成为废料。60岁离退休,而教师数量不够,质量更差。小学生迷于电视年华付东流,坏眼力……

《国际评论》鼓励做文章,如南战争,贡献世界,大造舆论,反战,和平世界。创造大气候。

思想大解放,灵台真宽敞。
莫羡英雄业,徒劳梦一场。

嗤彼贪婪徒,欲壑填不满。
到得临刑日,儿女只瞪眼。

四日

为华清宫作字,长恨歌句。时先生取。

张老请吃,李珂儿媳、孙都来,甚慰。只是他耳聋未能畅谈为憾!

大雨中小瑚来校,赴灏文堂,王经理已安排好。送王鑫大字册,余之《十九首》。又接王来,托为强儿事。适香港副长官来西安,即将返港,告以电话号码、地址,联系之。一同去吉祥村雪花酒店晚餐,一同回家,小李、小瑚、教委陪同,时已九时矣。

新权来,未见,为买毛边纸二刀。

五日

开始整家。属文。小傅帮忙,又做书柜。小剪、牙膏、小刀又丢了。

六日

雨未止,三天了。夜眠好。姜院长来,脉正常,50上下,不错。整理书物,轻松。洗脚部病。好多了。精力十足。

柯老、胡老三件信,存一柜内,像摺内。

七日

多改几次,便佳。草莲姊七十贺词。快慰无似,莫知所以。

陈女士莲姊七秩荣庆贺词:

多艺真才子,
读书富五车。(惠子读书五车)
敷教而育化,(从事教育大业)
桃李遍天涯。

能书兼擅画,
著述亦译家。(翻译中国民间文学)
文化无疆界,
古圣在中华。(孔孟之道嘉惠世界)

古稀今不稀,(七十古来稀)
百年不为齐。(杨朱篇“百年之大齐”)
达人无不可,(庄子语,莲胸怀开阔,看得透)
老彭寿可期。(彭祖高龄八百年)

景濂为友人购书。发张禹先生《十九首》。书解琰、方磊夫妇册页。

八日

发张禹、赵秘书信、字册。书陈银莲七十寿贺词。振绪、振玲七日陪同舅来。

午睡后,偶成

书缘乐

翰墨终身事,须臾不可离。
兴来偶一发,壮我山河气。
既豁我胸襟,亦健我骨力。
萧散风云外,逸气漫寰宇。
时或狂如醉,神仙亦匿迹。
闻韶⑤良堪慰,墨缘乐无极。

收树廉、淑凤信。

九日

陈绪万兄来,庆生陪同,赠《历代观止》一套(10本),字五件,又《十九首》三十二册。已完,拟再版。换照片。方磊陪冯源子来。观纶老留日照片,书信。取册页。收柯文辉先生信,嘱书齐国瓦当艺术馆(直幅)。卫文年底交卷,不迟。即复。收中国国际出版社信。聪弟明日下午六时三十分到西安车站,振绪陪同。

十日

发柯老、淑凤信。信纸、信封三元,邮票十元。友扶我走回。小傅买花桌布,灯泡二。

七七事变——中华民族痛楚的日子!鬼子偏选择了这一天到达我祖国的土地!接待敌寇,什么心情? 悲? 喜?

聪弟、振绪八时到,猛雨,即住中心。

十一日

午餐,夜赴省乐团,晚餐,观话剧。九时半回校,乐甚。

十二日

聪、绪赴王曲。为王纯杰、毛生荣、小胜、小莲等作字,题签——北美东亚首届书法教育会议(花三万费用),汉字书法教学。(聪弟,振绪)

十三日

一家赴振纪家,午餐羊肉泡。房舍洁雅,艺术卫生。晨作字三件。

收建国信,山西书协索字,裱好的,后退还。

十四日

山西师大齐峰校长二位、甫运兄等……在学术中心做数件。夜同庆生、玲观眉户剧。十一时入睡。

聪弟、振绪参加校舞蹈会。

十五日

聪弟赴青岛,十一时离校。下午二时半起飞,送别咸阳机场。余未能赴机场送行,亲友阻止,健康顶不下来。维小女也赶来。

须休息一天。

教师论文年交若干篇,需在国内大杂志刊出,否则停发薪水。可笑万分!!难言。

静心著文。收拾字幅、书稿。

胡文龙兄偕王陇花同志来赠松鹤画,装裱锦盒,蜜枣,字二,报主编各一张。甫运兄请吃,唐宫,1000。余独鱼翅汤,320。齐峰副校长等四位。为小女字,甫运四。

太原电问振玲到了没有。

十六日

人——动物。

1.与天为徒。天行健。大自然。师造化。广宇悠宙。

2.目中无物。横眉冷对千夫指,白眼看他世上人。傅山:“今人拾到眼……古人……”⑥

3.为大人。非阔人。“王长大之。”做人,活人。

4.真积力久。意志,毅力,守一。

5.思则得之,深思熟虑。“存我为贵”。

6.自由王国,别一天也。

7.动物世界,无奇不有……

8.创新——快活哲学。

9.“充实之谓美。”

10.三公。打天下。

根据:

1.生物学——难得一世。

2.百年,50–100。

3.赤体。机,电,交通。

4.报恩。

5.义务,道德。

6.健康。

7.兴趣,忘忧。

8.充实。

9.创出个新东西。

鹤立鸡群。率性之谓道。尼采,超人,任真自得。

铁骨天姿真刻薄,
金眸神骏老英雄。
不降志。

梁漱溟,时代人物,真师友。

鹏鹏明天回青海。连长多钦“马到成功”字一。傅大夫为四医大李林东少将字一条。

樊习一友未回,请吃。带柴信一纸。下星期一,李珂请吃,九时前来接。柯老牛棚诗,动笔。将会来信,候张禹先生信。振玲今晚来。

对友人书字,只抒真心句,何必抄誊古人书!

十七日

振玲没来到?外宿?

一夜,重压在梦中——数十张外来的名片,数十本须阅、修改的别人的论文,随身带。上山,下山,泥泞……真够痛苦。幸而一闻鸡鸣和大街的车马的杂乱的声响,这才走出困境,窗纸大亮。好不轻快!

梦中的一切都原不过一片幻景,却使人如此扰攘不安。唯有光明和个人清醒的脑子,不能复苏的吧。可惜眼前的人物麻木不仁,险哉!

惊怕,乞求,不能自立,最为无能!可怜相!为谁雄?打旗?为将死的毒蛇助威?可怜虫!孤立无援的太子?不容忠良……认不清老友,引狼入室,一味宽待心,存异?不甘心!做奴性者的奴!

给樊习一去电话,他已返里矣,未能请吃。

胡增贤友来,约明日八~九时来接,赴桃园观字刻,刘司令、李郁三家同去。刘字(大胆写,鼓励之)。傅大夫下午来送酬。赴日联5.5件（山师大月刊）。卢鸿取周年字。柯老册诗。

公字一概辞绝，惜墨！莫行善！鲁迅精神，贯穿到底！

收张禹先生信二件，字册、《探索》均收到。文史馆征字，五十周年，八月二十日前交陈青收。

十八日

赴桃园观光。刘懋功、陈老决空军老将，善战。赵长河先生，文人，二次见面，胡、王家。余书大对联，蓝天玉雕厂刻出，甚佳。将嵌入门口（较北院门大石牌坊字好，无下款）。午餐野菜、烙饼，可口，可口。刘司令女送回家。睡中杨思君送来药水，益于腰痛。收柯老信，前函字、照片均收到了。“齐国瓦当艺术馆”字小些，可放大。

十九日

李珂友家宴。张老、魏□娥等参加。饭好，饮好，电视好，京剧《野猪林》等。作字三。五时回来。

柯诗文，庄。

二十日

张永年来，字，星期五取。赵秘书电话，修理房舍，搬家，李老暂住山西驻京办，健康还好，嫂可以进食，能坐立，病复杂。钱嫂电，郭老由台回来，休息几天来。明日去电话。王苗芳大夫来，脉搏45次，已无间歇，正常了。血压112-62，赠健身球一双（保定佳品）。放假，事少，或习字。作字（刘懋老），振玲领导。明日清字债数件。

世代友好假面具，
丧心狼子真黑心。

不识国仇真面目，
只缘乞求没骨头。

二十一日

作字清债。

对敌宽恕为何情？
展示帝尧仁者风。
惜未识透豺狼性，
世代友好成泡影。
喂饱饿虎知何用？
狰狞反吃全民痛。
反是不畏已焉哉，
定有悔恨来跟踪。

二十二日

张永年取字。蒋取字一。

二十三日

郭瑞老，女来，奶粉（孤身）。方，竞宇来，题签，字酬百元。刘老字。

观电视72分钟——数十人，党员干部带头骗人，反映了愚昧，五鬼闹中华，还要成立研讨会，小题大做，可怜，没水平。可笑万分！

中文系一教师夫人取“福”字题字。

小傅明晨赴襄汾景村，托给玉顺、邓军、风雷、海洋字三，阿堵一。

二十四日

梦铁局索书——“数风流人物”，好书。

1.开拓思维的源泉，取之不尽，用之不竭。庄子，哲理书，精神寄托。

脑子(功能)=机杼。思维=丝麻。脑子非容量器,而是涌泉。

2.知识宝库,地理,历史……知识。

3.法则,方针。(医学,兵法……技术)

4.力量。文学鼓舞。(《史记》……)想像,追求,希望,生活教科书。

5.艺术的美感,享受。

活得自然,自谋乐趣,超脱的本领。克难攻坚的意志……尼采超人精神。存我为贵。

人生就是战场。破除百障。

刘懋功老来,赠钙。小咸阳为发李翟信。

二十五日

昨夜到今天没电。睡觉良好。

二十六、二十七日

开始书柯老《牛棚诗》⑦。

腰痛甚,——睡凉席。

二十八日

古城李红梅字好,颜,行书,礼品。王建仁,西安新闻台,编辑部主任。

二十九日

收到李晓林电话,惊悉翟嫂于二十七日逝世,不胜痛惜!八月三日举行告别仪式,嘱为挽联。明晚来电话,一切都赶不上了。又未能亲赴京,真是万分不安!雪老足肿,又住了院,焦灼不可言。

苗芳来,送膏药三张,眼药四瓶。深感!下月二十五日后赴桃园。

书诗册五首。小傅偕友返回西安。

三十日

新权贺词,大酒店字。

三十一日

晓林,对联,电话抄出,小傅家人字,五十周年。

八　月

一日

晨,风流,老干局聂永生,杨胜长,张满仓来,豆、粉条、宣纸、墨……恋青书画院,刘万兴、李廷亮字。"立场坚定,思想常新,理想永存。"泽民句。

腰痛好转!

二日

中国必将被日本欺诈,直到灭亡为止!不争气,不长进,顽固到底,有甚办法?!

三日

书柯老信,题字:"齐国瓦当艺术馆"。吴广兴,江西人,赠端砚。小横幅。(金海)

四日

少人来,较安闲。

1.斩杀一切无谓的应世事务。

2.断去新交生人。

3.少闲想。

4.做几件正经大事。

5.惜时光。

6.集中干活。

向高处、远处看,脚下荆棘,鸡虫青鸟,自然不在眼中。轻松愉快,小神仙,大快乐,思神速,八仙多,睡眠足,食味可,精力壮,创新货。

发柯老信。

五日

发李雪兄信,慰问。

赵秘书电话,会开得好,人多。信收到,李兄住院,月底房可修好,足肿已消,饮食已好。聪弟信:1.译白志彦文;2.纽约博物馆感谢信,拙作一份,一同寄之,便好,副刊发表。吉虹偕九岁(今十六岁)之子来,苦于子的出路问题。新权、小傅来,字。

六日

收柯老信,马迁贺词诗意浓。

七日

郑、李正峰等来,看望余腰病。王苗芳大夫来,脉44。桃园赠桃一箱。小傅换药。完成牛棚诗卷。

整理桌案,轻松,没吃成饭。明日发浩然信、于良英字。审判北约,良慰!(《参考》)

《书法教育》停刊矣!可叹!

八日

立秋。雨。小傅买膏药,夜雨来换。

高绝的名角唱腔,音色绵润,高低抑扬婉转,加以表情贴切,眼珠之流动,皮肤之松弛紧张,板眼配合无间,基本功也。

体会情节,实地观察,合情合理,
修养之功夫也——魅力。

作字之道一也。

自古神仙皆智勇,一生进退本从容。

九日

雨。连日整家,可以杀去太半矣。宋玉常叹"秋之为气也……"可见也非真理。

"兵莫憯于志",好语。

小瑚来,赠鱼二条,清炖,午餐。拟请为顾问(陈,邱),应允。王大夫送中药二袋。为书"慎独"、"克制"四字。

十日

发张浩然信,转交于良英字。贾风雷转老干局字五,牌子。国庆字。快活日子。解琐轻松。神仙。客星弃之。开心。

毋不敬,不轻信。

存我贵,言有根。

交真朋,情贵真。

思路广,钻研深。

有所恃而无恐,行其所无事,目中无物,无可无不可。

心事定,新日月,写字,为文,自乐,率脱,远离鬼神。

赵周明同志即来,送《华人杂志》(香港)。

毋不敬,事事定须认真,

无不恨,件件使人伤心!

小傅和他的朋友专为我做的烙饼,颇可口,她这次赴老家学到的,真聪明。今天收到了两副。晚上傅、王又送来烙饼,足够明天享受。为按摩,搓脚心。作字四件,以快。

十一日

宪孝友清理《探索》账,万册售尽,赠书事完,嘱书对联,中堂。好读书,不好读书…… "自尽其诚"。"名人论教育书法选"。坐叙一次。参加友人?周景友取横幅。

郭老电话,约十四日清雅斋午餐。

十二日

寡民小国自由论坛，拟建。艺术，文哲,偶想……无所不包。逆风,通往通途的桥梁。逆戟鲸,倒口牙厉害。

良知——良行——慎思——信念——自得——居安——资深(做人,做事)。昆仑,横空出世,宇宙精神。

动物世界。

1.人道,人权,自由？干净土地？

2.精神文明？理想日子？

军备竞赛,金钱——任意掠夺。混浊地狱,地球悲惨!

达尔文——明贤。漆黑一团！梦。

精神大解放,乐天!

自做主宰。老子天下第一,自得自适自安,光华盛世,自便。

庄子,拳经,两部经典(健身,长寿)。一□在身书法，帮手道友，如意称心,神仙。惠君取字。膏药良效。

字如其人，作字即写自己这个人,我就是我的碑帖,圣人即至帖,存我为贵,有甚奇处!

十三日

收柯老信,运城书协信,王英信。宪孝、杨太联各一。

十四日

发运城信,赴郭瑞老宴。腰好一些,粗出深吸正常,扭身时尚不自然。张玉,杨。《拾零子》(随记)专著(庄、寇文)。自传,文集,诗稿,字册。

十五日

孙、郑来,赠糖,教书成绩突出,初中升高中为本区语文第一(勤奋,非人才)。京升学成绩平均为四十分。湖北佳,陕西可以。语文课本将大改。王英电话,培训工作,会副主席。女回北大。树儿来,15。两位(文化视野)赠录像、照片二张。

吕大夫来,看背受凉,脉迟缓,电烤。

家无长物心如洗,眼皮底下无东西。

万事弃之如敝屣,上帝热爱唯自己。

真友称得一知己,不真受骗呙生气。

自由王国幸福域,战万敌铜墙铁壁。

往事不必回头顾,未来天堂有何益?

李殿清二位来,久不见,喜甚。小米、平遥牛肉,厚礼。为余腰痛,即扣以火罐,两次,见轻,有红点无数。中风受寒,重,已半月矣。

十六日

再续治之，可无虑矣（上部三五点红),轻了。

患二:新,蔽。(东原)

人生:做人,做事。(右任老)

胸阔,意豁,仗义,直姿,英俊,背鬼,远俗。

大文:理论上,历史史实证据,现实主义,难点,方法。

小傅友来,按摩。

十八日

殿清来,扣二次,大好。赵周明友来。

词句怕“隔”,生理一同。便,气,血,贵畅通,一隔便病。

不再受骗了！定于一。

1. 抹煞一切外来干扰（书法公私应酬）。

2.破除百障(鬼蜮,庸俗之流)。

3.老松无情(极端个人主义,但不损人,也不为公),保我康乐安吉。

4.答我知己,友爱,艺术。

5.仇敌。报恩。

有所恃而无恐,行其所无事,为所欲为。

笑……虫……(联)

十九日

殿清未来,大约返里矣。书李宪孝字。代京剧班贺郭老词,又条幅一件,如意。峰兄信不及发。半月来勉强饮食,瘦下去,可叹。

二十日

又疗二次,有红点,一次无,好多了。孙、郑园二十三日赴京,字一条。为殿清作字,示范,对症,比较,新法好。发赵秘书信。

二十一日

通：

1.生理。大小便,气血。

2.情理。理智,感情。

3.习作。学习,工作。

4.前途。理想,现实。

广阔。脱略不驯,和悦自在,慰藉温存。

快笔,神笔,痛快精明,标致。

无常师。敬以持己。

血气,云气,逸气,不食人间烟火。

大人气态,直逼魏晋。

白日皎月,高山大川。

自然洒脱,痛快。

田师笔德。

老英雄。

5.治学。纵通(史),横通(地),百科。贯通,会通(提炼观点方法),精通,用世(说明之,改造之)。

(1)不受骗。公私,为了弘扬文化,一律谢绝。

(2)不作嫁衣——助长坏人贪污。

(3)不行善,无情。

(4) 报复主义。(动物世界，有甚讲求？)

(5)不亏人。

(6)自创神仙生活,极乐。

殿清来得太好了,治了大病,解我负担。轻松愉快,走上正常日子。辅帮好,以往历史明证,人助天助也。

王大夫来,104-62。水票 10 张。新权赠何绍基书麓山寺碑一本。笔债,书杨思太,殿清“无为”匾横。中石先生、元军、中央艺院信。

亚洲前途严峻,失误太多,难得救治。可怜,可叹！一言堂,夸大,掩盖,空虚,奈何？行不通,地位日坠,受人小视,认不清敌友,寡断,脚跟不稳,被玩弄,内则怨声载道,皆兵,苦难言。软骨外交。

二十二日

腹泻二次。书柯老信,附题签——于

先生《碑阴草》，专研《郑文公》下，若干年论著。《沧桑》信、字（冰心集联赠之）。

磊磊落落，何病之有？庸人自吃苦，客星耳。天定？

二十三日

发柯老信，短文，《碑阴草》，《沧桑》条幅。（王元军、欧阳、墨生信未发。）

“世代友好”——两国正式严肃的条约，不是儿戏。

百年耻辱未尽雪，
新的耻辱又开头。
正义在胸，脾气要大，
第一要务，光我中华。

万般皆琐屑，育才大事业。
人人有本领，魔王争拜谒。

弱国无外交，病史够嚎啕。
哀哉不争气，野狼又来了。

收到阎明同志自香港赠所著《苍茫岁月》——我的后半生，118页，记江南站劳教情况，载有我的简介。高级知识分子，崔家沟。白志彦来，收到不少名家对我的评述。小钟取五十周年贺词。

二十五日

发鼎新、王英信。腰部大好起来。夜间痒甚。

说说笑笑，随随便便，自自然然，安安闲闲，神仙日子，管他地覆天翻。人类首罪，强国侵人，王八旦！慢慢看，谁来惩罚他？老天！地球会翻脸。惊雷，他们哪里听得见。

杨子真可法，百年寿之大齐，都要完。荣华富贵，看他有几天。

收聪弟信，芝加哥大学教授赵志超索字，横竖各一。陈岳松展，后天来接，剪彩。

襄汾卢莲香县长托人送来信，并礼品。王勇超即赴温州，星期日上午九时来接。后天黄埔同学会。陈岳松书画展来接，剪彩。购钢笔一支，6.5元。夜浑身奇痒，不可支，以酒擦洗之。

二十六日

热水擦洗全身。夜眠好。王大夫为量血压，54次，60–122，良好。甚快慰！为王璐题油画“黄河壶口壮景图”。要事尽矣，轻轻松松。

二十七日

为陈岳松同志书画展剪彩。前曲沃中学教师岳李明同志来，礼，未得见。阎、李星期日来，册页题字。赠朱仰超、赵元鸿《探索》各一本。王璐画题词成。

梦：制度似乎要改。雪兄草文，余为将军。草罢兄饿了，吃馒头充饥。燕燕亦要吃，兄以少半分与之……

二十八日

系统计划：

晨活动开始，45分钟，快甚。除病。实行。

紧张地写作，快乐地念经，保证个人的清静的自由生活，排除万恶，即是快乐。

仰慕艺术家的生活，多么自在自然，天真不伪，高贵的生活。

二十九日

灏文堂王经理赴温州，企业大会。瑚为给抓痒器，千，小韩来送。晨书四条屏一副。腰大好。为题字。

下午高英杰（省新闻出版局）同时老来赠纯金纪念金卡，”双十二事变“各界报道，华清池录像带三卷。韩城花椒、笤帚等物。

中国吃了爱好和平的亏，没有抓住国际时代的特色——动物世界！全面外交？

三十日

甲、养其大者为大人。

浩然正气。

傅山：“莫说今人……”

“横眉冷对千夫指，白眼看他世上人。”

作人根本态度：深信，公，真。

乙、“平原气在中……”作字根本原则。

丙、经验体会种种，存我为贵，学问之道。

外师造化。无为有为。有所恃，有所守。学问之道，轻而易举。解魔品。“兵莫憯于志……”克难攻坚。世事沧桑。通——精。四字法。变——掌握，大气候。文明——动物世界。读书，治学，事——理。

中国人吃了和平的大亏！笑！

生活，思想，时间，精力。

×鬼神，○灵感。

斯维至老来，老伴去世，心尚宽展。郭瑞老取字。属再为京演员字。各赠《十九首》一本。李宪孝友来，礼。取字，对联，中堂，题签。照片四张。

收柯老信，为题签二。爱子信。增贤要来，新鞋。

”计利当计天下利，求名应求万世名。“（于右任赠经国）

“龙”，郑惠娟，振纪。“梦回吹角连营”，刘懋功。“永义文化发展有限公司”，建森。

九　月

矜持非和平。尼采像。

一日

碑阴草。于书亭书法文选。签名九十晋二。

西汉人物。李少文先生画，小说，司马迁像，天霖高足。

柯文辉老函命题签。

意见：像是历史论文，非小说命名。太广泛，其实只有一人，不突出，不响亮。还是原名好。

胡赠贤夫妇来，赠新鞋，礼服呢皮底一双。□君同来看望，后天回台湾，字一件。胡对联。刘懋功司令友荀先生四字。

喜获郑欣淼友喜信，附赠词一首，甚为快慰！拟出诗集《陟高集》，嘱题签。

词云：

金缕曲

敬呈卫俊秀先生

回首三年倏，又欣看，九十晋一。喜增

纯瑕，瘦骨支离自旺健，笔下亦然凤翥。齐物我，休嗟荣辱。蝶梦鹃声消难尽，唯仁者，挚爱犹千斛。期颐寿，同心祝。　　病中总憾时光误，更心知，学书学剑，但悬东瓠。半路出家早门径，国宝当堪目。今且待，谈文论物。向慕先生如云水，任尘纷，赢得清芬馥。草自绿，玉回璞。

(1999年8月22日)

真知我者，得吾心矣。惜不长于此道，未能酬和，苦矣。我从补。

李建彪友赠《谈天说地》，为我写文章。

文病，如字。(神医须……)

二日

王大夫来，做心电图，终南二十周年。收起家函。吕春元嘱四字。何西铭电话问好。

大专院校贪财严重，丢脸！

健身要动，养心要静，

合二为一，本固身宁。

三日

否定一切，不为非礼。

从国际大事——社会形色，狡黠之徒，鬼蜮之辈，无一寸净土，都在相吃相咬，"钱"！什么大小官吏，校长，院长，处长，教育界人物，窝窝囊囊，混账糊涂，其他各界，可知矣！法善，莫为百恶。无情无理便善。慎独自快，万事大吉！与古为徒，与天为徒，真神至友。清理笔债。作字，淼联，彪山句。

阅袁运甫（油画大师卫天霖弟子，大家也）文，颇得益。

四日

昨夜未食，胃好了。

清龚晴皋章法，有巧有拙，正斜奇正一起上，正在轻松处，又来了个沉重，变化无穷，正是才情之高处。

随随便便，毫不经意涂画，至于对于客观的影响，似乎毫不负责，——随心所欲，我做我的，——唯美，自乐。合乎南人性格，但求个人满足，如此而已。对四川影响大，浙江相反！不管他怎么说，不行！(重庆人，1755-1831，乾隆，道光)

六日

书法须有至性。

率真，——信仰和良心的发自内心的表白。无一丝虚假。从事艺术、文学——信仰的记号，含有意义和意思。

春元送鱼，明日取字。王大夫送心病药三种，日各一粒，必服！心电图不理想。

作字，惬意。

美国——没有永久的朋友、至友，永久的利益。

收台必然，战事难免，亦属必然。

肠胃大好，平和，不难受了。

南人字如南人，漂萍无根子，轻贱，太随便，不可信，狂言多。

夜饭可口，鱼味好，难吃一餐可口饭。睡得好，大大放开。

七日

研究一个问题：追根，解透，无疑。

作字：

1.金眸神骏老英雄(独立)。傅山,王铎,山谷。

2.凝炼成丹(精神)。爨龙颜。

3. 正大宽博。(古人……于右任,鲁公,石门,道昭)

4.娟巧,聪慧,章草。田师。

1.五岳精灵奇险,尽攒在笔锋,发山河气。

2.轻而易举便成书家。

3.通脱不拘,一任飞扬跋扈。

4.烟岚走出逸仙尊。

5.写我至性,吐我真情,不负九十人。

6.铁骨天真,天姿刻薄,金眸神骏老英雄。

7.狂人狂笔无牵拘。

8.一浪推一浪,连绵不断便佳。雄立江湖上,坐镇海岳平。

9.元气十足,笔不离纸,催赶前去,连绵不断者便佳,若作诗然。

癸、大家、学者作字,行其所无事,快意自足。

梁漱溟。

统战部取字。赠名人二册,市委字画册一本。二年了,像未送来。

夜眠真好!饮食有关。体会作字。

八日

书聪友字(志超),立、横各一。书赵信“永和堂”。

世界上不会出一个主宰!集团日多,独行,不中用。洲际?民族?宗教?合作。

九日

发赵秘书、韩嫂、凤兰信。文海电话,文化艺术报发稿事。收到王□□寄于右任老书总理军人精神教育训词摘录(军事,第七),内刊有余题句“潜移默化,功在千秋”八字。小傅来云,昨发给韩嫂信,地址写成:太原山西师范大学教育学院院办收转。如真是如此,糊涂透了,当即另写一信,另寄500元赙金,明日傅代发之。

十日

心上展脱了,没有什么负担。笔砚事,公私不应酬,不作嫁衣,不参加邀请、征稿骗人事。专心写自家的文章、书法、传略等。

国际风暴——动物世界,无理可讲,窃国者侯。有什么本领、能耐,可尽力肆展之。老英雄也。不乞求,有骨气,“报仇雪恨,春秋之义也”。国仇不许干涉。

宇宙家乡,天地胸怀,大人行径。目中无碍,放意王国,狂人真言。

贵书,尚友,真理永恒,友爱常在,春天万万代。

世界观,人生观:

时空无限大,长。

大自然界应有尽有。

一时变化。

天地大德日生。

一正一反,万物发展规律。

势样,学习之,修理之,整理之,创造之,服从之,说明之,改变之。

克难攻坚,替天立义,主宰,大人,征

服世界,超人的才华。人为,都是自作孽。

研究:

正面动力——目标,希望,理想,人生方向。

反面动力——针对性,如日寇。

有守,志乃在。有迟有早。寻找自我,面对自我。——都是极富有挑战性的人生经验。

教育:通才教育,专才发挥。相信自己有一种内在的成熟。

读书外无他事。人生意义在于不断地学习。

独立思考,言论自由!

十一日

收柯老信。书(前次未书副标题)。

1."碑阴草"。于书亭书法论文选。

2.西汉人物绣像。(如来信笺大小)

为新权贺句:

鼓荡须弥存芥子,

雍和天地抱婴儿。

孙新权个人书法展,较成功。费秉勋、薛瑞生(西北大学教授)参加,热热闹闹,午餐六桌,过得去。二胡,廷华,文化艺术报王盛华作家记者,为我发一版文字。

保我健,为人民服务无二志,

爱吾庐,振兴大中华一条心。

养浩气,顶天立地真好汉,

破坚阵,报仇雪恨老英雄。

王盛华、木南来,礼,谈颇惬意。各赠《探索》一册,志彦材料一份,留四川流沙河联:

偶有文章娱小我,

独无兴趣见大人。

木南撰句:

平心悟道欲遁空门难舍刀笔刻世事,

凹处藏石颐养顽性好留天物戏人生。

余作:

常将笔兴发至性,

莫把清声留宫廷。

横眉冷对千夫指,

白眼看他世上虫。

十四日

发李雪兄信(闻在电视中讲话)。统战部同志送来锈片。建彪友礼,取字。写就柯老题签二作,明日发。平凹先生字。有堂取字。收中华书局总编函,嘱为新编《千家诗》作王维诗字,月底寄出。郑园由京来,赠《中学生》刊二册,内有为她的文章。尽快完成,发出(柯老著作读后感)。

十五日

字:1.有生气,连绵不断,磊落大方(傅、王草)。2.不奴不媚。有为书信。3.飞扬屹立,英雄(山谷)。4.大人气态,雍容端雅(瘗鹤铭)。5.仙灵逸气,纯真味不尽(造像)。6.氤氲,含蓄不尽意,简练之至(川画)。

发柯老信,题签二则。

木南三人取字。王大夫来,117,药二盒。题册页二。(木南横,"……笑,……虫。")

小傅回宝鸡。跃宇返里,题门楣字,张

诚数字，中华书局王维诗。

十六日

张诚之兄章老来，谈养生。

1.腰腿先活动（蹬腿），饮水（加盐也好），空肠胃。

2.活动。胳肢窝，脊椎。腰肾处皆特区。

3.睡理：四条腿动物。心脑平衡，不患心脑病。

4.精神：全身细胞力足，弹性大。

5.二子汤：五味子加枸杞，当茶饮，大长寿，360岁。足，肛门，睾丸，洗，搓。

悟，体会：生活（营养，规律）+思想（系统，淡泊）+活动（太极拳，常锻炼）=健康。

发刘锁祥信。（《学生书法作品集》阅后）

张采毅（高海夫夫人，刘念老托）。张克晋，台湾。另一，皆数字。

十七日

陕报刘辉二人来，将发文。照片数张。魏德运来，将随国家领导人、政协主席等赴香港等地开发办会，负责总监职。草文，三日内完成，交卷。作字数件。

十八日

雨。未赴碑林开会（五十周年）。洗小澡。完成序文初稿，一快！

十九日

发李殿清信。阎庆生赴空院看风兰，瘦甚，堪忧。为之赠名医示谢，书横三件。

二十日

人生，社会，国际风暴，和蚂蚁逢会正同，浑浑噩噩，一场空了事，有甚动人心处？喜怒七情，自造苦吃。英雄断不如此，自有其王国，热闹世界，安乐天地。做也罢，写也罢，谈天说地，列子，杨朱，行径有甚阻碍呢？放达任宇宙，时空运无极。浩荡听君为，莫拘一井域。但求内充实，大得一快慰！晨，放言尽脾气。

笔由我使，书由我读，一保兴会足，天行健，自强不息。

下午二时，文史馆会，东门外车等候。

北京铁道部计同志，林鹏兄介绍，将寄来材料，国庆后来见。中陈席本家来，月饼、酒等物。庆生取杨赠医生字三，送去。

二十一日

昨收赵春伟友信，即发复信。倪文东同志来，字一，大，出书。白志彦同志来，送来《咸阳日报》。白志彦举行陈立夫百岁华诞书展。内云书法活动展有我参展的作品（作品是我前给白写的一首诗，他送去作为展品的）。未经征求意见，并云将在《人民日报》发表之。郑老来，枣一盒。

二十二日

小瑚、建彪诸友来，礼。书柯老信。寄来林兄《蒙斋读书记》，颇佳，读毕归赵。王大夫来。有业院长字。玲字取走三。

二十三日

《沧桑》来信，寄材料，刊文，订刊。拟写《笔记》评文。

台地震重。对霸强是个教训。人人想想，人生意义？

发柯老信。

思维杼轴。

（事闷烦）思——线（范围）——深思熟虑——化——约，归纳。大文。

庆生为复印"三讲"意见。木南来送校刊稿（颇佳），礼。中文系礼。书海洋信，《沧桑》信。

二十四日

中秋节。好好针对自己，发现自我。赶快看胡老去，明日。发信，《沧桑》高记生。甫运兄、张永年夫妇，蒲城蒸馍一箱。刘鸿儒礼，时光礼，杜鸿科夫妇礼。鸿远等来。

二十五日

看望胡老。他的命真不好。大儿子走了，惨案。如此社会！一言不尽。

行我素，
不拘束，
无好丑，
百岁长寿！
天地归我有，
自由，自由，
到处是路。
不为法善，
不为法恶，
万事已看透！
坐观长江滚滚流。

时时在准备，对于任何问题，发生的，料到的。常常在练实力，——养精蓄锐。充实，充实！没有尽头！

体力，学力，本领，才力（本领，智慧），内在成熟（信念），发挥之。

其目标远大，从容取胜，根深则叶茂，自得硕果。

凡事知其不可而迁就，侥幸，姑息之，似乎宽大，实乃"当断不断，反受其乱"。

人各有志，各有所好，为了赶风气，随人跑，必败无疑。莫愁无时干，只愁没本领。无论哪一行，没有不欢迎有本领的干部。

文龙兄来，面粉25斤，枣。武，麻花，糕。粮食局局长。胡，刘司令司机张忠取走字。李治国同志从太原来，礼，摄照多张。

夜，人民日报驻陕西站长孟西安君，陈维礼，仰超女婿，市财政局局长□承民字，四字。

赠"祖国颂书画笔会"一件。

二十六日

心，——我的容量无限大，又一无所容，既空虚，又充实。（健康）

脑，——思维的杼轴，没有止息的时候，又有休息的机会。（灵活）

午饭最多，平和。
读书乐，书写乐，
自由自在，谁胜我！
友好多，文苑多，
说说笑笑，一王国。
史公文，南华经，
富有精神，第一着。
帝王奈我何！

二十七日

发海洋信。《沧桑》材料复印。改稿。

二十八日

内在成熟，——高度的自知、信念，虽

未见事功,却操着必胜之券。

发中华书局总编室信（寄《千家诗》字）。元军信。总邮局局长电话,约今晚一叙,辞谢,病,难出门。午,红梅陪郭瑞老来,双重礼,葡萄酒等贵礼。

思索是我几十年的习惯,也是我的一种享受。思维这架机杼,创造出我对于人生的意义,生活乐趣,战斗的力量,超人的个性,方向,智慧,自由的王国,理解难题的钥匙,种种才能,才华。敢于挑战,胜利。

"内在的成熟"。

师:狂人,醉汉,泼妇,浪人,神经病。

二十九日

1.自然界:物理、化学变化,动物世界,争吃。

2.人类社会:食,色,位,是非,真理,得失,真假,美恶,好丑,胜败,名利,爱憎,争夺权利。

3.超然世界。

为江弘基老题书签,婿苏哲取去。

政协吕九鹏送照片五张。写数字。刘辉,陕报,写文字。文联肖云儒赴澳,条幅一幅。七号取。发赵春伟、柴建国信。看杨凤兰病。

三十日

胡文龙兄陪甘肃画院同志来, 枣礼,字一件。稷山粮局局长,面粉。谈艺术问题,成功。人民日报来,为录像。考古家将看我。蒋德潜字,亲来取。将送来文化局美术报数份,并自著。人民日报也印出,纪念品。

赵秘书电,峰兄未动手术,尚好。咳嗽。

黄飞将要来。李宪孝电,问好。县长卢莲香电问好。杨信平同志即来。改文稿即完成。

看碑帖——进行指导,教育,收效快。专讲一人特色,专讲一体,一个时代,来龙去脉,彼此影响。

同自然之妙,思维之机轴,内心的成熟,存我为贵,行所无事,轻而易举,深思熟虑,化得开,大,超绝盖世,克难攻坚,解魔品,挑战,闯去,稀异,自由王国,智慧之神,强人,无人。有守。尼采超人,拿翁精神。

横眉冷对千夫指,
白眼看他世上虫。
梁漱溟,朱君哲。
足矣！受益无穷。

十　月

一日

国庆。雨。王玲偕友人来,饺子。

晚,小傅女友送鱼汤。

过得好!作字小横数件,条幅数幅。午睡酣。改稿即成。张□龙自河北来电话商议。强儿电话。健康,日在增强。

二日

晨五时起床,改文稿《读后感》,如意。

读书,作字,写文章,一天的乐事,如此足矣。王建虎,富平刻石匠,赠黑砚,自刻草文。不错，嘱作数字。刻石拟赠文化部参展，颔之。

木南同志代贾平凹君赠《野花·野情》，克熙、王盛华著作，照片一摺。《文化艺术报》四十张。其友人嘱索八十年字。为他一张。

早午餐，饱；晚餐只饮奶一杯，空一顿，好。以为常，亦健康之一法也。食欲大振，能吃。眼病大好，接近复原。工作量大，未感到疲劳。如此年纪，可喜！

曹莲，蒸馍，数字。

柴立本先生寿联。

三日

张浩然、李红梅来，礼，数字。

四日

完文稿，打印。题西汉字，后寄出。寿联。墨生信。

收李治国太原来信，万柏林区政府信交到。照片三张内，胡文龙兄一张。美国张纯杰友信。

五日

志彦来，小米、绿豆。朱仰超友来，赠《人民日报》。站长孟西安又拟为我发表一大文介绍。朱友带去资料(《养生主》)、《文化艺术报》，“书风”文。远和为整床铺。书胡老信。庆生来，收到张文立友赠《秦文化论丛》光带，书数字。木南君来，文化报数份，赴京字四。新权来，交给柯信，介绍汇文博物馆信。书胡老信，发之。

朱仰超君送来《收藏》，询问庄子写作情况。安启元(政协主席)、人民日报文物专家卢连城诸同志嘱作字。淑凤、大海来，醋一箱。红梅赠派克金笔(男人的)。王明耀送证书(汉中刻黄帝颂)。牛文山信、字，山谷联：“金石不随波……”

西高长乾夫妇、东林夫妇(谢晖)(子在新加坡)来，谈三小时，快慰甚！为东林作字一条。

睡三小时，足矣。

嘱刘念老撰寿联，柴之父八十寿。

八日，友人将送来《群学肄言》，几十年来求之不得。快哉！

书条幅五件，皆壮句，山谷笔意，气饱满，惬意，良慰，快事。

明日书元军、墨生、柯老信，题签，梅墨生等字，《十九首》。

大海夜来，明日返里，月底来。

七日

发王元军、梅墨生君信。收到书，谢。

八日

北京谢德萍等四人来，摄照，录像，送来字册(北京版)。

九日

赶完文稿，夜小傅来取，打印。改多次，始觉心安，惬意。

文海、丽春来。胡老电话，《南方周末》文可看。

十日

发柯老信。张仲海大夫来，检查，抓药。曹俊孝看字(兰亭)。

今日始觉轻松，空心无碍处。夜眠大好，食欲大振。文史馆王凤英同志接电话，

明日不参加纪念会了。郑老

王生财、赵周明等同志来，枣。陈文军同志来，赠《群学肆言》。快慰无似！

十一日

文史馆年会，病，未参加，至憾！

十二日

为建国父八十寿书贺联。又公司字："遵古训精益求精，创名牌锦上生辉。"

庆生赠《孙子兵法》精装两本，咖啡大盒，名烟。

十三日

王月喜同志来，摺木大扇、枣子。嘱枣会字，二十日取。李卫东文二。

张大夫仲海，医药公司领导来，为抓药三服，日一剂，西药四种。木南赠放大像框三件，留字册，书联。

十四日

雨。清文稿。作字——起超、红梅、月喜（枣园）。刘辉（艾涓）同志来，赠《陕西日报》数份。吕九鹏来，十二月外出。

十五日

杨凤兰女士昨天去世，委屈了一辈子，够可怜了！

十六日

新权发柯老挂号文稿，题签。小傅为买祛痰止咳二盒，广州。细看李卫东学友为我写的长文《我在故我书》，材料不少，平铺直叙，文字流畅，艺术性强。

庄文，长期体悟。

自传。

书法。

日寇杂文。

十七日

张仲海友偕西安市药材公司经理毛小鹏君来，又开药方，外加红参。血压60–130。王国杰等来，赠《东干族形成发展史》一本。

十八日

李华送光盘、证书，照片。小瑚核桃，王大夫量血压（下午）。

十九日

未咳嗽。窗外晒太阳四十分钟。午睡后腰有点不舒服（脊椎骨），受寒？但腰展起来了。

二十日

赵鼎新友赠《碧落碑》文点译注。发胡征老信。

二十一日

惠君来，留丹方，半月后来。高县杨发刚、刑家华二位来，赠像，寿字。武警院来，字，500。张仲海大夫、毛小鹏经理来，化痰药，可长用，如饮茶。红参，可常吃，冰糖。余药可停止，痊愈。保养第一。解放矣。世荣同乡友夫妇一家来，晓明入学事。

耶鲁大学校长赖文先生了不起！可敬，可爱，有智慧，理性的思考，深且广，有远见魄力，实事求是，给人以莫大的教育。具有特色的人物，奇人，奇文，奇迹，见解高于人。

经济！人才！质量高的群众？可危。

二十三日

寒流。感冒将来，保健！会生活，会思

考，会工作。会享乐——靠自我。如此年纪，何顾何虑！七十以前，罪受炸了，还受制于人！可怜。为所欲为；杨子可师。天下第一神！万有皆儿孙。

知识面——广；

学问之道——深；

树人——大；

立杆——高；

骨梗（气节，元气）——硬（鲁，梁师）。

青山有雪存松性，

碧落无云称鹤心。

惠君苹果一箱。建森来，照一张，午后三时多离开。

二十四日

书柯文辉先生信，补联。书汉王舍人碑签，明日发之。

柴文晔偕同学来（建国电话）。小傅来，小王为我打了对套袖，甚好，适用。收张浩然信。贴膏药三张，轻松矣。

如此年纪之老人，拿起笔来，任老人指画，管他二王两汉，南北魏体，笔墨到处都是落脚之地，安家故居。此所谓我即法、法即我也。什么灵气，稚气，傻气，呆气，都是我气，神气也。神有何畏？鬼蜮远矣。

如此，则更上一层楼矣。超人！化境，无境也，视而不见，听而不闻。道无形，故妙。如果人人都能看见上帝，也就没有上帝了。

奇人——奇字（文）——奇迹。

给人们以从未有的东西，特殊的超越的座位、身份，满园春色李桃红。

人民日报“大地”编辑刘建平君来，字一。印处长以上书法字册。

小傅为发柯老信，对子，题汉王舍人碑等。付大夫字一。住院回来，郑君头眩，打针。史念老住院，胆结石，动过手术。□德茂医学博士索字，即书。女，孙来。京艺院毕业三年矣，在京电视台工作。惠君为我做面饭，好。作字二件，手如意。

小瑚来，露露。拟请化君老来，住一礼拜，作幅画。

二十六日

收黑信，骂校头头，完了，如此社会。

夜，惠君为泡脚，按摩，益心胃。超过平时，一个月能收效，足矣。

为燕孙题册页。

二十七日

人民日报李晓群同志来，送照片。薛德平，赠条幅一幅（云从龙……），木刻寿星一具，佳。张大夫来，赠道口鸡一只，赠字三，毛经理一幅，药物数包。字写多了。

惠君照周文□看望，客众，谈话多。小受寒，冷。君照扶，大好。

二十八日

脑部发热，轻快，好多了，不甚疼。腹空空。昨吃饭少了些。

应酬减少为要。细嚼慢咽，要紧。

心中无滞碍，脑力常轻快。无负担，快事多。自自然然，不勉强。

二十九日

雨。少人来。惠君嘱其家人送来暖气片，感谢！然不安甚。此日用品不能借用的。

《参考》越觉空洞无物！

收到北京玉泉路玉泉大厦601室寄来《二十一世纪中国社会发展战略研究文集》编辑部寄书专用表格，嘱填写寄去（征订单），稿件入选通知：“……您98年六月在陕西师大学报发表的《庄子·养生主我见》一文……拟入编本书……”100039。

张大夫雨中天冷，送来暖气片一具（九片），深感！量脉搏，54次，好多了，又赠笔一支。

三十日

没人来。

三十一日

军大（东门外，棉厂城近处）刘无奇（西军电）、何光玉大夫来取字。

十一月

一日

午眠，梦为孔圣人画像，题榜书，如意。

君陪同理发，见吕春元主任，约三月份□□开会。山大师院来四十名书法专业学生来见，座谈一小时。便餐四桌。谢政委夫妇来，约五号赴宴，天阴。

作字应酬——冬生字。

午饭炒面，甚可口。霜降，寒。万怀嫂送来贾至芳老□□。收柯老信，收到签名

汉王舍人碑……

二日

晴天。山大师院吴、书记等四十名参观团座谈。

吕春元君为另置会地点。吴来，赴兵马俑参观，为赠字各一件，《野草》四本。

四日

赴法门寺参观。

五日

张大夫、王西洲来，赠画本八仙，可慰。为书一条贺之。许为作《八仙图》（十二月）。

收张颔老（文庙巷22号，030001）十一月十四日文物考古工作五十周年，八十寿。鲁迅研究所王世家字。（稼阜）李建森带回建国父寿联。淑凤字。冬生字。好义……。

六日

作字，短幅。

七日

发张颔老贺联、信二。鹏一。小傅专发小寨。

脑目之外什么都没有，这才叫做轻松。心室内什么都不存，此之谓淡泊。

我字当先，
我字当头，
有所需，有所遇，
全靠我自己！
上帝，不曾见过面。
领袖也没见过，
见了能顶什么？
我用他少，

他用我多。

倒不如几位好友顶用，

多情，关切，

尚义，可乐。

八日

立冬。

九日

阴。

百年难梦二相好，

蜗庐抱残一楚囚。

独赖毛颖寻生趣，

浓云忽压房檐低。

孤军挣扎不服老，

固守书城一布衣。

十日

李思白兄来。赵周明来，柿子。收到《宝典》上下两大部。（养生主）

十一日

人各怀有一道心，可恶！我自具打算，各老各的门。梦为老君舀稀饭，如好友。

十二日

连续两晚扣火罐，甚紧。红点密集。今日大好！少痛处，翻身较自如矣。再两天，当可痊愈，挺胸。此真半年来，未有之奇迹。惠君之功不磨，感激，感激！饭食可口，从未有之口福。

曹赠家乡馍，良感！发王世家、赵鼎新函。

多讯问自己，少嗤笑别人。

“内在的成熟”，真智慧，

“外形的傻瓜”，更聪明。

十三日

冷。市教委赵虹同志来取题签——“市师生书画优秀作品选”。喜佛学，为按摩，云：“痛，不通；通，不痛。”生理，思想，皆然。通者，达也。达人，无不可，故无滞碍。气血不通，大小便秘，则痛。事理想不通，生气……则病。人生就在于处理矛盾，解魔品。通人可贵，盖在于此。

木南同志来，字。（振武）条幅数字，摄照数张。作字数幅，对联。拟：“精神文明中的蛀虫”——忆□君。

虚无，实有。

虚无不占空间，故不为人注意。实有，没有空闲，便没有它的位置，但它在空间占的地盘很有限。

虚无在空间，除去实有之外，全是它的领域，无边无岸，所以价值最伟大。没有它，飞机……就飞不上天了。

有之以为利，无之以为用。故无用之用，即是大用。岂不然乎？

有，生于无，二者实系母子关系。

道生一，一生二，二生三，……万物。

道者，无也，岂不大乎？

拳术中讲虚实，书法中也讲虚实。其妙处、神处，不在实处，全在虚处。故耐味之不厌。所谓神韵、气象、境界，都是从虚处来。幽妙幻霍，不可思议，官止神行。大人，化人，孰能识之哉？

诗人，艺术家的范囿，思维和机杼的土壤，即在于此。

“世界外之世界”。寂寞中有乐神。

"腾翰有英雄"。

"思想可以飞"。

"想入非非"。

"不可思议"。

道家,佛家,易经,大学问。

世事竟有令人大笑,嘲笑,嗤笑,冷笑,失笑,苦笑者,视"有奶便是娘",微不足道,其无水平至此!愈增余之高谩,小视鸡虫之辈也。对此一流,有甚可讲求处?巧笑不言可也。

十四日

晨操半小时。冬寒,寂苦。念友人中,苦家正多,令人不堪设想。

腰病见轻,再加自持,挺胸在望。脊背部按摩一周,有信念,后当工作,计划。人生的战斗,战斗的人生。尼采。夜愈黑暗,星愈明亮。

十五日

雨。出版社字。乱翻。发胡征老信。春丽来,川贝两瓶。雨大,明日可望雪。

十六日

续雨。收田峻生友信,甚慰。字美好。("十九首"收到)南开大学,天津市八里台卫 津 路 94 号 南 开 西 南 村 46 - 102,300071。

作字数件,清债务。

十七日

未去长宁宫参观。冷。

发《沧桑》杂志社,订今年二册,明年全六册,四十元。《宝典》信,上下二册,如何处理?书峻生兄信、张寿信、永年。

高人,蓄功,国仇。存我,养大,爱物。

竞宇赴咸阳,稼阜为数字七件。午餐。

郑老来,其侄月余来西安。帮忙。

十九日

胡老、张永年通电话,不去看了。永年字。书锁祥、张老信。

二十、二十一日

石军、方磊字二。孙传计划。黄飞返郑州,字三。贴膏药。朱仰超,5911337(宅),74398751(办)。

强儿有了工作。姚诗。生彦友来,报代侯杨、齐等为(中心)。赵春伟信,询问病情。

二十二日

发文景明兄信,题十数字。草碧落碑文。

二十三日

电话,文景兄夫人接,赴山东两月?

英川,平举对子,茶。王大夫,血压64-100,43,听51,脉。张华送来石膏像。夜张仲海、毛小鹏君等来,看望,无别事。

二十四日

不要名,不要利,
为名为利常动气。
健康受挫损,
能有甚出息。
不做官,不为官,
贪污腐化不要脸。
背后指,当面骂,
千刀万剐,
硕鼠过不得街道,

完啦！

书莲姊信——侣。

二十五日

夜眠大好，晚饭少吃之故。

神居胸臆造物主，

目中无物天地宽。

外师造化。

思维机杼。

自然规律。

针对性强。

行所无事。

目空万类。

宿命？命运？说不清，冥冥之中，灵感。

收到王绍尊兄寄来两本《绍尊刻印》，新权一本。天坛南门东 2-7-101。

福建泉州市金山北区金山干休所三幢 501 号陈其明，邮码 362000，电话 0595-2389585。偏关县委会李明扬寄《雄关铸魂》。新权带来"正清楼……"样本，豆豆印，颇好。星期日来。

二十六日

寒冷甚。收张颔老信，诗二首。张淑凤来，两位购字二个。书贺崔局长健结婚。罗夫妇来(中心设计)，葡萄等。谈到电脑印册子事。

二十七日

晨陈其明先生从福建来，八时半即去，要事。下午返回。赠花旗参大盒。杨玲来。书绍尊友信。中药救心丸。

二十八日

淑凤返里，带回建国书法史，崔惠民友为子结婚贺词，五十元等。

昨晚、今午孙新权、小傅为我整理书字，颇费功夫。陶令公六卷字《千字文》、《曲沃诗》抄等找到，先电脑七件。大事情，轻松了大半。疲累不堪。刘念老来。

临瘗鹤铭，康有为、崔敬邕。"官知止"一文。

下午孙、傅、豆豆均来，面商一过，轮子转起来，万事大吉。一切琐屑，有似轻尘。

一切司空见惯，无奇事，不受任何阻碍，改天换地改变人，是为大变，超上帝，天翻地覆慨而慷。

十二月

世纪最后一月。清理，整顿，总结。为新世纪开路。创世界，玩星球。帝力于我何有？

二日

小爱、三爱、红平来，炒面等，甚慰！

阴霾欲雪。

三日

浓阴如晦，霰雪。脉搏 54，升，正常，可喜之至。饮食，按摩，泡脚，大见效矣。文景明兄电话，外地返回，来索字。骗子太多了。

四日

神行畅情意，"思接千载"，"思想可以飞"，"何有……"

流韵引清风，韵调(笔路)……曲(声)

尽其妙。

心象，意象（内），抽象，神韵，境界（大），印象，象征，幅员。

某副长：

白天文明不精神，

黑夜精神不文明。（妙评）

夜孙、傅来，取照相，字，辛苦之至。惠君送小爱上车，尽心之至。

五日

换衣。

张仲海、毛小鹏二位来，送丹参滴丸五包。武警来，小横幅。孙、傅送看照片，佳。

艺术者，天地之精英。其包罗之广大，与天地等同。任大自然，大社会之所有种种，无有遗弃。而其深度之难测，又非天地所能比拟。此其精髓，——人类之思维，精灵，则超出万有之外，中外古今，千年万载，影响之深远，莫可计数。今人看到远古之艺术，想像有穷尽乎？一片化石，足够终生之研味，因为涉及到人类学、进化论、地质学、古史学……

六日

咸阳师院教罗延廷、睢宽，授两位来，相谈甚惬如旧。均学人。赠《屈原》一本，《野草》。文史馆任等三位来，摄照。

高龄智慧，生命学（物物有生命），凝聚力。

七日

字：

幅员广阔（境界，地盘）。

展脱远扬（麈糟架杆）。瘗鹤铭，山谷。

狂者李白（目中无官），为所欲为。

活风快水（自然之至），行所无事。

流韵壮天风（写我自己），与天为徒。

天地宇宙之大之深之精之神！……

《史记》、《庄子》壮我力气。

《庄子》第一段，今始大解！——为所欲为“，快哉！

古文化之厄运！——摧残者，风气，无知，无远见也。青年不学，断线了。谁救？自然淘汰，自绝于文化大业！自杀！无可奈何！鬼子会取笑我！

1.文化江河日下！

2.民族气节丧失！

3.道德沦丧——心坏了！挽救？

八日

克难攻坚英雄气（难），

钩沉探极学人风（深）。

心是方向盘，准确无误。（公），（大）不变，万变。

脑是万能“思维机杼”，智慧之神（通，达）。

新体会，神。

王炳礼，宝鸡中行，钱币一套，字册。郑老兄来。

九日

《参考》12月8日《西方当代艺术应当反思》，作家史脱□说：富于想像，但却没有技术，遂诞生了现代艺术。

补充：“缺乏文化水平，名利心切……”→0。评论家丹图：“进入了一个恶劣的美学时期。”罗伯特·休斯:“这是‘文化萧条’。“游戏”?!

十日

作字。白志彦君来,15日展(西大)。

柯老赠联:

剪取白发三千丈,

换取青春二十年。

十一日

参加毛斌书法展。博临众碑,古篆隶楷行草都可以。剪彩讲话。薛书记等送上车,字。赠压尺一双。书柯老、林老信。晓郁取郭题字,字一赠之。整理字照。先兄原稿册页收千字草,董信,诗抄,草诀。

惠君回家。长寿药150。清理柯老信十数件,一快。

社会有邪风,民忧国亦忧。

手当持宝剑,先斩贪官头。

诗谏。睢宽作。

十二日

半阴。书《碧落碑》题句。

十五日

为清理桌案,轻松了一半。应、傅兄等来,谢霞来。九三字。杨芝芬副教授九十华诞字。杨文颖,西高生,赠《秦腔清谈》一本。

家事纷纭也好,安心写作,找幻景,万事大吉。晋省。写信。

十六日

老年协祝寿会,代表寿星讲话,说出心里话,高兴之至!卫东延安杂志文章,字。

十七日

夜愈黑暗,星愈明亮。(托尔斯泰)

风雨如晦,鸡鸣不已。(《诗经》)

尼采顽强的斗争精神。

教育神圣,

教师最贵。

体能,毅力,斗志,智慧。

宗教:祖国热诚,民族自豪感,艺术至上,诗人无极。

能耐,远大抱负,眼光,信念,内在的成熟,——强人,学者,大人,坚强的志愿。拾到眼里的人。存我。

艺术真天地,毛颖独当家。

白也诗无敌,笔下独生华。

狂人老更狂,权贵踏脚下。

洒落凌云笔,愈嬉愈堪嗟!

高秀敏,月美兄妹来,赠菜花。刘念老字。

《书法教育报》1999年12月15日《告读者书》,结束了!六年光景,131期,金钱,精力,时光,损失够大了,够痛心了!为了谁?所好总还博得广大读者的美誉,而碎尽春红,只能尽年,能与二十世纪同时结束,也还伟大吧。世事沧桑,谁曰不宜?塞翁失马,焉知非福!

十八日

辑集设想:远志,充军,讲学,　　梁漱溟坚毅。

胡文龙等同志来,下午返里,枣,大礼。各字一件。

咳嗽,吐痰,傅兄来,服阿莫西林,大

好。王大夫来，药，阿物。分外寂寞，然很平安。野草，心情。

二十日

澳门回国，桥本参加！昨今两天，无一人来，休息得好。但务健康。强儿回来，甚慰。

二十一日

终日躺着，咳嗽。

赵万怀动手术，取字一件。

二十二日

服长寿药。冬至。睡觉。

二十三日

刘辉，陕报，住西大，为述展望，书集，庄文，记之。代为文700字，报纸用。照一，小传，字一。

李甫运友来，西欧游五国，德、荷兰、法……美丽天堂，卫生，秩序，和蔼，礼貌，信用，感人至深！虽欲外游而不可得！相形之下，天壤之别。可怜的国家！！俟河清于无极！感慨，感慨。

二十四日

更须锁闭起来！一切=0。什么民族，人民，为鬼为蜮。人道，民主，平等……言之痛心，谈之污舌。人味，官员——痛，痛，痛，一万个痛。

深沉，莫言，沉默，争论？梁先生。人生态度：高，大，冷。梁漱溟先生，没错。不为善，莫多言，莫轻笑！又一进步！

大起来，高起来，冷起来（冷：无言，深不可测）。自我成熟，自我振奋，自创世界。帝乡——庄。

发左军信。赵国光同志偕湖北女娃来，赠汾酒两瓶。又海□音茶艺馆赠宜兴小壶一具（吴培坤）。陈岳松同志问候。校发180元年终生活补助。作字数件。

恶，定以一。真看透了！克星。始终矛盾，不统一。为自己，第一！

书京信四件。（姜宁）字册二。

快乐为健康之本，健己为万事之根，独善为保己之天，自得，居安，资深，自远，自养，自保，自达。

我 > 一切。

景明、鹏、三晋、望进信件。

二十五日

梦舅父村南口隋唐奇古大木四五株精神屹立，不可一世。冬季，自无茂叶。新权来。昨赶写华、李、赵、柯老、鲁迅博物馆（京册，十九首）、姜宁字，元军（字册）、欧阳老信。累不堪！牛肉，付千文。轻松矣。郑老来，苞谷糁子。

省心，节力，舒心，养神。

史良锁，煮饼，酒，运城。贺词八字。收藏展。

二十六日

胸襟转得车轮，余心有甚阻物？

天高地大星辰远，
通人达士智慧聚。
东坡自有东坡出，
几人堪与逍遥游？

张大夫电话，麝香尚未找到。吉杨，后通知。

二十七日

自得，居安，资深，左右逢源，

参天，化地，利群，天下一家。

至人不留行，

达士无不可。

发林、文信各一件。李雪老住院。

气候，地震。

星球？生物？水源？林木？人类？人口，资源。人为，天然。

体格！能力！智慧，思想（远见），持重，住群。

家庭温暖？

春伟友电话，知李雪兄又住院，不能进食，一吃就吐，只能用管，苦矣。告以新权带去羊肉，八楼无人居住，凄情不堪设想！忆及王中青故友夫妇……热闹有多少年光景，——空空荡荡结束了，不禁黯然。想不尽的知己一生！

他们的好日子，我都分享过。饮食，住居，长途旅游，从太原、大同，经过浑源、五台、应县，返朔县——太原——莺莺塔

西安，茂陵。各处都题遍字，签名。至今耿耿！人生者，酸甜苦辣之杂烩也。分析不清，体会不透。

作字。

午睡四小时，初睡似感冒，重加被盖，醒后如常。汤足，服药。写了如上几句。

收天坛王兄信。周坚同志来，离婚，甚惨。午餐。强友自美国寄来皮手套、糖类。

写大字，对联，我已悟得凝练之妙。铁山老对此有妙理，甚是，甚是。今乃知之。灏文堂字不坏，盖此理也。瘗鹤铭大字，自不可不贵。能由宽博进入炼丹之境，岂不更多微邪？民生在勤，勤则不匮[8]。太原土货商场，标准也。子贞临麓山寺，常存于胸中，若“碧”、“太”、“佛”、“塔”、“裕”、“复”……俱佳范也。有为公车上书中字，自可师之，不得忘。

一字或集体字，必须练达，手联手，依恋，有相顾，拥抱，不舍之情分，自见凝练，亲热，足矣。

结构奇特，运笔不测，整体中放出光彩，异味，而有方家气，大人气，矜肃，整饬，不可一世者。田师气味，须继承永保勿失，余味无穷。其中有情，有精，有信，魄力系人。

书味无穷（情味，奥理）。

字味难极（幽妙幻霍，虚实蓄劲）。

二十八日

发刘在文信。收文景明友信。刘剑平，陕报，来，取六十周年贺词。全□利三人来。印刻二，拓片，瓦当（卫），题字。妙霞三妹来，送字。屈寒夫取字（钱在放？）。付大夫来，尿血，前列腺，已止血，忌吃生姜，葱蒜苗。惠君来，脉 50。正峰友病。玉苓来，诗，作字。

二十九日

秉礼字。作字清理——树文题竹石。郭翰西赠字书——《长恨歌》。赵周赠高丽参。

三十日

书张树文竹石。

三十一日

收北京孙玉石、菊玲夫妇贺卡。左军。金堂字“西望姑射”。李廷华贺卡,法制周报社。

艺术:自应有高山大川,白日皎月的气象,状莫能极。富有大仁,大智,大勇,高洁大德的气质。但它不能使人感到它是一位英雄,或使人看不出它的影迹,有形而无形。它最善于做地下工作,潜移默化,初春夜之细雨,润物无声,人不之觉。魔力之大,与大自然界同功。其中有情,有信,有精,有真,灵魂所铸不外一个“诚”字,纯真而已。婴儿也,大人也。

武器:

1.“憯志”,——庄叟:“兵莫憯于志。”

2.“思维机轴”,——孟子:“思则得之。”

3.“智慧”,——“内在的成熟”(耶鲁大学校长)。

4.超人,——尼采。力量之源。

5.您自己站得越高,物就越小。反之亦然。

6. 私欲蔽,百害之源。——教育问题!

艺术以其具有博爱的心田,故有无穷的魔力,磁石的强大的吸引力。

〔注〕

①“横眉冷对千夫指”,鲁迅《自嘲》诗中的诗句。“白眼看他世上人”,见王维《与鲁员外象过崔处士兴宗林亭》:“绿树重阴盖四亭,青苔日厚自无尘。科头箕居长松下,白眼看他世上人。”卫先生集成此联,在表明自己的生活态度。

②“未始于非人……”,语出《庄子·应帝王》:“蒲衣子曰:‘而乃今知之乎?有虞氏不及泰氏。有虞氏,其犹藏仁以要人,亦得人矣,而未始出于非人。泰氏,其卧徐徐,其觉于于,一以己为马,一以己为牛;其知情信,其德甚真,而未始入于非人。’”蒲衣子,传说中的古代贤人。有虞氏,即虞舜。泰氏,庄子假想的古代帝王。徐徐,安闲舒缓的意思。于于,很自得的样子。大意是说帝舜标榜仁义笼络人心,虽也能得到人心,但并没脱离外物的牵累;而泰氏则睡觉时安闲舒缓,醒来时逍遥自在,别人把自己称为马和牛都无所谓,他的见解信实,德性真实,而从来不受外物的牵累。这是借假想的帝王来批评儒家的仁义。

③吕祖,即吕岩,字洞宾,号纯阳子,唐河中永乐(在今山西芮城县)人,为唐代道教重要人物。能书法。相传今芮城县永乐宫所存之草书“寿”字碑,即为其手迹。

④张禹(1922–),原名王思翔,浙江平阳人。解放初期参与创办泥土社,为主要负责人之一。卫俊秀的著作《鲁迅“野草”探索》在泥土社出版时,张禹即以他的论文《“野草”札记》作该书的代序。张禹1955年被打为“胡风分子”,1957年又被划为“右派分子”。

⑤见《论语·述而》:“子在齐闻韶,三月不知肉味。”韶,乐舞名。

⑥语出傅山《霜红龛集》“读南华经”：“读过《逍遥游》之人，自然是以大鹏自勉，断断不屑做蜩与学鸠为榆枋间快活矣。一切世间荣华富贵哪能看到眼里？所以说金屑虽贵，著之眼中，何异沙石。奴俗龌龊意见，不知不觉打扫干净。莫说看今人不上眼，即看古人上眼者有几个？”

⑦即柯文辉《牛棚无题杂诗二十五首》，卫俊秀 1999 年 9 月为其书之，并于 2004 年 10 月由陕西旅游出版社出版。

⑧“民生在勤，勤则不匮”，语出《左传·宣公十二年》。

二〇〇〇年

二十一世纪始。龙祥瑞。

二十世纪，1999年，只有一夜就要被送走了。在此九十一年历尽坎坷的日子，不堪回首，可叹！可愤！可歌可泣！古稀以后，始见天日，瞠乎老夫，亦云幸矣。谁是我的恩人？谁是我的仇恨？天知，我知，岂能忘之！

夜愈黑暗，星愈明亮。（托尔斯泰）

风雨如晦，鸡鸣不已。（《诗经》）

尼采精神。

除夕，除世。

元 月

新世纪，大三元。

元旦

作为世界史的进程，个人游程的界碑，不能再老一套，千忍百让。国际，国家，社会，家园，都会大变样。

你站得越高，俯瞰下方的物体就越小。

不争气，不长进，以无能为大肚量，虫豸耳。

孔孟之道害煞人！

喜禽集子，三本。传记，艺术，偶识。

郭老瑞琛随女素云来，礼。以《碧落碑》赠之，即回台湾，月底来。起家北京电话，见到稼阜，过两天才能返回。

新世纪社会复杂，鬼蜮变幻多而快速，事事须深思研究（???），不为法善，不为法恶。儒家思想要不得！

二日

凡事须通过大脑一关，大解放，走上坦途，安心，放心。

开始本传记。

今后，人的最大课题——保健，与病魔斗。大敌：药物，污染，化肥品。坏行为！失去天然抗病素力。良药——按摩，杂粮，运动，鲜菜，人胜天。少吃几口。思想锻炼。

时代面貌，走向，脚步起。旋转，流动，浑身触角，克难攻坚。轻松，无滞碍。通达，圆化。

三日

文龙兄来，特赠稷山姚村枣一包，又一包。成色不同。回赠大字册。付大夫来，魏摄影来。

四日

李宪孝友来，有新计划，公权研究会等。

五日

晨为董寿老弟子雷启后、崔惠民先生梅竹合展贺词。

师道得心传，传人皆国手。

岁暮春常在，傲骨一风流。

艺苑真天地，旷达真道友。

拸画指顾间，数枝足千秋。

不嫌俚句拙丑，书贺。2000年元旦。

六日

垂云不雪。贺词，匾字，书字改动，乃得较为舒心。

发左军字。钟镝为题书展名。贺词再题。又苏州展。摄影数张。小傅助成贺词书写，又为托字去美院。回贺卡工作……

赶写毕贺崔、雷合展词，小傅帮忙。淑凤未来，大约感冒未好。小傅代托（美院）。新权回来，收到华君老信，赠书，茶，柯老人参等，郑园点心，糖。……起家赠《国色天香》。关于书法集，颇得赞同。意见不少，都是好的。欧阳老忙不堪，时间又贵，四尺宣二万元，以拒远客。写文。柯老为办书号，介绍出版社，写文章，甚慰！1.题名用名字。2.出专册，如陶渊明、千字文……3.期刊。黑白省钱，细致。4.修改《傅山论书法》，省力，山东友人观后，可与古人比肩。可观。元军赠所著砖欣赏（楷书），为写文章（上海书法杂志），二月份刊出。注意：

1.时间！2.专著！3.保健！4.尚友！5.回友人信！6.少说话！7.惜墨！

王经理、小瑚来，露露，礼。集印。

七日

1.青帝城——百卉香。

2.白鹿洞——五车书。

3.无何有乡——思维机轴。

收赵秘书信，李老动手术事，大约动了。鼻饲时要长些。大夫要他长期住院。他天天活动，心情还好，清醒，见到信很高兴。春华感冒，声沙哑，说话听不清楚。星期一来。文海将赴京。倪文东来，字展，须字一二张。省上材料。文（日报）。

八日

省老年会三位来，礼。张淑凤来，明日飞机赴京。崔、雷梅竹展贺词。厂长等来，约会餐，辞。书华老信。忙，乐趣。

1.长安县博物馆。2.厂长中堂，对联。

文海夫妇来，大枣。介绍信，元军字。文龙兄送复印赞文。

九日

发华、柯老信。淑凤乘飞机赴京。

十日

阴。读乡友胡文龙书法艺术评论赞：

艺术真天地，毛颖独当家。

白也诗无敌，落笔便生华。

高才控结构，无法胜有法。

狂人老更狂，邪魔一笔刷。

抖落凌云气，愈嬉愈堪嗟。

不嫌俚句丑，聊供笑哈哈。

元旦。

贺先师董寿老弟子雷启后、崔惠民梅竹合展：

师道得心传，传人皆国手。

岁暮春常在，傲骨一风流。

艺苑真天地，旷达真道友。

掺画指顾间，几枝足千秋。

文龙兄来，蒲城蒸馍。

十一日

首次瑞雪，大雪纷飞！愿兆丰年，病魔败回。只可怜野兔，小鸟……

迎挑战性、对抗性的势头！

我的太半的生活经验：敌对的逆力对于我的好处大于师友。敌人、厄境，增加我的抗力、意志！友人只使我舒心，渐渐地走向下坡而不自知。书法、治学工作为什么有了点上进？敌对的力量使然。尼采的超人，是撞了钉子来的！没有针对性的人，没落了。“无敌国外患者国恒亡。”真理！

车臣战成功、失败将决定普京的命运。

日本的官员、学者，对中国的政治、军事、经济，以至于琐屑事，无不关注，常常及时发表议论。中国人对于日本事，毫无动静。

外国都看中国这块肥肉！我们似乎等着豺狼吃。人们的思想，无所谓。麻木不仁。不争气，不长进，只知肥己。公即私，私即公，公私不分。

行为：无廉耻，无信义，无是非真理，各自为政。国家、民族=0。自由、无政府主义——天堂。有权，有钱，即是王。公字<私。“人人为我而天下治”。

薛鹏飞女来，赠录像，取文章（陕报），字册（刊），照相。洛南崔武赠像（装框），人参……字一。嘱四字（人道主义）。曹老师病，需住院。蔚农为修理椅子，稳当多了（电焊）。

十三日

夜停食一顿，倒也甚松和。发李翠林信，阶耳信，柴文烨信。张少华（报社）赠《绣像红楼梦》一套，古装，珍品也。庆生、李丹来。又日人真田丹马著《中国书法史》上下二，王羲之行书字典一本。刘锁祥友电话，傅山七卷已买到，三百余元，折扣。文晔电话，寒假回去小住。刘辉赠报五份。子辉白，虚室生白，吉祥止止。发林鹏兄。

十四日

发望进信，书周强信。赠曹伯庸兄字，他出院。

终日雪未止，不闻鸟声。困兽苦矣。好斗前方战士，不知有何想法？人相食，也有吃不动的一日，让教育他们吧。

林木禽兽鱼鳖灭绝，人亦完结，此之谓自绝于生物！可怜的万物之灵！——自作孽！

阶级友爱<博爱。（人<物）

少数人发财（制造阶级斗争，培养新统治者，新接班人）<多数人。（无产阶级，又是革命）

十五日

夜大雪续降。人们又喊：够了，够了！人皮难披。现在轮到天了。难可人心。

禁止：为人书役！求轻松，免负担，健康要求！

为出册子，开小会，颇有收益。详计议。看经济情况，决定谁印？如何印？本地外地？名贤、京册等，都落了个空空。不能含忽。为了名，大可不必。不问收获，何必？莫为生意商家干好事！（宣言）

自种的地亩，自打的粮产，无能力处理，仰仗外力把握之，左右之，剥夺之，沦为奴役。知识分子，可怜之极！

文章千古事，卖不出去，还得倒贴本钱，为人做苦工，没工分，讨饭，受白眼。吁！可叹孰甚！

彼得大帝，可师也。艰苦奋斗，自力更生，延安精神。延安为何不能可用？全国什么人都可大大用起来！！！

有没出息就在这一点！

鉴于50、60、70年代历次改造运动中,知识分子——教授、学者、专家、文豪、艺术家……所受的苦难,残废、冤死者,出一口气!

勤苦奋斗,冶炼精金,寻出路。

十六日

以国家、民族为本体,生存,工作,现实。莫谈什么人类,四海一家——空想,不中用。中国八年抗战后,侥幸心,退让,迁就,叩头……“谁侵略你?”南京屠杀胡说!直到大使馆被炸……够丢脸!民族气节?大国?

还不该还手吗?

达尔文,尼采,圣人,智者。“人者,善作假而已。”

雪花又飞起来了,好得很!

人生的价值观?好好考虑!家庭,朋友,工作,业余时间,政治……谁重?地位?个人生活>社会生活(西方,俄国近之)。我们如何想?事实已表明:个人、家庭、钱、私字外,别无一有。学习,公益,他人,伦理,朋友=0。好社会!

张臻来,女结婚,书贺(18日)。省政协委,明日来取。

书柯老信,题签,藕益大师著《阅藏知津》——大藏经导读。名——年。《明清闺秀辞海》,签名平。《吴颐人师生印谱》。卫传,十六页,引话中“超方”评为“超万”。

附中:千字文,杨文颖字。

尉令望:处礼。治病救人,宏放气光,上扬祖业。条幅字。高凤清横书字。发郑欣淼兄信,郑园信。理发。

十九日

《百感集》。秀才群。太子精。真友谊。

世代友好。土蜂王。动物世界。

知识即力量,智慧真神仙。

艺术真天地,博爱慈母心。

敌寇苦良药(抗力),知己一条心。

教育兴国根,文化解迷津。

存我为贵,禽物为贱。

艺术欣赏能力,往往出乎几分天赋。出手便高人一筹,莫可言喻。

三国、西游、水浒是名小说,红楼梦则是大学问。

进化:

1.和平论。(孙)

2.阶级斗争论。(马)

3.欲望论。(红楼梦)

追求私欲,占有,强力。——权力,金钱,享乐,——历代帝王行踪。

争领导权,皇帝,总统,主席(国

世界)席勒。发财,大家族。贪污,腐化,外国存款,儿孙留洋,地位传子……,派性,分裂,争夺,——千古规律。

=0。

苦了百姓。知识分子,工具,手段,牺牲品。政治者,惩治也。于今为烈。侵夺范围,从地上到海域,天际宇宙;从人到生物,矿山,沙漠,荒原。

便通畅,按摩功也,大于药物百倍。

王节、康惺边家学会来,礼,字。

二十日

书柯老信，题签三件。蕅益大师著《阅藏知津》、《明清闺秀辞海》等。陶华，宝鸡中国银行行长等四人来。吕春元来，礼。文兴来，竟宇被套……文史馆韩馆长，徐耿华，陈青等五位来，厚礼。吕春元同志赠火锅。

二十一日

发柯老信。要做：

“长寿之道”文——罪人，于前事多无补之。

“鬼子杂文”。

传记——庄文——

书法探渊——

文章千古事！（？）探根，形成史。

发前人所未发，云人所不敢云。作用，影响，功绩。浪头人。阐明，开发者，发难人。

乡村种种：

1. 百分之七十语文教员作文不会写文章。

2.烧毁干部新房。

3.贴白纸春联，浇毛粪。

4. 砍去果苗……干部害怕……危机四伏。

张有时先生送请柬，二十八日何金铭同志召开笔会——赠宣纸，先作字二件。不参加。

方胜同志来。

谢无量书法。

忧时应作鲁春秋，掌运和平岂待□。

喜见东风苏万木，弥天四海尽同仇。（有感二）

插堤林木秋雀瘦，

楚声三户足亡秦。（题屈原像句）

种德收福永享年寿，

敦诗悦礼动履规绳。

学者、文人书法，只写自家性灵，管他什么碑帖，某某大师。一谈到家法、门户，倒反捆绑了手脚，能弄出个什么神品、逸作？

作诗为文，应是一理。诗家死守韵本子，四声，看得他又如个囚犯，不敢放开一步。“作诗必是诗，毕竟不是诗”，良然。余为人题签、书匾，总犯了这毛病。板了！应引以为戒。

才子，如袁枚，金圣叹，批文戏作，多是天真自然，大刀阔斧，自辟蹊径，谁敢说个什么？读之者如服清凉散，悦豫情畅，好不爽快。

新权来，知咸阳黄木同志对余之钢笔字甚感兴趣，见其所书，甚佳。

我自抱有春色在，莫笑书作多余事。

管他秋冬多寒霜，谁知此中大气概。

二十二日（腊月十六日）

初度。

垂云欲雪。观谢无量书法，吴丈蜀老为之序文，均川人，出色学者，高韵深情，坚质浩气，天机自然，学者字。

新权、蔚农各赠书一本《庄子新解》、《文化》。

教训：亲友为我生日，在中心团聚。自

是欢乐可喜。幸而余未到场,听说大醉,吵嚷,吓得服务员不知所措。胡言乱言,翻腾家事,可恶之极!真丢尽人!

二十三日

发孙玉石、菊玲夫妇信。邮编100870。黄飞晨返里,肉二……四本吴老信、序。文兴返里,二。未告即去,人啊人!张仲海大夫来,赠丹药数包。父二月"寿"字。石膏化验,脉58次,好。郑园信已发。

还是孤独好,无人麻烦少。

思维机轴转,生产便多了。

收文景明兄信。振绪汇贺生日款。

二十四日

发景明、玉石、绍尊先生信。

自由——无牵连,挂碍;无留恋;无顾忌——独来独往(通人,达人,神人,至人,真人,英雄,志士,豪杰,醉汉,疯子,狂人,泼妇),即自由,行其所无事(无为),为所欲为,自得,自适,自乐,居安,资深,左右逢源,正清。轻而易举即成家。磊磊落落,光明正大,坦坦荡荡。高山大川,白日皎月。犹豫事贼,当断不断,反受其乱。智在存我。智慧=神仙。涵养功夫。内在的成熟。冥中见晓。慎独。

思维机轴。

大地,广宇。(舞台)

日月时光。(历史进程)

历史。(事实阐述)

哲学。(真理的精灵,妙道)

科学。(手段,技术)

社会变化不测,人的变异微妙,摸不清。人伦道德颠倒,庄生的"人相食"①预言,兑现了,高明之至!能认清今之世道,进入动物世界——一切无论矣。人禽不分,人鬼相等,可得处世之道。自然因此否定善人、知己,亦属大误,不应一概相量。

庆生陪同杨闻宁(解放军文化人,作家,记者,著作多,兰州军区,西北大学毕业,后从军)赠《大风起兮云飞扬》、《西北军旅作家文选》二本。郑园惠寄300元,生日。真感动!高山大川,白日皎月。启我智慧,天地精英。

二十五日

《红楼梦》二府,都是被七情鬼折腾死的。世代兴衰之道,亦尔,非全赖阶级斗争之故。秦亡,太平天国,可验证。

莫积善,莫教育人,为谁育才?

方外人。移画介者,绝望人。

黑头脑+黑良心人,糊涂人。(鬼子)

发坚如、张浩然信。

雪花飞扬满院白。

张有时老取(宣纸)字二。书周金冠同志信。作字八件。

二十六日(20)

浪头人,出色人,标准人,有贡献、有影响的有益于国家社会的人。

1.传记;

2.庄叟;

3.解魔品杂俎——针对国仇。

4.书法作品集;

5.书法杂论(偶得)。

重要图书——丛。(珍物,渊薮)

学业生命线(经典)。

珍贵碑帖(爱物)。

真师友——恩惠。小记。

贵我。思维之神。(智慧)

赵养锋、钟德厚先生来,赠宝石(六射星光芙蓉石)。发周金冠信。赵万怀君来,礼,为书文《徐文达与卫》,拟写年谱,整理册子。

出版册子,鬼多,多印,盗版,发财。天水贾同志赠马雕,——黑色。册页为书,红纸自带的,尽欢而去。

二十七日

发张□龙、张浩然信,赵、李老信。曾参谋长字(甫运兄)。黄飞赴武汉,见吴丈蜀老,三天后回郑州。发郑园信。整材料。文海字,京回来(?),省委字二。

二十八日

在学术方面,若再要把陈旧的肤浅的已经解决了的问题再提出来卖弄聪明,是可笑的,没价值的。

与其空谈到2050年我们的国家经济、教育要超过美国,不如切实解决当前存在的大问题为上策。

不认清敌人,引狼入室,危哉!

怕群众,知识分子,只做防御工作,何时了?不学无术,难为脱骨。

李星亮(武警)来,赠香油二筒,木耳……品。云李瑞环欲托李健国索字,书之,星期一来取,赴京。小傅来。午睡盖得厚,腹甚通畅。熟睡半小时,比三个小时迷糊(不实)的睡眠,价值大得多!——实质与形式的差别。

庆生美酒、干羊肉、柿子饼等,后天赴京。

不用提看外国书,只看看外国人的照片,便感到一片精神,朝气,抖擞起来!

二十九日

傅璇琮,中华书局总编,庆生为索字一条——("落笔撼五岳……")。

三十日

王勇超着小瑚来赠礼。张有时老送来镇宣。何金铭赠书一册。老年书画会好友来看,礼。民盟领导来,礼。午前后好睡,明白了右腹部病的原因。不要紧。

好人做不得!工作好,要不得!国家好,难得。

李宪孝携子李栋来,另子李桥谈柳公权事(企业家……)。书法教育报事……

李金亮君来,取李瑞环先生字一,对子,又礼品。我从来害怕和大官接触,不会应酬,但在当前谈起来,李、朱是好的。李在天津有政绩,朱一上台就令人大叫好,首次讲话我就非常拥护,认为中国有救了,不能不从。以后的事,我倒不是神仙。

基本认识:

思想解放。明识。

重温:《哲学笔记》。心得,根本认识,原则。达尔文主义。百年大齐。社会,人生。人类历史,演进之机。

1.一切皆关系!事事物物,彼此交道,影响。天,地,人,万类,没孤立。

2.一切皆过程(发展,进步)。没有不

变的东西。暂局，过客。

3.一切皆矛盾。大小，长短，阴阳……对立，没平衡，统一，矛盾的结局，必然。消灭，又含有分裂性，新矛盾。一朝一代，无止境。

4.没有完美无缺的东西，常常伴随着缺陷、谬误。等待修订，创新。

5.地球，生物，最终？=0。文明→动物世界。

晨黄飞电话：吴丈蜀老患脑萎缩，不能思维，颠三倒四，烦恼。要我自做序文，他人识不透。有两子，长子50多岁，无子女；次子有子二，正闹离婚。夫人乔大壮之女（？），送我书一本。苦矣！天之报施善人，其何如此？

发曹福成君信。饭量大增，菜。

振兴路电视台台长侯冠荣先生等四位来，赠中华烟、金白脑珍品。祁玉勤（履历），王军律师，侯小捷（子），高强（记者，编辑，总编室）。富平刻字，糖。

胡文龙蒲城馍20个。

三十一日

繁忙，应酬多。

二　月

一日

电候胡征老，在家养病。朱影在家服药，良好。发颔老信，贺年。书字：振纪。

张婕等来（右任书学会），取材料刊登北京电台一书画刊，二月份。摄影三张，冀山题签。杨维翰书画，文选。收赵鼎新信，急复。

甫运君又送来鸡蛋大量。育民对联二副，二千。又一副。

二日

庄子的伟大：

1.天人之际的学问。（独与天地往来……）

2.胸怀广宇，师大自然。物我一体，死生一贯。

3. 钻透真理之极则。（成—毁—成=正—反—合，分—合—分）

4.大哲人（思想家）；大学者（天下篇）；大文豪（寓言，小品文）。

5.忧国爱民（宋王，千世之后……）；大艺术理论家，音乐，雕刻，绘画。

6.反抗君王，讽刺势利眼。

7.道，学术性。佛，宗教性。

8.傲骨，火爆性子。（喜怒……不入于心，假的）

9.丰富渊博的知识经验阅历，由小见大，观察细腻。（解失盗墓，物相）

10.思维机轴，内在的成熟。

11.庄子书=宇宙博物馆——动物园，植物园。大名人见地。天地，山川。（漆园吏，管理漆树）。

12.甘贫苦，辞官，守正不阿。

13.通人，达人，——真人，至人，神人，高人，狂人。

14.重视个性，自由，平等，博爱（齐物），不伤物，爱护儿童。

15.科学头脑，观察分析。文学的情感，哲学的思维。

16.反战——蜗牛角。

有待——无待；

有为——无为；

有用——无用（大用）；

人为——天然（自然）；

实——虚；

雄——雌；

不可——安命。

顺。节。自得，自安，自适，自乐。

伟哉！无与比！良师也。

横眉冷对千夫指，

白眼看他世上虫！

存虚（道，无），柔。

存性（真性），人性（天，顺），存神（思维，静，智慧）。

发鼎新信。（毛贝发）收郑园信。曹（字，张大东友）来，自作联。

下午乘肖便车看望胡征老，健康尚好，出送到大门外。礼。

李孩子来，不曾想到，甚慰。虎虎也来了。赠围巾。肖条二，又友人二。

三日

傅蔚农郑州回来，黄飞赠道口鸡，枣，蜜。乔大壮女赠其父书法。黄借给吴临"兰亭"一观。李卫东陪同三位摄照，北京文用，煞费苦心，姓名记不清。杜中信回来。

四日（二十九日）

立春。终岁辛勤，手脑苦矣！良好的休养，想想开心事。苦日子应该送走，自适，自乐。神仙生活，管他娘的，有甚顾虑。

好友，忧友，病友，都看过，问过……要对得起关心的朋友，帮忙了朋友！开展新年的学习，工作。保健天大事。世纪天下第一春！变在何处？莫轻易言笑。十之七八都是鬼，笑什么？鬼子的磨石脸有可取处。

车站杨君送梨一箱，珍获。武亭返里，交来钥匙。看门户。检出一封峰兄信，九二年写的，非常快慰！当勉之，完成庄生内篇七篇，可出个册子。

快活主义！——轻松，愉快的作人，念书，写作，不从俗，自有天地，自由王国。

王玲清理房屋杂物。心清多多。刘辉"虚堂生白，吉祥止止"。

肖字二条，初八日取。

友谊为贵。若把豺狼当做友好，最危！中国吃了这个大亏！

五日

庚辰，神龙主岁。

元旦

吉利——和悦——百福。

争气——长进——伟功。

自由王国乐天地，

独创王国看古今。

庄叟："兵莫憯于志。"在学术上，艺术上，做出震宇工程，从国内到世界，有甚难处！尊重历代中外古人，今人成就，推陈出新，莫自负，虚心务实。没有往哲的大业基础，能创出个甚来！前人有缺陷，不够处，盖限世代条件。我们今日一点成就，安知不为后人所嗤笑耶？

为浪头人物，发前人所未发。为前人所未发的，是为英良。

胡征老，若谷，冯传家，应驹，书令，刘，曹，王，傅等来。士颍兄电。吴强电，张汉灵（宁夏人）。杨起超。王国发母子来。

大放晴，好天气。

收赵秘书信，李雪好，稳定，鼻饲。甚慰！甚慰！

胥超君来，已搬居师院。

一天热热闹闹，快快活活地度过，友人多，电话多，有收益进项。四卜（刘老）虎儿一。

朝鲜真了不起，钦敬！敢于警告美国，斗到底，硬汉！不失民族气节。索赔，否则恢复核计划。

贾健民，运城世家电贺。兰□电。以后莫谈国事，以省闲气。不顶用。李钟善同志送赠海峡两岸纪念于右任学术研讨会贺卡。李健彪夫子来，礼。

六日

提高新认识，壮大行动。

1.国际（人道主义干预），动物世界。鬼子翻脸——忘恩负义，撕毁友好条约。否定侵略南京大屠杀（大坂会议）——豺狼。准——针对性，斗力之源。

2.国内——莫谈国事，莫忧国忧民，不顶用。少数人发财，人心坏了。

3.莫轻易谈笑，百分之七十狼、鬼。

4.不为法善，不为法恶。

5.保我健。慎独，拼搏，守静乐干，敢当万类克星。浪头人物。抱负：

（1）学术，艺术，震撼国内→世界，东西大国。

书法作品，书法新论，体会，心得。

（2）庄文独创。翻案，迎庄叟回凡。自传（史的新页），时代性，社会。三公弟子。

（3）杂文三十篇。国仇。独来独往。

三宝：思维，智慧，情义。

横眉冷对千夫指，

白眼看他世上虫。

张光老电话。程岭梅、杜白文赠书画册。高清亮、樊习一、胡增贤、郭林兴等来，礼。高泽电贺，赴德国三个月，看儿子。

拟为新楼书：

大厦纵横新气象，

楚天杳阔喜登楼。

与有肝胆人共事，

从无字句处读书。

条幅二：

或：正气冲星斗，文光射日虹。

作字无定形。英雄大人，刚强柔媚……视对象而定之。

如此老态，只如儿戏，有甚吃力不可处？妙笔，俗眼识得个甚？若扭捏做作，强求逼人眼目，真太可怜！说话，为文一理。哪管得他一切？此得以傅山先生子孙为师，最好。狂人狂笔，拸画，个人天地，神仙帝王，岂奈我何？此之谓通人，达人。奴人千万做不得，俗人可悲。超逸，自然便好。

字=我之人格精神，如何随便示人?!

七日（初三）

晨为省楼书字二条，又二件，自快。

赵万怀夫妇来，看文稿，改了几处。命名，辞去。夫人索字。李老即携来字册（起家）。满道夫妇不锈钢壶。李正峰友大字册四本，为书字“百无忌惮”。题“桃蹊”二字。王英电话，北大大女。“正气冲……”对联甚放，可喜！

天光大好，明朗，心清气爽。门外晒太阳一刻，活动。小按摩，浑身发热，血液流动加快。精神要轻松，放开。身体也要轻松一番，活动之后自然时时感轻灵松弛，无滞碍。如机器运转，擦油之后，自如，无故障。迟钝、木呆、生硬便糟。洗澡、按摩、活动，快感生趣，怒生之草。运动员之上阵，如活风快水，天马行空，三军出征，健儿上阵。尼采：酒性的人生！

水，酒，肉！清凉散！决明！

洒脱，放得开，健康好，念书好！率性之谓道，洒脱心明远，率性道通神。

八日（初四日）

生命力，活力源泉，生趣，寄托宫。

心——洒脱，通脱，豁达，自在。

体——松弛，灵便，轻灵，生龙活虎。

胃——松和，舒服。

全改民来，礼，赠《札记》。蒋蔚奎君赠《中国名园》门票数张。赵亮夫妇来，礼。新权为购《书法》2000年第一号。王元军友为我写文章，书法若干幅。树廉，信并自传，吕大夫来，告按摩法。江受批判事。

九日

张瑞霞、柳如松来。徐文达老电贺。郭老素云来，赠台湾草席。周景濂同志来。

十日（初六）

发卫妹、柳胜利信。得梦平信，阎指示按照唐一大将军08000数支，余项照旧。起家友今日来，甚盼！睡好。五日内，快活逾往时节。

思白兄电话，胡电话，政治学院电话。付大夫来，谈了些我不懂的事。患脂。胖了，脸部有了肉。人人都说，懂得养生之道，吃饭知道营养二字，多多少少，调理得合适，从惠君那里得来的。庄子了不起，老师爷。

唯心、唯物之谈，生存之理？追根子！1.人一出生，先是呱呱叫，想不是要吃饭，应是感到应付不了新环境——冷，热。破坏了习惯。惊奇！2.足饮食。欲望！生理需要，生命，活。3.供应。物质。4.夺权，斗争权。家族。集团。国家。

午，胡文龙友陪同洪洞公安局局长李清明来，礼。曾来过家。司机，女女五人赴长安饭庄午餐，钱1500档次。索书。甚慰快慰！郑老来，也说胖了。下午三时睡到五时半。王纯夫妇来。

书艺如何打出世界？责任！

为三晋人吐气，为西安人发愤，为中国人招魂，向日寇索债，为世界呼吁和平！

十一日（初七）

彻底认识到：

文明世纪——动物世界大地，儿童嬉

戏广场。

新社会里的种种蛀虫，表演的鬼把戏儿。有意的捣乱，无意的帮凶。

聪明人最糊涂！

糊涂人反聪明！

姚生泉馆长来。贾起家、赵守平、南红耀运城同志们来，重礼。赠大册、《十九首》。八月份来。谈天说地，甚乐。未餐。下午即回运城。赠红楼梦字。

一个人，每天，甚至每时，都在向自己的生命（如同对树木似的砍伐、伤损）作破坏的工作而不自知！思想不对头，行为恶劣，钱财压心，忧虑，不快，嫉恨，报复，工作上爬，失意，狂欢……

方磊友来。

"救救孩子！"高尔基、鲁迅：反对封建、资本主义，把孩子当做发财的工具，要解救幼小者。今日教育负担重压，损害幼小者的健康，近视眼，作业做不完，考不上学校，自杀。儿童世界，被剥夺了……

我不愿月边有克星，但我愿成为一切的克星！当个障碍壁垒，防范破除所有邪恶！此之谓作人。

领导者，"领倒"也。不负责任，教师要走，任你走。走了怎么办？清官！当头儿的不懂艺术，胡说，又陪话，哪有如此的领导？可见没人手。如何撑得住这个大国！

十二日（初八）

晨读柯老昨日来信并跋文近万言，感动我心。费了多少心血！精细，面面俱到。极不安者，夸奖过高过实。附给稼阜一函，似勉为接班人者。当先复印二份，再打印二份，寄呈柯老一阅，改正。

发柯老信。先生信，给我以力气、希望。认识一致。闯前去！为地球做主人。浩浩荡荡，如海水大波涛汹涌，什么战舰、母舰，一齐吞掉！

弘一法师（李叔同），祖籍山西（《书法》2000年一期）。卫天霖，汾阳人。赵望进母亲电话，要来看望。字父九十寿。

×烟！

孤独，寂寞，是精神生产的最好的土壤。它是看不见的思维机轴运转，操作的唯一机房。它是一般人永远进不去的神圣故宫——"无何有之乡"。

没架子，这才是我的真架子！……

少数人发财的提法，至今还不理解！一刀切，违反实事求是的科学精神。明知物质（经济）是第一位，基础，何以总是落后？

真为人民服务的有几人？

延安精神？

知识分子是宝贝！大革命中死伤了多少人才？何以故？

文化，教育？

儿童，接班人？

国家元气——民族气节？

我都糊涂不清，需要进修！

走极端——批评。常胜将军。好到极点，坏到极点。损人利己，对方无一是处。（抗日）

我的思想变化？由好→坏了！

没受到到多大进益，苦则有之。

我能说出我的祖宗、家室的起源吗？做梦！经验主义——三个臭皮匠……

为张仲海大夫，望进父作寿字。又三件。一用自撰句：

慨叹动物世界大地，

喜看醉汉骂街场面。

收张颔老信，健康好。王元军信。

十三日(初九)

稿，字。浇花。

十四日(初十)

校稿，打印。中强夫妇，女来，礼。刘玉玲、田钧同道来，厚礼。黄埔取稿。安乐字一。

确定克星地位。

肖云儒同志函，省办主任董道峻同志取新楼字二条。

小傅、小王来，赠海林内裤两件，派克笔换条。

十五日(十一日)

梦洗衣物。龙年大吉大利年，每隔6000年才能逢此一次巧合。

瑞霞、柳如松夫妇来，礼，又为我检查血压，心脉，慢，过累，肺肝均佳。急需营养。鱼汤，豆质物，大豆煮当菜(太原吃法)，开出药方。李卫东来，言文章题名“我在故我书”，中国教育报即发表。

恬淡为上，静气养神，得自天机。

食砚田力，

养草木心。

素心斋。(伯令)

观山听水(雷龙璋)。李宪孝友来，张过老赠对联二册。蒋蔚奎友儿子赴日，条幅。杨惠君夫妇来，礼。

十九日(元宵节)

雨。

1.将书法艺术引向世界，发扬中华文化。

2.将庄叟回向社会，起作用，个性自由平等。反贪污分子，公字当头的嘉政。

3.写本有价值的自传。模楷人。

4.“解魔品”供诸世界，正义风尚。

书赵、李雪老信。

平地起秀峰，一鸣必惊人。

狂人何所忌，仗义不留情。

梦黄河一段大水，与李兄合作出一本什么书？地图？又不知何故，破裂。一人要为我摄照，限制我……

二十日(十六)

晴。发赵、李兄，锁祥信。白锐自太原带来锁祥为购傅山七卷本一套，嘱字。伯令取题字。赵校长取像，反拍，《山西日报》用。

远处和尚会念经，

身边主持念不通。

奴人只知奴医好，

徒令神医泪泉涌。

魏德运来，为谋赞助。

梦一边大建楼，家园门前桃李一片芬华，丈把高。

劳逸结合得好，自觉轻松，有成效。

二十一日(十七)

喜得柯老大作《司马迁》诗史两本小说,绣像,约四十余万言。广东深圳彩田路海天出版社出版,邮编518096。柯老函,嘱为编审于志斌、副编审旷昕各写条幅一件。

二十二日(十八)

明日发海天出版社信、字二件。字债清。元军电话。收郑园信。王大夫送来药。少一种,正买。赵赠新疆镜簇,辟邪,鬼子极爱。

二十三日

寻觅今后写作的环境,过一年孤独的生产日子!

排除一切障碍!

心情坏,碍健康,不得了。悲剧不能久久演下去。

杨朱真良师——快活日子!

不行善,不积福。

发深圳海天出版社信,字二。

新权来,裱字四。张大夫电话,由香港回来,明日去北京,五日内返。

寿字联。樊川来,失母。德运来,取字。小瑚来送书《郭杜缜》。毕塬。留王子武画。德运来,北京、省字六。印书赞助。胡文龙友送照片,赠李清明京册,字。

二十四日(二十,添仓)

校柯老序文。李殿清、黄飞诸友电话,下星期要来。

二十五日

发柯老信打字二份。(跋)

休息两天,过于紧张。强儿字,下下礼拜裱出。张宏韬来,摄照。夜回北京。

二十六日

晨面部肿胀,两天了。

为战斗而活。(国敌,内奸,败类)

寿联:

圣人赤心等日月,

仁者福寿同山河。(张大夫父)

龙腾盛世。(取过)

早牛奶,蛋一,饭,黄豆,晚奶。(十二国际展)

不急不徐——为所欲为——行其所无事——得心应手——自得,自安,自适,自乐,“轻而易举便名家”,“介者拸画”。

从事艺术创作过程中的几种精神活动因素。(思维,雅态,情趣)

大人,高人,神人(超人),萧然物外,自得天机。同时,不要忘记大地。敌人正凶,败类愈多,须为战斗而活。

开始服中药三种,二次,早午中药各十粒。

二十七日

服药后甚舒服,脸欠胀了。昨饭可口。

晨曲沃王哲发(卫生局)同志来,名酒等品,字一。

圆满计划,全面安排,个人要务。

节日已过,正常轨道。

发林鹏兄信。留马迁小说一本。晒太阳。育民友对子二送去。学敏同志取字,《探索》。

药三次,平和,续服。张大夫由香港公

毕返回，明晚来。

天地常无向上心，
道心常无块□纯。

月来水上观天性，
悟得佛道不染尘。

月出芳林万物睹，
月来水上真人心。

月来水上真天性，
悟得禅理在无心。

统一思想，观历史上帝王统治者，莫不如此，控制感情，亦太过火。评《兰亭序》，视为消极。舍其消极之古文而讳言，历史背景可抹煞也？可笑！

二十九日

昨王大夫来，药四包，脉四十八次，血压70–105。张大夫、毛经理来，脉48次。瑞霞药皆补性，不治病，须服汤药二剂。今日送来。

自信尚可工作五年，但如此环境实实难能熬得下去。赶快寻求办法。一切在所不顾！

印字册款。

琴言清若水，诗梦暖于春。

德运送来照片多张，赴京带给吕河，（？）《十九首》一册。坚如信。

安静。钟镝来，看他的近作，自有高格。二十世纪书法二本将送来。

英雄最高！大人，高人……都逊一筹。病中能战胜病魔，亦英雄也。

临碑帖，非一味效颦，它只是个引子，酵之作用。提高兴致，发而作之，超而广之。不是作茧自缚，正是在突破茧让蛹高飞起来。

发陈绪万君函。（钟代）

哼哼地方剧曲，益健康。

培育下一代！

"想入非非"有益处。

小傅为买邮票、信封、信纸一大套。发向虎信。贝贝姨来，猕猴桃，熬蜂蜜饮。姚国瑾电话，刘锁祥赴日本，返国后来西安。（三月二日）

今后世界——动物世界。

1.中国人伦道德……灭绝；

2.洪水猛兽，人欲横流；

3.变化无常，一日万里，不测；

4.私字当头，我字至上；

5.不损人即头等君子；

6.争生存；

7.不信谎言，民主，权主，专主；

8.精神生活，少数人的事；

9.体力，聪明，智慧。

三　月

一日

过硬，新作风。健康第一。大变，创环境！顶真办，光明磊落。客气害己害人。孤独一年，收获丰产。写作。时间，精力，不许浪费，渎用。营养，调配。

脸胀见轻,腿部复原矣。中药始。发李向虎信。快,《兰亭序》。

赵天玺紫宸书屋。(药带)

咳嗽祛痰方:生姜一斤,分三份,熬二十分钟,再加红糖二三两,再熬十分钟,饮之,即愈(当茶喝,日三四次)。再感冒加葱根五六个。(贾坤先生妙方)

二日

赵秘书电话,李雪老昨日动手术(起搏器),顺利,良好。仍鼻饲。

爱子偕女来。乡村小学一部分子弟上不起学了。学生交来学费,乡政府要掌握。教师工资发不到手。做生意的教师,送货(石膏)要不到钱。节日没闹热闹……

望进友之母下星期来,寿字二。

三日

信念!靠自己!养精蓄锐,肯定长处,控制思虑,莫打腹稿,睡就是睡,不给负担,轻松中过日,独来独往,英雄行为。

除断!管制住自己,保健不能靠别人,自做主宰,有限的劳作。

轻装上阵,为所欲为。

心安舒,脑清静,腹部爽快,四肢轻灵,如洗澡后的爽快。通衢大道,无滞碍,神仙的自由世界。

本本分分,普普通通,不炫示特殊,顺眼便好。

服张大夫中药后,和平,今日便三次,松和。

四日

黄飞友昨晚来,《兰亭序》事……临字。《好大王碑》留下了。午餐后,二点半,返里。字各一件。收柯老信,《正误表》,真粗心!出版社邀请午餐,未能与会,体力不支。

瘦了。面部不肿胀。耿荣华友送来杨凤兰著作二本。耿荣华 5253797。杨继军 2229237。

五日

五剂中药服完,肠胃便大好。

六日

爱子,女返里。气短,有点喘,走路难。要事:1.兰亭。2.字(张少华)。山西书协。历史系。

新千年禧,龙腾盛世,

虚室生明,吉祥止止。

教师远走的远走,高飞的高飞。毕业生没出路,肄业生嗷嗷等哺……校合并,简裁,人人自危。学生辅导书,不许再印,出版社盈亏?小学生失学,不念了,没钱!

百科问答,割裂系统知识,学习为了考试,不考的课程不学。地理,几乎断了学习。教师不指导如何学习。——读书无用?!人才?可虑!

七日、九日

文史馆会。收郑园北大附中来信,一份打印出的文章。表示对我多年中的鼓励,至为快慰。她将要考博士生了。

周至县李水三位来,题签。张、毛两位来,药:抗衰平衡冲剂一包。地奥五包,三次,二粒,与十粒同时服。

八日(23)

妇女节。太原刘届远来,礼,题字。装裱。专业,利,西安点。发元军信。

对联,浓缩化,须改革。

好文章,平常事例。分析之,深入浅出。振宇……以小见大,钩深取极。

昨张有时赠书法报,郑志老、于小文(政协主席)来,礼,字(女,江主席的阿姨,保卫)。卫绪莲,望进、望平之母、存义来。

九日

庆生来,烟酒。取少华字。清卫绪莲子字,寿文。

对付不下去了!

李卫东赠中国教育报,为我属文一篇,甚佳。上午,文海夫妇来。向虎半月可寄来兰亭文原稿。

电池,新购。

抗病,无病!

为争气而活!

还有很多大事要做!

民族,家国。

靠什么人?英雄的我!

1.调整情绪;

2.扫去自私气息;

3.调理脉搏;

4.气血周转;

5.全身松和。

十日(25)

夜眠食好。中药,洗小澡,轻松。22日返于复元,血压70—130,脉47次。

十一日

喘息短促,不可支持。余由武亭背,上午入院。前一日下午王苗芳大夫为我联系院方住房,甚慰!当时即打针二筒。

十二日

昼夜失眠。

十三日

服安定一片,白色。夜服之,大见效!之后昼夜眠甚足。快甚!

十八日

大好起来,只打一筒了。贾文兴住六日,返里。小傅来照看。饭量增加。

午睡到二时半。量体温后小护士要我外面晒太阳,小傅催动,晒约50分钟。又晒被子,快慰无似!

《书法》主编周志高等三人看望。

十九日

酣睡九个小时,不折不扣。无片时不舒适。盖一者,外出晒太阳50分钟,二者吃饭合味,羊汤,饮水多。

保健要领——夜自行按摩。

精神安定(自我完善),内在成熟,思维机轴运转。——智慧第一!英雄行为。通人,达人,长寿之核。庄叟德我至矣尽矣,无以加矣,思悟不尽,体用不竭,会心创新,没有个完,止境。吉祥止止。

上厕所,试行,不须背负矣。下午七时二十分室内徒行四百步,结实不虚矣,未解手,缺点。友人来了不少。无碍健康,不愁安睡。王主任来看。新权来。

二十日

李红梅来，问作品，入省书协，签名。来人多。血压71—120，36度，正常。睡眠、饮食均佳。杏花来得好。

二十一日

小雨。小傅为按摩，甚舒服，夜照扶，周到。贺大夫来。饮奶，三鸡子，满口。大好起来，感到正常，精神振作。李书记嫂夫人来看望。振玲来。收树廉妹信，钱，人参……

深感于世事之鏖糟，欲洗心而不得。梦中得句：水底明月，一尘不染；照见五蕴，智慧止止。

二十三日

郭瑞老来。霞夫妇来。玲回。

二十四日

冷。20瓶吊针，完工。整十四天。饮食睡眠均佳，近于复康，结实矣。睡眠较以前大好。工作放开，思虑控制得如意。

米齐、凉面、谷类、枣糕、馒头、两样馍、捞饭、豆面馍、揪片、钵馍。

二十五日

昨下午出院，耀宇背着，强儿陪同，尚好。

夜眠良好。晚，文兴偕吉平亦来，海洋来。甚慰。

晨四点多，便大好。半月来第一次畅通。舒适逾常。

二十六日

便二次，甚松和。鱼汤，挂面。亲友均返里。

青年——抗学习中的难题。

壮年——抗工作中的百障。

老年——抗病魔的搅缠。

健康神仙，无往不克。健步，兴致。食，眠。

二十七日

小傅送来字册，编辑名单。正峰兄来，倾谈。争取百岁，超百岁。看看戏！书签："汉字书法教材"。张大夫下午来。

二十八日

收周强信。张国宁老来（运城，记者），字，书。新权来，以碑帖钢笔眉批选录数行，放大复印成条幅，别有格调，似新创的花样，但非出洋相也。晒太阳30分钟。

二十九日

昨晚七时半入睡，数次醒后，即又成眠。

饮食过关，睡眠超前，健康基础打实矣。理发。小罗为安装按摩器、灯等事。

汉字，虽有点画竖横撇捺多种零件，及到安装成体（一个字，一行字）。写时须如一架机器运转灵活，件件相关也，即连贯性，生动性，活跃性，行、草、楷都一样。所谓"板滞"，便糟了。字如算子，各顾各，一盘散沙。

三十日

小介电话，振绪、玉珍赴深圳，月后可回来。增贤约赴桃花国看桃花，未能参与。刚出院，怕冷，长途。

三十一日

铭病。气候变化大。

全月,住院11—24日出院,其余日子零碎折腾完了。健康!健康!

少人来,静。梦友人赠金条。

社会就是战场,人生就是英雄□□。不拘是国仇,内奸,贼子,病魔……都是须歼灭的对象,有甚寂苦?车轮一发动,到处是热,是光,是火,这就得加油!没有油,不成。

与病魔告别!

四　月

新体躯!精健!

一日

雨。阴晦。复树廉信。情绪佳。开暖气片,温度宜人如春。

胡文龙兄来,赠书,稷山枣。

二日

发聪弟信,题书签。

三日

收赵普先生赠《赵普书法集》,颇佳。海洋寄来郑道昭石室碑。郑老来,枣。朱影同志来,病好了。

四日、五日

寇琪,女同志,相识多年,初次会面,现调国务院宣传部,来西安参加黄陵扫墓活动,明日乘机飞回北京。赠澳回国纪念册二本,手表一只等。回条幅一件,小横幅一:"放意弄水石",傅山。自撰句。午后摄照三张,分手。

六日

王向东专电寄来山西日报,赵万怀兄为写文章。李健彪友在西安晚报为写文章(李应老为购)。张思洛、卫莲夫妇来,麻花、大饼等等。为书青晋画作展,横。因忙疾返,未及午餐。张建平姐妹来,送子考音乐学院,赠书(日寇)。临汾秦瑞亮先生赠《只言集》,又肉,千元。(另分赠刘、方、王……等)。李建森。

发柯老信。

收向虎信,可笑!

七日

淑凤来,小女,赠崔、雷启后二位京展后,纯金画幅,精致装潢。书对子、中堂,裱。27日来取,径赴太原。赵万友来,聪信。

八日

发赵普、黄飞信。曲沃学生三人来,看作品,礼。雨。饭量逾常。屈西红先生来,赠罐罐鸡二罐。饭后脉律55次。

悲天悯人。悲天?今日才了解,如生态忧患,森林大火,空气污染……人类危机。地球毁灭!

毅力,乐观,大无畏精神!望之畅然,行之怡然!

九日

为师大作字(冬生)。拟联句(淑凤)。

中国一向被外人称为神秘的国家,这有甚不好?神秘源于聪慧!笨家伙,学不到。由嫉妒变为讥笑。要勇于承担!我们就是神秘,让他们识不透。

从神农氏尝百草,到药王深山采药,

是神秘？还是科学？本草如何而来？药物，本性，温、暖、冷性变化，功能大小，难能凭空捏造！

为临汾中药厂题：

冥索虫草幻霍妙，

急诊一贴回春来。

十日

梦人造四方大水池，甚舒服。

为临汾药厂书就中堂、对子一套，待装裱。

临潼胜利急信！

饭量超常，健康可喜！

字须写得像狮虎、鹰隼、龙凤，魁梧其威，不可一世。但又忌莽撞蛮野，水浒人物不行。文雅温存不可少，劲瘦挺拗不可无。

山谷+道昭，瘗鹤，魏造像。

小瑚来，鱼……疗养，甚感。

祖国？……可叹！——完!!

老子天下第一，圣贤，谁敢管？自由王国，花花世界，无奇不有，无有不奇，大好戏，看不完。念天地之悠悠，慨然！地球，崩毁，宇宙尽快完蛋！恳请上帝，只留下少数大发其财的官人，多活几千年，在空中，大享受一番。齐天大圣。

十一日

一个公民，认不清自己的国家、民族，没有希望、前途、计划，不知道学什么，干什么……这是什么样的生活？知识分子无事做，群众也没地方、没信仰，只好拜佛请神。谈什么学问？向谁谈？谁听你谈？

夜庆生陪张新科教授，文学博士，为柯老大作《史圣司马迁》小说谈或文章。对全书的精灵，文章结构线索，人物关系等均作了介绍，突出司公的一生的博大精神。

大喜：

张思恭、郑香荣夫妇来，告以李雪老去年十月手术大成功。曾经危机，数日40度，几近无法可救。已做结论。忽而回春，醒，能言，呼吸平静，刻已能口服饮料。日房内走动头二十步，自云：我病好了。拟五月份在北京或太原会面，好极了！起搏器可用六年，100岁寿星，足矣。自然可再上加。专为我赠茅台、绿茶、龙井等珍品。留有协和医院地址、电话，原住房八号楼电话。仍拟作书，由赵秘书收转，避免一时兴奋。日看大报、电视各三小时，太长！出门外晒太阳半小时，午睡三小时。赠思恭条幅。

住在一个所谓“五鬼闹中华”的环境里——饿乡，你能发挥你的什么学问、特长？什么所谓理想、抱负，向谁建议？你有甚能力？吁！叹一声了事。

黄飞五一来（序）。小傅明早来（裱字）。一帆风顺！妙。柯信。

涂脚病药一小时。

十二日

蔚农为送装裱临汾药厂对联、中堂。杨胜利挂号信。郭诚文《沧桑》信。通畅，眠食大好。断绝外事干扰，心平气和，干自家的活。

思恭来，鸡蛋。赠照片二，张爱军一。

书法二册。崔来,看字作。小罗为买牛黄丸,按摩。北京新买房规定,大廉价!全国性的!变质(9),归私有,继承权。二月份。当"利"不让!委屈过分了。起来,争之。为坏人、好人何用?

十三日、十四日

发赵春伟秘书、李老、柯老信。文海、春丽来,西瓜。横二,五一来。

十五、十六、十七日

临"兰亭"毕。发黄飞信。赵养锋先生来,即赴新疆。卫东来,肉、鱼。字联。侄赵豪迈,师大档案馆,赵昱欢,西大毕业。铁路局。

填表——退离休表,住房事。

十八日

运城夏县人邢兵来,赠硬笔小楷两册,王景芬先生序,起家的学生,颇佳。赠面粉二袋,大米一袋,零用500元。回赠《札记》一册。王大夫来,书。

洗脚、吃药、营养、锻炼,要着。自做主宰,谁奈我何!

任何事,都可以创出新奇迹来。气短、喘息、脉搏……都一样,经常试验。深呼吸、长啸、放声大喊、号呼、改变性能!怒斥、发脾气、怒吼(狮虎)。破娇为骄。

加重锻炼力量!以飞天将军之大力,写极愤慨之敌寇,惊天动地。

孙大圣,星外莽汉。

椽笔书。飞虹桥,骤雨旋风,疾势。大雁塔,立势。晋祠古松柏,拗势。杨老六,鏖糟,大花,二花。足矣。山谷+王铎+傅山+康氏+瘗鹤铭+道昭+石门。

十九日

发孙玉石先生信,郑园博士事。

午后阴暗,黄天雨(?),胡老来。开始服心血康,饭后。党参丸,饭前。

二十日

西安人民面粉厂徐承举厂长等三位来,赠中华、参茶、按摩器等,千元。对子、条幅。

二十一日

王冰(政治学院书法教师),鲜花一束,习颜鲁公行书。

余今时精力之大,不知缘何处而来。往日心慕"力拔山兮气盖世"之项羽,今则常拟以外星慓悍之巨人,手操如椽之巨笔,雄立天山之峰颠,饱蘸南溟墨池之天池,刷如彗星奔天之神草,掩盖万方之大地,扬我神州炎黄子孙之俊伟,岂不大哉!

二十二日

庆生学生李丹同志送来柯老原稿复印一份。交飞,对子,条幅,斋横二,吴、黄信二。

二十三日

八时黄飞友返郑州,不及早餐。昨日过忙,夜酣睡,至大亮,心神一快。曹老师陪同大慈恩寺张有才先生来,以玄奘三藏院建成,请书"大遍觉堂",签名,印。

心血康药伤胃!明日改服党参丸中药,平和,甚好。贵。

连日大便不畅,自然由于消化不良,盖以服心血康之故。又影响到牙齿,假牙按不牢,不敢咬,又涉及消化。气喘来了,走不动。

俊拔人里杰,

秀发艺中珍。

张过老赠联,嘱书之。

二十五日

发周金冠君字册《十九首》,札记。梦四十万大会,江为南段领袖,余为北段领袖,奇矣又奇。

多休养,日练气功,唱地方剧、小调,以顺气。

二十六日

一切变化,只在刹那之间。一稍迟,分秒之间,便听不到世代脚步声,立即后退到说不清多少里!永远在人身后追跑,越来距离越远。

任何事,新花样,层出不穷。几天不上街,就如到一个陌生的外乡。

赶快做贡献!不要怕人笑话。怪事多得很!谁高谁低?智慧、勇敢是关键。

二十七

发张思忠信,张素青转。

国家?民族?绝望→虚妄=0!此真无可救药矣。愚妄当路,庸奴立家!?×

神仙日子,太好了,自由。

二十八日

夜覆盖薄,未穿内衣,气喘甚。增盖毛毯,睡足矣。

华山新建筑,请作四字:“深山明镜”(西大薛老电话)。胖了不少。食欲欠佳。用心少了。

日300步,自创太极,呼吸,水,小曲。

三不怕:

1.不怕揭发;

2.不怕调查研究;

3.不怕公安局。

三怕:

1.怕不讲理;

2.怕不让讲话;

3.怕病魔。

三喜好:

1.国仇;

2.抗争;

3.克星。

许九星(中央),李江东(陕省派),孙立明、阎明(另人)。

二十九日

陈绪万友来,赠闻一多《古瓦集》,尤物。对。新权代看胡征老,送题签“问心集”。导报。字,相片。

三十日

信天恨人。

大约我还有些前途。经验告诉,每到大困之际便有神仙来救治、解围。适张仲友恰好光临,开中药三剂,用毕平和见效,再服六剂。又三瓶成药——丹参滴丸。脉搏缓慢,营养不济,运动不可吃力。忌凉!

谢威兄嫂,胡、□玉友来看望。李红来,看字,有进步。成钧书。

鬼子公然在钓鱼岛建神社,再不回击,忍辱,真丢死人!

五　月

除病魔！营养第一。水。莫累。

一日

发树廉姊信。初服中药。

文海、春丽、子来，正睡，饮食最少，食欲不振。脉搏以为太差，40来次。遂让春看表测试次数，一试，颇出意外，61次，好极！不敢相信。又令海听左手，得58次，亦快慰无似。乃自听，果然不差，59。有力，不含忽。坐了近三小时，为按摩，如惠君。原来是她母亲传授的。如让惠君照扶到今，这够棒了！吁，可叹！……分手后，甚困，即入睡，二小时。五时半矣。良快！带给张过先生对子等。

二日

前几天写好的"大遍觉堂"，一时没找到，又重书过，又找到了，较好一些，没白写，一并给之，供选择。

病轻了一些，喘气少了，可以安睡八小时。

三日

晨起，接近平时，未难受。夜自行按摩。肚皮柔软，复原，臂有力。买西洋参，药。下午饭量足，整顿营养够了。食欲不振，吃开了，也还有些味道。换薄被。

日寇得寸进尺！我们报以持冷态度，精神文明，有涵养！

五四运动。甫运友女婿来，索题签。股市博弈论。佛。

夜失眠到二时。看表。受冷。入睡后，小感冒？后睡着，盖毛毯。醒后好了！

加餐！

快乐？凡是急切解决的问题、困难，不得其门，而忽然出其不意，一下子冰解冻释了。

连日病中，饮食大减，客人多，间又失眠，苦忧不堪言！今日新权、殿清、郑园（考博士中了！北大）、振纪夫妇、女等均来，未及午餐。午一时许午睡二小时半，睡足，好不痛快！魏战拉去花三盆。林间一小时（浇水、肥料）。马迁传文。

五日

睡得好，难得！

梦：我梦见我是个小学生，随同几个县官员欢送县长，从街道上走去。我忽觉得不自在……难道这不是祖宗光荣吗？我答不出来。如果要是送我的老师，那可真高兴！心情畅然。

丑娃，肖大贵，兴国中学。卢玉民，行署杂志。豆子面……照相。

午餐饺子二十个，病中第一次饱餐。

饮水多了！过饱！

六日

收《史圣司马迁》字酬，未提数字。（200元）

收起希望、理想、计划……锻炼、休息、多吃，饮水。拒绝一切应酬！我的气功、按摩。复我健康，定期。拿翁。

中国：（？）

1.教育没人才，没专长、技术。

2.缺文化——基础知识。

3.就业问题。

4.文人提不起笔。

5.文言文看不懂。

七日

梦乱七八糟,思想不清。

人生兴趣!?

几天不展庄子,便落入俗流！人生有个甚来?庸庸碌碌,不觉一本戏就唱完了。可怜,可怜!

哮喘——必须穿暖。下午睡,胸部盖毛毯,居然不喘了！张、毛先生来,又送来滴药一大盒。晚饭量不少。加倍营养!

发永济、北京信、字。好雨。

数日睡不好。1.欠营养。2.过劳累——多少年的债,如何补救得过来?3.失眠。打坐,气功。

今后的代代人,难于应付的世界！学习种种:语言、知识、能力、技术、艺术、生活、本领、复杂。

健康！生命力！顽强!

张淑凤赴南宁开会，游越南七城市，首都不如临汾。

莫吃后悔补药。

先见之明。

未雨绸缪。

少走弯路、错路。

收到北京大学寄来《中华历史名人纪念楹联》。

强儿夜送来王八一只,炖好,食之,可口,渐精神,也不喘了。为儿孙保健康!

八日

强儿回香港。淑凤返里,十一二日即来,赴四川开会。

争气,要活得更好!

九日

高楼边的树木,即是柏树,也是同样要争个高低（占取光明),所以针对性至要!

爱子、清兰来。

十日

客人众多。

十一日

雨。晨起,尚好。昨饮食较多,养气足一刻钟。日须四餐。收赵秘书、周金冠(六一来西安)信。峰兄虚弱,外出不易。听医生交代。

大慈恩寺张有时先生亲自来取字。莫交外人。

十二日

昨饭食尚足。夜眠安定药一粒,尚好。

校办张建成,女同志来,礼,代表校领导来看望。三讲忙。党文蔚来,喘药。星期一来。若莲半身不遂。可怜,孝顺也。

十三日

爱子、清兰返里。王大夫来诊断,60—101,41。药阿莫西林、氨碘、山梨酯片、丹参、甘草片。

李雪峰学长命书:“李雪峰故居”。任阳村,设馆藏品,“雪映条峰”。自拟联:

干革命出生入死,

为人民鞠躬尽瘁。

余亦当如是做！卫故居。图书，碑帖，著作，文房四宝，证书，文件，书信，文稿，印刻，照片，日记，剪报。

英雄！断然！说干就干！坚强志愿！不怕百物磨难！向前看！

收孙玉石先生信，奏效，甚感！北大五院北京大学中国语言文学系。电话63751601。邮编100871。

十四日

精神大好。喘好一些。吃饭，一条心，不作他想。英豪，独来独往，自拔自振。如此老人，管他鸟的。什么病魔，一脚踢倒，自做主宰，只供得一位神——快乐。

今后人类的日子——天灾人祸。社会的错综复杂，变化之速，难以言传。动物世界，概括了人世文明。

新权明晚赴榆次、太原，会见刘锁祥友。带给傅山七卷本，另500元，交另一部书价。又六学友字幅各一件。心安矣！大事一宗了清。

小罗按摩，午睡大好，舒畅难得。颖颖为修表，星期日送来。睡觉前按摩一次，可睡好的，试试。会成功的。胖起来！

睡意颇浓，想吃饭了。

十五日

大有起色。水又绕了个大弯子，转机来了。清理一番。

发孙、郑园信，100080。史胜利家来。午前睡好。脉好，力，匀。有能力、正义感的好领导，可变坏制度为好制度。

一切都属于人的问题。

刘阶耳、李晋林，由5300406。

十六日

书景明友信，发之。吃睡均佳，上下午睡均佳。前些日子欠账，便秘两天。

蔡津东赠延安大册子两本，证书。

十七日

九时王大夫来，65次，打破记录，良慰！良慰！阿莫西林20粒。睡足饭宜，保持之。

十八日

文史馆开周文化会，请假。强毅友来，三药，糖。自拔自振。睡足。白志彦来，为胡老书数句，问好。胖了一些。流食，门外太阳半小时。有力量。淑凤电话，未来，忙回临汾。

十九日

郭瑞老、李红梅来，韩国参。三片善，切一段为二份，煮，早晚饮。张浩然君信，送礼，新绛县东关26号。

晚餐豆浆大米一碗，包子一个，干炒面半碗。早奶半斤，鸡子一个。

下午望进友令尊慈母九十高龄来，树阴下坐凉，摄照多张，甚慰。即分手返里，回太原。临潼臻女的友人来，热闹，热闹。

二十一日

盘点。

1.真积力久则入。深思熟虑，内在的成熟，充实不可以已。

2.行其所无事。轻而易举，便成家。

3.外师造化，中得心源。充实，大化，深我，通达。

春丽开会来。殿清来，同坐近一小时。

二十二日

服痒一剂。赵秘书电话，李老曾外出一行，隔日又发烧，难外出矣。为书联句等件。收思忠信，索字。

文龙友来，枣包。

天理？人情？是非？真理？

无奇不有，无有不奇！

一塌糊涂，糊涂一塌！（世界）

达人无不可！

我即上帝！

健康即学问！

无政府主义的开始！——考场流产？（新闻）

常胜将军！（不倒翁）

中国经济将超过日美！伟大！——中国人的奇算盘？外国人嘲笑中国人，中国人自视了不起！

支那人！哈哈，哈哈！

我之世界。

自由王国，高山大川，白日皎月。（大自然界）

二十三日

为所想为（人间世），眼前高爽，轻而易举。

高举要路津，如面对日寇。

叱咤风云，所向披靡。

永保青健，行其所无事。

艺术性是测量智慧的热暖器。

王大夫来，60—120，48次。

收柯老信。出版事，尚未定妥。生意越不好做，政治越坏，越无路子。

正好。

二十四日

梦盖大楼，成之，正在清刷泥土，运高，梯子。

郭老、红梅来，书张浩然君介绍信，字小件三幅。即赴新疆碧落碑参观。

二十五日

夜空腹一次，平为福。

成人教育学院学报南同志题签。六月份发登柯老大文序。

二十六日

杨儿畴来，云《墙内开花墙外见》电影片将上映，禁止。内容：一麻袋内拴二人，一日鬼子，一汉奸，招外人来领。一家广东人发觉，救之，供之。后日军人反将此一家人杀掉，云云。（反日片）

现有日5000人来京开会……（？），基赴日，莫名其妙！

二十七日

前天便，今早便，两次，粗细大小，疙里疙瘩，争先送到出口处。

胡文兄嘱：摄影展，书法水彩展。大象无形，致远探极。题硬笔字幅。

徐文达夫妇一同走了，六月二日火化。想你七十八岁。

乍读老友林鹏兄诗作，才气横逸，所谓卮言日出，和以天倪，别具天地者也。盖先生饱读百家奇文、廿四史，固通人也。纵通、横通、会通、贯通，以至精通，至矣尽矣。而更是一达人，独师事六朝人物气度，大天而思,独来独往,脱略谁能驯,萧然物外。谓之狂者,有何不可。太白见皇帝如见常人,乃成得狂者,高矣远矣。上古采风,胡说八道,真胡说八道邪?但愿能为我风,并以风人,如何? 卫俊秀题。

二十九日

振玲来,托交徐启仪300。明日返并。

王大夫来,药,氧气。胡、满道来,付大夫来,关心健康。郭、李红梅由绛州回来,甚慰。得到题字、赠字,成功。张浩然友招待好。赠山东枣、人参。

午饭好,脉好。

曹、佛丈来,取匾字,五百。

病魔毕竟不是英雄,你强它就弱! 让不得! 驱逐之。

下午三时半,入院。喘甚。打吊针三瓶。80—160,68。

三十一日

三瓶,70—140,36.7。

六　月

一日

喘气轻微,三瓶,。听内部脉搏50—60;外部40多,不相称。36.4。

面部肿,大便不利,大有进步。

赵亮来,禹王庙,难写。省上要为我出字册,顾不上。

二日

体温36.5。(下午三时测)

三日

石家庄周金冠友人来,赠剪纸。

便通,近康复,正常,甚慰!

四日

下午四时在院楼下步行二百步,如常,轻松,

六日

下午,尿,拍片(肺,冠心),抽血(血沉),是否真好了。中文系来,礼。季岚、孙二位,副系主任。

心地轻松。"六六大顺!"燕孙顺口说出,妙!

七日

6:30起床。王苗芳、李玲、牟菊仙、费雪玲、谢桂玲(5300011)。

打针一筒。睡眠三小时。甚足。

书法:精神上时时感到有不甘心处(大敌辱国),不报复难得度日(春秋之义),精力充沛,发挥肆展不尽。如海洋水欲溢岸,冲破边涯。狂草——莫能禁拘。大破狂踩,闯个新路子。宇宙——大充实,给人以太极,浑身殆似一块千钧吸铁石,引力无穷,左右一切。

恣肆。飞虹。

笔力足之外,最贵其中有精、有神。

水。

八日

胸透,原有老钙化点,别无异常。化验,胆固醇稍高一些,其余正常。听诊:心律稍快一点,也无妨。又置三次西药,输生脉一瓶。午饭鲫鱼、汤、面食。

九日

两次检查均佳。收青岛路四号501，甘竞存、曾立平信。

十日

三十日住院，一切顺手。李殿清、傅蔚农、燕儿、王玲……真出了大力！日打针三瓶，共二十七瓶。十日出院。注意：温度，血压110–70。饮食，休息，通眠。

忽忆甘地旅途中车倒，酣睡了几秒钟！颇受启示。

上午，大便先生折腾得为前所未有！

找机会摄合影，朋友们太辛苦了！

殿清帮大忙，按摩，服药。

十一日

夜睡眠尚好。晚饭饺子、苞谷粥、奶。杨惠君电话，已从广州回来，上午来。

午熬菜，量不少，少许馍。数日以来，苦于大便，吃力，难受，不通和，影响脉搏……适已大开大通，快甚，快甚！堪以志喜！下午又有可口饭吃。

郭老来，准备自印《碧落碑》[②]后记，赠友。

十二日

夜眠早，酣。晨便及时，不得迟一分钟，自然通利。快意，甚慰！或誉为杰作也。

十三日

午睡中，正峰兄陪同罗先生、惠君来，如得甘霖，振作精神。罗先生为正峰兄做按摩后，又为余做手足功。轻松愉快。惠君而后可为余计划饮食、按摩、治疗，健康可考虑矣！加以王大夫之关怀。余亦当为助进地区书法，做出具体计划。

文兴来，尝火烧数口——坏了！

睡眠，水，按摩，饮食，青菜，水果，涵养。

十四日

饮食不能随便进一口。下午数次大便，不舒服。文兴带去文龙书。误事！

十五日

腹仍欠佳。饭两次，不少。便二次，舒服多了。王大夫来，脉可以。

为长安画派签名。

十六日

午饭杂，量足。玲、吉收拾门窗，清洁一番。收郑园信，博士生，习诗词。张仲海大夫偕夫人来看望。心脾肾，脉弱，消化不良，开药方。

十七日

雨。

古人善于观天象，地理——大自然，阴阳，气象变化，从经验中找出规律，引发到人事变化(易经)。大自然就是古人的大图书馆。师法造化，中得心源——智慧。迅雷烈风必变，“五百年必有王者兴”[③]。“物极必反”，“否极泰来”，“天行健，君子以自强不息”[④]，“法天”、“参天”、“化地”、“顺天”。

十八日

雨。李、傅买来六服药。焦山楂、麦芽，开胃，食欲。服中药。小傅送饺子，可口。

十九日

夜肠胃舒畅、柔顺、松和。睡得稳贴，

脑部得到解放，眼睛得到休息，为前所未有。

无病是福！

惠君电话，晴即来。

院长吴守贤，5225599（宅），印书事。省科学院。（庆生）

门外坐半小时。

二十日

放晴。健康本色。劲瘦复原状，只待营养。养胖，如此而已。行我素。

二十一日

晨，活动半小时，有点力气了。

大约有八九天的时间没有大便，甚苦。适逢张大夫来，开了六剂方子，三天了仍不见效。其实是根本没吃什么东西！今午前开动了，不多也罢，总是件喜事！轻松了。

耿陪父来，荔枝。甚快慰！

“关于司马迁之死”复印，甚慰。不知是哪一位送来的。

夜饭，王八汤，南瓜盒子，适口。

庆生来，吴守贤处不须进行，另觅印厂。书号事，余见到材料后，才能细谈。刘明琪（出版社）。

二十二日

午睡。吃焖饭半碗，龟汤一碗。强食为要！尽量。庆生来电，知郭老书号六千。

理发。写作半小时。吃桃一枚。

“我思故我病”，——不思有甚病？自作孽耳！

自豪的想法与挑战！偏要让敌人观光一番，震动群鬼！人类凶残。

打出一个新的书艺世界来！

我信什么？

我有什么能力？

能力能使人信我？

答不出来！

能无虑，无惧，一个诚字，公字而已。

高山大川，白日皎月，宏中肆外，充实，不可以已。

晚饭，米儿面，南瓜，豆角，顺口。狼虎，量多，可口。

绿面——卜菜。

大口吞食，不可零碎撬点。

二十三日

夜尿多，饮水多之故。可吃三顿米儿面。郭老与庆生同赴出版社，与刘明琪同志面谈出版事宜。

惠君搬家毕，即来。

出版社与郭老意见难得一致，作罢。

二十四日

杨继军来，瓜。星期六。午饭，想吃，狼虎一碗，足。中心医院高大夫，七十余岁，名医。晚饭和子饭，舒服，大口啖，对肠胃有扩张容量作用，通畅。不得用新娘子吃法，肠子越来越细。

东方云起，暗，或可有雨也。

面容发光泽，手掌雄厚。

猛雨止，女女来。

二十五日

眠食均佳。

莫管他写什么，放笔大步走便好。只

要认真不苟。

张大夫来送药,。饭后睡足。

雨。小沈送来氧气两袋。

一幅字作,一展开,正如初次见到一个人物,要感到有种大家气象,不由得起一种爱慕之心。展脱,醒豁,魅力无穷。

雨中张大夫来,十丸,五盒。

脉搏 63 次。走五十来次。问我吃甲鱼？正是。其效果如此！仍不齐。50 次。

决定计划的三项前提：

1.年纪,健康情况。

2.国际军政情势。

3.环境条件。

二十六日

雨。梦中的启示：

梦与张光(黄埔)同赴某地,岭上尚叉两路,都可行至前头,可会师。余走沟下,张老行岭上。余行到一段,返回,改岭上行。风光各不同。健步独行一段,一老人途中设饭店,端出一大碗馍,即满口食之。甚健康。

收赵春伟秘书信,李兄健康好。寿文中"坚质浩气",质字不认识,即复。

压抑仇恨可能导致高血压和冠心病等。憋着一肚子闷气过日子,是最不幸运的人！我就是这样过来的人！没出息！

挽救！？

奋飞！阔斧裁！杨子哲学,管他娘。一发不可收拾,独来独往。无怀氏之民。

黄飞电,回来了。在北京见到柯老,健康好。

一解放,放走病魔滚出去；

二解放,迎来健康上舞台。

精神愉快,身体康强。

铁笔在手,扫荡八方。

拜我三公,何有帝王。

二十七日

夜李建彪友来,取菊雅斋题字。

二十八日

晨大雨。书赵、李兄函。

外人说我健康比以前好多了。自觉胖了些。午面,汤多。62 次脉搏。夜鸡汤一碗,摊馍一块。

二十九日

饺子。未服药。饮绿豆冲剂一碗,下火。书赵、李兄信。惠君电,稍后来。

三十日

头火轻了，眵少了。发赵、李挂号，"质"字。柯老序文。

真的成了庄生！可贵！难得！

殿清家属来,糜子面。

晚饭,最多一次。一碗面,鸡汤,包子半个。看唐僧取经,回唐,孙大圣等都成为佛。快哉！

李殿清赠 2000 元，说是学费，止不住,只好为保存之。

七　月

一日

大转折,健康进一大步,肠胃平复,精神饱满。蒸糜子面馍。

动物世界，人间地狱。

拜敌为神，丢尽脸皮。

国无法纪，国民是欺。

吃亏是福，万事大吉。

针对性。不愤不发。

公正，灵活，尊重公民。不自私自利，不损人。挑战发展之路。德，人才。

曾接触过的内蒙勇士，磊落大方。

克星！

养吾生，复我生趣。只管自己，哪有余力扶众灵。人生一行大罪，往死矣，哪堪救得？

二日

枸杞，久未服。开始服药，丹参滴丸，甘草，氨茶碱，川贝浆。饭菜，煮肉。

慎独！自力更生！

饭如常矣。干面，菜一盘。

夜未吃饭，空服药，舒畅。

三日

雨。刀削面。

浑身是病，千疮百溃，无可收拾！提不完的意见，开不尽的药方，可怜，面无味，菜无味，人亦无味……一切反常，缺德！……令人气绝！

焚沉香。对牙签古装书，古人名碑帖，古香古色，古文明，古社会，偏多系人心处。风俗醇厚，人间友爱，普天和谐。

四日

幸福：58.3—62.6，劳教，开饭，睡眠；最幸福。胃病、失眠，彻底好了。

最近半月以来，睡眠酣。饮食接近平时，量多，慰快！思维控制的好，眼力休息得好，病强制得住。

百兽王。

国际强。

晋源之柏第一章！

站在个人立场，敢说个王长！

古人、今人上眼者没几个！

张有时友送来何金铭友赠名茶、山东之花瓶一双。正峰兄来，赠给放大镜。作字三件。燕燕为买水笔一支。十三元。久不饮茶，今日未服药，特泡浓茶饱饮一通。两筒茶，一筒被换去，放了一筒，似一匙糖？小壶不见了！

随便发言、动笔，只能暴露其幼稚。此不独出于青年，大学者也有不谨慎处。郭老斥庄子为浪漫主义的祖师！大错！唾弃中医、中药，被一位中医嗤笑，询问得连连道歉，难以回答。至于今之黄口小子，辱骂鲁迅、右任诸大师，更何屑一顾！

惠君来，按摩、夜饭，瓜。

五日

半阴。

解放有大小之分，盖谓自由而言，又有肉体、精神之别。后者为重。思想研究、艺术创制，越放越好！无所顾忌也。踏破一切法、意、旧习，创新纪，划时代，为以往所未有者。

想来想去，只有一个“狂”字最为可法、可爱。此中须有一番经验阅历，高见学问乃可谈得。否则，落为疯子。李太白见皇帝如见常人。傅山之以古人也没几个可上眼者,至矣!

红梅来,写山谷已得门路矣,专书三年,不难惊人。　　瘗鹤铭,石门铭、颂,郑道昭,开阔,放肆,尽情尽性。晚苞谷糊面。按摩器试。吉、玲。

六日

上午玲、吉清理外间房子,汰去不少杂乱东西,大事情!清洁身子,轻松一番。

午饭白萝卜饺子,二十余个。等同平时,精神非常。能吃,百病不难除之,心情自宽和。上海五国峰会开得好!大势倾向可粗得图样,足令西方惊惧!孤立矣。普京显身手。余亦当走上论坛,闹腾一番。学术,书法艺术,教育,出头。

七日

晨凉爽如秋。真正感到健康扑来了!饭量自然增加,不想到有什么问题。正常。

为李老作对联可以勉强交卷了。先试试,再作。不言,不惧,委和自然。午焖饭,夜包子三个,米汤量不少。气短不一定是喘。

喘:

初喘——大气急,耸肩,似重实轻。

久喘——气息微小。

八日

雨。发李雪老字(故居对联,额)。另赵秘书信。

午包子三个,鱼汤一碗。

正常,病魔远逃矣。

自做主宰,大吉大利!

九日

便好。晒太阳一小时。午前睡,午餐三合菜角,一鱼汤。

路闻:交警□十个亿,三千辆东风,赴京,上礼拜事。完了!希望、理想、大国、爱国爱民、学问?屁!

十日

庆生为买孙犁先生一套(十本)著作。文笔甚好。河北人,住天津。发张思忠信字二。稿纸200。

西安大慈恩寺玄奘纪念堂办公室:

也是凡人,千载犹传三不朽;

若非佛圣,一身焉领两提婆。

湖北李鸣岗。

十一日

庆生送来孙犁先生散文集一套十本。收刘汉一信、字。文达弟。太原市体育路351号,索简介一份(曾为黄坡陵园书过碑文),编辑书用,030006。

服药暂止一星期,看看比比。久不断药。

忽然看到《康复工程》王金方。

十二日

王大夫来,血压116—70,脉65—70次。书数字,餐。

从今日起停药一周。胖些(?)。大胆改革创新!健康路上。

霍松林夫人跟一亲戚(生意)索字,付款,辞。后再说。病。

落雨。

十三日

陈文章同志赠《□之华》一套,字。赵

秘书电:李老字收到。健康欠和。满意。须经国家签字后,再定安排。

午饭炒米,肉多,不对口食。晚饭自定擦格斗,莜谷加白面,稠稀,多少,调味,可口。另炒菜西葫芦辣子鸡蛋,配合得好,有味。自己干,不合口,不迁就。

十四日

肠胃大好。莜谷面,小花卷,青辣子。

往日学习心理学时,有所谓上意识、下意识(潜意识),而下比上感觉尤为灵敏。据说诗人对此常有深的体会,我也常有此领悟。今晨未醒时,忽悟到《逍遥游》前几篇是从天地人社会而引发来,仔细分析,颇有道理。

夜雨。

十五日

会做人即会做字。

品质、思想、艺术、才情、作风、气态、章法。

发太原体育路351号信、简历。聪弟信。胡来,李郁友赠桃。春丽等来,礼。

幸福:

甘于平凡,随遇而安,淡泊名利,摆脱累赘,时时一身轻,重我独尊,至人不留行,达人无不可。

大洗脚癣……

十六日

复康工作:大力营养。外餐二次。

脊梁骨能弯能竖,如果失去能竖的功能,那就只能为人弯腰,当奴才了。

三顿正常,夜量不少,不觉欠适。脉至65次。进口货不足,亏欠不行。

十七日

视野里什么也没有。

心坎上没有什么可怕的东西!

只想着母亲——地球,

将来你往何处去?

恶魔斗争到底!

平为福,唯自然贵,不喜不惧,乐我乐。

收中华书局朱振华先生信,前为书王维字将印出,王元军介绍。索写“槐花山房”。北京丰台区太平桥西里38号编辑部,100073。

十八日

为太原老年书会“畅逸轩”作字。中华书局“槐花山房”。

十九日

作字。发中华书局朱振华,题斋号(槐花山房)。太原老年书画会展字,另“畅逸轩”,李殿清代发。

二十日

清笔债。1.忽忆赵。2.玲、朱谈。3.小传。

二十一日

太原阎瑞峰,山西省直书画协会。林鹏兄为做诗幅,妙,为题字。姚、张题。

复信(礼)。郑园来,重礼。北京大学中文系,专授古典文学,收效大。

二十二日

连日放开,饮食唯一禁忌。肠胃大好,舒畅。

日书三四件字，备出版费用。

郭老、李红梅来。《风雨兼程十年路》，后天华商报字。郑宁泉“佛”，又一条。

二十五日

红梅河津题签。小傅来，云河南周俊杰，中国书协文：全国若干书法名人西安有余、刘二人。故人郭子直通信件中，友人数次提及余，长卷装裱。

二十七日

晨雨两阵子，午晴，令人沮丧。取回李雪峰兄、赵秘书寄《邓小平》一书，照片不少。当细看看。

瘦了。午饭吃得不少，饺子二十五个。

作字，写序。热已七八天，难休息之故。

二十九日

收柯老信，石家庄未得会心，郑欣淼兄尚未与柯老联系到。庆生晚上与柯老通电话。正峰兄来，作字。赵天玺（安徽）取“紫宸书屋”。介休碑林字。（陈巨锁）。

昨夜雨，午睡尚可。书柯老信。

书树廉信，文景明信，均发之。小傅发的。

三十一日

郭老来题《正气歌》签。三号请吃。嘱题“余力学舍”。

暂停服药后，食欲大振，营养丰富了。但瘦了不少！原因：

1. 工作加重，作字、属文。急事多（文），没个完。

2.睡眠少了些，午睡不足。

3.为公想法多，愤愤不平。

4.琐事不断。

5.操心过余。

6.心上牵连事放不开，难安排。

7.家事讨厌！不静！

8.酷热！环境干扰，

9.克星。把握。难得自在。

10.没好帮手。亲自动手，苦劳。少逸。

11.从众，法纪！无情！

12.认不清，人间变坏了，好人何用？

宇宙精神，天地正气，世界公民！大哲人内之代表！=空话、呓语。

事实：

超人（尼采主义），目中无物（高傲），自拔，人格升华（山，鲁迅），真知灼见，学问，智慧远见，实力！乃能服人！起作用。

拿得起，放得下。

八　月

一日

保健，惜时。

戈壁沙漠建绿洲。

开始服：1.丹参十粒，饭前、中。2.参芎胶囊四粒，早晚。西。

认真，立办，忌拖拉。手续，交代清楚。

二日

作字四件。服药平和。华商报编辑杨莹要来。

三日

郭瑞老请吃。先生九十生日。钱夫妇，

红梅一家，京剧名角十数人，——清唱与伴奏胡琴，配合协调紧密，彼此关照，精神贯注，高低抑扬顿挫，好极了！书法中的节奏，亦当如此！专注，关系，团结，用笔动作，有如对敌，毫不含忽。

四日

收中青故友罗广德秘书赠纪念文集一本。

公心拟上帝之大德，

智灯比日月之周明。

正苦于无墨汁，新权来，留得一大瓶，及时雨。

明日赵信。

今日参考：普京总统在日本访谈，竟为日本一运动员摔了一跤！

往日认为日本鬼子，保留原始人性子太多，今人头脑发达不够，——不懂人生哲学，不懂逻辑，匹夫之勇，谋略不够，近视眼……良然。此举，必有阴谋、背景。内外策划，立意撒灰！增加施政难，车臣困境。

六日

赵电话未通。吕住房定妥。屏四幅。收赵养锋君信，年节可返回。新疆阿勒泰地区行署文化局，836500。陕西旅游杂志社周学敏同志来，赠二册，为书刊名。摄照七，五十周年横，下期为余报道。索《札记》。

七日

为玄奘院书联。

八日

为绵山碑林作大字一张，发之。午餐量过平时。黄七祖山题诗。瘗鹤铭耐心找出，快甚！急需也。时老来，何将请陈、邱老等畅叙。

天高地厚星辰远，

博学慎问明辨之。

大学之道。刘青，杨部长尚，合阳。

九日

宋良君等友来，新疆小葡萄……时招后天请客，何金铭……郑志老初出院（一月），未知，已愈。赵签。

郭尔康君来，礼。为政协五十周年索字。

十日

明日何请，华商报杨莹请，时间冲突。夜鸡肉，饱，一夜平稳。

吕大夫：枸杞，日 30—40 粒，健肾益肝明目，保健。

十一日

书罢笔债（佛联，冬青三，州明，政协五十周年）。

赴何宴，薛、许、邱老、王摄影名家、郑女士、张有时……女女陪。收文景明友长信，将寄来册页，太客气。

《参考》——慰安妇 20 万！可叹！政府又问。

十四日

收树廉妹信，关心顽健。门锁钥匙在房内。胡嫂家午餐，甚感！

十五日

陈文军由京来，赠□□□，拟赠毛毛《千年文化》，近万元。署局名义。索屏四。

十六日

陈文军同志送来《中华千年古书》函箱，120本，四套，赠送者。

午前睡甚酣。郑老、刘老来，迷糊。午餐谷累一碗，鸡汤一碗，饺子一个，包子。平平稳稳。再睡。心情快！

王（柳真）开来药方，补中益气丸、丹参滴丸、福桃K。（日一次，不要停止）

精神一抖，何病不除！我即神仙！

十七日

甘心孤独。

莫管身外窝囊事，

但求心中满园春。

我自有天地，

惠风八方来。

红梅，阅习作，进展快。山谷，围绕此中心，旁涉及中兴颂、瘗鹤铭、石门、郑道昭、文征明（行款法独创）。为讲谱四诀，白描四法（古人），妙，真硬韧。

王大夫来。三天血压降到60—85，脉45！克星可怕！！（？）饭量好！

放心一天，松心一块。书鼎新友信。

夜北京崔自默远来，甚快！

十八日

增贤友来。胡剑虹："勤政为民"。

十九日

张淑凤偕小女来，为购氧气机。甚快慰！四十余天见面了。午餐后，赴小寨，明晨来。收文景明友为书册页——为我写书，甚感！发赵春伟信，横。赵鼎新友信，为书题书展字。庆生从青海回来，赠贵重药品等。

阅报，友人说，今之世界，人类，已成为鬼的世界！难得好转。反听之谓聪。以求信不得，或大打折扣。自居书城作寓公。

如此社会，一片死气。前途？希望？理想？文史地不学，两代文言文没人懂，古文化=废物。民族精神丧失了，=五鬼闹中华，野兽都进来，吁！

今人忘记寇仇！……

张淑凤为买沙发一套，高质量，千元，一切顺当如意！作字三条，满意。

二十四日

张臻偕美院□中会来，为我画像，很如意。学人风度，严肃。作字如意。写后记，殆竣。昨服丹参二次，十粒。张仲海友、毛经理夜来，送丹参五包。孩子即入大学。淑凤前日雨中返里。

二十七日

鸿儒、长乾请午餐，雪花大酒家。甚好（南二环，国画院）。马迁会改为九月十七日（庆生来告）。平取字（宝珍书屋）。燕燕领导字。黑龙江、关公（赵养锋）。赵春伟电话，字收到。改《编余琐记》，浩然。书黑龙江、关公字。

二十九日

冬青友送来照片，取字三件。为玄奘书对联二副。发信四件。明日发林、文、柯老。

文化生命力？价值观？读书？工作？理想？希望？前途？国家？民族？精神文明？寄托？爱什么？恶什么？

三十日、三十一日

庆生送来一部《陕西通史》。张大夫来，儿子考入西工，字，摄照。方《书法文化散记》。省教委孩子阅字，茅台，茶（王陆带来）。增贤、璞玉，幼鸽肉。为民字。晋铭感冒，吊针，跌倒。

未能实行约！应酬多！破坏原则。为谁？国？民？社会？=废土！无所谓！为我（杨子）。孩子教育！

发林、文、柯老信。

美人细意熨贴平，

裁缝灭尽针线迹。（杜诗，作文）

九月（8.3）

一日

高强来，摄照数张。

二日

喜报接踵而来（孙、傅、阎）。大事：郑欣淼友电话，言出版问题如愿以偿，柯老必喜欢。《中国书法》索字，刊登专号（相片、简介）。收柯老信。中青纪念册（傅），日本史三册。甘肃冯玉雷赠《西部作品集》。（四件字）

三日

《沧桑》索照片。

四、五、六日

刘晖（曹）随女来，厚礼，油一筒等。李宪孝月饼……杨、马（铁路）茶、月饼……

文景明兄明日下午到。

刘锁祥同志汇千元，字。

只专注于个人大业，字册，一鸣，便是大成。昂头挺胸，大步，万里谁能驯！鏖糟世事。传记写好，书印好，健康好！——三好，便好，吉祥止止。大力表现，吹吹自己，为三晋发光。

中秋节备礼。

脸莲十寿：

七十古稀今不稀，

百年大齐今不齐。

共庆萱堂才常茂，

桃李满园皆秀异。

七日

蒋蔚奎友来，已退休，题字。

陈文军对子。午饭可口，狼虎。第一顿，喜，说明胃口大好。健康记号。赴中心约友人来吃住事，顺利得很。吕经理。

八日

李红梅来，弟子字。明晨文景明夫妇，女来，司机王文彦来。

九日

胡增贤宴郭、谢、满道三家。胡、王赠诗，书长卷，大快！谢约赏桂花。字，联。文友归来，赠给字幅一，天堑，横（王），条（文），锦（女）。

昨宴文一家，庆生办。周金冠君来。校领导来贺教师节。

赵养锋先生自新疆来电话，十月份回西安。

国际上捣鬼的大事多得很，条约、白皮书，冠冕堂皇的宪章、声明、公约……背后都有一套不可告人的秘密！（收买、财力、条件）为所欲为，怎样都对。

没奇事怪事，一切皆平常事。

动物中不乏有人情的吉兽，人群中偏多鬼蜮似的兽类。

十日

陕旅游杂志社周学敏同志取字一幅，杂志月底印出送来。丁伯令来，羊肝，横。

十一日

胡文龙、王（甘肃）来，礼，梨枣，“横眉”对子。收黑龙江密山市信。午睡好。郭、甄亲家去电话，颖腰病。

休息好，改稿慢慢来。精到，说真话。

十二日

中秋节。张驰同志陪同杨老来，欣慰，好不痛快！畅谈四小时，小傅、庆生均在。陈青文史馆礼物。曹同志鱼。王大夫、李甫运君礼。后天来，招待。李红梅来，郭老届时通知。字册，石家庄教育出版社出版，一切由社办。理想，真不易！柯老大功，郑欣兄与焉，感谢之至。

谢政委星期六请赏桂花。

十三日

任务：石家庄字、序，礼品？会餐。发乔友字。发《沧桑》高生记字、照。

十四日

专小会，出册大事。

粗具规模：

1.柯老任总编。

2.王亚民为写序文。

3.年谱。

4.人照多张。

5.作品照。

6.林鹏兄、张颔老字，姚奠中兄文。

7.封面（集傅山字）。

8.柯老极力勉余完成《庄子》内篇七章，嘱健康大事。

为社长五位各对联一副。说服之，奇人！阮、陶、傅、鲁迅。张弛君，孙、傅在座。拟赠傅、王著作各一本，字作一件。

十六日

应邀赴谢雪晴家宴，其妹锡兰，夫永超长沙来。郭老，红梅。午餐，南菜。颇佳。各赠桂花一瓶，花一丛。

十七日

孙、傅录音。收郑欣淼友赠《陟高集》，甚慰，感甚！杨慧君来，联一。庆生读马迁小说诗十首。

十八日

作字。文龙。湖南谢妹、夫。毛贝叔高中。陈文军字三取走。照相二。郭、甄亲家来。

看奥运大会中国体操六个小伙子夺得团体总冠军，难矣哉！为中国大放光彩，世界奇葩！出色，难！颇受激励！书法艺术亦当如是耳！

题签，小孩子？集字。

十九日

姚伯多（童体），霍扬碑？

张迅赠画册，佳作。午餐饺子，九人。

柯老下午回京，甚快。为出版交作品八张。邢延生字。孙、傅。

二十日

郑园信，北大博士生。将寄一书。

文化部文化艺术人才中心来通知，作品已入选，买书单。

午前睡二时半，酣。

二十一日

文龙偕友人张力（省检）同志来，小楷佳作三、百、千出版，为书签。龙井。交“虫”联。收小字一张。

“张力书法作品选”，横。

“张力书三、百、千”，竖。

南二环，省委东小区，电话5581175。华商报赠保温缸，不锈。等（甫运兄）。

二十二日

陕报刘辉来，题签。竹刻一件，杨作敬。字，“锲而不舍，金石可镂”。发林鹏兄信。

二十三日

孙、傅录音，年表用。作字，债毕。

亚莉赠羊肉二斤，调料。杨继军礼。“福禄寿禧”、“家和万事兴”。古茜文，于军结婚。刘取止止。身不由己。题字“金石可镂”。谭创（兰儿）。薛铸诗书画展，29。

二十四日

陈岳松君赠画（桃），为题签。书画展介。孙、傅上午整证书，登记。入年表。

二十五日

雨。罗夫妇来，诊断心脏好，微病。肝肺好（没什么病）。脉慢，连日忙累。钱、妹来，赠参（长白），好玩。字数件。摄影二张。

奥委会运动大会第十一天。中国得21枚金牌！为国增光！！内在的强大→外在的胜利！没有外在的压力，便没有奋进的动力！即我所说的针对性。

孟子：无敌国外患者国恒亡。

二十六日

发玉顺信。

二十七日

李建森同马河声同志来，醋……。调为都市报记者（反拍有新技术）。郑兄来，丽春来，未收到信，急回咸阳，找惠君，看病。

二十八日

取刘、铭二人展贺词。国光酒二。李孟进来取。

二十六块金牌，突出！难！苦尽甘来！

磨石为刀剑的恩师，书籍为思想（学人）的恩师。

青壮年健康，不如老年健康，乃真健康。

王大夫来，48，70—116。

书银莲姊七十寿辞。

饮药酒始。

章太炎、王国维、闻一多、辜鸿铭、梁漱溟、鲁迅。

雨。

二十九日

郑欣森、庆生来，多年未见，好不快畅。惜其忙，明日赴太原，田成平。

三十日

发赵秘书、张勇字，郑园信。张仲海大夫来，果一箱。退离处长：王斌州、高凤清来。

十　月

一日

发郑欣淼信。石家庄教育出版社字。田成平，山西新任省委书记，字。作字数幅，小傅为发之。张瑞老赠《碧落碑》六本。张淑凤电话，明日六时柴建国等约五六位要来，甚快！

收郑园寄来《顾准日记》一厚本。经历苦难，大同小异。

同是运动过来人，日受课程大致同。

改造思想兼陪命，一代新法一代刑。

政治文化足神圣，服从第一真平等。

是非真理一人定，成毁毁成不留情。

重视自己的创作，应如重视自己的人格。

国际万事如梦，如儿戏，刹那一闪，争权夺利，愚蠢耳。

三日

建国夫妇、临汾日报编辑夫妇、张淑凤等来。赠《山西书法通鉴》，日记复印本。周文敏赠《陕西旅游》两册。振纪来。嘱书签三种。

殿清赠山拓片。强儿回来。

五日

亲友十多人午餐，热闹。振玲。临汾友人返回。

六日

甫运兄送来华商报收藏证，字数张。

（九月九）赵国老请题。高民生为绘画家。萧建如、梁建民（周）（古琴），巨川等参加。

七日

为强儿作字八幅。将近完罢，日记小记。

傅公此作纵情放意，不知天高地厚，笔画粗细一样，如龙盘蛇走，婉转自如，给人以振奋，精神百倍。——李殿清赠地方碑拓草书一帧。偶题。

柯老勉我字放笔写，正此耳（草书）。今日书魏碑时多，盖手指颤抖，不敢书草字也。须奋勉为之，必可如愿以偿。即为振人精神，亦所必须。发抒愤情，更得用此手段也。否则窝囊气如何散发？

放笔发愤抒情，毫无顾忌，是为真自由、真幸福！目中可以无人（鬼），不可以无物，无动物、植物、矿物，人类何依生存？人者鬼也，正人能有几个？故曰可以无人。但又不可以无己，己亦人也，而不同于鬼。“存我为贵”，此之谓也。

庆生来，礼，茶……拟赠新权书一套，四十本，精装。

聪、莲姊到西安。

八日

太原、临汾亲友来，下午六时全体三十余人赴杂粮汇府会餐。小聪、小莲贤侄赠 500 美元。回赠四条字幅：莲七十寿贺词一长横，聪弟《碧落碑》帖一本，上海《书法》一册，柯老序文一篇。九日动身去重庆、上海、香港（十七日回）。强儿来，后天返香港。振绪夫妇、孙，均赴临潼。小狗字，礼200。

收柯老信，邢延生摄照事，候回信即来西安。小傅来。二十日内完成，准备材料，序文等。王大夫来，75—105，51，肺佳。关五，绪字三，强八。须轻松一二日！

张浩然君来，肉卷子，取郭老印书一百本，即返。关帝字已写过了。

十日

雨。数日后降10度。保暖，大健。复柯老信。清心舒怀，一件件来。发李祥元紧急字。序文二。甘肃字（庭养……）。忌药酒，淡食三天。

我非常烦厌社会的那种复杂的安排、手续、豪华的夸耀、虚伪的功名……生活愈简愈妙！自然质朴，省工省时，少累别人。轻松快活，自由幸福，有自己的特点、习惯，莫随众。沉思，清静，无碍学习，照自己的想法办。

十三日

雨。收到懋功赠所著军事书一本。学生亚莉取字。庆生礼。（庭养……）

三百首，题签。西望姑射，信。景明兄题字，北京出版社印字册。书左军、鼎新信。

大盘点日。

新权、蔚农整天大忙，整理全部字画，须照相的，不用的（大对联未见）、日记、信件、未裱大幅字。够累了，各赠字二条。

需八十年代日记、照片。

函邢先生来的时间？去接。

收赵春伟信。李老稳定，难得出院，烦躁，体弱，令我难受！

刘司令、高明信。

十五日

（周日）雨。睡足矣。温度好。书懋功老信。拟文兄字册题句。小傅送来唐诗三十首详析。连日营养足，有劲。

小莲、聪信。

十六日

罗老、惠君来，脉58次，甚佳。姜亦来，为按摩肘上下处。黑狗肉。又绝妙心脏方：伏天，壁虎，口塞一干枣，以旧瓦焙干，拧碎面，服之。

西安景龙小区34号院，红楼西单元四层西门杨惠君，电话2484615。咸阳塔儿坡三普十六楼四单元5–2号罗正庭。

十七日

书赵、李信。

读书作字写文章，
何事呕心也惆怅。
如此年纪庆高寿，
康强一老喜欲狂。
正午倾见天官到，
百拜赐福在书堂。
物我一体天作美，
万类相依在中和。
齐物本是平等意，
嗜杀之徒嘎万死！

十八日

陈文军送来照片,已放大。将送来广东寄之檀木。

发李、赵信。书文景兄信,贺词。收张勇回信。刘明琪君字(出版社)。上下午睡好。休息好了。庆生来。

十九日

苦雨添寂寞,穷人苦难多。

四海皆兄弟,梦中叹奈何!

书贺词,明日发。雨时下时止。峰兄信当收到了。时时想及他的精神生活!做到“淡心”否?

其实往后日子,将更可虑——大战!健康第一,余皆为下。自乐、自适、要课。法杨子,管他娘的,自善之路也。歌唱、大笑,狂也夫!看戏,莫出场。没资格。

二十日

收吕梁离石市煤炭运销公司李海平先生信,傅山字。书法家字,高手。

小傅还送信件。收林鹏兄信。建国到了太原。(年谱)

思维——学术、研究、书法、文章。

为健康打算。想想国际风暴。人类前途。后辈子孙设想一番,工作,谋生路子。教育本领!读何子贞《临麓山寺》(先师晚年用心者),字外趣致,超过境界、气象。“云”的走式,不可思议!芬芳,馨香(“塔”、“启”、“文”、“矣”、“银”、“表”、“佛”、“太”、“觏”、“俗”、“度”),一笔,凝聚力,魅力倾城。“云”走式,闹哭声……康公车小行楷,铁山字,田师笔致。在一字画上下功夫,尽其吸引力之强,结成一起,便成长城。

梦双生建高楼,余睡之。

决眦楚天阔,

白眼不见物。

心有灵犀一点通,

礼让君子国。

飞鹏一展翅,

弹指渡天河。

共怜方恨地狱苦,

直捣东西禽兽窝。

乐哉四海皆兄弟,

放声齐唱太平歌。

(梦中醉高歌)

用心于每一字的吸引力、魔力,结为一体,便是长城,攻守立于不败之地。求每个字的美,结成整章的力,倾城倾国=爱民爱国,落到实处。

二十一日

改梦中醉高歌。

发文景兄题词、信。连日作应酬信,未能休息,胃欠舒服。午睡好。饮水不足量。

集中心力,不怕烦,定须同友人搞好字册!一鸣惊世。发布,字展,讲学。

二十二日

收沈楚赠诗册。

研味何临《麓山寺》,魅力无穷。田师之教焉。书风当更上一层楼——静美胜局,入魏体奥妙处。

二十三日

叶农师生展,二十七日。、

陈文军赠大像。

小傅，孙新权明日赴京，接邢先生。

字：

动态美——傅和黄行草，恣肆，放意，外拓，快意可乐。

静态美——魏体、隶……收敛（聚精凝神，毋不敬），凝练，太极，劲，空，静，内涵，思无穷，冥搜不尽。（爨龙颜，子贞《麓山寺》，田师）

二十四日

雨。

书柯老、邢延生信，李海平先生信。浪泉中学照壁字："书中乾坤大"，横。收柴建国电话，为他书册页，草体已得到省资助，由人民出版社出版。孙、傅赴京。文海、春丽来。字作使观者起一种威压、倾倒，从服喜悦之激情——字外功力（气势逼人），平淡无为也（山之气势），体势倾斜度（左右），偏旁倾倒相反，后一方横卧、支撑之象，形成奇险、奇观，亦美之至也。缠绕钩连，不见端倪，蟒蛇盘曲，浑身是力。

紧张时，时出以轻松处。枝干远扬，花叶密集，虚实疏密相间，宽敞座位，感到松和。默间安排，无常规、定局，变化自出心灵，走笔出人意外。动静、劳逸结合之理也，聚散有分有合之谓也。虚宜手变而美，实则稳定，力也。疾徐、相救、相挽、大小、相让、相揖、宽扁、窄长、字之原形，可改，不可改。方正，大方，威震一方。

文龙兄，晚报记者来。武俊英托带点心、钙粉。晚报举行首届记者节，字。

水笔字，颇得手，写出毛笔未能写出的风神，极有风致。魏草均佳也。

二十五日

作字，说成是：信，刷，扫，涂……都无不可。看个人的感觉、体悟。

高挑（缉笔）而下沉。

盘旋、婉转、飞动、上下钩连、情牵、意安。两字作一字，萧散舒闲。清淡。左向右牵，外柔内刚，胸襟宏宽。缠绵不断，乖巧不可宣。浸粘、凝练。聚散相关，动静有缘。

字美：

动态美——外。激荡、涛声、体操、跳水。

静态美——内。静女、沉思、心得、发现、神秘、冥索、悬想、希望、理想、不可思议、抽象、无形、神韵、无言。

二十六日（星期四）

孙、傅明日返回，邢延生君都来，郑园也回来，欢乐甚！郭老来。浩然君提出印字意见，手续欠妥，别无他，拟做出。午会餐。下星期二郭老请吃。

二十八日

摄照开始。再托三大幅，外四件。胡文兄取字，阎取信、书。郭送书册三十本。浩然挂号信，明日发。殿清帮忙，照。

天文学家，追求宇宙空间星球生命。知识之大，大于一切，兴致。科学大于宗教。爱小于真理。

《字册》，《三人行》，太原《日记》、草书页，艺术馆。发现（天文），创新（学术），追求=幸福。（贡献）

破坏（问题）→建设（解决）→贡献（内

容：精神、物质。对象：个人、社会、国家、民族、人类）→享受幸福。

理论体系——实践（条件、能力）——把握性。

失败，成功——眼前？未来预计，出路退路。

二十九日

放晴。王勇超、小瑚来，送中堂，大对联拍照，字册用。款3—4万。发浩然信。

《中文大辞典》，好书，四十本。字典，古篆。

自神，自壮，自豪。

一切力量、英雄豪杰、气势神韵、风采，都在人的身上、心上。会做人，便会写出好字，内容决定形式，不虚也。自然外在的东西常会引起内心的变化，那是缘，而非因。

小人物，不敬不行！所见者窄狭。

大总结，大整理，大转变，大解放，新千年，新人物。放踵摩顶，大步向前，独来独往，达人，大人，目中空空。

新权送郑园回来，买到《中国书法》十本。读到杨吉平君《二十世纪中国草书四家评述》，启我实多。

三十一日

来友人多。郭瑞老请会餐，八位。罗先生、惠君、刘玉玲友，均与餐。小傅送来作品，摄照讫。只剩托件大幅、小幅矣。明日退会议室。畅叙，外聚会，作字，礼品。

清理杂事。

自传——家乡，小学，高小，国师，办育民小学，教院，绥署，赴西安，闲居，梁兄家，军校，长安一中，西高，师大，《野草》出版，批斗会，劳教，农村，曲中，社劳动（教学，高中？），回西安平反，户口回师大，图书馆，建书画会，《野草》重印，苏州《野草》会，庄文，京展。

值得大纪念的十月！

一、大型字册二卷摄照讫。

二、孙新权、傅蔚农付出大力。柯老、郑欣淼先生联系出版，写序文，功不可没。

玄奘纪念大会（十一月二十一日）。大慈恩寺请柬。

十一月

轻松地清理，预计。

一日

概不作字应酬。保健。

要事：一、庄文。2.日杂文30篇。3.自传。4.傅山论书法。5.讲稿。（系列）

惜墨，惜时，爱精力，爱友谊。

顶天立地，独来独往。

振奋精神，斥彼魔王。

天地正气，铁壁铜墙。

无私无畏，坦坦荡荡。

上午王大夫从重庆归来，脉搏43次，连日过忙所致。午睡后，惠君来，脉搏升至56次。玉苓来，游桃园，回校。署名二纸，作为字题签，供选用。

摄照明日竣工。感谢邢延生先生，摄影大家，应邀接来师大学校中。孙新权、傅蔚农、李殿清诸好友宵旰为劳，顺利完成这一大工程，阎庆生等道友也多与尽力，感谢不尽！

字：邢先生、柯老三十篇二，西夏四，上海名家一，元军横幅一。

明日进城摄影游，老孙家午餐。付千费。1195。

三日

小瑚、韩来稿。建国电话，问候。吉平文章。

中心够照顾了，会议，住房。

胶卷，洗照，外吃。

柯老，郑欣淼先生，吕春元友，王元军，黄友，孙，傅，李殿清，阎，杨吉平，柴友。

四日

西安电视台，美院夜中会画像一张，颇佳。

五日

大功告成，皆大欢喜！

午餐，便饭送行。黄飞友、邢友同车，经郑州下车。各赠《碧落碑》四、三册，右任《酬高歌》，字一，段炼一，条幅二(邢)。柯老信。

《百人百姓》题签。发银川雷润泽信，四题签……整理释文，年表。交清，底版，照片。材料，旧作。

夜给孙、傅、李闲谈，后学事。

七日

立冬，风，晚雨。发西夏信，王元军信，字。殿清家乡友三人来，枣，胡桃，烟等。明订《鲁迅月刊》，一百元。信世家。燕领导字。

八日

张仲海大夫来，药丹参，心肾安各数大包。惠君来，新百合，治咳嗽。托信，册页。跋文散记数页，明后日交卷。

九日

雨。郭老来三次，册页带去，作字十件。颇精神，如意。健康大进展。

十四日

阴。陈从俭、长乾、鸿儒来，头发菜……文龙兄、武俊英……来，赠字册、条幅。王英电话。散记讫。殿清誊抄一遍。爱子返里。李卫东昨日来。杨继军来取女婚字。

十五日

王英电话。改稿。

十六日

陈从俭来，赠字册(京)。省画报二位摄照。

清稿，付打字。明日休息。

钟镝对子，华清宫碑字。二英。卫信(妹)。

十七日

夜梦，为李雪老拟寿联：

达人心天地，

仁者寿山河。

朦胧中听见叫："子英！"余问："李兄，你没睡好？"不作答。

发桂英信，答王经理购于书事。作字，华清宫，钟镝二。殿清又誊稿，复删数行。

书法韵味，全在字深处，又居字外处，放出的气味。田师，精灵之气。俏——意致，乖劲儿。凝聚，婴儿纯真，仙丹，内敛，散发出者。南海、依字云水行若，一气吹到底，不离纸。章体，真气，自然。

1.日记，序。2.年表。3.释文。4.论文。5.整理，款，字幅，散字张，字帖。

1.新华字，郑字。2.右任信。3.孙、傅、李字。李卫东。会餐。

十八日

雨。

收中华书局责编朱振华先生赠《书法研究》。

念民生之多艰兮，
叹天地之悠悠。
社会何不美兮，
恨私字之当头。
愤金钱之万恶兮，
开人欲之横流。
上下交征利兮，
取元恶投之虎口。
昔豺狼之残暴兮，
今为世代之好友。
民愤填胸莫由平兮，
孰反思而内疚。
望风雨之阴晦兮，
感荒鸡之怒吼。
恐江山之沉沦兮，
赴坚阵而复仇！

为我出专号，字六件，文（已解决），字一："龙都"。

收《沧桑》（廷华文）。

十九日

午饭后，阳光好，门外晒太阳50分钟。

二十、二十一日

专致力于书册释文工作。食欲不振。

二十二日

午前小傅来，商量删去一些。勉强交卷。午睡到下午五时。晚饭量大增。殿清感冒，发烧，打针。嘱傅电话转告，来校诊治。

明日复中华书局信。（专册）作"龙都"二字条一。

作字：

涂鸦——画——神行——无心无意——刷字（米）——冲力——愤笔——陶冶情性——排闷自慰——兴趣嗜好——长寿——武器——商品——艺术——做人——教育——救国。

二十三日

郭、李来。延寿来，红字。玉苓来，暖杯器。书朱振华君字，信明日发。

二十四日

惜时，保健，宁静，远看。

解放曲：

国际风暴，自由泛滥。
争做霸主，四海扬鞭。
强人狂妄，动物世界。
人道民主，随人周转。
甘为小丑，摇旗呐喊。
反是不思，末路可怜！

王大夫来，46，65—90。王广香夫妇赠画册二本。邢千字文印？钱君传题签。

二十五日

任务完成：中华书局朱振华“龙都”字，朱字六张相片，信。邢题。钱君匋传签。

午餐，羊肉多。晚餐停一顿。

二十六日

论文若干条。

美国大选丑闻，世界民主大国=可怜！从今难得号召（人道主义干预，霸主），完蛋！大好事！威风，无脸。自作孽……

美×俄。对台硬。时机，美介入？日寇？

发朱振华快信，“龙都”等字，字照底版六件。

解放曲：

目中无物，心宽眼宽。

不贪不污，睡得安闲。

无思无虑，大腹便便。

我行我素，青天不管。

独来独往，人间神仙。

乐莫乐兮，自由世界。

收田树苌京展请柬，12月5日至12日。

二十七日

宏观——广大，规模大，全部（金字塔），博大。傅山，亭林。

微观——局部，小，高。微雕。

用笔——超时间，独立，原则性。

书体——史的标致（篆、隶……）。

提按、轻重、疾涩、快慢、刚柔、聚散、虚实，存乎一心。

技法：

八法……

中锋，偏锋，印印泥，藏锋，出锋，聚散，雨漏痕，正奇，拙巧，疏密，章法，天。

天资——领悟，神行，“天”，“变”，意，心，法我，自然。

苦练——观察，读书，大自然。

人书关系——（与诗词文）情思，形式，强调。

创新问题。物化。

二十八、二十九、三十日

改文稿，散记，释文。

发信，字照，释文。郑欣兄信，林兄信。

十二月

迎禧月。

一日

西安晚报刊出中国文联首届文艺评论奖。肖云儒友由京回来，见记者王亚田文，杨吉平文一等奖，余幸与于右任老齐名，草书大家，甚愧！愧甚！二十世纪杰出的学者书法代表。

贺喜电话不绝，李、杜、胡、朱、平女友、王满道……感谢不尽！

论文若干条书毕交卷。

微雨。

松泛，轻快一番，月来过累。

二日

晚报刊出评奖文章。

三日

郑志老来，孙春乐字，陪病三个月，刚出院。苞谷糁。（鸿儒电话，志彦电话。）交年表卷。孙、傅。四山摩岩（孙）二册。

四日

张德才，大荔，仓颉庙。

山西经济报张晓红，与建国，翼城人。与薇《野视角》题字。

连日得到好梦。两天前梦建大楼，铁路房。近两天梦取高挂在门顶上的一卷红纸，惊动了房内睡者，即坐起，余亦为之陪情，表示歉意。二人者，一为周总理，一系毛主席，相语，无怨言，即一同入餐厅进食。

杜电话，明晨九时来。正峰兄赠《书法杂谈》。姜院长来，郭老来。

发俞建良、赵秘书、李老信。“毋不敬”三字下次写。

五日

丁伯令来，羊肉，肝，横字一。上海《书法》周志高、胡传海。吕书庆（中国书法）。收朱振华先生信，“龙都”字收到。

赵养锋先生自新疆归来，赠驼绒被五斤一套，黄金戒指一颗，待。京册一本。

少纯、小吴、庆生、地理系仁来。张大夫电话，报保存之。

七日

晴。希望与失望等同，都可以给人以兴奋力量。

若谷等不少同道反映，钟对大文有点意见。（四家？李正后……）不新鲜。

“西安晚报”李晓莉采访，鲜花一丛，照一。

下午李玉明、王月喜（霍州县委书记）信。杂文集。被单。父七十寿贺词。收鹏兄贺词。

八日

刘念老、姜、王来。林鹏兄贺词。

胸中逸气千回转，老笔挥来似雕盘。

九日

有线电视台记者张晓梅、小吴、王璐，又一位，电视照。由校办招待午餐，杜生校长夫妇陪同。张晓梅赠所作《走过人的丛林》，回赠字一件。为电台书“百味人生”。收刘念老赠诗。

午睡三小时，酣熟，为多日来未有。

张樊川来。柯老电话，字删去一些，甚慰！孙新权发俞建良京字册。晚报发余之访谈文一文。满道赠诗，刘念老诗。

十日

建森，“三秦都市报”。张养社，住水利厅。摄影工作室。

十一日

王璐陪“教师报”数位来，胡等四女娃摄照多张，拉闲。孩子们活泼。发张劲知、王英信。忘记剪报。附。

大雪，快甚。蔚农赠张中行《月旦集》。

十二日

收景明兄转来张颔老贺词。信二。烨文稿一件。十四日晚报。中文系领导为我举行研讨会，写感谢信。

当前世界局势，都在竞争研制杀人武器，用意可料到的。武器科学家属上刑！没有人研讨人类未来的好日子——如何做人，爱人，为人类造福！？——应有世界科学家为人类未来过好日子着想！大倡人道主义！

唱个对台戏！议论，唤醒人的觉悟，反大国！

哲学，宗教，艺术——保卫人类！地球！生物世界的安全，生存，幸福！！

目标，信念，实干！办法?！潮流。

十三日

倪文东字册。李殿清返里，千元。作字：上海，京书法，杨□字展字，三条。高清亮题签。刘玉玲题签，剪文七纸。

昨夜半胃痛，今日未进食，流食少。

王大夫，脉50次，血压60—92。

十四日

谢雪老请午餐。郭老返台湾。胡夫妇，红梅，惠君，晋和我……摄影多张，谈天说地，快何如之。文兴来。师联。……

校讨论会，未能与会。函谢。庆生复印晚报二份。

十五日

作字，为友人。

美总统就职日元月20日，将有好戏演出，丢人透顶！好得很。各地一样，窝囊！窝囊！可怜，可怜！

赵亮夫妇来，送剧本。建森来，巧妙，文章。为"三秦都市报"题字。星期一寄来。万怀兄赠晚报七篇材料，甚感！

食欲振了。

蔚农送来字照底版全部。杜诗册。草诀。曲中抄诗本。

讨论会放映，未找安徽台。

十六日

省政协（各界）杂志马治权三位来，女二（傅山宣纸本），下星期送来。有线电视台2.4.6广播（全国）。白强，校宣传部，摄照多张。

惠君来，明日带回相片（谢、钱）。

饭量增加，食欲振。清理案件。梦人民日报全版登余长文。

十七日

专书信件。文，颔，285号，山东，月喜。

小傅发王元军友信，字四。

十八日

发林鹏、颔老、文景明信。

建国电话，明日杨吉平来。正好西安晚报文艺部决定召开一次市上书家座谈会，我校、书会配合举行。圆满而有深意。彻底改变书风，书界的混乱！

十九日

有线电视台尚洪涛、张晓梅摄人照。上海版《野草》，文明宝典，字照。百味人生，大的、小的。

北京《中国书法》赠11期数本。

"三秦都市报"建森文。出版社刘明等来，印书事。

二十日

大晴。小会议，计划开会人选：刘、王、刘兴。焦卫与二位来摄照。夏将军。

杨吉平友来，礼。惠君，玉苓来（题

签)。建森。

二十一日

胡征嫂走了。李甫运友从澳大利亚回来,赠圆形摆设一件,好玩。

二十二日

研讨会200余位学者专家,发言热烈。午餐十桌……

二十四日

杨吉平同志返里,字三,茶,别无可赠。晚报刊出开会发言情况。

书柜玻璃,钉子?洮砚?大对联?桌下捆字?对友人态度。不成个家庭了!

二十五日

墨缘,高庄,另册王洪洞。收赵信,李老亲笔信,高兴!草字。

二十六日

七十九寿,小妹二千。司机字,收藏。

开小会,成立中心研究会。邢照片,信、书即寄出。

二十七日

庆生应人民日报海外版要求为我写4000字文章,面谈,材料。字一件。张仲海友三人来,看望,需要药?李红梅习作字多幅,请批阅。书李老、小妹信。殿清电话,看情形。23日大会盛况。300多未参加。

听民歌:

甘当百姓不做官,

贪官污吏臭泡蛋。

扔进茅坑甭可怜,

严冬过后是春天。

玉兔牌利肺片,普太和药店。

分房问题,好得很!……买箱子两个,趁机会清理一番,太乱了!

二十八日

省安全厅焦卫、马文勇同志赠照片多张,宁夏文管所刘赠古币、陶器二件。北京《中国书法》电话,字收到。王云山(侯马)字。春丽夫妇来,赠三件。连云港经济日报来人。陈文哲。校赠送特年历。枕中(二),(诗)。刘廉生,财校教师。王云山,侯马市委办,字。晚,邵养德(老乡),评论家,美院。庞建国摄影。胡、李育同志来,厚礼。庆生复印文。

二十九日

张大夫送耳机具两包。收牛桂英同志醋三瓶,所作《舞台活动》一本。小瑚来,有为字八条,右任字大幅一条。张、赵亮册页。作字数条。王月喜父寿辞。

三十日

郭伯雄上将书联(中央军委总参谋长)。小傅赴长安县买箱子两个,120元。赵亮(金陵)来助做饭。收周强信。

三十一日

客人众,作字,清债。魏良中堂,条二件。

二十世纪月尽。

总结,大好,圆满,硕果出乎意外,可以畅行无阻矣。

持续忙了百余天,朋友们:邢延生,孙新权、傅蔚农、李殿清诸好友,日日夜夜为了大型册子出版,真是感谢不尽!至于在文字、精神方面的为文关注,柯文辉老、郑欣森先生、刘念先，自是铭记不能忘。平日无时不在关注李正峰、王生彦、曹伯庸书画会诸友，不一一赘矣。

多闻而体要，
博学而善择。（葛洪句）

〔注〕：

①语出《庄子·徐无鬼》：“夫尧畜畜然仁，吾恐其为天下笑，后世其人与人相食欤！”

②碧落碑，唐高宗总章三年刻立，篆书，旧在绛州（今山西新绛县）龙兴观，现存新绛县博物馆。为唐代著名篆书石刻。

③见《孟子·公孙丑下》：“彼一时，此一时也。五百年必有王者兴，其间必有名世者。”

④《周易》乾卦卦辞。

二〇〇一年

新世纪

元　月

元旦

改变思想、生活作风。杨吉平道友一篇大文《二十世纪草书四家评述》，受到全国文联评奖，一等奖。余亦晋升大台阶，四家之一。非所梦到，足矣，愧矣。何敢与于右老等同！当更知勉！有甚可贵处？

保健，惜时，创世纪（三公精神，梁漱溟先生）。

工作：庄七篇文，自传，论文，书学若干讲，（展出？）书法作品，杂文（解魔品）。

二、三日

为友人作字。杨继军来，赠女结婚糖，围巾一条。为题签书法绘画集。王寿辞。霞字，刘辉“春也好”[①]词字。邓剑赠荐三苏碑刻一套，书三本。建彪赠书一本。

在我这九十年中，有两个顶峰：

一是从十二岁起到八十岁，我演的是悲剧。由家庭到社会、国家，所受苦难、劳教，农村再改造，达到悲剧的顶峰。

二是，这之后到今新世纪2001年元月，走了红运，书法登上大家高峰，全国性，渐入国际。著作、书艺创作，遍地红光。朋友辈之力也！不敢忘。当更勉旃！

艺苑——友园——至乐厅。

四日

红梅、金玉来。王英托带大饼。

寇建国来，四字，录材料。

为海外版总编丁振海、名流周刊张首映书条幅各一件，庆生送之。发文。

张永年赠蒲城馍一箱。

庄子真伟大！人+大自然=一体，非对立。儒家亦是。

西洋科学提出征服大自然，×。

今日科学家方知爱护自然物，地球母亲。动物、植物、矿物，少一样，人类何归？完蛋！人，科学家，执政者，罪深重！

五日

惠东平。高嗜古，大篆刻家，赠刻一套四条。（作品需要）（高嗜古篆刻简介）

李建彪陪父保志来，大礼，赠画，又嘱题鹰画句，春节来取。摄照。

文龙弟兄赠画。老陕公司等数位礼。

六日

雪中，好友张光祖老，杨宏毅老，魏、娥老，李柯兄，陈诚侄为贺生日。由李子开车，赴常宁宫游。瑞雪明朗，餐后参观宫后房舍，蒋居室，办公室、会议室、四壁悬满蒋家人物……摄照多张。快慰曷似！

刘辉同志来，赠消费者报，消息二则。客人多、礼厚。风雷三位来，明日返里。

吴群生、张汉灵、崔锦昌代表五一级贺寿。汉灵赠词，甚佳（长相思）。吴赠放大镜。走路多，足未胀。

七日

阴重。晨书画会诸友刘、曹、王、傅、朱……来，谈天说地，一家春，乐甚！下午庆生，又孙，代表中文系，花篮。

德运来，摄照多张。朱仰超夫妇来，为写文。庆生来。惠东平来，送高嗜古文题签二。君赠印刻四方。十八日来,送象牙章。字二。樊明印来,鹏鹏调动事,已成功。

雪,快慰!长白山参,灵芝。

八日

大雪。李红梅,元宵,盐饼干,字,题签。刘辉题签,文章。钟镝父子来,礼品,重礼,西洋参。刘忠竹子词,重写。柯老电小傅:1.重健康。2.字册二校,160页,普装、精装二种。与康有为等字合为一套丛书,三月或四月面世。3.尽快印牛棚诗十首,陶公字册。

九日

肖云儒、赵兄等来,美酒,房屋,全面……文献事,养生主……

十日

生日,客人众,甚慰!张逸油一大桶。题签"张逸书法集"(艺术)。疲乏甚,不支。王大夫来,惠君来,春丽来,服药,养气。夜眠好。刘辉来,孙、傅来。德运赠照片多张,颇佳。内有老舍夫人一张。

十一日

小傅为购赠《诸上座》。王育民礼。国瑾电话,问好。德运送来像框大照。下午赴京。马维勇赠羊腿一只。题签马书法作品集(安全厅)。

天地正气,宇宙精神。

十二日

为了健康,辞去一切活动、应酬。

十三、十四日

海洋二人来,县委书记、县长数字,孙字。小傅请吃。蒋赠花三盆。弟兄防之。整顿书物。郑女士二人来,礼。

十五日

海洋、蔚农为收拾字幅。大事情,各得所在。书李兄、赵秘书信。海洋返里。服中药20粒,两次。胃口较舒适,浑身较有力矣。西药停止。

道心——善心;

人心——危,兽,鬼。

人为:战火,破坏,政治不良,愚昧无知,自伤。

十六日

发李兄、赵秘书信,报喜。收贾起家牡丹字千元。李卫东字一。收成都医学高等专科学校刻碑字。

大人物,只在形式上威风,架子大,卧车漂亮,趾高气扬,不可一世;精神上却空空如也。有时竟吐出稚子话,如"及时雨"之类,丢掉民族气节!题字五个字,错三字。要废弃地理课,不重视历史,可怜,可怜!乃知领导者,"领倒"也。讲话,念稿子,没内容。

十七日(二十三)

振纪夫妇赠羊毛衫。刘先生来,赠文章。定印刷文书事,题签。

李正峰兄明年七十寿。刘忠脑病,梗塞,积水,萎缩,麻木,口齿不利。在家打针。张仲海教授来,告之。要去看他。

健康!休息好,菜。

杨老、康二位来。(省老会)

十八日

阎木为购赠《弘一手札》,颇佳,耐味。

育民来，未托作字。军区赠好猫二条。

建国电话，日记就由此间出版。周金冠电话贺年，为书签二。一通，佳。印后即寄之。

胡征老二位女婿来。三秦文化研究会仓颉庙，对子，王新华。有时兄来，赠年鉴，药补品。西安晚报曹军华，礼，电话7618100。

赵来，云儒为文，寄各地，博导。小傅，小王为购坐椅。

十九日

书柯老信，题签三种。

郑园回来，云导师五一节要来看望。五十余岁，和善。高嗜古来、惠东平同志来，赠象牙章子，难刻之至。八十一老人运刀，真奇迹。赠字二条，惠四字，横。红梅来。有堂来，为栗战书。张迈曾索字。（校办张建成、王纯代索字）

为谁忙？如此环境！纯想可飞矣。

节日，休息，放假，不动笔。

紧张过日子，从俗曷为耶？打不出一条宽广路子，得不到个宽座位，如辕下之驹，太可怜了。往常度日，正是如此。为了顽健，一切破除情面。如此年纪，有甚不可?！专心致力于著作，一切置之脑外。制曰："可。"心上不要任何负担，干扰！平为福，安而静，即神仙，至乐也。有所专，则有守。

拟某君函询，为作答，短札，毛笔字。（生活，治学法，写作，作字心得，新悟……）

二十日

发柯老信，题签。书张建成、王纯、栗战字。张迈曾字，横，省委宣传部长。收柯老信，药方。清亮信……咸阳董、贺东霞，吾石山房。生财剪纸。

老年人的苦处，别人不会理解多少，唯自己深知，善养为要！

军区罗女士来。王纯取字二件，千。留赠合阳葡萄酒，胡桃。

服药中20粒，喘，消痰。腰带大有用处。服药见效。

二十一日

增贤、满道来，取字。王贝一件。词……李《野草》赠曲……

杨体主赠绿茶，人参果（稀饭用）。大慈恩寺等张有才赠，淳化果子，箱子。

二十三日

王大夫来，血压60—84，44次。应、傅来，蒋、胡、王赠肉条，甜米。羊汤，半个馍加肥肉、瘦肉。胃不适，少食之。

加倍休养！

曹，花馍。刘、王、傅贺年。

傅山公陕蒲城律师碑：

1.轩敞寡仇（外）。

2.堂庑广大（内）。

3.气吞云梦（天地正气，宇宙精神）。

4.英雄大人。第一流。

大雪。

赵世忠，新疗养院，天水人，政委，大礼。

强儿回来，甚慰，甚快！

李甫运赠放大像二具，装框。

王元军、柳如松、鸿儒。

二十四日

新纪元——丰收年。

农历元月初一。万事亨通，吉祥如意。

宪章：1.保健。2.惜时。3.惜墨——莫做嫁衣。

如松、元军、鸿儒、酒厂电贺。君、吴、周景濂、朱影。雪续下着。填峻生信——天津南开大学西南村46-102，300071。

二十五日（初二日）

晨洗脸，门开，受凉，背下部痛，卧床。夜温水袋未离，饮水未足。杜来。作字三。

二十六日（初三日）

初放晴，背部大好。

重读律师天泽润公碑，头等碑。

1.轩敞寡仇——（外）。

2.堂庑广大，境界气象（气吞云梦）。

3.严威，不可一世。

4.格——情——气——韵。

5.高怀，雅量（高致），胸襟（内）。

二十七日（初四日）

收到深圳海天出版社旷昕（副编审）贺卡。

无客来，清静，养病。

二十八日（初五日）

书法，快意的旅游，随时有发现处，有经心处，变化无穷，迎接不尽，快哉！

刘锁祥、解小青、日本青年来，礼，住中心。杨段长来，面粉……重礼。

读山翁碑，大有收获。

二十九日（初六日）

这家人不受教训，无可如何！如此环境，没人过问，秀才可怜！可羞！难得容忍。自求多福！困难不可及。

王大夫为药物剂，大便通矣。杨惠君、罗君来，火罐，大好。刘锁祥、日青年来。运城夫妇返里（十九首，札记），赠大像一张，小孙同。

凡事须亲自动手，否则即出岔子。

三十一日（初八日）

小阳来。又杨教授（哲学）来。乡愿，社会性强。

健康有力，情绪正常，脉搏协调。从容，便是福气。

二　月

解放月。健旺，自在。

一日（初九日）

方磊夫妇、儿子来，刘念老来。

李正峰好友走了！悲痛！禁不住浪浪盈眶倒出。六十八岁。苦了一生，一生苦了！

二日（初十日）

老看法。声闻，超额。不需要更上一层楼矣。

健态：

1.饮食，满口，狼吞虎咽。

2.力足气壮，浑身是劲，充实，小伙子，不觉疲累。

3.有所恃而无恐，拿得起。

4.要强，胜心切，不胆怯。

5.清醒，豪迈，爽朗，决断。

6.无私，无畏，诚挚。

7.行所无事。

8.英雄行为。（不低估，无顾虑）

健康自知。

世界上无奇不有的万般花样，都是富有创造性的英雄创造出来的。智慧，勇敢是创新的支柱、后盾。干几宗出色、惊人、有益于人世的纪念性的大事。该说不说，应干不干，奴才耳。战必胜。君子以自强不息。勉之。

三日（十一日）

世界上什么人最无情？什么人最残酷？借刀杀人，推罪于人，杀人不露风，反现出君子相，嫁祸于人，无情寡义。可怜哉！

刘、生彦同志们来，柳、王瑞霞儿媳，药方，礼。（贺词，字）。惠君来。磊、小赵摄影。便通矣。大好事！饮食好。臻女赴小寨医院检查。数日后手术。“C3”麦片下午饮。

英姿，战斗，恶社会，环境，自振。老当益壮！如此年事，如此大半生（苦辛，不公平待遇），如此功力学识，小成就。对得起国家、民族！有甚忍让？梁漱公脾气。

四日（正月十二日）

春来了！光辉到。

从头起，吉星照。

吉祥止止，

佳音四方报。

胥超友来。王大夫来，教院等人字。晚饭吃得饱，苞谷、白面二样宽短面条，鸡汤，又麦片一包。

五日（十三）

杨馆长财生、王科长来，强毅为开药方。南海帖一本，甫运友。便大通，病根尽除。

马温才夫妇、建森题字，岳父八十联，润。

六日（十四日）

晨雪。玉苓来，取题签二。（田）

七日

元宵佳节。

发峻生兄信。蔚农赠诸上座原帖，大字。卫东女来。

八日（十六日）

睡足，药足。

铁人，机器人，基因武器>导弹！地球，人类，生物。

科学武器专家=上刑！

物质文明，精神文明。任务，救世主。全世界文化人大联合>大头人。

九日

1.美潜艇撞渔船。2.文化反美主义。（十日文章）3.俄美对立。（1.28）4.桥本上台。（2.21）5.美以德治国。6.中俄敌人。

十二日（二十日）

添仓。终日雪不止。

十三日（二十一日）

铭感冒，血压170—80，发烧。小傅为

请来王大夫，立即见效。

便大通，轻松。曾莺请钱君来，贴膏药，云三天治愈。小感冒，服中药八粒。

吃焖饭、枣糕，可口。

王字。延安。

十六日（二十四）

服药多。不舒服。

六斤电贺四家之一。立奖题字。上海字一。李兄信。沪展五十件。美国绝走死胡同。大战难免，也非易。

十七、十八日

夜又受凉，门偏开！自力更生！

二十二日

雨。服亚丽药，甚好，见效。为大慈恩寺题书法作品集，册页。报刊之友签。午睡四小时，足矣。

二十三日（二月一日）

赵养锋偕子来，赠冬虫夏草一盒。贵物！专治肾腰痛。贝贝常服用。

二十四日（二、二）

梦蒋站高台为学员讲话。著作事。

二十五日（二月三日）

发赵、李兄信。书牛桂英信。惠东平赠梅花。

二十六日（二月四）

头痛治头，足病医足。小刀细工，琐屑不足道，何有于兴国？而今已到救急之时，三讲、三代表，何足算也。胆小，疑神疑鬼，小题大做，连鬼子豺狼尚认不清，虑受玩弄，失去民族气节，仍要侥幸心，可怜！美帝侮辱更无论了。

前途分析？

软胎子！问题多。社会不平。钱私字太大。寡助。

智贵存我，定于一！健康。

每一听到“东方红，太阳升……”好像见到四九年天安门的潮浪……真激动人心。“中国人民站起来了！”第一代的老领导都走了，好像过了一个时代。

二十七日

夜二时半，大解手，通畅。和衣睡至八时，酣甚。半晴。

庞建国、赵西中（电视工程师）二人送一台VCD（影碟机）。司机（司小均）二人并赠送制作《书法家卫俊秀》电视片。电话：7853694，建西街96号（西安市）。

下午解手，正常大好！生彦兄为借电烤机，交字500元。小罗字。李运二。老年会力雄兄党八十周年展字一。

三　月

去病月，健身。

一日

蔚农为电烤。刘兴来，开会。发太原烈士陵园介管。夜空腹。

国际风云正大变化。中国入贸（？），奥会（？）阻力大。迁就，侥幸，寡断——可叹！丢脸！

美，无赖国家——可笑。自卖大国身份。

抗：书风邪气！国敌！病魅！

书法威力，深究！国际。

二日

服药二粒。

出类拔萃。

无为、有为新解：实即超人之意。道家常云，无为，有为，各说不一。二者含有创新之意，因果关系，非对等句。窃以为在同行中、同道中，无为者能做出同仁做不出的超绝、达不到的境界，便是有为也。

吕大夫要我时作拍打全身。甫运兄来，明日下午请贺医师来，用针。四肢常运用。

三日

李陪贺大夫来，穴位，腰痛大好。留药多种，日二次。膏药数张，六天换之。甘草不必，氨茶碱少用。第三天解大，畅通无阻。野史。食量好，复爱民兄嫂信。

味传千字文，心得！全部着眼，视为一次战役。出发——决战——胜利。章法高潮，战果，了然于心。不懂战事，也不会如此理解。

“头痛治头，脚痛医脚”，盖讥笑治国者之浅见无能。实则头病治脚，才是根本疗法。（针法）

卢梭：要理解一件小事也需要多少哲学思想哩。

四日

昨夜服贺药，肠胃大好，禅益病，轻了。张有时送来荣誉证。

五日

肖云儒、贾宇虹等来，照片。太原瑞峰、阎林信，九月展二十件。醋十多斤。林兄信。

社会大吵场，国际大战场——动物世界！（弱肉强食，强权即公理）人道主义可以成为吃人者的大囊。聪明而糊涂，愚而诈。骗人！莫谈道，莫讲理。网民到处是骗局。你说你的，我干我的，梦也，戏也。沧桑变化，谁主沉浮？都是谜。有甚大小？有甚高低？尼采超人，“老子天下第一”。王道、霸道，都是道。讲效果，谁丑谁好？一锤定音。不失民族气节，不以私害公。得道者多助，万民拍手，同声同气，叫好。

六日

奋发图强英雄汉，

莫把虫豸当人看。

高呼长啸大地哭，

长夜漫漫何时旦！

李记者（人民日报）来，为太庙索字。王大夫来，42次，90—60。建议起搏器，辞。

八日

妇女节。杨起超大夫来，勉安起搏器，暂辞之。

九日

姜大夫来，脉44次，勿安。建森报一记者来，明善托告举行大规模讨论会，可不必。文兴来。

十日

惠君来，三次饭，正规化。东坡肉，好。换膏药。姜院长来，脉45，47。

十一日

张永年、刘老来，趣谈读庄子。

草书：

1.独体，不连笔。（章草，于“标准”）

2.今草，连笔。适用，简单。

一笔草：

不连字：意惬神通，暗连。

连诀：词，语气，连之。

大幅，如千字文。

比之战役，大河：发源（平静），中游（高峰，急湍，瀑布，气势狂），下游（缓慢）。

十二日

罗先生夫妇来，牛骨片。赵养锋偕子来，取对联一副。国际华人书画大展，余为发起人之一。水晶石眼镜半月送来。枸杞。

魏德运：陕有线电视台为魏摄材料片，为之介绍。刘君三人。

便大通。山茶饮。

泡酒冬虫夏草（女女）。腰部转好，气喘较大。脉搏62，甚慰！

收《鲁迅月刊》（2001年二期）。

舌头是软的，调来调去，可左可右，难以坚定，靠不住。“人言可畏！”有以也。不自立，常受欺。梁氏太少了，故可贵，真言动人。

近日来，肉食油多，今晚只喝米汤。调理得宜。

十三日

前些时，由于日睡十五小时，饮食欠佳、食欲不振、饮水少、青菜少，脉搏降到四十一、二次。王大夫建议安起搏器，辞之。如此年纪，不必。决意不用。近三天，饮食营养提高，三餐量增大，药物及时，昨脉搏上升到六十二、三次，足矣。

利用生物学原理。改变生活条件，培养适应能力，提高健康质量，抵抗力，人定胜天，心理建设决定一切。

吴群生来，西高110年纪念，书记、校长要来访，摄影，题字……。二十日前后。小瑚来，点心等。钱，留用。下周去王莽处。清禅寺观千年玉兰花树，淡红。建筑图案。十月开幕。建国电告：杨吉平三月八日评奖会颁奖，中宣部长，300余人名家参加，隆重。一些南人未见过余之创作，辩解后信服了。有头头索集、墨迹，拟推迟。腰痛不能执笔。

无言胜有言，多言起祸端。

至人何所事，放眼空云山。

宠辱不惊，万事亨通。

云沙富贵，身心轻灵。

十四日

惠君来，带来饺子，按摩，58次脉搏。傅晨50多次。寒流，明日冷，雨加雪？

健康大好起来。腰、喘、咳稍注意。换衣，便好。

十五日

风沙，冷。庞建国、建德、事兴。

午饭过量，晚奶多余。不舒服！明日转正。

十七日

作字。孔珞、庞建国、生彦、宇虹。庞赠日本喘药，取字，摄照数件。新权为复印王铎、戚继光等自书诗。甚快慰！有如壮士屹立山头，遥望云山，心开意豁。

午睡未盖，咳多，喘。

甲：鲁公中兴颂，山谷七祖山诗，祝允明，傅山，王铎，康有为。

乙：爨龙，石门，瘗鹤，廿品，石门铭，郑道昭，铁山，田师。

张晓宏向颔老索字，未与题签！

十八日

作字，笔债。省教育厅刘炳琦同志……成立教育界书协，签名。

十九日

育民同志取慧芝字，赠信纸、稿纸。

甫运兄陪贺大夫中胜来，送药，为覆膏药六张。取字。陈青送来半年生活费450元。谈读书事。韩字。

二十日

为王纯成、建成作字。增贤夫妇来，他的病好了。改峰文。欣淼兄序文，妙。

二十一日

赵养峰锋子来，赠水镜。为题白石画字。档案馆君周来——材料。

王戈借《傅山传》两本。十天归还，收回来。

二十二日

郑老出院，甚快慰！书郑牌子。杨处长材料，直告档案馆。

二十三、四、五日

改文稿。整字，京友人。吉平为大整箱物，轻松矣。书，杂志，旧作。（上海、北京）报纸。

二十六日

继续整理，发现补正上册《人间世》初稿，大快事！

二十七、八、九日

史念海老走了，为赠幛。红梅、苗芳、杨起超、庞来。为医院院长字。白强字。摄照数张。

三十一日

收北京人民大会堂会议通知。（中国管理科学研究院通知：中国首届管理创新大会）。

四　月

一日

傅蔚农为购三本日记册，又工作笔记五册，稿纸一本，100页。足矣。阅《人间世》旧稿，修改一过。

二日

夜睡中，由书法艺术想到《艺术学》，特征：大，深，虚（无，气，道），恒，高，化，远。（德，公，广）

艺术真天地，做人大学问。

一臂加五指，毛颖足吞虏。

以国际的范围，笑料太多。水平太差，奈何？奈何？以此等人物，亦学治国，向谁说？可叹。见得不是什么也幺哥?！完。

创建个人世界，自由王国，万事如意，至乐。

收到景明友大函，嘱书汾阳诗书画碑廊，另书一条，拟意临田师书法，竖写，行草。

三日

连日续闻学者、泰斗史君住院医疗，分房交款，殁后迟出讣告，漏写党员情事，笑料多。并校政策……。大事定矣！国事！

群生、汉灵来，文章做得高。西高百十年纪念事，书校牌二，等事。五月须座谈一次，会面。

艺术真天地，做人大学问。

平原气在中，毛颖抵三军。

四日

李中原、廖英，均深圳大学艺院。文兴返里。发王元军信。师跟英八十寿字。郭老来，从孙赵海峰、赵伟结婚字。二十一日。

五、六、七日

连日起草：太原教院同师院合并信，李正峰君怀念文，为汾阳诗书画碑廊字，郭老孙结婚词，史念海学术馆字，圣母碑拓题词。

注意美态度！日寇行踪！

选择艺术发展取向——艺术独创精神，生命力，永恒的存在，魅力所在。字亦然（神），时代精神。（苦难生活，民族恨，斗志，激情，爱憎，衣着）

九日

晨沙土黄天风，十时大雪，雨，冷如冰。

整理寄李老、小妹等字包，信。

夜水泻三次。

十日

平女赴京，呈李老字多件，小妹五。曹雅莲赠蒲城馍十多个，干干渣。字一件。病愈。书文景明友字二幅（题碑廊，临田师字），信，封好，明日寄之。

十一日

美撞我战机，24英雄轻松返回！人道主义，大国风度。祖国前途万岁！

十二日

遵医师嘱：

1.月内少说话，以省气力。

2.莫作字应酬。

玉苓来，送道口鸡。

大解放！辞去一切外务，不得心软，切切！

要做英雄，自力更生！

十五日

平女从京回来，李伯激情，大快，健谈，胖了。字幅数张，须要小幅数件。谷老高兴收起二条对联，小妹一件，万元。话多了，母在院照，报父病。

十八日

刘建军留型，尽余，印尼制。

十九日

雨。康文哲索字，八十周年建党，老书会，一会来取。便好。赵守平修胡子刀，电灯泡二。笔，碑帖。赠北大程博导（郁缀）。

二十日

圣母字，扫描，李另。明远书局。雨经日未停。

二十一日

雨。郭瑞琛老为孙结婚，未能赴宴。书李老、柯老信，谷老信。

二十二日

发柯老信。接李翔电话。山字跋，另纸。原作盖章，寄邮。

二十三日

郑园已到北大。省府年鉴，让韩天善四位来，出书，索照片，字照，简历。星期日取。

二十四日

阴。李老、谷老二信。

〔注〕：

①即卫俊秀在六十年代初在劳教中所作的《长相思》小词，内容为：“春也好，秋也好，春花秋月分外娇，只是催人老。醒无聊，梦无聊，一片赤诚几人晓，负重到今朝。”

卫俊秀年谱

（朱忆湘、柴建国整理）

1909 年

清光绪三十四年农历戊申岁十二月十六日丁卯生，时为公历 1909 年元月 7 日。兄妹四人，先生最幼。父登云公性豪爽，尚义勇，喜为人鸣不平。母宋氏体弱多病，缺奶。由大姐、二姐喂养红枣一小瓮成人。胞兄俊彦公赋性温厚，仁慈爱人，于贫苦人感情尤挚。

1910 年　一岁

1911 年　二岁

辛亥革命发生。

1912 年　三岁

1913 年　四岁

是年丧母。大姐已出嫁，衣食生活全靠二姐照管。以虚岁计先生已六岁，胞兄送其入本村小学读书。蒙师张之杰，为清末秀才。初学《三字经》，旋改读《共和国新教科书》。

1914 年　五岁

始习字，日写一仿十六字，然后于字间添写小字。

1915 年　六岁

1916 年　七岁

1917 年　八岁

1918 年　九岁

1919 年　十岁

五四运动发生。

1920 年　十一岁

以虚岁计，已十三岁。登云公深感身体不适，遂为先生包办老友之侄女成婚，然长先生五岁。婚后一月，父登云公即病逝。

1921年　十二岁

1922年　十三岁

夏，二姐因痨病去世。安葬完二姐的当天，大姐在回家路上悲痛之极，放声痛哭，遂气绝身亡。接踵而来的家庭变故使先生堕入悲观主义。常想到人生问题而无以自解。

是年入本县南辛店第四高等小学就读。性安详本分，勤学有德品，喜语文，爱书法，多次受到校长师振堂先生鼓励并获奖。接触新文化。张维汉师，博学有才子誉，课堂上经常讲述鲁迅、郭沫若、陈独秀、胡适等。先生尤仰慕鲁迅先生。

1923年　十四岁

1924年　十五岁

1925年　十六岁

七月，高等小学毕业。毕业时，师振堂先生说："白话文不可不作，文言文不可不读。不可忘记写字，写字是你的一点长处。"先生后来说这句话"在他心中种下了一颗书法的种子"，影响到他的一生。

九月，考入时山西名校太原国民师范（六年制）。教师多为学者名流。包办婚姻使他时感痛苦，寒暑假不回家，留校读书习字，研读百家著作。书法师从时山西名家常赞春、田润霖。临习何绍基、钱南园、康有为、傅山诸家及汉隶、魏碑、唐宋诸碑帖。阅六寒暑而未曾间断。

开始写日记。（直到2001年4月24日92岁时停笔）

1926年　十七岁

课外研读刘文典《淮南鸿烈集解》，摘录佳句。对哲学、教育学最感兴趣。

1927年　十八岁

读《左传》、《老子》、梁漱溟《东西文化及其哲学》等著作。喜孤独，颇留心研究人生问题。

1928年　十九岁

七月，初师三年满，入高师中文科。从初师到高师日写大字十张。

1929年　二十岁

攻读《诗经》、《楚辞》、《荀子》、《庄子》等著作。在《国师月刊》发表《屈原的思想及其艺术》、《荀子的教育思想》及白话小诗。广泛阅读欧西哲学著作，立志成一学者。

1930年　二十一岁

受学长张青巽（即李雪峰，比先生高一年级）影响，爱好心理学、进化论等学科。读费尔巴哈、黑格尔、恩格斯诸家著作。

兴趣由诸子百家转入清代朴学，尤喜戴震的哲学思想。

1931年　二十二岁

五月，与同学赴北京、天津等地考察参观。

七月，国师毕业。时山西省教育厅规定，师范毕业生必须有一年的社会实践方可考入大学。先生遂与同学吴润德、阎化祥、丁立三、王丰学等在其师范老师陈受中(乙和)帮助下，于太原后营坊街创办私立育民小学。

1932年　二十三岁

七月，育民小学归入太原国民师范附小。

九月，考入山西教育学院中文系。大量阅读鲁迅著作、苏联文学及严复译著等。与同学王中青、翟大昌同住一里外间宿舍，日相勉励。立志著书。

1933年　二十四岁

决定写研究鲁迅、《庄子》的著作。

初见《爨龙颜》完整拓片，爱而临之。并临《张猛龙》、《郑文公》、《爨宝子》、《石门颂》、《孔宙碑》等著名石刻。

是年，赵树理由好友王中青介绍借住先生宿舍(王、翟住里间，先生与赵树理住外间)。先生与赵相处甚洽，赵时向先生借阅碑帖。先生受其影响亦用功阅读章回小说，探究民间语言。

1934年　二十五岁

1935年　二十六岁

1936年　二十七岁

五月，山西省教育厅举行全省作文比赛。阎锡山通令全省高中以上学生必须参加，否则不允毕业。六月间，评审结束，先生获全省第一名。

大学毕业，九月由陈受中师举荐到太原晋绥“绥靖”公署参事室任干事。

临何绍基九十多字的临本《麓山寺碑》。

在省政府秘书处首次见到康有为真迹“自省堂”三大字，深为震撼，遂开始临康有为《一天园记》。

1937年　二十八岁

元月　调至“绥靖”公署秘书处任秘书。

“七·七”事变爆发，八月随阎锡山行营赴雁门关督战。九月间日寇向繁峙进攻，退回太原。后先生回乡参加抗日活动。

1938 年　二十九岁

三月，临汾失陷。

复赴宜川任二战区长官办公室秘书。因受到阎锡山不明原因的呵斥，遂坚辞回乡。任襄陵县抗日总动员委员会秘书，参加县牺盟会、自卫队抗日活动，主编《前进报》。

1939 年　三十岁

亲历震惊晋南的“景村惨案”。时县政府、牺盟会、自卫队转移至县西北西阳、景村一带依托姑射山开展游击战争。四月九日夜日军突袭景村，自卫队长王宝泉牺牲，县长曹文宝等被俘，死难者十八人。先生急上房藏身于一堆杂草中幸免于难。

是年，先生结束了长达二十年的悲剧婚姻。春，与本县东柴村晋铭结婚。晋铭，时年十八岁，太原女子师范毕业。秋，携眷及内弟晋聪到西安。住好友梁树家十个月，未能找到工作。

在书院门购得魏碑拓片十数种并《杜诗》一部。

1940 年　三十一岁

六月，由梁树、李明甫介绍到黄埔军校七分校担任指导员工作。上课之余读鲁迅著作和《庄子》。是年加入国民党。

时在陕西省政府工作的同乡刘茵侬(襄陵镇人)工书法，向先生介绍《姚伯多》、《晖福寺》、《瘗鹤铭》诸名碑。刘茵侬长先生十余岁，先生以“刘师”称之。

1941 年　三十二岁

移居长安县王曲镇黄埔村。开始撰写《庄子与鲁迅》。

十一月二十日，于右任先生赴黄埔军校七分校阅兵，号召杀敌抗日。此为先生首次见到于右任，并观其作字。

1942 年　三十三岁

1943 年　三十四岁

九月十八日，长子卫树生。

冬，赴重庆“党政训练班”受训。听各院长，部长及学者陈大齐、冯友兰等报告及讲演。以所写《庄子与鲁迅》书稿送请郭沫若先生指教，蒙肯定并回信，语多赞许，并向先生推荐其著作《蒲剑集》。返陕经汉中，深夜在一农户家购得《石门颂》、《石门铭》等旧拓若干种。

1944 年　三十五岁

改任七分校教官。授《理则学》(逻辑学)。受郭氏《蒲剑集》影响，在写作《庄子与鲁迅》的基础上，萌发撰写《鲁迅“野草”探索》的想法，并开始收集材料。

春，兼任长安一中简师班教育课直至一九四七年。

西北大学教授萧鸣籁为《庄子与鲁迅》作序。《庄子与鲁迅》是本书的篇目之一，另有《庄子的艺术思想》、《庄子的生活》、《庄子与袁中郎》、《庄子与林语堂》等多篇。

1945 年　三十六岁

抗战胜利，黄埔军校缩编为黄埔军校西安督训处。

1946 年　三十七岁

元月六日，长女卫臻生。

1947 年　三十八岁

督训处改组为军校第二军训班。任第一科上校科长兼总教官。因被校方怀疑为共产党，既而离职。脱离国民党。

秋，《傅山论书法》由大公报社西安分社出版。

十月十日次男卫强生。

1948 年　三十九岁

1949 年　四十岁

任东南贵族中学教员半年。

五月二十日西安解放。

九月一日任西安高级中学语文教师兼做班主任。组织成立校鲁迅研究会，任会长。饱读高尔基、契诃夫、绥拉菲莫维支等苏联新文学家著作。于文学评论尤喜伯林斯基的著作。

读列宁《哲学笔记》。学校委派参加省图书馆整理古籍工作，在此结识著名作家郑伯奇。

1950 年　四十一岁

加入中国民主同盟会。

十月，始写《鲁迅〈野草〉探索》。

1951 年　四十二岁

次女卫平生。

1952 年　四十三岁

1953 年　四十四岁

研究鲁迅《秋夜》、《风筝》、《药》等论文在《西北教育》发表。十月十九日，为纪念鲁迅逝世十七周年，印行《鲁迅〈野草〉探索》上册。

1954 年　四十五岁

调陕西师专任教，为陕西师范学院中文系讲师。

十一月，三女陈振玲生。

十二月，所著《鲁迅〈野草〉探索》由上海泥土社出版。张禹以其《“野草”札记》一文作为该书的代序。许广平女士以鲁迅《野草》题词相赠。

1955 年　四十六岁

六月，以“胡风反革命集团分子”罪名被拘留校内，失去自由，受到多次批判。六、七月间两次遭受学校、省公安厅抄家。《庄子与鲁迅》九次修改稿(300 万字)及笔记、日记、信件及书籍等均被查抄。

1956 年　四十七岁

二月，因查无实据暂解除拘留，重返讲台，但仍不许回家。

十二月二十六日，三男卫建生。

1957 年　四十八岁

“问题”查清，元宵节释放，回到城内居室。

1958 年　四十九岁

三月，经西安雁塔区人民法院审判，以“历史反革命”罪名逮捕，被判劳动教养三年。到陕北富县后台被强制从事农业劳动。

1959 年　五十岁

转至张村驿一带劳教，从事大炼钢铁、修路、烧木炭等劳动。

1960 年　五十一岁

辗转至铜川崔家沟煤矿作农活。

1961 年　五十二岁

劳教中被评为“服役期满，表现最佳”，理应释放。却又未经任何法律程序，没有人对他作任何说明，无故被延长刑期一年。

春，转到铜川马兰农场江南站劳动。

途中作“长相思”词：“春也好，秋也好，春花秋月分外娇，只是催人老。醒无聊，梦无聊，一片赤诚几人晓，负重到今朝！”

1962 年　五十三岁

夏，宣布释放，回到西安。西安又不允久住，被逐回原籍山西省襄汾县景村以“四类分子”身份从事农业劳动。

1963 年　五十四岁

春，由同学、好友王中青介绍到曲沃中学任代理教师。

1964 年　五十五岁

1965 年　五十六岁

1966 年　五十七岁

“文革”爆发。被打成“黑帮分子”，多次受到造反派的批斗。

1967 年　五十八岁

1968 年　五十九岁

离开曲沃中学，回乡参加农业劳动，靠工分生活。每天劳动二至三晌，每周入山打柴一次。随身携带哲学书和字帖，于田间休息时阅读。

1969 年　六十岁

1970 年　六十一岁

1971 年　六十二岁

三月，以学习毛泽东的《矛盾论》为重点，系统学习唯物主义辩证法。

四月，动手写《矛盾论》疏解。

七月，逐段写《矛盾论偶识》。

十一月，重读《鲁迅传》。

1972 年　六十三岁

三月八日，胞兄俊彦公去世。

读《矛盾论》、《哲学笔记》、《费尔巴哈论》、《反杜林论》。摘录《论共产主义教育》。

1973 年　六十四岁

读《实践论》、《史记》、《高尔基文集》、《楚辞》。大量临习王羲之、黄庭坚、米芾、康有为、北朝墓志、汉隶、石门铭、傅眉、何绍基等碑帖。撰写书论及临习心得。

1974 年　六十五岁

读《韩非子》。

1975 年　六十六岁

二月，初用笔名“景迅”。到本村学校任教，并兼做班主任。

1976 年　六十七岁

三月，高中班开学，为语文、世界史、图画等课任课教师。重温《列宁传》、《马克思传》、《鲁迅传》，为学生讲列宁《论学习》等篇章。

五月，读列宁《哲学笔记》。

七月，读《文心雕龙》、杜诗、《中国小说史略》等。

十二月，读《列子》。

1977年　六十八岁

从临汾山西师范学院借得傅山《霜红龛集》。校对、修订《傅山论书法》。

1978年　六十九岁

七月,经友人介绍在山西师范学院图书馆做临时工月余。旋离去,赴西安办理申请平反事。

1979年　七十岁

西安市南郊区人民法院复查,结论为:"撤消原判,宣布无罪。按退休处理。生活由原单位安排。"

1980年　七十一岁

五月,参加全国第一届书法篆刻展览。

六月,为纽约美国自然历史博物馆亚洲民族馆作"古国神游"榜书,被列为永久性展品。

参加西北五省书法展览。

参加黄河流域十省书法展览。

参加中国五大历史名城书法展览。

1981年　七十二岁

十月,赴太原交《傅山论书法》修订稿。

由太原赴北京见同学李雪峰,访董寿平。

十二月,返回陕西师范大学。参加图书馆古籍组工作,整理汉魏、六朝、隋、唐墓志千余种,并做详细的读研札记。

1982年　七十三岁

元月,陕西师范大学书画研究会成立,被公推为会长。

七月,完成《康有为卑唐说私观》一文。

八月,北京鲁迅博物馆馆长李何林在烟台暑期鲁迅学习班讲学时,向学员推荐《鲁迅"野草"探索》,并说这是我国第一本用马克思主义观点研究鲁迅《野草》的专著,但不知作者下落。

九月,在陕西师大图书馆初识启功。

首次与李何林通信,李何林向陕西人民出版社推荐《鲁迅"野草"探索》再版。

1983年　七十四岁

六月,参加全国鲁迅《野草》学术讨论会(苏州)。与李何林首次见面。

九月,《读"野草"诠释》论文在陕西师范大学学报发表。

十一月，加入中国鲁迅研究会。

在陕西汉中举办"卫俊秀、方磊书画展"。

1984年　七十五岁

六月，李何林到西安讲学，并会见先生。

六月二十七日，赴山西临汾参加临汾地区书法家协会成立大会并卫俊秀书法展开幕式。

七月，应李雪峰函邀赴太原，在山西境内游览名胜古迹月余。李雪峰赠诗："十载寒窗共读研，君志高洁力登攀。曾经折磨自行健，作人作字老更鲜。"

八月，在陕西师大初识欧阳中石先生。

赴太原参加傅山学术讨论会。

参加中国、新加坡书法交流展览。

1985年　七十六岁

三月，参加陕西省与日本京都府书画联展。

夏，为日本夏季短期汉语班讲授书法。

九月，赴郑州参加国际书法展览。

十一月，应邀赴山西省临汾市参加山西省教育工作者书法学会成立大会，被聘为该学会顾问。

十二月，《傅山论书法》由山西人民出版社再版。

1986年　七十七岁

七八月间，山西省书协、山西省教育工作者书法学会、山西师范大学、山西省教育学院、山西教育报刊社、山西省青年书协等单位举办"卫俊秀书法展览"，在太原文化宫、晋祠等处展出。结识画家许麟庐先生。

1987年　七十八岁

元月，开始剪贴"参考消息"等报刊中有关日本侵华的资料，起名为"能源"，至一九九七年元月改名为"动物世界"。

四月，开始与北京大学鲁迅研究学者孙玉石先生通信。

六月，陕西师大、陕西省文史研究馆主办，在西安举办个人书展。被聘为山西省书协学术顾问。

1988年　七十九岁

五月二十日，人民日报海外版发表了先生的《谈当前书法艺术的书风问题》。

六月，写成《谈"四宁四毋"的精神》一文。

参加内蒙、秦、晋、京、津、沈阳六省市文史馆诗书画交流展。

九月，书行草书册页《历代名贤诗文》、《陶渊明诗古诗十九首》。

1989年　八十岁

元月，赴临汾参加民进中央、中国教育报、山西省教育工作者书法学会等单位举办的"叶圣陶杯全国中小学师生书法大奖赛'评委工作，任评委会主任。

三月，北京鲁迅博物馆主办的杂志动态第三期刊登了孙玉石为先生《鲁迅"野草"探索》再版撰写的序文《愿好的故事不消逝于梦中》。

《卫俊秀书法选》在山西人民出版社出版。

陕西师大出版社再版《鲁迅"野草"探索)。

十月参加中华人民共和国建国四十周年书画展。

十二月，参加中韩国际书法联展。

1990年　八十一岁

三月，《悼李何林先生》一文收入中国现代文学研究丛刊第三期。

四月二十一日，中国教育报刊登了柴建国、李晋林《作字作人老更鲜——记著名书法家卫俊秀先生》一文。

为亚运会陕西基金会捐作品二幅。

赴太原参加山西省文史馆大会。

1991年　八十二岁

四月，中国书法艺术研究院西北分院聘为名誉院长。

九月，做白内障手术。

九月，赴山西师大参加秦晋三校书画联展。

十一月，赴运城参加"全国卫门书派书法研讨会"。

1992年　八十三岁

六月，陕西师大举办纪念毛泽东《在延安文艺问题座谈会上的讲话》发表五十周年庆祝活动，同时举办"卫俊秀书法研讨会"。

六月十四日，教师报发表刘念先《苍劲浑厚骏利飞动——记书法家卫俊秀先生》一文。

九月二日至六日，陕西师大、陕西省文史馆等单位在北京中国美术馆举办"卫俊秀书法展"。全国政协副主席马文瑞先生为剪彩。得到中国书协、山西省书协、山西省教育工作者书法学会、中国银行陕西省分行等单位热情支持。党政军有关部门领导，文史、书法界专家学者五百余人参加开幕式。《北京晚报》、《中国文化报》、《人民日报》、《中国教育报》及中央电视台、北京电视台分别发出消息或专题评介。

中国书法家协会举办“卫俊秀书法研讨会”。

结识刘开渠、华君武等。

1993年　八十四岁

元月,《中国书法》第一期“现代名家”栏刊出柴建国撰《作字作人老更鲜》专评文章,发表先生作品数帧。

二月,参加“纪念宋庆龄诞辰一百周年全国书画展”。

三月八日,做白内障手术成功。

六月九日,《光明日报》“文艺论坛”发表赵世庆研究先生书法哲学的论文。

为纪念毛泽东诞辰一百周年,向毛主席纪念堂捐赠大幅八条屏及对联。与其他书画家创作百米书画长卷。

与李雪峰住太原晋祠宾馆月余,参观母校国民师范旧址。

1994年　八十五岁

元月,钟明善撰《鸿飞兽骇、鸾舞蛇惊》一文在《国际人才交流》杂志上发表。

十一月,应聘为首都师范大学书法博士生考委会咨询委员会委员。

十二月,柴建国、李建义编辑之《卫俊秀书历代名贤诗文选》在山西古籍出版社出版。

十九日,《人民日报》专栏介绍先生。

1995年　八十六岁

五月十五日至二十七日,回故里襄汾县。为山西省农业专科学校做纪念抗日战争胜利五十周年报告。

完成《人间地狱——纪念抗日战争胜利五十周年》一文。

十月二十日,襄汾县举行“卫俊秀书法艺术馆”开幕仪式。

十二月二十一日至二十三日,由山西省教育工作者书法学会主办,山西省书协、山西师大、山西省教育学院、山西职业师专、山西教育报刊社、宏昌学校、临汾地区书协、中国书画函授大学临汾分校协办的“卫俊秀书法艺术及书法教育思想研讨会”在山西师大举行。教育部、全国鲁迅研究会等单位发来贺信、贺电。中国教育报等作了报道。

1996年　八十七岁

元月,为美国梵萨大学《书法教育》杂志题写刊物名并题词。

1997年　八十八岁

三月十七日,澳门日报发表了张珂的《运太极笔法——卫俊秀翰墨》。

朱仁夫主编的《中国现代书法史》在北京大学出版社出版，书中评先生为“自古磨难出雄才，卫氏正是现代书法之雄才也。”

先生《〈逍遥游〉札记》一文发表于陕西省社科院《人文杂志》。

五月，柴建国、马温才、李建森主编之《卫俊秀书法》在北京出版社出版。书内刊出先生《我与书法》一文、林鹏《拜观卫俊秀书法》一文。

九月三日，《书法导报》发表了杨吉平的《长留春色与人看——记卫俊秀先生》。

九月五日，《羲之书画报》发表李正峰《面对卫体书法的沉思》。

九月十日，《卫俊秀书古诗十九首》由陕西人民教育出版社出版。

九月二十日，《陕西师范大学学报》第三期发表了刘念先《卫俊秀书风的时代特征》一文。

十月二十日至二十一日，陕西师范大学、山西师范大学、书法教育报、陕西省文联、陕西书协、山西书协等单位在陕西师范大学举办“卫俊秀书法艺术研讨会”。

《山西师范大学学报》发表了柴建国《苦旅的情节，大师的足迹——读卫俊秀先生一九七一年至一九七九年日记》。

冬，经文景明介绍，先生得识柯文辉，之后往来函件不绝，终成好友。

1998 年　八十九岁

《鲁迅〈野草〉探索》由陕西师范大学第三次印行，附录中新增了孙玉石、袁良骏对先生研究鲁迅《野草》成就评价文章。

三月，方磊辑注的《卫俊秀碑帖札记》由陕西师范大学出版社发行。

四月，先生为美国马里兰州大学举办的“汉字书法教育国际大会”写成八千字的论文《汉字书法教育私观》。

王中青纪念文集收入先生纪念文《汲黯再世》。

先生论文《庄子“养身主”我见》一文在《陕西师范大学学报》第二期发表。

《西北美术》第三期发表了李廷华《书法生命和人文精神——读卫俊秀》一文。

九月，先生《人间地狱——纪念抗日战争胜利五十周年》一文在“陕西省文史馆丛书”发表。

书成《先兄卫俊彦先生行述》册页。

十月，书成《先师师振堂先生行述》册页。

1999 年　九十岁

七月，香港《华人》杂志发表李正峰《老书法家卫俊秀素描》一文。

九月，柯文辉《卫天霖传》再版，先生为撰序文。

2000 年　九十一岁

二月，《书法》杂志第一期发表王元军撰《卫俊秀先生随感》一文并作品九幅。

五月十七日，《书法导报》发表柯文辉为《卫俊秀书法集》所作序文《阔海长天小布衣》。

十月，《中国书法》第十期发表杨吉平《二十世纪草书四家评述》一文，将先生与于右任、王蘧常、林散之并列为二十世纪草书四家。

十二月二十三日，陕西师范大学、陕西省老年书画协会、西安晚报社在陕西师大联合举办“卫俊秀先生书法研讨会”。

2001 年　九十二岁

四月五日，撰写《为了不忘却的纪念——缅怀老友李正峰先生》。

四月二十四日，先生以心力衰竭住进西京医院。是日停止写日记。

九月十九日，《光明日报》发表贾起家《傲骨铮铮树高标——卫俊秀先生其人其书》。

十二月，河北教育出版社出版《当代书法家精品集·卫俊秀卷》，郑欣森、柯文辉分别撰写研究论文。

2002 年　九十三岁

二月，柴建国编著之《居约心语·写在昨天的豪迈与苍凉》由山西古籍出版社出版。

五月二十九日上午九时四十分，先生因心力极度衰竭，在陕西师大医院逝世。

六月六日，陕西师范大学在西安三兆殡仪馆为先生举行遗体告别仪式。

六月二十七日，《中国书画报》发表了庞任隆《人要平平常常，字要奇奇特特——缅怀著名书法家卫俊秀》文。

七月八日，《书法报》发表杨吉平《斯翁已去，斯人仍在——怀念卫俊秀先生》文。

《卫俊秀学术论集》由北京大学出版社出版。

八月，王璐主编的《卫俊秀草书古诗》由陕西人民美术出版社出版。

十月二十六日陕西师大举办“卫俊秀先生书法研讨会”。

2003 年

二月，柴建国、陈茂林编辑之《卫俊秀草书诗卷》由山西古籍出版社出版。

四月，《卫俊秀先生墓志铭》由刘念先撰文，张颔篆盖，曹伯庸书丹。

五月二十九日，先生骨灰安葬于陕西省西安市长安区凤栖山。

（卫俊秀先生年谱的整理参考了卫先生的自订年谱和傅蔚农整理的年谱，特此说明。）

写在昨天的豪迈与苍凉

柴建国

您打开的是一册普通人的日记，它也是一位睿智的哲人和学者、一位伟大的书法艺术家的生命记录。日记记述的时间不足十年，此前40多年的日记已在历次的政治劫难中被疯狂洗掠而片纸无存。就是这不到十年的日记，也多赖于其亲友的珍藏才得以保存下来。

您面对的是一位经历过百难千劫的世纪老人。他五岁丧母，十二岁丧父，十四岁时最疼爱他的两个姐姐又相继病死，幼年的他便没有享受过多少家庭的温暖。他曾亲身经历了日本鬼子屠杀自己同胞的血淋淋的惨案，在日寇的刺刀枪口下侥幸脱身。他曾被建国后的一次次政治运动整得死去活来，在整整二十四年中失去自由，经受了常人难以想象的痛苦与不幸。可是，他居然奇迹般地活下来了。今年，他已是九十三岁，依然耳聪目明，思维敏捷，谈笑风生；依然以超人的毅力从事着他的学术研究和书法艺术创作，在书山学海里奋力畅游。去年他头上稀落的白发神话般地泛成了黑色，他风趣地说："我这是返老还童！"

这册日记的记述者就是卫俊秀先生。

请读一读他的这些日记吧，请感受一下这位六七十岁的老人在那些漫长的蒙难岁月里在思考着什么、寻觅着什么、在呼唤着什么吧！您的感情将受到感染和净化，您的心灵将得到洗礼与升华。假如您是一位书法家、书法爱好者，您还将从他对书法艺术的缜密思考与成功探索中获得深刻的感悟和启迪。我是噙着热泪读完他的这些日记的。日记里那些闪烁着思想光芒的文字，时时撞击着我的心扉。近十年的岁月啊，漫长的三千多个日日夜夜啊！政治上的重压使他完全失去了与社会正常对话的权利，经济上的穷困又使他受尽了饥饿的煎熬。老妻与儿女都在离他千里之遥的西安，也因为他的政治问题正在经受着歧视和迫害。读着这些浸着血泪的文字，我们不难想象到，这位年过花甲的老人，这位从来就不谙农事的文弱书生，孤苦无依地在乡下生活和劳动，精神上曾经忍受过怎样的痛苦，他的生活又会是什么样子！我们也不难想象到，在姑射山下那个偏僻的小村庄，在那间又逼窄又潮湿的小屋子里，昏黄的灯光下，这位瘦癯的老人曾是怎样硬撑着劳动之后疲惫不堪的身躯，戴着一架高度近视的眼镜，颤动着布满老茧的手，写下了这一行行既令人怆然泣下、又催人奋进的文字的。他大概从来就没有奢想过他的日记还会有第二个读者。他是在用一种特殊的方式与社会对话、与自己的心对话啊！他把自己的心事毫不掩饰地记录下来了。一些句子并不连贯，今天读起来未免有晦涩费解之感。但根据他当时的处境仔细揣度，仍不难寻觅出他的心理轨迹来。一些段落写得十分动情，那是他发自心底的呐喊。原稿上一些字句洇迹斑斑，模糊难辨，那是被泪水洇湿的啊！读着这些真切感人的文字，人们不禁要问，卫俊秀究竟犯了什么弥天大罪，非要加之以二十四年的凌辱而后快，使他的身心受到这样沉重的摧残呢?!

不记得是谁说过，精神上的摧残才是最可恐怖的摧残。卫先生受到的精神摧残是残酷的：从 1955 年 5 月开始，先是被“胡风反革命集团案”莫名其妙地株连，受到一年多的隔离审查和批判；1958 年，又被诬为“历史反革命”判处劳教，度过了四年的牢狱生活；1962 年释放后，复被强行逐回原籍“戴帽子”劳动改造；1966 年到 1968 年间又被红卫兵“小将”和“老将”们斗得死去活来；1968 年到 1978 年，又回到原籍在完全没有人身自由的情况下接受劳动改造。幸福和温暖一直与他无缘。1999 年山西省临汾地区电视台为他录制了一部上下集的专题片，屏幕上他面对记者的话筒感慨万端地说：“我在七十岁以前是个悲剧！”在《我与书法》一文里也写道：“我从幼小时起到七十岁时，是个悲剧，能有今天，书法之恩也。”这位年登耄耋的老人所以会对往日的痛苦耿耿于怀，除了说明他的心灵曾受过太深太深的创伤，还能说明什么呢？但卫俊秀先生却从没有颓唐，更没有倒下。他坚信自己的不白之冤终有一天会昭白于天下，他一定能活到那一天，和周围的人们一样，享受到大自然赐予的清新的空气和温暖的阳光！

这一天终于来到了。拨乱反正后的 1979 年，法院重新审理了他的案子，做出判决：“撤消原判，宣布无罪。按退休处理，生活由原单位安排。”（法院竟也能对一个人“退休”作出判决，真是咄咄怪事！）

天哪，历史开了一个多么可怕的玩笑！长达二十四年的囹圄之囿、管制之苦，竟然是一桩“无罪”的错案！卫先生颤抖着双手接过判决书，愤愤地向法官问道：“我被整了二十多年，已经过去了。我现在只问一句，当时为什么要这样整我？”这位法官不无怜悯地斜看着他，说：“咳，政府就是父母，我们都是孩子。父母打孩子也有打错的时候吧？你说打错了能把父母怎么样？”听到这句话，卫先生惘然了。他的家人说，一连好多天他都足不出门,心情很坏,总是一个人呆呆地坐着想着什么。不知读者诸君看到这里会有怎样的感想。写到这里,我的眼睛不由得模糊了。人啊人!人的人格,人的尊严,人的命运,在那些政治运动操纵者们的眼里竟是这样地一钱不值!一纸轻描淡写的判决书,就能把一个人几十年中经受的苦难一笔勾销了么?就能把他心灵上的累累创伤疗愈抚平了么?那么,无中生有、罗织罪名、凭空诬陷、错查、错定、错判的罪责应该由谁来负?判决书却只字未提。二十四年里整得人家要死要活,最后证明整错了,而整人的人却不要负任何责任,这大概是只有那个时代才有的悲哀吧。啊啊,我们还能说些什么呢?

日记所记载的九年,正是卫先生蒙难生涯的最后九年。作为哲人、学者和书法艺术家,他对社会人生的思考,对书法艺术的艰辛探索,在这里得到了充分的展示。

近些年来,一种强烈的社会责任感时时在呼唤着我,迫使我必须把他的日记整理出来,公诸世人。它不是"随想录"、"牛棚杂忆"一类时过境迁之后的回忆文章。回忆录一类的文章总难免会有润色甚或失真的成分。它是卫先生当时生活和思想的真实记录,因此就更有意义。它可以帮助人们更加真切地认识那个时代,认识那场被称作"史无前例"的政治运动,体察一位纯洁正直、心地善良的老知识分子遭受迫害时的心路历程。六年前我就整理出1974至1978年的日记,并撰写了《苦旅的情结,荷戟的战士》一文,参加了晋陕二省第一次卫俊秀书法及书法教育思想研讨会,并发表在山西师大学报上。近些天来又对1971至1973年的日记作了整理,并对日记中的部分字句作了必要的注释。日记本无书名,"居约心语"是由我拟定,并得到卫先生同意的。什么是"居约"?《史记·秦始皇本纪》曰:"居约易出人下。"张守节"正义":"言始皇居俭约之时,易以谦卑。"这是用"俭约"释"约"字。那么什么又是"俭约"呢?《说文解字》:"俭,约也。""约,缠束也。""俭"就是"约","约"就是"缠束"。总之,一条绳索把人捆绑得结结实实,让你动弹不得,喘不过气来,这就是"居约"。卫俊秀先生就是在一条又粗又长的政治绳索的捆绑下生活了二十四年,他的这近十年的日记就是在这条绳索的束缚下写出来的。至于"心语",大家都能明白,那就是心里的话。一些话在他心里鼓荡着,翻涌着,却又不能、也不敢向别人告白,只好倾诉在自己的日记里,这也是"居约"中的他不得不这样做的。他在1971年3月14日的日记中写道:

本不拟再写什么日记,但不写真过不去。它是朋友、良师。有些话无可告处,只好告它,倒可得到些安慰、鼓励,从而上进。

1972年5月30日日记写道:

日记，天天写几句，无聊也好，它是多年的朋友。

1973年2月14日日记写道：

日记为我之师友，数十年如一日，时解闷去忧，打扫道路，否则，并今天亦无矣。

他把日记看成他生活中必不可少的组成部分，当作心里有话而“无可告处”时，可以给自己以“安慰”与“鼓励”、为自己“解闷去忧，打扫道路”的“朋友”和“良师”。他可以在日记里发牢骚、甚至骂人；可以用日记来抒写自己无辜蒙冤的悒郁愤慨之情，抒发自己对党、对伟大祖国的一片赤诚热爱之情——而他的这种感情当时却是无人相信的，用他的话说，就是“一片赤诚几人晓，负重到今朝”！

那么，就让我们打开这部尘封未久的历史，听一听这位“居约”中的老人发自内心的独白吧。

（一）

先让我们简要回顾一下卫俊秀先生的蒙难史。《中国现代文学研究》1990年第3期刊有卫先生《悼李何林先生》一文，文中简述了他1955至1979年间的遭遇，这样写道：

远在1954年底的时候，我的那本《鲁迅〈野草〉探索》书稿，由上海“泥土社”出版了，没料到次年五月胡风先生出了事，我立即被指为胡风分子、反革命！也立即被校方(陕西师范学院，六零年与西安师范学院合并为陕西师范大学)看管起来，失去自由。两次惨遭抄家，百万字的书稿、文稿、笔记、日记荡然无存！此后，我就没有好日子过了！四年的劳动教养，十七年的农业生产劳动改造，1979年才得平反：“撤销原判，宣布无罪。”从1958年开始整整二十四个年头过去了，还敢有什么想头？我这才认识到：知识分子、为人师的价格并不稳——有时高，有时低，忽而贵，忽而贱。他可以被称为“宝”，但也可以成为人们脚下的“刍狗”！我想一个国家不重视文化教育，还能有什么前途？惑矣！

写作这篇文章时卫先生已是81岁，他的心里仍然是那样地愤怒和悲哀。他不是为了自己，而是为了那个把知识分子视作“脚下的刍狗”的时代愤怒和悲哀！被株连为“胡风反革命集团分子"之后,他先是受到一年多的隔离审查和批判。在 1957 年发生的那场被称作是"阳谋"的"反右整风"运动中,他也响应"大鸣大放"的号召,天真地贴出一张大字报,指出利用泥土社出版其研究鲁迅的著作而处分他,是"斫其正,锄其直,遏其生气",并要求撤销对他的错误定性。这张大字报又给他带来了更为深重的灾难。1958 年,他被西安市雁塔区法院以"历史反革命"罪判处"劳动教养"三年,先后在陕西富县后台、张村驿,铜川崔家沟煤矿、马兰农场等地接受强制性的"劳动改造"。1961 年本应该刑满释放了,但却又莫名其妙地延长了一年。而他在劳动中一直表现很好,多次受到表扬,可是为什么要延长?却始终没有人向他作过说明。他也多次申诉过,申诉书交上去,也就如泥牛入海,再无消息。直到 1962 年他才被释放出狱。出狱后又不允其在西安居住,这次却有了理由:"西安是国家重点城市,让他这样有严重政治问题的人住在西安,会影响这座大城市的安全。"不久他便被强行逐回原籍山西省襄汾县景村,继续"戴帽子"劳动改造。1963 年,其大学同班同学,时任山西省副省长、教育厅厅长的王中青同志冒着受牵连的风险, 硬是将他安置在曲沃中学做临时代理教师。1968 年文化大革命中备受批斗之苦,他愤然离开曲沃中学,仍回景村参加劳动,直到 1979 年平反后回到西安。乡居十多年里,他曾在本村小学教过书,但更多的时间还是在村内从事体力劳动。

用上面短短的两段文字概括卫先生二十四年的蒙难生涯,自然是最简单不过的了。从那个时代走过来的人们应该不难想象出,在这些简短的文字后面,包含着多少常人难以忍受的痛楚与酸辛。"胡风分子"、"历史反革命"双重罪名,就像两块巨大的磐石压在他的头上,让他喘不过气来。一个人最基本的人格尊严被践踏,连居住和言论的自由都被无情地剥夺了。没完没了的令人惊恐万状的批斗和凌辱,有时甚至是恶言相侵、拳脚相加,他都不得不默默无言地忍受。在那些个可诅咒的年月里,他甚至已不被一些人看作是人。几年前,他曾对笔者痛苦地回忆起这样一段经历:到曲沃中学的第三年,"文革"爆发,他被造反派视为学校最大的"黑帮"揪了出来,接受批斗,强迫重体力劳动。到 1967 年秋冬之交,其他的"黑帮"们都已经渐渐解除了"黑帮身份",离开了"黑帮队"。唯有对他,一些人却坚决不同意解除。在一次讨论解除其"黑帮"身份的全校教职工大会上,一个姓张的老师突然站起来,冲到卫先生面前,声色俱厉地呵斥道:"卫俊秀,我问你,你写大标语为什么把'伟大领袖毛主席'的'伟'写成'卫'?"卫先生解释说:"推广简化字时我还在监狱里,一些简化字没有学过。我是在大街上见有人这么写,才这样写的。"这位老师暴跳如雷,发疯似的怒吼道:"你这是狡辩!你写的'卫'字,一边是立人旁,一边是你卫俊秀的'卫',这不是说你卫俊秀还是个人吗?不是在说你自己'伟大'吗?这是对伟大领袖毛主席的诬蔑!你还是个人?你是地地道道的大反革命!"这位老师的拙劣表演激起了有正义感的老师们的反感，经过举手表决，卫先生的“黑帮”身份还是被解除了。

中国自古就有“文字狱”。这位老师借着一个不规范的‘伹’字，别有用心地无限上纲，真是把“文字狱”“传统”发挥得淋漓尽致了！后来之整理“文字狱”者正应该把这一件事记载下来，看看在十年浩劫中那些居心险恶者是怎样对人莫名其妙地构陷成罪的。在那些个荒唐的年代，这些人可都是红得发紫的人，他们一句话就可以决定你的命运，正所谓“一言以生，一言以死”。在他们眼里卫先生已经不是“人”。于是，他们像对待牲畜一样残酷地折磨他，在他脖子上套着沉重的写着“胡风分子”、“历史反革命”的大木牌无休止地游校、游街、大会批斗，甚至强迫他学着牲畜的样子在地上爬，嘴里还得喊着“革命”的口号。

这位老师的表演正好可以说明卫先生当时的政治处境。他已经完全被剥夺了做人的尊严。1968年9月，性格倔强的他不得不愤然离开曲沃中学。临行前他写了一首题为《甘心》的七言诗：

老夫动如纵壑鱼，无私无畏有神力。
生慕李白性放诞，亦喜汲黯放且直。
性放且直曷多乖？二子行径岂我欺？
自悼愚戆莫由改，甘作野梅碾尘泥！

在诗里他把自己比作唐朝的李白和西汉的汲黯。他们都是禀性戆直、正道直行的人，自然命途多舛，不能为世所容。无私无畏的他，要如一条勇猛的大鱼纵身跃入深壑大海了——那里才是他的归宿。他要做一支“野梅”在生他养他的土地上开放了，即使会被碾作“尘泥”也在所不惜。他又一次回到了家乡——襄汾县景村。

这次回乡一住就是十年多。从他的日记看，乡居生活显然要稍微平静些。虽然“文革”已经把这个偏僻的村庄折腾得不成样子，虽然有不少乡亲唯恐受到牵连而不敢和他接近，但仍有一些善良的人们毫无顾忌地和他往来，尤其是那些从小和他一起长大的村老汉们，更没有把他看成有“问题”的人。每逢年节，他们请他写对联；谁家有红白喜事，也请他前去“坐礼房”帮忙。他也经常端着饭碗，和他们蹲在路边的大树下，一边吃饭，一边聊天。他和乡亲们一起下田干活，与他们亲切友好地相处。他已完全是一副农民打扮，成了这个村子的一名名副其实的社员。他也时而走亲访友，一些老友也时常来看望他。其中来往最多的是家在四五十里地之外的安里村的李耀天老先生。李先生长卫先生几岁，也是文化人，每来必住，少则一二天，多则五六天。他们吃着粗茶淡饭，说着流年往事，白天吟诗唱酬，晚上抵足而眠。他有时好像已经忘记了自己仍然是戴罪之身，忘记了自由离他仍然十分遥远。他对这种完全等于流放的生活似乎已经心满意足，他甚至认为这就是他后半生最好的归宿了。他充实而乐观地生活着，和周围的人们一样，日出而作，日入而息，在田野上辛勤地劳作着。他在日记中热情洋溢地写道：

正道而行，一片爽朗矜肃之气，鬼神亦得为之远避。坦坦荡荡，到处皆是大路。心田上一片清风明月，毫无滞碍挂牵之处，恬然自适，陶然自得，真到好处。(75.12.30)

可是，这种情绪毕竟是短暂的。卫先生是个禀性刚烈、感情丰富的人。他怎么能忘记那一次次政治运动加于他的摧残与屈辱呢！就是在乡居的日子里，虽然他下决心做一个自食其力的农民，虽然他总是主动向人们表示亲近和热情，白眼和恶言仍不时地向他飞来，常使他悲愤积怀，痛苦难言。他毕竟是个有血有肉、有感情的老人啊！

请读他日记中的这样一段话：

朝经："干什么吃的？""你是什么人？""土匪！""箍漏锅的！""你交的什么人？"(75.2.3)

读者朋友一定会觉得这些句子晦涩难解了，原来这都是当时一些人对他的斥责辱骂之词。卫先生把他们原封不动地接过来，写在日记上，再从内心里给以正面的回答，作为自己每天早晨必念的"经文"。这些人训斥他："干什么吃的？"他回答："我是读书治学的人。"训斥他："你是什么人？"他回答："我是堂堂正正的为人民服务的人！"辱骂他是"土匪"，他回答："反动派不也辱骂鲁迅先生是'土匪'的吗？我就是鲁迅先生那样的'土匪'！"辱骂他是"箍漏锅的"（对游街串巷的补锅匠的蔑称——著者），他回答："'箍漏锅的'也有一技之长，也可以为人民服务！"训斥他："你交的什么人？"他回答："我交的是像屈原、司马迁、颜真卿、傅山、鲁迅这样的具有大志大节的人！"卫先生对笔者说，他的这些回答当时也只能在心里说出，当时的政治气候，是不容许他向任何人争辩的。他用这些话来警饬、激励自己，就像僧人每天早晨要念的"朝经"一样。请再读一读他下面的两段日记：

考余平身所为，自问上可对天，下可对地，中可对人。深夜藏匿越狱共产党员杜连秀；挺身探望作家郑伯奇（为胡匪捕去）眷属，倾囊周济其幼子；徒步四十里回王曲，拉拢

毋明都深夜贴标语，大写“国民党不是东西”，出死入生，对得起良心了！然今日落得如此，尚何言哉?! (71.3.13)

写作一贯以反动派(蒋阎)为对象，久师鲁迅，并得其夫人许广平及郭沫若老函、赠书。自信社会主义品格不坏，不辞劳苦为人民服务，一贯受到表扬。书写为人喜爱，日本人买过我的作品，不给祖国丢人。

如此种种，尚受个别人的侮辱，令人愤愤，可痛！(76.8.22)

再请读他下面的一首诗。这天是1974年12月3日，一场冬雨过后，北风骤起，寒气袭人，他模仿鲁迅先生《自嘲》诗，写下了一首题为《戏作偶成》的诗：

年过花甲何所求，学步不成栽跟头。
红心隔皮谁识得，无钱沽酒泛中流。
坐看白云高空里，泪洒江边无处收。
忽觉身影特高大，管他春夏与冬秋！

从以上数则日记可以看出，乡居生活虽稍得平静，而他的政治处境却没有多大改变。他经常追忆着往事，也在时时检查着自己。在三十年代上大学时期，他就曾与李雪峰、王中青、史纪言、赵树理等同学一起投身于轰轰烈烈的“一二·九”爱国学生运动。他曾经冒着生命危险，成功地营救了从阎锡山监狱越狱逃出的地下中共党员杜连秀同志。抗日战争中，他曾积极投身抗日宣传和群众发动工作，并在“景村惨案”中险些丧生。他曾在黄埔军校西安分校长期从事教学工作，为抗日战争的胜利培养了大批的抗日干部。三年国内战争时期，他努力追求进步，冒着危险救济被胡宗南匪军捕去的进步作家郑伯奇先生的家属。他曾书写标语，撰写文章，揭露国民党反动派发动内战的丑恶面目，为迎接新中国的诞生呐喊和战斗。他的《“庄子”与鲁迅》书稿曾得到郭沫若先生的赞许，他的著作《鲁迅〈野草〉探索》曾得到鲁迅夫人许广平女士的肯定。解放以后，他满怀热情地拥抱新社会，全心全意地为人民服务。扪心自问，自己非但没有多少过错或“罪恶”，还应该是对革命有过贡献的人。而今天，却要受到一些人的欺侮和蹂躏，受到如此深重的迫害，他怎能不生出“愤愤”、“可痛”的感慨呢？“学步不成栽跟头”，“红心隔皮谁识得”？他的心情是无比沉重的。他空抱一颗为国家为人民服务的“红心”，却无人能够理解，反而落到今天“无钱沽酒”的穷困境地。高空中的白云尚且能那么悠闲自在，而自己却没有自由，他怎么能不痛苦万分而“泪洒江边”呢？但是，这种情绪在他心中也只是一掠而过，他自信“上可对天,下可对地,中可对人”,问心无愧。因此,他又“忽觉身影特高大”,他要鼓起勇气、我行我素地生活下去。“管他春夏与冬秋”,一切加于他的诬陷不实的罪名他都置之度外了。他这是在安慰自己,也是在激励自己,除此之外,他还能做些什么呢? 那是一个人性被扭曲的时代,是非、善恶的标准已经被完全颠倒了。“与人斗其乐无穷”是当时十分流行的一句口号。一些别有用心的人高呼着这句口号,专以整人为乐事,进行着疯狂的表演。就是一些原本善良的人,也懵懵懂懂地加入到整人的行列。面对着“形势大好,不是小好”的狂叫,不少的人们迷茫了,困惑了。只有那些头脑清醒的人仍然坚持着顽强的斗争,为了自己的生存而斗争,也为了社会的光明而斗争。卫先生是一个被整的人,也是一个进行着不懈斗争的人,所以他的处境就更其困难。

首先是他仍然无异于被软禁,而没有居住、行动和言论的自由。对于一个人,最可宝贵的东西大概就是自由了。裴多斐有一首尽人皆知的著名的小诗:“生命诚可贵,爱情价更高。若为自由故,二者皆可抛。”为了自由,生命和爱情都可以舍弃,就足见自由是多么地珍贵。他是被逐回原籍,接受“管制”和劳动“改造”的。“只许规规矩矩,不许乱说乱动”,是他那时必须时时严格遵守的戒律。如果因病不能下地干活,或者出村走亲访友,他都必须向大队请假。每年春节要想回西安与妻儿团聚几天,也必须得到陕西师大及景村大队的允许才能成行。日记里存着一份 1975 年 2 月 2 日景村大队“革命委员会”写给陕西师大的证明材料就是明证。这份证明写道:“兹有我大队社员卫俊秀称,春节来临,要到西安一行,向你校有所申请,需要大队将他在村劳动、历年表现情况(出具)材料一份”,以下便罗列出他在“劳动”、“学习”、“为人民服务”、“群众关系”、“政治”以及“书法”六个方面的表现。大概由于材料中说他各方面“表现良好”的缘故,陕西师大允许他回西安过年了。这份材料中并且说明,1968 年他从曲沃中学回村时,该校组织也出具了他在学校表现情况的材料。由此可见,他每离开一处,每到一处,都要向有关组织提出申请,都要由有关组织出具证明,得到“恩准”后才能成行。他就是这样完全处在各级组织和周围人们的严密监视之下。1975 年的 2 月 6 日,已经是农历的腊月二十六了,他从景村回到了西安。这次在西安住了多长时间,由于 2 月 21 日至 3 月 22 日的日记已经散佚,我们无从得知。但他 3 月 22 日曾给夫人晋铭及儿子卫强写了信,可见这时他已经回到了景村。由此可以推知,他这次与亲人团聚的时间最多也不过二十多天。就在这段时间里他也没有中断过对社会、对人生的思考,没有中断过对书法艺术的探索。他在日记里写下了许多寓意深刻、启人至深的文字。痛苦与不幸在困扰、压抑着他,虽然难得与妻儿老小团聚几天,他也没有感受到多数家庭都有的温馨和欢乐。一想到自己的遭遇,他心里就难免暗自“动气”,“动气”之后,他又用伟大的鲁迅精神激励着自己。请读一读他这年 2

月12日的日记:

日写“鲁迅先生”四字,用以自勉,虽未能至,心响往之。能把先生的政治、思想、治学、写作、革命精神、平生作风、道德品格,备于一身,无私无畏,大步前去,亦足豪矣!日月之行,灿烂大观,顶天立地,岂不伟哉!得此气魄,光我魂灵。千钧自重,惟念生民。狗类鄙细,曷庸伤神。心田既适,年寿高隆。善于养大,是为大人!

被胡风案无辜株连已经过去了整整二十年,他仍然看不到平反的希望,那是在极“左”路线横行的“文革”中啊!但他对那些“狗类鄙细”者们却表现出无情的蔑视。他用伟大的鲁迅精神激励着自己,从中吸取着鼓舞自己前进的无穷的力量。“得此气魄,光我魂灵”,“大步前去,亦足豪矣”!这是他从内心向自己发出的呼唤;“善于养大,是为大人”,这是他为自己树立的前进的目标。

这些年里他每次在西安住的时间都不长。只有73年从4月7日到7月31日住了三个多月,这应该是最长的一次了。这次为什么住得这么长,日记无存,无从得知。之所以不能在西安久住,除了避免与两地的组织费事交涉外,还有一个很重要的原因,就是他必须依靠在农村挣工分来养活自己。他要用自己的双手自力更生,以减轻本已十分沉重的西安家中的经济负担。他生有三儿三女,因蒙难后家庭困难无力抚养,不得不把刚出生三个月的小女儿送给太原的妻姊收养。在西安家中,老妻晋铭是小学教师,每月只有三四十元钱的工资;长子卫树虽已参加工作,工资也只有二十多元。要靠这么一点收入维持一个六口之家,其艰难可知。就是这样,老妻还时常10元8元地寄给卫先生,接济他在乡下的生活。本已非常困难的他还要经常帮助比他更困难的人。72年5月28日日记写道:“分送给几个生活困难的人家数元。”1974年12月31日日记写道:“昧于生计,常处于困境,不得意,向人厚颜。外欠须清,人欠不要。”他就是这样一位善良的老人。

细心的读者不难从日记中推度出他在景村、西安间往返的踪迹来。一位六七十岁的老人,还不得不在政治的重压下,在贫困生活的逼迫下,颠沛于秦、晋之间,他的心情是可想而知的。1972年冬,他在西安住了20多天,2月10日是旧历年的腊月二十六,不能等到过春节,他就要在这天起程回山西了。回乡的原因,一是大队批准的假期已到,不能拖延;是二儿子卫强就要结婚,以他那样的身份参加儿子的婚礼“很不合适”。回乡的前八天,2月2日,下起了纷纷扬扬的大雪。他读了一会哲学,望着户外漫天飞舞的雪花,想到自己就要只身一人踏上归乡的路途,一种无法排遣的感慨涌上心头。他在日记中写下了这样一首小诗:

叹往事,心情何时转佳?
恨天公,大雪纷纷阻归程,
弥漫天涯!
灵魂空虚没着处,
有家?无家?

痛心的往事令人嗟叹,此时的心情悲苦难言。他就要独自一人冒着风雪,离开西安的这个家,回到故乡的那个家了;可是,哪里才是自己真正的家呢?想到这里,他不禁心里一片空虚。可以想见,他是含着泪写下这首小诗的。他毕竟已经是63岁的老人了啊!

卫先生十年乡居的生活是非常艰苦的。这在他的日记中时有记述。他坚持参加农业生产劳动,除了生病不能下地,每天都要出两三晌的工。这对一位六七十岁的老人是非常不易的。而村中的景况又怎样呢?文化大革命已经把他的家乡折腾得不成样子,做一个劳动日也只能有两三毛钱的分红。除了繁重的农业劳动外,他还必须做一些在这样年龄的老人不必再做的家务事。染衣、缝被、打柴、磨面、割草、钉鞋、修风箱、糊炉子、拔水、裱顶棚、修房顶之类的体力活,都要他亲自动手。他毕竟是疏于农事的读书人,做这些杂活十分不易。日记里多处记载着:炉子糊了一次又一次,火总是不能着旺;风箱安了一次又一次,却总是不能聚风。请看日记中这样一些记述:

买石灰40斤,刷家,整卫生。大学习,大振作。(71.4.17)

今天才正式起床。昨夜日升来捏腿,感谢不尽。做饭。泥炉。老鼠害得惊人,无怪火不进炕。(72.3.24)

说干就干,忍病缝被子一条。(72.3.25)

择日再修西房沿。大力收拾家务;整顿精神。(72.4.4)

亲自下手作木凳等日用什物。不能下地,也不能闲坐着。清除垃圾,糊房顶,(扫)大棚上尘埃,放东西。和杂灰。缝补衣服。(72.4.17)

劳动节。修房,扫房,出力不小,明日竣工。扫棚尘土。(72.5.1)

晴,有风,寒甚。打柴一捆,多苦趣。(78.4.14)

洗衣。出工用力太大,累甚。受雨,筋骨痛。(73.8.17)

整高粱十数斤,吃不到正月,便得买粮。(73.1.6)

如所拟完成缝补,写信。明日到浪泉发出。买颜料染衣。(73.1.24)

劳动繁重，饮食又差，他于是经常患病，忍受病痛的折磨。请仔细读读下面的日记：

磨高粱十数斤。(71.3.7)

雪。昨打柴，下午整地。大约太困了，又食高粱面，少饮水，以至脱肛大犯。晚保林来拿药两包，深夜方大便少许。今日饮水不少，便血不少。(71.3.9)

浑身乏力，因便血故也。明日磨谷面。整天为了吃而误工作，殊乏味。心情不佳，当即请"快乐"之神来也。(71.3.12)

便血甚多，便则利了。(71.3.13)

便血，精神欠振。偶尔感到无聊。(71.3.14)

大便已利，而出血仍多。出工三晌，管他娘的。(71.3.18)

便血见轻，胃口大好，食欲大振。(71.3.19)

血似已止住。十一天亏血不少，难怪两腿无力。(71.3.20)

割血七两。以便血，体重104斤减了2斤。(71.3.22)

上集买果子露片36颗，润肠以通便。高粱面简直不敢下咲也。(71.3.27)

下午在学校写标语。杀鸡一只。便血太多，只好害鸡命治我病，这也算是自私也。我一向认为我还公，这能说公吗？啊唷！左腿大痛起来，右腿却好了，他们还换班。(71.3.30)

脱肛又大犯，干一晌活，要下好几次，真苦。下午不能干活，只好看书，哲学、文学间读，互有佐证，时有发明，乐哉！此即是福分。(71.4.7)

脱肛大犯，下午大睡，未出工。(71.4.20)

这次吃高粱面的第二天就脱肛大犯便血不止，从73年1月24日到4月20日近三个月仍未见好。体重在一天天地减轻，还得出工、做家务，其痛苦可知，其心情可知。由于经常吃高粱面，他的脱肛便血病又得不到及时的治疗，后来总是经常发作，终究未能治愈。

除了脱肛便血外，腰腿疼痛以及日趋严重的眼病也时常使他痛苦不已。如日记中写道：

早拔水用力不慎，脊椎骨不合适了，一如去年在学校的味道然，痛甚。(77.8.22)

晨，腰痛甚，下午大睡一通，似乎轻了。连日太累，并无别病。(72.2.16)

昨上午勉强上了一次工，腰痛病大犯，不能转身，不敢咳嗽，一夜苦极了！开始服药片。(72.3.4)

腿又有些沉、痛，大约由于生气之故。千万得注意，决不能为歹人所快。(72.5.12)

疲困甚。腿病、脱肛一起压来。(73.6.3)

右目视物模糊，买磁脒丸一瓶，2.05元，明日服用。不得生气、急躁，恬然为愈。(74.10.24)

劳动繁重，家务琐细，疾病缠身，他的经济状况又如何呢？这位六七十岁的老人拖着衰老多病之身辛苦一年，分红所得除了抵扣生产队的粮款外，就再没有多少剩余。1974年12月31日的日记是对一年的总结，写道："检查一年所做所为，了无成绩。粮钱不欠，或可分十数元。"旧历的年关就要到了，他准备到西安与家人一起过年，老妻不得不寄来10元钱以作路费之用。1975年元月27日是农历的腊月十六，正是卫先生六十六岁的生日，这天的日记写道：

初度吉日，快慰无似。晨有烟吸。午前秉纯兄来，送来大米十数斤，晚饭当喝稀粥矣。

早晨能抽一只烟，晚饭能喝一碗大米粥，一个老人花甲寿诞就可以"快慰无似"地过去了，读着这段文字，怎能不令人悲从中来，感慨系之！

这些年他是怎样苦撑过来的，大家不妨再读一读下面的几则日记：

病，短时间不能干活，苦矣！生活如何办？怎能自力更生？(72.3.30)

试验腌蒜一盆。镶牙以后可以吃点东西了。小菜应有的要有，不能再对付了。过去简直是非人的日子，何苦要把自己弄得如此！(72.6.26)

整家，下午搬回。王老兄为馈送寿桃一个，甚感。大约是鉴于我吃得太不像样子也。(76.8.7)

生计素不在意，落得穷，活该！须加意焉。家事顺序，无用操心。衣食不足，只需钱，得设法。老年穷，可怕。(77.5.25)

经济匆忽！穷到何时是了？忍性太大了，此之谓奴性。(78.3.12)

明日中秋节，什么也没，钱要不来。所好素不重视这些，吃吃喝喝满不在乎。所好菜园分了几条胡萝卜，没事捏几个素包子也好。还有个西瓜，下下火气。事情有什么样子？(73.9.10)

买猪肝、油二斤半，为了眼病。从来还没有如此浪荡过。人何必对自己过分刻薄邪？管他娘的。明日当大挥一通。(74.12.14)

书生从来总是个可怜虫，老来除了剩得几本残书破卷之外，一无所有！难怪袁宏道喊道“老来岂能没几个钱”也。不能甘原宪的日子，得人小视也。当然朱翁也不必。(74.10.26)

准备开工，自力更生。囊中无钱，到处受难。(77.6.17)

这样的记述随处可见。卫先生时时都在梦想着改变自己贫困的处境，但读完这近十年的日记，就知道其困境始终并未改变。他不得不时常靠亲友的接济过日子。他是个勤于治学、酷爱书法的人，但基本的纸墨都没有保障。77 年 8 月 25 日日记：“航民寄来墨汁三瓶，可以大量作字矣，快甚！”78 年 5 月 11 日记：“手头一没宣纸，便觉惶恐，有似觅烟者然。”77 年 10 月 17 日日记：“到浪泉，买稿纸 50 张。”墨汁、宣纸都经常短缺，要治学撰文一次也只能买 50 张稿纸，这是什么日子！在那些“只要社会主义的草，不要资本主义的苗”的年代里，全国人民都在挨饿，更何况他是戴着“历史反革命”的帽子而被劳动改造的身份，又独处乡下无依无靠，又怎么能挣脱贫困呢？面对困顿不堪的生活，卫先生在日记里不断地发出呐喊。这当然是弱者的声音，谁会理睬你呢？在无情的现实面前，他力图摆脱“原宪的日子”的好梦，只能一次次地被撞得粉碎。

（二）

卫俊秀先生的家乡景村，以依山傍水、风景秀丽而远近闻名。山是村北的有名的姑射山，绵延起伏，叠翠流艳，《庄子·逍遥游》所记“藐姑射之山有神人居焉”的姑射神山正当其地。山上有仙洞沟，沟旁有仙居洞，庄子笔下那位“肌肤若冰雪，绰约若处子”的“神人”就是在这里隐居和修炼得道的。水是村东的龙祠水，碧波荡漾，淙淙南流，有利的灌溉条件使这里地肥水美，在周围十里八乡素称富庶。村南有口丹朱井，传说是帝尧的儿子丹朱所开凿；又有一眼娥皇泉，相传因舜帝的爱女娥皇曾在这里汲水而得名。村东北不远处便是有名的襄陵镇，那是春秋时期晋国国君晋襄公的陵寝。村的东南处数十里，是丁村人遗址和陶寺遗址。这一切，都凿凿证明在这一带文化的启蒙和发展源远流长。这里，历史上曾诞生过赵盾、程婴、卫青、霍去病、贾逵、郑光祖这些名照史册的人物。优厚的人文传统，淳朴的民风习俗，听不完的关于古哲先贤们的美丽动人的历史故事，使卫先生自幼就受到心灵的熏陶。幼年时的卫先生聪颖过人，而且皮肤白皙，骨骼清秀，父亲就顺沿其兄俊彦的名字，赐其名曰俊秀，表字子英。卫先生后来曾对笔者开玩笑地说：“我的名和字都太有些女性化了，我一直不满意，但却包含着父亲对我的希望。”卫先生确实也没有辜负父亲的希望。他四岁入小学，十三岁入高小，十六岁以优异成绩考入六年制的太原国民师范，二十三岁又考取了山西教育学院中文系(后并入山西大学)。他学习非常努力，成绩一直是同学之冠。1936 年举行全省作文比赛，他被评为第一名，省城的各主要报纸都做过报道。除了学好规定的功课之外，他还博涉经史子集及现代文学，尤其对《庄子》、鲁迅研究及书法锺情最深，成就也最为显著。1947 年就出版了《傅山论书法》，1954 年又出版了《鲁迅"野草"探索》，近年又出版了《卫俊秀学术论集》、《卫俊秀碑帖札记辑注》、《卫俊秀书简》、《居约心语》。已有《卫俊秀书法选》、《卫俊秀书历代名贤诗文选》、《卫俊秀书法》、《卫俊秀书古诗十九首》、《卫俊秀草书诗卷》、《卫俊秀书法集》、《卫俊秀草书王维杜甫诗》、《中国当代书法精品集·卫俊秀卷》等多种书法集辑集出版，有多种关于《庄子》学、鲁迅研究及书法学的论文出版和发表。他已是全国著名的《庄子》学及鲁迅研究专家，是二十世纪最有成就的书法大家之一。一生蹭蹬坎坷的卫先生，终于成为一位在学术、书法领域里英特不群的"俊秀"之士了。

前几年一位襄份县的朋友对我说：景村背靠姑射山，面临龙祠水，占尽了地灵人杰的风水，就该出卫俊秀这么一位名人了。该不是遥遥数千年之后，庄子所深情赞美的那位"神人"转世了吧？我从来不相信堪舆风水之学。而且，如果说卫先生称得上一位学术、书法上的"神人"，那也完全是他自己艰苦努力的结果，并非是占了什么姑射山"风水"的光。再说，他这位"神人"一生中经受的磨难也实在太多、太多了。他完全不像《庄子》里那位"神人"那样，可以"不食五谷，吸风饮露，乘云气，御飞龙，而游乎四海之外"，那么的潇洒和风流。他自幼失怙，人生的痛苦和凄凉过早地向他袭来，十三岁的他即"堕入悲观主义，常想到人生问题，无以自解"(卫先生《自订年谱》)。父兄的影响，家庭的变故，生活的逼迫，养成了他耿直刚强、不屈不挠的性格。这一点非常重要，影响了他一生的思想和行为。大学毕业后受其大学老师、时任阎锡山太原"绥靖"公署参事室主任的陈受中(乙和)先生的举荐，他曾先后担任"绥靖"公署参事室干事、秘书处秘书及二战区长官办公室秘书等职务。这些，在当时一般的年轻人可都是求之不得的既"风光"又有"前途"的好差事。当时山西的大部分地区已经沦陷，阎锡山的消极抗日的政策早已使他深为不满；又因为有一次他陪同陈受中先生向阎锡山汇报各战区形势时，阎锡山不知为什么，突然对他大发无名业火。于是，他感到此人喜怒无常，难于"伺候"，遂于 1939 初年坚辞而去，毅然决然地离开了阎政府。从这件事正好看出他刚强不屈的性格来。1939 年他在襄陵县(今属襄汾县)任县抗日总动员委员会秘书，主编《前进报》，与县政府、牺盟会、自卫队转移至西阳、景村一带，依托姑射山开展游击战争。这时发生了震惊晋南的"景村惨案"。4 月 9 日，日寇包围突袭景村，十八位战友在日寇的枪口刺刀下壮烈牺牲。卫先生情急之下攀上房顶，藏身在一堆杂草中才幸免于难。日寇的暴行深深地震撼了他，教育了他，更使他养成了疾恶如仇、勇敢战斗的精神。这件事使他终生难忘，就是最近几年，每提起这件事来他都无不怒形于色，义愤填膺。笔者曾多次听他讲述这桩惨案，对侵略者的仇恨，对死难战友的缅怀，常使他老泪纵横，泣不成声。十多年来他已剪贴了足有二尺多厚的日本对华关系的剪报资料，关于日本军国主义复活的资料更是他收集的重点。他经常对学生和来访者说："看，日本军国主义者亡我之心不死，这些就是明证！"他把自己的一腔爱国热忱，把对日本帝国主义的刻骨仇恨，也倾注在自己的书法创作中。在《卫俊秀书历代名贤诗文选·自序》中他意味深长地写道：

秀自中学时代每闻先生讲述如岳飞、文天祥诸先烈事迹，感慨万端，思接千载，梦中相寻，不能自已。这里所书的自宋至清六位高贤诗文一字一滴血，一滴泪，深感于诸公的廓然大公，不知有己。或以身殉国，或以身许国，坚贞豪迈，求仁得仁，把爱国主义精神、人生价值达于极致。史官执笔，腾其姓氏，悬诸日月，永垂不朽。至如本世纪三十年代日本军国主义狂妄之徒欲一举灭亡我中华，发动侵略战争。在八年抗日战争千千万万死于日寇炮火中、尖刀之下的英烈志士，更须大书特书，以慰英烈在天之灵，兼励国人爱国之忱，发愤图强，振兴中华，警惕殃祸之有再。这也就是秀所以敢于不嫌拙丑，写出这本册子的用意。

他甚至从日本侵略者手中那把带血的刺刀悟出了书法中的用笔之法。这是一种仇恨的力量在胸中鼓荡和喷发。你们的刺刀不是很锋利么？我手中的笔比你们的刺刀还要锋利百倍！他要用书法表现出对日本帝国主义者的刻骨仇恨，表现出中国人民敢于同敌人进行斗争的勇气和力量！他在日记中写道：

吾振笔一挥，足使侵略者为之气绝，动弹不得。书法不到此中境界，何益社会耶？(74.12.13)

吾笔力所至，足使张王震踉，东国丧胆，余何足道哉！(76.7.2)

1997年北京出版社出版的《卫俊秀书法》中有一篇卫先生撰写的长文《我与书法》，这是他八十多年学习和研究书法的体会和经验的总结。他在文中也回忆起他所亲历的景村惨案，写到了他是怎样从日寇的刺刀悟出用笔之法的，他这样写道：

一九三九年春在家乡身受日寇的包围，其残酷远远超过古印度恶魔创建之地狱。我每写如“中”、“华”字末一笔的出锋竖笔，自信较为得力而锋利。这不是从山谷、傅山笔法而来。日本鬼子手中的那把长刀教育着我——杀！“平原气在中，毛颖足吞虏”！我这才把书法和国家紧密地联系起来，以书法为斗争的武器。

听一听这位老人发自心底的声音吧！“中华”——他无比热爱的祖国，在他的笔下是多么的神圣而不可侵犯！他已经把爱国、做人和书法密不可分地熔铸为一体了。傅山先生说：“作字先作人，人奇字自古。”他是真正地读懂了这句名言，而且体现在自己的艺术实践中了。今天的书法家们应该从社会生活中吸取些什么，应该怎样用自己的书法艺术为祖国服务，为人民服务，不正是可以从卫先生身上得到最好的启迪吗？人们谈论起卫先生来，都对他为人的善良和谦和有着深刻的印象。他总是那样地平易近人，那样地温和慈祥，和他在一起，总能使人生出如坐春风、心神快怡之感。这确实是他的性格中一个十分重要的方面。但在他的性格中还有一个更为重要的方面，那就是在恶势力面前决不曲项屈服，在困难和逆境面前决不退缩忍让，始终能以一个勇敢的战士的姿态与之作坚决的斗争。这一点，与他接触较少的人是不易察觉的。这种性格的形成来自他一生的经历，尤其是那一次次常人难以忍受的灾难性的经历。这些经历像一记记重锤锻造了他，使他拥有了钢铁般的意志，岁月难磨，历久弥坚。林鹏先生在《拜观卫俊秀先生书法》一文中对他一生的经历及他的这种性格作了比较全面的阐述，他这样写道：

人和人是不大一样的。一般人是“柔则茹之，刚则吐之。唯仲山甫，柔亦不茹，刚亦不吐”。(《诗·氓》)仲山甫是软硬不吃。吾阅人多矣，同卫先生结识也盖有年矣。先生非常严肃，同时又非常简单明了。听他谈话，看书写字，就仿佛来到了荒原昧谷，望不到边际。我感觉卫先生就是仲山甫，就是圣人。他软硬不吃，刀枪不入，处治不媒进，处乱不易方。……卫先生的这种伟大人格，伟大精神力量，是从那里来的？我想，这就来源于他的整个生活过程。先生生于一九零八年，他把二十世纪中国人最艰难的路都走了。饥荒，逃难，求学，救亡，从教，批斗，劳改，戴帽子，遣返，管制，平反……在这种情形下，先生泰然自若，随遇而安，把路子走直，走正，红心不改，旁若无人。这太难了。在这条无限艰辛、无限坎坷的路上，先生失掉了许多珍贵的东西，同时又得到了许多更加珍贵的东西。正是这种生活过程，造就了卫俊秀先生的个性和伟大人格，造就了卫俊秀先生的书法艺术，它的深邃的内涵和无穷的魅力。

林先生的分析颇中肯綮，正是看到了卫先生人格精神的伟大处，是对卫先生的痛苦经历和坚强性格的极好概括，可以为我们认识先生的为人和他的书法提供正确的途径和方法。八十年代中，日本的一些书法团体多次邀请他到日本举办展览，都被他坚决地拒绝了。他说："日本人要看我的字，就请到中国来看。日本，我是坚决不会去的！"有一些人对他很不理解，多次劝他说："现在到日本办展览很时髦，有的人去一趟日本，回来就身价百倍，有了炫耀的资本了。"卫先生总是鄙夷地说："一个人的字好不好，如果要让日本人说了才算数，这个人也就奴性得可以了。"在那些年，到西安拜访过他的、或者与他通信的日本人也确实不少，据笔者所知，至少有四五百人之多。对这些来访者他都热情接待，和他们合影留念。1984年夏天我到西安去看他，正好有一个二十多个日本青年组成的书法学习班请他讲课，我也有幸听了他的一节课。他们那副恭敬的模样，只有在虔诚的佛教徒参拜释迦牟尼时才能看到。记得有一位日本青年提问，问他是怎样学习书法的。卫先生就讲了那起日寇屠杀自己同胞的惨案，讲到他是怎样从日寇的带血的刺刀体会出用笔之法，讲到动情时，这位老人义愤填膺，几至泪下。这个场面可难住了那位年轻的翻译，让他吞吞吐吐，不知该怎样译出才好。这就是卫先生。他的刚直和倔强，使他与奸邪与丑恶冰炭不容。于是就有人说他"老朽"，说他"狭隘"，甚至说他为人"刻薄"。听到这些话，他总是微微一笑，说："日本鬼子把我们糟蹋成那个样子，还不应该对他们刻薄一些吗？"他自己确也承认自己"天资刻薄"，如在1976年9月4日日记中写道：

天资刻薄，我有此病。人皆以为我"仁"，其实不然。因为我干坏事，不顺情理事，总是不放它过去的。岂非刻薄邪？呵呵！(76.9.4)

原来他的"刻薄"是对坏事、对不顺情理事的严正立场和态度。正因为卫先生具有这种常人难以企及的伟大的人格和个性，所以几十年政治上的迫害和生活上的穷困才没能压断他的脊梁。"贫贱不能移，威武不能屈"，他没有忍辱含垢地苟且偷生，他以无比坚强、无比自信的生活态度与各种灾难、与逆境进行着不息的搏斗。他竟也活得充实乐观，有滋有味，这是因为他不仅处逆境而气不馁，更能做到以逆为顺，从逆境中寻出前进的力量。1976年8月4日的日记这样写道：

顺境害煞人，人不觉也；逆境给人以力量，人也不觉也。

1974年12月25日日记写道：

要善于处逆境，欢迎逆境！长我志气，增我毅力。顺流而下，哪个人不会？逆流而上，非有大勇者难能。

逆境不仅没有把他打垮，反而成了他获取力量的渊薮。他不以逆境为可怖，反而以极大的勇气“欢迎逆境”，在逆境中“长我志气，增我毅力”，这在一般人简直是不可想象的。他以坚韧不拔的毅力与命运抗争着。1975 年 6 月 18 日日记中有这样一段话：

“认真”。硬硬地活下去，一切有什么，没样子。“路是人踩出来的”。怎样对大家有好处，怎样干。一问反而泄了气。人要不示地位。总要寻个空子以示高见，其实可笑的废话。你专干，他也松软了。求圆到、婉转，不必！如此，岂不成了妓女作风？自然不必要。给人钉子，但钉子要来，只好碰他折回去，不得已也。

面对着逆境和钉子而要“硬硬地活下去”，这需要多么大的勇气和力量啊！“不愤不发”，他认为身处逆境正可以使自己更加奋发起来，并由此产生出战胜逆境的精神和力量。他又写道：

力量，精神，都是由刺激中冒出来的。平静的日子实在是堕落的根源，要不得。所谓“不愤不发”也。(76.4.20)

不愤不发，不逢逆又何愤之有？故迎逆(惟得不要近蛇)应属首要态度。(78.3.17)

他用一首四言诗满怀激情地唱出：

不激不厉，不愤不发。收拾精神，志广天涯。
问心无愧，鬼神何怕。大哉马列，功高天下。
赋我魂灵，健若野马。一扫世态，俗物惊诧！(76.6.22)

1978 年 5 月 6 日日记中有一段较长的文字，把他的这种生活态度交代得更加清楚：

余自高小时，年少，然笃于学，期能位在教授，有所著述，于愿足矣。四十岁后稍获成绩。而中遭事故，几至不起。从此青蝇白鸟，纷纷扑来，倒上为下，变白为黑，捏造诬陷，惟恐其东山。不知余之抗性，激则厉，愤则刚，喜遇矛盾，欢迎钉子，从不气馁，更加凛冽。经验告予，乞求退让，结果必糟，反面斗争，倒有是处。则铁面无情，殆亦处世之一法欤？今后作风，不迁就，不周容求情，不作短工，不填空白，蹈人脚跟。自作主宰，自成王国。辕下驹，堂下妾，一味奴态，吾以为羞。正则为，不正亦安，不能为公，即出之于私，然必以不损人为戒。顾视年纪、地位、思想、作风、才学、技艺数者尚有差强人心处，有何让焉！

这是多好的一篇自白！这无疑是一篇向逆境宣战的宣言书。他从幼时的志向写到中年时受到的不白之冤，写到迫害他的那帮人的丑恶嘴脸和阴险卑鄙的手段，写到自己在逆境面前不仅不气馁退缩反而更加凛冽坚强的“抗性”，写到在与逆境进行的长期斗争中所取得的痛苦的经验，写到自己今后的生活态度和继续与逆境进行坚决斗争的意志和决心。“顾视年纪、地位、思想、作风、才学、技艺数者尚有差强人心处，有何让焉！”他对自己是如此地充满信心。读着这段堂堂正正、豪气冲天的文字，你能不为其“软硬不吃，刀枪不入”的人格魅力所感动么？你能不为其伟大的精神力量所折服么?!

1978 年元月 21 日他写下了一首题为《七秩寿辰述怀》的诗：

欣逢寿诞日，自庆七十年。放翁多坎坷，良辰在眼前。
初度谁我记，密而不外宣。闭门且自倾，不甘器之然。
免受蟠桃礼，避俗多安闲。鲁迅作风好，求安宁清廉。
久在樊笼里，无官反自然。子孙居西京，我独在故园。
严寒凝大地，正是四九天。莫谓冬月苦，青湿到枕边。
老年当更壮，努力追前贤。望在今年内，完成三十篇。
书法更求精，远征东海边。不怕小丑笑，海内尽开颜。
有志事竟成，年纪不为晚。一振两铁臂，为国多贡献！

这位老人孑然一身蛰伏乡下，“闭门且自倾”，“自庆”自己的七十寿辰，他的心情是非常复杂的。“久在樊笼里，无官反自然”，是从陶渊明的诗句“久在樊笼里，复得反自然”化出的句子。陶渊明做了几个月的县官便受不了官场的烦恼而挂冠归田，所以是“复得反自然”；卫先生从来就是一介布衣，所以是“无官反自然”。既然“久在樊笼里”，谁还会记得他的生日呢？“青湿到枕边”，他流出了悲愤的眼泪。“严寒凝大地，正是四九天”，在这样的政治气候下，这位“放翁”——被流放在穷乡僻壤的孤老头子怎能不为自己多灾多难的人生热泪涔涔呢！读着这首诗，我们仿佛看到了这位年届古稀的老人在昏暗的油灯下凄然唏嘘的身影，仿佛听到了他举杯自倾时仰天悲歌的声音！这究竟是谁的罪过啊？不过，这首诗里并找不出一些消沉悲观的情绪。他仍然胸怀老当益壮、力追前贤之志，决心潜心于著述与书法，“一振两铁臂，为国多贡献”！这是一种多么感人的精神啊！

谁会欢迎钉子、欢迎逆境呢？只有那些具有大智大勇、真智真勇的人，那些参透了客观事物发展的规律、深明自我人生价值的人，那些胸怀无比广阔、眼界无比高远、意志无比坚强的人。一般的人，或者说大多数人，总难经受得住像卫先生遇到的那些人生大钉子、大逆境的打击和摧残。他们多数会消极悲观，颓唐退缩，甚而精神崩溃，一蹶不振；有些人甚至还会变节易帜，向逆境、向邪恶势力屈节投降。他们只看到钉子、逆境残酷丑恶的一面，却无论如何也看不到在与钉子、逆流的斗争中也能“长我志气，增我毅力”的一面。只有那些真正的强者才能看到这一面。这一点，孟子看到了，所以他才有“天将降大任于斯人也，必先劳其筋骨，饿其体肤……”的哲言。司马迁看到了，他蒙受了一个士大夫不堪忍受的奇耻大辱，却完成了人类历史上最伟大的历史著作《史记》。文天祥看到了，所以他才能唱出“天地有正气，杂然赋流形”、“人生自古谁无死，留取丹心照汗青”这样撼人肺腑的诗句。傅山先生看到了，他在极度的穷困之中仍不忘亡国之痛，把他满腔的悲愤一倾于其不朽的诗文与书法之中。鲁迅先生看到了，他一生面对着敌人的明枪暗箭、诬蔑陷害，不息地呐喊，勇敢地战斗，完成了一个无产阶级文学家的光辉形象。这一点，当然卫先生也看到了。他面对“纷纷扑来”的“青蝇白鸟”者流，“从不气馁，更加凛冽”，“自作主宰，自成王国”；他立下“老年当更壮，努力追前贤”的弘愿，要“一振两铁臂，为国多贡献”了！请再读一读他下面的几则日记：

> 钉子是聪明的强心剂，使人切实起来，好药物。（1973年日记引首语）
>
> 不激不厉，刺激越多越妙。欢迎矛盾！（73.3.26）
>
> 疑神疑鬼，便难免有鬼。大步前去，踩得山摇地动，便是自己的世界。（71.5.30）
>
> 无所谓钉子不钉子。失败为成功之母。人定胜天，何况人乎？大起来！高起来！内省无咎，又有何惧？无私无畏即自由。一轴定乾坤。正好，负亦好。无所谓，都是胜利。（75.1.30）
>
> 问心无愧，自信爱国。横被口语，非我实多。努力加餐，其奈我何！思想解放，行动开阔。目空一切，能奈我何！（76.6.27）

一个处在社会最底层的老人，一个正经受着政治迫害与生活贫困双重煎熬的老人，却要“大步前去，踩得山摇地动”，这又是何等的气概啊！“无所谓钉子不钉子”，“正好，负亦好"，这种寓含着深刻哲理的语言，非对人生、社会大彻大悟者不能道出。他的精神力量从哪里来？对祖国的无比热爱，正是他取得无穷力量的渊薮。爱国，从来就是卫先生恪守不渝的做人的信条。他的日记里处处洋溢着的炽热的爱国之情，每每令人感动不已。他目睹了军阀混战、外强入侵给国家带来的深重的灾难，他为新中国的诞生曾经出生入死地奋斗过。新中国成立后，他满怀热情地拥抱新的社会、新的生活，踌躇满志，希望能在祖国的教育事业中施展才华，有所作为。正是凭着这一颗拳拳爱国之心，所以他虽身处逆境，总是对未来的生活充满着信心和希望。1971 年 3 月 6 日日记写道：

凡"难受"二字袭心，总是有恶处。倘自信问过良心，见得起人，何难受之有？我的"正义之神"给我以力量，震破一切加给我的世俗之见，从而引出坚强之志愿，则千恶疗愈矣。

什么是他的"正义之神"？原来处在逆境中的卫先生曾为自己祭起了"四位之神"，这就是正义之神、智慧之神、快乐之神、战斗之神。而"正义之神"能使他辨明前进的方向，最能给他以生活和斗争的力量。且看他 1973 年日记的《前文》：

照着"四位之神"做去，人生之道，尽于此矣。（正义、智慧、快乐、战斗）

1976 年 11 于 27 日日记写道：

一个灵魂——马列主义毛泽东思想。二颗巨星——鲁迅、周总理。三个一切——一切皆矛盾，一切皆关系，一切皆过程。四位神仙——正义之神、智慧之神、快乐之神、战斗之神。

卫先生以马列主义毛泽东思想当做做人的灵魂，即使在最困难的日子里，他也没有动摇过对它们的信仰，没有中断过对马列主义毛泽东思想的学习和研究。鲁迅和周总理是他做人的楷模，他经常用他们的精神来勉励自己。这些思想在他的日记中时时都有强烈的体现。所谓"三个一切"，体现了卫先生对世界上万事万物及其相互间关系的客观、辩证的认识，具有深刻的哲理。这种认识既是从对马列主义毛泽东思想的学习中来，也是他自己生活和斗争经验的总结。而"四位之神"则是他战胜一切困难的精神支柱和斗争武器，正是靠了它们，他才挺过了那几十年的苦难岁月。在"四位之神"中，"正义之神"

又最为神圣，最能给自己以力量而"引出坚强之志愿"。他为正义而写作，为正义而生活，为正义而斗争，也为了正义坐牢和挨整。但是，他却始终无怨无悔，乐观向上，意气风发，斗志昂扬。

1976 年 12 月 22 日是这年的冬至日，天气半晴半阴，他动笔写下了这样一首四言诗：

胸怀真理，惟公是从。心旷神怡，智若孔明。
缓步阔观，高士雍容。无私无畏，自由之宫。
达者识透，自外死生。勇士凛冽，风云响臻。
广宇万类，豁我心胸。有发必中，有此必胜！

1977 年 11 月 22 日日记是一首五言诗，这样写道：

顶天而立地，猛志在四方。气势吞云梦，疾恶怀刚肠。
酒酣视八极，俗物皆茫茫。青蝇白鸟类，孰云能久长？
鸡虫更可怜，但知觅稻粱。高文薄天云，与日争光芒。
鲁迅真我师，永示我周行。金刚而怒目，偏喜冲风狂。
栋梁容庭物，何计枝凋伤？乐哉逢盛世，为民献力量。
立于不败地，胜利永在望！

卫先生自己就是一位"胸怀真理"、"自外死生"的"达者"和"高士"，是一位"缓步阔观"、"无私无畏"的"勇士"。他痛恨那些以对别人诬蔑陷害为能事的"青蝇白鸟"们，鄙夷那些胸无大志、"但知觅稻粱"的"俗物"和"鸡虫"；他具有"顶天立地"的"猛志"，"气吞云梦"的气概，"金刚怒目"、疾恶如仇的血性。他要做"为民献力量"的"栋梁"之材，即使在狂风中枝叶凋伤也在所不惜。他的这种精神见于他的日记，也为他的一生的经历所证明。

1973 年 2 月 23 日的日记中有他写的一篇《慕侠记》，更能看出他的坚定志向和无所畏惧的斗争精神：

大风可以拔木发屋，海水震荡，但丝毫摇撼不动泰山。一切全在自己，有根基——人格、能力、智慧、学识等等，外力能顶的多大事？要有顶住一切逆流的气魄。都是个人，有的弱不禁风,有的力拔山兮气盖世,全靠自己。好忧虑的人,不用问,奴才、懦夫耳。"没法子"、"天造的",没出息者之解闷语也,要不得。果如此,尚何创造之有,革命之有?有的人,朝气十足,无所畏惧之英杰也,吾极爱之,并常以此自勉焉。仰人的鼻息,立可致富,不屑欲为。侠客之流即令落魄居下不为人齿,亦所愿也。慕侠记。

在这段日记中,卫先生写出他愿做一个"朝气十足"、"无所畏惧"的"侠客",即使"落魄居下不为人齿"也不易其志;他坚决摒弃消极悲观的思想,要"顶住一切逆流",做"力拔山兮气盖世"的英雄。这种豪情壮志贯穿于他的整个生命的全过程,给了他战胜困难的无穷力量。1976 年 12 月 9 日日记写道:"泼得上,豁出来。正大光明,人的特色。一属鼠便糟透了!! 他怕人,吃一口也不安然。为什么不浪然? 阴谋诡计者知之,可怜!"1978 年 3 月 3 日日记写道:"桀骜二字在别人是病,在己则为德,急须冲破旧樊篱,大天而思,任性而为可也。"他甚至把凶猛的禽兽作为自己效法的榜样。1978 年 2 月,就要进入一个新的旧历年了,他在日记上写下了一段引首语,一下笔便是赫然醒目的六个大字:"'起宏图',颖脱年!"再下面是"誓言"十二条,其第五条是:"法禽兽:白鹤、雄狮、猛虎、鹰隼、战马。"他是在从这些禽兽的身上吸取与逆境搏斗的意志和力量。卫先生对十九世纪德国著名哲学家尼采提倡的"酒神精神"也非常服膺,在日记中多处写出"酒性的一生"用以自勉。什么是"酒神精神"? 尼采认为,面对人生的痛苦和险境,不但精神不垮,而且更加欢欣鼓舞,这种精神就是酒神精神。他曾说:"面临一个强大的敌人,一种巨大的不幸,一个令人疑惧的问题,而有勇气和情感自由,这样一种得胜状态被悲剧艺术家挑选出来加以颂扬。""酒神精神的一个重要标志,乃是支配你自己,使你自己坚强。"尼采的这一思想与卫先生的处境和思想正相吻合,正可以使他产生出奋勇向前的巨大力量。鲁迅先生曾受过尼采的影响,所以他能面对"淋漓的鲜血"和"惨淡的人生"而毫不畏惧,勇敢斗争;敬仰鲁迅先生的卫俊秀先生也受到尼采思想的影响,尼采的"酒神精神"也就成了他战胜逆境的精神武器之一。

为了激励自己与逆境做坚决的斗争,卫先生为自己确立了"八自"精神作为座右铭,这就是"自壮、自恃、自强、自安、自乐、自适、自知、自觉"。(73.2.13)他把"八自"精神贯彻于自己生活的全过程,体现出他对自己未来的自信和希望。1972 年 6 月 3 日和 4 日的日记就能体现出他的这种生活态度。3 日的日记中是两副对联:

看破世事,拨开尘缘,一切只堪付一笑;

识透人性,大破浮俗,百事全仗我有为。(之一)

莫作风轮随风转,
要看高标比高山。(之二)

4 日的日记是两副对联和一首五言诗。对联是:

明理知己何所怨,
安道自尊则常乐。(之一)
晓事知人乃善处,
执根用机有余裕。(之二)

五言诗是:

哲人无忧念,英雄志不同。我生崇明德,复爱仗义公。
所向披靡矣,举止皆可行。吃透万物理,满怀尽春风。

哲人能认识万事万物的发展规律,也就是“明理安道”、“执根用机”,自然就会没有“忧念”,“满怀尽春风”;英雄“仗义”而行,自然就会“所向披靡”,“举止皆可行”。卫先生心仪哲人和英雄,他自己也正是这样的哲人和英雄。所以,他总能对自己严格要求,处处以古今大哲人、大英雄作为自己学习的榜样。他说:“旧小说里的‘一条好汉’鏖糟得闯辕门,使人听了起劲,足使懦夫振,顽夫有立志。余最厌‘囊包’一流。”(77.1.19)他时时都在勉励着自己,他说:

到处平坦大路,全看你如何走法。山路崎岖,似乎难走,但野兽行之,无异飞奔,曷尝不平?一切全在自己!仰仗外力,便变为奴役,可耻莫过此。(73.2.15)

在自己的人格、行为、学识、修养方面,追求至高至大的境界,是卫先生的一贯思想。(这一思想也表现在他的书法艺术思想和创作之中,这一点下文还要谈到)他也确实达到了这样的境界。有了这样的境界,加于他的惨烈的政治迫害,以及生活上的极度穷困,也就显得苍白无力,十分渺小。他在日记中无数次地呼唤自己“高”起来、“大”起来。我们今天读着这些文字,仍不能不怦然心动,在精神上受到巨大的鼓舞。请读下面的日记:

在实践中养“大”——高大,正大,强大,伟大,浩大。(72.12.20)

养大,务大,成大。廓然大公,乃能伟大。(73.1.27)

高大起来!人格高,身影高,见识高,志气大,魄力大,心胸大。天下无难事,关键在自己。(74.12.31)

在上引第一则日记中他指出只有在实践中才能养“大”,反映了他所具有的正确的世界观和人生观。而他所要追求的“大”又表现在哪些方面呢?他用五个“大”字从不同的方面作出说明,这就是境界的高大、作风的正大、精神的强大、人格的伟大和胸怀的浩大。在第二则日记中则明确指出,惟有“廓然大公”才能成得伟大,也就是说,只有全心全意为人民服务的人,才能具有伟大的人格精神。在第三则日记中他深情地呼唤自己“高大起来”! 要求自己在人格、身影(他处日记中曾说身影要“像天文台似的”,正是此意)、见识、志气、魄力、心胸六个方面“高”起来,“大”起来,这些,都是他追求不息的人生目标。他以无比热烈的笔触讴歌这种伟大的人格精神,他写道:

歌德喜悦一个“大”字,厌恶小刀细工,对的。大德高节,一眼看过的,爽然做去,管他甚的。识别人物,看他是为谁打算,公?私?为狮虎,为鹰隼?还是为鸡虫?触着便了,可交则与,不可,敬而远之。脆快!有军公之断然,斩钉截铁。人生几何,焉能如居辕下,看人脸面行事?李白见皇帝如见常人,方称活得痛快也。(77.9.7)

因此,他要做一个品行志节都迥异于常人的“大人”:

天游化人曰:“吾乘风御气,云游太空,视大地若小凳。”双开室主人云:“余则立小凳一旁,观缘槐称大国之蚂蚁,视不自量摇撼大树之蚍蜉,可笑之余,一脚蹬开小凳,堕下南溟天池,转身乘彼白云,至于帝乡。不具有此种旷达、寥廓之胸怀、气魄,如何称得起大人!如此大人,赋我气势,开我公心,增我大勇,视万类蔑如也。(75.1.3)

劲头大,心力足,目空云汉,影高文台,胸纳乾坤,气吞山河,志贯日月——为人民服务,此之谓大人。(75.7.6)

大人气象,大人作风,大人之行。(77.9.8)

“天游化人”是清末著名思想家、书法家康有为的别号,这段话是他写在《一天园》诗帖后的一段跋语,足以表现这位“戊戌变法”的主将博大的胸襟和高远的见识。康有为早年的改革思想及其气势磅礴的书法都对卫先生有所影响，尤其是他的书法，卫先生曾长期临习，早年就能够做到神形毕肖，不爽毫厘。欣赏收在他的多种书法集中的以康体为面目的作品，就可以知道他曾于康有为书法下过多么深到的功夫。在康有为这段跋语中，他“视大地若小凳”，其雄怀不可谓不博大；但卫先生则比康氏更加前进了一步，他无比地鄙视和嘲笑那些妄自尊大、不自量力的丑类，他要一脚把这个“小凳”蹬进“南溟天池”，而“乘彼白云，至于帝乡”了！“帝乡”——庄子眼中那个“三患莫至，身常无殃”的虚无旷远、美丽圣洁的地方，卫先生是多么的憧憬和神往啊！他认为这样才称得起“大人”，他也要做一个这样的“大人”！他认为只有做了这样的“大人”，才能“赋我气势，开我公心，增我大勇”而“视万类蔑如”，世上的万事万物都将在他的眼中变得无比渺小而一钱不值。卫先生又进一步阐述“大人”的标准，就是在劲头、心力、眼界、身影、胸怀、气势、志向各方面都远胜于常人的人，是能够无私无畏、全心全意为人民服务的人。1977 年 8 月 11 日，天气阴霾，他没有下地干活，蒸了一锅馍馍之后，他写下了下面这段日记：

大人者，如泰山之雄坐大地，劲松之屹立山头，动他不得。公心如天地，包罗万物，生之育之而不私焉。夫唯不私，乃能正大，光明磊落如日月矣，谁奈之何？气势似长江大河，磅礴不可一世，奔雷轰鸣，邪恶潜藏，岂不威武哉！——大诗人、大哲人、革命者无尚之大德也。

卫先生满怀激情地歌颂这样的“大人”，他自己也就是这样的“大人”。1977 年 11 月 27 日他写了下面一首诗，正是他这种精神世界的写照：

一空天地一老僧，手中常捧一本经。
一笑世上私字大，再笑书生智囊虫。
合卷一眼观天下，大千世界本一同。
四海一家皆兄弟，阴谋诡计等畜生。
胜败原为虚假象，于我何加自安平。
楚汉争霸似粪土，希魔威风一幻梦。
地有其财应自取，侵人侵物实难容。
“南朝四百八十寺，多少楼台烟雨中。”
应将红心比日月，莫作燕雀枉飞腾。

"一本经",这里指《庄子》,因为《庄子》又称"南华经"。这首诗表现了他对私欲膨胀而专施"阴谋诡计"、"侵人侵物"者的鄙视与厌恶。在他看来,诸如楚汉争霸、希特勒法西斯的疯狂侵略等皆缘私欲而生,他们不过是上演了一出出似"粪土"、如"幻梦"的历史闹剧而已;到头来只能像"南朝四百八十寺",虽也曾盛极一时,而今天却已凋敝不堪,只能在茫茫烟雨中给人们留下一点残破的记忆了。正是刘长卿所叹:"惆怅南朝事,长江独自吟!"王安石所叹:"六朝旧事随流水,但寒烟衰草凝绿!"他立志要怀抱一颗高尚圣洁的"红心",就像日月经天,运行不息;而决不做如庄子所嘲笑的"斥鷃",虽也能"腾跃而上",却只"不过数仞而下",只能"翱翔蓬蒿之间"。

在上引日记中,卫先生自称"双开室主人",双开室是他的斋名之一。他常用的斋名或别号还有"拸画楼主"、"正清楼主"、"山西穴居士"、"三公弟子"等。这些斋名别号也都能表现出他的个性和追求。我们这里对它们略作说明。《庄子·达生》篇中说:"不开人之天,而开天之天。开天者德生,开人者贼生。"对《庄子》深有研究的卫先生则认为既要"开天之天",又要"开人之天",即不但要顺应客观事物的发展规律,又要充分发挥人的主观能动性;他认为正确地任用人的智慧、发挥人的作用,并不会像《庄子》所说,会生出奸邪("贼")来。这一认识是符合马克思列宁主义的,也是他自己的生活体验。《庄子》是"一开",他是"双开","双开室"即得名于此。"拸画"也典出《庄子》。其"庚桑楚"篇云:"介者拸画,外非誉也。""介者",古称被刖去一足的罪人;"画",法度,"拸画",不拘法度之意;"外非誉",以为别人的诋毁或赞誉皆为身外之物而不萦于怀。这里卫先生以"介者"自比,他所受的身心摧残确也不亚于"介者"。但他要"拸画",,要"外非誉",要我行我素、奋力前行,与加于他的迫害做坚决的抗争。这就是"拸画楼"斋名的深意。"正清楼主"比较易解,是在表现自己要堂堂正正做人、清清白白处世的志念。"山西穴居士"的由来是,前些年一个名叫渡边美智雄的日本人曾到过山西,看到一些山西人仍住在窑洞里,回国后就写了一篇文章发表在一家报纸上,说山西人仍是"穴居野处",十分落后,以此诋毁建国后我国社会主义建设和改革开放的伟大成就。卫先生看到报纸后十□"穴居士",日本人的诬蔑只能使我更加爱国,更加拥护我国的改革开放政策。"三公弟子"斋名亦颇具深意。"三公"指包公、济公、孙悟空。包公处世刚直不阿,断案不避权贵;济公性喜打抱不平,一生扶弱济困;孙悟空则具有坚定鲜明的立场,凭着一副火眼金睛,一杆威力无比的金箍棒,斩妖除邪,不遗余力。卫先生认为,如能得此"三公",便可以天下安澜,臻于太平了。卫先生以"三公弟子"自命,也是他的人格和处世态度的体现。1988 年先生曾与原山西省教育厅副厅长韩生荣(已故)合作吟诗一首,一、二句是韩厅长的句子,三、四句是卫先生的句子,全诗是这样的:

一生不识富与贫，智也愚也任人评。

苦练身心成铁汉，直取书城拜三公。

是年4月，卫先生把这首诗写成一幅中堂送给我。观赏这件墨采飞扬的巨幅之作，我每每为其中喷薄着的这两位老人奋发昂扬的人格精神而兴奋不已。在一些人眼中，卫先生自然是一位“贫者”，金钱的富有从来与他无缘；他也是一位“愚者”，他经常愚迂戆直得令人发笑。但他又是精神上最富有的人，也是具有睿智的头脑和丰富的智慧的人。几十年的身心摧残不仅没有把他打垮，反而使他炼就了一身百劫不毁的钢筋铁骨。“抱道不曲，拥书自雄”，是他坚定不移的人生信念，他无数次地把它写成条幅，用以激励自己的生活勇气和斗争意志，并以此来感染和教育周围的朋友。他要拜“三公”为师，从他们身上吸取精神力量，像他们那样刚正立世，光明磊落，疾恶如仇，不向奸邪示宽容，不为逆境所屈服。

卫先生的儿个斋名体现了他的人生理想和生活态度，也表现出对逆境与恶势力的无比蔑视。他说：“有所恃，何所虑！无所私，何所惧！在任何情况下，给人以舒畅、爽朗、亲切宜人之感，英俊、慷慨大方、鹤立高昂之感，如得靠山救星之感。”(75.7.3)正因为他具备了这样的思想境界，他真正地“高”起来了，“大”起来了！他满怀自信地写道：

久沉庄列，生死且置之度外，荣辱毁誉何足道哉！夫又何所畏乎？况正义凝于一身，问过良心，更何往非乐？(73.1.15)

精神扩大到火星上去，看到小小寰球，的确太渺小了，因而独大起来，此之谓真解放，何物能入？何物能阻？何物能御？此之谓外物。得失荣辱之争也求也，麼糟透矣。(76.7.23)

“小小寰球”都算不了什么，奸邪之辈又算得了什么呢？生死都可以置之度外，奸邪之辈的诬蔑陷害又算得了什么呢？正义在胸，问心无愧，没有什么东西可以压倒他，阻碍他，控制他，于是他的思想获得了真正的解放和自由。“何往非乐”？到处都成了自己的乐园。面对那些奸邪之辈，他又以鄙视的口吻写道：

薰莸不同器，千载一知音。垂文何炳耀，名垂万古春。

笑彼奸邪辈，谈之污舌根。取人予谗人，投之于有冥！(76.7.17)

“薰”是香草，“莸”是臭草，香草和臭草怎么能同器而储呢？这首诗表现了他与“奸邪辈”、“谗人”们势不两立的鲜明立场。那些曾对他极尽诬蔑构陷之能事的小人们，在他的眼里是那么的无耻和可恶，他甚至认为提起他们都会玷污了自己的舌根。“垂文”指《庄子》，他把庄子引为自己的千载知音。他从《庄子》中汲取到生活下去的无穷力量，他要把这些无耻的“奸邪辈”们、“谗人”们毫不留情地掷进茫茫无边的大海中了！达到了这样的思想境界，他就感到无比地轻松，全身充满了无穷的力量。他以高度平静的心态写了这样一首有趣的小诗：

人笑笑自己，何关痛痒？
你笑笑别人，有何碍妨？
我行我素，就是这般主张。
莫等闲，头已白，管他娘。
一觉大天亮。
浑身力量，幸福日子长！(76.6.27)

他又这样表述自己的心志：

所谓大方气度，通达高风，只做到：坦坦荡荡，光明磊落，无私无畏，海天自由，就是这副体躯，交给大自然、大世界，他叫如何就如何，大踏步前去，英雄气概，便足矣。要有狮虎姿态，令人神往；最厌老母鸡一堆，顾前怕后，小家子气也。(76.11.12)

再看他的这样一首诗：

明眸高视亮红心，廓然大公豁胸襟。
任彼鸡虫瞎叨咕，难阻高空东去云。(77.9.5)

由于自己已经做到了心地坦荡，光明磊落，无私无畏，已经把“这副体躯，交给大自然、大世界”，他在精神上获得了最大的自由。对来自别人的嘲笑，他已经无所谓了；他反要无情地嘲笑那些“瞎叨咕”的“鸡虫”们，那些“顾前怕后”的像“老母鸡一堆”似的人物。“明眸高视”、“廓然大公”的他，感到浑身充满了力量，他要以“狮虎”一般的英雄气概“我行我素”，“大踏步前去”了！

卫先生乡居十年的大部分时间是在文化大革命中度过的。文化革命把不少人的思想扭曲了,在他居住的这个偏僻的小村庄也出现了不少令他痛心的怪现象。1974年11月1日日记写道:“队里已成无政府状态,不像话。以走开为宜。”同年12月13日日记记下了这样一件事:“孩子打父亲,理由:‘打四类分子’。原来如此!这是今晚新听到的新闻。”阶级斗争把人类最可宝贵的父子亲情都“斗争”得没有了,而且儿子还要对父亲拳脚相加,这是多么可怕的情景啊!

读完他的这些日记,我们不难发现,在那种混乱的社会环境下,卫先生始终保持着一种平静的心态,始终有一颗清醒的头脑。1976年5月31日的日记写道:“清醒的头脑,醒梢的面貌,勇士的气概,傻子的果断,道家的旷达,空城楼上的孔明,老僧的常态,军事家的谋料。”这些是他对自己的要求,他也完全达到了这些要求。他具有爱憎分明的坚定立场,在任何情况下都能对周围的事物做出正确的判断。我们注意到这样一个耐人寻味的现象:在他近十年的日记中,除了1976年9月18日的日记记载了毛主席的追悼会是由王洪文主持之外,就再也没有提到过“四人帮”中任何一个成员的名字。“四人帮”在当时可都是大红大紫、权重一时的人物。对国家、社会的命运和前途一向十分关心的卫先生,决不可能没有注意到他们这伙人。与之形成鲜明对照的是,毛主席、周总理的名字却在日记中上百次地出现,一写到他们,字里行间就洋溢着无比深厚的敬仰爱戴之情。这一情况的出现决非偶然,正好说明了他对“四人帮”一伙罪恶表演的深恶痛绝,用他日记中的话说,也就是“笑彼奸邪辈,谈之污舌根”了。

从1955年到1979年的二十四年,是卫先生蒙难挨整的二十四年,也是他与逆境作艰苦抗争的二十四年。他无时无刻不在企盼着他的“问题”能够得到澄清,无时不在向往着能够获得自由的那一天。他时时刻刻都对自己的未来充满信心,他相信这一天一定会到来。就是在文化大革命中最混乱的时期,他也对党和毛主席表现出由衷的热爱,对党和国家的未来,以及自己“问题”的解决满怀着希望。这些,都在他的日记中体现得非常明确。以他这样的身份,又处在极“左”路线横行的时代,能有这样的思想境界,是十分不易、十分难得的。他一有机会,他就向有关部门申诉,希望能平反他的冤案。在那种政治历史背景下,他的这些努力当然都是徒劳的。直到“四人帮”被粉碎之后,他才看到了平反的希望。1978年3月,他的老友王中青从太原给他发了一份电报,要他到太原商议为他平反的事。卫先生欢忭无似,他仿照杜甫《闻官军收复河南河北》的诗意,唱出了这样一首诗:

悲歌苦吟二十年,栉风沐雨未敢闲。

但恨见疑非佳士，枉度岁月愧轩辕。
丈夫生世贵壮健，老骥轹蹈良可叹。
猛忆“电报”心力异，便过洪赵到太原！(78.3.19)

他是3月22日起程到太原的，28日从太原回来。王中青向他说明中央已下决心平反冤假错案，他的问题应该到解决的时候了。希望之光在卫先生心里燃烧起来了。回村的第二天，他激动地在日记中写道：“心神颇快慰，事成可无疑。”4月5日又写道：“词句‘负重到今朝’可改为‘心事赛春潮’。”在逆境中挣扎了二十四年了，今天，终于看到了平反的希望，这位年届花甲的老人怎能不“心事赛春潮”呢？

“负重到今朝”，是他1960年在陕北监狱中用“长相思”词牌写的一首小词中的句子，原词是：

春也好，秋也好，春花秋月分外娇，只是催人老。
醒无聊，梦无聊，一片赤诚几人晓，负重到今朝。

这首小词抒发了他蒙冤坐狱后空怀一颗坚贞之心、欲报效国家而不能的悲愤愁苦的心情。但据笔者所知，这一句最终还是没有改动。1989年山西人民出版社出版的《卫俊秀书法选》中的一件作品就是用原词写出的。他还用这首词为笔者写过一件巨幅中堂之作，这一句也没有改动。他大概是考虑到原词正好表现了他“居约”时的心情，抒写了他那个时期的真实思想，所以才一仍其旧，没有改动的吧。

1979年春天，他的冤案终于得到了平反。虽然还有一些问题并未得到解决，如长达二十四年的工资分文未补，法院和单位的解释是：“你在监狱吃的是公家饭，在农村劳动改造也挣着工分，你也算有收入的。现在国家有困难，工资也就不补了。”这是什么理由？真是莫名其妙！即便是这样，他也已感到十分满足了。二十四年中被整得死去活来、筋疲力尽的他，还敢有什么奢望呢？他的心情无比地畅悦，他以七十岁的高龄，踌躇满志地要大显身手了。他兴奋地写道：“两年不鸣，一鸣惊人。莫做一省红，要做大国手。”(79.10.4)“大天而思，可地而行。恃才尽创，执理前冲。十年日月，国内打响。德才寿齿，睥睨一生。”(79.10.22)这些都是说他要在书法上大有作为，不辜负自己一生的艰辛探索和追求。他对自己信心百倍，他相信自己的水平和能力。事实也正如他自己所预料的，没过几年，他的书法艺术就以巨大的冲击波震撼了书坛，虽然“出山”甚晚，却成为国内外深具影响的书法大家。平反后的那些日子里，他每天都沉浸在幸福之中，他以欢快洗畅的笔触，一连用了八个叠词抒写自己当时的心情：

脚下踏踏实实，胸里干干净净，眼中宽宽展展，心里平平整整，人格上正正派派，丰采上大大方方，处事上公公正正，为文上通通脱脱。(79.10.13)

他又意气风发地写道：

脑子里达到干干净净，心境恬适，无任何杂念，始领会到"清福"二字。二十年来长时期之窝囊气，宽不是。一些混帐糊涂强牙赖嘴的家伙的丑态……一扫而空。可以乐行我素，恣我所欲，放我雅游，纵欲之为得焉。人生岂可无乐趣适意的日子邪？"君子坦荡荡"，非无端造。今时我之时也。快情快语，快形色，快为作，快接谈。一言以蔽，无不风快。读书、拈词、作字，皆然，皆然。喜形于色，高意雅态，偏偏要使那些不乐我的小丑狗们难受难受。人情耳。酒中仙，活中仙。(79.10.17)

这真是一篇节奏欢快、笔意练畅的绝妙散文。吟诵着这段文字，尤其当读到那一连串用六个"快"字组成的句子，读到两个"皆然"的时候，我们仿佛看到了平反后的卫先生手之舞之、足之蹈之的无比快意的神态。心中的愁云驱散了，紧锁着的眉宇舒展了，崭新的生活就要开始了。可是这新的生活来得多么不容易啊！历史对这位老人是多么地不公平啊！"撤销原判，宣布无罪"。多少年了，这八个字总是"千呼万唤出不来"；今天，它终于赫然写在了判决书上，终于为卫先生的政治问题画上了句号。可是，我们在为这位正直善良的老人终以无罪而昭白于天下而感到庆幸的同时，难道不应该再追问一句，在长达二十四年的漫长岁月里，把一个无罪的人当做"罪人"来对待，让他蒙受了那么多的非人的凌辱和摧残，面对着冷眼和呵斥，没有了欢乐与自由，抛妻别子，孤苦伶丁，劳动繁重，贫病交加，度日如年，凄苦备尝，这个罪责又应该由谁来负呢？那些假借"胡风案"而以莫须有的罪名加害于卫先生的"奸邪辈"、"小丑狗"们，那些以"历史反革命"罪名把他投入监狱的"混帐糊涂强牙赖嘴"的家伙们，难道不应该受到应有的惩罚吗？他们难道不应该为他们整人害人的劣行恶迹付出代价吗？俗话说"善有善报，恶有恶报"，但严酷的事实是，善良的卫先生虽被证明无罪而获得平反，而那些把他整得死去活来的恶人们却没有得到应有的报应，这公平吗？就是在卫先生平反后的一段日子里，一些在整他时跳得很高的人依然对卫先生冷眼相视，恶言相加。由此看来，所谓"恶有恶报"，也只不过是善良的人们既天真又可笑的梦幻而已！卫先生是被平反了，可是在平反后的一段日子里，他仍然被一些人视为“反革命”而受到歧视。1979年10月17日日记中写道：

路人们仍如旧时然。管他娘的。哈哈主义似乎还得用之。对某些人、假世界、恶社会，如何得以真善出之？彼只为丁畦，亦与之为丁畦，百发百中，千古良药也。骨头亦逼出者。

他是多么想从这“假世界、恶社会”中挣脱出来啊！可是，一些人对他的态度“仍如旧时然”，并未改变。几十年的不幸遭遇造就了他一身铮铮傲骨。他要继续凭着这一身傲骨，“彼只为丁畦，亦与之为丁畦”，针锋相对地和他们进行斗争。

卫先生平反后，还有许多遗留的问题也没有得到澄清和落实。尤其是他的三百余万字的文稿和大量的图书片纸无归。特别是那部《庄子与鲁迅》书稿，更是他多年潜心研究的成果。那是他几十年的心血啊！他本想在平反之后能把它们整理出来出版和发表。可是现在，一切都不存在了，他感到无比地痛心，经常彻夜难眠。他还有一处坐落在西安市内的私宅，挨整受难的几十年中一直被一位颇有些权势的人占住着。现在他平反了，他要收回这座房子，那位有权势者却与他无理狡辩，有一天甚至对他破口大骂：“你不要以为你平反了，你就是一个好人了，在我们眼里你还是一个反革命！你想要房子？办不到！”这位当权者的辱骂，深深刺痛了卫先生的心。他想，人民法院不是已经为我平反了吗？不是已经证明我是没有政治问题的吗？怎么这位“领导”还说我是“反革命”呢？他心里感到无比的痛苦，面对满院看热闹的人们，他放声痛哭了。二十多年了，这是他第一次大声痛哭啊！那些年，他对周围人们的冷眼和辱骂尚且能够默默承受，甚至坦然相对，因为他相信自己没有罪。这次他则真地动气了。他没有吃晚饭，天刚擦黑，就和衣睡下了，躺在床上，辗转反侧，整夜不曾入眠。老伴和孩子们怕他出事，都到床前来宽慰他，他总是摆摆手说：“你们都到一边去，让我好好想一想。”二十多年中挨整受难的一幕幕在他眼前不断地闪过，一种从来没有过的巨大的悲愤在他心里翻搅着，啃噬着他的心。他过去写字时手从来不发颤，被辱骂的第二天，他的手就颤抖不止，从此就落下了手颤的病根。后来卫先生写字，不得不用左手托着右手写，就是因为手过于颤抖的缘故。

在《我与书法》一文中，卫先生在写到书法在自己生活中的作用时，也写到了为落实房子政策在法院受到的冷遇，今天读来仍使人愤愤难平：

我是个惯于写作的教师，在写书稿，每遇到烦纷困扰、写不下去时，走进园林，寻求暂得解脱的办法，然而无效，唯有提笔作起字来，立即心清如水，得救了。八十年代初，为了落实政策，受尽俗吏气，在法院，我向一位审判官说：“我只要求把是非弄清楚……”这位法官一手执茶碗，一手执香烟，神气十足："现在还有是非?！他要一把火把钟楼烧掉，你有什么办法？"我实在气愤不过，几乎会害癫症。回到图书馆，正好见到桌上放着一本《霍扬碑》拓片，这真救了我的命，突然进了乐园。

后来，在闻名全国的"铁市长"——西安市市长张铁民同志的帮助下，他的房子才被收回。但不管怎么说，卫先生的冤案总算平反了。他终于挣脱了极"左"路线加在他身上的沉重的桎梏，久别了的自由又重新回到了他的身边。他是1955年春夏之交被打成"胡风分子"的，1958年春天又被以"历史反革命"罪行投进监狱；1979年，还是在一个春天的季节，他成了一个自由的人。过去的二十四个春天里，他从没有感受到一丝春天的温暖，只有这一个春天，他才像第一次来到这个世界似的，真正领略到了春雨的滋润和阳光的明媚。虽然有的人"仍如旧时然"，在他正在愈合的心灵伤口上不断地撒着盐屑，但他毕竟是一个铁骨铮铮的硬汉子。那些不愉快的事，很快也就被他置之脑后了。他以无比高昂的激情拥抱这个春天，他展望着自己的未来，浑身充满了无穷的力量。1979年10月以前的日记多已散佚，现在保存下来的只有10月份的10天的日记了。我们但看他这10天的日记就足以见出他当时的心情。上文所引10月4日、13日、17日、22日的日记我们已经读过，都是他当时心情的反映。我们再看以下的几则日记：

阳光大好，广普照，活及万类。风采器局，气势大。坚卓雄伟，气概，有风度，目空物类。五天内完成文稿。放开心，恬静安闲，舒畅度太平日子。……书法大干。印书。广交游。不可一世。……人世难遇开口笑。上疆场。胸怀真理，无私无畏，精神饱满，敢于斗争，敢于胜利。(79.10.11)

看得清，有抱负，睥睨一世，开步前去。心上干干净净，眼里什么也没。介者拸画，官止神行，大艺人，放开畅步行我素。(79.10.13)

远征东南，东到瀛洲，实现四化，光我金瓯。(79.10.25)

人大、政协已开始，欢快无比，月内盖可定之。当大显身手，为国做出较大贡献也。此第一套。另一套，不外出，书稿定后，字百幅。麦收出走。皆大欢喜。(79.10.26)

活动家——周身像太阳辐射出的一轮光芒，到处是大道，通往四面八方。过去太静，今日须改变作风，腾达飞黄。有资力，有条件，好好利用，伸向四海五大洋。为祖国、为世界争光，争光！(同上日)

读着这些感情热烈、激动人心的句子，我们不难体会出，卫先生几乎每天都沉浸在无比的幸福之中。他要以一个自由人的身份，和周围的人们一起，投身到伟大的社会主义建设中去了。“莫做一省红，要做大国手”，这是他的雄心壮志。也只有在今天，他才能为自己确立这么一个奋斗目标。他要在今后的生活中，充分发挥自己的智慧，施展自己的专长，为他深深爱着的祖国和人民大显身手了。光明终于驱走了黑暗，正义终于战胜了邪恶。我们为光明和正义的胜利而欢呼，为这位年过古稀的老人终于迎来了他的生命的春天而歌唱！

（三）

卫先生经受了二十多年的常人难以忍受的苦难，政治上的残酷迫害、经济上的极度窘困，使他处于社会的最底层。他与逆境进行了可歌可泣的斗争。与逆境斗争的方式可以是多种多样的。在文革中，面对惨烈的迫害，沈尹默把家中收藏的自己几十年中创作的书法作品尽数撕成碎片，打成纸浆，含冤病死于医院的观察室；老舍面对造反派们的狂嚣不甘受辱，愤然自沉于北京的太平湖。他们死得都是那样地豪迈，那样地壮烈，表现出中国知识分子宁为玉碎、不为瓦全的伟大品格。卫先生没有选择这样的斗争方式。他要坚定地活下去，要“坦坦荡荡”地、“硬硬地活下去”，要活到奇冤昭雪的那一天。“雪虐风饕愈凛然”（陆游诗句），他的生活和斗争的过程同样地豪迈和悲壮。

贝弗里奇说过：“人们最出色的工作往往是在处于逆境的情况下做出的。思想上的压力，甚至肉体上的痛苦都可能成为精神上的兴奋剂。”阅读卫俊秀先生的日记，我们很容易体会到，先生时时都处在高度的兴奋状态之中。他正是把这些压力和痛苦变成了精神上的兴奋剂的。他的日记中焕发出来的情绪昂扬向上，壮人胸襟；他的日记中的语言铿锵有力，慷慨悲壮。整个日记就是一首感情奔放、气势如虹的长篇抒情诗。读着这近十年的日记，欣赏着它的诗一般优美隽永的语言，感受着卫先生广阔无垠的胸怀和坚强有力的脉搏，人们会受到深刻的心灵感染。

卫先生所以能够与逆境进行长期的顽强的斗争，能够“硬硬地”活到获得自由的那一天，并且在平反后不久就在《庄子》学及鲁迅研究上，在书法艺术的研究和创作上取得举世瞩目的成就，成为一代书法大家而受到社会的广泛敬重，首先就在于他有着胜于常人百倍的坚强有力的精神支柱。没有这样的精神支柱，而要在那样的政治高压下和经济贫困中支撑二十四年，简直是不可思议的。

那么，卫先生的精神支柱是什么呢？1977 年 11 月 11 日日记中的一首诗，可以帮助我们寻出答案。这首诗写道：

早年学老庄，深慕李白狂。应诏见皇帝，如同见乡党。
露我真性情，谈笑自洋洋。旷达任天游，遨游不故乡。
更喜汉汲黯，疾恶怀刚肠。行似蛛丝直，不怕触帝王。
孟德亦良友，通脱散文丈。一扫古孝道，为政有主张。
达哉周总理，举世众皆仰。尽瘁身殁后，永活人心房。
鲁迅真明圣，笔下凝冰霜。横眉对千夫，永战新文场。
大哉马克思，终老为民航。伟哉毛主席，世代难再双。
回转党国运，重新建天乡。廓然大公兮，尧舜再揖让。
酒酣视八极，俗物都茫茫。冯唐已老矣，浩然亦自壮。

在这首诗里，卫先生以汉代的冯唐自比，表明了自己虽已年老犹有强烈的报国之志的进取精神。他历数了古今对自己影响最大的一些有代表性的人物，他们是：老子、庄子、李白、汲黯、曹操、周恩来、鲁迅、马克思、毛主席。他用优美的诗句对他们致以深情的礼赞。他正是从他们身上时时汲取着战胜逆境的勇气和力量。但他们只是这首诗里提到的一些人物。统观他的日记，他敬慕的人物还有许多，如屈原、司马迁、杜甫、傅山、恩格斯、列宁、尼采、拜伦等，他都经常从内心里对他们发出由衷的赞美。上述革命导师和中外精英人物的著作他几乎都读过，他们的学术思想和人格精神都对他产生过深刻的影响；特别是鲁迅先生以及明末清初的傅山先生，他们在做人、治学方面对他的影响尤为深远，傅山先生的书法还成为他多年心摹手追的楷模。

他们闪耀着真理光芒的光辉思想，他们爱憎分明、百折不挠的人格魅力，正是卫先生获取力量的渊薮。卫先生在二十四年中敢于藐视一切困难，战胜一切逆境，精神抖擞地顽强战斗，满怀希望地向往未来，正是从他们身上找到了精神支柱的。

1977 年元月 3 日的日记更能明确地交代出是什么力量支撑着他度过了那些难熬的岁月的。这天他整好了 50 斤小麦准备磨成白面，接着就写了下面一段话：

南华经——乐观理论依据；
拳经——健康有本；
马列主义——世界观依据；
马、列、恩、毛、二周（谓鲁迅、周总理——编者）——行动师表；
屈子、马迁、曹操、李、杜——文章高标；

汉魏晋代：王、黄、傅、康、吴、赵——书法指针。

他从《庄子》（南华经）中吸取乐观主义精神。《庄子》外生死、外荣辱的达观态度使他对迫害他的“小丑狗”们表现出无比地蔑视。“拳经”——卫先生为了战胜逆境十分注意锻炼自己的体魄，练太极拳是他坚持多年的体育爱好。马列主义唯物辩证法是他最信奉的哲学思想，他时时都在用马克思主义的世界观方法论指导着自己的思想和行为。马克思、列宁、恩格斯、毛主席、周总理、鲁迅是他学习的榜样。他学习他们革命的思想，高尚的人格，并贯彻于自己的生活与斗争的实践之中。他把屈原、司马迁、曹操、李白、杜甫的诗文做为自己学习的“文章高标”。我们读他的著作，看他的日记，欣赏他的诗词，就不难看出这些大家们的作品对他产生过多么深刻的影响。在书法上，他把汉魏晋及北朝的书法做为追求的目标，又具体地举出东晋王羲之以及北宋黄庭坚、清代傅山、康有为、吴昌硕、民国赵铁山六个人来，这些人都志正行端，具有崇高的人格，他们的书法也对他最具影响。

是什么力量支撑着卫先生在布满荆棘的道路上踽踽独行而精神不倒，读了上面两段日记，我们就比较清楚了。正是对马克思列宁主义、对毛泽东思想的坚定信仰，对人类社会历史发展规律的深刻认识，对中外历史上、尤其是对中国优秀传统文化的深邃研究和准确把握，对历史上那些创造过辉煌业绩的文化精英们的崇敬和向往，他才“硬硬地”活了下来，而且活得乐观而充实。他命令自己：“活得像个样子，眼前一片平坦大道，毫无滞碍，为我当为。”（74.12.13）他要求自己具备：“诗人的高大，哲人的通晓，学者的气宇，英杰的豪迈。”（同上日）他无比自信地写道：“几颗明星：马克思、恩格斯、列宁、鲁迅。心中有此数老，真可睥睨一世，曷忧曷惧，何事不成？大踏步前去，高山大水无不为之让路低头。磨砺以须，看老夫手段自知。吾笔力所至，何物不摧，何神不服？”（同上日）这些，他都不容置疑地做到了。1979年恢复自由后不久，他就写出了一系列研究《庄子》、鲁迅和书法艺术的论文发表在国内有影响的报刊上，修订再版了自己的著作《傅山论书法》和《鲁迅〈野草〉探索》，参加了多次全国性的鲁迅学术研讨会，参加了国内外一系列重大书法展览。沉默了二十多年的卫先生很快就异军突起，在学术界赢得了很高的声誉，并成为备受人们瞩目的书法大家。如果他不是在蒙难期间始终以乐观进取的精神不断地充实自己，丰富自己，要取得这样的成就是不可能的。

卫先生在学习生活中始终把哲学的学习放在首位。还在青少年时代，他就对中国的古典哲学很感兴趣。他对《老子》、《庄子》、《列子》、《论语》、《孟子》、《荀子》、《韩非子》、《淮南子》以及扬雄的《法言》等古代典籍下过很深的功夫；及老，犹潜心研究，手不释卷。

笔者和他在一起的时候，就常为其刻苦学习的精神所感动。1986年盛夏，我们为他在太原举办了他的个人书法展览，展览期间，笔者与他同住在省教育厅招待所一间不大的客房里。房子里只有吊在顶板上的一盏灯，而且吊得很高，光线昏暗。他每天早晨都是四点多起床，由于眼睛高度近视，他就脚踩一个小板凳，仰着头在灯下读书。记得他读的是一本《列子》，上面已经批注得密密麻麻，可见他已读过很多遍，现在又在用心地阅读。令我惊讶的是，这个姿势他竟能一动不动地坚持半个多小时，那样地专注和投入，似乎多么大的力量都不能撼动他。当时他已是77岁的高龄了，可以设想，这是多么地不容易啊。这一幕后来一直深深地印在我的记忆里。每当我读书稍有偷懒的时候，就回忆起这感人的一幕，从中得到莫大的鼓舞和鞭策。由于卫先生读书很多，记忆力又极好，且能精思熟虑，融会贯通，这些书中的许多内容他都能大段大段地背诵。笔者和他在一起，就常以听他朗声背诵古代贤哲的著作为快事。他经常对学生们说，研究中国的学问，包括研究书法艺术，如对中国的古典哲学没有深厚的修养，就像在沙滩上建高楼，一定不会成功的。"书法的，首先是哲学的"，是他经常重复的一句话。他认为书法中渗透着中国人的哲学精神，书法家必须对中国的哲学文化具有深刻的理解和把握。前些年几家报纸围绕"书法家要不要学者化"问题展开了热烈的讨论，笔者问他对这个问题有什么看法；他只简单地说了一句："书法家要不要学者化，只要看一下古代的书法名家们是不是学者就知道了。"人们争论得不可开交的问题，他用一句话就说清楚了。他的回答是肯定的，他是坚定地主张书法家必须学者化的。几个月前《书法报》发表了一篇钟明善先生的记者访谈录，说卫先生是学者型的书法大家，这是对的；但令我们困惑的是，在钟先生看来，古往今来不知有哪一位有辉煌成就的书法家不是"学者型"的？我们认为，这样把书法家分成"学者型"的与"非学者型"的，是非常危险的。似乎不用做学问，不需要在某一学术领域成为具有一定造诣的学者，也可以在书法上取得成功，这种认识只能对学习书法的年轻人产生误导。

我们读卫先生的著作和日记，发现他总能把古代哲人的论述与自己所要表达的思想高度密切地融合在一起，既能旁征博引，论事深刻；又能融会贯通，不着痕迹。先哲们的优秀哲学思想化作了他自己的语言，在他的笔下汩汩流淌。他从先哲著作中吸收了怎样的哲学精神，请先读他下面的文字：

思想愈来愈倾向扬子一流，明知非正路，无可如何也。识透物理，人生暂局，便当任为任听，无所谓可不可也。放眼宇宙，夫何所虑？破除一切局囿，独来独往，只要不损人亏心，何往不是？绝除外缘，守拙养晦，了此晚岁。不靠人，不累人，苦矣，未始非乐。

(73.1.23)

到东柴,赶上出殡如兄。他一辈子结束了,出生母体入于土壤。人生过程便是这样。从无到有,由有化无。有者有限,无者无穷,故有是相对的,无是绝对的。又有“大有”、“小有”的区分,是一相对,有与无比又一相对,都非长久。无与无比,虽也有“大无”、“小无”之差,而最后仍归于无,却无穷也。有属于现实,既有个限,苦何为者?佛理非也,扬子是也。何不图傲乎王长天地之间,而必于如辕下之驹局促乃尔!(76.6.4)

这是写他读了汉代扬雄的著作的体会。“识透物理,人生暂时”与扬雄“有其生者必有死,有其始者必有终”的思想正相吻合。从这一思想出发,一些人往往走向消极厌世的一端,而卫先生则引出积极向上的生活态度,他要“破除一切局囿,独来独往”,以“不靠人,不累人”,自力更生为人生乐事。尤其第二段日记集中体现了他的生死观。正因为对生死问题具有如此通脱达观的认识,他才能在逆境中一直保持着乐观的精神和旺盛的斗志。

在中国古代哲学思想中,应该说他受儒家和道家的思想影响最深。读他的著作和日记可以发现,他的思想中既有儒家思想积极入世,在困难面前不甘屈服、顽强抗争的一面,又有道家思想以无比达观的态度对待一切,藐视一切丑恶势力的一面。这两家思想中最积极的东西在他身上得到了完美的结合。尤其是道家思想对他影响更大。“老僧常捧一本经”,《庄子》一书他下的功夫最多,几乎每一篇都可以全文背出。他对《庄子》的思想有着独到的理解,读其论《庄子》的多种论文及《鲁迅〈野草〉探索》等著作,便可见其造诣之深。他的百万字的《庄子与鲁迅》书稿被抄家而遗失,这对他自己及学术界已是无法挽回的损失。否则,中国学术经典文库中又将增加一部辉煌的巨著了。近几年中他不顾年迈多病,又开始了《庄子新诂》专著的撰写工作,并已有多种论文陆续发表。我们希望他的这一著作能够早日完成。

1997年他在《人文杂志》上发表了一篇《〈逍遥游〉札记》,比较集中地阐述了他对《庄子》一书的认识。他说:“人们一谈到《庄子》,总有些畏难或玄虚之感。荒诞说怪,寓言异记,或消极悲观,幽缈玄无,都在困扰着读者的心理,使人迷离莫解,如入五里云雾中。此皆读者之过,非作者之病也。我不尽作如上观。庄子也和我们一样,都是社会上的人,足不能离开大地一步。他有老伴、娃娃,脾气很大,敢于直言,在邪恶面前,巧言讽谕,不留面子。脱略不群,任真自得,表现出道家特有的性格。”又说:“草就《〈逍遥游〉札记》,我没有感到庄子这篇文章有一点消极悲观、虚无厌世的气息,倒反而给了我无穷的力量。开阔眼界,壮我气魄,长我志气。入世,用世,不甘出世。民胞物与,不让古人。”由此可见,卫先生看《庄子》的出发点和他引出的结论与一般人就有很大的不同。1998 年第二期《陕西师范大学学报》发表的《〈庄子·养生主〉我见》阐明了他对《庄子》“生死观”的理解，他说：“回看全文，各大段，细曲小节，养生最高的希望，也不过是‘全性’、‘尽年’而已，并无过分的奢望。知其不可而为之，太勉强，违背自然规律，损伤了本性；知其不可而安之，命也，顺乎机遇，听其变化，百年可作为寿之大齐，九十、五十以至于大殇，也都是一样的。各尽其分，大不到尽年。而养生之主，也只有一个，即‘缘督以为经’或云‘虚缘而葆真’。虚就是‘道’，即养生必须顺从的道路。庖丁解牛连同以下五个故事，只是为了说明一个关键性的道理：‘冥此芸芸境，回向自心观。’达生之情，冀求得到解脱，唯有托靠佛，佛就是你自己！”在卫先生看来，《庄子》并非如一般人所理解的是教人出世、遁世，清静无为，而是以一种与儒家迥异的全新的方式积极用世——在社会上有所作为。基于这一认识，他从《庄子》中吸取了“无穷的力量”。“开阔眼界，壮我气魄，长我志气”，他的这种精神正是从《庄子》中来，他也正是靠了这种精神才能面对沉浊混乱的“人间世”，像庄子所赞美的那只神力无比的大鹏一样作自由自在的“逍遥游”。“冥此芸芸境，回向自心观”，是宋代黄山谷《颐轩诗六首》一首诗中的句子，这首诗是：“金石不随波，松竹知岁寒。冥此芸芸境，回向自心观。”黄山谷也是深受道家思想影响的人，他的诗表达了他对金石、松竹坚定而高洁的性格的赞美，及面对浑浑噩噩的人世间自做主宰、自振自拔的志愿。卫先生在逆境中经常把这首诗写成条幅用以表明心志，激励自己。卫先生写这篇文章时已是 90 岁高龄，历尽沧桑的他对《庄子》有了更深刻的理解。如何“全性尽年”？他的回答是：“顺乎机遇，听其变化”，“各尽其分”，“缘虚葆真”而已。他精辟地发挥出：要求得解脱，唯有靠佛，佛在哪里？佛就在自己的心中！这就是说只有自己才能主宰自己的命运。他又从《养生主》里引出了积极进取的思想，这也是他多年与逆境作斗争的痛苦经验的总结。正因为他对生死问题的认识如此达观，对人在决定自己命运的作用上认识得如此深刻，他才能写下这样一首寓意高远、催人奋进的诗：

放浪形骸六合外，死生昼夜两开怀。
星球粟米一质点，孔丘盗跖俱尘埃。
一双慧眼照万代，大公无私阔斧裁。
成毁毁成天然理，暗夜退去朝晖来。(72.4.26 诗题《庄生》)

在卫先生二十多年的蒙难生活中，他对马克思主义、毛泽东思想始终有着坚定的信仰。他刻苦学习革命导师们的著作，从中吸取于自己有益的营养。日记中不乏这样的记述：

学习唯物主义辩证法，趣味与日俱增。系统地学，零星地用。用时即学，可以解决问题；不用时常学，可以究明其原委，纵通横贯，了然于心，亦一大乐事也。(71.3.7)

埋头学哲学，看出个头绪，掌握了方法，分析一切事物，如柴木在利斧之下，何难解决。(72.6.25)

读《哲学笔记》大有体会，入门了，必须彻底弄懂它。(72.6.29)

读《哲学笔记》，忘食。(72.7.1)

上集。腿病仍未愈，时痛抽。未出工，发信二件。途中读《费尔巴哈论》，已能全部领会矣，掌握了其全部力量，活络于心，快甚！(72.7.5)

读旧书精神就沉下来，读哲学书就生出新力量，斗争观念浓烈了。合起旧书吧，打掉暮气，唤回朝气，这才是人生。所谓"酒性的人生"者便是。(73.2.15)

腿又欠佳，未敢出工。收拾精神，读毛主席《矛盾论》、列宁《哲学笔记》，读辩证法文。心神大快，不觉"老马如马驹"，气力无穷。(72.5.21)

看《哲学笔记》，句句精论，启我实多。好极了。(76.5.1)

一天不看哲学，便觉舌根软，头绪乱了。看看书，观观现实，就有了力气，结实起来。(76.5.18)

他经常在用马克思主义、毛泽东思想解剖着自己，他写道：

上午兴会索然，时或不宁，盖环境使然也。足见修养太差。读鲁迅书所得何事？读《矛盾论》，学辩证法，革命者云乎哉？惑矣！服膺列宁伟大作风，而竟言行不一致，可笑之至！从本月起须大改面貌。(71 年 7 月日记前文)

在矛盾中成长！"没有矛盾，就没有世界"。真是金科玉律。比如一件事迟迟没个进展，真也动气，正动索性撒手之念兴。忽然想到还有第三者在一旁称快，立刻就得振作，决不甘为仇者所快。事情便是如此发展起来的。阻碍就是推进，理至明显，此即辩证法之一理。因此，愈想到"钉子"、"逆风"，就愈使人振奋，力量无穷。"倔强"是对方逼出的，不是胎里带来的。要有顶住逆流的强大的力量，并使逆倒转过来，发挥全部的主观能动性。(72.12.16)

他也时时在用马克思主义、毛泽东思想鞭策着自己，他写道：

凡事只要有马列毛做统帅,有二周在前,便无不克服之困难,有何惧焉。以吾之公心、学识、年龄足够使邪不安。卑何有?(76.5.1)

大丈夫一脑子马克思主义,一颗革命的红心,公字当头,立于广阔地球之上,头顶无极霄汉之空,放踵走去,为人民做活,得群众拥护,蠹虫小丑,能奈之何!(77.9.29)

他把哲学学习同自己的生活、斗争实际紧密结合起来,他的胸襟更加开阔,眼界更加高远,信心更加饱满,他的生活的勇气和斗争的意志更加坚定了。1973 年 2 月 8 日的日记这样写道:

阴。精神百倍,大喜事。无碍,无拘,无戚,无惧。比较地弄懂了些马列主义毛泽东思想,更加愉快十分。自觉得革命者之德备于一身,乃其人也,何所外求?

对马克思主义、毛泽东思想以及古代先哲著作的学习使他的思想获得了真正的解放。他多方设譬,思驰神飞,用世界上最美好的语言这样表述自己的心态:

坐得稳重,立得平正,伸得舒展,如鹤立高视大地,如龙腾虎跳,威震四海,如鹰隼翔空,睥睨广宇,莫能收得。如神人出入,如孔明谈笑,小儿举止。——安闲,云化,聪明,自如。如苍松,如太华,健劲,坚实,傲然屹立。如处士,高士,超逸不凡,拗强不驯。如傅山作书然。(73.2.26)

无产阶级革命导师们的著作给了他勇气和力量,他也对他们怀有无比深切的崇敬之情。1976 年 9 月 9 日毛主席逝世后,他沉浸在无比的悲痛之中,他在日记中写道:“这是全国人民的不幸,全人类、尤其是第三世界国家人民的不幸。”(76.9.9)“哀乐声中泪千条,他老人家与世长辞了!”(79.9.13)周总理逝世后,他的心里格外沉重,他这样写出自己的心情:

全国可以说全世界都在追悼周总理。“有井水处皆哭”,我这才懂得了这句老话……巨星陨落,天地悲秋,现实世界上的损失太重了!他那高尚的人格,已是享受到人类最高的尊敬。别的一切对世界的恩情不必提了,他的典范我看在世界上也是少有的。解放后二十多年来,在我的日记上时时禁不住要写出他的伟大来,表示出我的尊敬。我的眼光

不错。他那天文台一样高大的巨影,将永远更广更深地遗留在人间。祝他安息!(76.1.15)

他把无产阶级革命导师作为自己做人的楷模。他结合自己的处境这样写道:

当我翻着毛主席、周总理外国名人对他们的悼唁时,我感到比我看我心爱的碑帖还有感情,对我有大的益处。他们是做人的碑帖。(76.12.18)

马克思、恩格斯、列宁、斯大林、毛主席、周总理、鲁迅——几位宇宙巨人,世界大师,足够几辈子学习。一个人不过百年,岂敢不努力耶?凡事只要有大师们在前,有甚拦路虎,有甚不能成功者?永远立于不败之地。欢迎矛盾,欢迎逆流,来则破之无余,这即是人生大乐!不存公心,唯害人是务的败类,庸俗,半吊子,均须以鸡虫视之。(77.8.4)

卫先生在蒙难的二十四年中读书极多,他想方设法寻找古今中外哲学、文学、历史等方面的名著认真阅读。我想,如果把他这十年中读过的书目统计起来,必会是一个十分惊人的数字。他读古今贤哲们的著作,每每能与自己的身世命运、思想实际结合起来,写出深刻的亲身感受,而决非不着边际的隔靴搔痒,作无聊的无病呻吟。他读了杜甫为李白写的诗,颇为李白的遭遇愤愤不平,他这样写道:

读杜诗,吟到李白时有“世人皆欲杀,吾独怜其才”之句。李白何罪之有,而为世人所不容如此?此无他,李白见皇帝如见常人,思想阔达,以“处世若大梦”,胆大而不随便,难怪为人所不喜悦!细查文史中多少有才之人,若“七子”中的孔融,七贤中之嵇康、晋之何晏等,那一个不见因此而舍身的?在品格中为上,然在修德远辱中为下,可叹矣。两全是不易的,坚卓俊伟可以,随便却犯不着,又一心得。作人处世,一须聪明,一须识时,一须自卫,一须守身。做到知其不可而为之太愚,无谓的盲干太傻。(74.11.16)

傅山《霜红龛集》云:“李太白对皇帝只如对常人,作官只如作秀才,才成得狂者。”卫先生引用此语来说明李白“为世人所不容”的原因,这也应该是先生的“夫子自道”。由李白他又想到了孔融、嵇康和何晏,这些“有才之人”也都是“在品格中为上,然在修德远辱中为下”的人,他们的结果就更为凄惨,竟至“因此而舍身”。由此他得出结论:做人既要“坚卓俊伟”,又不可“随便”,要做一个“聪明”、“识时”、“自卫”、“守身”的人。这是生活给他的教训,也是他无可奈何的选择。李白“见皇帝如见常人”有什么不好呢?为什么一个“坚卓俊伟”的人就不能“随便”一点呢?为什么这样的人就要“为世所不容”呢?读着这篇日记,我们不难体会出卫先生在残酷的现实面前愁苦万状而又无可奈何的心情。

司马迁的《史记》、屈原的辞赋以及杜甫的诗是他最爱读的作品。他这样写出自己的读书体会:

《史记》、杜诗,皆具云薄晦冥、雷电震骇之势,所谓气概也。他书多未能。有诸内必形诸外也。楚辞虽亦佳文,然一味告哀,势不足也。(75.1.9)

风驰电掣,云薄晦冥,文章惟《史记》、杜诗中有之。书法中惟傅山字中有之。此即思想表现也,气概服人也。(76.11.19)

读万卷书,行万里路。太史公游名山大川,亦正在于阔大胸臆,文自足千古不朽也。秀才局促私塾中,无远大光明之志,不过仅为几篇诗文,何其窝囊也。(77.10.24)

他读先贤著作,总能把历史上那些志正行端却又生途坎坷者与自己的遭遇和思想结合起来。他对他们倾注了无限缅怀之情,他写道:

郑公怀直道,直道得恶报。屈子沉汨罗,马迁几不保。
汲黯终守穷,杜子更潦倒。敢问世俗理,举杯向谁邀?(76.12.13)

在历史上,郑虔、屈原、司马迁、汲黯、杜甫,都是志向高远、才华横溢,却又命运多舛,极不得志的人。他们或为真理而献身,或因当权者的迫害、冷落,社会的动乱,而堕人穷困潦倒的境地。卫先生自己不正也是这样的人吗?可怕的“世俗理”啊!可是这“世俗理”又是么呢?是损人利己,嫉贤妒能,还是陷人以罪,落井下石?卫先生没有说出,或许都有的吧。其实这哪里又是什么一般的所谓“世俗理”呢?这是一帮阴险狡诈、卑鄙龌龊之徒的整人害人之“理”啊。多少年来,这种人正不知陷害了多少清白无辜的人。卫先生也是被他们整得要死要活的人。他视屈原、司马迁们为知己,引他们为同调,从他们身上看到了自己的影子。揽古抚今,思接千载,百感交集,对先贤们的无比同情,对那些专以整人害人为伎俩者们的深恶痛绝,时时表现在他的日记中。

但是,卫先生又是一位不会向任何恶势力低头的人。在写这上面这首诗的同一天,他接着又写了下面一首七言诗:

江南江北一杆旗,马列信徒有出息。
公字当头谁比得?无私无畏顶天立!

“江南江北一杆旗”，这应该是他对自己书法水平的高度自信。他的这种自信决非狂妄。无谓的狂妄不属于他。他是一位严肃的学者，是对中国书法艺术和书法发展史有着深刻研究的人，他深知自己的书法在书法史上应该占据怎样的位置。他出山不久，就能以全新的特立不群的艺术个性在社会上引起强烈轰动，被书法界誉为在二十世纪可以与于右任、王蘧常、林散之并列而四的草书大师，便是有力的证明。上面这首诗充分抒发了他坚信马列、大公无私、无所畏惧、顶天立地的壮志豪情。在这样的人的面前，那些整人害人的“小丑狗”们又算得了什么呢？在他的面前，还会有什么困难不会被克服、有什么逆境不能战胜的呢？

卫先生读先贤著作，总能用他们的精神和事迹勉励自己，以提高自己的思想修养。他这样写道：

物理世情已识透，冯唐老矣复何求。
况吾服膺庄李志，寥廓一任作天游。
难能逃世独乐居，无私无畏即自由。
自古高贤多蒙尘，闲居养怡住春秋。(76.11.17)

这位看透了“世情物理”的年近七旬的老人，从庄子、李白身上找到了支撑自己生活下去的精神力量。他要像康有为那样做一个“无私无畏”的“天游化人”，在寥廓的万里长天恣情遨游了！“自古高贤多蒙尘”，所以自己“蒙尘”也就毫不足怪。在这里找不出些微的颓唐和沮丧，他要在“闲居养怡”中“住春秋”；“住春秋”做什么呢？他无日不在企盼着自己的冤案得到平反，无日不在企盼着有朝一日能继续他的学术研究，为国家、为人民做出更多的贡献！有心的读者只要稍微留心一下，就会发现，日记中出现最多的名字还是鲁迅先生。在他的一生中，鲁迅先生一直被他奉为做人的楷模。鲁迅的精神和作风对他有着极其深刻的影响，这是人们共知的事实。他是鲁迅研究专家。还在小学时，他就受蒙师的影响，仰慕鲁迅的为人和学问，立下了学习、研究鲁迅的宏愿。在抗日战争最艰苦的年代里，他广泛收集材料，悉心研究，写出了百万字的《庄子与鲁迅》书稿；《鲁迅〈野草〉探索》——这本给他带来无穷灾难的著作，在 1982 年在烟台举办的鲁迅研讨班上被李何林先生推崇为我国用马克思主义立场和观点研究《野草》的第一部专著。李何林先生说：最早用马克思主义的观点和方法研究《野草》的有两个人，第一是卫俊秀先生，再就是冯雪峰先生，可惜这两位先生都已经“作古”。卫俊秀先生蒙难衔冤、遁迹学林二十多年，李先生怎么会知道他还活着？参加研讨班的有卫先生的一位朋友，会间休息时告诉李先生说卫俊秀仍然健在，李先生随即写信给卫先生，要他到北京见面，商量再版《鲁迅〈野草〉探索》的事。第二年，两位老人在北京相见，谈起这场已在鲁迅研究界盛传开来的“误会”来，都不禁感慨系之，老泪纵横。当时卫先生手头早已没有了自己的这本著作，李先生就把他收藏的一本送给卫先生，并向出版社一力举荐，希望再版。李先生还欣允为其写再版的序言，可惜不久便一病不起，无法动笔，后竟溘然长逝了。近十多年来，陕西师大出版社已将此书两度再版。1988 年再版时的序言是鲁迅研究专家、北京大学孙玉石教授写的。孙先生这样写道：“卫先生自青年时代起，就钟爱这本不朽的小书(按谓《野草》)了。他怀抱热情，十年搜集，四年笔耕，几经删改，终于完成了《野草》研究史上第一部专著性的书。仅此一点，《探索》一书的开拓性与建设性的价值，就是值得称赞的了。《探索》填补空白的意义是不可泯灭的。”孙先生这样评价《探索》一书的研究方法：本书“主要属微观分析性质，作者力图把握每篇作品的主旨和表现特色，以撒得开又收得拢的笔调，作了较为仔细的解析疏证工作。”“通读全书，又会看到作者在微观分析中有一个全局的观念，即在观照《野草》各篇的时候不脱离鲁迅思想和著作的整体性。”“每一篇的分析中既有‘内证’，又有‘外证’”；“烛幽发微，启人思索”。孙先生尤其指出：在《探索》产生之前，“真正运用马克思主义研究鲁迅具体作品精神的时间并不太长。这一思想方法运用于《野草》研究而产生较为系统的成果也所见无几。雪峰那篇辉煌的论文的产生还在少后。”由此足见卫先生的这本书是研究鲁迅《野草》的开山之作。我们只要注意一下鲁迅研究界的情况，就能发现后来研究《野草》的著作都无不深情地关注它，无不对这本书的理论深度和卫先生的研究方法做出高度的评价。

从卫先生这册日记中可以看出，他不但把鲁迅先生的作品作为自己研究的对象，更重要的是他时时都能把鲁迅先生作为自己学习的榜样。因为崇敬鲁迅他才研究鲁迅，越研究鲁迅他越认识到鲁迅的伟大。他有两个笔名，经常在书写书法作品时作署款之用，这就是“若鲁”和“景迅”。这两个笔名中寓涵着他对鲁迅先生的心仪景仰之情。鲁迅是他心中的一面旗帜，鲁迅精神已经融化到他的思想言行之中了。蒙难的这些年中，鲁迅的著作他究竟读了多少遍，我们无法知道。但日记中洋溢着的对鲁迅先生的无比崇敬之情，每每令我们感动不已。他多次引用鲁迅的名言“有真意，去粉饰，少做作，勿卖弄”，以此作为自己做人的准则。他写道：“有真意，去粉饰，少做作，勿卖弄。作文如此，作字如此，作人亦然。凡事有鲁迅先生在前，管他娘的。”(75.3.12)“既师事鲁迅先生，总得自自然然有几分鲁迅气，有真意，去粉饰，少做作，勿卖弄。作文作人，表里如一，一个样子。可交者交，不可合者，远之，不流于庸俗，孤军自拔，不惜也。”(77.10.15)1974 年 12 月 1 日日记中的十六个字是他给自己的命令，也是他学习鲁迅的誓言：

严事鲁迅，不改分寸。

光芒万丈，寒冬有春！

十二月是时令上的寒冬，蒙难的这些年，也是卫先生一生中的“寒冬”季节。鲁迅精神“光芒万丈”，给了他的生命以无限的活力。沉浸在鲁迅的著作中，在严寒的冬季里他也能感到春天的温暖。卫俊秀精神就是鲁迅精神，这是一种不可战胜的伟大精神啊！

1976年3月21日他写了下面一段日记。这里他举出鲁迅、马克思、列宁、司马迁、杜甫、傅山这些伟大的人物，竭力写出对他们的一往情深，足可见出他是将他们的精神作为自己战胜逆境的精神支柱的：

鲁迅先生。好久又忘了先生，难怪心上又荒凉起来！马列印象深，都给我生命以活的力量。马迁、老杜给我以文章，青主给我以书法。有此数贤，足使我之灵魂得到无上的快慰与活力，足矣。自得居安资深，我之天地岂不大哉。自畜自养，处处无不熨贴，老天于何有！

再请看1976年8月27日的日记：

几天没动笔，心田便荒芜起来。忘却了鲁迅先生，庸俗，庸俗多了。赶快自振自拔。

“忘了先生”心上会“荒凉”、“荒芜”起来，那么读了鲁迅的书心上又会怎样呢？1973年3月1日日记这样写道：

读鲁迅书简，心地就光明起来。远俗自好，读书自振。就这样下去，一往无前，精神上快乐，便是大福。

读者如再稍加留心，就会发现，在许多天的日记里，他都赫然写出“鲁迅先生”四个大字来。从上下文的关系看，有的与上下文尚有联系，如上引76年3月21日的日记；而更多的情况则是没有联系。读者可能会对这种情况感到奇怪，其实这都是卫先生在用鲁迅精神警饬和勉励自己。他为什么这么写，1975年2月12日的日记交代得很清楚：

鲁迅先生。作风。

日写“鲁迅先生”四字，用以自勉，虽未能至，心向往之。能把先生的政治、思想、治学、写作、革命精神、平生作风、道德品格，备于一身，无私无畏，大步前去，亦足豪矣！日月之行，灿烂大观，顶天立地，岂不伟哉！得此气魄，光我魂灵。千钧自重，惟念生民。狗类鄙细，曷庸伤神。心田既适，年寿高隆。善于养大，是为大人。

鲁迅先生在他的心目中究竟占据怎样的位置，从上面这则日记中已经看得很清楚了。再请读下面这则日记：

鲁迅先生。

心中只需时时有这颗明星，便浑身是力，敢干敢创。(75.2.11)

鲁迅先生是他心中一颗最耀眼的明星，是指引他战胜逆境、走向胜利的航标。他写道：

既仰慕鲁迅先生，岂可不学其为人！鲁迅先生的一切，即我之一切——人格、学问、文章、思想、处世接物，一言以蔽之，革命行为，皆须以之为模范，所谓“志之有像”也。重之千钧，千钧重之。不可忽，不可忽！(75.2.10)

卫先生在日记里不断地呼唤着自己，命令着自己：

既学鲁迅，须学个样子，不能徒托空言。(72.6.18)

学习鲁迅就必须是个鲁迅！(73.8.29)

既是学鲁迅，就得有几分鲁迅气。严肃，不随便！(75.8.12)

读鲁迅书，便得以鲁迅自居，学他的人。(77.7.25)

卫先生是这样写的，他也是这样做的。他处处以鲁迅为标准衡量和要求自己，把鲁迅精神全面彻底地贯彻于自己的思想行为之中。鲁迅精神的伟大之处，就在于他能坚定不移地追求真理，追求光明，从不向恶势力低头屈服，能以大无畏的勇气和必胜的信念与来自自己营垒外部及内部的敌人作百折不挠的斗争。在他的身上体现了中华民族不可战胜的伟大性格。他“敢于正视淋漓的鲜血,敢于直面惨淡的人生”,他的骨头是最硬的。“学习鲁迅就必须是个鲁迅!”卫俊秀先生这样严厉地要求自己,他的骨头也是最硬的。他在残酷的政治迫害面前不示屈服,面对常人难以忍受的窘困斗志更加坚强。正是从鲁迅精神中他找到了战胜一切精神摧残、物质困难的力量之源。鲁迅精神已经完全化作了他自己的意志。还在十三岁(1922 年)时,他就受其老师张维汉先生的影响,接触到新文化,而在新文化运动的精英人物中,他“独仰慕鲁迅”。是张先生把他引上了学习和研究鲁迅的道路。在后来的奋斗历程中,他一直对张先生的师泽念念不忘,请读 1977 年 11 月 27 日他写的一首为张先生祝寿的诗:

淡泊张夫子,椿华正八旬。甘为孺子劳,执教何谆谆。
桃李遍天下,花木四时春。“五·四”学人广,独宗一鲁迅。
祖国解放后,谈吐更精神。旷怀无所争,研阅迈时伦。
秀也虽钝拙,幸得列墙门。感谢栽培苦,难酬良师恩。
愿尽老岁力,惟求日日新。

二十三岁时(1932 年),他在饱读中外哲学文学名著后,把鲁迅著作及《庄子》学说确定为自己的研究方向,就萌生了撰写《庄子与鲁迅》一书的志念。为此他反复精读了已发表的鲁迅的全部作品,收集到大量的研究《庄子》的论著进行整理和研究。后来,即使在抗日战争兵荒马乱的岁月里,他也没有中断这部专著的写作。1944 年《庄子与鲁迅》的初稿基本完成,他呈请郭沫若先生指教,深得赞许,郭先生还推荐自己的《蒲剑集》供他参考。1944 年他一面继续修改和充实《庄子与鲁迅》,同时又开始了另一部专著《鲁迅〈野草〉探索》的写作。1949 年,为了提高这两部著作的学术水平,他又一次精读了《鲁迅全集》,并饱读了高尔基、绥拉菲莫维支、别林斯基等人的大量作品。这一年里,他每天夜里都十二点以后入睡,用功十分勤勉。1954 年,《探索》一书完成并由泥土社出版,《庄子与鲁迅》也正在定稿过程中。就在这时爆发了那场清算“胡风集团”的政治运动,他由此坠入灾难的深渊,百万字的书稿也被抄掠一空。后来一提起这件事来,他心里便涌出无限的痛惜之情,那部书稿凝聚着他二十二年的心血啊!鲁迅精神伴随着他走过奋斗的一生,他有过成功的喜悦,也有过饱经灾难的痛苦;但他始终不渝地敬仰和学习鲁迅先生,初衷不易,愈老弥坚。他的思想时时与鲁迅先生发生着共鸣,他这样写道:

读鲁迅书简愈觉得自己的脾气正和他一样,对不合理事总是禁不住要发发议论,明知会得罪人,然而无可如何。平生吃亏处就在这上头。今后仍在所难免。谨慎过分,不担斤两,为讨好,一味省,不办事,应办的事也不办,更不敢建议,一味唯唯诺诺,自足聪明,如何能行?没是非心,以推脱得手为能事,我是不喜悦这类人的。(76.6.22)

鲁迅先生经历过的路,似乎叫我也经历着,不断地碰、碰、碰——聪明起来了,也就少气了。(78.1.12)

他所以几十年中对鲁迅先生无比敬慕和热爱,是因为他全面地看到了鲁迅精神的伟大处。他这样总结鲁迅精神:

鲁迅先生。

读鲁迅书,便得以鲁迅自居,学他的人。一、他是拥护马列主义、毛泽东思想的。二、他是爱憎分明,路线明确,一直在反帝、反封建、反反动派以及一切坏思想、坏作风的。三、他是一个党外的布尔什维克。四、他事事为人民着想,从公字出发,毫不利己。五、他人格伟大,胸怀直道,心口一致,表里如一。六、他永战不休,决不妥协、屈服。七、他是现代的圣人。八、学问博大而精深。九、活到老学到老。十、顶天立地,比如北辰。(77.7.25)

他也经常地用鲁迅精神对照和解剖自己,请看下面几则日记:

学习鲁迅,颇不配!看事不透,没远见,不估后果,聪明何在?一味痴心,感情用事,不行!事后,晦气,不愉快,最为恶心。坦坦荡荡,何有障碍!(77.2.22)

渐渐地庸俗起来,兴会索然,随域进退,若水中之萍,真可笑。平生所推崇者谁?所研究者何?乃为此乎?不能!决不能受一切干扰。崇奉鲁迅先生,要崇奉到底。(72.2.24)

还是物内人,不行!随域进退,因物色而招摇,不行!定见,一行。既师事鲁迅,便得是个鲁迅性学者。高视世界,怀念人类,此之谓大人!丈夫贵养己,宁受外物牵!(77.10.21)

他更是时时在用鲁迅精神鼓舞激励着自己,请读下面的几则日记:

艰苦奋斗,自力更生!不能乱求神!问卜,打卦,只能反映脑子不清醒,连自己也不相信了。要站起来。沉默,严正,怀谦,务实,正正派派,永保常态。理直则气壮,艺高而胆大。读鲁迅书所学何事?!社会上看戏的人多得很,只好不开戏!(71.3.6)

鲁迅先生的"复仇"——就是要给爱看戏的人物以绝大的枯槁乏味的打击！高起来，像天文台似的。新的英雄啊！(73.1.29)

应付俗物，当以鲁迅法——白眼与之，管他三七二十一。免得生病，但求痛快可也。(73.2.28)

向好陷人者最好用鲁迅法，连眼珠也不转，如能学会白眼更好。(73.2.7)

人以顺为正，我则以逆为顺！既师事鲁迅，便得是个鲁迅性行者！(75.2.9)

人太高了，就不会适俗，因而就不好了。但才是真好。马克思、达尔文、哥白尼，在他的当年，何尝是个受人欢迎者？鲁迅先生一辈子受人攻击诬陷的看有多少人？呵呵，明白了。(76.5.26)

翻阅《野草》，又唤起当年研究心情，一副以"学者"、"文人"自居，视局外物不必放入眼中，嗤而笑之可也。高起来，大起来，神起来，到一地如入无人之境。李白见皇帝如见常人，得之矣。(76.7.1)

全面地学习鲁迅先生！识见(料事如神，有对付办法)，土匪气，切实坦率，够朋友，真理在胸，无私无畏，金刚怒目，猛志常在，疾恶如仇。得罪就得罪吧。(78.3.1)

卫先生有诗云："鲁迅真明圣，笔下凝冰霜。横眉对千夫，永战新文场。"鲁迅先生生命不止、战斗不息的伟大精神像一块巨大的磁石吸引着他，感召着他，几十年中一直与他的心灵发生着强烈的共鸣。1955年那场突如其来的反胡风的运动也曾使他困惑过：这个世界究竟怎么了？人妖颠倒是非淆，怎么会荒唐到这般地步？鲁迅不是被称作"新文化运动伟大旗手"的么？胡风不是被称作"鲁迅先生的好学生"的么？怎么解放刚刚五六年，"伟大旗手"的"好学生"就会成了"反革命"呢？泥土社不是国家的出版社么？，他们不过为我出版了一本小书，怎么能因为这家出版社是胡风先生所负责，就可以认定我是"胡风集团"的一"分子"呢？我与胡风先生素昧平生，连一封信也没有通过的啊！难道泥土社出版的全部著作，其作者都要划进"胡风集团"的么？但是，在那些万马齐喑的年代里，这些问题是无处可问的，你再有理由，也是不容置辩、无处申诉的。他也有过短暂的犹疑和彷徨，也想到过自爱自怜，明哲保身，想到过避世远辱，及时行乐。但这些念头在他心上总是一掠而过，转瞬即逝。一想到鲁迅的志节和行为，他的热血就立刻沸腾起来。他坚定地相信自己研究鲁迅没有错，也相信胡风先生总有一天会得到平反。他说过："胡风平反我平反。"他相信这一天一定会到来。他默默地忍受着岁月的煎熬，以常人难以想象的忍耐力等待着这一时刻的到来。党的十一届三中全会后，胡风先生很快得到平反，卫先生的冤案也得到了解决。在北京召开了隆重的胡风先生的追悼大会，大会组织者邀请卫先生参加，卫先生因病未能前往。后来，卫先生每提起这件事，总说这是他一生中最大的遗憾。在“反胡风”运动中，仅他的故乡襄汾县就有二位先生被打成“胡风分子”。卫先生之外，还有一位贾植芳先生，他现在是复旦大学现代文学著名教授，是一位在国内外早就享有盛誉的老学者。由于他几十年与胡风先生交往密切，关系在师友之间；更由于他是被某位领导人公开点了名的胡风集团几位“小青年”之一，所以在反胡风及以后的几十年间同样受到了残酷的迫害。近十多年中他兼任复旦大学图书馆馆长，前几年一次回到故乡，顺便到山西师大图书馆参观。一进我们的会议室就看见卫先生写的一副中堂：“抱道不曲，拥书自雄。”贾先生稍加思索，就诙谐地说道：“啊，此公我是知道的，我们是一个‘集团’的人。”他问胡风的追悼会卫先生去了没有，我们说他因病没有去，贾先生说：“他没去，太可惜了。这个会开得好，很悲壮的啊！”

在二十四年的艰苦岁月里，卫先生从他无比崇敬的革命导师们身上，从他无比仰慕的古哲今贤们的身上，不断地吸收着思想的营养。他们著作中那些闪耀着真理光芒的思想时时激励着他在艰苦的人生道路上向前跋涉。岁月的消磨使他真正地“高起来”、“大起来”了，他终于彻底挣脱了得失荣辱的俗念，他的思想获得了彻底的解放！1976 年 4 月 17 日的日记中，他写了下面一首白话小诗：

一切事我从来不放在脑子里，
因为我深刻地明白我自己。
任他风吹雨打，
任他迅雷烈风吼得多么大，
蚍蜉撼大树，
只能赢得人们笑哈哈。
你不过是个螳螂，
你不过是个井底蛙。
纵然当了皇帝，
你的世界啊小于瓜。
鲲鹏直上九万里，
你可也梦得见吗？

在这首诗里他以无比鄙夷的口吻嘲笑那些迫害他的人。“你”是谁呢？是那些不自量力的“蚍蜉”和“螳螂”，是那些坐井观天的“井底蛙”，是那些用各种各样诬陷不实的罪名对他施加迫害的人。“你”纵然做了皇帝，又能把我怎么样呢？我是庄子所歌颂的“搏扶摇而上者九万里”的神鸟“鲲鹏”啊！这就是卫俊秀，这就是“软硬不吃，刀枪不入”的卫俊秀！

（四）

卫俊秀先生的贡献是多方面的。他在《庄子》学与鲁迅研究方面做了许多具有开创性的工作。他的又一个杰出贡献，就是他在书法研究和书法创作上取得了举世瞩目的成就，用自己创造性的劳动在中国的书法史上建造了一座千古不朽的丰碑。

他与历史上为数不多的书法大师们一样，建造的是一座具有继往开来意义的历史丰碑。

林鹏先生在《拜观卫俊秀先生书法》一文中这样评价他的书法：

> 对于卫先生的书法艺术，无论评价多么高，也不过分。毫无疑问，它是我们这个灾难深重的时代的标志，是二十世纪中国书法文化的最高成果之一，在它里面凝聚着中华民族优秀文化传统的精髓。人们往往对近距离的东西，看不甚清，拿不甚准。这需要时间，需要距离，需要反复地比较和验证。我坚信，将来人们会深入地研究他，体味他，把他和古代大师们相提并论，并使之发扬光大。

著名古文字学家、书法家张颔先生把他与魏晋时期卫门书派的代表人物卫觊、卫瓘、卫恒、卫铄（卫夫人）并举，以为“天数用五”，都是在书法史上具有伟大贡献的重要人物（1986 年卫先生书展题词）。著名书法家徐文达先生用“隔海观日”来形容他观赏卫先生书法时的感受，他意味深长地写道：“卫俊秀先生，其人其书，博大精深，我们能感到他热度和光芒，但要说清楚很不容易，似乎中间隔着一片汪洋。”（《隔海望日》）著名作家、美学家柯文辉先生在《书法导报》发表了题为《阔海长天小布衣》的长文，称卫先生为二十世纪中国书法大家中最后一位“谢幕”的人物。该文开首便说：“新世纪旭日升起，卫俊秀教授立于文化峰肩挥动藤杖代笔，在凹凸如浮生小道的石壁上，替百年来的书法写了‘谢幕’两个大字。”我们知道，一台晚会的“谢幕”节目往往是这台晚会最精彩的节目。青年书法评论家杨吉平君在 2000 年《中国书法》第 10 期发表了《二十世纪草书四家评述》一文，论定卫先生是二十世纪中与于右任、王蘧常、林散之并列而四的草书大师。此文并获得2000年中国文联文艺评论奖中唯一的一件书法论文一等奖。近些年来，卫俊秀书法的研究热迭次出现，《人民日报》、《光明日报》、《中国教育报》以及书法专业报刊《中国书法》、《书法》、《书法报》、《书法导报》、《书法教育报》、《美术报》等都发表了许多有分量的研究文章。他的个人书法展览已先后在汉中、临汾、太原、西安、北京等地成功举办。中国书法家协会、山西省文联、陕西省文联、山西省书协、陕西省书协、山西省教育工作者书法学会等书法团体已先后五度在北京、临汾、西安等地召开了卫俊秀书法研讨会。卫俊秀书法艺术馆已于1995年在他的故乡山西省襄汾县落成开馆。在不多的几年里，他的书法作品集《卫俊秀书法选》、《卫俊秀书历代名贤诗文选》、《卫俊秀书古诗十九首》、《卫俊秀书法》、《卫俊秀草书诗卷》、《卫俊秀草书王维杜甫诗》、《中国当代书法精品·卫俊秀书法卷》等已经公开出版。方磊先生主编的《卫俊秀碑帖札记辑注》已成了书法家们案头必备之书。他参加了多次国内外书法大展，他的作品为国内外多家博物馆、纪念馆所收藏。尤其是1980年纽约美国自然历史博物馆收藏的其榜书作品"神游古国"被列为"永久性展品"，他的名字与伦·勃朗、凡·高、毕加索们并列在一起，享受着同等的荣耀。近年来，人们竞相以收藏他的一件作品为幸事。"家有卫书不算穷"，这句不知是谁最先说出的、早已在八十年代就广为流传的谚语，早已深入人心。作为一代书法大家，卫俊秀先生应该说已经实至而名归了。

研究卫俊秀现象的成因是很有意义的。对这一问题，人们在研究中注意的比较多；作为其书法研究的一个重要方面，学者们已经做了许多有益的探讨，这是可喜的。但笔者认为，卫先生的独具特色的艺术哲学思想及其在书法创作中的成功实践，这是人们更应该注意研究的重要课题。忽视了这些问题的研究，我们就无法理解其作品中博大深邃的哲学文化内涵。还有其书法教育思想的研究也至关重要，它对澄清当前书法界大量存在的对书法艺术性质的模糊认识，进一步端正学风和书风，有着不可低估的意义。我们希望在这些方面也能有新的有影响的成果出现。

研究卫俊秀书法现象成因的学者们都不无遗憾地指出，卫先生"出山"实在太迟了，他的出名也实在太晚了。这是那段可悲的历史造成的。我们无法改变历史。当他1978年以一件以陈毅《咏松》诗为内容的条幅之作参加全国第一届书法展览时，还是带罪之身；虽然字写得十分精美，但由于不敢直署姓名而以笔名"景迅"落款（卫先生在蒙难时期为人作字多署笔名"若鲁"或"景迅"，是为了避免给别人带来麻烦），连展览的举办者都不知道作者是何许人。这幅字是作为山西的作品送到北京的。由于省书协得到这幅作品时山西的入展作品已经选定，这幅字就只能作"备选品"。不出省书协负责同志的预料，这幅作品入选展出了。之后各地书法家纷纷给山西省书协副主席徐文达先生写信、打电话，询问“景迅”是何许人，徐先生只知道作者是一位晋南乡下的农民，其他就不知道了。1982年河南郑州老书法家张绍文先生来临汾，就问过笔者“景迅”是谁。我向他介绍了卫先生的遭遇后，张先生十分感慨，认为卫先生长期被埋没，是新社会不应该有的悲剧。这是卫先生第一次参加展览，而且是一个蜗居山隅、不得不隐姓埋名的“农民书法家”。而与之形成鲜明对照的是，就在当时，启功、沙孟海、费新我诸人早已在书法界名声大起，家喻户晓了。1983、1984年方磊先生与笔者曾先后在陕西汉中市及山西临汾市为他举办过个人展览，由于地方偏僻，规模较小，并未能产生多大的影响。1986年，山西省教育工作者书法学会联合几家书法团体在太原为他举办展览，近百件各种形式的精美作品悬挂在敞亮的展厅里，深深地打动了参观者的心，山西省城的书法家们也才第一次目睹了这位“景迅”先生的丰采。老书法家徐文达先生站在一副八条屏面前，庄重而又激动地向大家说：“卫先生书法是傅山之后第一人，他的书法是山西的骄傲！”并说：“我学傅山几十年，仅得其皮毛而已；卫先生才是傅山先生的真正传人！”卫先生的真正“出山”，应该说是从这时开始的。1988年笔者与李晋林同志撰写《作字作人老更鲜》一文在《中国教育报》发表，这是第一次在国家级报刊上介绍卫先生。他的书法在全国产生较大的影响，则是1992年9月在北京中国美术馆举办个人展览之后。那次展览在中国美术馆展出，取得了很大的成功，用书法理论家王景芬先生的话说，是“震动了北京书法界的一次展览”。梅墨生同志则说，“卫老的书法雄浑、清逸，可以说是字字心出，字字品出”，他的书展“为北京的书法界带来一股强劲的东风”。中国书法家协会专为他举办了书法研讨会，与会的书法家、书法理论家对他的书法个性进行了认真的探讨，做出了很高的评价。欧阳中石先生参观展览后非常激动，但他因有外事活动不能参加研讨会，就热情洋溢地写了一件长幅横披，让笔者在会上宣读：

卫夫子俊秀先生道德文章，余仰慕有年，于耄耋之际，尤行此举，更令人肃然起敬。诚然，卫老人书俱老，而翰墨犹新，钦敬之甚。为冗务所系，不能亲自参加座谈，只得以笔代言。敬贺展出成功，恭祝长寿颐年。后学欧阳中石再拜。

著名老书画家许麟庐站在给人们印象最深的书毛主席词《沁园春·雪》八条大屏面前，向参观者朗声说道：“卫先生学的是王铎和傅山，但已经超过了王铎和傅山，真可谓炉火纯青，及于化境！”（这副作品被某领导人取走，说是北京毛主席纪念堂要收藏，但后经查询，毛主席纪念堂并未收到，现已不知落于何人之手了。）

展览的同时，《人民日报》、《光明日报》、中央电视台、北京电视台等多家新闻媒体对展览做了隆重的报道。《光明日报》并刊发了卫先生的书法作品。第二年——1993年,《中国书法》第一期在“现代名家”栏内刊出了笔者重新撰写的《作人作字老更鲜》一文,同时选发了卫先生几件展出的作品。这是卫先生的作品第一次在国家级书法专业刊物上发表。拙文和卫先生的作品很快在书法界产生了影响,北京大学出版社出版的朱仁夫《中国现代书法史》中关于卫先生的评论便是多处引用了拙文。可以说在1992、1993年之前,卫先生的影响还多在秦晋二省;而在此之后,他才在全国逐渐产生了较为广泛的影响。

卫先生与启功、沙孟海、费新我、陆维钊诸先生不同,这些先生没有像卫先生那样,受过长达二十四年的牢狱之苦和驱逐回乡劳动改造的悲惨经历。由于他多年被剥夺了教学的资格,他也没有那么多的门弟子对他进行宣传。近见一篇文章,说是卫先生只是近些年才被一些“近俗的雅人”发现,宣传开来,这是事实。(只是“近俗的雅人”不好理解,不知世界上有没有“不近俗”的“雅人”?)我们可以为卫先生在书法界出名太晚感到惋惜,但这却是无法挽回的事。但卫先生毕竟在他的晚年以一位书法大师的形象屹立于中国书坛之上了,这一块被掩埋了几十年的金子终于发出了灿烂夺目的光辉。这又不能说不是一件令人庆幸的事。这既是他个人之幸,也是书法界之幸,国家之幸啊!

卫先生在短短十多年里就作为一位书法大师而被社会所认可,这实在是中国书法史上的一个奇迹。但这一奇迹的出现也正有着它的必然性,那就是卫先生的伟大人格和他在书法上的深厚造诣。我们相信,他的作品不但为今天的人们所珍爱,也必将为后世的人们所珍爱,就像我们今天无比珍爱王羲之、颜真卿、米芾、王铎、傅山们的作品一样。

卫先生为什么会取得这样的成就呢?他依靠的是什么呢?

他依靠的是自己过人的勤奋和智慧,

他依靠的是对社会对人生的深切的体验,

他依靠的是对中国传统文化的深厚的学养,

他依靠的是对历代大师们法帖名碑的熔冶与含汇。

卫先生这近十年的日记,也是他这些年学习和研究书法的实践的记录。这里凝聚着他对书法艺术的思考和探索。讨论书法的内容在日记里随处可见,占的篇幅是最多的,几乎关于书法的所有方面都涉及到了。我们没有统计过他论述书法的文字有多少,但如果把这些内容分门别类排比成书,我们相信一定是一本不亚于历代任何一家语录体书论的书法著作。读着这些富含哲理而又优美隽永的文字,我们不难体会到,书法已经成为他整个生命中一个极其重要的组成部分。也可以说对书法的酷爱和追求,是他能够战胜逆境的又一个十分重要的精神支柱。

书法是卫先生自幼年起就非常酷爱的一门艺术。他六岁开始习字，十四岁入高等小学，在师维铎老师的指导下学习何绍基书法，所以起点就比较高。他自小就把书法作为自己的“日课”。笔者藏有他十四岁时读过的小学国文课本，上面有他的小字批注，就已能见出何体的规模。小学毕业时，师先生对他说：“写字是你的一点长处，要坚持下去，千万不要丢掉。”在太原就学于国民师范和山西大学时，他又受教于当时山西书法名家田润霖、常赞春、常旭春、陈守中诸先生。这一时期以及以后的多年里，他广习二王、颜真卿、傅山、王铎、黄庭坚、何绍基、康有为、于右任诸家书法以及篆隶、魏碑的许多著名石刻，其中尤以对傅山书法及魏碑用功最勤，造诣也最为深到。还在大学时，他就常和田、常诸先生被人请去挥毫作书。1947 年他撰写了历史上第一部研究傅山书法的著作《傅山论书法》，由大公报社西安分社出版（1987 年山西人民出版社已经再版）。1955 年以后，他被剥夺了从事学术研究的权利，从小与笔砚相伴的他，就不得不把主要精力放在书法研究和创作上。笔者曾对卫先生说：“二十多年的不幸遭遇中断了你的学术研究，但却在书法上使你获得了更大成功。”听了这句话，卫先生苦涩地笑了。这笑容里包含着什么，他自己心里最明白，读者朋友们也会明白。他在 1973 年 3 月 17 日的日记中这样写道：“还须在笔墨上有一番抱负，非欲成名，实因无其他能为也。”“实因无其他能为”，他的心里是多么痛苦啊！既然不能从事学术研究，他也就只能在书法上实现自己的抱负了。二十多年之后，“非欲成名”反成名，他的抱负终于得到了实现，这也许是天赐机缘吧。

在卫先生的心里，书法占据着十分重要的位置。他说：“书法，我之生命也。”能把书法当做自己的生命，从而以极大的激情去热爱它，去从事它，这是他取得巨大成功的重要前提。他又说：

书法乃我之摄照，不仅可看出我之面貌，亦可看出我之赋性，作风，灵魂，人品，德业，无不深藏其中。(77.12.30)

下面一段话说得更加精辟：

作书只是写我自己，我的生命、灵魂、精神、胸怀、作风、德品、气派，哪是在写什么鸟字邪？它也是个生命物，应把它创造得好好的。宜人，系人，教育人，鼓舞人，戒去鄙吝之心，与天公比高，与日月比明，如此而已。应具有宇宙河汉境界，岂小可哉。一幅字，又当如大观园无奇不有，无有不奇，观之不厌，赏之不尽，兴足而已！(77.6.20)

书法既是“我之摄照”，作书既是“写我自己”，那么，这个“我”是怎样一个“我”，就显得特别重要。在卫先生看来，书法中融入了“我”的“生命、灵魂、精神、胸怀、作风、德品、气派”，因此书法就是表现人的心灵世界的艺术。傅山先生的名言“作字先作人，人奇字自古”是他恪遵不渝的圭臬，也是他自己艺术实践的体验和总结。他认为“书品出自人品”，世界上再没有哪一种艺术能像书法一样，与一个人的精神世界联系得如此密切。他的这一艺术思想贯穿在他的整个学习和创作过程之中，他也常常以此教育后学晚辈。在他的著作和日记里，他经常把“作字先作人”作为一个重要的艺术命题进行阐述，请读下面的日记：

你崇拜哪一种人，就会写出那一种字。岳飞？秦桧？英雄？小人？瞒不过人，遮不住脸。(72.5.30)

字如人，必须写得深宏而雄大，给人以“大”的感觉，提高意志，端正行为，无有不敢担当之魄力。(73.2.24)

作字先作人，人不正哪会有正字？人不奇，字也不会出色的。奴人乃见奴态。(75.3.21)

有真情乃有真相，字亦然。气概不是装得出的外观，一目便透，假不得也。(76.11.20)

字如人，须有其独特的性分、作派，否则庸庸碌碌，母鸡然，有甚意思？奇人奇字，乃佳。(77.3.11)

字乃个性之肆展，才华之吐露，胸臆之凝聚。凡个人所具之学问、作风、思想、气质、抱负、器宇、成就、福泽……无一不在其中。扩而大之，凡一时代之精神，国家之兴衰气象，实无所不包者。(77.7.19)

不见字，只见人(风采、谈吐、气宇、神思、高怀……)，乃佳。(77.10.20))

作书之道，殆如演唱家之登场，先得摆架势，再唱腔，走动、表情……越自然越佳，直入神境，使观众入迷，极矣。作字亦尔。惟架势非书家本人之架势，乃字本身之架势也。情态，乃字之情态也。然书者内心无情态，字焉能有之乎？故字即人，人即字，写字即写个人也。(77.11.11)

作字如作人，太老实，软弱，小气，人看不起；粗野，狡猾，人害怕；流里流气，不正，人讨厌。有才华而能勇敢，乃能服人。(97.2.15)

“作字先作人”，“不见字，只见人”，“字即人，人即字，写字即写个人”，“作字如作人”——一个人的人格、学养、气质，这些属于人自身的东西，都可以在书法家的笔下得到充分的展现。从一个时代的书法面貌,还可以看出“一时代之精神”和“国家兴衰之气象”。这些论断中肯深刻,千古不磨,是被书法发展史凿凿证明了的。回看历史上举凡有出息的书法家,无不特别重视这些方面的修炼和提高,他们的作品也才能表现出雄健蓬勃、昂扬向上的个性精神,从而流传千古而不朽。对卫先生的这些论断,今天年轻的书法家们正应当“书诸绅”,作为激励自己不断进取的精神力量。事实上,我国的书法教育从来就有重视提高习书者个人修养的传统,卫先生正是继承和发扬了这一传统。他给人们写字,最爱写黄庭坚“金石不随波,松柏知岁寒”、傅山“平原气在中,毛颖足吞虏”等这些催人奋进的诗句。“金石”、“松柏”具有怎样的品格?这个“气”又是什么?这在人们的认识中是早已形成了共识的。这里注入了他一再倡导的人格精神。只有具备了像颜真卿那样大志大节、顶天立地的人格精神,其作品才能有“吞虏”之势。他在写“中”、“华”二字的末笔时,就联想到日本鬼子手中那把带血的刺刀,笔下就生出无穷的力量,这就是他所谓的“吞虏”之势。卫先生教育后学,还非常重视读书和做学问。还是在六十年代初,笔者在曲沃中学上学时,他就谆谆教导笔者:写字就是在写学问,一个人学问有多高,字才能写多好。有学问的人不一定要做书法家,但书法家一定要有广博的学问。笔者追随先生几十年,虽学无成就,但先生的教诲未敢忽忘。近些年来一些青年学书者有不重视做人治学的倾向,卫先生对此深感忧虑。为澄清这些人的糊涂认识,他在 1988 年 5 月 20 日《人民日报》(海外版)发表了《谈当前书法艺术的书风问题》。文中说:

书风不正的救治办法,一须切念我们是伟大的中华民族,而心灵上曾受过严重的创伤,需要恢复元气,发愤图强,为民族争气;一须知道我们是社会主义国家,在国际上敢于主持正义,极有威信的大国,尊重我们的历史,在任何情况下都不能不爱国。傅山说得好:“知有国家而后可以为人。”又说:“作字先作人,人奇字自古。”这是作字的根本问题。当前书风的不正,正反映出人心的不正。“平原气在中,毛颖足吞虏。”只有心正笔正(笔正不是指笔杆正,是说字的威仪气态),才能充分发挥书法为精神文明服务和足以威敌的巨大功力,离开这个目标,便失去书法艺术的真谛。

在北京出版社出版的《卫俊秀书法》附文《我与书法》中,他又作了以下精辟的论述:

古人说:“言为心声,书为心画”,心正笔正,骗不得人。诗文、书法都是一理。岳飞、文天祥、傅山所作的诗文,所写的字,一如其人,劲健挺拗,坚质豪气,一派高风亮节。奴人只有奴字,站不起来,如徐偃王之无骨。……而有些朋友,以为书法与作人了无相关,辄举出赵孟頫、王铎为例以难之。殊不知傅山鄙薄赵者，只说薄其人，痛恶其书之浅俗，流为软美一途，令儿辈勿复犯此，并不否定赵却是用心于右军之功深及其书法圆转之可贵。

也是在这篇文章中，卫先生又对“作人”与“活人”的道理作了深刻的阐述，这段话精辟深刻，发人深省，正可以作为今之学习书法者的座右铭。他说：

“作人”与“活人”也决不相同。大概会作人的人，必不会“活人”。会活人的人，也难以会“作人”。如屈原、司马迁、岳武穆、文信国、傅山等等，都是会作人不会活人的人，在真理面前，决不降志曲从。会活人而不会作人的人，即鲁迅所说的“哈哈主义”者，八面玲珑，随风转舵，机智而乖巧，圆滑而平稳。至如上官大夫、李林甫之流，为了向上爬，不惜牺牲别人的人，连会活人的人也够不上了。

傅山先生的为人和书法对卫先生有着很深的影响。傅山著名的诗句“作字先作人，亦恶带奴貌。试看鲁公书，心画自孤傲”也是他经常书写的内容。在卫先生的心目中，傅山先生是把作字与作人结合得最好的典范之一。他在日记中这样评价傅山书法：

青主书法走笔神速，犀利之至，草如龙蛇，如藤萝，莫见其端倪。全部章法可见其至性，一片天机，想见其为人，非卓然具有远大抱负者莫能为。论客多谓其“萧然物外”，差矣。他非出世人，乃为欲入世而不得，彼怀在大公，非保身一流也。笔下如有气，疾恶如仇，志不得伸，故形之笔端耳。世外人哪得有此气骨耶！一般书者，作字耳，是字写人；若青主则超出字法矣，是人指挥字。(73.9.19)

书法家应该做怎样的人？卫先生认为要如傅山所言，做一个“奇”人。这个“奇”就是奇特，就是不同凡俗，就是没有丝毫的奴态和媚骨。他说：

骨骼大。内，胸广膛空；外，疏朗展堂。(不可一世，挥洒自如)缠络恣肆，横行一世，英雄杰出，不见端倪。龙腾虎跳，威震环宇。横空出世，雄视大地。字亦如画，画山、树，有奇姿，方能引人如胜。归根结蒂，只是人的问题。平庸之流，哪会有个好字出手？(74.1.8)

他强调书法家一定要做一个具有非凡气质的人。他引用傅山先生的话发挥说：

"一字有一字之天,一行有一行之天……"天是什么? 自然的韵味、姿致、别致,极如一个人的风度也,风采也。有的人叫人感到雍容儒雅,有的人叫人感到英雄气概……皆是。自然气质,不可勉强。(75.1.8)

他要求书法家做一个有"丰度气概,雄心大志"的人。他写道:

表现一个人的丰度气概、雄心大志。书法功力到一定程度,即须排开碑帖,信手行之;个人的心胸、气魄即所临之碑帖也(77.10.22)

书法家还必须是一个"公而无私、一片正气"的人。他对这种人更是无比推崇和赞美,且看下面一段精彩的表述:

阮陶天地。识透物理,看破世事,何有何亡。观大地小于瓜,如小凳,便觉一切落得可笑耳。能做几件使人不觉可笑事,便是特等人物。可惜此等人太少了。逃不出私字的纠缠者有几?公而无私,一片正气,无往不乐,此之谓真人、达人、大人,谁能敌得?为公大人莫能器,鬼神莫能阻,有此精神高德,乃能论书法之妙。字即人的精神、面貌、风味、灵魂、趋向,无所不包,物莫能范围,莫能驱使,莫能比拟,所谓艺术真天地也。人无精神世界,世界外之世界,常受外牵,可怜哉。(76.6.15)

"阮陶"即阮籍和陶渊明,他们都是能够"识透物理,看破世事"的"特等人物",都是"公而无私,一片正气,无往不乐"的"真人、达人、大人",都是具有"大人莫能器,鬼神莫能阻"的"精神高德"的人。他对这种人表现出由衷的赞美,认为书法家就应该成为这样的人,也只有这样的人才能与论书法之妙。"字即人的精神、面貌、风味、灵魂、趋向",在这里,他把书法与做人的理想充分结合起来了。他认为一个人的书法就应该是其人格精神的延伸。1976年11月13日日记写道:

大神人,大哲人,大才人,大文豪,大英雄。要表达中国人民伟大气概,即表达伟大领袖毛主席的伟大气派。在书法中须写开阔字,山谷、傅山最宜,酣淋痛快异常。

他赞美"大神人,大哲人,大才人,大文豪,大英雄",他自己也做这样的"大神人,大哲人，大才人，大文豪，大英雄”。在日记里他无数次地呼唤自己要“高起来”、“大起来”，他要追求一种超乎常人的精神境界。他也要在书法中表现出这样的境界来，他这样抒写自己的向往和追求：

字：气势雄大，支离不逊，无法皆法，无意皆意，仪态万千，骨骼灵魂，凝炼若铸，神采照人，味之不尽，情感富饶，转折活泼，笔致丰腴，血液筋肉，勒落不苟，敬谨不野，芬芳多姿。(74.12.22)

拔山盖世，飞檐倾摧，沁人心脾，天地之正，岳顶之雄，摆布肆展，奇正在运笔中，横空出世。(75.2.20)

1978 年 10 月 26 日日记中有他的一首七言诗《戏作狂草行》，读来令人精神振奋。他对以雄强宏肆为美的书法个性的追求表现得淋漓尽致：

稳准敬谨盖字德，劲瘦挺拗慎莫违。
龙蛇变化观天性，放笔横扫浪涛飞。
一朝悬之高堂壁，林薄晦冥自神威。
呜呼一枝狂生笔，颠老揖让再难得。

这首诗后还有这样二句：

字中字外有高天，字外高天几人辨？

这是他对狂草书法的理解，他自己的草书也确乎达到了这样的境界。与他接触较多的人都知道，他于草书下的功夫最多，也以草书最擅胜场。选择草书，尤其是狂草作为表现自己思想感情的主要书体，完全是由他的经历和性格，由他的特立不群、含汇古今的精神境界决定的。他认为草书，特别是狂草，最能提供丰富的笔墨语言，因而也是最适宜于表现书写者昂扬奔放的情感的书体。日前曾见钟明善先生发表在《书法报》上的一篇文章，说卫先生擅长的是行草而非草书，这不是事实。卫先生平时给人写字确是多用行草，那是因为行草书易于为之。但是，当他书情奔放的时候，当他真正进入创作状态的时候，就每每有精美的狂草作品问世。而他自己，对他的狂草书法也是非常自许的，这在他的日记及其他著述中时有反映。如 1976 年 3 月 21 日日记中写道：“吾笔力所至，足使千人军沮丧破胆，往古书家所梦不到的铁笔也。如此乃称得书中真雄。吾书法中之天地，凡宇宙所有之奇观，均收纳无余，观之不厌，味之不尽。”1978 年 11 月 7 日日记写道：“吾之狂草，一似千军万马奔赴紧急要塞，分秒必争，不许喘息者，酣淋痛快之极，直给观者以力量，虽懦夫亦知振作也。”1984 年笔者请他写一幅字，就是用狂草写成。其运笔速度之快捷，笔墨变化之丰富，书写时眉宇间闪耀着情感光芒的风采，至今回忆起来犹令我激动不已。当时他已经 75 岁了，右手颤抖得已经比较严重，他把左手托在右手腕下，两臂的动作是那样的协调而有节奏，就像高明的拳师在练太极拳推手一样。写到得意时，只见一管笔在虎口中飞快地旋转，就像在笔筒里欢畅地飞舞。字写好了，他把笔轻轻地放在桌上，神态安闲地望着窗外，轻声说：“张旭、怀素也就是这样的吧。”他这样说决非“老夫聊发少年狂”，作无聊的自我吹嘘。学习古人，而又要超越古人，这是他坚定不移的目标，他也一直坚持不懈地朝着这一目标努力。1993 年，他为笔者写过一幅字，内容是他自拟的，也是他对自己书法的评价。这幅字印在《卫俊秀书法》一书中，内容是这样的：

余下笔风云雷电，林薄冥晦，启人胸臆，直使张颠素狂奔走不暇。此固属狂妄，对前贤不敬，然若谓今人必不及古人，此道不几乎息耶？不唯字。

熟悉卫先生的人都知道，他为人淡泊谦和，平易近人，虚怀若谷，心如古井，有慊慊君子之风。84 岁高龄的卫俊秀先生这样评价自己的草书，虽自言“固属狂妄”，但却是以高度的自信，站在书法发展史的立场上对自己书法作出的客观冷静的评价。真正了解中国书法发展的历史和现状的人，也都会从内心里膺服这一评价，而对这位属于我们这个时代的书法大师肃然起敬。诚然，张旭和怀素们是伟大的，他们都曾以其迈世振俗的草书享有昔日的辉煌。他们永远是值得学习的艺术巨人，他们的作品将永远具有学习和借鉴的价值。但是他们毕竟是属于他们那个时代的人物。书法发展到今天，必然要呼唤出新的大师来，以其更富魅力的个性精神丰富和发展这门艺术。一些人虔诚地跪拜在古代大师们的脚下，作茧自缚，画地为牢，只知模仿，不知创新，这是最没有出息的书法家。卫先生赖其超人的才分和学养，既能力研旭素尽揽其胜，又能旁师多家广溉心田。尤可贵者，他能始终将一管笔指向自然之心，指向自己之心，创造出了独具个性的代表时代精神的艺术风格。他是真正理解草书的真谛的。“字中字外有高天，字外高天几人辨？”一般的书法家只知道“字中”的“高天”，理解“字外高天”的又有几个人呢？卫先生是能够真正理解“字外高天”的人。

这些年的日记，多处记载着他对自己的书法风格的思考和追求，也包括他对字的用笔和结构技巧的思考和追求。从这些文字中可以看出，他也是十分重视用笔和字的结构技巧的，但他却不是一些人所标榜的“笔法中心论者”或“结构中心论者”。他思考得更多的是用笔技巧和结构形式以外的东西，也就是他所说的“字外之天”。请看他怎样要求笔画：

笔画须如蚯蚓之行动乃见活泼，又如大蟒之翻动乃见蓄力，如瀑布之倾倒乃见笔力。(76.6.20)

用极经济之省笔，自然之飞白，无笔而笔势已到，全力显出赤子之心。而运笔不测，斜正、支离、凝炼、精严，葆光深到。天地之心，万类之灵，引动观者游于无何有之乡，味不尽处。得适、提笔、重轻、回环、游移、动荡。安闲自在，意在其中，乃为入神。(同上日)笔画要硬。硬不是柴一样的干，要像蚯蚓似的活，但又非软，是真硬也。就整件上看，派头大，合而观之，力大无穷。(77.6.23)

作字须似铁匠打铁，锤须抡得展，用尽浑身气力，专注在一个目标之上，可观也已。书时又须旁若无人，此真书家矣。稳、准、狠三字宜于书法也。(77.6.20)

狂草得如大家画藤萝，放笔直写，缠笔不见端倪，无法有法，无意见意，全恃神行，至乎化境，极矣。(77.11.9)

“蚯蚓之行动”，“大蟒之翻动”，“瀑布之倾倒”，我们观赏他的书法，尤其是他的狂草作品，其笔画确是在在表现着这样的笔墨情采。他也要表现“力”，但他的力决不是一般人追求的外在抛露的力，而是内在含蓄的力，是一种能体现出“天地之心，万类之灵，引动观者游于无何有之乡”的含汇万类、变幻莫测的力。“无法有法，无意见意，全恃神行，至乎化境”，这是他追求的境界。从这里我们可以看出道家思想对他的影响是多么的深刻。他最喜欢读《庄子》和《列子》。卫先生曾和笔者说过，《庄子》的《逍遥游》、《养生主》等篇对他学习草书帮助很大。1976 年 12 月 12 日日记写道：“翻《列子》书，于技艺修养颇有益。作字可取处不少。”他常说，作草书尤其是连绵大草，如不从道家思想中吸取营养，终难一种境界。他的书法中浸透着《庄子》的美学思想。其雄伟博大的气势具有《逍遥游》中那只神奇的鲲鹏“绝云气，负青天”、“水击三千里，抟扶摇而上者九万里”的雄肆和威严。其奔放跌宕、出神入化的行气和章法又可以使人联想到《养生主》中庖丁解牛时“砉然响然，奏刀騞然，莫不中音，合于桑林之舞，乃中经首之会”的从容气度，那是一种技进乎道、游刃有余、得其“意”而忘其“形”的至高境界。他的运笔是那样地肯定有力，不泥不野，简直又是那位虽“运斤成风”，却能“尽垩而鼻不伤”的巧工“匠石”了。《庄子》云：“以神运而不以目视，官知止而神欲行。”卫先生的书法实臻此境。他经常引用清代王虚舟的一段书论启发后学，也是他自己的内心向往。王虚舟说：“书至于无迹乃知龙跳虎卧，正是规矩之至。”他说，“无迹”就是高度的自由，这才是书法中最大的“规矩”。现在一些书法家最爱奢谈所谓“笔画质量”，他们强调最多的是所谓“用笔精到”、“笔画到位”，他们认为这样才算“规矩”。在一次演讲时卫先生曾反驳这种意见说：“用笔怎么就‘精到’？笔画有没有一定的‘位’？恐怕说这些话的人自己也说不清楚的吧。”所以，他强调用笔和结构的技巧，但更强调超越于用笔和结构的“字外之天”。“天是什么？自然的韵味、姿致、别致，极如一个人的风度也、风采也。”这才是他追求的最高境界。

1977年12月30日日记也体现了他的这一思想：

大家书画特色领略到矣。放笔直写不拘，启人心胸，怎么都可，各有境界。征明兰竹，昌硕石梅，板桥竹子，观后特多风味。法是个甚？一意为之，神行而已。如大自然中之苍松、藤萝，无不宜者，谁为规定，必如此乃可？任性发展，纯天耳。字亦尔尔。

“法是个甚？一意为之，神行而已”。“神行”，就是卫先生心中的“法”。他联想到大自然中之苍松和藤萝，它们的枝叶是如何生长的，就没有一定的规定，而是“任性发展”，“无不宜者”。可见卫先生的“法”已不是一般人所追求的技法的概念，而是宇宙自然的运行之道了。“技进乎道”，他的“法”已经属于“道”的范畴，这是至高无上、无所不包的最大的“法”。1973年9月8日更加明确地体现出道家思想对其书法的影响：

四忘：忘写，神行；忘己；忘所在；忘人。纯一无怀，天马行空，放笔直干，无法有法。(73.9.8)

书写的过程、书写者自己、书写的环境、书写的对象以及周围的人们都已经忘记了，这些都已经不对书写者产生任何的干扰，这就是人们通常所说的“物我两忘”的境界。这段日记之后他引出了《列子》中的一段话：

至人动若械(无心之极)，亦不知所以居，亦不知所以不居；亦不知所以动，亦不知所以不动；亦不以众人之观易其情貌，亦不以众人之观不易其情貌。独来独往，独出独入，孰能碍之。

这段话个别字与《列子》原文略有出入，文意却无不同，可见是卫先生根据自己的记忆写出的。笔者在注释这段文字时初不知其引于何处，就打电话向他询问，卫先生不假思索地脱口答道："这是《列子》卷六中的话，你查查看。"一查果然在这一卷里，可见他对《列子》一书是多么地熟悉了。列子在这里赞美那些在道德修养上达到最高境界的"至人"。他们不动时就像死去一样，而动起来就像机械一样地自然灵活；他们既不知自己为何不动，也不知自己为何要动；既不会因有众人不看自己而改变自己的情貌，也不会因众人不看自己而不改变情貌。他们是独往独来、独出独入，没有什么力量可以阻碍他的"得道"之人。卫先生的"四忘"境界正出于此，这是卫先生书法美学思想的一个十分重要的方面。

请再读下面二则日记：

心志注于一点，功力倾之笔端，不知有物，复不知有字，甚至不知有我，信笔行之以和天倪地气，真神品也。用心之作，亦不用心之作也，如流水过旷野，不得有目的，水到成渠，一大景色，观赏不尽。美而富神，放肆而非野，柔中见刚，力不外散。如春之生力，使百草怒茁焉。春力岂能目视之耶？书之至者焉。巧手，大拙也。(77.7.18)

书，有书之书，有不书之书；有求工而工，有不期善而善。官止神行，以和天倪，举凡自然界之奇观尤类，一齐凝上笔头。指与物化，神与天游，介者拸画，一扫外缘，殆戏焉耳。此中天机，谁人识得？尸祝天下，睥睨世途，又奇杰之谓，固非逃世人也。规矩以心，疾徐应手，无法皆法，无意皆意，我才之多少与风云并驱。不知为人写字，抑或字写人，字亦画，画亦字，并入仙界诗境。如杂技高艺，独臻险地化境，神乎天也。(77.4.22)

以上像散文诗一般的二则日记字字珠玑，可圈可点，道家思想怎样作用于他的书法，发挥得淋漓尽致。如不是对书法艺术的至高境界有深刻的体察和感悟，是断然写不出这样寓意遥深、发人心地的文字来的。"不知有物，复不知有字，甚至不知有我"，"指与物化，神与天游"，"无法皆法，无意皆意"。卫先生作书已经真正物我两忘，进入"仙界诗境"了。他要在作品中表现出"赤子之心"来，表现出"天地之心，万类之灵"来。这就是他梦寐以求的"字外之天"，是一种弥漫于整个天地之间的高深莫测的境界。他说："字之身影必须高大，如大漠中之孤烟，若人立者，直通三界者然。""无布置等当安排之意，一任神行，直创国家水平，乃可活跃于国际舞台耳。"(77.10.24)他的这一认识是与一般的所谓书法家迥然不同的。

在卫先生笔下，笔画、字姿的变化也是非常丰富的，这些在很多情况下都要靠深厚的功力和丰富的技巧来完成。所以他非常重视功力、技巧的训练。日记中写道：

不拘字、画，达不到化境，进入神行，不是上品。须于此作功夫。这全靠“聪明”二字，然聪明又须从实践中出之。实践方能生妙，妙即神。(73.2.17)

一切术，都是功夫。功夫至，参天化地，何难焉。(73.9.5)

两天不着笔，精神便有些涣散。还须时时打气。莫看纸上声音，作用不小。(74.10.26)

一时不临帖练字，便觉手生，书不成字矣。一时忘记“志士像”，就如失路径，而心惑矣。(75.5.6)

做学问，习书法，不打几个硬战，便过不了关口，登不到山头，见不了无限风光！平平庸庸，坐享其成，没有的事！(76.1.11)

以上日记说明，卫先生是十分重视书法功力的训练的。实践方能生妙，“功夫至”方能“参天化地”，他的这一认识是从历代书法家成功的实践中总结出来的，也是他自己学习和研究书法的经验的结晶。现在一些年轻人未谙老庄论孟言底事，未习欧虞颜柳得一隅，心中六神无主，笔下游移无根，枵腹蔑古，侈言创新，自标门派，这班人正应该好好读一读卫先生的这些日记，从而切实端正自己的学习态度。

卫先生也是非常重视用笔技巧的，但他所论的技巧却不是单纯的书写技术，而是常常把书写态度与用笔方法结合起来进行讨论。如日记中说：

一字一画非笔笔到不可，一丝不容飘忽而过。这才能感到处处蓄有力量，耐观了。虽为雕虫，通于做人作事，小视他不得也。(72.5.11)

真正的下实功夫，揣摩之，体会之，思索之，研究之。深之又深，探索不尽，能有所发明创获，至于化境，所谓神行也。走笔，引势，浑身上下，筋骨气脉血液伴之随行，结果自助健康。行云流水，天地化作一体，乃称得个“大”。(73.1.6)

字欲得汉金刻文苍劲味，写时务须提笔，又可得飞白，故佳焉。笔重则易肥，难为劲瘦也。此从摸索中来，非所闻也。勒落不可忽。(73.2.22)

起笔不郑重者，落笔也必然不会恭稳。运笔难免随便，不成字矣。……矫正字，从下笔、运笔到落笔，应如拳师之矫正弟子的姿势，非认真不可。一含忽，谬习一成，吃亏就在后头。(75.3.23)

但是他认为技巧本身还不是艺术。他所关注的，是要在作品中体现出既有娴熟的技巧，而又是超越于技巧层面的精神和气象。因此，他虽然经常涉及到技巧问题，但在更多的情况下，总是把技巧作为表现精神气象的手段来论述。请看以下几则日记：

圆润而不做作，豪放而不粗野，自如而不苟且，活泼而不轻率，浓重而不肥肿，劲瘦而非枯燥，恣肆而不猖狂，自然而不任性，稳稳当当，无意而非无法。(75.2.10)

作字无他诀，不管是起笔，落笔，总须敬谨，不疾不徐。中间走笔也须工稳，一笔草率便不足观。(75.3.21)

笔要劲直乃见力，圆活乃见神韵，浓郁乃见感情，恭稳乃见工致。(75.3.24)

书字，笔一落纸，定是缠绵不断，一字或数字一挥而就，一气呵成者乃佳。生动活泼，自然全以神行，放笔直书，不事安排也。(78.4.10)

书法中之运笔，似应分急笔缓笔二种，急时如雷电之骤然响臻，不及掩耳；缓时若处女之从容姗姗而来者，娟然袭人也。又有直曲二笔，直如蛛丝，如瀑布直倒，气力无穷，曲如蟒蛇走动，回环，游移，蠕动，活泼多姿，蓄力无尽。(76.6.7)

走笔锐利如脱兔，收笔安静如处女，勒落极难更得注意，稍一苟且，便不足观，神味失矣。(97.2.15)

环境宜人，工具应手，心情佳好，对象可人，笔兴浓郁，可动笔矣。一点也迁就不得，勉强不得。此自乐趣，万事莫及，好自为之。徐笔，揉一揉，可使墨汁和纸质渗透，渴润合适。饱和作用，感情协和，有活力，感召力强，给人以生活的乐趣。疾笔，力散在外，躁性，不稳重。重笔，可靠，富含气象。浑厚有道，产生积极动力，活泼。提笔，灵巧，神妙，姿致。善于做人，大其气魄，善于工作，一派作气。俱由心宅，运用之妙。(77.4.28)

带笔须以文词内容为准，牵丝活泼如蛛丝，亦字中艺术性表现之一因素也。千万勉强不得。(77.7.19)

笔下要有飞动意，乃见云薄冥晦气，才足以使高堂粉壁生光，照人颜色，启人胸臆，遍地云烟，震荡起来。(77.7.24)

字画有粗细，亦如草木之枝蔓，有粗处有细处也。本粗梢细，自然之理，字亦然。笔画中之飞白，亦若枝杆中之纹条，有力之表现，所谓“字中有画”也，岂勉强哉！松梅惊人处，在其奇态殊致。骏马高鹰亦如此。若碌碌如母鸡，何可贵邪？以姿致胜，以气骨胜，以神韵胜，以情挚胜。(77.11.8)

牵丝，线条生动活泼，如小鱼戏游水面，轻松乐步之感。斗笔则活，揉亦如之。字须有鼓荡性，笔笔似在进行，有生意，如见活物。非轻灵活泼莫能到，遍体气流行。(78.5.9)

我们列举出以上内容，仔细体味，就可以看出，作为一位睿智的哲人和书法艺术家，卫先生对笔法的思考是多么的具体和深刻。起笔、走笔、收笔这些用笔的基本过程他都涉及到了，但他思考更多的，却是要使笔下的线条传达出更加丰富动人的意象。他要使笔下的每一个点画都注入诚挚的情感。行笔的疾徐、收放、粗细，曲直、连断、动静、重轻、渴润——这些看似本属于技巧的东西，在他的笔下已经升华为表达内心情感的生动的笔墨语言。“俱由心宅，运用之妙”，“心”是什么？“心”就是他要抒发的情感。由“姿致”而“气骨”而“神韵”而“情挚”，步步深入，步步升级，“情挚”才是艺术创造的原动力，表现“情挚”才是他要达到的终极目标。他要用这些“遍地云烟”、“遍体气流行”的笔情墨意传达出自己的心灵世界，体现出其“善于做人，大其气魄，善于工作，一派作气”的人格精神。

1975 年元月 5 日日记有一段赞美傅山笔法的文字，既表现出他对傅山书法的热爱，也是他自己对书法用笔的内心向往和体验。读着它，简直是一篇情文并茂的“笔意赋”了：

傅字走笔运转犀利非常，又如行云，自然极矣。至其字之姿致，犹如其人之脾性，与其说不逊，不如说贬俗，以天下为混浊，不足与庄语也。我行我素，有甚顾虑之处。

拗笔狂笔，奇中有正，正中有奇，恣肆古朴，高漫愤俗，绝世独立，横空出世，气势磅礴，不可一世，笔墨浓重，支离杈牙，如粗枝大柴，左支右撑，横压斜绞，倒折在一堆者。时有藤萝缠绕，高挂其间，一片神态，难见其端倪，气力足断王柱，书中之画也。汪洋辟合，仪态万千，如长川绕梁，瀑布飞倒。

他热爱傅山书法，选择傅山书法作为自己师法的楷模，正因为傅山书法中，尤其是其草书中，充满了“以天下为混浊，不足与庄语”的精神气概。与傅山先生一样，卫先生也是一位“高漫愤俗，绝世独立”的人。他一生经历了太多的苦难，他的思想与傅山先生有许多相类之处。所以，他选择傅山的书法，也就不是偶然的了。

卫先生十分强调在运笔过程中要体现出既飞动活泼又自然有序的节奏之美，这在上引文字中已看得非常清楚。日记中还有许多这方面的内容，这里引述数条，以见他的覃思深虑是多么的细致入微：

走笔如瀑布（雄壮）、飞泉、涨海，亦须有如清风徐来（神秀）、好友乍会者，给人以舒适的快感。(77.8.5)

行笔——龙蛇转动，小鱼活泼，直松俊拔，山欲飞跃。展挂，利落，醒梢，笔活，自具情感，有活力，有生意，别致，风韵，一个人的气味、派头、气度、派势。（同上日）

不疾不徐，走笔闲静。兰芳娟秀耐端详。气态端凝，但见精灵有至诚。风骨挺拗，英豪奇古，令精神郁勃，观者自振。体态宏伟，大哉莫名。(77.4.7)

笔干如硬棍，走笔如藤条，一笔不踏实，不转下一笔。凝结如铸，而不小气，蕴力不尽。笔锋如刀刃，运指如流水。敏性，色泽，神速自然而又持重。(77.7.13)

卫先生用自然界各种美好的事物多方设譬，形容其行笔的过程和笔下点画的形象。他的目的正如上文所说，是要在笔画中注入真切的情感，使每一个字都注入鲜活的生命。笔画，是一个字、一幅作品的构成元件，用充满情感、充满生命力的笔画完成的作品也就会有情感，有生命力了。他论结字、章法及整幅作品的运行节奏和美感效果，也有许多精彩的论述。请读下面的日记：

一字一个石头疙瘩（凝聚），或一字一个拳势子（开朗），不抬笔一气缠成之。一幅字=（按，等于之意）一幅画。(76.8.2)

字要有飞阁敞楼之势，使人心宽眼亮，展翅欲飞。“立如平准，活似车轮”，作字一理。虚灵，运化，要以智取。功力到，则智矣。(77.11.21)

起笔转折，走笔，脉络关联，神韵所在，要使观者看得清清晰晰。又须一笔一画扎扎实实，入木三分，不得含混。神韵妙境，要如下陵女弹琵琶，轻重高低，有声无声，无不动人耳目，引人入胜，以至忘神深醉，似梦非梦，沉进化境。(78.5.17)

观赏字，于一字本身外，更须着眼在字与字间之联系上，参差跌宕，气脉一贯，一片韵致，神味无穷，是为得之。(77.2.20)

刚健神速秀丽，权牙拗强浓郁，开阔豪放俊卓，富丽堂皇排散，雅静明洁雍容，恣肆奇古桀骜，聪明乖巧吸人。形小意大，派头十足，裂瓴不善。飞扬跋扈，猖狂恣肆。(76.1.4)

在以上的日记中，他对字的形象、气势以及字与字之间的关联、整幅章法的要求都谈到了。从中不难看出，意趣的旷远，情绪的奔放，境界的高大是他始终追求的最高境界。1977年4月18日日记更能集中地体现了他的这一思想：

字之美妙须如美好静女之面貌，眉目口鼻安排得合合适适，处处系人，魔力无限。气概须似“力拔山兮气盖世”之霸王，风骨凛凛。

神韵须若婴儿之言笑，举止表情，天然姿致，毫不做作，一片天机，莫知所为，难得形容。神，巧，俏，天，化，韵，境，不测。小鱼游泳(活泼)，小蛇渡道(神速)，蛇蟒转动(委婉)，长鲸鼓拥(厚重)。此为一字法。

婴儿憨状，旁若无人，不受外影响，大自由；幼儿表演，赵云杀法，霸王势样。又一字法。仙气，逸气，浩气，愤气，骨气，胎气，神气，爽气，稚气，清气，傲气，硬气，怨气，正气，喜气，盛气。字之精神。

通脱不拘，劲瘦挺傲，丑拙古朴，堂皇正大，威风凛然，坐镇一方，乖巧而聪明，一片天机，神乎莫可测，端凝整肃，服从高德，高雅不俗，高漫不驯，眼中无物，不足与壮语。字之风格。

这里卫先生具体形象地描绘出他在字的“面貌”、“气概”，字的“字法”、“精神”、“风格”上的审美向往。面貌须如“静女”，“处处系人”；气概须如“霸王”，“风骨凛凛”。这里表现出他要将雄强与秀美这两种不同的书法风格结合在一起的内心追求。我们知道，卫先生书法的个性特征主要是雄强。这种特色的形成，既是从他坎坷的人生经历中来，从他坚韧不拔、顽强豪迈的性格中来，也是从他对中国书法精神的深刻认识中来，从他长期的学习和研究的取法中来。他坚定不移地认为，雄强一路的书法应该是书法发展的主旋律。他认为正是这样的书法精神才能体现出中华民族百折不挠、不可战胜的伟大性格。在雄强与秀美这两种大的风格分野中，他更喜欢的是雄强一路的风格。在一次与他交谈时，他突然问了我这么一个问题：“你说，如果在我国东海或南海的国境线上要建造一座国门，就叫做‘中华人民共和国国门’吧，要用毛笔来书写，是用颜体或魏碑写好呢？还是用王羲之、赵孟頫的字好呢？”停顿了一下，他又说：“我看还是用颜体、魏碑写比较好，用这种字才能表现出我们的国威来。”卫先生曾与笔者讲过，抗战初期，他在阎锡山的二战区长官司令部任秘书之职，住在濒临黄河的山西吉县的克难坡。一天，他与几位友人结伴到壶口去游览。来到壶口岸畔，壶口瀑布揭天掀地的雄伟气势深深地吸引打动了他，他的精神受到了极大的鼓舞。看到壶口的第一眼，他就联想到，中华民族的伟大性格不正是像眼前这翻卷腾涌、呼啸而下的壶口瀑布吗？中国人民不正是因为有了这样的性格，才能在历史上一次次地战胜外强侵略和一切困难险阻的吗？在我的笔下，不正是应该去表现这样的伟大性格吗？看到壶口的雄大气势，联想到中华民族不折不挠的坚强性格，当时他就坚信，日本帝国主义一定会失败，中国人民一定会取得胜利！当时，他正在学习傅山的草书。他对笔者说，以前学傅山草书，往往在形体上注意比较多。自从看到壶口瀑布之后，他就对傅山草书有了新的理解：傅山先生草书中那种桀骜不驯、大气磅礴的精神正像壶口瀑布一样，体现着中华民族的这种性格。从此以后，他再写傅山的草书，眼前就不时地涌现出壶口瀑布的壮观气势，笔下就生出无穷的力量。在他后来的书法著作和日记里，他无数次地用"瀑布飞倒"之类的语汇来状写自己所追求的笔意，就是从壶口瀑布中得到的启发。

卫先生一生中尊崇的书法家很多，他学习过的古今名家的碑帖更是不可胜计。但细检起来，其绝大多数均是以雄强为基本面貌的。傅山之外，他最推崇还有颜真卿、康有为、赵铁山、于右任等人，他们的书法也都是以气势雄强为面貌的。他从青年时代起，就对魏碑钟情极深。《张猛龙碑》、《郑文公碑》、《瘗鹤铭》、《龙门二十品》、《云峰山刻石》，这些碑刻中豪迈沉雄的笔意对构筑其书法的雄强风格也起了极为重要的作用。卫先生书法的主要风格特征是雄强，这雄强来自他的真性情、真血性，而没有丝毫的矫饰和做作。1975 年 8 月 20 日日记写道："雄壮于外，神行乎内，斯为至得焉。藤络缠牵，龙蛇走姿，一气呵成，不容换气。"1976 年 6 月 5 日的日记可以看作是他对自己书法的总要求：

写几笔：

潇洒字，给人以轻松愉悦之感；
豪爽字，给人以英雄气概之感；
拗强字，给人以愤世疾俗之感；
虬龙字，给人以率脱不羁之感；
乖巧字，给人以味之不尽之感。

当然，作为一代书法大家，他对二王一系以清健娟美为特点的书法传统也是非常喜爱的，他也曾对《兰亭序》、《集王圣教序》下过认真的功夫。他说他用双钩的办法临《兰亭序》不下二三百遍。笔者曾见他 1957 年临的一册《圣教序》和 1973 年为友人李耀天临的二种《兰亭序》(临冯承素摹本与褚遂良摹本)，均称精美。在太原和北京的书展中也展出过他临摹的王羲之的作品。但他取法王羲之，多取其清新自然的一面。方磊《卫俊秀碑帖札记辑注》收入了他在褚临本《兰亭序》后的几则跋语，就是他学习《兰亭序》的体会。他写道："点画衔接，如水到渠成，得自然之致。""洒脱自如，自然舒和，轻灵。""或左偏右扭，或端正欹斜，有似儿戏，故作调皮，清趣可风。"但他也对《兰亭序》的不足处有所批评，如言其"后半消极，松散，情感下沉"，"前半兴趣高，后低沉，松散，章法也欠紧凑"等等。可见他学习王羲之，主要是取法它洒脱自然、舒和轻灵的一面。由于他对《兰亭》具有清醒冷静、客观全面的认识，他的临写也就不像一般人那样，只做依样葫芦，刻鹄图形的功夫。而是能在坚持其清新自然风格的同时,注入新的内涵:笔道更见浑厚,笔力更为饱满,笔意更显深沉,章法也更见酣畅可喜。同许多大家临摹《兰亭》的法帖一样,他的临摹也是对《兰亭》的再创造。

在上引1977年4月18日日记中,他一口气写出16个"气"来,用来表述他所追求的"字之精神"。《孟子》云:"吾善养吾浩然之气,其为气也,至大至刚。"文天祥《正气歌》中云:"天地有正气,杂然赋流形。"卫俊秀先生常对后学说:"字既要有书卷气,更要有烈丈夫气。"这"烈丈夫气"就是《孟子》所谓的"浩然之气",就是文天祥所谓的天地之"正气"。"气"就是精神。"浩然之气"就是中华民族敢于藐视一切困难,敢于英勇无畏地同一切敌人作斗争的伟大精神。卫先生的笔下正是处处充沛着这样的人格精神。他要表现出"仙气"、"逸气"来,这是一种高旷简远、大雅不俗的精神;他要表现出"稚气"、"胎气"来,这是一种亲切可人、大朴不雕的精神;他要表现出"喜气"、"爽气"来,这是一种情绪欢畅、爽人心目的精神;他要表现出"清气"、"神气"来,这是一种清新自然、奋发昂扬的精神;他要表现出"浩气"、"盛气"来,这是一种沉雄博大、气象威严的精神;他要表现出"正气"、"硬气"来,这是一种胸襟磊落、刚直不阿的精神;他要表现出"骨气"、"傲气"来,这是一种铁骨铮铮、桀骜不驯的精神;他要表现出"愤气"、"怨气"来,这是一种刚肠烈血、疾恶如仇的精神。这些"气"在他的心中融汇着、奔涌着,在他的笔下鼓荡着、喷薄着,使他的作品注入了大书深刻的艺术内涵,澎湃着雄强无比的生命力。他用雄强壮伟而又充满着智慧和灵性的笔调抒发着对社会对人生的深切感悟。他的书法成了他的内心情感的载体,也成了他与社会、与历史进行交流的最畅通、最有效的导体。

卫先生把书法看作是自己生命意义的展示。他认为在书法中,除了表现一个人的人格、性情、学养,表现他的人生态度外,再没有任何有意义的东西。1977年6月29日他写了两条字,自感比较满意,于是写道:"字必须全面整幅飞动不安,或满纸云烟,或林薄晦冥,或雷掣风驰。即令写成静女,也还要写出她的心音来。一写成木偶便糟。境界要大,小刀细工没有是处。"总之,要以写出"心音"为目的。这"心音"就是一个人的内心世界。卫先生的"心音"就是他作为一位睿智的哲人和学者,对社会、人生以及对中国传统文化精神的深切体悟和理解,作为一位书法艺术大师对中国书法真谛的准确认识和把握,也是他历尽劫难锤炼而成的百折不挠、勇往直前的伟大性格。他从内心里鄙夷专事摆弄技巧、搔首弄姿的"小刀细工",认为这样的人最没出息。"境界要大",这是他追求的终极目标。

让我们读读下面这首诗,看看他是怎样描绘他所追求的境界的吧。1978年10月28日,天气渐渐冷了起来,他补好了一条旧裤子,之后在日记中写了这样一首诗:

行止得所在，如入太古林。枯藤挂老树，众鸟飞入云。
烟雾笼锁地，林薄晦冥深。瀑布悬崖倒，吼声启思神。
流沫四千里，江河非比伦。桠杈碍行进，丛莽络人身。
角转忽平衍，日光一片新。吐却瘁疠气，清爽豁我神。

欣赏一幅气势苍茫的草书作品，就像来到了无奇不有、无有不奇的原始森林里。这里有古藤老树，众鸟高翥；烟笼雾罩，日影明灭；瀑布倾泻，声动千里；藤络缠绕，不见端倪。行走在邃密幽深的森林中，似乎已难以寻觅出路径来，突然眼前又是一片平坦的原野，又是一片明丽的阳光！胸中污浊瘁疠之气消除尽净，我的心里是多么的清新爽快啊！在这里，他把眼前的景与心中的情融为一体，这是作品中的笔姿墨象在他心中呼唤出的最美好的情感。只有这样的书法作品才能"吐却瘁疠气，清爽豁我神"，这也是他评价作品境界高低的标准。而他自己也正是朝着这个方向不断努力，并且终于达到了这样的境界。

卫先生把书法当做抒写自己内心情感的语言，同时也作为同一切敌人进行斗争的武器。他特别强调书法的用世功能，这是其书法美学思想中又一个十分重要的组成部分。他从来就把坚强自己的意志、丰富自己的学养、升华自己的人格作为书法家自我修炼的第一要务。他认为，一个人的字确能反映出其人格、学养和气质的高下："人即字，字即人"，他的字就是他的精神世界的笔墨外现。因此，书法家只有具备了远大的理想，高尚的情操，坚强的意志，丰富的学识，才能写出具有深刻的社会意义的不朽作品来。在1998年5月17日和31日，他应陕西师大书画研究会之请作了两次讲座，在讲座中他说：

人们口头常说的"字如其人"，并不是句空话。人群中有"大人"、"英雄豪杰"、"志士"、"烈士"、"高人雅士"等等。书法中亦有之。鲁公大字，郑道昭摩崖石刻，含宏光大，威仪令人肃然起敬。黄山谷字力肆态足，长横大撇，一片烈丈夫气，英雄也。傅山书劲瘦挺拗，铮铮硬骨，"盘根砺吾剑，金铁满山鸣"，报仇雪恨之志固在。文天祥书法，笔笔峻整，强似劲松，"天长眺东南，丈夫誓许国"，求仁得仁，终成烈士。王羲之高韵深情，雍容自在，其真行，正似之。高节雅士，富有逸气。习诸名贤书作，私淑其人，久而久之，气质变化，可以为"大人"，可以为英雄。

这就是说，颜真卿、郑道昭、黄庭坚、傅山、文天祥、王羲之之所以能成得书法大家，并为历代人们所敬仰，就首先因为他们是“大人”、“英雄豪杰”、“志士”、“烈士”、“高人雅士”。正因为他们是这样的人物，他们的作品中才能表现出种种大雅不俗的气象来。他不同意有人把学习书法说成是所谓“净化心灵”的过程。他认为一个人的心灵应该是很丰富的，应该是对美好事物充满了追求的。这样的心灵是不应该“净化”的，因为“净化”到最后，这个人也就没有了锐气，没有了个性，没有了进取精神。但他又认为，具有高尚心灵的书法家们的作品却可以使观者受到感染和教育。1975 年 3 月 21 日日记中说：“一幅得意之作，可使观之者心神大快，无异服得清凉散，却病得健。所书内容又可作政治宣传之工具。此其德也。”书写风格可以使人“心神大快”，书写风格又可以使人受到教育，一幅书法作品应该具备这样的双重功能。

作品内容要能给人们以教育，其笔墨精神要能给人们以鼓舞，这一美学思想贯穿于他整个学习和创作的实践中，也多处体现在他的日记里。1976 年 5 月 27 日的日记可以帮助我们了解读他的这一美学思想：

用傅山精神，大书屏幅千条，惊彼瀛洲，发扬在毛主席领导下中国人民无比之气概，以快吾意，足矣。拿出东西来！

“瀛洲”指日本。他要用自己的作品“惊彼瀛洲”，他要在书法作品中表现出“在毛主席领导下中国人民无比之气概”。为实现这一目标，他命令自己：“拿出东西来！”卫先生曾亲眼目睹了日寇残酷屠杀自己同胞的暴行，他对日本帝国主义者从来就怀有刻骨的仇恨。与傅山先生一样，他具有十分宝贵的民族气节，有着强烈的爱国主义精神。对一个人来讲，这是首先应该具备的高尚心灵，而这一个“心灵”，是万万不能“净化”掉的。

再看下面几则日记：

吾振笔一挥，足使侵略者为之气绝，动弹不得。书法不到如此境界，何益社会耶？(74.12.13)

纵然吾足迹未能至日一行，吾之雄笔必能直捣三岛的。为祖国争光，为人民争彩，盖有日矣。(75.5.9)

吾笔力所至，足使张、王震踉，东国丧胆，余何足道哉！(76.7.2)

“使侵略者为之气绝”，“直捣三岛”，使“东国丧胆”，他对自己作品的战斗力是如此地自信，读之直是激人勇气，壮人胸襟。1976 年 7 月 10 日日记是一首四言诗：

两月为虎，三月成龙。一扫妖氛，威乎彪炳。
三月不鸣，一鸣天红。凛然英姿，震彼东京。
老马伏枥，岂辞负重。振我彩笔，聊写狂情。

写这首诗的第二天，他又满怀豪情写下了下面一段话：

写社会上没有的字！代表时代精神，社会面貌，国家气魄，人民灵魂，屹立于地球之上，雄视乎各邦。又如紫鹰展翅太空，万里谁能驯者，是为得之。(76.7.11)

在这里，他为自己的书法确立了一个至高无上的目标："代表时代精神，社会面貌，国家气魄，人民灵魂，屹立于地球之上，雄视乎各邦。"请读者注意，这些文字写于二十五年之前，当时"四人帮"还没有粉碎，他自己已是年近七旬，也还是带罪之身。如果不是把自己与国家的命运融为一体，把自己的书法作为同一切敌人进行斗争的武器，是不可能写出这样震撼人心的文字来的。在他的认识中，书法已完全不是一些人所说的是三五好友饭后茶余心烦技痒聊以自娱的笔墨游戏，也不是文人雅士吟哦之余书兴乍来排忧解闷的消遣之举。他要用笔下的"凛然英姿"表现出自己的"狂情"来，而"一扫妖氛"，"震彼东京"！前些年，一些人鼓吹"玩书法"，认为好的书法作品往往是"玩"出来的；有的人甚至写成文章，刊于报端。于是一度时期"玩书法"的提法相当时髦。一次他来到我家，我问他对一些人提出的"玩书法"有什么看法。他不禁怫然动容，激动地说道："书法是神圣的，她集中地体现了中国人的精神意志和思想感情。这么神圣的东西怎么能去'玩儿'呢？书法是艺术，贝多芬就说过'艺术即上帝'的话，我们能'玩儿'上帝吗？这是对这门艺术的无知和亵渎！"于是我就请他把贝多芬的这句话写下来，他写成一件横幅，裱好后一直挂在我的书房里。正因为他对书法的社会作用具有这样清醒的认识，所以他的每一幅字都能洋溢着既欢畅又浓烈的激情，给人以强烈的心灵感染。在他的笔下，每一个点画，每一个字，都仿佛在向人们发出深切的呼唤，激励人们去仇恨丑恶和黑暗，去热爱美好和光明。

近年来，作为一代书法大师，卫先生已受到越来越多的人们的关注，书法界、美学界的有识之士已从不同角度提出了一系列有价值的研究成果，揭示其书法的个性内涵、美学价值和时代意义。有的论文还对其书法成就的成因、艺术风格的发展过程进行研究，获得了可喜的成绩。但是,应该说这些研究还是很不够的,还只是基础性的。他的书法艺术思想是一座巨大的宝库,正需要我们进行进一步的整理和研究。

卫先生为什么会取得如此辉煌的成就?学者们已经谈的不少了。我认为,除了他具有高尚的人格、丰厚的学养、过人的智慧等等之外,还有一个十分重要的原因,就是他能以超越常人的勤奋从古今大师们的书法中吸取有益的养料。了解他的人们都知道,他临摹过的古今法帖之多是惊人的;他对这些法帖进行裁舍融汇的智慧和才能也是惊人的。他的笔下总是熠熠闪耀着历代大家们优秀风格的光芒,当然也是经过他千锤百炼出来的属于他自己的艺术风格的光芒。他究竟精擅多少种书体?1976年6月26日的日记可以为我们提供一些信息:

书法普通应酬:1.田师体(龙颜、猛龙、何绍基);2.王体;3.山体;4.康体;5.石门体;6.隶体;7.金刻体;8.瘞鹤体;9.章体;10.黄体;11.于体;12.赵体;13.吴体;14.行书;15.草书;16.菌侬;17.魏志。

这里一口气举出17种书体来,都是作平时应酬之用,可见他对这些书体是写得非常精熟的。这些书体是:他的大学时的书法老师田润霖先生的书体。田先生工于多体,于《爨龙颜碑》、《张猛龙碑》和何绍基书法尤为擅长。受田师亲炙,卫先生于之亦素所擅长。再就是王羲之体,傅山书体,康有为书体,石门铭体,隶书,西汉时期的金刻文书体,瘞鹤铭体,章草,黄庭坚书体,于右任书体,民国时山西书家赵铁山书体,吴昌硕书体,行书,草书,卫先生的同乡、民国时久居西安的书法家刘茵侬先生的书体,北魏墓志书体。实际上,除了以上各家书体外,他对颜真卿、李北海、柳公权、米芾、王铎诸家也写得十分工到。只要我们打开已出版的他的几本书法集,就能发现他在学习和继承古今大家们的优秀传统方面具有多么深厚的功力。我们与卫先生在一处作字,有时就请他用不同的书体写,这时卫先生总是笑着说:"你们这是考我吧?"于是就用不同的书体写,一会儿何绍基,一会儿傅山,一会儿黄山谷,一会儿魏碑……腕下似有神助,呼之即出,咄嗟可得,而且都能做到形神毕肖,直逼古人。他的老师田润霖曾于1947年在西安举办过个人的"百体书展",引起很大的轰动。时名家马翀彦评其书法"笔力遒劲,碑甚于帖,鬼斧神工,叹观止矣。"卫先生也曾想举办一次这样的展览,终因事繁而未果。这是他经常引为遗憾的一件事。

卫先生经常教导后学,说临帖是学习书法的终生之事,好的碑帖总是常临常新,让人终身收益。笔者追随先生几十年,对先生勤于临帖的精神印象很深。还是在曲沃中学时，我就见他经常临帖，那几年似乎临得最多的是《郑文公碑》、《张猛龙碑》及傅山的草书。一本民国时出版的傅山书法集是他案头常见之物。他曾用麻纸为我写了一本《毛主席诗词二十六首》，就是分别用《郑文公》、《张猛龙》两种书体写成，字大盈寸，一笔不苟，可惜“文革”中佚失了。一直到晚年，他都保持着经常临帖的习惯。1979 年平反后回到陕西师大，他利用一年多的时间对该校图书馆收藏的 100 多种碑帖进行了认真的临摹。1986 年夏天，我们到西安去看他，一进那间不大的书房(其实还兼着卧室和会客室)，见他正在用单勾廓填的方法临写郑道昭《云峰山刻石》。他临得那么认真，天气又是非常炎热，身上的背心都被汗水浸透了。还是在这年的秋天，他在太原赵望进先生家里看到傅山先生草书《千字文》真迹，非常惊喜，就在赵先生家中住了三天临摹一过。为报答赵先生，他为赵先生写了一本精美的册页。

卫先生蒙难乡居的十年，正是他有更多的时间对历代大家们的书法用功学习的十年。那时纸张非常缺乏，他就找来一些旧报纸，先是用颜色较淡的墨汁写，然后再逐渐用颜色深些的墨汁写；待到纸被写成一片墨黑的时候，再用水在上面写。这样这张纸就又渐渐变成了白色，然后再用墨汁从浅到深继续写。他说一张纸可以反复使用十多次。这是他想出来的解决纸张困难的最好的办法。这些年里，他深入地学习和研究古今名家的碑帖，收获甚丰。他在日记中写下了许多这方面的心得和体会。这里我们摘录出他研究前人书法的一些见解，以见他对各家书法的体会是多么的深刻。

他论篆书、隶书及魏碑书法，这样写道：

篆、汉隶、古魏，行笔无布置等当意，大方处尽在此。如英豪走路，大步前去，有甚顾虑。秀才举人行走，似乎有些规则，放行不谨慎，只怕人笑骂；小脚妇人更可怜矣。字亦尔，一受约束，不足观也。(77.11.29)

篆隶好处，只在一片天机，无布置等当之意，信笔行之。硬如老树，柔似枯藤，古意自见。(78.5.8)

他论王羲之书法：

《兰亭序》——闲静端雅，有静女其姝之致。好脾性，安详，高贵，姿致宜人，高致可见。柔而不软，不媚不卑，亦兰亦芳。走笔柔和，姿态自具高格，大家气象。《圣教》——刚健，干练有才，如凤姐，兰亭柔驯得情则似黛玉。(77.4.10)

作字须有把握，落笔便成神品，不许毁也。细味王羲之书，有过人之神韵。春节后当

大书特书百幅妙作，即是暴富。匆草不得。(77.2.15)

兰亭倘以女流作此，殆似贵妇，端雅娴静，举止温馨，有芳馨气，神态自俱。自秉个性，多韵致。(77.11.9)

他论魏碑书法：

魏碑中龙颜(按谓爨龙颜碑)凝练，《石门铭》开阔，猛龙(按谓张猛龙碑)刚健，有些墓志神秀，旷远，大雅，种类极夥，不易尽举。(73.2.17)

魏碑：硕大且娟，凝练如铸，婀娜刚健，俊俏多姿，雍容隽伟，不疾不徐，得心应手，惬意天成，雍容自适，神舒超逸，高致仙境。(77.7.25)

魏碑中有堂皇处，有正大处，有神秀处，有刚健处，非语所能明，非意所能尽。(78.10.12)

学习石门铭后，他在日记中写下这样的感受：

连日于石门铭用心实深，渐入门道，可佳也。惜乎长于此道者太寡，其中奥妙，为谁言之？(73.3.3)

他是真正能够领悟《石门铭》书法奥妙的人。他又论黄庭坚书法：

山谷《幽兰赋》字不过六七寸大小，而气势磅礴，有顶天立地之概。要在结构紧密大方，笔画间空隙小也。若太空疏，便觉松散无力也。(77.9.16)

卫先生的书法具有雄健茂密的特点，尤其是七十年代的作品，不仅在一行中跌宕摇曳，气荡势摩，而且邻行间呼左引右，交错生姿，显示出他受黄山谷书法影响之深。就在这一天的中午，他写了几幅字，自觉尚不够满意，于是写道：

午作字数幅，不够泼辣。又书，总三心二意，意象未定，贸然落笔，决不会满意的。宁可不书，不可草草也。

康有为书法雄伟庄严的气象是卫先生非常服膺的，他也曾对康体书法下过长期的功夫。他这样写出对其书法的认识：

南海字笔力雄厚，蓄力无穷，体态硕大，极开阔，引申深远，虽小字而具有大字体势，凝练处气力十足，一片精诚，如婴儿之精灵。有强力，开阔处与天地同广大，大人气象也。(受龙颜法)行草活跃，如行云流水，自然极矣。字距不能太挤，笔不离纸面，一气呵成。似须用气功者。故无一败笔，无一野笔，无弱笔，不松散，凝练处有开阔，开朗处有凝聚，正在系人心处。挥洒自如，无一点滞碍，天马行空。放笔直干，纯系神游，无意皆意，无法皆法。如介者拸画。(76.6.26)

他这样体会他的老师田润霖先生和同乡好友刘茵依先生的书法：

田师书法特点：运笔有龙颜之敬谨、端凝，字形廿十品、猛龙皆有之，神态莫可言喻。刘兄作字亦谨慎，自有可爱处，才情过人，不敢放肆。(77.11.20)

鲁迅先生的书法他也非常热爱，他这样写道：

书法，笔笔得有聪明、敬谨处乃佳，一笔了草不得。一滑巧，放野笔，便刺目矣。“毋不敬”三字虽陈语，极有用。万事皆然，不独书法也。观鲁迅日记、书稿，虽蝇头小字，笔笔不苟，真是唯一楷模，良师也。对朋友以诚，处事认真，所见者远，真难得。(72.4.22)

毛主席的书法也使他受到深刻的启发，他赞美毛主席的书法：

总是或正或奇，务要大方，富有国威逸气。毛主席“提高警惕，保卫祖国”八字，何等气势，最为典要。稳坐如山，横空出世，足资镇邪，叱咤风云，万里莫能驯焉。墨重如云烟，槎牙如林，字中见画也。交叉处殆似飞矢乱穿，刀笔耳。(76.11.13)

而在更多的情况下，他是把各家书法放在一起进行比较和研究，写出自己的体会的。如以下日记：

山谷字，无奇姿，不如傅山者盖此。然亦雄伟异常，如广宇大厦，飞檐宫庭，派势逼人，威风凛然，正大昂扬，放笔直伸，规矩而不流乎野。

石门铭硕大娟秀，有王者风。气度雍容涵厚，一片大德风貌，有若容人之宽者焉。不疾不徐，此其德也。

南海笔致广阔，荦荦大方、爽朗，富有大人气概，挥洒自如，当得起化人之笔。收笔处正其笔力苍茫处、雄厚处，愈觉其力厚无尽。小楷行书随便挥洒，错落有致。(75.1.6)

青主行草，无一笔不活，圆润而有力。不见扭捏做作处。山谷大字，无一笔不直而有力，劲瘦而有神。皆大家气态，毫无奴气，敏快犀利，放笔而无野笔，稳稳当当，无苟且处。(75.2.10)

书法事有何难处？南海、郑(按谓郑孝胥)、于(按谓于右任)、赵铁山都是大家，也都是专务魏碑者，气态各不同，各有千秋，放手为之可也。

四人比之：康豪放，气派大；赵敬谨，功力深；郑劲强有骨风；于风流，太纤巧。

吴昌硕丰腴，富情感；王(按谓王蘧常)章草大家，曲尽其妙，豪爽启人。八怪(按谓扬州八怪)中画味足，富有天趣，特富艺术性。(76.1.12)

字：院落，场面，骨架铺排必须展堂宏大，轩敞寡仇，否则小气了。于(按谓于右任)有此长处。(石门铭。)

端凝，紧凑，一疙瘩劲儿，龙颜特点也。

山谷、傅公字势如飞，劲瘦挺拗，大见精神。(77.10.22)

1978年5月10日的日记，他把赵孟頫书法与魏碑书法进行比较，表现出他对魏碑书法雄浑气象的内心向往。这天他做了一个梦，梦见他穿着大衣和长靴，与老同学李雪峰乘车从外地学习归来，之后写道：

字之大方与否，不在其形上说话，乃在其格局、气势而言。赵字其形体写得多么大，总是小家之气，奴态可呕。魏字写得再小，而一片大人气象，非凡才也。取魏墓志或南海变法稿自见。皇庭宫殿不管远观近看，无不觉其巍巍然，气势逼人。茅屋即令盖在山头峰顶，有此气象邪？

卫先生在广师众家的同时，也在根据自己的审美理想，对构建属于自己的书法风格进行着深刻而缜密的思考。他自己要写出什么样的字？他要“写社会上没有的字”，要写“代表时代精神，社会面貌，国家气魄，人民灵魂”的字！这样的字从哪里来？既是从他的人格学养来，也要从他对古今大家们优秀风格的继承借鉴而来。1973年4月11日日记写道：

专书：傅山、山谷、米芾、南海、魏墓志、汉隶、田先生书、石门铭、张猛龙、龙颜碑。别致有风韵，放荡不羁，开阔以力胜。奇古，秀丽佳态。

1975年2月15日日记，更可以体现出他思考的心理轨迹。这天下着小雨，他没有出工，就在家中写字。之后在日记中写道：

拟作：田师字，侬兄字，石门铭，黄山谷字，何绍基（临农字），傅山，南海（按谓康有为），任字（按谓于右任），隶书，魏字，稳稳当当，不苟，正，奇，拗。

以上我们罗列出他要专力用功的几家书体。下面便是他要追求的书法风格：

鏖糟式（黄，米，南海），劲松苍老。
八怪式（李鱓）——题画。（秀，神。）
宫殿式（墓志，石门铭）。
龙虎式（傅山），杈牙。
汉印式（古朴雄大）。
太极式（龙颜）。
瘦梅式。
放笔直干式。
格架式（拗戕不规）。
溟渤式（汪洋大海，蓄力无穷，气概磅礴）。
仙逸式（超逸不俗）。
藤萝式（缠绵不断）。
瀑布式（气力浩大），放笔直干。
行云流水式（活泼自然）。
笔到力足，神韵无穷，一片风致，给观赏者一种舒畅兴奋、心神沁醉、欲罢不能之感。疏爽利落。

这里卫先生一口气写出14个“式”来，每一个“式”都赋予一个形象生动的名称，既包括了字的外在的形式，又处处是在写他所追求的字的气象和精神。经过几十年的艰苦探索和执着追求，他的书法不断地开拓出新的境界，步入晚年的他，终于以既新颖又强烈的个性屹立于当代书坛了。

古今诸大家们的优秀技法他已经谙熟于心，已经成为他可以随意摭拾、任情驱使的艺术语言。这对他形成自己的艺术风格起着十分重要的作用。卫先生还非常重视从大自然各种物象及其变化中吸收于自己有益的营养。上文所述他从壶口瀑布的浩大气势中受到精神的启迪便是一例。1992 年全国首届卫门书派书法艺术研讨会在山西运城市举行。卫先生在会上的演讲给来自全国的 60 多位书法家、书法理论家留下了深刻的印象。他举出两个例子，说明他是如何从大自然中受到启发的。一件事是，1943 年冬天，他从西安乘一辆大卡车前往重庆（当时的公交车仍多是卡车），就撰写《庄子与鲁迅》中的一些问题向郭沫若先生请教。车一出西秦第一关——七盘关，就是一条又陡又窄的长坡通向谷底。两边是危崖壁立，猿声不绝于耳。突然，车的前方一座馒头状的大山突兀而立，只见山上林木葱茏，烟岚飘绕，冷气袭人。由于车速很快，车上的人们都有些紧张。卫先生则被这座大山的雄伟气象所吸引。车行到谷底，从大山侧畔疾驰而过。他仰望着这座山，眼前不禁突然一亮：颜真卿书法含宏广大的气魄不正像眼前这座大山么？他说，他以前写颜真卿的字，总感觉写不出它的精神气势来；而此后再写颜字，眼前就时时浮现出这座雄伟的大山，笔下就感到十分得力，就能生出无穷的力量。第二件事是，六十年代初的一个秋天他在陕北铜川接受"劳教"时，一天派他到山上割猪草。快到中午的时候，他又饿又累，就仰躺在山沟里休息，微风袭来，颇感惬意。忽然，他看到不远处的山崖上一株山葡萄树倒挂而下，继而又翻卷直上，虬干交错，长舒短突，枝叶飘拂，奇姿可人，表现出顽强的生命力。他想，这不正是张旭、怀素们狂草的原帖吗？此后他再写草书，眼前就不断出现这株山葡萄树，笔下也就会活泼生姿，表现出意想不到的笔墨效果。

卫先生极善于观察生活现象，从生活中提炼对学习书法有益的素材。上文所述他从日本鬼子的刺刀悟出用笔之法便是典型的一例。日记中还多有这方面的记述。1971 年 5 月 24 日，他从大队分得 27 斤红薯叶子，这也是他当时的主食。之后写了以下的日记：

书字要纯，作字要谨（持重、不苟），变、神、奇、正并用。天，妙不可言。

夜持灯取柴，一枝柴影从粉壁上映出，真一幅神画，良为范本，何必学什么古人糟粕画谱耶？乃知板桥画竹之师承也。

志正体直，手熟为能，理直气壮，艺高胆大。

卫先生有练太极拳的爱好，他也从太极拳悟出书法中的用笔、结字之法。请看下面几则日记：

写字要稳稳当当，一二字等于拳中的一二个姿势，不离纸面，一笔字成，贯注有力，尤得有神韵。一字、一行、一章之天，涣散不得。(73.9.21)

作字如打太极拳，着着鼓劲，时时在心，不得含忽。功力一致，无意皆意，无法皆法，全恃神行，字为我，我为字，浑然一体，此乃在心最高之结晶，所谓神于字者，非工与字者也。(75.3.21)

书法、拳术道理皆通，气脉总须一贯，上下通气便好。一式一着，通体如一有机体，龙虎其姿，神韵内注，缠绵不断，莫见端倪，似富有生命力者，乃能感人；否则何贵乎艺术品也？(75.4.2)

在下段文字中他对书法与太极拳的关系作了更加具体明确的比较，这完全是从他自己的体会中总结而来：

书字中之一画一点=(按谓“等于”之意)拳中之一举一动。总得点子真，准确，合规法。

一字=拳中之一式。一着一式，用熟坐稳，重心正，格局大方，大家之气，雄狮之概。

行一章=着势致用，气脉关注，懂势，动静虚实变化→自然，神化。

各式脉络互通，一气呵成。意，气，劲。走行之路线。

太极拳又名长拳，如长江大河滔滔不绝也。

寓下意——于向上动作之时，即寄存向下之意。不待向上之劲完毕，而始向下也。(76.4.25)

一位有成就的书法家，除了广师众家，融汇体察，提高自己的技巧表现能力之外，还必须用心观察自然和社会生活，从中吸取于自己有益的精神营养。古人已经在这方面总结出不少很有意义的经验。他们听江涛之声，看剑侠舞剑……都可以悟出书法的妙理。统观卫先生的学习过程，他也是时时在用一双慧眼观察无奇不有、无美不备的大千世界，用一颗纯洁的心灵去感受丰富多彩的社会生活，所以他的书法才能超轶时人，具有深刻的审美意义。《我与书法》一文中，他言简意赅地写出了他是如何观察自然和社会生活的：

我观察自然界所得，感于那“象教”力之伟大。早年读谢道韫《登山》诗云：“气象尔何物，遂令我屡迁。”“气象”究为何物，我也久久不解。一九四三年冬，赴重庆途经西秦第一关，但见迎面大山，横空出世，巍然屹立。待车行到山底，仰头一望，真是“山峻高以蔽日兮，下幽晦以多雨”，深受那大气逼人与威压之感。我想这该就是所说的气象吧？乃悟鲁公大字含宏广大的气魄，或即此“气象”耶？在社会生活中，观太极拳有立身在“中正安舒”之说。作字亦尔，重心居中，不偏不倚，稳若泰山，而又舒展自然，乃佳。又云：“两足站立，不得双重”，双重便失去清虚灵活之气。作字亦有轻有重，有虚有实，实处显示力量，虚处则多变化，刚柔相济之理如此。如鲁公字，重心居中，支撑面广，不使重心超出范围之外，有卧虎之势，气不可夺。拳经有所谓“懂劲”、“用劲”、“蓄劲”之道。“劲”不是蛮力、闯劲、急性，而是指灵明活泼，由功深练出的神而明之力。懂劲，是用意久而渐成的自然之势；用劲，是善于用力，有成效；蓄劲，是保存余力，不失元气。临碑帖揣摩字的形神，用笔轻重、走势，笔下稳妥，到家。作字能领会到三个“劲”字的妙道，则思过半矣。至于拳经上所说“动作欲向上之时，则寓有向下之意”，各式脉络贯通，一气呵成，如环之无端，自是作草书的要着。

卫先生还从舞蹈、音乐、戏剧、杂技中体会出用笔之法，这些在他的日记和其他著述中也时有述及，此不赘引。甚至一块形状奇特的石头也能引起他的兴趣，使他产生出灵感来。这里举出一件我亲身经历的事例。六十年代我在曲沃中学读书时，一个星期天陪他到曲沃城南的浍河边去散步，河滩上有一块奇形怪状的大石头兀然矗立。他绕着这块石头转了几圈，显出激动的样子，感叹地说：“多好的一块石头啊，写字就得写成这个样子！”我当时对书法艺术还缺乏认识，对他的话大惑不解，就问他：“书法和这块石头能有什么关系？”他深情地抚摸着这块石头说：“这块石头形状奇怪而造型却十分自然，不是人工所能凿成的，它能表现出大自然的灵性。写字就要写出这样的灵性来！”他的话给我留下了很深刻的印象，虽然事情过去了三十多年，仍然深深地印在我的记忆中。他在1976年8月2日日记中说：“一字一个石头疙瘩，或一字一个拳式子。”可见石头在他的眼里，也是当做碑帖来看待的。卫先生乡居十年中曾和他相处过的几位友人也告诉笔者，他走在路上，或在田间劳动时，有时看到一株奇枝交错的老树，就能呆呆地看上老半天。有时还一边看，一边拿着木棍在地上画。他就是这样，不断地从自然、生活中吸取着于自己学习书法有益的养料。在中国传统艺术的所有门类中，书法大概是最能体现中国哲学文化中“天人合一”的精神的艺术。卫先生如此深切地用一颗滚烫的心拥抱着大自然，所以他的书法才能时时迸发出博大雄深的哲学内涵。我们确乎可以在他的笔下看到瀑布之倾倒、藤萝之纠缠、山岳之雄姿、蟒蛇之翻动……这些最能够显示出大自然既伟大又神秘的力量的事物，幻化成了他的笔墨语言。对这些最能使他激动的事物，他又是经过高度概括和提炼的，而没有任何的斧凿雕饰之迹。用他的话说，他是在"四忘"——"忘写、忘己、忘所在、忘人"(73.9.8)——的境界中进行创作的，所以他才能真正做到"我才之多少与风云并驱。不知为人写字，抑或字写人，字亦画，画亦字，并入仙界诗境"。(77.4.22)卫先生的书法是真正地进入"仙界诗境"了。

研究卫先生书法发展成熟的过程是很有意义的。已经有学者对此做过有益的探讨，书法评论家李廷华先生就曾在《书法报》撰文，提出卫先生"晚年变法"的见解，是很有见地的。笔者与先生相交三十多年，根据我所掌握的材料，我认为其书法的发展过程大体可划分为四个阶段。这里略述于下：

1960年以前是其书法的积累酝酿期。由于历史的原因，这一时期保存下来的书迹不是很多。从我见过的作品来看，他是把主要的精力是放在对古今各家书法的临摹上的，个人的风格尚不明显。书体也主要是行书，最多只写到行草，典型的狂草作品尚未看到。他也喜欢金刻篆和汉隶，但金刻篆作品未曾寓目，不能说清其面貌。这一时期的隶书作品也只见过一件，是写给他的六叔"裕翁"先生的，基本是石门颂和乙瑛碑的规模，写得是很精美的。我见过较多的是用魏碑、黄山谷、傅山、何绍基几家书体书写的作品，可以看出他对古人书法的理解已经十分深刻，笔法的运用也已非常纯熟。他曾说他三四十年代对于右任书法也下过不少功夫，可惜以于体为面目的作品也未曾看到。从我见过的作品看，他应该是已注意到要对各家风格进行整合了，但似乎尚没有找到最合适的契合点，并未最终形成属于自己的表现语言。印在《卫俊秀书法》中的《傅山〈汾二先生传〉题记》、《与子正书横披》及《书苏东坡〈念奴娇·赤壁怀古〉词轴》等作品可视为该时期的代表之作。

1960年到七十年代末为第二时期，可概括为整合成熟期。这一时期的多数时间他都蛰伏乡曲，把劳动之余的绝大部分时间都用于书法的学习和研究上。从他仅存的不足十年的日记可以看出，由于被剥夺了从事学术研究的权利，书法便几乎成了他学习和研究生活的全部内容。在这二十年左右的时间里，他不仅继续大量临摹古今大家们的作品，而且在对他们的风格进行着细致深入的探讨；对怎样构建起属于自己的艺术风格，进行着认真的思考。终于，经过较长时间的融汇裁舍，合理整合，符合自己的个性和审美追求的书法面貌形成了。这一时期，他既大量地临摹碑帖，又努力地力图排开碑帖，建造自己的风格。如日记中说："王铎四十年后，即摆开碑帖，我行我素，遂成大家。予今年七旬，尚拘泥于什么碑帖，何能成得一家焉。须慨然为之。”(77.7.16)又说：“书法功力到一定程度，即须排开碑帖，信手行之。个人的心胸、气魄即所临之碑帖也。”(77.10.22)这年11月9日日记写道：“半年来坏了不少纸张，亦稍有代价：敬谨落笔，不敢放肆，一也；力要凝炼，神情内潜，二也；运笔稳正，少有野气，三也；写字写自己，突破碑帖囿限，四也。”这些日记正是说明他要从碑帖中挣脱出来，根据自己的“心胸、气魄”建造属于自己的艺术风格，并且取得了一定的成效的。收在《卫俊秀书法》中的《书傅山诗句横披》(“为人储得药”)、《佛语一则书轴》、《〈文心雕龙〉句书轴》、《书鲁迅诗“辛亥残秋偶作”横披》、《书鲁迅〈自嘲〉诗轴》等可为这一时期的代表之作。尤其后二件作品均写于1978年，在这一时期最称杰作。与他后来的作品相比，这一时期的字笔道较细，走笔快疾，枯笔较多，时时表现着狠戾冷峻的情绪。一些笔画乍行乍留，笔意艰涩，迂曲推运，就好像一株小草在巨大磐石的重压下，艰难而顽强地向上生长，显示出极强的生命力。苏东坡被贬黄州后画有一幅有名的“枯木怪石图”，这是他唯一的一件传世绘画作品。图中画着一块巨石，一株老树从石下生长出来，虽然树干屈曲，却有一种昂扬峻拔之气。苏东坡用这样一种绘画艺术语言表达出自己虽然被奸人构陷外斥，却“一蓑烟雨任平生”的满腔豪情。卫先生使用这种独具特色的书法艺术语言，也正是他胸中愤郁难平之气和不甘向恶势力曲项屈服的人格精神的笔墨外现。这一时期的作品在章法上往往是横压斜绞，险象环生，尤其是相邻两行的字常常是“你中有我，我中有你”，交错穿插，摇曳生趣，表现出气荡势摩、满纸苍茫的笔墨效果。卫先生常说：“傅山写字，就是在发脾气。”他自己不也正是用书法发泄心中的抑郁愤懑之气么！不难看出，这一时期他把精力主要放在大草的训练和创作上，笔势的劲烈、字势的连绵、感情的奔放是他笔下的主要追求。他已经把建立以魏碑为体，傅山(同时包括王羲之、怀素、黄山谷诸家)为用的融帖入碑的草书风格作为明确的努力目标(见下文)，并根据自己的性格，根据自己的审美理想进行着卓有成效的实践。这一时期并有隶书作品传世(如《卫俊秀书法》中的“真硬韧”横披)，篆书作品却未看到。

第三时期为七十年代末到1995年前后的十多年间，是其书法的变法出新时期。经过第三时期的成功的整合，他自己以帖入碑、碑帖兼融的个性鲜明的风格已经完全形成。但他又在进行着进一步的思考和探索。这一过程应该是从1976年就开始了。在76、77年日记中多有这方面的记述，如1976年11月13日日记写道：

前日书小条二，颇满意。气脉关注，有精神。缺点：还欠实稳，有颤笔，干墨太多。后当谨慎，以铁柱支地，不许飘忽而过。走笔缓慢一些，笔到墨到，光致一点。豪放非随便也。

1976年11月16日日记写道：

细察字，抖擞太重，宜改之，尽力展堂。一笔一画"毋不敬"乃得。有把握，掌握得住，笔到处即形到处(像其物)，形到处即意到处，意到处即情到处，情到处即神到处，神到处境界神韵越出字外。天人合一，一字有一字之天，一行有一行之天，不出意象乃佳。如此可放笔挥洒，行了。

1976年11月17日日记写道：

曾氏为我题《太原段帖》签，笔笔落实，敬谨不苟，大小参差，可联者联，不可者不勉强，甚可观也。吾作字辄犯急性病，且喜联到底，哪有如此力气邪？戒之为要。

1977年8月6日日记写道：

大家书法，不拘豪放，不论婉约，一个共同点：没野笔放肆之处，总是一笔不苟地正经写，用真功夫，草草未有是处。傅青主狂草看来似乎放肆，实则无一笔随便处，不可不慎。往昔所作草书不明此意，信手滥写，自视豪放，其实大错，今知之矣。

在这里，他对自己以前的书法进行着认真的反思和解剖。请大家注意，这样的文字也只是在这两年的日记里才频频出现过，这是他的书法即将出现质的飞跃的一个重要契机。"干墨太多"，"抖擞太重"，"犯急性病"，"信手滥写"，他从自己以前的书法中发现到的这些不足之处，他都要尽力克服。经过一段时间的努力，到七十年代末、八十年代初，一种崭新的笔墨气象终于在他的笔下出现了。

由于他的"政治问题"已经得到解决，他的精神获得了前所未有的解放。他虽已是七八十岁的高龄，但精神和体力却是空前的旺盛。这些，都必然会对其书法产生深刻的影响。研究他这一时期的书法可以发现，他的大量作品，尤其是狂草作品，在以雄强豪放为面目的总基调中，也已在渐渐地发生着变化。他的用笔更重视提按之变，用墨更强调丰润饱满，运笔的速度也不像以前一样，过多地追求急起疾行、冲突杀伐的笔意，用笔的疾徐、起倒、收放等呈现出更为多彩多姿的变化。尤其在章法上，与以前以茂密紧实为特点的风格相比，则显得旷达空灵，疏朗有致，在雄强精神的流行中又有一种和气动人的情趣。在卫先生的笔下，力量感从来都是很强的，这在同时期的书法家中并不多见。但在以前，应该说力量外露的情况比较多。而这一时期则多了些冲融和含蓄，作品也就更能显出雄迈深沉，波澜老成的气象。这一时期是他创作的高峰期，也是他的书法发展的高峰期。印在《卫俊秀书法》、《卫俊秀书历代名贤诗文选》、《卫俊秀书法选》、《卫俊秀书古诗十九首》等书法集中的多数作品就是这一时期创作的。这一时期也写过不少的篆隶作品，看《卫俊秀书法选》选印的几件作品便可见其功力之非凡。

第四个时期是1995年以后，也就是他88岁以后，可以概括为人书俱老期。这一时期的字在延续其雄强豪迈的风格的同时，又增加了些许的简静和冲和。运笔显得更为从容，气势显得更为灵动，但从容中不失深沉，灵动中更见出境界的开阔和高远。唐孙过庭说："通会之际，人书俱老。"卫先生的书法已经真正臻于"通会"之际了。

以上是卫先生书法发展的基本轮廓。每一个时期都有各自的特点，都有各自的审美价值。近年来热心收藏卫先生作品的人，有的偏爱他这一时期的作品，有的偏爱他那一时期的作品，这都是可以的。他的每个时期的作品都有着不可磨灭的艺术价值。而我们研究他的书法，则应该对其各个时期的风格进行综合的考察和研究，找出其书法发展过程中的规律性的东西。同时应该把卫先生的书法放在特定的历史时空背景下，与同时代以及历史上的书法家们进行横向的和纵向的比较，研究其书法的时代特征和个性特征。研究在他的书法中，哪些是从古今大家们那里吸收借鉴而来的？哪些是他个人的发展？这些东西又是怎样有机地融汇在一起的？他要表现出怎样的审美理想？他的审美理想又具有怎样的社会意义和时代意义？弄清了这些问题，我们才能对他的书法有一个清醒的认识和准确的把握。

在上文中，我们在讨论卫先生书法发展的第二、第三时期的风格时，已经明确指出，他的草书风格特征是以魏碑为体、以傅山(还有王羲之、怀素、何绍基等人，但主要是傅山)为用。这一风格的建立，使他的草书既恣肆徜徉，又雄伟壮阔，具有既超迈时人、又迥异于古人的个性内涵。这是卫先生对草书艺术的重要发展。我们知道，在中国书法史上帖学传统一统天下的时间最长，只是到了清代，一些有见识的书法家才力倡北碑书法，为书法艺术的发展注入了新的活力。这是书法史上一次"借古振今"、"以古救今"的革命。明末清初的傅山先生可以说是这次革命的发其轫者。朱彝尊《风峪石刻佛经记》及丁宝铨《傅山年谱》，都记有傅山外出游览，不慎坠入崖谷之中，看到不少北朝石刻佛经，便十分喜爱，"摹挲终日"、流连忘返的事。我们如仔细体味傅山的字，也能看出他确实是多少受过北碑笔意影响的。卫先生在日记中也说："魏总是大家，即写傅山，亦见以魏为底子也。”(76.8.29)卫先生也是从傅山书法中看到了魏碑的影响的。但傅山的书法究竟还是唐以后的东西多,他受帖学书法的影响甚于碑学书法,这也是不争的事实。卫先生深研傅山书法,他是清醒地看到了这一点的。他既要学习傅山,又要走一条与傅山不同的路。请看日记:

傅山以鲁公书法作草书,我则以魏碑为底子作草书。草以傅山运笔也,当更有一番别致处。毛主席书法魏体多,其草书恣肆畅快,气魄极大,革命精神有以使然也。有些放笔,余久酷爱,然学不到。(73.2.17)

日作画一幅,字数十个。魏碑为根,傅书附之;石门铭、二十品(为主),墓志附之。黄(按谓黄庭坚)、赵(按谓赵铁山)、康(按谓康有为)、郑(按谓郑孝胥)参考可也。(73.3.5)

闲习字,觉龙颜碑味深长,宜为主笔。写山谷一类,似渐近俗,境界不高矣。(76.8.29)

书屏幅,田师味长,有把握。可续研魏体,久不练似生矣。此乃根本,王(按谓王羲之)、怀(按谓怀素)等参之,取其法而已。运笔则恃吾笔。所谓法同体异也。(78.10.11)

这里一再阐明了他构建自己草书(主要是狂草)风格的思路,这应该是他多年的追求。他与傅山不同之处在于:傅山以颜真卿法为底子作草书,他则要以魏碑为底子作草书。“底子”就是基础,就是本色。这就是说,魏碑的精神是其草书中最基本的东西,是其草书的灵魂所在。而在魏碑中,他又以《石门铭》、《龙门二十品》、《爨龙颜碑》这些碑刻为主;他已经熟练掌握的同样是书写魏碑的赵铁山、康有为、郑孝胥诸家,以及傅山、王羲之、怀素、黄庭坚等人的书法,也只是作为参考,“取其法而已”。他为构建自己的狂草书法风格所选择的路线无疑是正确的,但却是非常艰难的。因为在他的前面,卓有成就的几位魏碑大师都没有解决好用魏碑笔法书写连绵大草的问题,他没有更多的现成的经验可以借鉴。郑孝胥只写到行书为止;康有为以魏碑作草书,气势固然博大雄迈,但字字单行独出,遂难免滞塞之失;于右任融帖于碑,最称大家,但帖的成分究竟很少,且其字也多以单出为主,论气势的绵通畅达,固嫌不足。卫先生出,他要走一条与前辈大师们不同的路,或者说他是要把前辈还没有来得及走完的路继续走完。他成功了。由于他对魏碑书法的精神领会得更为深刻,又由于他对傅山、王铎、王羲之、黄山谷、怀素等多家书法下过长期的功夫,更由于他能以超人的智慧对它们融汇贯通,合理取舍,把它们各自的优势泯然无痕地结合起来,他终于实现了前辈们未曾实现的梦想。

1995 年笔者在《苦旅的情结,荷戟的战士》一文中曾这样论述他的贡献:

卫先生书法深汲诸家,篆书、隶书俱称擅场。尤其对魏碑,几十年中情有独钟,遍临诸碑,汲其精髓,造其绝诣。魏碑的笔法他运用得最为纯熟,魏碑的意态他领会得最为深刻。在他自标风格的创作中,总是充溢着古朴典雅、深邃无比的魏碑气息。他在历史上第一个解决了用魏碑笔意书写连绵草书的难题。康有为、郑孝胥、于右任俱称魏碑大师,但都没有解决这个难题,而把它留给了这位晚辈而让他再领风骚。

杨吉平先生在《二十世纪草书四家评述》一文中把卫俊秀与于右任、王蘧常、林散之放在一个大的时空背景下进行了全面的比较和研究,论定他们都是二十世纪最有个性、最有成就的草书大家。他这样评述卫先生的草书:

卫俊秀成功地解决了大草领域碑帖兼容的难题。……于右任解决了小草的碑化问题,王蘧常解决了章草的碑化问题,但相对而言,将团团使转的大草与棱角分明的魏碑相打通则戛戛乎称难。……卫俊秀一出,此种局面为之一新。卫俊秀将王铎、傅山一路狂草与北碑的厚重生拙不着痕迹地、创造性地熔铸为一体,使奔放的草书多了许多的凝重,使舞动的线条增加了几多力度,其奔放处使人激动,其凝重处让人流连,所谓端庄杂流利,沉着兼痛快。

行文至此,突然想起前些天《书法报》上有一篇姓姜的先生写的文章(这份报纸不知置于何处,遍觅不见),是向杨吉平提出“质疑”的。内里有卫先生书法“实属平平”的话,但怎么“平平”?作者却未说出。不作任何分析而武断做出结论的文章竟能在报端发表出来,真是咄咄怪事!想这位作者的水平也必然“平平”得可以,否则不会看不出卫先生书法的风格特征、精神气象来。从来就有人喜欢向名家开涮。向名人开涮无非是说自己比名家更“名家”,以此作为抬高自己的手段,这实在是一种卑劣的恶习。前几年不是就有人对沈尹默先生的字说三道四,说沈老的书法够不上大师的水平,很是热闹了一阵的么?不是就有人说启功先生的字写成了“馆阁体”,没有多少艺术价值的么?不是某书法专业报纸近日也发出一篇文章,说林散之、沙孟海并不是二十世纪“上乘”的书法家的么?就连水平并不“平平”的米芾也沾染上了这种恶习,他把颜柳、二王的字骂得狗血淋头,说颜真卿、柳公权的字是“丑书恶札之祖”,自嘘要“一洗二王恶札,照耀皇宋万古”,这又是何等的“气魄”!(当然米芾批评颜柳还有其他用意,这里暂置不论。)可是,二王还是二王,颜柳还是颜柳,沈尹默、启功们也依然在人们心中占有崇高的地位,他们作为名家大师的地位并没有因为有人说三道四而发生丝毫的动摇。难道一篇不谙书理者的浅薄小文就能把卫先生作为一代草书大师的地位推倒的么?!

柯文辉先生在《阔海长天小布衣》一文中回忆钱君匋先生去世前对他的遗言说:“我写字不及卫俊秀,填词画画不及吴藕汀,你能为卫天霖写出感人的传记,也要替健在的卫、吴二老做些小事。否则日本人笑话我们不识货,也无高手!我对三位素昧平生,评价出于大公,不会看走眼,历史地位抬不上去,拉不下来。”

柯先生在同一篇文章中写出林散之对他的教诲说:“艺术家要死后一百年,作品以外的条件不起作用,方能公正评价。要努力发现无名大师,让他们在生前为大众理解。”

钱、林二位先生的遗言能够帮助我们正确地认识卫先生的书法。我们相信,随着对其书法研究的不断深入,将会有越来越多的人们热爱他的书法,感受到他的书法的伟大炽热的光芒!卫先生已经默默走过了近一个世纪的人生之路。他屡逢厄困抗争不息,特立独行不改其度。他的大半生都是个悲剧,是在极度的苦恼和无畏的苦斗中度过的。一个人知苦恼才能有苦斗之志,才能挺起勇士的脊梁,完成一番辉煌的事业。悲剧往往意味着崇高,最崇高的美往往只能在悲剧中演生出来。三十年代著名作家章衣萍在写到刘海粟先生时曾说:“没有一个伟大的艺术家不是苦恼的。”“我们期待着伟大的思想家文学艺术家为中国苦恼,为中国的民族与文化苦恼,从苦恼里产生伟大的思想文学与艺术,改造中国,也就是改造世界。”卫先生这近十年的日记,就是他在苦恼中不断苦斗的生命记录。他已经走过了九十三个春秋的漫漫人生之旅,他终于完成了属于我们这个时代的一位哲人、一位书法艺术大师的崇高形象。他在哲学、文学领域中的杰出贡献,他的博大深邃的书法艺术思想,他贡献给社会的成千上万件精美的书法作品,将永远是中国的,也是全人类的宝贵财富。

(五)

我的这篇文章是 2001 年春节后开始动手写作的,由于诸事鞅掌,不得不写写停停,转眼到四月底了。突然,西安的一位青年朋友来电话说,卫先生突发心脏病,住进了西京医院。我与马温才、杨吉平先生立即驱车前往看望。他躺在病床上,情绪依然是那样地平静,神态依然是那样地安详。已经为他装好了心脏起搏器,心脏跳动已恢复到 60 次左右,供血情况较以前好多了。只是睡眠较多,饮食甚少,胸腔还有些浮肿,医生说这是体内严重缺乏蛋白质的缘故。卫先生拉着我的手,对来看望他的其他朋友们说:“这是我的学生,也是我多年的好朋友。”又指着我们三位对大家说:“他们都是我的好朋友。”其实我们与卫老的友情大家都是知道的。我向他说起正在准备为他出版这册日记的情况,以及还要为他再出版一本书法集的事。他狠劲地捏着我的手,说:“这些事都不必急,你也要注意身体啊!”我患有高血压、心脏病,小脑里还有一个不大不小的囊肿经常捣乱,这他都是知道的。他过去就经常关心我的病,甚至还为我找过治脑病的医生。谈起了他的病,我们说他一定会康复起来,他也说:“是啊,我一定要好起来,我要做的事还很多。《庄子》的文章还没写完,这是我的一桩大心事。”停顿一下,又说:“出院后我还要写一本小说,题目就叫《白衣天使》吧,这里的医生、护士对我多好啊!”前些天我又与李晋林先生看过他一回,情况又比上次好了许多。近日西安有消息说,他饮食大增,精神比以前更好了,谈话一个多小时都不觉累。我们心里都感到无比的安慰。看来,已经战胜过无数个灾难的卫先生,又要挺过他人生的又一个劫难了。

卫先生是我高中时期的老师,但他却不是我的任课教师。和他相识是在 1963 年夏秋之交。我在语文老师高辛田先生家看见他用白报纸写的一幅字,记得是用草书写出的,写的是毛主席的词《浪淘沙·北戴河》。笔致是那样地自由,情绪是那样地热烈,使我受到了很大的感染。高老师说,咱们学校新调来一位书法家,你爱写字,我可以给你介绍一下。在人的一生中,最有意义的经历记忆往往就最为深刻。一天晚自习后,高老师领我去卫老师宿舍。敲过门之后,听见他从里边把门关拉开,这才知道门是反关着的。这是一间单身宿舍,一张单人床,一个低矮的小书架,一张破旧的三斗桌,还有一把椅子,这就是全部的家具了。他好像正在写着什么,桌上的纸笔还没有收好。他让我们坐下,显出十分拘谨的样子。我们说明来意,他说:“好,你喜欢书法,可以常来。”停顿一下又说:“其实,我的字写得也不算好。”我拿出几张我平时写的字给他看,他说:“不错,不错,好好写吧。”下面就低着头,搓着手,不再说什么了。我们遂起身告辞,我不经意地向桌上看了一眼,见没有遮严的稿纸上写着“我的历史情况”几个字。“他有历史问题?”我当时心里不由怔了一下。他把我们送出门外,我们已经走了一大截了,只听见他在背后声音重重地说:“这位同学,你以后可以常来!”我回头向他致谢,只见院中的一根电线杆下站着一个瘦癯的身影,亮亮的月光下,脸色是那样的苍白。

以后我就时常去向他请教,也就和他渐渐地熟了起来。我以前已写过几年的欧阳询和赵孟頫的字,他建议我改学颜真卿,并说小楷用处也很大,要我经常写写小楷。在他的指导下,我把临写颜真卿的《多宝塔》和王羲之的《黄庭经》小楷定作学习的日课。因为他是单身,我的家也在七八十里地之外的翼城县,所以差不多每个星期天都要到他宿舍去。常是去了为他研墨理纸,看他写字。他当时应酬已经不少,大多都放在星期天集中地写。当时用的最多的是白报纸或道林纸,宣纸用的很少。记得有一次,他写了十多张字,放在地上和我一张一张地看,一边看一边问我:“你说写得怎么样?”我说:“好。”他说:

"怎么个好法？"我支吾着说："……说不出来。"卫先生笑了，他诙谐地说："哦？好得都说不出来了？"其实，那时我真的说不出他的字好在哪里，甚至还认为他写得有些字并不好看。但我感到他的字确实有劲，也写得很活，这在我认识的写毛笔字的人中是没有的。看他写字真是一种精神上的享受。他有时蘸饱了墨，对着纸老半天不下笔，墨汁一滴滴地落在地上都不察觉。他这是在经营位置？还是在酝酿情绪？或许是都有的吧。每到这时，我就在一旁屏着气，耐心地注视着他。只听他轻声地说一句："写吧。"于是就果断地把笔摁下去，然后在纸上飞快地运行着，一幅字很快也就写好了。记得他为学校教务处一位姓王的教导员写过一副中堂和对联，裱好后挂在王老师的寝室里，就十分有气势，我时常趴在窗外看。那几年，每逢过年，我总要请他写几条字贴在家里。1963 年放寒假时，他给我写了一件中堂，内容是毛主席的诗"为李进同志所题庐山仙人洞照"，还有一副对联，内容也是毛主席的句子："山舞银蛇，原驰蜡象"。我把它贴在我家桌子后面的墙壁上。正月里，我舅父来到我家，我问他卫老师的字写得怎么样，他说："写得好，咱们翼城县还没有这样的写家。"我舅父是一位老知识分子，一生酷爱书法，写欧阳询体最有功力，在我们县是被尊为"城北一枝笔"的。他也是引导我走上书法道路的第一位启蒙老师，好多年里，我一直是把他当做我心中的偶像的。我想，既然他都说卫老师的字好，那就一定是真好了。这就更加坚定了我向卫老师学习书法的信心。这几幅字由于是用浆糊贴在墙上的，不几年也就被刮掉了，这是很可惜的。这些年他为我写的字不下十余幅，以及我平时收拾的他认为不太满意的字，总共应在百十幅左右，还有上文提到的为我写的那本《毛主席诗词二十六首》，都在"文革"中佚失了，今天想起来真是追悔莫及。

现在回忆起来，卫先生那时的处境是非常困难的。据晋扶青同志(山西师大教科所前副所长，已故)讲，他到曲沃中学做代理教师，是他的老同学王中青副省长冒着风险硬硬地安排下去的。当时晋老师在太原山西大学附中教书，王省长的儿子是晋老师班上的学生。1963 年春天的一天，晋老师到王省长家中家访时，闲谈中说起自己是襄汾人，王省长就说襄汾有他的一位叫卫俊秀的老同学。晋老师与卫先生是亲戚，就对王省长说起卫先生这些年坐牢挨整的情况，以及现在正在家乡孤苦一人"戴帽子"劳动改造的处境。王省长就让晋老师捎话，看卫先生能否到太原去一次，否则，他就要到襄汾去看他。自 1955 年以后，卫先生就与王中青同志失去了联系。晋老师向卫先生转述了王省长的话，这下他可为难了：现在人家是共产党的大官，而自己则是共产党的阶下囚，以我这样的身份去见他好不好？会不会给这位老同学带来不利的影响？他真的是有些犹豫了。但他又想到，大学时期他们同学四年，意气相投，而且同在一个宿舍居住，平时相处得就像亲兄弟一样。他们曾经在一起切磋学问，一起畅谈人生的理想，朝夕相处，互相勉励。他们曾与李雪峰、赵树理、史纪言等同学并肩参加过轰轰烈烈的"一·二九"爱国学生运动。在街上游行与警察发生冲突时,由于他个子小,身体又弱,他们都勇敢地照顾他,保护他……。想到他们过去结下的深厚友谊,他便决定还是去一次,就由晋老师领着去见王省长。到了太原,他提出不要从省委家属院的正门入,最好趁院内无人时从侧门进去,免得给老同学带来麻烦。于是就由晋老师事先看好路线,领着他到了王省长的家。见了卫先生,王省长故意做出很冷淡的样子,之后他要晋老师先出去,说他要与卫先生个别谈一谈。过了一个多小时,卫先生出来了,他的眼睛像是哭过的样子。不久,他就被通知到曲沃中学上班了。

在我与卫先生在曲沃中学相处的几年里,在我的印象中,经常与他接触的老师学生并不多,我是和他接触较多的学生之一。他给比我们低一个年级的高三十五班代语文课,他上课的教室与我们的教室相毗邻。他总是按时上课,按时下课,总是穿着一件褪了色的蓝色制服,端着书和粉笔盒,低着头,默默地走他的路,脸上很难见到笑容。只有在他的宿舍里,听他谈起书法来,他的情绪才会好些。尤其谈起颜真卿、傅山这些志节高尚的书法家们来,他往往就会情不自禁地激动起来。我的关于傅山先生及其书法的知识,就是他那时告诉我的。

他能够在曲沃中学呆下去,应与老校长刘向甫先生(已故)有很大的关系。刘校长三十年代北京辅仁大学毕业,爱才惜才,尤喜绘画书法。有时他邀请卫先生到他家去,我也跟着卫先生去过几回。刘校长特别健谈,他们谈古论今,无所不及,我就在一旁静静地听着。多数的时候都要写字作画,我就为他们研墨理纸。在他这十年的日记里,多处记着与刘校长通信的事,可见他们的友谊是很深的。

卫先生当时的政治处境并不好。记得认识他不久,学校里就传播开来:卫老师是"胡风反革命集团"分子!有的同学就劝我少与他来往,可是我想,我是向卫老师学习书法的,有什么可怕的呢?果然,一件意想不到的事发生了。一天,一位班干部通知我,说某副校长要和我谈话。在那时,一位校长要同一个普通的学生谈话,可不是一件寻常的事。我忐忑不安地来到这位副校长的办公室。他正躺在床上看报纸,让我坐下,开口就问:"同学们反映你与卫俊秀老师接触过多。他平时都给你说些什么?"这个突如其来的问题使我颇有些紧张,但我还是说:"我喜欢写毛笔字,我是经常向他请教学习毛笔字的。除此之外,他再没有给我说过什么。"这位副校长从床上坐起来,背着手在地上踱着步,很严肃地对我说:"年轻人啊,你要注意啊!你还没有经过什么政治运动,'反右'时你才多大?你不要在政治上栽跟头啊!"之后又说了些希望我走又红又专的道路,要努力追求思想进步等等的话。还说:"咱们学校常老师书法也很好,为什么你不去向他去请教呢?"(他说的是常秀山老师，亦善魏碑书法）事后我也知道，这位副校长完全是为了我好，为了我在政治上“不犯错误”，并没有什么恶意。可是我想，向卫老师请教书法又有什么错呢？我是个对认定了的事很难改变主意的人，所以后来仍照常到卫老师宿舍去。但这位校长与我谈话的事，我从来没有向他提起过。

还有一件事也能说明他当时的处境。我们班动员同学们捐献了一些有教育意义的图书，办起了一个“红书台”。因为我是语文课代表，就让我负责。我去请卫老师写了“红书台”三个字，贴在用硬纸做的纸架上，第二天就放在“红书台”的正上方。这三个字是用魏碑体写的，凝重黑亮，十分好看。可是，第二天，我们刚上早自习，他就匆匆地来到教室找我，拿了一张用红广告色写的“红书台”交给我，说“用黑墨汁写不好，换成这张吧。”说完，就匆匆地走了。连这三个字的颜色他都考虑得如此周到，可见他当时是多么的谨小慎微了。如不是政治上受过大的挫折，心灵上受过大的创伤，他恐怕是不会这样的。

这些年他在经济上也很不好过。据说他每月只有40元的工资，而他自己只留下10余元，其余的都要寄回西安补贴家用。他爱抽烟，但抽的几乎都是旱烟叶，很少有抽纸烟的时候。我还清楚地记得这么一件事：一个星期天，我帮他写了一会字，就陪他到街上去闲逛。那时曲沃街上有几处卖旧书的小书摊，那是我们常去光顾的地方。我们蹲在书摊边翻看了一会旧书，肚子里都有些饿了。那时学校里星期天是两顿饭，要到下午四点才有饭吃。他摸了半天口袋，一分钱也没摸到，而我的口袋里也只有一毛钱。于是，就在路边的小铺子里买了一个烧饼，我让他吃，他又推给我，只好两人分着吃了。前几年我向他提起这件事，他也能回忆起来，他摇摇头说：“唉，那时过得是什么日子啊！”1995年是卫先生88岁的生日，世称“米寿”，我写了一首“乙亥秋日怀卫师”的诗为他祝寿，里边就写入了这件事。这首诗记述了我与卫先生的交往的一些情况，这里全文录在下面：

秋风已瑟瑟，秋空正朗朗。西望天宇阔，远思结中肠。
我师登米寿，友朋共举觞。齐祝享福嘏，翰藻播辉光。
趋庭卅载前，恩师恩泽长。求学曲沃日，日夕侍师旁。
时运正多乖，轭下困骕骦。初衷些不改，心志弥顽强。
教我使运笔，教我遵颜王。教我欲学书，先与奇人方。
心正笔始正，求正勿乖张。鲁公青主在，时感背刺芒。
接膝数书史，盈室有芬芳。论罢必挥毫，霹雳撼心房。
犹记行巷陌，分饼充饥肠。相视无一言，苦涩心能详。
尔后十余年，千里别参商。我师耕南亩，几度会梦乡。

群小正肆虐，我师可安康？金石不易性，人道变沧桑。
天帚扫阴霾，丽日何惶惶。我师昭奇冤，起舞喜欲狂。
兼程走西京，相握泪沾裳。好人天不负，曲项终直昂。
自此时相见，邮筒更匆忙。寄我信百封，笺短情意长。
赐我书百件，世世永珍藏。得时每展读，快如饮琼浆。
德我复惠我，心田有瓣香。教我复勉我，时亦蒙称扬。
我爱卫夫子，积学何湟洋。经史壮胸襟，慷慨著文章。
我爱卫夫子，人品今无双。久耽南华经，无欲始能刚。
我爱卫夫子，书法迈晋唐。人奇字自古，钟王可颉颃。
时念拜“三公”，鲁迅导津航。凌岱小天下，北斗众星仰。
千金人所贵，鄙之若腐糠。心比朗月净，世态看炎凉。
纤尘不为染，直行不易方。仰之弥高远，钻之愈见刚。
书坛可叹者，奴辈竞跳梁。古法荡然尽，盗名劣迹彰。
今日穷追逐，明朝化粪壤。此辈安足论，历史岂可诓！
我随卫师久，兴叹向汪洋。最知学书难，漫浪愿难偿。
私禀惭驽钝，终未窥门墙。昨日偶揽镜，鬓毛已偷苍。
恨无十年暇，冷心磨砚床。卫师典型在，勉旃登奥堂！

卫先生对我的学习是非常关心的，每次拿去我写的字，他都非常耐心地一张一张地看，一笔一画都不放过，指出其中的不足处。翼城县城内有一通赵孟頫撰书的《金仙寺碑》，我上初中时曾用铅笔擦出过几张，临写过一段时间。他从我的字中看出了赵字的痕迹，就对我进行了严厉的批评。他说，学习书法一定要根子正，根子正，才能路子正。赵孟頫的字虽然好看，但一味追求姿势的优美，却缺乏足够的气势，初学书法的人最容易上他的当。他强调说，初学书法，不学颜，则学魏；不学魏，则学颜。只有学好了这两种字中的一种，才能于自己的书法培其底气，壮其骨力。这才是书法中最为要紧的东西。但他给我讲得最多的还是做人、做学问的问题。他说，古今书法大家，都是人品高并且有学问的人，找不出一个反证来。傅山、鲁迅是他讲得最多的两个人。他曾给我抄出傅山的诗《作字示儿孙》（“作字先作人，人奇字自古……”），让我背诵。在我 1965 年高中毕业离校时，我去向他告别，他送给我一本 1936 年山西书局影印出版的傅山先生墨迹《汾二先生传》，作为赠别的礼物。书的扉页上有他写的一段跋语，内容是这样的：

铁夫兄今秋自太原飞陕，携傅先生此帖赐临，如获严师，心为之一壮。盖先生顶天立地，比诸日月，德我实多。愈不忘今之混帐王八蛋，糊里糊涂，贪私害公，置小民于不顾。呜呼，真该一棒打煞也！爽快，爽快！若鲁识于长安。三七年秋夜。

世之贪得无厌者不必观此，免污先生，并辱及我。又及。

"三七年"即民国三十七年，公历 1948 年。"铁夫"为其连襟陈铁佛先生。这是他用魏碑书写的一件书迹，由于时间较早，弥足珍贵。当时正是国民党反动派垮台的前夕，社会黑暗，经济凋敝，全国到处都掀起了"要民主"、"反饥饿"斗争的高潮。所谓"贪私害公，置小民于不顾"的"混帐王八蛋"，正是对他们的怒斥，也是卫先生坚定鲜明的政治立场的体现。这本字帖几十年来一直跟随着我，至今仍然完好地保存着。

1965 年我考上大学，离开曲沃，第二年文化大革命就爆发了。不久，就听说卫先生被"揪"了出来，红卫兵造反派正在对他进行着残酷的批斗。而我在大学里的日子也很不好过。我从来就被一些人看作是走"白专道路"的典型，这时也被当做学生中的"小右派"受着班里同学们的批判。我带到学校的一木箱线装古书，就是那时在一些红卫兵同学的监视下付之一炬的。忽然有一天，曲沃中学有两个红卫兵来找我，要我揭发卫老师和高辛田老师(高老师是我高中时的语文老师，三年间对我帮助很大)的"反动言论"，要我写出他们都给我灌输过哪些"封资修"的思想。尤其是卫老师有没有说过自己是受到冤屈的话，高老师说没说过"辛田在新田教书命该如此"的话(侯马旧称新田)，是他们指定要我写出的内容。说实话，这些话他们都是向我说过的。可是我怎么能给他们写出来，使处境已经十分困难的我最尊敬的两位老师，受到更加严厉的批斗，使他们的处境更加雪上加霜呢？我当然什么也没有写，他们只得愤愤地走了，走时还给我狠狠地甩下了一句话："真是资产阶级的孝子贤孙！"

大学毕业后我在太原西山一所煤矿学校里教了 9 年的书。1979 年考上研究生，回到临汾，才从到临汾出差的西安"今古二"书画社几位朋友那里知道他已经平反，回到了西安。我立即写了一封信，请他们带给卫先生。很快我就收到了他的回信。卫先生在信上简单地说了他这些年的一些情况，并说，他已给我写了一条字，已经送去装裱，不几天就有顺人带到临汾来。果然没过几天，字送来了，写的是朱熹的诗《山居》，是用草书写的。收到字后，我便到西安去看望他。他住在一座筒子楼的一间小屋里，楼道里光线很暗。我敲开门，他颤颤地走出来，报过姓名之后，就一把拉住我的手："建国啊，你是建国啊！"他的声音颤抖着，在昏暗的楼道里，我分明看见他的眼睛湿润了。自此我们的来往就更频繁些。近二十年来,他给我写过100多封信,给我写的字也不下100多件。这些在我上面那首诗里已经写到了。

二十多年的不幸遭遇,给他留下的心灵创伤是深重的。这从下面这件事可以看得很清楚。1986年秋天,他来我家小住。记得那天户外下着濛濛细雨,我们在一起喝茶聊天,聊着聊着就谈起了他的历史。我提起他六十年代初在监狱里写的那首小词“长相思”,他半闭着眼轻声地吟诵着,还没有吟完,声音就哽咽了,眼睛里闪烁着悲愤的泪光。过了一会,他又微微一笑,说:“唉,都已经是过去的事了。我这是怎么了啊?来,我把这首词给你写出来吧。”于是就给我写了一件四尺整张的巨幅中堂。这幅字写得凝重浑厚,情绪勃发,在他的书法作品中是一件不可多得的精品之作。(见《卫俊秀书法》)

自从八十年代初他给我写那首《山斋》诗起,我才真正开始看懂了卫先生的书法。我坚定不移地认为,卫先生的书法在当代中国是足当大家的,是第一流的。从那时起,我就立下宣传卫先生和他的书法的志愿。这些年里,我为卫先生写过一些文章,出过几本书,组织过几次展览,这些都是微不足道的。我做这些事,自然有我们有师生之谊的因素。但更重要的是,我认为,这位在荆天棘地中苦苦跋涉了数十年的老人,他的伟大的人格,他的与古今大师们相比毫不逊色的书法,应该有更多的人们去了解,去认识。他的书法一定会在我国的书法史上占据一席之地。伟人不远,他就在我们的身边。我相信我的眼力不会错。现在,已经有越来越多的人们认识到他的书法的价值,他的作为书法大师的地位也已为越来越多的人们所认可。这都是合乎逻辑的事,也是我们预料之中的事。

我从来认为,与卫先生相识相处这么多年,是我此生中的一大幸事,一大快事。他对我的教育和帮助是多方面的。一些青年朋友把卫先生看作是自己的精神领袖,我也是这么看的。他的崇高的人格魅力,严谨的治学作风,在困难和逆境面前从不低头的生活态度,将永远是我学习的榜样。

卫先生蒙难时期的日记是他那个时期生活的真实写照。只是由于不完整,而不能看清他的生活的全貌。所以在此文的后一部分,我写出在六十年代我与卫先生交往的一些情况来,由此也可以看出他当时的处境,他当时的一些思想情况。他那时的思想和追求确实是无比豪迈的,但他的遭遇和处境又是异常苍凉的。苍凉使他更加豪迈,豪迈又使他最终战胜了苍凉。他终于奇迹般地挺过了那些难熬的苦难岁月,在书法园地里孜孜不倦地耕耘,最终取得了巨大的成功。这是人世间正义与善良的胜利。豪迈是他生命中的主要颜色。他的生命过程,就是用无数个豪迈的音符奏出的一首“英雄交响曲”。历史已经无数次地证明,任何制造罪恶的邪恶力量,不管它曾经怎样地肆虐一时,最终都不能抵御人性中的正义与善良。它连像卫先生这样一个瘦弱的文化人都无可奈何,都不能打倒，更何况一个民族，一个国家呢！善良的人们多么希望，那个把人当做“脚下的刍狗”的制造苍凉的时代将永远属于昨天。可是，有邪恶，就会有人继续把别人当做“脚下的刍狗”，就还会有人继续为别人制造苍凉。但我们坚定不移地确信，豪迈——我们这个民族最可宝贵的精神和品质，则还要继续下去，并且一定会继续下去，我们将继续依靠这种精神和品质，以更大的勇气和力量，粉碎邪恶，战胜苍凉。

2001 年 6 月于若景轩

2006年10月修改

心忧书

孙　郁

在青岛开会，遇到了阎庆生。他交给我一册小书，是新逝世的卫俊秀先生的日记。卫先生是有名的书法家，曾在友人处见过其字，真真有荡人心魄之感。还影影绰绰地知道先生是鲁迅研究专家，可惜他的书未曾寓目，知之甚少。这一册日记写于1971年至1979年，正是中国风云多变之际，也是作者六十岁到七十岁时历史的留影，内容的别致是别一类著作所不及的。

按年龄上算，卫先生属于"五四"后的那一代人。出生于1909年，原籍山西襄汾县。1955年因在胡风主持的"泥土社"出版过一册《鲁迅〈野草〉探索》，竟遭到株连，先是入狱四年，后从西安被逐回原籍，蒙难达二十四年之久。在乡间岁月，他以读鲁迅著作苦苦支撑自己，留下了悲苦的一页。读这一册日记，心像被什么烫了一样，久久不能平静，先前在孙犁、聂绀弩的文字中感受过类似语境。近来读学人的书卖弄者很多。有的似乎是从《越缦堂日记》那里走出来的。卫俊秀绝无那样的悠然与沉静，文中乃心性的坦露，有大的哀凉与悲苦于斯，真真是绝望者挣扎的文本，每一页均热浪袭人，有鲁迅的傲骨在。若说鲁迅的知音，他算是一个。与那些贵族般地吃鲁迅饭的人比，卫俊秀不属于今天的学界。

世间喜读鲁迅者，有的学术之语出之，得教授之誉者多；有的言行暗仿者出之，默默存活于乡间市井，活得清白中正。卫俊秀自然属于后者，一生清寂，于苦海中忍痛搏击，像个真正的汉子。柴建国在《写在昨天的豪迈与苍凉》中介绍了卫氏蒙难的历史，写得千回百转，记录了老人在逆境中的片断。1971年至1979年，卫先生已在七十岁上下的年龄，全无落魄死灭之态，怎样的吃苦、饮恨、自励，均于日记中闪现。有一段时间，先生每日均在日记中写下"鲁迅先生"四字，用于慰藉孤苦的心。那时他远离妻子儿女，一人于山西的一个村中度日，上受压迫，旁遭冷讥，其状之惨已非外人可以感到。1975年2月12日日记云："日写'鲁迅先生'四字，用以自勉，虽未能至，心向往之。能把先生的政治、思想、治学、写作、革命精神、平生作风、道德品格，备于一身，无私无畏，大步前去，亦足豪矣！日月之行，灿烂大观，顶天立地，岂不伟哉！得此气魄，光我魂灵，千钧自重，惟念生民，狗类鄙细，曷庸伤神。心田既适，年寿高隆。善于养大，是为大人。写在动气之后。晨。莫伤力，不损神，冲淡百福臻。强人多害力，暴躁大坏神。识透物理，看破世事，终归何有？土尘！自扰一生，闷闷。快活需自寻。陶渊明不易学。"1976年6月25日又写到："鲁迅先生是怎样个人，就做怎样个人。不能含糊！认得真，化得开。开始写字，仍快，不太放得开。像鲁迅先生那样的人物，对于一切还有什么介意之处？可笑事颇多，也就不足奇矣。"那一年7月14日的日记又云："秋收后竟功，改辙，专事养怡之功以延年，足矣。亦功亦傲，行素远俗，高而大之。廿年有限日月，何得周容卑退，下得可怜，奴得取厌，廉价贱售，趋炎如适之一流，可耻也。鲁迅先生哪肯如此？先生不可须臾离者也，慎之，敬之，笃行之。"在几日后又这样写到："鲁迅脾气难改，无可奈何，'得罪就得罪吧'。有甚关系。私淑大诗人、大哲人学者行径，不能离，至情也。雍容而开朗，自有天地，别具气宇。高节，时有之，非己高，人低也。主见。'人云亦云'为马氏最不容忍。鲁迅先生。"

一个在绝境的老人，写下了这样的文字，是惊动鬼神的吧？日记几乎都是与鲁迅的对白，在荒凉的乡间衰破的小房里，一个孤苦的魂灵因为与鲁迅相逢而不再沉沦，心绪的广阔与爱憎的起落在交织着一首首诗。考察鲁迅身后的知识分子史，我们是不该忽略这样的文本的。卫俊秀是个大学者，对先秦两汉尤有研究。他的书法大气淋漓，似于古人又出于古人。从远古至今，千百年的文人墨客甚多，先生惟取庄子与鲁迅，身上深染其风。其书法遒劲秀美，与己身修炼有关。我想鲁迅的影响大概也是有的。卫俊秀晚年常读鲁迅手稿，甚爱其圆润有力、不疾不徐的美质。又喜读黄山谷、文天祥、傅山、康南海诸人之字，于是书法与文章都很有气象，不像市井里的叫卖者，神貌是奇异的。世间的书家有形无神者多，而文人的作品多有肉无骨。卫俊秀不是这样。他通乎古今之变，明于乡野之情，有书卷中的古风，又含山林野气，人与文都别于流俗，是有大境界的人。这样的人生前多历风雨，并不以文字耀世，但无意之间，臻于绝唱，遂成勇者。古人云苦难成诗人，想一想是对的。

我在年轻时曾口放狂言，以为当世已不再能见到奇文奇字，英雄时代远矣，不复有大的气象。近年读王小波诸人著述，方觉先前的话是失当的，谬以千里。茫茫中国，默默劳作如卫俊秀者，也许还有许多，只是今人很少发现罢了。人间的俊杰，大抵在无人问津的边缘地带，与这样的人相逢，我们会变得比过去聪明些吧？

《北京晚报》

2005年1月7日

一个书法老人的《居约心语》

梅墨生

前不久,王元军兄来电话告知了一个令人伤感的消息:陕西老书法家卫俊秀先生仙逝。我一阵难过,却也不觉得十分意外。94 岁的高龄在人间也是难得了。

卫俊秀先生的知名度远不如有些人的知名度高。大约是在近十年间才逐渐为人所知的。近年有文章将之与于右任、王蘧常、林散之并列为二十世纪草书四大家,当然也引起一些讨论,反对意见认为他不够这个格。其实先生的书法够不够“大家”的格,不是哪一个人说了算,况且我们都离得太近了。笔者生也晚,于卫俊师是纯粹的晚辈。但是 1992 年在山西运城开会得以认识卫先生,卫先生却颇不以我为晚辈而冷待,于是成为忘年交。先生曾多次致函并馈书作于我,谦谦恺恺,并世少见矣。

如今,卫先生已归道山,许多事情已成追忆。在笔者看来,关于其书法的定位问题,也不妨缓一缓再说。肯定也罢,否定也罢,对于一生坎坷的长眠老人已不很重要了。在我个人而言,卫老是平凡而又伟大的,他身处逆境而不屈不挠地追逐光明和真理、追逐艺术和美,正是他个体价值的显现。他的平凡和伟大都在于他有一颗平常心,这颗心灵“豪迈”又“苍凉”(柴建国语)。在这个人格日被物化、异化的时代,卫老的品格让我敬重。十年的交往,我常惭愧。常常是在春节前会收到老人寄赠的书法条幅,有时来信,因为手抖,信上的字迹也多是非常大,一派点画狼藉。但我从中感受到的多是一位蔼蔼长者的谦和与真诚。有几次想专程往西安探望,皆因故未能成行。似乎有一种特殊的缘,去年借赴西安参与全国画院展览之际,,在友人陪同下看望了卫先生,那是最后一面。在那阴暗逼窄的住室床上,我握住了老人的手。卫先生刚从医院回家,体质孱弱之极,但他坚持想坐起身。我望着犹如风中蜡烛一样的老人,心头掠过一缕悲凉。当时就预感到这恐怕是最后一次见卫先生面了。在我心中,卫老是否是大家并不重要,重要的是他是一位真人,一位君子!只有真人,你才能和他毫无世俗功利地交往,倾谈艺术与人生;只有君子,你才会与之相接时感受到一种淡淡幽幽的深意，受到一种人格精神的感染。世事纷纭，而真人其寡。如今，真人归于大化，晚辈只存望风怀想矣。

在这个“大师满街走”的时代，窃以为也不必非为先生争个什么“大师”名位了。大师已然贬值。纵然争下个“大师”名位，卫先生便因此高大了么？依笔者见，卫先生的高大处，正在卫先生的平淡处，平淡而奇崛。在我的感受里，卫老就是一个书法老人，一位真诚的学者。他为书法奋斗了一生，他追求学术乐此不疲，这是最最真实的。我们之所以会怀念或谈论起他，都是因为这个缘故。

近年6月上旬，我赴山西师大受聘，返程获卫先生弟子柴建国先生赠所著《居约心语　卫俊秀著　写在昨天的豪迈与苍凉　柴建国著》一书（山西古籍出版社），几乎一口气读完了这本30万字的书。这是一本卫俊秀1971年至1979年的日记以及柴建国的注解合版书。从《居约心语》中我们真真实实地感受到那个特殊年代中的卫俊秀的真真实实的肉体与心灵生活。作为日记，它完整具体地保留了一个书法老人在命运厄遇时的所有伤痛与抗争。在这里，我们无法抄录那些文字，我只能建议关心书法、关心知识分子“文革”命运、关心卫俊秀其人的读者不妨去读一读这本让人读后也不免“豪迈”与“苍凉”的书。它沉重而又激越。它折射了一颗被放逐的心灵在一个漫无际涯的苦途中的心路历程。我们应该感谢卫先生的日记，，也应该感谢柴先生的日记注解。应该说，我在旅途之上陪伴了一段历史，或谓一段历史陪伴了我的旅途。

如今，书法老人卫俊秀已永久地“作别西天的云彩”，他悄悄地走了，正如他悄悄地来。他留下了什么？我想，他留下了《居约心语》，他留下了沉淀着生命悲欣的墨痕点线，让有情怀的人们叹喟。

后 记

从出版社交稿回来，在与学生胡武的交谈中，想到还有一些话要向读者交待，于是写下这篇后记。

卫俊师的日记全编，除了1971年到1979年的日记是我在1999年到2001年整理的以外，其余的都是我从2004年的6月份开始整理的。本想早一些整理出来，以飨读者，但繁重的教学工作使我不得不时作时辍。整理中遇到困难不少，已如前言所述。但一种强烈的责任感，还是使我坚持下来了。在出版俊师《居约心语》时，我在《写在前面》里说过，我每出一本书，都要闹一场病，这一次也不例外。今年5月初，正是整理工作接近尾声的时候，我又一次病倒了。这次病得不轻，是脑梗塞，开始右半身几乎不能动，不得不把整理的事停下来，我真担心这件工作因这场病而无功而终，留下遗憾。幸好后来渐渐恢复了，虽然右手指仍然麻木，在电脑上敲字较以前费力了，但总算可以继续工作了。现在俊师的日记就要付梓问世，我终于没有辜负先师的委托，这是我感到最为宽慰的事。

需要说明的是，我在本书的后面附了三篇文章，一是我以前写的《写在昨天的豪迈与苍凉》，一是孙郁先生的《心忧书》，一是梅墨生先生的《一个书法老人的“居约心语”》。我的那篇原是附在《居约心语》后面的；孙、梅两位先生的文章是他们读了《居约心语》以后写的，都曾见诸报端。承蒙两位先生垂允，让我在书中印出，我郑重地向他们表示感谢。这三篇文章都是作者围绕俊师的《居约心语》写的，虽然面对的不是他的全部的日记，但对人们认识和解读他的思想，他的书法，还是有所裨益的。

在整理此书的过程中，我得到师母晋铭老人以及俊师的子女卫树、卫臻、卫平、卫强、卫建的热情关怀和支持。还得到许多师友的支持和鼓励。经常关注我的工作的老师和朋友是：林鹏、武海顺、秦良玉、李才旺、逄哲锋、柯文辉、沈晓英、李建义、张秉谦、王冬生、马温才、李建森、朱忆湘、孙稼阜、傅蔚农、杨志刚诸先生；山西师大中国文化书画研究所的同仁赵廷仁、仇锦、杨吉平、王建魁、孙凯、曹亚彬也给了我不少宝贵的支持。正是他们的支持和勉励给了我克服困难、战胜疾病的力量。交付出版之际,又得到山西人民出版社张继红学友和朱屹、郝文霞的大力支持和帮助。在此,我一并向他们致以谢忱!

俊师谢世已经四年多了,四年多来,对他的多方面成就的整理和研究始终没有停止过。《毛颖足吞虏》、《卫俊秀书简》、《卫俊秀草书诗卷》、《启夏墨缘》、《董寿平、卫俊秀、段云书画选》等文集、书法集在这四年里先后出版,不少朋友还写了研究他的论文时见报端。朱忆湘同志和我撰写的《卫俊秀传》可望于明年完稿,胡武同志撰写的《卫俊秀论书法》亦正在进行中,这些皆可望于近期问世。近闻一些朋友正在筹划编辑他的书法精品集,整理他的文稿和笔记。对卫先生的研究将在学术界、书法界再一次掀起热潮,可无疑议。在现今的社会里,一个经受过百难千劫的大学教师、布衣书法家,在他去世后,尚能得到人们这么深切地关注和研究,这在今天的书法界,也许是不多见的。

一个人,只要他为社会作出了贡献,人们就不会忘记他。卫先生的名字将会与他在日记中深情赞美的先贤们的名字一样,被人们永远记住,传之不朽。

柴建国于若景轩

2006.12

图书在版编目（CIP）数据

卫俊秀日记全编／卫俊秀著.—太原：山西古籍出版社，2007.10
ISBN 978-7-80598-850-4

Ⅰ.卫… Ⅱ.卫… Ⅲ.日记—作品集—中国—当代
Ⅳ.I267.5

中国版本图书馆CIP数据核字（2007）第157840号

卫俊秀日记全编（上、下）

著　　者：卫俊秀
责任编辑：朱　屹　郝文霞　李永明
责任印制：李佳音

出 版 者：山西出版集团·山西古籍出版社
地　　址：太原市建设南路15号
邮　　编：030012
电　　话：0351-4922268（发行中心）
　　　　　0351-4956036（综合办）
E—mail：fxzx@sxskcb.com
　　　　　web@sxskcb.com
　　　　　gujshb@sxskcb.com

网　　址：www.sxskcb.com
经 销 者：山西古籍出版社

承 印 者：山西臣功印刷包装有限公司
开　　本：787 mm×1092 mm　1/16
印　　张：72.75
字　　数：1 200千字
印　　数：1-1000套
版　　次：2007年10月 第1版
印　　次：2007年10月 第1次印刷
书　　号：ISBN 978-7-80598-850-4
定　　价：130.00元（全二册）